国家社科基金
后期资助项目
GUOJIA SHEKE JIJIN HOUQI ZIZHU XIANGMU

西南联大与现代中国
（1937~1946）

上 册

The National South-West Associated University
and Modern China

闻黎明 著

社会科学文献出版社
SOCIAL SCIENCES ACADEMIC PRESS (CHINA)

国家社科基金后期资助项目
出版说明

后期资助项目是国家社科基金设立的一类重要项目，旨在鼓励广大社科研究者潜心治学，支持基础研究多出优秀成果。它是经过严格评审，从接近完成的科研成果中遴选立项的。为扩大后期资助项目的影响，更好地推动学术发展，促进成果转化，全国哲学社会科学工作办公室按照"统一设计、统一标识、统一版式、形成系列"的总体要求，组织出版国家社科基金后期资助项目成果。

全国哲学社会科学工作办公室

目 录

前　言

西南联合大学是七七事变后由国立北京大学、国立清华大学、私立南开大学联合组成的一所战时高等学府，1937 年 11 月在湖南长沙成立。成立时名为"国立长沙临时大学"，1938 年 4 月迁至昆明后改名"国立西南联合大学"，1946 年 5 月结束，三校返回平津地区，恢复各自建制。西南联合大学是中国现代教育史上的一座不朽丰碑，在短短八年半中，这所高等学府的师生和中国人民一起经历了艰苦卓绝的岁月，谱写了光辉篇章。

集中了众多学术大师和优秀人才的西南联合大学，是特殊时期出现的一所特殊学府。全校师生怀着抗战救国的坚定信念，在政治、经济、思想、文化、教育、科研等领域做出的杰出贡献，已成为中国优秀文化遗产的组成部分。广大师生当年从事的活动、思考的问题、提出的主张，是中国人民争取民族解放、维护国家独立、投身现代化建设、建立永久国际和平秩序的缩影。而西南联大的艰苦办学、战时生活、校园文化、学人职任、民主运动等，至今仍启迪着人们不同方面的思考，使"西南联大"四字深入人心，西南联大研究也近乎一门显学。这些现象既表达了人们对西南联大的怀念，也反映了这所学府的深刻影响。

西南联合大学是有待不断开发的"富矿"。目前，关于西南联大的著述，可以用"数量可观""成果累累"形容，不计介绍性、宣传性作品和以史喻今式的评论，仅就史学研究而言，一位多年关心西南联大研究的学者曾从文化史角度提出了中西文化、新旧文化、东西部文化（或内地与边疆文化）、民主与科学、名校与师生、德育与智育、教育与科研、教与学、校内与校外（社会）等 9 项课题。[①] 其实，需要研究的远不止这些，如与西南联大相关的战时教育、战地服务、政局分析、制度

———————

① 参见谢本书《西南联大——多重文化的交汇与碰撞》，周本贞主编《西南联大研究》第 1 辑，中国大百科全书出版社，2005，第 3~8 页。

改革、学术研究、文化建设、外交政策、前沿科学等，都值得史学工作者进一步深入研究。

　　本书选择了若干与抗战救国、建设现代国家联系密切的问题进行重点考察，希望借此讨论抗日战争与这所高等学府的关系。虽然本书涉及一些前人尚未意识到的问题，发掘和运用了一批为人忽略的材料，但越是深入，本人越是感到西南联大是个无所不包的庞然大物，个人的能力远不足以驾驭。尽管如此，本人仍愿意将这些探索性的成果呈现于众，以求得到方家的批评指正。

代　引

西南联合大学校歌①

罗庸词　张清常曲

万里长征，辞却了五朝宫阙。
暂驻足，衡山湘水，又成离别。
绝徼移栽桢干质，九州遍洒黎元血。
尽笳吹、弦诵在春城，情弥切。

千秋耻，终当雪，中兴业，须人杰。
便一成三户，壮怀难折。
多难殷忧新国运，动心忍性希前哲。
待驱除仇寇复神京，还燕碣。

---

① 罗庸（词）、张清常（曲）：《西南联合大学校歌》，北京大学、清华大学、南开大学、
云南师范大学编《国立西南联合大学史料》（一），云南教育出版社，1998，第38页。

第一章　痛南渡，辞宫阙：离别古都

1937 年 7 月 7 日晚，北平西南卢沟桥上响起一阵枪声。日本华北驻屯军步兵旅团第一联队第三大队第八中队在龙王庙附近举行夜间军事演习，声称一名士兵失踪，要求进入中国国民革命军第二十九军第三十七师第二一九团第三营驻守的宛平县城搜查，遭到中国军队拒绝。日军遂向宛平城和卢沟桥发动轰击，制造了卢沟桥事变。卢沟桥事变亦称七七事变，其发生虽有偶然性，但无疑是日本帝国主义既定侵华政策的必然结果。在这一路线下，卢沟桥事变迅速由局部冲突演变为日本全面侵华的导火线，中国全面抗战也从这一天拉开了帷幕。

第一节　亲历事变

卢沟桥事变的发生，使九一八事变以来一直处于日本南侵前沿的平津地区首先受到剧烈冲击。在中国教育界享有盛誉的高等学府北京大学、清华大学、南开大学，在事变后遭到日寇铁蹄肆意蹂躏，坠入了一场前所未有的浩劫。

事变爆发时正值暑假，大部分学生已经离校，北京大学校长蒋梦麟、清华大学校长梅贻琦、南开大学校长张伯苓，都赴江西参加蒋介石召集的第一次庐山谈话会，主持校务的是负责维持工作的部门负责人。在极度不安的局势下，他们力持镇静，但瞬息万变的形势和真假难辨的消息，让他们有些不知所措。

7 月 10 日，清华大学教务长潘光旦、秘书长沈履向赴庐山途中经过上海的梅贻琦发出战事爆发后的第一封电报。电文极简短，仅有"连日市民、学校均镇静，各方安，乞释念"15 个字，[①] 意在让梅贻琦不要过于担

---

① 《潘光旦、沈履急电梅校长》(1937 年 7 月 10 日)，清华大学校史研究室编《清华大学史料选编》第 3 卷上册，清华大学出版社，1994，第 1 页。

心。正在南京的北京大学文学院院长胡适在 11 日致梅贻琦电中，也说据闻"清华平安，仅有日兵官来问有无军器，并欲购校马，并劝告校款勿外汇，以免谣传日军提取"。电文还特别报告"职员出入无阻，携物者须经检查，据云日军尚有礼貌，人心稍安"。①

　　这两封电报，反映了当时人们对这一事件的估计。九一八事变后，日本在华北挑起一个又一个事端，中日间军事摩擦接连不断，但这些冲突最后都通过谈判得以缓解。因此，卢沟桥事变之初，许多人也抱着同样的念头。清华大学政治学系主任浦薛凤说："华北局面，忽紧忽弛已非一次"，驻守北平的第二十九军军长宋哲元"虽久已避居乐陵，隐示问题严重，然而暗中接洽，相当妥协让步，似为有识者一致推测，华北局面或不至于不可收拾"。② 这种心理，说明很多人以为卢沟桥事变也是一次双方驻军的局部摩擦，经过交涉，事态会逐渐平息。事实也仿佛如此，事变发生后，二十九军与日本华北驻屯军之间打打停停，双方既不肯让步，也不放弃交涉，北平出现了表面上的平静。

　　然而，这种表面平静的背后，是日本需要时间对"先北后南"还是"北守南进"侵华政策进行选择，加之日本华北驻屯军司令官田代皖一郎中将因心脏病已奄奄一息，代理其职的参谋长桥本群少将没有权力决定是战是和，而且当时在北平的日军只有两个步兵大队，天津增援的炮兵部队因连日阴雨道路难行困在通县，如开战，兵力不足。③ 这些原因，使北平在 7 月 11 日香月清司中将接任华北驻屯军司令官之前，还能处在一种中日双方互相摸底、保持交涉、维持现状的局面。

　　但是，对于觊觎华北进而意欲吞并整个中国的日本来说，卢沟桥事变是一个天赐良机。7 月 11 日，日本首相近卫文麿召集内阁紧急会议，秘密决定从国内调动三个师团和关东军及朝鲜军有力部队赶赴华北，华北驻屯军司令部接着下达了停止交涉、撕毁已达成协定的命令，而外务省声明仍称华北事件应现地解决。13 日，日本内阁全体阁员出动，要求

① 《胡适密电梅贻琦》（1937 年 7 月 11 日），《清华大学史料选编》第 3 卷上册，第 1 页。
② 浦薛凤：《太虚空里一游尘——八年抗战生涯随笔》，台北：传记文学出版社，1979，第 1 页。以下简称《太虚空里一游尘》。
③ 〔日〕今井武夫：《今井武夫回忆录》，张士杰、徐静文、郝翔云、张玉璞、许春发译，杨大辛、徐静文、杨昌禄校，中国文史出版社，1987，第 29 页。

各界拥护政府对华政策。14 日，日军到达天津的兵车已达 16 列，1500 人向丰台进发，战火蔓延已不可避免。

7 月 14 日的情况突变，从潘光旦、沈履致教育部办公处急转梅贻琦的一封电报中表现得十分明显。该电正文只有三句，前两句为"和平望绝，战机已迫"，后一句为"盼急设法绕道正太平绥返校"。[①] 此时，梅贻琦刚刚到达牯岭，潘光旦、沈履就要他从太原、大同绕一大圈急返北平。庐山谈话会是在民族危机日益严重、救亡图存呼声日益高涨形势下，由国民党中央政治会议邀请各党各派及无党无派人士商谈如何"团结各方，共赴国难"的一次重要会议。如果不是形势万分紧张，潘、沈是不会轻易要求尚未出席会议的梅贻琦急速返回的。

7 月 26 日，完成了部署调整的日本军队占领廊坊，切断北平、天津间联系，并向第二十九军发出最后通牒，限 24 小时内撤走西苑驻兵，48 小时内撤走北平驻兵。27 日这个消息传到清华园，引起校园恐慌。中午，主持学校留守工作的叶企孙教授在其住宅召集各系负责人商谈应付办法，提出是否让大家进城暂避，浦薛凤立即表示赞成，认为凡是有关系者，都应动员入城，理由很简单，城内有军队守卫，总比城外安全。于是，冯友兰、黄子卿、朱自清、王化成等教授，均于这天匆匆离开朝夕生活的清华园。由于职责所系，潘光旦力持镇定，下午 4 时，他在家里召开了一次各系负责人谈话会，除了报告消息、交换意见外，还就留校各家的安全事宜做了磋商。事后，有人说潘光旦不识战争为何物或危险已至何种程度，认为他的做法即使不是唱高调也是书生之见。[②] 但是，换位思考一下，如果连教务长都慌乱起来，学校岂不更无主心骨了？

27 日下午，北平城门关闭，来不及入城的清华同人不得不商量如何避难。浦薛凤、萧公权认为经平绥路转张家口往大同是唯一可以脱离虎口的途径，于是冒着细雨到离清华大学最近的清华园火车站打听，得知次日 8 时许才有一列快车。浦、萧两人计划外出避难，一些人知晓后要求同行，到了深夜，拟赴大同者已达 24 家。这么多人拉家带口出行不是件容易的事，沈履答应派校车帮助各家搬运行李，大家通宵整理行装，

---

① 《潘光旦、沈履急电梅校长》（1937 年 7 月 14 日），《清华大学史料选编》第 3 卷上册，第 2 页。

② 浦薛凤：《太虚空里一游尘》，第 9 页。

一夜未眠。浦薛凤的心情很不平静，他与产后未满月的妻子督促女仆整理箱笼，又"环顾室中陈列，独自于深夜步行园中"，不免"心头情绪万端"，心中默默道："清华清华，别兮在即，所愿不久归来，再见再见。"[①] 浦薛凤是带着"所愿不久归来"的心情离开学校的，多数人也把这次离别看成临时避难，希望不久重返清华园。

7月28日凌晨，日军向北平发起总攻，南苑是日军扫除北平外围守军的进攻重点。拂晓时分，日军袭击南苑，切断南苑与北平的交通，又以数十架飞机低空轮番轰炸，片刻不停。轰炸万寿山麓的日本飞机从清华园上空掠过，一声巨响将师生们从梦中惊醒，大家纷纷跑向图书馆和科学馆，这两座坚固建筑是早就商定好躲避轰炸的避难所。很快，这两处便挤满了表情严肃、一脸忧色的师生。此时，清晰的炮声已经传到清华园，时稀时密的机关枪声，由微而著，由远而近。10时半许，一颗炮弹落在图书馆楼后，虽然没有爆炸，却着实让人吃惊不小。新南院南侧清华车站旁的天丰煤站，也落了一颗炮弹。

28日午后，传来令人高兴的消息：有的说丰台已被我军收复，有的说通县即将收复，有的说中央军已到保定，还有的说南京派了50架飞机前来助战。这些消息使大家稍稍安定。傍晚，炮声渐疏，紧张的人心稍有松弛，日机低空侦察飞过清华图书馆时，一些学生还仰天观看，结果遭到敌机一阵扫射。其实，28日的形势非常严峻，日军攻占南苑，第二十九军副军长佟麟阁、第一三二师师长赵登禹阵亡。29日，第二十九军被迫撤出北平，六朝古都沦于敌手。

28日和29日，是北平最危急的两天，不仅在清华园的师生感受深刻，进了城的人也同样在受煎熬。朱自清回忆：

> 二十八日那一天，在床上便听见隆隆的声音。我们想，大概是轰炸西苑兵营了。赶紧起来，到胡同口买报去。胡同口正冲着西长安街。这儿有西城到东城的电车道，可是这当儿两头都不见电车的影子。只剩两条电车轨在闪闪的发光。街上洋车也少，行人也少。那么长一条街，显得空空的，静静的。胡同口，街两边走道儿上却

---

① 浦薛凤：《太虚空里一游尘》，第9页。

站着不少闲人，东望望，西望望，都不做声，像等着什么消息似的。街中间站着一个警察，沉着脸不说话。有一个骑车的警察，扶着车和他咬了几句耳朵，又匆匆上车走了。

报上看出咱们是决定打了。我匆匆拿着报看着回到住的地方。隆隆的声音还在稀疏的响着。午饭匆匆的吃了。门口接二连三连的叫："号外！号外！"买进来抢着看，起先说咱们抢回丰台，抢回天津老站了，后来说咱们抢回廊坊了，最后说咱们打进通州了。这一下午，屋里的电话铃也直响。有的朋友报告消息，有的朋友打听消息。报告的消息有的从地方政府里得来，有的从外交界得来，都和"号外"里说的差不多。我们眼睛忙着看号外，耳朵忙着听电话，可是忙得高兴极了。

六点钟的样子，忽然有一架飞机嗡嗡的出现在高空中。大家都到院子里仰起头看，想看看是不是中央的。飞机绕着弯儿，随着弯儿，均匀的撒着一搭一搭的纸片儿，像个长尾巴似的。纸片儿马上散开了，纷纷扬扬的像蝴蝶儿乱飞。我们明白了，这是敌人打得不好，派飞机来撒传单冤人了。仆人们开门出去，在胡同里捡了两张进来，果然是的。满纸荒谬的劝降的话。我们略看一看，便撕掉扔了。

天黑了，白天里稀疏的隆隆的声音却密起来了。这时候屋里的电话铃也响得密起来了。大家在电话里猜着，是敌人在进攻西苑了，是敌人在进攻南苑了。这是炮声，一下一下响的是咱们的，两下两下响的是他们的。可是敌人怎么就能够打到西苑或南苑呢？谁都在闷葫芦里！一会儿警察挨家通知，叫塞严了窗户跟门儿什么的，还得准备些土，拌上尿跟葱，说是夜里敌人的飞机许来放毒气。我们不相信敌人敢在北平城里放毒气，但是仆人们照着警察吩咐的办了。我们焦急的等着电话里的好消息，直到十二点才睡。①

29 日，关闭了两天的北平城门开启，吴有训、潘光旦、雷海宗、浦

---

①　朱自清：《北京沦陷那一天》，朱乔森编《朱自清全集》第 4 卷，江苏教育出版社，1990，第 402~403 页。

薛凤等教授得以入城。当时，搬进城里的有冯友兰、萧公权、刘崇铉、陈达、陈福田、钱稻孙、王化成、朱自清、孙国华、张子高、王明之等教授，其中王明之、陈达没有料到全面战争一触即发，连一个箱子也没带，王化成、刘崇铉携带的也不过是少许箱箧。①

清华教授进城后散居各处，但始终保持电话联系，体现了清华的团体协助精神。潘光旦、沈履、冯友兰都是清华负责人，他们人在城里，心则挂念着清华，几乎每天早上进城，晚上返校，对留在校园的人起了些安定作用。北平城至清华的路上并不太平，8 月初，海淀镇黄庄就有 7 名中国警察被日军杀害，但是几位教授坚持履行职责，不畏危险，相信危机早晚会过去，清华一定要办下去。冯友兰曾对图书馆的留守人员说："中国一定要回来，要是等中国回来，这些书都散失了，那就不好，只要我们在清华一天，我们就要保护一天。"②

进了城的教授也挂念着校园的安危。7 月 29 日，朱自清接到钱稻孙电话，知"清华危急，今晨落轰炸一枚，一般贫民紧闭大门，妇孺皆甚惊恐"，立刻与钱稻孙、温特（清华美籍教授）走访位于地安门前后门桥白米斜街的冯友兰家，并一起"至公安局请求援助"，又"乘两辆汽车赴清华"查看。③ 30 日，朱自清复得"许多有关清华之可怕消息，令人甚感失望，直至王化成告以清华安然无恙之可靠消息，方觉释然"。④

与清华大学一样，北京大学师生也处在极度不安中。多次对人说1937 年是自己人生中最不寻常一年的郑天挺自 1933 年任北京大学秘书长，事变发生时校长蒋梦麟、文学院院长胡适等都因赴庐山参加谈话会不在北平，法学院院长周炳琳、课业长樊际昌等亦相继南下，校内事务落在他肩上。日军包围北平时，有人建议给学生每人发 20 元，令其迅速离校，郑天挺采纳了这一建议，所以北平陷落的 7 月 28 日，北京大学已没有学生。

但是，蒋梦麟离开北平后一直没有来信，学校事务如何处理，大家

---

① 浦薛凤：《太虚空里一游尘》，第 14 页。

② 冯友兰：《三松堂自序》，生活·读书·新知三联书店，1984，第 97 页。

③ 朱自清 1937 年 7 月 29 日日记，朱乔森编《朱自清全集》第 9 卷，江苏教育出版社，1998，第 476 页。

④ 朱自清 1937 年 7 月 30 日日记，朱乔森编《朱自清全集》第 9 卷，第 476 页。

都没有底，只能临时应付。8月初，日本宪兵搜查北京大学，在办公室里发现抗日宣传品，日本宪兵问这是谁的办公室，郑天挺说是他的。日本宪兵看了看文质彬彬的郑天挺，有些不相信，但当时各处负责人早已逃散一空，日本宪兵也就没再追问下去。8月8日下午，郑天挺的表姐夫跑来送口信，说日本宪兵要抓他。无奈之下，郑天挺匆匆到表姐夫所在的西长安街尚志医院，在三楼病房暂做躲避。在医院，郑天挺放不下学校事务，第二天一早瞒过护士悄悄离开，如约去与同人商量应付对策。①

说起南开大学，更是令人心痛。暑假开始后，大部分同学先后离校，卢沟桥事变发生时，留在学校的学生尚有50余人，加上工友100余人，校长张伯苓正在南京，校务由秘书长黄钰生教授主持。事变那天，黄钰生恰在北平，是乘平津间铁路恢复运输后的第一趟车赶回天津的。回到学校，黄钰生马上与理学院院长杨石先、男生宿舍舍监郭屏藩共商对策。他们先是劝留校学生回家，没有路费的可以借给，志愿到保定劳军的也给予资助，交通不便或无家可归的人则集中到秀山堂，以便统一照料，但要求女同学一律离校。接着，他们把留校师生组织起来护校，成立了探访组和治安组，分别担任搜集消息、巡逻警卫等任务。教职员也加紧整理图书、仪器，做转移他处的准备。那时，天津的汽车多半被日军强征，幸亏茂达汽车行与南开素有来往，可只能提供两部汽车，而且汽车经过日本兵营时，受到日军阻拦，抢运贵重物资的工作只能在夜间进行。

27日，传来丰台被收复的消息，还有人说第二十九军将夺取天津的日本租界。正在大家喜形于色时，28日下午有人报告说日军在校门北边的六里台附近丢下一支步枪，大家都觉得这很可能是一个花招，又要找一个生事的借口，于是马上通知教职员、家眷及学生速速离校。下午5时左右，全校上下投入疏散工作，因为大家都感觉到情况紧急，再若迟疑，损失不堪设想。果然，29日凌晨1时左右，日军开始行动了。当时的情形，黄钰生记忆犹新。他说：

7月28日夜间，留守在校舍的有杨石先和我，还有几位职工。29

---

① 郑天挺：《滇行记》，西南联合大学北京校友会编《笳吹弦诵情弥切——国立西南联合大学五十周年纪念文集》，中国文史出版社，1988，第327页。该书以下简称《笳吹弦诵情弥切》。

日凌晨 1 时，我们听到多处枪声。拂晓，驻在海光寺的日军开炮了，第一炮打河北省政府，第二炮打南开大学，接着就是对南大各建筑的炮轰。又有日军飞机在校园上空盘旋，观察投弹命中的情况。①

日军炮击南开大学，炮弹是从海光寺发射的，图书馆当即被击中倒塌。29 日上午 11 时，黄钰生仍坚守在秀山堂，突然一颗炮弹从屋顶直穿到地窖，幸未爆炸。继续留守已毫无意义，黄钰生这才与郭屏藩等率领大家一起撤离。他们从紧挨 23 号教员宿舍的河边登上校工郑师傅的小船，沿小河向东划去。上船前，一架日军飞机向他们一通扫射，船行途中，飞机又几次尾追射击。路上，黄钰生一直牵挂着学校，于是在王顶堤村休息后决定返回，郭屏藩、张新波、赵世英 3 位职员及 5 个学生，陪同他一起折返。

回到学校，只见"弹壳星布，寂无人声，一片惨淡情况，不忍卒睹"。当时，学校的物资 90% 已装车备运，但仅运出 50%～60%，黄钰生、郭屏藩巡视校园后，赶紧找人商量用船运书的办法。他刚走到大中桥，枪声复起，不得不匆匆回到秀山堂，躲到下面的一个地窖里。过了片刻，听见芝琴楼的门窗被子弹击破，玻璃哗哗啦啦地掉下来。就在大家卧倒时，楼顶传来爆炸声，众人明白此地不可久留，匆忙从后面的小门扶墙而出。当走到三号教员宿舍时，枪声大作，无法前行，不得已又由原路折回。不一会儿，校工房霍文跑来，说日本坦克车已开到六里台了，要他们早做准备。张新波听后说，"与其被敌人活活捉去，宁愿冒火网冲出"。于是大家开始二次突围，来到思源堂旁停船处。船行至八里台村小桥附近，日军飞机迎面飞来，一颗炮弹落在船边，郭屏藩急忙躲避，船身一歪，他掉进河里，同伴把他拽上来时已成了落汤鸡。郭屏藩、张新波的船经吴家窑至接近英租界的佟楼，方算略平安。他们登上马场道大桥，"回首西望，秀山堂火焰冲起"，两人"凝视良久，不觉凄然"。②

① 黄钰生：《被日军洗劫的南开大学》，转引自申泮文编著《天津旧南开学校覆没记——侵华日军 1937 年 7 月 29～30 日轰炸纵火全部毁灭天津南开学校罪行录》，南开大学出版社，1995，第 22～23 页。

② 郭屏藩：《南开被炸之追忆》，转引自申泮文编著《天津旧南开学校覆没记——侵华日军 1937 年 7 月 29～30 日轰炸纵火全部毁灭天津南开学校罪行录》，第 43～44 页。

"七二九"对南开人、对天津人，都是一个永远被铭记的日子。

亲历过卢沟桥事变的人们，虽然有不同的遭遇，但他们的感受无一不与紧张、恐惧、担忧紧紧联系在一起。这段被扭曲的人生经历，深深铭刻在他们的记忆中。

第二节 校园罹难

文化，是一个民族赖以生存和发展的精神基础。日本军队攻占北平、天津后，便迫不及待对中国的教育机关进行大规模的摧残和劫收。南开大学首先遭到灭顶之灾，清华大学校园虽未被彻底摧毁，却成了日本军队的医院、马厩，北京大学则被改造成日本的帝国大学。

南开大学是所私立大学，是张伯苓创办的包括大学、中学、小学在内的南开学校的最主要部分。被胡适誉为"中国现代教育的鼻祖之一"的张伯苓1895年毕业于北洋水师学堂，甲午战败的耻辱、民族的灾难、国家的腐败，使他认识到"国家积弱至此，苟不自强，奚以图存"，而"自强之道，端在教育"，于是立志"创办新教育，造就新人才"。[1] 1898年底，张伯苓脱离清朝海军，应天津名士严修邀请，主持严氏家馆。后来，又被聘请为另一天津著名王氏商业家的家馆教师。1904年，张伯苓随严修赴日本考察教育，回国后决定筹设中学，于是将严馆与王馆合并，成立私立中学堂，开启了南开学校的历史。1907年，学校在多方资助下已粗具规模，遂于9月22日在"南开洼"新校舍落成典礼上，正式改名为私立南开中学堂。1912年4月，南开中学堂改名为南开学校。10月17日，南开举行成立8周年纪念会，此后这一天便被南开中学、南开大学、南开女中、南开小学以及全面抗战爆发后成立的重庆南开中学作为校庆日。南开学校在张伯苓和师生们的努力下迅速发展，教室、宿舍、图书馆、礼堂、食堂等建筑拔地而起，操场、网球场、篮球场也相继开辟，在天津西南形成了一片环境幽雅的校园。1917年，张伯苓赴美国留学，入哥伦比亚大学师范学院研究教育学。两年后，设立有文、理、商三科

---

[1] 张伯苓：《四十年南开学校之回顾》，转引自南开大学校史编写组编《南开大学校史（1919—1949）》，南开大学出版社，1989，第2页。

的南开大学正式建立。南京国民政府成立后，南开又根据教育部规定，将三科改为学院，分设政治、英文、教育哲学、化学、算学、物理、生物、电机工程、化学工程等学系及研究所，还一度设立过经济学院。全面抗战爆发前，南开已经声名远播，被誉为私立教育的楷模。

南开大学所在的天津是华北门户，1898 年清政府与日本订立《天津日本租界协议书及附属议定书》后，日租界成为日本侵略华北的桥头堡。在不平等条约下，日本在天津建立了驻屯军，长年驻扎天津的日本兵数百名，军营就设在南开附近的海光寺。南开学校在国家遭受外强侵侮的时刻诞生，爱国意识和团体精神始终是学校校风的主线。在修身课上，张伯苓讲的最多的是他自己亲历的威海卫"国帜三易"[1] 等清朝末年以来中国丧权辱国的事件。张伯苓曾说："南开学校系受外侮刺激而产生，故教育目的，旨在雪耻图存；训练方法，重在读书救国。关于国际形势，世界大事，及中国积弱之由，与夫所以救济之方，时对学生剀切训话，借以灌输民族意识，及增强国家观念。"[2] 1927 年张伯苓赴东北视察，深感日本觊觎东北日亟，返校后组织"东北研究会"，并派教授团赴东北调查实况，搜集资料。

华北事变时，天津形势日趋紧张，尤其是 1936 年 4 月日本外务大臣、大藏大臣、陆军大臣、海军大臣等人抛出进一步侵占华北的"华北指导方案"后，日军向华北地区大量增兵，在地处要津的天津设立了以侵占华北为主要任务的驻屯军司令部，日军驻扎在这里的部队达 8000 人之多。卢沟桥事变爆发前的 1937 年上半年，日军更是在平津一带进行了一系列震慑性的军事演习。日本的侵略激发了人们的反抗情绪，日本军营训练的枪声使师生们直接感受到日本帝国主义的骄横与野蛮，爱国意识进一步萌发。正因如此，日本对这所著名学府恨之入骨。

7 月 12 日，卢沟桥事变发生后仅仅五天，日军就向天津发动了进攻，迅速占领了天津火车东站和东局子飞机场等战略要地。在天津市区，

---

[1]　中日甲午战争后，侵占威海卫的日本获得赔款后，答应撤出威海卫。清政府从日本手中收回威海卫时，接收仪式上降下了日本太阳旗，挂起清朝黄龙旗。1896 年，英国向清政府提出租借威海卫要求，清政府满足了这一要求，派员乘通济轮赴山东办理手续，并降下黄龙旗，升起英国国旗。这就是所谓的"国帜三易"。当时，在北洋水师学堂驾驶班学习的张伯苓，正在通济轮实习，亲身经历了这一奇耻大辱。

[2]　张伯苓：《四十年南开学校之回顾》，转引自《南开大学校史（1919—1949）》，第 41 页。

日本关闭了日租界的所有铁栅门，各个街口也设立起检查站，堆积起沙袋，设置了鹿寨。海光寺的日军不断派兵对学校大加骚扰，甚至还携枪带炮到南开大学做行政办公和文商科教学之用的秀山堂前演习。7月31日，《中央日报》一则消息报道说："两日来日机在天津投弹，惨炸各处，而全城视线，犹注意于八里台南开大学之烟火。缘日方因二十九日之轰炸，仅及二三处大楼，为全部毁灭计，乃于三十日下午三时许，日方派骑兵百余名，汽车数辆，满载煤油到处放火，秀山堂、思源堂（以上为二大厦，均系该校之课堂）、图书馆、教授宿舍及邻近民房，尽在烟火之中。烟头十余处，红黑相接，黑白相间，烟云蔽天，翘首观火者，皆嗟叹不已。"① 实际上，日军对南开大学的肆意摧残，远比消息报道严重得多。南开大学教授吴大猷曾说："此事深招日人仇视，故日人占据后，即图将他们视为'抗日中心'之'南开'，从地皮上完全的'灭迹'。"②

7月29日下午，日军的炮击曾停止了一段时间，事后知道，那是日军在抢劫学校的图书。抢劫后，又恢复炮击。30日，日军先是继续炮击南开，进而直接派兵进入学校放火。位于天津市南郊八里台的南开大学占地800余亩，有建筑6幢，实习工厂3座，教员住宅30余所，图书馆收藏了天津名宿卢木斋捐赠的中文图书3万余卷，藏书家李典臣捐赠图书75000余卷，严范孙捐赠的《九通》、二十四史，李组绅捐赠《图书集成》，等等。至1934年秋，南开大学图书馆已有中文图书12万余册，西文图书24000余册，中日文报纸14种，西文报纸8种，中日文杂志230余种，西文杂志320余种。③ 不难想象，作为一所私立大学，这样的藏书规模凝结了多少人的心血。日军的炮击，使南开大学主要建筑六毁其四，全校图书除抢救出3万余册外，余或毁于炮火，或被日寇劫持到日本。④ 至于师生们的财物，自然也损失殆尽。在日军炮击南开校园时，站在学校附近马场道一幢五层楼上的师生们目睹了这一惨景，个个眼泪盈眶，悲愤填膺。张伯苓更是痛心地说："天津沦陷，南开数十年惨淡经

① 《敌摧毁文化机关！南大已悉被焚毁》，《中央日报》1937年7月31日，第1张第4版。
② 吴大猷：《南开大学和张伯苓》，王文俊、梁吉生、杨珣、张书俭、夏家善选编《南开大学校史资料选（1919—1949）》，南开大学出版社，1989，第73～74页。
③ 董明道：《今日之南大图书馆》，《南大半月刊》第15期，1934年10月17日。
④ 《南大图书馆》，《南开周刊》复刊第5号，1947年7月24日。

营之校舍设备图书仪器，荡然全毁。"①

南开大学是卢沟桥事变爆发后中国教育界第一所被摧毁的高等学府，据不完全统计，财产损失总额达法币 300 万元，约占当时全国高等学校全部战争损失的 1/10。② 抗战胜利后，南开大学曾从东京找回 1 万册左右被劫去的外文图书，他们在这些书的扉页上印上"民国二十六年此书被日寇劫去，胜利后由东京收回，刊此以资纪念"，让读者永远记住日本帝国主义的这一罪恶。

日本侵略军对南开的毁灭性摧残，源于对南开师生抗日意志的报复。30 日下午，日本外务省发言人在东京接见外国记者时，对其行径毫不隐讳，承认对南开大学进行了野蛮轰炸。但是，发言人又辩解说，此举纯因中国军独立第二十六旅借南开大学攻击日租界。③ 这话显然是借口，人们心里非常清楚，日军对南开大学的七二九炮击和洗劫，是蓄谋已久的彻底毁灭南开大学的必然步骤。

日本的侵略暴行不仅没有摧残中国人民抗日救亡的意志，反而更加坚定了人们的抗战决心。7 月 30 日，张伯苓向《中央日报》记者发表谈话，指出："敌人此次轰炸南开，被毁者为南开之物质，而南开之精神，将因此挫折而愈益奋励。"31 日，张伯苓接受蒋介石召见时，亦表示："南开已被日军烧掉了，我几十年的努力都完了。但是只要国家有办法，能打下去，我头一个举手赞成。只要国家有办法，南开算什么？打完了仗，再建一个南开。"蒋介石听了很感动，说"南开为中国而牺牲，有中国即有南开"。④ 10 月 17 日，张伯苓由长沙到重庆，主持南开中学成立 33 周年、南开大学成立 18 周年、南开女中成立 15 周年、南开小学成立 7 周年及重庆南渝中学成立 1 周年纪念会。此前一天的 10 月 16 日，他特致电与南开同忧同愤的《大公报》，表示："苓之夙志，此身未死，此志未泯，敌人所能毁者，南开之物质，敌人所未能毁者，南开之

① 《张伯苓致蒋介石函》（1945 年 8 月 11 日），王文俊、梁吉生、杨珣、张书俭、夏家善选编《南开大学校史资料选（1919—1949）》，第 93 页。
② 南开大学校史编写组编《南开大学校史（1919—1949）》，第 231 页。
③ 《广田口中之"现地解决"，昨在众院答议员问》，《中央日报》1937 年 7 月 31 日，第 1 张第 4 版。
④ 南开大学校史编写组编《南开大学校史（1919—1949）》，第 232 页。

精神。"①

天津的南开大学被彻底摧毁了，北平的清华大学，命运也十分悲惨。清华大学位于北平西郊，其前身是清华留美预备学校"清华学堂"，1925 年始设立大学部，次年国文、西洋、历史、政治、经济、教育心理、物理、化学、生物、农业、工程等学系开始授课，后来又陆续增设了哲学、社会、东方语言、数学、体育、音乐等学系，成为四年一贯制的正规大学。清华大学的经费来自美国退还的部分庚款，充足的经费使它无论在教学设施还是师资力量上，都堪称一流。58 个研究室、实验室中，有些设备在当时的国际上也是最先进的。面积达 7300 余平方米的图书馆，收藏中日西文图书 33 万册，各类杂志 3 万余册，3 个大阅览室可同时容纳 500 人。

由于美国未与日本开战，有人觉得日本不至于对有美国背景的清华园下手。然而，这种幻想马上被现实打破，清华园终未逃脱劫难。7 月28 日晨，日机大举轰炸西苑，第二十九军与敌激战于沙河，战场距清华园不远，有的炮弹就落进了清华园。29 日，第二十九军退出北平，当天下午便有日军在清华园内穿行，此后日益增多。9 月 12 日，日本宪兵队入校搜查，校长办公室、秘书处、庶务科、学生自治会所及外籍教员住所，无一幸免。10 月 3 日，日本特务机关人员与日军部队长竹内等，以参观为名行检查之实，离去时用卡车劫走了土木系、气象台的图书、仪器、打字机、计算机等。② 自此以后，日军每日都来"参观"，公开窃取清华物资，甚至将各馆钥匙也强索去了。

此时，清华大学已经南迁长沙。学校南迁前，校务会议成员陈岱孙、叶企孙等曾会商应付办法，决定由傅任敢、汪君健、施廷镛、陈传绪、毕树棠五人留守，组成"清华大学保管委员会"。鉴于毕树棠为清华秘书处管事务的科长，熟悉校产情况，故对内对外事务，均由其代表，而重大问题则由张子高、叶企孙两人决定。因此，负有守土之责的毕树棠曾向日方提出两项抗议。第一，"本校现经维持会委托保管，则任何军队

---

① 《南开学校复兴纪念，今在重庆盛大举行，张校长勖全国校友继续奋斗，深信津校复兴短期内必能实现》，汉口《大公报》1937 年 10 月 17 日，第 1 张第 3 版。

② 梅贻琦：《抗战期中之清华》（1939 年 4 月），《清华校友通讯》第 5 卷第 3 期，1939 年5 月 1 日。

不应随意拿取图书仪器，且中日两国虽不幸发生战事，但未经宣战，且未断绝邦交，学校虽属国立机关，但非战利品，应绝对制止"。第二，"倘地方维持会认为［其］权利不能干预军人，则请维持会立刻接收我校，而免名不副实，使本人将来无法对当局交代"。此外，毕树棠还郑重声明："本校与其他各国立大学情质不同，系因美国退还之庚子赔款，每月之经费10万元系由美国大使馆拨交教育部转发者，且有保管委员会，本校之美国教授两人如温德等负监督责任。若日军此种行动经该委员会等报告美使馆转告美国，则与贵国之国际信誉颇有影响等情，应请熟加考虑。"①

　　然而，交涉的结果对日军并无约束。清华外文系美籍教授温德先生在日记中，保存了10月3日至7日日军连续四次掠夺学校物资的记载，从中可见一斑：

　　10月3日，星期日
　　竹内中佐在北平和平维持会的顾问竹田（"Takeda"）和桥川（"Hashikawa"）先生的陪同下，连同约20名士兵，乘坐三辆汽车和一辆军用卡车，来到清华大学，搜查了机械工程系、土木工程系和气象台。他们拿走了一大批书籍和仪器，分别如表所列。②

　　10月4日，星期一
　　木下少尉在一个名叫中安的宪兵和大约20名士兵的陪同下，搜查了电机工程系、航空实验室、科学馆、化学系馆和图书馆。他们拿走了电机工程馆和科学馆的钥匙。其他很多东西被士兵们攫走了，他们没有立一张收据。电机工程馆的两个工人挨了宪兵的打。

　　10月6日，星期三
　　木下少尉和一个名叫前中（"Mahenaka"）③的宪兵，连同约20名士兵，乘坐两辆汽车和一辆军车再次来校，搜查了图书馆，拿走了两样很重要的书籍和45把钥匙，没有开一张收条。随后他们搜查

---

① 《毕树棠致沈履函》（1937年10月26日），《清华大学史料选编》第3卷上册，第6页；朱育和、陈兆玲主编《日军铁蹄下的清华园》，清华大学出版社，1995，第3~4页。
② 该文中未附此表。
③ "Mahenaka"，原文译作"浜中"，误，径改。

了化学系馆，拿走了大批仪器、化学原料和书籍，没有立一纸收据，只给了一张他们占用馆内20间屋房门钥匙的收条。

10月7日，星期四

木下少尉和宪兵队连同15名士兵，乘坐两辆汽车再度来校，搜查了气象台，拿走了11册书、一张最新的中国地图，给了一张收条。大量的私人财物如手表、绘画、文房四宝等却被士兵们据为己有，没立一张收据。他们还打破了实验室里的两块大玻璃，随后他们搜查了化学系馆、科学馆等等，从这些地方拿走了一些东西，不给收条，宪兵队却将馆内的许多房间都贴上了封条。

从4日起，钥匙一直拿在他们手中。

在最后的三次搜查中，当"参观者"在搬走财物的时候，没有允准清华大学当局进入那些馆内。

以上消息，来自毕正宣（K. C. BEE）君

1937年10月8日

温德（Robert Winter）（签名）①

10月11日，温德为上述事件致电长沙临时大学，并报告了他为保护校产的努力。他说：

10月8日，星期五，听说日本兵第四次"参观"了清华并搬走了满卡车的财物，我即到清华访晤了毕正宣先生。在他的办公室里，我不仅收到一份被搬走的详细的财产一览表（这是他想尽办法为我弄到的），而且收到一份英文的有关几次事件的概况。这份表并不是完全的，因为日本兵第二次、第三次和第四次"参观"时，清华当局没有一人获准跟随他们，也没有看到他们究竟拿走些什么。

回到北平城里后，我将一份复制的一览表给了美国大使馆洛克哈特先生和合众社菲希尔先生，然后我访晤了日本大使馆老摩（"Shima"）先生。老摩先生的意见是，作为北京和平维持会的两位日本顾问来说，日本兵的第一次"参观"，他们是有责任的，而且，

① 唐纪明译《温德教授的珍贵日记》，《党史博采》1994年第7期，第24~25页。

也许可以说，其后的几次"参观"，他们也是有责任的。他建议我多同他们保持接触。他还告诉我，他有这样一个主张：最负责任的，应该是和平维持会，而不是日本军部机关，即使是对日本士兵的非法行为，也是如此。

之后我访晤了和平维持会的一位官员，他应允按照我 10 月 9 日（星期六）交送给他的复制一览表来调停这件事。

在星期六上午，我访晤了王府井北大街的日本科学图书馆的莫利先生，据闻他是文化事务委员会的主席。莫利先生告诉我，桥川（"Hashikawa"）先生虽然持那样一种立场，但是他欣然愿意将此事见告。他不能在电话上跟他说，但可以跟竹田（"Takeda"）先生谈。竹田先生说，所有这四次"参观"都是经他批准的。但是他不相信毕先生的报告是准确的，也不相信士兵们犯了那些被谴责的不端行为。竹田先生要莫利先生告诉我，毕先生作为清华的管理人员，当是撰写此报告的人之一。我告诉莫利先生，毕先生曾要求允许他伴随士兵们，但遭到拒绝，从而感到一筹莫展。我又告诉莫利先生，我已经承诺将毕先生的报告递交给和平维持会，因为我认为我对清华负有责任。第一，我是清华大学的一个成员。第二，我是毕先生的委员会的成员，这个委员会是和平维持会所委任的。第三，我是美国的一位公民，我认为我有责任向我的政府报告该校建筑和设备的情形，这些建筑和设备都是美国政府根据严格的协定捐赠给中国政府的，这就是，它们必须用于教育的目的，而事实上现在它们却被占用他途了。

莫利先生劝我等一等和平维持会研究的结果。他也要我代表竹田先生通知毕先生，在几天之内，负责当局就会占领清华校园，那么任何作为也就不再会有什么犯罪不犯罪的问题了。清华园将完全为日军官方所管辖。

Robert Winter

1931 年 10 月 11 日[①]

[①]　唐纪明译《温德教授的珍贵日记》，《党史博采》1994 年第 7 期，第 25 页。

亲历清华园被日军强占全过程的毕树棠，即前文温德信中提到的毕正宣，他的日记也保留了这段苦难。其记录是历史的真实写照，对了解和认识日本帝国主义的侵略行径，具有极高的史料价值。为了存真，特选录如下：

（一九三七年）十月十四日　今日牟田口部队进驻清华。牟田口本人住甲所，高级军官住学务处，一担任联络之参谋姓河野，态度无常，时平易，时蛮横。自此划河为界，我中国人限守河北，直通西大门，校车经化学馆前达四院明斋。（自此河南诸楼馆不堪问矣！）

十月二十日　下午四时，日本华北驻军司令寺内参观清华大礼堂、图书馆，一时园内戒备森严，军官十余人到图书馆略顾即去。通译传达：保管员排队迎接。呜呼，亡国之惨，无过于此！

十一月十日　午后四时，驻校日军某大尉召集所有保管人员及工警百余人，到大礼堂石阶前听讲话。话毕每人给蛋糕一块，"庆祝"太原"陷落"。每人手拿着蛋糕，低着头，排着队，含着泪，慢慢地回四院，没有一个吃的。

一九三八年一月二十八日　开始转移科学馆、生物馆、化学馆内之设备，闻将续有日军驻校。事前牟田口本人召集全体中国人讲话，声明他这一措施乃由于军事原因，出于不得已。其人态度冷酷，即在卢沟桥放第一枪者！

二月八日　今日驻校日军某队长，发怒声，通译传意：有往外透露日军消息者，杀无赦。

二月二十五日　今日保委会同人被迫迁居旧南院十六至十八号，情形仓促，极为混乱！且受警告：同人此后经过大桥时，不得向大门内窥伺军情，应俯首疾趋而过。从此园内无处不驻兵矣！

二月二十七日　自昨日起，无日驻军通行证已不能出进校门。今日终日在图书馆作封窗锁户之最后工作，此后即不能自由再来视察矣！事事须先办许可，真奇辱也！企孙先生今日来平即日返津。

五月十四日至十六日　现在只剩一图书馆尚未劫空，三天两头出事儿，眼看也保不住了！这三天内，图书馆门窗被破开，受日本驻军及西苑宪兵队审问威迫，辱骂，反复挫折，忍气吞声，总算告一段落，疲惫已极了！①

参与清华校产保管工作的清华大学校长办公室秘书傅任敢，亦于1938年记录了日军的强暴行径。他写道：

清华的精华部分于去年10月13日被七七罪魁牟田口率部侵驻。我们实无力，自然无法阻止；美使馆方面亦以之国策关系，没有阻拦。但是我们有一个立场，就是他不完全侵占，我们便不退出。今年2月，敌酋寺内决心将清华改为一个永久的大兵营，强迫我们退出剩余各馆舍，迁往校园外的住宅区。那时敌军的军需都已运到，限期迁毕，其势汹汹。我们同仁中有一位美籍教授把这消息报告给美使馆，美使馆因为美国政府态度日趋强硬，当即向日使馆提出抗议，日使馆当时服服帖帖的承认，不再侵占。可是同时牟田口便在校内召集同仁，大大的威胁了一顿，说"清华不是一个教育机关，是一个抗日的大本营；我在南苑打仗，亲眼看见有清华的学生，清华的化学馆明明制造毒气，企图杀害我们的兵士……现在你们居然还敢勾结美使馆……我查出来了要军法从事，今天下午六点钟以前务必把人交了出来……"并且拟好文稿，说他们侵驻以后，一切并无损失，清华与美国亦无任何关系等语，强迫我们签认。我们当然都拒绝了。过了几天，日使馆又悔了。向美使馆申言"上次说的可以不再驻兵是喜多少将的意思，但是寺内大将还是要驻。并且老实说，我们恨清华，所以我们要膺惩它"。

傅任敢还写道：

到今年8月14日，敌军驻清华者增至三千多人，又将校外住宅区占去，于是清华园内，遂不复再有我人之足迹。名园之内，无一片干净土矣！此时我们得美使馆出面交涉，拟将残余图书仪器迁存

---

① 毕树棠：《清华沦陷期间日记（摘抄）》，原载《新清华》1982年8月26日，转引自朱育和、陈兆玲主编《日军铁蹄下的清华园》，第104～105页。

燕京大学，日使馆也已满口答允，但是不到几天，园内寇军便已下手，把化学馆方面的东西搬走，图书馆的研究室和阅览室［被］破坏，只剩一个书库，不知命运如何。美使馆向日使馆质问，问它何以一面答允迁出，一面加紧破坏，它却诿为完全不知，约定9月9日同往调查。到时前去，寇军又说管钥匙的人出外了，不能进去，直到现在，恐怕还没有进去得了，迁出云云，那更不必提了！[1]

10月13日，侵占北平的华北驻屯军部队强占校舍，工学院、办公楼、工字厅、甲乙丙三所、女生宿舍、二院宿舍、大礼堂等，皆被日军占用，负责保管校产之人员，只得退避至四院（学生宿舍）。这一天，成为日军全面侵占清华园之始，卢沟桥事变的祸首牟田口廉也[2]永远钉在历史的耻辱柱上。

1938年1月20日，日军又要求驻兵于科学馆、生物馆、化学馆，强迫留校员工于2月初腾出，并限各员工一律迁出旧校门，保管人员退住旧南院。到了8月中旬，日军入驻清华园者已达3000余人，遂强占了校外住宅区和旧南院。自此，清华大学完全被日军占领，图书馆当作伤兵医院，体育馆、生物馆当作马厩，新南院成为日军俱乐部。"各馆器物图书，取用之外，复携出变卖，有时且因搬移费手，则随意抛弃或付之一炬者。"[3]1939年春，日陆军一五二野战医院进驻清华园，清华的情况更糟了。

抗战胜利后，陈岱孙奉命先行北上接收清华园，展现在他面前的是满目疮痍的凄凉景象。他痛心地看到，"众多馆舍，表面上尚似完全无恙，但一窥其内，则从房屋间架、门窗、地板，以至装修无不片片毁坏。原有之设备，从图书、仪器、机器，直至家具等，几乎全部被劫掠无

---

① 傅任敢：《痛苦的经验》，原载重庆《扫荡报》1938年12月31日，转引自黄延复《历史的见证——日本侵略者破坏清华大学的历史资料》，清华校友总会编《校友文稿资料选编》第4辑，清华大学出版社，1996，第32页。

② 牟田口廉也，卢沟桥事变时任日军华北驻屯军步兵旅团第一联队联队长，由于华北驻屯军步兵旅团旅团长河边正三不在北平，牟田口廉也成为事变现场日军最高指挥官，向中国守军开火的命令就是他下达的。

③ 梅贻琦：《抗战期中之清华》（1939年4月），《清华校友通讯》第5卷第3期，1939年5月1日。

遗"。当年清华大学图书馆分为两翼，共有三大间普通阅览室，室内共陈列着 60 多张长阅览桌，配以 624 张特制的、舒适的阅览椅子。陈岱孙接收图书馆时，改为普通病房和手术室的阅览室，设备、家具早已荡然无存。[①]

对于清华大学的损失，梅贻琦在 1938 年 6 月 27 日致教育部的呈文中写道："查本校员生自平变后，除一部未有确息外，尚无伤亡。校产因平校现为敌军占据，房舍损失共值三百五十万元以上。图书设备被扣在平校者共值二百五十万以上。其中一部已被敌军强取及毁坏者确数无法查明。"[②] 其后，1943 年 9 月 1 日梅贻琦在清华第五十次校务会议上传达教育部关于编制"沦陷区所受损失及战后复员所需用费依现值估价列表"的通知时，又亲自核定了各种损失报表。据该报表，直至制表时清华所受总损失为：校产 487600 余万元（合战前 1937 年的 2438 万余元）；教职员私人财产损失总值为 18990 余万元（合战前 1937 年的 99.4 余万元）。[③] 日本侵略军对清华大学的暴行，是对中国的文化机关的又一蓄意摧残。但是，正如梅贻琦所指出的，"物质之损坏有限，精神之淬励无穷，仇深事亟，吾人宜更努力灭此凶夷"。[④]

与南开大学、清华大学一样，北京大学也遭受了一番痛苦折磨。北京大学的前身是 1898 年成立的京师大学堂。京师大学堂诞生于具有爱国救亡意义的清末戊戌维新运动中，铸就了北京大学的爱国传统。1919 年 5 月 4 日反对日本霸占青岛的大游行，就由北京大学学生发起，北京大学由此成为划时代的五四运动的策源地。在 1935 年反对华北自治、反抗日本帝国主义、要求保全中国领土完整的一二·九运动中，北京大学学生又一次站在了斗争的最前沿。

卢沟桥事变的爆发，再次激起中国人民的愤慨。7 月 10 日，北京大学学生自治会为卢沟桥事变发表通电："本会全体同学处此生死关头，谨掬至诚，向我中央及地方当局作下列请求，并望全国各界一致主张：

① 陈岱孙：《日军铁蹄下的清华园·序》，朱育和、陈兆玲主编《日军铁蹄下的清华园》。

② 《梅贻琦手拟关于校产损失情况的呈文》，《清华大学史料选编》第 3 卷上册，第 351 页。

③ 黄延复：《历史的见证——日本侵略者破坏清华大学的历史资料》，《校友文稿资料选编》第 4 辑，第 26 页。

④ 梅贻琦：《抗战期中之清华》（1939 年 4 月），《清华校友通讯》第 5 卷第 3 期，1939 年 5 月 1 日。

一、本会全体同学拥护中央及地方当局于不丧失国土不损主权之原则下，迅速处理此次事件……二、请求中央嘉奖此次二十九军抗战将领，抚恤阵亡军民，并继续进行收复冀东、察北工作。三、请求地方当局声明此次保安队接防宛平仅为暂时性质，不能列入文字协定，并坚决拒绝日方一切无理要求。最后，本会全体同学呼吁北平全市同胞镇定团结，抱定城存俱存、城亡俱亡决心，作我地方当局及抗战将士有力后援，予侵略者严重打击。"① 13 日，同学们带着慰劳品，分赴各城门及伤兵医院慰劳抗战将士。22 日，学生会暑期工作委员会又派代表 10 余人，携带降暑药、西瓜等赴永定门外慰劳第二十九军将士。24 日，全体教授亦发表宣言，历述日本野心军阀的暴行，严正指出："中日两国是否结成永世不解的仇恨，日本是否愿意做破坏东亚和平的戎首，这都系于日本政府的态度和日本军队的行动，倘使日本还不悔悟么，那么举国上下，唯有牺牲一切，抗战到底，不幸到了那个时候，我们就要为抵御暴力而战，为保全国土而战，为人道和正义而战，为人类的自由而战，为世界的和平而战。如果人类的大多数都有维持人道和正义的同情，都有爱护自由与和平的决心，我们自信终究会得着最后的胜利。"②

7 月底，北平陷落，日军遂对北京大学进行全面劫收。8 月 25 日，日本宪兵强行检查北京大学第二院校长室，9 月 3 日，日军进驻第二院和灰楼新宿舍，在中国文学院院长室门外挂起"南队长室"标志，中国文学系也被改作"小队附属将校室"。10 月 18 日，江朝宗等汉奸组织的"北平治安维持会"在第二院门口挂出诡称保管北京大学的布告。从此，北大便落入日伪之手，饱经摧残蹂躏。全面抗战的 8 年间，北大红楼一度成为日寇宪兵队队部，地下室亦曾被用作囚禁迫害爱国志士的地方。③

北京大学被日本劫收后，许多师生按照教育部指示相继南下，加入长沙临时大学行列。日本为了控制高等教育、奴化中国青年，在"北大复校"幌子下，于 1939 年 1 月"恢复"北京大学，被人斥之为

---

① 转引自北京市档案馆编《档案中的北平抗战》，新华出版社，2010，第 56～57 页。
② 《举国拥护抗战将士，沪成立全国抗敌后援会，平教育界赠旗慰劳》，天津《大公报》1937 年 7 月 25 日，第 1 张第 4 版。
③ 参见萧超然、沙健孙、周承恩、梁柱编著《北京大学校史（1898—1949）》，上海教育出版社，1981，第 214 页。

"伪北大"。

第三节　筹议联合

卢沟桥战事展开后，国内民众群情激昂，纷纷要求坚决抵抗，北平各大学教授亦呼吁政府实行抗战政策。7 月 15 日，清华大学沈履、潘光旦，北京大学郑天挺等教授，与北平一些大学的校长和留校主持工作的李书华、陆志韦、李蒸、查良钊、梅贻宝等，联名急电在牯岭的蒋梦麟、胡适、梅贻琦，说"就同人观察，华北局面症结在地方最高当局对中央尚有疑虑，深恐地方对日决裂后中央反转妥协退（原文如此——引者注），使地方进退失据"，请他们务必向蒋介石进言，希望能"对地方作具体表示"，以"祛除此种疑虑"。① 与此同时，北平各校教授李书华、李蒸、李麟玉、陆志韦、徐炳昶、袁同礼、查良钊、赵畸、罗隆基、孙洪芬、方石珊、关颂韬、潘光旦、袁敦礼、梅贻宝、郑桐荪、张贻惠、饶毓泰、沈履、樊际昌、郑天挺等亦于 16 日密电出席庐山谈话会的教育界同人，说"几日来忽有天津谈判之举，敌人重兵深入腹地，城下之盟——求不丧权辱国，岂能幸免"，要求诸同人"务请一致主张贯彻守土抗敌之决心，在日军未退出以前绝对停止折冲，以维国权"。② 这种愿望，反映了全国人民要求维护国家主权的意志。接到电报的梅贻琦，旋将庐山谈话会的动态电告潘光旦，说 17 日早晨庐山已召开重要会议，政府方面对北平地方当局是信赖的，且对事态"已有布置"。③

1937 年 7 月底，北平、天津相继沦陷，8 月 13 日日本军队向上海发动大规模进攻，淞沪会战爆发。战事的迅速演变并没有削弱中国人民保家卫国的意志，北方及沿海各地民众怀着抵御外侮、争取胜利的信念，展开了中华民族历史上气壮山河的大迁徙。

淞沪会战爆发的第二天，即 1937 年 8 月 14 日，清华大学校长梅贻琦接到教育部密电，内云："政府拟在长沙设临时大学一所，特组织筹备

---

① 《北平各大学负责人密电蒋梦麟、胡适、梅贻琦》，《清华大学史料选编》第 3 卷上册，第 2 页。

② 《李书华等 21 教授密电庐山谈话会》，《清华大学史料选编》第 3 卷上册，第 2～3 页。

③ 《梅贻琦密电潘光旦》，《清华大学史料选编》第 3 卷上册，第 3 页。

委员会，敦聘先生为委员，定于八月十九日下午四时在本部召开预备会，届时务希出席为盼。"① 与此同时，北京大学校长蒋梦麟、南开大学校长张伯苓等，也接到了同样内容的电报。大概当时谁也没有想到，这份电报竟会是后来西南联合大学 9 年历史的肇端。

实际上，战争爆发之初，国民政府似乎还没有把战区各高等院校内迁的打算。1937 年 8 月 11 日，蒋介石签发的《总动员时督导教育工作办法纲领》规定："一、战争发生时，全国各地各级学校暨其他文化机关，务力持镇静，以就地维持课务为原则。二、比较安全区域内之学校，尽可能范围内，设法扩充容量，收容战区学生。三、各级学校之训练，应力求切合国防需要，但课程之变更，仍须遵照部定范围。四、各级学校之教职员暨中等以上学校之学生，得就其本地成立战时后方服务团体，但须严格遵照部定办法，不得以任何名义妨害学校之秩序。……"② 因此，有学者认为该纲领对于就地维持课务和维持学校秩序的严厉规定是出于担心各院校师生卷入群众抗日救亡运动的阴暗心理，当时只考虑了非战区院校吸纳因战争流离的学子。③ 国民政府在颁发《总动员时督导教育工作办法纲领》之前，还颁发了《战区内学校处理办法》《各级学校处理校务临时办法》等法令，这些法令的基本精神都是一致的。

当时，不少人认为抗战即起，"主张大中小各级学校之常课暂停一年，另授以战时训练"。如何在战争形势下坚持教育，是当时事关许多方面的一件大事，这个问题于 9 月 4 日在国防最高会议国防参议会上进行了专门讨论，讨论的中心是要不要招收大学生参战。国防参议会是 8 月初国民党为"集中意见，团结御侮"邀请国内各主要党派、团体领袖和著名社会人士成立的一个战时最高咨询机构，也是后来成立的战时民意机关国民参政会之前身，它所讨论的问题，都是与抗战直接相关的紧要大事。这次会上，军事教育家蒋百里"恳切陈辞，谓不可利用我们大学青年之热血，促令赴前线参战，而仍当尽力设法完成其学业，勿使失学。言时泪下，全座感动"。代表国民党负责国防参议会日常工作的王世杰，

---

① 《教育部密电梅贻琦、顾毓琇》，《清华大学史料选编》第 3 卷上册，第 4 页。
② 《总动员时督导教育工作办法纲领》（1937 年 8 月 27 日颁布），国民政府教育部教育年鉴编纂委员会编《第二次中国教育年鉴》第 1 编第 2 章，上海商务印书馆，1948，第 8 页。
③ 侯德础：《抗日战争时期中国高校内迁史略》，四川教育出版社，2001，第 47 页。

非常赞成蒋百里的这个意见，力主"扩充内地比较安全地域各校之学额，以收容战区学生，并于长沙、西安等处设临时大学一所"。①

随着战事的扩大，国民政府必须从长计议，为了挽救教育，决定内迁各校。梅贻琦接到的 8 月 14 日教育部密电中所说的长沙临时大学，就是实行上述办法的具体措施之一。当时，"为使抗敌期中战区内优良师资不至无处效力，各校学生不至失学，并为非常时期训练各种专门人才以应国家需要起见"，教育部决定选择适当地点，筹设临时大学若干所，而遭受日本侵略军肆意摧残的北方各大学与文化机关，是组织各临时大学的主要对象。

最初，教育部计划首先设立一至三所临时大学，其中第一区设于长沙，第二区设于西安，第三区另外选择。为此，特组织各临时大学筹备委员会，主持校址勘定、科系设置、师资吸收、学生容纳、设备利用与增添等事项。② 为了使这项工作顺利进行，8 月 30 日教育部致函中英庚款董事会，商筹借款 100 万元开办费。中英庚款董事会因一时难以筹足，答应各先拨 25 万元。于是，教育部于 9 月 10 日正式发出第 16696 号令，决定以北平大学、师范大学、北洋工学院、北平研究院等校、院为基干组成西安临时大学，以北京大学、清华大学、南开大学为基干组成长沙临时大学。同时，派定张伯苓、蒋梦麟、梅贻琦、杨振声、胡适、何廉、周炳琳、傅斯年、朱经农、皮宗石、顾毓琇等为长沙临时大学筹备委员会委员，以张伯苓、蒋梦麟、梅贻琦为常务委员，清华大学教授杨振声作为教育部代表，担任秘书主任职务。

教育部之令，要求两所临时大学于"最短期内，一部分院系当可先行开学"，根据这一精神，两校筹备委员会讨论确定了收纳学生、科系设置及教育等问题。其要点略为：（1）临时大学所收纳的学生，除以上平津校院原有学生外，并收一部分他校借读生（各校院原有学生亦得向他校借读），且得招若干新生，其详细办法由常委会拟定报部核定。（2）科系由常委会开会决定，唯科系相同者合并设置。（3）教员俟科系决定

---

① 中研院近代史研究所编《王世杰日记》第 1 册，台北：中研院近代史研究所，1990 年影印本，第 99 页。

② 《教育部设立临时大学计划纲要草案》（1937 年 8 月），《国立西南联合大学史料》（一），第 53 页。

后，即以临时大学名义就各该院师资中遴聘，亦得向外聘请其他师资。
(4) 图书仪器等，除利用各该校院迁出之设备及当地原有高等教育机构
之设备外，并由常委会向其他方面筹购。

第四节 悲怆南下

1937 年 10 月 7 日，从天津迁至汉口的《大公报》在广告栏中首次
刊登《长沙临时大学通告》。通告云："本大学现由北京大学、清华大
学、南开大学在长沙正式成立。兹将三校学生入校办法规定如下：报到：
10 月 18 日起至 10 月 24 日止。开学：10 月 25 日。报到地点：长沙韭菜
园一号圣经学校各大学办事处。注册选课：10 月 25 日起至 10 月 27 日
止。上课：11 月 1 日。本学期应缴各费：学费 10 元，理工实验预偿费 5
元，制服费 5 元。附声明：一、各校原有公费生及其他待遇暂停。
二、本大学暂不设研究院课程。三、开学后逾一星期不到者，本校不予
保留名额。"①

组建长沙临时大学的决定公布后，不愿留在沦陷区的师生们便陆续
向长沙集中。这次南下，各学校来不及做安排，更谈不上周密组织，除
了发给川资和沿途设立了若干接待站外，所有人都需自己想方设法奔向
长沙，如同"逃难"。清华大学教授潘光旦在《图南日记》中说："图南
一词原出庄子，鹏鸟置身九万里之上，谋徙于南冥，余固不足以当之，
惟'图南'与'逃难'，为一音之转，亦可谓为完全同音，曰图南，不
曰逃难者，较蕴藉耳。"②潘光旦话里有话，道出了沿途的艰辛和危险。

从北平南下本有京汉线铁路，由于中日交战，这条线时续时断，启
程晚一些的人，均须先到天津，乘轮船至青岛。从青岛南下有两条路，
一条是陆路，西行至济南，经陇海线至郑州，再换乘平汉线火车到长沙。
另一条是水路，在青岛乘船南行至上海，在上海分为两条线：一是乘江
轮逆长江到汉口，再南下长沙；二是接着乘海轮到香港，再设法到长沙。

潘光旦走的是天津—青岛—济南—郑州—长沙这条线。本来，潘光

---

① 《长沙临时大学通告》，汉口《大公报》1937 年 10 月 7 日，第 1 张第 1 版。此通告自是
日起连续刊登多日。

② 潘光旦：《图南日记》，潘乃穆、潘乃和编《潘光旦文集》第 5 卷，第 198 页。

旦准备 7 月中旬到上海主持北京大学、清华大学联合招生考试，然后至江西，与沈乃正、顾毓琇，及北京大学曾昭抡、张佛泉、燕树棠、戴修瓒，南开大学黄钰生、林同济、张彭春等教授一起参加 7 月 25 日的第二期庐山谈话会。但是，由于校长梅贻琦先期南行，日趋险恶的时局使他被冗杂的校务缠身，不得不一再推迟行期，直至接到向长沙集中的消息后，方于 9 月 16 日离开北平。与他同行的有陈福田、沈履两位教授。

潘光旦一行是从清华大学附近的清华园火车站出发去天津的。在清华园火车站，就见日方检查人员对进站人群百般刁难、敲诈，"旅客不从后门入贿，彼即不由前门出票"。开车后，至永定门车站时，日本宪兵又登车逐节检查，耗时颇多。途中，不时可见日本军队。经过丰台站、廊坊站、杨村站时，见日军粮械堆积，其他小站也不时有日军士兵上上下下，"统观全路，盖已完全成为敌人军事工具"。①

天津是南下的必经之地，为了方便同人中转，清华大学已预订了法租界的六国饭店作为过津寓所，由周培源教授负责接洽联络。但潘光旦等好不容易到了天津，下车后却不见周培源踪影，后来知道，周培源去火车站经过一桥头时遭日军扣留，盘问甚久，延误了接站时间。

9 月 20 日，潘光旦一行搭乘驳轮驶向停靠在海边的岳州轮，迎面而来的是满载日本士兵的小火轮。船过塘沽时，看到加紧施工的日军大营房。塘沽位于白河之口，"河中风帆上下，亦无非敌方之人马粮械，大抵每一小轮必拖二三驳船，皆满载"，而"白河口外当更有巨大之运输舰"。在这里，潘光旦还看见一艘名为长江丸的大轮船，船舷栏杆上挂长一丈许的白布条，上有"北支派遣皇军战殁男子之遗灵"字样，这显然载的是日军士兵的尸体或骨灰。潘光旦心想："敌人于此等所在本多隐秘，而于此特表襮之，岂其意以为津沽一隅水陆既已全入其掌握，可不复有所顾忌欤？"②

途中的艰苦自不待言。去岳州轮的驳船上"倍形拥挤，皆席地坐"，登上岳州轮，情形更恶劣。潘光旦描述当时的情景说："在人丛中来复排挤而行，约十分钟，始发见余等所定之东官舱。舱在船尾极端，而余所

---

① 潘光旦：《图南日记》，潘乃穆、潘乃和编《潘光旦文集》第 5 卷，第 195 页。
② 潘光旦：《图南日记》，潘乃穆、潘乃和编《潘光旦文集》第 5 卷，第 199 页。

得之铺位尤为极端之极端。全舱铺位凡十二，余等入时，早已被其他乘客之行李所塞满，余铺位地属下风，更于无形中成为天然堆栈；交涉良久，始由物主呼茶房稍稍撤去，撤至最后，居然腾出半席之地，以报余所出四十五元之代价；然入夜蛇行而入，仍不能无'身卧万山中'之感！"潘光旦还说："东官舱之芳邻为厕所；过此则又为厨房，除所谓大菜间之客人别有大菜可嚼外，全船千余人之饮食无不于焉仰给；于是二十四小时之间，所有煮水、焖饭、烧油锅所蒸发之热气，几全部顺风向东官舱输送；而油脂、酱醋、臭虾、咸鱼等诸色香味更袭人而来，不稍间歇，其全盛时，几可使人窒息。舱中有电扇，又有两三小窗，可得微风，以驱遣此热气与臭气，然余既安宅于层峦叠嶂之间，与世隔绝，亦殊不敢作非分想矣。"①潘光旦生于清末翰林之家，无论在清华学校求学、赴美留学，还是回国在各大学任教，生活环境一直比较优越，从未经历过如类"逃难"，故感受与印象格外深刻。

船过烟台，逗留一夜，22日下午启碇，当晚至威海，23日下午抵青岛，24日晚登火车，沿胶济线赴济南。若说此途所虑者第一为平津途中被日军截留，第二为海轮上之水火之厄的话，此外更令人担心的是火车被袭击。此前两天，兖州、邹县、济宁、徐州等地刚遭日军轰炸，所以车过济南后"同行者咸惴惴有戒心，以为敌机轰炸，必卜昼不卜夜"。②好在他们走的是西行的陇海线，路上尚属平安。26日一行人至开封、郑州，立刻换乘平汉线火车南下，27日抵汉口，28日到长沙。至此，大家才额手相庆，松了一口气。

陈达教授是从青岛乘船至上海，再乘江轮到汉口，然后南下长沙的。潘光旦于9月16日离开北平，陈达则迟至11月10日下午4点半才登上去天津的火车。这段路平日只需两个半小时，但当时因兵车甚多，沿途常停车，多用了两个小时。12日夜，陈达在塘沽登上英国太古轮船公司的盛京轮，经烟台、威海，于15日晨到青岛，16日继续前行，17日下午抵上海。

陈达原计划从上海乘轮去香港，在那里坐飞机到长沙，但听说次日

---

① 潘光旦：《图南日记》，潘乃穆、潘乃和编《潘光旦文集》第5卷，第200～201页。
② 潘光旦：《图南日记》，潘乃穆、潘乃和编《潘光旦文集》第5卷，第209页。

有条名叫新北京轮的船开往南通，于是改变计划，18 日晚就到这条江轮旁守候。19 日一早，逃难的人群蜂拥而至，陈达上船后已无隙地。新北京轮上午 10 时开出，下午 5 时到南通天生港，留宿一晚。20 日乘英国怡和洋行公司小汽船，当晚 8 点半到海安。21 日晨，乘当时至汉口的唯一轮船英国太古轮船公司的黄浦轮。22 日早 7 点半到镇江。① 23 日下午离镇江，晚 7 点半到南京。其后，24 日到芜湖、安庆。25 日到湖口，夜晚到黄冈。26 日上午 10 时到汉口。在汉口，得知往长沙的火车为运输军队和军需物资已四天不售客车票，国民政府与德国汉莎航空公司合资经营的欧亚航空公司的飞机，一个月后才有座位。真是天无绝人之路，就在陈达着急的时候，28 日巧遇清华学校 1920 年毕业的老同学刘驭万。在铁道交通部工作的刘驭万告诉陈达，政府有公务员专车往长沙，并愿介绍他乘坐此车。陈达很幸运，在这列挤满政府官员家属且没有座位的铁篷车里，他被带到列车长的办公车。21 个小时后，陈达终于于 29 日下午 1 时到了长沙。②

　　这一路，陈达虽然没有遭遇惊险，但走了上程不知怎么走下程，处处步履艰难，其曲折程度比潘光旦有过之而无不及。在天津，他在租界目睹到处都是避难的人群，物价也乘机抬高，无论是托运行李还是购买船票，都比平时高出一倍有余。在上海，"租界内人口拥挤，物价昂贵，每人每次限买米一元，肉每元可买一斤四两，青菜每斤价 960 文（每元 3000 文）"。在南通，"旅馆俱告客满，在乡人家住宿，有床，但需自备被褥"，且"二人同床"。因听说南通天生港等候登轮的难民已排到五里地以外，于是不得不与怡和公司运输英国职员小汽船的船夫私下约定，"每人付十元，在拖船内，借一席地，当私货运走"。船还没有开，船夫就叮嘱大家"切勿漏头，免被英籍主人责难或阻挠"。在汉口，陈达找了六家旅馆，"俱报人满"，原因是当天从上海或南京来的旅客和难民有一万多人，而且一周以来每日如此。不得已，他只好买了张军用床，在一朋友办公室里过夜。这些亲历，让他感受到战争对社会的巨大影响。③

---

① 陈达此处原文云"二十一日晨七时三刻开船……，十一月二十日晨七时半到镇江"，到镇江的时间似有脱字，应是 22 日。

② 陈达：《浪迹十年之联大琐记》，商务印书馆，2013，第 10～15 页。

③ 本段引文均见陈达《浪迹十年之联大琐记》，第 12、14 页。

　　途中所见的战争景象给陈达带来的感受更为深刻。他乘坐的盛京轮驶出青岛口外，就见海上停泊着两艘日本军舰。① 在上海，他曾在街上行走，见到好几处废垣断瓦，浦江东岸还有数处正在燃烧。轮船离开上海要经过恒丰、永安、大中华纱等工厂，看得见厂房屋上留下的弹痕。在狼山、福山，还见到日本军舰及运输舰七八十艘，船过去六小时，这些军舰就向岸上的中国军队开火了。②

　　北京大学教授郑天挺、罗常培、罗庸、魏建功、陈雪屏、邱椿、赵迺抟、周作仁、王烈等 11 月 17 日出发，陈达晚一天离开北平。由于胶济线断绝，长江上的日本军舰随时准备炮击，他们到青岛后只能乘船到香港。到了香港，又因粤汉铁路被轰炸，不得不乘船到梧州，取道贵县、柳州转桂林，再由公路入湘，更是苦不堪言。③ 潘光旦从北平到长沙走了 13 天，陈达走了 20 天，而郑天挺等 12 月 14 日才到长沙，路上走了 27 天。

　　教师们因各有所属，南下沿途多少还能受到学校事先安排的接待，学生们就没有这么幸运了。北京大学马伯煌同学在上海八一三抗战后，从朋友处借了 20 元钱，带着疟疾未痊愈的病躯离开北平。到天津后，日军关卡盘查得很严，好在他乘的是英国货轮，总算驶出了大沽口。在船上，"大家坐卧在货舱盖上，吃着硬而不熟的冷饭，啃着咸菜头，男女挤在一起，互无猜忌，互相照顾"，终于在颠沛流离中到了青岛。从青岛到济南，平津流亡学生可以乘坐免费军车，他乘坐的是运载士兵和军马的闷罐车。在济南，他住在一所中学的教室里，得到较好的接待，"大馒头，白菜粉条，随便吃，但以三天为限，好让后来的流亡学生进驻。临走时，每人还发了两块钱作零用"。据说，这是冯玉祥将军的主意。从济南到浦口，他与同行者见车就乘，见空就坐，车上的士兵对这些大学生也还客气，时常给他们让座。

　　但是，到了浦口就没这种待遇了。穿黄呢军装和黑色皮鞋、戴洁白手套的宪兵，神气十足地把他们召集在一起，训话似的告诉他们过江到南京后应遵守的纪律。接着，又要同学们把行李包裹全部打开，逐个检查。大家十分反感，觉得"当局者竟把我们这些流亡南下的丘九，看作是晚唐时

---

①　陈达：《浪迹十年之联大琐记》，第 10 页。
②　陈达：《浪迹十年之联大琐记》，第 13 页。
③　郑天挺：《滇行记》，《笳吹弦诵情弥切》，第 327 页。

期魏博的牙兵和成都的突将了"。于是有人说："在山东，允许我们不花钱乘军车，对丘八、丘九一样看待；到南京，派宪兵来'迎接'我们，也是对丘八、丘九一样看待；但一个是救济，一个是管束。日本侵略者对天津下车的流亡学生实行检查，国民政府对浦口站下车的流亡学生也实行检查；日本侵略者检查的是'危险分子'，国民政府检查的又是什么？"

渡江到了南京，马伯煌先到教育部，可是偌大的一个教育部竟无一人。在会议室里，大家看到台布上、墙壁上都写满了字，其中有的指责教育部对流亡学生没有妥善安排。后来，终于来了一个办事员，指定他们到一个中学去住，但要先办登记手续，还要出示学生证件。同学们议论纷纷，反问如果携带证件还能逃出北平、天津吗？办事员又要同学相互保证一下，大家七嘴八舌顶得办事员毫无办法，只得不了了之。第二天，北大、清华、南开三校联合办事处来了人，告诉大家将在长沙成立临时大学，并给每人发一张船票，有人带队和大家一同前往。

次日，马伯煌一行登船启航。不久，有几架敌机飞临，大家眼睁睁地看着飞机的俯冲和投弹，炸弹把甲板都震动了。为了防备敌机轰炸或扫射，甲板上多数人都一哄而下地躲到江轮的锅炉房去，果然一会儿敌机就在江轮上空盘旋，但未投弹、扫射。看着这场面，远望大江南北，荆吴上下，马伯煌不觉怒火中烧，心想："在敌机轰炸下，不知有多少平民百姓丧失生命，其肢体伤残的更不知有多少。"他感慨万分，"回想我们中华民族的祖先们，披荆斩棘，平土安民，创造出大好锦绣河山；落到现在这些不肖子孙手里，弄得华北陆沉，中原板荡，三吴烽火，九夏蜩螗。我们这些青年学子，竟至累累若丧家之犬，遑遑如漏网之鱼，前途茫茫，流亡何处！"[①]

向长沙集中，是为了暂避战火，为了不做亡国奴。但是，并不是不愿做亡国奴的人都舍得离开熟悉的校园和舒适的生活。清华大学外文系教授吴宓在日记中记录了多事之秋下的复杂心境，他在7月14日日记中写道："阅报，知战局危迫，大祸将临。今后或则（一）华北沦亡，身为奴隶，或则（二）战争破坏，玉石俱焚。要之，求如前此安乐静适丰舒高贵之生活，必不可得。""今后或自杀，或为僧，或抗节，或就义，

① 马伯煌：《徒步三千，流亡万里——由北大到临大和联大的回忆》，《笳吹弦诵在春城——回忆西南联大》，云南人民出版社、北京大学出版社，1986，第27～30页。该书以下简称《笳吹弦诵在春城》。

无论若何结果，终留无穷之悔恨。"① 吴宓十分留恋故都的一草一木，而当时的形势又让他无可奈何。7月18日，日军飞机轰炸西苑，中日两军战于沙河、清河之间，炮声、机关枪声，时远时近传到清华园。留在学校的师生和家属，多避于科学馆、图书馆楼下。吴宓则"和衣蒙被"，仰卧屋内，"愿毕命于此室"。② 8月2日，吴宓从《世界日报》上得知清华将迁长沙，他不愿前往，于是在8月9日致函燕京大学校长司徒雷登及陆志韦、梅贻宝等，希望能为他谋一英文讲师之职。③ 他坦言自己"留恋此美丽光明之清华、燕京环境"，因此"欲隐忍潜伏，居住北平，静观事变，置身局外，苟全性命"，也"不思他去，不愿迁移，不屑逃避"，即使"脱离清华团体"，也欲"为自营之计"。吴宓一直"不以清华教授之纷纷离校离平为然"，曾"决拟留平读书一年，即清华实行开学，亦拟不往"。直到10月6日，朋友、同事促其南下长沙临时大学，他方觉得"虽欲留平，而苦无名义及理由以告世俗之人"，"今似欲留而不可，故决不久南下"。长沙临时大学决定11月1日开学，吴宓10月26日夜才最后做出南下决定，次晨正式通知叶企孙。④

吴宓的想法在战争爆发初期少数职业稳定的高级知识分子中颇具代表性。造成这种现象的原因，主要是对抗战长期性的估计不足，其次是对放弃优裕的生活缺乏思想准备，以致他们在艰苦与安逸的矛盾面前，产生了犹豫。"走还是不走"，是抗战时期三校教师面临的第一个考验，也是他们人生中的一次艰难抉择，因为"走出这关键性的一步，意味着日后颠沛流离，但不会有失节的焦虑；而留在危城中，很可能进退维谷，精神上备受煎熬"。⑤ 但是，不管他们当初产生过什么样的念头，大多数人经过思想斗争，最终还是摆脱了种种羁绊，相继向长沙集中。

---

① 吴学昭整理《吴宓日记》第6册，生活·读书·新知三联书店，1998，第168页。
② 吴学昭整理《吴宓日记》第6册，第180页。
③ 吴学昭整理《吴宓日记》第6册，第191页。此后，9月3日，吴宓还致函英千里，要求在辅仁大学英文系得一讲师教职，功课钟点随便。
④ 吴学昭整理《吴宓日记》第6册，第192、195、206、227、239页。
⑤ 陈平原：《走还是不走——抗战初期北大教授艰难的选择》，《博览群书》2015年第12期。

第二章　驻衡湘，又离别：迁播西南

长沙是湖南省的政治、经济、文化、交通中心。1937 年深秋，北京大学、清华大学、南开大学三校会合于此，揭开了与抗日战争相始终的西南联合大学的第一页。

第一节　初会长沙

一　三校合一

选择长沙为北大、清华、南开三校迁移的校址，直接原因是清华大学在这里已经建有校舍。早在战争爆发前的两年，鉴于日本侵占东北、觊觎华北，平津时时处于危急之中，清华当局预料到中日间终将爆发战争，便决定将原拟在清华园西园修建一座规模较大的文、法学院教学大楼的全部 50 万元经费，投入勘定和购买长沙湘江西岸岳麓山下一大片临江地皮，并立即动工修建教室、实验室、宿舍等一整套的应变校舍。[①] 1936 年冬，清华大学已将经过选择的一批书籍、仪器，运到武汉暂存，以备迁校后使用。

湖南，这时已是众所瞩目的战略要地了。九一八事变后，中日两国在华北呈对峙状态，国人大多意识到战争不可避免，国民政府自 1935 年始，便将湖南列入抗战后方战略基地着手建设。到全面抗战爆发时，湖南已经修通了湘桂、湘黔、川湘等公路，形成了连接省内与江西、湖北、广东、贵州省的公路网。铁路方面，经过 3 年建设，不仅粤汉线全线贯通，还修建了湘黔铁路、湘桂铁路，完成了湖南与浙江、江西铁路的交轨。此外，水路运输也有很大改善，疏通了汉口至常德、长沙至衡阳、长沙至常德的水道。这些建设，不仅加强了湖南的战略基地地位，也使

---

① 陈岱孙：《西南联大校舍的沧桑》，西南联大北京校友会编《西南联大北京校友会简讯》第 12 期，1992 年 10 月。

它成为进出西南大后方和连接抗战前线的交通枢纽。由于上述原因，平津失守后，参加庐山会议尚未北返的张伯苓、蒋梦麟、梅贻琦，在与教育部商定组建战时联合大学时，将目光投向了长沙。这样，原是为自身安全所建的立足之地清华大学长沙分校，最终被教育部确定为长沙临时大学的校址。

但是，对于长沙临时大学能否成立，有些人还存有怀疑。6 年后陈序经在一篇文章中说，他是教育部与三校负责人决定合并为长沙临时大学的次日离开南京赴长沙的，到长沙时，因三校负责人还未抵达，住旅馆也不方便，便向湖南省教育厅长朱经农表示希望搬到长沙圣经学校居住。朱经农却说："圣经学校虽已商定为临大校址，可是临大能否成立，还是一个问题。"写到这里，陈序经特别说："我要指出，在那个时候，不只是朱先生不能预料临大能否成立，就是一般的教育界的人士，以至北京、清华与南开这三个大学的同人，也很怀疑临大的能够成立。因为这三个大学，不只因为历史、环境、学者有不同之处，而且因为经费上的支配，课题上的分配，以及其他的好多问题，并不容易解决。"[1] 叶公超也有同样感觉。在长沙，叶公超曾问蒋梦麟，南开、清华两位校长什么时候来，蒋梦麟"并不乐观"，说"假使他们两位不来，我们也要把大学办起来"。叶公超心想："北大一向穷惯了，什么事不一定要有什么规模，只要有教员、有学生、有教室就可以上课。清华是有家当的学校，享受惯了'水木清华'的幽静与安定。南开则好像脱离了天津的地气，就得不到别的露润似的，总觉得政府要在后方办大学而要来参加，他们当然不能够把家当挖出来。"当然，这种"同床异梦的情况，大家都避免表露出来"。那时，他们"隔几天就向教育部去电催驾，教育部回电很快，总是只说我们的电报已经给张校长了。梅校长也迟迟没有确实的消息"。当时，有人甚至说"假使张、梅两位校长不来，我们就拆伙好了"。[2]

不过，无论存在什么样的想法，长沙临时大学还是成立了。1937 年9 月 6 日，北大、清华、南开三校负责人在长沙举行首次谈话会，13 日

① 陈序经：《联大六周年感言》，重庆《大公报》1943 年 11 月 1 日，第 1 张第 3 版。
② 叶公超：《孟邻先生的性格》，《笳吹弦诵情弥切》，第 20 页。孟邻为蒋梦麟的字。

召开长沙临时大学筹备委员会第一次会议。[①] 筹备委员会委员为北京大学校长蒋梦麟、清华大学校长梅贻琦、南开大学校长张伯苓、湖南省教育厅长朱经农、湖南大学校长皮宗石、教育部代表杨振声，以蒋梦麟、梅贻琦、张伯苓为常务委员，杨振声为秘书主任。会上，决定蒋梦麟负责总务，梅贻琦负责教务，张伯苓负责建筑设备。[②] 其后举行的数次会议上，先后成立了图书设计委员会、理工设备设计委员会、教室宿舍设备委员会、课程委员会、贷金委员会等办事机构。经过两个月的紧张筹备，学校于 10 月 25 日开学，11 月 1 日正式开课。

长沙临时大学由北大、清华、南开三校合组而成，组建之初，确如校名一样，是"临时"性质。这种临时性，首先体现在临时大学不设校长，三校校长均为常委，共同负责；其次体现在三校虽然合组，各自依然保存着自身系统，各有独立于临时大学之外的各校机构，教授、学生亦分属各校。后来学校迁到昆明，各校又分别恢复或创办了各自的研究机构。[③] 这种做法，是由于三校师生都坚信抗战一定会胜利，那时各校一定会回到各自的校园，继续各自的办学事业。

虽然长沙临时大学是临时性的，但三校关系并不一般。从历史上说，三校本来就是"你中有我，我中有你"，素有"通家"之誉。[④] 比如：校级负责人中，南开大学校长张伯苓担任过清华学校的董事，1909 年 4 月 1 日清华学校开学时还被委派为学校教务长。曾为全美清华同学会总会长的北京大学教授胡适则是南开校董，清华大学校长梅贻琦是南开中学第一班毕业生，长沙临时大学筹备委员会秘书主任杨振声毕业于北京大学，亦是清华大学文学院院长。临时大学校级负责人如此，院系级负责人也是这样。清华大学文学院院长冯友兰、中文系主任朱自清均毕业于北京大学；南开大学教务长教授黄钰生、北京大学哲学心理系主任汤用彤和政治学系主任钱端升，均毕业于清华学校；而北京大学算学系主任江泽涵、物理系

① 《长沙临时大学筹备委员会工作报告书》（1937 年 11 月 17 日），《国立西南联合大学史料》（一），第 3 页。

② 《国立西南联合大学大事记》，《国立西南联合大学史料》（一），第 291 页。

③ 王瑶：《关于西南联合大学和闻一多、朱自清两位先生的一些事》，《云南师范大学学报》1986 年第 4 期。

④ 《梅贻琦、黄子坚、胡适在联大校庆九周年纪念会上的讲话摘要》，转引自《筎吹弦诵在春城》，第 514 页。

主任饶毓泰，又都担任过南开大学教授。至于教授，三校互栖者也不少。所以，北京大学校长蒋梦麟总是很客气地称张伯苓为"老大哥"，张伯苓也常幽默地对蒋梦麟、梅贻琦说："我请您们两位'代我的表'。"①

通家之好毕竟讲的是历史渊源，现实仍然是三个独立学校，真正做到既"联"亦"合"需要一个过程。长沙临时大学的院系设置采取归并办法，凡属三校共有者合并一系，一校内性质相近者亦做归并。根据这个原则，全校共设4个学院，人事分派上，文学院院长由北大胡适担任，理学院、工学院院长由清华吴有训、施嘉炀担任，商法学院由南开方显廷担任，各校均有人出任院长。② 北京大学没有工学院，南开大学虽有两个工程学系但设在理学院，所以清华多一个院长是可以理解的。4个学院共有17个学系，由于有的系包括3个学校的教授，为了便于合作，各系均设教授会议，由常委会推定一人为主席。10月4日，推定的各学系教授会主席为：文学院中国文学系朱自清（清华）、外国语文系叶公超（北大）、历史社会系刘崇铉（清华）、哲学心理教育系冯友兰（清华），理学院算学系江泽涵（北大）、物理系饶毓泰（北大）、化学系杨石先（南开）、生物系李继侗（清华）、地质地理气象系孙云铸（北大），法商学院经济系陈岱孙（清华）、政治系张佛泉（北大）、法律系戴修瓒（北大）、商学系方显廷（南开），工学院土木工程系施嘉炀（清华）、机械工程系李辑祥（清华）、电机系工程顾毓琇（清华）、化工系工程张子丹（南开）。以上清华大学担任学系教授会主席者8人，北京大学6人，南开大学3人。③ 校务方面也是三校各有一人，总务长为北大周炳琳，教务长为清华潘光旦，建设长为南开黄钰生。④ 这种人事安排，是为了调

---

① 陈序经：《联大六周年感言》，重庆《大公报》1943年11月1日，第1张第3版。

② 据《长沙临时大学关于行政领导机构设置等问题的布告》（1938年1月），《国立西南联合大学史料》（一），第61页。

③ 《长沙临时大学各学系设置》（1937年10月），《国立西南联合大学史料》（一），第58页。长沙临时大学迁至昆明改为西南联合大学后，于1938年设立师范学院，设国文系、英语系、史地系、公民训育系、数学系、理化系、教育学系、师范专修科。1939年1月，工学院开设电讯专修科。同年8月，奉教育部令增设航空工程系。1940年，历史社会系分为历史学系和社会学系。自此，西南联大共有五院26学系和2个专修科。此外，还于1939年增设先修班，1940年增设附属中学和附属小学。

④ 据《长沙临时大学关于行政领导机构设置等问题的布告》（1938年1月），《国立西南联合大学史料》（一），第60～61页。

整三校关系，不得不让各校原有的一些系主任做出牺牲。

北大、清华、南开都是名校。三个学校的成立背景不同，培养目标、课程设置各有所长，学风也各有特色，或强调兼容并包，或强调坚韧自强，或强调严格朴素。将三所不同教学风格和学术传统的学校联合起来并融为一体，不是轻而易举的事。蒋梦麟说："动乱时期主持一所大学本来就是头痛的事，在战时主持大学校务自然更难"，况且北大、清华、南开不仅是三个"个性不同历史各异的大学"，各校教授也"思想不同"，"各人有各人的意见"，要这样的三所大学联合在一起，就像"混杂水手操纵的危舟"，"渡过惊涛骇浪"的确不易。①

比起较为容易做到的三校授课合并进行，人事关系调整却要复杂得多，尤其是后来迁到昆明，有些矛盾就显露了出来。从学系、教师、学生人数来说，清华规模最大，安排学院院长、学系教授会主席安排时，不能不考虑这一因素。但是，这一点引起北大某些人不满，外间也流传西南联大是"联而不合"或"即将分裂"的议论。1938 年 6 月 2 日，蒋梦麟陪同教育部督学陈石珍到蒙自分校考察，某天晚上，北大师生集会欢迎蒋梦麟，会上一些教授"连续登台竞言联大种种不公平"，认为常川驻昆的常委梅贻琦"所派各学院院长、各学系主任，皆有偏。如文学院长常由清华冯芝生②连任，何不轮及北大，如汤锡予③，岂不堪当一上选。其他率如此，列举不已。一时师生群议分校，争主独立"。钱穆听了很不以为然，说："此乃何时，他日胜利还归，岂不各校仍自独立。今乃在蒙自争独立，不知梦麟校长返重庆将从何发言。"钱穆言毕，蒋梦麟即起立讲道："今夕钱先生一番话已成定论，可弗在此题上争议，当另商他事。"④ 类似的话，蒋梦麟在 12 日蒙自分校全体师生茶会上也再次强调。会上，他介绍了春天在武汉面见蒋介石的经过和联大各院系组织、经费等情况后，接着就表示："为应付目前非常局面，使三校校史之光荣美满计，决本诸南开校长张伯苓先生主张——三校是也合作到底，非也合作

---

① 蒋梦麟：《蒋梦麟自传：西潮与新潮》，团结出版社，2004，第 290 页。

② 冯友兰，字芝生。

③ 汤用彤，字锡予。

④ 钱穆：《回忆西南联大蒙自分校》，蒙自师范高等专科学校、蒙自县文化局、南湖诗社编《西南联大在蒙自》，云南民族出版社，1994，第 53 页。

到底。"① 张伯苓的这个主张，在南开师生聚会时多次说过，他说蒋梦麟是他数十年的老友，梅贻琦是南开中学第一班的学生，他们三人没有不可合的，联大也没有不可合的，合不得也要合，不联合便是中国教育的大败。

尽管三校之间需要磨合，但彼此之间都能从大局出发，互谅互让，尽量照顾到各校的利益。西南联大迁到昆明后，学校考虑到院系领导岗位的南开教授较少，长期担任中国化学学会会长的清华大学化学系主任曾昭抡，便未被安排西南联大化学系主任一职。西南联大中文系主任，除最初由清华大学中文系主任朱自清担任过一年外，其余大部分时间是由北京大学中文系主任罗常培担任的。1943 年，军委会战地服务团干部训练班改为军事委员会外事局译员训练班时，译员培训工作仍由西南联大承担，学校派清华大学吴泽霖教授和北京大学樊际昌教授为正、副班主任，机构安排由他们设计。当时，吴泽霖请清华大学戴世光教授任教务主任，戴世光向吴泽霖推荐南开大学教授鲍觉民任训导主任，吴泽霖向梅贻琦汇报这件事时，梅贻琦很高兴，认为西南联大既然由北大、清华、南开组成，最好三校都有人参加。于是，鲍觉民以专员名义被聘请为训导主任。② 这样的例子很多，所以 1941 年蒋梦麟在重庆清华同学会庆祝梅贻琦服务母校 25 周年会上说："联大校政处理得很好，我像一只猴子外面跳来跳去接洽事务，梅校长像只骆驼，每日在办公室里规划、督导、处理公文，帐目审核得很清楚，他一步一步使校政走上康庄大道，我们是彻底合作的。"③

前面说到选择长沙为临时大学校址的主要原因是清华大学已在这里修建了校舍，但是，清华分校的工程只完成了部分，全部完工最早也要到 1938 年春季，而建好的楼房也还没完成内部装修，无法立即使用，但战争这时突然爆发了。因此，当三校师生匆匆南迁后，长沙临时大学和其他流亡大学一样，面临着寻觅临时校舍的问题。经过多方

---

① 《本年秋季联大拟招新生五百，蒋校委梦麟在蒙自谈话》，《云南民国日报》1938 年 6 月 16 日，第 4 版。

② 《关于昆明译员训练班的组织情况》（1955 年 7 月 17 日）。据吴泽霖在肃反运动时写下的一份交代材料，未刊。

③ 江帆：《西南联大剪影》，《读书通讯》第 35 期，1942 年 2 月 1 日。

努力和湖南省教育厅厅长朱经农的协助，学校临时租借到圣经学校、49 标营房①、涵德女校和湖南大学的一些房屋，其中最主要的是位于韭菜园的圣经学校。圣经学校是 1917 年美国罗安琪圣经学院协助开办的，设在长沙的湖南分院俗称长沙圣经学校。长沙圣经学校有一栋钢筋水泥建筑的三层大楼，前面是三栋宿舍楼和厨房食堂，后面为外国人住的别墅式洋房，学校的办事处和法商学院就设在这里。圣经学校没有实验室，于是理学院租用湘雅医学院房子，电机系和机械系设在湖南大学八字墙校区。机械系航空组依托清华大学航空研究所，航空研究所在南昌，师生们就到航空委员会设立的航空机械学校上课。化工系是南开大学化学工程学系的延续，学生们原在重庆大学化工系寄读，所以化工系也在重庆开课。

二　南岳分校

长沙圣经学校在南岳有一个暑期分校，也与校本部一起借给长沙临时大学使用，学校把文学院设在那里，名为长沙临时大学南岳分校。长沙临时大学存在时间不长，由于校舍分散，现存材料也很少，倒是南岳分校相对集中，给人们留下了一些深刻记忆。

南岳即衡山，为中国著名的五岳之一，距长沙三百余里。位于白龙潭附近的长沙圣经学校南岳暑期分校，习称"圣经书院"或"圣经学校"。白龙潭是南岳风景之一，潭涯宽广，天晴时平坦无水，一旦有雨，便万壑争流，江洪涛涌，吸引人们驻足远眺，观赏赞叹。这里风景优美，远离前线，可谓不可多得的一片宁静之处。冯友兰曾有这样一段描写："这座校舍正在南岳衡山的脚下，背后靠着衡山，大门前边有一条从衡山流下来的小河。大雨之后，小河还会变成一个小瀑布。地方很是幽静，在兵荒马乱之中，有这样一个地方可以读书，师生都很满意。"② 白龙潭风景甚佳，却也地势险要，北京大学国文系四年级学生何与钧就在 11 月 6 日观赏白龙潭瀑布时，失足坠入数丈崖底，不幸身亡。③

---

① 标，是清朝兵制中的一级单位，每标辖 3 营，下有队、排、棚，共 2005 人。
② 冯友兰：《三松堂自序》，第 99 页。
③ 据《刘崇鋐函梅常委报告南岳情况》（1937 年 11 月 6 日），《国立西南联合大学史料》（一），第 60 页。

南岳分校虽然幽静，但战争造成的各种困难在这里也显露出来。刘崇铉说他到南岳时，分校的学生共约 190 人，其中男生 160 余人，女生 20 余人。男同学宿舍"每室五人，颇为拥挤，室内不能看书作字，只能以课室兼作自修室"。至于"教员所居之楼更在山上，须行石阶三百数十级始达，每日数往返"。① 刘崇铉所说的这处宿舍，是初到南岳时教员们居住的地方，那个高高的台阶共有 384 级。宿舍是座西洋式的二层小楼，两人一屋，每人一个木架床，一长漆桌，一把椅子，一煤油灯，陈设虽然简陋，但房间还比较宽畅。闻一多在家信中说："住的地方是在衡山上的一所洋房子，但这房子是外国人夏天避暑住的，冬天则从无人住过，前晚起风，我通夜未睡着。有的房间，窗子吹掉了，阳台上的栏杆吹歪了。"② 在另一封信中，他又说："我们现在住的房子，曾经蒋委员长住过，但这房子并不好，冬天尤其不好。这窗子外面有两扇窗门，是木板做的，刮起风来，劈劈拍拍打的响声很大，打一下，楼板就震动一下，天花板的泥土随着往下掉一块。"③

教师们在这里住的时间不长，12 月中旬，传来蒋介石拟来南岳的消息，圣经学校要把小楼腾出来。于是大家搬到山下，与迁到这里的中央研究院挤在一起。这时，南来的教师已陆续增多，宿舍改为四人一间，这对过惯优裕生活的大学教授来说，还需一个适应过程。

长沙临时大学 11 月 1 日正式上课，这一天被定为校庆日，是 1941 年 3 月 7 日在常委会上才决定的。南岳分校开学稍晚，开课已是 11 月 18 日。④ 开学后，一些学生虽然身在学校，心却依然浮动，所以教师上课前总要先做番安定人心的工作。闻一多上第一堂课时就说："抗战不是短期间可以获胜的，救国要有分工，直接参加抗战，固然很需要，学习本领，积蓄力量，为将来的抗战和建国献身也很必要。各人可以根据自己

---

① 《刘崇铉函梅常委报告南岳情况》（1937 年 11 月 6 日），《国立西南联合大学史料》（一），第 59—60 页。

② 闻一多：《致高孝贞》（1937 年 11 月 8 日），闻铭、王克私编《闻一多书信选集》，人民文学出版社，1986，第 261 页。

③ 闻一多：《致闻立鹤闻立雕闻立鹏闻铭》（1937 年 11 月 8 日），闻铭、王克私编《闻一多书信选集》，第 262 页。

④ 《长沙临时大学文学院院务委员会第四次会议记录》（1937 年 11 月 15 日），"国立西南联合大学档案"，云南省档案馆存，档号：32 - 1 - 8。

的身体条件志趣，迅速决定去留。留下来就要安心学习，不安心是不好的。"①

　　闻一多这番话，道出了当时同学们心情不安的实情。几年后，王逊同学回忆南岳生活时说，那时他总是一个人坐在树下，望着山谷口那边的苍茫烟水和红土丘陵上点缀的绿树，内心充满了寂寞，"觉得除了战争之外，唯一真实的只剩下自己这一点迷惘的情感"。王逊离开长沙时，买了部《楚辞》，他带着这本书上了南岳，虽然总放在身边，却心不在此，很少阅读。到南岳的第一个月，他就这样心神不定地坐在树下，"往往消磨一整个下午"。第二个月几乎总有寒冷的冬雨，他仍然无所适从，"晚间早早的就睡到床上，吹灭了无光的菜油灯，听风里的窗板响，竹叶上雨滴的声音和墙外溪水的怨语"。他觉得"每一个白天都那样长，每一个夜晚都那样长"，而"大家仿佛都有所等待，然而谁也不知道在等待什么"。尽管大家在图书馆围坐在同一个火盆旁，"每人拿了一本书，可是没有人念书"，只是"谈着从长沙寄来两星期以前的报纸上的消息"，内容"从西康的猴子兵谈到江阴炮台的失守"。到了第三个月，就再也耐不住了，"已经有些同学陆续下山而去"，留在南岳山上的同学也感到"确是一种痛苦"，"或者忧国，或者想家"，因为这里"既缺少外间的消息，又没有生活"。于是，"有人是去武汉，有人则去西北"。② 王逊是长沙临时大学哲学心理学系四年级同学，在北平时曾担任过清华大学学生自治会主席，是一二·九运动的积极参加者。这样一个关心国家命运的同学都是如此心情，其他同学就可想而知了。

　　比起同学，教师们倒能沉下心，他们不仅要求学生安心读书，自己也在艰苦条件下坚持研究工作。冯友兰说那时"汤用彤先生写他的《中国佛教史》，闻一多摆开一案子书，考订《周易》，学术空气非常浓厚"。③ 钱穆也记得他和吴宓、闻一多、沈有鼎合居一室时，闻一多"自燃一灯置其座位前"，"勤读《诗经》《楚辞》，遇有新见，分撰成篇，一

①　陈登亿：《回忆闻一多师在湘黔滇路上》，王康、王子光编《闻一多纪念文集》，生活·读书·新知三联书店，1980，第275页。

②　王逊：《七年前在南岳》，《观察报》1945年6月17日，第4版。

③　冯友兰：《三松堂自序》，第99页。

人在灯下默坐撰写"。[1]

研究是这样，教学也同样。南岳分校开学后，三校教师还没到齐，但在校教师个个都是知名学者，同学们很满意。一位同学回忆说：那时，"朱自清老师讲陶潜诗，闻一多老师讲诗经，罗莘田老师讲语音学，罗膺中老师讲杜甫诗，魏建功老师讲中国音韵学史，可谓各尽其妙。当时，虽然教学设备非常简陋，甚至连个小型图书馆也没有，然而老师们凭着他们的讲稿，照样把古代的文学、语言知识传授给下一代，而同学们则凭着一支钢笔，几个笔记本就把这些文学、语言知识继承了下来。使人感到这名山中的临时教学场所，并不次于北京沙滩红楼里宽敞的教室。特别是老师们和同学们随时见面，更增进了彼此之间的情谊，大有古代书院教学的风味"。[2]

与后来的日子相比，南岳的生活还比较安定，但大家对战局的关切丝毫没有减少。闻一多回忆说："记得教授们每天晚上吃完饭，大家聚在一间房子里，一边吃着茶，抽着烟，一边看着报纸，研究着地图，谈论着战事和各种问题。有时一个同事新从北方来到，大家更是兴奋的听他的逃难的故事和沿途的消息。大体上说，那里教授们和一般人一样只有着战事刚爆发时的紧张和愤慨，没有人想到战争是否可以胜利。既然我们被迫得不能不打，只好打了再说。人们对于保卫某据点的时间的久暂，意见有些出入，然而即使是最悲观的也没有考虑到最后战事如何结局的问题。那时我们甚至还不大知道明天要做什么事。因为学校虽然天天在筹备开学，我们自己多数人心里却怀着另外一个幻想。我们脑子里装满了欧美现代国家的观念，以为这样的战争一发生，全国都应该动员起来，自然我们自己也不例外。于是我们有的等着政府的指示：或上前方参加工作，或在后方从事战时的生产，至少也可以在士兵或民众教育上尽点力。"[3]

闻一多所说的"幻想"，实际上是对全民总动员的期待。然而，教书育人不仅是为了抗战，更是为了培养建国人才，长沙临时大学就在这

---

[1]　钱穆：《八十忆双亲·师友杂记》，岳麓书社，1986，第182页。

[2]　向长清：《衡山暂驻》，《笳吹弦诵在春城》，第48页。

[3]　闻一多谈话、际戡笔记《八年来的回忆与感想》，西南联大《除夕副刊》主编《联大八年》，新星出版社，2010，第6页。

种指导思想下迁往昆明。

第二节　再迁昆明

长沙临时大学仅存在了一个学期。开学的第一个月里，大家似乎打起了精神，夹着书本上课、下课，可是日本飞机的轰炸，打破了平静。

10月8日，刚刚抵达长沙不几天的朱自清教授听到了一阵空袭警报，此后警报声不断惊扰着这位学者。20日，朱自清本来已答应参加一位朋友的邀宴，为了躲避空袭，他未能赴约。① 11月24日，日本飞机首次轰炸长沙，火车站附近小吴门一带中弹六枚，成为火海，死伤者300余人。徐一沛同学回忆说，日机轰炸时，他们正在上课，忽然天外飞来"轰！轰！"两声，震天动地，人们给吓得血都凝结不动了，清醒过来后，便都本能地抢着往楼下跑，桌椅凌乱，纸片横飞。一位同学眼镜跌得粉碎，腿部也受了伤。一位女同学吓昏了，拼命往钻不进去的讲台下爬。② 那几天，日机几乎天天来，有时一连来四五回，后来虽然中国飞机奋起抵抗，日机不敢飞入长沙上空，而且警报一响，学校屋顶上就挂起美国旗，但毕竟让人整天提心吊胆，无法埋头读书。长沙本为后方重镇，自此硝烟渐起，人心日益浮动。

1937年12月，上海、南京相继失守，武汉形势紧张，这之后"学校里充满了紧张而混乱的空气，千千万万的谣言无时无刻不在每个同学间传播，同学们有的到前线去参加神圣的抗战工作去了，有的则回到河南、山东等地去保卫他们的大故乡去了，剩下没有走的，差不多只有开学时的半数"。③ 到了1938年1月初，不仅师生们已无法安心上课，就连本来严格的军事管理也松弛了下来。④

---

① 朱自清日记（1937年10月20日），朱乔森编《朱自清全集》第9卷，第489、491页。
② 徐一沛：《长沙临时大学见闻》，《战时青年》第1期，1938年1月10日。
③ 金五：《一年来之西南联大》，《青年月刊》第7卷第4期，1939年4月15日。
④ 长沙临时大学一直实行军事管理，每天早晨都要点名。但1938年1月6日集合号吹过后，来到操场上的已不到10位同学。见《董奋日记》，张寄谦编《中国教育史上的一次创举——西南联合大学湘黔滇旅行团纪实》，北京大学出版社，1999，第353页。以下简称《中国教育史上的一次创举》。

一 迁昆决策

这一形势，迫使长沙临时大学当局不得不考虑再次搬迁。关于搬迁的地点，广西当局曾表示欢迎临大到桂林或其他城市，但经济系教授秦瓒则主张迁往昆明，认为云南地处大后方，加之群山叠嶂，日军难以进犯。再说，昆明有滇越、滇缅两条国际铁路，无论是搬迁还是今后对外联络，都比较方便。秦瓒之言语出有因，其父秦树声为光绪十二年（1886）进士和光绪二十九年（1903）经济科进士，清末时曾任云南按察使。① 宣统二年七月（1910 年 8 月），清政府颁令各省按察使司改为提法使司，原任按察使为提法使，负责管理全省司法，并监督各级审判厅、检察厅及监狱，为一省最高的司法行政长官。秦树声在云南任职时，秦瓒随父前往，对云南印象极深，故不仅对云南情有独钟，而且还有父亲的许多人脉关系。临时大学常委采纳了秦瓒建议，1938 年 1 月学校任命秦瓒为先遣队长，与迁校筹备委员杨石先、王明之赴昆明探勘。秦瓒是北京大学教授，杨石先是南开大学教授，王明之是清华大学教授，学校选择他们，也反映了三校联合的精神。秦瓒到昆后，他的关系果然起了很大作用，不仅教育厅厅长龚自知极为支持，一度犹豫的云南省主席龙云也很快表示了欢迎。

不过，当搬迁目标锁定在远离战争威胁的春城时，教育部却提出了质疑。刚刚出任教育部长的陈立夫对前来说项的联大常委、北京大学校长蒋梦麟说，蒋介石担心影响士气，不愿大学迁来迁去。② 蒋介石的这个态度，与其说担心加重社会动荡，削弱人们的抗战信心，倒不如说对和平解决中日争端还抱着一厢情愿的幻想。然而，随着形势的日趋严重，最高当局最终接受了搬迁计划。1938 年 1 月上旬，陈立夫表示教育部基本同意长沙临时大学搬迁昆明，19 日又转达了军委会内容大致相同的决议。次日，长沙临时大学常委会举行第 43 次会议，做出全校迁往昆明的决议。

---

① 一些回忆西南联大的文章中说秦瓒之父在清末时任云南学台，实误。
② 朱自清在 1937 年 12 月 25 日日记中写道："教育部长告诉北京大学校长说，总司令不愿意大学迁来迁去。"见朱乔森编《朱自清全集》第 9 卷，第 503 页。

二　去留论争

战火即开，个人前途与学校命运已紧紧相连，出于对国民政府和三校校长的信任，多数教职员赞成西迁云南。但是多数学生持反对意见。

如何投身抗战，是全面抗战爆发后摆在每一个人面前的严肃问题。纵观当时的社会舆论，大多主张知识青年应直接投身战场。《大公报》在一篇社评里严厉批评"好铁不打钉，好男不当兵"观念，说："现在我们已走上民族自卫的神圣战场"，在这"国族的生死关头"，要取得最后胜利的第一个条件就是"发扬男儿的报国志气及勇武精神"，不要再在"知识的空壳里翻筋斗"，不要再为"国家社会彷徨苦闷"，而是"放下笔管，拿起枪杆，当一个中华民国的小兵，去抵挡我们国家的强敌"。《大公报》还主张"不必要的大学校可以多关几所，不急需的文法学生都到军队里去"，因为历史的教训告诉我们，"没有武功的文化，只是脆弱的空壳，脱离勇武的智能，将会流为奸狡"。①

这种认识，在长沙临时大学学生中占有主流位置。姚梓繁同学说，"这次对外全面抗战，是我国有史以来第一次。中华民族的生死存亡，今后一世纪的世界历史，就要在此一举中决定了！我们的使命是何等的神圣！伟大！既生在这个伟大的时代，就应负起这种伟大的使命！"姚梓繁到长沙临时大学前，曾和十几位同学在江苏武进做了一段时间的乡村宣传工作，认为这种工作十分重要，其贡献"不亚于前线的战士"。他是接到学校通告后赶到长沙的，"以为开学后一定可以多读些非常时期的科目，研究些非常时期的学问，把我们做一个干部训练班，将来派到各地去从事训练与组织民众的工作"。但是，他到学校后，却感到很是失望，因为"各系科目，仍与平时一式，教授讲书，仍照原样，同学听课，还是机械地做教授的记录"，"整个的教育方针，还是一仍旧贯"。姚梓繁对这种现象深为不满，他问："在这决定国家与民族生命的紧急时期，一般大学生还是照旧过些承平时代的生活，读些承平时代的书籍，岂能过得去？国家亡了，准备为谁发扬文化！为谁维持和平！我不忍看着前线将士浴血抗战而自己仍过着承平时代的生活！我不忍看着一般毫无训

---

① 《劝从军》，汉口《大公报》1937 年 11 月 8 日，第 1 张第 2 版，"社评"。

练与组织的民众在后方沉睡着！散漫着。"为此，他呼吁高等教育机关，应"有计划的发动我们大学生到乡村去从事组织与训练民众的工作"，并根据亲身经历提出了四项理由：（1）从能力和素质上看，"以大学生去从事组织与训练民众的工作为最适宜"。（2）从大学教育方针上看，现在的教育方针不能适应抗战时期的需要，"与其在校中读些死书，不如下乡去从事训练与组织民众的实际工作"。（3）利用这个机会，"使负着创造新中国使命的大学生对于立国之本的农村，能有真切的认识；对于农民的困苦，能有真切的体会"。（4）从文化与知识掌握上看，现在负责训练与组织民众的区、坊（乡）、保、甲长，不是目不识丁、为人利用的可怜虫，便是见利即趋、称霸街衢、蒙蔽民隐的土豪劣绅和腐化分子，而"青年大学生都是尚未受到现社会腐化势力的熏染，不会与地痞恶棍去合流同污，更不要甘上骄下的去求全自己的地位"。因此，这些带着复兴中国决心的正直的热血青年，到了乡间，"不但不会被地痞土劣所恶化，并且能够不客气的检举他们，监视他们"。根据这些理由，姚梓繁同学呼吁，"当局把我们先行组织起来，组织成千上万的民众教师，再有组织的去从事工作"。[①]

　　姚梓繁同学的认识在长沙临时大学有一定代表性，事实是，学校成立以来，围绕应否实施战时教育问题争论就从来没有停止过。对于西迁昆明，大家意见更是不一，一位化名"雨兹"的同学认为这个时刻大学生"没有资格躲到安全的象牙塔里"，西迁昆明背叛了青年的爱国传统，他给迁到武汉的国民政府写了一份请愿书，甚至还给蒋介石发去一封电报，请求把长沙临时大学留在长沙，作为人们的榜样。[②]

　　纵观当时同学们的意见，大体有三种。一种是主张继续用功，直到"最后一课"，仿欧战时各国大学的样子，飞机么，不理它。一种是主张搬家，认为不妨孟母三迁，在深山里练好本领，再来为国家效力、打倒日本帝国主义。还有一种则认为即使十迁也无所谓，问题的焦点在吃饭，

---

①　姚梓繁：《抗战期中的大学生》，汉口《大公报》1937年11月18日，第1张第3版。

②　雨兹：《反对文化逃避政策》，原载1938年1月15日出版之《火线下三日刊》第156期，转引自〔美〕易社强《战争与革命中的西南联大》，饶佳荣译，九州出版社，2012，第25页。

家没得了，哪儿去找六块钱的伙食呢。[①]

　　由于意见不一，愿意参加直接抗战的同学不断离校，有的到了前线，有的去了军校。留下的同学虽然坚持上课，却极力反对远离战场、西迁昆明，其主要理由有："时间费时太长，金钱所花太多"；"长沙之不能安心上课，因抗战关系，非惧敌机关系，故至昆明仍不能安心上课"；"我们要监督政府，我们先跑太不像话"；"毕业同学到滇只能上二月课，毕业后还得回来"；等等。[②] 而最主要的理由，则是认为逃难式的搬迁无疑就是逃跑，是视救国的责任于不顾。当时，有些同学组织了一次反对搬迁或缓迁的签名活动，很多人签了名，各种壁报贴满了校门内的走廊，主流是反对迁校。一位学生回忆说："燕赵本多慷慨悲歌之士，加之此时此情，大字报的内容与措辞当可想象如何了。综其内容要义，不仅指责学校应知国破山河在，庸人何必自扰之，以及立足方定，正期弦歌不辍，不料竟有劳师动众，西迁昆明之议，实属荒废学时，劳民伤财，莫此为甚之类。在大字报中也确有娓娓陈辞，文情并茂之作。记得有一篇大字报是在提出反对迁校的理由之后，提醒全校师生勿为四季如春，景色宜人的昆明所惑，文中有'须知大观楼不是排云殿，昆明湖不在颐和园'之句，倒也引起一些人的乡愁，使我至今不忘。"[③] 还有人贴了个布告，提议拍电报请示最高领袖，他要我们怎么样就怎么样，签名的人不少。[④]

　　但是，大多数教师特别是教授的认识却不一样。抗战胜利后，闻一多回顾长沙时期的历史时说："当时大家争执得热烈的"，就是"应否实施战时教育的问题"，"同学中一部分觉得应该有一种有别于平时的战时教育，包括打靶，下乡宣传之类。教授大都与政府的看法相同，认为我们应该努力研究，以待将来建国之用，何况学生受了训，不见得比大兵打得更好"。[⑤] 闻一多是位热烈的爱国主义者，1923 年在美国留学时，就参与了倡导"外抗强权、内除国贼"的国家主义活动。1933 年初，日军

---

①　徐一沛：《长沙临时大学见闻》，《战时青年》第 1 期，1938 年 1 月 10 日。

②　《董奋日记》，张寄谦编《中国教育史上的一次创举》，第 359 页。

③　高小文：《行年二十步行三千》，张寄谦编《中国教育史上的一次创举》，第 233 页。

④　徐一沛：《长沙临时大学见闻》，《战时青年》第 1 期，1938 年 1 月 10 日。

⑤　闻一多谈话、际畟笔记《八年来的回忆与感想》，《联大八年》，第 8 页。

攻占山海关，3 月初又占领热河，清华大学召开教授会临时会议，讨论对政府应付严峻形势的意见。会上，闻一多主张蒋介石"自责"。第二天，他又写下给毕业生的赠言《败》，说："我欢送你们这支生力军去应战"，"三年五年，十年八年后，再遇到你们，要看见你们为着争一个理想的赢来的那遍体的鳞伤"。① 闻一多的激烈是不加掩饰的，但这时也认为虽然大敌当前，学生的主要任务是努力学习科学知识，为"抗战建国"做长远准备。

闻一多的认识也正是长沙临时大学校方的主张。为了说服同学、安定人心，蒋梦麟特邀军委会政治部部长陈诚来校讲演。陈诚曾先后两次到学校讲演，后一次是在昆明西南联大，这次则是第一次，时间在 12 月。陈诚这次讲演许多同学都曾提及，并记得其大意是：对日作战是长期的，政府深信抗战一定胜利，接受高等教育的大学生们，理应承担更艰苦、更困难的使命，现在政府为了抗战组织青年从军是必要的，但培养未来的建国人才也很必要。② 但是，迄今为止的记载均为回忆，除了泛泛之言外，并未留下陈诚讲演的细节。所幸的是陈诚本人很重视自己的行迹，保存了这次讲演的讲词。据此，我们知道陈诚是风尘仆仆地刚从前线回来就来到长沙临时大学，他讲演的第一个问题是"东战场情势一瞥"，其后为"关于抗战之诸问题"（含军事机构问题、政治训练问题、教育行政问题、伤兵及慰劳问题）、"国际现势之分析"、"对于青年学生之企望"。在教育行政问题中，他说：

　　教育是立国的根本，尤其当国家临到存亡绝续关头，成为绝对需要，这是一个国家最强韧最可行的生存力量。今天学界中有许多人，以为抗战形势这般紧张，人人都应该亲赴前线作实际杀敌的工作，高喊"离开学校""抛开书本"的口号。从表面看来，这种论调，不能算错，但要知道教育是万年和国家大计，所谓"百年树人"，一个国家要建国，要强盛，就要培植无量数的人才，以为领导，以为中坚。

---

① 闻一多：《败》，《清华大学年刊》，1933 年。

② 冯钟豫：《四十年来》，原载台湾新竹清华大学编《清华校友通讯》新 67 期，转引自楠原俊代『日中戦争期における中国知識人研究：もうひとつの長征・国立西南聯合大学への道』、研文出版公司、1997、第 99 頁。

大家身受大学教育，知识丰富，能力精强，就是当前抗敌建国的主要干部。现在四个多月抗战的结果，固然有许多名城沦陷敌手，所有教育行政，都不能继续实施，无量数的青年学生，不是被停被杀，就是失学流亡。但是我们难道就此不管这些学生了么？不，我们政府在整个战时教育方案之下，仍当设法予以读书的机会。实际上在目前教育的意义，比较平日尤为重大。一方面，学校成为后方文化的重镇，安定社会的主力。他方面，学生担任后援宣传工作，激发抗战情绪，为支持前方作战的中心。我常常对部属说，"忠于职务"，这句话的意思，就是要大家在一个目标之下，一定范围之内，尽到自己的本分。就拿抗战的例子来说，国家行政各部门，自有其本身的责任，做军人要效死沙场，办实业的要充裕民生，做学生的也要安心求学，方使前方后方，井然有序。倘使做军人的反到后方读书，做学生的反到前方作战，这还成什么样子？诸位读过西洋史，知道纪元前三世纪罗马人攻入希腊城时，希腊的大科学家亚基美得，一面沉着地在实验室继续做"比重"的试验，一面愤怒的大骂罗马军的野蛮。我们就要有亚氏这一种死守不屈的精神。我认为教育在抗战期中有着很大的任务，尤其在安定后方一点，具有直接的效用，希望大家切实注意到。①

陈诚的讲演传递了这样一个信息，即抗战固然紧迫，但建国更需人才，大学生的主要任务应是后者。这种表态与诠释多少起到了稳定人心的作用，其实人们内心也很明白，继续接受高等教育与直接投向抗战工作并不矛盾，目的都是救国，并且大学生的作用是普通士兵无法代替的。

陈诚的讲演与长沙临时大学校方的意见完全一致，也是教授们的主流倾向。当然，在大学生的主要任务究竟是读书还是参战问题上，个别教授也持不同看法。

南岳分校有两个同学将赴延安，行前大家在露天场地集会欢送，

---

① 陈诚：《第一期抗战之检讨与对青年之企望——对长沙临时大学讲》（1937年12月），"陈诚档案"，台北"国史馆"存，档号：008 - 010102 - 00007 - 029。该档案仅注明演讲时间为12月，无具体日期。"陈诚档案"正式名称为"陈诚副总统文物"，本书使用简称。

邀请教师参加。会上，冯友兰首先发言，"对赴延安两生倍加奖许"，钱穆则"力劝在校诸生安心读书，不啻语语针对芝生而发"。他说："青年为国栋梁，乃指此后言，非指当前言。若非诸生努力读书，能求上进，岂今日诸生便即为国家之栋梁乎。今日国家困难万状，中央政府又自武汉退出，国家需才担任艰巨，标准当更提高。目前前线有人，不待在学青年去参加。况延安亦仍后方，非前线。诸生去此取彼，其意何在？"冯友兰听了这话，于会后找到钱穆，说："君劝诸生留校安心读书，其言则是，但不该对赴延安两生加以责备。"钱穆答："如君奖许两生赴延安，又焉得劝诸生留校安心读书。有此两条路，摆在前面，此是则彼非，彼是则此非。如君两可之见，岂不仍待诸生之选择，余决不以为然。"结果，两人力辩，谁也说服不了对方，冯友兰"终于不欢而去"。[1] 钱穆、冯友兰的这场争论，说明教师之间在这个问题上存在着不同认识，以至于一位同学说"听某一人说话以后，觉着救国对，然而当与另一个人辩论以后，立刻改变了主见，于是觉着读书对了"。[2]

当然，这些不同意见即使在政府内部也同样存在，并且在长沙临时大学是否搬迁问题上表现得非常突出。11 月 20 日，就任湖南省政府主席不久的张治中，就明确表示反对学校搬迁。张治中一直在军界服务，八一三淞沪抗战中任第九集团军总司令，这时刚由军队转到地方政府。作为主政湖南的封疆大吏，张治中一心想把湖南建成抗战基地。1938 年1 月，张治中接到梅贻琦请他到长沙临时大学讲演的来信，觉得这是宣传他建设湖南的好机会，很痛快地回函表示接受。[3]

长沙临时大学很重视张治中的演讲，18 日上午 10 时，全校停课两小时，要求"全体师生一律出席"。[4] 那天，张治中冒雨来到学校，他的演讲除了分析抗战形势、鼓舞士气外，还毫不掩饰地反对临时大学离开湖南。董奋同学当天的日记记载了张治中讲演的一些片段："我们不否认

① 钱穆：《八十忆双亲·师友杂记》，第 181～182 页。
② 《董奋日记》，张寄谦编《中国教育史上的一次创举》，第 357 页。
③ 《张治中致梅贻琦函》（1937 年 10 月 14 日），"国立西南联合大学档案"，档号：32 - 1 - 167。
④ 《西南联大为本月十八日上午十时请张治中先生来校演讲，望全校员生一律出席布告》，"国立西南联合大学档案"，档号：32 - 1 - 167。

战场上的失利，然而为了国家的荣存，我们应当死中求生。我们已经过了许多年的不生不死，以至国家成为如此。现在不容许我们再不生不死的下去了。"说到湖南省的抗战打算，张治中说他准备停办高中以上的学校，连同教师招集 5 万人，全部送到乡下，让这些知识分子领导全湘人民抗击日军。演讲中，张治中还举了不久前的一件事，说："我告诉你们一个笑话，我有一个朋友，他太太在牛头洲住，他见了我说：'主席，你得给我保险的'，我说'那倒可以，你家出了门不就是湘江吗，湘江里面我想是可以容好几十万人的'，结果我的朋友大骂我而散。"谈到蒋梦麟代表长沙临时大学求援的事，张治中说他的回答是："汽车也没有，船也没有，最好要到那里去，就用两条腿走，这也是一种教育。"末了，张治中再次表示无论如何不赞成学校搬家。①

这次讨论，是长沙临时大学组建后出现的第一次全校大讨论。这次讨论，学校并没有做过任何发动，但师生们已经把个人与抗战牢牢拴在了一起，几乎全校师生都卷了进来。这次讨论的问题虽然是应不应西迁云南，反映的却是教育界如何认识和应对史无前例的全民族反侵略战争。纵观这一时期的许多报刊对这个问题发表过不少意见，长沙临时大学的讨论，可以说是社会各界关注这一问题的缩影。

尽管反对西迁云南的意见在同学中占据主流，却未能动摇学校当局的决心。学校几位常委都是阅历丰富、眼光长远的职业教育家，他们更多考虑的是如何保存学术实力、赓续文化命脉、培养国家急需的人才。基于这个出发点，他们认为选择云南"并不是专以安全为原则，因为单纯为安全可以到西藏或喜马拉雅山。但是过分闭塞的地方，不是学校所在的目的地，到云南，是因为有滇越与滇缅两条路可以通到国外，设备仪器容易运进来"。② 于是，在张治中演讲两天后，长沙临时大学常委会正式做出迁往昆明的决议。

西迁昆明决定后，每个人都不得不做出选择。最终，尽管在反对西迁声明上签名的同学超过全校学生的 1/2，但填写赴云南入学者仍占全

① 《董奋日记》，张寄谦编《中国教育史上的一次创举》，第 356 页。

② 《梅贻琦、黄子坚、胡适在联大校庆九周年纪念会上的讲话摘要》，《笳吹弦诵在春城》，第 512 页。

校 2/3。① 这表明除了离校参加抗战工作的同学外，留校的大部分学生最后还是选择了随校搬迁。

三　慷慨迁徙

1. 西迁策划

任何一个单位的动迁，即使平时也十分棘手，战时环境下就更加艰难。长沙临时大学西迁面临的最实际问题是怎样才能平安抵达云南，学校是个集体，不仅有教职员和学生，还有不少眷属，这么多人的搬迁绝非易事。

困扰西迁的主要困难一是经费，二是交通，三是安全。1938 年 1 月 22 日，长沙临时大学在迁校布告中规定教职员、学生于 3 月 15 日前到昆明报到，路费与津贴为教职员每人 65 元，学生每人 20 元，沿途各办事处人员外加食宿费和每人每日办公费 5 元。可是，学校的补贴不足以解决赴滇旅费，按旅行社提供的信息，长沙至昆明至少需要 55 元，即使乘汽车走颠簸的陆路少说也要 35 元。另据有关统计，全面抗战爆发时一些大城市的基本物价若以白米、猪肉、木炭论，分别是每石（120 斤）8 元、每斤 0.18 元、每百斤 2.4 元。换言之，就是每人每月只需要 5 元，生活就相当不错了。照此计算，赴滇经费所缺之 35 元，差不多相当于一个人 7 个月的生活费。这个数目，对于多数学生来说，确实是不小的负担。

沉重的路费压力，让一些学生颇生怨气。不知是哪个同学，曾用黑油漆把学校的迁滇布告用只有悼念死人才用的黑圈框起，马上又有人在黑框上加上"放屁"两字。这当然是个别学生的恶作剧，但它反映了一个实际问题，即除了少数家庭富裕的学生外，多数人很难拿出 20 元作为赴滇费用。战时的大学生，经济上与过去已不能同日而语，而长沙临时大学为了接纳战区学生，接受了相当数量其他大学的插班生。这些失去家庭资助的战区学生，到达长沙时几乎人人两手空空。一位学生回忆说，他的室友当年考取清华大学，战争爆发后仓促由石家庄搭乘末班火车辗转到长沙，而他随身携带的河北省银行发行的钞票，过了黄河就不能使

---

① 《董奋日记》，张寄谦编《中国教育史上的一次创举》，第 360 页。

用了，以致到了长沙已身无分文。①

对这些实情，长沙临时大学当局十分了解，步行入滇计划就是在此困境下产生的。学校的搬迁布告虽然没有提到步行入滇一事，但实际上已在酝酿之中。2月4日，学校发出组织体检合格的男生步行入滇的布告，重点强调"本校迁滇原拟有步行计划，借以多习民情，考查风土，采集标本，锻炼体魄，务使迁移之举本身即是教育"。② 文中还有步行学生"沿途食宿之费用由学校担任"之句，显然意在消除学生赴滇经费的顾虑。其实，不仅是学校当局，一些学生也在盘算步行赴滇。前面提到了那位携带河北省银行钞票的同学，听说学校要搬迁昆明时，就说自己只能步行去了。当时大家听了觉得未免不切实际，迢迢几千里，怎么能走着去呢。可是，让大家都没料到的是，这位同学的话竟然成了现实。

实际上，不仅是学生，即便收入颇高的一些教授也同样有捉襟见肘的难言之隐。卢沟桥事变爆发后，南开大学成为中国第一个罹难的高等学府，损失极其惨重。南开大学是私立学校，教师薪俸原本就不及国立院校，这时自然更加拮据。北京大学虽为国立，但战事爆发，累及国家财政，教职员薪俸亦不能按时足额发给。以美国退还之部分庚款为后盾的清华大学，因经费有海关拨付作保障，故历来无后顾之忧，可既然学校融入长沙临时大学这一整体，就不能不与北大、南开两校同甘共苦。1937 年 11 月，清华大学教职员薪金只领到 10 月份，还是七成，加上扣除的救国公债，所剩不多，后来的薪水也迟迟未能领到。长沙临时大学给教职员的入滇川资为 65 元，这只够乘汽车走最短的路线用，要想稍舒服，只有走海道，那么至少还需个人补贴四五十元。这个数字，还是表面上的，因为事实上教师们的赴滇经费，这时需要全部自理。这种情况，源自外文系教授叶公超的一个提议。叶公超是北大外文系主任，同时担任长沙临时大学外文系教授会议主席，他提议将发给的教职员的 65 元赴滇津贴，全数捐给来自战区或体弱的学生。这虽然只是提议，但教师们的经济毕竟比学生宽裕，因此大家

---

① 余树声：《湘黔滇旅行花絮》，张寄谦编《中国教育史上的一次创举》，第 323 页。

② 《长沙临时大学关于迁校步行计划的布告》（1938 年 2 月 4 日），《国立西南联合大学史料》（一），第 63 页。

都表示赞成。① 这样一来，个别教授亦出于经济考虑加入了步行团。中文系教授闻一多在一封家信中说到他参加步行团的原因时，便说："学生将由公路步行入滇，教职员均取道香港、海防去。校中津贴六十余元，但有多人将此款捐助寒苦学生作津贴，此事系公超发起，我将来恐亦不得不捐出，如此则路费须自己担负矣。"② 在另一封给兄长的信中，他又说："此间学生拟徒步入滇，教职员方面有杨金甫、黄子坚、曾昭抡等五六人加入，弟亦拟加入，因一则可得经验，二则可以省钱。"③对于教师们将应得赴滇旅费捐助寒苦学生的款项，2 月 11 日的学校常委会上决议设立"捐助寒苦学生委员会"，④ 14 日就提出 1600 元作为补助寒苦学生之用。⑤ 一位同学在 2 月 15 日日记中说：学校发出布告，称走海道者，且身体不好、年级高、家穷者，可以请求领教授的捐款，每名补助 20 元，名额共 80 名，证明人需有一位教授或五位同学。⑥可见，在长沙临时大学迁滇过程中，教师们的这笔捐款发挥了应有的作用。

2. 三路赴滇

长沙临时大学西迁昆明有三条路线。第一条路线沿粤汉铁路至广州，到香港乘船至海防，再由滇越铁路经蒙自抵昆明。第二条路线是徒步行走，从长沙出发，沿湘黔公路经贵阳，最后到昆明。这两条路线是学校决定的，行前制订了周密计划，沿途设有专人负责接待的招待处，其中第一条路线广州招待处负责人郑华炽，香港招待处负责人叶公超、陈福田，海防招待处负责人徐锡良，河口招待处负责人

① 吴宓日记中写道："由湘迁滇，校中津贴旅费 $ 65，已随众捐助学生"，"但六月中又发还"（吴学昭整理《吴宓日记》第 6 册，第 325 页）。据此可知，长沙临时大学教师为战区或体弱学生赴滇捐助的 65 元，在抵达昆明后的 1938 年 6 月，由学校如数发还。

② 闻一多：《致高孝贞》（1938 年 1 月 30 日），闻铭、王克私编《闻一多书信选集》，第273 页。

③ 闻一多：《致闻家骥》（1938 年 2 月 1 日），闻铭、王克私编《闻一多书信选集》，第274 页。

④ 《长沙临时大学、国立西南联合大学常务委员会会议记录·第五十二次会议》（1938 年2 月 11 日），北京大学、清华大学、南开大学、云南师范大学编《国立西南联合大学史料》（二），云南教育出版社，1998，第 43 页。

⑤ 《长沙临时大学、国立西南联合大学常务委员会会议记录·第五十四次会议》（1938 年2 月 14 日），《国立西南联合大学史料》（二），第 44 页。

⑥ 《董奋日记》，张寄谦编《中国教育史上的一次创举》，第 364 页。

雷树滋。① 第三条路线是沿着刚刚通车的湘桂公路经桂林、柳州、南宁、凭祥关到河内，再走滇越铁路到昆明。这条路线是一些教授自发组织的，由旅行社负责安排。

走第一条路线的有三四百人，因为内中有女生和教职员家眷，特派樊际昌、黄梅美、钟书箴负责照护。走这条线的人较多，2月中旬分批出发，到达广州后，借住在岭南大学，由于昆明校舍一时未能完全解决，他们在广州停留了半个多月。3月初，第一批学生到香港，住在青年会。当时，香港到海防的轮船不多，载客有限，每次只能走几十人。从香港到海防，船行4天，到海防经过海关检查，再乘滇越铁路窄轨火车北上。在老街，步行通过国境线到河口，乘原车继续前行，途中在开远过夜，第三天到达昆明。

走第三条路线的是赵迺抟、周炳琳、魏建功、姚从吾、张佛泉、陈岱孙、朱自清、冯友兰、郑昕、钱穆、章廷谦等教授。大家推举赵迺抟为团长，周炳琳负责外交，魏建功负责文书，章廷谦负责伙食，姚从吾、张佛泉负责行李。② 这一行2月17日到桂林，24日到柳州，25日到南宁，从凭祥关出境，先到越南同登，再到河内，然后走滇越铁路北上，于3月6日抵昆明。途中，冯友兰过凭祥关时一臂被门洞撞成骨折，在河内治疗了一段时间，是全校迁滇过程中发生的唯一事故。

三条路线中，最令人魂牵梦萦的是第二条路线。1946年11月，胡适在西南联合大学9周年校庆纪念会上演讲时说："临大决迁昆明，当时有最悲壮的一件事引得我很感动和注意：师生徒步，历68天之久，经整整三千余里之旅程。后来我把这些照片放大，散布全美。这段光荣的历史，不但是联大值得纪念，在世界教育史上也值得纪念。"③ 胡适所说的，就是被誉为抗战教育史上"小长征"的湘黔滇3500里长途

---

①　《长沙临时大学常委会关于迁校的决议》（1938年1月），《国立西南联合大学史料》（一），第62页。

②　张友仁：《赵迺抟教授的学术道路·代传记》，赵凯华、赵匡华编《赵迺抟文集》，2007，第13页。

③　《梅贻琦、黄子坚、胡适在联大校庆九周年纪念会上的讲话摘要》，转引自《笳吹弦诵在春城》，第514页。

跋涉。①

前面说到，由于经费和运输困难，学校决定全体男生步行赴滇，为了实施这个方案，学校特别组织了"湘黔滇旅行团"。"湘黔滇旅行团"这个名称，最早出现在 1938 年 2 月长沙临时大学发出的《关于步行赴滇路线之布告》中。②此前，大家将步行入滇的组织称作"步行团"，不知是谁提议，学校在正式公布时命名为"湘黔滇旅行团"。这个改动虽然只是一字之差，却很重要，因为比起"步行团"，"旅行团"可以淡化途中的艰险，给"小长征"添加一层相对轻松的色彩。

从长沙步行到昆明，即便在道路通畅的今天也不是轻易之事，何况当时多少还带有些冒险成分。为此，长沙临时大学当局对湘黔滇旅行团的组织与实施均极其重视，布置也十分周密。

2 月 7 日、8 日，全体男同学进行体格检查，凡是合格者都发给"甲种赴滇就学许可证"，并必须步行赴滇，没有条件可讲。至于步行入滇的路线与办法，在《关于步行赴滇路线之布告》中也有规定，即全部行程

---

① 关于长沙临时大学湘黔滇旅行团的介绍，最早出现的实录性记述出自外文系三年级学生林振述。1938 年春，林振述以林浦为笔名，在《大公报》副刊《小公园》上发表了旅途中的日记两则。同年 10 月，中文系二年级向长清同学也在巴金主编的《烽火》杂志第 20 期上发表了《横过湘黔滇的旅行团》。与这些文章相比，1939 年商务印书馆出版的《西南三千五百里——从长沙到昆明》一书，则是政治系二年级钱能欣同学根据途中日记整理而成，该书首次完整介绍了湘黔滇旅行团的全貌，是介绍这次长途旅行最基本的资料。1946 年夏，西南联大复员前夕，第十届学生自治会委托理事会理事严令武负责编辑《联大八年》，后以西南联大学生出版社名义出版。该书收入参加这次"小长征"的生物系讲师吴征镒的《长征日记——由长沙到昆明》，其流传与影响较钱能欣之书广泛，故被各种著述所征引。之后，关于这段史实的记述沉寂了多年。1999 年 12 月，曾经就读于西南联大历史系的北京大学历史系教授张寄谦先生，在西南联大北京校友会和设在昆明的云南西南联大校友会通力支持、协作下，完成了《中国教育史上的一次创举——西南联合大学湘黔滇旅行团纪实》。该书由两部分组成，第一部分"真实的记录"为图片资料，收有湘黔滇途中所摄之 200 幅珍贵照片；第二部分"历史的进程"为文字资料，收入档案文献、湘黔滇旅行团参加者的回忆、书信、日记等大量第一手资料，是目前记录湘黔滇旅行团之集大成者。2001 年 3 月，云南师范大学西南联大研究所编辑和内部发行了专题画册《世界教育史上的长征——西南联大湘黔滇旅行团纪实》。

② 《长沙临时大学关于步行赴滇路线之布告》（布告 67 号）云："本校旅行团计划，重在选择体格健好之学生二百至三百人，组织湘黔滇旅行团，自湘西入黔赴滇。"[《国立西南联合大学史料》（一），第 64 页] 这个布告仅注明月份，没有具体日期，但闻一多 2 月 16 日家信记录的赴滇路线与日程与此布告内容完全相同，可知"湘黔滇旅行团"之名至晚在 16 日就确定了。

分七个阶段：第一段长沙至常德，193公里，步行；第二段常德至芷江，361公里，乘船；第三段芷江至晃县，65公里，步行；第四段晃县至贵阳，390公里，乘汽车；第五段贵阳至永宁，193公里，步行；第六段永宁至平彝，232公里，乘汽车；第七段平彝至昆明，273公里，步行。[①]细心者曾统计，途中全程虽为1707公里[②]，但内中983公里是乘车或乘船，这就免除了一多半的步行劳顿。同时，学校决定湘黔滇旅行团的经费全部由学校提供，这在相当程度上打消了学生对步行赴滇的顾虑。于是，不仅原先彼此互问的"去昆明乎"迅速被"步行乎，海道乎"替代，甚至还有三位首次体检未能通过的学生，在坚持要求复查后，得以加入湘黔滇旅行团。[③]

保证旅途安全，也是必须处理好的一个问题。湘黔滇之途，最令人担心的是常有土匪出没的湘西地带。为了顺利通过湘西，学校曾请湖南省政府指派一位熟悉湘西情况的人为旅行团开道。[④]张治中虽然不赞成长沙临时大学迁离长沙，但还是在2月16日致函云南省政府主席龙云，请其给予旅行团沿途便利。电文云："兹派本府参议黄师岳率领临时联合大学学生三百人，于十八日由长沙沿湘黔滇公路徒步前赴昆明开学，特请转饬贵省境内沿途军团于该生等经过时，派员护送，俾策安全，并饬沿途各县政府预购给券，仍由该率队官长给资归垫为荷！"[⑤]同样的公函，应当也寄给了贵州省政府。

电文之所说的黄师岳，字蠡霄，安徽桐城人，生于1890年，东北讲武堂第3期毕业，长期在东北军任职。1928年底，东北易帜，其任东北边防军步兵第二十四旅少将旅长。1931年4月，东北边防军司令长官公署改组并建立陆海空军副司令行营，任命黄师岳为国民革命军陆军独立第十七旅旅长，驻守昌图。1933年任第六十七军第一一七师师长，1936

---

① 《长沙临时大学关于步行赴滇路线之布告》（布告67号），《国立西南联合大学史料》（一），第64页。

② 关于旅行团的行程，说法不一，有说1707公里，也有的笼统说3500里。

③ 据《长沙临时大学迁滇体弱不能步行学生名单》（1938年2月10日）"编者按"，张寄谦编《中国教育史上的一次创举》，第118页。

④ 余道南：《三校西迁日记》，张寄谦编《中国教育史上的一次创举》，第378页。

⑤ 《张治中致龙云电》（1938年2月16日），转引自《云南省政府训令（秘二教总字第八七三号）》，《云南省政府公报》第10卷第23期，1938年3月23日，第7～8页。

年 1 月被授予陆军中将军衔，旋调任军事委员会北平分会第三处处长，后任军事委员会参议。[①] "参议"是个闲职，是对东北军将领的一种安排，这对戎马一生的黄师岳来说显然不是合适的岗位，张治中很同情这位抗战心切的将军，延揽他到湖南省政府，湘黔滇旅行团团长可能是黄师岳到湖南后最早担任的工作。

湘黔滇旅行团能够顺利到达昆明，组织上采取军事形式是重要保障之一。行前，学校委派南开大学教务长黄钰生教授担任湘黔滇旅行团团长，任命军训主任教官毛鸿上校为参谋长。全团设两个大队，大队长分别由军训教官邹镇华、卓超中校担任。每大队下设 3 个中队，每个中队有 3 个小队，中队长、小队长均从体格健壮、认真负责的学生中遴选。

这种建制，是适应长途行军的必要措施，后人多以为这种形式是专为湘黔滇跋涉而采取的，也有人说这与黄师岳行伍出身有关。其实，情况不完全如此。事实是，1937 年暑假平津地区的部分大学生已经开始军训，战争爆发后，军训体制不同程度延续了下来。长沙临时大学开学后，学生们仍采用军训时的编制，连床上也一律铺着军训时使用的床单，上除印有"临大"二字外，还印着军训时的编号。不啻如此，鉴于相当一部分学生来自战区，湖南省政府为了解决他们的着装困难，在他们报到时就发给了定制的军服，包括两套黄色制服、帽子、皮带、绑腿和一件黑色棉大衣。当然，这些不是全部免费的，正式生需交纳 5 元，借读生则交纳 14 元。[②]

后勤保障方面，长沙临时大学也做了最大努力。考虑到学生们不可能像正规军人一样自己背着行李，学校想尽办法搞到两辆当时十分缺乏的卡车，用来装载全团行李、器材和伙食班用具与食品。此外，为了及时了解形势，学校还为旅行团配备了一台收音机，由几位同学每晚收听新闻节目，如有重要消息，便以黑板报或大字报的方式于次日早晨公之于众。[③]

参加湘黔滇旅行团的学生究竟有多少，各种记载不尽一致，一般对外号称 300 人。持有长沙临时大学所发甲种赴滇就学许可证者，学

①　据黄超（黄师岳之孙）致笔者的信，2010 年 6 月 13 日。

②　李象森：《忆湘黔滇旅行团》，张寄谦编《中国教育史上的一次创举》，第 306 页。

③　高小文：《行年二十步行三千》，张寄谦编《中国教育史上的一次创举》，第 234 页。

校公布正式的名单为 284 人，但有些人是名单公布后方报名参加的，[①]
故有人考证加入者共有 288 人，后又据各小队行军途中的合影，进一
步考证出由于中途因病因伤减员，最后步行到昆明者实为 253 人。[②] 另
外，有人记载，湘黔滇旅行团从长沙出发时的总人数为 335 人，[③] 这大概
包括了辅导团成员及随团的徐行敏等三位医生，及临时招募的雇工、伙
夫等。不管怎样，占旅行团全部人数 88% 的团员走到了昆明，这个比例
对从未经受过长途跋涉锻炼的大学生来说，用"了不起"三字形容绝不
过分。

湘黔滇旅行团中有 11 位教师，除了旅行团团长黄钰生外，还有中文
系教授闻一多、教员许维遹、助教李嘉言；生物系教授李继侗，助教吴
征镒、毛应斗、郭海峰；化学系教授曾昭抡；地学系教授袁复礼、助教
王钟山。这些教师参加湘黔滇旅行团是自愿的，学校尊重他们的选择，
并聘请黄钰生、闻一多、李继侗、曾昭抡、袁复礼组成旅行团辅导团，
辅导团主席由黄钰生兼任。

湘黔滇旅行动员是 1938 年 2 月 14 日开始的。这天，团长黄师岳与
团员们见面并训话。这位年近五十的将军读过些书，故能从文化层面理
解长沙临时大学的西迁意义，甚至还能将此次搬迁与西汉时期张骞通西
域联系起来。他在训话中说，"此次搬家，步行意义甚为重大，为保存国
粹，为保留文化……在中国你们算第四次，张骞通西域为第一次，唐三
藏取经第二次，三宝太监下西洋为第三次"，现在，你们是"第四次的

---

① 南开大学化学系二年级的申泮文，因报到较晚，后由南开大学办事处代付经费，补入
湘黔滇旅行团。见申泮文《长沙临时大学湘黔滇旅行团的故事》，云南西南联大校友会
编《难忘联大岁月——国立西南联合大学在昆建校六十周年纪念文集》，云南教育出版
社，1998，第 71～72 页。以下简称《难忘联大岁月》。

② 张寄谦编《中国教育史上的一次创举》，"序"，第 5、7 页。

③ 杨式德：《湘黔滇旅行团日记》，张寄谦编《中国教育史上的一次创举》，第 430 页。杨
式德为清华大学土木系学生，时在长沙临时大学读二年级，1940 年毕业后留校任教，
后赴美国留学，获哈佛大学博士学位，1949 年回国，任清华大学教授、土木工程系主
任。其日记大部分已散失，唯湘黔滇旅行部分 5 万余字单独成册，保存完好。1990 年
代，杨式德之子杨嘉从美国给笔者来信，商约与参加湘黔滇旅行团的史国衡先生之
子史际平一起重走湘黔滇，后因史际平不易请假未能成行。这份日记，最初由杨式德
的女儿杨嘉理提供给笔者，笔者推荐给西南联大北京校友会，《清华校友通讯》总 36
期（1997 年）曾摘要数则，全文则收入《中国教育史上的一次创举》，笔者亦是在此
书中才看到日记全貌。

文化大迁移"。① 大约就是这次集会上，张治中赠送旅行团数百份水壶、干粮袋、草鞋、裹腿等行军用具，还送了五只猪，湖南省教育厅厅长朱经农也送了两只猪。会上，宣布启程日期定在 19 日。②

19 日下午 5 时，湘黔滇旅行团在长沙临时大学租用的圣经学院操场举行开拔仪式，湖南省政府秘书长陶履谦代表张治中致欢送词，黄师岳带领大家呼口号。仪式结束后，着戎装的教官们率领团员出发。团员们身着军装，打着绑腿，佩戴"湘黔滇旅行团"臂章，背着水壶、干粮袋、搪瓷饭碗和自购的雨伞，整队来到中山西路西端的湘江边。

按照原定计划，从长沙到常德是步行。但为了节省体力，决定改乘民船经洞庭湖至常德。没想到第一天就出师不利，事先准备的 5 只民船根本载不下 300 余人的队伍，结果迟至第二天晚上 7 时许大家才乘着 11 艘民船，在两只汽船拖拽下离开长沙。22 日午，旅行团到达甘溪港，本计划出甘溪港后由沅水至常德，但因沅水中有一段水太浅不能行船，只好再次临时改变路线，溯资水赴益阳。像这样的情况，一路上碰到过好几次。22 日当晚，旅行团抵达距益阳 5 里的小镇清水潭。23 日晨 7 时，旅行团在细雨中整队出发，一小时后抵达益阳，正式步行亦由此开始。

湘黔滇旅行团的实际行程为：2 月 26 日抵常德，28 日至桃源；3 月 6 日至沅陵，14 日至晃县，17 日抵玉屏，20 日至镇远，22 日至施秉，24 日渡重安江，28 日到贵定，30 日入贵阳；4 月 4 日到清镇，6 日至安顺，8 日至镇宁，11 日至安南，14 日到普安，16 日渡盘江，19 日至平彝，22 日抵曲靖，24 日至马龙，26 日至杨林，28 日入昆明。

长途跋涉对多数大学生来说是平生第一次，而行伍出身的黄师岳将军，也从来没有率领这样的队伍行军的经验。2 月 23 日旅行团从益阳到军山铺的第一天行军，队伍没有行军要求，加上有些人还穿着皮鞋，脚底板磨出血泡，队伍自然而然地散乱了。第二天出发前，黄师岳训话说：昨天队伍太不整齐，大家散着走非常危险，以后每走一小时休息 10 分钟，到适当地点再休息 40 分钟，用于喝茶与午餐。他还规定队伍分成两列，沿公路两侧慢步匀速行进，人与人间拉开一定距离。

① 《董奋日记》，张寄谦编《中国教育史上的一次创举》，第 363～364 页。
② 闻一多：《致父亲》（1938 年 2 月 16 日），闻铭、王克私编《闻一多书信选集》，第 278 页。

　　这种行军方式，适合于正规军队，对大学生却不合适，没过多久大家就耐不住了，觉得枯燥无味，结果24日离开军山铺没多远，队伍就自发散开了，有人急步前行先到目的地，拦也拦不住，有人一步一步慢慢蹭，自此开了先例，黄师岳怎么纠正也不行。后来，他也想开了，由团员们去吧，只要到达目的地且不出娄子，怎么走都行。此后，除了每天早晨出发前整队集合、检查人数外，出发令一下队伍就自然散开，只有两位黄团长相偕殿后，[①] 督促检查掉队人员，以至有人戏言"联大的自由空气就是从旅行团开始形成的"。[②] 这种场景，担任"日记参谋"，负责记录旅行团每天行程和活动的丁则良后来在回忆中做过如下描写："第一大队已攀登上一个峭拔的悬崖，回头下望，只见第二大队的人们小得像蚂蚁一样，正从隔江的山头上向下行进。前山一呼，后山响应，夹杂着风声、水声、车声，交织成一幅绝美的图画和交响乐。"[③] 当然，也有比较规矩的时候，那就是每逢当地政府组织欢迎时，就不能像叫花子进城，于是打尖休息后，列队入城。

　　3500里的路途，任何人都辛苦备尝。出发前，团员们对旅途中可能出现的情况做了不少准备。如为了便于长途行军，有些同学准备了不少线袜、布袜、球鞋、草鞋、麻鞋等，甚至在麻鞋后跟还钉了铁钉，以增加耐磨性。有的团员听说烟叶可以避瘴，于是买了些烟叶边走边抽。不过，这些书生的措施，效果并不理想。本以为钉上钉的麻鞋套在球鞋外面，走起路来肯定极富弹性，没料想不到两天先是铁钉透过麻鞋底，再是刺穿球鞋直扎脚跟，于是最后干脆光脚穿草鞋。[④] 而叼着烟斗的两个团员，没过几天就直犯恶心，不得不把烟叶丢掉。[⑤]

　　至于行军，"是不分晴天和落雨的，除了在较大的城市，为了顾及同伴们考察，多停留一二天外，哪怕是下着倾盆大雨，当集合的号音吹响

①　两位"黄团长"是张治中委派的黄师岳中将与长沙临时大学委派的黄钰生教授。
②　申泮文：《长沙临时大学湘黔滇旅行团的故事拾遗》，《西南联大北京校友会简讯》第23期，1998年4月。
③　丁则良：《湘黔滇徒步旅行的回忆》，《西南联大北京校友会简讯》第48期，2010年10月，第72页。
④　杨启元：《湘黔滇旅行团杂忆》，张寄谦编《中国教育史上的一次创举》，第341页。
⑤　杨启元：《湘黔滇旅行团杂忆》，张寄谦编《中国教育史上的一次创举》，第339页。

之后，也只得撑开雨伞，让雨滴飘洒在衣服上出发了"。① "有时候因运输困难的缘故，连那湿透了的被盖也没有了，他们只好伫立街头，饱餐寒风。"② 3月5日夜，一晚上都是狂风暴雨，次日晨仍未止，旅行团就在是大风大雨中奔向沅陵的。到沅陵后，不仅暴风雨未停，还漫天飘起棉花大的雪花，时而夹着冰雹，使旅行团在这里受阻四天。3月17日，旅行团也是在细雨中离开晃县。进入贵州省境，更尝到"地无三尺平，天无三日晴"的滋味，有时天虽无雨，但道路却泥泞难行。4月11日渡盘江后，本计划在凉水井（哈马庄）宿营，但到后方知三天前这里被一场大火烧得精光，根本找不到住家，不得已又走了9公里，半夜才到安南县城。因为行李车未能过江，那天晚上大家只好在县府大堂里坐了一夜，这天共行53公里，一天走了两天的路，还没能得到休息。③

说到途中的住宿，只能称得上是将就和对付。到沅陵之前，不仅学生，就是辅导团的教授，也"皆在农舍地上铺稻草过宿，往往与鸡鸭犬豕同堂而卧"。④ 60多天里，团员们的宿营地除了个别时候是学校或客栈中，更多时候是在破旧古庙，有时是在老乡家。住在老乡家时，与猪、牛共睡是经常的事。这些经历多了，大家也就都不在乎了。有一次，一大队二中队六分队分到的屋子太小，分队长只得睡到停放在屋里的棺材中。乡村艰苦的条件，有些是团员们从未遇到过的。一次，晚上熄灯不久，就听见墙上沙沙作响，打开手电一照，只见糊在墙上的旧报纸上血迹斑斑，成百上千只臭虫在纸上乱爬，吓得住在这个屋里的团员们逃到露天过了一夜。⑤

在行军中，团员们总结出一些经验。如穿草鞋的窍门是将新草鞋用水浸一下，再找块鹅卵石敲打一遍，路遇有水的地方就沾点水，让草鞋

---

① 向长清：《横过湘黔滇的旅行》，《烽火》第20期，1938年10月。

② 金五：《一年来之西南联大》，《青年月刊》第7卷第4期，1939年4月15日。

③ 吴征镒：《长征日记——由长沙到昆明》，《联大八年》，第14页；李象森：《忆湘黔滇旅行团》，张寄谦编《中国教育史上的一次创举》，第309页；杨启元：《湘黔滇旅行团杂忆》，张寄谦编《中国教育史上的一次创举》，第340页。

④ 闻一多：《致父母亲》（1938年3月12日），闻铭、王克私编《闻一多书信选集》，第282页。

⑤ 杨启元：《湘黔滇旅行团杂忆》，张寄谦编《中国教育史上的一次创举》，第341页。

总带点湿润，这样穿在脚上就比较舒服了。① 再如，进入多山的贵州省后，公路多盘山而建，如果沿公路走，要多走好多路。于是一些同学便尽量抄小路。小路没有路标，细心的团员发现电线杆虽是依陡坡而建，但为了维修方便，大多是沿过去马帮所走的山路而立，或立在离山路不远处。这样，他们就顺着电线杆走，一般十拿九稳，因为电线杆最终都会与公路接通。② 但是，这个窍门有时也会不管用。一次，一位同学沿着电线杆独自抄小道，没想到有个地方电线杆过得去，人却过不去，结果不得不重新回到正路，到宿营地时已经很晚了，弄得精神过度紧张，大病一场。③

　　前面说到的湘黔滇旅行团衣、行、住，在许多人的回忆文章中都写到了，但对于同样重要的"食"，则涉及者不多。全面抗战爆发后，教育部为沦陷区的流亡学生制定了贷学金制度，其中甲种贷学金每月 8 元，内中 2 元为零花钱，6 元为伙食费。那时内地物价相对较低，6 元包伙可以吃得不错了，旅行团则把每日伙食费提高到 4 角。申泮文同学说"这是一项很了不起的巨大举措"，为旅行团顺利抵达昆明"提供了极大的保证作用"。申泮文回忆途中的伙食时说："旅途中天天伙食都是相当丰盛的，打前站人员一到较大县城乡镇，伙食管理员的第一件事就是采购主副食、打干粮（饼干、馒头、米粉粑粑）。在物资丰富的县镇也许一下子买下几天的主副食，以免中途断炊。中早餐照当地习惯一般是稠稠的米粥加咸菜，有时为了长途免饥，早餐也吃饭。行军午餐是随身带干粮、咸菜，有时有个鸡蛋。晚餐才是丰盛的主餐。旅行团的行军路线，是内地贫困地区，要求很丰盛也很难，但至少无论大小地方，总会有养猪的，也就能弄到猪肉。特别是贵州穷乡僻壤，一年当中老百姓难得有一次吃肉。旅行团有钱，就可以买得到猪肉，让团员们每晚都能吃到猪肉下水（内脏）。"申泮文还特别提到"旅行团伙食班煮的红烧肉最享盛名，色香味俱佳，参加过旅行团的人大概都终生难忘'旅行团的红烧肉'"。④

---

① 杨启元：《湘黔滇旅行团杂忆》，张寄谦编《中国教育史上的一次创举》，第 341 页。
② 余树声：《湘黔滇旅行花絮》，张寄谦编《中国教育史上的一次创举》，第 325 页。
③ 《洪朝生来信》，张寄谦编《中国教育史上的一次创举》，第 304 页。
④ 申泮文：《长沙临时大学湘黔滇旅行团的故事拾遗》，《西南联大北京校友会简讯》第 23 期，1998 年 4 月。

旅行团辅导团 11 位教师的表率作用，也深深留在团员们的记忆中。旅行团的同学由于轮流担任宿营、购置、押运等任务，平均坐过一天或一天以上的汽车，而 40 岁上下的曾昭抡、闻一多、李继侗教授则是一步一步走过来的。闻一多在一封家信中说："全团师生及伙夫共三百余人，中途因病或职务关系退出团体，先行搭车到昆明者四十余人，我不在其中。教授五人中有二人中途退出，黄子坚因职务关系先到昆明，途中并时时坐车，袁希渊（复礼——引者注）则因走不动，也坐了许多次的车，始终步行者只李继侗、曾昭抡和我三人而已。"① 大家印象最深的是曾昭抡教授，他走起路来一丝不苟，即使遇到有小路的地方，也必沿着公路走"之"字形，被称为全团走路最多的人。②

途中，教师没有忘记作为教师的责任。一位本来抱着游山玩水念头参加旅行团的同学，正是在听了闻一多说"你们是天之骄子，应看一看老百姓的生活"的话，受到很大启发，改变了上大学是天经地义的观念，开始关心观察百姓们的生活。③ 旅行团在常德时，袁复礼教授对学生们讲旅行的重要意义，说自己有 17 年的旅行经验，认为科学地记载地名、高度、气候、地质构造及收集化石，并坚持每天写日记，必会有所收获。④

团长黄师岳是旅行团中年龄最大的长者，学校为了照顾他，特给他准备了一匹马和一辆脚踏车作为专用代步工具。可是，黄团长极少使用它们，总是让给脚上打泡的或是身体不适的同学。⑤ 途中的前些天，黄师岳与外界接洽使用的是"国立长沙临时大学湘黔滇旅行团团长"名义，但效果不佳，很多人不予理睬。后来，他干脆亮出"陆军中将黄师岳"，竟然一呼百诺，有求必应。⑥

途中有数次惊险的遭遇。首次惊险发生在通过湘西地区时。3 月 2 日，旅行团进入湘西山区前，黄师岳在集合训话时特别说他已给土匪头目写了信，但危险仍是有的，故队伍要整齐，不许争先也不许落后。次日上路前，

---

① 闻一多：《致高孝贞》（1938 年 4 月 30 日），闻铭、王克私编《闻一多书信选集》，第 284 页。
② 吴征镒：《长征日记》，《联大八年》，第 22 页。
③ 《恽肇强来信》，张寄谦编《中国教育史上的一次创举》，第 321 页。
④ 杨式德：《湘黔滇旅行日记》，张寄谦编《中国教育史上的一次创举》，第 430 页。
⑤ 高小文：《行年二十步行三千》，张寄谦编《中国教育史上的一次创举》，第 235 页。
⑥ 蔡孝敏：《旧时行处好追寻——湘黔滇步行杂忆》，《笳吹弦诵情弥切》，第 338 页。

村里的百姓也对团员们说："前面多绿林朋友，你们要当心些啊！"当时，传言湘西土匪甚为猖狂，商旅视为畏途，裹足不前。据说沅陵、芷江一带山谷里有好几万"替天行道"者，其中一个大头目是某军官学校第 8 期学生，毕业前三天被开除，于是怀着怨恨投身草莽。① 这天，旅行团从毛家溪向西南方向行进，公路越来越曲折，两旁峭壁矗立，视界顿时缩小，左右前后都是山，稍高些的就被云雾吞没，加上丛丛密密的树林，给人一种强人随时可能出没的感觉。

3 月 4 日，过了官庄不远，遇到中央军校第 14 期学生兵，他们说 13 期学生兵路过这里时曾与土匪相遇，有 3 个学生兵死于接火中，大家闻之顿时紧张起来。当晚深夜，黄师岳召集各小队长开会，说他刚从军校宿营地回来，据闻有二三百土匪渡过沅江向这边开来，深恐遭遇绑票，征求大家意见：是马上起床到军校宿营地受他们保护，还是留在原处不动。由于天色已黑，情况不明，最后决定团员们穿好衣服，等待命令。②

这段经历，团员们描写得有声有色。一位团员写道：一天晚上"把铺盖摊好睁着蒙眬的眼睛正想倒下头去，忽然间传令兵传来了一个可怕的消息，就说那一批匪快要迫进［近］了这里。顿时山腰间布满了紧张恐怖的空气，灯放射出可怕的黄光，到后来索性吹灭成一片漆黑。最初有人主张放哨，可是赤手空拳的那有什么用？幸而我们的大队长挺身出来愿独当一切。时间一分一秒的爬去，土匪都［却］没有来。恐惧终久是当不过疲倦的，你知道。因此当第二天那破裂的号音在屋角吹响的时候，我们才知道已经平静地度过了一晚"。③ 3 月 5 日，旅行团在提心吊胆中启程，经过文昌坪时，"人家多闭户，从小路上坡后并闻枪声一响"，晚上宿营时，行李车到得较迟，"恐匪惊动，禁用手电，黑路走细田埂三里，来回扛行李，甚苦"。④ 所幸的是，除了听到这几声枪响，受了一场虚惊外，一路还算平安。

旅行团始终没有与土匪正面接触过，据说这是湖南省政府事前给"湘西王"打了招呼，说将有一批穷大学生"借道"去云南读书

---

① 钱能欣：《西南三千五百里——从长沙到昆明》，商务印书馆，1939，第 16～17 页。

② 杨式德：《湘黔滇旅行团日记》，张寄谦编《中国教育史上的一次创举》，第 439～440 页。

③ 向长清：《横过湘黔滇的旅行》，《烽火》第 20 期，1938 年 10 月。

④ 吴征镒：《长征日记》，《联大八年》，第 14 页。

云云。① 不过，旅行团的着装也确实容易引起误会，看见这批穿着黄色军服、外表与大兵没有区别的队伍，连老乡都以为他们是吃粮当兵的"粮子"。但是，见到队伍里许多人戴着眼镜，便又猜他们是警察，是宪兵，是航校学生兵，是从前线退回的队伍等等，旅行团常常被老乡问："前线的消息怎样？""你们的枪呢？"不仅老乡这样，就连路上遇到的军队，也有这种误解。进入云南省的第一天，旅行团与滇军六十军迎面而遇，滇军士兵看着旅行团个个制服崭新，队容整齐，误会他们是航空部队。一位团员亲耳听到滇军士兵骂道："他妈的！我们步兵正在开往前线去打仗，他们'航空兵'却躲在后方享福！"②

湘黔滇旅行团经历的第二种惊险，来自大自然的威力。4月11日，旅行团来到盘江渡口。盘江为西北至东南流向，将黔西南切为两截，是贵州通往云南的必经之地，早在清康熙年间，江上就修建了铁索桥，湘滇公路通车后，盘江桥为重要孔道。但这年3月大桥突然断裂，正在桥上行驶的一辆汽车坠入江中，40多位乘客仅得救22人。这个情况，是旅行团事前不可能估计到的，于是只能采古老的摆江办法，用小船载人过江。这天，团员们来到江边，只见"滚滚洪水为两山所夹，由于江面到此突然收缩，因之水流湍急，旋涡连片"。小船狭窄，且只有两三只。每船每次只能载五六人，上船后都须面向前方，一个挨一个蹲在船内，双手紧扶船舷。船头船尾各有船工一人，各持长篙，先将船逆水慢行沿岸上溯，撑至10余米外的近桥时，双篙一点江岸，小船便顺流而下，势如飞鸟，随波逐流进入一片旋涡。一眨眼，只见小船已近对岸，将到岸时，再拨转船头上溯，当乘客还在惊恐中，船工已将船撑到"码头"。船在中流时，最为惊险，胆小者多不敢抬头，站在岸上看的人也个个提心吊胆，情不自禁地发出惊恐呼声。③

说到途中的感受，每个人的体会不尽相同，如果说在湘西让人揪心的是匪患，那么从黔西到滇东给人印象最深者便是苗民的贫困和严重的

---

① 刘重德：《跋山涉水赴联大，读书写诗为中华——献给联大蒙自分校》，蒙自师范高等专科学校、蒙自县文化局、蒙自南湖诗社编《西南联大在蒙自》，云南民族出版社，1994，第34页。

② 向长清：《横过湘黔滇的旅行》，《烽火》第20期，1938年10月。

③ 吴征镒：《长征日记》，《联大八年》，第19页；高小文：《行年二十步行三千》，张寄谦编《中国教育史上的一次创举》，第246页。

吸食鸦片的恶习。本来，旅行团出发前曾做了沿途宣传抗战的准备，但所到之处，不仅地方政府已有所布置，普通百姓也懂得抗战的道理。于是，原本打算做教育者的团员们，反倒在亲历亲闻中上了生动的一课。

对于苗族同胞的贫穷，他们过去只是从报刊上、书本里大略了解一些，但团员们没有想到，他们接触的苗民几乎"百分之九十九可说都是穷苦的贫农"。[①] 要知道，团员们是沿着公路行进的，而公路两侧的苗民比山区苗民的生活状况应该要好得多。3 月 20 日，旅行团抵达贵州省镇远县时，12 位团员访问了一个位于山腰、名叫"大土寨"的苗家村寨。这个寨子已编入保甲，故又称"二十四保"，当是这里较为富裕的苗寨，加上有专员公署副官和区公所主任陪同，团员们受到最高的礼遇。然而，招待他们的两户苗家，拿得出手的最丰盛的宴席，不过是自家种的白米和淡而无味的青菜。3 月 23 日，旅行团经过黄平县，这里的汉苗杂居已有数百年历史，但苗民很少与汉人来往，不仅衣食住行不求人，就是一切生活用品也都自己制造，唯有食盐非得向汉人购买。这正如一首苗谚所说："米不难，苞谷红薯也可餐；菜不难，萝卜白菜也送饭；酒不难，谷酒也把盏；柴不难，荆棘枝丫也烧饭；只有官盐实为难，没有白银买不来。"[②] 谚语描述的情景不亲到当地是不可能体会到的，真是"行万里路，胜读万卷书"。

民族关系问题在当时也十分突出。参加考察的丁则良说，即使有点钱的苗民买了土地也不敢说是自己的，总要找一个汉人，让他出名作地主，每年还要以收成的十之二三，来酬谢这冒名的地主。[③] 在大土寨，团员们看到寨门前悬着一块木牌，上书："现当时局不靖，本寨公议于寨周围栽有竹签，并放有弩箭，凡我乡人，以及外处人等，请勿黑夜入寨，免遭误伤，倘有强横不信或被签伤或被弩死，不与本寨相干。恐人不知，特此悬牌通告。"[④] 这无疑是处于弱势的苗民采取的一种自卫措施。

鸦片之害，祸国殃民，人所共愤，贵州境内却时常可见红色、白色的

---

① 丁则良：《湘黔滇徒步旅行的回忆》，《西南联大北京校友会简讯》第 48 期，2010 年 10 月，第 74 页。

② 钱能欣：《西南三千五百里》，第 41 页。

③ 丁则良：《湘黔滇徒步旅行的回忆》，《西南联大北京校友会简讯》第 48 期，2010 年 10 月，第 74 页。

④ 钱能欣：《西南三千五百里》，第 33 页。

罂粟花。在黔东小县青溪，城门旁高悬"青溪县戒烟所"招牌，可一旁又贴着"青溪民与恒土膏店"的广告，这种组合真是让人啼笑皆非。[1]　过了贵阳，罂粟更是举目可见，路边一个 16 岁小孩，说每天要吃两钱烟膏。至于黔西南镇宁县，尽管政府已表示禁烟，事实上却"愈禁则价愈高，获得愈大，以至地方军阀强令农民种烟，以烟税收入充作内战资本，有的还直接经营烟土买卖，或派军队为商人押运烟土，收取高额报酬"。[2]

社会是万花筒，要了解社会，须走进社会，长沙临时大学西迁云南的湘黔滇之旅，就是最好的教科书。但是，这部教科书是沉甸甸的，向长清同学说："三千多里走完了，在我心头留下了一些美丽或者惨痛的印象。恐怖的山谷，罂粟花，苗族的同胞和瘦弱的人们，使我觉得如同经历了几个国度"，"仿佛觉得是一条蛇或者一只猛虎扼住了一个人的咽喉"，并长叹道："谁知道什么时候才能得到解脱？"[3]　可见，活生生的现实让很少接触下层民众的大学生们，油然升起了一种社会责任感。

4 月 28 日，旅行团到达湘黔滇旅途的终点昆明。入城式的庄严与隆重长久萦绕在团员们心里。实际上，27 日到距离昆明 19.7 公里的大板桥时，许多人都希望一鼓作气赶到昆明，但团部不愿意让春城人民看见面带疲劳的队伍，特在此休整。第二天，大队行至距昆明 10 多里处，便见先期到达的同学或骑马，或骑自行车前来迎接。行至一个叫贤园的地方，学校已经在这里备下茶点，设立了招待处，由北大校长蒋梦麟夫人陶曾谷女士带着几位教授夫人和女同学殷勤款待。

午后，旅行团整队出发，接近城区时，街头已有举着横幅、呼着口号欢迎的男女同学，而清华校长梅贻琦和献花篮的女同学则在拓东路等候多时了。大队人马军容整齐地由金碧路经近日楼，一直开到圆通公园。在这里，团长黄师岳按照军规，一一点名后，将花名册郑重交给蒋梦麟，湘黔滇旅行团的"小长征"宣告胜利结束。此行，全程号称 3500 里，除去途中休息、天气阻滞及以舟车代步外，实际步行 40 天。[4]

3500 里长途跋涉使团员们经受了一次生平从未有过的磨炼。尽管人

---

①　余道南：《三校西迁日记》，张寄谦编《中国教育史上的一次创举》，第 391 页。

②　余道南：《三校西迁日记》，张寄谦编《中国教育史上的一次创举》，第 400 页。

③　向长清：《横过湘黔滇的旅行》，《烽火》第 20 期，1938 年 10 月。

④　吴征镒：《长征日记》，《联大八年》，第 22 页。

们的想法各有不同，有人预言"以数百名四体不勤、五谷不分的读书人组成如此庞大的队伍，一步步地踏越湘黔滇三省，这可算是历史上的一次创举，如果成功的话，必将在我国教育史上写下光辉的一页"。[1] 有人把它当作一次游山玩水的机会，如果错过了，一辈子不会再有。[2] 但一旦踏上旅途，大家的境界便得到不同程度的升华。

西南联大的湘黔滇旅行，被称为中国现代教育史上的一次"小长征"，它使每个参加者都亲身体会到中华民族文化的伟大，"因此之故，他们都十二万分的相信，在这次长期抗战中，最后胜利，毫无疑义的，是会属于我们大中华民族的"。[3] 经受的不同程度的锻炼，也为他们日后成学立业奠定了不怕艰险、不怕困难、敢于突破一切障碍的精神基础，三千多里都走过来了，还有什么困难不能克服！艰苦的磨炼增添了抗战必胜的勇气，4月27日旅行团进入昆明的前一日，李继侗、闻一多的胡须都一寸多长，他们特合影留念，相约抗战不胜利绝不剃去。闻一多信守了自己的诺言，他的胡子是得到日本无条件投降消息后才剃去的。

可歌可泣的横越湘黔滇三省"小长征"，当时就让西南联大感到自豪。出发前，大家已意识到这次跋涉是可载入史册的壮举，所以旅行团组建时就指派丁则良、高亚伟、杨桂和担任日记参谋，负责全程记录旅行日记。这三位同学非常认真，沿途不断到各县政府、行政专员公署及一些机关进行访问、搜集资料。到昆明后，他们又经过几个星期的整理，完成了约20万字的"湘黔滇旅行团日记"。后来，日记由蒋梦麟带到香港，交给商务印书馆，但不知什么缘故，直到太平洋战争爆发也未能出版，结果随着香港沦陷不知流落到何处。[4] 这件事说起来实在可惜，如果这部日记能够问世，那就是这次"小长征"最完整、最权威的记录了。不过，许多同学也十分重视这次跋涉，途中不少人写有日记，其中有的抵达昆明后相继发表。今天我们看到的最早对"小长征"的记录，就出自亲历了3500里湘黔滇跋涉的团员之笔。

---

[1] 余道南：《三校西迁日记·前言》，张寄谦编《中国教育史上的一次创举》，第369页。

[2] 《恽肇强来信》，张寄谦编《中国教育史上的一次创举》，第321页。

[3] 金五：《一年来之西南联大》，《青年月刊》第7卷第4期，1939年4月15日。

[4] 丁则良：《湘黔滇徒步旅行的回忆》，《西南联大北京校友会简讯》第48期，2010年10月，第72页。

　　写到这里，有必要多说一下黄师岳。湘黔滇旅行团安全抵达昆明后，西南联大当局为了表示感谢，送给他一只金表和 500 元返湘旅费。这件事让黄师岳非常不安，6 月 2 日，他回到长沙的第二天就致函蒋梦麟、梅贻琦，请人把金表和旅费带了回去。这封信不长，却反映了黄师岳的人格，信中写道："孟、月公①校长钧鉴：寇氛未已，坚决抗战，为民族复兴大业计，迁文化于后方，储材备用，实为当今之第一急务。在师岳不过奉张主席文白②兄命，率领贵校学生旅行团步行到滇开课而已，虽云跋涉辛苦，为民族为国家服务，与数百青年同行三千里，自觉精神上痛快与光荣。到滇承招待慰劳，反使内心感与愧，并所赐纪念簿谨什袭珍藏，永远存念，以纪念此行。至捐送金表一只及川资五百元，在公等为诚意，在师岳实在无受法，均原璧交来人带回矣。今已于六月一日回抵长沙复命，知关麈注，谨此奉闻，专函布臆，敬颂钧安，诸维亮察。黄师岳启。六月二日。"③ 可见，为安全护送湘黔滇旅行团辛勤操劳的黄师岳，认为自己和大家一样，只是为复兴民族大业做了一件不足挂齿的工作，其品格是多么高尚。④

---

① 蒋梦麟，字孟邻；梅贻琦，字月涵。
② 张治中，字文白。
③ 《黄师岳致蒋梦麟梅贻琦信》（1938 年 6 月 2 日），清华大学档案馆存。这份档案是 1986 年在清华大学档案室查阅的，当时库存档案正在整理，尚未编目，故没有档案号，以下未注明档号者皆同，不再说明。
④ 关于黄师岳此后的经历，黄师岳之孙黄超说：黄师岳完成护送西南联大湘黔滇旅行任务后，奉命担任第五战区第十三游击纵队司令，率部在桐（城）怀（宁）以东、长江以南地区开展游击。当时，黄师岳的防区与新四军张云逸部活动区域相邻，黄师岳曾以各种方式供给张云逸部军需补给。皖南事变后，中共担心张云逸家属遭到迫害，欲将他们转移到淮南新四军根据地。转移需经黄师岳防区，张云逸请给予方便，黄师岳派人专程护送，使张云逸家属安全到达目的地。抗战胜利后，黄师岳调任国防部中将部员，1947 年任东北"剿总"中将参议，1948 年 10 月派任第九兵团联络官。辽沈战役中，黄师岳于 11 月 2 日在沈阳被俘。1950 年，一些被俘的国民党高级将领中的进步人士集中到华北人民革命大学学习，时任广西省人民委员会主席的张云逸赴京参加会议期间，从在京学习的国民党高级将领名单中发现黄师岳的名字，随即召见，并约其到广西工作。1950 年 12 月，黄师岳在华北人民革命大学学习期满后，被安排到广西省人民委员会参事室任参事。在广西，黄师岳参加了土地改革工作组，到陆川县七区谢鲁乡进行土地改革。1954 年，黄师岳患脑血栓，于 1955 年 10 月 1 日晚因脑溢血和高血压并发症逝世于南宁，骨灰安葬于南宁东北郊皇帝岭公墓。但是，岁月流逝，人事多变，黄师岳的安葬地点失去具体下落，每年清明节，子女只能焚香遥祭，无处扫墓。（据黄超给笔者的信，2010 年 6 月 13 日）

第三章　尽笳吹，情弥切：驻足春城

昆明，云南省的省会，也是抗日战争时期的西南大后方。在中国近代史上，它曾以大无畏的精神书写了光荣的历史。1911 年 10 月 30 日（农历九月初九），中国同盟会的蔡锷、唐继尧统领滇军宣布独立，推翻了清王朝在云南的统治，云南成为全国最早响应武昌起义的省份之一。1915 年 12 月，袁世凯复辟帝制，云南人民于 12 月 25 日再次在蔡锷、唐继尧率领下通电全国，发出"再造共和"的时代强音。此时，为了赢得抗日战争的胜利，昆明这座古城，又以博大的胸怀欢迎西南联合大学的到来。而西南联合大学师生也在这块红土地上，开始了与云南人民同呼吸、共命运的艰苦抗战岁月。

第一节　筚路蓝缕

1937 年底，一些教育、科研、文化机关就看中了云南，相继迁往昆明。西南联大并不是最早到达这里的，但由于三校在中国教育界的崇高声望，故受到云南各界的格外重视与欢迎。

一　初入边疆

云南人民以宽广的胸怀迎接远道而来的莘莘学子。1938 年 4 月 5 日，湘黔滇旅行团团长黄师岳电呈云南省政府，云旅行团"不日将循京滇公路入滇，为避免沿途发生意外计，拟请通令沿途各县，派团予以保护"。云南省政府当日便"通令曲靖等县，遵照办理"。①

师生赴滇期间，云南省政府主办的《云南日报》与国民党云南省党部主办的《云南民国日报》等地方报纸，不断报道西南联大的途中动态。如《云南日报》4 月 9 日消息称："国立临时大学名称，现经行政院

---

① 《临大学生行将抵滇，省府通令保护》，《云南日报》1938 年 4 月 6 日，第 4 版。

会议，及国防最高会议通过，更名为国立西南联合大学，常务委员梅贻琦，已离桂林取道越南来滇，十日内即可到达。其余职教员二百余人已到滇，一部分图书仪器，约八百余箱，亦由香港运来，图书将运至蒙自，仪器则运来昆明。至于由粤港一带而来之男女学生，陆续到达蒙自昆明者，已有数百人之多。此外步行学生，于本月四日已离贵阳，月内即可完全到滇云。"①　4 月 12 日又报道："西南联大教授黄子坚君，及教职员男女学生，一行七十一人，于昨晚由长沙乘汽车抵省，下榻第三招待所。又，日前（七日）该校女生八十余人，乘滇越车抵蒙自，关于一切食宿事宜，该校负责人，均预为筹备，一切均办理妥善云。"②　4 月 24 日复刊载三条消息，一云："联大理工两院第一批海道来滇同学一百八十余人，顷于昨日（二十三日）乘车直抵省。该团由同学吕桂彤君领队，每十人为一小队，共十八小队，分批押运行李，径赴西门外农校该校理学院院址。事前该校负责人已预为筹办，食宿均无问题云。"二云："联大湘黔滇旅行团三百五十人，由黄师岳师长，及黄子坚、曾昭抡、袁复礼、李继侗诸教授领导，约可于二十七日中午刻达昆明，步行三千里，费时七十日，沿途考察，深入民间，诚属难能可贵。闻该校先到员生，定于是日全体预到迤西会馆迎候，并导由金马大街、正义路观光昆明市后，径赴圆通公园休息，届时该校常务委员亲往致训，并全体摄影。闻住宿地点，亦定为西门外农校云。"三云："该校代理文学院长冯友兰先生，亦于昨日乘快车到昆，前因在广西凭祥乘车撞伤臂部，留河内医治月余，已渐痊可，顷以校务重要，特扶病赶来，精神如昔，惟美髯增长耳。"③

　　与这些消息相配合，《云南日报》记者还撰写了一些特写。许多人就是从 4 月 28 日的《三千里长征竣事，联大旅行团今午抵省，全团三百人由黄师岳领导，已抵省师生准备热烈欢迎》和 29 日的《联大旅行团长征抵省印象记，英勇精神赛军队，热情流露动人心》等通讯中，了解到师生们在抗战必胜信念鼓舞下，是如何克服旅途艰难、踏上红土地的。

---

① 《临大更名为西南联合大学，梅贻琦先生日内将莅滇，教职员学生亦纷纷抵省》，《云南日报》1938 年 4 月 9 日，第 4 版。
② 《联大学生纷纷抵滇》，《云南日报》1938 年 4 月 12 日，第 4 版。
③ 《联大学生纷纷抵省，冯友兰先生昨亦抵滇》，《云南日报》1938 年 4 月 24 日，第 3 版。按："抵滇"原标题作"抵步"，疑误，径改之。

抗战初期，迁往西南、西北的大批沦陷区民众，无论精神追求还是生活习惯，都存在着如何与当地习俗融合的问题。在陪都重庆，当地人口头上常常出现"下江人"三个字，就是地区间差异的表现。这个问题在昆明同样存在。1938年西南联大迁至昆明时，正赶上社会民众热烈讨论"昆明的牛"的事件。

所谓"昆明的牛"，是李长之的一篇文章引起的。李长之毕业于清华大学，战争爆发前被新任云南大学校长熊庆来延请至云南大学任教。李长之到昆明后，因生活上感受到昆明人的慢节奏，写了篇《昆明杂记》，刊登在刚刚从上海迁到广州的《宇宙风》杂志第67期上。这篇文章，用牛比喻昆明人的散漫，他举例说："我招呼过一位木匠打了一个书架，本来是说好五天送来的，但是隔了一个多月还没送来。后来好容易送来了，我便同他讲，与其答应五天而作不来，不如多说几天，准时作出，倘若能够这样的话，我便一定再打一个。谁知那位木匠却宁愿放弃这份交易，而不愿受这种约束，便扬长而去了。"他还举了一个例子，说："这里有一个省立图书馆，上午十一时才开馆，下午四时半就闭了，晚上不用说，是没有。并不是假日如此，平时就如此。书目全是紊乱的，查一查，要费好些时候，而且查出来之后，借书单是要由馆员填写的，他填写时便又要像阿Q那样唯恐画圈画得不圆的光景，一笔一画，就又是好些时候，书拿到，便已经快要闭馆了，即便你一开馆就逛进来的话。"①

李长之对昆明的这些描述，自然引起当地人的不快甚至反感。1938年5月19日，《云南民国日报》刊登《李长之隽语警人》，20日刊登《闲话昆明的牛——读昆明杂记后》，以及《云南日报》22日"南风"副刊上发表的易弗的《昆明人与"牛"》、金华的《"天才批评家"的矛盾》等文，多半对李长之的高傲予以讽刺和反唇相讥。李长之的这些感受，不能说没有一点道理，但毕竟伤害了当地人的感情，因而遭到昆明人的批评，使其不得不在《一点诚坦的自剖》一文中做了自我批评。当然，并不是所有昆明人都认为李长之说的不对，如《云南民国日报》22

---

① 李长之：《昆明杂记》，原载《宇宙风》第67期，1938年5月，转引自《李长之文集》第8卷，河北教育出版社，2006，第480～482页。

日与 25 日刊登的《代表滇牛向李长之致谢》《结束"牛"的问题并略贡拙见》等，就说明昆明人也能够接受李长之的批评。不过，李长之在这次事件中成为众矢之的，不久只好离开昆明，到重庆的中山大学去了。

围绕李长之文章的讨论，有一定的偶然因素，但抗战初期外来人与当地人的融合，的确是一个需要特别重视的问题。云南省政府机关报《云南日报》6 月 2 日为此专门发表了一篇社论，说："在抗战发生以后，云南形成了重要的后方根据地，因之集中了不少来自外省的人才，尤其是由于各种文化的移来，使云南文化界增加了一批生力军。我们不仅希望云南文化人团结起来，同时也希望云南的文化人与外来的文化之间也紧密地团结起来，完全打成一片。各国和反侵略文化人，都已渐渐地携手了，何况本省与外省人都同是中华民族的一份子，同是站在抗敌救亡的一条战线上。我们不能否认，过去一部分云南文化人与部分外来文化人间，有过不必要的摩擦，希望这种摩擦永不会发生，大家结成一条铁的文化战线，这不仅可以增强后方文化抗战的力量，对于云南文化的发展上，也将发挥很大的推动力。"[①] 6 月 12 日，《云南日报》又刊登了署名江溯的《云南文化人团结起来》，内中强调文化界应打破门户之见，共同建立起云南文化界的统一战线，尤其希望与"外来的文化人共同来携手，以突击的精神，充实文化工作，捍卫祖国"。[②]

外来者与当地人的融合，是西南联大到昆明后面临的一个现实问题。文法学院到蒙自之初，曾遇到令人不快的事情。蒙自是个小城，文法学院师生有三百多人，他们的到来，一下子就增加了当地的购买力，导致物价飞涨，房租从每间一二元涨至七八元，有些人觉得自己的生活遭到破坏，便接连写信警告，有几封信甚至带着恐吓语气，说"如不幡然觉悟将以手枪对待"，结果让同学们增加了不少恐惧，因为蒙自人差不多家家有私枪，动不动便会发生械斗。[③] 同样的问题在昆明也出现过，《云南日报》甚至还为抑制房租高涨发表过专题社论。1939 年发生的一件事也说明外省人与当地人的隔阂。一天，历史系萧荻等几个同学去文庙附近

---

① 《文化人团结起来》，《云南日报》1938 年 6 月 2 日，第 2 版。
② 江溯：《云南文化人团结起来》，《云南日报》"南风"副刊第 742 期，1938 年 6 月 12 日，第 4 版。
③ 徐志鸿：《国立西南联大在云南》，《大风》1938 年第 15 期。

看美国电影，那时电影没有配音，需要当场翻译，有的同学嘲笑为美国电影做翻译的人，竟"引起公愤，顿时电灯复明，群声喊打"。[①] 类似这样的事，在生活中屡有发生。

对于这个问题，社会学家潘光旦从社会学角度阐述了他的认识。潘光旦对中国历史上东西晋之间、五代之际、北宋末年三次人口大迁移进行了分析，指出这三次大移民以及许多零星的移殖行为推动了中国社会的发展，不仅"把中国全部渐渐的开辟了"，而且"完成了中国民族从西北到东南，从东南到西南的弧形的发展"，同时还"转移了人才与文化的重心"。[②] 由此，潘光旦认为这次抗战的收获之一便是移民运动，由于西南诸省的移民运动与抗战的关系尤为密切，因此需要正确对待移民与本地人口彼此相处与相安这一实际问题。他说：西南人口的密度不算太大，待开辟的富源也不算多，以移民的能力来开发这些富源、充实抗战的力量，必然有良好的结果。当然，潘光旦承认"外来的人口和当地的居民在生活习惯上当然有许多不同，因此而引起的误会与不了解，亦在所难免"。不过，他强调："从研究移民问题的立场来看，这种误会与不了解，是极容易消灭的。"第一，"大家应该了解谁都是移民，所不同的是时代上有先后罢了"。第二，"后来的移民应该明白他们在生活习惯上虽然比当地的民居要进一步，但这种浮面的进步，在交通日趋方便的今后，当地的民居也不难获得。至于内在的品质，则新旧移民之间，根本上不会有很大的分别"。第三，"外来的人口更应当了解，他们的向西南移徙，是在交通便利的今日，而他们移徙的动机，至少一半是在求安全。约言之，即他们的移徙的环境，要比旧日的移徙环境为容易，唯其比较容易，他们的品质也未见得有大过人之处"。潘光旦本人就是外来移民，他站在移民立场上强调说："新来的移民真能有此种反求诸己的精神，他在新环境里的位置与和当地人民的协调，是不会成问题的。"[③]

西南联大与云南的融合需要一个过程，这个过程需要建立在了解云南、认识云南基础上。位居西南边陲的云南，在抗战中的地位已有共识。以交通为例，除了有经贵州至湖南、四川的"西南联运"公路，还有直

---

① 萧荻：《大草坪及其它——昆明怀旧录的一部分》，《笳吹弦诵在春城》，第501～502页。

② 潘光旦：《移民与抗战》，《云南日报》1939年2月26日，第2版。

③ 潘光旦：《移民与抗战》，《云南日报》1939年2月26日，第2版。

达越南海防的滇越铁路和经大理连接缅甸的滇缅公路。这三条交通线，在当时及后来的国防上，都占有极重要的位置。金融方面，昆明本地建有"富滇"与"新富滇"两个银行，中央银行也在昆明建有分行。至1938年7月，金城银行已在这里成立了分行，因西南联大分校在蒙自的关系，金城银行还在那里设立了办事处。此外，农民银行也设有分行，上海银行也正在筹备昆明分行。① 云南不仅矿藏、森林、水力等资源极为丰富，并且还是抗战兵源地之一，在全省110多万平方公里的土地上，生活着1300多万人口，被称为"补充兵员，肩荷长期战争的准备库"。② 随着包括西南联大在内的一大批文化机关的迁入，云南还成为战时文化的荟萃区。

云南的这些有利因素，是每个有远见者都能认识到的。1938年4月中旬，梅贻琦抵昆明不久就在回答记者的采访中说："云南地方环境，极为优良，举凡矿产，皆异常丰富，将来可以大量开发。过去因交通不便，国人多不注意，实则云南确为国防重镇，国家经济命脉所系，将来对复兴之建设及民族之发展，均有异常之重要性，为大有可为之地。"③ 5月8日，梅贻琦在蒙自分校清华师生举行的建校27周年纪念会上致辞，突出讲了两点：一是要求大家在艰苦条件下不忘发扬清华精神、努力学习；二是强调云南地位重要，矿产丰富，是造就矿学、化学等人才的好地方，在社会科学方面，云南也有许多可以实地研究的便利条件。④

云南人民不仅欢迎西南联大的到来，也对它寄予了深切希望。1938年5月11日《云南日报》发表专题社论《谨献给联合大学》。社论首先称赞由北大、清华、南开三校合并而成的西南联大"在中国的文化上，在中国民族的解放史上，都有着光荣伟大的贡献"，指出它们"从五四运动直至卢沟桥事件发生，在每一次国内的救亡运动中"，"始终是很英勇的站在全国民众，全国学生的最前线"，这次抗日战争发动以后，师生们继续在救亡浪潮空前高涨中，"保持着自己的岗位，丝毫没有退缩、落后，表现出他们为国家民族而向敌人拼斗的英勇迈进的精神"。

---

① 参见叔简《抗战中的昆明》，《云南日报》1938年7月25日，第4版。
② 《云南的新任务》，《云南日报》1938年12月9日，第2版。
③ 《国立西南联大常委梅贻琦先生抵滇》，《云南日报》1938年4月15日，第4版。
④ 《清华师生在蒙自开会纪念母校新生》，《云南日报》1938年5月13日，第4版。

接着，社论从"云南后方的文化及抗敌工作"出发，对西南联大提出三点希望：第一，云南作为抗战的后方根据地，还有很多条件不具备，生产方面还不能足以应付前方的需要。资源开发与生产建设也是如此，虽然云南人知道本地蕴藏丰富，但对实际情形并未深切明了，也缺乏以科学的方法进行考察和开发。西南联大理工等学系来到云南，希望能教学合一，成为云南资源开发与生产建设的生力军，使云南成为名实相符的抗战后方根据地，云南愿"以云南无尽的蕴藏，供献给他们作为研究实验的对象"。第二，无论治学精神还是以往文化运动中的表现，西南联大都值得敬佩。希望能把这些同样带到云南，使沉寂荒芜的云南文化界，也能显出一些活跃的空气，并直接间接地对抗战有所事实上的贡献。第三，抗战以来部分省外人士是抱着逃难心理到云南的，使云南社会有形无形地受到一种反常的影响。西南联大由几个著名学府合并而成，希望能进一步昭示其他文化同人，认识到云南是为了支持抗战，要在敌人炮火轰炸的射程以外尽可能地做一点文化的萌芽或发展工作。[①]

《云南日报》社论的这些话，表达了云南人民对西南联大的殷切期望，也为联大指出了努力方向。随着战局发展，云南在抗战中的地位愈加突出，西南联大的教学与科研也更加把建设云南与巩固后方、促进国家现代化紧密结合起来。

二　昆明安营

随着沦陷区教育、学术机关团体迁滇，1938年的昆明已蔚然成为一座文化都市。至1939年2月，相继迁到云南的已有中山大学、同济大学、中法大学、中正医学院、唐山工学院、华中大学、国立艺术专校、中央政治分校、北平研究院、地质调查所、中央研究院、北平图书馆及静生生物调查团、中大通讯社、营造学社、化学分会、国民经济研究所通讯处等。[②]

众多的机关、学校一下子涌到云南，师生首先面临的就是校舍问题。由于动手较早，西南联大在云南省政府协助下，先租赁到昆明城东南隅

① 《谨献给联合大学》，《云南日报》1938年5月11日，第4版。

② 罗南湖：《文化新阵地——云南》，《云南日报》1939年2月16日，第4版。

的迤西会馆、江西会馆、全蜀会馆三处为立足地，接着商借了西北城内外的昆华师范学校、昆华工业学校、昆华农业学校、昆华中学等校的若干教室和宿舍。这些学校因战争爆发，相继疏散到乡下，空出了些房屋。西南联大在迤西、江西、全蜀三个会馆安置了工学院，附近的盐行仓库辟为工学院学生宿舍，理学院校舍则设在昆华农业学校。西南联大设有总办事处，地点最初在昆明城内崇仁街一所大宅子里。1938 年教育部下令全国增设 6 所师范学院，其中云南大学师范学院划归西南联大，成立了西南联大师范学院，云南大学师范学院建院之初借用的昆华中学北院作为校舍和宿舍。这些分散在昆明东南、西北城内城外的校舍，构成了西南联合大学的总校。①

租借他校毕竟不是长远之计，况且租借期满后，这些学校也要回迁昆明。为此，1938 年 9 月西南联大在城北三分寺购买了 126 亩地，决定动用 20 万元修建自己的校园。② 砖木结构的简陋校舍是 1939 年 4 月落成的，计有土墙茅草顶的学生宿舍 36 栋，土墙铁皮顶教室、办公室、实验室 56 栋，以及食堂 2 栋、图书馆 1 栋。校舍建好后，师生们称其为"新校舍"，又因学校行政机关设在这里，故也称之"校本部"，以致"三分寺"这个地名反而被渐渐淡忘了。

说起这些校舍，最初的设计是希望能够使用得长久些，但随着物价上涨，图纸一改再改，最后只能因陋就简。简单的程度，从 1938 年 9 月 16 日与建筑商的承揽文约中一望可知。这份真实反映了西南联大艰苦办学历程的揽约，是鲜为人知的文献，不妨全文照录如下：

> 国立西南联合大学新建学生临时宿舍五间一排计拾陆排，每间进深拾陆尺，开间壹丈，造成陆分水。中梁高壹丈叁尺叁，檐口柱高壹丈，入土地壹尺伍，出土捌尺伍。中间方肆伍，梁肆架，柱子用方叁肆桐子。每间用开间，横梁伍棵拖罗圆梁，不论伍间，两头安门贰道。其中伍排前后用篾巴隔，每堵篾巴高捌尺伍，长伍丈，

---

① 参见陈岱孙《西南联大校舍的沧桑》，《西南联大北京校友会简讯》第 12 期，1992 年 10 月。

② 《联合大学在三分寺建筑校舍，建筑费国币二十万元》，《云南日报》1938 年 9 月 20 日，第 4 版。

用拖罗椽子，安篾巴胎子，直的贰棵，横的叁棵。篾巴中间开窗，子式亮洞壹个，宽贰尺肆寸，高叁尺，做成豆腐块，四周木条镶边，里面纸贰层，外面用小砖，立镶，边壹路。其中壹排前后墙皆用土箕单墙，做法与山尖墙同，但用扁砖壹层。每间钉椽子拾，连计贰拾棵，椽子上面钉松板，装修板上油灰色。两头山尖门侧边单墙，厚伍英寸，墙脚用陡扁砖叁层，墙内外□刷灰泥，外刷黄色，内刷白色。地盘以外面提高伍英寸，菜地有高矮，伍寸以内归承揽人填伍寸，以外归学校负责填捶叁尺土，地厚叁寸。议定用篾巴伍间壹排，工料洋国币伍佰叁拾伍元，拾伍排共合国币捌仟零贰拾元，加用土箕墙伍间壹排，工料洋伍佰陆拾伍元，共拾陆排，共国币捌仟伍佰玖拾元正，分五期支用。订立合同后第壹期款叁仟元，材料到齐后领第贰期款贰仟伍佰元，前拾排交工领第叁期贰仟款伍佰元，后陆排交工领第肆期款壹仟元，交工壹月后补尾洋伍佰玖拾元，日期以定桩线好呈报动工日起，限期陆拾日交工。如遇下雨不能工作，报照数延长，如取款履行条约过期壹日，认罚叁拾元。中途期间不得任何更改工程，如要更改工程，须另议价值。空口无凭，特立揽约为据。民国二十七年九月十六日立。承揽人巩国安、杨绍先、郑汇川。①

这次承揽只是建造 36 排学生宿舍中的 16 排，商定每排 5 间，每间进深 16 尺，宽 1 丈，内设立梁 4 根，横梁 5 根，安门 2 个。各间用篾巴隔开，各开豆腐块状一个窗户。整排房子两端为 5 英寸厚的单墙，外内刷黄色，内刷白色。各排造价不一，总共国币 8590 元，按滇币算要翻一番。

这份契约没有提到屋顶，但师生们记得当时铺的是茅草屋顶，只有教室、办公室、实验室铺的是铁皮顶，这从第二年的两份合同中可以看出。其中一份签于 1939 年 8 月 21 日的合同，是滇省宝庆号承包十排屋顶上白铁皮漆绿油漆工程，承包人为张怀敏。合同文曰："国立西南联合大学新校舍围墙外第二期房舍屋顶上白铁漆油漆共拾连，每连计伍间，合工料国币伍拾伍元，共合工料国币伍佰伍拾元正，其颜色做法概成草

---

① 《西南联大为建学生宿舍与建筑商的承揽文约》（1938 年 9 月 16 日），据原件照片抄录。

绿色，限两星期完工，特立包单为据。"① 另一份签订于 8 月 22 日，为 14 排房屋的敷屋顶工程，承包者盛茂庄。合同文云："国立西南联合大学新校舍平房上面白铁漆草绿色工程，每所计伍间，需用草绿色洋漆贰拾伍斤，每斤价壹元伍角，共合洋叁拾柒元伍角，用桐油陆斤，合洋捌元四角，用漆式陆个，合洋拾元零贰角。以上三柱每所合国币伍拾陆元壹角，共拾肆所，当面议定每所合包工料伍拾伍元，总共合国币柒佰柒拾。此项工程勿得误期草率了事，若有偷工减料情事，认凭包揽人负责。恐口无凭，特立合同为据。"② 上述 24 排房子敷屋顶，共用国币 1320 元。这些数字，反映了西南联大勤俭办学的一个侧面。

三　蒙自分校

新校舍是 1939 年 7 月竣工交付使用的，它的建成标志着西南联大完成了在昆明的安营扎寨。但是，新校舍从设计、施工到落成，不是短时期能够完成的。西南联大对此早有预料，因此 1938 年春季便着手寻找合适的校舍，最后选定了边城蒙自。暂设在蒙自的是不用科研设备的文学院、法学院，那里成立了西南联大历史上的第二分校——蒙自分校。

蒙自分校的勘察始于 1938 年 3 月初。3 月 10 日，西南联大常委蒋梦麟亲至蒙自，巡视后觉得比较理想。14 日蒋梦麟返回昆明，15 日下午在四川旅行社与联大常委张伯苓及三校教授周炳琳、施嘉炀、吴有训、秦瓒、郑天挺等聚议，决定将文学院、法学院迁到蒙自，并设立分校。③ 17 日，郑天挺由昆明抵蒙自，与先期到的清华大学王明之、南开大学杨石先作为三校代表，办理筹设分校有关事宜。④ 这样，初到云南的西南联大，便在不得已的情况下分散于两地多处。比起昆明师生聚少离多的分散生活，相对集中的蒙自分校在师生们心里留下的印象更多。

蒙自是云南省东南部的一个重镇，居住着汉、彝、苗、壮、回等民族，为云南六大坝子之一。蒙自县始设于元代至元十三年（1276），"蒙

---

① 《滇省宝庆号承包新校舍围墙第二期房舍屋顶上白铁油漆契约》（1939 年 8 月 21 日），据原件照片抄录。
② 《盛茂庄承包联大新校舍平房上白铁漆草绿色工程契约》（1939 年 8 月 22 日），据原件照片抄录。
③ 俞国林点校《郑天挺西南联大日记》上册，中华书局，2018，第 40 页。
④ 俞国林点校《郑天挺西南联大日记》上册，第 40～41 页。

自"一词由彝语"母滋"演化而来，县境西南莲花山海拔 2700 余米，高耸入云，彝语称其为"母滋白膜"。"母滋"意为"与天一样高"，"白膜"意为"大山"，"母滋"在汉语翻译中常写为"目则"，"蒙自"就是由"目则"演化来的。蒙自北距省城昆明 320 公里，南至中越边境河口镇 168 公里，自古以来便是滇东南物资的重要集散地，明清以后成为军事重镇。中法战争后，根据《中法续议商务专条》，蒙自于清光绪十三年（1887）辟为商埠。光绪十五年，清政府在蒙自设立了云南的第一个海关，法国遂在此设立领事署，英、意、日、德、美、希腊六国亦在此设领事。一时，国内外富商巨贾纷至沓来，蒙自海关、法国领事馆、法国东方汇理银行、法国医院、哥胪士洋行等建筑一个个拔地而起。这里，外国商人开设的洋行、银行、公司、酒店达 40 多家，中国商人开设的货仓、马店、饭店、粮店等，亦超过百家，故蒙自有"滇中第一对外贸易商埠"的声誉。

1903 年，中法签订《中法会订滇越铁路章程》，法国攫取了滇越铁路的修筑权与管理权。法国殖民主义者原计划滇越铁路从蒙自经过，但遭到当地民众的强烈反对，不得不将铁路移至草坝镇碧色寨。1910 年 4 月，近代中国第一条国际铁路滇越铁路全线通车，由于铁路改道，法国领事馆与银行、洋行相继关闭，蒙自经济地位受到极大影响。不过，恰恰由于这个原因，蒙自空闲出一片房屋，使西南联大有可能在这里建起分校。当时，从昆明到蒙自，先要乘快车 5 个小时到开远，然后换车经 50 多分钟至碧色寨，再转乘个碧线（个旧至碧色寨），半小时后才能至蒙自。因此，自昆明到蒙自一般需要一天，若是慢车或动身较晚，还得在开远住宿一夜。[①]

西南联大在蒙自租借的是蒙自县城东门外租界址的海关大院，这些房舍有百余间，且基本完好，经过简单维修便可作为办公室、教室、图书馆使用，1938 年 4 月 4 日西南联大第一批学生 92 人由海道经安南抵达蒙自时，维修工作还在加紧进行。[②] 不必讳言，文、法两学院师生历经艰难到达云南，有些人对还没有看到昆明的模样便在蒙自下车不能没想

①　郑天挺：《滇行记》，《笳吹弦诵情弥切》，第 329 页。

②　《临大学生九十二名已抵蒙自》，《云南日报》1938 年 4 月 7 日，第 4 版。

法。陈岱孙回忆说："文、法两学院的同仁、同学，在初闻两学院不能在昆明而要远迁蒙自，这当时被认为一边陲小邑时，不少人都有点失落之感。"①

蒙自是座小城，一下子来的300多名学生和几十位教师，只能分散居住，希腊商人哥胪士经营的洋行，是师生的主要宿舍之一。哥胪士洋行位于县城东门口西侧，法式建筑，有南北两翼，西南联大租借的是作为暑期旅馆的南翼，楼下为男生宿舍，楼上为教师宿舍，陈寅恪、郑天挺、陈岱孙、陈序经、刘文典、樊际昌、闻一多、朱自清、浦薛凤、邱椿、王化成、沈乃正、余肇池、李卓敏、丁佶、邵循正等都住在这里。和南岳分校早期一样，这里也是两人合住一间。另一处教师宿舍在城外东村的法国医院，曾住过钱穆、吴宓、汤用彤等教授。法国医院是所小院，环境清静，后来蒙自分校撤销，沈有鼎、贺麟等七位教授继续住在这里，直至秋季开学始赴昆明。有些携带家眷的教授，则自寻房屋，如冯友兰、陈梦家两家曾合住在桂林街王宅一楼，冯家在楼上，陈家在楼下。②

女同学人数不多，主要住在武庙街"周家宅院"。周家宅院的主人周柏斋是蒙自豪绅，曾任富滇银行副行长、个碧石铁路协理，他得知西南联大避乱到此，便慷慨地把东侧院的一栋单檐硬山顶高三层青砖楼借给女同学居住。这座楼名"颐楼"，取"颐养天年"之意，但因楼高风大，同学们又忧国思乡、常在夜晚听风难眠，大家就以"听风楼"戏称之。女同学入住之前，打前站的王明之、杨石先、郑天挺教授，也是在周家宅院落脚的。

蒙自风景优美，哥胪士洋行对面的南湖，是老师和同学们常常游憩的地方，在师生们回忆中，南湖是少不了的部分。南湖在西南联大历史上也占有显著位置，刘兆吉、查良铮（穆旦）、林蒲、刘重德、李敬亭、陈三苏等同学成立的联大第一个文学团体"南湖诗社"，就诞生在这里。

蒙自条件虽无法与平津相比，但在战时环境下已属不易。师生们很

① 陈岱孙：《序》，《西南联大在蒙自》，第2页。
② 宗璞：《梦回蒙自》，《西南联大在蒙自》，第166页。

快适应了环境，将精力转到教学与研究方面。闻一多在家信中说，那时
"对国家前途只抱乐观，前方一时之挫折，不足使我气沮因而坐废其学问
上之努力也"。① 毋庸讳言，蒙自分校的教学设备很差，虽然有一个图书
馆，可"书籍甚至报刊都少得可怜"。更重要的是，"没有起码的参考
书，有时连教材都十分欠缺。教师上课只能凭以前授课的记忆或一些以
前残缺的讲稿、笔记在讲堂上对学生们进行讲授"。② 为了克服这些困
难，一些教师加紧著述，以补教材之不足。钱穆的《国史大纲》就是在
这里经陈梦家两个晚上的怂恿，开始撰写的。③

　　蒙自分校建立时，本计划至少可以维持一年，故租用蒙自海关税务
司、帮办、外勤等人员的住宅，签订的期限是自 1938 年 4 月 1 日至 1939
年 6 月 30 日，④ 租用蒙自法国领事馆的时限，也至 1939 年 7 月 1 日。⑤
但是，开学两月有余，便接到中央航校来函，称国防亟须在蒙自设立航
校分校，要征用西南联大分校全部校舍以及附近空地辟为机场。联大深
明大义，顾全抗战大局，决定蒙自分校 7 月底举行学期考试毕即宣告结
束。这样，蒙自分校实际上只存在了 3 个月。文、法两学院返昆后，暂
时与理学院挤在一起，显得非常拥挤。其时，有人说昆明 40 多公里外的
晋宁县盘龙寺可容两千人，但经勘察，除几个殿堂可辟为五六个教室外，
其余房屋只能容二三百人作为宿舍，与所需相差甚远，故未实现。⑥

　　蒙自分校只存在了 3 个月，但在当地产生了不小影响，尤其是同学
们发动的移风易俗活动，给蒙自民众留下深刻印象。多年后，一些当地
老人还对清洁运动记忆犹新，而这些活动在当年的报纸里也能找到踪迹。
一位同学说："蒙自是一个苍蝇比任何地方都多的城，云南有几大特产，
个旧的锡，大理的石，宣威的火腿和蒙自的苍蝇，苍蝇居然可以和云腿

① 《致张秉新》（1938 年 5 月 26 日），《闻一多书信选集》，第 297 页。

② 陈岱孙：《序》，《西南联大在蒙自》，第 2 页。

③ 钱穆：《回忆西南联大蒙自分校》，《西南联大在蒙自》，第 54 页。

④ 《西南联大租用蒙自海关关员住宅空屋合约》（1938 年 3 月 21 日），北京大学、清华大
学、南开大学、云南师范大学编《国立西南联合大学史料》（六），云南教育出版社，
1998，第 190 页。

⑤ 《蒙自法国领事署空屋租与西南联大合约》（1938 年 5 月 13 日），《国立西南联合大学
史料》（六），第 192 页。

⑥ 陈岱孙：《西南联大校舍的沧桑》，《西南联大北京校友会简讯》第 12 期，1992 年
10 月。

齐名，可见它们数目的惊人。"的确，师生们"一进蒙自，便见群蝇乱飞，黑芝麻的东一堆，西一堆"，但"本地人把苍蝇看成了菩萨的化身，不加扑灭，听其在食物上拉屎，传播病菌，每年夺去几百人的生命，然而蒙自人还是不觉得"。因此，联大学生到蒙自后的第一项工作，便是联合地方当局，召开灭蝇清洁运动大会，他们绘制了几幅宣传画，挂在通衢和城墙上，同时动员全城驻军和中小学学生，每人手执蝇拍，出发到大街各店铺打苍蝇，"一日之间，杀死苍蝇数十万，才使它们稍敛丑迹"。① 联大同学的这次活动，受到当地民众的欢迎，《云南日报》在一则消息中报道："西南联大文法学院，自迁来蒙自后，于五月一日联合蒙自各界举行清洁运动与灭蝇运动大会，事前由联大向蒙自当局提议，蒙自县政府就联合教育局等各公共机关举行筹备会，由联大担任宣传事宜，分为文字宣传组、演讲宣传组、化装宣传组，及图书宣传四组，扩大征求会员，五月一日晨，分组往各街张贴标语图画，同时演讲组亦分赴各门演讲，同时又有街头剧，成绩甚好。十一时，在民众教育馆开灭蝇大会，下午又有化装表演，均由蒙自中学同学担任，其中有很多演剧天才。尤其热心的是小学里的小朋友，他们排队到各处游行，每个小手里拿一个蝇拍，见着苍蝇就打，情形甚为热烈。"②

　　联大师生给蒙自人民留下深刻印象的，还有举办民众夜校、帮助当地扫盲等。星期天，同学们常常到街头宣传，讲述国家大事等。报载：1938 年 5 月 8 日星期天，北京大学同学"全体出发，作扩大宣传救亡运动，男生在街头茶馆宣传，女生则访问家庭，所得结果甚为良好，此次宣传目的，在使蒙自全城人民知道些抗战消息，及防空防毒，与通俗的国际智识。宣传方法，是谈话式的，故收效极好"。③

　　西南联大来自现代化程度较高的大都市，初来乍到，一些同学穿得很摩登，尤其是女同学或是烫发，或是赤腿，这竟使全城一片轰动，以致"每当联大学生上街，他们便老老少少出来夹道而观"。不久，街上还流传出一首歌谣："大学生，大学生，不穿袜子称摩登，脱下裤子讲卫生。"为此，学校劝告同学们检点些，于是"渐渐男同学脱去了西装，

① 徐志鸿：《国立西南联大在云南》，《大风》1938 年第 15 期。
② 《联大会同地方举行清洁运动》，《云南日报》1938 年 5 月 13 日，第 4 版。
③ 《清华师生在蒙自开会纪念母校新生》，《云南日报》1938 年 5 月 13 日，第 4 版。

换穿制服，女同学穿上了袜子，脱去华丝葛印度绸的服装换上蓝布旗袍"。部分同学，也发起成立"正风会"，旨在劝导大家"相互加以约束，以免发生不良之行动"，更好地适应环境。①

西南联大在蒙自还留下了一些令人难忘的事。有一次，一个本地小学生在湖边游泳，忽然没顶，旁边有一位联大学生走过，便奋不顾身跳下水，把他救上来，这件事博得本地人大大的赞叹。② 正是通过这些小事，蒙自人民渐渐了解了西南联大，并将它当成了自己的一部分。多年后，陈岱孙回忆这段历史时说："当小火车缓慢地从蒙自站驶出时，我们对于这所谓'边陲小邑'大有依依不舍的情绪。直到今日，凡是当年蒙自分校的同仁或同学，在回忆这一段经历时，都对之怀着无限的眷恋。固然环境宁静，民风淳朴是导致这一情绪的一大因素，但更重要的是，在当时敌人深入，国运艰难的时候，在蒙自人民和分校师生之间，存在着一种亲切的，同志般的敌忾同仇、复兴民族的使命感。这才是我们间深切感情的基础。"③

第二节　直面轰炸

空袭中的经历，是西南联大战时生活的重要组成部分，凡是在联大生活过的师生，都不会忘记这段磨难和考验。日本侵略者企图以狂轰滥炸打垮中国人民的斗志，但恰恰相反，联大师生和千千万万中国人民一样，忍受了残酷的空袭，把它作为战争的洗礼，增强了抗战到底的意志。

一　日军空袭

对于抗战时期生活在昆明的人来说，九二八和七七一样，是个无论如何也忘记不了的日子。1938 年 9 月 28 日，日本侵略军首次对昆明发动空袭，身居大后方的春城，从这天开始，方真正打破了宁静，切切实实地感受到战争的降临和残酷。

---

① 《联大近讯》，《云南日报》1938 年 4 月 27 日，第 4 版。
② 参见徐志鸿《国立西南联大在云南》，《大风》1938 年第 15 期。
③ 陈岱孙：《序》，《西南联大在蒙自》，第 2～3 页。

日军侵华后，不断对各大城市进行狂轰滥炸，云南当局意识到日寇早晚也会对昆明实施轰炸，因此业已做了不少准备。1938 年 4 月中旬，昆明防空司令部制定了全省国土防空演习方案，并决定举行扩大防空演习。4 月 14 日，昆明防空司令部在光华体育场检阅救护大队和工务大队，救护大队 500 余人在大队长苏树德率领下准时到达，携带器材相当完备，受到表扬。① 工务大队重视不够，没有按时到达，昆明防空司令部为了严格纪律，于 20 日召开的第十一次部务会议，做出“工务大队不遵命令集合……实属不明事体，应函建厅将工务大队赵象乾，酌予处罚，以肃功令，并请督饬该严密组织，听候定期再行检阅”的决议。② 为了加强人们的防空意识，昆明防空司令部防空协会于 5 月上旬在《云南日报》公布了《防空人员奖惩条例》，明确规定了对各个部门的奖励与惩罚。③ 6 月初，根据国民政府军事委员会指示，昆明防空机构扩大为“全省防空司令部”，遂公布了《全省防空司令部组织简章》，并由航空委员会颁发了关防与官章。④

几乎与昆明加强防空同时，在长沙的清华大学复遭到日机轰炸。1938 年 4 月 10 日下午 2 时 35 分，敌机重型轰炸机 27 架分三队空袭长沙，对湖南大学、清华大学两处进行肆意轰炸。30 余枚燃烧弹和 40 余枚重磅炸弹，将湖南大学图书馆、第五宿舍全部炸毁，工厂、科学馆及第一、第二两宿舍亦被震毁。清华大学后山处，被炸死 18 人，伤 20 余人，附近一农户全家 7 人被炸死 6 人。⑤ 6 月 5 日，日军三批共 44 架飞机大举轰炸广州，受灾地区十余处，毁坏民房百余间，残害平民百余人。这次轰炸中，中山大学被毁，损失甚大，校长邹鲁为此通电全国各教育文化机关，谴责日军暴行，报告损失情况。⑥ 8 日晚，日机六批再炸广

---

① 《全省防空演习，俟方案核准即定期举行，司令部派员检阅救护大队》，《云南日报》1938 年 4 月 15 日，第 4 版。

② 《防空司令部昨天第十一次部务会议》，《云南日报》1938 年 4 月 22 日，第 4 版。

③ 《防空协会公布施行，防空人员奖惩条例，如遇临难死伤暂依陆军抚恤办理》，《云南日报》1938 年 5 月 8 日，第 3 版。

④ 《市防空机构决扩大为全省防空司令部》，《云南日报》1939 年 6 月 3 日，第 4 版。

⑤ 《大批敌机袭长沙，湖大清华被炸毁，死伤共达百余人》，《云南日报》1938 年 4 月 11 日，第 2 版。

⑥ 《敌机昨又狂炸广州，中山大学被毁邹校长电告全国，灾区遍及全城，昔日闹市今废墟》，《云南日报》1938 年 6 月 6 日，第 2 版。

州，先在市区上空施放照明弹，继之狂轰滥炸，致使西村电厂被毁，全市停电，岭南大学亦落弹三枚。①

日机的上述轰炸，特别是广州的被炸，引起云南当局高度重视。6月24日，《云南日报》发表社论《都市人口的疏散问题》，指出：上海、南京，"经过敌机一再轰炸后，不只积极的不生作用，消极的反为敌所用。这是我们最痛心的事"。现在，"前方的战区越更展开，后方的人口越更集中在少数的几个城市。使敌人的炸弹，随便投掷，都可收到预期的效果：炸死更多的人与毁损更多的房屋。这是一种极大的危机，目前广州被炸后的悲惨情形，即此事实的最好说明"。社论提醒到，无论是军事上、政治上，还是日常生活上，"故都市人口的疏散，实为目前最重要的一个问题"。② 为此，7月6日，防空司令部召开第十九次部务会议讨论了人口疏散、加紧防空宣传等事项，做出制定防空标语、图画宣传、模型宣传，及"所有疏散到乡人民，由县长督饬各乡村负责人员认真清查，详细登记，按旬报部"等决议。③ 8月中旬，防空协会又通令全省严密注意防空，要求迅速组织警报、警备、消防、救护等队伍，切实落实防空器材与通信设置。④ 9月3日，因近来"敌机到处肆虐，屠杀民众，本市为后方重镇，亟宜加紧戒备，设法疏散民众，以减少无辜牺牲"，防空司令部召集有关机关开会讨论应付办法。会议做出公务员及家属迅速离开市区、外来避难人士限期迁往外县等决议。⑤

昆明市上空响起空袭警报，是1938年9月21日。那天，日机从广西邕宁向西飞来。据观察，从这条路线来的敌机，目的地不外贵阳、昆明两处，于是防空司令部决定发出空袭警报。⑥ 虽然这只是一次"虚警"，敌机并没有飞至昆明，但它预示日军轰炸昆明的时日不会太远了。

①　《敌机又一再狂炸广州，西村电厂被毁全市电流停止，岭南大学落下三弹幸未伤人》，《云南日报》1938年6月9日，第3版。
②　《都市人口的疏散问题》，《云南日报》1938年6月24日，第2版。
③　《防空司令部议决，人口疏散应认真查记，积极加紧防空宣传，隐蔽房屋显注［著］目标》，《云南日报》1938年7月8日，第4版。
④　《防空协会通令严密注意团体防空，迅速组织警报警备消防救护等班，充分设置防空器材切实通讯》，《云南日报》1938年8月16日，第4版。
⑤　《防空司令部设法疏散本市人口，公务员家属迅速离开本市，外来避难人士限期迁往外县》，《云南日报》1938年9月4日，第1版。
⑥　《昨晨警报的教训》，《云南日报》1938年9月22日，第2版。

当天，绥靖公署与省政府"以最近战事情况，日愈严重，为顾虑空袭时之危害起见"，决定"自现时起实行先期疏散"。随之公布了包括十项具体措施之《昆明市防空疏散办法》，要求"市民一体周知，迅速自行疏散，以减危害，而策安全"。① 与此同时，23日省府第五七四次会议，还议决自26日起各机关办公时间一律改为午后3时至9时。②

1938年9月25日，日机对贵阳、清镇的空袭，表明日军轰炸昆明已近在眼前。那天上午10时许，敌机空袭贵州的消息传到昆明，"一时人心大感不安，扶老携幼，纷纷向城外隐蔽"。当时，防空司令部分析，敌机尚无袭滇可能，故未发出警报。但是，少数街警，不明真相，"未待警报音响，竟自撞钟，并劝告闭市"，致使"市面益感不安"，直到《云南日报》发出号外，方渐有安定。③ 接连两次的虚警，日机虽然没有窜入云南境内，但人们意识到，"自抗战以来，昆明一直在太平洋里过日子，像一湖平静的湖水一样。我们的敌机终于要在这一湖静水里抛下几个炸弹。这个日子是不远的，也许在下个月，也许就是明天"。④

果然，9月28日，日本炸弹第一次落在了昆明城里。这天早晨9时左右，日军一个空军中队9架九六式重型轰炸机从广东珠海琴横岛起飞，排成三个品字形，经广西飞往云南，并由昆明西北的黑林铺方向侵入市区上空。当时情形，可从下面这则消息中窥知大略：

> 昨晨八时三十分，敌机九架，竟敢由桂窜滇，防部于八时四十分据报，当即发出空袭警报，我飞将军即应声起飞，前往截击，并于防空布置天罗地网，严阵以待。嗣又据报，敌机已窜至距昆明市一百五十公里之处，防部立即发出紧急警报，飞将军及高射炮手，咸本灭此朝食之心，准备迎头痛击，故九时十四分钟敌机窜入市空时，我高射炮手发炮如弹珠，不准其低飞作恶，而我忠勇无敌之飞

---

① 《署府布告本市防空疏散办法，机关公务员家属市民外来人口，均须一律照规定地点疏散》，《云南日报》1938年9月21日，第4版。

② 《省府改定各机关办公时间，午后三时至九时，疏散办法丙项废止》，《云南日报》1938年9月24日，第2版。

③ 《敌机首次袭黔，在清镇贵阳投弹多枚，损失情形尚在调查中》，《云南日报》1938年9月26日，第4版。

④ 吴洛正：《关于本市防空的建议》，《云南日报》1938年9月26日。

将军，亦于此时，向其进剿。兽机窘急，乃于西门外昆华师范及潘家湾苗圃一带，大肆轰炸。一时黄灰冲天，血肉横飞，文化机关，竟成瓦砾场所，运动场中到处尸骸狼藉，死伤达八十余人。兽机于毁我文化机关及惨杀平民后，即欲逃逸，我飞将军铁阵早已布就，岂能让其逃逸，乃秉其英勇报国之精神，由四面合围过来，枪声轧轧，聚而歼之。兽机不敢还击，负伤狼狈而逃，随即解除警报。①

日机对昆明的这次空袭遭到有力反击，位于市中心五华山与各城楼上的高射炮猛烈向空中射击，中国空军亦奋起迎击。当时，原在杭州的笕桥中央航校已迁到昆明，校名改为"空军军官学校"，在这里训练的是飞高级的第 8 期和飞中级的第 9 期学员。日本飞机入侵时，高级飞行驱逐组组长陈友维正带着第 8 期同学黎中炎各驾霍克Ⅲ式驱逐机在滇池上空做战斗练习，他们看到地面停机线铺出大红色的"T"字布，意识到敌机已进入警戒圈，于是马上向空域四面进行搜索。本来，平时除了空中拖靶实弹射击练习外，一般机上不装机枪炮实弹，但因估计到敌机随时有袭击昆明的可能，所以驱逐机练习时也装上了机枪炮弹。因此，当他们发现日军轰炸机时，就立即迎了上去，在昆明上空展开了与日军的第一次空战。② 日本飞机自对我后方空袭以来，还没遭遇过空中打击，这次轰炸昆明也没有战斗机掩护，结果执行轰炸任务的九架飞机，竟被中国空军击落了三架。

击落这三架敌机的情况，防空司令部均有报告：其一："下午一时据报，有敌机一架，落于宜良之狗街，距该地三十里近地方烧毁。该机号码为九六二六号，并有'泰文'二字。"其二："下午二时，又据报称：敌机一架，落于滴水上边路南属之红米珠地方，机件完全烧毁，烧毙机师五人，在逃一人，当地人员正派人侦缉中。该机号码为'台湾二〇四'号。机中有机枪三挺已坏，及未爆炸弹一枚。"其三："又据报称：有敌机一架，落于路南属之密枝柯，距村前二里许地后旋即爆炸，黑烟

---

①　《敌机冒险犯滇，被我铁鹰击落三架，余六架负伤狼狈逃去，龙主席嘉慰旧币两万，后援会代表民众慰劳》，《云南日报》1938 年 9 月 29 日，第 4 版。

②　张铭谦：《昆明首次击落敌机纪实》，《昆明文史资料选辑》第 6 辑，1985，第 120 页。

冲天，全部已成灰烬。机师五人，烧死机内，尾部有'国报台湾九号'等字样，尚可辨认明白。该县县长，立即派员前往该乡派团看守。"① 经调查，坠落在宜良的敌机，为姚杰击落；坠落在路南的两架敌机，为周庭芳、杨绍廉、苑金函、黎宗彦协同击落。② 九二八空战，是全面抗战爆发后敌我两军在云南境内的首次作战，中国军队竟能取得如此战果，的确鼓舞人心。被击落的敌机残骸，不久运到昆明，放在文庙供人参观。参战的飞行员被视为空中勇士，受到英雄般的颂扬。

这次空战中，还俘虏了日军轰炸机的一名投弹手。这个投弹手是坠落在路南县境内的敌机机组人员，机上除他一人跳伞外，其余五人全部丧生。这个俘虏中等身材，光头，面孔红润清秀，第二天被防空司令部押解到昆明。到昆明时，民众争先恐后围观，人人怒目而视，万分愤恨。而坐在人力车里的俘虏，则顶着毯子，狼狈不堪。审讯时，他初默不作声，经讲明我俘虏政策，不伤害其人格和性命后，始交代说他叫池岛业希索，日本九州熊本县人，空军中尉，时年 27 岁。③ 他还交代说，他们是 28 日早晨 6 时接到命令由海南岛起飞，④ 到云南省会昆明市区执行轰炸任务。他希望给他留条活路，若有机会还要回去与妻子见面。⑤

9 月 28 日这一天是昆明第一次遭到日军的轰炸，当炸弹落地时，硝烟弥漫，弹片横飞，死者尸横遍野，幸存者呼天号地，惨叫之声不息。关于这次轰炸的损失，次日《云南日报》报道云："经市府警局调查结果，大西门外胜因寺前，被四弹，昆华师校被弹八，校内死亡八人，伤二人，建厅苗圃被八弹，长耳街被二弹，苗圃附近死亡三十三人，伤十一人，潘家湾死亡十一人，负伤三人，风翥街死亡八人，负伤七人，庆丰街机枪扫射负伤三人，其计死亡六十人，负伤二十六人，大西门城墙垛口震两个，拓东路八十二号住户山墙一堵。"⑥ 这则消息只是初步统计，时任昆明市民政局科员的孔庆荣，当时参与赈济救灾工作，他回忆说：事后民政局派人到大西门、小西门和潘家湾查看登记，获悉这一带

---

① 《我英勇空军，击落敌机三架》，《云南日报》1938 年 9 月 29 日，第 4 版。
② 《创造"九二八"伟绩的五位空军勇士》，《云南日报》1938 年 10 月 7 日，第 4 版。
③ 《"九二八"惨杀案刽子手池岛被俘》，《云南日报》1938 年 10 月 1 日，第 4 版。
④ 据《云南防空实录》记载，这次轰炸的日本飞机是从广东省珠海横琴岛起飞的。
⑤ 孔庆荣、段昆生：《忆日机首次轰炸昆明》，《昆明文史资料选辑》第 6 辑，第 123 页。
⑥ 《敌机之暴行，炸我文化机关》，《云南日报》1938 年 9 月 29 日，第 4 版。

共死亡 94 人。^① 至于其他地方的死亡人数，还未包括在内。

日本空军对昆明的九二八轰炸带有试探的性质，由于从广东珠海起飞，到达昆明路途甚远，所以这次轰炸后，停顿了半年多，至 1939 年 4 月 8 日才对昆明实施第二次轰炸。郑天挺在这天日记中写道："饭后方欲小睡，忽闻警报声，时一时三十分，余起，凭栏远望，惟我机三架升空，别无所见，立久之……以为必不来矣，登榻复睡。将入梦，紧急警报作，莘田大呼，余乃与之同入防空壕，时二时三十五分，坐至三时十五分，机声与枪声并作，又似有轰炸声，知其果来矣。机声渐远，方幸其去速，未几，枪声、机声、轰炸声再作，时三时二十七分。坐壕内不知来机多寡，亦不知投弹方向。迄四时三十五分，解除警报乃出。"其后，郑天挺听说"巫家坝飞机场被毁。来机数目或曰八架，或曰十一架，或曰十五架，或曰二十三架，或曰二十五架。去年九月昆明被炸后，此尚系第一次"。^② 据《云南晚报》消息，这次袭昆敌机共 23 架，"幸我方早有准备，敌机虽来，卒未得逞，仅在荒郊投弹而逃，被我机跟踪，二十三架仅十六架狼狈出境"。这则报道大概是为了安定人心，文字过于平淡。实际上，日军这次轰炸的目标是中央航空学校，双方进行了激烈空战。当日，中央航校在致国民政府军事委员会的电报中报告道：

一、八日下午敌机二三架第一架［批］十五架于十五时十五分到昆，第二批八架于十五时三十分到昆，均于该校上空投弹。

二、我霍克二架、地瓦丁十一架迎击，于敌机侵入该校上空时发生剧战，我机攻击精神极旺，据防空司令部报告，敌机仅回经南宁七架，清西二架，惟因天晚尚在续查中，敌之损失当必重大。

三、我教官谢志诚头部中弹轻伤，见习官高又新驾地机尚未归队，前据教官机继廉称，在罗平东北击落敌机一架。

五、敌机投大小炸弹百余枚，待修飞机七，地机一架、达机三架、北机一架，又损 E15 一架，北机一架，霍 71 一架。

六、炸死司书一员，机械士二名，伤士兵九名，各房屋全部门

① 据孔庆荣、段昆生《忆日机首次轰炸昆明》，《昆明文史资料选辑》第 6 辑，第 122～123 页。

② 俞国林点校《郑天挺西南联大日记》上册，第 144～145 页。

窗震毁，办公室炸毁十分之七，器材、车辆、装具、汽油、官生物件略有损失。①

敌机袭击未果，次日再次出动。1939年4月9日上午10时20分，云南防空司令部接到电报，称南宁有大批敌机进袭，其中有八架由钦州向云南方向飞去。11时50分，剥隘传来情报，说其上空发现敌机，但因雾重云密，未能看清架数，仅闻机声。于是，昆明防空司令部当机立断，于12时5分决定发出警报，我空军大队也严密戒备，做好起飞迎战的准备。约一小时，各路情报陆续送达，说因气候恶劣，敌机未敢入境，这样昆明方于下午1时12分解除警报。②

4月10日，昆明上空又一次响起警报。上午11时1分，贵阳电告10时35分在岛石港一带发现24架敌机向西北飞行，请昆明注意。11时40分，贵阳再次来电，称确由广西向昆明飞去。12时14分，据云南与广西边境的防空观察点报告，说已经听到敌机的声音。这批敌机，于12时18分进入云南地界，于是一分钟后，昆明拉响空袭警报。但是，敌机一直未来，至下午2时49分，据报因气候恶劣，敌机中途折返，昆明乃解除警报。③

日军轰炸机接连两天未能进入昆明，便把轰炸目标转向中国空军军官学校的另一个校址——西南联大文法学院刚刚离开半年的蒙自。4月13日下午3时58分，当昆明再次拉响警报的时候，蒙自已在7分钟前遭到第一批15架敌机的轰炸，4时23分又遭到第二批4架飞机轰炸。这次轰炸，蒙自损失惨重，"县党部、火车站、桂林街、西大街等处，俱被敌机炸毁，人民死伤颇多，敌寇并投烧夷弹，是以延烧城内铺户，截至发电时，火犹未熄，电杆电线，毁损亦大"。④

---

① 转引自《钱大钧致蒋介石电》（1939年4月9日），"蒋介石档案"，台北"国史馆"存，档号：002－090200－00058－304。又，钱大钧电报中未述及第四项。"蒋介石档案"正式名称为"蒋中正总统文物"，本书简称"蒋介石档案"。

② 《昨午警报，敌机图袭未果，市民疏散郊外均感到城门太窄，城墙挖洞过少防部应极注意》，昆明《益世报》1939年4月10日，第2版。

③ 《昨午警报，敌机二十四架图再偷袭昆明，因气候恶劣中途折返》，昆明《益世报》1939年4月11日。

④ 《本市昨又鸣警报，蒙自县城惨遭轰炸》，《云南日报》1939年4月14日，第4版。

经此数次轰炸，日军见昆明防空力量薄弱，便开始为所欲为。1941年8月中旬，日机竟对昆明进行了连续不断的大轰炸。这一时期，《云南日报》的消息就有：《敌机二十七架，昨狂炸市郊工厂，茨坝马街子工厂均遭轰炸》（8月11日）、《敌机二十九架扰滇，在昆明西南方投弹，本市发紧急警报于二时解除》（8月12日）、《敌机二十八架，昨滥炸昆明郊外，黄土坡被炸死伤四十余人起火燃烧，茨坝投弹七十余枚共毁屋数百余间》（8月13日）、《敌机二十七架，昨又狂炸昆明市区，炸毁房屋千余栋杀伤同胞七十九人》（8月14日）、《敌机二十七架昨又向市区肆虐滥炸，毁屋八百八十余间，共死伤平民五十人》（8月15日）、《敌机十八架，昨首次狂炸下关，两次投弹关外损失严重，本市发紧急警报》（8月16日）、《敌机三十三架，昨又狂炸市中心区，繁荣街道文化机关多成一片瓦砾，中央民国两报及云南社均遭损坏》（8月18日）、《昨日灾情，投弹一百余枚，毁屋二千余间》（8月18日）。看了这些标题，不用多言，足以知道日军是多么残暴！据报载，8月18日，龙云曾给蒋介石发去专电。电云："篠（十七日）午前十时二十分，敌驱逐机六架，轰炸机二十七架袭昆，在市中心区、五华山、永宁宫、华山南路、正义路、绥靖路、武威〔成〕路等地投弹百余枚，炸毁房屋三千余间，死三人，伤六人，起火数处，即时扑灭。驱逐机六架于十时二十七分窜至杨林机场，以机关枪扫射我，我无损失。谨闻。"①

那些天，每天上午8时防空警报都准时响起，30分钟后日机便飞临昆市上空。第一次来的有轰炸机27架，沿石桥铺、书林街、南强街、晓东街、南昌街、金凤花园、一窝羊一线轰炸，投弹后从滇池上空经呈贡、晋宁等县出境。第八次轰炸，早晨7时敌机就飞抵市空，而由于几辆卡车阻塞，大东门挤满了疏散人群，敌机发现后不仅投掷炸弹，还用机枪扫射，造成尸骨横飞，肢体满挂电线杆，炸死炸伤500余人。那天，巫家坝机场停有欧亚客机一架，临时起飞向小坝、金殿方向逃避，敌机发现后紧追不舍，把它击落于小坝桥附近。②面对日军的空袭，中国军队也展开了抵抗。第二次轰炸时，鸡鸣桥右前方河堤上的一挺高射机枪，

---

① 《龙云致蒋介石电》（1941年8月18日），"蒋介石档案"，档号：002-080200-00295-077。

② 据马伯良《抗战时期云南的防空》，《昆明文史资料选辑》第7辑，1985，第129～130页。马伯良时任昆昭师管区副司令。

毅然开枪还击，终因暴露目标，机枪被炸碎，机枪手英勇牺牲。这种不甘屈服的精神，表现了中国人民的坚强意志。

当年在云南省政府担任过民政厅主任秘书等职的谢洁吾，曾对1939年9月28日至1943年底敌机袭击昆明的伤亡情况做有记载。表3－1是笔者根据其记录整理而成的。

表 3－1　1939 年 9 月 28 日至 1943 年底敌机袭击昆明的伤亡情况

日期	轰炸地点	敌机数量（架）	死伤人数（人）		
			死亡	重伤	轻伤
1938 年 9 月 28 日	小西门外潘家湾、苗圃	9	190	173	60
1939 年 4 月 8 日	巫家坝机场附近禾店营	12	17	13	10
1940 年 5 月 9 日	巫家坝机场、香条村	19	11	53	40
9 月 30 日	东南郊	19	187	186	90
10 月 7 日	南郊	11	60	58	40
10 月 13 日	西北郊	27	70	105	90
10 月 17 日	南郊云南纺纱厂、西郊马街	18	29	18	20
10 月 28 日	东郊	5	6	3*	2
1941 年 1 月 3 日	市中心	11	32	19	31
1 月 5 日	市内东南区	9	12	8	11
1 月 20 日	市内西区	18	32	30	37
1 月 29 日	市内东区	11	21	40	8
2 月 9 日	茨坝中央机器厂	18	2		
2 月 20 日	小东门	11	1	27	11
2 月 26 日	东郊苏家村	**	121	80	20
3 月 8 日	干海子军营	9	3	1	1
4 月 8 日	市内翠湖	18		31	20
4 月 26 日	南城外西岳庙	8	7	11	3
4 月 29 日	市区、南城外瓦仓庄	10	90	103	30
5 月 8 日	北门外沙沟埂大涵洞	18	80	79	18
5 月 11 日	东门席子营	9	11	3	1
5 月 12 日	市内南区	9		16	11
8 月 10 日	茨坝、马街	18	6	48	3
8 月 11 日	茨坝	18			

日期	轰炸地点	敌机数量（架）	死伤人数（人）		
			死亡	重伤	轻伤
8 月 12 日	黄土坡、茨坝	27	33	37	19
8 月 13 日	市中心区	18	50	44	20
1942 年 5 月 14 日	市内拓东路、西北区	10	23	21	17
5 月 17 日	市中区、省政府	27	5	7	4
12 月 18 日	交三桥	10	145	199	43
1943 年 4 月 28 日	禾店营阮家村	27	89 ***	47	38
5 月 15 日	苜蓿村	44	6	19	8
9 月 20 日	苜蓿村	43	6	8	11
12 月 18 日	黑土乡、小板桥	27	1	2	1
12 月 22 日	禾店营	42	4	1	7

注：＊内含美国机械师 1 人。

＊＊ 此日仅记有敌机来袭，未记架数，但据梅贻琦日记，是日空袭昆明的敌机前后两批，各 27 架，见黄延复、王小宁整理《梅贻琦日记（1941—1946）》，清华大学出版社，1991，第 12 页。

＊＊＊ 内含美军上校机械师 1 人。

资料来源：谢洁吾遗稿、谢德宜整理《抗战时期敌机袭昆伤亡简记》，《昆明文史资料选辑》第 7 辑，第 138～140 页。

表 3－1 记录的只是冰山一角，而且敌机的架次也不甚准确。一位美国空军志愿队队员在记录 1940 年 5 月 9 日的空袭时，说当时来的敌机是 27 架，而非 19 架。同年 9 月 30 日的空袭，亦为前后 3 批，每批 9 架，共 27 架。[①] 有些空袭，在表格中也有遗漏，现存并不完整的梅贻琦日记，在 1941 年中就记有 1 月 2 日"午饭后 1：05 警报，1：40 敌机八架来，4：00 解除。闻所炸为巫家坝及石龙坝"的记录。2 月 26 日又记，"午饭后一点余忽有警报，敌机来两批各有 27 架，所炸为拓东路一带及城内绥靖路以南，闻人民死伤颇多，龙公馆亦落一弹"。[②]

表格里仅记录了数字，未能反映被炸情形。梅贻琦的日记在某些方面便较其详细。如 1941 年 4 月 28 日，"12：45 紧急警报，1：05 敌机二

① 〔美〕杰克·萨姆森：《陈纳德》，石继成、许忆宁译，东方出版社，1990，第 62、65 页。
② 黄延复、王小宁整理《梅贻琦日记（1941—1946）》，第 1、7 页。

十七架由南而北，炸弹声数连续过后，而见城中起黑烟二三处，以后北方亦有炸声，闻为沙朗一带。……4：45 解除，五点余与诸孩至市中查看：翠湖东南西三面均落弹，一老人在桥边炸死，劝业场及大众电影院炸后延烧一空，武成路关岳庙对面烧数家，民生街炸二三处，光华街炸二三处，正义路马市口南炸……西仓坡东头以南有一未炸之弹，故行人不许经过"。4 月 29 日，"敌机二十七架斜排由南向北飞来，故西面由甘公祠附近至翠湖，东面由威远街至小东门外均有炸毁"。① 除了梅贻琦日记，朱自清日记、吴宓日记也有类似记载，如果统计起来，相信还会有所补充。

1940 年至 1941 年，日军肆无忌惮对昆明实施了两年大规模的轰炸。这种状况直到 1941 年 12 月初太平洋战争爆发，同月 20 日日机在昆明上空遭到陈纳德指挥的美国空军志愿队的重创之后，才逐步有所好转。

日本飞机对云南的空袭和云南人民在空袭中的损失，抗战胜利后的 1945 年 9 月省防空司令部结束前，司令官禄国藩（字介卿）曾对报界专门发表过一次谈话。谈话指出："数年来敌机进袭本省各军事、交通、工业目标及轰炸城市区域，共计二百余日，每日少则一批，多达九批，总共五百〇八批。"进入云南省境的敌机，共"三千五百九十九架"，其中"侦察机二百九十三架，驱逐机七百五十架，轰炸机二千五百五十六架"。禄介卿提到的这些数字，是根据确切统计而来，按一般常理，应该还有一些遗漏。对于空袭警报，禄介卿说从 1938 年 9 月 28 日至 1944 年 12 月 26 日止，"共发警报二百三十二次"，"中间因困难判定其企图而难免使本市民众精神特质上之无谓牺牲，决定不发警报者，约五十日"。此外，1944 年 5 月以后，我军在怒江西岸展开反攻，敌机亦在这一地区活动，但因情报无法获得，没有记录。在这些空袭中，日军"投弹七千二百八十八枚"，造成我"死四千二百四十人，伤二千九百四十人，毁房屋二万九千七百〇四间"。谈话还讲到敌我双方空战，说敌机曾屡与我飞机发生空战，先后被我击落于境内者共达 82 架，而此间亦有敌侦察机 2 架被击落。

关于日机对云南的空袭，禄国藩认为可分四个时期：第一个时期为

①　黄延复、王小宁整理《梅贻琦日记（1941—1946）》，第 26～27 页。

试航时期，时间为 1938 至 1939 年。第二个时期为破坏我国际交通线时期，时间开始于 1940 年上半年，此间空袭目标集中于滇越铁路一带。第三个时期为威胁时期，时间起于 1940 年 9 月，这时日军实行"所谓疲劳轰炸政策，残杀我无辜民众，并同时截断我滇缅国际交通，以希冀我中途屈服"。第四个时期为扰乱时期，即 1943 年以后，由于我空军力量日趋强大，敌寇日趋没落，使 1943 年、1944 年"所有之数次空袭，实不过垂死之挣扎而已"，日本反而"牺牲其残余飞机至三十八架"，实在得不偿失。①

二　血债累累

日机狂轰滥炸，给昆明人民造成了巨大灾难，西南联大在轰炸中也受到严重损失，其中损失最大的是被租用为教职员宿舍的省立昆华师范学校。昆华师范学校 1935 年 8 月才从光华街旧校舍迁到大西门外新校区，② 所有建筑落成不久，蒙自分校决定迁回昆明时，为了安置教师栖身，于 7 月中旬函请省教育厅商借四间教室作为教员临时宿舍。③

1938 年 9 月 28 日日本飞机的轰炸目标是昆明唯一的机场——位于城东南郊的巫家坝机场，中国空军军官学校就设在那里。当时，空军军官学校已将一部分高、中两级教练机迁到祥云县云南驿机场临时疏散，④只留了 20 余架"达格拉斯"教练机，但日军轰炸机还没到达巫家坝机场就受到中国空军拦截，只因中国空军仅有两架飞机，使得漏网的敌机不得不盲目地把炸弹扔在城西北一带就逃离了。昆华师范学校恰在城西北，因此损失惨重。《云南日报》报道：

建立起不久的昆华师范学校，这时也仿佛成了一个殉道者，作为敌人轰炸的中心了。一进校门，在空场上矗立着的礼堂、校舍已变成了一座残败的废墟，四处散满着破碎的瓦砾。敌人的炸弹至少

---

① 《血债必须同物偿还，敌机袭昆统计，共投弹七千五百八十枚，人民死伤七千八百一十》，《云南日报》1945 年 9 月 29 日，第 3 版。
② 余湘：《省立昆华师范》，《云南日报》1944 年 4 月 10 日，第 3 版。
③ 《联大蒙自分校本月底决迁昆明，昨函教厅拨借昆师课室》，《云南日报》1938 年 7 月 14 日，第 4 版。
④ 张铭谦：《昆明首次击落敌机纪实》，《昆明文史资料选辑》第 6 辑，第 121 页。

是一百公斤的，每一个炸后的深坑，直径在两公尺以上，而深度竟有半公尺左右。许多爆裂的破片把灰黄的土墙炸成深密的蜂窠，而在教员休息室的右侧，却掘着一段令人酸鼻的血块，这血块已经失去了脑袋和四肢，在阳光下变成赪黑的颜色。据说：这是集训总队长刘琨的尸体，为了营救在禁闭室里的同学，为了要保护光荣的国旗（听说当时他是奋不顾身地去头［摘］下那幅飘扬着的国旗而死难的），他终于在敌人的狂炸下和着自己五岁的孩子丧失了生命！而曾经跋涉过千里长途的联大同学，也同时死伤了四个，她们没有实现了满怀的抱负，竟至把自己底血流在遥远的天南了。①

这次轰炸，昆华师范学校中弹 14 枚，不过该校奉令疏散到晋宁，学生已在两天前乘车前往新址，② 但借住或留在学校的人员却不可避免遭到损失。这天，朱自清在日记中写道："日机来袭，炸毁了师范学校。牺牲者不少，内有数名学生。去该校看炸后情景，死者静躺在地上，一厨师血肉模糊，惨不忍睹。"③ 殉难的这些同学中，有一位叫林常新，东北人，1937 年从南开中学毕业，9 月 28 日刚从天津到昆明，连一封报平安的家书还没来得及写。因为初来乍到，当空袭警报响起时他还不知道怎么回事，待在宿舍未动，后来听外人喊"飞机来了！赶快躲起来！"他才跑出屋躲在房檐下，不幸被炸弹炸坏的屋顶掉下的瓦片击中头部，脑浆溢出，当即死亡。另外还有一位同学，也是被敌机的弹片击中头部而殉难的。这次空袭中，联大同学住的昆华师范学校两层楼宿舍，一半被炸垮，一半屋顶的瓦被掀掉，凡是没有跑出去的同学几乎都受了伤。刚刚考入联大的赵润生，头部、臀部流血不止。物理系二年级邹尚纯同学，头皮被削去一大块。一位同学跳楼逃避，也摔伤了腿。还有一位同学受到惊吓，得了脑外伤性癫痫症，无法继续求学。④

在日军对昆明的空袭中，西南联大屡遭劫难，其中尤以 1940 年 10

① 醉秋：《一笔屠杀的血账》，《云南日报》1938 年 9 月 29 日，第 4 版。
② 《昆华师范呈报被炸情形，省府准予备案》，《云南日报》1938 年 11 月 24 日，第 4 版。
③ 朱自清 1938 年 9 月 28 日日记，朱乔森编《朱自清全集》第 9 卷，第 553 页。
④ 刘东生：《日本飞机首次轰炸昆明西南联大目睹记》，《西南联大北京校友会简讯》第 43 期，2008 年 4 月，第 49 页。

月与 1941 年 8 月的两次轰炸损失最为严重。

　　1940 年 10 月 13 日晨 6 时 45 分，日军侦察机一架由越南窜入云南境内，盘旋至 8 时 33 分方出境。10 时 40 分，防空观察所发现敌机 6 架向昆明飞来；11 时 7 分，昆明发出预行警报；11 时 15 分，发出空袭警报；11 时 23 分，发出紧急警报；11 时 45 分，敌机飞至市郊上空，用机枪扫射后，由原路出境。未久，又有侦察机 1 架、驱逐机 8 架、重型轰炸机 27 架，由越南向昆明飞来。下午 1 时 57 分，昆明响起短音紧急警报，十余分钟后，敌驱逐机便由东北角侵入市空，在西南郊外俯冲投弹。同时，敌重型轰炸机群也以密集队形飞至城西，投下轻、重炸弹百余枚。这次轰炸时间甚长，直至下午 3 时 25 分方离去。[①]

　　这天日机飞临昆明时，郑天挺与邓广铭正在去岗头村蒋梦麟家的路上，途中听到警报声，两人遂至河边树下静观。郑天挺日记写道：下午 2 时刚过，"二十七架成一字形自东北来，由余顶飞过，甫过，即闻炸弹声若雷鸣。其尤响者三。炸弹声既过，即灰沙大起。少间，立而观之，在城北，或曰北教场也"。郑天挺以为敌机已去，便往岗头村走去，"行未五步，机枪声又作，急伏于稻田中"，"见二机飞极低，掠余侧而过"。等机声远去，他们才到蒋梦麟家。蒋梦麟对他们说，轰炸时他曾在山头用望远镜观察，好像被炸处在昆明城西南，不在联大新校舍。可是，郑天挺下午返回昆明时，路上遇一汽车，一军官挥手阻止他们，说又发警报了，于是他们又折回岗头村。这时，有汽车从城里来，说南菁中学、云南大学都被炸了，问联大情况，说不知道。"少顷，又有传敌机从北门入，大西门出，所经均被炸。"郑天挺听了心头一紧，那可是西南联大校舍和教师们住的地方。

　　晚 7 时，郑天挺乘着蒋梦麟借来的一辆汽车匆匆进城，先到新校舍，在大门口便听说"师范学院被炸，月涵寓亦毁"。郑天挺放心不下，急忙赶到师范学院，只见"雪屏（陈雪屏——引者注，下同）所居之楼尚存，登之，已洞见星宿"，"转至前院，办公室全毁，惟余椽柱。男生宿舍及勉仲（查良钊）所居，虽椽柱亦倾折不存，惟瓦砾一堆"。梅贻琦

① 《寇机四十二架，昨分三批袭昆明，不顾国际道义扫射美德使馆，被我击伤多架遗下油箱二只，龙主席亲率各官长慰问灾区》，《云南日报》1940 年 10 月 14 日，第 4 版。

住在西仓坡清华大学办事处，想到梅贻琦家也遭到轰炸，郑天挺便往西仓坡去，到了巷口，看见"巷北之屋已毁，有深坑，宽广二丈余"。巷口有警察把守，不许进入。这时，钟声突然响起，省政府所在的五华山也亮起了红灯，郑天挺只得赶紧出城，再次到岗头村躲避。①

第二天，郑天挺一早就进城。到师范学院，看见到处断瓦圮垣，让人伤心。郑天挺是学校总务处长，办公室在昆华中学南院，其屋"后檐、椽瓦洞穿，沙石满地"，虽然他的办公桌没有损坏，但紧挨着旁边的桌子全毁，蒋梦麟的桌子"一木自面穿三屉而下，竖立不可微动"。屋内梁上，"一红面棉被其上，不知何处飞来。巨石三数，逾尺，亦落室内"。②

西南联大在这次大轰炸中的遭遇，当时报纸没有报道，但梅贻琦在1940年12月的《告清华大学校友书》中，则记录了学校的损失情况：

> 1940年10月13日，敌机袭昆明，竟以联大与云大为目标，俯冲投弹，联大遭受一部分损失，计为师范学院男生宿舍全毁，该院办公处及教员宿舍亦多处震坏。缘该院校舍系借省立昆华中学之一部，房屋稍旧，而环学校四周，落弹甚多，故损毁特巨。清华办事处在西仓坡之办事处，前后落两弹，幸好该房屋建筑尚坚固，仅玻璃屋顶有相当损坏。本校在办事处自建一防空洞，原为存储重要卷宗，筑在屋之后身荒园内，而屋后所落之弹，即紧逼此洞，遂全部震塌，经发掘后，物件受损不大，卷宗完好，惟有工友二人，平素忠于职守，是日匿避该防空洞内，竟已身殉，实堪惋惜。此外全体同仁及眷属与联大全体师生，均各无恙。联大翌日照常上课，本校办事处即将整理，过去工作部分迁移乡间办理，其他部分，均恢复常态矣。③

同年11月，西南联大在给世界学生服务社救济中国学生专款管理委员会的一封代电函件中说："此次本校被炸，受害最烈者为师范学院，计中数十弹，房屋全毁；此外总务处及女生宿舍亦被震塌一部分，附近教

①　俞国林点校《郑天挺西南联大日记》上册，第325页。
②　俞国林点校《郑天挺西南联大日记》上册，第325～326页。
③　《告清华大学校友书》，清华校友总会编《校友文稿资料选编》第4辑，第36～37页。

职员寓所亦多损毁，幸员生工友闻警疏散，受伤者仅十余人。惟师范学院学生百余人之衣物书籍荡然无存，值兹物价高昂，殊感补置为难，除于事后收到校外捐款二千元并由本校垫拨数千元赶为购备棉被等物分发应用外，正详查情况，呈部请予救济。"①

西南联大还有一份关于此次被炸房屋损坏记录，兹抄录如下：

北院正厅 3 间　西首 1 间房顶及装修全毁　东连 2 间震损

正厅西耳房 2 间　装修震毁

正厅东耳房 1 间　全毁

正厅院内西厢房 3 间　房顶及装修全毁

过厅全部房顶略有震损，即本校师院阅览室

正厅后面小楼房　房顶及装修略损

天君殿巷过街桥全部　全毁

东寝室全部　全毁

师范学院女生宿舍（即南寝室）全部房顶及装修略毁，东围墙全毁，已由本校修复

西寝室全部　装修震毁、房顶略损、围墙震塌一部，装修部分已由本校大部修复

南食堂教室全部装修震毁，大部房顶略损，已由本校修复

师范学院食堂全部房顶及装修震毁，装修部分已由本校修复

厨房全部　全毁

南院南天一柱全部　房顶后坡震毁

南天一柱西连小房 2 间　房顶及装修大部震毁

乾坤正气全部　房顶大部震毁

乾坤正气对向过厅东半部　房顶震毁

乾坤正气东连小楼房 4 间　房顶震毁装修略损

戏楼　房顶及天花板略损②

---

① 《西南联大关于空袭受损代电世界学生服务社》（1940 年 11 月 6 日），《国立西南联合大学史料》（六），第 22 页。

② 《西南联大关于租用校舍被炸函昆华中学·附件》（1940 年 11 月 30 日），《国立西南联合大学史料》（六），第 270～271 页。"南天一柱""乾坤正气"均为建筑名称。

1941 年 1 月 3 日，日机再次空袭昆明，联大工学院助教郭世康、沈元，学生李彦蓄、黎思炜及一位绘图员，疏散至拓东路附近，被炸弹弹片击中受伤。[①] 类似情形不胜枚举。

1941 年 8 月中旬，日军对昆明进行了连续 8 天的疯狂大轰炸。这次轰炸给当地民众造成的巨大灾难罄竹难书，仅从《云南日报》以下消息的标题中，便可见一斑：《敌机二十七架，昨狂炸市郊工厂，茨坝马街子工厂均遭轰炸》（8 月 11 日）、《敌机二十九架扰滇，在昆明西南方投弹，本市发紧急警报于二时解除》（8 月 12 日）、《敌机二十八架，昨滥炸昆明郊外，黄土坡被炸死伤四十余人起火燃烧，茨坝投弹七十余枚共毁屋数百余间》（8 月 13 日）、《敌机二十七架，昨又狂炸昆明市区，炸毁房屋千余栋杀伤同胞七十九人》（8 月 14 日）、《敌机二十七架昨又向市区肆虐滥炸，毁屋八百八十余间，共死伤平民五十人》（8 月 15 日）、《敌机十八架，昨首次狂炸下关，两次投弹关外损失严重，本市发紧急警报》（8 月 16 日）、《敌机三十三架，昨又狂炸市中心区，繁荣街道文化机关多成一片瓦砾，中央民国两报及运动社均遭损坏》（8 月 18 日）。

上述轰炸中，8 月 14 日的轰炸是以西南联大和云南大学为目标。这天清晨 7 时 42 分，敌侦察机由越南境内侵入云南，8 时 35 分飞至昆明市上空，旋向西飞去，一直飞至大理下关一带方转向东南，10 时 15 分由原路出境。敌侦察机飞离昆明后，27 架轰炸机于 9 时由越南侵入，10 时 15 分到达昆明。10 时 18 分在市区西北角及东南郊分三批投弹。据报载，敌机这次袭昆投弹 156 枚，内有重磅炸弹多枚，炸毁房屋 880 余间，死伤平民 50 人。[②] 西南联大位于昆明西北角，是敌机投弹的重点地区，故损失尤重。当时一家报纸以《摧残我高等学府，敌机炸西南联大，校舍图书仪器损失重大》为题做了报道：

　　昨敌轰炸机二十七架袭昆，对我最高学府国立西南联合大学作

---

① 《长沙临时大学、国立西南联合大学常务委员会会议记录·第一六六次会议》（1941 年 1 月 8 日），《国立西南联合大学史料》（二），第 165 页。

② 《敌机二十七架昨又向市区肆虐滥炸，毁屋八百八十余间，共死伤平民五十人》，《云南日报》1941 年 8 月 15 日，第 4 版。

有计划之轰炸，以图达到其摧残我教育与文化事业之目的。前四日敌机轰炸市区或市郊时，其机群均同时出现，而昨日则分批而来，每批九架，相距时间约五分钟。第一批约十点十分自西南窜入，直抵大西门外联大校舍上空，投弹约三十余枚，即行逸去；第二批旋即自原路窜入，抵达市区东部拓东路底一带，盲目投弹约二十余枚，该处临近之联大工学院侥幸安然无恙；继则第三批窜入，仍抵达联大校舍上空，又复投下大批爆炸弹，旋即逸去。炸后各部出动人员甚为努力，联大同学自郊外疏散者返抵该校，协同整理善后，当在校内发现受伤者还有二人，一为同济学生，一为该校校警，旋即分送医院治疗。该校舍各部几无不遭炸弹波及。①

可见，日军此次轰炸，不仅将目标对准西南联大，而且有计划地分三批接连轰炸。轰炸中，联大的损失在校舍方面计有"新舍男生宿舍第1、2、28、32等号被毁，其余受震。师院女生宿舍第2号被毁，男生宿舍第1、2号亦被毁，教职员宿舍被毁，损失甚重。南院女生宿舍饭厅整个被炸，其余卧室多受震而有倒塌之势"。图书与仪器方面，为"第7、8教室被毁。南区生物实验室1栋全毁，内有仪器多件。图书库被毁，内有清华名贵图书甚多，悉成灰烬。其余，常委办公室、出纳组、事务组、训导处、总务处均被夷为平地，法律系、政治系等办公室亦受震不能应用"。此外，联大新校舍的篮球场与北院，还各有2枚尚未引爆的炸弹。②

西南联大当局在给教育部的代电中，对这次轰炸的损失有进一步的统计数字。文中云：

　　本校新校舍炸毁房屋64间，震坏房屋210间。计常务委员会、教训总三处、事务出纳两组、图书库全部毁坏，生物及地质

---

① 《昆明报刊关于西南联大校舍被炸的报道》（1941年8月），《国立西南联合大学史料》（六），第272～273页。

② 《昆明报刊关于西南联大校舍被炸的报道》（1941年8月），《国立西南联合大学史料》（六），第273页。

实验室各毁一所；此外各办公室、教室宿舍或全所炸毁，或毁坏一二间不等。房屋部分按照时价，损失 35 万余元，家具部分损失 11 万余元，电料等项损失 15 万余元，三共约 62 万元。图书及仪器部分因在暑假期内，大多装箱存放安全地方，所损失者，按照原购置价，不过 2200 余元。又师范学院及附属中学系租借云南省立工业职业学校校舍，此次被炸，倒毁房屋 89 间，女生宿舍系租借昆华中学校舍，此次倒毁房屋 48 间。上列两处房舍被震裂者共约 190 余间。[①]

日军惨无人道的轰炸，丝毫磨灭不了师生们的抗战意志。1941 年 10 月 7 日，暑假后开学第二天，蒋梦麟、张伯苓、梅贻琦三常委致电蒋介石，简要报告了轰炸中的损失，同时祝贺中国军队在湘北获得的胜利。电文云：

> 重庆蒋委员长钧鉴：本校于八月十四日被敌机炸毁校舍数百间，现已积极修复，依照原定校历于十月六日上课，并于是日上午召集全体师生举行开学典礼及国民月会，并祝湘北大捷。会毕谨向钧座及湘北忠勇将士致敬。谨履呈报。国立西南联合大学常务委员蒋梦麟梅贻琦张伯苓暨全体叩。鱼。印。[②]

西南联大的损失，不仅限于昆明一地，清华大学一批或转运或暂存他处的图书、仪器，也遭到严重损失。1938 年 4 月，清华曾将珍版图书 417 箱装运至重庆北碚，托存于经济部中央工业试验所。这些图书计有：西文 193 箱（图书 15348 册，杂志 131 种 5472 册）、中文 224 箱（图书 6660 种 12764 册）、中文杂志 53 种（330 册又 6 函）。1940 年 6 月 24 日下午，日机在北碚上空投掷大批炸弹和燃烧弹，投弹地区约 12 里长 5 里

[①] 《西南联大关于校舍被毁代电教育部》（1941 年 8 月 29 日），《国立西南联合大学史料》（六），第 271～272 页。

[②] 《蒋梦麟梅贻琦等电蒋中正报告国立西南联合大学遭日机炸毁校舍已积极修复并订十月六日上课举行开学典礼等并祝贺湘北大捷》（1941 年 10 月 7 日），"蒋介石档案"，档号：002－090200－00070－299。

宽。清华存放在这里的图书几遭灭顶之灾，最后仅存西文307册，中文4477册。① 事后，中央工业试验所的顾毓琇先生写信给梅贻琦，报告说："贵校存书处所中烧夷弹数枚，顿时冒烟起火，……及至警报解除火已蔓延全部"，经抢救，仅"救出所存珍版中国书籍一千余本，损失之大，惋惜无已"。②

　　在日军的狂轰滥炸中，一些师生的人身受到伤害。九二八轰炸中，住在小西门附近福寿巷的中文系教授闻一多头部受伤，成了联大教师中第一个受伤者。关于这段历史，闻一多的次子闻立雕在回忆中写道："那天是9月28日的上午，当时我和哥哥在城外实验小学念书，我读初小他读高小。那天响起警报时，我因市里规定初小生只在下午上课留在了家里，而哥哥恰好正在学校。父母亲很不放心，怕他吓得惊慌失措，被人踏伤挤坏或出什么其他事，打发赵妈（闻家的保姆）到学校去接一下，同时叮嘱赵妈要她自己也多当心。赵妈走后一二十分钟，她和哥哥都不见回来，紧急警报又响起来了。父亲心焦如火，匆匆下楼，亲自去寻找。他帽子也没顾上戴、手杖也没顾上拿，大步流星跨着急步，一会儿就不见了踪影。出了小西门，半路上遇见赵妈，一问，方知哥哥已被老师领着跑警报去了。父亲听了觉得有老师领着可以放心，同时也考虑到在这茫茫人海中，想找到儿子根本不可能，便同赵妈往回走。正当他们走到一座木材厂的围墙下时，空中传来巨大而沉重的'轰、轰、轰……'的敌机声，赵妈急忙跨过墙下的小沟，进入对面的小树林。父亲大概是想看个究竟，背靠围墙，以手遮阳，仰头向空中搜看。只见九架日本轰炸机排成'品'字队形迎面飞了过来，飞得很低，翅膀上两个巨大的红膏药疤看得很清楚……父亲正看着，突然响起了巨大的爆炸声，霎时间天崩地裂，房倒屋塌，烟尘滚滚。待到烟尘稍落，赵妈看见父亲手捂着头，鲜血顺着脸往下直流，长衫的前胸已染红了一大片。赵妈又害怕又紧张，急忙把父亲搀过小沟，放倒在一棵树下。幸好这时战地救护队来了，为父亲做了紧急包扎。父亲走后，母亲在家中焦急不安，大小三个一个也

---

① 《清华大学图书损失情况表》（1943年10月9日），《国立西南联合大学史料》（六），第454～455页。
② 转引自陈兆玲《历史不能忘记——长沙临大、西南联大屡遭日军轰炸之实证》，《北京档案》1997年第7期。

没回来，而爆炸声就在小学方向，她的心像个兔子一样在胸腔里剧烈地跳动。警报一解除，大人孩子立刻赶往巷口张望。等了一阵，哥哥回来了，却不见父亲。后来，远远望见一辆人力车夫奔跑过来，车上的人头上缠着纱布，胡须和前襟上全是血，当车子走近了大家仔细一看，不约而同地都惊叫起来，原来是父亲，于是一窝蜂似的拥了上去，母亲吓得战战兢兢，手足失措，不知如何是好。幸亏叔父当机立断，令车夫迅速将车拉到医院去。后经检查，伤势不重，只是砖头砸了一个口子，颅内正常，缝了几针，因床位紧张便回家休养了。"闻立雕说，"父亲此次受伤可谓不幸中之万幸，当时炸弹落在了墙内，如果没有围墙，或者炸弹落在父亲这一边，那后果就不堪设想了"。①

　　一年后的 1940 年 9 月 30 日，闻一多又一次在轰炸中死里逃生。那时，他与弟弟闻家驷（联大外文系教授）两家住在昆明城东节孝巷，附近怡园巷则住着外文系冯至教授一家。这里紧挨市区制高点五华山，闻一多家后面就是山坡，坡下建有一座防空洞，当警报响起时，冯至跑到闻家，三家人一起躲了进去。紧接着敌机就来了。冯至回忆说，当时"大人小孩都屏息无声，只听着飞机的声音在上边盘旋，最后抛下几枚炸弹，都好象落在防空洞附近。飞机的声音去远了，又经过较长时间，才解除警报。大家走出洞口，只见一颗炸弹正落在洞门前，没有爆炸"。② 事后想想，真是危险，如果这枚炸弹真的爆炸，那后果便不堪设想了。

　　这年从西南联大外文系毕业到南菁中学任教的赵瑞蕻，住在距翠湖不远一条叫玉龙堆的小巷里，他刚刚建立的小家庭，在这次轰炸中被破坏了。赵瑞蕻在回忆录中写道：1940 年 9 月 30 日上午大约 9 点钟，正与新婚一个月的妻子杨苡在屋里看书，就听见外面有人大声喊"挂红灯笼了！又挂上了！……"接着邻家院子里有人开门出来望望，也高声嚷道："真的挂红灯笼了，'预行'啦！日本鬼子又要来炸了！"过了会儿，空袭警报就呜呜响了起来。"我俩赶紧收拾一下东西，带点吃的和喝的，还有几本书，关好门窗，离开我们安顿好才一个多月的新居，向大西门外

① 参见闻立雕《红烛：我的父亲闻一多》，新华出版社，2009，第 135～136 页。
② 冯至：《昆明往事》，《新文学史料》1986 年第 1 期。

田野上栽着密密的尤加利树的堤沟那边走去。一路上都是跑警报的人们，抱着拖着孩子的，抬着几样什物的云南老乡们；乱哄哄的，大家一股劲儿朝着自以为比较安全的地点奔跑。路上遇见好些位西南联大的教授和同学，没功夫说话，只是彼此点点头、笑笑，就走开了。""我俩走走跑跑，出了城门后，就听见第二次警报响了，赶快奔到离城较远的一条大堤上，旁边正好有一个土沟、三四尺深，敌机来时，可跳下躲躲。接着，城楼上挂起了三个灯笼，紧急警报猛然强烈地拉响了。我们跳进长满杂草的沟里，静静地望着。四周静悄悄的，天蓝得使人感动。但是，东南方向出现了二十几架敌机，飞得不高，亮闪闪的，很清楚可以看见血红的太阳旗标帜，轰隆隆地由远而近，声音那么可怕。突然，我们看见敌机俯冲下来，投弹了，数不清的炸弹往下掉，发出魔鬼似的凄厉的声音，大约落在东城一带，那里一阵阵巨响，尘土黑烟高扬，火光冲天……敌机投弹后，往西北方向飞走了。我们等到解除空袭警报的信号发出后才敢回家，那时已是下午一点多钟。一进门，院子里一片惨象，围墙坍了一面，满地是折断了的树枝。打开房门，屋子里乱七八糟，贴了白纸带的窗玻璃全碎了，两个暖水瓶滚在书桌边破了，一个用汽油空箱堆成的书架翻倒在地上，也用汽油空箱搭成、铺着新买来的草绿色大床单的床上满是灰土。"①

数学系教授华罗庚，也遇到过一次险情。一天，华罗庚与同系的青年教师闵嗣鹤在闵家的防空洞里谈论数学问题，日本飞机突然飞来，一串串炸弹沿山谷倾泻下来，整个山谷黄土飞溅，大树也被弹片削倒了一片。其中一枚炸弹正好落在洞口附近爆炸了，落下的土把洞中的人都掩埋了。华罗庚家的防空洞就在附近，洞里的人也被半截土埋身，子女们挣扎出来后，立刻跟着其他人赶到闵家防空洞，用双手挖土救人，最后费了两三小时才把华罗庚等挖出来。② 这次，华罗庚差一点送了命，好在抢救及时，否则世界学术界就少了一位数学大师。

前述1940年10月13日的日机轰炸，住在文化巷的费孝通教授家的邻居一家五口，便全被炸死；另一家邻居有一个反锁在屋里的丫头，也

①　赵瑞蕻：《当敌机空袭的时候》，《离乱弦歌忆旧游——从西南联大到金色的晚秋》，文汇出版社，2000，第154～155页。

②　华顺：《父亲在西南联大》，《西南联大北京校友会简讯》第4期，1987年5月。

死于这次轰炸。① 那次，费孝通家虽未中弹，但也十分悲惨，多年后他
对当时的情形仍难以忘掉：

> 当我们进城时一看，情形确是不妙。文化巷已经炸得不大认识
> 了。我们踏着砖堆找到我们的房子，前后的房屋都倒了。推门进
> 去，我感觉到有一点异样：四个钟头前还是整整齐齐一个院子，
> 现在却成了一座破庙。没有了颜色，全屋都压在有一寸多厚的灰
> 尘下。院子里堆满了飞来的断梁折椽，还有很多碎烂的书报。我
> 房里的窗，玻璃全碎了，木框连了窗槛一起离了柱子，突出在院
> 子里。可是房里的一切，除了那一层灰尘外，什么都没有变动。
> 我刷去桌上的灰，一叠稿子还是好好的，一张不缺。所损失的只
> 是一个热水瓶。这是难于相信的。一切是这样唐突，这样不近于
> 事先的想像，场面似乎不够动人。
>
> "着了，着了。"我好像是个旁观者，一件似乎已等待很久的事
> 居然等着了。心情反而松轻了一些，但是所等着又是这样一个不太
> 好看的形景。我太太哭了，也不知为什么哭。我自己笑了，也不知
> 有什么可笑的。
>
> 和我们同住的表哥，到厨里端出了一锅饭菜来，还有一锅红烧
> 肉。饭上也有一层灰，但是把灰夹走了，还是雪白的一锅饭，我们
> 在院子里坐下来，吃了这顿饭。麻烦的是这一层罩住了一切的灰尘。
> 要坐，要睡，先得除去这一层。这一层被炸弹所加上去的，似乎一
> 拿走，就是原有的本色一般。可是这是幻觉，整个房屋已经动摇，
> 每一个接缝都已经脱节，每一个人也多了这一层取不去的经验：一
> 个常态的生活可以在一刹那之间被破坏，被毁灭的。②

况仁民同学对日军的轰炸始终刻骨铭心。他回忆说："我经历过的最
危险的一次是炸联大。事先日本就广播过要炸昆明的最高学府，但我不
知道。那天天很晴朗，空袭警报后隔好久都没响紧急警报，因后山近，

---

① 费孝通：《疏散——教授生活之一章》，《联大八年》，第71页。
② 费孝通：《疏散——教授生活之一章》，《联大八年》，第72页。

我和不少人充胆子大，回来睡觉。紧急警报一响，出门才上坡日机就来了，18 架一齐扔炸弹，炸弹响时我就伏在地上，感到地在抖。……炸完后侦察机还绕联大看，连我这个 500 度的近视眼都能看到驾驶员的头，它比椰子大。警报解除后我回来一看，都是 500 磅的大炸弹，共 25 枚。在我住的 25 号宿舍向南，正门 20 公尺处就丢有一个炸弹。"① 另一个同学也在一篇回忆中记录了轰炸时的感受。他写道："飞机声音来得近了，仿佛就在头上，抬头看看却不见，一排树正挡着。我们躺在堤边的浅沟里，有一半身体是没有掩护着的。轰的一声，震得好不可怕。但并不如想象中的震耳。本能地把耳朵掩着，期待着命运的布摆。连续着十多声炸弹响，沙飞石走，满天烟土纷纷落下，好像天气忽然变成凄阴而可怖。身上被树枝土粒打着，似痛似痒。然而，隔着这一切阴惨之景象是蓝色的晴空中，高高的在头上的几架敌机逍遥地飞着。在十多声炸弹响中，似乎有什么压了我的腿部。若是问我那时的感觉，请你就设想，假使自行车的气门皮是有知觉的，那么打气时，气门皮骤然涨开，后又收缩。它会有什么感觉呢？假如你的想法和我一样，你就会明白，弹片打进腿里的感受如何了。但是，我还没有完全确定我是受了伤，直到最后，我看到，我的两条腿上多了三个窟窿。在那极短的一瞬间，弹片已穿过左腿 3 英寸厚的肉，又打进右腿里了……以后在睡梦中，仍时见到日本鬼子抛炸弹时的冷酷。"②

　　西南联大与云南大学被炸后，社会各界在一致谴责日军暴行的同时，还及时伸出援助之手。1940 年 10 月 13 日联大遭到日机轰炸的消息传到成都，华西协和等五大学同学莫不愤恨万分，于 21 日发起募捐大会，由各校分班进行募捐，救济联大受灾同学。③ 10 月下旬，华西协和高级中学教职员及全体学生首批捐款 456.65 元汇到西南联大。④ 未久，成都华

---

① 况仁民：《回忆日机轰炸昆明》，《西南联大北京校友会简讯》第 19 期，1996 年 4 月。

② 原载《清华大学 12 级校友通讯》第 2 期，第 119 页，转引自赵新林、张国龙《西南联大：战火的洗礼》，上海世纪出版集团、上海教育出版社，2000，第 58 页。

③ 《蓉五大学募款救济联大受灾同学，各校学生捐款极为踊跃》，《云南日报》1940 年 11 月 5 日，第 4 版。

④ 据《长沙临时大学、国立西南联合大学常务委员会会议记录·第一五九次会议》（1940 年 10 月 30 日），《国立西南联合大学史料》（二），第 158 页。该记录云："梅主席报告：华西协合［和］高级中学教职员暨全体学生为本大学被敌机轰炸来函慰问，并寄来捐款肆佰伍拾陆元陆角伍分。"

西协和神学院学生会汇来 238 元，华西联合中学也汇来 456 元，昆明市叙昆铁路局亦募集了 1008 元。① 此外，云南省地方当局也划拨了 2300 元，用于救济滇籍学生。② 这年年底，国民政府亦拨款 8000 元，作为西南联大和云南大学的学生救济金。③

社会各界关心爱护西南联大，联大也向受灾同胞伸出救援之手。1940 年 10 月 13 日大轰炸后的当晚，三民主义青年团联大分团便发起"一角钱施粥运动"。报载"同学踊跃捐输，南院、新舍两处共收到国币三百九十七元七角整"，全部用于救济大西门附近的被炸同胞。14～15日，他们募得的捐款买来大米，在联大南院和承华小学两处设立粥棚，连续施粥数天。④ 此外，他们对受灾最重的某街道进行逐户调查，并于 10 月 25 日公布赈济名单，根据各户不同损失，发给一定数量的米粮。⑤

日军 10 月 13 日的轰炸，西南联大教师虽无直接被炸身亡者，但外文系英籍教授吴可读，却因空袭中发生的事故而身亡。当时，吴可读疏散时被汽车撞倒，跌伤膝部，嗣即发炎，后送至罗次休养，不幸医药无效，竟与世长辞。吴可读战前即在清华大学任教，为中国教育事业辛勤服务 17 年。他去世前的几个月，云南省新创建的英语专科学校还聘请他担任教授。吴可读对中国抗战十分同情，曾表示"伟大的中华民族之神

---

① 《联大云大受灾学生，各方捐款救济，成都华西大学同学共捐七百余，叙昆铁路局职员捐一千零八元，学生救济会正办理分发》报道："自上月十三日敌机轰炸本市联大、云大后，各方对两校被难同学，均深表关注，或来函慰问，或捐款救济，并昆明学生救济委员会办理分发。截至昨日止，该会先后收到成都华西协和神学院学生会二百三十八元，成都华西联合中学四百五十六元，本市叙昆铁路局一千〇八元，又李君五元。该会除分别去函谢外，并正妥谋分发救济。"（《云南日报》1940 年 11 月 20 日，第 4 版）

② 《联大受灾学生，教厅拨款救济，龚厅长并派慰问，学生极为感奋》报道："西南联大师范学院于十月十三日，不幸惨遭敌机轰炸，该院滇籍学生所有衣裤书籍等物，顿成灰烬，颇有辍学之虞。当经校方转请教厅设法救济。龚厅长对此极为轸念，在经济万分困难中，特提出特别救济金新币二千三百元，请陈代院长雪屏具领转发，并于昨日派周科员国桢代表前往殷切慰问。闻被灾者对厅长之关怀拯救，颇为感奋，当较前倍加奋勉，以副雅望。"（《云南日报》1940 年 11 月 17 日，第 4 版）

③ 《联大云大被炸，中央拨学生救济金，省赈会昨已收到发放》报道："中央轸念前次云大联大敌机轰炸，发给赈款国币八千元，作学生救济金，省赈会昨已如数收到，统交空袭救济联办处及难民总站办理。闻省赈会已致函联办处、难民总站前来领取发放。"（《云南日报》1940 年 12 月 21 日，第 4 版）

④ 《联大青年团发起一角钱施粥运动，分别救济被炸难民》，《云南日报》1940 年 10 月 16 日，第 4 版。

⑤ 《联大青年团发放赈粮》，《云南日报》1940 年 10 月 26 日，第 4 版。

圣抗战，一定能得到最后胜利，奠定世界之真正和平，如中国不继续抗战，则世界永无和平之日"。① 吴可读的罹难，是日本侵华暴行的又一笔血债，学校为他举行了隆重的追悼会，驻滇英国领事也派代表到罗次参加了 18 日的出殡仪式。②

丧心病狂的日军，对空中的民用航空飞机也不放过，公然向国际公法挑战。1938 年 8 月 24 日，中国航空公司桂林号客机由香港起飞赴重庆，飞机飞临广东省中山县上空时，突然遭到五架日本飞机的截击，被迫降落海面后，又遭敌机机枪扫射。飞机上的乘客 13 人、职员 5 人中，除一位飞机师、一位乘客、一位无线电员侥幸脱险外，其余全部惨死在暴敌毒手之下。战事爆发后，中国航空公司于 1938 年 8 月 1 日刚刚恢复昆明至重庆、汉口、香港的航线，这条航线的飞机每周往返一次，机型为道格拉斯巨型飞机，由美国人吴兹与巴特迷斯两人驾驶，机械师也是美国人。③ 因此之故，美国驻华当局曾与日本达成谅解。但是，日寇仍对表有明显标识的中航飞机实施攻击，暴露了其灭绝理性的残酷兽行。

事件发生后，不但中国人民，世界各国也感到极为震惊。④ 日军曾狡辩说视线不清、出于误会等，却未停止对中国民航的攻击。1940 年秋，西南联大化工系孙毓驷同学乘坐的客机途中遭到日本飞机的袭击，机上的旅客全部遇害。孙毓驷的惨死激起联大师生的强烈愤慨。8 月 10 日，联大化学会在新校舍南区举行追悼会，沉痛吊唁孙毓驷同学，愤怒声讨日寇的暴行。⑤

三　沉着应对

日军空袭昆明，早在人们意料之中，9 月 28 日（即首次轰炸昆明）的前一周，绥靖公署与省政府便颁布了《昆明市防空疏散办法》，指出："最近战事情况，日愈严重，为顾虑空袭时之危害起见，自现时起实行先

---

① 《清华名教授英人吴可读病故，在校服务十七年努力职责，生前甚同情我国对日抗战》，《云南日报》1940 年 10 月 25 日，第 4 版。

② 《吴可读出殡，英领事派代表往祭》，《云南日报》1940 年 10 月 27 日，第 4 版。

③ 《中航公司昆渝港线昨日顺利通航，原机定今晨返港，每周暂往返一次》，《云南日报》1938 年 8 月 2 日，第 4 版。

④ 《中航机被击事件》，《云南日报》社论，1938 年 8 月 27 日，第 2 版。

⑤ 《联大消息》，《云南日报》1940 年 11 月 8 日，第 4 版。

期疏散，庶使市内人民减少，空袭时不致发生重大损害，当经令饬防空协会及防空司令部会拟疏散办法，兹据呈拟昆明市防空疏散办法前来，核尚可行，昨特将该办法布告本市市民一体周知，迅速自行疏散，以减危害，而策安全。兹将昆明市防空疏散办法志后。"该办法共十条，具体规定了机关人员、公务员眷属、市民、外来人口、学校师生的疏散细则，[①] 其后，省府有关部门对疏散办法又进行多次修订补充。

为了普及防空知识，云南大学时事研究会还编了首《防空歌》。这首通俗易懂、便于诵颂的歌谣刊登在 1938 年 10 月 6 日的《云南日报》上，其云：

日本小鬼好凶暴，飞机到处瞎胡闹，
炸弹乱投机枪扫，害我百姓真不小。
同胞同胞不要怕，听我说个躲避法，
只要避法想周全，自然不会有危险。

头个法子真正好，家家挖个防空壕。
三尺宽来一丈深，越深越好保安稳。
上用木板盖起来，再加厚土平均匀。
留下几个通气孔，免得被塞难容身。
飞机来了钻进去，炸弹落下可放心。

第二件事要记牢，飞机来了莫乱跑。
更忌人多在一处，指指画画看热闹。
快快走进屋子里，床铺底下去躺好。
若是恰在田野里，赶快就往地下倒。
靠近田埂或树下，阴影地方藏更好。
路旁若有田和沟，两手扑地快卧倒。
躲好千万不要动，一动会被人看晓。

① 《署府布告本市防空疏散办法，机关公务员家属市民外来人口，均须一律照规定地点疏散》，《云南日报》1938 年 9 月 21 日，第 4 版。

第三件事要记清，夜里防空要吹灯。

烟头火柴不要点，手里电筒一旁扔。

第四有些零碎事，大家也要细心听。

衣服莫穿鲜颜色，大白大红最显明。

烟囱灶火要盖好，火烟不要往上升。

哪家若有婚丧事，锣鼓喇叭都要停。

莫说这些是小事，遇到危险就不轻。

以上大家能照办，包管各位得安宁。

　　西南联大对躲避轰炸也采取了一些必要措施，如拟定了挖掘小型防空洞办法数项，要求学校教职员、家属、学生自动组成 6 人或 10 人小组，在校舍及居住地附近挖掘防空洞。学校还特别拨给费用，每洞支付 20 元，另提供挖掘工具，并要求将防空洞选择地点及小组负责人名单，报送学校备案，等等。①

　　1939 年 3 月 14 日，西南联大常委会第一〇七次会议通过《防空委员会组织大纲》，规定由常委会邀任教职员若干人组成，直属常委会领导。防空委员会下设警备、救护、避难指导三组，各组均有明确职责。其中警备组负责警戒、保卫，具体任务七项，分别为："空袭时哨所之固定""空袭警报时必要疏散门之开启""紧急警报后出入门之关闭及交通管制""偷窃及火灾之防止""汉奸行动之监视与汉奸之捕捉""其他灯火之限令熄灭""灯火管制纪律之维持"。救护组负责医疗及伤者收容，任务六项，为："空袭后急疗所之开设""被灾地点受伤害者之救护与收容""对建筑物压盖下之受伤害者掘寻与救护""对轻伤者由被灾地点至急疗所之搬运""对重伤者由被灾地点或由急疗所至医院之输送""关于救护之通讯联络"。避难指导组负责维持避难秩序，指导避难场所的管理，任务亦六项，为："警报之传达""避难地点及经过路线之指示""避难地点防空纪律之维持""防空壕内救险器具之管理""空袭警报时

---

① 《西南联大员生分组挖掘小型防空洞办法》（1938 年 10 月），《国立西南联合大学史料》（六），第 452～453 页。

防空壕出入门之开启""解除警报后防空壕内之清查与出入门之锁闭"。《组织大纲》还规定，依具体情况可分别成立警备队、救护队、避难指导队，由校警、校工、校医、军事教官、学生、教职员等编成。[①]

1940 年 10 月大轰炸后，西南联大学生自治会召开干事会，决定立即组织 4 处 11 个队、组，学校亦给予物资和事务上的协助。其设置为：（1）空袭救护队，下设野外急救所、空袭救护队、空袭消防队；（2）物资疏散处，下设登记组、运输组、保管组；（3）膳食管理处，下设调查分配组、采办贮藏组、膳务组；（4）住宿管理处，下设住屋组、宿位分配组、被褥借贷组、饮水物品供应组。[②] 月底，为避免无谓牺牲，学生会还发出公告，提示疏散时应注意之事项："一、空袭警报发出后应立即出外疏散。二、遵守驻军指挥，切勿引起冲突。三、注意携带物品及衣服颜色。四、检点自己行动勿引起旁人反感。五、疏散时最好能与二三人同伴，免发生意外后无人知悉。"[③] 次年 1 月中旬，鉴于日机频繁轰炸，联大常委会决议设立"空袭损害救济委员会"，聘请郑天挺、潘光旦、冯友兰、吴有训、黄钰生五人为委员。[④]

上述应付空袭的多种措施，贯穿了战时自护自救的原则，体现了全民抗战、全民动员的精神。事实上，即使不动员，人们也会自动采取防护办法，哲学系教授冯友兰就是身体力行者之一。冯友兰回忆住在昆明小东门内靠近城墙一带时，说曾"雇人把城墙挖空，里面架上木料，就成了一个防空洞"。这个防空洞挖得很科学，它"通向城墙外边，城墙内外各有一个洞口，如果一个洞口被堵塞了，还可以从另一个洞口出动"，所以"人们一看都说很好，只要不是直接命中，是很保险的"。这个洞修好后，冯友兰全家和左邻右舍，"一听见空袭警报，都钻进这个防空洞"。[⑤] 这样的情况，差不多家家都有。

---

① 《西南联大防空委员会组织大纲》（1939 年 3 月 14 日），《国立西南联合大学史料》（六），第 454~455 页。

② 《联大学生组织救护队及物资疏散处》，《云南日报》1940 年 10 月 18 日，第 4 版。

③ 《联大青年团发放赈粮》，《云南日报》1940 年 10 月 26 日，第 4 版。

④ 《长沙临时大学、国立西南联合大学常务委员会会议记录·第一六七次会议》（1941 年 1 月 15 日），《国立西南联合大学史料》（二），第 166 页。

⑤ 冯友兰：《三松堂自序》，第 105 页。

第三节　疏散生活

在西南联大遭受空袭期间，疏散是师生们的日常生活之一。大规模的疏散，开始时还不免有些被动，但经过磨炼之后，人们不仅逐渐适应了这种生活，甚至产生了乐观态度，并对如何以正确的态度对待疏散进行了思考。

一　警报声中

远离前线的昆明，能够受到的战争直接威胁自然首先是空袭。空袭打乱了正常的生活秩序，而躲警报在昆明也成为家常便饭。昆明人把躲警报叫作"跑警报"，这个名词因中文系学生汪曾祺于1984年写的同名散文而广为人知。这篇散文中，汪曾祺惟妙惟肖地写道："我刚到昆明的头二年，1939、1940年，三天两头有警报。有时每天都有，甚至一天有两次。昆明那时几乎说不上有空防力量，日本飞机想什么时候来就来。有时竟至在头一天广播：明天将有二十七架飞机来昆明轰炸。日本的空军指挥部还真言而有信，说来准来！一有警报，别无他法，大家就都往郊外跑，叫做'跑警报'。'跑'和'警报'联在一起，构成一个语词，细想一下，是有些奇特的，因为所跑的并不是警报。这不像'跑马'、'跑生意'那样通顺。但是大家就这么叫了，谁都懂，而且觉得很合适。也有叫'逃警报'或'躲警报'的，都不如'跑警报'准确。'躲'，太消极；'逃'又太狼狈。唯有这个'跑'字于紧张中透出从容，最有风度，也最能表达丰富生动的内容。"[①]

跑警报是联大生活的一个部分。太平洋战争爆发前，日军轰炸机是从武汉起飞，到达昆明一般是上午10时前后。根据这一规律，学校将上课时间提前，每天10时前后就把上午的课讲完了，这以后直到下午3时，是躲避空袭的疏散时间，过了这段时间再讲授下午的课。太平洋战争爆发后，日本占领越南，昆明变成前方重镇。这时，日军轰炸机改从河内出发，飞抵昆明时间早了些，但基本还是中午的那段时间。

---

① 汪曾祺：《跑警报》，《我在西南联大的日子》，山东画报出版社，2018，第18～19页。

昆明的防空警报系统，是九二八轰炸后方逐渐建立起来的。1938 年 10 月上旬，防空司令部印发《市民防空须知》，对空袭警报、紧急警报、解除警报的施放做了如下规定："敌机一到本省边界，本部就放第一个警报，这种警报是每次一声长音，两声短音，继续的响好几次，意思是敌机向本市来了，大家赶快避难，所以叫做'空袭警报'。若是敌机来到离本市不远时，本部就放第二个警报，这种警报是一声长音后，一大串短音，意思是敌机就要到头上了，大家立刻藏好身体不要再动，免被他们发现，所以叫做'紧急警报'。及至敌机投完炸弹走后，或是没有到本市就踅回去，离开本省边界时，就放第三个警报，这种警报是一声长音直响到底，意思是敌机已去，没有危险了，所以叫做'解除警报'。"① 后来的实践又在此基础上做了调整。大体情况是：开始时，只要敌机进入云南境内，防空司令部便派出自行车队，手持小红旗驰行市中，以示预行警报。待敌机临近郊区，则鸣警报器，表示空袭警报，警报声间隔稍长。而敌机距市区不远时，就再次以短而急的间隔鸣响警报，表示这是紧急警报。敌机离去后，除警报器长鸣外，并由自行车队持小绿旗遍示城乡，以示警报解除。这种方法需要不少人，故未能普及。其后，改为在五华山顶设一瞭望塔，在各街口警察岗楼悬挂布制的灯球作为警报。此种警报亦分若干类型：挂一个红灯为预行警报；挂两个红灯为空袭警报，这时开始鸣警报器；紧急警报则为短鸣警报器，同时收回两个红灯，这时敌机已飞临市空了。当敌机离开市区之初，亦挂两红灯，直到敌机出境方改悬一个绿灯，表示警报解除，同时警报器做长鸣。几分钟后，将绿灯球改为长形布桶，谓之危险过去。

最初，人们对轰炸的忧虑不免夸大，说像昆明这样的大城，用五百磅的炸弹，四角各扔一个，这座城就全完了，② 所以对待空袭很认真。昆明市民，一般是一见预行警报，就开始向郊外疏散。联大刚到昆明，借用的校舍大部分在城外西北角，这一带疏散的人群多从大西门出城，常常从学校门口经过。因此，预行警报发出时，校门前的路就热闹起来，不同方向来的人涌向这里，形成一条人河。走出去后，离市较远时，再

---

① 《防空司令部印发市民防空须知》，《云南日报》1938 年 10 月 5 日，第 4 版。
② 冯友兰：《三松堂自序》，第 106 页。

分散到两旁的山野，各自寻找一个合适的地方，等待后面的空袭警报。

西南联大新校舍由于地处城外，故师生见到预行警报一般还不着急，照常上课。直到听到一短一长的汽笛声才动身，从北边围墙的后门出去，过一条铁路就是一片坟地，大家各找一个坟头，就算是跑警报的终点了。联大师生经常跑警报的另一个地点，是四五里外一个较高土山下的横断山沟。这道沟深约三丈，沟口宽二丈余，沟底宽六七尺，沟内可容数百人，沟壁上有一些私人挖的防空洞，形式不一，大小不等。汪曾祺说"这是一个很好的天然防空沟，日本飞机若是投弹，只要不是直接命中，落在沟里，即便是在沟顶上爆炸，弹片也不易蹦进来。机枪扫射也不要紧，沟的两壁是死角"。① 汪曾祺记得，有一个姓马的同学最善于跑警报，每天早起看天，只要是万里无云，不管有无警报，就背一壶水，带点干粮，夹一卷古诗向郊外走去。直到太阳偏西，估计日本飞机不会来了，才慢慢地回来。②

社会学家费孝通也很善于总结跑警报的经验。他说：当跑警报已成日常课程并有所经验之后，他便把翻译的工作安排在早间，因为翻译不需要有系统的思索，断续随意，很适合警报频繁时做。一般说来，10 点前后最可能放警报，一跑起来就可能要三四个小时，到下午一两点钟才能回来。所以，吃过早点，他的太太就开始煮饭，当警报响起时，饭也熟了，等跑警报回来热一热就可以吃。那时，费孝通住在靠近城门的文化巷，一有预行警报，街上就嘈杂起来，一听到这种声音，他便把译稿叠好，起身到隔壁面包房买面包，以备疏散时充饥。他的太太则到厨房把火灭掉，再把重要的东西放入"警报袋"。总之，10 分钟以内就都准备好了，等空袭警报一响，立刻就能开拔。

费孝通跑警报的路线，总是从文化巷出来直至通往联大的城墙缺口，向北绕过新校舍和英国花园，在一个小山后面的空地上坐下来，等紧急警报发出后再躲到沟里去。最初，费孝通并不太讨厌跑警报，一是这一路有不少联大和云南大学的熟人，跑警报给了他们聚谈的机会；二是昆明深秋和初冬天和日暖，有警报的日子天气也必然特别晴朗，趁着跑警

---

① 汪曾祺：《跑警报》，《我在西南联大的日子》，第 22 页。

② 汪曾祺：《跑警报》，《我在西南联大的日子》，第 18 页。

报可以到郊外走走。

　　大概由于昆明在空袭中所受的损失并不像当初想象的那么惨重，日子久了，人们也就渐渐习以为常了。思想麻痹了，跑起警报也不像当初那样手忙脚乱，甚至还说："哈哈！原来听说只要五个炸弹就把昆明炸成平地，到了现在掉下来的炸弹至少有五千个，可昆明还是这个样子。"①而躲避到前面说到的那道沟里的人，也觉得过早躲进洞太无聊，大多先在沟上晒太阳、看书、闲聊、打桥牌。很多人听到紧急警报还不动，因为紧急警报后敌机并不一定来，有时常常折飞别处。这些人直到看见敌机的影子，才不慌不忙地下沟、进洞。躲进沟后，有些人还用碎石子或碎瓷片在防空洞里嵌出些图案，甚至还缀成几副对联，以打发跑警报的时光。有几个做小买卖的，也是听到警报就挑着担子到赶到郊外，兜售用麦芽现做现卖的"丁丁糖"，或者叫卖事先准备好的炒松子什么的。②可见跑警报的经验丰富后，人的胆子也大了起来。这种气氛里，就有人编出一些嘲弄日军借以自慰的笑料，比如说：日本轰炸昆明是为了练习，敌机驾驶员到昆明飞一趟，回去就可拿文凭，算是毕业仪式的一部分。③

　　也有些人警报来了也不跑。汪曾祺记得联大至少有两个这样的人。其中一位是姓罗的女同学，一有警报，她就洗头，因为别人都走了，锅炉房的热水没人用，她可以敞开洗。另一位是姓郑的爱吃莲子的广东籍同学，听到警报就用一个大漱口缸去锅炉火口煮莲子，警报解除了，莲子也烂了。某次炸弹扔在联大附近，他依然守在锅炉边上神色不动地搅着冰糖莲子。④ 这些现象，一定程度上反映了跑警报年代里人们努力适应环境的乐观心态。

　　这种跑警报的生活，不仅是联大师生们的一门必修课，也留在了一些人的作品中。外文系学生赵瑞蕻在1940年春季写过一首诗，写的是敌机对昆明的空袭、联大师生跑警报以及作者本人的感受。赵瑞蕻说："这首诗当时并不感到怎样，现在看来，倒是一个有意义的记录，一幅难忘

①　冯友兰：《三松堂自序》，第106页。
②　汪曾祺：《跑警报》，《我在西南联大的日子》，第22页。
③　费孝通：《疏散——教授生活之一章》，《联大八年》，第69页。
④　汪曾祺：《跑警报》，《我在西南联大的日子》，第25～26页。

的画像。"① 诗中，从校园宿舍的午休写到红灯笼挂起来，再写到跑警报中的亲历亲闻。这首诗"或许是我国新诗中采取现代派手法惟一集中描写日本鬼子轰炸的长诗"，② 受到沈从文的肯定，后来发表在沈从文与朱自清合编的《中央日报》文艺副刊《平明》上，其中有些诗句是这样写的：

> 有人急忙地从外边跑进来，报告：
> 已挂上红灯笼了！人们开始往外逃，
> ……
>
> 啊，昆明震动了！昆明站起来颤抖，
> 昆明再一次愁眉苦脸。
> 下午三点又三刻。人们惶恐，
> 走，一块儿走吧，别太紧张，
> 带副扑克、象棋，一本浪漫派小说，
> 今儿可糟了，真来了吗？空袭！
>
> 一口气跑了两里半，流着大汗，
> 沿着公路两边田沟里走，
> 怀着希望，疑惧，躲进柏树林里吧；
> （妈呀，我怕！日本鬼子又来炸啦！
> 孩子，别怕，爹还在地里干活啊，
> 紧拉着妈的衣襟，这儿安全，放心！）
> ……
>
> 这会儿，遛进一个防空洞，
> 竟有人开着话匣子：红鬃烈马；
> 织布的阿娇感到闷热，要呕吐，
> 她说得出去，但怕死神伸出血手；
> ……

---

① 赵瑞蕻：《自传》，《离乱弦歌忆旧游》，湖北人民出版社，2008，第6页。
② 赵瑞蕻：《离乱弦歌忆旧游——纪念西南联大六十周年》，《离乱弦歌忆旧游》，第26页。

> 这会儿，我遇见好几位教授，
>
> 多可敬的老师啊，艰苦环境中，
>
> 坚持讲学著述，颗颗热挚的心！
>
> 抽烟斗的，低头深思的，
>
> 凝神看书的，跟同学们聊天的；
>
> 什么也没带，只是笔记本、讲义，
>
> 一块灰白布裹着一部手稿，
>
> 几本心爱的书；还有比这些更珍贵的吗？
>
> 提只破皮箱，智慧在里面欢唱；
>
> 逻辑教授笑眯眯的，踱来踱去……①

　　跑警报也启发了人们的思考。一位同学说："每当空袭警报拉响时，老师和学生们就会默默地夹起书本，向新校舍后一片野地荒坟散去，但没有什么能打断他们对真理的沉思，即使在敌机从头上飞过，眼见炸弹落下，他们也仍在思考，思考中国的明天。那时的课堂已变成坟堆间的空地，飞机过去后继续看书，讨论。在生活与学术间几乎没有什么空隙。"② 华罗庚就曾利用跑警报的时间，辅导几个孩子趣味数学之类的算术题。当然，频繁地跑警报，也曾给一些人造成了意想不到的损失。哲学系教授金岳霖最重要的著作《知识论》，在昆明就已经写完了，却在跑警报中不慎遗失。他回忆这段情形时说："《知识论》是一本多灾多难的书。抗战时期，我在昆明时已经把它写完了。有一次空袭警报，我把稿子包好，跑到昆明北边的蛇山躲着，自己就席地坐在稿子上。警报解除后，我站起来就走。等到我记起时，返回去稿子已经没有了。"这是一部几十万字的著作，金岳霖说是他"花精力最多、时间最长的一本书"，汇集了多年研究心得。不得已，他只好重新撰写，直到1948年12月才交给商务印书馆。③

---

① 赵瑞蕻：《一九四○年春：昆明一画像——赠诗人穆旦》，杜运燮、张同道编选《西南联大现代诗钞》，中国文学出版社，1997，第413～416页。

② 郑敏：《忆冯友兰先生的"人生哲学课"》，冯钟璞、蔡仲德编《冯友兰先生百年诞辰纪念文集》，清华大学出版社，1995，第336页。

③ 《作者的话》，金岳霖学术基金会学术委员会编《金岳霖文集》第3卷，甘肃人民出版社，1995，第1页。

　　"日本人派飞机来轰炸昆明，其实没有什么实际的军事意义"，汪曾祺认为，对昆明的轰炸"用意不过是吓唬吓唬昆明人，施加威胁，使人产生恐惧。他们不知道中国人的心理是有很大的弹性的，不那么容易被吓得魂不附体。我们这个民族，长期以来，生于忧患，已经很'皮实'了，对于任何猝然而来的灾难，都用一种'儒道互补'的精神对待之。这种'儒道互补'的真髓，即'不在乎'。这种'不在乎'精神，是永远征不服的"。①

　　的确，日军的轰炸只不过表现了一种无可奈何。《云南日报》把这种轰炸称为"无聊的轰炸"，说："敌寇发言人自称，它们这种广泛轰炸，目的在达成种种幻想，以图使我屈服，这真是白日梦呓，试想敌寇与百余万大军，战争四年余，沦我广大领土，奴我万千同胞，到今天，我们都毫无懈怠之意，今以几架飞机，丢下几枚炸弹，毁坏我几间旧平房，我们就会屈服投降了吗？老实说，要投降，我们早就该投降了，何至于还坚决抗战到今天。"该报还不无嘲笑地说："敌寇空军，既不能作陆战，又不能作海战，既不足以破坏我后方建设，又不足以阻滞我后方交通，于是它百聊无赖，便专门和我荒山原野，旧宇平房，作其发泄兽欲的对象，专门和我手无寸铁的老弱及非战斗员的平民，作交战的敌手。"日本这样对待中国百姓，实际上是一种虚弱的表现，因为敌机"和我荒山原野老弱平民作战，既保险又安全，既痛快又适意，只消浓烟一起，轰隆一鸣，则它们的责任就算尽了，于是扬长而去，得意忘形"。《云南日报》认为日本以为"这种做法是至巧，其实是至拙，敌寇发言人，以为它这做法可以使中国屈服，其实倒不是中国屈服，而是徒暴露其无办法，表现其自暴自弃而已"。对此，"我们无以名之"，只能"名之曰'无聊'！"②

　　事实上，无论日军对昆明怎样狂轰滥炸，都不可能达到恐吓的目的，只能更加激起中国人民对日本侵略者的仇恨。这正如赵瑞蕻在前文那首诗中所写的：

---

① 汪曾祺：《跑警报》，《我在西南联大的日子》，第 26 页。
② 《无聊的轰炸！》，《云南日报》1941 年 8 月 16 日，第 2 版，社论。

从地上来的，从地上打回去！

从海上来的，从海上打回去！

从天上来的，从天上打回去！

这是咱们中国人的土地！

这是咱们中国人的海洋！

这是咱们中国人的天空！[①]

二　从容应对

在日本飞机对昆明进行频繁轰炸的日子里，西南联大虽然仍然坚持上课，但一些教师不得不陆续疏散到乡间居住。为此，学校决定改变作息时间，1940 年 10 月 2 日，校常委会第一五七次会议议决即日起改变作息时间，上课时间"自每日上午七时起至十时，下午三时起到六时、七时（起）至九时止"，"如遇有空袭警报时，应一律停课疏散，于警报解除后一小时内，仍照常上课"。行政部门的办公时间，亦改为"上午七时起至十时，下午三时起至六时"，并规定"如遇空袭警报时，除负责留守人员外，一律停止工作疏散，于警报解除后一小时内仍照常工作"。为了保证行政运转正常，如下午 4 时后解除警报，则当日办公时间"延长由夜七时至九时止"。[②] 上课时间调整后，教师的授课时间也相应调整为每周相连的几天内，以利集中授课。于是，大规模的疏散生活由此开始。

前面说到费孝通在文化巷的住宅在 1940 年 10 月 13 日轰炸中受损，屋子被炸出一个窟窿，躺在床上可以穿过屋顶看到月亮。第二天一早，他就把妻子送到呈贡县朋友家，自己则在附近村子里寻找房子。费孝通之所以选择呈贡，一是呈贡有火车可通昆明，虽然车站距县城步行约要一小时，但交通总算方便；二是清华大学的国情普查研究所就设在呈贡，

---

① 赵瑞蕻：《一九四〇年春：昆明一画像——赠诗人穆旦》，杜运燮、张同道编选《西南联大现代诗钞》，第 418 页。

② 《长沙临时大学、国立西南联合大学常务委员会会议记录·第一五七次会议》（1940 年 10 月 2 日），《国立西南联合大学史料》（二），第 155 页。又，有报道说西南联大改变办公时间始于 1941 年 4 月 24 日，见《联大动态》（《云南日报》1941 年 4 月 24 日，第 4 版）。

从事社会学研究的费孝通，便于与研究所同人交流学术；三是与费孝通关系密切的南开大学社会学系教授陶云逵，曾在呈贡城内的魁阁住过，和当地人士相当熟，容易找房子。后来，也正是陶云逵的帮助，使他在这里找到一间屋子。

对于寻租这间小屋的过程，费孝通记忆犹新。10 月 14 日，费孝通送即将分娩的妻子到呈贡朋友家后，就被陶云逵带到一位姓李的保长家。李保长家算是当地农村的小康之户，其家正屋为四开间的楼房，已有一半租给南迁到当地的同济大学三家人，经过反复商量，费孝通只能租二层的一间厢房。这间厢房，说来让人头痛，厢房有一半的板壁还没有完全盖好，厢房下面一半是房东的厨房，一半是猪圈，楼下的炊烟和猪圈的气味都能透过楼板之间的缝隙钻进这间厢房。费孝通提了两个要求，把猪圈敞开，把板壁砌好。这两件事最后只做成半件，即用竹编的篱笆糊上纸当作板壁。至于猪圈，房东很不客气地说没有什么可商量的，因为猪的收入比全部房租还要多好几倍。逃难者没有讨价还价的资本，况且李保长为人爽气，在租金上从没让人难堪，出租这间厢房也是为了交情。就这样，费孝通把家搬到了李保长家，连同房东，一个院子住了五家人，连本来放柴火的小屋也腾出来住人了。与其他几家相比，费孝通觉得他那间"在猪圈上的厢房还算是二等包厢"。①

像费孝通一样，在日军轰炸昆明最猖狂的那些年，许多教授都搬到了乡下。前边说到，华罗庚在日军轰炸中几乎丧命，是闻一多在他走投无路时，将华罗庚全家接来与自己一家同住。闻一多全家 7 口，加上从北平带来的保姆，共有 8 口；华罗庚全家也有 6 口。14 个逃难者在昆明北郊陈家营开始了难忘的朝夕相处的日子。华罗庚回忆说："一多先生热情地让给我们一间房子，他们一家则住在连通在一起的另外两间房子里，两家当中用一块布帘隔开，开始了对于两家人都是毕生难忘的隔帘而居的生活。"② 当时，闻一多埋头做古代神话研究，华罗庚伏首探究数学的奥秘。就是在这极其简陋的居所，前者写下了《伏羲考》等论文，后者完成了《堆垒素数论》的写作。后来，学术界对这两位大师的这两项工

---

① 费孝通：《疏散——教授生活之一章》，《联大八年》，第 73 页。
② 华罗庚：《知识分子的光辉榜样——纪念闻一多烈士八十诞辰》，王康、王子光编《闻一多纪念文集》，第 138 页。

作，给予了极高的评价。为了纪念这段岁月，华罗庚特写了一首古体诗："挂布分屋共容膝，岂止两家共坎坷。布东考古布西算，专业不同心同仇。"①

大规模的疏散有利有弊，它虽然对正常的教学秩序不无影响，但也无形中形成了若干文化中心。昆明东北郊的龙泉镇，就集中了一些疏散单位和人家，在那里，不仅有联大一些教授，还有北大文科研究所、清华文科研究所以及中央研究院历史语言研究所的学者。其中"有些人就在老乡们的房前屋后空地上盖了简易的房子，同老乡们订下合同，将来走的时候，所盖的房子就无偿地归此地主人所有"。② 住在龙泉镇的有闻一多、朱自清、向达、蔡希陶等，镇附近的落索坡、黑龙潭等地也有不少疏散人家，赵诏熊与吴晗就住在落索坡。这样，龙泉镇便很自然成了当时的一个文化中心。③

除了龙泉镇外，西郊的大普吉也是一个文化中心，清华大学的几个理工科研究所就设在那里。大普吉是个镇，也叫梨烟村或梨园村，疏散到那里的有姜立夫、吴有训、杨武之、赵忠尧、吴达元、任之恭、赵九章、赵诏熊等，他们合租了一个院子，现在已被列为历史文物保护了起来，门口立有"惠家大院"的石碑。④ 梅贻琦全家，也在大普吉住过，租的是一位退休将军的院落。

有些人疏散得比较远，如周培源教授就搬到离市区 30 里左右的西山滇池畔一个小村子。他每周来校一次，住两天，到学校的交通工具是一匹棕褐色马，来校后总是拴在固定的地方，同学们一看到这匹马，就知道周先生来了。⑤

西南联大的疏散生活当然是被迫的，但它体现的适应环境、顽强不屈的精神，使人们回忆起这段历史时，被其乐观主义情绪所感染。有关这方面的记录已经很多，无须重复。

---

① 华罗庚：《知识分子的光辉榜样——纪念闻一多烈士八十诞辰》，王康、王子光编《闻一多纪念文集》，第 136 页。

② 冯友兰：《三松堂自序》，第 104～105 页。

③ 赵诏熊：《解放前吴晗帮助我进步》，《箫吹弦诵在春城》，第 113 页。

④ 姜淑雁、叶楷：《怀念慈爱的叔父姜立夫》，《箫吹弦诵在春城》，第 120 页。

⑤ 郭沂曾：《联大教授周培源先生二三事》，云南西南联大校友会编《难忘联大岁月》，第 25 页。

三　叙永分校

除了南岳、蒙自两所分校外，西南联大在四川省叙永县还设立过一个分校。南岳、蒙自分校，是文、法两学院的整体搬迁，而叙永分校则不同，它被当作全校搬迁的先头部队，1940 年暑假后入学的一年级学生全部迁往那里。

抗日战争全面爆发后，教育部曾令沦陷区及受到威胁的一些大学向大后方转移。当时，决定北大、清华、南开等校迁往长沙，还计划将中央大学、复旦大学等校迁往重庆，武汉大学迁往四川嘉定，同济大学迁往桂林，浙江大学迁往江西泰和，交通大学迁往湖南湘潭，厦门大学迁往福建长汀，南京大学、光华大学迁往成都，大夏大学迁往贵州，北平朝阳大学迁往湖北沙市，国立艺术专门学校迁往湖南。① 其后，政治大学迁至重庆，金陵大学迁至成都，东北大学迁至四川三台，同济大学、华中大学迁至云南。迁移过程中，一些学校一迁再迁，备受煎熬。由北平大学、北平师范大学、天津北洋工学院三校合组的西北联合大学，就是先迁西安，再迁陕南城固县。浙江大学更是动荡不定，前后搬迁了 6次之多，最后落脚在贵州遵义。这些学校屡屡搬迁的原因各异，但大体为了克服交通不便、校舍不足等困难，出于改善教育环境方面的考虑，而叙永分校则是受到战争直接影响设立的。

除了疏散到乡间外，1940 年西南联大还接到教育部命其迁往外地的电令。这年，德国扩大欧洲战火，5 月侵入荷兰、比利时、卢森堡，8 月15 日对英国伦敦地区实施大规模轰炸。德国在欧洲的军事扩张，让采取绥靖政策的英国吃尽苦头，而一直虎视眈眈英法等国在东南亚殖民地的日本，利用英国在远东兵力有限的弱点，向英国政府施加压力，要求封锁中缅交通。英国难以两面应付，宣布自 7 月 17 日起封锁滇缅公路 3 个月，冀以此与日本讨价还价，挽救其远东属地的利益。8 月初，屈从德国的法国政府，指使越南政府单方面破坏商约，停止中越间货运。但是，这些姿态并未阻止日本对越南的侵略。8 月底，日军大批军舰集结海南岛，完成了进攻越南的部署。面对兵临城下的日军，法国当局应允给予

---

① 《抗战以来各大学八十所迁往内地》，《云南日报》1938 年 10 月 17 日，第 4 版。

日本若干资源。然而，对日本保持警惕的美国则向日本发出警告，声称如果日本将战火燃至越南，美国即对日实施禁运。可是，日本南进政策已经确定，其先是迫使法越允许日军假道，给日军南进提供便利，继之于 9 月下旬在越南登陆。日本侵占越南，是想获得整个越南，更欲利用越南作为进一步南侵的根据地。9 月 27 日，德、意、日三国协定在柏林签字，德国、意大利承认日本建立所谓"大东亚新秩序"。

日本对越南的侵占，使与越南相邻的云南形势骤然紧张。尚在 7 月中旬，在华日军利用输入战略物资的中缅国际交通线一度被切断之机，窥伺湘、桂诸省，大有从东、南两个方向进攻中国西南大后方的意向。鉴于这一形势，教育部一面致电西南联大，认为"安南现为我国通海惟一交通，暴敌时思占领，昆明毗连越境，威胁堪虞，学校宜作万一之准备"，一面电令联大将"员生人数、图书材料仪器吨数，及迁移后所需房屋间数，于电到后三日内详细具报"。同时，教育次长顾毓琇亦致函西南联大，强调指出"时局变化不定"，要求联大在必要时"应作迁移之准备"。① 这样，刚刚安定了两年的西南联大，又开始了迁校酝酿。

西南联大刚刚在昆明安顿下来，短期内再做大规模搬迁不大现实，因此校方不想搬得太远，寻找的几个地方，都在云南省境内，其中之一是楚雄武定狮子山。狮子山位于楚雄武定城西 3 公里，因山形拔地而起、陡崖千丈，似巨狮伏卧而得名，有"西南第一山"之誉。狮子山上有创建于元代的正续禅寺，创建于明代的净土庵，以及中峰庵、观音阁、三教阁、玄武阁、狮子阁等，是理想而安全的教学之处。为了借用武定狮子山的寺院，学校三常委曾致函云贵监察使李根源，这封信目前已无存，但 1940 年 10 月 21 日李根源的复信则保存完好。信云："伯苓、梦麟、贻琦校长先生公鉴：谨启者，敌机肆虐，叠来轰炸，闻联大颇有损失，至为驰念，如此滥施毒蜇，其为蓄意摧残我国文化，昭然可知。联大负海内众望，莘莘学子，国家元气所在，自当择处安全地带，久居岩墙，以殊不安。顷与龚厅长晤谈，知晋宁盘龙山寺及武定狮山寺两处均可移徙，盘龙寺已为尊校租定，狮山寺亦可容千人以上，倘有需要，可托龚

① 《长沙临时大学、国立西南联合大学常务委员会会议记录·第一四九次会议》（1940 年 7 月 17 日），《国立西南联合大学史料》（二），第 145 页。

厅长接洽。窃意尊校在此未徙教部指令地点以前，倘能分移两处上课，似属较为安全。为此专函奉达，敬候尊裁，如需微力，谨当效命。肃此敬颂台安。弟李根源敬上。"① 从信文可知，西南联大已租用了离昆明较近的晋宁县盘龙寺，李根源表示如果学校决定迁武定狮子山上课，可请省教育厅长龚自知接洽，他自会给予协助。

与此同时，西南联大还曾物色过距昆明50公里的澄江县的一些空房，那些房子是中山大学的校舍。中山大学原在广州，原校址于1938年6月5日在日军轰炸中被毁，1939年2月迁到澄江。中山大学有文、法、师、理、工、医、农7个学院、员生将近3000人，规模不算小。② 1940年夏，中山大学计划回迁粤北，联大希望借用他们留下的校舍，并派教务长樊际昌、事务主任毕正宣前往视察。③ 8月，国民政府行政院会议讨论昆明各机关迁移问题，教育部提出的西南联大择地搬迁的意见在会上得到通过。④ 行政院的决议是正式决定，联大不得不认真考虑搬迁之事，打算先将即将入学的一年级学生安顿在澄江，其他各学院暂留昆明，根据形势变化再向澄江转移。然而，就在此时，越南形势岌岌可危，中山大学能否回迁粤北还不能确定。在这种情况下，联大不得不把寻址范围扩大到云南省外。叶企孙、周炳琳、杨石先便是带着这样的使命前往四川西南一带勘察，他们先后到了叙永县城、叙永县兴隆场、李庄张家苑子、宜宾三峨山、峨眉西波寺、白沙、乐山牛华溪等处，打算必要时迁往上述合适地点。⑤

全校动迁不仅事关重大，而且费资颇巨，联大做出的搬迁预算为200万元。但是，教育部只答应给100万元，且第一笔仅有34万元。⑥

---

① 《李根源致张伯苓蒋梦麟梅贻琦函》（1940年10月21日），"国立西南联合大学档案"，档号：32－1－35。
② 参见劳人《中大在澄江》，《云南日报》1940年4月15日，第4版。
③ 《长沙临时大学、国立西南联合大学常务委员会会议记录·第一五〇次会议》（1940年7月31日），《国立西南联合大学史料》（二），第146页。
④ 《顾毓琇电蒋（梦麟）梅（贻琦）关于迁校事》（1940年8月13日），《国立西南联合大学史料》（一），第170页。
⑤ 《西南联大急电教育部关于迁校地点事》（1940年9月12日），《国立西南联合大学史料》（一），第171页。
⑥ 《西南联大急电教育部关于迁校地点事》（1940年9月12日），《国立西南联合大学史料》（一），第171页。

巧妇难为无米之炊，但新的学年又开学在即，面对这种情况，学校决定先将一年级新生迁至四川择定之新校址，其后再以理、工、文、法商、师范学院为序，相继迁移，法商学院本学期则暂时迁往澄江上课。[①] 为了落实这个计划，学校成立了以陈序经为主席，郑天挺、查良钊、吴有训、施嘉炀、黄钰生、杨石先、严文郁、毕正宣为成员的"迁校委员会"。消息灵通的记者，很快获悉了这一消息，于是 9 月 27 日的《云南日报》首先披露联大迁川动态，称"西南联大迁川事经蒋校委梦麟来渝接洽，闻当局已决定准予迁川"。[②] 11 月中旬，学校经过考察，决定在叙永设立分校，以杨振声为分校主任及分校校务委员会主席。同时，决定一年级新生与先修班学生，于 12 月 10 日前至叙永分校报到。[③] 于是，继 1937 年的南岳分校、1938 年的蒙自分校之后，西南联大历史上出现了第三个分校。

按照计划，在叙永分校上课的首先是 1940 年入学的新生，正常情况下，1940 年入学的新生将于 1944 年毕业，按当时习惯称作 1944 级。与从平津到长沙和从长沙到昆明一样，1944 级学子也是抱着抗战必胜的信念，克服重重困难，负笈叙永的。

1940 年招收的 660 多名新生，是通过统考从昆明、重庆、桂林以及沦陷的上海等地录取的，他们要从各地前往叙永，途中遇到的艰难不言而喻。从昆明至叙永有 800 多里，途经曲靖、宣威、威宁等地，为了帮助昆明新生去叙永，学校与西南运输处取得联系，为学生争取到搭乘便车的免费证，但搭乘的车辆却得各自寻找。那时，长途司机是让人羡慕的职业，因为可以利用搭客挣到不少外快，因此司机总是找各种托词、各种理由不愿意接受这些穷学生搭车，很清楚，学生多占一个位置，他们就少得一份外快。即便搭上了车，也常常出现抛锚，而川黔边界的营盘山、赤水河、七十二拐一带，地势险峻陡峭，道路狭窄不平且坡度甚大，稍有不慎，汽车就四轮朝天。刘育伦同学就在半途遭遇翻车，虽然

① 《长沙临时大学、国立西南联合大学常务委员会会议记录·第一五四次会议》（1940 年 9 月 9 日），《国立西南联合大学史料》（二），第 151 页。

② 《联大同济准予迁川》，《云南日报》1940 年 9 月 27 日，第 4 版。该消息同时说，决定从云南迁至四川的还有同济大学。

③ 《长沙临时大学、国立西南联合大学常务委员会会议记录·第一六一次会议》（1940 年 11 月 13 日），《国立西南联合大学史料》（二），第 159～160 页。

保住了性命，却掉了半只耳朵。① 对昆明以外的新生，学校无法提供帮助，大家只能各显神通了，有些在湖南考取的同学，是从湘潭出发，经过桂林、柳州、贵阳、毕节等处，抵达叙永已是1941年的元旦了。②

位于川、滇、黔三省交界的四川省叙永县，是个偏僻闭塞的小县，永宁河（长江的一条小支流）从城中穿过，把县城分为东西两半。叙永分校的校舍，借用的是城西的南华宫、春秋祠和城东的帝王宫、文庙等处。

供奉刘备塑像的帝王宫，被作为分校的女生宿舍，男生则分别住在春秋祠和南华宫两个地方。春秋祠是个大庙，进门后有楼，楼上是戏台，大殿左右为东、西两厢，无论是两厢楼上楼下，还是大殿，都住满了人，有的同学就睡在大殿神龛旁，与或坐或立的关羽、周仓、关平等塑像相伴。南华宫的房屋也已陈旧，一些同学只能住在回廊里。

说起叙永分校的教室，也真是寒酸。最大的教室要算是南华宫楼下那可容几百人的大厅，分校的中国通史、经济学、生物学、逻辑学等共同科目讲授以及军训等，都在这里进行。城西春秋祠的大成殿，算是较大的教室，小型共同科目如微积分等便在这里上课。其他教室，则分散在城西春秋祠东面的各个耳房，那里原来是乡贤祠、名宦祠或当作储藏室用的地方。另外，凡是可以利用的小屋，也都辟作教室。③

尽管条件艰苦，但教师仍然认真教学、学生仍然刻苦读书。西南联大非常重视一年级的必修课，这种传统在叙永分校也得到发扬。中国现代文学史上第一部长篇小说《玉君》的作者杨振声，教授各系学生必修的公共课——大一国文，主讲现代文学。他身材高大，满口京腔，讲解认真，滔滔不绝，引人入胜。后来担任云南大学校长的李广田，当时以比副教授还低一级的教员身份来到西南联大，这位出版过《画廊集》《银狐集》《雀蓑记》三本散文集的青年作家，为大一学生讲授作文课。一位同学清楚地记得，李广田修改作文十分认真，"不仅改正错别字、乱用的标点符号和不通的词句，而且加眉批，结尾有总批；有些好的句子

①　吴铭绩：《联大生活琐记》，《西南联大北京校友会简讯》第26期，1999年8月。

②　龙尧霖：《忆亡友》，《国立西南联合大学一九四四级通讯》（二），1997年3月，第73页。

③　周明道：《三十年杂记补》，《西南联大北京校友会简讯》第7期，1990年4月。

则用红笔加圈点"。在课堂上，他还对每次作文做认真评讲，课外则和一些爱好文学的同学研究写作的问题，帮他们改稿，并推荐给报刊发表。[①]

叙永分校的大一英文是专为外语系学生开设的，讲授者除陈嘉教授外，其余都是教员或助教。不过，这些年轻教师均有相当强的教学能力，如王佐良、杨周翰、李赋宁、查良铮、欧阳采薇等，日后都成为大师级人物。

中国通史是文学院、法学院全体学生的必修课，讲这门课的只有吴晗一人，所以听课人数甚多。早在清华大学读书时，吴晗就有才子之称，不仅主办过《清华周刊》，还主办过天津《益世报》的《史学》双周刊。1935年，吴晗毕业后留校任教，1937年应熊庆来邀请，到云南大学任教授，叙永分校成立时被聘请到西南联大。他讲授中国通史与众不同，不是按朝代，而是分成政治、经济、文化等，从纵的角度着重讲授各种制度的变迁。1941年4月底，叙永分校历史学会请他做纪念五四专题讲演，听众十分踊跃，就连不上历史课的工学院学生，也被吸引来了。[②]

西南联大很重视叙永分校的师资配备，派遣了不少教授到叙永开课。如李继侗讲授生物学，袁复礼讲授地质学，吴之椿、龚祥瑞讲授政治学，滕茂桐讲授经济学，张荫麟讲授逻辑学，等等，这里就不逐一介绍了。

叙永地方较小，大家上课、学习、生活都在一起，因此与其他年级相比，1944级学生之间来往机会较多，关系密切，感情融洽，互助合作，为此还诞生了一个专门绰号"叙永哥"。

1944级是西南联大最特殊的一个年级，他们不仅在远离昆明的叙永分校共同生活了8个月，而且毕业时又逢译员征调，身体合格的男同学全部应征入伍，投身抗战第一线，在西南联大的抗战救国史上书写了光辉的一页。

四 自觉反省

对于各种各样的疏散，人们已司空见惯，关于"跑警报"的文学化、戏剧化描写，给人的印象更为深刻。不过，知识分子在疏散中应当

---

① 彭国涛：《难忘母校恩师》，《国立西南联合大学一九四四级通讯》（二）。
② 彭国涛：《难忘母校恩师》，《国立西南联合大学一九四四级通讯》（二）。

保持什么态度，似乎很少受到注意。实际上，一直被认为是文弱书生的沈从文，已率先要求知识分子对这个问题进行反省。

1938年10月中旬，九二八轰炸后两个星期，沈从文在《云南日报》上发表了一篇题为《知识阶级的反省》的文章。文中说：自从昆明经过了一次小小的日军轰炸后，城区的居民，上自各机关负责人，下至车夫小贩，都好像有点儿乱了神，把每天出城避难当成唯一课程。于是四周乡村倒是顿时繁荣活泼显得有了生气，可昆明却成了一个死城，一切铺子关门歇业，多数住户大门反锁，"以为大难将临，若不趁早出城，敌机一来，自己宝贵生命就会连同这个美丽的城市毁去"。于是，"四乡庙宇中或村落中，我们可以发现公务员、大学教授、学生、商人、土娼、王八"。另一部分从沦陷的北平、上海等地来昆明的青年，这时"居然走回头路，反身向平沪求安全"。对于这种现象，沈从文认为他们"多数人平时从不思索生存的意义，更不打量怎样活，方活得有意义，只是一个'混'。到无可奈何混不下去时，徒然怕死"。沈从文说：逃生是人生存的本能，但"受过相当教育，在社会上负有责任的人，也同样如此无知识，如此胆小，似不应该"。他引古人的"君子临危不乱"一语，对这种行为进行了批评，说：尤其是"受了国家委托，来到后方领导青年的，和负有特别重大责任的，或必须作青年人表率，或必须与典守事物共存亡，事变欲来未来，都以一跑了之，凡稍有羞耻心的责任感，就应当觉得这种行为如何可耻；如不以为可耻，那是过去做人的教育，受得不够。他即或是一个专家，可不配称为中国良好公民"。

沈从文接着说：

过去一年以来，在最前线敌人炮火下，为民族争光荣，谋解放，牺牲的中国官兵，不下一百万。直到现在，各地战场上，为同一目的，在那里忍受饥寒，疲劳，痛苦，扒〔趴〕伏在简单工事里，土坑里，污水里，以及敌人炮弹掘成的孔穴里，让敌人用各种猛激炮火摧残，五十架八十架飞机还整天在上空轮流轰炸和低飞扫射！死去的沉默死去，腐了烂了完事。受伤的或不及退后，也还是同样沉默死去，腐了烂了完事。谁不是血肉作成的身体？谁无家人恩爱？谁不对生存觉得可恋，抱有幻想和昧心？这些人知道国家事大，个人生命渺小不足道，军人的责任是守土，尽职，他们因此都死在所守的一片土地上，壮烈而沉默，各在自己分内挣扎，牺牲，不逃避，无怨言。我们若试把这种勇敢牺牲情形，和自己当前懦怯慌张情形对照对照，就应当作何种感想？再求其次，据报载，广东境内每天在警报中，飞机一来常是八十架一百架，无处不炸，可是负责者应进行的事，一切还依然照常进行。就拿这个比较比较，大家应当作何感想？

　　反观昆明，离敌人直接炮火数千里，敌机长距离飞到昆明进行空袭，实际上"对于破坏工作毫无把握，目的本在威胁扰乱，减少我们对于持久抗战的勇气和信心"。但"如今一经轰炸，我们就百事陷于停顿，正是敌人求之不得的现象"，更要不得的是，"一部分知识阶级如和无知市民一样，放下责任职分不管，终日下乡作一个流浪汉，岂不是无形中为敌人张目"。还有，那些耗费国家许多金钱到欧美留学多年的人，在社会上所得物质待遇特别高，自应记得欧洲所谓公民应当具有的"本分"，这种人更应该想想，"这种无知识无责任的行为，是不是在丢国家的丑，丢读书人的丑"。沈从文主张知识分子"实不妨从小处作起"，"从议论多，意见多，在社会上物质待遇最优的知识阶级作起"。要知道，"知识阶级到云南来，不是纯粹逃难，是作事！"纵使不能率领青年到城厢内外挖些简单露天的防空壕，"至少也必须镇静自处，不轻易离开职务，学习战胜自己的懦怯！"[1]

　　沈从文的认识，是从知识分子应有的责任这一角度，对疏散中的逃生态度和行为的批评。这种批评，对一般百姓来说也许有些苛刻，但沈从文首先想到的是知识分子的责任，强调知识分子应当用积极的态度对待消极的事物。沈从文写这篇文章时，还不是西南联大成员，他是1939年暑假后才接到联大师范学院的聘书。但是，沈从文并没有忘掉知识分子的责任，他是对疏散中的消极逃难行为实在看不下去，才用坦率尖刻的文字，说出了让人感到沉甸甸的话。

　　和沈从文观察问题的角度不同，社会学家潘光旦是从社会学角度理

---

[1]　沈从文：《知识阶级的反省》，《云南日报》1938年10月13日。

解和阐释疏散的。1939 年，潘光旦发表了两篇关于疏散的文章，第一篇发表于 2 月，题为《移民与抗战》。文中，潘光旦认为疏散是一种人口流动，并且有进取与保守之分，大体说来，流动性大些的人总要比小些的人比较有希望、有前程。在潘光旦看来，"要做一个成功的移民，在流动性一端而外，当然还得有许多别的品性。例如：一，有了进取骛远的意向，才会唤起移殖的志愿；二，有了冒险耐劳的体格，才能维持移殖的经过；三，有了聪明干练的才具，才能开拓移殖的环境"。所以，一般说来，"黎民比一地的土著，在品质上，总要高明一些"，而且"环境的难易与黎民的品质成一种反比例，困难越多，选择便越严，品质便越好"。正因如此，"移民总要比安土重迁的分子为更优秀、更健全"。潘光旦列举亡国两千年的犹太民族为例，说它"至今不失为一个优异的民族"，"它所产生的人才和此种人才对世界文化的贡献，在量与质上，都不在任何其他民族之下"。这是因为"经一次播迁，即多一番选择，播迁的次数越多，选择的结果自然是越精"，因此可以说"维持民族生命与创造文化的力量便得力于亡国后的流徙生活"。熟悉西方国家历史的潘光旦，还以美国、澳大利亚、新西兰、加拿大为例，说这些国家的开拓，"那一桩不是盎格罗撒克逊人移民运动的功绩，甚至于英国的工业革命，都可以推溯到法国新教徒的移入。近数十年来美国中部与西部的开发与勃然兴起，更显然的与移民的西进运动有因果关系"。

说到中国，潘光旦说中国两千年内至少有过三次人口播迁。第一次在东西晋之间，五胡乱华造成的"永嘉东渡"，其结果"最显著的自然是长江下游的人才与文化充实，而人才的充实显然是文化充实的一个主因"。第二次是五代之际，也是受了北方胡族南侵的影响。"当时天下大乱，群雄割据，除了未大开辟的南方及政治清明的吴越、南唐、闽、蜀等区域以外，全中国几乎没有一片干净的土地，没有一块能安居乐业的去处，于是各地流动性比较大的分子便自然而然的向长江下游，钱塘江流域，以及更在南方的闽粤境内迁徙。"四川那时"从首都所在地的陕西吸引了不少优秀分子"，"四川一省出的人才，向来不算太多，但在唐宋及五代，至少在画家一方面，竟然考过第一，显然是移民之赐了"。第三次是北宋末年的"靖康南渡"，"这次的移民运动拖延得最久，可以说到元代灭亡，明代建国"。潘光旦认为靖康南渡的影响最为深远，因为首都改在杭州，受惠最多的无疑又是江浙一带。潘光旦还认为民国革命也得力于移民，过去的两粤和西南属蛮烟瘴雨之乡，由于移民的影响，"终于能容纳大量的人口，最后且成为'革命的策源地'，我们今日饮水思源，不能不归功于这第三次的移民"。对于中国历史上的移民，潘光旦总结出三点成绩：第一，"把中国全部渐渐的开辟了"；第二，"完成了中国民族从西北到东南，从东南到西南的弧形的发展"；第三，"转移了人才与文化的重心，宋以前在黄河流域，宋以后在长江流域，明清以还，更有经珠江流域转入西南的趋势"。

　　潘光旦对移民问题的关注，来源于对抗战必胜的信心。他说：移民的性格"是一种轻易不肯迁就的性格"，在抗战的今天，移民就是"一个天生的抗战者"，因为"在他移徙的时候，在他在新环境里求位育的时候，他没有一刻不在抗战，所抗的对象也许是不良的气候风土，也许是一种致病的微生物，也许是毒蛇猛兽，也许是同属圆颅方趾的敌人"。一年半的抗战实践，已经证明生活和疏散到西南的人民，"决不在其他任何部分的民族分子之下"。在沦陷区，甘心附敌的是那些安土重迁的人，这些人中，有能力的当汉奸，无能力的做顺民，"唯有那些流动性比较大而一时又不肯轻去其乡的分子，才会奋发起来，加入游击队的队伍"。而"流动的性格"恰恰"是游击队的第一个先决条件，也是移民运动的基本因素"。①

　　1939 年 9 月，潘光旦在他发表的关于疏散的第二篇文章《论疏散人口》中，进一步阐述了人口疏散与抗战的关系。他承认疏散是不得已才进行的，但是应该用积极的态度去对待，因为从都市向乡村的疏散，客观上有助于改变社会人口的布局，促进乡村的进步。潘光旦说："抗战开始以后，疏散二字很早就成为一个新名词，它是官厅广告的大题目，报纸宣传的好资料，也是民众相见时寒暄的口语。"可是，为什么要疏散呢，不论何种回答，总不出"避敌人轰炸，免无谓牺牲"几个字。可是，"性命人人要，就是有时候不能不为国家舍身，也总须舍得有个名色，舍得有点代价"，否则，"白白地舍在敌人弹片之下，既不是慷慨赴死，又不是偷窃就义，当然是谁都不甘心的"。因此，潘光旦认为这种回

---

　　①　潘光旦：《移民与抗战》，《云南日报》1939 年 2 月 26 日，第 2～3 版。

答虽然"不是错"，却是"太消极"了，而消极的疏散很可能导致两种不良结果。第一是"疏散时不踊跃"，因为"住惯都市的人根本不肯下乡，他有他的惰性，敌机一日不来，就一日不想走。今日有警报，便打算明日走，但若敌机终于未来，他又把走的念头暂搁下"。第二是"这种疏散不免引起不良的选择影响"，因为胆小者急急忙忙疏散了，而胆大者不听劝告留守在都市，一旦敌机大举来临，胆大者多多少少会受到牺牲。"因疏散不踊跃而发生的牺牲是量的，因选择作用而发生的牺牲是质的，无论质与量，总是牺牲，总是民族不利"。结果，"为的要'避敌人轰炸，免无谓牺牲'而发动的疏散运动"，就会"适得其反"。根据上述两种分析，潘光旦认为"只是用消极的理由来教人，是不够的，是不行的"。

对于疏散，潘光旦认为应该提出一些"很积极与富有建设性的理由"。经济学家可以从"发展乡村与一般的经济"方面思考，教育学家可以从"提高乡村与一般的文化"方面思考。作为社会学家的潘光旦，主要从"增加乡村与一般人口的活力"方面进行观察。潘光旦说：都市人口与乡村人口在品质上不很一样，一般来说，前者品质要比后者为高，因为都市是争取功名富贵的中心场合，不仅刺激的种类多，程度也剧烈，引起的反应也相当复杂，一个体格虚弱、神经脆薄、智能低劣的人无法适应这种环境。但是，都市也是"杀人灭种的地方"，"都市化的程度越高"，"破坏的力量越大"。如初入都市的人要争名夺利，要自由也要享乐，便不结婚或迟结婚，不生子或少生子。都市人家的子弟也有同样现象。"结果，就个人论，无论他的成就如何伟大，声势如何煊赫，就血系论，这种成就与声势，多亦不过几世，少则及身而止。一人如此，人人如此，一家如此，家家如此，都市不就等于一个杀人不见血的屠宰场么？"于是，迟婚倾向、出生率低，加上婴儿死亡率大、一般疾病率与死亡率高，使得讲求民族卫生的人口口声声地说"都市不是人口的生产者，而是人口的消耗者"。都市吸引年富力强、体魄健旺、品貌整齐、思想灵敏的人才不断迁入，而年龄老大、疲癃残疾、智能低下、眼光狭小、保守成性的人不会自动迁往都市，继续留存乡村。这样长期下去，比较健全与优秀的分子一批批往城里跑，便对乡村造成了经济凋敝、文化落后、一般团体生活难以维持等影响。进了城的人，如能功成一时，并且垂裕后昆，倒也不妨，然而事实上他们在都市至多挣扎四五代之后，终究不免被淘汰。这样一来，"就引起了整个的民族健康的问题了"。因为"从整个民族的立场来看，这种淘汰多一分，民族的品质的善良程度就减低一分。而同时乡村人口产生优良分子的能力也自有其限度，不能无限制的向城里输送"，因此"这样日子一多，一个民族的品质会降落到一个无法竞存的地步"。

正因如此，潘光旦指出"近代民族卫生学者的一致的结论是：都市的发展不宜过度；已经有过度的危险的国家应当设法疏散"。当然，对中国来说，乡村人口占全国总数的 80% ~ 85%，从发展现代化的角度看，还需要提倡与工商业发展并行的都市化。不过，"畸形发展的危险是不能不防的"，尤其是就近些年教育发展的形势而言，"凡属受过这种教育的乡村优良子弟，于原有的轻去其乡的倾向而外，又平添一层留城不去的理由"，弄得"都市有才剩之忧，乡村有才难之叹"。

潘光旦认为："乡村经济的凋敝、文化的落伍，以及土劣的把持，与民生的愁苦所唤起的社会革命，总有一大部分，直接可以推原到人才的缺乏，而间接可以推原到不健全的教育制度所引起的青年都市移动。"鉴于上述忧虑，潘光旦对疏散持积极态度，因为"它可以教一部分优秀的都市人口，重新回到乡村"。如果实行得力，"一方面可以替乡村增加经济的生产力与文化的创造力，从而提高一般的经济生活与文化生活；一方面更可以培养个人的生存与生殖的力量，从而促进整个民族的活力"。潘光旦认为这才是疏散运动最积极的意义，并认为只有认识到这一点，"疏散运动才会踊跃，才可以避免不良的选择作用，才有希望可以维持到抗战结束以后，作为建国时期里都鄙人口彼此协调发展的张本"。[1]

为躲避敌机轰炸而进行的疏散，是大后方战时生活的组成部分。不过，在沈从文眼中，疏散除了躲避轰炸外，还是一种检验生活态度的标尺。而潘光旦的着眼更为深入，他想到的是如何在战时环境下，以积极和乐观的态度对待社会性的人口流动。这些应变的思考，在灾难来临之时，尤具启发意义。

---

[1]　潘光旦：《论疏散人口》，昆明《益世报》1939 年 9 月 3 日，第 2 ~ 3 版。

第四章　望中原，遍洒血：家国情怀

全面抗日战争是中国在敌强我弱条件下被迫进行的一场自卫战争，敌我力量的悬殊人尽皆知。九一八事变后，日本不断扩大对华侵略，中国的主流民意充满了对政府忍让妥协政策的不满，维护国家主权与领土完整的要求成为响彻大江南北的时代强音。但是，一些知识精英通过对敌我力量的分析，提出务实性的"避战"主张。他们希望以妥协换取短暂和平，利用这段时间加紧进行各项建设的"备战"，在经济上、军事上充实"应战"实力。

这种态度曾被斥为妥协，但其本意是以屈求伸，与悲观的名为妥协实为投降的论调不同。因此，当日本发动全面侵华战争后，持这种主张的知识精英纷纷投入抗战事业，为争取胜利献计献策。不过，悲观情绪主导下的妥协论调仍然存在，汪精卫就是其代表，最终走上叛变投敌之路。

全面抗战爆发后，批判对日妥协便成为坚定抗战信心、坚持抗战到底的一项重要任务。这场斗争中，也活跃着西南联大师生的英姿，师生们共同书写了以实际行动坚持抗战的重要一页。

第一节　同仇敌忾

在中国近代史上，日本自甲午战争后就成为中国的首要敌人。九一八事变后，华北成为日本帝国主义蚕食侵略的首要目标，北大、清华、南开地处华北，师生们对日本的残暴更是有着切身的感受。

一　南开永存

九一八事变后，华北已成国防前线，平津一带笼罩在山雨欲来风满楼的紧张气氛中。驻扎北平的日军常常耀武扬威，何兆武同学清楚地记得：1936 年 9 月 18 日早晨 9 时许，日本军队开进北平，从东长安街走到西长安街，大队坦克车从新华门前开过，柏油路上留下坦克车轧过的深深痕迹。①

三校中，南开大学的体会最为深刻。1932年4月初，驻扎在南开大学旁的日本军队借愚人节之名，进入校园，以科学馆为中心，进行模拟进攻。当时，环绕南开者，几乎都是没有理性的日本士兵，学校以教育机关为由，请其改换攻击中心，交涉一个多小时，日本士兵才转往别处。②

日本的侵略行径自然遭到南开师生反对，手无寸铁的知识分子，用不同的方式支持抗战行动。1933年3月15日，第二十九军在喜峰口与日军展开的恶战中获胜，但也付出惨重代价，牺牲军人后被葬于北平东120公里处的石门镇山根下。1934年4月9日，南开大学校长张伯苓特派赵宜伦、沈士杰、郭荣生三位同学代表全校师生前往扫墓、献花、植树，纪念喜峰口战役一周年。三人于10日下午到达石门镇烈士墓前，行礼后，由赵宜伦致祭辞。辞云：

> 今天兄弟沈士杰、郭荣生、赵宜伦三人代表天津南开学校大、中、女、小四部全体师生，由天津特意到这里来看看诸位。诸位都好吗？他们说你们死了，其实你们并没有死呀！说你们死了的人们正是死了，而诸位仍然是健康的活着。去年的今天是你们哭的时候，而今年的今天是我们哭的时候了。兄弟还记得去年在三河，南开师生和你们讲话时候的情景？台上的我们在那里疯子般的狂喊："……你们的父母就是我们的父母，你们的子女就是我们的子女，你们的妻子就是我们的姊妹……"；台下铁人般的你们在那里流着热泪。后来，你们得到命令，半夜工夫便从三河跑到喜峰口，一夜就立下千古不朽的奇功。你们的血染红了长城，你们的血塞住了日军的坦克车。现在你们的骨头在这里休息。我们哭的不是你们，而是你们的热血振作不起将亡的民族。唉！你们诸位在这里静静的养伤吧，你

---

① 何兆武口述、文靖撰写《上学记》，生活·读书·新知三联书店，2006，第50~51页。
② 《日本兵竟扰八里台》，原载《南大周刊·副刊》第5期，1932年4月5日。转引自王文俊、梁吉生、杨珣、张书俭、夏家善选编《南开大学校史资料选（1919—1949）》，第668页。

们的骨头一样可以举起大刀和敌人厮杀的。诸位，等着吧！①

致祭毕，大家高唱气壮山河的《满江红》。当时，附近前来参加的人极多。次日晨，3人在东墙下种下25棵白杨树，并书写木牌作为纪念。

在一二·九爱国学生运动中始终站在斗争前列的清华、北大同学，也以不同形式进行抗日宣传。这已为人熟知，不用赘述。

抗日战争是日本侵略者强加在中国人民头上的战争，三校师生南迁的壮举就表现出中华民族不屈不挠、抗战到底的信念。正如抗战初期从清华大学调任教育部次长的顾毓琇教授所言，"这次的全面抗战，乃是为求民族生存而战，必须求其持久。我们并非不爱和平，但是到了最后关头，我们不容犹豫，不能退缩。我们惟有准备牺牲，不屈不挠，以求最后的胜利。在未来的岁月中间，我们不免要遭遇挫折，但是这种挫折正足以磨炼我们的志气，增强我们的决心。我们要再接再厉，鼓起精神，奋斗到底"。② 1937 年 10 月 17 日，张伯苓从湖南经汉口到达重庆，在重庆南渝中学亲自主持南开学校复兴纪念会。行前，张伯苓特致电曾经给予南开很大精神支持的《大公报》，通过《大公报》向全国人民表示南开师生抗战到底的坚强信念。电文云：

> 教育报国，苓之夙志，此身未死，此志未泯，敌人所能毁者，南开之物资，敌人所未能毁者，南开之精神。兹当南开学校周年纪念之日，极望全国南开校友纪念学校，本南开苦干之精神，为国家民族努力。现敌焰仍炽，国难严重，我全国民众，均应有前方将士壮烈牺牲之精神，一致奋起，共同抗敌，矧正义人道自在人心，国际情势已逞□转，□我能真诚团结，继续奋斗，任何牺牲，在所不惜，则最后胜利，必属我国，中国之自由平等，必可得到，津校复兴，深信亦必能于最短期内实现也。③

---

① 《扫墓》，原载《南大周刊·副刊》第 43 期，1934 年 4 月 24 日。转引自王文俊、梁吉生、杨珣、张书俭、夏家善选编《南开大学校史资料选（1919—1949）》，第 671 页。

② 顾毓琇：《非常时期的认识》，汉口《大公报》1937 年 9 月 26 日，第 1 张第 1 版，"星期论文"。

③ 《南开学校复兴纪念，今在重庆盛大举行。张校长勖全国校友继续奋斗，深信津校复兴短期必能实现》，汉口《大公报》1937 年 10 月 17 日，第 1 张第 3 版。

一年后的 1938 年 10 月 5 日，时任国民参政会副议长的张伯苓在赴重庆参加一届二次参政会大会前偶遇一云南日报社记者。采访中，张伯苓"畅论国内外局势"，"对我国抗战前途，表示极为乐观"。他说："我国自决定长期抗战以来，全国上下，无不一致悉力以求贯彻此项国策，中途誓不妥协，誓不屈服"，"吾人对于最后胜利之信念，已坚定不移"。谈到欧洲局势时，他认为：自《慕尼黑协定》签订后，欧洲局势已见缓和，暂时和平可保。但是，我国抗战系本自力更生之旨，无论世界大战爆发与否，都不受其影响。① 张伯苓的谈话，反映了中华民族顽强不屈、奋斗到底的意志。

5 月 4 日，是北大师生永远值得自豪的日子，蒙自分校恰于 1938 年的这一天开学。开学当天，在蒙自分校的北大同学便发表《告全国同胞书》，呼吁同学们"不畏艰险，不慕安乐，不为恶习所染"，"要深入到全国各地，为中华民族的对日全面抗战，担负起后方的需要的工作"。②5 月 8 日，蒙自分校的清华师生举行 27 周年校庆纪念。会上，一位女同学献旗，上书"寿与国同"四字，下书"经兹国难，寄迹滇南；西山苍苍，永怀靡已"，这些寄语，同样表达了抗战必胜、重返校园的信心。这天是星期日，北大同学走上街头，开展救亡宣传，报载"男生在街头茶馆宣传，女生则访问家庭"，"使蒙自全城人民知道些抗战消息及防空防毒与通俗的国际智识"，由于"宣传方法是谈话式的，故收效极好"。③

在昆明刚刚落脚的西南联大，也是 5 月 4 日开始上课的。5 月下旬，三校同学成立学生会，会上当场议决以"国立西南联合大学学生会"名义发出三封通电。这三封通电反映了同学们高昂的抗战热情。

第一封电报发给中国空军司令部：

> 汉口航空司令部转远征东夷八英雄钧鉴，迩闻驾凌东瀛，传谕

---

① 《参政会会期已近，张伯苓将飞渝筹备，与记者谈抗战前途极乐观》，《云南日报》1938 年 10 月 6 日，第 4 版。

② 《继续五四精神，担负救亡责任，北大同学纪念五四，大声疾呼唤醒国人》，《云南日报》1938 年 5 月 12 日，第 4 版。

③ 《清华师生在蒙自开会纪念母校新生》，《云南日报》1938 年 5 月 13 日，第 4 版。

三岛，唤其速醒，不事轰炸，服人以诚，忠勇奋发，树立奇功，钦慕之余，用电致敬。

第二封电报发给世界学生联合会：

武汉各界欢迎世界学生代表团大会，转世界学联会代表钧鉴，日寇猖獗，漫无止境，毁我文化机关，歼我无辜黎民，贵代表抚恤正义，惠然远来，查其暴迹，与我声援，谨电欢迎，借表微忱。

第三封电报发给全国父老：

快邮代电，全国父老昆弟钧鉴，自首都沦陷以来，国步愈形艰窘，幸我举国民众，具团结之集力，全体将士求必死之决心，得以临危转安，卒不之踣，而徐州之役，为时五阅月，不惟予敌人以重大之打击，尤足以昭我至尊之精神，顾暴敌为津浦线计，不惜倾其全力，向我重叠环攻，我最高领袖鉴于持久抗战，不肯为一城池，作必要之牺牲，遂命退出徐州，此非特对我无损，与敌复何益之有，惟望全国上下，俱本领袖闻胜勿骄，闻败勿馁之明训，再接再厉，抗战到底，定能达到卫护民族独立生存之目的，临电翘企不胜区区。①

二　坚定信念

1938 年 7 月 5 日，云南省各界在教育厅大礼堂召开纪念七七抗战一周年暨追悼抗战阵亡将士、死难同胞联合市街游行会议，到会者有军训处、省党部、云南大学、昆华中学、昆华师范、昆华女中、市立男中、市立女中、昆华农校、昆华工校、护士助产学校、南菁中学、省立昆华小学、上智学校、云瑞中学、庆云中学、昆明乡师、昆明市训练总队、求实中学、市政府教育科等单位代表，毛鸿、卓超、沈刚如、雷树滋四

① 这三封电报均载《联大学生会通电，对我空军东征致敬，并通电欢迎世界学联代表，望全国闻败勿馁再接再厉》，《云南民国日报》1938 年 5 月 25 日，第 4 版。

人代表联大出席了会议。会上，做出决议数项，其中游行队伍行进序列，军分校排在第一位，接着便是西南联大，其后为云南大学等。[1]

7月7日，是七七抗战一周年纪念日。这天，云南省各界在省党部大礼堂召开了盛大的纪念大会。庄严肃穆的大会，首先由国民党中央监察委员兼滇黔绥靖主任、云南省政府主席龙云主持致祭。接着由省民政厅厅长张邦翰报告开会意义，遂由龙云发表演讲。联大常委、北京大学校长蒋梦麟是继龙云之后第二个发表演讲的。报载其略谓："今天是卢沟桥事变周年的纪念日，回思往事，悲痛无已。刚才主席及张先生给我们很好的指示，大家应当牢记，常常反省，真正做到有力者出力，有钱者出钱。今天各界在座的人士都有，有教员，有学生，有公务人员，我们在后方的，要各人站在自己岗位上，加紧努力，训练自己，一旦国家需要我们，才能够应付。譬如云南六十军到汉口时，因为平日训练认真，纪律严明，在那时兄弟又断定滇军必能英勇抗战，建立奇功。希望各位在此国难严重期间，应刻苦自励，各尽职责，才不负今天纪念意义。"[2]

在随后举行的大游行中，西南联大师生的身影第一次与昆明全市人民融合在一起。游行队伍于中午12时从光华体育场出发，经西院街、福照街、武成路、华山南路、正义路、金碧路至护国路口。沿途高呼"打倒日本帝国主义"等口号，铿锵有力的救亡歌曲响彻市空。游行结束后，参与者立刻分赴指定街头进行演讲，报道虽未记载联大师生的演讲，但想必也在其中。

1939年1月1日，是新的一年的开端，每逢新年人们都会对一年来的大事小事做回顾和瞻望。1939年元旦，钱端升在《元旦献词》中写道：1938年"是我们民族有史以来最艰难困苦的一年。盖去年承京沪沦陷，政府西迁之后，军队改组未完成，新军补充未就绪，士卒斗志未恢复，人民信心未确立，我们的抗战大业几乎有中途而殂的危险，我们民族的独立，也几乎有稍纵即逝的形势"。但是，中国"未沦于灭亡"，虽

---

[1]　《七七纪念日，各校学生大游行，沿途高呼口号并唱救亡歌曲，市街及乡村分别由学生宣传》，《云南日报》1938年7月6日，第4版。

[2]　《抗战一周年全省举行壮烈纪念，主席含泪致祭全场人士无不悲悼，数万人大游行誓以热血共复国仇，各界踊跃献金收获旧币三万余元》，《云南日报》1938年7月8日，第4版。

然有"百余万忠勇将士的死伤，数十万人民的流亡，乃至于百数十万万财产的损失"以及"许多重要城市及重要交通线的沦陷"，可是"难关居然度过了，我中华民族仍是有独立意志的民族，仍在为独立生存而奋斗"。他相信，1938 年没有取得的胜利，定会在 1939 年取得，这是因为"我们的军队不但没有因粤汉的失陷而崩、而军心涣散，却正在补充，并在加强机械化的过程中"；因为"我们的民族意识在继长增高，除了傀儡外，人人都有我民族不能灭亡，且必胜利的信念"；因为"各友邦的同情，正在进展成实际的援助。不特国联通过了制裁的条款，不特苏联对于我军加增了技术上及设备上的协助，即英美两国，亦正在开始作实际上的经济援助"。而反观日本，国内矛盾却在不断增加，"财阀与军阀间的冲突益形尖锐化，好胜心理与疲战心理的志忑，又正在使敌国的人民丧失了民族自信的意志力"。这些"利于我而不利于敌的原因，既一个个在进展着，我们的抗战局面"无疑地要在 1939 年度出现满意的变化。[①]

这种乐观情绪，在纪念抗战 2 周年活动中再次得到热烈的表现。1939 年 7 月 7 日上午，西南联大在昆华农校大操场和工学院两地，分别举行七七抗战 2 周年纪念大会。这天，《云南日报》特出版"抗建二周年纪念特刊"，朱自清充满乐观情绪的《这一天》，就发表在这个特刊上。文中，朱自清豪迈地写道：

> 这一天是我们新中国诞生的日子。
>
> 从二十六年这一天以来，我们自己，我们的友邦，甚至我们的敌人，开始认识我们新中国的面影。
>
> 从前只知道我们是文化的古国，我们自己只能有意无意的夸耀我们的老，世界也只有意无意的夸奖我们的老。同时我们不能不自伤老大，自伤老弱；世界也无视我们这老大的老弱的中国。中国几乎成了一个历史上的或地理上的名词。
>
> 从两年前这一天起，我们惊奇我们也能和东亚的强敌抗战，我们也能迅速的现代化，迎头赶上去。世界也刮目相看，东亚病夫居

---

① 钱端升：《元旦献词——民国廿八年的展望》，昆明《朝报》1939 年 1 月 1 日，第 1 版。

然奋起了，睡狮果然醒了。从前只是一大块沃土，一大盘散沙的死中国，现在是有血有肉的活中国了。从前中国在若有若无之间，现在确乎是有了。

从两年后的这一天看，我们不但有光荣的古代，而且有光荣的现代；不但有光荣的现代，而且有光荣的将来无穷的世代。新中国在血火是成长了。

"双十"是我们新中国孕育的日子，"七七"是我们新中国诞生的日子。①

抗战到底的信念，也凝聚在《国立西南联合大学校歌》中。1938年10月6日，日军对昆明进行九二八首次大轰炸的一周后，学校常委会决议成立"编制校歌校训委员会"，聘请冯友兰、朱自清、罗常培、罗庸、闻一多为委员。② 他们五人最初拟定的校训为"刚健笃实"四字，11月26日常委会讨论时，结合北大"博学审问、慎思明辨"，清华"自强不息、厚德载物"，南开"公能"的校训，并考虑到抗战教育的需要，确定校训为"刚毅坚卓"四字。校歌歌词，很快创作出来，于1939年7月11日经常委会通过，24日公布。③

校歌采取《满江红》曲牌，由罗庸作词、张清常谱曲。它以沉雄、浑厚的语句，抒发了师生们抗战到底的决心。歌词内容见本书代引，此处不再重复。

这首校歌歌词，有人说是编制校歌校训委员会主席冯友兰所作，但也有不同说法，两种说法各有所据，甚至在媒体还展开过争论，但未能得到一致的结论。20多年前，笔者在清华大学档案室见到的当年歌词油印件，上面写的则是罗庸作词、张清常作曲。不过，冯友兰的确创作过一首现代诗体的歌词，它同样体现了抗战到底的决心。其歌词为：

① 佩弦（朱自清）：《这一天》，《云南日报》1939年7月7日，第4版，"抗建二周年纪念特刊"。
② 《长沙临时大学、国立西南联合大学常务委员会会议记录·第八十九次会议》，《国立西南联合大学史料》（二），第70页。
③ 《国立西南联合大学关于校歌的布告》，《国立西南联合大学史料》（二），第38页。

碧鸡苍苍，

滇池茫茫，

这不是渤海太行，

这不是衡岳潇湘。

同学们：

莫忘记失掉底家乡，

莫忘记伟大底时代，

莫耽误宝贵底景光。

赶紧学习，

赶紧准备，

抗战建国，

都要我们担当。

同学们：

要利用宝贵底景光，

要创造伟大底时代，

要恢复失掉底家乡。[①]

西南联大公布罗庸、张清常创作的《国立西南联合大学校歌》，与冯友兰发表《拟国立西南联合大学校歌》的 1939 年 7 月，大后方正在发起一场给前线士兵写慰问信的运动。西南联大如何开展这项活动，未见记载，但曾昭抡给前线一位士兵的慰问信，却被保留了下来。这是一份非常珍贵的史料，特录全信如下：

---

① 冯友兰：《拟国立西南联合大学校歌录作"七七"二周年纪念》，《云南日报》1939 年 7 月 7 日，第 4 版。黄延复、张清常在《西南联大校歌制作经过》中，也收录了这首歌词，其文与《云南日报》发表者略有不同，为："西山苍苍，/滇水茫茫，/这已不是渤海太行，/这已不是衡岳潇湘。/同学们！/莫忘记失掉的家乡，/莫辜负伟大的时代，/莫耽误宝贵的辰光。/赶紧学习，/赶紧准备，/抗战建国，/都要我们担当。/同学们！/要利用宝贵的辰光，/要创造伟大的时代，/要恢复失掉的家乡。"见云南省政协文史资料研究委员会、西南联合大学北京昆明校友会、云南师范大学编《云南文史资料选辑》第 34 辑（西南联合大学建校五十周年纪念专辑），云南人民出版社，1988，第 69 页。

××同志：

　　你们在前线为国家辛苦，是不是常收到后方寄来的信件？近来后方各重要城市，都有一种运动，让多数同胞，参加写信，去慰劳我们前线的战士。这点解释了为什么你从一位素不相识的人接到了这封信。

　　我们彼此素来没有见过面。让我猜猜你是怎样一个人。接到这信以后，请你回信告诉我，猜对了几分。我想你是一位中等身材，但是很壮健的青年。在你面部的表情上，很明白地显出勇敢和毅力。我想你大约有二十三岁左右的年龄，家里父母双存，有好几位兄弟姊妹，但是并没有结过婚。我想你受过初等教育，现在一定很喜欢看报，而且爱看小说。

　　现在且说我吧！假设你常看报纸或看杂志，也许你会知道我是谁，也许你看过我的作品。但是无论如何，我自己简单的介绍，或者对于你不是过多。我是湖南人，现在四十岁。我很忌妒你，因为我没有机会，像你一样，在青春的时候，站在最前线，替国家争荣誉。我是许多同胞们所羡慕的：正途出身的，文化界的一分子。从坐摇篮的时候起，幸运常常对我微笑着。读罢了小学、中学、大学以后，得着机会，到美国去读了六年书。对于各种学问，我有嗜好。但是一个人总得选一种职业来吃饭，结果偶然地选定了化学做我终生的事业。因为环境的限制，我并未能变成当初所梦想的化学家，但是现在并不后悔这职业的选择。回国以后，差不多全部的时间，是在大学教书。这职业也是我自己选定的，不过近年来国难的严重，常常令我怀疑，一个富有血气的中国人，是不是应该做这种慢性的工作。我有过世界上一般人所希望的一切——美满的家庭，称意的收入，也许太多一点的名誉。但是布尔乔亚的社会，常常会在我心中引起反感来。在职业以外，我很爱好音乐和文学。三年前偶然被一位朋友拉着写了一篇游记。从此不由自主地，先后拉杂地写了几十万字。这些事述来未免过于琐碎。但是我想，当前线有战事的时候，读一些这种琐碎的私人历史，也许可以帮助解解闷。

　　人们都把你称作"英雄"，"勇士"，对于一天到晚在英雄生活中过日子的战士，这种空头衔的有无，或者是无关紧要。也许在你那坦白谦虚的心灵中，常常会想："我不过是在尽国民的天职，没有什么可以赞扬的地方。"但是这次抗战的重要性，从纵的和横的两方面看起来，实在都是异常伟大。物的重要，远超过你心中所能想像的。抗战洗净了我们一百年来的耻辱，唤醒了多年来在半睡状况中的国魂，完成了全国的统一，开发了偏僻的内地，铲除了各族间和省界间的成见。论起规模的宏大，牺牲的壮烈来，我们的抗战，在世界历史上，占了重要的地位，在中华民族的历史上，是对付外来侵略空前的奋斗。两年来的成绩，已经把我们的国家，从一个半殖民地状态，素来为别人所看不起的国家，变成一个全世界景仰的强国。同时也把敌国，从一等国降到了二等国。抗战胜利以后，世界上的侵略国，当然受到最严重的打击。到那时我们四万万五千万受过血的洗礼的同胞，可以协同其他爱好和平的民族，共同建设全世界的新秩序，让世界变成人类可以安居的行星，不是吃人的野兽可以纵横的处所。

同志，你不要把你自己对于抗战的关系，估计得太低，虽然你不过武装同志中几百万分之一。我们要想得到最后胜利，当然也需要军火、资源，和其他别的方面的准备。但是假设没有英勇的武士，来筑成血肉的长城，别的准备，有什么用呢？建筑这个保卫国家的长城，每块砖和其他一块一样地重要，少一块也不成。

同志，跟着你足迹的后面，有成千成万热血的青年。他们全都想，得着机会，为国家上前线。敌人军队中，不断地发生厌战的事例；我们全民族的血，却永远在沸腾着。在我们用血来写成新的历史的时候，没有直接参加过战斗，对于大时代的儿女，谁都认为是一种耻辱。好多人想，抗战已经两年，还没有能够上前线打过仗，真是枉做了一世人。我自己就是作这样想的一个。少数意志薄弱的人，不免有时会叹息着问道：这仗倒底还有好久可以打得完。我们的回答是，抗战就是生活。

因为前方作战屡次失利的关系，敌人的飞机，带来屠杀的使命，有时常飞到后方城市来狂炸，为的是满足他们吃人的嗜好。不可避免地，我们受着一些物质和生活上的损失。但是假若他们以为这样可以破坏我们抗战的心理，那就真是大错。我们抗战意志的牢不可破，正和我们前方的阵线一般。屠杀平民的行为，徒然更加坚强了我们的意志。在后方一切仍然是照常地工作，只是每个人的心中，更加认识了国家的可爱，和自己对于国家的责任。

同志，在两年前，你能够相信中国可以打败日本吗？中国和日本单独作战，在十年前大家都认为（是）一件不可能的事。两年以前，战争刚刚开始的时候，一般的同胞，虽说是一致拥护政府的抗战政策，对于战事的前途，心里却总不免怀着危惧的观念。一年以前，多数人对于最后胜利的获到［得］，还只是抱着宗教式的迷信。现在呢？谁都看得到，日本帝国主义走上崩溃的悲运，不过是时间问题。你们在前方努力，已经改变了世界的历史。我们现在用不着佩服西班牙共和军怎样地死守马德里城两年。我们也用不着景仰俄国人怎样地能够坚壁清野，让拿破仑的大军，全军覆没。我们的勇士们，已经创造了世界上从来未有的奇迹。

同志，再会了。祝你为国家自重。

“七七”两周年纪念日。[1]

三 牢记国耻

日寇对中国的侵略使每个中国人都时刻面临着生存威胁。沦陷区人民的命运，撞击着联大师生的心灵，让他们时时刻刻关心着日寇铁蹄下的同胞的遭遇。

1938 年 5 月，历史系教授刘崇铉从北平来到蒙自分校。一到学校，大家就迫切地问他“北平情况怎样”。为了满足人们对沦陷后的北平的急切了解，清华政治学会特向刘崇铉发出邀请，请他做“北平现况”的报告。

刘崇铉是 1938 年 3 月从天津到达北平的，那时日本占领平津刚刚半年，因此刘崇铉主要讲的是公众场合的殖民化。他说，在火车上，头等车厢和二等车厢里十之八九为日本人，中国检票员查票时，也先用日语说话。到了北平，霞公府西口新开了一家日本商店，店内收音机放送的

---

① 曾昭抡：《给一位前线的战士》，昆明《益世报》1939 年 7 月 8 日，第 4 版。

都是日本音乐，让人在精神上感到异常窒闷。第二天，他到街上，见王府井、东安市场添了很多日本货。公园里，走来走去尽是日本人。大一点的饭馆，也常听到日本军歌。电影院经常放映的也是日本影片。日本人占领了北平，以为从此可以永久霸占，于是马上踊跃投资，好一点的店铺、房屋，日本人都要买。大方家胡同有座房子，被日本人以 15 万元的价格买去。南河沿的欧美同学会，已被日本人强租。位于绒线胡同的韩复榘私宅，已经被改为"日本同学会"。英文报纸《英文北平时事日报》（Peiping Chronicle），亦被日本收买，改名为《英文北京时事日报》。说到北平给他的第一印象，刘崇铉用一句话做了概括："北平比前几月更进一步为日本人的世界。"①

北平是这样，天津同样如此。刘崇铉报告后两个月，南开大学傅恩龄教授也到了蒙自。南开大学注重培养实用型人才，因此 1938 年 7 月 10 日傅恩龄在联大报告平津近况时，比较侧重经济方面。傅恩龄是卢沟桥事变后匆匆结束朝鲜考察赶回天津的，他于 1938 年 5 月底离开天津，在日本占领下生活了 10 个月，对日本的侵略行径感受尤深。他首先介绍工业方面，说华北工业全部落入日本人手里，保定的面粉厂、石家庄的纺纱厂、塘沽的制碱厂，都被日本人以"合作"之名，强行霸占。塘沽的"永利""久大""黄海"等制碱公司，设备相当现代化，现在原封不动被日寇强占。唐山启新洋灰公司担心被日本人强占去，最后卖给了瑞典，成为华北唯一未被强占的产业。然而，日本正在千方百计要求和它"合作"。

傅恩龄接着讲到金融，说到日寇令伪组织设立的伪联合准备银行时，傅认为这个银行发行大量不兑换的伪钞完全是"军用手票"性质——九一八事变后，日寇在大连、营口等地发行"军用手票"，载明战事结束后可向日正金银行换"大洋票"。但是，日钞发行得太多，有引起通货膨胀的危险。于是，日寇占领平津后，就命令伪组织自行发行不兑换的伪钞，一切伪钞由傀儡组织负责，即使将来被打败了，亦与日人无关。此外，日寇还可利用伪钞套换法币、购取外汇，致使沦陷区全部发行伪币。伪币纸张、铸版非常低劣，券纸大而无当，使用者虽然厌恶，却不能不用。因为平津法币有 2000 万左右的白银在天津储存，故法币实值远

① 《铁蹄下的北平——刘崇铉先生在临大报告》，《云南日报》1938 年 5 月 26 日，第 4 版。

在伪币之上，但1000元法币只能兑换1020～1050元伪币，这简直是强取豪夺。

作为教育工作者，傅恩龄对教育状况更加留心。他说：日寇强迫平津的小学教授日文，连天津租界内的小学也不例外，并且经常有便衣到校"考察"。日文课本由日寇"奉送"，甚至连教员的薪水也由特务机关支给。从下学期起，地理、历史课本绝对不准用国人编的，其他各科亦须经严格检查。租界里有天津中学和天津女中两所中学，学生上街必须携带"学生证"，否则不准放行。

说到高等学校，傅恩龄说：北洋大学已经开学，但四个年级的学生合起来只有38人，只好停课，打算暑假招生后再开课。租界内的汇文中学仅有学生8人，中西女中报到的学生也不过12人。在北平的北大、师大、中国学院，除文法两学院外，其余虽然开学，但教授不全，学生太少，只有燕京、辅仁、协和等教会学校，还勉强开课。

傅恩龄说他在天津的10个月"所看到听到的几全是令人伤心惨目的现象与事情"。但是，"平津这样美好的地方，我们哪能就让敌人强占去？沦陷区域的同胞这样痛苦，也正待我们去拯救"。他重复了张伯苓先生"我们现在除了和敌人拼命外，更无其他道路可走"的话，表示要抱着必死的决心，争取中国的光明前途。[①]

沦陷区的同胞，在苦难中挣扎、反抗。1939年，何兆武的几个北平师大附中毕业的同学，历经千难万苦考入西南联大。见面后，何兆武便问他们在北平两年的生活，同学告诉他："日本人一来就把英文课废止了，来了一个日本人教日文，又是学校的总监。"何兆武说："你们学了两年，日文应该不错了？"他们回答："什么不错，一个字都没学，字母都不认得。"因为大家谁也不念日文，结果考试全班都不及格，全得了零分。他们还说："1937年底日军攻占了南京，敌伪下令要全北京市学生参加庆祝游行。消息一宣布，全班同学都哭了。"[②]

何兆武是凭着记忆，讲述上面这番话的，而《云南日报》则刊登过一篇介绍北平当时情况的文章。1940年，一位从北平考入西南联大的同

① 蓓君：《暴日铁蹄下的平津——傅恩龄昨在联大报告》，《云南日报》1938年7月11日、12日，第4版。

② 何兆武口述、文靖撰写《上学记》，第52页。

学，几经波折，闯过许多险关来到昆明。朋友见到他，争先恐后打听北平情况，结果这位同学说自己就像马可·波罗回到意大利一样，一遍又一遍地给大家讲个没完。后来有人说："许多人都关心着北平，不如写出来给大家看看。"于是，他写下了《沦陷后的北平》，署名"青申"，《云南日报》非常慷慨地分两天把它全文刊登出来。

文章开头部分用沉痛的语气写道：

> 北平已经失掉了光辉，高级文化机关搬走了，领袖人才也都离开了，北平已经丢掉了灵魂，在倭寇蹂躏之下，已经成为血腥，恐怖，阴惨的世界。不过，这富有历史价值，文化渊薮的古城，并没有完全黑成一团，因为一般青年的爱国热，不断的发出"星星之火"，燎燃着这阴霾的死城。

> 一个生来就活在自由田野的人，永远不知道自由的可贵，一旦失去了自由，才真的了解自由。在北平一般的青年心灵上，都燃烧着炽热的火焰——到"自由中国"去！要为民族复兴去流光荣的血，争取民族的自由。大沽口尽管是鬼门关，尽管有多少青年为了出来流血，被打到海里，关在牢里，被处刑，被枪毙，但是这样丝毫不足以动摇青年人铁的意志。所以每到暑假，成批的青年风起云涌的流到这里来！

接着，他介绍了北平的学生：日本在北平办学校，不是为了教育，而是为了麻醉和奴化。小学校就设立了日文课，课本里充斥了"中日亲善""同文同种""共存共荣""日本出兵是代民伐异［罪］，是救中国"等虚假的宣传。对学生的课本也是乱改一气，有一点不利于日本的就删去。学校经常开展的活动是和日本小学生交朋友，除写信外，还由学校负责把小学生的手工或图画寄到日本小学去交换。此外，就是与在北平的日本小学生联欢，方式是两个学校或多所学校集中在一个礼堂，有唱歌、舞蹈、演讲，但"歌是'亲善'歌，舞是'亲善'舞，演讲自然是'亲善'演讲了"。青申说，"这样相处久了，中国小孩虽然变成了日本小孩的奴隶，自己却误认为是日本小孩的朋友。抗日情绪消逝了，永没有翻身的日子。这种毒计，这种杀人不见血的方法，实在惨忍到万分"。

　　中学更严格。每个学校都有一个既非教员，又非职员，更非校长，但权力非常大的日本人。学校里上自校长，下至听差，无一不受他的支配。这个"太上皇"不只权力大，薪金也多，每人每月三百到四百元不等，而且薪金由伪北京市教育局直接支给。

　　日本人对北平学生采取特务控制。在著名的男四中，除了有前面说过的所谓日本教员外，还有一些非常奇怪的日本"学生"。这些学生不上课，不听讲，每天做的事就是当侦探，哪里有同学"聊天"，他便凑近去听听。同学们上课时，他便到人家屋里乱翻，偶尔发现一点他认为可疑的，便通知特务机关。被特务机关抓到狱里的同学，鞭打是便饭，往往被弄成废人，嫌疑稍重或口供不好的，还会被刀杀或放出猎犬咬死。

　　中学里的奴化教育也是花样众多。青申说："最讨厌的是全市有什么纪念大会，或演讲比赛会，每到这时候学生总是决议不参加，但是学校当局为了学校总是劝同学参加。"这个时候，最难的问题是"谁去参加"，常用的办法是让大家抓阄。抓阄前，每个人都提心吊胆，像大难来临一样，抓到阄的同学像倒霉蛋似的，常痛哭，不吃饭，"可是每哭一次，便深深的刻上一层恨，加强一分抗敌的决心"。

　　北平本是中国的文化中心，但是全面抗战爆发后，国立大学纷纷迁到后方去了，留在北平且保持原有作风的只有燕京大学和辅仁大学两所教会学校，因为它们的背后有美国和法国势力。燕京大学素有"世外桃源"之称，但覆巢之下无完卵，师生一出校门便如同阶下囚，出入西直门也受到日本人的侮辱、踢打，甚至扣留。日本人曾几次要求到校内搜查，幸亏没有得到校长司徒雷登的同意，所以燕大一直被日本人视为眼中钉，规定凡是伪公立学校的同学，一律不准报考燕京大学。至于辅仁大学，因为设在城内，受日本的干涉更多。

　　大家都很关心的北京大学已经沦为伪北大了。青申说，文学院虽然很早就开始招生，但始终没有多少学生。工学院的许多机器运到日本去了。医学院宣称新购了仪器、药品若干，却并非为学生而设，精深一点的科目都设立了研究室，但是只许日本人进入，不许中国学生入内。中国学生可活动区域只是几间课堂。其他地方则高悬"闲人免进"的牌子。可见，"所谓新的发展新的建设，是纯为倭寇预备的，中国的学生只是做了学校的点缀品，中国的教授只做了他们的奴隶"。

　　与此同时，为了培养汉奸，日本办了几所汉奸学校，最有名的是"新民学院"。这个学校采取重金收买政策，学生在校期间除供给膳宿服装外，每月还有不少津贴。学生毕业前，学校唯恐他们意志不坚定，于是让他们去一次日本，美其名曰见习、观光，实际上是让他们死心塌地做日本的走狗。此外，日本还在北平建立了男女两个师范学院，也不收学生的学费、宿费、膳费，可是这两个学校的学生参差不齐，有汉奸，也有革命青年，所以日本人并不因这两个学校是汉奸学校而对其客气些。

　　沦陷的北平在日本人统治之下，但是，日本的统治只限离城十里以内，十里以外就是另一番情景。青申说他在长辛店火车上遇见带着3个孩子的夫妇，大孩子约8岁，最小的才4岁，他们兴起的时候唱了一首歌，第一句竟是"起来！不愿做奴隶的人们"。"这便是中国不会亡的伟大力量！抗战的情绪不只有力的存在于成人的脑海里，同时也成为小孩们生活的一部分了！中国不会亡！北平是被浓厚的抗战力量包围着！"青申用这样的文字作为全文的结束语。①

　　这篇文章的作者署名"青申"，是1940年从北平考入西南联大的。在这年新生名册中，没有"青申"这个名字，可能用的是笔名。这年，不少沦陷区青年来到昆明，其中有后来成为中国"两弹一星"元勋之一的邓稼先。邓稼先的父亲邓以蛰是北京大学哲学系教授，卢沟桥事变爆发后，他因患有严重肺病未能随校南迁，一直在北平隐居不出，靠往日的积蓄过着清贫生活。当时，邓稼先在西单绒线胡同内一所英国人开办的教会学校崇德中学读书。1940年春，北平市伪政府强迫市民和学生为"庆祝皇军胜利"举行游行和庆祝会。邓稼先感到这是奇耻大辱，大会结束后就把手中的纸旗子扯得粉碎，后竟被歹人告发。崇德中学的校长是邓以蛰的朋友，他虽然把这件事搪塞了过去，但建议邓稼先最好远离北平。于是，邓以蛰决定让长女邓仲先带着邓稼先远走昆明。离开北平的前两天，邓稼先与弟弟骑着自行车到了东四、景山、故宫、北海、西四，古都的文化沉淀，使他感慨万千。邓稼先是从天津乘船经上海、香港，到越南的海防，再经河内，从老街进入云南。姐弟俩到昆明后，住在邓以蛰的老友汤用彤的家里。据说当晚邓以蛰的好友杨武之、张奚若、

---

　　①　以上据青申《沦陷后的北平》，《云南日报》1940年9月6日、7日，第3版。

闻一多等就来看望，张奚若一进门就高声道："听说又来了两个小难民，快让我来看看。"① 见面后，大家免不了问到北平的情况，邓稼先也肯定会讲述他这次出走的原因，以及途中的千辛万苦。

刘崇铉、傅恩龄的报告和青申的文章，使我们对沦陷区有了更细微的了解。

第二节　反对妥协

在坚持抗战的各项工作中，反对妥协投降无疑是最重要任务之一。九一八事变发生后，最高统治集团内部就蔓延着一种悲观气氛。卢沟桥事变后，对日妥协的空气并没有由于全面抗战爆发而中止。1938 年底，国民党副总裁汪精卫叛逃，演出了一场遗臭万年的丑剧。汪精卫的叛逃，再次将如何看待形势、如何坚持抗战的问题，严肃地摆在每一个人的面前。在这场反对妥协投降的斗争中，西南联大师生和全国人民一起，拿起了批判的武器，显示了威武不屈的民族气概。

一　认清本质

1938 年 12 月 19 日，昆明一片蓝天白云，但晴朗天空下却出现了一阵阴霾。这天，汪精卫带着周佛海、陶希圣、陈璧君等，悄悄地经昆明出走河内。20 日，陈公博亦自成都经昆明转飞河内，去追随汪精卫。

汪精卫曾是反清义士，早年留学日本时参与组建同盟会，谋杀摄政王载沣更是让他名声大振。武昌起义后，他继续追随孙中山，在中国国民党第一次全国代表大会上当选中央执行委员兼宣传部部长。1925 年 3 月孙中山病危，遗嘱就是他代为起草的。孙中山逝世后，广东政府改组，汪精卫当选国民政府常务委员会主席兼军事委员会主席。全面抗战爆发后，他出任国防最高会议副主席、国民党副总裁、国民参政会议长等。这样一个在国民党内仅次于蒋介石的第二号人物竟在全国上下苦苦支撑抗战的时候叛逃，影响极其恶劣，危害极其严重。

① 这里关于邓稼先的记述，根据的是斯云、耕夫著《邓稼先》一书之"逃离北平""西南联大的优等生"两节，江苏文艺出版社，1999。

　　汪精卫从昆明飞河内时，跟随他的两个亲信一个是周佛海，一个是陶希圣。这两个人都因从事过教育工作，与西南联大有关系。周佛海早年留学日本，曾参与组织旅日共产主义小组，是 1921 年中国共产党第一次全国代表大会的出席者。当时中共中央局书记陈独秀在广州，他到上海之前，书记职务由周佛海代理。这次大会后，周佛海返回日本继续求学，1923 年毕业于京都帝国大学。不久，周佛海到广州，出任国民党中央宣传部秘书，同时在广东大学担任教授。1924 年周佛海脱离共产党，后成为汪精卫的心腹。周佛海的日本帝国大学毕业、广东大学任教的经历，在学术界、教育界都是受人尊重的招牌。尤其是广东大学，它是孙中山下令筹建并任命校长的学校。孙中山还出席了该校的成立典礼。孙中山在广州创办了两所学堂，武学堂是黄埔军校，文学堂即广东大学。孙中山逝世后，广东大学于 1926 年 7 月 17 日更名为国立中山大学。那时，中山大学近乎国民革命的摇篮，许多不满北洋军阀统治的学者加入这所学校。因此，能够在广东大学暨中山大学担任教授是很大的荣誉，也是参加国民革命的标志，联大的冯友兰、傅斯年等当年都加入了中山大学，所以他们把周佛海视为前辈校友。

　　陶希圣与西南联大的关系更多一些。陶希圣 1922 年毕业于北京大学法科，曾在安徽省立法政专门学校、上海大学、上海法政大学、东吴大学等校讲授法学和政治学，1927 年初，任中央军事政治学校武汉分校中校教官，参加了国民革命军的北伐。1929 年之后，他先后在上海复旦大学、劳动大学、暨南大学、中国公学、上海法学院、立达学园任教，1931 年 1 月任中央大学教授，讲授中国政治思想史、中国法律思想史。暑假后，被聘为北京大学教授，并在清华大学、燕京大学、北京师范大学、朝阳大学等校兼课。由于这些关系，陶希圣在西南联大人缘不浅。汪精卫出走两天后从成都经昆明转飞河内的陈公博，也在北京大学读过书，他 1917 年考入北京大学哲学系，1920 年离校。

　　由于周佛海、陶希圣与北京大学的这层关系，他们两人到昆明都受到西南联大的接待。12 月 5 日，为汪精卫打前站的周佛海先到昆明，在昆期间，曾与数位联大教授进行了接触，钱端升就曾前往拜访他两次，17 日还请周佛海午宴，蒋梦麟、张奚若、杨振声等作陪。12 月 10 日由成都飞到昆明的陶希圣，更是受到西南联大的欢迎。报载陶希圣应联大之请前去讲学，讲题为"抗战以来国际外交概述"与"中国社会经济发展概论"。① "抗战以来国际外交概述"是在联大政治学系的讲演，以《英美法与太平洋问题，陶希圣先生在联大讲词》为题，刊登于 12 月 19 日《云南日报》。"中国社会经济发展概论"演讲未见报道。12 月 17 日下午 2 时，北京大学在云南大学大礼堂召开建校 40 周年纪念会，校长蒋梦麟与清华大学校长梅贻琦、联大主任秘书杨振声，冯友兰、罗常培等 300 余人出席。陶希圣曾任北京大学教授，亦在邀请之列，还在会上做了致辞，② 郑天挺说"陶希圣演说，主维护北大之科学精神"。③ 这些，当然都是礼节性的，对于汪精卫集团的叛逃阴谋，联大师生不可能知晓。

汪精卫叛逃是非常严重的事件，为了挽救汪精卫，蒋介石先派外交部部长王宠惠，后派陈布雷劝其改弦更张，却都遭到汪精卫的拒绝。蒋介石还嘱王世杰通过与汪精卫关系友好的胡适转达了三点意见，希望汪精卫不要做反对国策的公开表示，不要与中央断绝关系，并提出汪可以赴欧洲但不要到香港。然而，这些都没有阻止汪精卫的一意孤行。12 月 22 日，汪精卫到河内的第三天，日本首相近卫文麿发表第三次对华声明，声称："日本只要求中国作出必要的最低限度的保证，为履行建设新秩序而分担部分责任。日本不仅尊重中国的主权，而且对中国为完成独立所必要的治外法权的撤销和租界的归还，也愿进一步予以积极的考虑。"对于日本开出的这个诱降条件，蒋介石在 26 日总理纪念周的演说中指出：近卫第三次对华声明"是敌人整个的吞灭中国、独霸东亚、进而以图征服世界的一切妄想阴谋的总括；也是敌人整个亡我国家、灭我民族的一切计划内容的总暴露"。蒋介石演说中给汪精卫留有余地，称其至河内是"转地疗养，纯系个人行动，毫无政治意味"，"不仅与军事委员会无关，即与中央与国民政府亦皆毫无关系"。但是，叛国决心已定的汪精卫，却于 28 日在河内发出《致中央常务委员会、国防最高会议书》，要求接受近卫声明三原则，与日本恢复"和平"。继之又于 29 日在致"中央党部蒋总裁暨中央执、监委员诸同志"的"艳电"中，声称近卫

---

① 《陶希圣抵滇讲演》，《云南日报》1938 年 12 月 11 日，第 1 版。

② 《北大四十周年，昨开纪念会，蒋梦麟等均致词》，《云南日报》1938 年 12 月 18 日，第 4 版。

③ 俞国林点校《郑天挺西南联大日记》上册，第 116 页。

对华第三次声明是"欲按照中日平等之原则，以谋经济提携之实现"，国民政府与国民党"应以此为根据，与日本政府交换诚意，以期恢复和平"。汪精卫的"艳电"公开乞降，这是任何人不能容忍的。

汪精卫叛逃经过昆明，引起昆明格外震动。蒋梦麟、梅贻琦、张奚若、杨振声、钱端升、冯友兰、罗常培等人和刚刚听过周佛海、陶希圣讲演的同学们，没料到他们热情接待的周、陶二人竟与汪精卫一起叛逃。不过，西南联大对这个事件的认识，不是一下子就清楚的。

起初，有的教授把汪精卫的行为同汪和蒋介石的矛盾联系起来，担心领导全国抗战的国民党有可能出现分裂。12月31日，郑天挺听说汪精卫通电主张与日本议和，他猜想，这么重大的事汪精卫可能已征得蒋介石的同意，或可能与蒋介石互相配合，认为"国事至此，中枢不堪再分裂也"。① 第二天是1939年元旦，郑天挺在蒋梦麟处见到汪精卫的"艳电"，因电尾有"谨此建议"四字，他还认为汪精卫只是"提议于党中者，尚未致决裂也"。②

郑天挺的认识出自善意，但"艳电"在西南联大引起的反响非常强烈。最先抨击汪精卫叛逃事件的是愤慨的学生。1939年1月1日，国民党中央执行委员会常务委员会决议开除汪精卫国民党党籍，2日，西南联大1019名同学联名致电蒋介石，要求通缉汪逆，并处以极刑。该电同时发给中央通讯社，请转全国同胞。这份表达了联大学生决心抗战到底的电文，是一份沉寂多年的珍贵文献，有必要在这里公布：

> 重庆蒋委员长钧鉴：汪逆兆铭，通敌求降，消息传来，举国发指，今日抗战已入第二阶段，我全国上下赖钧座德威，莫不坚持抗战到底之决心，方期胜利曙光，随新年以俱来，乃汪逆以中枢重寄，忽发为此极狂悖荒谬之行动，丧尽天良，危害党国。生等恨不能生食其肉，以泄国恨。敬祈转呈中央，迅予通缉，处以极刑，以彰国法，而安民心。生等誓以至诚，拥护钧座抗战到底，歼彼国贼，还我河山。敬候驱策，万死不辞。昆明国立西南联合大学学生一千零

---

① 俞国林点校《郑天挺西南联大日记》上册，第119页。
② 俞国林点校《郑天挺西南联大日记》上册，第121页。

十九人同叩。冬。①

为了帮助同学们了解汪精卫叛逃事件的背景和认识这一事件的后果，1939 年 1 月 3 日晚，罗文幹、钱端升应西南联大时事研究会之邀，在联大租借的昆华农校做了场报告。昆明《益世报》消息说："罗文幹、钱端升两教授讲演报载汪兆铭投降近卫事件，到同学数百人，拥挤一堂，全体情绪颇为紧张，罗、钱二氏，对汪投降近卫问题，分析解释，颇为详尽。"②

1 月 12 日，蒋梦麟在家里宴请郑天挺、罗文幹、罗隆基、傅斯年、周炳琳、杨振声、张奚若、陶孟和、钱端升等，席间"谈时局极详，至十二时始散"。③ 当时国内最大的"时局"，自然是汪精卫的"艳电"，这说明汪精卫叛逃是联大众所关心的一个焦点，他们对曾经的校友周佛海、陶希圣、陈公博，已经彻底认清了。

二　斥责投降

汪精卫曾多次发表有损民族利益的言论，曲解"焦土抗战"，主张对日议和，说全面抗战是"游来游去"，等等，对抗战前途很是悲观。悲观情绪很容易导致屈膝投降，因此汪精卫叛国不是孤立事件。对这一事件的态度，实际上是事关坚定抗战意志、反对妥协投降的严肃问题。

汪精卫叛逃之时，也是日本积极向国民政府展开"诱和"之际。1939 年 4 月 17 日，蒋介石发表"斥和"谈话，日本见"诱和"不成，遂改而造谣，一会儿说英国大使将出面调和，一会儿说蒋介石飞昆明与英国大使会晤。对此，钱端升指出："敌人的目的无非要使友邦与我国、中央与地方互相猜疑。要使友邦疑我有讲和之意，而停止助我。要使我国政府疑友邦将调和，而对于抗战消极。要使地方疑中央将和，而工作不紧张。要使中央疑地方有主和者，而感觉继续抗战之困难。"但是，事实上英国大使来了，也与地方及中央当局会见了，结果是"我们知英方绝无调和意，英方也知我方绝无屈降意"，日本关于"和议"的谣言破

① 《联大学生电请领袖通缉汪逆处以极刑》，昆明《益世报》1939 年 1 月 3 日，第 2 版。
② 《罗文幹钱端升讲汪叛国，情绪颇为紧张》，昆明《益世报》1939 年 1 月 3 日，第 2 版。
③ 俞国林点校《郑天挺西南联大日记》上册，第 124 页。

产了。钱端升强调："凡是认识敌人及国际情势者决不会主'和'。与敌
人言'和'就等于降，真正的和平必在摧破敌国中的侵略势力之后，更
必须经过国际会议的程序。"① 日本极力散布谣言，目的无非动摇人心、
制造恐慌，正如教育学系陈雪屏教授所说："谣言大都流行于非常时期。
大众正经受心理上的剧烈变化，一齐在等待着消息，任何消息同样被欢
迎。往往不容传播者仅就他所见，所闻，和所能回忆的，作一简单报告，
便可了事。"② 因此，驳斥谣言也是反对投降的工作之一，联大师生在这
方面，做了许多工作。

　　1939 年 7 月 8 日，汪精卫发表声明，"宣布与蒋介石绝缘，进行和
平救国运动"，坚持"中日提携"，接着从上海飞到青岛，与伪维新政权
的梁鸿志、王克敏续商组织新傀儡政权。周佛海也推波助澜，为组织新
傀儡政权制造舆论。面对投降谰言再次甚嚣尘上，西南联大的国民参政
会参政员罗文幹、陶孟和、张奚若、杨振声、周炳琳、傅斯年、罗隆基、
钱端升，于 7 月 15 日以快邮代电形式致函国民政府主席林森和国民参政
会议长蒋介石，发表讨汪通电。这个通电虽然是西南联大国民参政会参
政员联名发表的，但它代表的是联大全校师生的一致立场。这是一份十
分重要的文献，鉴于迄今有关西南联大的各类史料均未收入，特在这里
公布全文：

　　　　重庆国民参政会秘书处转呈林主席蒋议长钧鉴，并转各报馆公
　　鉴：自汪兆铭出走以来，其行动如中魔狂奔，国人由骇怪而悲愤，
　　由悲愤而痛恶。政府既两度处分，似足以防隐消患，遮蔽其辜，不
　　意彼之行动，愈变愈丑，其事若全出情理之外，其情乃足征此夫之
　　恶。本月八日，即抗战两周年之次日，全国上下，皆在痛中思痛，
　　心怀殉难之将士，而自耻未丧其元，瞻念胜利之前途，而益觉光明
　　在望。乃汪竟于是日亲口广播，其电台不报名号，要当在倭寇侵占
　　之区，此一广播，以诬中山先生始，继之以诬死节之将士，在役之
　　官兵，受灾之士民，凡我国家民族，彻上彻下，尽为所诬。而于倭

---

① 端（钱端升）：《云南龙主席斥"和"》，《今日评论》第 1 卷第 20 期，1939 年 5 月 14 日。
② 陈雪屏：《谈谣言》，《今日评论》第 1 卷第 8 期，1939 年 2 月 19 日。

贼则备致其称颂，是真集无耻之大成，而甘心为倭寇之爪牙矣。汪之平素，不少覆雨翻云，然未有如此次之甚者。前年七月，彼在庐山倡为全国焦土全民殉国之论，一年有余，抗战紧张之时，遽而出走，倡其投降之说。又如参政会第二届开会时，彼应询问，为和平作一解说，谓中国素重和平，战端乃由倭贼侵略而起，侵略愈甚，和平愈无望，倭寇一日不放弃其侵略，即一日不能和平，以侵略中之和平，全非和平，而是投降也。今又一反其说，以投降为倡。凡此前后颠倒，足知此夫之心中，实无定见，只是以其无名之恶气，思得傀儡之高官，更以国家民族之前途，为其怄气之物耳。前言犹在我辈之耳，正义早离此夫之心，此夫岂特未具政治之素养，抑亦全无人类之心肝。夫立国于世，士气为基，立身之本，知节为要。今汪造此奇耻，固为民族之羞，然彼既如此自毁，实于抗战前途，绝无影响。所恨者中国竟出此人耳。汪之行事，外人见之，偶不免于惶惑，沦陷区人民闻之，实增其无尽之悲痛。政府现已将其通缉，尤应迅速将其捕获，以泄普天之愤。全国血气之伦，有知之士并宜论其罪恶，以申大义，而示子孙，国家前途，实利赖之。谨述衷诚，伏乞垂察。罗文幹、陶孟和、张奚若、杨振声、周炳琳、傅斯年、罗隆基、钱端升叩。[1]

　　罗文幹、陶孟和、张奚若、杨振声、周炳琳、傅斯年、罗隆基、钱端升的讨汪通电，表现了中华民族的浩然正气，旗帜鲜明地发出了全国人民的心声。从通电的领衔者与行文语气看，它很像罗文幹的手笔。23日，罗又发表了《和与战》，对投降主义进行了严厉批判。

　　罗文幹说，中国自古以来就有"非战"之训，"不论儒墨道，皆以和平教人"。但是，战争有"义"与"不义"两种性质，"倭寇侵略我土地，杀戮我人民，奸淫我妇女，我起而抗战，是义乎？抑不义乎？是我攻倭寇乎？抑倭寇攻我乎？"接着，他针对7月9日香港英文《华南早报》刊登的几种妥协观点，逐一分析批判。

　　妥协投降者的第一个理由是"孙中山先生曾谓民国革命之成功，全

---

① 《罗文幹等愤慨陈词，痛斥汪逆叛国无耻，此夫不要名节全无人类心肝，希政府从速捕获究办》，《中央日报》"重庆各报联合版"，1939年7月20日，第2版。

赖日本之谅解，此说甚确；现日本已跻于强国之列。中国方始进步，故中国与日本战，是无异以卵击石"。罗文幹说："孙中山先生曾否有此语，外人不得而知；我们所知道的，康梁两先生谈宪政而失败，孙中山先生倡革命而成功，其不同者，尽在所倡之民族主义，若谓倭强我弱，是以卵击石，则历史当不许弱国图强，小国图存，皆要学奥捷降德方对了。"

妥协投降者的第二个理由是"如中日对外交军事有共同政策，又根据平等互助原则，经济合作，则中国可致富强，中国富强，日本自蒙其利，然若此（日本之利）是损害中国主权，可答曰：必非也"。罗文幹批驳说："倭寇之'兴亚院'，与我旧制之'理藩院'何异？与各国之'殖民部'何别？满洲国之主权，与各独立国之主权，有无异同，不辩自晓。倭奴平沼七月七日演说，曾声明倭奴在内蒙华北及其他有防共必要地带，仍须驻兵；又谓各国如有不明事理，仍助蒋政府，直接或间接防阻倭寇设立东亚新秩序者，倭寇对各该国必取有效之方法以应付之；再谓中国新中央政府成立，日满必即予承认等语。"罗文幹嘲弄地说，这种日本所谓的平等、互助、合作，其实不过是自欺欺人，看看溥仪的儿皇帝地位，就不用再多解释了。

妥协投降者的第三个理由是"中日合作，有无侵害第三国权利？可答曰：无之，因中日共存共荣，与第三国之合法权利，并无妨碍"。对此，罗文幹以国际法学者的身份，指出"各国在华权利义务，九国公约，规定甚明，倭寇亦为签字国之一。倭吞并我，有无利害冲突，九国当自知之，何劳他人代谋"。

对于妥协投降者提出的第四个理由，即"蒋介石将军根本拒绝日本和议，并以高压独裁手段，不准在国民党内及中国境内言和；此六月间，较前尤甚"。罗文幹说："按和战大计，两年来皆系依法定程序决定，今日即有变更，亦惟有依法办理；国人曰战则战，国人曰和则和，以一己之意言战固不可，以一己之意言和亦不可。昔年谈政治者，托庇租界，已受外人讥笑，谓为租界政治家，今身入敌境，顺敌言和，恐更贻羞后世。"

至于妥协投降者的第五个理由——"不谈和平，轻言抗战，究因何故？今回战争，须知我军民已显出中国之民族觉悟精神，更须知共产党正在阴谋利用此种新出世之民族觉悟，以颠覆我民族"，罗文幹以彼之矛攻彼之盾："上文甫言中国与倭寇交战，是以卵击石，此处忽又向我军民，备极恭维，真不可解。至谓共产党之阴谋利用，尚属未然，近似诛心之论。至倭寇之灭亡东省，则为已然，天下有目共见，倭寇借防共为名，行侵略之实，我岂可甘自堕其术中。"

妥协投降者的第六个理由是"现惟有两路可走：一路是随蒋介石将军之抗战，然归其指挥之部队，已无力与日本抵抗，并无力统辖共产党；另一路是实现孙中山先生之遗教，先与日本言和，再谋东亚秩序之维持。蒋介石将军之路，是使令民族灭亡，其他一路，则使令中国再生及东亚繁荣"。罗文幹理直气壮地说："我国军事力量何如，两年来中外共见，誉之固须依据事实，毁之亦应依据事实。倭寇已往所胜者，是武汉之役南昌之役等等，我所与争者，是中日之战。我假不降，孰为胜负？中国自鸦片战争以来，自信力已失百年矣，此回抗战，民族精神，赖以复兴，今乃谓为使令灭亡民族，夫又谁信？至谓事敌为孙中山先生之遗教，虽党外人，亦敢为呼冤地下。"

最后，罗文幹坚定表示："今日为人道正义，不可不抗战；为条约尊严，不可不抗战；为民族及国家生存，不可不抗战。"现在，"倭寇正骑虎难下之际，利我缴械投降，故不惜称言和及着手伪组织之徒为'有识之士'。失节事敌，有识乎？无识乎？读圣贤书，所学何事，恐倭奴窃笑于旁罢"。[①]

汪精卫叛逃前是国民参政会议长，作为副议长的张伯苓，对汪精卫的叛变义愤填膺。1939 年 9 月 1 日，张伯苓应邀在重庆广播电台发表演说《汪精卫与国民参政会》。演说中，张伯苓说汪精卫曾在国民参政会第一次大会上讲："我们并且要将全国精诚团结的意志与切实沉着的精神，宣示于世界，并且对于侵略者及其所制造出来的傀儡，指出全国在此艰难困苦中，不折不挠的气概，这些意志，这些气概，都是充分表示着我们全国不会屈服，不会灭亡，并且向着抗战必胜建国必成的路而迈步前进。国民参政会在抗战期间开会，在全面抗战已经一年的时候开会，兄弟不才，忝随同人之后，深信凡我同人，必能共体此意，为此民主政治初步基础之国民参政会，造成空前未有之记录。"张伯苓说，他当时听了这番话，觉得"是何等的警醒透辟"，但是，曾经"自称兄弟不才忝

①　罗文幹：《和与战》，昆明《益世报》1939 年 7 月 23 日，第 2 版。

随同人之后的"汪精卫，"现在可是不随着走了，不但不随着走，且归并到所谓制造出来的傀儡那一堆去了"。张伯苓斥责道：汪精卫"言与行不符如此，反复到如此，他将来的结局，我亦不愿再多说了"。汪精卫的叛逃，是丧失抗战信心的表现，张伯苓在演说结尾说："两年来抗战的经过，军事是根本未动摇，愈战愈强；外交方面，同情我们的一天比一天多，日本的孤立，却是一天比一天显著。从前对于抗战有怀疑的，到了今天，如果对于军事外交方面稍微留一点神的话，我想就是'怀疑'两个字，也可以涣然无疑了。"① 这话，不只针对汪精卫，也是用事实批评失败情绪。

1939 年 12 月，汪精卫与日本签订卖国条约，次年 3 月又在日本卵翼下成立了伪国民政府。这些行径更加激起联大师生们的同仇敌忾。1940 年 1 月下旬，蒋介石为日汪密约发表《告全国军民书》《告友邦人士书》。3 月 1 日，西南联大 3000 多名师生齐集新校舍大操场举行本月国民动员月会，这次国民动员月会是一次声讨汪精卫的大会。会上，傅斯年做了"汪逆之罪行"的演讲，全体师生一致通过讨汪通电。② 3 月 3 日，冯友兰在《云南日报》发表《汪精卫的行为与先贤道德教训》，继续对汪精卫投降行径进行批判。文中说"汪精卫的行为，倒行逆施，愈出愈奇"，真乃"无所不至"。"汪精卫所发表底主和的似是而非底理由"，"实在是不值一驳"。例如汪精卫说"没有不和底战事，既然要和，不如早和"，冯友兰认为这句话从逻辑上就说不通，若按汪精卫的理论，岂不也可以说"天下没有不死底人，既然要死，不如早死"吗？可见，汪精卫的投降缘由，不过是"外以欺人，内以欺己"。文中，冯友兰还提醒人们切切不可忽视悲观妥协的闪念，汪精卫曾经是反清勇士，但"他革命时不顾一切，勇于为善，到堕落时，也不顾一切，勇于为恶"。由此可以说明，"一个人若作了一件小恶，他即有再作一件更大底恶的可能。若此逐渐推下去，自然无所不至了"。正因如此，现在更应提倡

---

① 张伯苓：《汪精卫与国民参政会》，《广播周报》第 178 期，1939 年 11 月 4 日。
② 《联大今开讨汪大会》，《云南日报》1940 年 3 月 1 日，第 4 版；《联大师生三千余人通电申讨汪逆精卫，并请傅斯年演讲"汪逆之罪行"》，《云南日报》1940 年 3 月 2 日，第 4 版。

"防微杜渐"。①

汪精卫的倒行逆施遭到西南联大师生的批判，他们拿起擅长的理论武器，这一时期仅在《今日评论》发表的就有傅斯年的《汪贼与倭寇——一个心理的分解》、王赣愚的《汪逆决不配称政治家》、王信忠的《论傀儡政权》、钱端升的《日伪订约》、邵循恪的《傀儡组织与伪约》等。

三　制胜分析

树立抗战信念，既是坚持抗战的精神支柱，也是争取胜利的基本保证。但是，面对敌强我弱的现实，能否取得抗战胜利，能否重返故园，有些人不免怀疑，经济学系萧叔玉教授说，抗战以来他常常听人说中国是一个贫弱的国家，鸦片战争败于英国，其后又有中法、中日两次战败，所以许多人认为一个贫弱的国家怎能抵抗一个富强的日本。② 曾昭抡也认为"恐日"久已有之：甲午战争期间北洋舰队与日本作战，南洋舰队却与日本来往，即是中国军队惧怕日本的一种表现；九一八事变后，东北军不战而退，也有同样的心理因素。③

坦诚地说，抗战开始时前途如何、能否成功，都是未知数，有些人内心深处存在着悲观情绪。1937 年 7 月 14 日傍晚，陈寅恪与吴宓在清华园散步，面对老友，陈寅恪说了番心里话。他认为，"中国之人，下愚而上诈。此次事变，结果必为屈服"。陈寅恪还认为"华北与中央皆无志抵抗，且抵抗必亡国"，故"屈服乃上策"，否则"一战则全局覆没，而中国永亡矣"。因此，只有"保全华南，悉心备战，将来或可逐渐恢复，至少中国尚可偏安苟存"。④ 7 月 21 日，吴宓在日记中又一次记录了陈寅恪"战则亡国，和可偏安，徐图恢复"的主张。⑤ 这种悲观情绪，有人在长沙临时大学南岳分校时就常有流露。闻一多说，三校"教授们和一

---

① 冯友兰：《汪精卫的行为与先贤道德教训》，《云南日报》1940 年 3 月 3 日，第 2 版。
② 萧叔玉讲，赵汝青、王正昌记录《我们抗战的经济力量》，《云南民国日报》1938 年 5 月 29 日，第 4 版。
③ 曾昭抡讲，杨向春、谷春华记录《对于中日大战之认识与分析》，《云南民国日报》1938 年 5 月 28 日，第 4 版。
④ 吴学昭整理《吴宓日记》第 6 册，第 168 页。
⑤ 吴学昭整理《吴宓日记》第 6 册，第 174 页。

般人一样，只有着战争刚爆发时的紧张和愤慨，没有人想到战争是否可以胜利"，这是因为"既然我们被迫的不能不打，只好打了再说"，因而那时人们"只对于保卫某据点的时间的久暂，意见有些出入，然而即使是最悲观的也没有考虑到最后战争如何结局的问题"。[1]　到了蒙自分校，这种情绪依然存在。蒙自远离战争烟尘，给人一种世外桃源的感觉，加之那一时期正面战场不断失利，以致"有些被抗战打了强心针的人"，"兴奋的情绪不能不因为冷酷的事实而渐渐低落了"，于是每到吃饭时，总有一些教授"大发其败北主义的理论"。闻一多说，"他们人多势众，和他们辩论是无用的，这样，每次吃饭对于我简直是活受罪"。[2]

　　陈寅恪在蒙自写过一首诗："风物居然似旧京，荷花海子忆升平。桥边鬓影还明灭，楼外笙歌杂醉醒。南渡自应思往事，北归端恐待来生。黄河难塞黄金尽，日暮人间几万程。"不必隐讳，"北归端恐待来生"反映的就是悲观情绪。陈寅恪是深受传统文化熏陶的学术大师，北平沦陷时，他父亲陈三立以85岁高龄忧愤绝食而死，陈寅恪将家属留在北平，只身一人到蒙自，表现了士大夫的气节。但是，作为历史学家，他非常清楚历史上中国北方前后出现的三次大规模的南渡，无论是第一次西晋南渡，第二次北宋南渡，还是第三次晚明南渡，最后都没有回到故里。尽管那些南渡者也高喊过收复河山的口号，但终不免"风景不殊，晋人之深悲；还我河山，宋人之虚愿"。[3]　那么，在强敌进攻下三校师生随着北方民众的第四次南渡又能有怎样的结局呢？可见，陈寅恪诗中反映的情绪虽然只是少数人的悲观，却说明宣传抗战意义、坚定抗战信心，在抗战初期是多么重要。

　　人们不否认抗日战争是一场敌强我弱、力量悬殊的战争，但中国的抗战是在不得已情况下的被迫应战，战则可能存，不战则必亡。冯友兰在一次演讲时说："中日战争因利害不同，敌人欲为东亚主人，我们岂肯为其奴隶？故解决办法，惟有抗敌一途，非知胜而战，实则非战不能自存。"[4]

---

① 闻一多谈话、际戡笔记《八年来的回忆与感想》，《联大八年》，第6页。
② 闻一多谈话、际戡笔记《八年来的回忆与感想》，《联大八年》，第9页。
③ 冯友兰：《国立西南联合大学纪念碑》碑文。
④ 冯友兰：《及时努力勿贻后悔》，《沉痛纪念九·一八，大家要用血肉保卫祖国雪耻复仇》，《云南日报》1939年9月19日，第4版。

既然不得不抗战，就必须树立坚定的信念，西南联大在这方面做了许多努力。

1938 年 5 月，在最需要坚定抗战意志的时候，化学系教授曾昭抡应云南省绥靖公署邀请，为政训班补充第四、五、六大队军官做了一次题为"对于中日大战之认识与分析"的演讲。演讲中，他强调"一个意志很坚强的民族，决不会失败"，但前提是必须"有一个必胜的信念"和"坚强的意志"。他以世界近代历史为例，说"拿破仑打到俄国的莫斯科，但结果被俄军打败，这是拿破仑想不到的"。还有，"欧战时德国在一两个月内，由比国打到法国，但四年的工夫，不能越过凡尔赛一步"。苏联也是这样，"苏联革命初时，德国进至莫斯科，苏俄只是求辱求和，后来又遭世界的反对，援助白俄，甚至在西伯利亚环攻，但数年之后，白俄消灭，苏联新兴而为世界强国"。世界是这样，抗战以来中国也不少例子。北平、天津仅仅三天便相继沦陷，几十天后，上海、南京也接连失守。曾昭抡说当时大家都很伤心，但是再想一下，"南口的血战，汤军从绥远到南口，死拼了二十多天，消灭敌人万余"。在上海，日本"用很精锐的机械化部队，数量也超过多倍，但我们也居然抵抗了七十多天"。在山西方向，开始时因军队不得力，稍有不利，"但在忻口抵抗的中国军队，居然轰轰烈烈的和敌人死拼了二十三天"，如果"不因晋东的被抄入，当然还要死拼下去"。徐州方面，"事前一般人很认为悲观，恐怕一刻都不容易守，但我们也居然守了四个月多，消灭敌人十几万。台儿庄一战更使敌人胆寒"。

曾昭抡在用"了不起"和"了不得"称赞坚持抗战精神的同时，还指出中国抗战力量正不断加强的事实。"日本在淞沪战事以前，认为只消一师团的兵力，就可扫荡中国军队，征服整个中国。"日本进攻徐州前，吹嘘"日本兵一个足以抵挡中国兵十个"，只需"用日本三分之一的兵力，就可以征服中国"。可是，台儿庄一战后，日本"不得不认为必须长期作战"，并为此颁布了总动员法令，这正证明了日本的狂妄，证明了中国抗战力量的加强。"十年以前，真是没有想到怎样的和日本拼"，"一年以前，没有人想到可以和日本拼十月，乃至拼下去"，曾昭抡说，但是，"现在我们居然和敌人死拼，而且有打胜的把握"，这

"真是奇迹"。①

1939 年初，全面抗战已经进行了 18 个月，虽然"抗战必胜，建国必成"已成"当代金言，不独一般周知，且为众民乐信"，但法律学系蔡枢衡教授坦率指出对此有人是出自感情，有人是出于附和，也有人误解为可以坐等日本败退，以致"时至继续抗战十有八月之今日，回溯既往，牺牲惨重，瞻瞩未来，艰窘尤多"。蔡枢衡认为这是一个关系到如何坚持抗战的重要问题，因为事实上存在着这样一些现象：感情者"渐为近视的自己保存欲望所克服"；附和者"因已往事实之昭示而动摇"；误解者"因信念不符事实而转为怀疑"；错误者"更因十八月来不利的发展变成'抗战必败，建国不成'之信徒"；宿命的亡国论者则"自始即未肯定'建国必成，抗战必胜'为真理"。于是，"战尚未败而气先馁，国尚未亡而心先散"，如果这种状况"长此不能纳诸正轨"，则"今后之危机必有甚于过去"。

蔡枢衡从国际、兵员、经济三方面，论述了坚信抗战必胜的理解。国际因素方面，蔡枢衡认为，日本对中国的侵略，从其国内政治上看，"不外明治大陆政策一部之实现，或顽固贪狠的军阀认识错误之结果"。从国际社会经济上看，则是"资本主义内在矛盾日趋深刻之余，要求殖民地及市场再分割之表现"。但是，如果抗战失败，中国便从过去各国公共市场的半殖民地，变成日本专属市场的全殖民地，这是世界列强所不容的。如果抗战胜利，"不独在我建国过程中仍为东方一大公共市场，即在建国完成后，以吾民族之好交际，爱和平，亦必在平等互惠原则下永为各国公共市场"，这已为"皆友邦人士之所深知而切感者"。因此，"我之利害存亡与世界利害得失有其共通点"，只要"吾人不自甘亡国，直接间接之援助与扶持的精神之鼓励与物质之接济，知必与日俱进"。最近英美借款之成功就是事实，相信"今后必日趋好转"。

兵员因素方面，蔡枢衡承认在士兵素质上中国明显落后，日本则"久已推行征兵制度，国民教育普及程度达百分之九十五以上"。反观中国，"征兵制度方刚推行，曾受教育者百分数几与日本未受教育者之百分

---

① 曾昭抡讲，杨向春、谷春华记录《对于中日大战之认识与分析》，《云南民国日报》1938 年 5 月 28 日，第 4 版。

数相去不远"。此外，蔡枢衡也承认"彼以厌战之兵，远征久战，既老且疲，不免降低几分优质之性能"，然"与中国一般军队比较，良窳显然，毫无疑义"。但是，"吾国人口号称四万万五千万，约五倍于日本，出兵自亦可达五倍之数"。金钱可以借贷，军械可以购买，"人口兵员则不卖而难贷"，这便使"以我之量不难胜彼之质"。何况"战期愈长，死伤愈多，彼之量减则质亦随之"，加上中国士兵素质还可以在战争中不断提高，"既拥莫大之量，复有日高其质之利"，故"最后胜利，自属可能"。

经济因素方面，蔡枢衡认为现代战争在某种意义可以说是"黄金战"，日本的黄金保有量原本极其有限，国内的银行券也可以变为纸币，并强制通用而不兑现。但是，"军械及军需原料之购买，端赖黄金以付值"，黄金一旦告罄，"不独枪炮子弹飞机坦克无法获得及制造"，货币制度也会随着黄金告罄、外汇惨落而不可收拾。一旦出现这种情况，日本必然工人失业、日用品匮乏、输出减少，国内生活困难重重。都市经济的失常势必给农村经济造成危机，加上"食粮生产量复因农民赴战而减少"，如此周而复始，互为因果，最终导致社会经济的整体崩溃。日本又"非可闭关自给自足"，若"各国绝其贸易及借贷，固不必待其黄金之用尽而始败"。相比而言，中国有利条件甚多，"都会乡村间迄［今］仍保持相当独立性"，"大都会及交通线之丧失，仅能增加军事及物资运输之困难，不足动摇经济机构"，而且"侨胞之汇款可为调剂外汇之助"。此外，中国得道多助，"有各国伟大同情"，"有款可借，有械可买，有土产之输"，还有"历史法则固其抗战必胜之信念"，这样的环境，可谓是"千载一时"。

通过上述分析，蔡枢衡指出，就现实而言，"利于我者有之，利于彼者亦有之"，"利于我者乃抗战胜利之条件，不利我者乃亡国之原因"。能不能达到"抗战必胜，建国必成"，还有待于"吾人能否持久争取并促进有利条件之发展，以迄于最后"，也就是"有利条件之把握固在我，有利环境之利用亦在我"，因此是存是亡，其关键"在我而不在人"。①

军事实力是建立在经济实力上的，经济不如日本是悲观情绪的主要原因之一。坦诚地说，中国和日本在经济上的确存在相当差距，但多年

---

① 蔡枢衡：《胜败的关键》，《云南日报》1939年1月29日，第3版。

研究经济学的萧叔玉教授认为"我们的经济力量虽然不如敌人，但是也不似想像那样的脆弱"。1938年5月底，他在为昆明某政训班炮兵、护卫、交通、宪兵等部队军官做"我们抗战的经济力量"演讲中，着重说明了这个问题。

萧叔玉首先指出对于经济力量的认识，存在着三种观念：一是"没有钱不能抗战"，一是"入超不能抗战"，一是"财政收支不平衡不能抗战"。这三种认识虽然有一定根据，却都是错误的。萧叔玉分析第一种观念时说：如果一个国家既有金山和银湖，也有粮食军火，但"与国际间没有贸易关系"，那么"他能打仗吗"。所以，抗战"需要的是粮食和军火，而非金钱"，只要中国能够生产，能够取得必需的军需品，就可以打仗，而且可以打胜仗。对于第二种观念，萧叔玉认为不必把入超看得过于重要，"所谓入超只不过是中国与外国贸易上的关系而已"，英国、法国也是入超的国家，即便多金的美国也有入超现象，"强盛的国家都免不了入超，何况我们是一个落后的国家呢"，因此说"入超就不能抗战"是没有道理的。再说，"我们的华侨和外国的慈善机关，每年都有大批的款项汇回国内，这也是我们入超的一个补偿"，可见"我们的抗战是不成问题的"。至于第三种观念，萧叔玉认为在正常情况下，国家的财政应该收支相抵，可是，"到了非常时期，这个原则就不适用了"。比如食物，平时自然选择可口而富有营养的，但到了危急之际，就是最下等的东西也得拿来充饥。平时工作，最多只能12个小时，可到了战时，便可增加到24个小时。当时，中国已经到了最危急的关头，再也不能计较财政上收支平衡不平衡的问题，"要赶快设法来应付这个危机，一切问题，惟有待抗战之后再说"。

接下来，萧叔玉指出战时经济最重要的是保证作战物资，这是抗战最基本的经济原则。对于这个问题，他从四个方面进行了分析。第一，与西方有重要经济中心和经济机构的国家相比，中国的经济制度不是集中制度，而是散布在全国各地的制度。因此，西方国家的经济中心被占领时，其经济便如一个人的脑袋受了重伤，全身就失去力量。而中国的各地自给经济，既是缺点也是优点，尽管北平、天津、上海、南京等重要城市相继失陷，但中国的"经济并不受影响，其他各地经济机关仍如平时一样，生活仍继续发展，抗战仍继续下去"。这就好比蚂蟥，"虽然截做几段，也能活下去"。换句话说，"中国经济情况虽然不好，但是支持长期抗战是不成问题的"。第二，吃苦耐劳是中华民族的特性，这种特性"在战时更表现我们的民族精神"，而且"吃苦耐劳的精神，远在其他民族之上"。因此中国人民"吃的不得饱，穿的不能御寒，但是他们还能继续的生产，这在我们抗战上帮助很大"。第三，中国军队在前线忍受的痛苦，也是其他各国不能忍受的。欧战时，美国士兵物质生活优裕，但仍多数人仍对其待遇表示不满。而中国前线的将士，过的"几乎不是人的生活"，"吃的不能饱，穿的也很单薄"，可"他们还是英勇的抗战"，"这种精神，实在值得钦仰"。第四，中国的经济力量虽然有限，但外国的帮助并未断绝。作战物资方面，一旦滇缅公路修通，军火供给将源源不绝，那时军事力量会大大加强。食物方面，以农业立国的中国，穿的吃的都可以自己生产，即使到了最不得已的时候，"也可以用我们民族固有的特性（吃苦耐劳）来增加生产"。萧叔玉相信中国的经济力量是很大的，但同时也提醒说"我们要准备过最低限度的生活，准备吃一切痛苦，把一切人力物力都贡献给抗战"。萧叔玉用美国革命的历史来鼓舞人们的士气，他说："从前美国革命时，他们的经济力量很薄弱，华盛顿领导着整整八年的战争，士兵的穿吃都非常痛苦"，但是"到了一八八三年，最后胜利终归于美国"。萧叔玉认为中国的现状与当年的美国十分相似，主张中国人民应当"像美国一样，在不利的情况下，以牺牲的精神继续奋斗下去"，"那么三年之后，必可获得最后胜利"。

这次演讲中，萧叔玉还提到一个值得注意的现象，即与盲目悲观相伴存的盲目乐观，其表现之一就是对日本做不切实际的贬低。萧叔玉说他常常在报纸上看到日本经济行将崩溃的报道，他觉得这种说法"不甚妥当"，认为"我们不能把敌人的经济力量估计太轻，估计轻了反而有害"。因为"日本的经济组织，并不像报上所说的那样简单，若说他在三五月后即崩溃，那是不当的"。虽然日本"在财政上是感觉困难，人民的痛苦日愈增加"，虽然日本"陷在战争的泥塘中"，但是，它"不能不作最后的挣扎"，即使"经济上发生危机"，"也不得不尽量的支持下去"，因为日本很清楚，如果不坚持下去，势必"转强为弱"。萧叔玉提醒说这不是他"故意对日本夸口，这乃是事实"，所以希望人们"不要以为日本经济不久既要崩溃而遽作乐观"。①

　　1939 年 7 月，国际上发生了两个与中国抗战关系重大的事件，一是英日东京会议 7 月 24 日签署《有田－克莱琪协议》；另一是 7 月 27 日美国国务院发表公报，废止 1911 年与日本签订的《友好通商航海条约》。对于前者，英国的对日妥协显然于中国抗战不利，对于后者，则舆论公认"这是自华盛顿会议后美国对远东采用强硬态度最重要的一页"，"深获整个中华民族四万万五千万人衷心的感戴与景仰"。② 因此，"国人闻英倭谈判而失望，闻美倭废约而相庆"。③ 这年 8 月，日本出现加入德意军事同盟的动向，这是紧接前两个事件之后出现的又一件与中国抗战关系密切的事件。面对的这些让人喜忧参半的国际关系的变化，对于中国人民来说，最重要的仍然是坚定民族自信心。政治学系王赣愚教授的《培养民族自信心》，针对的就是这个问题，他在论述了抗战必胜的外部因素后，特别强调增强民族自信心是争取抗战胜利最重要的保证。

　　中国当时的处境，比任何时期都更迫切地需要外援，因此期待国际出现有利于我的变化是人之常情，不难理解。王赣愚承认这一点，同时，他说也许正因为人们"望外援之心太切，所以逢遇他国助我的程度不达理想中之高，或有利形势的演变不如所预期之快"，方"常常有悲愤的感觉，彷徨的情绪，甚至于引起思想与意志的动摇"。然而，任何一个国家的对外行动，都是以自身利害为转移，在外交上只能"计利害，论现实"，与民间对外交的理解存在很大距离。故而王赣愚认为"我们获得外国人民道义上的同情，并不甚难，但要取得他国实力的援助，却不容易"。理由很简单，"国际的同情常常是正义的激动，而国际的援助却没有不基于利害观念的"。明白了这一点，就"既不可因某国一时助我之趋于积极而过分乐观，又不可因为某国一时助我之趋于消极而沮丧失望"。

　　王赣愚又说，没有人否认外援对中国抗战的重要作用，但是，客观的形势是我们用落后的装备与日本进行了两年的殊死战斗，其不屈不挠

---

① 萧叔玉讲，赵汝青、王正昌记录《我们抗战的经济力量》，《云南民国日报》1938 年 5 月 29 日，第 4 版。

② 《告美国朝野人士》，《云南日报》1939 年 7 月 29 日，第 2 版，"社论"。

③ 《倭奴加入德意军事同盟，罗文幹昨在文化座谈会讲》，《云南日报》1939 年 8 月 23 日，第 4 版。

的精神虽博得国际友好人士的同情，却未见友邦国家的援助有多大增长。这说明运用外交造成于我有利的国际环境固然重要，"但培养民族自信心，实比运用外交重要得多"。毫无疑问，"民族自信心的发扬是整个民族存亡的关键，自信心一日未灭，国耻随时可雪，国难随时可苏"。

关于什么是民族自信心，王赣愚认为，抗战时期，民族自信心"就是说一个民族不［能］忍受异族的统治、强权的压迫，坚决的下着捍卫民族人格、维护国家主权和保持领土完整的决心，只求达到这项目的，虽赴汤蹈火而不辞"。换句话说，"纵令自己是一个弱国，国民仍是毫无惮忌的负起保持民族人格、绵延民族生命的责任，不特不肯示弱于人，而且还要远胜于人"。有了这种品质，才能"无时不在改进自己的环境地位"，努力"使祖国跻于世界列强之林"。王赣愚承认现在"我们所遭遇的，是几千年来未有的局面"，但是"我们所以为肉搏的奋斗，无非求自拔于灭亡，而跻于生存"。他相信，在困苦艰难的环境中，只要能自信，能自立，能自助，其他都不愁没有办法。① 王赣愚的文章，针对的是英日东京谈判期间出现的一些倾向，但过度依赖外援的观念，却是一直存在着的，因此克服这种观念，是加强民族自信的必要工作。

四 汲取力量

今天，人们谈起西南联大的时候，大多看到的是西南联大对云南的影响。的确，西南联大师生作为一个高级知识分子群体，给云南的教育事业、经济建设、社会繁荣，贡献良多。抗日战争期间的云南能够得到发展，西南联大师生起了不小作用。但是，影响是相互的，事实上，云南对西南联大师生的影响也相当重要，这一点在坚持抗战意志方面，尤为明显。

抗日战争时期，作为大后方的云南，为了挽救民族危亡、争取抗战胜利，做出了极大贡献。1937 年 8 月 2 日，龙云在致蒋介石电中说："时局至此，非集我全民力量，作长期抗战之计，无以救危亡"，要求从滇军中选拔 6～8 万人，"组成建制部队，由职亲率，开往前方"，"或留长江沿海一带布防"。② 8 月 8 日，龙云赴南京参加国防会议，在南京期

---

① 王赣愚：《培养民族自信心》，昆明《益世报》1939 年 9 月 10 日，第 2 版，"星期论评"。
② 原载云南省档案馆编《滇军抗战密电集》，转引自谢本书《龙云与云南抗战》，《抗日战争研究》2001 年第 3 期。

间，他多次表示，现在国难当头，身为地方行政负责者，应当尽以地方之所有人力财力贡献国家。他还向蒋介石表示，云南亦可以出兵 20 万，支援前线抗战。返回昆明后，龙云立即召集地方党政军负责人会议，再次表明抗日决心。接着，云南在短短的 28 天内，编成以卢汉为军长、人数达 4 万余人的国民革命军陆军第六十军，下辖第一八二师（师长安恩溥）、第一八三师（师长高荫槐）、第一八四师（师长张冲）。第六十军到武汉后，本是要参加南京保卫战的，但部队到达金华时，南京已经陷落。

1938 年 4 月，第六十军奉命开往台儿庄，参加第二阶段的徐州会战。4 月 22 日，第六十军进入台儿庄附近的禹王山阵地，参加正面阻击坂垣、矶谷等师团的战斗。日军为了突破正面阵地，"逐日以猛烈炮火压迫，每昼夜发炮至万余发，飞机战车，循环肆虐"，但第六十军健儿"奋勇痛击，阵地丝毫未变"，并"夺获轻重机枪数千挺，军用品无算"，为"粉碎敌人中央突破及渡河之企图，稳定鲁南整个战局"发挥了重要作用。[①]

这次战斗极为惨烈，报载 4 月下旬日军抽调援军补充坂垣、矶谷师团后，遂迂回进攻台儿庄。22 日晨，第六十军第一八三师，急行军至陈房、耿庄一带，与日军发生遭遇战。第一八三师"冒敌猛烈焰火，在坦克车包围中，奋勇冲锋，肉搏十余次"，"团长潘朔端中弹负伤，仍裹创指挥"，"营长尹国华率部冲入敌阵地，竟以身殉"，全营官兵壮烈牺牲。担任右翼的第一八二师与左翼的第一八四师各一部，也同时与日军展开血战，苦斗一昼夜，将深入弧形之敌全部击退。中午，黄庄、崔家圩、张庄沿线残敌完全肃清。[②] 这仅是鲁南保卫战的一次战斗，而这次战役中，第六十军共投入战斗人员 35123 人，伤亡高达 18844 人，其中营连排长竟伤亡过半。[③] 第一八三师旅长陈钟书、第一八二师团长龙云阶，

---

① 《我六十军正面抗战奋勇杀敌，鲁南战局稳定台庄固若金汤，夺获轻重机枪数千挺生擒倭寇数十，中枢各长官一致嘉许各报著论赞扬，卢军长亲临前线指挥迄今犹激战中》，《云南民国日报》1938 年 5 月 4 日，第 4 版。

② 《我六十军正面抗战奋勇杀敌，鲁南战局稳定台庄固若金汤》，《云南民国日报》1938 年 5 月 4 日，第 4 版。

③ 原载李佐《关于滇军沿革和六十军历史变迁概况》，《云南文史资料选辑》第 20 辑，第 55～56 页，转引自谢本书《龙云与云南抗战》，《抗日战争研究》2001 年第 3 期。

均光荣牺牲。

徐州会战后，第六十军扩编为第三十军团，下辖第六十、第五十八两军。以后又扩编为第一集团军，下辖第六十、第五十八及新三军。滇军部队先后参加了武汉会战、长沙会战、赣北战役等。1940年日本侵占越南，滇南形势紧张，于是滇军在滇南成立第一集团军总部，下辖第一、第二两路军指挥部。胜利前夕，复成立滇越边区总部，将第一集团军扩编为第一方面军，下辖第一、第九两集团军。滇军先后在鲁南、武汉、湘北、赣北及滇南的作战中，付出了极大牺牲，据统计，当时900多万人口的云南省，在抗日战争期间向前线派出的部队近40万人，伤亡约10万人，加之几乎全部装备、大部给养均由地方自筹，这足以显示云南人民为抗日战争做出的巨大牺牲和杰出贡献。

云南将士是怀着争取抗战胜利、誓死保卫家园的信念奔赴前线的。1937年9月9日，第六十军在昆明巫家坝举行抗日誓师大会。10月2日，全军举行大校阅，卢汉宣誓后，各界献旗献刀，赠送药品，欢送第六十军出征。10月8日，第六十军踏上征程，以每天60里的行军速度开往湖南。11月，经过40余日行军，到达湖南常德集中待命。其后，一部自长沙乘粤汉线火车，转浙、赣至江西上饶暂作停留。在上饶，一位名叫黄人钦的上尉连长给内兄写了封信，说："此次暴日侵华，举国共愤！我当局诸公，能放弃已往一切成见与党争，精诚团结，发动全民抗战，此种战争，为我有史以来所未有，吾辈生逢其时，尤能参与其盛，不可谓不幸矣！近来噩耗频传，但非前方将士抗战不力，实物质不堪其匹耳。战争初期，失败乃预料中事，如能长期抗战到底，不屈不挠，将来最后胜利，舍我谁属？此次本军出征暴日，受命之日，即下最大决心，誓必为国家全领土，为民族争生存，此志不遂，决不生还！"[1] 1938年3月，后来在战斗中英勇捐躯的滇军团长严家训，也在给弟弟的一封交代家事的信中说："战争本来是凶猛可怕，可是一个国家，要谋生存，要谋复兴，是必须经过极大的牺牲与痛苦，是必须需要若干英雄的热血与头颅，才能换得的。""现在前方战事虽烈，但我士卒用命，都抱定必死之心，颇为得手，以后时间延长，倭寇之失败，那必是意料中事。"不久，

_____

[1]　《一束悲壮的家书》，《云南民国日报》1938年5月18日，第4版。

第二期作战就要开始，我们"要用我们的经验热血，去促成日寇的崩溃"，"我身为军人，已以身许国，此后生死存亡，在所不计矣"。①

西南联大抵昆明之际，正是第六十军在鲁南与日军鏖战并重挫敌人气焰之时。消息传来，联大常委蒋梦麟、梅贻琦特致电龙云表示祝贺，电文云：

> 志舟先生主席有道，倭焰凶残，破我金汤，滇中健儿，奋师挞伐，旌旗所至，讴歌载道，鲁南鏖战，敌锋为挫，雄谋伟略，且更动员，行见扫荡夷氛。再接再厉，光复河山，胜利可必，感奋钦忻，莫可言喻，谨致微忱，伏维鉴照。专此奉肃，祗颂道祺不一。弟蒋梦麟、梅贻琦敬启。②

陆续抵达昆明的联大师生，很快融入云南人民的抗战热潮之中。1938年4月4日，教育学系罗廷光教授应云南大学教育学系邀请，在"战时教育讲座"上做了《什么是战时教育》的讲演。③ 23日，又在省教育会发表了《各国青年训练》的演说。④ 5月25日，化学系教授曾昭抡在云南省政训班"抗敌精神讲话"系列演讲中，做了《对于中日大战之认识与分析》的报告。⑤ 后文将会介绍的为前线将士募集寒衣而举行的话剧《前夜》与《春风秋雨》演出，也是联大在迁至昆明的1938年11月5日开始进行的。⑥

昆明是战时大后方，也是战时与国际往来的重要通道，尤其是太平洋战争爆发后，几乎所有出入国境者，都要经过这里。云南充分利用了这一地利之便，组织了一系列抗战宣传活动。在这些活动，也为联大了

---

① 《严团长殉国别记·一封家书》，《云南民国日报》1938年5月16日，第4版。此信即严家训团长于1938年3月10日给弟弟严敬铭的信。

② 《联大蒋梅两校委昨函龙主席致敬，滇军鏖战挫敌感奋钦忻》，《云南民国日报》1938年5月7日，第4版。

③ 《云大战时教育讲座，罗廷光讲战时教育，以国防为中心复兴民族终结，战时教育不仅是救国也是建国》，《云南日报》1938年4月5日，第4版。

④ 《教育会敦请罗廷光讲演》，《云南日报》1938年4月22日，第4版。

⑤ 《抗敌精神讲话》，《云南民国日报》1938年5月28日，第4版。

⑥ 《联大游艺会昨晚开始公演，上演〈前夜〉国防剧紧张动人，本晚续演阿英之〈春风秋雨〉》，《云南日报》1938年11月6日，第1版。

解战时社会、了解国际动向，提供了一个非常宝贵的窗口。

1939 年 2 月，昆明来了一位不寻常的老太太，她就是当时被誉为游击队之母的赵老太太赵洪文国。赵老太太是东北辽宁省岫岩县人，已经58 岁了。九一八事变后，她在东北大学读书的儿子赵侗组织起百余人的义勇队，进行抗战武装斗争。赵老太太非常支持儿子，不仅捐出全部家产，还带着全家 20 多口人参加了游击队。他们活动的地方开始在东北，后来到了华北。1937 年 7 月底北平沦陷，赵侗集合了部分同学，与第二十九军的一些打散了士兵及部分警察，四五百人，在北平郊外成立平西游击队"国民抗日军"。北平城内的一些学生，闻讯也加入这支队伍。随着队伍的壮大，他们分编成三个队，一队为学生和农民，一队为第二十九军散兵，一队为警察和保安队人员。队伍分编后，赵侗便带着第一队巧取第二模范监狱。一天晚上，几个同学假充日本军官和翻译来到第二监狱，说他们是日军司令部的，来调中国政治犯。狱卒打开大门，大队人马立刻涌入，缴了看守的武器，把关监狱里的人解救出来，其中大部分人参加了他们的队伍。他们还曾在门头沟打落过一架日本飞机，破坏了数辆日本军用车辆。日军恨透了这支游击队，派了一个师团，调集了飞机、大炮、坦克，沿平西大道的红山口，向游击队所在的妙峰山进剿。结果死伤好些人，也没有阻止住赵侗率领队伍安然退却。后来，这支队伍经过涿县、蔚县，与八路军会合，编成晋察军一区第五支队，开至阜平县休整。

1938 年 2 月，这支队伍袭击行唐、正定、新乐等县，破坏了保定至正定间的铁路，割断电线。3 月，他们收复阜平县。4 月，他们又在涞源与敌军展开激战，打死打伤敌军几百人，缴获枪械弹药颇多，还击落两架日军飞机。接着，他们经紫荆关，回到平西一带继续坚持斗争。5 月中旬，他们在平西成立了五个县级联合政府，基本队伍也发展到 4000 余人，其他所属部队达万人以上。7 月 7 日，他们在七七事变一周年这天，攻打了卢沟桥、门头沟，使青天白日满地红国旗重新飘扬起来，粉碎了日本帝国主义吹嘘的已经征服中国的宣传，给沦陷区人民以极大振奋。这支队伍后来发展到黄河沿岸，甚至到了河南、湖北两省交界的鸡公山一带，前后打了大小数百仗。

1938 年 8 月，赵老太太赴粤、港、澳等地宣传，12 月下旬转赴越南西贡、堤岸、河内、海防等地，向侨胞报告抗战救国情形。爱国侨胞深受感动，纷纷慷慨解囊，有的还要求随赵老太太一起去沦陷区打游击。[①] 1939 年 2 月 2 日，赵老太太自越南回国，途经昆明，给这座城市带来了一阵旋风。早在赵老太太来到春城前四五个月前，《云南日报》就对他们的斗争做了介绍，并指出一年来平西游击队的发展不是偶然的，它既包括"赵老太太多少年来艰苦培植和赵侗先生坚强英勇的领导"，也由于"北平过去青年运动的开展，民先队健全的组织和训练工作，培养了大批干部"，同时更凝结着"不论兵学农和不论党派的精诚团结"，这几点，在抗战艰苦今天，非常值得人们学习。[②]

"凡是中国人，都应该自动的起来站在抗日救国的岗位上，用我们的血肉，保卫祖国的领土不要躲懒，不要偷安！更不要犹豫和彷徨！"[③] 赵老太太的声音，在昆明引起强烈反响，2 月 3 日，云南大学战区同学会、江苏同学会、时事研究会、国际问题研究会等 15 个团体，邀请她演讲游击队抗日情形，前往聆听者达千余人，集会在《义勇军进行曲》中开幕，又在这首雄壮的歌曲中结束。[④]

赵老太太的抗战的事迹鼓舞了西南联大的抗战士气。赵老太太在云南大学讲演后，已是晚上 10 点多了，她特意到青云街拜会了潘光旦教授。交谈中，潘光旦提出想以联大时事研究会名义请赵老太太给全校师生做场报告，赵老太太虽然旅途劳累，但还是愉快地接受了邀请。2 月 4 日下午 4 时，赵老太太在西门外农校礼堂，为联大千余师生做了一场生动的报告。报载："赵老太太将七年来在东北苦斗经验，及此次在南洋各地宣传之观感，讲述甚详。听众对老人诚恳之态度，朴质言论，无不大为感动。"[⑤]

这年 11 月，以中央赈济委员会谢赈专使名义，赴美答谢美国对中国的援助与同情的于斌，从国外回来路经昆明。于斌是天主教会南京代牧

① 《全国妇女界模范人物赵老太太昨日抵滇，系由河内西贡等地宣传归还，据谈侨胞救亡运动甚为热烈》，昆明《益世报》1939 年 2 月 3 日，第 4 版。

② 沈毅：《赵侗与平西游击队》，《云南日报》1938 年 10 月 13 日，第 3 版。

③ 本报记者杨亚宁：《英勇老将士！赵老太太访问记》，《云南日报》1939 年 2 月 4 日，第 4 版。

④ 《赵老太太昨在云大讲演，听众千余盛况空前》，昆明《益世报》1939 年 2 月 4 日，第 4 版。

⑤ 《赵老太太昨在联大讲演》，昆明《益世报》1939 年 2 月 5 日，第 4 版。

区主教，赴美 8 个月里，在许多地方做了讲演，介绍中国抗战情况，10月方自美归国。① 时，复旦大学创办者、天主教德高望重的领袖马相伯先生在越南谅山逝世，于斌前往吊唁，往返均经昆明。在昆明期间，他先后为国民党省党部做了题为《美国以经济制裁日寇的可能性》的报告，为同济大学、震旦同学会、扶轮社做了《美国的对华认识与阶段》《从误解到行动》演讲，为军事委员会西南运输处训练所等部门和团体介绍了美国情况，为军政部光学仪器制造厂、云南大学、联青社做了《美国民众与所谓"东亚新秩序"》《从美日关系谈到中日的前途》《美国太平洋政策与舆论的比例》等讲演。于斌的到来，又一次在春城掀起了宣传抗战、坚持抗战的高潮。

西南联大及时利用了这一机会，11 月 18 日请于斌为全校师生讲演。于斌在联大的演讲，先介绍了美国人民对中国抗战的认识。他说：近三年来，自己去过美国两次，他觉得美国人所认识的中国抗战，约有三种情形。一是认为中国抗战是盲目的；二是认为中国抗战是自卫；三是认为中国是为文化而战。于斌认为，这三种认识，"是由于敌我在国际间所做的宣传工作不同而演成"。

对于美国人对中国抗战的第一种认识，于斌说这是日本在战前向欧美宣传 30 多年的结果，日本人到处说中国国内混乱，政治、经济机构不健全，在现代文明进化中已经不能立足。这实际上是日本人存心降低中国的国际地位。于斌指出，日本帝国主义发动侵华战争，不是一年半载的准备，而我们过去却太忽略了国际宣传工作。

美国人对中国抗战的第二种认识是由于中国向国际上做了一些宣传，使他们明白日本过去的舆论是颠倒是非。但是，这种认识也有局限性，以为中国只是为了保卫自己的国家，因此美国人只是消极地向中国提供某些帮助，比如在几百个城市同时举行捐款的"一碗饭运动"，目标是救济中国的难民。于斌在美国时，有个团体为救济难民募捐了 1000 多美元，于斌当时就表示，"这一千多元，送给卖军火的商

---

① 于斌于 1936 年 7 月 17 日被教皇庇护十二世任命为南京代牧区主教。全面抗战爆发后，被遴选为国民参政会议员，主持难民救济工作，发起过百辆救护车运动。全面抗战期间，他八次赴欧美游说，争取国际同情与援助，三次面见美国总统罗斯福，中国的第一批美援就有他的努力因素。

人，请他们不要卖军火给日本，屠杀中国人民，不是救了多少中国的人生命吗"。

美国人对中国抗战的第三种认识，于斌认为也有问题：日本破坏国际和平是举世公认的，美国曾派人来中国调查，明白中国几千年的文化历史和在太平洋的地位，如果让日本任意破坏东亚和平，将演成全世界的大混乱。但是，按美国的这种认识，"中国现在抵抗日本帝国的侵略，不仅是为和平而战，并且是为美国而战"。

接着，于斌强调了外交工作的重要作用。他说：美国人帮助中国抗战，是他们的责任，而不仅是出于人道主义。美国要想援助中国，最有效的办法是"对日经济制裁和日美通商条约的废除"。他说，就美国对日本的经济制裁，1937 年美国总统罗斯福就大声疾呼过，"可惜，那时候，美国一部分人民的视听，被日本的国际宣传颠倒是非，竟没有取得人民的赞同"。后来，"美国人对中国抗战的认识，看明白了，一百个人中，有七十四个人是同情抗战的"，这样罗斯福提出"废除日美通商条约，很得着美国人民的赞同"。于斌认为日美商约如果废除，日本百分之七十五的军火再不能由美国提供，日本向美法英各国输出的棉纺产品，也将从此断绝。同时，美国如将日本输美的进口货物，加税百分之八十，就抓住了对日经济制裁的命脉。

于斌还指出美国地位的重要，认为"英法对日的态度，是以美国为转移的"，而且美英法各国有"平行行动线"的约定，只要美国对日本采取强硬外交，英、法无疑也会紧随其后，因此，于斌认为中国的长期抗战，需要在外交上做进一步的努力。①

赵老太太的报告，是为云南民众加强抗战力量添了一把火，于斌的演讲则使人们认识到外交工作在争取胜利斗争中的作用。这两个方面相辅相成，是一驾马车的两个轮子，哪个都不可缺少。西南联大并不缺乏对这些问题的认识，但赵老太太和于斌的来到，让师生们对这两个方面的认识更加直接，更加深刻。

---

① 南江：《美人眼中的中国抗战——于斌主教昨在联大讲演》，昆明《益世报》1939 年 11 月 19 日，第 3 版。

第三节　助战集资

抗日战争是立体的现代化战争，它不仅需要有坚定的意志，还需要能够支撑战争的人力、物力、财力。中国抗战的优势是地广人众，经济上却不免困难重重。因此，"有钱出钱，有力出力"，成为抗日战争时期最普遍，也最深入人心的一个口号，而募集捐款也成为后方支援前线的一项经常性举措。武汉保卫战时，武汉三镇各界就组织过各种募捐活动，他们为支援前线掀起的捐款高潮，至今仍令人激动。在智力支援抗战的同时，西南联大师生也尽了各自最大的努力，用各种方式积极捐款募捐。就全国来说，联大在这方面的贡献不过是沧海一粟，但重要的是他们以饱满的抗战热情，为赢得战争的最后胜利，贡献了自己的绵薄之力。本节选择的"慰劳募捐""征集寒衣""踊跃献金""飞机捐款"四个方面，均是目前西南联大研究甚少涉及的问题，希望通过相关史实的分析，表现西南联大师生在这场战争中如何履行知识分子的职责与义务。

一　慰劳募捐

1938年5月4日，西南联大正式在昆明开课。五天后，云南省各界抗敌后援会于5月9日召开第46次常务委员会议，议决为慰劳前线抗战将士、追悼抗战阵亡官兵及欢送第二次出征将士，组织大规模募捐。具体办法为："一、扩大募集慰劳捐款，由会函请本市各电影院、剧院，及雅集社、青年会、女青年会、各社团、金马话剧社，分别定期举行慰劳六十军将士募捐大会，每处至少举行三日，举行时，由会派员监视售票，一面印发启事，请各界人士踊跃捐输，并分别函令本会各募集队长，及腾冲、昭通、个旧、保山、下关等五县分会劝募。二、征集慰劳物品，由会印发启事，分发各团体、商店、药房，大量募集各项军用物品，如食物、鞋、袜，及药品等，最好以本省上产（如黑大头、火腿等）为佳。三、推派代表亲赴前线慰劳，由会预先推定代表三人，俟慰劳款物募获相当成数时，即由各代表携带募获款物亲赴前线慰劳，分发慰劳款物。"① 这次募捐的截止时间是 5 月 31 日，当时西南联大在昆落脚未久，一切有待安定，未来得及举行全校性的募捐。不过，他们以一种特殊形式——球类竞赛，为这次募捐增添了精彩的一页。

西南联大迁至昆明时，中央航空学校亦由杭州迁到昆明。② 青年人向来喜爱体育运动，南开、清华都有着良好的体育传统，而中央航校更是集中了一批荣获过多种体育比赛荣誉的运动健将。他们到昆后，曾组织过数次校院间的球赛，如 4 月底，航校"黑白"女子篮球队与云南大学女子篮球队、联大女生与昆明女中之间，就举行过比赛。③ 5 月 5 日，联大与云南大学还举行了首次排球对抗赛。④

考虑到青年人的这一特点，云南省各界抗敌后援会希望三校组织球类比赛进行募捐，并为此致函西南联大、云南大学、中央航校三校体育组主任马约翰、杨元坤、徐汝康，请他们参加募捐筹备工作会议。⑤ 马约翰等人接到此函立即行动起来，4 月 23 日、24 日，三校参与募捐筹备的马约翰、徐汝康、侯洛荀（联大体育教员）、杨元坤、李信标、魏徐年、俞修德，与云南省各界抗敌后援会顾致中、胡绥之等人，接连在省党部召开球类比赛募捐筹备会，并做出十项决议：球赛募捐决定用"航校联大云大慰劳六十军前方将士足篮排球大会"之名义；比赛日期为 6 月 4 日、5 日下午，遇雨顺延一个星期；比赛地点，云南大学体育场。球赛安排：第一日，足球，联大、云大联合对航校；篮球，云大对联大。第二日，排球，云大、联大联合对航校；篮球，云大、联大联合对航校。关于组织及人选，决定请马约翰任总干事，负责一切工作；请马约翰、徐汝康、杨元坤、李信标、魏徐年组成竞赛股，由魏徐年负责；庶务股由杨元坤负责；销券股由侯洛荀、俞修德负责；宣传股由抗敌后援会派

---

① 《各界抗援会议决，慰劳前线抗敌将士，由各娱乐场各团体分募款项药物，推陈顾周三委员代表赴前线慰劳》，《云南民国日报》1938 年 5 月 10 日，第 4 版。
② 中央航空学校隶属中央航空委员会，1938 年 8 月初，为与已有之空军军士学校有所区别，经军事委员会核准，改名为空军军官学校。（据《中央航空学校改称空军军官学校》，《云南日报》1938 年 8 月 3 日）
③ 《校际篮球赛本日有三场，联大女生亦与女中比赛》，《云南日报》1938 年 5 月 1 日，第 3 版。
④ 《校际篮球赛，友谊排球云大力战挫联大》，《云南日报》1938 年 5 月 6 日，第 4 版。
⑤ 《雅集社等四团体举行募捐游艺会，举行球类比赛募捐大会》，《云南民国日报》1938 年 5 月 22 日，第 4 版。

员负责，并函请《云南日报》阮以仁、《云南民国日报》杨秀峰协助办理，文书事宜亦由宣传股负责。

这次球类比赛募捐筹备会上，还讨论了票种、票价等具体细节。决定制作甲种票 1000 张，每张售国币 1 元，有座位；乙种票 5000 张，每张旧币 2 角，无座位。关于推销方法，也决定采取四种方式：（1）名人推销，由顾致中草拟名单，请马约翰、徐汝康、杨元坤负责联系推销。（2）设分销处，请正中书局、中华书局、商务印书馆、青年会、国货公司等代销。（3）各商号推销，请童子军理事会派人办理。（4）各学校推销，请杨元坤拟具学校名单，下次会议再做核定。为了表现隆重，会议还决定"恭请龙主席开球"和请中央航校军乐队奏乐助兴。①

这次募捐是西南联大到昆明后首次参加云南省的募捐活动，学校甚为重视，5 月 25～27 日，西南联大与云南大学、中央航校至少又开了两次筹备会议，对比赛各事项均做了十分周密的安排。② 30 日、31 日，马约翰、侯洛荀还与云南大学体育组主任杨元坤共同组织了赛前练习，选拔并确定了混合足球队与混合排球队的参赛队员。③

按照计划，这次比赛分足球、排球、篮球三项。其中足球比赛定在 6 月 4 日星期六下午，对阵者一方为西南联大、云南大学混合队，一方为中央航校队。篮球比赛计划进行两场，一为 6 月 4 日下午，西南联大队对云南大学队，一为 6 月 5 日下午，西南联大与云南大学联合队，对阵航校队。排球比赛安排了一场，为 6 月 5 日下午，同样是西南联大与云南大学联合队对阵航校队。这些比赛的门票，已经在汇康国货公司、商务印书馆、青年会、中华书局、各中等学校等处发售。④

6 月 4 日清晨，天公很不作美，阴霾四布，近 11 时许，竟风雨大作。但是，这些并没有阻止在云南大学运动场举行的西南联大、云南大学、航空学校联合募捐球赛，而昆明民众，也呼朋结友、摩肩接踵，对这次

① 《球赛募捐大会，订下月四五两日举行，恭请龙主席开球组织人选决定》，《云南民国日报》1938 年 5 月 25 日，第 4 版。

② 《球赛募捐四次筹备会议，联大云大女同学担任招待，会场秩序由童军负责维持》，《云南民国日报》1938 年 5 月 28 日，第 4 版。

③ 《球类募捐赛，联大云大混合队大将已选定》，《云南日报》1938 年 6 月 2 日，第 4 版。

④ 《航校联大云大联合举行足排篮球比赛，募捐慰劳六十军抗敌将士大会》，《云南民国日报》1938 年 6 月 4 日，第 1 版。

球类募捐寄予了极大的热情。

下午2时许，身穿灰色夹袍青色马褂的龙云，在云南大学校长熊庆来等人陪伴下，在军乐声中冒雨莅临云南大学运动场。开赛前，对阵的两队在领队带领下跑步入场，西南联大与云南大学混合队队员中，来自西南联大者为邹新垓（清华）、董家铭（清华）、黄景琛（南开）、李文渊（南开）、陈之颉（清华）、彭克诚（南开），来自云南大学者为李发宽、张镇华、章学阴、冯瑞祥、骆美洪。双方排队相向而立。裁判员侯洛荀略加说明后，球员各认己方半场，然后恭请省政府主席龙云开球。

2时40分，龙云在欢呼声中步入球场，举足开球。龙云这一脚，拉开了联大参与云南地方募捐的帷幕，也在联大史册上，写下了浓重的一笔。接着，22位球员便开始了激烈的角逐。开赛仅数分钟，大雨就倾盆而下，双方不得不在雨中作战。

这场足球比赛，笔下生花的记者描写得十分生动。其中一段云："二时四十分，由主席开球后，两队健儿，即各显身手，开始角逐，数分钟后，大雨如注，观众多怨天公不作美，盖恐大雨中，技术将因此减色。殊知，双方球员，奋勇作战，固不因此而稍馁也。小黑炭（按：航校足球队长陈镇和的外号）于万马军中，单刀直入，继又得佟（佟明波）、刘（刘冶之）二将夹马助威，遂直抵敌巢，但见铁脚起处，球即飞奔入网，于万众喝彩声中，首创得球，即以轻捷身法，一个流星拐传给中锋陈镇和。陈腿儿一扬，球又向心心直飞而去，幸混合队守门张镇华（按：云南大学球员，混合队守门员）坐镇从容，闭门谢客，双手接住踢出，得离险境。但战不数合，尹（尹经行）又得球，向敌门斜射，又被张镇华接住掷出，时陈镇和已进抵张身旁，相距仅尺余，不幸脚下一滑，翻身便倒，致失良机，殊觉可惜。此后混合队球门几成众矢之的，险象环生，幸经张镇华喋血苦守，始得化险为夷，因而博得掌声不少。休息后续战，混合队屡图反攻，但因体力较差，联络散漫，终未得逞，虽有数度机会，集中兵力，实施中央突破计划，乃航校阵容严密，结果碰壁而返，无何，混合队后卫因手角球，被罚十二码球，当由刘宝麟轻描淡写，一脚踢去，张镇华扑地抢救不及，球又顺地入网。继之陈镇和得球，向门猛射，虽经张抢救拍出，又被尹经行所获，传与汤训惠。汤避实就虚，一举成功。十余分钟后，汤再接再厉，球又应声入网。结果，航校以四比零，大获全胜。"①

双方助威的啦啦队，也显示了不凡身手，航校啦啦队身着黄裤白衣，两肩斜挂黄红相间带子，头戴纸做大礼帽，手持红旗迎风招展。联大云大啦啦队则执黄蓝旗，冠博士帽，由数人扛一红色纸炸弹为前导。为了这场比赛，航校足球队做了充分准备，且队员中不乏多次出席运动会的体育健儿，如陈镇和于1936年代表中国出席第十一届世界运动会，尹经行曾代表洛阳参加全省运动会，佟明波曾代表辽宁参加东北四省运动会。相比之下，联大抵滇未久，球员间还不甚熟悉，配合不够严密。结果，在航校队一浪接一浪的攻势下，尽管联大云大混合队守门员张镇华喋血苦守，几度扑住必进之球，但最后航校仍以4∶0大获全胜。赛后，有记者为几位球员赋打油诗一首，其中为任中锋的联大球员陈之颉所赋打油诗写道："彬彬文士带吴钩，收取关山五十州，且借踢球练体魄，若个书生竟封侯。"②

原定6月4日下午的篮球比赛，因雨改期举行，后决定推迟至6月12日星期日。而6月4日的足球比赛，也因球场泥泞不堪，精彩球艺未能尽情表现，决定12日再举行一次。③6月12日的球赛，首先开场的是篮球比赛，联大出场者有钟达三、娄光复、刘达、李文铨等，结果云南大学以36∶24获胜。足球比赛于下午4时开始，对阵者改为西南联大队对云南大学队。联大出阵者为黄振威、陈之颉、余其渊、李文渊等，他们上半场连失两球，下半场方转败为胜，最后以3∶2胜云南大学队。④

6月5日的比赛是如期进行的，结果，排球航校队再奏凯歌，篮球也是先败后胜。⑤这次球类比赛，不在于谁战胜谁，而在于募捐，因此精彩场面就无须多述了。

---

① 《联合募捐球赛昨日开始，足球表演冒雨血战》，《云南民国日报》1938年6月5日，第4版。

② 《联合募捐球赛昨日开始，足球表演冒雨血战》，《云南民国日报》1938年6月5日，第4版。

③ 《联合募捐篮球赛订本星期日补行表演，足球赛决再举行一次》，《云南民国日报》1938年6月10日，第4版。

④ 《联合募捐球赛，昨表演足球篮球，足球联大奏捷篮球云大获胜》，《云南民国日报》1938年6月13日，第4版。

⑤ 《天候晦明中，昨日球赛赓续举行，球将精神抖擞观众兴趣浓厚，比赛结果，排球，篮球航校先败后胜》，《云南日报》1938年6月6日，第4版。

此次球赛募捐，足球票分甲、乙两种，其中甲种券总数 500 张，每张国币 1 元，至 6 月 1 日已售出 300 余张。乙种券由各校负责推销，云南大学推销的 600 张，也于 6 月 1 日全数销完，且云大同学每人至少购买 1 张。联大与航校推销者，至 6 月 1 日亦所余无几。此外，昆华中学、昆华女中各负责推销 400 张，南菁中学推销 100 张，市立女中推销 50 张，而自行到向各商号、书局购买者也很踊跃。① 篮球比赛的票价，为每张 2 角，② 至于排球票价，因未找到有关资料，只好暂缺待补。

二　征集寒衣

1938 年暑假后不久就进入秋季。入冬前，为了解决前线将士衣着，重庆成立"全国征集寒衣运动委员会"，号召各地开展征集寒衣活动。云南省随即成立征集寒衣运动分会，计划征集 20 万件。西南联大接到有关公文后，马上进行了布置。对于有固定收入的教职员，学校按往常形式组织捐款，做法是从每月薪金中扣除，捐作寒衣征集费用。这次全校教职员捐得之数目，按云南省规定的"捐款代制寒衣比例"，可得寒衣7000 余件。③

"有钱出钱，有力出力"，学生没有固定收入，只能出力。为此，西南联大学生自治会发起劝募寒衣"游艺周"，决定用义演形式募集捐款。他们赶排了三部话剧，一为阳翰笙编写的《前夜》，一为阿英编写的《春风秋雨》，一为《汉奸的子孙》。11 月 5 日，三幕国防话剧《前夜》在当时昆明市最大的礼堂省党部大礼堂率先演出。该剧描写一个汉奸及其走狗没落经过，剧情紧张，表演逼真。演出至深夜 11 时半，方在"热烈之救亡歌咏及口号中"结束。④ 关于《春风秋雨》《汉奸的子孙》及其他游艺节目，虽未见专文报道，但想必效果同样不错。这些话剧与游艺节目的演出，持续了一个星期，一位同学说：这次演出"每晚平均收入都在五百元以上"，再加上前些天在校内校外征集到的 1600 元，总计共

① 《球类募捐赛，联大云大混合队大将已选定》，《云南日报》1938 年 6 月 2 日，第 4 版。

② 《联合募捐篮球赛订本星期日补行表演，足球赛决再举行一次》，《云南民国日报》1938 年 6 月 10 日，第 4 版。

③ 《联大教职员踊跃捐寒衣，合计七千余件》，《云南日报》1938 年 11 月 12 日，第 4 版。

④ 《联大游艺会昨晚开始公演，上演〈前夜〉国防剧紧张动人，本晚续演陈英之〈春风秋雨〉》，《云南日报》1938 年 11 月 6 日，第 1 版。

得 5000 元左右。①《云南日报》也报道："西南联大同学，前举办劝募寒衣运动会，已告结束，捐款收入，计国币一千四百四十余元，游艺会售票收入，计三千六百余元，现存金城银行，一俟账目清理后，将悉数移交募寒衣分会，以充前方将士购置寒衣之用。又，清华大学无线电研究所捐助新棉衣四十件，不日可一并交付。"②

1938 年的冬天，是西南联大迁至昆明后的第一个冬天，同学们用火一般的热情，再次给这座城市的抗战生活添加了难忘的一页。沈从文曾在《给联大朋友》中写道："现在联大的年青朋友，对于为前方战士募集寒衣运动，大家如此热心，正可见出这个新运动的开始。"不过，沈从文提醒说："此后可做的事情还多，望大家记着'活动是常态，消沉是变态'，继续作各种活动。"他还写道："时间成就日月江河，同时亦可毁一切。人活到世界上寿命虽不过数十年，但由个人坚苦跋涉和群力积累，所能成就的业绩，也就极可观！我愿意年青朋友，大家来用一种崭新的作风，爱国和做人。"③

这次征集寒衣捐款运动结束后，募集工作仍在继续。前文曾介绍了1939 年 2 月 18～25 日联大话剧团在云瑞中学礼堂公演《祖国》的盛况，而这件昆明抗战话剧史上大事，原本就是为前线将士募集鞋袜而组织的。④ 当时报载："入冬之后，天气苦寒，各战线的将士们，尤其是转战于北方各线的将士们，在冰天雪地之中和敌人去拼死命"，国家体念各线将士的冒寒苦战，发出为前方将士募集戎衣的号召，联大剧团编排的这部话剧，便是"替前方将士募集鞋袜"而发起的行动。⑤ 这次演出起初连演八天，后来应观众要求又续演了三天。舆论对这部话剧给予极高评价的同时，也给了联大话剧团团员很高赞誉。前文所述的《野玫瑰》演出，名义上也是"劳军募捐"⑥，且在广告上载明"联大剧团第四届劳

---

① 天水：《闲话联大》，《云南日报》1938 年 11 月 12 日，第 4 版。

② 《联大寒衣捐款已告结束》，《云南日报》1938 年 11 月 28 日，第 4 版。

③ 转引自天水《闲话联大》，《云南日报》1938 年 11 月 12 日，第 4 版。

④ 《〈祖国〉昨晚上演，成绩甚佳》，《云南日报》1939 年 2 月 19 日，第 4 版。该消息首句即为"联大话剧团，为募捐慰劳前方将士，于昨晚（十八日）起在云瑞中学礼堂公演《祖国》"。

⑤ 王一士：《联大剧团公演〈祖国〉》，《云南日报》1939 年 2 月 18 日，第 4 版。

⑥ 《〈野玫瑰〉明日上演，本市剧人亦抗议》，《云南日报》1942 年 6 月 3 日，第 3 版。

军公演"。① 不过，这次演出欠了一大笔账，收入抵不上支出，募捐实效似乎不大。

1940 年是抗日战争最艰苦的一年。这年 6 月 22 日，法国政府向德国屈膝投降；7 月，英国在日本压力下，对缅甸实行封锁，断绝了中国对外联系的西南通道；8 月，法国的附庸越南政府也停运了中国的货物。在这种形势下，纪念九一八成为鼓舞民众斗志、坚定抗战信心的一项重要措施。联大有不少东北籍学生，他们对这一天更是刻骨铭心。9 月 15 日，学生自治会决定召开九一八 9 周年纪念大会，并请学校常委会派人参加。② 18 日上午 8 时，全校学生在文林街师范学院操场举行九一八 9 周年纪念大会，大会由梅贻琦主持，他首先报告了纪念意义，并"勉全校员生今后应淬厉奋发，以雪国耻，收复失地"。③ 为了纪念九一八，学生自治会干事会决议"全校同学于'九·一八'素食一天，以示沉痛，并将节款捐制寒衣"。学生自治会也发出号召，响应为前线将士征募寒衣运动，其办法有四项："（一）发动同学组织劝募队于'九·一八'出发，向各界劝募。（二）向本校师长同学劝募。（三）劝同学将中秋过节费用捐制寒衣。（四）发动女同学缝制寒衣。"④ 当天，各宿舍门前便设立捐款箱，开始为前方将士劝募寒衣，报载"成绩甚为良佳"。⑤

三　踊跃献金

抗日战争前期，由于大片国土相继沦陷，国家财政收入剧减，为了保障抗战需要，国民政府在每年七七纪念日前夕，都动员各地各机关组织不同形式的献金运动。

1938 年，七七事变一周年纪念日即将来临之时，国民党中央宣传部发出通知，要求各地"劝导民众于七月七日素食自动禁屠一天，将节省之款作为慰劳抗战将士伤兵难民及出征军人家属之用"。捐款数额，要求

---

① 西南联大学生自治会主办《野玫瑰》上演广告，《云南日报》1942 年 6 月 4 日，第 1 版。
② 《西南联合大学为纪念"九·一八"九周年纪念大会由》（1940 年 9 月 15 日），"国立西南联合大学档案"，档号：32 - 1 - 34。
③ 《"九·一八"九周年，各界举行沉痛纪念》，《云南日报》1940 年 9 月 19 日，第 4 版。
④ 《西南联合大学为纪念"九·一八"九周年纪念大会由》（1940 年 9 月 15 日），"国立西南联合大学档案"，档号：32 - 1 - 34。
⑤ 《"九·一八"九周年，各界举行沉痛纪念》，《云南日报》1940 年 9 月 19 日，第 4 版。

"公务员可在二角至二元之内，自行认定，由各机关汇交当地抗战建国周年纪念筹备会统筹支配"，民众则为"自由捐助"。① 7 月 7 日，云南全省禁屠素食一天，停止娱乐，各机关、学校一律下半旗志哀。中午 12 时，各界纪念"抗战建国"一周年暨公祭阵亡将士死难同胞大会在省党部大礼堂举行，大会由龙云主持并主祭，联大常委蒋梦麟代表学校参加大会，并在会上做了演讲。蒋梦麟演讲略谓：今天是卢沟桥事变周年的纪念日，回思往事，悲痛无已，大家应当牢记，常常反省，真正做到有力者出力，有钱者出钱，今天各界在座的人士都有，有教员，有学生，有公务人员，我们在后方的，要各人站在自己岗位上，加紧努力，调练自己，一旦国家需要我们，才能够应付。希望各位在此国难严重时期，刻苦自励，各尽职责，才不负今天纪念的意义。②

这次大会前，西南联大已组织了首次七七献金，学校的教员、职员、工友、学生，纷纷解囊，踊跃捐献。捐献除了国币外，还有港币、越币、毫洋、铜子等，没有现金者，则把金戒指、银镯甚至银勺、公债捐了出来。活动结束后，学校将国币、港币、越币、金饰、毫洋、公债等分别整理，折价售出后，共寄往汉口中央银行"国币四千五百二十三元六角二分"，此外还寄上未能脱售的"毫洋一元二角，公债票一纸，计票面额十元息票全份"。③

考虑到尽量减少师生的负担，蒋梦麟、梅贻琦、杨振声、潘光旦、黄子坚、吴有训等学校和学院负责人，均捐献了 1 元。大家很感谢学校善解人意，但仍各尽所能，据西南联大保留的档案，其中覃修典捐献了 100 元，程毓淮、蒋硕民各捐献 65 元，郑桐荪捐献 50 元，施嘉炀捐献了 35 元，蔡方荫、王裕光、章名涛、庄前鼎各捐献了 30 元，杨铭鼎、李谟炽、张友熙各捐献了 15 元，吴有训、饶毓泰、马约翰、李继侗、黄子卿、秦瓒、毛子水、郑华炽、杨武之、陈福田、杨石先、顾昌栋、吴柳生、张泽熙、朱物华、范崇武、赵友民、汪一彪、殷祖洞、殷文友各捐献 10 元。一

---

① 《西南联合大学为本校教职员七月七日素食节省款项事函云南各界纪念抗战建国周年大会》（1938 年 7 月 9 日），"国立西南联合大学档案"，档号：32－1－34。

② 《抗战一周年全省举行壮烈纪念，主席含泪致祭全场人士无不悲悼，数万人大游行誓以热血共复国仇，各界踊跃献金收获旧币三万余元》，《云南日报》1938 年 7 月 8 日，第 4 版。

③ 《西南联合大学为送本校教职员及学生七七献金清册事函汉口中央银行收转七七献金运动委员会》（1938 年），"国立西南联合大学档案"，档号：32－1－34。

些担任校务工作的教授，除了在各自所属的学院捐献外，还参加了总办事处的献金，如蒋梦麟在总办事处捐了 15 元，沈履、潘光旦、黄钰生各捐了10 元。地处偏远的蒙自分校，也不落人后，共捐出 2460.69 元。①

　　1939 年的七七献金，同样组织得井然有序。6 月 27 日，联大常委会在龙翔街总办公处会议室召开第 111 次会议，议决事项的第一项为："本校全体职教员应以一个月薪实收数百分之六，作为本年'七七'纪念献金，先由本校结算总数，垫付汇出。于本校发薪时分两次扣还。"② 这项献金总计 3300 余元，当年 7 月 11 日先将 3300 元交中央银行汇往教育部，并请转解中央献金机关。③ 尾款决定在 7 月份教员薪金中扣除后再行补寄，后来，补交的这笔献金为国币 1006.7 元，于 1941 年 3 月经中央银行国库局汇往教育部。④ 这次七七献金，清华大学教职员尤为突出，共捐出国币 2197.71 元，并为中条山抗敌将士捐献慰劳金 530.99 元。这些捐款，都交给了昆明金城银行代转。⑤

　　1940 年，昆明物价已呈脱缰之势，多次捐款也使许多教师难以当即捐献。考虑到这种实际情况，学校常委会在七七前夕做了决议，以教职员每月薪金实数的 6% 作为七七献金，"先由本校结算总数，垫付汇出，于发薪时分两次扣还"。⑥ 这种办法持续了数年，1943 年学校继续采取

---

① 《国立西南联合大学教职员及工友七七献金清册》（1938 年），"国立西南联合大学档案"，档号：32 - 1 - 34。
② 《长沙临时大学、国立西南联合大学常务委员会会议记录·第一一一次会议》（1939 年6 月 27 日），《国立西南联合大学史料》（二），第 95～96 页；《西南联大致本校全体教职员为纪念抗战二周年举行纪念日笺函》（1939 年 7 月 1 日），《国立西南联合大学史料》（一），第 201 页；《西南联合大学为定期举行"七七"纪念仪式及常委会议决教职员按月薪实数百分之六为献金事函本校全体教职员》（1940 年 7 月 1 日），"国立西南联合大学档案"，档号：32 - 1 - 34。
③ 《西南联大关于 1939 年七七献金呈教育部的快邮代电》（1939 年 7 月 11 日），《国立西南联合大学史料》（一），第 201 页。
④ 《教育部代电、送七七素食节省款收据》（1941 年 3 月 2 日），《国立西南联合大学史料》（一），第 203 页。
⑤ 《国立清华大学昆明办事处函送参加西南联合大学服务教职员民国二十八年度七七献金与本校部分上项献金及清册由》（1939 年 5 月 30 日），"国立西南联合大学档案"，档号：32 - 1 - 34。
⑥ 《西南联合大学为定期举行"七七"纪念仪式及常委会议决教职员按月薪实数百分之六作为献金事函本校全体教职员》（1940 年 7 月 1 日），"国立西南联合大学档案"，档号：32 - 1 - 34。

"教职员各献实支薪额百分之六"的措施，并将3300元交中央银行呈解教育部转中央献金机关，尾数"拟俟七月份薪金扣算数额确定后再行造具清册补解"。①

类似这种既纪念抗战又为国家分忧的献金活动，西南联大开展过多次。除七七献金外，也曾举行过九一八纪念献金。1939年九一八纪念日前后，全校学生用义卖形式举行募捐，共募集滇币15670元，经中央银行电汇军事委员会。为此，军事委员会于1940年初致函表示嘉许。②

人们很少提到的"节约建国储蓄"也是西南联大抗战捐款的一宗大项。全面抗战爆发后，为了支持抗战需要，国民政府成立全国节约建国储蓄劝储委员会，接着又成立了全国节约建国储蓄运动委员会。1940年，全国节约建国储蓄运动委员会与全国节约建国储蓄劝储委员会联合发起"节约建国储蓄"号召，并成立了以蒋介石为名誉总团长，孔祥熙为总团长，叶楚伧、何应钦、张群、陈诚、王世杰为副总团长的节约建国储蓄总团。随即，各级部门相继成立节约建国储蓄团。节约建国储蓄总团成立后，向教育部发出指示："节约储蓄为养成国民俭德、树立建国基础之要图，欧美各国推行最早，旨在集成巨款调剂国家经济。我国抗战以来，政府先后颁定节约运动大纲，节约建国储金及储蓄券条例，鼓励人民节储力量，供国家统筹开辟土地，发展农林水利、畜牧、工矿、交通、联合产销以及有关国防经济之生产建设事业之用，俾社会之游资，聚而为建国之力量。"节约建国储蓄总团还要求教育部部长陈立夫充任教育部节约建国储蓄团长，并要求教育部"参照扩大推行办法，广设分支团负责办理认储，重在持久劝储，力求普遍，欲使人人参加，家喻户晓"。同时，节约建国储蓄总团还给教育部分配了具体数额，"目标为储金五十万元"。

按照上述指示，教育部成立了节约建国储蓄团。11月6日，西南联大收到陈立夫以教育部节约建国储蓄团团长名义的来函。函中指出："推行节约建国储蓄为吸收游资、增加生产、平衡物价、培养人民俭约美德之良法，党政军农工商学各界应一致奋起协力倡导，以期迅速养成社会俭朴风气暨人人乐于储蓄之习惯。"函中请张伯苓、蒋梦麟、梅贻琦三常

---

① 《本校"七七"献金已交中央银行汇解三千三百元电请转解中央献金机关由》（1943年7月13日），"国立西南联合大学档案"，档号：32-1-34。

② 《联大学生献金救国，军委会函复嘉许》，《云南日报》1940年1月10日，第4版。

委担任西南联合大学节约建国储蓄团分团长，并制定"推行目标为三万五千元"。① 随信寄上的，还有《节约建国储金条例》《节约建国储蓄券施行细则》《节约建国储蓄说明》《扩大推行办法及推行成绩报告办法》《节约建国储蓄团组织分支团参考事项》《协助推行节约建国储蓄奖励办法》等文件。

云南省档案馆保存着不少西南联大踊跃参加节约建国储蓄的档案。这些材料沉睡多年，有待西南联大和抗日战争的研究者重视和利用。

四　飞机捐款

西南联大参加的飞机捐款，特别是"捐献青年号"飞机活动，很少被人提及，实际上这是学校师生响应政府号召，积极支援抗战的重要活动之一。

全面抗战爆发之初，国民政府曾发出公务员参加购买飞机捐款活动的号召，具体工作由中国航空建设协会总会主持。国民政府迁至武汉后，中央航空建设协会总会致电教育部，称鉴于"全面抗战严重之际，补充空军，益不容缓"，要求"公务员飞机捐款务须按照规定如期扣解汉口中央银行代收以应军需"。教育部遂电长沙临时大学，指示遵照办理。②

这次公务员飞机捐款，自 1938 年 5 月起，至 1939 年 6 月止。1939年 10 月，中央航空建设协会总会致函西南联大，称该校后 8 个月的捐款没有收到，要求补缴。③ 其实，迁到昆明后百废待举的联大虽然头绪多端，但并没有停止组织捐款。可能由于银行方面效率太慢，致使中央航空建设协会总会迟迟没有收到这笔捐款。1939 年 7 月，教育部长陈立夫致函西南联大，称行政院第 417 次会议决议"不再续征"飞机捐款，并

① 《教育部为请张伯苓、蒋梦麟、梅贻琦三先生担任国立西南联合大学节约建国储蓄团分团长事致函西南联合大学》（1940 年 11 月 6 日），"国立西南联合大学档案"，档号：32－1－39。

② 《教育部电令公务员飞机捐款务须按照规定如期扣解汉口中央银行代收以应军需由给长沙临时大学电》，"国立西南联合大学档案"，档号：32－1－39。

③ 《中央航空建设协会总会为西南联合大学民国二十七年十一月份迄二十八年六月份共八个月飞机捐尚未解缴转饬经办人员迅速行扫解由》（1939 年 10 月 10 日），"国立西南联合大学档案"，档号：32－1－39。

经国防最高委员会第九次常务会议决议准予备案。① 然而，西南联大在1940 年 9、10 两个月，仍将 2709.78 元捐款，汇往中央航空建设协会总会。②

1940 年底，为了进一步增加中国空军实力，教育部发动"全国青年号"及"全国教师号"飞机捐款。西南联大积极响应教育部的号召，同学们更是踊跃。1941 年初西南联大学生自治会决定 1941 年 1 月 9、10 两日发起献金购机运动，方法为个人献金与团体献金两种形式。③ 9 日的献金未见记载，数目似乎不多。10 日下午 3 时，再次组织献金活动，常委梅贻琦、训导长查良钊亲临新校舍献金台，希望大家踊跃献金，再接再厉，并表示"非超过一万元不足表示最高学府之爱国精神"。掌声中，师生们纷纷捐输。住在拓东路 375 号的工学院同学，为募捐想尽办法，举行了个人捐款比赛与级、系捐款比赛。许多同学把图书、文具、字画、日用品等捐出，举行义卖，报载"竞争激烈，情绪狂热"。机械系教授刘仙洲除了捐款外，还在自己的著作上签名售书，当天就募集了 2535元。11 日，他们把捐出的书籍、文具、照相机等，拿到宿舍拍卖。远在四川叙永分校的一年级同学，也积极参加捐款，目标是 3000 元。④ 1 月15 日，西南联大学生自治会公布学生献金总数为 7441.4 元，报载平均每个学生捐款 6 元。"教师号"捐款比较吃力，西南联大曾电教育部称："本校教职员计捐'教师号'飞机捐款五百三十元，已交昆明中国农民银行汇寄钧部，将转中国航空建设协会总会。"⑤ 数目之所以不多，大概是由于两个月前已向中央航空建设协会总会汇去 2700 多元飞机捐款。

西南联大的飞机捐款几乎被人遗忘，学校为发展中国航空事业所做

① 《教育部奉令公务员飞机捐款截至本年六月底届满不再续收令西南联合大学知照由》
（1939 年 7 月 21 日），"国立西南联合大学档案"，档号：32 - 1 - 39。

② 《中央航空建设协会总会准解民国二十九年九、十两月机捐已于七月六日收到制据送请
查收由函西南联合大学》（1940 年 10 月 26 日），"国立西南联合大学档案"，档号：
32 - 1 - 39。

③ 《联大学生自治会响应"青年号"献机，发动献金多捐者予以奖励》，《云南日报》
1941 年 1 月 9 日，第 4 版。

④ 《联大献机运动结束，总数将达万元，师生竞卖甚为踊跃》，《云南日报》1941 年 1 月
11 日，第 4 版。

⑤ 《西南联合大学呈送教师号飞机捐款汇款水单及捐册电教育部》（1942 年 6 月 18 日），
"国立西南联合大学档案"，档号：32 - 1 - 39。

的另一件事也同样未见提及。这件事是为云南滑翔分会捐献了一架滑翔机。

早在 1922 年，唐继尧督滇时，就着手创办云南航空学校，并将巫家坝的一个陆军训练大操场，辟为飞机教练场，又把附近的部分陆军营房划为修理厂和办公用地。抗战时期，云南机场多达 52 个，其数量居全国之首。当时，包括中央航空学校在内的所有航校，训练使用的都是滑翔机。为了促进航空建设，普及国民体育，1941 年 4 月 4 日，以建设空军为目的的半官方组织——中国滑翔总会在重庆成立。当天《大公报》发表社评，希望在滑翔总会的领导下，"每一所大中学校均设一滑翔部，使大中学生，不分男女，人人都视操纵滑翔机如篮足球，如乘舟骑马"。社评还充满激情地写道："从今天起，五年内一定要练成十万空军！怎样练成这十万空中英雄？第一步完全要靠滑翔运动！青年飞上天去！青年飞上天去！"①

中国滑翔总会成立后，昆明随即成立了云南省滑翔分会，建立了滑翔站，并向全省发出捐献滑翔机的号召。西南联大积极响应这一号召，捐献了一架滑翔机。捐献过程目前未见记载。唯一的线索是 1943 年 8 月 7 日云南省滑翔分会为表示感谢，致西南联大的一封信。这里，就以这封感谢信作为本节的结尾："敬启者：查此次敝分会举行捐献滑翔机运动，厚承尊处热烈翊助捐献滑翔机一架，勿任欣感，兹查献机运动业告结束，关于机款之收集，曾经函请径送南屏街金城银行代收当荷查照。兹以献机结果亟待陈报总会，特此专函奉达，敬希即将此项机款如数照交，俾资造报而期结束，并见复是所至盼。"②

第四节　援救作家

抗日战争揭开了中华民族空前雄伟悲壮的一页，它以博大的气势和深刻的内涵，彪炳于世界民族解放斗争的史册。在抗日战争中，文艺工作者忠实地履行了表现中华民族不屈精神的天职，他们从各个角度，运

---

① 《青年飞上天去！》，重庆《大公报》1941 年 4 月 4 日，第 1 张第 2 版。

② 《为西南联合大学捐献滑翔机一架并将此项机款数造报事函西南联合大学》（1943 年 8 月 7 日），"国立西南联合大学档案"，档号：32 - 1 - 39。

用各种形式，记录下中国人民奋起抗击日本侵略、争取民族独立自由的恢宏画卷。他们用自己的笔，揭露日本侵略者的罪行，表现沦陷区人民的苦难，怒斥为虎作伥的民族败类。他们用血与火的豪气，歌颂中华民族在强敌面前威武不屈的韧性，激发人们的爱国主义精神，成为全面抗日战争中一支重要生力军。

然而，许多文艺工作者却始终生活在极端困苦之中。著名作家王鲁彦因贫病逝于桂林，张天翼全家饥饿交加，深受爱戴的剧作家洪深亦以自杀抗议，这些消息频频见诸报端，引起社会极大震动。1944 年 7 月 15 日，《新华日报》刊登了全国文艺界抗敌协会总会的《为援助贫病作家筹募基金缘起》，文中写道："抗战七年，文艺界同人坚守岗位，为抗建之宣传，勖军民之忠勇，曾未少懈。近三年来，生活倍加艰苦，稿酬日益低微，于是因贫而病，因病而更贫。或呻吟于病榻，或惨死于异乡。卧病则全家断炊，死亡则妻小同弃。政府当局虽屡屡垂念，时赐援助，而一时之计，未克转死为生，且粥少僧多，亦难广厦尽庇。苟仍任其自生自灭，则文艺种子渐绝，而民族精神之损失或且大于个人之毁灭。用特发起筹募援助贫病作家基金，由本会组织委员会妥为保管，专作会员福利设施之用。一元不薄，百万非奢，爱好文艺者必乐为输将！"

9 月 6 日，全国文协总会负责人老舍先生在重庆北碚写信给昆明的老友李何林，请他在昆明发动援救贫病作家的活动。信中说："昆明本来有文协分会，不知今日还有人负责没有；假若你愿意，可否邀约闻一多、沈从文、罗膺中（罗庸）、游泽丞（游国恩）、章泯、凌鹤、光未然、魏猛克、王了一（王力）诸先生谈一谈，有没有把分会重新调整一番的必要。假若你太忙，无暇及此，那么就在便中遇到章泯和凌鹤两先生的时候，告诉他们一声，看他们有工夫出来跑跑没有。假若我不打摆子，我必会给他们写信的。"[1] 这些封信很快寄到昆明，李何林马上把它全文刊登在他主编的《云南晚报》副刊上。

全国文协总会的正式名称为"中华全国文艺界抗敌协会"，抗日战争时期，它也常常被简称为"全国文协"或"文协总会"。这个团体1938 年在武汉成立，它的诞生标志着中国文学艺术学界的空前大团结。

---

[1] 《老舍致李何林信》（1944 年 9 月 6 日），《云南晚报》1944 年 9 月 13 日，《夜莺》副刊。

中华全国文艺界抗敌协会不是通常意义上的一般文学社团，其性质可以说是全国文艺界的救国会，只要爱国，只要响应"文章下乡，文章入伍"号召，就可以成为成员。这个团体不分党派，不分地域，不论职业，是文艺界最具广泛性的统一战线组织。郭沫若在文协成立五周年时，曾对它的意义和贡献给予高度评价。他说："抗战以来在中国文艺界最值得纪念的事，便是中国文艺界抗敌协会的结成。一切从事于文学艺术工作者，无论是诗人、戏剧家、小说家、批评家、文艺史学家、各种艺术部门的作家与从业员，乃至大多数的新闻记者、杂志编辑、教育家、宗教家等等，不分派别，不分阶层，不分新旧，都一致地团结起来，为争取抗战的胜利而奔走，而呼号，而报效。这是文艺作家们的大团结，这在中国的现代史上无疑地是一个空前的现象。"①

中华全国文艺界抗敌协会设理事会，日常工作由总务部负责，总务部主任始终由老舍担任。老舍给李何林的信，即是以总务部主任身份发出的。在信中，老舍还附了文协总会致文协昆明分会的函。内云："总会此次遵照六届年会决议案，发起募集援助贫病作家基金运动，各方无不热烈响应，良深感奋。查抗战以来，作家固守岗位，从事民族解放事业，七载于兹，任劳任怨，唯民族解放是从。年来生活益形艰苦，贫病交迫，几达绝境。若仍不设法自救，则制造供应人民精神食粮之作家行将无法生存，其影响民族精神之巨，何可言喻。贵分会与本会唇齿相关，呼吸与共，尚望酌量当地情形，展开此项运动，勉力捐募，俾收更大效果。"②

17 日，停顿已久的中华全国文艺界抗敌协会昆明分会，在民教馆民众剧社召开第四届全体会员大会，选出新一届理事、监事。③ 20 日晚，文协昆明分会召开联席会议，推选常务理事、监事，云南大学教授徐梦麟当选为理事长，西南联大教授闻一多被推选为常务理事。④

昆明文协改选后，展开的第一项工作就是为贫病作家募捐。9 月 26日，昆明文协分会募集到 12 万元，除将 1 万元就近援助昆明分会前任理事

①　郭沫若：《新文艺的使命——纪念文协五周年》，转引自文天行编《中华全国文艺界抗敌协会资料选编》，四川省社会科学院出版社，1983，第 212 页。

②　《援助贫病作家，展开募集运动，文协总会致昆分会函》，《云南日报》1944 年 9 月 8 日。

③　《文协昆明分会昨召开会员大会，改选理监事及讨论提案》，《云南日报》1944 年 9 月 18 日，第 3 版。

④　《昆文协分会推定常务理事》，《正义报》1944 年 9 月 25 日。

迟习儒先生，并留存 1 万元外，其余 10 万元全部寄往文协重庆总会。①

这次募捐中，西南联大非常活跃。报载："自本市发起援助贫病作家募捐运动以来，联大中文系国文学会首先响应，号召同学参加募捐，参加者计有外文学会、新诗社、神曲社、熔炉社等团体，和《论艺术》《现实》《文艺》《学习》《生活》《潮汐》等壁报社，及个别同学，共已发出捐册一百一十本，一周内已募集四十五万元。"同条消息中还报道："该校教授闻一多为响应此项运动，特愿为人刻章十只，每只二千，全部收入捐贫病作家，石自备，并送刻边款，以志纪念，收件处在青云街自由论坛社。"② 后来，闻一多仅经联大新诗社，就捐出了 11500 元。③

上条消息中提到的西南联大新诗社，是何孝达、沈季平、施载宣、康倪、赵宝煦、黄福海、周纪荣、赵明洁、段彩楣、施巩秋、王永良、万绳楠等一些爱好新诗的同学，于 6 个月前刚刚成立的一个社团。他们利用各自关系，举办诗歌朗诵会等活动，积极展开募捐。在 9 月底全校募集的 45 万元中，新诗社就占了 15 万元。④ 10 月 9 日，新诗社举行成立半周年纪念晚会，到会 200 余人中，有西南联大、云南大学、中法大学等校 14 位教授和昆明文化界人士、大中学学生。晚会开始时，首先由闻一多宣读了有冯至、楚图南、李广田、尚钺等 123 人签名的《给贫病作家的慰问信》。全信云：

> 至亲至爱的朋友们：
>
> 在这几十天的奔忙中，我们为你们捐到了一些钱，我们敢说：这些钱的用处是非常正当的。我们相信这些钱不特能买回你们的健康，也买回了我们的觉悟，我们知道你们为什么贫，为什么病，你们的生病，正是人们痛苦的结晶啊！
>
> 无论你们怎样的受欺侮受迫害，你们的血泪却滋养着我们对强

---

① 《援助贫病作家捐款，文协昨汇出十万元》，《云南日报》1944 年 9 月 27 日，第 3 版。

② 《援助贫病作家，联大同学踊跃募捐，一周内已募获四十五万》，《云南日报》1944 年 9 月 29 日，第 3 版。

③ 《国立西南联合大学中国文学系国文学会经募捐援助贫病作家基金总公布》，《云南日报》1945 年 2 月 3 日，第 4 版。

④ 《援助贫病作家，联大同学踊跃募捐，一周内已募获四十五万》，《云南日报》1944 年 9 月 29 日，第 3 版。

暴的愤恨和对自由的渴望。今天，你们不再是孤立的，你们的语言，将被我们举起，当作进军的旗帜。

人民的呼声是最响亮的，让那些枉死者也站在我们的行列中一齐叫喊吧！当千万声音合成一个声音，那就会把黑暗震塌的，这——就展开了你们的前途和我们的前途！

向你们致最高的敬礼！[①]

慰问信宣读后，开始诗朗诵。西南联大叶传华同学首先朗诵了刚刚创作的《心脏的粮食》，外文系闻家驷教授朗诵了法文诗，冯至教授朗诵德文诗，闻一多朗诵了鸥外鸥的《第二次世界大战的讣闻》和《被开垦的处女地》。这次朗诵会上，楚图南朗诵了他翻译的惠特曼的《大路之歌》和涅克拉索夫《在俄罗斯谁能欢乐而自由》长诗中的一段。《五月的鲜花》《黄河大合唱》的词作者光未然（张光年）朗诵了战地女演剧队员、其妹张帆的长诗《我们是老百姓的女儿》。压轴的是联大孙晓桐同学，她朗诵的是《阿拉伯人和他的战马》。朗诵结束后，与会者还进行了讨论，发言者有联大沈有鼎教授以及楚图南、吕剑、李何林等人。最后，由闻一多做总结。[②]

其后，新诗社继续进行募捐。他们还选出部分习作，通过昆明《扫荡报》副刊编辑吕剑的支持，在《扫荡报》副刊上开辟了"七月诗页"，并把它抽出单印，上面加盖了新诗社导师闻先生题写的"为响应文协援助贫病作家基金运动义卖"字样，由大家拿到市区义卖。义卖及募捐共募集到36万元，[③] 在全国大后方各城市此次募捐总数300多万元中，占了1/10。

此外，在南菁中学组织的募捐中，罗庸、闻一多、雷海宗教授特前往演讲动员。[④] 南菁中学这次共募集到51610元捐款，[⑤] 后来曾昭抡、伍启元等教授还与校外人士楚图南、李公朴、光未然、赵沨、常任侠、叶

---

① 《诗人们的歌吼》，《自由论坛周报》第5期，1944年10月22日。

② 《诗人们的歌吼》，《自由论坛周报》第5期，1944年10月22日。

③ 史集：《闻一多先生和新诗社》，《云南师范大学学报》1987年第2期。

④ 《援助贫病作家，南菁展开募捐》，《云南日报》1944年9月28日。

⑤ 《援助贫病作家捐款，雷本聪捐十二万元，南菁师生捐五万余元》，《云南日报》1944年10月8日，第3版。

以群等，从自己的版税或稿费中捐出 1000 元。[①]

与此同时，一些教师还在兼课的学校进行了动员。在昆华中学兼任国文教员的闻一多，向班联会（即学生自治会）主席王明同学介绍援助贫病作家意义，王明马上约了各班学习委员统一思想，并得到在昆华中学初中部任教导主任的联大同学王云的支持。他们征得校长徐天祥的同意后，由学生自治会发起，决定以班为单位在校内校外开展募捐工作，并为此召开了全校动员大会。这次千余人的大会，在《牺牲已到最后关头》和《大刀进行曲》等抗战歌曲中拉开帐幕，闻一多与云南大学教授楚图南、尚钺做了动员报告。王明回忆说：会后"全校师生都动员起来，有钱捐钱，有物献物，开展募捐工作。由于昆中系云南同学，亲属和社会关系比较广泛，通过爱国人士、社会贤达也募捐了许多钱。据最后总结，开展募捐的学校，昆中名列第一"。[②]

这次募捐中，昆华中学共募集到 38 万元。[③] 闻一多在向昆华中学同学进行动员时，表示自己也要用刻图章的刀参加援助贫病作家运动。后来，他刻了 20 多枚图章，所得款项可解决两位贫困作家一年的生活。[④] 为了勉励积极参加募捐工作的学生，闻一多特意为王明等人赠刻了图章，其中沈其名同学珍藏的一枚边款上刻有"援助贫病作家纪念　闻一多赠刻"，这是对沈其名领导的小组在募捐中名列昆华中学第一名的奖励。

西南联大为援助贫病作家的努力，得到中华全国文艺界抗敌协会总会的充分肯定。10 月 13 日，文协总会特致函西南联大中文系、国文学会、新诗社，对他们的成绩表示衷心感谢，全文如下：

> 文协昆明分会转闻一多诸先生并转西南联大中文系、国文学会、新诗社……诸同学：
>
> 　　这次我们发起募集援助贫病作家基金运动，得到诸先生和诸同学的热烈响应与实际的援助，我们有大的安慰和深刻的感想。这里我们仅代表坚守岗位服务于民族解放事业的作家群，向诸先生和诸同学致谢！

---

① 《援助贫病作家捐款，在作家和学生中普遍展开》，《云南日报》1944 年 10 月 9 日，第 3 版。
② 王明：《闻一多先生在昆华中学》，《云南文史丛刊》1986 年第 3 期。
③ 笔者访问王云记录，1987 年 11 月 23 日。这笔捐款，是经王云之手上交的。
④ 王明：《闻一多先生在昆华中学》，《云南文史丛刊》1986 年第 3 期。

作家的普遍贫病甚至过早的死亡是我们中国的特产——一个严重的社会问题，一个文化悲剧。因此援助贫病作家不等于"慈善事业"，它是带有一种崇高的文化运动意义的。因为这就是对于促使作家贫病的恶劣环境的一种抗议；因为这就是用社会的大众的力量去保护人类的精华——人类的灵魂技师，推进抗建文化的一种运动；而这又正是文化工作者"文人相助"的一种团结运动，和以另一种形式争取学术言论出版自由的民主运动。

作家的贫病和过早的死亡，政治的原因多于经济的原因。关于捐款用途，我们除开援助贫病的作家外，其余当用在文艺事业和作家福利设施方面，如提高会刊《抗战文艺》稿费，文艺奖金，以及举办作家宿舍等等。

谢谢诸先生和诸同学的热情和实际的援助，我们将在工作上来答谢你们。

握手。

中华全国文艺界抗敌协会总会敬启
三十三年十月十三日，渝①

昆明的募集援助贫病作家基金活动正式结束于 1945 年 2 月。募捐完成后，西南联大国文学会在报纸上公布了明细，其中西南联大经募的捐款数额为：新诗社 354000 余元，国文学会 20 万余元，外文学会 18 万余元，《生活》壁报 136000 余元（136357 元），《论衡》壁报 118000 余元（118865 元），《潮汐》壁报 75000 余元，"神曲社" 7 万元，《学习》壁报 49600 元，《文摘社》18000 余元，《文艺》壁报 15000 元，《现实》壁报 13000 余元（13068 元），《民主》壁报 11000 元，"熔炉社" 800 元。此外，温功智同学还单独募集了 12000 余元，裴毓荪同学募集了 5000 余元，彭允中同学募集了 4000 余元，王刚同学募集了 650 元。对于这次援助贫病作家基金运动，云南省政府对也给予很大支持，省政府主席龙云带头捐出 20 万元，其长子龙绳武、三子龙纯曾亦

---

① 《联大募款救济作家，文协总会来信致谢》，昆明《扫荡报·扫荡副刊》第 195 号，1944 年 10 月 19 日。

各捐 1 万元。[①] 这些捐款，全部交给文协昆明分会，文协昆明分会声明"国文学会开来清册共计一百六十二万一千四百四十元正，除去该会印捐册购买笔墨纸张及信封等共用去三千元外，共交本分会一百六十一万八千四百四十九元正。（除前已交一百五十五万元业在十二月二十六日于《扫荡报》公布外，后又续交六万八千四百四十九元正，已全数交清。）"[②] 这次募捐，全国共募得 300 多万元，而西南联大就占了 1/2。

　　西南联大的这次援救贫病作家运动带有鲜明的政治倾向，不是普通意义的救济行为，而是抗战胜利前夕昆明民主运动的一个组成部分。这次救助的对象虽然是贫病作家，却是对现实统治的抗议呐喊，是抗日战争时期昆明的一次广泛民众动员，发挥了团结各个阶层参加民主运动的作用。

　　西南联大的各种捐输，是师生们参与抗战的具体实践，一些同学在回忆文章中也常有提及。但是，除了宏观介绍外，还需要从组织、动员、实施等方面进行综合性研究，以弥补西南联大研究中的这一薄弱环节。

---

① 《国立西南联合大学中国文学系国文学会经募捐援助贫病作家基金总公布》，《云南日报》1945 年 2 月 3 日，第 4 版。该公告记录甚详，有经募人、捐款人、详细数额等，但因纸张粗糙，字迹多有漫漶，虽查阅云南省图书馆、云南大学图书馆所存报纸及全国缩微中心制作胶卷，仍未能全部识别，故仅录其大略。

② 《中华全国文艺界抗敌协会昆明分会启事》，《云南日报》1945 年 2 月 3 日，第 4 版。该启事后又有另一启事，称未及汇入募捐明细总账之私立天祥中学经募 14.1440 万元，已由云南日报社收转本分会。

第五章　诗书丧，犹有舌：抗战宣传

把对国家对社会的责任摆在人生的首要位置，是中华民族代代相传的优秀传统，这一品质在西南联大得到充分表现。抗日战争时期，"书生报国"是知识分子思考最多的问题，知识分子有多种报国途径，利用自身的知识优势参加抗战、支援抗战，无疑是知识精英义不容辞的责任。本章所述，即西南联大文人抗战的若干努力。

第一节　民众动员

抗日战争是一场决定民族存亡的自卫战争，宣传抗战意义，动员民众支援战争，始终是最重要的一项任务。作为接受高等教育的大学生，虽然不能拿起枪杆与敌人直接搏斗，但并没有忘却一个大学生应有的责任和义务。其中民众动员，在他们的战时生活中，就有可圈可点的表现。

一　兵役宣传

西南联大学生开展的兵役宣传是这所学校参加抗战动员的一项工作，由于这方面的活动不多，能够利用的材料也很分散，以致目前鲜见这方面的研究成果。然而，兵役宣传是西南联大努力抗战救国的一项具体实践，不应被历史忘却。

兵役制度是现代国家为了强国而实施的一种兵员动员、征集、补充制度。中国的兵役制度建立得很晚，1924 年国民党第一次全国代表大会宣言虽然提出"将现行募兵制度，渐改为征兵制度"，但一直到九一八事变后，才在形势所迫下加紧制定《兵役法》。这部《兵役法》于 1935年完成修改，国民政府明令自 1936 年 3 月 1 日实行。随后，国民政府发布推行兵役制度的国民令，指出："凡我国民，须知服行兵役，为人人应尽之义务……征兵制度，为充实自卫力量根本要图，各国行之已久，急起直追，未容再缓。务期全国人民，一致醒悟，共策进行。"①

全面抗战爆发后，中国军队经过多次军事行动，兵员受到极大损耗，补充兵员成为对敌作战最紧要的任务之一。但是，役政方面存在的借机贪污、营私舞弊、派征不平、兵士待遇低下等弊端，严重妨碍了兵员征集。为此，当战争进入相持阶段的 1940 年，国民政府召开了全国兵役会议，西南联大的兵役宣传就是在这一背景下进行的。

1940 年寒暑假，西南联大开展过两次兵役宣传。这年开春，三青团分团部与由中共地下党员和进步同学为主组成的"群社"分别组织了兵役宣传，两队宣传的地点和效果有明显不同。虽然兵役宣传是为了动员民众参加抗战，但有些人并不是抱着这个目的参加的。西南联大三青团招募宣传队员的布告上写着"环湖兵役宣传"，张维亚同学看了，心想若能围着"昆明湖"（即滇池）走一趟，一定很有意思，可以长不少见识，于是报名参加了三青团组织的兵役宣传队。② 这种现象，说明三青团选择的地点在滇池四周，这对同学有吸引力。

三青团组织的兵役宣传队共三四十人，他们从昆明出发，沿公路南行，经呈贡、晋宁，绕到滇池南端的昆阳后往再北行，然后折头向东。宣传的地点都在县城，每到一个县城，就利用学校或其他空旷场地，由几个人组成歌唱队，演唱一些歌曲，然后就结束了。张维亚说："在我记忆中，听众不多，常常是零散地站在周围的 10 岁左右的学生和一些居民。齐唱的歌曲给我留下的印象不深，歌词和歌曲都很平淡不吸引人，甚至连我们都不容易听出歌词的意思，何况当地的居民和学生呢！"总的来说，张维亚的印象是"这种格式化的歌唱宣传，单调、死板、不生动活泼，它的效果是不言而喻的"。③

让张维亚不满的不仅是宣传效果与想象有距离，还有作为领队的三青团负责人的做派。张维亚不记得那个人的姓名，但记得年龄比他们大得多，30 多岁，每到一个县城，就穿起深色、整洁、质量考究的中山装布置宣传工作。返回昆明的前一天，宣传队要在一个镇上住宿，可三青团的几个负责人互相闹意见，直到天黑还没解决大家的住宿和吃饭问题，

---

① 虞和平主编《中国抗日战争史料丛刊》（208 政治·外交），大象出版社，2016，第 54 页。
② 张维亚：《两次兵役宣传活动》，《云南文史资料选辑》第 34 辑，第 439 页。
③ 张维亚：《两次兵役宣传活动》，《云南文史资料选辑》第 34 辑，第 439～440 页。

这让张维亚很不满，于是来了一个恶作剧。夜幕降临时，他偶然看到在院子角落放着兵役宣传队的旗子，就和同去的外文系彭克咸同学，找了把刮须刀片，两人一面聊天，一面若无其事地将刀片在这捆旗子上深深地划了进去。① 事后，三青团的人怀疑是群社混进宣传队的人干的，可又找不出把柄。

与此同时，群社组织的兵役宣传队也出发了。陈梦熊同学在日记中记载他参加的是第四队，由此推知，群社组织的兵役宣传队至少有四个队，不像三青团组织的只有一个队。陈梦熊和两个同学是 2 月 9 日上午作为先遣队出发的，这天也是三青团兵役宣传队出发的日子。和三青团兵役宣传队不同，群社组织的兵役宣传队不是环绕滇池，而是到人口较多的交通要道，而且宣传对象主要是农民。陈梦熊去的是昆明东郊的板桥镇。陈梦熊对板桥镇并不陌生，1938 年春他参加的长沙临时大学湘黔滇旅行团就曾经路过这里，在这里还进行了休整，然后才整队入城。陈梦熊一行到板桥镇后，先与镇长及区公所进行了联系，次日迎接了宣传队后续的 20 余人。当晚，他们放映了抗战电影；11 日上午下乡访问军属，下午召开民众大会。由于会场不太好，晚上还开了检讨会，看来效果也不很理想。他们去板桥镇连去带回共 3 天，12 日结束返校。②

张维亚也参加了群社组织的这次兵役宣传，他去的是昆明西北郊的富民县龙潭街。从张维亚回忆看，在龙潭街的宣传效果还是不错的。富民县距昆明 20 公里，地处川藏、滇北入滇要津，元朝以来就有"滇北锁钥"之誉。兵役宣传队的活动方式是话剧演出、歌曲表演和用谈天形式宣传抗战。张维亚说："由于宣传的内容丰富，参加演出和歌唱的同学，都像是为他们自己做一件必须要做好的事一样，那样热情，那样认真，将自己融合到宣传的节目中去，效果自然是逼真而感人的。"

他们到龙潭街时，也正巧是赶街的日子，利用赶街宣传抗战是再好没有的机会了。宣传队和熙熙攘攘的农民欢聚一堂，情形非常热闹。那天，宣传队演唱了抗战歌曲《救亡三部曲》等，还演出了街头剧《放下你的鞭子》、广场剧《汉奸的子孙》等。由于同学用了新学会的昆明方

---

①　张维亚：《两次兵役宣传活动》，《云南文史资料选辑》第 34 辑，第 440 页。

②　陈梦熊：《联大生活日记（1940 年 1 月—1941 年 3 月）摘抄》，《西南联大北京校友会简讯》第 14 期，1993 年 10 月。

言演出这些剧，所以很受农民欢迎，而抗战歌曲也与话剧一样，激发着人们对敌人的同仇敌忾。

群社组织的兵役宣传队在宣传方式上，还采取了和农民谈天的方法。谈天中，常有人问"为什么强迫独子去当兵"，在一个村子里，一位老大妈的独生子被拉去当兵，这家人就要求队员们给她想办法。队员们回答不了这些问题，但同情心是农民们都能感受到的，因此离开龙潭街前，"同学和农民们三五成堆地坐在草地上促膝谈心，好像是一见如故的老朋友一样"。当时，张维亚还向农民们学习用当地语言来说"打倒日本"和"明天我们回去了"，这几句云南话张维亚一辈子都没忘。

兵役宣传队在宣传的同时，自己也受到教育。在村子里，他们看到农民生活十分贫困，很难吃上菜，主要是烧点辣椒就饭，有时能沾点盐水就很不错了，因吃的盐都是缺碘的岩盐，许多人都患甲状腺肿大的大脖子病。卫生条件就更不用说了，许多人都患有眼病，眼睛发红，不断流泪，有的甚至瞎了。① 张维亚说：目睹社会底层的贫苦生活，对宣传队员们也是一个很大的收获。②

全国兵役会议结束后，国民政府又于1940年中召开了全国兵役宣传会议，并经蒋介石批准，将当年7月1日至次年6月30日定为"兵役改进年"。西南联大开展的第二次兵役宣传，就出现在全国兵役宣传会议后的8月里。这次兵役宣传的发动者是西南联大学生自治会，计划利用暑假组织一次兵役宣传周，宣传地点以昆明近郊及县属八个区为范围，宣传的方式有演讲、街头抗战剧演出、演唱抗战歌曲、出壁报漫画以及访问出征军人家属等。③ 经与有关机构联系，最后确定了龙头镇、束村、龙潭街、马街子、荒庄、官渡、大板桥、小坝等8个地点。④

这次兵役宣传，原计划在八一三这个有纪念意义的日子出发，不知什么原因展至18日启程。18日出发的宣传队，前往的是属于内区的马街子、小坝、官庄、官渡、龙头镇等地。两天后的20日，第二支宣传队

---

① 李凌：《记昆明的一个职工读书会——联大校外活动生活回忆片段》，《笳吹弦诵在春城》，第279～280页。

② 张维亚：《两次兵役宣传活动》，《云南文史资料选辑》第34辑，第440～441页。

③ 《联大动态·兵役宣传》，《云南日报》1940年8月11日，第4版。

④ 《联大学生举行兵役宣传》，《云南日报》1940年8月12日，第4版。

出发了，他们到达的是大板桥、龙潭街、东郊等属于外区的地方。① 参加这两个宣传队的同学人数，据《云南日报》报道为 260 余人，宣传队的内容，包括"从事对乡民详解兵役法规，及访问抗属，每队并配有戏剧壁报漫画等"。②

参加春季兵役宣传的陈梦熊，这次又参加了 20 日出发的宣传队，不过由于要和一些同学赶排宣传兵役时准备演出的话剧，所以 21 日方与 80 多位同学一起出发，当天下午 3 时到达板桥镇。到板桥镇后，他们稍事休整，就马不停蹄进行兵役宣传，当天晚间上还举行了营火会。与他们同来的曾昭抡教授，也参加了营火会，陈梦熊用"情绪热烈"四字形容当时的气氛。22 日是当地集市，上午空不出场地，便在下午召开乡民大会，演出了一个活报剧。23 日，他们下乡宣传，晚间召开乡民大会，到会千人以上，有些拥挤不堪。晚上，他们又演出了几个话剧。宣传结束后，队员们很兴奋，连夜举办联欢会，至午夜 1 时始散。24 日，全体队员在黄龙潭开检讨会，会后乘火车返回昆明。③

后来加入中共地下党的李凌那年 15 岁，刚自香港到昆明考入同济高中，因住在西南联大，就也参加了龙潭街的兵役宣传。④ 李凌说他们到龙潭街后，除了演出《放下你的鞭子》，还演唱了抗日歌曲，其中一首歌的歌词是："日本人，真可恨，杀我同胞烧我村，到一省，杀一省，到一村，杀一村，杀完了中国老百姓，好把日本鬼子代替中国人！"还有一首歌曲的歌词为："同胞们啊，细听我来讲，我们的东邻，有一个小东洋，几十年来练兵马，东亚的称霸强，一心要把中国亡……"这些歌词浅白易懂，大家事前印了些简谱，演唱时把歌词贴在黑板上，边唱边讲解，让听的人都能明白抗日道理。⑤

---

① 《联大兵役宣传队定期出发》，《云南日报》1940 年 8 月 18 日，第 4 版。
② 《联大学生宣传兵役》，《云南日报》1940 年 8 月 27 日，第 4 版。
③ 陈梦熊：《联大生活日记（1940 年 1 月—1941 年 3 月）摘抄》，《西南联大北京校友会简讯》第 14 期，1993 年 10 月。
④ 李凌：《记昆明的一个职工读书会——联大校外活动生活回忆片段》，《笳吹弦诵在春城》，第 280 页。
⑤ 据李凌给笔者的信（2010 年 7 月 23 日）。李凌在信中说他参加的是群社组织的兵役宣传队，实际上应是学生自治会组织的，因当时学生自治会已经掌握在以群社为主的进步同学手中，故李凌把学生自治会当作群社了。

兵役宣传队回到学校后，26 日举行了一次联欢大会，可见同学们对这次宣传活动很满意。陈梦熊在回顾 1940 年西南联大的生活时，特别指出大板桥的兵役宣传是当年两项规模较大、影响也较大的活动之一。[①]

二 军营慰劳

比起兵役宣传，西南联大同学参加的劳军活动更加有声有色。经过修订的《国立西南联合大学校史——一九三七至一九四六年的北大、清华、南开》一书记载道："1942 年以后，昆明基督教青年会军人服务部和学生救济委员会多次组织联大学生参加假期工作队，先后到滇军步兵第一旅、暂编第二十二师以及昆明近郊的第五军等部队去进行劳军活动。"[②] 这句话很简短，但由于劳军生活丰富多彩，而且对西南联大后期十分活跃的"剧艺社""高声唱"两个学生社团的诞生起到催生作用，所以当年参加劳军的同学的脑海中都有深深的记忆。需要强调的是，联大学生参加的劳军服务不仅是一般意义上的军中慰劳，还有着鲜为人知的背景。这里介绍的是对暂编第十八师和暂编第二十二师的劳军。[③]

暂编第十八师和暂编第二十二师，都是国民革命军序列中的滇军部队。抗战初期，滇军主力第六十军开赴前线后，留守云南的部队另外组建了隶属滇黔绥靖公署的 7 个步兵旅。1943 年，这 7 个旅改编为 6 个师，即暂编第十八师至第二十三师，建制上属于 1940 年从江西调回云南重组的第一集团军，任务是与国民党嫡系部队第九集团军共同阻止日军由滇南进入昆明。《国立西南联合大学校史》中所说的"滇军步兵第一旅"，即暂编第十八师。由于云南省政府与西南联大关系融洽，所以这两个师的官兵都欢迎联大同学来军中慰劳。

---

① 陈梦熊：《联大生活日记（1940 年 1 月—1941 年 3 月）摘抄·前记》，《西南联大北京校友会简讯》第 14 期，1993 年 10 月。

② 西南联合大学北京校友会编《国立西南联合大学校史——一九三七至一九四六年的北大、清华、南开》（修订版），北京大学出版社，2006，第 81 页。以下简称《国立西南联合大学校史》。文中的"昆明基督教青年会"应是"云南基督教青年会"，"滇军步兵第一旅"是暂编第十八师改编前的番号。

③ 西南联大同学到属于滇军系统的暂编第十八师劳军慰问后，驻守昆明的国民党嫡系部队第五军传出一些风言，意思是偏心云南部队。为此，西南联大同学在 1944 年暑假慰问暂编第二十二师的同时也组织了到第五军的劳军，这一过程在本书从略。

　　说到选择去暂编第十八师和暂编第二十二师，就不能不说到与西南联大关系密切的云南基督教青年会学生处执行干事李储文。李储文是位有牧师身份的中共地下党员，1939 年任上海基督教学生团体联合会主席，1940 年从沪江大学毕业后就从事基督教青年会的学生工作。太平洋战争爆发后，李储文逃离上海来到重庆，在南方局见到周恩来。周恩来让他以中华基督教青年会干事身份去缅甸的中国远征军青年会军人服务部工作，但李储文于 1942 年 5 月到昆明时，经腾冲去缅甸的路已被日军破坏。李储文把这一情况报告给周恩来的政治秘书龚澎，龚澎告诉他，周恩来让他留在昆明为发展抗日民族统一战线工作。[①]

　　李储文到昆明不久，从云南基督教女青年会吴壬林那里得知西南联大有进步力量，几个月前还举行了"讨孔游行"，便产生了在西南联大开展工作的念头。李储文先是打算在西南联大建立一个学生服务处，为此拜见了梅贻琦。梅贻琦听了李储文的设想，表示同意，并把紧邻联大南院的一块约一亩大小的荒地划拨出来。1943 年初，经过一番筹备，云南基督教青年会首先成立了昆明学生救济委员会。秋季，学生服务处的房子建好了，正式亮出"云南基督教青年会学生服务处"的牌子，李储文以执行干事身份，主持学生服务处工作。[②]

　　云南基督教青年会学生服务处虽不属于西南联大，却很快成为联大同学经常光顾的地方。在这里，阅览室里备有包括《新华日报》在内的各种书刊，茶室里提供免费茶水，礼堂除供开会外还放映反映世界各战场实况的美国新闻片。淋浴房因自掘深井，供水有限，接待的同学不多，但也解决了一部分同学的生活难题。最受同学欢迎的是学生服务处的早点，当时，大部分同学上午都是空腹上课，中午才能吃到饭，这种情况在周锦苏的回忆文章中有如下描写："新校舍的伙食团都是只开两餐，不管早点的。谁想吃早点，新校舍门口食品摊点有的是，从豆浆、糯米饭到鸡蛋，油煎饼，花色繁多，可是对穷学生来说，价格就不能说是便宜了，天天能吃上早点的人不多。许多同学都是早上起来洗个冷水脸，就

①　参见高渊《百岁李储文：我亲身经历的西南联大》，《解放日报》2016 年 10 月 11 日，第 6 版。

②　李储文：《忆西南联大学生服务处》，《中共党史资料》2008 年第 1 期。

悄然抱着书本上课去了。有一天早晨，我实在想吃一顿早点，便向一位年龄比我大，我很尊敬但尚无深交的同学借几块钱。不料他惨淡地向我一笑，黯然说，'我已经一两年不知道早点的滋味了。'他那苦笑的神情，我至今不能忘怀。而我自己虽然重庆家里每月还能给我寄一点生活费，每个礼拜也平均吃不上三次早点。"① 正是看到这些，李储文就让妻子章润瑗请两个学生帮忙，和三个工人清早三四点钟就开始做馒头，因为有基督教青年会资助，能够以低于成本价的价格供应每人一大碗豆浆和两个馒头。这件事做得太及时了，联大同学闻讯后纷纷前来吃早餐，最多时达900多人。② 2007年西南联大建校70周年时，各地校友齐聚清华大学举行庆祝，一些七八十岁的老人一见到李储文，就热情地叫道"馒头！馒头！"③可见这一义举在他们当年生活中有多么重要的作用。

这期间，李储文经吴壬林介绍，认识了在暂编第十八师担任营长的朱家璧。朱家璧是云南龙陵人，早年在滇军军官团学习，后考入南京中央军校第八期，毕业后回滇军任职，1938年2月辗转到延安，入抗日军政大学学习。在延安抗大，朱家璧加入中国共产党，并参与起草了《我们对于将来回云南及滇军中工作意见的报告》，主动提出回云南工作。1940年9月，中央组织部批准了朱家璧回云南的请求，朱家璧途经重庆时，周恩来又对他回滇军工作做了具体指示。④ 朱家璧与李储文见面时，建议组织联大学生到滇军中去活动，李储文接受了这个建议，于是有了联大同学的劳军服务。⑤

以云南基督教青年会军人服务部名义组织的劳军，主要对象是滇军系统的云南地方部队，其中一次去的是暂编第十八师，时间为1944

① 周锦荪：《在那些清贫的日子里——从"稀饭伙食团"说起》，西南联合大学一九四四级通讯编辑小组编《国立西南联合大学一九四四级通讯》（终篇），2006年8月，第66页。

② 高渊：《百岁李储文：我亲身经历的西南联大》，《解放日报》2016年10月11日，第6版；李储文：《忆西南联大学生服务处》，《中共党史资料》2008年第1期。

③ 高渊：《百岁李储文：我亲身经历的西南联大》，《解放日报》2016年10月11日，第6版。

④ 参见卓人政《在滇军做地下工作的朱家璧将军》，《中华魂》2006年第11期。

⑤ 李储文：《忆西南联大学生服务处》，《中共党史资料》2008年第1期。

年 7 月。① 这次劳军的队长是校园舞台上颇有名气的施载宣（后改名萧荻），副队长是校园诗人何孝达（后改名何达），队员有罗长友、程法侃、张源潜、游继善等。此外，因校内组织到的女同学不够，从昆华女中挑选了张琴仙等高中学生，所以有些报道说这支劳军队由西南联大和昆华女中学生组成。至于劳军队的名称，在不同当事人的回忆中有不同的表述，有的称劳军服务队，有的称劳军宣传队。劳军队的领队，为云南基督教青年会军人服务部干事辛志超，是位毕业于燕京大学宗教学院，参加过一二·九抗日救亡运动，担任过宋庆龄、李德全组织的全国基督教青年会豫陕军人服务部负责人的进步人士。

在暂编第十八师，劳军队慰问了一个多月，开展了许多工作。队长萧荻本是群社的活跃分子，还秘密组织过社会科学研究会，皖南事变后疏散到滇西龙陵县立中学教书，不久在朱家璧的诚邀下，随朱到大理带新兵，后移防小龙潭。1942 年，他在军中组织前锋剧团，既为战士们服务，也常深入深山老林动员群众积极备战。② 萧荻是 1944 年 2 月回校复学的，由他担任劳军队队长，就因他有这段经历，熟悉如何在军中开展宣传工作。萧荻不负众望，在这次劳军中施展了自己的经验，使文艺演出丰富多彩。

文艺演出是劳军的主要形式，从表演节目的内容看，突出了两个重点，一是歌颂抗战，一是反对分裂。歌颂抗战方面，大家演唱了《大刀向鬼子们的头上砍去》《我们在太行山上》《游击队之歌》等歌曲。其中有一首《平原也能打游击》，讲的是冀中地道战，歌颂根据地军民在艰苦条件下坚持抗日的功绩。反对分裂方面，演唱的歌曲中包括"枪口对外，齐步向前，不杀老百姓，不打自己人"等内容。这些反映全民抗战

---

① 阎安素在回忆钱泽球的一则材料中写道："1943 年夏他和阎安素、王文俊、吴祖绪等 40 多位同学参加了基督教青年会军人服务部和昆明学生救济委员会联合主办的劳军工作队，由李储文领队，乘火车顺滇越铁路来到滇南建立的滇军暂编第二十二师中劳军。钱泽球和阎安素被分配到青年连队做宣教工作。这些来自云南农村的青年士兵，诚实忠厚，活泼可爱，与之朝夕相处，一起生活，相互关怀，友谊情深，结业时依依不舍。"（见许泽麕等《怀念钱泽球同学》，《云南文史资料选辑》第 34 辑，第 292 页）但笔者未能发现有关这次劳军的其他材料，故暂不涉及。

② 《我行我见——〈羊城晚报〉老报人萧荻回忆西南联大的岁月》，《羊城晚报》2005 年 8 月 29 日。

的节目，传达了全国人民的心声，得到官兵们的共鸣。①

劳军队出发前已做了些准备，演出中也特别投入。节目中有一出独幕剧《锁着的箱子》，原作者是胶东根据地剧作家左平（倪佐平），经张源潜改编，由萧荻导演搬上劳军舞台。这出剧讲的是游击队员消灭日军的故事，一次演出时，扮演游击队员的演员冲了上来和扮演日军士兵的演员争夺枪支，不慎把扮演日军士兵的李凌的右手中指掰成两段，立即血流如注，痛彻心扉，至今李凌右手中指还留着伤痕。②

暂编第十八师驻地分散，劳军队要到各个营、连去慰问，有时自己扛着行李、服装、道具，但想到这也是为抗战，同学们就个个争先恐后，毫无怨言。那时的士兵都是农民，大多不识字，当兵后几乎和家人断绝了联系，劳军队有一项任务，就是替他们写家信。大学生为士兵写家信，这是件看起来没什么了不起的事，却把同学和士兵的距离拉近了。如果说写家信是劳军队出发前就有的计划，为士兵们缝补衣服则是下到连队才意识到的需求，于是女同学又增添了一项任务。③

到暂编第二十二师的劳军，材料相对较多的是 1944 年寒假和 1945年暑假的两次。1944 年寒假的劳军，由于有了暑假的劳军体验，筹备工作做得尽量周全，刚刚当选学生自治会理事会三常委之一的齐亮担任劳军队队长，④ 15 名队员中 13 人是联大学生，他们是李明、裴毓荪、王松声、黎章民、李凌、李晓、罗长有（罗永光）、胡邦定（李定）、温功智（闻功）、李志的（李之）、周锦荪（丁怡）、陈月开、马如瑛（黎勤）。这些同学，都是追求进步且各有特长的活跃分子，用"兵强马壮"比喻这支队伍毫不过分。这次劳军，由李储文亲自担任领队，出发前还主持召开了一次预备会。会上，李储文除介绍暂编第二十二师的情况外，还明确指出这次劳军的任务为开展政治教育、进行文艺演出。

既然有文艺演出，就得准备些节目。李储文按照青年会的传统，希望大家带点有洋味的节目，还请了位美国人教大家跳一种方阵舞。舞姿

---

① 据李凌 2010 年 7 月 23 日给笔者的信。
② 据李凌 2010 年 7 月 23 日给笔者的信。
③ 据李凌 2010 年 7 月 23 日给笔者的信。
④ 齐亮是中共党员，1945 年西南联大毕业后，曾任重庆沙坪坝区中共区委书记，1949 年被捕，当年在渣滓洞中美合作所被杀害。

是四对男女青年相对而立，跳起相互插花的舞步，有时一对对男女要相互击掌，有时要相视而笑，甚至有个动作要相互窥视。可是，同学们对这种舞提不起兴趣，也跳不出欢快轻盈的舞步，弄得这位教练大失所望。

大家对跳洋舞不感兴趣，但对自己准备的歌咏和话剧饶有兴味。黎章民、陈月开、李凌本是学校"僧音"歌咏队的成员，[1] 黎是指挥，陈是金嗓子男高音，他们很快就准备了一批慷慨激昂的战斗歌曲。王松声、温功智都有表演背景，前者擅长话剧、京剧，后者入联大前就是戏剧专科学校学生，两人演技自然精湛。劳军队里有四个女同学，其中马如瑛抗战前期就参加过舞台演出，颇有经验，很快就准备出了两个独幕短剧。为了角色配对，劳军队从新中国剧社借来一位女演员廖瑞群，她不仅能演戏，而且有副好嗓子，加上性格开朗，立刻就融入这个亲密团结的小团体。

参加劳军的同学都是自愿的，当时在物理系读四年级的周锦苏回忆说，那时他参加了《学习》壁报主编李明组织的秘密读书小组，李明年龄比他大，而且是参加抗战工作后回来复学，经历丰富，在同学中很有威信，大家都叫他"明兄"。劳军队筹备时，李明希望他参加，起初他有些犹豫，因为快毕业了，吴有训让他们每人写篇关于原子构造的读书笔记，自己正沉醉在玻尔的原子结构假设里，想利用寒假完成论文。但是，李明暗示这次劳军带有培育骨干的意义，同宿舍的齐亮也严肃地说"这次去是要做一万人的工作"。这让周锦苏想到近在眼前的严峻形势，想到豫湘桂大溃败时从广西撤退到昆明的"新中国剧社"编唱的长歌《哀金城江》，那哀婉动人的曲调是对敌人残暴行径的控诉。于是，他加入了劳军行列。[2]

昆明的冬天虽然不算冷，但早晚气温仍较低，出发前，基督教青年会学生服务处给每位队员发了件黑色棉大衣，大家穿上久违的寒衣，身上顿感暖洋洋的。这件大衣，成了劳军队的队服。1945 年 1 月 29 日，劳

---

① "僧音歌咏队"是 1943 年在黎章民倡议下组成的一个小型合唱队，最初只有 12 人，且都是男生，故戏称"僧音"。后来，因许多女同学参加进来，便改名为"高声唱歌咏队"。

② 周锦苏：《回忆 1944 年寒假的建水劳军活动》，《西南联大北京校友会简讯》第 48 期，2010 年 10 月。

军队员们穿着黑棉大衣，在暂编第二十二师派来的副官陪同下，乘滇越铁路米轨小火车出发了。米轨火车速度很慢，劳军队第一天到达开远，第二天在碧色寨换乘轨距60厘米的"小小火车"到建水。[①] 暂编第二十二师驻地在建水西部的西庄，从个旧经碧色寨接连石屏的个碧石线从那里穿过，中间有个小火车站叫乡会桥，师部就设在那里。暂编第二十二师师长杨炳麟、副师长李韵涛和部分官兵是从台儿庄战役里摸爬滚打出来的。1937年9月10日，第六十军作为云南第一支抗日部队誓师出发，杨炳麟任第一八二师第一〇七九团团长。1938年4月，在台儿庄会战的禹王山战役中，第六十军旅长陈钟书，团长董文英、龙云阶、严家训英勇阵亡，杨炳麟和另一位团长莫肇衡也身负重伤，接替杨炳麟任团长的陈浩如亦在战斗中牺牲。

经历了血与火考验的暂编第二十二师官兵，向来到西南边陲的大学生们张开了欢迎的双臂。劳军队一到师部，就受到杨师长和李副师长的设宴招待，几位队领导受邀坐在正席，其他同学分散在年轻军官之间。本来，劳军服务队还负有交友的任务，但在敬酒围攻下，只有招架之功，毫无回手之力。[②] 席间，杨炳麟逐个问了同学们的姓名后，笑着对李明、齐亮说：你们两位同学的名字很有趣，一个"明"，一个"亮"，前途光明啊![③] 这样的宴会举行过多次，各个团部和独立高炮营部也都轮着请了一遍，弄得这些年轻学生都有些怕了。在暂编第二十二师，劳军队受到格外关照，大家住在离师部不远一个小村子的一幢二层楼里，里面有较大的会议厅，还有一个设有戏台的操场，这为劳军队开展工作提供了便利条件。[④]

劳军队在行前已经做了充分准备，到部队后的安排也很丰富。联欢是劳军的形式之一，主要方式是一起玩游戏。联大学生社团中有"悠悠

---

① 滇越铁路是根据1903年法国与清政府签订的《中法会订滇越铁路章程》修建的，轨距1米（准轨轨距为1.435米），故称"米轨"。个碧石铁路是工商集资修筑的民营铁路，出于各种因素考虑，采用的是6寸轨距，故称作"小小火车"。
② 周锦苏：《回忆1944年寒假的建水劳军活动》，《西南联大北京校友会简讯》第48期，2010年10月。
③ 李储文：《忆西南联大学生服务处》，《中共党史资料》2008年第1期。
④ 周锦苏：《回忆1944年寒假的建水劳军活动》，《西南联大北京校友会简讯》第48期，2010年10月。

体育会"和"铁马体育会"两个体育会，这次悠悠体育会负责人罗长有也来了，他个子很高，人称"罗长子"，是个体育能人。在暂编第二十二师，罗长有教士兵们玩球类游戏，常常和士兵们玩得满身大汗。师部有位参谋喜爱京剧，唱花脸，王松声就唱青衣，两人因京剧成为至交。周锦荪不会打球，也不会唱戏，但他英文很好，便带去一套美国新闻处提供的介绍海滩作战演习和新式武器的大幅照片，把它们编排成序，译成中文，挂在会议厅里供官兵们观摩。

劳军队无论到什么地方，必然要举行一次演出。每次演出均以歌咏开场，主要是齐唱，15个人全部登台，由黎章民指挥。第一支歌必定是《保卫大西南》。《保卫大西南》是日军打进贵州后我方创作的一首新歌，节奏一开始就连续几个切分，显得坚定有力，号召"西南八千万民众，战斗总动员"。最后，以一句高昂的"保卫大西南"结束。大家把这首歌唱了又唱，越唱越好，越来越铿锵有力，几乎成为这次劳军队的队歌。劳军后期，大家分头下连队教唱，还举行了连队间的歌咏比赛。此外，他们演唱的还有从敌后抗日根据地传来的抗战歌曲，以及苏联歌曲和新疆民歌。其中大家最爱唱的歌是《卢沟桥事变小调》："自从卢沟桥事变起，人人的心里只想杀敌。"这也是一首比较新的歌曲，歌词歌颂了共产党领导下根据地军民准备最后反攻的气势："抗战七年多呵，越打越有主意，建立了抗日根据地，平原也能打游击"，"抢鬼子的枪，夺鬼子的炮，男女老少，都武装好"，"电话不灵，铁道不通，叫鬼子兵，一步也不能动"，"敌人凶。我们更蛮，打不走鬼子咱没有完！"这样的歌曲，十分鼓舞士气，每次都唱得酣畅淋漓，满怀豪情。台下开始是静听，接着是热烈的掌声。廖瑞群的《站岗放哨李大妈》也总是声震全场，博得一片掌声。

歌曲唱过后，便是话剧演出。劳军队在昆明排练了两出独幕剧，其中一个是《张家店》。剧中，李明扮演开店老汉，裴毓荪扮演他的女儿，李凌和周锦荪扮演日本士兵。剧情是两个手持钢枪的日本兵，凶神恶煞地冲进店里来，要吃的，要"花姑娘"，到处搜寻，把姑娘从幕后拉到台前。此时，张老汉煮好两碗面条，战战兢兢捧上来，两个日本兵饥不择食地狼吞虎咽起来……结果，吃下去的毒药发作，捧着肚子鬼哭狼嚎。另一个独幕剧是陈白尘编写的喜剧《禁止小便》，这个剧曾在昆明演出过，大家驾轻就熟，扮演老公务员的温功智充分发挥了他洪亮的嗓音和挥洒自如的演技，给观众带来一片笑声。[①]

在建水，劳军队临时加排了宋之的、夏衍、于伶合编的三幕喜剧《草木皆兵》。[②] 这个剧原是为欢送参加青年远征军同学排演的，曾在昆华女中礼堂演出过三场，参加演出的李明、马如瑛、温功智等加入这次劳军队，于是能够临时赶排演出。《草木皆兵》描写的是爱国民众与日本侵略军在周旋中进行斗争的故事，故事从社交场合开始，女同学都穿上旗袍盛装上场，主角爱国优伶由马如瑛扮演，李志的演一位庄重的贵妇人，周锦荪演她的弟弟，李明演一位以江湖卖艺人身份出现的地下工作者。温功智扮演的是一个阴险的日本军官，廖瑞群扮演一位机警的老妈子，两人有一段精彩的对话，给人很深刻的印象。多年后周锦荪邂逅了一位暂编第二十二师的老兵，聊天时那人忽然大赞起这部剧，像是留下了终身难忘的印象。《草木皆兵》是个重头戏，因人物众多，队员们几乎全部出动，演出时，暂编第二十二师的滇剧团也上场亮相，同台联欢。每次演出前的海报，都是陈月开绘制的，他在学校是阳光美术社社员，因此总能大显身手，画出相当传神的海报。[③]

这次劳军最重要的工作，是李明连续 20 多天给官兵们上的大政治课。李明 1937 年 12 月从长沙临时大学投身抗战工作，曾在延安抗日军政大学学习，在那里加入共产党，所以讲课也是宣传。每天上午 9 点，官兵们在操场席地而坐，听他做两个小时的大报告。报告既有国际形势，也有抗日战争的战略战术，还有应该采取的内外政策，讲得头头是道。那时没有扩音设备，全靠嗓子。开头几天还可以，十天后声音就渐渐嘶哑了，靠胖大海泡水支撑。最后几天，大家都不忍心听，劝他休息，但他硬是凭着强烈的责任感，把最后一课讲完。[④]

---

① 周锦荪：《回忆 1944 年寒假的建水劳军活动》，《西南联大北京校友会简讯》第 48 期，2010 年 10 月。

② 关于这出剧，周锦荪在《回忆 1944 年寒假的建水劳军活动》中说是"沈浮写的一出三幕大剧"，李储文在《忆西南联大学生服务处》中则说是"宋之的写的五幕话剧《国家至上》"。这两种记忆都不准确，事实上排演的是宋之的、夏衍、于伶合编的三幕喜剧《草木皆兵》。

③ 周锦荪：《回忆 1944 年寒假的建水劳军活动》，《西南联大北京校友会简讯》第 48 期，2010 年 10 月。

④ 周锦荪：《回忆 1944 年寒假的建水劳军活动》，《西南联大北京校友会简讯》第 48 期，2010 年 10 月。

暂编第二十二师对西南联大同学的这次劳军非常满意，因此1945年暑假再次向他们发出邀请。这时，德意法西斯已经战败，但抗日战争尚未结束，内战阴影笼罩在中国人民头上，昆明和整个大后方正处于民主运动的高潮之中，所以第二次去暂编第二十二师名义是"服务""劳军"，实际上是在云南地方部队开展坚持抗日、争取民主、反对内战的宣传。

第二次到暂编第二十二师的劳军队队员有20人左右，队长辛志超，队员仍以联大进步学生为主，其中有个别中共地下党员，绝大多数是不久前刚刚完成整合的中共外围组织、中国民主青年同盟的盟员。其中民青第二支部主任委员许寿谔（后改名许师谦）任副队长，下设的工作、生活、总务三个小组组长都是民青骨干：学校学生自治会三常务理事之一的程法伋担任负责宣传活动的工作组长，民青第二支部宣传委员李晓（李曦沐）担任负责队内思想工作的生活组长，民青第一支部成员阎昌麟（阎乃邦）担任负责行政事务的总务组长。队员除了参加第一次慰劳暂编第二十二师的温功智、裴毓荪等人外，高彤生（高志远）、严宝瑜、朱谷怀、郑奕标、陈雪君、卢坤瑞、耿仁荫、张国士、屈翠云等也参加了进来。[1]

这支劳军队的核心骨干，都经历过各种各样的锻炼，在实践中积累了一定经验，因此他们到建水后很注意工作方法，懂得对不同对象采取不同宣传方法。李晓说："在建水一个月中，我们既做了上层的工作，又做了下层的工作；既做军官的工作，又做士兵的工作。对上层，主要是采取个别交往、谈心和座谈等方式。我们带了些《新民主主义论》《论联合政府》《论解放区战场》等小册子，赠给一些能够接受的对象。对下层，则主要采取出壁报、唱歌、演戏、讲学、帮助士兵写家信等活动方式。"[2]

劳军队的宣传安排得很丰富。每天清晨，师直属队集合时，李晓就为军官们做时事报告，连续讲了十几次，内容主要是国际形势，从战局状况到趋势分析，讲得有条有理，大开了人们的眼界。师长杨炳麟很看

---

① 李晓：《回忆建水劳军》，《西南联大北京校友会简讯》第24期，1999年10月。

② 李晓：《回忆建水劳军》，《西南联大北京校友会简讯》第24期，1999年10月。

重李晓的报告，一直坚持听讲，军官们也从报告中了解到国际风云的变化，个个听得津津有味。下午，队员们分成几个小组到各个驻地慰劳，大部分时间是唱歌和教歌。所唱的歌曲有《插秧谣》《朱大嫂送鸡蛋》《黄泥路上》《大家唱》《民主是哪样》等。① 1944年秋天考入联大外文系的严宝瑜，之前是重庆青木关国立音乐院的学生，专业是作曲理论，教唱的任务自然落在他身上。严宝瑜教唱的歌曲中，有当时十分流行的讽刺歌曲《茶馆小调》《五块钱》等。② 《茶馆小调》是"新中国剧社"在1944年国民党正面战场豫湘桂大溃败中从广西流落到昆明后创作的，它描写在一个茶馆里，许多茶客因国难而议论纷纷，茶馆老板怕招来麻烦，劝大家莫谈国事，回去睡个蒙头觉，结果遭到众茶客的指责，从中反映了平民大众忧国忧民的爱国情绪。这首歌曾在国民党统治区风靡一时，即使是今天，许多老年人还能唱得出它的曲调和歌词。

劳军宣传队除了在师直属队及附近的营部活动外，还深入距师部较远的基层营、连。滇南7月、8月的天气很热，时降大雨，到连队慰劳的有不少女同学，大家有时顶着烈日，有时冒着大雨，来往于乡村的道路上。一次，在师部举行的宴会上，美军联络军官告诉大家日本投降的消息，大家听了非常兴奋，同时也感到内战的危机。于是，程法仅用两天两夜时间赶编了一出以反内战为题材的话剧《胜利以后》。该剧描写一个农民家庭，儿子拉去当兵，抗战胜利了，儿子回来探亲，部队又要出发打内战，父亲让儿子逃走，可自己却被抓去。剧中，温功智演父亲，李晓演儿子，裴毓荪演孙女，阎昌麟演国民党军官。这出戏，表现了普通百姓对内战的态度，从观众反应看，演出是成功的。

鉴于形势变化，劳军宣传队在举行营以上军官时事座谈会时，也进行了反对内战的宣传。会上，中央军校毕业的炮兵营长站起来反驳队员的发言，硬说是共产党在挑起内战，受到师参谋长的呵斥。这时，辛志超心平气和地用孙中山三民主义的语言阐述新民主主义的观点，讲得有理有据。他讲完后，杨师长站起来说："志超兄，你今天讲了我们四万万

① 李晓：《回忆建水劳军》，《西南联大北京校友会简讯》第24期，1999年10月。
② 黎章民：《关于西南联大"高声唱歌咏队"的回忆》，《云南师范大学学报》1984年第4期。

五千万人的意见，我杨炳麟决不打内战。"① 这次劳军时间较长，8 月末方结束。临别时，师部盛情设宴款待，还给每个队员做了套卡其布制服作为礼品，杨炳麟亲自率领师部军官到建水车站送行。

由于劳军关系，西南联大同学很关心这两支部队以后的情况，李晓说："由于建水劳军这段经历，和二十二师有了感情，因此很留心有关这个部队的消息，但一直没有看到具体的报道。在东北战场的云南部队都先后起义、投诚了，二十二师也在其内，只是不知道他们有何具体表现。但我相信，播下的种子是一定会发芽的。"②李晓是带着感情说这番话的，可事实不免让人痛心。抗战胜利前夕，暂编第十八师与暂编第二十二师被编入新组建的第九十三军，军长为原暂编第十八师师长卢浚泉。抗战胜利后，第九十三军在卢汉率领下赴越南河内参加受降。1945 年 10 月，蒋介石发动"昆明政变"，解除龙云的省主席职务，任命卢汉为省主席。卢汉无力回援，权衡利弊后不得不以交出第九十三军等滇军部队为代价返回昆明，自此第九十三军落入蒋介石控制之下。1946 年 4 月，这支部队调往东北，担任北宁线和辽西地区守备和机动作战任务，驻守东北到关内的咽喉之地锦州。1948 年 10 月，人民解放军东北野战军向锦州发起进攻，在这场拉开辽沈战役序幕的战役中，两支部队同时被歼。被认为滇军中最具有战斗力的暂编第十八师第二团团长杨藩、暂编第二十二师第一团团长王振威、第二团团长王重基等，全在炮火中毙命，已任第六兵团司令官兼锦州警备司令的卢浚泉也成了俘虏。

与他们的结局不同，同为滇军的第一八四师，于 1945 年 5 月底在辽宁海城起义，成为解放战争期间以一个整师建制起义的部队。李晓说"播下的种子是一定会发芽的"，这句话在杨炳麟身上实现了。杨炳麟是幸运的，他信守了"决不打内战"的诺言，到东北未久就被调任副军长，剥夺了军事指挥权。1947 年 1 月，杨炳麟调回云南，先后担任云南省第八区行政督察专员兼保安司令、云南省训团大队长，1949 年 12 月 9 日参加了卢汉领导的昆明起义，为云南和平解放做出了贡献。

---

① 李晓：《回忆建水劳军》，《西南联大北京校友会简讯》第 24 期，1999 年 10 月。
② 李晓：《回忆建水劳军》，《西南联大北京校友会简讯》第 24 期，1999 年 10 月。

第二节 舞台演出

在云南，民间流行的剧种是滇剧和平剧（京剧），从西方引进的话剧的观众主要是城市知识阶层，因此话剧在战前的昆明还不大兴盛。随着大批内地人口的流入，人们的欣赏水平有了提高，观看话剧才逐渐成为一种时尚。北大、清华、南开原本就有演出话剧的传统，到昆明后，一些喜爱话剧的师生，便利用这种舞台艺术进行宣传。而云南地方人士对于西南联大的任何活动都给予很高评价，再加上新闻界的宣传，春城掀起了话剧的热潮。

西南联大的话剧演出，大体集中在两个时期。前期为联大迁昆后至皖南事变发生前，剧情主要表现全民抗战；后期大致始于1944年，内容多突出民主要求。这里，仅介绍前期的话剧演出。

一 鼓舞民气

西南联大的话剧演出，虽然有个人兴趣的因素，却始终配合着抗战形势的需要。联大到昆明不久，就有一些喜爱话剧的同学参加了当地的演出，其中张定华、董葆先、程启乾等同学就参加过"金马剧社"组织的话剧《黑地狱》的演出。

1938年10月上旬，云南省抗敌后援会发起为前方将士征募棉衣运动，省政府也议决募集棉衣20万件。15日，《云南日报》刊登启事，云"目前第三期抗战，已入重要阶段，我前方将士，为保卫大武汉，正用血肉与敌人搏斗，而我三迤健儿，亦已磨砺准备加入前线，惟因冬令将届，气候渐寒，单衣蔽体，实难抵御"。启事说"近接前方部队来函，委托代为发起捐募寒衣"，为此，特号召"后方民众，本爱乡爱国之精神，抱与前方战士痛痒相关之心，慷慨捐助"。① 当时，正是九二八日机对昆明实施第一次大轰炸后不久，昆明民众无不义愤填膺，纷纷响应省府号召，支援在前线与日寇鏖战的滇军子弟。联大一些同学和教师于1938年底成立"西南联大话剧团"，并于1939年春排演四幕话剧《祖国》，以

---

① 《本报启事》，《云南日报》1938年10月15日，第4版。

演出收入作为捐款。

话剧《祖国》是西南联大到昆明后上演的第一部话剧，它诞生在反对汪精卫叛国投敌的斗争中，其主题鲜明地体现了歌颂抗战精神、反对妥协投降这一时代需要。

这出话剧是外语系年轻教授陈铨根据法国剧本《古城的怒吼》改编而成，剧情描写的是"北平爱国男儿秘密从事抗日救国工作，不屈的与日寇及傀儡斗争，惟因有迷恋爱情之荒淫少妇泄露机密，致使收复北平之伟业未成"。① 故事围绕一段爱情展开，歌颂了投身民族解放斗争的男青年刘亚明，如何摆脱美丽姑娘佩玉给他的爱情羁绊，"就是佩玉营救了他的青春生命，他也要暂时放弃她所赐予的爱"，义无反顾地返回抗战阵营。注重文艺效果的陈铨，没有把故事结局写成胜利，而是有意表现"光荣的牺牲和光荣的失败"，但这种"严肃悲壮的氛围"，并没有"减低了它的说服力和感染力"。②

精心的构思感动了许多人。一位流亡到昆明的观众观看了首演后，当晚就写下观后感。文中说："流亡的我，今日观了'祖国'的演出，使我们深深地怒恼你们，怨恨你们。你们太惨酷了，我们国家的惨痛，你们如此严肃地表演，如此严肃的演得真实。我在逃亡的路途中，炸弹的威胁下，看到的听到的悲痛的事实已流尽了我的泪，今天你们又逼我流了，而且流在如此良辰美景的新春。多少人在温和的屋子里，美酒佳肴前，忘了东北，忘了沿海几省的惨状，而你们使这个无家可归的流亡者，沿着光华路的街道落我的眼泪。"③

昆明远离前线，天长日久，不免存在某种与战时气氛不很协调的现象。《祖国》的剧情，便带有对这种现象的批判性质。正如一位观众在评论中所说："在前线或邻近的后方，敌人的炸弹，正是我们的宣传品；可是在这距离前线远远的安适后方。除了一些书报外，很少有什么去刺激在做着甜梦的人们，并且有部分的设施直接间接地减少入梦底困难和推动着入梦的波浪！"但是，这个时候《祖国》"适应着客观的需要而产生了"，

---

① 《〈祖国〉咋晚上演，成绩甚佳》，《云南日报》1939年2月19日，第4版。
② 王一士：《联大剧团公演〈祖国〉》，《云南日报》1939年2月18日，第4版。
③ 心丁：《致联大剧团一封公开信——观〈祖国〉演出后》，《云南日报》1939年2月20日，第4版。

"它要深深地刺激着安乐里的人们，并且指示出一条光明的大道"。①

对于一些游离于战争现实之外的人，《祖国》的批判性也很明显。故事中的佩玉是个恋爱至上主义者，她"使用了高妙的引诱，麻醉的手段，来糊涂刘亚明的心灵"。这类人虽然不多，但"在安适的后方"，"渐渐地糊涂起来"的人的确存在。像佩玉所说的"国家民族是些空洞的名词，与个人生活上是没有关系的"，在现实中"很容易找到"，其中不乏"每每用尽手段，在个人方面，得着高度的享乐，油然地与整个国家民族幸福就脱了节，不明白整个国家民族没有得到幸福，个人是得不着真正的幸福的"。《祖国》的主旨非常鲜明，就是赞扬"民族解放运动中的模范战士"，召唤"像佩玉的姑娘，赶快把整个爱移放在国家民族上"。②

《祖国》是为前方将士募集鞋袜举行的义演，地点借用光华街云瑞中学的礼堂，1939 年 2 月 18 日首次公演，原定 22 日结束。演出期间，剧团被昆明民众的热烈爱国情绪感动，每晚不到 7 时，"所有座票就完全售尽，甚至有些要求'站看'的"。为维持秩序起见，剧团未便破例，以致后来不得不对抱着向隅之憾的观众表示歉意。③ 演出中，剧团不断接到要求续演的来信，为了"报答观众的盛意"，也为了"使鞋袜的募集能得到更大的数目"，剧团在报纸上刊登启事，决定续演三天。启事云："敬启者，敝团为前线将士募集鞋袜公演《祖国》以来，多蒙各界赞助，今又蒙来函纷请续演。敝团盛情难却，决再加演三日，至本月二十五日止，票价照旧，深望爱国士女届时参加，共襄义举，俾福利前方将士，至为公感。"④ 那一时期，《祖国》的剧情、表演，都成了人们的话题。⑤

① 俞德刚：《看了〈祖国〉以后》，《云南日报》1939 年 2 月 24 日，第 4 版，《南风》副刊第 834 期。

② 俞德刚：《看了〈祖国〉以后》，《云南日报》1939 年 2 月 24 日，第 4 版，《南风》副刊第 834 期。

③ 丁伯骁：《关于〈祖国〉的续演》，《云南日报》1939 年 2 月 24 日，第 4 版，《南风》副刊第 836 期。

④ 《西南联大剧团续演祖国启事》，昆明《益世报》1939 年 2 月 22 日，第 4 版。

⑤ 朱自清 1939 年 2 月日记记录了他与俞平伯、林徽因对《祖国》的评论。其中 20 日日记云："舞台设计佳，吴应藜、潘有才取得相当成功，佩玉是个相当可怜又可恨的人物。"21 日云俞平伯认为："潘先生向吴太太表示爱情颇为逾常，演潘先生的演员活像文明戏中的小丑。"27 日日记又云："林徽因对《祖国》一剧的演出热烈发表意见，陈铨是受害者。"（分见《朱自清日记》，朱乔森编《朱自清全集》第 10 卷，第 12、15 页）可见，《祖国》演出受到许多人关注。

　　《祖国》的成功，反映了春城民众火一般的抗战热情。联大师生们，为此做出的努力也令人感动。可想而知，连续的排练与演出十分辛苦。后来担任台湾亚洲影业公司和香港大华影业公司董事长的丁伯骁，参加了这次演出的筹备工作，演出中他就写了一篇记述排练过程的文章。文中说："开演期内，同人的辛苦是不用说了，有好多同学早晨有头堂课，夜场演毕得跑回学校，第二天早晨上课的时候，都是疲倦不堪。还有些同学在起身钟后简直是起不来，自己规定喊到一、二、三，决定离床，可是喊到五，依然是起不来。然而，当别的同志提到为了我们的《祖国》的时候，就会一跃而起，什么辛苦，什么疲劳，都给赶得不知去向。在我们仍决定续演以前，常听得同志们嚷着'吃不消'，'太累了'，'演完五天，得好好休息一下'。但到了开会时，我们团长报告观众要求续演并正式提出讨论的时候，又全体一致举手通过。虽然是'辛苦'，虽然是太累，然而'责任'使我们不能不丢开其他事继续为祖国效力。"①

　　参与这次演出的几位教师也做了很大努力。首演当天，在排练中成立的联大剧团特发表《敬谢赞助本团的人们》，文中向孙毓棠、闻一多两教授表示感谢。② 对于孙毓棠，说他"有着诗人的热情，丰富的舞台经验与戏剧修养"，"当我们和他谈到《祖国》的演出而感到困难的时候，他欣然的应允了给我们以辅助，这应允的实践是他请凤子先生担任剧中佩玉这一角色；在我们每次排戏的时候在演员的动作与表情方面给了我们许多宝贵的指示与删改，他不辞劳苦地竭力地要使这出戏达到最圆满的结果。在初春的料峭的晚风里，他和我们一样的总是十二点的深夜才回家去"。闻一多则"自动的答应担任舞台设计，虽然闻先生是那么忙，虽然他已经五十多岁了，但晚上我们排练的时候，他总是亲自莅场指示一切的，这次的舞台面是那么完美、合理，全是闻先生的力量，因为闻先生不仅是个诗人，还是一个画家"。③《祖国》的编剧陈铨也说：

---

① 丁伯骁：《关于〈祖国〉的续演》，《云南日报》1939 年 2 月 24 日，第 4 版，《南风》副刊第 836 期。

② 联大剧团成立于 1939 年 1 月 13 日，当晚举行的首次会议选出理事 7 人，分别负责总务、剧务等部工作，并聘定陈铨为名誉团长。见《联大成立剧团》，昆明《益世报》1939 年 1 月 15 日，第 2 版。

③ 联大话剧团：《敬谢赞助本团的人们》，昆明《益世报》1939 年 2 月 18 日，第 4 版。闻一多生于 1899 年，此时 40 多岁，报载有误。

"谈到导演，我们第一个要感谢的，就是中国艺术界的老将闻一多先生。闻先生自从《死水》出版，开创中国诗坛的新方向以后，一直到现在都埋头在做考据的工作。这一次居然肯答应出来帮忙。而舞台的设计，完全是闻先生一人的手笔，解决了导演第一步的困难。以后几次重要的排演，闻先生都现身参加，贡献许多最可贵的意见。假如这一次公演，能够有相当的成功，那么闻先生是我们第一个功臣。"① 一位观众评论《祖国》时，也认为"舞台上最使人悦目的是那几幅好布景，这应该谢谢闻一多先生精心设计所陈列的家具和各种装饰，精致大方，配色亦极和谐。依记者说：这在昆明半年来的话剧表演中，是比较最使人感觉满意的"。②

连演八天的《祖国》，引起相当轰动。扮演教授夫人婢女的张定华同学说："演出获得很大成功，观众反应非常强烈。从第一天上演起，就出现了令人振奋的盛况。剧中人物的台词时常引起观众的笑声或慨叹。剧场不断响起掌声。当剧中人物英勇就义高呼'打倒日本帝国主义''中华民族万岁'时，观众随着高呼口号，台上台下喊成一片，洋溢着高涨的爱国热情。这个以抗日救国为内容的戏，深深吸引、打动了观众的心，演出场场满座，报纸也连续发表消息和评论，称赞演出完整，艺术精湛，教育意义深刻，振奋人心。《祖国》轰动了昆明，一时成为人们谈话的中心议题，引起各界人士的关注。重庆的报纸也登出了《祖国》上演的消息和通讯。不久，上海的画报也刊出了《祖国》的剧照和介绍文章。"③《祖国》与当时云南省歌咏会的歌剧《八百壮士》、民众教育馆金马社的《黑地狱》《中国万岁》等剧目相继登台，为昆明地区增添了一道坚持抗战、反对妥协的风景线。

在《祖国》的排练与演出中，同学们决定在该剧成员基础上，成立"联大话剧团"。这个剧团后来常常下乡宣传，相继演出的剧目有《放下你的鞭子》《三江好》《最后一计》等著名抗日救亡剧目。1939 年 3 月，剧团利用春假到昆明附近的杨林演出，途中卡车翻倒在路旁的田野里，车上多数同学都受了伤。许多素不相识的人闻讯赶到医院探望，云南省

①　陈铨：《联大剧团筹演〈祖国〉的经过》，昆明《益世报》1939 年 2 月 18 日，第 4 版。

②　南江：《联大剧团〈祖国〉美满出演，全剧精彩百出，观众情绪紧张》，昆明《益世报》1939 年 2 月 19 日。

③　张定华：《回忆联大剧团》，《筚吹弦诵在春城》，第 344 ~ 345 页。

政府主席龙云的夫人顾映秋也来医院慰问，他们都为同学们下乡宣传抗日所感动。剧团的骨干、哲学系汤用彤教授的儿子汤一雄，就是在为筹备演出辛勤奔走时，得了阑尾炎又抢救不及而不幸去世的，他为宣传抗战献出了年轻的生命。[①]

二　有仇必报

《祖国》演出半年后，1939 年 8 月师生们又将《原野》搬上舞台。《原野》是曹禺继《雷雨》《日出》后的又一部力作。它描写民国初年北洋军阀统治时期，农民万分痛苦、想反抗而又找不到出路的状况，全剧围绕有杀父夺地之恨的仇虎的复仇心理和行为，深刻反映了封建迷信对人性的摧残和吞噬。这部剧最早于 1937 年 8 月演出过，但当时未能引起注意。1938 年春，曹禺所在的重庆国立戏剧专科学校曾准备公演，却遭到当局的禁演。因此，7 月初曹禺接到凤子、闻一多和当时搬迁到昆明的国立艺术专科学校校长吴铁翼三人联名信函，邀请他来滇亲自导演这出剧时，就怀着兴奋的心情于 13 日从重庆飞抵昆明。

曹禺到昆明后，经过商量，决定排演两个剧目，除了曹禺本人的《原野》外，还有曹禺、宋之的等集体创作的多幕抗日话剧《黑字二十八》。演出由西南联大剧团发起，参加者还有金马剧团、艺术专科学校、云南省剧教队等单位，因此是抗战初期昆明戏剧界较大规模的联合行动，掀起了昆明的第一次抗战宣传文艺高潮。

《原野》的演员主要来自西南联大，除了焦大星的扮演者李文伟是云南省剧教队演员外，其余演员均为联大人。男主角仇虎由汪雨同学扮演，女主角金子由孙毓棠的妻子凤子扮演，孙毓棠本人饰常五伯，樊筠同学饰焦大妈，黄辉实饰白傻子。早年在美国攻读西洋美术专业的闻一多为这次演出《原野》贡献了许多气力。他担任舞美设计，主要布景均由他亲手绘制。为了突出剧情的气氛，"仇虎在森林中的那一幕，他用了许多黑色的长条的木板在台的后半，一排排大小错综地排列起来，叫人提了小红灯笼，穿来穿去，在台下看起来就显得这片森林多么幽黑深远"。[②] 剧中主

---

①　张定华：《回忆联大剧团》，《笳吹弦诵在春城》，第 346～347 页。

②　小华（何孝达）：《闻一多先生的画像》，香港《自由文丛》第 1 卷第 2 期，1947 年，第 23 页。

角的服装，也是他精心选择的。风子说："金子穿的一件紧身红棉袄，还是他自己去跑估衣铺买了来的；仇虎的那件大褂，他坚持要黑缎面子，红缎里。"[①]

对于曹禺创作《原野》的本意，一些人的理解是通过"仇虎的恨与爱的冲突"，来"表现一种原始的力量"，因而"复仇也许可以算是原始的母题"。[②] 这一主题在抗战形势下被赋予了新的含义，《原野·说明书》中说：此剧"蕴蓄着莽苍浑厚的诗情，原始人爱欲仇恨与生命中有一种单纯真挚的如泰山如洪流所撼不动的力量，这种力量对于当今萎靡的中国人恐怕是最需要的吧！"[③] 这种新的诠释，点出了演出《原野》的时代意义。

自 8 月 16 日起，曹禺亲自导演的《原野》在昆明正式公演。这次演出持续了 9 天，当时正值雨季，连日大雨，剧场却天天满座。人们在欣赏这部话剧的同时，也将有仇必报深深铭记在心底。

三　全民动员

继《原野》之后在昆明演出的《黑字二十八》也为中国抗战文艺史写下了浓重的一笔。朱自清曾专门撰写一篇文章，题为《〈原野〉与〈黑字二十八〉的演出》。文中说："这两个戏先后在新滇大戏院演出，每晚满座，看这两个戏差不多成了昆明社会的时尚，不去看好象短了些什么似的。这两个戏的演出确是昆明一件大事，怕也是中国话剧界的一件大事。"[④]

《黑字二十八》是抗战初期影响颇大的一出话剧，1938 年 10 月 29 日在重庆首次演出就引起轰动。该剧贯穿了肃清汉奸、变敌人的后方为前线、动员全民服役的主题，表现了国内大团结是全民抗战前提的主旨。朱自清曾说，如果说《原野》表现的是一种哲学的话，那么《黑字二十八》则是重在表现一个"包含着抗战的信仰"的故事，它"所暗示的是

① 凤子：《哭闻一多先生》，李闻二烈士纪念委员会编《人民英烈》，1948，第 169 页。
② 朱自清：《〈原野〉与〈黑字二十八〉的演出》，《今日评论》第 2 卷第 12 期，1939 年 9 月 10 日。
③ 转引自李乔《看了〈原野〉以后》，《云南日报》1939 年 8 月 23 日，第 4 版。
④ 朱自清：《〈原野〉与〈黑字二十八〉的演出》，《今日评论》第 2 卷第 12 期，1939 年 9 月 10 日。

大家都会接受的抗战的信仰"。① 可见，演出这个话剧，也具有现实的意义。

　　该剧剧情紧张动人，张定华回忆说："有一场戏，父女二人在公园里举行的慰问抗日将士义卖会上相遇，父亲是受了大汉奸的指使去安放炸弹破坏会场；女儿是来会场进行卖花捐款，如果炸弹爆炸，他不但是国家民族的罪人，也是杀害亲生女儿的凶手。曹禺同志真实地表现出人物惊惧、焦急、惶惑、惭愧的复杂心情，使扮演他女儿的我，由衷地为他的痛苦而忐忑不安潸然泪下。"②

　　《黑字二十八》又名《全民总动员》，它在昆明的演出本身，也体现了全民总动员的精神。该剧署名"滇黔绥靖公署政训处国防剧社第三届公演话剧"，但广告中强调"昆明市话剧界联合大演出"，③ 因剧中人物多达四五十人，行话叫"群戏"。在《黑字二十八》的演员阵容中，有不少来自联大剧团。其中孙毓棠扮演一位叫"疯子"的爱国人士，郝诒纯同学扮演一个从事抗日救国活动的女学生，陈福英同学扮演被汉奸利用的"社会名媛"，张定华同学扮演小职员，而这个小职员的父亲、受胁迫当了汉奸爪牙的杨兴福由曹禺扮演。④ 此外，剧界名流凤子饰冯莉，陈豫源饰曼晓仓，王旦东饰孙将军。⑤

　　自8月25日起，《黑字二十八》每晚7时在昆明新滇大戏剧上演，连续演出了10天，后又应观众要求续演5天，至9月8日方止。接着，应各界要求，再演《原野》5天。这两个剧的演出，直到9月17日才结束，共演了31场，给春城带来了不小的轰动。

　　《原野》与《黑字二十八》都是联大剧团演出的。由于某些原因，联大剧团内部产生了分化，一些人离开剧团，参加联大三民主义青年团

①　朱自清：《〈原野〉与〈黑字二十八〉的演出》，《今日评论》第2卷第12期，1939年9月10日。

②　张定华：《回忆联大剧团》，《笳吹弦诵在春城》，第348～349页。

③　滇黔绥靖公署政训处国防剧社《黑字二十八》演出广告，昆明《益世报》1939年8月28日，第1版。

④　张定华：《回忆联大剧团》，《笳吹弦诵在春城》，第348～349页。曹禺于1938年8月30日返渝，其扮演之角色由关眉如担任。见《曹禺定今日飞渝》，昆明《益世报》1939年8月30日，第2版。

⑤　《国防剧社"黑字二十八"昨晚第二日，较前尤精彩》，昆明《益世报》1939年8月27日，第4版。

分团部组织的"青年剧社"，一些人则和其他同学成立了"戏剧研究社"。这样，校园里就形成了联大剧团、青年剧社、戏剧研究社三个戏剧团体。1940 年暑假前后，戏剧研究社演出了鲁迅原著、田汉改编的《阿Q 正传》，联大剧团演出了曹禺的《雷雨》，青年剧社演出了《前夜》。这些剧目，或表现反对封建，或表现争取自由，或表现坚持抗战，均不同程度配合了抗战形势的需要。

四 瓦解敌营

《野玫瑰》最初是 1941 年 8 月由以西南联大学生为主的国民剧社演出的一个话剧，剧本刊登于《文史杂志》。1942 年 4 月，教育部学术审议会给予这个剧本三等奖，奖金 2500 元。但是，重庆 200 余位戏剧界进步人士于 5 月中旬联名致函全国戏剧界抗敌协会，认为"此剧在写作技巧方面既未臻成熟之境，而在思想内容方面，尤多曲解人生哲理，为汉奸叛逆制造理论根据之嫌"。他们对教育部学术审议会的决议表示异议，指出"如此包含毒素之作品，不仅对于当前学术思想无助益，且于抗战建国宣传政策，危害匪浅"，故"就戏剧工作者立场，本诸良心，深以此剧之得奖为耻"。[①] 当年 6 月，西南联大学生自治会再次将它搬上舞台，于是引起昆明戏剧界进步人士的反对，50 余人联名响应重庆戏剧界抗议，认为《野玫瑰》"内容欠妥，并有为汉奸伪组织辩护之嫌"，"请求教部收回得奖功命，并吁请本市戏剧审查当局，饬令缓演，候命再夺，以利剧运前途，抗战前途"。[②]

由话剧《野玫瑰》引起的这场论争，多年来一直被赋予政治色彩，作为批判战国策派"力的哲学"的一个部分。不过，这部话剧所提倡的"国家至上、民族至上"，毕竟体现的是反对投降、坚持抗战的时代主题。其实，该剧剧情并不复杂，它写一个代号"天字十五号"的国民党女特工夏艳华，利用丈夫王立民担任北平伪政委会主席的关系，打入了日寇汉奸内部，并协助过去的情人、同为国民党特工的刘云樵窃取情报。刘云樵的活动被伪警察厅长发觉，在逮捕之际，夏艳华利用伪警察厅长

---

① 《陈铨〈野玫瑰〉得奖被控，剧人二百八提抗议》，《云南日报》1942 年 5 月 24 日，第3 版。

② 《〈野玫瑰〉明日上演，本市剧人亦抗议》，《云南日报》1942 年 6 月 3 日，第 3 版。

好色的弱点，放走了刘云樵和其妻王曼丽，最后又设计让王立民枪杀了伪警察厅长。而刘云樵的妻子恰是王立民的女儿，于是王立民在既失职，又失明，还失女的境遇下服毒自杀。这是一个在沦陷区锄奸的故事，其坚持抗战的倾向是明显的。加上情节惊险曲折，且带有传奇色彩，所以很能吸引人。

围绕《野玫瑰》的论争是在重庆演出后的事，而在昆明首次排演时，剧本还没有全部写完。当时，联大三青团分团部的青年剧社成立不久，几个朋友和社长汪雨意见不合，于 1941 年 5 月一个星期六的夜晚，在竹安巷 6 号宣告成立国民剧社以资对抗。国民剧社的成员以联大学生为主，只有个别人是当地一家报纸的记者。

国民剧社成立后，他们听说陈铨正在创作《野玫瑰》，于是一厢情愿地决定排练这个话剧，并欲请孙毓棠任导演。当时，《野玫瑰》刚刚完成初稿，尚未定稿，但他们了解到青年剧社及另外的一个剧团也正在与陈铨接洽这个剧本，便用特殊手段得到这个剧本。方法是大家一齐涌到陈铨的家里，请他将剧本手稿拿出来给大家瞧瞧。然后又在一阵乱哄哄的局面中，乘其无备，由一位同学将剧本揣起来，先行告别，其余人再陆续散去。陈铨并不了解内中详情，直到国民剧社的人把剧本油印出来，才知道自己的作品已经"出版"了。好在陈铨见大家如此重视他的作品，又听说将由昆明最优秀的演员演出，也就认可了，还一再说"求之不得"。国民剧社得到《野玫瑰》剧本后，马上找孙毓棠，请其出任导演。孙毓棠是联大三青团负责人之一，且已答应为青年剧社导演另外一个话剧，因此开始说时间错不开，但国民剧社约请陈铨一起宴请孙毓棠，孙毓棠也就答应了下来。后来，为了租用演出剧场，国民剧社也动了很多脑筋，抢在青年剧社之前，租定了昆明市政府经营的昆明大戏院。

《野玫瑰》于 1941 年 7 月 20 日开始排练，孙毓棠、陈铨给予了很多指导。8 月 2～8 日，该剧在昆明大戏院公演。报载由于"剧情曲折紧张，观众亟欲一睹为快，购票者之踊跃，为历来所未有"。[①] 这次演出，本来没有募捐因素，但 14000 元的经费预算让没有收入的学生很是为难，正好当时云南省党部正在响应宋美龄的"草鞋劳军"，这样才

---

① 《〈野玫瑰〉续演一日》，《云南日报》1941 年 8 月 7 日，第 4 版。

决定使用募捐劳军专款名义。云南省党部原来答应垫付 10000 元，可始终没有付给，后来总算从富滇银行借到 5000 元。这笔钱全部用于布景制作，结果演出结束后，大家欠了一大笔债，事后也不了了之。①

在联大校园里，还演出过反映抗战生活、宣传抗战到底的《夜光杯》《夜未央》《雾重庆》《刑》《草木皆兵》等话剧。这些演出是西南联大通过舞台宣传抗战的重要组成部分，目前已受到文学界、艺术界和大众媒体越来越多的关注。

第三节　诗歌强音

除了话剧，诗歌也是联大师生宣传与战斗的有力武器。有人说中国现代诗的基地在大学校园，学院诗始终是中国现代诗的重要力量。新诗最初的尝试者胡适、沈尹默、周作人等大多出身于北京大学，20 世纪二三十年代的重要诗人绝大多数也来自清华大学、北京大学、复旦大学等高等学府。

抗日战争的爆发，开拓了人们的精神视野，也为西南联大师生提供了融入社会的时代机遇。在战争状态下，痛苦、恐惧，时时笼罩在人们的心头，并促使人们对战争进行思考。联大青年诗人的作品中，突出地表现了人性的尊严，使他们的诗作构成了中国现代诗不可缺少的一页。

一　心灵写照

西南联大的抗战诗歌，最早是对抗战情绪的记录。尚在长沙临时大学西迁昆明的湘黔滇旅行团出发之前，一些爱好文艺的同学便组织了歌谣采访组，请闻一多教授任指导，并于行前热烈讨论了采访计划。由于种种不便，歌谣采访组没有开展多少活动，但刘兆吉同学矢志不改，在闻一多"有价值的诗歌，不一定在书本上，好多是在人民口里，希望大家到民间去找"这句话启发下，沿途处处留心，处处求教，时时笔录，

---

① 本节关于国民剧社巧获《野玫瑰》剧本及排练的情况，据翟国瑾《忆一次多灾多难的话剧演出》，原载《学府纪闻：国立西南联合大学》，台北：南京出版有限公司，1981，转引自《昆明文史资料选辑》第 25 辑，1995，第 480～483 页。

竟采得 1000 余首。① 湘黔滇旅途全程 68 天，平均每天采集 15 首，其中艰苦可想而知。为了采集这些民歌民谣，刘兆吉有时请教老人和孩子，有时请小学校教师帮忙，让小学生写他们知道的歌谣，但"有的教师觉得真正的歌谣究竟'不登大雅'，他们便教小朋友们只写些文绉绉的唱歌儿充数"。刘兆吉是外乡人，"请教人的时候，有些懒得告诉他；有些是告诉他了，他却不见得能够听懂每一个字"。② 不难想象，这部仅精选出采集内容的三分之一，分为"情歌""儿童歌谣""抗战歌谣""采茶歌""民怨""杂类"六类的民歌民谣集，克服了多少语言隔阂、文化差异、人际交流困难。旅行团到云南后，许多联大师友对这些民歌民谣"甚感兴趣，竞相索观，有的过誉'这是现代的三百篇'"。③

　　这部收录了 700 余首民歌民谣的《西南采风录》中，有 20 首有抗战的现实内容。在远离前线的贵州黄平，刘兆吉采集到一首文字虽然粗浅，但情绪饱满、立场鲜明、让人犹如听到杀敌声的抗日民歌：

> 打日本，打日本，
> 不打日本不安枕，
> 他是我们大敌人，
> 想把中国一口吞，
> 要想救国图生存，
> 非打日本不得行。④

　　在云南省沾益县，刘兆吉采集到的一首民歌同样充满了对日本侵略者的仇恨：

> 月亮出来月亮黄，
> 日本鬼子好猖狂；

---

① 刘兆吉在《西南采风录·弁言》（商务印书馆，1946）中说共采集到 1000 余首，但其后来的回忆文章中又说共采集了 2000 余首。
② 朱自清：《西南采风录·序》。
③ 刘兆吉：《西南采风录·弁言》。
④ 刘兆吉：《西南采风录》，第 147～148 页。

与其望着来等死，

不如送郎上战场。①

　　黄钰生、朱自清、闻一多是 1939 年 4 月看到这部书稿的，他们慨然
为之作序，并给予极高评价。黄钰生以教育学家的眼光，指出它是"一
宗有用的文献"，"语言学者，可以研究方音；社会学者，可以研究文
化；文学家可以研究民歌的格局和情调"。② 朱自清则强调这部书在文学
史上的学术意义，认为书中收录的民歌民谣"不缺少新鲜的语句和特殊
的地方色彩"，有些"虽然没有什么技巧，却可以见出民众的敌忾和他
们对于政治的态度，这真可以'观风俗'了"。朱自清还联系 1917 年北
京大学成立的歌谣研究会欲将歌谣作为新诗创作参考的往事，称赞刘兆
吉"以一个人的力量来做采风的工作，可以说是前无古人"。③ 闻一多则
着力发掘这些民歌民谣所隐藏着的下层民众内心的战斗性。

　　学院诗在 1940 年代出现了蔚为壮观的景象，并被人誉为中国现代诗
歌史上的奇葩，西南联大的校园诗便是学院诗的一座高峰。④ 联大聚集
了一大批享有盛名的诗人，仅《西南联大现代诗钞》中收入的诗歌，作
者就有卞之琳、冯至、沈从文、李广田、闻一多、马逢华、王佐良、叶
华、沈季平、杜运燮、何达、杨周翰、陈时、周定一、罗寄一、郑敏、
林蒲、赵瑞蕻、俞铭传、袁可嘉、秦泥、缪弘、穆旦。其实，联大的现
代诗歌并不止这些，如 1944 年 11 月由昆明百合出版社出版的联大外文
系教授薛沉之的诗集《三盘鼓》，可能由于编者未能找到而没有收入。
而杨邦祺同学于 1939 年 3 月 24 日发表的《我们是中国的主人》，也没有
收入这部诗集，但据笔者所见，它很可能是联大师生在云南报纸上发表
的最早的抗战诗歌。诗中写道：

　　　我们是中国的主人，

---

① 刘兆吉：《西南采风录》，第 155 ~ 156 页。

② 黄钰生：《西南采风录·序》。

③ 朱自清：《西南采风录·序》。

④ 张同道：《警报、茶馆与校园诗歌——〈西南联大现代诗钞〉编后》，杜运燮、张同道
　　编选《西南联大现代诗钞》，第 585 页。

五千年来祖先们用血汗开发了这块沃土。

山冈上漫生着先辈人手植的丛林，

原野上有老祖宗的陵寝。

一畦的稻田也是祖先们力、汗、血的结晶。

河流海岸有悬着祖国旗帜的帆轮。

茫茫的沙漠中留下历代君主征伐敌人的足印。

还有那闪耀着历史光辉的长城与运河。

兄弟们这里的一切统属我们的，

甚至空气和尘埃。

我们顷奉祖先的遗命，

来继续他们的产业。

保卫这美丽的河山，

然今天东方来了一伙强盗。

他要掠夺我们祖宗留下的田园。

但是我们要实践先辈人的使命，

更要拿这命令授给子孙。

我们不能容忍任何人无理的凌辱，

我们要用头颅保卫这民族的家园。

兄弟们！为着要活命！

更要写下今后伟大的历史！

来！赶走侵凌我们的敌人！①

　　西南联大师生创作的诗歌中，爱国主义精神始终是最突出的主题，虽然它们被冠以"校园诗歌"之名，但描写的内容远远超出学校的范围，反映了社会的方方面面。这些诗歌歌颂了抗战必定胜利的信念，体现了积极的乐观主义精神。

---

① 杨邦祺：《我们是中国的主人》，《云南日报》1939年3月24日，第4版。

二　时代记录

以《鱼目集》闻名诗坛的西南联大外文系教授卞之琳，是 1930 年代现代派诗潮的代表人物之一。全面抗战爆发后，他又创作了《慰劳信集》。1938 年，卞之琳到了当时对外界来说还很神秘的延安，之后又赴中国共产党领导的太行山根据地。敌后军民抗击日寇的事迹，给他留下极其深刻的印象，也使他的创作汲取了丰富的营养。于是，他写下短篇小说《石门阵》、报告文学集《第七七二团在太行山一带》等。而他的诗歌也一改过去以抒情为主和自我意识的表现，主题转变为歌唱敌后人民的战斗生活，其代表便是《慰劳信集》。

《慰劳信集》中《前方的神枪手》的一诗，是 1938 年 11 月写下的。卞之琳截取了老人、孩子、妇女在神枪手向敌人开枪的那一刻的表情与心情，表达了百姓们对日寇的仇恨和消灭敌人的畅快：

> 在你放射出一颗子弹以后，
> 你看得见的，如果你回过头来，
> 胡子动起来，老人们笑了，
> 酒窝深起来，孩子们笑了，
> 牙齿亮起来，妇女们笑了。
>
> 在你放射出一颗子弹以前，
> 你知道的，用不着回过头来，
> 老人们在看着你枪上的准星，
> 孩子们在看着你枪上的准星，
> 妇女们在看着你枪上的准星。
>
> 每一颗子弹都不会白走一遭，
> 后方的男男女女都信任你。
> 趁一排子弹要上路的时候，
> 请代替痴心的老老少少

多捏一下那几个滑亮的小东西。①

诗中，卞之琳用神枪手向敌人射出子弹时周围老人、孩子、妇女的欢笑，来衬托战士的自豪。这首诗反映了中国人民在抗日战场上的战斗风貌，抒发了中华民族的斗争精神。

有战争就有苦难，就有死亡。西南联大经济系学生罗寄一，描写了家园遭到毁灭后的悲愤：

> 一阵轰炸像一段插曲，卷去一堆不知道的
> 姓名，一片瓦砾覆盖着"家"的痕迹，
> 透过失落了泪水的眼睑，让惟一的真理
> 投影：敌人，自己，和否定怜悯的世纪……②

这首诗写于日军大轰炸之后，百姓在日寇的炸弹里倒下，瓦砾掩盖了"家"。"家"是广义的，不是一个人的。在毁坏的废墟面前，人们落了泪，但也明白了对敌人不能怜悯。类似的诗还有许多，前面提到赵瑞蕻《1940 年春：昆明一画像——赠诗人穆旦》，也用"敌机飞临头上了！——昆明在颤抖，在燃烧，/不知哪里冒出浓烟，乌黑的，/仿佛末日幽灵；叫喊声，/哭声，血肉模糊——"的句子，刻画了日寇大轰炸所制造的血腥场面。③

身在大后方，如何更好地报效国家，报效抗战，是西南联大师生经常思考的问题。1944 年 7 月，在美国医药援华会援助下，全国第一个军政部军医署血库在昆明正式建立。④ 血库成立后，为支援前线曾多次组织献血，联大师生踊跃参加。后来倒在日寇枪弹下的外文系缪弘同学，写过一首《血的灌溉》。这首诗写于联大第五次献血的次日，就让这首充满了激情的诗句，作为本节的结尾：

---

① 卞之琳：《前方的神枪手》，杜运燮、张同道编选《西南联大现代诗钞》，第 4 页。
② 罗寄一：《序——为一个春天而作》，杜运燮、张同道编选《西南联大现代诗钞》，第 305 页。
③ 赵瑞蕻：《1940 年春：昆明一画像——赠诗人穆旦》，杜运燮、张同道编选《西南联大现代诗钞》，第 417 页。
④ 《献出你的血来！血库昨日开幕》，《云南日报》1944 年 7 月 12 日，第 3 版。

没有足够的食粮，

且拿我们的鲜血去；

没有热情的安慰，

且拿我们的热血去；

热血，

是我们惟一的剩余。①

三　意志升华

西南联大的诗人群体，之所以被当今文学界冠以"现代诗人"称号，是因为他们的创作突出地表现了现实主义的精神与风格。他们的诗歌，开始大多描写社会生活，后来很快集中到个人在战争中的实际体验。抗日战争进入反攻阶段后，西南联大掀起从军热潮，诗人们走出校园，投身疆场，接受血与火的洗礼。杜运燮、穆旦、沈季平、缪弘等，都在这时参军。崭新的生活锤炼了他们的意志，给予了他们勇气，也丰富了他们的创作素材。外文系穆旦同学在《五月》中写道：

勃朗宁，毛瑟，三号手提式，

或是爆进人肉去的左轮，

它们能给我绝望后的快乐，

对着漆黑的枪口，你就会看见

从历史的扭转的弹道里，

我是得到了二次的诞生。②

诗中，穆旦自豪地声称"我是得到了二次的诞生"，把从军时的乐观主义情绪，表现得淋漓尽致。

哲学系郑敏同学的《死》，表现的则是身旁战友在黑暗和死亡威胁下勇往直前的精神：

---

① 缪弘：《血的灌溉》，杜运燮、张同道编选《西南联大现代诗钞》，第 472 页。

② 穆旦：《五月》，杜运燮、张同道编选《西南联大现代诗钞》，第 500 页。

一个战士，在进行中的突然卧下

黑暗与死亡自他的伙伴

的心坎爬过……

但是，瞧那被火点燃着的旗帜，

那是永久的牧人的牧杖，

他正坚决的指着一个方向，

于是，他们迅速的向前跑去，

只留下一个沉默的祷告

在被黑夜淹没的战野里。①

　　外文系沈季平同学创作的《山》，是他参加青年军到前线，在重重叠叠的野人山中写下的。诗人从雄伟的群山联想到奔腾的江河，抒发了期盼捷报传来、迎接抗战胜利的豪情：

山，拉着山

山，排着山

山，山追山

山，滚动了！

霜雪为他们披上银铠

山群，奔驰向战场啊！

奔驰啊！

你强大的巨人行列

向鸭绿　黄河　扬子　怒江

奔流的方向，

和你们在苦斗中的弟兄

长白　太行　大别　野人山

拉手啊！

---

① 郑敏：《死》，杜运燮、张同道编选《西南联大现代诗钞》，第356页。

当你们面前的太平洋掀起了胜利的狂涛
山啊！
我愿化一道流星
为你们飞传捷报①

战斗赢得了胜利，也付出了代价。外文系杜运燮同学在《给永远留在野人山的战士》中，向牺牲在缅甸战场上的中国远征军烈士表达了崇高的礼赞：

你们英勇的脚步仍旧在林中
前进，冶游的鸟兽可以为证，
高高喜马拉雅山白色的眼睛，
远方的日月星辰也都曾动心。
每当夜深树寒，你们一定
还想起当年用草鞋踏遍
多少山河，守望着美丽的山陵
幽谷，怀念着自己祖传的肥田；

记起苦难的同胞们笑脸欢送，
国外的侨胞又笑脸流泪欢迎；
已经用血肉筑过一座长城
震惊人类，还同样要用生命

建一座高照的灯塔于异邦，
给正义的火炬行列添一分光，
还同样把你们的英勇足迹印过
野人山，书写从没有人写过的

史诗。就在最后躺下的时候，

① 沈季平：《山》，杜运燮、张同道编选《西南联大现代诗钞》，第134页。这首诗闻一多曾经在西南联大新诗社组织的诗歌朗诵会上朗诵过，沈季平为此把自己的名字改为"闻山"。

　　你们知道，你们并没有失败，
　　在这里只是休息，为了等待
　　一天更多的伙伴带着歌声来。

　　所以你们的脚步一直在林中
　　徘徊：不论是毒热的白色火轮
　　烤炙，不尽的雨水，江河一般
　　驰骋于荒莽的丛山丛林中间。[①]

　　校园诗人穆旦在战场上也勤于创作，留下不少表现战争场面的诗歌。他有首名为《森林之歌》的诗，副标题为《祭胡康河上的白骨》。胡康河谷战役，是中国驻印军于 1943 年 10 月中旬为打通中印公路在缅北发起的第一次进攻战，在这条路周围，中国驻印军与日军进行过异常激烈的战斗，为国捐躯者的累累忠骨布满河谷两侧。穆旦亲身经历了这次战斗，感触尤深。在诗中，诗人用"人"与"森林"的对话，表达了对长眠此处的烈士的祭奠，末段的"葬歌"表达了对虽死犹生的烈士的礼赞：

　　在阴暗的树下，在急流的水边，
　　逝去的六月和七月，在无人的山间，
　　你的身体还挣扎着想要回返，
　　而无名的野花已在头上开满。

　　那刻骨的饥饿，那山洪的冲击，
　　那毒虫的啮咬和痛楚的夜晚，
　　你们受不了要向人讲述，
　　如今却是欣欣的林木把一切遗忘。

　　过去的是你们对死的抗争，

①　杜运燮：《给永远留在野人山的战士》，杜运燮、张同道编选《西南联大现代诗钞》，第 255～256 页。

你们死去为了要活的人们的生存，

那白热的纷争还没有停止，

你们却在森林的周期内，不再听闻。

静静的，在那被遗忘的山坡上，

还下着密雨，还吹着细风，

没有人知道历史曾在此走过，

留下了英灵化入树干而滋生。①

上述诗歌，不过是西南联大抗战诗歌的冰山一角。这些作品通过不同题材、不同侧面、不同手法、不同视点，展示了战时社会生活的一角。这些诗歌没有回避苦难、回避死亡，它们对苦难的描写，为的是唤起生存的渴望，它们正面死亡，也表达着坚持下去的勇气。从这些诗歌中，人们看到对日本帝国主义侵略罪行的谴责，看到不屈不挠的斗争意志。今天，时间虽然流逝了七十多年，但读起这些诗歌，仍有一种荡气回肠之感，仍能受到多种启示。

第四节　播音五洲

揭露日本帝国主义的侵略阴谋，激励民众斗志，坚定抗战信心，是抗战时期宣传工作最重要的使命。为了加强对外宣传，国民党军事委员会宣传部于 1937 年 11 月成立了国际宣传处，通过汉口广播电台、长沙广播电台、交通部无线电台进行英、法、日、德、俄等语种的广播。国民政府迁都后，1939 年 2 月，中央广播事业管理处建成的中央短波广播电台在重庆开播，1940 年 1 月定名中国国际广播电台，传音科改由国民党中央宣传部的国际宣传处负责。

随着战争的深入，广播宣传愈加重要。1938 年春，中央广播事业管

---

① 杜运燮、张同道编选《西南联大现代诗钞》，第 554～555 页。张同道在该书"编后记"中说：这首诗是穆旦经历了胡康河战役"死亡经验的融聚"。又，穆旦这首诗最初发表时的题目为《森林之魅——祭野人山死难的兵士》，后收入自编的《穆旦诗集（1939—1945）》时，对该诗的标题和内容都做了修改。

理处在第六次会议上提出在昆明、兰州、贵阳等地筹建广播电台，昆明因地势较高，且为中国与国际交往的枢纽之一，成为筹建广播电台的重点。1938 年 3 月，筹备人员到达昆明，在云南省政府协助下，选定昆明市西郊普坪村北部山坳里的一片荒地建立发射台，发音室和办公室则选定市郊的潘家湾。1940 年 2 月，中波发射机及主要机件运抵昆明，4 月底安装完毕，昆明广播电台正式建立，全称"中央广播事业管理处昆明广播电台"。此前，全国发射功率最大的是中国国际广播电台，为 35 千瓦，而昆明广播电台则是 50 千瓦，在全国首屈一指。

5 月 16 日，昆明广播电台开始实验播音。8 月 1 日第一次正式广播，"呼号为'XRPA'，波长四三五公尺，周率六九〇千周波，节目有歌咏，新闻汇述，演讲，国乐琴箫合奏，琵琶独奏，昆曲《游园》《刺虎》，话剧《寄生草》，平剧《捉放曹》《坐宫》及简明新闻总理纪念歌"。① 最初，每天播音 5 个多小时，后来逐步增加到 7 个小时，播送语言有国语，粤语、厦门语、闽南语、沪语等汉语方言，以及英、法、越、日、缅、泰、马来语等 12 种外语。电台播音覆盖范围，白天国内可达江西、河南、上海、湖南、陕西等省市，国外则可达新加坡、旧金山等地。到了夜间，电台的电波更远播至整个东半球，故有人称它"俨然是当时中国的第二国际广播电台"。②

昆明广播电台的建立与播音，在鼓舞民众士气、开展国际交流、宣传反侵略思想文化等方面发挥了积极作用。但是，很长时间人们都不清楚昆明广播电台与西南联大的关系，没有意识到利用广播电台这一现代化传媒工具进行抗战宣传，也是西南联大直接参加抗战救国的一大贡献。③

---

① 《昆明广播电台首次节目》，《云南日报》1940 年 7 月 31 日，第 4 版。

② 赵玉明：《中国抗战广播史略》，《现代传播》2015 年第 11 期。

③ 西南联大师生从事抗战广播的研究，是云南省广播电视局史志办戴美政先生开拓的一个领域，本节使用资料除注明来源者外，主要参考戴美政提供的论文《抗战中的昆明广播电台与西南联大》（中国广播电视协会广播电视史研究委员会、黑龙江省广播电视局、中国传媒大学广播电视研究中心编《第七次中国广播电视史志研讨会专辑》，2005，第 113～144 页）、《抗战中的昆明广播电台与西南联大（一）》（《云南档案》2008 年第 8 期）、《抗战救亡的时代强音——昆明广播电台与西南联大对抗战广播的重大贡献（下）》（《中国广播》2015 年第 12 期），在此特向戴先生致以感谢。戴美政所著《抗战强音：昆明广播电台与西南联大》是这一专题的力作（云南出版集团公司、云南教育出版社，2018），本书利用的仅是戴美政的前期研究成果。

一 技术后援

昆明广播电台于 1938 年开始筹备，兴建期间就与西南联大建立了联系。1939 年 7 月 4 日，昆明广播电台筹备处为增添技术人员致函西南联大，函中提出"以电机系电机门电力门或物理系本届毕业生为限"，希望"应征者须擅长数理富有进取研究精神，如能兼擅国语者尤佳"。① 此时正是学生毕业的时候，理学院院长吴有训便推荐了物理系两名同学，工学院院长施嘉炀推荐了电机系六名同学，经过面试，录取了陈希尧、林为干、贾士吉、曾克京四名同学，其中北京大学学籍的物理系同学贾士吉一直在增音室工作，最后综理该室技术，直到抗战胜利。

1940 年 5 月，昆明广播电台开始试播音后，西南联大又介绍了清华大学学籍的电机工程系周崇经、胡永春，电讯专修科陆志新、刘植荃等毕业生到电台服务。其后，齐植梁、何文蛟、雷琼芳、张允林等同学亦被电台录用。那时，昆明经常遭到日本飞机轰炸，供电时常切断，设备屡出故障，加上电讯器材紧缺，致使播音经常中断。西南联大既有技术知识，又占地利之便，能够不断为广播电台输送高素质的技术人才。进入电台的同学，有些长期在增音室、机房等要害部门值班，即使敌机大轰炸、供电出现问题的紧急时刻也坚守各自岗位，保证电台正常运转。

广播电台的所有工作都是为了保证播音，负责这项工作的是传音科。1940 年 5 月 20 日，昆明广播电台试播没有几天，还有一年才毕业的联大政治系同学高葆光，就用中文、英文两种文字给电台筹备处写了自荐信。信中说："贵台现已开始播音，闻之不胜雀跃，盖无线电广播对于民众教育宣传有重大关系"，"敝人渴望为电台英语报告员（即播音员——引者注）多年矣，对英文有甚深之兴趣，且有特殊研究，愿意接受任何面试"。当时，筹备工作还没有完全就绪，只能复函表示"俟日后正式成立时，再函约面洽"。7 月 20 日，昆明广播电台函高葆光面谈，经面试，录取为试用助理，因此，昆明广播电台最初的英语节目，应该就是高葆

---

① 《昆明广播电台筹备处致西南联合大学函》（1939 年 7 月 4 日），"国立西南联合大学档案"，档号：32 - 1 - 118。

光播音的。①

昆明广播电台录用高葆光的同时，还录用了物理系何克淑和法律系贺祖斌两位同学，他们的岗位在征集组。7月和9月，昆明广播电台还两次登报公开招考国语报告员、征集员（即编辑），联大陆智常、温瑜、王勉、齐潞生、吴纳孙、王乃樑、丁则良等同时被录取。另一位被录用的江西葆灵中学李淑蓉同学，后来也考入了联大，1944年元旦还与丁则良结为伉俪，证婚人是潘光旦。不久，又有郑韵琴、孙蕙君、王逊等也经考核进入了昆明广播电台。

昆明广播电台本来希望采用专任人员，但一面急需用人，一面又缺乏人才，于是录取了一些兼职人员，这就使联大同学源源不断进入广播电台。这些人中，1941年有刘沁业、齐植樑、章琴、陶维大、范宁生等；1942年有陈忠经、李宗藁、虞佩曹、马芳若、佟德馨、雷琼芳、何文蛟、黄曾赐、黄克峰、刘祚昌、何儒、张承基、黄秀雅等；1943年有钱达民、陈逸华、王瑛兰、倪仲昌、郑敏、张允林、傅愫斐、董杰、官知节、高小文、罗翠玉等；1944年有周文砚、黄宗英、陆钦原、张乃映、朱汝琦等；1945年有王芸华、梁齐生、冯钟潜、李和清、许四福、俞维德、刘君蕙、肖志坚、简焯坡、王玖兴、宁世铨、金安涛、朱和等；1946年有温伯英、王光诚。他们在广播电台，承担了编辑、播音和其他工作。

传音科是广播电台最受重视的部门，分配各组工作、编撰稿件、答复听众咨询、结算邮寄稿费、校核节目预报表、联系外来演播单位和人员等，都在传音科职责之内。说联大撑起了这个部门半边天一点也不为过。据昆明广播电台人事档案统计，从1940年昆明广播电台正式成立至1945年抗战胜利的6年里，传音科经中央广播事业管理处批准担任专职和兼职人员，累计186人次，其中联大就有133人次。内中1940年共23人，有联大12人，所占比例为52.2%；1941年共27人，有联大14人，占51.9%；1942年共29人，有联大14人，占48.3%；1943年共27人，有联大17人，占63.0%；1944年共34人，有联大18人，占52.9%；

---

① 戴美政：《抗战救国的时代强音：西南联大与战时国际广播》，清华大学校友会编《清华文稿资料选编》第20辑，第20～21页。

1945年共46人，有联大23人，占50%。

在传音科，西南联大同学不仅人数占了一半以上，而且担负了重要责任。1943年12月，传音科科长出缺，在电台工作了3年的王勉被中央广播事业管理处任命为代理科长。王勉是清华大学社会系学生，在清华园就很活跃，到昆明后曾参加过《中央日报》（昆明版）"敌情副刊"编辑工作，进入电台后相继担任干事、征集组代理组长。传音科头绪繁多，压力很大，差事难当，但王勉干得很出色，以至于1945年他辞职时竟找不到合适人选接替。1942年10月考入昆明广播电台，被委以外语稿件编撰重任的沈自敏，也于1943年5月被任命为传音科外语组组长。沈自敏同年考取清华大学研究院文科研究所历史学部研究生，他是一边攻读学位一边兼顾外语广播。1943年到电台的政治系同学倪仲昌，开始在征集组工作，后来也担任了编审组组长。

西南联大到昆明广播电台工作的不仅有学生，丁则良、王乃樑、吴讷孙、简焯坡、马芳若等都曾相继被学校聘为助教。丁则良、王乃樑是1940年11月进入电台的，称得上是元老，他们除担任节目编播外，还承担了"古今谈荟"等节目的播讲，由于他们"学识优越，工作努力"，电台曾呈报上级要求为他们加薪。

二　时事讲座

学术讲座、名人演讲，是广播电台的重点栏目。这个栏目主要分为政治和学术两部分，前者传达政令方针，后者传播思想文化，内容都紧紧围绕"抗战建国"这一核心。1940年代是中国广播从初创走向成熟的过渡阶段，加上战争环境下广播在传播战事消息方面的便捷性和高效率，其社会影响力很大。

早在长沙临时大学开学的第二天即1937年11月2日，长沙广播电台就曾邀请学校选派教授进行广播演讲。这个标为"传字第85号"的公函，是长沙广播电台台长金选青致蒋梦麟、梅贻琦、张伯苓的信。信中说："倭寇肆虐侵占我华北，扰乱我淞沪，破坏我全国文化中心，青年学子流离失所者不知凡几。值此全面抗战时期，应集中全国所有力量以对顽寇，故宣传工作尤为重要，借以促起全国同胞同仇敌忾之心，而作救亡图存之举。本台直属中央，为全国第二强力广播电台，职司宣传鼓励民气，今贵校设立，此间名流宿彦会聚一堂，使弦歌不致中断，为国家培养实力奋斗精神，令人钦敬。各教授久居北方，洞悉民情，现我华北同胞正沦陷于敌人铁蹄之下，渴望拯救，当不止引领翘首已也，果能予以片言之慰藉，一语之勉励，使若干势力潜伏于广大民众心中，必有一日发生若大反应而获得最后胜利也。本台拟敦请贵校执事及教授轮流莅临作半小时之广播演讲为救国宣传，各位先生热心教育饥溺为怀，谅不致见却也。如何赞同即请赐函示知，当再派员专诚前来接洽一切，再者希将贵校全体教职员一览表赐下一份，专此奉达，并盼赐复。"①

　　宣传抗战救国，是知识界义不容辞的责任，长沙临时大学十分理解在广播电台演讲的意义，对这件事十分重视。24日，学校复函长沙广播电台："案准贵台公函，嘱派教授前来广播演讲等由。准此，事关救国宣传，自表赞同，现正分别接洽中，一俟办法确定，再行函复。即希查照为荷。"②同时，致函各系教授会议主席："顷准长沙广播电台公函请派教授前往演讲等由。事关救国宣传，本校自应赞助，为特函请先生分向贵系各教授接洽担任，并祈将所演讲题目开示，以便与各台接洽广播时间。专此即烦，查照迅予办理为荷。"③

　　这次长沙电台演讲，目前尚无更多资料，但在昆明广播电台的演讲，则保存得比较完整。昆明广播电台的"名人演讲""学术讲座""时事论述"等节目一般安排在18~20时的黄金时间，每天播出一至两次，每次约20分钟。1940年8月1日，昆明广播电台在云南省政府成立12周年纪念日这天正式开播。首播当天，就邀请了联大常委蒋梦麟至电台广播演讲，蒋梦麟后来还在电台做过纪念五四、战时公债劝募、动员知识青年从军抗战等演讲。

① 《金选青致蒋梦麟梅贻琦张伯苓函》（1937年11月2日，长沙广播电台传字第85号），《西南联大致长沙广播电台准函嘱派教授演讲正接洽中一俟办法确定再行函告烦查照由》，"国立西南联合大学档案"，档号：32-1-167/86~87。
② 《长沙临时大学复长沙广播电台公函》（1937年11月24日），《西南联大致长沙广播电台准函嘱派教授演讲正接洽中一俟办法确定再行函告烦查照由》，"国立西南联合大学档案"，档号·32-1-167/83。
③ 《长沙临时大学常委会致各系教授会议主席函》（1937年11月24日），《西南联大致长沙广播电台准函嘱派教授演讲正接洽中一俟办法确定再行函告烦查照由》，"国立西南联合大学档案"，档号：32-1-167/85。

昆明广播电台演讲类节目有一个显著特点，即开办主题明确的系列性讲座，这些讲座大多有西南联大的参与。1942 年 5 月中旬，在昆明广播电台举办的学术广播中，就有陈友松讲"青年教育问题"，罗庸讲"儒家的根本精神"，朱友华讲"毒气及防毒"，蔡维藩讲"欧洲与世界大战"。① 同年 10 月举办的为期 3 个月的文哲、科学、国际关系讲座，主持人分别是罗常培、曾昭抡、王赣愚。1943 年 2 月，昆明广播电台函请罗常培、王赣愚、陈省身、伍启元担任文哲、国际政治、科学、国际经济讲座的主持人，每次酬谢播讲、交通费 120 元。② 3 月 3 日，闻一多在第一次文哲讲座播讲，王力听后，对朱自清说"一多的广播讲话很成功"，③ 说明西南联大同人对这个节目很关心。

西南联大教授在昆明广播电台的演讲，主题都突出了抗日救亡这一中心。1940 年 8 月 20 日，曾昭抡在电台播讲《抗战以来中国工业的进展》。播讲中，他回顾了抗战三年来中国工业的内迁，讲到大后方钢铁、煤炭、水泥、燃料、军火以及轻工业、手工业的发展。一个个有力的事实，既说明了战时工业对促使中国走向工业道路的作用，又增强了人们坚持抗战救国的信心。同年 12 月 12 日，曾昭抡又在昆明广播电台播讲了《化学战争》，他用清晰的条理和通俗的语言，把军事科学尤其是防毒的重要性，表达得生动明白。当时，日军在一些地方施放毒气，云南也是受害地区，所以地方当局十分重视曾昭抡的这次播讲。不久，《云南日报》以相当版面，将曾昭抡的播讲全文分两天刊出。

抗战胜利前后，昆明广播电台还开播了由陈友松教授倡议和指导的讲座类节目"空中学校"。陈友松是著名电化教育学专家，两次代理西南联大师范学院教育系主任，他出版的《有声的教育电影》，是中国第一本电教专著。在强敌入侵、民族存亡的关头，陈友松将电化教育看作是"摧坚锄强，移风易俗，继绝存亡，立心立命"的有力工具，并将广播作为实现自己教育思想的又一阵地。1941 年 5 月，陈友松第一次到电

---

① 《昆市点滴》，《云南日报》1942 年 5 月 12 日，第 3 版。

② 《昆明电台致罗莘田王赣愚等函请主持本台文哲科学国际政治国际经济讲座等由》（1943 年 2 月 26 日），"昆明广播电台档案"，云南省档案馆存，档号：53 - 3 - 54。戴美政先生抄录。

③ 朱乔森编《朱自清全集》第 10 卷，第 229 页。

台演讲，以后多次应邀演讲。他倡导和主编的"空中学校"节目，涉及各科知识、社会生活、家庭婚姻等许多方面，不仅听众喜爱，就连远在重庆负责监听的中央广播事业管理处传音科也赞许有加。应邀到昆明广播电台做学术演讲和科普讲座的联大学者还有很多，如黄钰生在4月4日儿童节、8月27日教师节做过教育与抗战等专题演讲；马约翰讲过体育与抗战、体育与国防、青年运动；罗庸讲过《诗的境界》《儒家的根本精神》；潘光旦也在1942年4月4日做过《新母教》播讲。

昆明广播电台开设的专题演讲之所以能够得到西南联大的大力支持，与蔡维藩有很大关系。1941年4月，电台为了使讲座类节目长期播出，接受云南省教育厅长龚自知推荐，聘请联大历史系教授、师范学院历史系主任蔡维藩担任特约专员，负责电台专题节目各类稿件的编撰、审核等事宜，待遇为每月津贴国币200元。蔡维藩是位眼界开阔、勤于著述的历史学家，他于1941年5月1日到电台就职，一直坚持到抗战胜利，是联大教授中受聘时间最长的特约专家。

蔡维藩到电台兼职后，即组织了一个几乎全由联大教授组成的时论委员会，负责时事评论、学术讲座等节目的选题设计、作者联系等事宜。该委员会有特约教授六人，皆著名学者，大家每周开会一次交换意见，提供资料，然后各人自选时事评论一题，精心撰写，以保证每晚能够播出一篇。每个星期日的晚上，则播出外文系教员王佐良撰写的英文时论一篇，同时播出"一周时事述评"。"时事评论"可以说无所不包。

为时事评论、学术讲座等节目撰稿的主要是教授，也有一些讲师，总数有时多达数十人。联大每月到电台演讲的专家，少则七八人次，多则二三十人次，俨然一个广播演讲的专家群体。据现存档案统计，从昆明广播电台建台到1946年西南联大复员，先后到电台演讲的联大专家有：张伯苓、蒋梦麟、查良钊、曾昭抡、黄钰生、陶葆楷、陈岱孙、马约翰、张大煜、贺麟、钱端升、蔡维藩、汤佩松、林良桐、施嘉炀、朱汝华、张泽熙、任之恭、傅恩龄、王信忠、张印堂、罗常培、罗庸、陈铨、梅贻琦、陈友松、李景汉、唐兰、庄前鼎、伍启元、潘光旦、王赣愚、汤用彤、吴宓、雷海宗、邵循正、邵循恪、陈省身、鲍觉民、闻一多、沈同、杨业治、戴世光、冯友兰、冯至、许浈阳、方龄贵、费孝通、陈序经、崔书琴、吴之椿、刘崇铉、赵迺抟、秦缵略、杨叔进、徐毓柟、周作仁、郑华炽、胡毅、霍秉权、王竹溪、樊际昌、张青莲、马大猷、杨振声、任继愈、钱学熙、李广田、石峻等，这几乎是西南联大教授的大半。此外，历史系助教丁则良播讲的历史讲座以"鸦片战争的背景"为题，进行了 10 讲。师范学院史地系助教王乃樑播讲的地理讲座包括"世界的统一性""世界的气候和世界的色调""介绍台湾""地理区域与地理精神""印度尼西亚民族运动的地理背景""对于苏联地理应有的认识""美国的国力基础""世界重要资源的分布""关于国际疆界的一点理论""地理环境与人生" 10 个专题。

以西南联大为主力的专题播讲开播不久就受到官方重视。1940 年 9 月 12 日，昆明广播电台正式播音才一个多月，中央广播事业管理处便指令昆明广播电台"将每周邀请名人演讲之讲稿源源寄处，以便送载《广播周报》"，同时供其他电台选播。对于播讲过的内容，作者们自然也很珍惜。1946 年，蔡维藩将昆明广播电台播出的部分广播稿编著成《和平之路——由大西洋宪章到联合国》出版，其各章分别为："大西洋宪章""大西洋宪章与联合国家""中美英苏四国合作与世界和平计划发展""开罗会议""德黑兰会议""二次开罗会议""美英苏发表尊重伊朗宣言""敦巴顿橡树会议""橡树会议第二阶段会议""国际组织建议案""国际组织建议案的精神和意义""克里米亚会议""克里米亚会议与欧洲和平""克里米亚会议与远东和平""召集旧金山会议""旧金山会议前夕""旧金山会议开幕""旧金山会议经过""旧金山会议闭幕""联合国宪章""旧金山会议的精神与联合国宪章的特点""联合国成立""联合国展望"。这些对第二次世界大战后期战争局势、国际关系等重大政治问题的评论，既有现实观察，又有历史追踪；既有形势预测，又有对策建议，表现了西南联大学者犀利的眼光和冷静的思索。蔡维藩还编发了一些国际评论的广播稿，其中有《美国记者观察中的美苏友谊》《巴黎和会与五国和约》《两次大战的两次和平年》《从新闻自由到广播自由》《欧洲五个战败国》《对日和会应否提前召开》《德国人之德国》《琉球群岛未来的地位》《珍珠港事件调查报告》等。

三 多语广播

昆明广播电台的地理位置与时代因素，决定了它需要使用多种语言进行播音。抗战期间，昆明广播电台共播出过 8 个语种的节目，其中外语播音有英语、法语、越南语、缅甸语、日语、马来语、泰语 7 种，汉语播音分国语、粤语、厦门语、闽南语、沪语 5 种。联大师生参与或主持编播的外语节目有英、法、日、马来语 4 种，汉语方言播音有粤语、厦门语、闽南语 3 种。

外语节目首先开播的是英语，除周六外，每晚 9 时播出，每次 10 分钟。这个节目最早由高葆光同学播音，以后聘请云南省立英语专科学校校长水天同播讲。1941 年 12 月英语节目一度奉命转播国际广播电台的英语节目，1944 年 3 月恢复自播，并延长到每周 335 分钟。抗战胜利前后，联大外文系教员王佐良撰写的英文时事评论，是每周固定的播出节目。

法语节目是与英语节目同时开播的，长期由联大外文系教授陈定民、吴达元和中法大学夏康农教授担任播音。陈定民是巴黎大学语音学院文科博士，法语语音十分纯正。吴达元是法国里昂大学硕士，在联大时著有《法国文学史》等书。在他们的努力下，法语节目产生了相当的影响。1940 年 9 月，日本军队在越南海防登陆，控制了从海防经中越口岸河口到昆明的滇越铁路越南段，中国为了管理河口至昆明段的铁路，成立了滇越铁路线区司令部。滇越铁路是法国强迫清政府签订不平等条约修建的，铁路公司有不少法国雇员，他们非常关心局势动向。1940 年 6 月，德国占领巴黎，法国政府投降，1941 年 6 月戴高乐在伦敦发表《告法国人民书》，9 月成立自由法国民族委员会（简称"自由法国"），继续领导法国人民开展反法西斯侵略斗争。这些变化，牵动着在滇越铁路服务的法国人士，1942 年 1 月 22 日滇越铁路线区开远车站司令办公室曾致函昆明广播电台，说"铁路法籍路员欲收贵台法语广播"，要求函告播出时间、呼号、波长等。昆明广播电台随即复函做了答复与介绍。为了让法语听众了解法国抵抗运动，陈定民还设法使在昆明的"自由法国"成员获准在节目中播讲法语评论，突破了当时对播讲戴高乐抵抗运动主张的限制。

1942 年 10 月，针对日本占领越南，昆明广播电台开播了日语节目。日语在云南使用得很少，最初的播音员任职时间很短。后来聘请了一位早稻田大学的毕业生专门负责日语编播，并请联大同学刘祚昌协助其工作。刘祚昌 1921 年生于辽宁省辽阳县，小学和中学生活在日本统治下被迫学习日语，1939 年逃离东北到北平，考入辅仁大学，后辗转到昆明，1941 年入西南联大政治系。刘祚昌具有扎实的日语功底，是联大通晓日语的少数学生之一。1944 年 10 月至 1945 年初，日语节目停播，恢复播出后，生物系助教简焯波带领哲学心理学系二年级学生金安涛和机械系一年级新生宁世铨，应聘承担收听、编译、播音工作。

西南联大有不少东南亚的华侨青年，这为昆明广播电台的马来语播音提供了人力资源。马来语节目是 1942 年 10 月开播的，由联大化学系二年级黄克峰同学担任编播，起初每周播音 3 次，1943 年 2 月增加到每周 6 次，又增聘了经济系陈犀峰同学为播音员。1944 年 4 月，黄克峰、陈犀峰参加译员征调，社会系二年级黄宗英同学接替了他们的工作。1945 年 1 月，黄宗英也考入了译员训练班，便推荐同班同学李和清继任其职，保证了马来语播音的继续。

除了外语播音，昆明广播电台的汉语方言节目也办得有声有色，其中粤语、厦门方言、闽南语，几乎全由联大师生主持播讲，这自然得力于联大有许多广东、福建籍学生。

1940 年 8 月 1 日开播的粤语节目是最早播出的汉语方言节目，1942 年 5 月至 1945 年 3 月，担任播音的是联大法律系同学佟德馨。1942 年 12 月，占领香港的日本军方电台增加对重庆的短波广播，昆明广播电台奉令"每日增加粤语报告一次，每周至少六次，借以抵抗香港敌台'JPH'之虚伪宣传"。于是，昆明广播电台从 1943 年 2 月 10 日起，每周粤语播音增加为 6 次，由于工作量增加，担负厦门方言、闽南语播音的联大同学黄曾赐协助佟德馨编选广播稿。

厦门方言节目是 1940 年 10 月开播的，先后由西南联大教育系郑韵琴、生物系黄曾赐、土木工程系许四福等同学播音。1943 年 3 月以后，因为增加了厦门方言播音，黄曾赐每周要播音 9 次，工作十分繁重。

黄曾赐还是 1942 年 10 月开播、每周播讲 3 次的闽南语播音的主力。1943 年 3 月，为了加强对台湾同胞的宣传，中央广播事业管理处请国民党台湾省党部派一位姓黄的人参加播音，但这个人不负责任，几次迟到影响节目播出，昆明广播电台只好请示准许闽南语节目全部由黄曾赐负责播报，一直持续到 1944 年 3 月这个节目停播。

昆明广播电台的外语节目和汉语方言节目，紧密配合了世界反法西斯战场的形势发展，及时报道了国内与国际政治、军事、外交、经济、文化等关系的变化，在争取国际援助、动员海外侨胞参加抗战等方面，发挥了重要作用。在这场空中无线领域的战斗中，西南联大的贡献是应该大书特书的。

四　战斗旋律

对于广播来说，在播出时间上所占比例最大的是听众喜闻乐见的文艺类节目。昆明广播电台的文艺节目分为戏曲、歌咏、国乐、西乐四类，这四类节目中，都活跃着西南联大师生的身影。

电台初建时，孙蕙君刚从历史系毕业，来到电台担任乐剧组的助理。师范学院教育系音乐教员刘振汉，也被聘为负责电台同人歌咏团及演播等事务的特约音乐指导。先后担任乐剧组助理或特约干事的，还有电机工程系高小文、物理系官知节、哲学系郑敏、历史系罗翠玉等同学。

文艺广播中，以每周六的"特别节目"最受听众欢迎。直播的大发音室（即演播厅）常常挤满来宾，歌声激昂、乐声振奋，一方唱罢又一方登场，有特色、有影响的节目接连不断。在众多广播文艺演播团体中，西南联大演播团队是参加最早、影响最大的团队之一。1940年7月试播期间，联大歌咏团曾两次到电台播出抗战歌曲。1940年8月31日，为给抗日将士募集寒衣，歌咏团再次到昆明广播电台演播。当晚，令人振奋的钢琴声响起，雄壮激昂的抗战歌声随着电波传向云贵高原、海外南洋。这场演播有男女声二重唱、四重唱、独唱，曲目有《游击队歌》《抗敌歌》《旗正飘飘》《太行山上》等，而第一个演唱的《黄河大合唱》是首次在云南演出。

这次演出，在参演人员心中留下深刻印象。张世富回忆说：这次演播是电台做的一个特别节目，电台负责音乐节目的是联大的女同学郑敏，教育系的谭庆双是女高音中的主力。这样大规模的演播在云南广播电台是空前的，歌咏团的同学们事前进行了认真排练，电台播送也十分隆重，播出后各方反映强烈，[①] 多年后，参加这次演播的历史系同学施载宣

---

① 张世富：《不是专业胜似专业：篮球队与合唱团》，《西南联大北京校友会简讯》第42期（庆祝西南联大成立70周年纪念特辑），2007年10月，第101页。

（萧荻）得到这次演播结束后的一张照片。看着这张颜色已经泛黄的历史照片，他回忆说：

1940 年 8 月 31 日，昆明广播电台正式成立（在昆明潘家湾）开始播音。昆明广播电台特邀联大歌咏团参加广播音乐会。这是联大同学的歌声，首次通过电波传向四方。为了提高演唱的质量，我们通过刘家瑞同学从贵州请来了郭可谌同志当我们的客席指挥。暑假中，我们投入了紧张的排练，为了正式参加这次校外的演出，特地买了一块紫色的绸子，用白布嵌上"国立西南联大歌咏团"大字的团旗，服装也力求整齐划一，女高音一色地穿月白色的旗袍，女中音则穿蓝阴丹士林布旗袍，至于男声部则清一色的白衬衫，黄卡机布长裤，好在这些都是大家常备的，并不需要要特殊添置，看上去也很体面。这次演出以四重唱、男女声二重唱和独唱为主，还特别加了钢琴伴奏（这在当时联大的歌咏会上也是破天荒的创举），可惜钢琴伴奏是谁，现在已记不起来了。

演出是在昆明广播电台的播音厅举行的，几十个人的合唱队，把播音厅的小舞台占得满满的。演出结束还照了像，由于只有一台方匣子的"禄来福来"手像机，只能男、女声部分照（不是因为"封建"，而是由于摄影器材和技术问题的缘故）。这两张像片，缪景湖大姐珍藏了下来，经过数人数，女声部是女高音和女中音各 7 人，男声部男高音、男低音各 14 人，连同指挥、钢琴伴奏一共 44 人，这就是全部联大歌咏团相对固定的演出阵容了。由于照片已经变黄，虽经翻拍放大，但画面仍模糊不清，而且大家都已垂垂老矣，不象当年那么"英俊"。现在经过反复辨认和回忆，能够确认的女演员有缪景湖、刘家瑞、梁淑明、陈锡荣、朱瑞青、袁月如、陈琏等，男演员有徐树仁、张世富、朱鸿思、施载宣、黄伯申等，其余的都认不出来了。

这次广播音乐会演出的节目，据缪景湖大姐回忆是全部由光未然作词、冼星海作曲的《黄河大合唱》。经过和郭可谌、徐树仁同志核对，当时《黄河大合唱》的全套曲谱还没得到，所演唱的只是《黄河大合唱》中的《黄水谣》《河边对口曲》《黄河颂》《保卫黄河》等一部分。此外还唱了贺绿汀的《游击队歌》，黄自的《抗敌歌》和《旗正飘飘》，桂涛声词、冼星海曲的《太行山上》，田汉词、贺绿汀曲的《胜利进行曲》等。这些都是很能激励人们同仇敌忾、抗日救亡的战斗歌曲。著名的《黄河大合唱》，也是在这一次，首先介绍给云南广大听众的。①

1943 年 3 月 19 日，电台举行口琴广播音乐会，哲学心理学系陈斐昂同学与中央研究院、中华职业学校、昆明市邮政总局等单位的口琴名家同台吹奏抗战歌曲。在电台演播抗战歌曲的，还有联大师范学院回声歌咏队、工学院蓝鹰歌咏队、师院附属学校等。一些具有文艺才华的教师家属，也在受邀请之列，如外国语文系袁家骅教授的夫人就做过演播。

昆明的话剧演出非常活跃，自然也成为昆明广播电台文艺节目的内容之一。电台播送的剧目有《血洒晴空》《代用品》《突击》《中国的母亲》《良辰吉日》《可怜的裴迦》《古城的怒吼》《死角》《心防》等。从排演剧目的阵容和演播次数来看，联大戏剧研究社、联大剧团等是话剧演播的主角。北大、清华、南开本来就有演剧传统，加上昆明的环境相对宽松，联大的戏剧活动日显活跃。联大剧团是西南联大成立的第一话剧社团，前文提到的他们演出的话剧《祖国》受到昆明各界高度评价，而这部剧也是昆明广播电台演播次数最多的一个剧目。1940 年 10 月至 11 月，《祖国》公演已经结束 20 个月了，昆明广播电台仍然在播出它。

这个时期，联大剧团是电台的常客。仅 1942 年 1 月就演播了表现内迁后方的知识分子的悲剧，以唤起迷途的人们觉醒的《雾重庆》及《锁着的箱子》《怒海余生》《人约黄昏》《未婚夫妻》等。戏剧研究社、青年剧社、山海云剧社、怒潮剧社、青春服务社、联艺剧社，是联大陆续成立的戏剧团体，他们不仅在校内、省城公演，还把戏剧带到远郊乡镇。1940 年底至 1941 年 1 月，联大戏剧研究社在昆明电台演播夏衍的话剧《上海屋檐下》，1941 年 3 月至 4 月，又演播了描写舞女谋刺汉奸未成而壮烈牺牲的《夜光杯》等。联大各剧社参加的广播演播剧大多表现驱除敌寇、争取解放的心声。不知什么原因，在 1942 年 2 月课余戏剧研究社

---

① 施载宣：《从群声歌咏队到联大歌咏团》，《筚吹弦诵在春城》，第 334～335 页。

演播表现爱国青年揭露汉奸卑劣的《前夜》后，西南联大在电台的话剧演播就停止了。

　　抗战时期的昆明广播电台，是向国内外进行抗战宣传的重要传播阵地，西南联大师生全力支持昆明广播电台宣传抗战救国，为国人了解世界反法西斯战场局势、坚定抗战决心、振奋民族精神等，提供了有力的思想文化武器，传播了反侵略的时代强音。

第六章 抵绝徽，继讲说：文化传承

现代化的科学文化是国家发展、民族振兴的根本保证。接受现代科学文化教育的爱国知识分子，一直怀有科学救国、教育救国的浓厚情怀。抗日战争爆发后，许多学生奔赴前线，投身抗战的不同岗位，留在校园的师生们，也努力学习科学知识，积累救国本领。大学教师则把自身的优势化为武器。这方面，西南联大的贡献十分突出，下面仅介绍联大教授在这项工作中的几个事例。

第一节 精神弘扬

集中了整个民族的意志和愿望，并积累了长期历史经验和生存智慧的民族精神，是一个民族赖以生存和发展的精神支柱，也是这个民族实现共同理想和发展目标的内在动力。任何民族的成长壮大都离不开民族精神的凝聚和支撑。体现了中华民族特质的中华民族精神，是生活在中国土地上的所有民族在长期历史积淀中升华起来的，它是中华民族的核心和灵魂，是中华民族生生不息的精神源泉和维系全民族的纽带。每当中华民族面临生存与发展的重大时刻，民族精神的弘扬便自然成为时代的主旋律。

西南联大的学术研究是在战争时期进行的。身处这一特殊环境，一些纯学术研究这时也自觉地增添了某些现实的内容，表现出弘扬民族精神，为抗战服务的显著特征。

一 史家胸怀

在中国传统文化中，历史学的作用之一是"以史为鉴"，皇皇二十四史，各种类型的通鉴，无不如此。九一八事变后，许多人文社会科学学者，更是自觉地将这种意识融入自己的著述。留滞北平的陈垣，就在《通鉴胡注表微》中，通过阐发胡三省对《资治通鉴》的注释，抒发痛惜国土沦丧，反抗强敌入侵，维护民族气节的浩然正气，为沦陷区的史学界树立了令人赞叹的榜样。在这方面，西南联大也不逊色，钱穆的《国史大纲》即是一个突出的代表。

1949年以前，诸多学校的历史课基本教材采用了钱穆的《国史大纲》。这部著作的东汉以前部分，在战前作为讲义写出了初稿，但钱穆决定以《国史大纲》为题，全面展开写作，则是在抗战初期。

卢沟桥事变后，钱穆匆匆南下，携带了平日讲通史的数册笔记。1938年初，长沙临时大学迁往昆明，钱穆经广西、越南来到昆明，于4月抵达已改称为西南联合大学的蒙自分校。在蒙自，师生暂时结束了战争以来的动荡生活，有了一个相对平静的环境。利用这个难得的机会，教师继续从事各自的研究与著述，钱穆《国史大纲》的写作即在这一时期展开。

在蒙自，经历了千里逃生的钱穆，讲起国史"倍增感慨"，同学们亦"颇有兴发"。但是，学生们"苦于课外无书可读，仅凭口耳"，这激起钱穆续写《国史纲要》，"聊助课堂讲述之需"的念头。于是，5月间他正式着手撰写，为了集中精力，蒙自分校结束时他没有立刻去昆明，而是留在蒙自安心写作，直到开学才回到学校。但是，1938年9月28日，日机开始轰炸昆明，钱穆不得不每天早晨抱着书稿跑到旷野去。在这种情况下，经朋友介绍，钱穆搬到宜良县城西山下的岩泉寺，每周在昆明上课，结束后就到宜良住三天。钱穆就是在"既乏参考书籍，又仆仆道途，不能有四天以上之宁定"的环境下写作《国史大纲》的。该书于1939年6月完成，前后历时13个月。《国史大纲》是钱穆的成名作，曾给他带来很大荣誉，但是他对这部著作并不满意，在致友人信中说"此书垂成，而非意所惬"，其原因是"细针密缕，既苦书籍之未备；大刀阔斧，又恨精神之不属"。[①]

《国史大纲》完成于挽救民族、挽救国家于危难的全民抗战形势下。这样的时代需要加强国民自信心，而这种自信心是建立在了解本国历史基础上的。钱穆的《国史大纲》就响应了这一时代需求，在全书的第一篇《凡读本书请先具下列诸信念》中，他写道：

---

① 钱穆：《国史大纲》，上海书店，1989，第2~3页。

一、当信任何一国之国民，尤其是自称知识在水平线以上之国民，对其本国已往历史，应该略有所知。（否则最多只算一有知识的人，不能算一有知识的国民。）

二、所谓对其本国已往历史略有所知者，尤必附随一种对其本国已往历史之温情与敬意。（否则只算知道了一些外国史，不得云对本国史有知识。）

三、所谓对其本国已往历史有一种温情与敬意者，至少不会对其本国已往历史抱一种偏激的虚无主义，（即视本国已往历史为无一点有价值，亦无一处足以使彼满意。）亦至少不会感到现在我们是站在已往历史最高之顶点，（此乃一种浅薄狂妄的进化观。）而将于我们当身种种罪恶与弱点，一切诿卸于古人。（此乃一种似是而非之文化自谴。）

四、当信每一国家，必待其国民备具上列诸条件者比较渐多，其国家乃再有向前发展之希望。（否则其所改进，等于一个被征服国或次殖民地之改进，对其国家自身不发生关系。换言之，引种改进，无异是一种变相的文化征服，乃其文化自身之萎缩与消灭，并非其文化自身之转变与发展。）

上述所言，清楚地表明了钱穆对文化与国家命运关系的认识，反映了他写作这部著作的初衷与目的。

在《国史大纲》中，钱穆批判了历史研究中存在的民族虚无主义倾向。当时，在史学界和思想界，有些人认为秦以来两千年的政治制度是"专制政体"，学术上"思想停滞"，因而说"中国自秦以来二千年历史无精神，民族无文化"，各个方面都不能与西方相提并论。钱穆认为这种思想是民族虚无主义，其原因是他们"莫不讴歌欧美，力求步趋，其心神之所向往在是，其耳目之所闻睹亦在是。迷于彼而忘于我，拘于貌而忽其情"。钱穆认为自己有责任弘扬中国文化，于是以一个史学家的责任感，投入这部书的写作。

钱穆的《国史大纲》是部通史性质的专著，作者自称其内容是"就一般政治社会史实作大体之叙述"。按照钱穆的计划，他要写三部新史，一部是通史，即《国史大纲》；第二部写文化史，即抗战时期出版的

《中国文化史导论》；第三部写思想史，内容是他在昆明做过的四十次演讲。钱穆的这些工作，都有明确的目的。正如他说："一个国家当动荡变进之时，其以往历史，在冥冥中必会发生无限力量，诱导着它的前程，规范着它的旁趋，此乃人类历史本身无可避免之大例。否则历史将不成为一种学问，而人类亦根本不会有历史性之演进。中国近百年来，可谓走上前古未有最富动荡变进性的阶段，但不幸在此期间，国人对已往历史之认识，特别贫乏，特别模糊。作者窃不自揆，常望能就新时代之需要，探讨旧历史之真相，期能对当前国内一切问题，有一本源的追溯，与较切情实之考查。"①

钱穆在《国史大纲》和《中国文化史导论》中表现对中西文化异同等问题的观点，被认为带有文化保守主义倾向。同时，学术界也认为，虽然钱穆不赞成全盘西化的提法，但他同样主张学习西方之长，只是认为必须首先努力了解中华民族文化的优良传统，才能从西方文化中撷取长处。关于这些问题，学术界业已贡献了很多成果，在此没有必要重复。这里，需要强调的是，钱穆对中国历史和文化的研究在抗日战争时期所彰显的重要意义和价值。正如学者所说，"尽管钱穆的有些学术观点不无可讨论之处，但他热爱祖国，热爱民族，弘扬祖国传统文化的激情与努力，是值得钦佩和赞扬的"。②

与钱穆一样，雷海宗也是位在史学研究中带有深厚情怀的史学家，他的名字与《中国文化与中国的兵》紧紧联系在一起。《中国文化与中国的兵》出版于1940年2月，全书分上下两编，上编汇集作者在清华园完成的论文，下编汇集的是其在抗战前期撰写的论文。《中国文化与中国的兵》体现了雷海宗对中国文化的观察与思考，反映了他试图解答泱泱大国为什么会造成千年"积弱"的局面，为什么堂堂中华竟会屡屡遭受外族的侵略，特别是近代以来更是遭到西方列强和日本的欺凌。正是怀着这个动机，雷海宗以一个史学家的广阔视野，提出了既产生了很大影响，又引起不少争论的"中国文化周期论"的观点。

雷海宗的"中国文化周期论"在抗战前的著述中就已经提了出来。

①　钱穆：《国史新论·自序》，生活·读书·新知三联书店，2001，第1页。
②　宋仲福、赵吉惠、裴大洋：《儒学在现代中国》，中州古籍出版社，1991，第225页。

当时，他发表的《中国的兵》《中国的家族》《中国的元首》《无兵的文化》《中国文化的两周》等 5 篇论文，通过对两千多年来中国兵员、兵制的演变、中国古代文官与武官的关系、士大夫与流氓的关系、家族制度与国家体制的关系、皇族血统退化与历史进程的关系等问题入手，对中国历史和中国文化进行了一番剖析。在上述思考中，雷海宗主要分析了中国文化的弱点，他认为，只有认识到中国旧文化的劣处与不足，才能使中国文化获得新生，这正是他最初提出的"中国文化两周说"的核心。在《中国文化的两周》中，他把中国历史分为两大周期。第一周期自上古到秦汉帝国，是纯粹华夏民族的古典中国。第二周期自南北朝到清代末年，是胡汉混合、梵华同化的"新中国"。雷海宗认为，世界上其他古代文明的兴灭，都只有单一的周期，只有中国文明有"第二周返老还童的生命"，并期望通过抗战的发展，产生第三周的新文化。

卢沟桥事变的爆发，促使雷海宗对中国文化新生的意义做了进一步的思考。1938 年 2 月，他在《此次抗战在历史上的地位》中论述了抗战的意义和士兵舍生忘死的精神。他在文中说："此次抗战不只在中国历史上是空前的大事，甚至在整个人类历史上也是绝无仅有的奇迹。""我们此次抗战的英勇，是友邦军事观察家所同声赞许的，连敌人方面的军事首领有时也情不自已的称赞一声。我们虽然古老，但我们最好的军队可与古今任何正在盛期的民族军队相比，这是值得大书特书的。"[①] 同时，他更重视对中国与世界其他文明古国的比较。他说："我们若把中国与其他古老文化比较一下，就可得到惊人的发现。埃及文化由生到死不过三千年。公元前三百年左右被希腊征服，渐渐希腊化。后来又被回教徒征服，就又亚拉伯化。今日世界上已没有埃及人，埃及文字，或埃及文化；今日所谓埃及的一切，都是亚拉伯的一部分。巴比伦文化的寿命与埃及相同，也同时被希腊征服，后来又亚拉伯化。希腊罗马文化，寿命更短，由生到死不过二千年；今日的希腊不是古代的希腊，今日的意大利，更不是古代的罗马。至于中国，由夏商之际到今日，将近四千年，仍然健在，并且其他古族在将亡时，都颓靡不振，不只没有真正抵抗外患的力量，甚至连生存的意志也大半失去。它们内部实际先已死亡，外力不过

---

①　雷海宗：《中国文化与中国的兵》，上海书店，1989，第 206～207 页。

是来拾取行尸走肉而已。"①

其后，雷海宗在《建国——在望的第三周文化》中，对第三周文化进行了展望。他说：抗战以来，自己常对这次抗战的意义自拟题目，自供答案。例如，他曾想过，"假定开战三两月后，列强便出来武力调停，勉强日本由中国领土完全退出。那与目前这种沿江沿海与各大都市以及重要交通线全因战败而丧失的局面，孰优孰劣？"又如，"假定开战不久，列强中一国或两国因同情或利益的关系而出来参战，协助中国于短期内战败日本，那与目前这种沿江沿海与各大都市以及重要交通线全因战败而丧失的局面，孰优孰劣？"他的结论是"战败失地远胜于调停成功"，"战败失地远胜于借外力而成功"。雷海宗说："我们为何无情的摒弃一切可能的成功捷径，而宁可忍受目前这种无上的损失与痛苦？理由其实很简单：为此后千万年的民族幸福计。"他说："我们此次抗战的成功断乎不可依靠任何的侥幸因素。日本速战速决的胜利是不可能的，中国速战速胜的战果是不应该的。即或可能，我们的胜利也不当太简易的得来。若要健全的推行建国运动，我们整个的民族必须经过一番悲壮惨烈的磨炼。二千年来，中华民族所种的病根太深，非忍受一次彻底澄清的刀兵水火的洗礼，万难洗净过去的一切肮脏污浊，万难创造民族的新生。"②

雷海宗博古通今、学贯中西在西南联大是出了名的，他用这种治学特长，对中国文化的新周期进行了展望，做出抗日战争是中国结束旧文化局面、创造新文化周期的最佳契机的论断。雷海宗对民族文化层面的"兵的精神"问题、社会层面的"家族"问题、政治层面的"元首"问题，进行了层层分析，认为解决这三个问题，是把握最佳契机的关键。他说："建国运动，创造新生，问题何止万千？但兵可说是民族文化基本精神的问题，家族可说是社会的基本问题，元首可说是政治的基本问题，三个问题若都能圆满的解决，建国运动就必可成功，第三周文化就必可实现。"③于是，雷海宗的学术视点，从传统文化的弱点转移到中华民族顽强的生命力上，而"中国文化周期论"也在呼唤"在望的第三周文化"中，得到了进一步完善。

① 雷海宗：《中国文化与中国的兵》，第 206 页。
② 雷海宗：《建国——在望的第三周文化》，《中国文化与中国的兵》，第 214 页。
③ 雷海宗：《建国——在望的第三周文化》，《中国文化与中国的兵》，第 221 页。

雷海宗对抗日战争意义与价值的诠释，自成体系，表达了对赢得战争胜利充满信心。历史研究都是有目的的，不仅需要运用传统考据学等方法寻求真实的历史，而且要在历史研究中体现时代的需要。以钱穆、雷海宗等为代表的史学家，在挽救民族危亡、抗击外来侵略的时代环境中，把个人研究与国家命运联系在一起，将民族自信作为历史教学和研究的价值取向，是西南联大战时史学的一大特点和贡献。

二　贞元解说

给冯友兰带来极高荣誉的"贞元六书"同样带有适应抗战需要的影子。与《国史大纲》类似，"六书"动笔于长沙临时大学南岳分校。

冯友兰说，战前他发表《哲学与逻辑》时，就已经产生了"新理学"主要观点的萌芽。到了南岳后，因原来的稿子留在北平，只好重新写。蒙自，对冯友兰来说是个有着特殊意义的地方，因为他的《新理学》就是在这里定稿并首次付梓的。当时，冯友兰住在蒙自桂林街王维玉先生的住宅，这是一个内外都有天井的院落，陈梦家、赵萝蕤夫妇住在楼上，冯友兰一家住在楼下，《新理学》就是在楼下一间小屋子里完成的。该书初稿在南岳写成，到蒙自后，加写了一章，又对其中两章做了较大修改，同时对全书进行了修正、润色。因时值抗战，深恐书稿再次散失，于是送到一家石印馆，印刷了一二百部，分送朋友。1939年，商务印书馆正式出版的《新理学》铅印本，实际上是第二版。《新理学》杀青时，冯友兰在扉页上题写一诗："印罢衡山所著书，踌躇四顾对南湖。鲁鱼亥豕君休笑，此是当前国难图。"[①] 可见，奠定冯友兰哲学体系基础的《新理学》体现了他在颠沛流离中对民族兴亡与历史变迁中的不断思考。

《新理学》出版后，冯友兰又出版了《新事论》《新世训》《新原人》《新原道》《新知言》。他统称这六部书为"贞元之际所著书"。冯友兰用"贞元之际"统称这六部书是颇有用心的。"贞""元"二字出自《周易·乾卦》卦辞之"乾：元亨利贞"，后来有人就把"元亨利贞"解

---

① 转引自宗璞《梦回蒙自》，宗璞《旧事与新说——我的父亲冯友兰》，新星出版社，2010，第5页。

释为一年四季的循环，用"元"代表春，"亨"代表夏，"利"代表秋，"贞"代表冬。冯友兰用"贞元之际"表示冬天就要过去，春天就要到来。他曾解释说："抗战时期是中华民族复兴的时期：当时我想，日本帝国主义侵略了中国大部分领土，把当时的中国政府和文化机关都赶到西南角上。历史上有过晋、宋、明三朝的南渡。南渡的人都没有能活着回来的。可是这次抗日战争，中国一定要胜利，中华民族定要复兴，这次'南渡'的人一定要活着回来。这就叫'贞下起元'，这个时期就叫'贞元之际'。"可见，这四个字表达了冯友兰坚信抗战必然胜利的意志。

冯友兰是哲学家，哲学的目的是对未知世界进行追问与思考，他认为"哲学是对于人类精神生活的反思"，由于"人类精神生活所涉及的范围很广，这个反思所涉及的范围也不能不随之而广"。冯友兰首先将哲学分成三个部分，一是自然，二是社会，三是个人。"自然就是中国传统哲学中所说的'天'；社会和个人，就是中国传统哲学所说的'人'。"中国传统哲学中所说的"天人之际"，就是讲人与自然间的关系。因此"人类的生活，无论是精神的或物质的，都是和'天人之际'有关系的"，因此"中国哲学认为'天人之际'是哲学的主要对象"。在"贞元六书"中，冯友兰讲到理、气，阐述的是他对自然的看法。讲到历史、社会，是他对于社会的观察。讲到圣人，则是对个人的认识。这里，冯友兰用中国传统文化中最常见的文字，对深奥的哲学做了通俗的解释。

"贞元六书"分为六部，实际是一个整体，全书内容表现出对中华民族传统精神生活的反思。六部书中，《新理学》是总纲，主要讲共相和殊相的自然观，即一般与特殊的关系。如何认识共相，是哲学的一个重要任务，冯友兰认为哲学大多是关于文化的理论问题，所以《新理学》主要围绕是"理""气"等中国传统文化中的名词展开。冯友兰对中华民族传统精神生活的关切，是对帝国主义侵略刺激的反映。他后来谈到撰写"贞元六书"的动机时说："凡是反思，总是在生活中遇见什么困难，受到什么阻碍，感到什么痛苦，才会有的。如同一条河，在平坦的地区，它只会慢慢地流下去。总是碰到了岩石或者暗礁，它才会激起浪花，或者遇到了狂风，它才能涌起波涛。"[1] 冯友兰在"贞元六书"

---

① 冯友兰：《三松堂自序》，第 248 页。

中富有逻辑性的连续反思，是在中华民族处于日本帝国主义全面侵略的深重灾难中进行的，知识分子的责任促使他"为天地立心，为生民立命，为往圣继绝学，为万世开太平"。

冯友兰到昆明后，《云南日报》为了把发表在该报上的"星期论文"和"专论"收集起来，同时也为了刊登一些因版面关系不能发表的文章，曾创办刊物《新动向》。冯友兰应《新动向》编辑约稿，先后写了12篇文章。这些文章都围绕着一个中心，后来结集出版，名为《新事论》。冯友兰在《新理学》中讲的是宏观理论，《新事论》则是以《新理学》的观点为基础，回答当时的一些实际问题。因为"理"都是抽象的，它要通过"事"来表现。《新事论》的副标题为"中国到自由之路"，它也与中西文化论战有关。冯友兰认为中国所面临的问题，基本上是工业化问题。由于生产资料掌握在资本家私人手里，因此资本主义社会还是不彻底的以社会为本位的社会，从所有制这方面说，还是以"家"为本位的。中国应以社会为本位的所有制为前提进行工业化，这样的工业化成功了，以社会为本位的制度就更加健全，社会的基础才能更加巩固。

《新世训》书名带有"家训"意味，使用这样的名称，是因为冯友兰应《中学生》杂志之约，想写一些关于青年修养问题的文章。《中学生》约稿是在南岳分校时，冯友兰是到昆明后才陆续写出来。由于文章并非都是针对青年，于是用了"世训"两字。冯友兰后来说，这部书"说不上有什么哲学意义，境界也不高，不过是功利境界中的人的一种成功之路"。

《新原人》是冯友兰在《思想与时代》杂志上发表文章的结集。《新理学》讲的是自然观，《新事论》是"新事学"在社会的应用，那么《新原人》便讲的是"新理学"对于人的应用。冯友兰认为，"个人是社会的一个成员，个人只有在社会之中才能存在，才能发挥他的作用。他跟社会的关系，并不是象一盘散沙中的一粒沙子，而是象身体中的一个细胞"。《新原人》的论述，就是围绕这个认识展开。书中分"知天""事天""乐天""同天"等部分，但都特别注重"大全"，这是由于冯友兰认为"大全"是对自然和社会的一个总的概括和理解。有了这种理解，才会以一种正确的态度对待自然和社会。

抗战胜利前夕，国立编译馆为了向国外宣传中国文化，约冯友兰撰写一本简明中国哲学史。冯友兰就用"极高明而道中庸"这句话为线索，说明中国哲学发展的趋势，希望以中国哲学史为例，证明前几部书中讲过的道理。这部书，便是《新原道》，副标题为《中国哲学之精神》。

《新知言》是"贞元六书"的最后一部，主要讲哲学方法论。在《新理学》中，冯友兰提出了四个基本概念，其中"气"和"大全"，冯友兰认为是不可思议、不可言说的。《新知言》便是从哲学方法论上，对不可思议、不可言说这两个概念进行的阐释。

把深奥的哲学道理用通俗易懂的文字表达出来的"贞元六书"，是冯友兰将哲学融入抗战生活的具体体现。他坦诚承认自己"习惯于从民族的观点了解周围的事物"，而"抗战时期，本来是中、日两国的民族斗争占首要地位，这就更加强了我的民族观点。在这种思想的指导下，我认为中国过去的正统思想既然能够团结中华民族，使之成为伟大的民族，使中国成为全世界的泱泱大国，居于领先的地位，也必能帮助中华民族，度过大难，恢复旧物，出现中兴"。希望对抗战有所贡献的人，只能用他已经掌握的武器。既然"我所掌握的武器，就是接近于程、朱道学的那套思想，于是就拿起来作为武器"。他又说："中国古典哲学中的有些部分，对于人类精神境界的提高，对于人生中的普遍问题的解决，是有所贡献的，这就有永久的价值。"而"贞元六书"便是"把中国古典哲学中的有永久价值的东西，阐发出来，以作为中国哲学发展的养料，看它是否可以作为中国哲学发展的一个来源"。这些话表明，冯友兰是在中华民族危难之际，努力为中华民族寻找精神武器，以促使中华民族精神上的团结，为未来的文化建设提供营养。

"贞元六书"在学术界思想界产生了很大影响，与冯友兰同为联大哲学系教授的贺麟曾在《当代中国哲学》（后易名为《五十年来的中国哲学》）一书中说，冯友兰的这一工作使他"成为抗战期中，中国影响最广，名声最大的哲学家"。这个评价表明了学术界对冯友兰为抗日文化做出贡献的认同。

三　图腾启示

闻一多对"龙"与"图腾"的研究，也带有强烈的现实意义。闻一多治学多年，范围广涉上古神话、周易、诗经、楚辞、庄子、唐诗等。"龙"一直是他的研究对象。

1942 年 11 月中旬，他在昆明陈家营陋室里，完成《伏羲考》"引论"与该文第二部分"从人首蛇身像谈到龙与图腾"，次月单独成篇发表在《人文科学学报》第 1 卷第 2 期。该文由"人首蛇身神""二龙传说""图腾的演变""龙图腾的优势地位"等节组成，中心是运用考古学和文化人类学方法探讨"龙"的形成，并试图从这里探寻中国文化的源头。

"龙"作为中华民族的象征，本是一种虚拟的、并不存在的动物，历史上曾有不少人对龙进行过考证，有人认为它是远古时期的恐龙；有人认为龙就是扬子鳄；有人还认为龙来源于西方的毒龙；也有人认为龙是一种假设的动物，一种水神，一种灵物。闻一多也曾做过类似推测，但在这篇文章中，他认为龙是以蛇为主体的一种图腾。他说，在很远古的时期，各个部落都有不同的图腾，经过漫长的强胜弱、大胜小的兼并，一个新的部落诞生了，各种图腾也在新的图腾中混合起来。"龙图腾，不拘它局部的像马也好，像狗也好，或像鱼，像鸟，像鹿都好，它的主干部分和基本形态却是蛇。这表明在当初那众图腾单位林立的时代，内中以蛇图腾为最强大，众图腾的合并与融化，便是这蛇图腾兼并与同化了许多弱小单位的结果。"于是，"大蛇这才接受了兽类的四脚，马的头，鬣的尾，鹿的角，狗的爪，鱼的鳞和须"，这"便成为我们现在所知道的龙了"。

闻一多论证龙是若干图腾的综合体，目的在于证明中国各民族的同源性。当时，在日本侵略论调中，有一种理论认为中华民族不是一个民族，在中国土地上生活的各个民族都是独立存在的，彼此原无联系。闻一多的研究就是对这种言论的驳斥。

人们一般认为龙是夏后氏——即北方民族的图腾。闻一多却认为夏后氏与南方的伏羲氏是"最初同属于龙图腾的团族"。其根据有二：一是《山海经》中即有夏后氏与苗族关系的记载；二是汉、苗两族关于洪水时代的神话不仅故事相似，连人物"共工"与"雷公"也一样。由此，他推论汉、苗同图腾、同祖先。接着，他又考证出匈奴的图腾原也是龙，黄帝部落亦是龙。"古代几个主要的华夏和夷狄民族，差不多都是龙图腾的团族，龙在我们历史与文化中的意义，真是太重大了。"

闻一多认为，"龙族的诸夏文化才是我们真正的本位文化"。他说："假如我们承认中国古代有过图腾主义的社会形式，当时图腾团族必然很多，多到不计其数。我们已说过，现在所谓龙便是因原始的龙（一种蛇）图腾兼并了许多旁的图腾，而形成一种综合式的虚构的生物。这综合式的龙图腾团族所包括的单位，大概就是古代所谓'诸夏'，和至少与他们同姓的若干夷狄。他们起初都住在黄河流域的上游，即古代中原的西部，后来也许因受东方一个以鸟为图腾的商民族的压迫，一部分向北迁徙的，即后来的匈奴，一部分向南方迁移的，即周初南方荆楚吴越各蛮族，现在的苗族即其一部分的后裔。留在原地的一部分，虽一度被商人征服，政治势力暂时衰落，但其文化势力不但始终屹然未动，并且做了我国四千年文化的核心。东方商民族对我国古代文化的贡献虽大，但我们的文化究以龙图腾团族（下简称龙族）的诸夏为基础。龙族的诸夏文化才是我们真正的本位文化，所以数千年来我们自称为'华夏'，历代帝王都说是龙的化身，而以龙为其符应，他们的旗章、宫室、舆服、器用，一切都刻画着龙。总之，龙是我们立国的象征。直到民国成立，随着帝制的消亡，这观念才被放弃。然而说放弃，实地里并未放弃。正如政体是民主代替了君主，从前作为帝王象征的龙，现在变为每个中国人的象征了。也许这现象我们并不自觉。但一出国门，假如你有意要强调你的生活的'中国风'，你必多用龙文的图案来点缀你的服饰和室内陈设。那时你简直以一个旧日的帝王自居了。"

对于闻一多的考证，有人并不赞成，不过从上面的话可以看出，闻一多对龙的考证，不只是为了探讨中华文化的源头。抗日战争时期，民族团结、抵御外侮是压倒一切的任务，闻一多的学术研究，就带有这样的鲜明的现实意义。了解闻一多的朱自清说：闻一多"研究神话，实在给我们学术界开辟了一条新的大路"，他"研究伏羲的故事或神话，是将这神话跟人们的生活打成一片，神话不是空想，不是娱乐，而是人民的生命欲和生活力的表现。这是死活存亡的消息，是人与自然斗争的记录，非同小可"。[①]

---

① 朱自清：《中国学术的大损失——悼闻一多先生》，朱乔森编《朱自清全集》第3卷，江苏教育出版社，1988，第120~122页。

关于西南联大在学术上的贡献，已有颇多研究成果。这些人们十分熟悉，此处仅少许举例，其余不再赘述。这里想说明一点，形成文字的著述易于流传，而联大教授所做的大量各类专题演讲，特别是有些不见得成文的演讲，亦具有特殊价值。笔者曾留意收集了一些材料，整理出一个"演讲表"，虽然并不完整，却一定程度上反映了西南联大精英对抗战相关各类问题的思考。

第二节　战时科研

高等学府的职责是为国家培养各种行业所需要的建设人才，汇合三校优势，集中诸多大师的西南联大，无论在社会科学领域还是自然科学领域，都处于全中国的前列。

1941～1945 年，教育部学术审议会进行过五届评奖，其中联大师生占了获奖者的很大部分。下面的各届获奖者名单及奖项，就是最好的证明：

1941 年度第一届：冯友兰《新理学》（哲学类一等奖）、华罗庚《堆垒素数论》（自然科学类一等奖）、金岳霖《论道》（哲学类二等奖）、陈铨《野玫瑰》（文学类三等奖）、许宝騄《数理统计论文》（自然科学类三等奖）。

1942 年度第二届：张印堂《滇缅铁路沿线经济地理》（社会科学类一等奖）、周培源《激流论》（自然科学类一等奖）、吴大猷《多元分子振动光谱与结构》（自然科学类一等奖）、钟开莱《对于机率论与数论之贡献》（自然科学类二等奖）、马士俊《原子核及宇宙射线之向学理论》（自然科学二等奖）、孙云铸《中国古生代地层之划分》（自然科学类二等奖）、李谟炽《公路研究》（应用科学类二等奖）、费孝通《禄村农田》（社会科学类三等奖）、朱汝华《关于分子重排及有机综合论》（自然科学三等奖）、冯景兰《川滇铜矿纪要》（自然学科类三等奖）、王力《中国语法理论》（文学类三等奖）。

1943 年度第三届：汤用彤《汉魏两晋南北朝佛教史》（哲学类一等奖）、陈寅恪《唐代政治史述论稿》（社会科学类一等奖）、杨钟健《许氏禄丰龙》（自然科学一等奖）、朱光潜《诗论》（文学类二等奖）、闻一多《楚辞校补》（古代经籍研究类二等奖）、王竹溪《热学问题之研究》（自然科学类二等奖）、张青莲《重水之研究》（自然科学类二等奖）、赵九章《大气之涡旋运动》（自然科学二等奖）、高华年《昆明核桃等村土地语研究》（文学类三等奖）、郑天挺《发羌之地与对音》等论文三篇（社会科学类三等奖）、罗廷光《教育行政》（社会科学三等奖）、张清常《中国上古音乐史论丛》（美术类三等奖）、阴法鲁《先汉乐津初探》（美术类三等奖）。

1944年度第四届：李嘉言《贾岛研究》（文学类二等奖）、陈体强《中国外交行政》（社会科学三等奖）。

1945年度第五届：樊弘《资本蓄积论》（社会科学类二等奖）、吴大猷《建筑中声音之涨落现象》（自然科学类二等奖）、崔书琴《三民主义新论》（哲学类三等奖）、阴法鲁《唐宋大曲之来源及其组织》（音乐类，先给予与三等奖金额相等之奖助金并致书鼓励促其全书完成后再请奖）。①

上述奖项，史学界已有许多介绍，无须再述。这里想强调的是重视通才教育的西南联大，对战时科学教育与研究，也投入了相当的人力、物力。教师们也结合各自的专业，为赢得战争的胜利，贡献出自己的智慧。

一　学科调整

国防科学的强弱关系着国家的安危，因此与国防关系密切的学科，在抗日战争中受到格外重视。这方面，西南联大付出了许多艰辛努力，尤其重视国防科学的知识教学与应用研究，不仅开设了航空、无线电、通信、军事工程等与军事有关的许多课程，还编译了多种军事教材、参考图书。仅以土木和机械两系为例，增加的军事类课程就有庄前鼎的《兵器学》，施嘉炀的《堡垒工程》《要塞建筑》，王明云的《军用桥梁》《军用结构》，李谟炽的《军事运输》，等等。在土木系1937～1938年度的课程表里，设计课程增加了《飞机场设计》《船舰设计》等；测量方

①　据《第二次中国教育年鉴》第六编第五章，北京大学、清华大学、南开大学、云南师范大学编《西南联合大学史料》（三），第755～769页。

面，四年级还增开了《航空测量》等选修课。① 西南联大在这方面做的
工作很多，也为史学界的深入研究提供了相当大的空间，这里选择的
"国防化学""军事心理学""人口调查"三个方面，不过是西南联大在
抗战救国中所做学科建设工作的一部分。

1. 国防化学

战争是实力的较量，武器在战争中的作用人尽皆知。而武器的发展
离不开科学与技术，许多具有现代化素质的学者对此认识得十分深刻，
曾昭抡便是代表之一。

曾昭抡是时时以做好国防科学工作自励的科学家，他认为科学技术、
武器装备与现代战争，与建设国家、振兴民族，有着极为密切的关系。
他提出人员、配备、训练三种制胜因素中，武器是"决定胜负的一种主
要因素"。② 基于这一认识，他在抗战期间撰写了大量军事科普文章和读
物，介绍第二次世界大战中使用的各种武器，目的是普及军事知识，唤
醒民众武装抵抗意识。

1940 年 9 月，曾昭抡撰写了《现代战争的武器》一文。他在文章开
头部分就说："翻开人类的历史一看，整个的就是一部斗争史。人与人间
的互相屠杀，时断时续地，在那里进行着。在这种斗争当中，武器的使
用，当然占据着显著的地位. 因此不谈战争则已；要谈战争，就得明了
作战时所用的武器。"文中，他介绍了原始时代最初使用的刀枪剑戟、弓
箭斧钺；介绍了中古时代的前膛枪、前膛炮及枪管炮管里的来复线，以
及用硝化纤维制成的无烟火药；介绍了第一次世界大战中的步枪、机枪、
大炮、飞船和潜水艇。在介绍第二次世界大战中的新武器与新技术时，
他介绍了德国军队飞机、坦克车、摩托化部队配合作战的惊人效果。他
说，自己"向未迷信德国的武力，更不是希特勒主义者。但是德国此次
充分地采用新武器配合了适当的新战术，以致在西线大获全胜，却是一
件各国都领受到的教训"。③

---

① 参见戴美政《战时联大理工科研及其特色》，周本贞主编《西南联大研究》第一辑，
　　中国大百科全书出版社，2005，第 152 页。
② 戴美政：《曾昭抡抗战新闻宣传活动概述》（未刊稿）。文中所引曾昭抡言出自昆明北
　　门出版社 1944 年 10 月出版的《火箭炮与飞炸弹》。
③ 曾昭抡：《现代战争的武器》，《战国策》第 12 期，1940 年 9 月 12 日。

曾昭抡曾主编中国化学学会会刊《中国化学会会志》20 年之久。早在 1932 年夏，国民政府国防部筹设国防化学机构，委托国立编译馆编译国防化学书籍时，曾昭抡就被聘为首批专家之一。1934 年，曾昭抡与北平大学教授吴屏一起翻译的德国化学战专家韩斯联（R. Hanslian）的《化学战争通论》，由国立编译馆出版。该书序中介绍了翻译的动机时说：九一八事变后，日本加紧侵略中国，"国人深知非自强无以图存"，"因鉴于目前急切之需要"，故受托翻译此书。但"受命后不久，榆关事发。继而热河失陷，滦东不守，平津垂危。译者身处北平，无日不在危险之中"，当日军迫近北平，"乃南走首都，费时三月而成之"。①

在各种武器中，化学武器是一种杀伤性很强的新式武器，它的独特杀伤力很容易给人的身心造成巨大伤害，因而具有很强的威慑力。但是，早在 1925 年 6 月 17 日国际联盟召开的"管制武器、军火和战争工具国际贸易会议"上，就通过了《禁止在战争中使用窒息性、毒性或其他气体和细菌作战方法的议定书》（即《日内瓦议定书》），规定从 1928 年 2 月 8 日起生效，而且无限期有效。然而，作为《日内瓦议定书》37 个签署国之一的日本，却公然违背国际公法，自 1927 年起便开始秘密制造化学武器。日本军事史学家承认，中日战争全面开始后，日本天皇的叔父、大本营参谋总长闲院宫载仁亲王根据天皇的命令，下令日军"立即派遣大量毒气战部队前往中国"。其后，日本又向驻华军队增派了包括迫击炮大队、野战化学试验部、野战毒气厂、毒气中队或毒气小队的化学部队。日本大本营不仅在每个战区设立了野战化学试验部以指导化学战，而且在每个师团都设有化学部队，装备了催泪性毒气、呕吐性毒气和糜烂性毒气，以及窒息性毒气武器。②

1937 年 7 月 28 日，日军接到准许使用化学武器的命令，开始在中国使用化学武器。日本军事史学家说，日军在进攻上海、忻口、徐州、台儿庄、武汉、南昌等战役中，遭到中国军队的顽强抵抗，正是"由于使用了催泪瓦斯，才突破了中国军队的防线"。日本在侵华战争中大规模使用化学武器和生物武器，制造了人类历史上最野蛮的罪行。据中国不完

①　据戴美政《曾昭抡抗战新闻宣传活动概述》（未刊稿），第 50 页。
②　李东朗、李瑗：《裕仁天皇和日军罪恶的化学战》，《党史研究与教学》2007 年第 2 期。

全统计，抗日战争时期，日军在中国 14 个省、市，77 个县、区，使用化学武器 1312 次，中毒伤亡者 39054 人。[①] 而美国化学战研究专家的统计数字，则远远高于中国军方统计，认为日本使用生化武器的次数多达 2000 次，造成中国军民 10 万余人的死亡。[②] 这些还不包括日军在中国使用的糜烂性生物武器。

在第二次世界大战的所有交战国中只有日本大规模使用了化学武器和生物（细菌）武器。而美、英、苏、德等国，虽然具有生产生化武器的能力，并制订过生产计划，且有一定数量的储备，但直至日本投降，除日本外没有任何一个国家大规模使用生化武器。日本在中国大规模使用化学武器，给中国人民造成巨大伤害。

身为化学家的曾昭抡十分清楚化学武器的危害，自觉担当起了普及化学武器知识、预防化学战争的工作。他在联大讲授化学课时，特别开设"国防化学"课程，及时融入了现代化战争所需要具备的知识。国防化学课的内容包括起爆剂、火药、炸药和毒气种类、防护器材、对毒气的化学分析等知识。[③]

除了在课堂上讲授，曾昭抡还非常重视普及预防化学武器的知识。1940 年 12 月，他应昆明广播电台之邀，公开播讲《化学战争》。这次讲演后由《云南日报》以连载方式，分两次全文刊登。讲演中，曾昭抡深入浅出地讲解了"化学弹药与爆炸弹药的区别""化学弹药的效力""化学战剂的种类""怎样预防毒气"四个问题。他解释说，化学战争就是以"化学兵器"为武器的战争，它出现于第一次世界大战，距当时不过 20 年。在现代化战争中出现的化学武器，使用的不是爆炸弹药，而是有

---

① 刘庭华：《侵华日军使用化学细菌武器述略》，《中共党史资料》2007 年第 3 期。

② 据刘庭华《侵华日军使用化学细菌武器述略》，《中共党史资料》2007 年第 3 期。

③ 曾昭抡 1940 年 5 月 25 日的日记有"三时半至五时半，上'国防化学'"的记载（见《曾昭抡百年诞辰纪念文集》编撰委员会编《一代宗师：曾昭抡百年诞辰纪念文集》，北京大学出版社，1999，第 106 页）。又，中国人民解放军防化指挥工程学院赵国辉回忆：1951 年建立化学兵学校时，得到时任教育部副部长的曾昭抡的极大支持，曾昭抡主动提出可以给学员们讲授"国防化学"课，其内容包括两类，一是起爆剂、火药、炸药，二是防化学，包括有毒气种类、防护器材、对毒气的化学分析等，而当时曾在西南联大学习的人告诉赵，曾先生在西南联大时就开过国防化学课程了。赵国辉：《曾昭抡教授和我防化兵——纪念曾昭抡先生诞辰 100 周年》，《西南联大北京校友会简讯》第 26 期，1999 年 8 月。

机或无机物质。这种武器威力与爆炸性弹药不同，爆炸弹药是利用炸药
的爆炸，将子弹或破片射出，直接撞击目标产生破坏效果。目标被打中，
才能起到伤害作用，而能否被击中，完全是一种概率问题。

化学弹药就不同了，以毒气、烟幕剂、纵火剂三大类化学战剂中的
毒气炮弹为例，它的效力不依赖于弹壳的破片，而依赖于填装的化学药
剂。毒气的伤害，并不是依赖物理上碰撞所产生的机械力量，而是依赖
化学物质对人身所产生的影响。这些物质散出时，一般是在蒸气状态下
随空气自由运动。因此，毒气弹裂开的地点，即便离目标有若干距离，
也仍然能发挥其效力。而且，毒气的分子比空气重些，所以往往下沉，
这就使坚固的地下防御工事中，也难避免钻入毒气。特别是持久性毒气，
如芥子气等，在合宜的天气和地形下，可以持续存在几天甚至几个星期。
在这些毒气有效期内，兵员如果没有适当防护，就无法通过散布毒气的
区域。[①]

曾昭抡还介绍了毒气的分类，说它们一般是按照其生理性质而分类
的，大致可分作"催泪性毒气""窒息性毒气""糜烂性毒气"等类。以
美国制造的"苯氯乙酮"为主的"催泪性毒气"，作用是让人不由自主
地流下眼泪。以氯气为主的"窒息性毒气"，功效主要在于伤害肺部，
致人死亡。第一次世界大战中使用了这类毒气，战后美国人又研制出较
易制造的"亚当氏气"。"糜烂性毒气"不但影响面部和呼吸系统，而且
影响及于全身的皮肤，一旦碰到它们，皮肤立刻起泡，过后即溃烂，恢
复需要相当长的时间。

化学兵器的威力虽然很大，但曾昭抡认为人们不用过于担心。毒气
对没有适当防护工具的军队的确异常有效，威力有时超过爆炸性兵器。
不过，现代化的军队都备有防毒面具，戴上它就可以避免伤害，继续作
战。另外，毒气弹的功效是有时间性的，一般毒气散出后只能维持 10 分
钟左右。所以只要采取适当的防护措施，就可以减少伤害。[②]

曾昭抡是个有强烈爱国意识的学者，与他相知甚深的费孝通说：曾
昭抡是个追求"志"的人，说他的"志"表现在两个方面：第一是爱

---

① 《化学战争——曾昭抡广播词》，《云南日报》1940 年 12 月 15 日，第 4 版。
② 《化学战争——曾昭抡广播词（续）》，《云南日报》1940 年 12 月 16 日，第 4 版。

国，"为了爱国，别的事情都可以放下"；第二是学术，"开创一个学科或一个学科的局面，是他一生唯一的任务"。[①] 曾昭抡一生开创过许多事业，由于他在预防化学武器危害方面的杰出贡献，已被公认为中国国防化学的奠基人。

2. 军事心理学

战争的执行者是人，任何战斗都需要由人去承担，任何武器都需要人去掌握。战争是残酷的，战斗是多变的，人的情感、思想、意向等心理活动，无一不对战斗结果起着至关重要的作用。而军事心理学，便是揭示军人个人和集体的行为，特别是战斗条件下心理状态与活动规律，为赢得战斗胜利提供保证的一门科学。这门对中国军队来说还十分陌生的科学，最早的提倡与实践者是联大哲学心理学系教授周先庚。

周先庚 1924 年毕业于清华学校，1925 赴美留学，1930 年获斯坦福大学哲学博士学位。毕业后，赴欧洲考察 1 年，1931 年回到北平即担任清华大学理学院心理系教授，后任系主任。周先庚既是实验心理学家，也是应用心理学家，抗战时期还是美国心理学会中唯一的中国会员。

周先庚的心理学研究是从汉字心理实验开始的，1920 年代，他进行了汉字横竖排对阅读的影响、汉字的完形结构的实验研究，发明了实验仪器"四门速示器"，开创了汉字心理学的研究领域。抗战前夕，他受中华平民教育促进会委托，在河北省定县主持年龄与学习能力关系的研究，得出 7~70 岁受试者的识字能力曲线，心理学界称之为"周先庚曲线"。1935 年，他与人合作从事工业心理调查与实验研究，成为中国工业心理学研究的先驱。到昆明后，西南联大没有单独设立心理学系，而是与哲学合并为一个系，即哲学心理学系，周先庚担任该系心理组主任。

抗日战争爆发后，周先庚的研究起初在工业心理方面。1943 年 4 月至 8 月，他在中央电工器材厂开设了"工业心理讲习班"，对这个工厂的工作效率、人事制度、劳工福利等，提出了一些规划与建议。随着战争

---

① 费孝通：《我心目中的爱国学者》（在"纪念曾昭抡同志诞辰 100 周年座谈会"上的发言），《群言》1999 年第 8 期。

的深入，周先庚的研究转到军事心理学方面，仅在昆明一地报纸上，就发表了《战时中国心理之动态》《心理服务》《智识从军与心理建军》《现代心理学自然是自然科学》等文章。

1943 年冬，周先庚经清华大学校长梅贻琦介绍，应驻昆明的国民革命第五军军长邱清泉邀请筹办"军官心理测验所"，以此为契机，周先庚迈入军事心理学领域。不过，心理测试工作一度停留在纸面，直到一年半后才开始实施。

在 1942 年中国远征军入缅作战失败后的撤退中，第一路副司令长官杜聿明率领的国民革命军第五军，突然遭到一支日军空降兵部队的袭击。由于日军空降兵抢占了有利地形，第五军在前有堵截、后有追兵情况下被迫调整撤退路线，不得不改道穿过野人山，付出了沉重代价。这次遭遇造成的严重危害，使杜聿明认识到组建伞兵的重要性，遂向蒋介石建议成立伞兵部队。1943 年 10 月 22 日，蒋介石批准组建伞兵部队的提议，命令由杜聿明负责组建，杜聿明从缅甸撤退回国后被任命为第五集团军总司令，组建伞兵部队的工作就由继任军长邱清泉负责。邱清泉邀请周先庚筹建军官心理测验所，可能就与此有关，而军官心理测验所一时没有实质性的研究，也是伞兵部队尚未成立的缘故。

中国第一支伞兵部队是 1944 年 1 月在昆明郊区岗头村成立的，对外称"鸿翔部队"。鸿翔部队编制为一个团，全团 1000 余人，多为知识青年。后来，配备了美军顾问和全副美式装备后，伞兵团扩编为 4000 余人的"陆军突击总队"。伞兵部队组建期间，1945 年 3 月，周先庚接到曾在北平协和医院合作过的莱曼（R. S. Lyman）的邀请，请他与美国战略服务局（美国中央情报局的前身）的心理学家、主题统觉测验技术创始人莫里（H. A. Murray）合作，运用心理学知识为军队选拔伞兵。周先庚认为借助心理学、医学和社会学等方法选拔伞兵，是学术服务抗战的实践机会，于是爽快接受并担任了测验小组中方负责人。

为选拔伞兵进行心理测试，是周先庚在中国开辟军事心理学后的第一项工作。测验工作从 5 月开始，作为中方负责人的周先庚，邀请了联大心理学组的同事、研究生或毕业生参加测试工作，如曹日昌、田汝康、马启伟等，另一位参加者是教员范准，也毕业于联大电机工程系。此外，周先庚还邀请了重庆国立中央卫生实验院心理卫生室主任丁瓒。丁瓒是中国医学心理学奠基人，他们是在北平协和医学院结识的。测试工作完成后，周先庚向联大推荐丁瓒到校任教，获得批准，但丁瓒没有应聘。周先庚不知道，丁瓒是中共党员，在中共南方局系统从事知识界的活动。当时，随丁瓒一起参加测试的还有他的助手赵婉和，赵婉和亦是1934年清华大学心理学系毕业生，1945年下半年受聘在联大讲授《心理卫生》课程。

测试工作持续到7月结束。月底，莫里、莱曼回国前夕，邱清泉请他们一对一地对中国军官进行了心理测验，演示了心理测验的方法和程序。莫里、莱曼回国后，周先庚又带着几个人仿照莫里的测验方法并加以精简，对168名军士进行了测评。其中1945年9月17～19日测试了第五军第五十四师54人，11月19～21日测试了第九十六师38人，1946年1月12～13日测试了第十八军第一一八师山炮营第六营46人。[①]

这一时期，航空委员会也邀请周先庚主持空勤飞行人员心理分析工作，他虽因故未能前往，但仍草拟了详细规划，此项工作被心理学界誉为"开中国航空心理之端"。一系列的社会实践与现实需要，加深了周先庚对军事教育的关注，并积极主张在军事教育中加入军事心理学教学。

1945年初，周先庚发表《智识从军与心理建军》，结合当时正在发动的知识青年从军运动，呼吁当局在建立新军之际，务必重视现代军事心理学教育。文章中，周先庚批评中国的军事教育，"未免忽略现代心理学之科学性"，对于"实验心理学在军事方面之运用，似乎亦不注意"。但是，西方国家却对此极为重视。他举1938年波兰出版的一部军事心理学文献索引为例，说书中收录的文章篇目多达6382篇。这些文章，包括军事心理学本论，战争之哲学及社会学，普通（非军事）心理问题，心理技术与军事性质之劳作心理学，军事医学、心理疾病、战争精神病、航空医学，士气精神，战争书籍，等等，共7大类，内容涉及士兵战时及平时之心理、陆军心理、作战心理、战争心理、指挥理论思想及惧怕、胆量、疲劳、荣誉、群众心理、教育心理等问题，还涉及联想实验、烦恼伪装、儿童与战争、气候、装饰、逃避、毒气、心灵研究、反应时间、

---

① 周先庚：《OSS伞兵测验与军官心理测验的经过》，"周先庚档案"，"老科学家学术成长资料采集工程馆藏基地"档案，档号：SG-005-011。转引自李艳丽、阎书昌《西南联大时期的心理学系科建设及发展》，《苏州大学学报》2015年第2期。

性生活、潜水艇、性格学、职业选择等领域。周先庚指出，欧美各国除了平时在军事教育中有军事心理学知识之外，在战时还特别大量训练军事心理工作人员，大学里也开设了军事心理的专门课程。第二次世界大战爆发后，在美国，有关部门就建立了心理学应急委员会，随后选编了军事心理学文献。文献摘要介绍了最新军事心理学之各方面的知识，内容包含军队汽车交通驾驶人员、航空、军队人员分职、麻醉药品对于心理与动作效率之响应、疲劳、德国军事心理学、士兵精神、动机与学习、知觉、宣传技术与舆论、战争之心理原因及响应、战争精神病等。可见，西方国家是如何重视军事心理学的研究。

反观中国，周先庚认为虽然军官学校和军队中有些人也深知现代军事心理学之重要，但始终没有建立正式的行政系统。尽管军校偶尔也组织几次心理学演讲，却也都是非正式的，并未取得多少效用。但是，现代心理学是门科学，在现代化战争中，军事心理学的作用尤其重要。抗日战争是奠定"抗战建国"基础的大业，而正在发动的知识青年从军运动，也必须强调"知识建国"。"现代化的军队，不是仅有机械装备，即可以打仗的。机械化的装备，必须有科学化的人才可以运用。而人的因素，在现代各业各行中，其重要性特别显著。""我国若要知识建军，非彻底心理建军不可。"

为此，周先庚建议"所有陆军大学，中央军官学校及其他各分校以及此次智识青年从军，与各主要示范部队、教导团、远征军等，一律加添军事心理学专门课程，聘请心理学者，创立心理室，筹办心理测验所，增设心理学系，以便适应美国盟军最进步、最开明、最合理之人事组织与军事心理技术"，以期开辟中国"特殊军事心理研究之先河"。关于军事心理学教育的实施，周先庚认为"首当改善军队教育行政机构"，不仅要在军校和军队中添设心理学课程，还应聘用心理学家，设立心理学系，创办心理实验室、心理测验所等，这样才能较为实际地开展中国特殊军事心理研究。否则，"军事心理学在中国决不能开展"，也"决不会脱离纸上谈兵之阶段"。①

军事心理学是在现代化战争中逐渐建立和发展起来的一门科学，中

---

① 周先庚：《智识从军与心理建军》，昆明《扫荡报》1945年1月3日，第3版，"专论"。

国的军事心理学研究与教育起步很晚，而周先庚是最早呼吁和推动建立这一学科的专家。今天，当这一学科地位日益显著的时候，人们没有忘记中国军事心理学的开路人与奠基者——周先庚教授。

3. 人口调查

国情普查无论在什么时候，都具有非常重要的意义，抗战时期尤其如此。1938年8月24日，联大社会学系教授李景汉应邀为云南省中学教师暑期讲习讨论会做演讲，题目就是《国势清查问题》。演讲中，他首先强调：国势清查是社会调查的一个部分，就狭义来讲，是对一个国家人口与产业的调查；就广义来讲，则包括土地、农业、工业、商业、矿业、军备及人民生活衣食住行等各个方面的重要情况；若再推而广之，则还包括对民间一切情况和政府各种情况的调查。在现代国家，这项工作都是由政府举办的，调查所获得的材料，无论对于学术研究还是对于社会改造，均极其需要。演讲中，李景汉还根据其十多年来从事调查的经验，总结出7种要素和10种方法，并指出国情普查需要以县为单位，如果"规模狭小"，只是"零星片段"，势必"各自为谋，不相连续，缺乏通盘计划"，其结果"项目数量不足，质量不可靠，材料不准确，很难应付需要"。① 两年后，李景汉在一篇文章中，又特别阐述了国情普查与"抗战建国"的关系。他说："中国今日，抗战与建国同时进行。抗战需要全国总动员，建国需要整个的具体办法。两方面都需要关于全国人口、资源等立国基本要素的精确统计。因为惟有根据大量普遍的客观事实，方能产生适合国情，通盘周密的统治计划与整个国策，然后方能发挥最大的力量，达到最高的效率。亦惟有这样，方能避免人力、财力，以及时间上的枉费和种种不合现实的成见、偏见、谬见及种种主观的玄望。时至今日，情势已不再容许我们耗费我们的任何时间或精力，像从前错了再改的继续下去。外力强迫我们必须按照恰好合理的步骤前进。"② 李景汉的认识，反映了国情普查工作者的共识，清华大学国情普查研究所所长陈达便说："云南为战时后方重镇之一，人口事实的搜集与

---

① 《李景汉昨在暑讲会讲国势清查问题之意义》，《云南日报》1938年8月25日，第4版。

② 李景汉：《呈贡县的国情普查研究工作》，《今日评论》第4卷第19期，1940年11月10日。

刊布，对于抗战及行政，俱感需要。"①

　　1939 年，清华大学国情普查研究所在云南省呈贡县开展了一次国情普查。之所以选择呈贡县，是考虑到它所具有的典型意义。因为中国的行政制度，向以县为单位，并且中国的地方自治，也是以县为单位。因此，对一个县进行普查，取得行之有效的方法后，便可因地制宜地推广到其他县。同时，呈贡县是个农业县，距昆明 17 公里，为贫苦的三等小县，有比较固定的人口 7 万。对于这样的县进行普查，得出的结论便很有代表性，而调查的经验，对于其他比较穷苦、人才比较缺乏、文盲比较多、交通比较不便的落后县份，就有借鉴的价值。②

　　按照最初的计划，准备进行的是一次综合性的普查。为此，调查人员设计了三种表格。第一种表格为耕地面积及地权表。它包括四项内容：（1）1939 年春季播种时之水田旱地、菜地、果地等面积是否自有，及租入、典入或租出等。（2）水田旱地作物，包括 1939 年内各季作物的种类与收获量。（3）灌溉，包括所灌面积，灌溉方式等。（4）家畜，包括1939 年冬家畜的种类与数目等。第二种表格为菜圃表，包括 1939 年内三次作物的种类及收获量。第三种表格为果园表，包括 1939 年内的果树种类、棵数、收获量。③ 但是，这个计划显然有些庞大，调查内容不免众多。于是，实施时，决定从人口普查入手，取得经验后再推而广之。

　　1939 年 2 月 12 日是星期日。这天，清华大学国情普查研究所与云南省呈贡县政府合组的呈贡县普查研究委员会，正式举行成立大会。会议决定对全县人口、农业、生死统计三个方面进行普查，人口普查从 3 月 7日起开始，计划一个半月至两个月内完成（这次普查带有试验性质，因此实际上用了三个月），采取科学的普查方法，务求正确、快捷。调查内容包括姓名、户长关系、性别、年龄、婚姻状况、教育程度、职业（行业及职别）及废疾等。调查事务由呈贡县政府办理，经费与技术则由清华大学国情普查研究所提供，具体由清华大学国情普查研究所所长陈达

---

① 陈达：《战时云南人口普查的推进》，《云南日报》1941 年 4 月 6 日，第 2 版。

② 参见李景汉《呈贡县的国情普查研究工作》，《今日评论》第 4 卷第 19 期，1940 年 11月 10 日。

③ 李景汉：《呈贡县的国情普查研究工作》，《今日评论》第 4 卷第 19 期，1940 年 11 月10 日。

及戴世光教授主持，同时还有教授、助教 4 人参加。[①] 据清华大学国情普查研究所编印的《云南呈贡县人口普查初步报告》附录五，这次人口普查的设计组主要工作人员为陈达、李景汉、戴世光；调查组主要工作人员为陈达、李景汉、戴世光及倪因心、李作猷、苏汝江；统计组主要工作人员为戴世光、沈如瑜。至于调查员，则聘请了呈贡县小学教员昌用五、刘家源、杨南生、金镛等，统计员为清华大学国情普查研究所练习生杨棻、李绍敏、李尚志等。[②]

这次人口普查，就范围而言只是呈贡一个县，但对全国来说，其意义却是重大的。这一点，可以从《云南呈贡县人口普查初步报告》的"引言"中得到说明。文中写道：

　　我国人口问题的严重性，为一般社会科学者们所公认，但对于该问题的主要内容，我们至今缺乏明了的概念。即以一个简单而基本的问题论：人口总数，我国尚无比较可靠的统计。关于我国人口总数的估计，据可考者言，近 200 年来中外人士已有 47 次的尝试，多数的估计恐与人口数量的实况相去尚远。自前次欧战至现在，最大的估计我国人口约有 547 个百万，最小的估计则尚不满 290 个百万。其差数超过 247 个百万，或几等于 1933 年欧洲总人口的一半。上述凭借臆说，或根据一小部分事实的估计，徒然对于人口总数问题增添纷扰，对于该问题的解决，缺乏具体的贡献。

　　我们要想对于人口总数及其相关问题渐求精确，必须摒除悬想推测而搜集大量的人口事实，来作研究的基础，因此人口普查实是一种可靠而适当的方法。我国近来仅有小规模的试验，尚无以全国为范围的人口普查，其主因有三：（甲）我国的现代化尚属幼稚，所以政府对于政治、经济及社会的建设，尚无须搜集大量的基本事实，来作各种设施的根据。（乙）国内社会科学，至今尚无高度的进展，因此无须大量的与繁复的基本事实，来作研究的资料。（丙）我国土

---

① 《清华国情普查研究所三月初在呈贡开始工作》，昆明《益世报》1939 年 2 月 17 日。
② 国立清华大学国情普查研究所：《云南呈贡县人口普查初步报告》，1940 年 8 月油印本，第 152～153 页。《云南呈贡县人口普查初步报告》是谢泳先生多年前在地摊上买到的，2005 年送给我父亲。这里，特向谢泳先生表示感谢。

地广大，人口众多，不易找寻适当的方法，来举行全国人口普查。①

"引言"还写到普查的方法，认为"至少须包〔括〕下列部分：（甲）人口资料的搜集，（乙）人口资料的整理，（丙）人口资料的分析"。对于人口资料的搜集，也提出应该注意"人口调查表的拟订"与"调查员的人选与训练"两个问题。关于整理方法，认为应"参酌我国现时需要与实情"，考虑到"准确程度""手续的艰难性""计算所需的时间""经费"四个方面。至于统计资料的分析，同样也"必需顾到统计表的数量及内容，细察我国目前的行政需要及社会科学的研究需要"。② 这次人口普查带有试验性质，其重点放在设计、调查、统计三个环节上，试验的原则确定为"结果务求比较可靠""经费务求比较节省""时间务求比较经济""手续务求比较简单"。③ 这样的设计，目的是取得适合国情的经验，以利全国推广。

云南省政府对这次国情普查，给予了很大支持。清华大学国情普查研究所决定以呈贡县为人口普查试验区后，曾聘请云南省行政长官多人担任名誉顾问，省政府秘书长袁丕佑、绥靖公署秘书长赵宗瀚、前任民政厅厅长丁兆冠、现任民政厅厅长李培天、教育厅厅长龚自知、建设厅厅长张邦翰、财政厅厅长陆崇仁等，都接受了聘请，成为顾问委员会的成员。顾问委员会常务委员为呈贡县前任县长李晋笏、现任县长李悦立、清华大学国情普查研究所所长陈达。随即，民政厅、教育厅分令呈贡县政府，指示在行政上给予便利，协助进行调查。④

这次普查的调查员来自地方，呈贡县小学教师经行短期训练，便正式上岗。参加调查工作的有 82 个调查员、10 个统计员，共调查了 82 个

---

① 国立清华大学国情普查研究所：《云南呈贡县人口普查初步报告·引言》，《云南呈贡县人口普查初步报告》，第 1~2 页。又，原文在统计数字时说"其差数超过 247 个百万"，此数与文中之意不合，应是"257 个百万"。

② 国立清华大学国情普查研究所：《云南呈贡县人口普查初步报告·引言》，《云南呈贡县人口普查初步报告》，第 2 页。

③ 国立清华大学国情普查研究所：《云南呈贡县人口普查初步报告·引言》，《云南呈贡县人口普查初步报告》，第 2~3 页。

④ 《梅贻琦致云南省政府函》（1940 年 12 月），《国立西南联合大学史料》（三），云南教育出版社，1998，第 714 页。

乡村的 71223 人，使用经费 5000 元。

对于普查结果，《云南日报》在一篇社论中是这样记录的：以常住人口统计，全县 71223 人，其中男性 33874 人，女性 37349 人，内有废疾人口 1190 人，占全部人口 1% 强。依人口年龄计，分少、壮、老三类。其中 14 岁以下少年组人数占总人口 34% 强；15～49 岁壮年组人数，占 48% 强；50 岁上老年组人数占 16% 强。按少年较多为前进人口，老年较多为后退人口，壮年较多则为稳定人口的现代观点看，呈贡县人口应属于稳定之列。又，全县 18～44 岁的壮丁，为来自 1613 户的 12099 人。以血统计，共有 15974 个家庭（只限于血统关系），平均每户 4.5 人。婚姻方面，15 岁以上人口，男子已婚者占 90% 弱，女子占 94% 弱，这可以反映中国生育率较高的原因。职业（职务与行业）方面，农民占 13 岁以上的职业人口的 93% 强，这证明呈贡县人民的主要职业为农民。地权方面，有田地而不自耕的小地主，占全县人口 1% 强，有田地的自耕农占 46% 强。自有、自耕且租耕他人田地的半自耕农占 36% 强。无田地而租耕他人田地者的佃农占 12% 强。靠出卖劳力生活的雇农占 2% 强。在职业分类中，除农业、副业、渔业外，还有土石建筑、木器制造、服用品制造、饮食品制造等行业，食用品、杂项贩卖等项商业，饭铺、茶铺等生活供应业，及党、政、军、学、医、宗教等自由职业。但后者所占比率均很低。如党、政、军、学中，属于"党"的仅有 2 人，属于"政"的有 69 人，属于"军"的 79 人，属于"学"的 187 人；属于"医"的有 35 人，属于宗教的有 121 人。

这次国情普查特别对教育程度进行了调查。关于教育程度，不以曾否就学为标准，而是以能否识字为标准，调查的 33874 位男子中，有 28932 人不识字，其中竟有曾就学四年左右者 5279 人。能记账而识字者为 4942 人，占男子总数 14% 强。识字者中，有中学生 537 人，大学专科生 84 人。全县 6～12 岁未入学儿童 6878 人，在学儿童 3593 人，占全县学龄儿童总数的 33%。这说明就云南全省而言，呈贡县还算是教育比较发达的县份，事实上由于农村少年儿童就学年龄往往推迟至 17 岁，因此就学率应该稍高于这个统计。①

① 《一个科学实验大可仿行的户口调查——呈贡县》，《云南日报》1940 年 9 月 16 日，第 2 版。

　　上述人口统计，是按科学方法严格进行的，它虽然只是呈贡一县情况，却可以认为是云南省内大多数县，甚至中国西南农业社会情况的一个代表。普查工作于 3 月开始，材料整理始于 7 月，8 月就完成了《云南呈贡县人口普查初步报告》。当时，这份正文共 153 页的报告无力铅印，只能油印，虽然封面为硬面，但纸张却很薄，足见经费的有限。

　　清华大学国情普查研究所的这次人口普查，对于全国普查工作的影响显而易见。1941 年 2 月下旬，国民政府主计处在重庆召开第一次全国主计会议。会议通过议案多件，其中与人口普查有关者有 3 件，主要内容为：（1）以四川、贵州、云南为人口普查试验区，于每省选出若干县份，举行现代式的人口普查。（2）1941 年起开始县级人口普查；从 1943 年起开始省级人口普查；从 1947 年起开始筹备第一次全国人口普查。（3）以中国人寿保险公司的资料为根据，编制生命表。此外，这次主计会议的其他各案，也有数处提到人口普查的重要性，特别强调人口普查对于抗战期间确定兵士的数目、壮丁的抽调、保甲的编制，对于民政、教育、建设等事业所针对的实际人口，对于政治学、经济学、社会学等研究所需要的基本材料，都具有重要意义。① 这说明，"抗战建国"急需准确的人口统计，而西南联大在这方面已经先行一步。正因如此，出席全国主计会议的十省一市代表，围绕云南的人口工作进行了热烈讨论，福建、广西、四川代表尤感兴趣，四川省政府决定与国民政府主计处合作，马上开始全省人口普查。

　　云南省政府显然也认识到人口普查的重要性。呈贡人口普查后不久，省政府便饬令昆阳县政府与清华大学国情普查研究所合作，进行全县人事登记。清华大学国情普查研究所，亦决定 1941 年冬季对十县进行人口普查，以兹对云南省将来举行全省人口普查提供参考。② 清华大学国情普查研究所，对昆阳县的调查，拟包括农民的经济与社会生活、五种手工业调查、人口密度、制铁业研究、渔民生活、夷人汉化的经过调查等。对于呈贡县，也计划在普查基础上，着手进行全县户籍工作、瓦窑业、

---

① 参见陈达《战时云南人口普查的推进》，《云南日报》1941 年 4 月 6 日，第 2 版，"星期论文"。

② 参见陈达《战时云南人口普查的推进》，《云南日报》1941 年 4 月 6 日，第 2 版，"星期论文"。

人口密度、乡村劳力制度、壮丁与抗战等多项研究。①

　　人口调查，只是资源调查的一个部分。抗日战争时期，西南联大为配合国防建设，对铁路、公路沿线进行过矿产等资源的调查。这些也是值得进一步梳理和研究的。

二　国防科技

　　战争是政治的继续。在现代化战争中，国防科技的强弱，不仅关系到民族的生存与发展，还关系到国家在国际战略格局中的地位。这一点，培养高级科学人才的西南联大有着深刻认识，因此非常重视国防科技的研究，其中最知名者，当数航空动力研究试验和核武器的研究。

1. 航空研究

　　西南联大的航空工程学系，是 1938 年秋在清华大学机械系航空组基础上建立起来的。其空气动力学研究，在当时的中国首屈一指。它的航空风洞实验，与国防建设密切相关。

　　1932 年冬，九一八事变后的第二年，清华大学开始筹备工学院，设立了机械工程系。1934 年夏，学校在外界资助下首次开办航空讲座。次年冬，聘请美国教授华顿德博士担任航空讲座教师。航空研究的中心是空气动力学，而测试飞机机翼、机身的特性，为制造和改良飞机提供参考，离不开航空风洞实验。为了促进航空事业，清华大学机械工程系利用开办经费的余款，设计建造了中国第一个航空风洞——5 英尺口径的实验风洞，以及机架实验室、发动机实验室等。同时，在机械系四年级添设了航空组。其后，他们又设计了一个 15 英尺口径的风洞，并于 1936 年底到南昌勘测地点，1937 年初破土兴建。7 月，特请华顿德的弟子、美国航空专家冯·卡门博士到南昌视察。就在这时，全面抗战爆发，南昌空袭频仍，无法进行马达安装，不得不忍痛放弃。

　　长沙临时大学成立时，便在清华大学机械系基础上成立了机械工程学系，机械工程学系分原动力、航空两组，其中航空组最初到长沙报到

---

　　① 参见《清华大学国情普查研究所拟办呈贡县实验工作大纲目的及办法》，《国立西南联合大学史料》（三），第 716 页。

的共 11 人。① 由于清华大学航空研究所在南昌，所以航空组也在南昌上课。在南昌，秦大钧讲授"航空发动机学"，冯桂连讲授"空气动力学"，林同骅讲授"飞机结构学"。清华航空研究所接受设计驱逐机任务时，同学们也参加了部分工作。南昌 15 英尺口径风洞停止安装后，长沙临时大学机械工程学系航空组与清华大学航空研究所一度撤回长沙，但不久因航空委员会所属的航空机械学校迁往成都，学校决定它们也搬往成都。1938 年 4 月底，机械工程学系航空组与清华大学航空研究所抵达成都，借用四川大学皇城一带的校舍上课。航空组这批学生，于 1938 年 6 月毕业，除一人生病、两人考入空军军官学校学习飞行外，其余 8 人均考入航空机械学校第四期高级机械班。②

1938 年秋，西南联大遵照教育部令，在工学院添设航空工程系。为了教学科研并举，清华大学航空研究所于 1939 年春迁回昆明。一到昆明，便着手 5 英尺口径风洞的建造。这个风洞虽然比在南昌设计的 15 英尺口径风洞缩小 1/3，但长度扩展到 70 余英尺。最初，风洞建在航空研究所所在的昆明北门街 71 号，建好不久就遇到日机空袭，为了不停止实验，1941 年底迁到北郊靠近白龙潭的上庄白沙沟村一个叫漾坝箐的地方，从拆卸到组装前后用了半年时间。其间，1941 年 4 月 28 日至 5 月 3 日，清华大学为建校 30 周年举办学术讨论会，5 月 1 日首次向来宾进行了风洞实验展览。③

漾坝箐地处昆明城北长虫山的东麓，是个小山沟，偏僻而隐蔽。那里离昆明有一段距离，赵震炎同学说，"一早去，坐马车去，做一天时间，中午饭就在那吃，到下午做完用一天时间，就算整个风洞实验做完了。就测量测量升力、阻力、力矩什么的，比较基础的这些空气动力学方面的实验，就在那里做的。当时航空系设备就是这些设备"。④ 就是在这个人迹罕至的地方，清华航空研究所展开了一系列科学研究。关于航

① 他们是林世昌、朱景梓、叶上芃、陶家澄、卢盛景、黄雄盛、萧汝淮、梁瑞麒、王玉京、孙方铎、张传忠。

② 张传忠：《长沙临大机械工程系航空组（1937—1938）概况》，《西南联大北京校友会简讯》第 16 期，1994 年 10 月。

③ 《纪念清华校庆，开学术讨论会，四月二十八日起五月三日止》，《云南日报》1941 年 4 月 27 日，第 4 版。

④ 《赵震炎访谈摘录》，2020 年 7 月 10 日赵燕星（赵震炎之女）提供。

空风洞实验，多年后有人做了详细调查，说："这个风洞虽然不大，外观看起来也十分简陋，却仍然是当时国内惟一可供试验研究的航空风洞。这个风洞仍为五英尺口径回气风洞，但其长度则展至七十余尺。马达是利用由清华迁出的一百马力直流电动机。其他转风板、整流罩、减速轮以及其他仪器等均自行设计制造。此外，还建造烟气风洞一具，利用它，就是在这样一个荒僻的地方，利用这样简单的设备，研究所的科学家继续进行空气动力学方面的研究工作。利用这个风洞，他们做风洞校正的试验、机翼阻力的试验、机翼最大举力系数的试验。并应用实验的数据，进行了飞机翼切面特性的探讨、飞机性能及其翼创形的比较等理论方面的研究，探求翼举力沿翼展分布的简单计算方法，最小阻力飞机之研究和最小机翼剖面阻力的理论计算等。当时，航空委员会各飞机厂的所有新机模型，都交给航研所试验。如受第一飞机制造厂委托，实验飞机模型的改良；试验630号机翼剖面之性能。他们还设计了直升飞机，并制造了试验直升飞机控制模型。"[1]

航空风洞实验成绩斐然，1943年，美国国务院派航空专家博郎博士来华，他特别参观了清华大学航空研究所，认为风洞实验设备规模虽小，却与美国各大学研究所不相上下。美国陆军部组织的德日航空调查团途经昆明时，也前往参观，大加赞许。[2] 1944年10月15日，梅贻琦曾致函航建协会，说明冯桂连教授近接美国莱德机场主任来函，邀其担任空气动力研究员，这说明科技发达的美国，也很重视西南联大的空气动力学研究力量。

除了航空风洞实验外，为了培训空军部队和普及防空知识，师生们还编译了一些航空教材。先后完成的有《气动力学概论》《飞机异型及螺旋桨原理》《飞机试飞学》《空军战略的检讨》《降落伞部队》等多种。此外，还撰写了百余篇飞机试验、高空气象等试验的报告与论文。[3] 这些与国防现代化紧密相连的工作，都是西南联大为抗战救国所做出的努力。

---

① 卜宝怡：《三十五位院士的故乡》，第137～138页。
② 据庄前鼎《国立清华人学航空研究所工作报告》（1937年至1945年），《清华大学史料选编》第3卷上册，第146～147页。
③ 参见戴美政《战时西南联大理工科研及其特色》，周本贞主编《西南联大研究》第1辑，第153页。

2. 核武先驱

为原子弹研究进行前期筹备，也是西南联大为国防现代化建设做出的一项重要努力。

日本投降后不到两个月的时候，中国驻瑞典大使何凤山从斯德哥尔摩给蒋介石发来一份密电。这是一种例行的"舆情报告"，电文说：据瑞典新闻社报道，莫斯科科学院物理研究所于1934年已完成了分离原子的试验，苏联发言人声称用苏联制造爆炸性原子的方法制造原子弹，成本较美国所制者廉。没几天，蒋介石又收到军事委员会第二厅厅长郑介民呈送的一份《情报辑要》，内容是军统局驻伊朗德黑兰的情报官呈报的密电，内云据伊朗参谋本部透露，德国流亡科学家在喀尔巴阡山造成新原子弹，且较美国制造者简单，威力更大，成本亦低，英苏两国正力图罗致有关科学家。[①]

上述报告中所说的原子弹，就是美国在日本广岛、长崎投下的核武器，当时是举世瞩目的新式武器。大概受美国两颗原子弹的启发，加上何凤山、郑介民的两份情报，军事委员会对原子弹给予了极大关注。军事委员会军政部次长兼兵工署署长俞大维的妹妹是曾昭抡的妻子，于是俞大维便征求曾昭抡的意见，曾昭抡提议请吴大猷、华罗庚一起商量。

吴大猷是中国物理学界的前辈，是国内原子物理、分子结构领域负有盛名的学者，他于1929年在南开大学讲授物理学课程，1931年至美国密歇根大学深造，1933年获理论物理学博士学位，是中国最早获得美国理论物理学博士的三人之一。1934年，年方25岁的吴大猷被北京大学聘为教授。在西南联大，吴大猷从事原子、分子结构及光谱研究，他为纪念北京大学成立40周年撰写的《多原子分子的结构及振动光谱》一书，1940年出版后受到国内外学术界赞誉，被中央研究院授予丁文江奖金。1943年，该书被教育部学术审议会评选为1942年度自然科学类一等奖。这部书在美国科技界也引起重视，被翻印出版，并被认为是当时这一领域的唯一专著。

华罗庚是人们十分熟悉的数学家。这位只读过初中的青年，因发表

---

① 参见唐人《密电往事：蒋介石曾令秘密研制原子弹》，南方周末官网，www.infzm.com/contents/10118。检索时间：2018年10月4日。

《苏家驹之代数的五次方程式解法不能成立之理由》，于1931年被清华大学聘为算学系助理员。两年后，他被破格提升为助教，又过了两年，再次破格升为教员。[①] 1935～1936年，两位国际数学界泰斗，法国数学家阿达玛和美国数学家温纳相继到清华大学访问，他们的报告传递了数学研究领域的前沿信息，于是华罗庚开始迈入主流数学领域。1936年，华罗庚赴英国剑桥大学留学，致力于刚刚兴起的解析数论领域的研究，不久就跻身世界一流数学家的行列。1942年，教育部成立学术审议会，开始评选1941年度（首届）科研成果，华罗庚的《堆垒素数论》一书，荣获自然科学类一等奖。

1945年秋，军事委员会军政部长陈诚邀请吴大猷、华罗庚到重庆，商讨如何开展科学工作。陈诚非常尊重这两位科学家，特把他们安排在海陆空军招待所，还派了部汽车专供两人使用。某次，陈诚到招待所来看望他们，卫士觉得奇怪，问"教授"是什么大官，竟要部长亲自登门拜见。在重庆，俞大维建议吴大猷主持原子弹研究计划，并向蒋介石做了推荐。蒋介石很重视这项研究，不仅召见了吴大猷，还拨款10万元法币做研究经费，并指示兵工署腾出一间大礼堂作为原子弹研究室。谈到参加人员时，吴大猷除了向蒋介石推荐曾昭抡、华罗庚外，还推荐了联大物理系的郑华炽教授。[②]

吴大猷、华罗庚这次重庆之行，虽然只是应陈诚、俞大维的约谈，陈诚、俞大维也只是表示军事委员会正在考虑加强国防科学机构问题，约他们来是想听听意见，但是，这次见面在中国现代国防科技史上，意义非常重大。对于陈诚、俞大维提出的计划，吴大猷缺乏思考准备，想了几天后，觉得如此重大的问题需要一切从头做起，于是草拟了两项建议：一是成立一个科研机构，培植各项基本工作的人才；二是派遣物理、化学、数学人员出国，研习、观察近年来国外相关部门研究状况。陈诚、俞大维接受了这个建议，当即请吴大猷负责物理，华罗庚负责数学，后来又请曾昭抡负责化学。其后，吴大猷推荐的李政道、杨振宁，华罗庚推荐的孙本旺，曾昭抡推荐的王瑞骁、唐敖庆，便踏上了奔赴美国学习

---

① 清华大学教师职称与他校不同，没有副教授职称，教员相当于副教授。

② 参见唐人《密电往事：蒋介石曾令秘密研制原子弹》，南方周末官网，www.infzm.com/contents/10118。检索时间：2018年10月4日。

考察之路。

吴大猷、华罗庚、曾昭抡是 1946 年 1 月以军政部借聘名义赴美考察的，报载他们此行目的是考察原子弹研究，并称吴大猷"对放射性线甚有研究，在世界物理学界地位甚著"，华罗庚是"著名数学家，相对论发明者爱因斯坦曾认为华教授为世界上能懂相对论之数人之一，并自认为彼'弟子'"，曾昭抡"为国内有数之化学人才"。① 社会各界对吴大猷、华罗庚、曾昭抡赴美考察相当重视，期待他们能将最先进的核武器技术带回来，《云南日报》还特请他们发表意见。华罗庚的《今天中国科学研究应取之原则》，就是应《云南日报》之约，在出国前夕完成的。

《今天中国科学研究应取之原则》既是华罗庚的出国感言，也是他对中国科学技术面临实际问题所提出的看法。文中，华罗庚首先批评"中国的科学教育，三十余年来似乎尚未脱离清末的影响。清末的维新变法，完全是从富强的表面现象做出发点的，所以，富国强兵的自然逻辑，便是怎样学习制造洋枪大炮。然而，其结果并未使中国富强，反造成了三十年来中国国际地位之愈形低落"。对于近十余年来的科学教育，华罗庚认为"依然是旧的一套"，不过是把名词变成"造就工业人才"而已。至于社会上，也有"重工而轻理"的风气，大学公费生中，工学院为百分之百，而理学院则为百分之八十一，这说明下意识地存在着"不齐其本而揣其末"观念。华罗庚承认美国原子弹的爆炸对于战局的影响十分重大，但更重要的是，"原子弹之发现，辟开了科学的新方面而言，其富有划时代的历史意义，更难以评价"。正是因为这个原因，才"使得科学素来落后的中国也大大的波动起来"，"因而原子弹的研究，也列上中国科学研究的日程"。

华罗庚接着说："不错，在今天科学落后的中国，要能与欧美各国并驾齐驱，非实行孙中山先生的'迎头赶上'政策不可。不过，所谓'迎头赶上'，并非两脚悬空，迎头赶上必须有其基础，就是说，我们必须具备了能够迎头赶上的条件。"对于"迎头赶上"的条件，华罗庚认为是一系统工程，并为此提出了一个新概念——"基本科学"。以原子弹制

---

① 《三教授出国研究原子弹，助理由联大助教中遴选》，《云南日报》1946 年 1 月 20 日，第 3 版。

造为例，他说不仅需要建立在高度工业化的极复杂技术之上，并且物理、化学、数学等学科"都必须达到应有的研究高度，然后和工程方面的高度技术一结合，才会有今天的原子弹出现"。那么中国是否具备这些条件呢，显然差得很远。他反问：我们"有没有高度的技术了？物理化学数学的研究达到怎样的高度？有了多少这些方面的专家和人才？"且不说"美国的原子弹的制造，所费的美元的数"，"光是其动员的专家和人才，数目便非常惊人"。看看今天的中国，"有了这些条件了么？没有这些条件而侈谈原子弹的研究，其为悬空的理想，不言可知"。要发展科学，华罗庚强调"应当切实的打下各种牢固的基本科学方面的基础"，特别是"先在理论的和实用的科学方面，培养好无数的专家和人才"，这样继续五年、十年，"中国科学界才可以一谈原子弹研究的可能"。否则，"人家有了什么新东西，我们也就跟着侈谈那些东西，妄想在这方面有成就，这是连所谓'尾巴主义'还谈不上的"。① 华罗庚的这篇文章，在指出核武器研究重要价值的同时，强调中国科技发展必须重视基础科学研究。这个问题看似有感而发，实际上华罗庚已思考了多年，反映了一位爱国科学家对于如何发展科学技术的真知灼见。

吴大猷赴美前后，还接受了陈诚委托的一件与原子弹研究有关的任务。这件事是台湾有关档案解密后才披露出来的。1946 年 1 月，时任北平行营主任的李宗仁得到一项情报，说日本侵华期间陆军省秘密派遣了一支 70 余人的技术队伍，以"华北交通会社"名义到张家口采掘原子放射性原料，日本投降后，该小组中有 30 余人被中共逮捕，其余未遭逮捕者全都隐姓埋名藏匿于北平。接到这份情报后，李宗仁于 1946 年 2 月 1 日向蒋介石发了一份密电。密电谓：日本"华北交通会社"一行人已将在张家口取得的一部原子弹原料空运回国，且对察绥各地的矿产探查甚详，此两地原子铀仅百灵庙一处年产便达 6 吨。该社西田表示，如中国政府愿予留用，他可以召集藏匿技术人员继续研究，尽量使其早日成功。密电中还说：日本投降前，已装有五部机器开始原子弹研究，后被美国发现，将全部机器破坏，但有关技术人员均在日本内地，中方已详悉了

---

① 华罗庚：《今天中国科学研究应取之原则》，《云南日报》1946 年 1 月 20 日，第 2 版，"星期论文"。

他们的姓名、住址。末尾，李宗仁特别强调"关于是项研究工作，我国尚无人主持，似应由中央指派专家商讨研究"。

李宗仁密电是否属实，电中所说的西田究系何人，陈诚把这个调查交给了吴大猷。此事在陈诚于1946年7月24日给蒋介石的一份报告中曾经提到，说"经转电北京大学吴教授大猷洽办"，结果是"日人西田已返国，未能晤及其所拟计划。可注意之部分，仅为日人调查我国北部铀矿之结果，所拟'提炼'及'化学'部分俱无具体计划。该日人既已离华，其调查结果现亦无法取得"。

陈诚给蒋介石的报告中还有"日侨石原茂光等所拟之计划及图样等，多属谬误，显未受物理与化学基本训练，无考虑之价值"之语，这件事也是向吴大猷征求过意见后的结论。其由来是1946年6月1日，陈诚看到华北受降区北平前进指挥所主任吕文贞的一份密电，内说他们在北平秘密留置了一个据称是日本原子弹专家之一的石原茂光，审讯时，石原茂光称，在日军驻华北野战军的兵器库中，储存着他们在中国采集的近5公斤铀原料，这些原料足够试造"酸化铁原子弹"，其破坏范围可达64平方公里，威力估计为铀原子弹的1/4。陈诚把石原茂光的计划交给在美国的吴大猷进行审查，于是才有了"多属谬误""无考虑之价值"等判断。

根据台湾解密后的国民政府机密电报，1946年6月军事委员会改组为国防部后，其下正式成立了一个以研制原子弹为核心任务的"原子能研究委员会"，[①] 成员有俞大维、曾昭抡、吴大猷、华罗庚、郑华炽等11人，按照计划，"原子能研究委员会"应与早先成立的"国防科学委员会"密切配合，共同开展原子弹的研发。正因如此，在吴大猷、华罗庚赴美后，蒋介石命令陈诚草拟有关办法时，陈诚说"拟定办法候吕参谋长与北大郑教授洽复后再行呈核"。[②] 陈诚所说的"北大郑教授"就是西南联大物理系教授郑华炽。当年，西南联大聚集了一批研究现代物理的学者，除了吴大猷、郑华炽，还有吴有训、赵忠尧、霍秉权、王竹溪、

① 参见唐人《密电往事：蒋介石曾令秘密研制原子弹》，南方周末官网，www.infzm.com/contents/10118。检索时间：2018年10月4日。

② 参见唐人《密电往事：蒋介石曾令秘密研制原子弹》，南方周末官网，www.infzm.com/contents/10118。检索时间：2018年10月4日。

张文裕、周培源、叶企孙、饶毓泰、任之恭、朱物华、赵九章、马士俊等。虽然战后复员，各校迁回原址，但长达八年的共同生活，学者之间结成了深厚的关系。核武器研究是综合性的工程，调动这一专家群体，正是开展这项研究所必需的。郑华炽在联大担任过叙永分校物理系主任，1944 年任联大物理系主任。北大复员时，他是物理系代理主任。可见，陈诚的意思是通过郑华炽组织核武器研究。不过，郑华炽是如何执行这项工作的，目前还不清楚。

西南联大参加上述工作，是中国核武器研究起步阶段的重要组成部分。这里还应该提到为中国核武器研究做出贡献的赵忠尧。1946 年 6 月 30 日，美国在太平洋小岛比基尼爆炸了一颗原子弹，在距爆炸地点 25 公里的"潘敏娜"号驱逐舰上，联大物理系教授赵忠尧作为中国代表之一，与美国政府邀请前往参观的英、法、苏代表，一起目睹了这一试验，成为看到核爆炸的第一位中国物理学家。[①] 参观结束后，赵忠尧到他取得博士学位的加州理工学院了解了加速器设计和制造的一些细节。他还与加州理工学院物理实验室以"换工"的形式，参加了实验室的某些科研项目，换取了有关加速器制造的技术资料和部分零件。1950 年 8 月 29 日，赵忠尧与钱学森夫妇一起登上美国"威尔逊总统号"轮船启程回国。启航前，美国联邦调查局上船搜查，把钱学森携带的书籍和笔记扣了下来，赵忠尧的几十箱东西也遭到翻查。不过，赵忠尧对此早有准备，已于一个月前将一些重要资料和器材托人带回中国。尽管如此，赵忠尧经过日本横滨时，还是被美军最高司令部关进了巢鸭监狱，直到年底才在舆论抗议下得以释放。1955 年，赵忠尧主持开展原子物理研究，而他带回来的器材和零部件，也在第一台加速器上派上了用场。

西南联大在抗日战争时期运用先进科学知识直接为抗战服务的工作，还有建立无线电实验、开展地质调查、参与铁路建设及与军事生产部门合作等。例如，公路工程与抗战救国关系十分重大，土木工程系代理系

---

① 1946 年，美国准备在太平洋马绍尔群岛举行原子弹试验，并邀请中国政府派专家参观，外交部长王世杰建议教育部与军政部各派一人参加。5 月 2 日，中央研究院院长朱家骅与总干事萨本栋电商出国参访人员时，建议由丁燮林或西南联大教授赵忠尧代表教育部参加。其后，中央研究院推荐赵忠尧前往，赵忠尧遂于 6 月底参观了这次原子弹试验。参见李艳平、王士平、戴念祖《20 世纪 40 年代在中央研究院和北平研究院流产的原子科学研究》，《自然科学史研究》2006 年第 3 期。

主任李谟炽教授，就曾拟定过一份《道路工程研究计划大纲》。在大纲中，他指出此项研究的目的，在于"我国公路低级路面材料及修筑方法之研究与实验"与"城市街道改良之研究与实验"。他认为，如果后方公路干道得到改善，每年可节省行车费用和养路费 3 亿元以上。当时，中国的汽车、汽抽、轮胎、零件、机油等，都得从国外进口，如何节省此巨额费用，实为严重与最迫切的问题。因为"公路之不良，直接则增巨行车及养路费之损失；间接则影响运输及管理之效率"。况且"一国之公路，无论车辆如何健全，组织如何严密，管理如何得法，若公路本身不良，则病根仍在，不能谓为完善"。因此，"改善工程为寻源治本之策，而路面之改善，尤为我国中心问题"。当时，外汇高涨，高级路面材料价值奇昂，故修筑路面的材料只能就地取材，为此，他计划对常用的黏土、烧土、砂料、砾石、碎石、煤渣、石灰及少量废弃之桐油与自制之柏油等中国固有材料加以研究，以便能在最经济的条件下，使道路工程的建设发挥最大的效能。[①] 类似的科研计划还有许多，《国立西南联合大学史料》收入的大量相关史料，便是这些工作的记录。这些资料，展现了联大师生在当年物质生活极端艰苦条件下，积极用自己的才能与智慧，为抗战事业贡献力量的事迹。

第三节　建教合作

经济建设在"抗战建国"中占据重要地位。1937 年，国民政府为了促进教育与建设事业的联络、沟通以及供求的顺畅，成立了全国建教合作的指导机关"中央建教合作委员会"。1938 年 6 月，行政院核准通过《中央建教合作委员会组织规程》，规定中央建教合作委员会由教育部、内政部、军政部、财政部、经济部、交通部及航空委员会各派主管人员一至三人组成，主任委员会由教育部委派或指定。中央建教合作委员会的任务有六项，第四项为"与国防及生产建设机关之联络"。[②] 10 月 26 日，中央建教合作委员会召开第三次会议，会议通过了《各级工业教育

---

① 李谟炽：《道路工程研究计划大纲》，《国立西南联合大学史料》（三），第 562～563 页。
② 《中央建教合作委员会组织规程》，《教育杂志》1938 年 8 月 10 日，第 28 卷第 8 号。

机关应与就近军需工业机关密切联络案》，决议先在重庆、成都、昆明三地召开会议推动落实，重庆方面由中央建教合作委员会、航空委员会、重庆行营、兵工署、中央大学等单位联合发起，定期召集，成都与昆明两处由中央建教合作委员会函请四川大学、西南联合大学办理。

　　随着抗战形势的发展，建设与教育互相配合、互相促进成为日显迫切的工作。1938 年 11 月 28 日，教育部在中央建教合作委员会第四次会议召开的前两天上呈行政院，称"各省市对于教育建设两方，应有联络沟通之设计，虽经详细规定于教育法令之中而努力奉行者固属有之，其未能遵办者，亦复不少，值此次抗战建国期间，建教合作一端，尤为均要之图"，希望行政院"令饬各省市政府切实办理，以利发展建教合作，而期增加教育功能"。行政院核准呈文后，于 12 月 14 日发出渝字第 1028 号训令，"通饬各省市政府切实办理，以利建教推行"。训令还附有《省市组织建教合作委员会原则》和《〈督促各省市实施建教合作初步工作案〉决议案》。①

　　在抗战大后方的云南，此时已从各地搬迁来多家隶属不同系统的企业，但还没有进行组织上的协调。为了督促加快步骤，中央建教合作委员会主任顾毓琇于 1939 年致函西南联大，说明《各级工业教育机关应与就近军需工业机关密切联络案》的意义："在目前更为重要"，希望联大尽快"定期召集"会议，"就近工业教育与军需工业各机关商讨进行"。②顾毓琇战前是清华大学工学院院长，全面抗战爆发后出任教育部次长，他不仅非常了解联大科研能力，而且期待它能在建教合作中发挥表率作用。西南联大自然意识到建教合作与"抗战建国"的关系，遂决定由工学院负责与昆明附近工业、军需、教育各单位联系，尽快召集协调会议，商讨具体进行办法。③

---

① 转引自《奉行政院令发各省市组织建教合作委员会原则饬即遵办等因并准中央建教合委会函同前由仰即遵照》，《云南省政府公报》第 11 卷第 10 期，1939 年。
② 《西南联合大学为由本校工学院定期召集就近工业教育与军需工业各机关商讨联络办法事函复中央建教合作委员会》（1938 年 12 月 27 日），"国立西南联合大学档案"，档号：32 - 1 - 28。该档名称冠以"西南联合大学"，实误，据该函行文，应是顾毓琇以中央建教合作委员会主任名义写给西南联大的公函。
③ 《西南联合大学为由本校工学院定期召集就近工业教育与军需工业各机关商讨联络办法事函复中央建教合作委员会》（1938 年 12 月 27 日），"国立西南联合大学档案"，档号：32 - 1 - 28。

　　实际上，西南联大因教学关系，已与一些企业进行了接触。1938 年 6 月，联大迁昆后刚刚开学一个月，工学院机械系同学由殷文友教授带队，到航空委员会第十飞机修理厂参观实习。实习中，他们看见工厂里有台废弃的飞机引擎，殷文友便试探地问陪同参观的陈科长能否送给西南联大，以供同学们拆卸观察。陈科长将此事向厂长李柏龄汇报后，得到慨允，厂方并表示可以连同其他航空机械零件一起赠给西南联大。殷文友返回学校后，马上写信给工学院院长施嘉炀："本市航空委员会第十飞机修理厂，即吾院机械系学生前往实习之处，可有旧飞机引擎等件送赠吾校，惟须由校中出一公文前往方可。为此函请我兄转达联大常务委员会，去一公文，待得复函后，再用车辆前往运回。如此可将该引擎置其院院舍内，以之拆卸，借学生在实习期间，解释其构造及作用。"① 殷文友信中末尾虽然使用了"未识兄意如何？"这样的措辞，但实际上已急不可耐，在给施嘉炀的信里附上他代工学院起草的致第十飞机修理厂的公函。

　　刚在昆明落脚就能得到一架供教学使用的飞机，真是意想不到，施嘉炀非常高兴，嘱咐马上办理。殷文友的信是 6 月 30 日写的，工学院于 7 月 2 日就致函学校总务处文书组："本市航委会飞机修理厂经机械系殷文友先生之商洽，允将旧飞机引擎等件送赠本校，请即按殷先生来函云大意由校致函该厂索赠为荷。"② 殷文友代工学院起草的致第十飞机修理厂厂长李柏龄的信是这样写的："谨启者：日前敝校工学院机械系教授殷文友先生，率领学生前来贵厂实习。曾与贵厂陈科长有所接洽，承贵厂慨允，愿割爱将贵厂旧飞机引擎及其他航空机械件赐赠敝校。按敝校确需该项物件，借供学生实习参考之用。用特函谢，并盼复示，以便雇役前来搬运，实深感谢！此致航空委员会第十飞机修理厂李厂长。国立西南联合大学工学院谨启。"③ 目前，西南联大致第十飞机修理厂的公函尚未发现，但意思应该相同，只是把发函者由工学院改为西

---

① 《殷文友致施嘉炀信》（1938 年 6 月 30 日），《西南联大为答谢拨赠旧飞机引擎并附送机件移交单事函航空委员会第十修理工厂》，"国立西南联合大学档案"，档号：32－1－28。

② 《西南联大工学院致总务处文书组函》（1938 年 7 月 2 日），《西南联大为答谢拨赠旧飞机引擎并附送机件移交单事函航空委员会第十修理工厂》，"国立西南联合大学档案"，档号：32－1－28。

③ 《殷文友致施嘉炀信》（1938 年 6 月 30 日），《西南联大为答谢拨赠旧飞机引擎并附送机件移交单事函航空委员会第十修理工厂》，"国立西南联合大学档案"，档号：32－1－28。

南联合大学。

第十飞机修理厂赠送的飞机和部件一直陈列在工学院，是 1938 年秋航空工程学系成立时的最初设备。1942 年从物理系转到航空系的赵震炎说："有一架破飞机放在我们租的这两个会馆，拓东路会馆，会馆大门老关着，门廊里头放着一架旧飞机，是双翼机，很旧的飞机。这飞机放那里完全是一个摆设，根本教课也不用，我们也不看，因为它和我们上课地方不是一个院子，是另外一个院子。"不过，赵震炎对放置飞机部件建的陈列室印象很深，说"里头的发动机零件解剖出来，飞机的结构解剖出来，还比较井井有条"。^① 西南联大获得的这架飞机及部件，可以说是第一次建教合作的一个成果。

西南联大工学院是如何与昆明地区的工业、军需、教育单位联系的，他们是否召开过会议，目前还未发现直接史料。但是，西南联大在昆明的八年里，接受与经济建设相关的工作，却是经常性的。这里，仅从航空委员会征用航空工程系毕业生一事，就可以了解联大为航空事业做出的贡献。

中国的航空事业在抗战时期取得不少发展，技术人才是发展航空事业的基本保证。1943 年 4 月，航空委员会曾专函西南联大，说："本会现需要技术人员甚多，凡各大学航空工程、机械工程、电机工程、土木工程、冶金工程等系毕业生皆可大批录用，录用后在本会服务相当时期后有派赴美国学习机会。素仰贵校为吾国造就工程人才学府，如有上述各系毕业生即请转知，踊跃来本会投效，并请径与重庆大兴场本会人事处接洽。"^② 1944 年初，航空委员会第二飞机制造厂闻知联大机械系毕业生中有人希望到该厂工作，遂于 3 月中旬致函西南联大，说"本厂技术人员缺额尚多，亟须遴补"，表示对于联大机械系愿意来厂工作之同学"至为欢迎"，希望学校"择优介绍来厂，并先将姓名告知"，还说这些毕业生可早日到重庆海棠溪民生码头 71 号该厂驻渝办事处，以便搭车来

---

① 《赵燕星给笔者的信》（2020 年 7 月 9 日）。此为信中摘录北京航空航天大学校史馆 2017 年采访赵震炎的记录。

② 《航空委员会致西南联合大学函》（1943 年 4 月，人铨癸渝字第 5069 号公函），《航空委员会为本会现需要大批技术人员请转知各大学工学院毕业生踊跃来会投效由》，"国立西南联合大学档案"，档号：32－1－113/3。

厂报到，旅费按航空委员会规定提供。① 1945年5月，航空委员会又为急需天气预报技术人员事致函西南联大，说贵校培养此项人才声誉卓著，希望介绍地理、地质、气象学毕业生六人前来工作，待遇须视个人之经历核议，如承惠允，并请先将名单及简历寄下。② 1945年5月，航空委员会航空发动机制造厂厂长李柏武致函西南联大，称："本厂现需英文教官一人及技术人员二人，素仰贵校作育英才，教导有方，请在本届外语系及机械系毕业生内择优保送三人来厂服务，并请现将各生成绩单寄下以便报核为荷。"③

对于这些需求，西南联大均给予极大支持。1945年6月，航空委员会第十修理厂录用联大航空学系毕业生李斌贵、林道垣、林书成、王国富、光德正等五人为技术附员。④ 7月，学校又选介机械工程系毕业生屈播威、郭景纯至航空委员会航空发动机制造厂工作，⑤ 航空委员会遂同空军少尉三级技术附员录用。⑥ 9月，西南联大又按航空委员会要求，介绍气象学系毕业生蒋爱良、何作人、罗济欧三人前往航空委员会工作。⑦

当然，有时航空委员会提出的过高要求，也让西南联大不免捉襟见肘。1944年，航空委员会致函西南联大，称："航空委员会需用大量航空工程人才，待遇从优，并发给单程舟车费。该校航空工程系本期应届

---

① 《航委会第二飞机制造厂致西南联合大学函》(1944年3月15日)，《航委会第二飞机制造厂为闻西南联大机械系毕业生数人愿来本厂服务请择优介绍由》，"国立西南联合大学档案"，档号：32-1-113/12~13。
② 《航空委员会致西南联合大学函》(1945年5月7日)，《航空委员会为函请介绍毕业生六人至本会工作并予见复由》，"国立西南联合大学档案"，档号：32-1-113。
③ 《航空委员会航空发动机制造厂厂长李柏武致西南联合大学函》(1945年5月24日，秘人乙字第41978号)，《航空发动机制造厂为请保送学生三人来厂服务并请先将成绩单寄下以便报该由》，"国立西南联合大学档案"，档号：32-1-113。
④ 《航空委员会致西南联合大学快邮代电》(1945年7月1日，人铨渝字第13264号)，《西南联大为李斌贵等五名录派十厂一案由》，"国立西南联合大学档案"，档号：32-1-113。
⑤ 《西南联合大学致教育部函》(1945年7月25日)，《西南联合大学请准予分发本校毕业生屈播威郭景纯至航委会航空发动机制造厂服务由》，"国立西南联合大学档案"，档号：32-1-113。
⑥ 《航空委员会致西南联合大学快邮代电》(1945年11月8日，人铨乙渝字第17824号)，《航委会为屈播威、郭景纯二名录用一案由》，"国立西南联合大学档案"，档号：32-1-114。
⑦ 《西南联合大学致航空委员会函》(1945年9月10日)，《航委会为屈播威、郭景纯二名录用一案由》，"国立西南联合大学档案"，档号：32-1-113。

毕业学生应全部征用服务，不得自行就业，仰先造送名册两份，并转饬留校候命，报到日期及地点另电饬知。"① 该函以命令的口气，要求征用联大航空工程系本年度全部毕业生，这就超出了学校的能力。4 月 27 日，航空学系主任庄前鼎教授致函联大教务处："本届毕业生因去年三年级学生大部分加入装甲兵团，人数仅二名，一名留用助教，一名已介绍中央飞机制造厂，不克如命介绍。"② 但是，航空事业对各类技术人员的需求量很大，西南联大不久又接到征用航空工程学系毕业生的指示。学校在积极配合的同时，也申说了自己的困难。航空工程学系在一封致函学校的函件中说："吴孝达、沈立铭、万绍祖、孙大凤等四名，拟留本系为助教，李尧华、贾日升二名拟留清华航空研究所为助教，该六名或系教育后进或系研究学术，请勿由航委会征用。"③ 航空委员会还曾通过教育部提出征用西南联大电机、电信专修科毕业生，但是，当时联大电机工程学系及电信专修科的学生均已毕业，已"无人可供选送"，只能就实答复。④

　　西南联大支援中国航空事业可以说是竭尽全力，据学校呈报教育部1944 年度航空工程学系 32 位毕业生的去向，除李光华、贾日升 2 人留在清华大学航空研究所任助教，吴孝达、沈立铭、万绍祖、孙天凤 4 人留在联大航空学系任助教外，王仁、徐鸿基、沈元寿、曹世祯、吴泽炜、张志明、胡傅泰、张燮华、魏任之、袁国泉、周兢宇、彭程莹、余坤璠、赵邹生 14 人到航空委员会机械学校高级机械班服务，李迪强、张博云、黄乾九、徐勉钊、何庆芝 5 人到航空委员会成都航空研究院服务，朱有平到第一飞机制造厂服务，叶枋到第二飞机制造厂服务，凌尚贤到成都滑翔总会服务，刘德全到航空委员会服务，只有女生崔之荣未确定去处，励承豪则当时在与战地服务团翻译组接洽。⑤

① 《航空委员会为征用航空工程系本届全部学生事致西南联合大学函》，"国立西南联合大学档案"，档号：32 - 1 - 115/92。

② 《庄前鼎为毕业生已分配事复教务处函》（1944 年 4 月 27 日），"国立西南联合大学档案"，档号：32 - 1 - 118/82。

③ 《西南联大航空工程学系致总务处文书组函》（1944 年 6 月 4 日），"国立西南联合大学档案"，档号：32 - 1 - 115/93。

④ 《西南联合大学复教育部函》（1945 年 3 月 7 日），《西南联大呈复教育部本校电机科系毕业生均已就业目前无人可选送由》，"国立西南联合大学档案"，档号：32 - 1 - 113。

⑤ 《国立西南联合大学本年航空工程系应届毕业生名单》，"国立西南联合大学档案"，档号：32 - 1 - 115。

除了航空委员会，在云南省档案馆保存的"国立西南联合大学档案"中，还有经济部资源委员会、军政部兵工署、军训部通信兵学校、交通部电信总司、经济部地质调查所、交通部滇缅铁路西段工程处、重庆中国银行、行政院液体燃料管理委员会、军事委员会运输统制局、云南省驿运管理处等许多部门，为招收各类技术人员与西南联大的往来函件。1942 年初，滇缅铁路修建期间，在耿马县孟撒镇至双江县营盘村间的千家寨辰砂矿区，发现矿脉岩脚有矿洞遗迹，据矿工称，开洞采取成本太大，故而废弃。但交通部滇缅铁路督办公署第一工程处派人从石面风化土层淘洗后，认为仍有开采价值，而且砂质不劣。为了进一步验证，他们希望西南联大化学系协助化验辰砂矿。交通部滇缅铁路督办公署督办曾养甫为此曾于 1942 年 2 月 24 日致函西南联大，称："本署对沿线矿藏正广事搜求期待开发，兹据前情用特检同上项辰砂矿样六块，函送贵校即希查照惠予化验。"[①] 西南联大收到该函和矿样后，把这项工作交给化学系，化学系仅用了两个月就完成了化验分析，遂于 4 月 25 日将矿样分析结果记录表寄给滇缅铁路督办公署。[②]

在台湾保存的档案中，也有不少西南联大配合经济建设的资料。如台湾中研院近代史研究所档案馆收藏的经济部、农林部、资源委员会、水利委员会等档案中有 1938 年西南联大工学院应经济部矿业司要求，对安康行政区的砂金矿进行勘察后的报告；1942 年西南联大配合水利委员会工务处，开展水利工程育才调查的调查表；农林部中央农业实验所为进行小麦病害研究，与清华大学农业研究所签订的共同研究规约；1943 年清华大学进行蚕豆枯萎病抗病育种研究，农林部补助科研经费 5 万元函和资源委员会中央电工器材厂与清华大学无线电研究所的合作研究计划书；1945 年清华大学与农林部中央畜牧实验所华北工作站合作进行的动物营养研究工作报告；等等。这些不过是当年西南联大参与经济建设的部分例证。

云南是抗日战争的大后方，承担着从人力到物力支持抗战的艰巨任

---

① 《交通部滇缅铁路督办公署致西南联合大学函》（1942 年 2 月 24 日），《为函送辰砂矿样六块请惠予化验见复由》，"国立西南联合大学档案"，档号：32 - 1 - 8。

② 《西南联大为送辰砂矿分析纪录表函滇缅铁路督办公署》（1942 年 4 月 25 日），"国立西南联合大学档案"，档号：32 - 1 - 8。

务，建设好云南，就是对抗战的直接支援。身处云南的西南联大清楚地认识到这一点，而云南各级政府也从各个方面给了联大许多协助。1938年8月3日，西南联大地质地理气象系助教王嘉荫、李洪谟，计划10日赴迤西、保山、永平、大理、凤仪、祥云、弥渡、镇南、楚雄、禄丰等县沿公路一带调查地质矿产，因随身携带图书、仪器、标本，希望省政府发放护照，得到沿途军警保护。省政府接到西南联大的公函后，即于8月9日以省主席龙云名义复函：“准此，应予照办，除给照函复并分行外，合行令仰该县遵照，俟该到境时，妥为保护为要。”[1] 1939年7月，苏国桢教授拟带领联大理学院化学系与工学院化学工程学系四年级学生23人，赴可保村、路南、开远、个旧一带调查，省政府遂于17日准许发给护照，并分令路经各县妥为保护。[2]

　　1940年，云南为保证滇缅公路附近的用电，准备修建腾冲水电站。主持云南经济建设工作的缪云台，特致函西南联大，恳求允借工学院教授施嘉炀主持其事，梅贻琦马上批示：“事关地方重要建设，敝校自当同意赞助。”不久，施嘉炀参与的“云南省水力发电勘测队”设计出3000千瓦的腾冲叠水河小型水电站建设方案，但由于日寇从缅甸攻入云南，这个电站未能建成。

　　这次勘测中，施嘉炀从腾冲返回到大理时，认为还可以在西洱河上建一小型水电站，遂对西洱河的水流量进行了勘测。测量西洱河，首先要对洱海的储水量进行勘测，但洱海的大小、深浅却无任何记载，这个设计只好暂时搁置了起来。不过，1942年，西南联大派出三位教师和三位学生赴大理，对洱海进行了勘测。师生们到大理后，雇了一些测量工人和渔船，历时3个月，每4天换一个地点进行测量。自古以来，洱海究竟有多大、有多深，不为人所知。师生们看县志、问渔民，都说“水深无底”，一些人甚至认为测量工作是“白费力气”。但是，经过近百天的努力，他们不仅测出了洱海的水容量，而且测得洱海的最深处为23米。[3] 通过这两

① 《令保山等县县长为准西南联合大学函请发给助教王嘉荫等赴保山等县调查矿质护照一案仰即遵照》，《云南省政府公报》第10卷第69期，1938年8月31日。

② 《联大学生赴可保村等处调查》，昆明《益世报》1939年7月18日，第4版；《动员农村民众，大学生深入农村》，《云南日报》1939年7月19日。

③ 参见杨立德《西南联大师生与大理》，《云南政协报》2006年5月31日。

次勘测，云南省水力发电勘测队提出了云南水力资源开发的初步计划，这一成果，后来汇集成《昆明水工研究丛刊》出版。据有关史料记载，西南联大在抗战期间设计的水电站除了腾冲叠水河水电站外，还有大理下关水电站、喜洲万花溪水电站、富民水电站等。[①] 云南水力资源丰富，境内有金沙江、澜沧江、怒江及其众多的支流，联大设计的水电站，虽然只是对这些资源的初步开发，却对大后方的基本建设发挥了一定作用。

由于云南盛产的野果余甘的维生素 C 含量远远超过其他水果，生物系教授沈同便以余甘做实验，研究维生素 C 与造血机能的关系。孙云铸教授与有关专家合作，对滇南上寒武纪的地质情况进行研究，写出《云南西郊之奥陶纪海林禽动物群》《滇西中志留纪地层》等论文。[②] 这些成果，从学术上对云南经济发展提供了重要的支撑。

在德国德累斯顿大学学习胶体与表面化学、曾任西南联大化工系主任的张大煜教授，这时将研究重点由基础性研究转向石油、煤炭方面的研究。他除了尝试从植物油中提炼出重要的国防物资外，还探索了将煤炭炼成汽油的方法，并利用云南丰产的褐煤，在昆明附近的宜良滇越铁路线上建立了一个多褐煤低温干馏提炼汽油的小型实验工厂（利滇化工厂），边实验边生产。后这项工作由于人力、物力、设备和经费等困难，被迫停办，但为新中国成立后创建第一个石油煤炭化学研究基地，提供了最初的经验。[③]

与张大煜同时从事植物油试验的还有汤佩松教授，而说到汤佩松，有必要介绍一下几乎被人遗忘的"清华烛"。1939 年，汤佩松教授主持的清华大学农业研究所植物生理研究室在植物油利用试验中取得一项成果，这就是以植物油为主要原料制成用途很广的蜡烛。[④] 当时，中国制造蜡烛使用的主要原料是进口的石蜡，全面抗战爆发后对外交通受阻，

---

① 西南联大北京校友会：《怀念著名水利水电工程专家、联大工学院院长施嘉炀教授》，西南联大北京校友会编《我心中的西南联大——西南联大建校 70 周年纪念文集》，清华大学出版社，2008，第 244 页。以下简称《我心中的西南联大》。
② 参见杨绍军《抗日战争时期西南联大的学术研究》，《玉溪师范学院学报》2006 年第 4 期。
③ 俞稼镛：《纪念中国催化学科的奠基人之一张大煜》，《我心中的西南联大》，第 257 页。
④ 清华大学农业研究所与国情普查研究所、航空研究所、金属研究所、无线电研究所，是清华大学用保存在美国的独立基金办起的五个研究所，在行政和财务上自成系统，与西南联大没有关系，但由于它们是清华大学的一部分，故亦纳入本书。

致使蜡烛价格直线上升。而汤佩松等人制造的蜡烛，成分比例 70% ~ 80% 是漆，10% ~ 20% 为蜂蜡，5% ~ 10% 是白蜡，而进口的石蜡只需 1% ~ 5%。① 因此，用此法制造蜡烛就具有其经济价值。汤佩松是 1938 年 9 月在贵阳完成武汉大学医学院筹备工作后，从武汉大学来到清华大学的。到昆明后，他便开始调查和利用云南丰富的植物资源，特别是油类植物资源。他后来谦虚地说："这只是一个开始，只是沧海中的一粟。西南植物资源利用是一项巨大的工作，无非少数人能在某个时期内完成的。"他和他的同事只能做力所能及的工作，其中便包括"从植物生物化学角度和经济植物学角度开展我国植物资源利用的最初尝试"。② 汤佩松说这项工作只是"最初尝试"，但实际上进行的速度却很快。5 月 1 日，到昆明只有 7 个月的汤佩松，便与高士、章光安联名向经济部呈报专利申请，经经济部奖励技术审查委员会审查，8 月 18 日由部长翁文灏签发"国货洋烛准予新型专利三年"的通知书。从 1917 年起在清华学校苦读八年的汤佩松，对清华有着深厚感情，他认为这项专利是"在本校农业研究所服务期内之作品"，是职务发明，"不能认为私人事业"。于是，他特将此项专利献给清华大学，并将用此法制造的蜡烛命名为"清华烛"，"以示敬爱母校之意"。③

西南联大在抗战时期的开展的建教合作，是这所学校历史的一个重要组成部分，只是目前尚未受到重视，不仅原始资料鲜有利用，就是在当事人的回忆和记述中也常常一笔带过。然而，建教合作与"抗战建国"关系甚密，无疑具有独立研究的价值，本节提出这个问题，旨在期待这一领域得到开拓。

第四节　智力援疆

一　师资培养

西南联大是在云南省政府大力支持下迁往昆明的，省政府主席龙云

---

① 《经济部奖励工业技术审查委员会审查决定书》（1939 年 8 月 8 日），《国立西南联合大学史料》（二），第 642 页。

② 汤佩松：《为接朝霞顾夕阳——五十多年来在植物生理学领域中学习和工作的一些回顾》，《植物生理学通讯》1987 年第 3 期。

③ 《汤佩松致梅贻琦函》（1939 年 10 月 11 日），《国立西南联合大学史料》（三），第 640 页。

更是多次为西南联大排忧解难。联大迁昆初期，总办公处租用的是崇仁街 46 号的小院，这个院落比较狭小，随着师生的大批到来，显得拥挤不堪。龙云知道后，就把他的私宅划出一半借给西南联大，那个地方就是师生著述中常常提到的才盛巷 2 号。1940 年，西南联大新校舍落成，总办公处迁至学校，龙云并没有索回才盛巷 2 号，而是继续让学校使用，于是那里又成了北京大学的办事处。至于学校的教室、宿舍，也是在龙云大力支持下方得解决的。如位于西站附近、刚刚建成的昆华农校教学大楼，是全昆明当时最现代化的建筑，省政府把整座大楼都让给了西南联大，直到联大建成新校舍后，那座宏伟建筑才成为美国援华空军司令部。

援助总是互相的，无论是为了报答云南人民，还是履行高等学府的职责，西南联大也积极支持了云南地方建设。在诸多支持中，最突出者莫过于对教育事业的支持。今天，人们说到西南联大对云南教育的贡献，目光大多集中在联大师范学院，而对于中等学校师资培养的系统梳理，还显得比较薄弱。

西南联大对云南地方教育的贡献，主要体现在两个方面。首先是师资培养。这方面，包括与云南省教育厅合办中学教师暑期讲习会、主办中等学校在职教员晋修班，及受云南省教育厅委托，开办"中学理化实验讲习班"，与省教育厅合办"中等学校各科在职教员讨论会"等工作。这里介绍的，只是前两项工作。

1. 暑期讲习

云南地处边疆，教育事业较内地落后是不争的事实。就 1938 年度而言，全省共有公私立高中、初中学校 146 所，524 班，男女学生 25691 人，当时云南全省人口约 1152 万，如此算来中学生仅占全体人口的 2.23‰。另外，全省普通中学、师范学校、中等职业学校教职员共 2139 人，平均每校不过 14.7 人。[①] 这年 9 月，教育部组织全国第一届国立各大专院校统考，总平均分为 238.62 分，昆明考区成绩在 12 个考区排最末，总平均分低于全国总平均分 45.70 分。当时有不同水平的考区都有

---

① 据《二十七年度云南教育施政概况——龚厅长昨在省参议会报告》，《云南日报》1939 年 7 月 15 日，第 3 版。

一定数量的录取名额的政策，昆明考区才录取了 244 人，其中 150 人被西南联大录取。昆明考区的 344 名滇籍考生，在平衡调剂中得到照顾，方录取了 113 人。[①] 鉴于这样的客观状况，云南省对西南联大寄予了很大期望，联大也义不容辞地承担起教育工作者的责任，在落脚昆明的第一个暑假里，就应省教育厅要求，协助开办了中学教师讲习讨论会。

利用暑假开办中学教师暑期讲习讨论会，是教育部对各省教育厅的要求，云南省教育厅于 1937 年暑假就曾举办过一次。由于西南联大迁昆，各个学科的专家会聚昆明，故办理规模也随之扩大。7 月下旬，教育部聘定云南省教育厅长龚自知为全省中学教师暑期讲习讨论会主任委员，并聘请北京大学校长蒋梦麟、南开大学校长张伯苓、清华大学校长梅贻琦、云南大学校长熊庆来为委员。云南省教育厅遂选定省立昆华高级农业职业学校为会址，并通令各中等、师范学校选送参加人员，规定 8 月 3 日起报到，7 日行开会礼，8 日开讲，31 日讲习完毕，9 月 1 日、2 日考试，3 日结束，4 日行闭会礼并颁发证明书。[②]

依预定日期，1938 年度中学教师暑期讲习讨论会（下简称"暑讲会"）于 8 月 7 日下午 1 时举行开会典礼。典礼由暑讲会主任龚自知主持，西南联大梅贻琦教授以委员身份出席，黄钰生教授作为张伯苓的代表参加了典礼，联大名誉教授、中央研究院历史语言研究所所长傅斯年也出席了大会。会上，龚自知在致辞中特别强调，云南省因抗战关系集中了不少全国著名的学术文化机关，这使云南省的教育发展在客观上有了充实的条件，深盼与会教职同人珍惜这次难得的机会。梅贻琦在演说中力言教育界同人在此大时代中，应负起重大的责任。而傅斯年的发言，则以黑格尔等人为例，说明中学教员亦可因教学而成为有名的学者。

西南联大给予这次暑讲会的支持力度相当大，以讲师阵容而言，西南联大所占比例甚大。报载此次暑讲会的导师名单：甲项精神讲话导师 9 人中有联大 3 人（蒋梦麟、梅贻琦、傅斯年）；乙项体育训练导师 4 人

---

① 《教育部二十七年度国立各院校统一招生委员会报告》，云南省档案馆存，档号：1012 - 4 - 102，转引自朱端强《西南联大与国立大学的三次统一招生考试》，《云南师范大学学报》2012 年第 6 期。

② 《教厅开办中学教员讲习讨论会，蒋梦麟等为委员龚厅长任主委，并延聘名流指导促进教师进修，奉派学员统限八月三日起报到》，《云南日报》1938 年 7 月 31 日，第 1 版。

中有联大 3 人（马约翰、侯洛荀、夏翔）；丙项学术演讲导师 15 人中有联大 9 人（潘光旦、袁同礼、冯友兰、萧蘧、李景汉、吴有训、杨振声、陈序经、秦瓒）；丁项教育问题讨论导师 8 人中有联大 4 人（邱椿、沈履、罗廷光、黄钰生）。① 而戊项各科教材教法讨论导师，联大参加者就更多了。表 6 - 1 是参加此项的西南联大与其他学校的导师统计表。

表 6 - 1　1938 年暑讲会各科教材教法讨论导师名单

组	科	西南联大	其他学校
语文组	国文科	罗常培、朱自清、魏建功、闻一多	汪懋祖、闻在宥、罗志英
	英文科	陈福田、叶公超、吴宓、赵绍熊	
社会科学组	历史科	刘崇铉、雷海宗、钱穆、王信忠	李永清
	地理科	张印堂、刘汉	杨楷
	教育科	邱椿、戴修瓒、秦瓒、张佛泉	倪中方、周锡夔、杨家凤、何遂江
自然科学组	数学科	江泽涵、杨武之、华罗庚、赵访熊、刘晋年、陈省身、赵淞	申又振、何鲁
	物理科	郑华炽、吴大猷、赵忠尧、周培源、霍秉权	
	化学科	曾昭抡、杨石先、黄子卿	赵雁来、杨春洲
	生物科	张景钺、彭光钦、赵以炳	严楚江、李君范

资料来源：据《全省中学师范教员暑讲会行开会式，龚主委以次各委员均出席，报到会员达一百五六十人》，《云南日报》1938 年 8 月 8 日，第 4 版。

　　上述名单中，西南联大派出者除赵淞为副教授、刘汉为助教外，其余都是学富五车的教授，朱自清、叶公超、刘崇铉、江泽涵、杨石先还是联大各学系的主席。② 这个名单，在任何时候，都称得上是名师云集，如此众多的大师担任培养中等教育的暑讲会讲师，在云南教育史上还是前所未有的。

　　云南省教育厅非常重视这次暑讲会，指令各中等学校必须参加。据报载，参加这次暑讲会的学校共 69 所，它们是：省立昆华中学、省立昆

---

① 《全省中学师范教员暑讲会行开会式，龚主委以次各委员均出席，报到会员达一百五六十人》，《云南日报》1938 年 8 月 8 日，第 4 版。

② 西南联大成立初期，因北大、清华、南开各有系主任，故西南联大各学系实行的是系主席制度，以后才改为系主任。

华女中、省立楚雄中学、省立临安中学、省立大理中学、省立曲靖中学、省立云南大学附属中学、省立云瑞初中、省立富春初中、省立石屏初中、省立蒙自初中、省立武定初中、省立宜良初中、省立沪西初中、昆明市立中学、昆明市立女中、昆明县立玉案初中、昆明县立清波初中、昆明县立日新初中、新平县立初中、华宁县立初中、大理县立初中、宣威县立初中、宜良县立初中、路南县立初中、玉溪县立初中、通海县立初中、曲靖县立初中、嵩明县立初中、澄江县立初中、开远县立初中、广通县立初中、禄丰县立初中、镇南县立初中、呈贡县立初中、安宁县立初中、安宁县立景秀初中、私立求实中学、私立南菁学校、江华私立铸民初中、省立昆华师范、省立昆华女子师范、省立昆华体育师范、省立昆华艺术师校、省立镇南师校、省立大理师校、省立宣威乡村师校、省立昆华简易乡村师校、省立玉溪简易乡村师校、昆明县立乡村师校、晋宁县立简易师校、昆阳县立简易师校、河西县立简易师校、宜良县立女子简易师校、峨山县立简易师校、禄劝县立简易师校、寻甸县立简易师校、易门县立简易师校、省立昆华高级工校、省立昆华高级农校、省立昆华护士助产职校、省立庆云初级工校、省立鼎新初级商校、省立官渡初级农校、省立玉溪初级农校、省立开远初级农校、省立小龙洞制陶职校、昆明市立商业职校、私立惠滇医院高级护士职校。[①] 上述学校参加暑讲会者，共 155 人（内有女教师 20 人），暑讲会分为 4 组，各组人数是：语文组国文科有 45 人，英语科 18 人；社会科学组史地公民科 27 人；自然科学组算学科 26 人，理化科 15 人，生物 11 人。教育组教育科 13 人。[②] 西南联大能为这么多的学校培养师资力量，是对云南教育的极大贡献。

暑讲会的课程，安排得十分丰富，设有精神讲话、学术演讲、教育问题讨论、专科讨论或演讲、体育活动等项安排。除精神讲话、学术演讲、教育问题讨论，全体会员均须参加外，分组专科讨论或演讲，其他科组的人也可自由参加。讲习的内容，大约教学方法及教材研究占40%；实验及设备研究占 20%；各科之最新发展情形占 20%；特种教育现各科配合研究占 10%；特种教育各科目的实施问题研究占 10%。这个

---

① 《全省中学师范教员暑讲会行开会式，龚主委以次各委员均出席，报到会员达一百五六十人》，《云南日报》1938 年 8 月 8 日，第 4 版。

② 守仁：《暑讲会给予我们的印象》，《云南日报》1938 年 9 月 4 日，第 1 版。

比例，说明常规教育在暑讲会中所占的分量较大。

1939 年，云南省教育厅继续开办暑讲会，为了让西南联大了解云南教育概况，教育厅厅长龚自知于 5 月 6 日特向西南联大教育学会报告了云南的地方教育和中等教育。报告介绍了云南的人口数量与特点、山多田少的地理条件、以农业为主的经济结构、闭塞的交通状况、人才上培养的欠缺、教育行政的现状。在地方教育问题上，龚自知说云南省的教育经费，因受农业生产条件限制，出现严重不足。1938 年度全省教育经费总额为新币 318 万余元，但全省共有 130 个县市，平均到每县市只有新币 24400 余元。而这些经费除了中等教育，还包括社会教育、职业教育、义务教育经费以及从业人员的薪金报酬。谈到全省的中等教育，龚自知说也存在着加强学校组织健全化、经费开支核实、教育人员资格标准化及任免法治化、服务专业化、待遇合理化等问题。在这些问题中，就省办中等教育而言，最重要的第一是"广罗师资专材"，第二是"励行讲习进修"。前一个问题，决定"不分本籍客籍，只要学有专长，服务热心的朋友，均由教厅令饬各学校广为罗致"。后一个问题，决定除本年暑假再办一次大规模的中等学校暑期讲习班外，还"拟与联大师范学院合作，于本年下学期，开办较为长期的中学师资进修班"。①

龚自知提出的加强云南地方中等教育的两件事，在当年都实行了，并且均得到西南联大的倾力协助。1939 年 6 月中旬，该年度暑讲会召开筹备会议，决定根据本省实际需要，将教育部规定的三组训练科目增加为国文、史地、数理化、英文四组，同时规定全省各公私立中等学校每校至少选送 3 人受训。② 7 月 3 日，教育厅召集联席会议，决定暑讲会时间从 1938 年的 4 个星期延长至 6 个星期，计划每个星期组织 1 次精神讲话，3 次学术演讲，2 次时事讲话。此外，分组讨论每周 3 次，分组演讲每周 3 次，分组分科演讲每周 6 次，体育每周 4 次，个别讨论每周 2 次。同时，还推定了各组召集人，其中联大朱自清被推为国文组召集人，江泽涵、

① 龚自知：《云南地方教育和中等教育的一个报告——五月六日在联大教育学会讲演》，《云南日报》1939 年 5 月 8 日，第 3~4 版。
② 《教厅举办二十八年度中学教师暑讲讨论会，科目分国文史地理化英文四组，聘专家讲学内设教务事务二部》，《云南日报》1939 年 6 月 21 日，第 4 版。

黄子卿被推定为数理化组召集人，叶公超被推定为英语组召集人。[①]

　　这次暑讲会开始于7月17日，[②] 可能由于边远地区的学员到达时间较晚，故开会典礼推迟至29日方举行。会上，龚自知除报告说这次暑讲会共聘请讲师98位，还报告已报到学员154人，约占全省中等学校教师总数的2/7。龚自知报告后，由省府代表宣读龙云训词，西南联大查良钊也在大会做了发言，最后由梅贻琦代表暑讲会主办方演讲。[③]

　　2. 主办进修

　　龚自知在西南联大教育学会所做报告中提到的加强云南地方教育的第二件事，即与西南联大师范学院合办之中等学校在职教员晋修班，也在暑假后就着手开始了。这件事，是奉教育部命令，由云南省教育厅与西南联大合作进行，其宗旨为"促进云南省中等教育之效率，便利在职教员之进修，同时使师范学院所授之学科与经验之相观摩，得以切合实际"。晋修班的学员调度与待遇，由云南省教育厅负责，而所有教务则由西南联大师范学院办理。中等学校在职教员晋修班的领导机构是组织委员会，由云南省教育厅长与国立西南联合大学常务委员，及联名聘请的若干委员组成。参加晋修班的学员包括两类：一类为在云南省立中等学校担任国文、史地、算学、理化等科的专任教员者，在职已届满二年以上志愿入班晋修者，由教育厅指调入班晋修者，在云南省县市立私立中等学校充任国文、史地、算学、理化等科专任教员且资格合于部颁修正中学师范学校章程并在职二年以上者；另一类为省立中等学校充任国文、史地、算学、理化等科之代用专任教员且在职三年以上而资格不合于检定标准者，云南省县市立及立案之私立中学学校充国文、史地、算学、理化等科教员且在职二年以上而任用资格不合于检定标准者。以上两类，各占全班名额的二分之一，但必要时前者人员可优先入班。晋修期限，为一个学年。晋修课程全部由联大教授担任，其各种设备亦由联大提供，如果需要特殊仪器图书及教具等设备，则由云南省教育厅从省教育经费

---

① 《教厅举办中等教师暑讲会昨开联席会，各组讲师已聘定，报到学校三十八校九十九人，定十五日开学》，《云南日报》1939年7月4日，第4版。

② 《暑讲会昨开讲，龚厅长出席精神训话，讲教师专业化与云南中等教育，到会会员一百余人情况至为热烈》，《云南日报》1939年7月18日，第4版。

③ 《暑期教师讲习会昨举行开会礼，到师生及来宾二百余人，龙主席勖强身体富热情》，昆明《益世报》1939年7月30日，第4版。

拨款交由联大负责支配。入学时间，定于 1939 年 11 月 5 日报到，6 日至 10 日履行入学手续。上述办法自公布之日起实行，并呈报教育部、省政府备案，如有未尽事宜则由教育厅与西南联合大学会商修改。①

西南联大严格执行了上述规定，派出多位大师级教授担任讲师，具体名单如表 6 – 2。

表 6 – 2　1939 年云南省中等学校在职教员晋修班师资

学科	课程	讲师
国文科	文字学概要	陈梦家（中国文学系教授）
	中国文学史	浦江清（中国文学系教授）
	历代文选	许维遹（中国文学系教授）
	历代诗选	罗庸（中国文学系教授）
	现代中国文学	杨振声（西南联大秘书主任、中国文学系教授）
	中学国文教材教法研究	朱自清（中国文学系教授）等
	中国教育问题	蒋梦麟（西南联大常委）等
史地科	中国通史	雷海宗（历史学系教授）
	西洋通史	蔡维藩（历史学系教授）
	普通地理学	洪绂（师范学院史地系教授）
	中国地理	周廷儒（师范学院史地系教员）
	欧洲地理	洪绂
	中学史地教材法研究	雷海宗、蔡维藩主持
	中国教育问题	雷海宗、蔡维藩主持
理化科	普通物理（讲演及实验）	郑华炽（物理学系教授）
	普通化学（讲演及实验）	杨石先（化学系教授）
	高级物理	许浈阳（师范学院理化学系教授）
	高级化学	杨石先
	理化示教实验即中学理化教材教法研究	许浈阳
	中国教育问题	许浈阳

---

① 《云南省教育厅与国立西南联合大学合办云南省中等学校在职教员晋修班办法》（1939 年 10 月 24 日），《国立西南联合大学史料》（一），第 152～154 页；《教厅联大合办教员晋修班办法，由教厅调发各中等学校教员训练，十一月五日报到十日前履行入学》，《云南日报》1939 年 10 月 21 日，第 4 版。

学科	课　程	讲　师
算术科	平面及立体解析几何	张希陆（数学系教授）
	代数通论（上学期）	刘薰宇（师范学院数学系实习导师）
	几何通论（下学期）	
	整数论（上学期）	华罗庚（数学系教授）
	三角及圆（下学期）	郑之蕃（数学系教授）
	中国算术教材教法研究	数学系教授主讲
	中国教育问题	数学系教授主讲

　　注：该表与《国立西南联合大学史料》（一）中之《国立西南联合大学师范学院报告书》（1940 年度）所附《晋修班课程表》略有出入，后者各科均设"选课"一项，且无"高级物理学"，而有"物理学发达史上下""物理普通教材讨论上下""物理工作室实习上下"。

　　资料来源：《中等教师晋修班学科教授均已决定，共分文史数理四科，聘名教授当任主讲》，《云南日报》1939 年 11 月 13 日，第 4 版。

　　据表 6 - 2 可知，西南联大共为中等学校在职教员晋修班派出至少 18 位教师，从人数上看似乎不多，但他们担任的是一学年的课程。换句话说，联大免去了他们一学年的授课工作，以便他们能够全力以赴担任晋修班课程。另外，参加这次晋修班的学员，共有 61 人，[①] 平均每位讲师负担学员 3 人稍强。如此看来，联大投入的力量相当大。按照云南省教育厅的设想，全省的教育方针为"教育人员专业化，设学目标明显化，教育机会均等化，基层教育普及化，学校设施社会化，升学程度提高化"。[②] 而联大的任务，就是要协助地方落实这一教育目标，其任务可谓十分艰巨。

　　这次中学师资晋修班，实际上是 22 日正式上课。[③] 开学后的第一次开讲，即由蒋梦麟做了题为"中国新教育之目的及政策"的演讲。[④]

① 《国立西南联合大学师范学院报告书》（1940 年），《国立西南联合大学史料》（一），第 150 页。文中云："晋修班分国文、史地、算学、理化四科，有学生六十一人"，但同报告另一处又称"晋修班六十二名"，姑以 61 人计。

② 《云南中学教育现状和今后实施方针，龚厅长昨在中学职教员晋修班讲》（续二），《云南日报》1939 年 12 月 16 日，第 3 版。

③ 《中等教师晋修班昨正式上课，不到学员以缺席论》，《云南日报》1939 年 11 月 23 日，第 4 版。

④ 《晋修班请蒋梦麟讲中国新教育》，《云南日报》1939 年 11 月 30 日，第 4 版。由于交通原因，一些偏远地区的人员未能及时赶到昆明，故这次中学师资晋修班推迟到 11 月 22 日正式上课。

这次晋修班进行得很顺利，过程就不在这里叙述了。1940年6月8日，晋修班结束时，联大师范学院院长黄钰生、联大训导长查良钊出席了结业前的茶话会。会上，首先由查良钊带领来宾参观了史地教法的讨论和史地工作室、物理工作室，来宾都感到成绩极为可观。参观结束后，龚自知与黄钰生分别致辞。龚自知在致辞中说：云南省的中等教育已经有几十年的历史了，1928年时，中等学校在学人数不过2000余人，50几个班级，现在则今非昔比，学生人数比过去增加了七八倍，学制上也有了不少的增加。龚自知又说：虽然学生人数增加了，但质量上还不免落后，其原因就是师资缺乏。过去师资的来源，是出外升学毕业回来的一部分专科生，和本省自己培养的学生，数量都很有限。如今，很多文化机关搬到昆明，对全省教育不遗余力。说到这里，龚自知特别说："我们尤其感谢联大师范学院，在去年暑假间，帮助我们开办了暑期讲习会。"但是，那时因为时间太短，不能够充分晋修，因此"感到有合办晋修班的必要"，经过与黄钰生、查良钊的几度商量，"多承师范学院的帮助，才使晋修班成为事实"。龚自知认为"这次晋修班的开办，比较暑期讲习会，要切实得多，可以说是治本的办法"。尤其是学员们在晋修期间，充分发挥了创造本能和研究精神，这正如蔡维藩教授所说的是"精神态度的转变"，而这种精神，"是我们今后中等教育的新纪元"，也是学员们"在晋修班期间最有意义，最有价值的收获"。当然，晋修班也有不尽如人意之处，"但是我们今后仍继续办理，可以渐渐的改进，以达于完美的地步"。末了，龚自知再次向西南联大师范学院的热心帮助和合作精神表示谢意。

接着，黄子坚代表西南联大师范学院发言。他很谦虚地说："西南联大搬到云南来就好像一家人的房子被人烧了以后，搬到亲戚家里暂住是一样的道理。在亲戚家里住，总要想替主人做点事情，心理才过得去。联大搬到云南，总要替地方做点事情，心理才过得去，也才对得起地方。从学校的观点来说，就是这样，这次教厅的担负相当大，但是有一部分图书馆仪器还没有设备好，不能使同学们充分的应用，这是我们觉得抱歉（的）一点。在进修期间，各位学员很用功，比教学时候还忙，同时，一点也没有老师的架子，大家以学生自居，虚心学习，我以为这是一种朝气，的确使我们钦佩。至于各位教授，也很热心，能够针对学员们的需要，耐心的去共同研究。"最后，黄子坚强调，办好中等教育，既"是云南的事情，也就是国家的事情，都是我们应该做的事情"。

龚自知、黄子坚发言后，晋修班各组也进行了汇报。汇报中，大家表示这次所得甚多，极为满意，希望今后再有这样的机会。来宾代表李季伟等，在发言中也对主持人的精神和各学员的成绩交口称赞。①

会后，部分讲师与学员集体合影，这张照片，在今天的云南师范大学西南联大纪念馆展出，照片上书有"云南教育厅国立西南联大合办中教晋修班国文组教职员暨毕业学员合影"的字样，只是"1940 年 6 月"后的日期，有些模糊。但是，它却是联大帮助云南地方教育建设的珍贵写照。

首次云南省中等学校在职教员晋修班，是西南联大落实第一届全国高级师范教育会议决议的精神，寻求与所在省市实际合作与服务的具体体现，但这毕竟是联大的初次尝试，虽然"结果尚称良好"，但因"事属草创，制度与内容，皆待改进"，故在总结中坦率指出"不当之处颇多"。所谓"不当之处"，是联大在这次实践中，感觉教育部规定的课程设置不尽合理，至少有两点有待改进。第一，由于"各师范学院，各有其地方之需要，与人事上之短长"，故希望"部订课程，除最低限度者，责成各院，切实施行之外"，也应"稍留余地，以容其个别之发展"。第二，由于"师范学院有其准确之目标，与文理学院之性质根本不同"，故建议"各系课程，似宜化零为整，不必多立名目，以乱学生进修之途径"。②

中学教师暑期讲习讨论会和在职教员晋修班的举办，奠定了西南联大与云南教育机关合作的人事基础，师范学院在总结报告中即提出"进一步之具体事项，当不难相机实现"。一个月后，联大师范学院便与省教育厅商量合办第二期晋修班。7 月 19 日，黄子坚、查良钊与龚自知等召开会议，"当经议决第二期继续办理，学员由厅征调、并由各校长保送暨自由投考三种，凡中等以上学校毕业之教师，均有应考资格"。③ 不过，

①　以上据《教员晋修班圆满结束，昨日举行茶话会龚厅长亲临致辞，谓今后教学改进定有一番新气象》，《云南日报》1940 年 6 月 9 日，第 4 版。

②　《国立西南联合大学师范学院报告书》（1940 年），《国立西南联合大学史料》（一），第 147 页。

③　《教厅与联大续办第二期晋修班，学员分征调保送投考三种，首期成绩优良者给证明书》，《云南日报》1940 年 7 月 20 日，第 4 版。

当年9月教育部训令，指示联大师范学院附设高初中教员晋修班，这样，晋修班便正式归入联大师范学院的体制，没有必要另行举办了。

二　边疆园丁

前文所述，是西南联大以学校名义参与的云南地方教育的情况，而师生们在参与云南中等教育方面也发挥了重要作用。

1. 天祥中学

1941年秋，由西南联大江西籍毕业生邓衍林、熊德基等在江西旅滇同乡会支持下创办的天祥中学，就是突出一例。

天祥中学设在昆明南城的江西会馆，以民族英雄文天祥的名字命名，先后聘请了许师谦、王树勋、丛硕文、王大纯、朱光亚、申泮文、朱亚杰、胡正谒、彭国涛、刘匡南、项粹安、王大纯、谢光道等多位联大学生为教员。[①] 这些人中，不少后来成为中国科学院、中国工程院院士及著名专家学者。著名英语教育家，2014年8月荣获国际翻译界最高奖项之一"北极光杰出文学翻译奖"的北京大学教授许渊冲，当年也在天祥中学担任教员。许渊冲曾自豪地称天祥中学为"天下第一中学"，他在一篇回忆中写道："昆明天祥中学是名副其实的天下第一中学，因为她的师资阵容强大，无论古今中外，没有一所中学能够和她相比。教国文的，有全国三届人大代表、江西大学法律系主任胡正谒教授，上海社会科学院副院长冯宝麟教授。教文史的，有中国社会科学院历史研究所副所长熊德甚教授，上海师范大学历史系主任程应镠教授，在一九三三年教过杨振宁中国古代历史的丁则良教授，以写《闻一多》《吴晗传》闻名全国的北京大学历史系副主任许寿谔教授（后改名许师谦），曾任辽宁省委秘书长的才子李晓（后改名李曦沐）。教地理的，有中国科学院池际尚院士，有北京矿业学院地质系主任邓海泉教授，北京地质学院研究生院导师王大纯教授。教物理的，有中国科学技术协会主席、为发展中国核事业做出了重大贡献的朱光亚院士，中国科技大学物理系主任黄有莘教授，中国空军气象研究所副所长谢光道教授。教化学的，有华东石油

[①]　据彭国涛《深切怀念许师谦（寿谔）学长》，清华校友总会编《清华校友通讯》复16册，清华大学出版社，1987，第112页。

学院副院长、国际能源学会副会长朱亚杰院士，中国科学院化学部院士、南开大学元素研究所所长申泮文教授。教数学的，有国际驰名的数理逻辑学家、美国洛克菲勒大学王浩教授，《人民日报》誉为'全国模范教授'、大庆石油学院的曾慕蠡教授，西南联大工学院的状元，云南大学数学系张燮教授，中国科学院严志达院士等。教英文的，则有我这个把中国古典文学五大名著译成英、法韵文、又把世界文学十大名著译成中文的北京大学教授。这样雄厚的师资力量，如果要办一个大学，也是国际第一流的；只办中学，自然是'天下第一'了！"①

天祥中学的第一任校长是联大师范学院教育系毕业生邓衍林。邓衍林知人善任，以校为家，乐而忘忧，崇尚蔡元培的民主作风。第二任校长章煜然是清华大学的研究生，当时已经通过出国留学考试，但他自1940年至1980年一直在天祥中学任教，四十年如一日，令人尊敬。

在天祥中学任教的联大学生，发扬了西南联大的优良学风。后来在云南大学中文系任教授的杨玉宾，是当年这所学校的中学生，他对朱光亚的印象非常深刻，说："朱光亚老师教我们时，年仅21岁，他为人老成稳重，常穿一件长衫，皮肤白皙，五官清秀，是个名副其实的'白面书生'。他讲课语言简练，重点突出，逻辑性强，明白易懂。他湖北乡音较重，如将'密度'念成'密豆'，有的调皮学生还偷偷在下面学他。他写得一手柳体好字，板书十分工整。他要求学生很严格，课堂纪律很好。他批改作业相当认真，颇有点像鲁迅所描写的藤野先生那样。同学们的物理作业本上都留下了他苍劲的钢笔字迹。"②

朱光亚后来成为著名的核物理学家，参与过原子弹制造，担任过中国工程院的院长。当时，他的认真精神就显示了出来。他任天祥中学初二乙班班主任时，就用科学精神管理班级。某次，学校举行运动会，其中一项为集体赛跑，每个学生跑50米，平均速度最快的班级获胜，速度由班主任记录。由于各班人数多少不一，其他班主任一般只能说出大致速度，只有朱光亚精确地说初二乙班几点几分几秒起跑，几分几

---

① 许渊冲：《追忆逝水年华——从西南联大到巴黎大学》，生活·读书·新知三联书店，1996，第135～136页。以下简称《追忆逝水年华》。
② 转引自许渊冲《追忆逝水年华》，第143～144页。

秒跑完，平均速度几秒几厘。① 这虽然是件小事，却反映了联大学生的一丝不苟。

有了这样的师资，天祥中学的教育质量自然让人刮目相看。1946 年春，训导主任程应镠请闻一多来校演讲，闻一多对联大学生心甘情愿在中学教书大加赞赏，并说老师应该像父兄一样，唯恐学生考试成绩不高。时任教务主任的许渊冲听了很受启发，于是提出"周考制"，即每周星期六上午第一堂课进行考试，国文、英文、数学、史地、理化或生物各考一题，每题限在 10 分钟内回答。这一措施对学生巩固知识起了很大作用，因此 1949 年前，天祥中学的升学率一直在昆明市名列前茅。②

创造"周考制"的许渊冲身兼数职，他既是天祥中学教务主任，也教授英语并担任班主任工作。曾任云南师范大学附属中学校长的姜为藩是当年许渊冲的学生，他回忆说："许先生从高二起就教我们外语，直到毕业。他英语水平很高，会话能力很强，上课时坚持用外语教学，无论课文还是语法知识，都用外语讲解，课文内容及复杂的句子，都用浅显易懂的语言讲给大家听，有时用两三种讲法解释一个句子。他选读了许多名篇原著，如《傲慢与偏见》，罗斯福《炉边谈话》等等。凡是学过的重要课文都要求背诵，因此，整个校园书声琅琅。"③

天祥中学是西南联大学生最早创办的一所中学，王树勋总结它的成功之道时说：这所学校具有五大特色，一是"校务公开、教员集体治校"；二是"教师阵容严整，学术思想自由"；三是"教导严格认真，课业紧张"；四是"校园生活丰富"；五是"思想活泼，政治气氛浓厚，民主力量强大"。④ 这番出自亲历者的评论，可以看出西南联大成功经验的影响和传播。

2. 五华中学

与江西旅滇同乡会资助下创办的天祥中学不同，1942 年诞生的五华中学，则是云南地方人士建立的。五华中学的创办者李希泌抗战前考入

① 许渊冲：《追忆逝水年华》，第 144 页。
② 许渊冲：《追忆逝水年华》，第 141 页。
③ 许渊冲：《追忆逝水年华》，第 142 页。
④ 转引自许渊冲《追忆逝水年华》，第 143 页。

清华大学历史系，1942年毕业于西南联大。李希泌是云南腾冲人，其父李根源是资历颇深、很有影响的民国元老，早年在日本学习军事时就参加了同盟会筹备大会，回国后先后担任云南讲武堂教官、监督、总办。武昌起义爆发后，又参加过蔡锷、唐继尧领导的云南"重九起义"、讨袁护法斗争，曾任陕西省省长、北洋政府航空督办、农商总长等要职，后因反对曹锟贿选离开政坛。全面抗战爆发后，李根源回到云南，任省政府顾问、云贵监察使等，社会关系十分广泛。李根源从事教育多年，深知教育的重要性，回到云南不久就出任了腾冲益群中学董事会董事长，在家乡住地建起一座二层木楼，供来县城读书的穷苦孩子们免费住宿。

李希泌继承了李根源热心办学的家风，毕业时卢汉请他给自己当秘书，但李希泌认为国难当头，要挽救中华民族就必须培养人才、振兴教育。而振兴教育必须从中小学起步，于是想创办一所中学。他的这个愿望得到同窗好友丁则良、丁则民、刘春生、古师勋的支持，大家决定每人各捐一万元法币作为筹备资金，决心在西南边陲办一所一流的中学，并提出"北有南开，南有五华"口号。①

学校取名"五华"，也表现出他们的办学志向。昆明城内的五华山是市区最高的山，山上原有五华书院，它与经正书院曾经是云南培养人才的高级学府，为了继承发扬两个书院的传统，学校方定名为五华中学。

决心下定后，便开始物色教员。最初，李希泌委托西南联大生物系助教吴征镒推荐教员，吴征镒推荐了学习地质的张澜庆、学习历史的汪篯，②还有学生物的姚荷生。吴征镒、张澜庆、汪篯都是江苏扬州人，在北平清华大学读书期间就结拜为兄弟。张澜庆因全面抗战爆发后从事了一段抗日工作，复学后正在地质系读四年级。汪篯于1938年毕业后在北京大学文科研究所读研究生。姚荷生是镇江丹徒人，与吴征镒是镇江中学校友，西南联大生物系毕业后留在清华大学农业研究所工作。这四个人是五华中学创建时期的最早教师，向李根源汇报创办中学的想法和

---

①　童永锐：《在李校长家中做客》，《流风余韵悠长——昆明五华中学五十周年纪念集》，1995，第114～115页。以下书名简称《流风余韵悠长》。

②　庄体仁、李述祖、郭泽霖、张桎寿：《千里英才荟萃一堂——吴征镒教授忆五华中学》，《流风余韵悠长》，第12页。

计划的，就是他们几个。①

经过一番奔走，1942 年 6 月，五华中学召开第一次董事会，潘光旦为校董之一，次月编印的《五华中学筹备概况》序文便是潘光旦撰写的。这次董事会上，推选李希泌为校长。

办学校必须有校舍，最初借用的是第十一集团军在华山西路占用圆通小学当仓库的部分房屋，又借了一家报社印刷厂做学生宿舍和自习场所。② 李希泌夫人张椒华回忆说，当时这些地方都是空荡荡的，什么都没有，李希泌就把家里的桌椅板凳、暖瓶、杯碗都搬到学校去用。③ 1943年，疏散到郊外的圆通小学要迁回城里，学校另租了大绿水河早年一家存真照相馆为校舍，那里有西南运输处所建的两座木板房，可以做教室和教师宿舍，另有一间饭堂兼做礼堂，一个网球场也能上体育课，还有些房屋可供在校学生寄宿。

1942 年初，日本占领马来西亚后开始入侵缅甸，3 月 8 日占领缅甸首都仰光，大批华侨返回国内，其中有些是失学青年。鉴于这种情况，五华中学首先在暑假期间，借用昆华师范学校教室开办了补习学校。当时报纸报道："私立五华中学，开办费现已募足，暑假后即可正式成立，现以华侨失学青年及各地来昆投考者日夥，特先行成立五华暑期补习学校，设华侨补习班及高初中升学等班，对于侨生特别优待，仅收半费，五日起开始报名，九日正式上课，校址暂设潘家湾昆华师范内。"④ 五华暑期补习学校实际上是补习班，前后办了两期，每期一个月。与此同时，8 月 7 日便开始中学生招生报名，圆通小学仓库还没收拾好，报名地点就暂设翠湖边的李根源监察使院内，19 日、20 日的考试则借用西南联大新校舍南区教室。报载五华中学首届招生"招高一两班，初一一班"，并突出"设有五华公费生六名，以奖励清寒优秀之学生"。⑤ 这些大致停当后，8 月 30 日五华中学在昌生园茶室举行新闻招待会，昆明市教育局局长也出席了。会上，训育主任刘春生报告筹办意旨，教务主任

---

① 姚荷生：《忆五华初创一二事》，《流风余韵悠长》，第 70 页。
② 《昆明私立五华中学简史》，《流风余韵悠长》，第 2 页。
③ 童永锐：《在李校长家中做客》，《流风余韵悠长》，第 114 页。
④ 《昆市点滴》，《云南日报》1942 年 7 月 4 日，第 3 版。
⑤ 《昆市点滴》，《云南日报》1942 年 8 月 7 日，第 3 版。

丁则良报告筹备经过，"除表示对于协助人士之感谢外，并希今后仍不断予以指导"。①

9月10日，五华中学招收的初、高中各一个班开学，以后就以这一天为校庆日。五华中学的教师队伍中，有不少西南联大的毕业生和研究生，如1941年物理系毕业的凌德洪、高鼎三，心理系毕业的戴寅，中文系毕业的季镇淮，1942年生物系毕业的毕列爵，中文系毕业的范宁，1943年中文系毕业的王瑶，数学系助教孙本旺，曾任中文系助教的陶光，等等。担任教师的也有个别正在读书的学生，如商学系的凌德铭便随哥哥凌德洪一起参加了初创工作。这些人到五华中学后，相继推荐了西南联大的一些教师与同学，如王瑶推荐了季镇淮，他们又一起推荐了朱自清。② 五华中学校歌歌词即为朱自清于1944年11月2日创作的，歌词为："邈哉五华经正，流风余韵悠长。问谁承前启后？青年人当仁不让。还我大好河山，四千年祖国重光，责在吾人肩上。千里英才，荟萃一堂，春风化雨，弦诵未央，坚忍和爱，南方之强。五华万寿无疆！"③

五华中学的师资十分强大，据《昆明私立五华中学简史》记载，曾经在这所学校任教、代课或担任讲座的教师，还有钱穆、蔡维藩、姜亮夫、王赣愚、丁则民、江枫、蒋守方、李为衡、李赋宁、王佐良、朱树飚、赵仲邑、吴其昱、朱德熙、施子愉、吴乾就、虞慕陶、戴寅、李埏等。④ 此外，江泽涵教授夫人蒋守方也在五华中学教数学。这些人绝大多数来自西南联大，少数来自云南大学的人也有西南联大的背景。至于行政方面，丁则民、江枫担任过教务主任，戴寅、凌德铭担任过训育主任。⑤在这些西南联大的人中，不少有清华大学背景，加上好几位毕业于扬州中学，以致有人戏称五华中学是"清华系""扬州帮"。⑥

① 《私立五华中学昨招待新闻界》，《云南日报》1942年8月31日，第3版。

② 李希泌口述、王枫记录整理：《我和季镇淮先生的交往》，夏晓虹编《季镇淮先生纪念集》，北京大学出版社，1999，第33页。

③ 朱自清：《昆明五华中学校歌》，朱乔森编《朱自清全集》第5卷，江苏教育出版社，1990，第134页。

④ 《昆明私立五华中学简史》，《流风余韵悠长》，第1页。

⑤ 庄体仁、李述祖、郭泽霖、张桎寿：《千里英才荟萃一堂》，《流风余韵悠长》，第1页。

⑥ 者承琨、李成森：《私立五华中学述略》，《昆明文史资料选辑》第15辑，第206～207页。

　　五华中学的校训是"坚忍和爱"。自学校开办起，就遵循德智体三育并重、主科旁科平均发展的教学原则，其中有些做法参照的就是西南联大的制度，在一般学校很少见到。

　　首先，学校给每个班都配备了导师，实行导师制度。导师一般不变动，职责是对学生从学习到品德修养全面负责。其次，在教学管理方面采取学分制度，即某科每周授课若干小时，该科即以若干学分计（有实验者另加学分）。学生于每学期所读学分，总数如有三分之一不及格者留级，二分之一不及格者则勒令退学。再次，成绩考核也很严格，每学期有月考两次，期中考、学期考各一次。成绩核算的标准以平时测验成绩、月考成绩合成月考总成绩，由月考总成绩与期中考成绩合成期中考总成绩，再由期中考总成绩与学期考成绩合成该科学期总成绩，两学期总成绩的平均数为该科学年总成绩。五华中学没有主科、副科概念，虽然学时分配上国文、数学、英文每周各 6 小时，公民、音乐、美术各只有 1 个小时，但对各种科目都很重视。

　　五华中学是所私立学校，主要经费来源是学生缴纳的学杂等费用以及校董会的赞助，收费标准比公立学校高些。但为了让家境贫困、品学兼优的学生继续求学和升学，学校把学生的成绩考核与奖惩制度挂起钩来，设立了奖学金、免费生和公费生三种待遇。对于学期或学年成绩在 80 分以上，名次在全班五分之一以前，且体育成绩和操行也属优良者均发给学生奖学金。免费生则免交学杂费，公费生还免交住宿费，并由学校供给膳食和日用补助金。[①] 庄体仁同学兄弟姊妹四人同时在五华中学读书，就有一人享受公费，二人享受免费，只有一人缴纳学费。[②]

　　在教材选用上，五华中学也如西南联大一样灵活，虽然也使用规定的统一教材，但高中国文和英文教材多用任课教师自选自编的讲义。这些讲义要用油印蜡纸刻出来，刻讲义的是一位职员，20 岁出头的河南潢川人彭行渌，因为刻得好，季镇淮还赠他一首诗，其中一句是"何人书记本翩翩，今见潢川一少年"。[③] 毕列爵说："几乎每个见到他刻印出来的讲义的教师，无不称赞。王瑶先生说，彭公刻的讲义订起来就是一本

　　① 《昆明私立五华中学简史》，《流风余韵悠长》，第 4 页。
　　② 庄体仁、庄慧姝：《师长恩重母校情深》，《流风余韵悠长》，第 103 页。
　　③ 彭行渌：《读毕列爵先生稿后有感》，《流风余韵悠长》，第 68 页。

书，朱自清先生也乐意用他刻的讲义。"①

教学中，老师也把西南联大的学风带到课堂上，张澜庆讲的地理课就让学生印象很深。他不照本宣科，讲中国自然地理分区时，根据地质结构、海拔、气候和土壤等因素，说明为什么要这样划分，而不应该那样划分，使学生从平面的了解上升到立体的认识，不仅知道了省区划分的依据，而且懂得了从寒带到亚热带再到热带的气候变化，高原盆地、名山大川以及红土、黑土等土壤结构。他讲地质结构时，把"三叶虫"化石标本带到教室里给学生们看，甚至可以让学生用手摸一摸。一次，他带全班学生去西山远足，在岩壁上找到几片"三叶虫"化石，就地讲解起云贵高原沧海桑田的地质演变，大家都被他生动活泼的讲解迷住了。② 西南联大提倡自由思考的风气在五华中学也常有表现。朱自清教的是毕业班国文，他曾在课上出过两道作文题，一是"你愿意做专家还是愿意做通才"，一是"文言好还是白话好"，③ 前者针对高中即将毕业的学生对前途的思考，后者为的是让青年人认识新文化的意义。这种教学方法在许多方面都有体现，大大提高了学校的教学质量。1942 年 9 月首次招收的高中班 40 名学生，毕业后绝大部分升入大学，第二个班也有不少学生以同等学力考上了大学。④ 于是，五华中学的知名度越来越高，许多人都对它刮目相看。

五华中学对于教师的管理同样十分严格。聘请教员的原则是在大学读的什么专业，到学校就教什么课程。担任过教务主任的毕列爵说，他在校时只有学哲学的徐孝通和学教育的戴寅都教英文，学经济的严达教音乐是例外。⑤ 聘请教师时，采取一年一聘方法，优胜劣汰，不合格者第二年不发聘书。对于连续教学满五年的教师，可以享受一年的学术休假，这几乎就是西南联大的影子。

由于与西南联大的师承关系，五华中学经常请一些联大教授到校演讲。1945 年纪念五四运动期间，学校就邀请了陈友松演讲"青年心

---

① 毕列爵：《翩翩潢川一少年——彭行渌同志》，《流风余韵悠长》，第 66 页。

② 童永源：《怀念张澜庆老师》，《流风余韵悠长》，第 37 页。

③ 孙扬：《缅怀朱自清先生》，《流风余韵悠长》，第 27 页。

④ 《昆明私立五华中学简史》，《流风余韵悠长》，第 5 页。

⑤ 毕列爵：《愉快的回忆，有用的经验——在五华中学任教两年的回顾和启示》，《流风余韵悠长》，第 17 页。

理卫生"，① 请陈雪屏演讲"如何善用心力与体力"。② 6 月 16 日，西南联大新诗社还在五华中学举办了诗歌朗诵会，朱自清、闻一多都参加了。光未然在会上朗诵他妹妹张帆的诗作《我们是老百姓的女儿》，闻一多认为"此乃联大朗诵会中成功之作"。③

西南联大的民主风气，也被带进了五华中学。1944 年高三、高四两班学生受王瑶鼓励，各办了一份壁报，王瑶给这两种壁报取名叫《艺文志》和《甲申》，刊头是李希泌用篆文书写的。这年，五华中学还掀起了演剧热潮。先是高三班演出丁西林编剧的《压迫》，接着高四班演出了反对日本侵略的《离离草》，后来有三位教师还演出了讽刺选举腐败的《国大代表》。④ "一二·一"惨案发生后，五华中学的罢课、罢教、街头演讲，都十分活跃。12 月 6 日，昆明 30 所大中学校的 298 位教师联名发表《为十二月一日党政军当局屠杀教师学生昆明市各大中学教师罢教宣言》，五华中学与朱德熙、江枫、吴征镒、凌德洪、陈光远、孙本旺、张澜庆、高鼎三等教师，都在上面签了名。1946 年 3 月 17 日，昆明市学生联合会举行四烈士大出殡，吴征镒、张澜庆、陈光远等一起在国民党云南省党部门口摆路祭，吴征镒还做了篇祭文，在灵车经过时宣读。⑤ 五华中学全校同学参加了示威游行，高三班的同学还参加了抬棺护棺。⑥

3. 中国建设中学

1943 年 12 月开学的中国建设中学，也是西南联大学生创办的一所学校。学校法人周大奎就读于联大哲学系，⑦ 教务主任吴德铉就读经济系，

① 《本市简讯》，昆明《中央日报》1944 年 5 月 2 日，第 3 版。
② 《本市简讯》，昆明《中央日报》1944 年 5 月 9 日，第 3 版。
③ 朱乔森编《朱自清全集》第 10 卷，第 351 页。
④ 毕列爵：《愉快的回忆，有用的经验——在五华中学任教两年的回顾和启示》，《流风余韵悠长》，第 21~22 页。
⑤ 庄体仁、李述祖、郭泽霖、张桎寿：《千里英才荟萃一堂——吴征镒教授忆五华中学》，《流风余韵悠长》，第 14 页。
⑥ 张兴文、杨焕云：《怀念五华》，《流风余韵悠长》，第 73 页。
⑦ 周大奎是不是中国建设中学的校长，当时似乎并未明确。因为学校校舍由中华职业教育社提供，故一说校长为中华职业教育社的孙起孟，周大奎为副校长，但也可能孙是名誉校长，周任校长。总之，中国建设中学的法人代表是周大奎，此说见魏铭让《西南联大·中国建设中学——我们创办了一所特殊的学校》，《西南联大北京校友会简讯》第 28 期，2000 年 10 月。

训导主任董杰就读社会系，他们都是 1945 级学生。先后在这所学校担任教员的，也全部是西南联大学生，其中有机械系的魏铭让、傅乐炘、孙柏昌，经济系的刘彦林、林瑞符，社会系的李艮、李世珍，中文系的王宾阳、汪曾祺，生物系的殷汝棠、孟庆哲，数学系的王惠等。

中国建设中学筹备于 1943 年 10 月，为了筹集办学资金，周大奎、董杰联合一些同学，以山海云剧社名义演出了曹禺改编的话剧《家》。但是，演出不仅没有筹集到资金，反倒落了不少债。尽管如此，他们不肯死心，向李公朴求教解决办法。李公朴建议他们请体育教授马约翰帮助。马约翰遂介绍他们与云南省政府主席龙云的儿子龙绳武见面。龙绳武表示"联大的同学在昆明办学，培养我们云南的子弟，我很欢迎"，并答应给云南省教育厅长龚自知打招呼。但是，建设中学到教育厅备案时并不顺利，因校舍、设备、办学基金都还没有着落，未获批准。

注册备案遇阻，但最困难的校舍问题倒出人意料地得到了解决。当时，林瑞符、周大奎向中华职业教育社的孙起孟求援，孙起孟考虑良久，最终说："职业学校在昆明的物质条件也十分困难，联大很多位同学在本校任教，个中情况大家是知道的，不过经我们研究，愿意支持您们办中学，凡是职校能办的，一定支持到底。"校舍问题解决后，周大奎等决定先不去教育厅备案，一切等挂起牌子、招生、开学后再说。

中国建设中学最初的教室，是从中华职教社借来的，开学当年只招收了高中一、二两个年级，各 40 人左右，其中许多学生是从战区或沦陷区流落到昆明无力就读其他学校的青年。为了减轻学生经济负担，这年入学的学生一律免费。教师和工作人员，无论是校长还是校工都没有薪金，部分教材也是教师自己筹资刻印的。有一次，刘彦林为刻印新生入学试卷到商店买纸，付完钱后店员问他发票开多少钱，他哭笑不得，说："自己解囊，何云回扣？"遂携纸而去。

一年后，中国建设中学迁到昆明北郊黄土坡，租赁了某部队腾出的土坯空营房为校舍，招生也随之扩大至 300 人，设有从初中一年级至高中三年级 6 个班，而且学生全部住校。国难当头，培养抗战救国人才，是师生们的一致信念。在这一信念下，一切因陋就简，没有课桌，便以高些的板凳做桌子，矮凳子当椅子，每条板凳要坐四五个学生。至于住的，学生们是 8 人一屋，每间约 10 平方米。所有电灯，为联大工学院神曲社同学义务安装，道路则是师生们利用附近一个叫马街子的电厂的炉渣铺垫而成的。这时，开始收一点学费，但仍是全昆明最低的，而且对贫困学生还减或免学杂费。[①]

中国建设中学离闹市较远，受外界干扰较少，学生们能够安心读书。教学之余，一些教师对学生谆谆劝导，鼓励学生刻苦读书，树立正确人生观。1944 年考入这所学校的申学义，在一篇回忆中引用了当年的日记，日记记录了国文教师周韵春和他的一次谈话。谈话中，申学义请教老师如何才能写好文章，周韵春答："除了博览群书、精读好的作品和习作外，最好先练习写小品文，还应当体验生活，与所读的拓成一片，自有进步。"申提起一些不愉快的事，周说："家庭环境不好，读书费用成了问题，这自然也是使人苦闷的一件事。但是这并不是没有办法的，只要你有读书的决心，可以好好地用功，请求免费、公费或者做工读生。只要你是真的有志向学，人家一定愿意帮助你。而且根据事实，每每有钱子弟读不好书，而贫寒好学之士，终有成功之一日，勉之勉之。你现在应该利用机会好好地求学，至于社会上的一切令人不满意的现象，现在你还用不着管，也管不了。没有家庭乐趣，这自然是人生的遗憾。但这是无可奈何的事，只好把心胸放宽一点儿，抱着'四海之内皆兄弟也'之心情。读高中时'选读何科'要看你的兴趣而定。现在还早，现在唯一的任务是抓住机会努力用功。同时要有目的，有志气，你自然就会活泼快乐起来，因为你的生活是有意义的、有希望的；在不妨碍功课的原则下，多参加课外活动，切不要胡思乱想，浪费精神和时间。"[②]

这些朴实无华的教诲，给这位初中一年级的学生留下非常深刻的印象。在老师的开导下，申学义加强课后练习，数学老师布置的作业只要求做单数题，他却连双数题也做了，其他复习与作业也是如此。经过努力，在期末考试中，他的总平均分名列全校第一，除了受到学校表扬、获得奖金 10 元，还获批准初中毕业前免缴学杂费。这既大大减轻了他家

① 以上据魏铭让《西南联大·中国建设中学——我们创办了一所特殊的学校》，《西南联大北京校友会简讯》第 28 期，2000 年 10 月。

② 申学义：《也谈西南联大·中国建设中学》，《西南联大北京校友会简讯》第 29 期，2001 年 4 月。与申学义谈话的国文教师周韵春是否西南联大学生，尚未查清，但参与中国建设中学创建的魏铭让在《西南联大·中国建设中学》一文中说："所有教师全是联大同学，这是肯定的。"

庭的经济负担，也提高了他的自信心。

4. 长城中学

长城中学的建立，也与西南联大有着不解之缘。昆明拓东路中段有一所四川同乡会创办的峨眉中学，校长是大道生布店经理周润苍。周请联大学生王以中来校任教，由于王工作出色，担任了教务主任，并推荐了一批联大同学来校执教，其中有刘春生、吴维诚、方龄贵、刘北汜、李振颙、刘伯林等，刘春生不久还担任了训育主任。这些同学的加入，给这所学校吹进了一股民主风气。但是，1943 年下半年，形势发生变化，一些毕业生需要另谋出路，于是刘春生打算创办一所新型学校，走自己的办学道路。①

刘春生曾经参加过五华中学的创建，他的家乡吉林省延吉早已沦陷，使这位年纪比一般同学稍大些的青年思想早熟。刘春生正是带着光复东北、建设国家的理想，发出创办长城中学的倡议的。这个倡议，得到西南联大北八省同乡会（即辽宁、吉林、黑龙江、河北、河南、山东、山西、陕西八省旅昆同乡联合会）的支持，发起人除王以中、吴维诚、刘伯林、方龄贵等联大学生外，还有梅贻琦、张奚若、潘光旦等教授。②

长城是中华民族的象征，北八省在历史和地理上，多与长城相关，以"长城"为校名，一是表示这所学校是在联大北八省同乡会支持下创办的，二是正如方龄贵起草的向教育厅呈送的学校立案文件中所说，是为了表达"长存邦家之志，为国干城"之志。

长城中学的建立得到地方爱国人士的资助。首先，办学校得有地方，恰这时在昆明行医的辽宁人张春生先生在金马山下购置了一片荒地，他得知长城中学正在寻找校址，便毅然赠地。③ 其次，办学校还需要有经费，为了筹集经费，大家花了很多心血。为此，刘春生找到云南军政名宿禄国藩。禄国藩在日本留学时就加入了同盟会，辛亥革命时参加了推翻清朝统治的云南"重九起义"，袁世凯复辟帝制时又参加了护国起义，

---

① 龚绍康、王健农、王元昌：《"民主科学生产劳动"——忆母校长城中学》，《昆明文史资料选辑》第 15 辑，1990，第 167～168 页。

② 龚绍康、王健农、王元昌在《"民主科学生产劳动"——忆母校长城中学》一文中写道，长城中学发起人还有地方名流白小松、高荫槐等。见《昆明文史资料选辑》第 15 辑，第 168 页。

③ 方龄贵：《忆长城，怀梦华》，《西南联大北京校友会简讯》第 30 期，2001 年 10 月。

当时是云南省宪兵司令兼防空司令，在地方很有声望。刘春生之所以找禄国藩，是因为他曾在禄家当过家庭教师。禄国藩对办学很是热心，欣然同意担任长城中学董事长，并亲笔写信给刘春生、王以中，要他们拿着信到元江、磨黑、思普等地，找他的老部属募捐。后来，王以中就是从思普区募捐归来的途中被土匪杀害，献出了年轻的生命。①

经过一番紧张筹备，长城中学于 1944 年 7 月 29 日在威远街大柳树巷 9 号召开校董会成立大会。会上，推选梅贻琦、潘光旦和禄国藩、高鹏云、冯占海、李楫、林家枢、张春生等 13 人为校董，禄国藩为董事长，高鹏云为副董事长。会上还决定，即日起在金马山前建设校舍，9 月初旬竣工，9 月 15 日开学上课。②

1944 年 8 月上旬，长城中学在昆明各大报上刊登招生广告。广告特别强调"本校于一般教学外，并依学生之兴趣与需要，配施种种技艺训练"。初次招生，高中部计划招收一年级第一学期的新生 50 名，相当初中三年级第一学期的预备班。初中部招收一年级第一学期新生 100 名，二年级第一学期新生 50 名。③ 从 8 月 5 日起，长城中学分别在市内正义路近日楼北路西的明德中学、福熙街路东的昆华商校、小东门外穿心鼓楼薛家巷昆实小学长城中学办事处三个地点开始招生报名。按照招生广告，这次招生只招 250 名学生，但至 8 月 12 日止，报名投考者异常踊跃，超过招收名额一倍，达到 500 多人。④ 西南联大对同学们为地方办学给予了积极支持，8 月 14 日、15 日两天长城中学的首次新生考试，就是在西南联大新校舍举行的。⑤ 潘光旦还在这年底，到长城中学做过一次演讲。⑥

长城中学的开办，也得到地方人士的大力援助。报载"各校董除捐助巨款外，并纷纷捐赠图书、用具等物"，而禄国藩还把珍藏的一部木刻

①　龚绍康、王健农、王元昌：《"民主科学生产劳动"——忆母校长城中学》，《昆明文史资料选辑》第 15 辑，第 167～169 页。

②　《禄介卿等筹设私立长城中学》，《云南日报》1944 年 7 月 31 日，第 4 版。

③　《长城中学招生》（广告），昆明《扫荡报》1944 年 8 月 5 日，第 1 版。

④　《禄司令官捐书长城中学》，《云南日报》1944 年 8 月 12 日，第 3 版。

⑤　《禄司令官捐书长城中学》，《云南日报》1944 年 8 月 12 日，第 3 版。

⑥　《省市简讯》，云南《民国日报》1944 年 12 月 11 日，第 3 版。

殿版二十四史捐了出来。① 云南省曲靖县的何非先生，也曾将他在金马山附近的一块地产，无偿捐给了长城中学。② 学校开学后，曾请国风剧社演出平剧募捐，昆华女中也将大礼堂借给演出使用。广告说，这次演出自9月26日开始，连演五天，③ 进一步的情况未见记载。不过，总的说来，长城中学在创办初期的经费仍然很有限，许多事都要自力更生。

长城中学于1944年9月如期开学，由于峨眉中学一些同学与老师们结下感情，为了继续追随他们，100多位同学转学到这所新建学校。④ 学校开学时，正值抗战正面战场出现大溃败之际，就是在这种环境下，全校师生用自己的双手，在金马山盖起了几幢简易的茅草房，白天当教室，晚上当宿舍。不管是晴天雨天，还是酷暑寒冬，师生们一边教学，一边拓土开荒、植树造林。

联大同学对支持过长城中学的人士，始终怀着感恩之情。长城中学的建立，离不开张春生的捐地，但不知何故，他与父母关系有些紧张，刘春生知道后，便将张春生的父母接到长城中学供养，并时时问寒问暖，如儿女一样尽孝，一时在昆明社会传为美谈。⑤ 多年后，昆明某报还刊登了一篇《失一春生，得一春生》的报道，其中就写到这件事。

长城中学在管理上，继承了西南联大的传统。学校设有校务委员会，由教师和行政人员组成。校长和校务主任由创校教师轮流担任。刘春生、王以中、蔡劼、王兆裕先后担任过校长。学校创始的第一年，因经费不足，教师只供伙食，没有薪金。以后，虽稍有津贴，也很低微，但教员们并无怨言，坚持办学。主持学校的刘春生，更是以身作则，集校长、教学、招工等工作于一身。他既要四处筹资，又要亲自上课，还要从事管理，课余时间则带领同学们平山修路、开荒种地、盖宿舍、建运动场。正是这样，学校十分注重教育与生产劳动相结合，1945年的招生广告，还将办学特点做了修改，定为"本校于一般教学外，兼重生产、教育及

---

① 《禄司令官捐书长城中学》，《云南日报》1944年8月12日，第3版。
② 方贵龄：《忆长城，怀梦华》，《西南联大北京校友会简讯》第30期，2001年10月。
③ 《长城中学募基金，定期公演平剧》，《云南日报》1944年9月22日，第3版。
④ 龚绍康、王健农、王元昌：《"民主科学生产劳动"——忆母校长城中学》，《昆明文史资料选辑》第15辑，第169页。
⑤ 方贵龄：《忆长城，怀梦华》，《西南联大北京校友会简讯》第30期，2001年10月。

技艺训练"。①

长城中学成立比天祥中学、五华中学、建设中学都晚些，但云南中等教育界对它评价很高，可谓有口皆碑。1946 年 5 月 1 日，因西南联大即将复员，第一批复员同学将乘救济总署卡车出发，长城中学特提前举行两周年校庆。那天的庆祝会十分隆重，报载"社会人士前往参加者甚多"，"建设中学全体师生作友谊访问，并与该校师生举行球赛及共餐，备极欣快"。晚上，大家还举行了营火大会，演出节目，直至深夜才依依不舍地散去。② 联大师生离开了，联大精神仍在长城中学继续发扬，直至 1949 年被强行解散。学校解散时，已有高、初中六个年级，在校学生四五百人，③ 是一所学制和规模都相当完整的中等学校。

5. 磨黑中学

西南联大同学不仅在昆明创办中学，还深入偏僻地区办学，其中位于滇南的磨黑中学，就是学生们念念不忘的一所学校。

1941 年 1 月震惊中外的"皖南事变"发生，事变发生后，中共南方局为了保存革命力量，避免无谓牺牲，指示在学校里暴露较多的党员和进步骨干疏散到外地。那个时期，西南联大转移出去的学生有 100 多人。④

当时，群社社员，同时也是以民族解放先锋队队员为骨干的"社会科学研究会"小组成员的施载宣，先是到滇西的龙陵县中学教书，随后又跟随从延安抗日军政大学派遣回云南从事滇军统战工作的朱家璧到滇军步兵第一旅，并在第一旅组织了"前锋剧团"，担任总干事。可是，后来蒋介石下令将滇军的六个独立旅一律改编为师，派来大批政工人员加以控制，施载宣不得不从第一旅撤出，返回昆明。在昆明，他见到疏散到磨黑担任初中补习班教师的吴子良（显钺）、董易（大成），他们正为创办磨黑中学物色教师。磨黑是普洱县的一个小镇，位于哀牢山下，交通不便，教育落后，吴子良、董易在那里干得很出色，得到当地大盐商张孟希的信任，请他们办一所中学。张孟希有几百条枪，在磨黑很有

① 《长城中学招生》，《云南日报》1945 年 7 月 29 日，第 4 版。
② 《长城中学昨日校庆》，《云南日报》1946 年 5 月 2 日，第 2 版。
③ 龚绍康、王健农、王元昌：《"民主科学生产劳动"——忆母校长城中学》，《昆明文史资料选辑》第 15 辑，第 163～169 页。
④ 李凌：《我所知道的战斗在西南联大的共产党人》，西南联大北京校友会编《庆祝西南联合大学成立 65 周年纪念特辑》，2002，第 127 页。

势力，连云南省政府也鞭长莫及，这种环境有利于疏散同学隐蔽，于是施载宣与群社的许冀闽、郑道津等同学决定留在磨黑。在磨黑，他们共同创办了磨黑中学，吴子良担任校长，施载宣担任教务主任，董事长则是张孟希。[①]

疏散到磨黑的联大同学，认真执行中共关于"隐蔽精干，长期埋伏，积蓄力量，以待时机"的指示和勤业、勤学、勤交友的"三勤"方针，积极落实"站稳脚跟，联络士绅，办好学校，教好学生"的初衷，很快就赢得了学生、家长及社会的好评。张孟希与国民党地方党部有矛盾，他们便对他进行统战宣传，如向其介绍世界形势和抗日战争形势，向其推荐《大众哲学》《西行漫记》《新华日报》等书刊。[②] 施载宣等几个同学只在磨黑中学工作了一年，但以后每年都有经他们介绍的党员和进步同学轮流到磨黑中学任教。1944 年初，西南联大同学黄燕帆（黄平）、陈奕江（盛年）、钱念屺（宏）、刘波（希光）、于产（士奇）、卢福生（华泽）、秦光荣（泥）、曾庆华、曾庆铃、茅於宽等同学来到磨黑中学，接替吴子良、董易、施载宣、郑道津、许冀闽等人的教职。与他们同去的还有漫画家特伟、廖瑞群夫妇。他们到磨黑后，黄燕帆化名黄知廉担任了校长，钱念屺化名钱宏担任了教务主任，陈奕江化名陈盛年担任了训导主任。这些就读文法理工不同专业的同学，不仅组成了一个相当强的教学班子，还经过通力合作，取得了张孟希等当地士绅及上层人物的信任和支持，把这所初创不久的山区中学办得有声有色，名气大涨。在联大同学的努力下，磨黑中学增添了初、高中各个班次，吸引了百十里内的学子纷纷来此求学。同学们的努力，为西南联大赢得了光荣，镇上每逢盛大节日或各家的婚丧大事，老师们便被奉为嘉宾，礼遇有加，而黄燕帆也被尊称为"老黄校"，成了当地的"知名人士"。[③] 1945 年，中共西南联大党支部书记马识途与黄平等人接上了组织关系，磨黑终于成为中共在滇南的一个重要据点。

---

① 萧荻：《呼唤》注，《最初的黎明——萧荻诗集》，未刊，第 31～32 页。
② 潘汝谦：《西南联大校友与磨黑中学》，云南西南联大校友会编《难忘联大岁月》，第 228～229 页。
③ 秦泥：《从"老黄校"到"滇西王"——怀念黄平同志》，清华校友总会编《清华校友通讯》复 37 期，清华大学出版社，1998，第 140 页。

西南联大师生除了直接创办中学外，还有些人通过各种形式参与了云南中学教育事业。以昆华中学为例，就有闻一多教授高三国文，何炳棣教授高三历史，萧涤非教授高中国文，王树勋教授高中化学，王云、李埏、吴晗、杨振宁等也曾担任过昆华中学教务主任和教员。在南菁中学任教的联大师生，有赵瑞蕻、邢公畹、方敬、袁用之、傅懋勣等。① 由湖南同乡会创办的松坡中学，同样在师资上得到西南联大的援助。湖南籍的曾昭抡、胡毅、沈从文都担任了这所学校的教学工作，吴晗也在这里兼过课。② 设在金碧路锡安圣堂，与英国基督教教会循道公会有一定联系的天南中学，第二任校长即马约翰教授，生物系陆迈仁教授则是该校的副董事长。③ 抗战前，地处边陲的云南省文化教育相对落后，以昆明一地而言，公立、私立中学不过 10 余所。全面抗战爆发后，随着多所大学内迁到这里，尤其是西南联大师范学院的成立，对改变云南中等教育面貌起了极大促进作用。昆明的中学，到 1941 年已增加到 29 所，抗战结束时更是增至 40 余所，其中不少学校都有联大同学的身影，至今仍铭刻在昆明人的记忆中。1945 年秋天，一位同学曾自豪地说"拿云南的中学而论，五六年来，差不多任何一所中学，都有联大同学"。不过，这位同学并不满足，他反省道："整个云南的中学程度虽然比以前提高了些，但距离理想的程度，甚至比起战前其他各省的中学程度都相差很远。我们联大同学不能不负一部分责任。"④

西南联大对云南地方中等教育的大力支持，是这所学校在抗战救国进程中努力履行自身职责的一个突出方面，目前对这一领域梳理与研究得还不够充分。⑤ 然而，这个领域既是西南联大的历史的一个部分，也是中国知识分子发挥智力才能参加抗战救国的具体实践，值得史学界、教育界进一步发掘史料、认真总结。

---

① 王樵：《南菁学校》，《昆明文史资料选辑》第 15 辑，第 185~186 页。

② 王应祺：《松坡中学追述》，《昆明文史资料选辑》第 15 辑，第 234~235 页。

③ 吴醒夫：《回忆天南中学》，《昆明文史资料选辑》第 15 辑，第 214 页。

④ 吴纪：《八年来的联大》，《民主周刊》第 2 卷第 14 期，1945 年 11 月 1 日。

⑤ 关于西南联大与云南地方中等教育的研究，目前较为突出的是朱俊的《抗战时期云南中等教育研究》。该文是 2016 年朱俊在中国社会科学院研究生院近代史系通过答辩的博士学位论文，研究对象为抗战时期云南全省的中等教育，其中第三章为"西南联大与云南中等教育"。

第七章　千秋耻，终当雪：投身战场

今天，在云南师范大学校园内矗立着一块"国立西南联合大学纪念碑"。碑文中写道："联大先后毕业学生二千余人，从军旅者八百余人。"这座石碑的背面，深深镌刻着 1946 年 5 月 4 日立碑时所能收集到的 832 位从军学生名单。① 实际上，这个名单并不完整，由于条件所限，有些从军者的名字未能列入。② 《国立西南联合大学校史》曾对此做过勘误："长沙临时大学时期，校方记录参加抗战工作离校学生有 295 人，绝大多数未列入'题名'。两者相加共 1100 多人，约占（全校）总人数的 14%。"③ 这个比例，对于一所培养知识人才的大学来说，分量之重，可想而知。

回溯西南联大短短的八年历史，出现过三次从军高潮：第一次出现在 1937 年末到 1938 年初的长沙临时大学时期，其特点是学生自动参加各种抗日活动；第二次是 1941 年至 1942 年为配合美国空军来华作战，从军者全部担任英语翻译；第三次是 1943 年至 1944 年印缅战区盟军反攻时期，这次联大学生从军活动依性质而言，可以分为两种，即一部分担任译员，一部分响应国民政府发动的十万知识青年从军运动。

纵观抗日战争的岁月，西南联大的莘莘学子，为了保卫祖国的神圣领土，为了捍卫中华民族的尊严，有的战斗在后方，有的奋战在前线，他们流汗流血，甚至奉献了自己的年轻生命，与全国民众共同谱写了可歌可泣的雄伟篇章。

---

① 这个名单有两人误列两次，故实际人数应为 832 人。西南联合大学北京校友会编《国立西南联合大学校史》（修订版）第 61 页云："碑上列有 834 人，但曾仲端和王福振均列出两次，经对入学名单进行核对，并未发现姓名相同者，应属错列，故实际为 832 人。"

② 李方训在《纪念抗战胜利五十周年，不忘西南联大从军壮士》一文中，根据有关史料做过初步统计，列出未列入纪念碑的从军者一百余人。其文说："联大从军人数不止 834 人，学生固未列全，教职工更未计入，但说'联大从军壮士逾千'，则是完全可以的。"（见《西南联大北京校友会简讯》第 18 期，1995 年 10 月）

③ 西南联合大学北京校友会编《国立西南联合大学校史》（修订版），第 61 页。

第一节 奔赴前线

西南联合大学的第一次从军热潮，出现于长沙临时大学成立不几个月的 1937 年底和 1938 年初。

当时，日军大举进犯，中华民族到了最危险的时候。11 月 12 日，日军占领上海；12 月 13 日，国民政府首都南京沦陷。消息传到长沙，爱国青年再也不能坐在平静的书桌前，师生们齐集圣经学院广场召开大会，高唱抗战歌曲，慷慨陈词，清华大学体育组主任马约翰教授在会上领头高呼口号，鼓励学生从军，"到前线去""参军去"的呼声响彻校园。12 月 31 日，周恩来在武汉大学发表以《现阶段青年运动的性质和任务》为题的演讲，指出"今天无疑是个变动的战斗的历史上从未有过的大时代。敌人要我们每个人、每个人的子子孙孙都做亡国奴。我们要求生路，便只有抗战，便只有坚持抗战到底。……现在是整个被压迫、被屠杀、被奸淫、被侵略的中华民族的人民起来反抗的时候"。周恩来还强调："战争了，我们再不能安心求学了。文化中心的京、沪、平、津、粤、汉，已去其四；后方的学校，也多半停了课"，"我们中国的青年，不仅要在救亡的事业中复兴民族，而且要担负起将来建国的责任"，为此，他号召青年们"到军队里去""到战地服务去""到乡村中去""到被敌人占领了的地方去"，"去使理论适合于实际，去把知识用活"。[①] 八路军驻湘办事处的徐特立也在长沙临时大学发表了演说，号召青年学生要参加民众动员，参军参战。

在中华民族的生死存亡面前，临大同学表现出极大的抗战热情。"这次对外全面抗战，是我国有史以来第一次"，"我们的使命是何等的神圣"，青年人尤其"应当认清自己，认清环境，克尽自己应尽之责"，战争爆发后曾在家乡江苏武进做过乡村宣传工作的姚梓繁同学这样说。姚梓繁根据个人体会，认为投入最迫切的"训练民众与组织民众"工作，是青年人的使命和责任，因为这项工作并不亚于前线的战斗。[②] 不过，

---

① 周恩来：《现阶段青年运动的性质和任务》（1937 年 12 月 31 日），《周恩来选集》上卷，人民出版社，1980，第 88~91 页。

② 姚梓繁：《抗战期中的大学生》，汉口《大公报》1937 年 11 月 18 日，第 1 张第 3 版。

更多的学生则希望直接参加战斗，他们有的去了前线，有的到了军校，有的奔赴延安。不到两个月，临时大学至少有 295 人提出保留学籍申请，领取了参加抗战工作的介绍信。至于未办手续就径往前线者，虽未见统计，但仅南开大学一校，"这时投军者约 70 多人，内包括参加武汉救亡总会训练班 5 人，湖南国民训练班 17 人，湖南战地服务团 13 人，空军学校 22 人，军政部学兵队 7 人，从事军事工程者 4 人，参加第十三军、十四军及第一八一师工作 5 人，还有一些学生去临汾、西安、郑州、开封等地"。① 当年担任长沙临时大学学生代表会主席的经济系同学洪绥曾（洪同），对这段轰轰烈烈的历史记忆犹新。他回忆说："开学不久，长沙也成了日本军机轰炸的目标，警报声、飞机声不断打扰我们，而且有时炸弹随声而下，造成不少伤亡，临大也遭了殃。在这种情形下，教授无心讲授，学生也无心受课，尤其是年 11 月传来首都南京沦陷的消息，立即掀起一片从军报国的热潮，大批同学激于爱国热忱，纷纷投笔从戎：有的去了阎锡山的第二战区，有的去了延安，有的则参加了中央军。我当时是临大学生会代表会主席，和学生会的同学整天拉起欢送同学的大旗，热烈欢送他们走上前线。"②

　　临时大学当局对学生们的从军要求给予了积极支持。12 月 10 日，由三校校长组成的常务委员会决议成立由南开大学教授黄钰生、北京大学教授樊际昌、清华大学教授潘光旦组成的"国防服务介绍委员会"和顾毓琇（清华大学工学院院长）、曾昭抡（北京大学化学系主任）、吴有训（清华大学理学院院长）、杨石先（南开大学理学院院长）、庄前鼎（清华大学机械系主任）五教授组成的"国防技术服务委员会"。29 日，学校常委会又决议将这两个委员会合并为"国防工作介绍委员会"，要求该委员会"竭力向有关国防单位接洽，使学生多得服务之机会"。③ 因顾毓琇已调任教育部任次长，清华大学已聘请施嘉炀教授继任工学院院长，故常委会还决议增加施嘉炀为国防工作介绍委员会委员。几天后，

---

① 南开大学校史编写组：《南开大学校史（1919—1949）》，第 240 页。
② 洪同：《清华、清华人与我》，清华校友总会编《清华校友通讯》复 43 期，清华大学出版社，2001，第 27 页。
③ 《长沙临时大学、国立西南联合大学常务委员会会议记录·第三十三次会议》（1937 年 12 月 10 日），《国立西南联合大学史料》（二），第 29 页。

常委会又决议："凡学生至国防机关服务者，无论由学校介绍或个人行动，在离校前皆须至注册组登记以便保留学籍。"对于志愿从军的教职员，也规定"其所服务机关不能担任薪水时，本校得按在校服务薪水支给之"。① 这些措施，体现了教育为抗战服务的宗旨。不过，国防工作介绍委员会的职责不是动员学生从军，也未采取具体的组织工作，满腔热情的青年学生是在全国抗战热潮激励下，主动投奔抗战第一线，其中一些教师以个人身份做了不少穿针引线的工作。

纵观长沙临时大学时期师生的从军去向，大致有三种类型。

第一种类型是直接参加国民革命军各部队。约在当年8月，清华同学杨德增、胡笃谅、张厚英、吴业孝、梁伯龙、黄茂光、李天民、吴敬业8人向长沙集中途经南京时，就报名参加了当时全国唯一的机械化军校——陆军交通辎重学校。他们于9月初开始受训，次年2月末结业，除女学员外，均分配到陆军第二〇〇师，可谓临时大学"史前期"从军者。② 当年从军的杨德增回忆说："我十级（1938）同学多人在南京平津流亡同学会招待所住。时南京陆军交辎学校正招考大专三四年级机电系学生，成立技术学员队，予以汽车修护短期训练，毕业后分发至陆军机械化部队，担任战车汽车修护技师。北平学生当年发动抗日宣传，计有'一二·九'及'一二·一六'两次抗日大游行，今日已进入正式对日作战，有此良机参加部队，实现当年志愿。故我校机电系三年级同学多人相互转告集会协商，决定放弃大学最后一年学业，投笔从戎，报名参加陆军交辎学校受训，计有胡笃谅、张厚英、吴业孝、梁伯龙、黄茂光、李天民、吴敬业和我。另外报名参加受训者尚有北洋工学院、山东大学、武汉大学、上海雷斯特工学院等同学，总计全队共计27人，其中女生仅有我校张厚英一人。"③

这批报名参加陆军交辎学校者，属于该校第一期学员，正式受训是9月初。在陆军交辎学校，他们"每日上午有一小时汽车原理课程，然后分组到汽车工厂实习。每三人一组，发给修车工具一套，汽车引擎一

---

① 《长沙临时大学、国立西南联合大学常务委员会会议记录·第三十五次会议》（1937年12月22日），《国立西南联合大学史料》（二），第30～31页。
② 杨德增：《抗日从军记》，《西南联大北京校友会简讯》第29期，2001年4月。
③ 杨德增：《抗日从军记》，《西南联大北京校友会简讯》第29期，2001年4月。

台，由学员自行拆解、清洗、检查，然后重新装配组合起来。有时每组发给机件，如化油器、汽车帮浦、发电机、马达等，由学员自行分解检查调整组合试用"。①

南京失守的前两天，陆军交辎学校奉命迁往湖南，经过芜湖孙家埠镇时，他们与敌机遭遇。这很有可能是战争爆发后清华从军学生首次与日军正面交锋，杨德增回忆当时的情形时说："车辆停于公路两侧暂停休息并用早餐，忽有敌军飞机三架向我方飞来，并对我车队开火袭击。留守车队仅有三五人，记得有吴敬业、胡笃谅和我，见敌机袭来，即刻跳下车来，奔往路侧坟堆中。躲在坟堆后方，与敌机相互围绕坟堆打转。我们卧伏在墓地上，可以清楚看到日本军人驾驶之侦察机，头戴风帽，脸戴目镜，双手握着机关枪向我们扫射。三架飞机轮番下冲我方车队一带射击。日机由左方来袭，我们便爬到坟堆右侧，如敌机由右方来袭，我们便又爬回坟堆左侧，如是转转躲躲十数分钟，且可听到子弹打入附近土壤中噗噗响声，心中吓得怕怕。想到我们正值20岁青少年，在手中无任何武器情况下，为敌机射中身亡，岂不真是'壮志未酬身先死'呢！又想到家中亲人及校中女友，更感到需要上天保佑了。幸而日机攻击我方后即行离去，我们在坟堆中数人方敢站起来，相互联络，竟发现无一人受伤。"②

该校第二期学员中也有不少临大同学。1938年2月中旬，临时大学西迁昆明前夕，机械系主任庄前鼎教授对同学们说："昆明暂无实习工厂和实验室，要学专业可介绍去交辎学校，主要学汽车和坦克的构造、修理和驾驶，六个月一期，期满即可分配工作，直接参加抗战。"于是，该系除5人外，其余1938级、1939级学生20余人均去了陆军交通辎重学校，同他们同到这所学校的还有电机系的几名同学。③据清华大学档案，这批到陆军交通辎重学校的临大同学共28人，其中有章宏道（章文晋）、吴仲华、陈乃能、王瑷等。他们作为第二期学员，受训8个月后也分配到陆军第二〇〇师，担任战车或汽车部队技术员。④于是，不同地点、

① 杨德增：《抗日从军记》，《西南联大北京校友会简讯》第29期，2001年4月。

② 杨德增：《抗日从军记》，《西南联大北京校友会简讯》第29期，2001年4月。

③ 李方训：《纪念抗战胜利五十周年，不忘西南联大从军壮士》，《西南联大北京校友会简讯》第18期，1995年10月。

④ 杨德增：《抗日从军记·后记》，《西南联大北京校友会简讯》第29期，2001年4月。

不同时间报名参加陆军交辎学校的两批青年，在中国第一个机械化师里会师了。这些同学是机械工程系四年级的王瑷、三年级的丁振岐、宋锦瀛、白家祉、李智汉、马廷声、马芳礼、吴仲华、宋憬、张世恩、郁兴民、卢锡畴、胡可鏴、林尉梓、高钧、孟庆基、章宏道、李安宇，电机工程系四年级的郑新惠、黄世铣，三年级的苏有威、欧阳超、祁连生、唐士坚、陈乃能、林士骧、刘墈、傅孟蓬。[①]

上述从军同学中，有些是大学三年级同学。以清华大学 1934 年入学的第十级为例，在入学的第二年在北平郊区通州就出现了日本卵翼下的以大汉奸殷汝耕为首的"冀东防共自治政府"。而北平地方当局屈从日本压力实行"冀察特殊化"后，平津一带更是笼罩在山雨欲来风满楼的紧张气氛中。9 月 17 日，清华举行开学典礼，校长梅贻琦在致辞中说："今日开会，更须想到明日即为九月十八日，在三年前之明日，即为我国最严重之国难开始时期"，"吾辈智识阶级，居于领导地位"，"故均须埋头苦干，忍痛努力攻读，预备异日报仇雪耻之工作"。[②] 1937 年暑假，十级同学已读完三年，再有一年就毕业了，一些人难免抱着再挨一年就过去了的想法。但是，战争就在这时爆发了，"十级基本队伍二百八十七人中，实际在一九三八年毕业的不过一百余人"，[③] 这就是许多同学投笔从军的缘故。

据不完全统计，清华大学第十级学生毕业前从军者达 30 余人，其中杨德增、梁伯龙、李天民、黄茂光、胡笃谅、吴业孝、陈乃能、王瑷等参加陆军机械化部队；张去疑、汪复强等加入空军通信部队；郑学燧加入工兵部队；洪绥曾等到西北和东北从事陆军政工工作。至于毕业后从军者则更多。如居浩然参加步兵，卢盛景、黄雄盛担任空军飞行员，亢玉瑾、钟达三、万宝康担任军队气象工作，田长模、王玉京、张传忠、陶家征、梁瑞骐、林世昌、萧汝准、叶上芳、孙方铎等从事航空机械工作。一位十级同学说，他们这一级从军者"接近六十余人，占

---

① 《长沙临时大学学生参加装甲兵团名单》（1938 年 2 月 9 日），《国立西南联合大学史料》（五），第 668 页。

② 《清华大学昨晨举行开学礼，梅贻琦致词勉学生努力》，天津《大公报》1934 年 9 月 18 日，第 1 张第 4 版。

③ 居浩然：《清华园中的十级》，国立清华大学十级同学会编《国立清华大学十级（1938）毕业五十年纪念特刊》，1988 年 5 月印行，第 12 页。

全班总额七分之一强"。① 这里说的仅是清华十级同学的从军情况，有人回忆，这一时期长沙临时大学的从军同学，还有到中央军校及分校的郎维田、刘维勤、林征祁、马毓泉、夏世铎、周应霖、廖伯周，到工兵学校的张慕凯、罗绍志，到空军学校的区伟昌。此外，白冲浩到了军委会军令部，徐萱到了军委会政治部演剧二队，吕明羲去了石友三部队。②而这些也不过是长沙临时大学时期学生从军情况的一个侧面。

第二种类型是参加各种战地服务团。当时，在湖南略有名气的女作家李芳兰，以湘雅医学院护士长身份，号召从南京撤退到长沙的军队医院医生、护士组织起一个随军服务团，并希望大学生也能加入这支队伍，共同到前方做些搭建军民桥梁、促进军民合作、弘扬军中文化等方面的工作。自愿参加这个随军服务团的有 50 余人，其中有临时大学学生 30 余人，大多是一二·九运动中的积极分子，包括清华学生会主席洪绥曾和北京大学学生会主席陈忠经。洪绥曾、陈忠经选定的是从淞沪之战撤退到武汉整补的国民革命军第一军胡宗南部队，他们与一些同学组成"第一军随军服务团"，于 11 月 12 日身着军装，佩戴标志，搭乘军车从长沙驶往武汉。在武汉，他们受到胡宗南的欢迎，但胡宗南认为大学生是国家栋梁之材，还须加以锤炼，不可率尔走上战场盲目牺牲。同学们虽然觉得这种说法与当初想象的到后方做民军桥梁、到前线抬伤兵、送子弹等工作有些距离，但还是接受了这个建议，决定随同胡宗南部队到西北整补训练。这些同学后来加入了湖南青年第三战地服务团，除了洪绥曾、陈忠经外，还有吴承明、沈宝琦、熊汇荃、向仁生、池际尚、刘以美、赵泽华、傅国虎、张镇邦、王需、李忻等，洪绥曾还担任了战地服务团的副团长。③

这类同学中的熊汇荃，即熊向晖，需要特别介绍。熊汇荃于 1936 年考入清华大学经济系，当年底秘密加入中国共产党，是中华民族解放先锋队清华分队的负责人之一。全面抗战爆发后，熊汇荃南下到长沙临时

---

① 孙方铎：《十级的回顾》，国立清华大学十级同学会编《国立清华大学十级（1938）毕业五十年纪念特刊》，第 19 页。

② 李方训：《纪念抗战胜利五十周年，不忘西南联大从军壮士》，《西南联大北京校友会简讯》第 18 期，1995 年 10 月。

③ 洪同（洪绥曾）：《清华、清华人与我》，清华校友总会编《清华校友通讯》复 43 期，第 27 页；熊向晖：《地下十二年与周恩来》，中共中央党校出版社，1991，第 3 页。

大学，与清华同学、中共党员郭见恩接上关系。郭见恩向他转达了党组织的指示，要他参加湖南青年战地服务团，到胡宗南的第一军去工作。于是，熊汇荃参加了湖南青年第三战地服务团，在武汉受到国民革命军第十七军团军团长胡宗南的接见。接见时，熊汇荃得体的回答引起胡宗南的重视，胡宗南为了进一步了解情况，还单独宴请了时任湖北高等法院庭长的熊汇荃的父亲，称赞熊汇荃英俊、才识超群，还向熊父保证一定要把熊汇荃培养成栋梁之材。① 与此同时，熊汇荃到汉口八路军办事处请示工作，见到董必武。董必武向他介绍了周恩来对胡宗南的认识，布置了长期潜伏的特殊任务。

出身黄埔军校第一期的胡宗南是蒋介石的爱将，中国工农红军长征后，其率国民革命军第一军担任围追截堵红四方面军的任务，活动范围主要在红四方面军的川陕边根据地，抗战初期率部加入淞沪会战。1937年12月，第一军奉命返回关中，次年2月，熊汇荃所在的战地服务团从武汉移往陕西凤翔。5月，胡宗南从西安到凤翔视察，带熊汇荃同车返西安，并让他进入胡宗南自兼校长的中央陆军军官学校第七分校。中央陆军军官学校的前身是黄埔军校，于是熊汇荃也有了黄埔身份，按序列是黄埔军校第十五期。1939年3月，熊汇荃军校学习期满，被委派担任胡宗南的侍从副官、机要秘书。

1943年5月25日，为了适应国际反法西斯战争形势，便于各国共产党独立处理问题，共产国际执行委员会主席团公开宣布《关于提议解散共产国际的决定》，蒋介石利用这个机会，密电胡宗南闪击中共中央驻地延安，限6月底前完成部署。6月18日，胡宗南在洛川召开军事会议，布置进攻陕北的军事行动，预定进攻日期为7月9日。熊汇荃作为胡宗南的机要秘书，是了解内情的少数人之一，他马上把这个消息告诉了中共在西安的情报工作负责人王石坚。② 这时，王石坚还接到了另一个地下关系的情报，即中共地下党员、胡宗南的机要室副主任戴中溶看到的蒋介石与胡宗南往来电文核心内容。这样，加上从其他渠道获得的情报，中共中央对国民党行动计划就了如指掌。以后的情况人尽皆知，7月4

---

① 熊向晖：《地下十二年与周恩来》，第10页。
② 参见熊向晖《地下十二年与周恩来》，第22～23页。

日，朱德明电胡宗南揭露国民党阴谋；9 日，延安举行紧急动员大会，通电全国，号召全边区人民动员起来保卫边区，呼吁全国人民抵制内战；7 月 12 日，延安《解放日报》发表毛泽东撰写的社论《质问国民党》。胡宗南偷袭不成，担心不仅日军将乘隙渡黄河，而且盟邦会责难，遂提议罢兵。7 月 7 日蒋介石复电同意，国民党闪击延安的一场闹剧宣告失败，毛泽东称熊汇荃"一个人能顶几个师"。这是中国现代史上一件重大事件，虽非发生在长沙临时大学校内，主角却是从这里走出去的临大学生。

附在这里说一下，与熊汇荃同时参加湖南青年第三战地服务团的陈忠经，也利用胡宗南的器重从事秘密情报工作。中共隐蔽战线有"前三杰"和"后三杰"的说法，"前三杰"指的是李克农、钱壮飞、胡底，"后三杰"则指的是熊汇荃、陈忠经和申健。"后三杰"中有两人来自长沙临时大学。

到敌后各地参加抗战是长沙临时大学学生从军的第三种类型，清华土木工程系学生马继孔便是其中之一。他在《自述》中写道："1937 年 11 月我自山东泰安家乡乘车抵长沙临大，报到入学。后南京紧急，学习实在不安心，即在临大发动同学回乡，当时发起人有我和曹望舜（曹一清）、孙继祖、刘庄、左平、刘庆予、徐兴国（前三人为清华，后三人为北大）等共七人，召开了一次座谈会，共到七八十人，会上赞成去延安的多，赞成回乡的少。会后，有的找邹韬奋介绍去延安，刘庄到西安转去延安，刘庆予到郑州一战区，后又到泰（安）西抗日根据地，和我在一个地区工作。徐兴国到延安，改名徐晃。……回乡发起人七位中，剩下我们四人，向学校办了退学手续，保留了学籍。我们乘车回山东，我在兖州下车，经济宁、泰安到家乡红山村。左平与我在兖州分手后，因济南失守，他回不了老家寿光，也转来到我家一起组织了一支游击队，1938 年编入八路军山东纵队第 6 支队，我任参谋长，左平任后勤主任，就这样开始了地区的游击战。"①

与马继孔相似的，还有 1938 年 1 月至山西临汾的 13 人（含两位清

---

① 转引自李方训《纪念抗战胜利五十周年，不忘西南联大从军壮士》，《西南联大北京校友会简讯》第 18 期，1995 年 10 月。

华实习工厂的工友），其中 6 人随后到了位于晋东南的八路军总部。[①]

另外，还有一些人从平津直接到了冀中地区。他们在那里运用所学的特长，制造出大批急需的炸药、地雷。抗日名将吕正操在《冀中回忆录》中说："1938 年的春夏间，有大批平、津、保青年学生和有专长的知识分子来到冀中，在冀中抗战中发挥了重要的作用。……为了制造急需的炸药，办工厂进行科研和生产。……如胡大佛，他曾去法国勤工俭学，还有熊大正、李广信、门本中、汪德熙、张芳等，大部分是清华大学的。……他们首先在城市试制出炸药，装入木箱或纸箱里，上边写上'肥皂'运到冀中，……我们在铁路工人的密切配合下，组织了爆破队，有一次炸日本的军车，一下子就炸死四五十个日本鬼子。……我们生产的地雷不仅有踩雷，还有跳雷……以后又生产了飞雷，像火箭一样，一公斤炸药可以飞出 130～150 米，专门打敌人的堡垒……美国的观察组见到以后说'你们真有本事呀！和美国的火箭一样啊！'他们在外国报纸上发表文章，说他们的技术在中国的晋察冀都有了。晋察冀这样搞，其他兄弟部队打电报要求支援。"[②]

吕正操提到的几位大多是清华人。其中熊大正原名熊大缜，清华物理系学生。汪德熙从清华化学系毕业后，考取了清华研究生，在冀中时名为汪怀常。李广信原名李琳，就读于清华地学系。胡大佛则是清华青年教师，是由叶企孙教授荐引到冀中军区的。门本中原名阎裕昌，原为清华学校勤杂工，物理系创建时担任仪器管理员，1942 年 4 月下旬惨遭日寇杀害。后来到了冀中的还有经济系学生祝志超（原名祝懿德）等人。这些热血青年在冀中的工作十分出色，1939 年春，八路军冀中军区司令员聂荣臻在河北省唐县大悲村约见已担任供给部长的熊大缜时，对他们的工作大为赞扬，嘱咐他一定要尽力扩大技术研究社，争取更多的科技人员到抗日根据地工作。

西南联大迁至昆明初期，一些同学在学校鼓励下陆续从军。1938 年

---

① 2010 年唐绍明在致笔者信中写道："1937 年 11 月，从长沙临大出来从军的学生，还有宋平（当时名宋延平）和妻子陈舜瑶，这在张寄谦的书《中国教育史上的一次创举》中有记载。后来据我知，他们是奉党的命令去山西临汾一个国民党部队，工作一段后转赴延安。"

② 转引自虞昊《后事之师：科教兴国——二战中清华人科教贡献事迹简介》，清华校友总会编《清华校友通讯》复 32 期，清华大学出版社，1995，第 60～63 页。

8 月，徐绥昌、刘会森、陶忆、张肇珍、张昌明、金宏、艾光曾等毕业生被军政部录用，因他们乘坐的是重庆南渝中学的汽车，而非营业车辆，西南联大担心他们在途中或遭留难，特出具证明书，"希沿途军警准予免验放行"。① 1938 年夏秋之际，驻扎在广西柳州的中央军校第六分校主任俞星槎致函教育部，要求选择 14 位当年毕业生前来服务，教育部遂令西南联大选择"学业成绩最优，操行良好，体格健全为合格"的男生 5 人，并指定习外文者 1 人，习算学者 1 人，习物理者 2 人，习化学者 1 人。② 西南联大接到训令后，因学校没有俄文专业，故从算学、物理、化学三系挑选了郑曾同、何成钧、夏绳武、刘维勤，除郑曾同是 1936 年毕业生外，其余均是当年毕业生。③

这里，有必要介绍一下张伯苓曾向周恩来推荐南开校友前往延安工作的事。在张伯苓的书信中，保存着数封这样的信。最早的一封写于 1937 年 12 月 16 日，介绍时任所得税事务处湖北办事处收发主任杨作舟，信中云"近以国家危急，拟投笔杀敌，赴陕北工作，用特专函介绍，即请酌为委用为荷"。④ 第二封写于 1938 年 1 月 16 日，介绍时在上海中国无线电业公司工程部工作的校友罗沛霖，称其"为人聪颖干练，学力极佳"，"愿到贵军作无线电设计制造及修理工作"，"爰驰收介绍，希酌予任用是幸"。⑤ 第三封写于 1938 年 4 月 22 日，云："兹有南开大学毕业生傅大龄君，曾担任母校物理助教数年。人极诚笃，作事努力。现拟赴陕投效，俾积极参加救国工作。苓特为介绍，即望赐予接洽，并酌量委派工作是所至盼。"⑥ 还有

---

① 《西南联大为毕业生徐绥昌等前往汉口军政部报到工作请沿途军警免验放行事证明书》（1938 年 8 月 12 日），"国立西南联合大学档案"，档号：32 - 1 - 174。

② 《教育部高壹 22 字第 07365 号训令》（1937 年 9 月 20 日），《西南联大电呈教育部已遵令选送本校毕业生四名前往广西柳州中央军校试用仰祈鉴核由》，"国立西南联合大学档案"，档号：32 - 1 - 174。

③ 《西南联合大学致教育部快邮代电》（1938 年 10 月 14 日），《西南联大电呈教育部已遵令选送本校毕业生四名前往广西柳州中央军校试用仰祈鉴核由》，"国立西南联合大学档案"，档号：32 - 1 - 174。

④ 《张伯苓致周宇翔》（1937 年 12 月 16 日），宁璞主编《张伯苓在重庆：1935—1950》，重庆出版社，2004，第 28 页。周恩来，字宇翔。

⑤ 《张伯苓致周宇翔》（1938 年 1 月 16 日），宁璞主编《张伯苓在重庆：1935—1950》，第 28 页。

⑥ 《张伯苓致周宇翔》（1938 年 4 月 22 日），宁璞主编《张伯苓在重庆：1935—1950》，第 31 页。

一封是 1939 年 8 月 18 日写的，信中首先对周恩来坠马负伤"未能即愈，不胜惋惜，远祝吉人天相，早日获痊，并祈好自摄护，为国珍重"，并特别写到"伤势日来如何，请随时示知，以免悬注"。接下来说："兹有李梦九君，曾在南开任教，不日将有陕北之行，李君对于贤弟，心仪已久，届时拟踵寓晋谒，借聆謦欬，特为介绍，希即进而教之是幸。"[1]杨作舟、罗沛霖都已从南开毕业，傅大龄、李梦九曾在南开任教，未至长沙临时大学，向周恩来推荐他们，反映了张伯苓支持抗日民族统一战线的积极态度。

第二节　战地服务

长沙临时大学于 1938 年 4 月迁至昆明，改名"国立西南联合大学"。1941～1942 年太平洋战争爆发前后，为了配合中国空军美国志愿航空大队作战，西南联大出现了第二次从军活动。

抗日战争爆发初期，日本飞机对中国城市狂轰滥炸，几如入无人之境，而担负着空中抗击的中国空军则力量十分薄弱。1937 年 8 月 14 日，中国的年轻飞行员对停泊在黄浦江的日本舰只实施轰炸，当时受聘担任中国航空委员会顾问的美军陆军航空队退役军人陈纳德，曾驾驶宋美龄提供给他的单翼战斗机，从南京沿江而下观察了这次空袭。观察的结果，使这位有 20 年美国陆军航空队戎马生涯的陈纳德很不满意，因而他在又经历了数次保卫中国机场和城市的空中作战之后，产生了组建一支轰炸部队的想法。

1940 年 5 月，陈纳德受蒋介石、宋美龄之托，回美国购买了一批飞机，招募了一些飞行员，当他于 1941 年 7 月回到中国时，飞行队已有 68 架飞机、110 名飞行员、150 名机械师和一些后勤人员。8 月，中国空军美国志愿航空大队成立，为了避免与美国的中立政策冲突，与美国飞行员签订的合同，都是以中央飞机制造公司的名义签订的。[2] 11 月底，这支志愿航空队，已编有"亚当和夏娃""熊猫""地狱的天使"三个作战

① 张伯苓致周宇翔（1939 年 8 月 18 日），宁璞主编《张伯苓在重庆：1935—1950》，第 32 页。
② 黄仁霖：《我做蒋介石特勤总管 40 年：黄仁霖回忆录》，团结出版社，2006，第 110 页。

中队，成为对日空战中既能空中拦截，又能进行地面打击的重要作战力量。1941 年 12 月 8 日，日军袭击珍珠港，太平洋战争爆发。20 日，陈纳德指挥中国空军美国志愿航空大队第一、第二中队分三批升空，与自缅甸仰光起飞来犯的 10 架敌机，在昆明上空首次展开激战，一举歼灭敌机 6 架。21 日，他们与日机在缅甸仰光上空大战，击落日机 25 架。这些辉煌的战果，极大鼓舞了人们的抗战斗志，人们兴奋地将"飞虎队"的桂冠赠送给这支英勇的空战部队。

中国空军美国志愿航空大队成立前，蒋介石就考虑到需要配备一定数量的翻译人员。1941 年 5 月中旬，蒋介石把这项工作交给励志社总干事——黄仁霖，让他立即筹备招待美国志愿空军事宜。黄仁霖是蒋介石十分信任的得力干将，蒋介石与宋美龄的婚礼也是其岳父余日章主持的。于是，黄仁霖一面亲赴香港采购用品，一面调派人员赴昆明组织办事处，计划第一期在昆明、云南驿、沾益三个地方建立规模较大的招待所。[①]

1941 年 8 月 4 日，为培养翻译人员而成立的"军事委员会战地服务团干部训练班"在昆明正式开课。该班简称"战地服务团译训班"，因班址设在昆明，故亦简称"昆明译训班"。这一期学员共 48 人，是从昆明、重庆、成都通过招考而录取的，因 14 人还在赴昆途中，故开课时只有 34 人。这一期西南联大学生不多，仅有巫宁坤、杜运燮等人。

这一期军事委员会战地服务团干部训练班，班主任由军事委员会战场服务团主任黄仁霖兼任，教务长是新运动总会副总干事章楚。根据 8 月 10 日黄仁霖写给蒋介石的报告，该班宗旨为："以培养翻译人材，增进其航空术语及知识，锻炼其体格，加强其爱国情绪，促进其宣传技能，并使其了解中美文化背景，俾使与外员联谊。"干训班的资格要求为："大学毕业，擅长中英文，能通译及翻译者。"待遇是"每月薪金额定一四〇、一六〇、一八〇元"。报考手续为："由学校或机关当局负责介绍，并保证其能服从命令，思想纯正，体格健全，无不良嗜好者，经本团考试委员口试、笔试，认为合格，即予录取。"

军事委员会战地服务团干部训练班的课程设置，分为三组。其中航

---

① 《黄仁霖致蒋介石函》（1941 年 8 月 10 日），"蒋介石档案"，台北"国史馆"存，档号：002－080200－00295－070。

空术语组组长为美国志愿军翻译长舒伯炎，课程有空军常识、场站常识、航空机械常识、航空用语、译员须知、军械防护法、航空气象、航空通讯、中国空军与系统及公文程序、场站业务等十门，分别由林文奎（中央航校主任秘书）、罗中扬（五路司令部秘书）、欧阳绩（第十修理厂厂长）、舒伯炎、王叔铭（中央航校教育长）、刘衍淮（航空委员会测候班班长）、周洪涛（五路司令部参谋）、姚志宣（中央航校顾问室主任翻译）、曾宪林（航空委员会编译）讲授。中美文化组组长为西南联大教授吴泽霖，课程设有美国史地、中美政治比较、中美民族性比较、日本研究、国际关系、文件译释、美国生活、美国风俗概述八门，任课教官有皮名举、吴泽霖、王信忠、崔书琴（以上均为联大教授）、王赣愚（云南大学教授）、李文初、安奈而（青年会干事，其中安奈而为西籍）。生活指导组组长为成都励志社总干事陈维屏，课程设置为总理遗教、总裁言论、人格修养、卫生常识、欧美社交礼节、精神讲话，及小组讨论、课外活动、体育、军训。任课教官有崔书琴、马约翰（以上均为联大教授）、赵公望（国民党云南省党部书记长）、陈维屏、汤飞凡（昆明中央防疫处处长）、沈思雄（中央航校高级班学生队队副），黄仁霖教授也亲自讲授"社交礼节"。[1]

　　黄仁霖接手培训译员时，还没意识到日后的译员需求量会迅速增加，所以课程设置主要为配合美空军。不想，不久就爆发了珍珠港事件，1941 年 12 月 9 日中国政府正式对日本宣战。随后，蒋介石致电英、美、苏三国首脑，建议立即在反轴心国各国间组织联合军事集团。12 月 31 日，美国总统罗斯福致电蒋介石，提议成立中国战区，并建议由蒋介石任中国战区盟军最高统帅。1942 年 1 月 2 日，包括中国、印度支那各国和泰国、缅甸等国在内的中国战区正式成立。随着中国战区的成立，美国政府除了决定将陈纳德的部队纳入美国空军序列，编为第二十三战斗机大队（7 月改称美国空军第十四航空队）外，还在中国一些地区建立指挥机构，决定向中国派遣援华人员，供应一批作战物资。

　　中美军事合作的上述变化，使翻译人员需求量激增。对此，军事委

---

　　① 《黄仁霖呈蒋介石报告》（1941 年 8 月 10 日），"蒋介石档案"，档号：002 - 080200 - 00295 - 071。

员会早已未雨绸缪，并于一个月前，就指示教育部要求内迁各大学选调外文系三、四年级学生应征充任翻译，10 月 15 日联大常委会讨论通过"本校应征学生在受训或服务期内补修课业办法"，规定充任译员者工作一年后可回校复学。[①] 在此感召下，外语系的许渊冲、罗宗明、万兆凤、朱树飏、卢福庠（卢静）、吴其昱、黄维、查富准、于丕哲等二三十位同学，报名参加了这一期的战地服务团译员训练班。[②] 许渊冲回忆当年报名动机时说："各人的精神境界并不完全相同，有个别同学因为'好男不当兵，好铁不打钉'的观念太深，认为给美军做翻译有失身份，宁愿休学也不自愿参军，这是自然境界。有的同学因为生活艰苦，本来已经在图书馆半工半读，如果参军既有实践英语的机会，赚的工资又比大学教授还高，何乐而不为之，这是功利境界。有的同学本来已经在英国领事馆兼任英文秘书，待遇比军人还更优厚，但为了国家兴亡匹夫有责，毅然决然放弃高薪，这就是道德境界了。至于我自己，因为高中一年级在西山受过集中军事训练，对军队生活深恶痛绝，也有'好男不当兵'的思想；但一想到在西山受训的同班同学陶友槐、黄文亮等，都已经参加了空军，并且为国捐躯，他们的精神可以说是进入了天地境界，而我却还在自然境界、功利境界、道德境界之间徘徊不前，怎么对得起已经壮烈牺牲了的汪国镇老师和当年的同窗呢？于是我同吴琼、万兆凤、罗宗明等二十几个同学都报了名。"[③]

这一期译训班是个别招收的，全班学员共 35 人。[④] 由于人数不多，供不应求，需要扩大规模。11 月 9 日，学校召集全体同学开会，进行征调动员。报载："近日来昆各部盟军日渐增多，通译人才之需要异常迫切，联大梅校委特于昨日上午十时召集全体同学训话，勉励各生应以所学，踊跃投笔从军，为国服役。"[⑤] 这样，又有一些同学报了名。

---

① 《长沙临时大学、国立西南联合大学常务委员会会议记录·第一九四会议》（1941 年 10 月 15 日），《国立西南联合大学史料》（二），第 204 页。

② 据许渊冲《追忆逝水年华》，第 116~117 页；许渊冲：《联大人九歌》，云南人民出版社，2008，第 278 页；卢静：《夜莺曲·序》，《人世间》1942 年第 2 期。

③ 许渊冲：《追忆逝水年华》，第 116~117 页。

④ 《译员训练班昨举行周年纪念，吴主任泽霖报告成立经过，第四期学员本月五日结业》，《云南日报》1944 年 11 月 2 日，第 3 版。

⑤ 《联大梅校委勉同学从军》，《云南日报》1943 年 11 月 10 日，第 3 版。

军事委员会战地服务团干部训练班规模扩大后，负责人黄仁霖因担任新生活运动总干事，要常在重庆协助宋美龄，不可能长期逗留昆明。于是，他向蒋梦麟、梅贻琦推荐他在美国留学时结识的潘光旦、闻一多、吴泽霖三人，请求从中选择一人担任副班主任，主持具体班务。[①] 学校考虑潘光旦时任联大教务长，闻一多任中文系主任，而近从大夏大学调到联大社会学系的吴泽霖，还未正式接手教学工作，故最后推举了吴泽霖。[②] 同时，学校又派外文系主任陈福田参与工作。

当时，云南省政府为了支持美国援华人员，将昆华农学大楼划拨美军使用。随后，军事委员会战地服务团干部训练班在位于昆明西站的该校址建立了美军第一招待所。从此，这里便成为译员培训的基地。昆明美军第一招待所开设的译员训练班成立于 1941 年 10 月 17 日，不少人以为这期是第一期军事委员会战地服务团干部训练班。[③]

第二期军事委员会战地服务团干部训练班开办的日期，不晚于 1941 年 11 月 10 日，因为这天梅贻琦应邀到班讲话，而黄仁霖为了主持开班仪式特从重庆飞到昆明。[④] 第二期因只招收各大学毕业生，故水准比第一期高些。[⑤] 受训地点同样在昆明西站附近的昆华农校美军第一招待所。培训时间也与第一期相同，预定为两至三个月。

上述两期军事委员会战地服务团干部训练班的教官，有许多是联大教授，如地质地理气象学系教授赵九章讲"气象学"，历史学系教授皮名举讲"美国史地"，张德昌讲授"英国概况"，吴泽霖讲"人类学"，袁家骅讲授"英译中"，莫泮芹讲授"中译英"，外国语文学系美籍教授

---

① 1924 年秋，从美国奈许维尔城文特贝尔大学毕业的黄仁霖，组织了一个中国学生剧团，带着一个三幕剧本到各地漫游演出。在纽约，黄仁霖住在江滨大道 125 号的国际学舍，得以与也住在这里的闻一多结识。12 月，闻一多参与编写的英文古装剧《杨贵妃》（又名《此恨绵绵》《长恨歌》）在纽约上演，邀请黄仁霖扮演剧中的唐明皇。此段往事，参见黄仁霖《我做蒋介石特勤总管 40 年：黄仁霖回忆录》，第 32 页。

② 吴泽霖给笔者的信，1987 年 2 月 6 日。

③ 吴泽霖给笔者的信，1987 年 2 月 6 日；黄延复、王小宁整理《梅贻琦日记（1941—1946）》，第 95 页。

④ 黄延复、王小宁整理《梅贻琦日记（1941—1946）》，第 98 页。该日日记云："上午七时往战地服务团为第二届干部训练班讲话，黄主任仁霖主持。"

⑤ 《译员训练班昨举行周年纪念，吴主任泽霖报告成立经过，第四期学员本月五日结业》，《云南日报》1944 年 11 月 2 日，第 3 版。

温德讲"英文词汇学"，等等。[①] 在译训班授课，每小时的报酬是 25 美金，这在当时是个不小的数字。

教官中讲授"航空常识"的林文奎，当时是美国志愿航空队总部机要秘书，他虽然不在联大工作，却与联大有渊源。林文奎 1933 年毕业于清华大学，当时在美国志愿航空队任少校机要秘书。林文奎在清华园读书期间目睹了日本占领东三省，毕业后愤然投笔从戎，进入杭州笕桥航空军官学校第一期。毕业时，他因成绩名列全校第一而代表毕业生在毕业典礼上致辞。致辞时，林文奎"慷慨激昂痛哭流涕，爱国热忱溢于言表，听众无不动容"，宋美龄当即把自己的金表奖励给他，蒋介石还送他到意大利深造。[②] 在昆明，林文奎一直保持着与清华的密切关系，1941年 5 月 4 日他与《西南联大校歌》曲作者、联大师范学院史地系教授张清常的姐姐张敬结婚，郎舅二人一文一武，相得益彰，高兴的梅贻琦、罗常培分别担任男女两家家长代表。

军事委员会战地服务团干部训练班第二期开办不久，珍珠港事件爆发，不少受训同学没等到结业，就提前分配到各个部门，其中一些联大同学分配到美国志愿航空队总部所在的昆明巫家坝机场。许渊冲就是这时到美国志愿航空队总部机要秘书室工作的，他每天要把昆明行营的军事情报译成英文，上交给指挥空军作战的陈纳德，陈纳德根据这些情报，为所属两个中队的 P40 飞机分配任务。[③] 有一次，许渊冲翻译的情报上说日本军舰何时到达海防，登陆士兵若干人，日本飞机若干架将进驻河内机场。这个情报引起他的警觉，立即送给机要秘书林文奎。[④] 林文奎马上召集分管侦察、作战、轰炸、驱逐业务的参谋进行研究，认为日军很有可能对昆明进行空袭，要许渊冲火速把情报译成英文，并派专车送他去陈纳德指挥部。陈纳德与中国空军总指挥毛邦初少将分析了许渊冲面呈的情报，认为日本空军很可能为配合这次行动对昆明采取行动，于是迅速采取对策。果然，第二天日机来袭，已有准备的飞虎队不等敌机

---

① 许渊冲：《追忆逝水年华》，第 118~119 页；许渊冲：《联大人九歌》，第 278~283 页。

② 许渊冲：《追忆逝水年华》，第 118~119 页。

③ 陈纳德指挥的中国空军美国志愿航空大队，共有三个中队，除第三中队设在仰光外，第一、第二中队均于 1941 年 12 月 9 日飞抵昆明。

④ 抗战胜利后的 1945 年 9 月 16 日，林文奎率领空军部队飞越台湾海峡接收日本飞机及设备，并担任台湾首任空军司令。

飞入市区，就在滇池上空进行截击。[①] 由于许渊冲工作认真，功绩突出，陈纳德给他颁发了一枚镀金的"飞虎章"。

军事委员会战地服务团干部训练班第一、第二期面向各高校招考，共培养译员70余人，均为西南联大、中央大学、武汉大学、复旦大学、中山大学等校的外文系学生，其中约半数来自西南联大。[②] 其后，因第一次远征缅甸，又举办了第三期。第三期规模较大，有350余人，但只在昆明一地报招考，对象多为大学毕业生。上述三期学员共429人，[③] 可惜由于记载有限，进一步的情况还有待资料发掘。

第三节　译员征调

援助在中国战场上进行反侵略战争的美国盟军，是西南联大可歌可泣历史中的又一壮丽画卷。

一　支援盟军

1943年，是世界反法西斯战争从被动战略防御转入战略进攻的重要转折时期。在苏联战场上，在这年春季结束的斯大林格勒大会战中，苏军共歼敌150余万人。这次会战不仅是苏德战争的历史转折点，也是第二次世界大战的转折点。接着，美、英联军在北非发起攻势，于5月间一举歼灭德、意联军25万余人。9月初，美、英联军登陆意大利本土，迫使意大利政府于9月29日签字投降。亚太战场上，美国海军继1942年6月在中途岛一役中击沉日本海军4艘航空母舰之后，又在1943年2月取得了瓜达尔卡纳尔岛（Guadalcanal）战役的胜利，随后开始在太平洋战区转入全面进攻。

在这一态势下，已在1942年7月编入美军部队序列的飞虎队，又于1943年3月扩编为美国陆军航空兵第十四航空队，接着同年11月成立了

---

① 许渊冲：《追忆逝水年华》，第119～120页。许渊冲没有记录翻译情报的时间，但1942年7月4日美国志愿空军与中国空军合同期满后，他便回西南联大复学了，故此事应发生在珍珠港事件至其复学之间。

② 参见余斌《从西南联大学生从军说到昆明现代派》，《滇池》2005年第12期。

③ 《译员训练班昨举行周年纪念，吴主任泽霖报告成立经过，第四期学员本月五日结业》，《云南日报》1944年11月2日，第3版。

中国战区中美空军混合大队，不久在昆明成立中美空军混合作战司令部。与此同时，伺机反攻的中国军队也开始了打通中印公路的作战。当时，第一次入缅作战失利后退至印度东部地区的中国远征军，经过养精蓄锐，补充兵员，整编为中国驻印军新编第一军，下辖新编第二十二师、第三十八师、第三十师。为了更新这支部队的武器装备以便战略反攻，打通被日军切断的中国直通印度的陆上交通线已成为迫在眉睫的任务。为此，中国驻印军在英、美军队协同下，决定于1943年10月下旬再次入缅作战。上述部队各连队，均配有美军顾问，参与作战指挥。而美国为了训练中国士兵使用美式武器，也在昆明开办了步兵学校、炮兵学校等各类训练班。到1945年，为了接待大批来华美军，仅昆明一地就设立了19处美军招待所。黄仁霖在回忆中说：第十四航空队到来之前，史迪威对他说，必须建立更多的空军基地及招待所，以应需要。本来，为了照料近千人的美军突击部队，战地服务团的规模已经不小了，但这次美军援华空军人员一下子增加到14000人。不仅如此，后来随着战事的扩大，还需要照料美国空军运输部队、第二十轰炸总队，以及由阿诺将军直接指挥的B-29轰炸队、Y部队和炮兵、运输、工程部队等。最高峰时，总计照料的美军人数高达48000余人。[①]

形势的急剧发展，使英文翻译需求量大为增加，军事委员会战地服务团为了适应这一形势，制订了一个3000人的译员培训计划，蒋介石旋令立即实行，教育部遂向西南联大、中央大学、交通大学、浙江大学、武汉大学、重庆大学等校分派了译员征调名额。

根据蒋介石电令，教育部向西南联大、中央大学、交通大学、浙江大学、武汉大学、重庆大学等校分派了译员征调名额，指定上述学校1944级身体合格之男生提前毕业，充任译员。当时，分配给联大的译员名额为100名。为了落实这一数额，时任军事委员会办公厅主任外事局长的商震还亲自致函梅贻琦，信中说："外事局现需用熟谙英文人才派任翻译工作，此案已转请教部在各大学征选，想贵校当已得有通知，用再电请吾兄赐予速代征选确能胜任翻译职务，而品行端正之学生一百名，

[①] 黄仁霖：《我做蒋介石特勤总管40年：黄仁霖回忆录》，第112～113页。黄仁霖说，战争结束前，战地服务团在中国各地共建了194处招待所，总计容量88852个床位，而昆明一地就有32个美军招待所，36673个床位。

并乞先将考选结果示复为荷。"[①]

关于译员的报名与考试，原有一定要求，这从 1943 年 8 月军事委员会外事局招考英语译员的启事中，可略见一斑：

一、本局因业务之需要，特招考精通英语人员，施以三个月短期之业务训练，即派任译述工作。

二、名额：不定。

三、投考资格：凡中华民国之国民，信仰三民主义，不拘学籍，不分性别，年在二十岁上，三十八岁以下，具有国内外专科以上学校毕业之英文程度而能撰能译者均可报考。

四、报名手续：报名时须缴（甲）有学籍者之最高学校之毕业证书。（乙）曾任职者之现职或最后服务证明书。（丙）最近二寸半身脱帽相片三张，背照写姓名年龄籍贯及通讯处（录取与否概不退还）。（丁）履历表（报名时索填）。

五、报名日期：即日起至八月四日止。

六、报名地点：宝善街男青年会。

七、考试日期：八月五日体格检查，七日笔试。

八、考试地点：宝善街男青年会。

九、考试科目：（一）体格检查，不及格者不得参加笔试。（二）国父遗教。（三）国文。（四）常识。（五）英文（翻译、会话、作文）。（六）口试。

十、开学日期：八月十五日。

十一、训练地点：重庆。

十二、待遇：受训期间除供伙食服装外，月给津贴三百元，毕业后按其学资、职级、任务及工作地点从优规定之。[②]

上述考试规定的科目除了包括英文翻译、会话、作文及口试等必需项目外，还包括国父遗教、国文、常识等，要求是较为全面的。不过，

---

① 《商震致梅贻琦函》（1943 年 3 月 16 日），《外事局电请西南联大征选确能胜任翻译一百名并先将考选结果示复由》，"国立西南联合大学档案"，档号：32-1-114。

② 《军事委员会外事局招考英语译员启事》，《云南日报》1943 年 8 月 2 日，第 1 版。

随着 1943 年 10 月下旬中国远征军再次入缅作战，自指挥部到基层作战营连均派有美军顾问，译员分配捉襟见肘，考试标准便大为降低，甚至教育部规定联大等校 1944 级全体男生，无须通过考试，只要体检通过，就全部征调为译员或服兵役。

这样大规模的译员培训，任务十分繁重，不是军事委员会战地服务团所能承担的，因此，原军事委员会战地服务团干部训练班转隶由军事委员会直接领导，培训工作由军委会外事局负责，干训班名称亦改为"军事委员会外事局译员训练班"，简称"军委会译训班"。今天，许多记载不加区别笼统称之的"译员训练班"实际上前期是"军事委员会战地服务团干部训练班"，后期是"军事委员会外事局译员训练班"，两者虽然都是培养译员，但性质不同，不应混为一谈。军事委员会外事局译员训练班的培训分别在重庆、昆明两地进行，在昆明者简称"军委会昆明译训班"。

这次从军，担任的工作都是译员，而且时间上也与军事委员会战地服务团干部训练班互相衔接，因而包括联大校友，大多把两者视作同一次从军运动。但是，仔细分析的话，两者在举办时间上相距一年半，更重要的是，它们在服务对象上也有明显的区别，因此可以认为两者的性质是不同的。军事委员会战地服务团干部训练班培训的译员是为美国志愿队服务，而美国志愿队虽然以美国退役军人为主，但这支空战力量实际上是由中国航空委员会招募的雇佣军。统帅这支雇佣军的是美国陆军航空队退役上尉陈纳德，他于全面抗战爆发前夕来华担任国民政府空军顾问，任期至 1937 年 10 月。合同期满后，国民政府未与其续签合同，其后陈纳德是以个人身份留在中国继续参加抗战。1940 年，苏联空军援华人员陆续撤走，5 月下旬，蒋介石召见陈纳德，请其回美国争取作战物资。在美国，罗斯福总统被其游说打动，于 1941 年 4 月签署命令，准许预备役军官和退出陆军和海军航空部队的士兵参加赴华的美国志愿队。8 月 1 日，蒋介石发布命令，正式成立中国空军美国志愿航空大队，任命陈纳德为大队指挥员。"中国空军美国志愿航空大队"这一名称，表明其雇佣军的性质并未改变，而蒋介石给陈纳德授的上校军衔也是中国的军衔。这样看来，为美国志愿航空大队充当译员实际上是为中国军队服务，因此，这次征调在性质上与为中印缅战场的美军服务不能同日而语。退一步说，即使把两次充当译员视为从军，那么至少也应当分为两个阶段，以示区别。

二　组织动员

为中印缅战场美军服务参加译员征调，是西南联大第三次从军高潮的一个部分。为了顺利开展征调，军事委员会颁布了《译员训练班征调条例》。该条例共十一条，分别为："一、为谋与同盟国军事联络及推进训练计划起见，特征调国内各公私立大学学生担任翻译工作。二、本班学员由军事委员会转教育部通饬全国公私立各大学遴选各该校学生应征之（以男生为限）。三、各大学学生均有被征调之义务，一经征调来班，即作服兵役论，原校须保留其学籍，其有规避不来者，作逃避兵役论，由校开除其学籍并送交兵役机关办理之。四、本班每期开始征调训练时，由本班派员前往各大学办理遴选及口试、体格检查等手续，每期在各校征调，人数由班方派员商同教部规定之。五、征调后须交二寸半身像片四张，并填具保证书须由妥实保证人担保（其保证人以在本地文武机关之荐任或少校人员并居住本地者为限）或由原校当局予以保证，受训期间如遇中途退学情事，除追缴一切费外，并函告学校当局开除学籍。六、被征调之学生在受训期满后由本班将各科成绩抄送原校，在服务期满后，各生应呈缴服务报告，由本班加以审查并转送原校，由原校根据上项成绩及服务报告给予 24～32 学分，并免其所有军训与体育。七、学生经征调后施以短期训练，训练期间，暂定三个月，必要时得变更之训练期间，除由本班供给食宿外，并发黄色制服一套及生活津贴（包括文具纸张费用）每月三百元。八、学员受训期满由外事局分派（一）盟国部队、（二）本国远征军、（三）航委员、（四）战地服务团等机关内服务。九、服务期间待遇每月薪金二百元并照各地售米市价给予十、十二或十四公斗之代金为统一津贴（如以昆明区九月份计约为四千元左右）派在国外者，其待遇按各地生活情形，另行规定。十、学员于服务期间须遵守各服务机关之规则。十一、征调之学员，其服务期间至少两年（训练期间在内）。"①

这次译员征调不比此前从军，不仅责任重大，而且任务紧急，联大当局立即行动起来。1943 年 11 月 9 日，学校召开译员征调动员大会。后在航空委员会英文翻译室任译员的经济系 1944 级学生程耀德，对梅贻琦

---

① 《军委会译员训练班征调条例》，"国立西南联合大学档案"，档号：32 - 1 - 299。

在动员会上的讲话印象很深。他记得梅贻琦当时说："近日来当大家要睡觉的时候，一定会听到不断的飞机声音吧，那是从印度飞来的运输机。它每天带来几十个盟军的军官和许多军士，他们是来中国服务的。但是他们现在有几百人因为没有通译官不能到各地去工作。我们同学现在正是年富力强的时候，而且都是受了相当教育的人。平时我只恨没有好的、适当的机会为国家服务，能亲自经历这伟大时代的多变的新奇的赐予。现在机会到了，国家急切地需要着你们，希望同学能踊跃参加通译工作。最好这两天内有50人参加，到寒假后有500人参加。"会上，梅贻琦还介绍了有关充任译员的规定："我希望同学参加，但我不得不对同学们说，这工作是艰苦的，而且是有危险的。如果同学经过仔细考虑后，认为自己的身体可以，不怕危险，那么到教务处去报名。我认为你是联大的好学生。"[1] 关于译员的待遇，据程耀德回忆为：（1）军衔自同中尉到同中校共分4个等级，月薪450元到750元；（2）连津贴在内每月约500元，并发五套制服；（3）服务期两年；（4）可免兵役；（5）服务期满，交上服务报告书，由校方审核，可免修24～32个学分，大学四年级生寒假结业后参加译员者，可准予毕业；（6）战事平定后，十分之一的成绩优良同学可去国外留学。[2]

　　动员会后的第二天，11月10日，西南联大召开常务委员会，梅贻琦报告"教育部为准军委会战地服务团函拟修正征调大学生服务期间，仰遵照办理训令"。会议议决"规定本校学生应征充任译员管理办法"。[3] 11月11日，联大常委会再次开会，制定了《西南联合大学学生应征充任译员办法》。该办法共八条："1. 凡本校正式学籍学生应征充任译员

① 何宇整理《西南联合大学八百学子从军记——1944届从军学生的译员生涯》，中国社会科学院近代史资料编辑室编《近代史资料》总109期，中国社会科学出版社，2004，第213～214页。文中说梅贻琦的这次动员是1941年11月9日星期二，显误，因1941年11月9日是星期日，而1943年11月9日方为星期二。该文节选于西南联大1944级同学编纂的回忆录《西南联合大学八百学子从军记》，该书由级友集资印刷，未公开出版，何宇先生获悉我从事西南联大研究，特寄赠之。这里，特向何宇先生和1944级诸前辈表示感谢。

② 何宇整理《西南联合大学八百学子从军记——1944届从军学生的译员生涯》，《近代史资料》总109期，第213～214页。

③ 《国立西南联合大学常务委员会会议记录·第二八〇次会议》（1943年11月10日），《国立西南联合大学史料》（二），第312～313页。

者，本校除为保留学籍外，于各生服务期满返校时，按其服务性质与成绩免修若干学程，约等于 24～32 学分。2. 凡本年四年级学生参加服务者，如其所缺学分在 32 学分以内，而服务成绩优良者于服务期满年度准予毕业。3. 学生于最近期内即往服务者，其未修完之课程得由系中指定一二门令学生自行修习，缴呈报告评给学分。4. 现在本校试读学生前往服务者于服务满后仍准返校试读，并于考入正式学籍时酌准免修一部。5. 现在本校借读学生前往服务者于服务期满后，仍准返校借读。6. 学生服务期满返校上课时，其军训体育各科准予免修。7. 凡志愿服务学生均应在教务处登记，于训练班录取后由教务处发给证书保留其学籍。8. 学生已参加服务，中途未经允许，擅自离职者，取消其学籍。"①

　　《西南联合大学学生应征充任译员办法》于 11 月 17 日提交教授会会议讨论。那天会上，梅贻琦报告了军委会新定的征调通译人员办法，以及分配本校学生此次应征的名额，教授会的决议简单明了，仅有一句话，即："建议学校在本学年第一学期考试完毕后，凡四年级各系男生均应参加通译人员训练。"② 不过，当地报纸似乎消息异常灵通，报道这次教授会会议议决全校"本年度四年级学生，自下学期起全部征调，担任战地服务，以服务成绩作为该下学期毕业成绩，并规定服务地区以云南、缅甸、印度各战地为限，工作性质大部分为随军通译"。③ 11 月 24 日，学校常委会又决定接受教授会会议关于"建议学校在本学年第一学期考试完毕后，凡四年级各系男生均应参加通译人员训练"的提案，并决定"交由教务处拟具详细办法提付教务会议商讨"。④

　　值得注意的是，上述办法经过修改，12 月 3 日再次公布时，将名称中的"应征"改为"征调"，全称为《西南联大学生征调充任译员办法》。修改过的《办法》共 13 条，另有附抄 1 条。正文全文为："（一）本校遵照教育部高字第五一〇八一号训令，指定四年级男生于第一学期

① 《西南联合大学学生应征充任译员办法》（1943 年 11 月 11 日公布），"国立西南联合大学档案"，档号：32－1－299。
② 《国立西南联合大学教授会会议记录·三十二年度第一次会议》，《国立西南联合大学史料》（二），第 541 页。
③ 《联大四年级男生，将全部征调服役》，《云南日报》1943 年 11 月 19 日，第 3 版。
④ 《国立西南联合大学常务委员会会议记录·第二八一次会议》（1943 年 11 月 24 日），《国立西南联合大学史料》（二），第 314 页。

期考完毕后，一律前往翻译人员训练班受训。（二）四年级女生及男生因体格孱弱往训练班检查不能合格者，得留校继续肄业，于肄业期满后仍照《兵役法》服务。（三）四年级征调服务各生于第一学期期考后考试及格课程，无论系全年或半年，均照给一学期学分；其给至本学期末之成绩，经审查委员会之审查，如较规定毕业所须学分所差不逾三十二学分（必修或选修）者，于服务期满后发给毕业证书，仍作为原毕业年度毕业。（本届四年级征调服务学生于三十四年暑假发给毕业证书，仍作为三十三年暑假毕业。）（四）一、二、三年级学生志愿应征服务者，于服务期满返校时，由各该系酌定免修学科三十二学分。（五）服务各生概予免修军训、体育。（六）服务各生有因过失经服务机关开除职务或擅自离职者，本校取消其学籍，并不发给转学证书或毕业证书。（七）四年级征调服务学生所差学分，在三十二学分以上者，于服务期满复学时，除免修三十二学分外，补足所差学分。（八）四年级学生以前曾任翻译人员满一年者，此次得免征调；如愿重应征服务者，得照本办法第三条办理，其二次服务期限，得予减短，但至少为一年。（九）四年级征调服务学生，本学期考试因病未能参加者，得于各该生受训期间，另定时间补考。（十）凡在本校试读学生，征调或志愿应征服务者，准于服务期满返校试读，并于甄试及格取得正式学籍时，照本办法第四条免修学分。（十一）凡在本校借读学生，征调或志愿应征服务者，准于服务期满继续借读一年，如欲转学本校者，于考试及格取得正式学籍时，照第四条免修学分。（十二）以上办法适用于经教务处登记保送征调或志愿应征之学生，其自行离校觅得工作者不得援用。（十三）四年级学生不遵照本办法办理者，照军事委员会译员训练征调条例第三条办理。"[①] 这些规定，无疑比11月11日公布的《西南联合大学学生应征充任译员办法》要严格了许多。但是，这还不够，该《办法》在文末还附抄了《军委会译员训练班征调条例》第三条，意在强调所有大学生都有被征调的义务，而且一经征调便视为服兵役，若有规避不来，便作逃避兵役论处，不仅开除学籍，还要送交兵役机关办理。

[①] 《西南联大学生征调充任译员办法》（1943年12月3日），《国立西南联合大学史料》（五），第668～669页。

西南联大之所以出台这种办法，是由于学生中有一些抵触情绪。这次征调的对象主要是 1944 级学生。1944 级在联大是一个很特别的年级，他们入校时，恰赶上日军入侵缅甸，云南形势严峻，教育部下令西南联大再次迁往安全地带，于是学校在四川省叙永县建立了分校，1944 级学生的第一年就是在叙永度过的。现在，又让他们从军入伍，难免心有不爽，中文系汪曾祺、法律系李模同学，当时就都有这种情绪。① 甚至为了逃避征调，有人还把辣子粉涂在肛门上，引起痔疮复发，希望不能通过体检。② 还有人虽然进了译训班，可没有几天就跑了出来，后经冯文潜教授再三说服才返回。③

三　热烈讨论

上述规定，具有明显的强制性，之所以这样做，是因为一些同学对征调持有不同看法。这些看法，大体来说来有以下几种：

第一，认为大学生的责任是从事国家复兴的工业化工作，不应借口国家需要，阻碍他们的救国计划。一封署名"一百个你的学生"的致梅贻琦信中说："当国家垂危的时候，个人的一切应当为国家得安全而牺牲，虽则我们的知识学历还不够，但是这个原则任何大学生都已了解了。可是这原则的运用，必须以公平合理为其先决条件，如果违背了这一点，就是有铜墙铁壁阻住我们的前程，或者有种种威吓迫使我们不得不服从，那么我们也只好做出最后的步骤，与不平等的国家同归于尽了。"信中接着说："本来服兵役是人类生活的一部分，不值得可怕的。但是在这样艰苦的环境中，我们一大部分，为了追求复兴国家的理想，我们曾经辛苦地做了与抗战有益的服务，自己节下来一些臭钱，希望完成我们的基本教育。我们认为要国家富强，非从工业化不可，为了我们的国家，我们已杜撰了如何工业化的计划。当这种工作正引起我们兴趣的时候，居然要四年级学生出去服役了。"信末了写道："我们是好国民，不仅爱国

---

① 李方训：《纪念抗战胜利五十周年，不忘西南联大从军壮士》，《西南联大北京校友会简讯》第 18 期，1995 年 10 月。
② 刘裕中：《抗战期间应征美军译员的回忆》，清华校友总会编《清华校友通讯》复 16 册，第 114 页。
③ 罗达仁：《缅怀冯文潜先生》，《国立西南联合大学一九四四级通讯》（二），第 71 页。

家，而且也爱政府。最高国防会议与教育部服兵役办法，我们是服从的。但是为了少数人的私情，借口国家的需要，而来阻碍我们救国计划的不公平征调的建议，我们只有对他们不客气。"①

　　第二，认为这次征调对学生存在的不同情况不加区分，没有考虑到一些同学的实际困难，经济系 1944 级致校务会议的一封信就反映了这种情绪。这封落款"经济系一九四四级"的信，内容实际上是经济系全体同学大会的决议。信中说："国家于此多事之秋，服务兵役原为国民应有之天职，生等深知义不容辞。"但是，"本系本级同学约共百余人占四年级同学总数实不在少"，而且"情况不一，愿望稍有出入"。在同学们，既有"有志于继续深造者"，也有"家庭环境持有苦衷者（如独子负担家庭生活者等）"，有"身体特具疾病者"以及"有英语程度较差而不克胜任者"。这些实际情况，"为一部分同学之实际苦衷，且为一般征调原则施行时之实际困难"。信末还特别要求"在合理合法之原则下恪遵政府法令，使全国各大学所有学生均有报效国家之机会"。②

　　第三，认为征调时间太长，容易使所学知识弃于一旦。一封署名"工学院四年级学生等"的信便坦率地说："教授会议议决本年四年级生自下学期起，一律参加战地工作，时期为两年以上。生等对参加战地工作，义无所辞，竭诚拥护，生等今日效命抗战与他日效命建国原无二致也。"但是，"经两年工作，全部所学必将忘却，而因此引起之严重困难问题特多"。为此思之再三，"恳请明定服务期为一年，以免引起其他严重困难"。这封信还认为"政府已招训通译人员，该项人才一年后当不致再有缺乏"，因此担任译员的时间一年足矣。另外，今后全校二、三年级学生，到四年级时，也按这次征调办法，译员数量不足的问题就容易解决了。最后，如果每年从大学毕业生中征调一部分人，"则问题即可完全解决"。③

　　对这次征调有所不满的另一些学生认为教育部对这次征调的奖励办

①《西南联大"一百个你的学生"致梅贻琦的信》（1943 年 11 月 24 日），"国立西南联合大学档案"，档号：32－1－299/23。

②《西南联大经济系一九四四级全体学生致系主任转呈校务会议函》（1943 年 11 月 29 日），"国立西南联合大学档案"，档号：32－1－299/20～21。

③《西南联大"工学院四年级学生等"致常务委员会教务会议教授会议函》（1943 年 12 月 1 日），"国立西南联合大学档案"，档号：32－1－299/15～17。

法未包括此前从军者，这使过去从军同学感到待遇不平等，希望这次征调译员的加薪条例也能适用于以前从军服务的学生。前面提到的经济系1944级致校务会议信，就认为此前参加译员服务的同学，都是经过甄别考试，现在征调译员的规定，什么考试都没有，而待遇还高出此前担任译员的同学，故认为"今若施以齐一之取舍，似不能收重质之效"，建议应当依据不同资历"分别鼓励"。① 很明显，这是对此前应征译员的同学感到不平。

由于这次译员征调关系到同学们的切身利益，西南联大学生自治会特于11月29日为征调一事召开临时代表大会。大会通过的两项议案，一是"对征调之举，表示拥护"，二是"对征调同学之事"提出九条希望。这九条希望为："1. 学校当局及时公布详细确切之办法。2. 四年级同学被征调者学校均承认其毕业。3. 在明年暑假前不能毕业，而学籍在四年级因而被征之同学，学校应设法补救（如补课之类）俾给与学分，使能毕业。4. 应征服役期满后，学校保证其及时复员。5. 被调同学离校前，学校给与适当之证明文件。6. 被征人员，可能时应将服役范围加宽，同学得各陈志愿，以供分发参考。7. 学校设法使应征人员，仍能参加各种留学考试。8. 征调时，学校公布正式名单，以确定其是否有各项待遇之资格。9. 前此应征之同学，学校给与学分之办法仍予保持。"②

西南联大学生自治会召开临时代表大会的当天下午，经济系也单独召开了一次全体大会。这次全体大会是应一部分同学口头要求而召开的，主题即讨论征调问题。会上，一些同学认为这次征调不符合"民主、公平、合法"的原则，表示反对征调，得到大会通过。会上，有人提议增选特种委员会，协助系学生自治会干事会落实大会决议，并负责联络其他各系同学，向学校当局提出合理建议。于是，大会增补朱懋荣、闵庆全、顾敦熙、徒志平、薛宗梅、陈荫枋六位同学为新干事。但是，一些同学不赞成这种做法，会后有34位同学致函经济系学生自治会干事会，

---

① 《西南联大经济系一九四四级全体学生致系主任转呈校务会议函》（1943年11月29日），"国立西南联合大学档案"，档号：32－1－299/20～21。

② 《学生自治会临时代表大会关于征调同学之议案》（1943年11月29日），"国立西南联合大学档案"，档号：32－1－299/14。

要求复决前案，暂停发出布告。① 经济系同学在这件事上的矛盾究竟为何，迄今还不曾见到当事者的记述，但它至少反映了联大同学在征调问题上，存在着不同认识。

对于同学们的种种想法，学校当局并非一无所知。所以，12 月 15 日的常委会上，又做出三项补充决议："（一）上年四年级学生于本年留级补修学分者，如于本学期终将学分补足，准归明夏毕业免予征调。（二）以前曾经本校保送训练班，现行继续服务者凡已满二年者准予本办法之待遇。（三）三年级学生志愿应征者于第二学期结束后由校保送。"②

但是，西南联大当局的这些措施，还是未能完全打消同学们的顾虑。这次征调的对象是 1944 级学生，而这一级同学的一年级已经是在远离昆明的四川叙永分校度过的，这时又让他们休学，有些人不免难以接受，担心打乱个人安排。③ 依原计划，军委会昆明译训班应于 10 月 15 日开课，但因报名不甚踊跃，不得不推迟到 1943 年 11 月 1 日才开课，而这一天也被作为军委会昆明译训班的成立纪念日。④

实际上，军委会昆明译训班成立之前，也有一个译训班。梅祖彦回忆说："1943 年暑假中，经学校介绍到美军新办的汽车训练班去作临时翻译。同行的同学共 6 人：翁延益、宋载镇（均航空系 42 级）、曹传钧（航空系 43 级）、钟子嘉（机械系 45 级）、潘和平（外语系 45 级）和我。"这个汽车训练班设在曲靖县，由美军与第五军合办，他们参加的是首期译训班，后来还办了多期，培养了大批驾驶兵和修理人员。⑤ 不过，这个译训班不是军委会办的，为了与后来军委会办的译训班有所区别，梅祖彦把它称作"预一期"。梅祖彦等六位联大同学在汽车训练班属临

---

① 《经济系一九四四级学生张锡芝陈与福郑梦骐詹应坤等 34 人致西南联大常务委员会转校务会议函》，"国立西南联合大学档案"，档号：32－1－299/13。该信未写日期，但据信中"上月二十九日"字样，可知应写于 12 月。

② 《国立西南联合大学常务委员会会议记录·第二八三次会议》，《国立西南联合大学史料》（二），第 317 页。

③ 夏培本：《谈"叙永级学生"有感》，《国立西南联合大学一九四四级通讯》（二），1997 年 3 月，第 66 页。

④ 《译员训练班昨举行周年纪念，吴丰任泽霖报告成立经过，第四期学员本月五日结业》，《云南日报》1944 年 11 月 2 日，第 3 版。

⑤ 梅祖彦：《军事翻译员经历追忆》，清华校友总会编《校友文稿资料选编》第 4 辑，第 46 页。

时性工作，6个星期后就结束了，开学后回校上课。不久，军委会译训班开办，梅祖彦又报名参加，成为第一期学员。此后，他共做了整整三年的翻译工作，个人学业也推迟了三年。

随着美军援华人员源源不断地到来，译员需要量也越来越大。为了拓展生源，军事委员会外事局对招收标准进行了修改。修改后的条件为：

> 凡意志坚定体格健全擅长英语，国语纯熟，在国内外专科以上学校毕业或具有同等学力，年在三十岁以下之男性为合格。

> 报名手续：缴二寸半身相片二张，报名费二十元，学历证书或服务证件。报名日期：十二月二十四日起至二十六日止，每日上午七时至下午六时。

> 报名地点：昆明西站战地服务团内本班。考试日期：十二月二十八日上午八时起。考试项目：（一）中译英。（二）英译中。（三）口试。（四）体格检查。

> 受训时待遇：训练班约有八周，受训期内除由本班供人膳宿舍外，每月发给生活津贴三百元。

> 服务待遇：薪津每月约四千元左右，另有制服，服务成绩优异者派送出国深造。[1]

与1943年8月军事委员会外事局招考重庆班英语译员的条件相比，除了将报名年龄从"二十岁上，三十八岁以下"改为"三十岁以下"外，训练时间也由三个月改为八个星期，缩短了1/3。考试科目也取消了国父遗教、国文、常识等，并且增加了"服务成绩优异者派送出国深造"。即使是这样招考条件，不久也无法满足译员需求量，很快就取消了，以致梅贻琦向全校宣布"不应征者立即开除学籍"。[2]

四　积极响应

为了动员学生报名，西南联大要求各教授分别邀约本系被征对象谈

---

① 《军事委员会译员训练班招考学员启事》，《云南日报》1943年12月24日，第4版。

② 张之良：《滇西翻译官》，清华校友总会编《校友文稿资料选编》第4辑，第42页。

话。一位同学说，"闻一多曾找中文系同学个别谈话，分析当前抗日战争局势，说明担任译员的重要意义，对应征同学勖勉有力"。[①] 联大负责人的子弟，也积极参加了这次征调。蒋梦麟之子蒋仁渊、训导长查良钊之子查瑞传，都是这时从军的。梅贻琦之子梅祖彦，虽刚升入机械系二年级，不属于征调对象，但也毅然报名。

无论同学们对这次译员征调持有什么想法，1945年1月26日，全校四年级在校男生416人都接到通知，前往战地服务团进行体格检查。[②] 2月19日，又对缺席者进行了补行检查。[③] 检查标准为：身高155厘米，体重46公斤，胸围70厘米，五官及肺脏正常，无重沙眼、痔疾及精神病。[④] 西南联大规定全校四年级男生，"除体格不合、曾在战地服务团服务一年以上者，及能于上学期补完学分可以毕业之学生可免征外，余均一律征调"。同时，为了慎重起见，还由梅贻琦、杨石先、查良钊、郑天挺、樊际昌、鲍觉民等教授组成审查委员会，审查决定入班受训学生名单。[⑤] 经过一番动员和强制性措施，西南联大进入军委会译训班第二期的人数达到243人，[⑥] 大大超过了征调指标。

军事委员会外事局译员训练班在昆明培训了九期。第一期开班于1943年11月，第八期于1945年7月8日行结业礼，第九期于7月22日举行招生考试，[⑦] 共招收370余人，但未开班已抗战胜利，然仍因"复员尤需译员"集中受训了六个星期。[⑧]

有些记载说军事委员会外事局译员训练班第一、第二期征调的全部是各大学四年级学生，但根据云南省档案馆保存的昆明译训班名单，第

① 刘裕中：《抗战期间应征美军译员的回忆》，清华校友总会编《清华校友通讯》复16册，第114页。
② 《爱国不甘后人，联大学生踊跃服役，自动受检者共四百一十六人，军政部规定服役检查标准》，《云南民国日报》1944年1月27日，第3版。
③ 《译员训练班下月一日开课》，《云南民国日报》1944年2月24日，第3版。
④ 《爱国不甘后人，联大学生踊跃服役，自动受检者共四百一十六人，军政部规定服役检查标准》，《云南民国日报》1944年1月27日，第3版。
⑤ 《译员训练班下月一日开课》，《云南民国日报》1944年2月24日，第3版。
⑥ 《联大四年级应征服役生二百余名今日入营》，《云南日报》1944年2月29日，第3版。
⑦ 《军事委员会云南区译员考选委员会招考译员简则》，《云南日报》1945年7月14日，第1版。
⑧ 《复员等于遣散，译员叫苦连天，译员联合会昨招待记者》，《云南日报》1945年9月14日，第3版。

一期有西南联大学生共 90 人，其中四年级只有 36 人，其余是一至三年级同学，倒是第二期绝大部分是四年级学生。① 之后，陆续培训的译员基本满足需要，不像过去那么急需，故将征调改为招考。②

西南联大参加军事委员会外事局译员训练班的人数，过去一直缺少准确数字，有幸的是云南省档案馆收藏的"国立西南联合大学档案"里，保存着一份当年军委会译训班第一至第九期的联大同学名单，与当时报纸刊登的各期数字相比，应当更为准确。其中第一期 90 人，第二期 255 人，第三期 5 人，第四期 6 人，第五期 26 人，第六期 15 人，第七期 15 人，第八期 8 人，第九期 17 人。③ 其名单见附录一。

九期共 437 人，仅是从军委会译训班结业的学员，未包括参加军事委员会战地服务团干部训练班和其他形式培训的同学。

军委会昆明译训班的培训地点，仍在汽车西站的农校附近，由于受训人数大增，又修建了新的营房和教室。具体培训工作，仍由西南联大负责。学校当局十分重视这项工作，除吴泽霖任班主任外，又委派樊际昌任教务长，戴世光为训导长，教官则由学校军训主任教官毛鸿上校担任。同时，还组织了译员训练班联合考选委员会，其中 1944 年 1 月下旬召开的第二次会议，出席者有陈雪屏、鲍觉民、李辑祥、杨石先、查良钊、莫泮芹、刘崇鋐、樊际昌等。④ 培养课程的讲师也多由联大教授兼任，蔡维藩、王荣、鲍觉民、杨业治、王赣愚、刘崇鋐、姚从吾、查良钊、葛邦福、孙毓棠、沈昌焕、陈序经、莫泮芹、陈雪屏、罗常培等，都曾或为译训班授课，或做专题演讲。⑤ 张之良同学说"译员训练班工作的全班人马，都由联大包下来了"⑥，这与实际情况基本吻合。

在军事委员会外事局译训班讲课的教授，不再像战地服务团干部训

---

① 据《军事委员会译员训练班第一期毕业学员（西南联合大学）》《军事委员会译员训练班第二期毕业学员（西南联合大学）》，"国立西南联合大学档案"，档号：32 - 1 - 300。

② 《译训班昨庆祝成立周年纪念》，昆明《扫荡报》1944 年 11 月 2 日。

③ 《军事委员会译员训练班西南联合大学毕业学员名单》，"国立西南联合大学档案"，档号：32 - 1 - 300。

④ 《西南联合大学译员训练班联合考选委员会第二次会议记录》（1944 年 1 月 28 日），"国立西南联合大学档案"，档号：32 - 1 - 299。

⑤ 梅祖彦：《军事翻译员经历追忆》，清华校友总会编《校友文稿资料选编》第 4 辑，第 46～47 页。

⑥ 张之良：《滇西翻译官》，清华校友总会编《校友文稿资料选编》第 4 辑，第 42 页。

练班时被称为教官，而统称为讲师。讲师们把培养译员视为直接为抗战效力，接到聘书时莫不心情振奋，积极准备。不过，吴宓却拒绝了聘请，他在1944年3月2日的日记中写道："作函致樊际昌，退回授课时间表，辞却译员训练班之聘，命校役送往。原聘系命宓每星期授《英文战时读物》六小时，每小时薪金150。虽按月可得3800，然其功课之性质非宓所擅长、所乐为，且甚紧张而劳瘁，恐捐宓之身心。"① 吴宓的态度在西南联大教授中是罕见的，但也有其原因。1943年8月，他曾"痛感联大外文系成为战地服务团之附庸"，认为系里一些教师有的忙于编印战地服务英文日刊，有的兼任留美预备班教员，"而在联大授课草草，课卷不阅，学生不获接见，系务完全废弛。即连日评阅新生考卷，亦仅轮流到场，匆匆即去"。② 这种现象在西南联大是极个别的，吴宓是外文系主任，他将维持正常教学秩序作为自己的最大责任，退还军事委员会译员训练班聘书，曲折地表达了他对译员培训工作干扰了教学的不满。吴宓退回军事委员会译员训练班聘书，与此间发生的另一件事也有些关联。1943年11月重庆《大公报》在《昆明杂缀》中说西南联大教授"兼营副业"，并举吴宓为例，说他"应大光明戏院之聘，担任影片翻译"云云，这条传闻使他"颇为痛愤"。③

进入军事委员会译员训练班的学生统称为学员，每人发灰色棉制服一套，戴圆形领章，上有"译训"二字。讲授的课程以业务需要为主，每天上课6小时。课程内容大致有四类：第一类是语言训练，约占总时间的40%，笔译和口译并重。第二类为军事知识，时间占35%，主要讲授各种步兵武器的结构和功能，并曾去步兵学校和炮兵学校观摩教学过程。第三类为社会知识，约占15%，包括中美文化传统、社会习俗及国际形势等。第四类为军事训练，约占10%，包括集合跑步、简单步兵操练等，但未进行过武器操作训练。④

军事委员会译员训练班的生活紧张而卓有成效。除了每天聚精会神

① 吴学昭整理注释《吴宓日记》第9册，1999，第217页。
② 吴学昭整理注释《吴宓日记》第9册，第91页。
③ 吴学昭整理注释《吴宓日记》第9册，第150页。
④ 梅祖彦：《军事翻译员经历追忆》，清华校友总会编《校友文稿资料选编》第4辑，第46～47页。

地听课外，早操过后就传来朗读英语的声音，午睡时有人仍在查字典、背单词，而晚上自修室里闪烁的灯光下，大家继续温习着当天的功课。有人说，在这里学到的知识，等于在大学里主修了一科，因为"中西文化""社会建设""伦理建设""美军概况"等课程，都是教授们多年研究的心得，"听了之后，至少能对这问题有轮廓的了解，与系统的概念"，"所以每星期的小组讨论会，当一个专题发下，便相互研讨，热烈辩论自己的看法，自己意见"。军事委员会译员训练班的工作效率，体现了战时环境下的紧张节奏。最后一次考试有二三百人参加，考试结束，教务处便要求漏夜完成试卷评阅，并把平时成绩一齐结算清楚。接着训导处安排美军与学员谈话，谈话后马上揭晓结果。然后，学员们便准备启程，总务处则整理什物、打扫住所。整个程序衔接紧凑，"的确像一部机器的灵活，迅速而周到"。①

军事委员会译员训练班第一期结业于 1944 年 2 月上旬，学员根据结业成绩，分别被派遣到外事局及航空委员会等机关。② 第二期译训班当月 28 日报到、编队，3 月 1 日开班。这期学员共 300 余人，除西南联大外，还有从遵义浙江大学、贵阳大夏大学及桂林、重庆两处赶来的受训学员。③

3 月 5 日，军事委员会译员训练班第二期开课四日后，在新校舍补行了开学典礼，出席者有黄仁霖、梅贻琦、熊庆来及各大学教授、该班教职员及受训学员共 300 余人。典礼上，黄仁霖希望学员成为"兵士外交家"，认为"译员工作不仅对联合国胜利有重大关系，且在促进中美友谊亦将发生巨大效果"。梅贻琦、熊庆来及其他到会教授也相继致辞，勉励学员克尽译员职责，尽力报效国家。④

军事委员会译员训练班计划每期训练时间为两至三个月，但美方提出，1944 年内中方提供 2892 位译员，并希望 3 月底前能供应 1100 余名。为此，昆明译训班第二期的 380 余学员中，100 人仅受训两周便提前分

---

① 参见白君《教授们底副业——介绍译训班》，昆明《中央日报》1945 年 9 月 10 日，第 3 版。

② 《联大服役学生将开始受训，一期通译毕业分发》，《正义报》1944 年 2 月 7 日，第 3 版。

③ 《译训班昨日开学，受训学员三百余人》，《云南日报》1944 年 3 月 2 日，第 3 版。

④ 《译训班第九期前日举行开学典礼，黄仁霖勉受训学生做兵士外交家》，《云南日报》1944 年 3 月 7 日，第 3 版。

发，另 100 余人也只受训一个月就派遣了出去。① 报载："军事委员会译员训练班第二期学员一部一百二十名，昨（十四）日已分派，一百名分外事局，二十名分航委会。昨日下午已分别报到，定今（十五）日赴 A、I、C 实习，二周后开始服务。另该班二周后将调另一批出营。"② 由于多数学员提前分配，军委会昆明译训班第二期 4 月 28 日举行结业典礼时，仅有 163 位学员出席。③

为了给提前走上前方的同学壮行，西南联大学生自治会于 3 月 11 日晚在国民党省党部大礼堂举行盛大欢送会，到会者千余人。会上，学生会主席涂必憬致辞后，文学院院长冯友兰发表演讲，"希望应征同学不仅在言语上做工作，且应负起沟通东西文化的责任"，并希望在工作态度和技术上"因地制宜，灵机应用，勿拘小节，敦睦友邦感情"。训导长查良钊也勉励应征同学为抗战贡献力量，促使胜利早日到来。梅贻琦希望大家注意身体健康，把所学到的知识应用到实际工作中去。担任军事委员会译员训练班教务长的北京大学教务长樊际昌则说到，在与盟友交往中，可能会出现一些困难，希望同学们能勇敢担当起来。最后，学生会代表邹承鲁与应征同学代表分别致辞。接着，演出了火棒、口技、合唱、杂耍、相声《花子拾金》、话剧《十三年》等节目。④

怀着兴奋的心情，征调为译员的联大同学走上了前线。《云南日报》在一则通讯中引用了一位同学的记录，它生动反映了同学们当时的心情：

① 《联大学生自治会昨晚欢送应征同学，冯院长友兰等谆谆训勉，云大四年级学生将征调》，《云南日报》1944 年 3 月 12 日，第 3 版。该消息云：军委会译员训练班"学员原定训练期限两个月至三个月，但因需要迫切，本月十五日，即将先抽调译员一部百余名赴各部实习，一周后即派赴各地服务，再经过两周，将再调百余名出班。又闻该班已接美方通知，本年及一九四四年内望有译员二八九二人供应，本年三月底前希望有译员一千一百名供各方需要。该班渝分校将毕业学生，计七百余名，昆明受训学生已增至三百八十余名，但仍不敷分配。二期训练结束后，将征调云大等校四年级生"。

② 《译训班百二十人，昨已分发报到，实习二周后即开始服务，当思准将昨对学员演讲》，《云南日报》1944 年 3 月 15 日，第 3 版。

③ 《二期译员训练班昨行结业典礼》，昆明《扫荡报》1944 年 4 月 29 日。

④ 《联大学生自治会昨晚欢送应征同学，冯院长友兰等谆谆训勉，云大四年级学生将征调》，《云南日报》1944 年 3 月 12 日，第 3 版。

我们得到了这样通知：

"本月十五日，我们要先派出去一百，或一百二十名同学，以后只要情形没有什么变化，每隔两星期，便有另一批调出去。"

于是，在同学的心里，便出现了两种心理，向心力——希望多有些机会学习；离心力——希望能派出去，早一点为国家服务。整个班的气氛被这两种力量支配着："我想早点出去，但是我真怕英文不能应付。"

十三日早晨，一百六十三个人，被召集个别谈话，这两种力的作用，显露得更明显。被召集的人感到，没有被召集的人也感到，谁都拿一句话确定："我走"，或者"我不走"。就是在谈话的时候，也有不少人在矛盾中回答。个别谈话后，我听到这些话：

"我们训练的时间太短了，假若出去实在不够用，不过出去也还可有两星期实习。"

"我无法出去，不过假期真派到我，也只好出去。"

"到印度去好，到桂林去也好，不走也好。"

十四日名单公布了，一百二十名派出去，二十名分到航委会，一百名分到外事局。心绪安定了，但并不如此，问题还有，译训班的生活值得人挂念，翻译官的未来也吸引人。

"上尉"，同学们用这名称呼喊那些公派的同学，但是还是"同学"这个名字更动人。已经分派定的，有人去请求缓一点分派，分到的也有人去请求先分派。但班方一句话截断这一切，"分派定的不能变更"。

我看到一个已分派的同学，在看过分派的布告，走回宿舍来。他拿起一件东西，走到门口，又回来，放到床上又拿起来，又走出去，又回来。他的表情中没有一点愉快，充溢着迷惘，"我该怎样办？"他自己低语坐下来，久久地望着那些排队到课堂去的同学们。

有许多已分派的译员们来看望，他们告诉我们在物质待遇上军中的许多不满意事情，同许多他们与美国人在一块的事情，于是这些将离去的怅惘情绪，布满要离去的同学们中，他们服从命令调出去；但对将来，他们有不能预料的情感。

十五日命令又到了：

"五十名分印度，二十五名分桂林，二十五名分×××。二十名航委会。"

这是□激动，整个译训班激动，是的，这分队［派］的地点没有好坏，但志愿上就有了许多矛盾，于是派出的同学在迷惘里，未被调的同学也在迷惘里，当局也在迷惘里，但一切就是如此。

三辆汽车来了，载走了到×××的同学，车上的挥手，车下的也挥手，但很少的愿意讲话。在课堂中，没人能听下去，都在想他们走了，他们到什么地方了，尤其想到两周后，自己也要这样走。

十六日晨，赴印度的同学也走了，在机场中发生过这样一件事：一个同学被派到了，他不想去，在机场中他找到译训班的负责人，他解释不能去的原因，负责人一句也没有解释，只问他："你最后说去不去？"那个同学看看负责人，又看看站在他旁边的准备上飞机的同学——他们正向他招手，他低下头，一瞬间，他抬起头向负责人说："我去"。

向心力同离心力在这里得到了解决，时间不允许我们在这两种力量里矛盾生活，"我去"，这就是答复。①

军事委员会译员训练班第一、第二期学员均为征调服役，并只限于大学四年级。但是，学员中有些人"虽能阅读外文书籍，而对会话，却未能应付裕如，无法担任所派定之工作"。为了改变这种现象，从第三期起实行招考，第四期则全部招考，"并不限于年级与学籍，凡愿参加译员工作，为国服务者，均可报考。参加之学生，无论何级，均保留学籍，职业青年，保留原服务机关之职位"。② 关于报考资格、考试科目、待遇等，未见报道，但次年3月在昆明报纸上刊登有招考启事，内容为：投考资格，"凡意志坚定，体格健全，擅长英语，国语纯熟，在国内外专科以上学校肄业或具有同等学力，年龄在三十岁以下之男性"均可报考。与1943年12月军委会译员训练班招考条件相比，考试科目只保留了中

---

① 《向心力与离心力——译训班寄语之五》，《云南日报》1944年3月27日，第3版。
② 《译训班受训学员改征调为招考，四期译员九一开班训练，桂筑蓉昆等地分区考试》，昆明《扫荡报》1944年8月11日，第3版。

译英和英译中，受训时间由 8 个星期减至 6 个星期，原规定受训期间只发给津贴、结业分派工作后方享受每月 4000 元薪金，改为受训期间便发给薪津，数额亦增加一倍，为 8000 元。受训结束后，经军事委员会外事局委派，"服务期间除应领薪津外，服装、伙食由盟方供给，派在国外服务者，服装、伙食由配属机关负担"。另，在校肄业生得依照教育部规定由学校免学分。①

军事委员会译员训练班昆明译训班第三期于 1944 年 5 月 31 日入营，6 月 1 日开课，培训两个月，7 月 26 日结业。② 这期学员 192 人，分别来自交通大学、云南大学、浙江大学、广东大学、复旦大学、贵州大学、大夏大学、重庆大学等校，以交大、云大、浙大三校为多，且多数是理工科学生。受训的课程，有战时读物、作文翻译、会话、英文演讲、政治讲话、军训、体育等，每星期两次英文夜班，两次小讨论。教员除英文夜班由美方军官担任，其余课程则是以联大为主的昆明各大学教授担任。③

军事委员会译员训练班昆明译训班第四期于 1944 年 9 月 1 日开始受训，11 月 5 日举行结业典礼。这期学员 150 余人，50 人提前分发，④ 结业时除 6 人被派往美军总部服务外，其余全部赴印度兰蓝姆迦训练营和远征军工作。第五期从 11 月 7 日开始报名，8 日考试，11 日开学。⑤

1944 年 11 月 1 日，是军事委员会译员训练班昆明译员训练班成立一周年纪念日。班主任吴泽霖特招待各界来宾与新闻界人士，并引导参观各部门。在报告译训班成立经过时，吴泽霖对整个译员训练工作做了一次回顾，略谓："译训班前身为军委会战地服务团干部训练班，先后曾招三期，首期系招大学毕业生及有相当英文程度学员，计有三十五人，毕

---

① 《军事委员会译员译训班招考学员启事》（广告），昆明《中央日报》1945 年 3 月 21 日，第 1 版。

② 《译训班第三期昨行结业典礼，毕业学员即分发服务》，《云南日报》1944 年 7 月 27 日，第 3 版。

③ 《译训班三期学员下星期三结业，分发办法即可决定》，《云南日报》1944 年 7 月 19 日，第 3 版。

④ 《译员训练班昨举行周年纪念，吴主任泽霖报告成立经过，第四期学员本月五日结业》，《云南日报》1944 年 11 月 2 日，第 3 版。

⑤ 《译训班四期学员昨日举行结业典礼，五期学员已开始报名》，《云南日报》1944 年 11 月 6 日，第 3 版。

业后分发美军志愿队服务。第二期水准更提高，系招考各大学毕业生。第三期因国军出国远征，仅在昆明一地招考，学员多为大学毕业生。嗣后，美军技术人员来华，训练装备我国军队。需要译员激增，乃扩充组织，改称军委会译员训练班，于去年今日成立。第一、二两期系征调联大等各大学四年级学生训练，第三、四期改征调为招考，毕业后分配美军训练机关、航委会及远征军等处服务，计先后毕业学员共一千四百二十四人，干部训练班三期共四百二十九人，译训班四期共九百九十五人。"①

　　军事委员会译员训练班昆明译训班最后一期是第九期，这一期开班前抗战已结束，虽然仍集中训练了一个半月，但未结业便停办，故无任何仪式。第一至八期则每期都举行结业典礼，其中以1945年7月8日上午9时举行的第八期首批学员结业典礼最为隆重，参加典礼者共400余人，包括中国陆军总部总司令何应钦、美国训练处代表司徒德中校，及中美两方高级将领、昆市教育界来宾等。典礼由班主任吴泽霖主持，何应钦、司徒德、梅贻琦相继致辞。② 在这次结业典礼上，何应钦的讲话提到译员的责任，其要点略为：（1）要明了译员本身职责，除了努力完成沟通中美两方语言的译述任务外，还要承担起交流两国民族优良传统与作风的工作，将美国民族具有的爽直坦白、重视荣誉、富有事业心、讲求效率、彻始彻终、负责尽职、不畏危难、乐于冒险、勤求进步、民主精神等优良特性，尽量介绍给中国官兵，使他们知道自重自强，涤除不良积习。同时，也要向美国人介绍中华民族的美德与传统文明，以收互相改进之效，如此才算是完成了译员真正的使命。（2）要了解中国抗战的意义及国民应尽的义务。这次抗战的目的一为谋求中国的自由平等与独立，一为维护人类正义及世界永久和平，其胜败关系甚大。美苏英各盟邦在这次大战中，不但及龄壮丁无分贵贱贫富一律应征当兵，青年妇女亦多自动参加战时工作，但中国除青年军为国家服役外，其他大部尚未尽到国民应尽天职。现在联大学生应征充任译员，固然出自本身热情，但也是国民应尽的义务，所以要任劳任怨、不计艰苦、尽忠职守，

① 《译员训练班昨举行周年纪念，吴主任泽霖报告成立经过，第四期学员本月五日结业》，《云南日报》1944年11月2日，第3版。

② 《译员训练班昨行结业礼》，《云南日报》1945年7月9日，第3版。

不可在待遇上计较。（3）纪律是军队的命脉，知识分子将来到部队工作，希望提高服务精神，严守纪律，随时自加检点，为官兵做出表率，这样才能得到官兵和盟友的尊敬，完成各自所负的任务。（4）要贯通中美两方意旨，增进合作精神。中美联合作战已逾三载，今后美国陆空部队来华助战人数日多，双方将士均应一德一心，在精神、道义、生活、行动上密切协调，通力合作。而精神上合作的基础，全赖翻译人员能贯通中美两方意旨，促进彼此相互了解、相互尊敬、相互亲爱，以达到感情融洽增进合作的目的。① 何应钦的讲话，实际上指出了译员工作的意义，也为即将走上战斗岗位的学员们提出了要求。结业式的最后一项，是由副班主任樊际昌颁发毕业证书和各项奖品，并全体合影留念。

关于结业译员派遣情况，这里以第一期为例。1943 年 12 月底公布的分配名单，去向大体以英语水平为依据，一般授以三级译员，相当于上尉待遇，每人发一套当时叫作"罗斯福布"的军装，和一个俗称"符号"的有三颗星（表示"上"）的蓝色（尉官）胸章，上面两条横栏内填写三级译员和姓名。领章、武装带则要自己购买。结业译员的去向也不相同，梅祖彦说他们当中的傅书逊等 6 人去了印度远征军，樊恭然等 8 人去了航空委员会，杨锡生等 6 人去了军事委员会战地服务团，其余都先被分配到军事委员会外事局，向昆明美军总部报到后，再转派到滇西各美军联络组。到外事局的同学，也各发黄绿色制服一套，配布质军级胸符一个。胸符为蓝色边框，表示为陆军；左边有三个黑色三角，贯以一条竖线，表示上尉；旁边有一红色竖杠，表示兵种为步兵。右侧横写"军委会外事局三级""同上尉"（文职军官）等字样。凭这些军级符号，可到军用品商店买上尉领章及武装带等。穿着这样的军装走在街上，确实有点神气，不过后来多数译员都不穿军装，只佩戴外事局的圆形铜质证章，到前线后就都穿美军发给的制服，不戴任何级别标志。②

担任译员的同学大多要经过译员训练班培训，但至少有 15 名同学未经培训就直接担任译员，这些例外有其特殊原因。1943 年底，军事委员会译员训练班昆明译训班开班后，有些同学穿着军服回到学校，弄得留

---

① 《译训班学员结业礼，何总长亲临训话》，昆明《扫荡报》1945 年 7 月 9 日，第 3 版。
② 梅祖彦：《军事翻译员经历追忆》，清华校友总会编《校友文稿资料选编》第 4 辑，第 47 页。

在校内的同学心神不安，议论纷纷。一天，电机系办公室外的墙上贴出一封前线来信，是当时在国民革命军新编第三十八师孙立人部下工作的联大校友"云镇"写的。信中说，他们正在缅北，为打通滇缅公路这条国际通道，与日本军队作战，部队需要懂得工程知识的人去工作，提供的待遇也较优厚，等等。这封信在同学中引起波动。有人想，反正要被征调充当译员的，不如到缅北去做技术工作，对于学习理工科的学生来说，技术工作总比当译员更有劲吧。当时，教育部规定这次征调可以到其他部门服役，于是有的同学就报名去新编第三十八师从事工程技术工作，经过学校讨论，后来批准了15位同学，他们是电机系的蒋大宗、梁家佑、李桂华、李循棠、黄纪元、吴铭绩，机械系的宁奋兴、江今俊、曾善荣、方为表、陈柏松，土木系的王伯惠、孙致远、戴祖德、张世斌。由于是到前线做技术工作，这些人没有参加译员培训。

这批同学是乘美式 C-47 型运输机飞往印度北部的小镇雷多的，途中还发生了一件小事故。由于大家都是第一次乘飞机，不免有些新鲜，每见飞机上的英文字，就要凑上去看个究竟。其中一个手柄上写着"PULL"，意思是用力移动，张世斌同学看了就像执行军令一样立刻去拉。没有想到，这是一扇救生窗，拉开后人就会被气流吸出机外，幸好旁边有三四个同学七手八脚紧紧拽住张世斌，又用尽平生之力才把窗门关上。[①] 这些同学到新编第三十八师后，分配在军械处及步兵营、炮兵营、工兵营、通信营部队，不过由于部队缺翻译，他们在长达一年的丛林生活中，实际工作仍是为美军担任译员，有的人更是直接分配到翻译室。[②]

这次征调也有少数同学没有担任译员，如成都要突击修建可起落B-29 远程战略轰炸机的机场，土木系一些同学便被抽调参加了这项紧急军事工程，也被视为应征从军。[③] 电机系十几名同学以同中尉技佐文职军衔，被分配到主要生产15瓦收发报机、手摇发电机和电池等的军政部电

① 吴铭绩、梁家佑：《丛林插曲》，《昆明文史资料选辑》第25辑，第460页。
② 吴铭绩、梁家佑：《丛林插曲》，《昆明文史资料选辑》第25辑，第457页；吴铭绩：《联大生琐记》，《西南联大北京校友会简讯》第26期，1999年8月。
③ 李方训：《纪念抗战胜利五十周年，不忘西南联大从军壮士》，《西南联大北京校友会简讯》第18期；张之良：《滇西翻译官》，清华校友总会编《校友文稿资料选编》第4辑，第42页。

信机械修造厂（国民党陆军中最大的通信工厂），其中冯太年、张华荣、张道一去重庆化龙桥总厂，朱绍仁、伦卓材去湖南耒阳修理所，担任通信机械试验与检查工作。其后，有些同学到了航空公司，在印度加尔各答至昆明、重庆间的"驼峰航线"上承担无线电修理工作，如张道一修理短波通信机，徐芸芬维修自动定向仪，何玉文维修通信电动机。[①]

航空工程系 1944 级大部分同学也没有当译员，而是到了航空委员会，其中不少人进入空军机械学校第十一期高级机械班。[②] 有些同学，经过短期培训后担任了飞机驾驶员，邓汤美同学就是此时考入中航公司，培训后被分配到印度飞模拟器和进行空中训练，以后做了副驾驶。邓汤美曾长期驾驶道格拉斯公司生产的两台活塞式双速坛压航空发动机的 DC－2、DC－3 客机和 C－47 货机，飞行在印度至中国的航线上。这条航线高 16000～20000 英尺，由于日军侵入缅、印、中边境，原先备降加油的密支那和八莫亦先后沦陷，航线不得不远离无线电导航台，北移到更靠喜马拉雅山脉的高原山区，使飞机需要经常穿越无数"驼峰"山沟之中。从云南大理及四川宜宾以西的大部地区，即一望无际的俗名"野人山"的原始森林，而中、缅、印边境间没有无线电定向台，也没有明显的地标，保证飞行安全的难度很大。同时，为了躲开从缅北机场起飞的日军飞机的拦截和追击，飞行员多半是夜间 2 时或 3 时从昆明起飞，向西夜航飞越高原山区，于是常常碰到比白昼更恶劣的气候。在这条航线上飞行，真是提心吊胆，无时无刻不在做生死搏斗。邓汤美在此航线上飞行期间，就先后有三架飞机失踪，其中包括联大外文系 1944 级朱晦吾和电机系 1945 级沈宗进同学驾驶与乘坐的飞机。在这条举世闻名而极其惊险航线上服务的，还有联大机械系的罗道生、谭中禄、华人杰、陈仁炱，土木系的冯少才，化工系的萧沸沛，政治系的周炳，航空系的陈启藩等同学。[③]

在这条航线上服务的，不只是这时从军的同学，也有前期毕业的校

---

① 张道一：《回忆从抗战到新中国成立》，《国立西南联合大学一九四四级通讯》（二），1997 年 3 月，第 38～39 页。

② 《怀念丁维樑学长》，《西南联大北京校友会简讯》第 40 期，2006 年 9 月。

③ 邓汤美：《叙永五十校庆话当年——"驼峰"飞行和香港两航公司起义北飞》，中国人民政治协商会议四川省叙永县委员会文史资料委员会编《叙永县文史资料选辑》第 13 辑，1990 年 9 月，第 68～69 页。

友。1934 年考入清华大学的彭宪成同学，1940 年从西南联大毕业，1942
年 4 月进入设在昆明的航空委员会空军军官学校任教（习称昆明中央航
校），兼任气象台测候员，后出任空军第五总站测候区台区台长。这个测
候区台，除了负责"驼峰航线"的天气预报外，还为广州至海口、昆明
至湛江、昆明至西安的航线提供大气预报。彭宪成在空军第五总站测候
区台，与美国空军第十气象区台威尔可少校和福莱明少校一起合作了将
近三年。1943 年至 1944 年间，他还应导师李宪之的要求，为联大气象组
开辟测候实习场所。①

加尔各答至昆明的航线，是太平洋战争爆发后中国大后方与盟国共
同作战期间的唯一空中桥梁。在这条航线上，活跃着西南联大从军同学
的身影。他们为维护航线的畅通，为保证国际援华物资的安全运送，立
下了汗马功劳，是创造至今为人称道的世界空运交通史奇迹之参与者。
可见，掌握了紧缺知识的青年，在战时能充分发挥作用。

五　战火洗礼

从译训班结业的同学，被分配到不同岗位。其中有的去了各地的美
军招待所，这些人多半是英语学得少些的中文系同学，他们未授军衔，
但工作环境安适，没有多大危险。更多的人则去了部队。其中到空军的
人，主要在飞机场附近工作，相对比较安全。西南联大到这些单位去的
同学，有机械系二年级的李宏，他最初被分配到昆明巫家坝机场航空委
员会，1944 年初调到呈贡机场空军地勤三大队二中队，12 月又调往印腊
河（今巴基斯坦拉合尔）的中国空军军官学校初级班。② 曹念祥同学则
在昆明巫家坝机场、陆良机场协助美军航线预报，参与保障 B - 29 重型
轰炸机穿梭轰炸日本东京等工作。③

到部队去的人，分去指挥机关与作战部队两种。毕业于第一期译训
班的联大同学去指挥机关的有杨晋梁、厉若白、崔绍藩、梅祖彦等，他

---

① 胡锦季：《寄情卅载，缅怀父亲彭宪成》，《西南联大北京校友会简讯》第 36 期，2004
　年 10 月。
② 李宏：《我的从军翻译生活》，《西南联大北京校友会简讯》第 25 期，1999 年 4 月。
③ 曹念祥：《我辈本是拓荒牛》，《国立西南联合大学一九四四级通讯》（二），1997 年 3
　月，第 56 页。

们到设在农校大院内的美国陆军在云南的指挥机构昆明美军总部译员室工作。当时，昆明美军总部下设四个系统，G-1 为人事，G-2 为情报，G-3 为作战，G-4 为军械。梅祖彦说："在译员室我（的）第一件工作是 G-3 交来的部队编制表（T/O）的翻译。美军的标准师有 16000~18000 人，机械化程度较高，而国民党部队的师只有 6000~8000 人，人员及技术条件均差，故需设立一种符合美军基本要求而又适应中国具体情况的编制系统，往来翻译的报表很多。另一件事是随 G-4 的军官和中国兵工署军械局等单位联系在昆明生产美式武器的问题，当时美军在中国战场试用喷火器，这是一种杀伤力很强的武器，能造成很大的烧伤。我翻译了喷火器全部文件并参加了部分技术工作。"[①] 此外，美军总部每周要派一个汽车队前往滇西各驻扎点运送日常补给，联大同学轮流随车队当翻译，和美军车队走走停停用五六天跋涉昆明到保山的 670 公里公路，途经滇缅路西段时，到处可见 1942 年夏日军进逼时我方大批军用和民用车辆后撤的痕迹，其中不少是倾覆路边和因机械失灵被推下山涧的车辆。

太平洋战争爆发后，为了配合在缅甸的英国军队，中国于 1942 年 2 月组建了远征军，下辖第五军、第六军、第六十六军 3 个军，联大一些从军译员加入了隶属第六十六军的新编第三十八师，师长是孙立人。孙立人虽然不是西南联大校友，但他是清华学校 1923 年毕业生，而由清华学校发展起来的清华大学又是联大的成员之一，因此联大师生说起孙立人，也不无骄傲之感。孙立人是抗战名将，赴美留学时初习土木工程，后考入弗吉尼亚西点军校。1930 年，回国两年的孙立人调入陆海空军总司令部侍卫总队，越两年调任由财政部长宋子文创建的税警总团。全面抗战爆发后，税警总团于 1937 年 10 月配属张治中第九集团军参加淞沪抗战，孙立人率领的税警第四团在蕴藻浜和大场两处战役中脱颖而出。孙本人也被提升为二支队少将司令。在防守苏州河周家宅一线的血战中，一发迫击炮炮弹在孙立人身边爆炸，他全身中弹片 13 处，昏迷了 3 天。国民政府迁都重庆，财政部重组税警总团，任命孙立人为总团长。1941

---

①　梅祖彦：《军事翻译员经历追忆》，清华校友总会编《校友文稿资料选编》第 4 辑，第 48 页。

年 12 月，税警总团改编为新编第三十八师，孙立人出任师长。

　　1942 年 2 月，中国远征军参加第一次入缅作战。4 月，隶属第六十六军的新编第三十八师在师长孙立人的率领下进入缅甸，投入了曼德勒会战。第一次入缅作战分东西两条线，西线英军步兵第一师及装甲第七旅被日军包围于仁安羌，孙立人亲率第一一三团星夜驰援，一举攻克日军阵地，把弹尽粮绝的 7000 名英军解救出来。仁安羌之战是中国远征军入缅后的第一个胜仗，孙立人以不足 1000 人的兵力，击退数倍于己的日寇，救出近十倍于己的友军。为此，国民政府颁发他四等云麾勋章，美国总统罗斯福也授予他"丰功"勋章，而英王乔治六世授予孙立人"帝国司令"勋章，使他成为第一个获此殊荣的外籍将领。

　　任何战争都是你死我活的残酷厮杀，西南联大虽然多次遭到日军轰炸，师生们天天谈论抗战，但毕竟远离前线，而这次译员征调，同学们才在作战部队中经历了战火的考验。仁安羌战斗扭转了西线战局，但东线却被日军突破，导致全线动摇，不得不放弃缅甸后撤。这次入缅战役失利后，中国远征军一部在副总司令兼第五军军长杜聿明率领下，翻越遮天蔽日的野人山返回国内。在中国远征军第五军司令部担任中校翻译官的外文系助教穆旦，亲历了滇缅大撤退，前面介绍过穆旦写下的《森林之歌——祭胡康河上的白骨》，就是他目睹野人山堆堆白骨的切身感受。当时，陈羽纶同学也在中缅印战区美国陆军总指挥部，担任史迪威将军的翻译。[①]

　　新编第三十八师没有撤回国内，而是与廖耀湘任师长的新编第二十二师西撤印度，于 1942 年 8 月改编为中国驻印军。经过休整，装备了全套美式武器的中国驻印军于 1943 年 10 月发动第二次缅甸战役。这次战役的第一阶段首先展开的是胡康河谷战役，接着进行了孟拱河谷的争夺。孟拱河谷自西向东，先有布杰班山，继有卡盟、孟拱、密支那三大据点，1944 年 3 月底，中国驻印军占领天险布杰班山，敲开了孟拱河谷的大门。

　　缅北战场反攻初期，中国驻印军新编第三十八师与新编第二十二师

---

① 于文涛、唐斯复：《身愈残，志愈高，楼虽小，天地宽——记陈羽纶和他的〈英语世界〉》，《西南联大北京校友会简讯》第 21 期，1997 年 4 月。

配合作战，新编第三十八师在左翼，新编第二十二师在右翼，此外还有美军一个突击支队在左翼向前穿插，英军一个旅在右翼穿插，常常出其不意出现在日军后方辎重重地，对日军造成很大威胁，孙致远同学就是这时来到新编第三十八师的。新编第三十八师下辖三个步兵团，每个团三个营，每个营都有美军联络组，孙致远所在的是第一一三团第二营，主要担任着营里美军联络组的工作。这个营的美军联络组包括一名联络官和几名无线电通信战士，他们使用的是手摇发电机发电的收发报机，平时负责与师部及战区指挥部的联络，发生战斗或在空投给养时，则负责对空联络。孙致远参加的第一次战斗，是经过几天急行军赶到孟关南部的瓦拉本。孟关是日军在缅北固守的一个重镇，我军久攻不克。当时一支美军突击支队出现在敌人后方，插到公路边威胁敌后方交通，与日军展开激战，第一一三团奉命前去支援。当晚，第一一三团宿在离前线约一公里远的沟溪旁，准备第二天早晨接防。不料，黄昏后日军整夜向沟里打炮，孙致远第一次到战场，没有经验，挖的掩蔽体不够大不够深，听到密集的炮声不由心里发慌，后来实在耐不住才跑到第八连的一个大掩蔽部里。第二天黎明，炮声停息，孙致远随连队与美军接防，方发现日军趁打炮之际，从密林中悄悄撤退了，第一一三团遂即沿着公路向敌追击。追击中，孙致远生平第一次看到在路边三三两两躺着曾经不可一世的所谓"皇军"尸体，还有一路丢弃的枪支弹药。①

加入新编第三十八师第一一三团的还有李循棠同学，他所在的第一营参加了一次重要的大迂回作战。当时，新编第三十八师左翼山地深插进入敌后，一个团迂回至加迈之南切断日军后路，一个团进取加迈，一个团对孟拱实施大纵深穿插，李循棠所在的第一一三团第一营紧随缅北战场唯一的美国队伍"麦支队"之后，参加了这次大迂回，为切断日军后路，取得胡康河谷战役的胜利奠定了基础。② 6月中旬，新编第三十八师第一一三团与新编第二十二师会师加迈。下旬，新编第三十八师第一一四团攻克孟拱。8月上旬，中美联军经过78天苦战，克复了具有战略

---

① 何宇整理《西南联合大学八百学子从军记——1944届从军学生的译员生涯》，《近代史资料》总109期，第219～220页。

② 何宇整理《西南联合大学八百学子从军记——1944届从军学生的译员生涯》，《近代史资料》总109期，第220页。

意义的交通枢纽密支那，反攻缅北的第一期战斗至此胜利结束。

在新编第三十八师担任译员的不只有孙致远、李循棠。攻克密支那后，中国驻印军扩编为新编第一军和新编第六军两个军，孙立人出任新编第一军军长，下辖新编第三十八师和新编第三十师。不久，在新编第二十二师基础上扩编的新编第六军大部奉调回国增援豫湘桂作战，余部新编第五十师划入新编第一军作战序列。此后，中国驻印军实际上只有新编第一军。新编第一军的主力是新编第三十八师，这也是联大许多征调译员加入这个师的一个原因。1943年10月，中国驻印军发动反攻缅北的第二期作战，由密支那、孟拱两路向南进攻，其中东路的新编第一军沿密支那至八莫的公路攻击，1944年11月围攻缅北重镇八莫时，关品枢同学就在担任主攻的新编第一军第三十八师当翻译。[①] 1945年1月27日，关品枢随同中国驻印军新编第一军与滇西中国远征军联合攻克中国境内的芒友，打通了滇缅公路。随后，新编第一军各部连克腊戌、南图、猛岩，完成了第二次缅甸战役的作战目标。

加入中国驻印军的西南联大同学还有哲学系的罗达仁。罗达仁于1944年3月1日进入译员军事委员会译员训练班，仅仅受训两个星期便于15日结业。那天下午，戴世光教授约该期结业的30余人谈话，宣布了提前分配名单和派遣单位，罗达仁等16人分往驻在印度的美军部队。16日，罗达仁一行在樊际昌教授带领下，乘车到巫家坝机场，接受一位美军中尉的指导。美军中尉从肩上取下一个捆成长形大背包的降落伞，然后做示范动作，教大家如何拴在肩背上，如何拉伞的手把。美军中尉说："第一要紧的事，要沉着，不管有什么变化，或者遇到敌机截击，或者中了敌人高射炮，或者遇到天气突然变化，都不要慌张，要听领航员的指挥。要你们跳下飞机时，窗门会打开，要一个一个挨着跳，不要争先恐后。跳下以后，拉把手不要太早，也不要太晚，伞张早了，会挂着飞机，开迟了，会跌在地上。"他还告诉大家跳伞时心里要默念"一千""两千""三千"的数字，念完了就马上拉手把，但念的节奏要不快不慢，快了慢了都不行。这位中尉说的是美国南方口音，樊际昌怕人家没有听懂，

---

① 关品枢：《追忆一位不知名校友》，《西南联大北京校友会简讯》第16期，1994年10月。

又把刚才说的用汉语重复了一遍。就这样，平时要教很长时间的跳伞技术，在数分钟内便结束了。随后，同学们告别师长，登上已打开大门的飞机。①罗达仁到达印度后，相继分配到野战医院、十四医院、二十医院当翻译。一次，他还遇见了身负重伤到医院治疗的孙立人。

前线的战斗召唤着血气方刚的青年人，一些在较安全地方从军的同学，主动要求到作战部队去。历史系卢少忱同学，原在印度利多第四十八师后方医院任译员，他在那里工作了三个月，就和地质系同学王忠诗、陈鑫向设在利多的军事委员会外事局驻印办事处提出申请，要求调往前线部队。当时正是大批部队增援缅北密支那的时候，三人的要求当即被批准。他们从利多乘运输机到密支那后，王、陈二人配属到新编第三十师第八十八团，卢少忱则分配到新编第三十师第九十团工兵营，在硝烟中度过了80多天。战场上的艰苦可想而知，卢少忱回忆道：

> 营部中只有营长、副官、电话员、传令兵、美国上尉联络官和我六个人。我的工作主要是随时把营长的战斗计划、部署和战况向联络官沟通，并在联系补给弹药、给养以及要求美国空军协同时进行翻译工作。
>
> 两个多月的随军战斗相当艰苦、紧张而又激烈。时值雨季，几乎每天阴雨绵绵，经常大雨倾盆，虽着雨衣，但内衣也湿透。因双方炮火猛烈而密集，我们营部几个人不得不经常躲在略有遮盖的掩蔽部里。掩蔽部的坑约1.5米见方，半身多高。地面上的雨水流入坑中，积水过膝，两条腿泡在水中，时间长了皮肤也会发白，夜晚更不能安眠。当时疟疾流行，有一种毒蚊，叮咬后24小时内发高烧可致命。因此，强迫每人每天吞服两次防疟疾的阿的平黄色药片（因奎宁没有来源），长期服用影响到皮肤呈土黄色。每到傍晚还必须在袖口、领口、裤腿以及皮肤外露处涂抹防蚊油．但也只有效四个小时。最令人讨厌和警惕的，是在沼泽地或泥泞积水的地面上遍地布满蚂蟥。它长达几寸。如被它吸住皮肤，满腔都是人的血，不

能揪它，即使揪断，它也不撒嘴，最好的办法是用烟头烧烫另外一头，或用防蚊油涂抹另一头。乘它一收缩，马上用手从旁拍掉。

…………

七月中旬以后，我军日益接近密支那市区中心，日寇更加拼命死守，战斗猛烈。日寇死尸遍地，来不及掩埋。有的尸体已腐烂，身上爬满白蛆，漂浮在河沟上，河水也被污染，发出尸体的烂臭味，当行军趟过半身（深）的河水时，浑身沾染上死尸的臭味，这种感受，深刻难忘。[①]

1943 年 10 月，日军以第五十六师团及第二师团、第十八师团各一部，进犯中国西南大门云南，怒江以西国土相继沦陷。1944 年 5 月，中国远征军司令长官卫立煌率部驰赴保山，在盟国顾问团和陈纳德飞虎队空军支援及中国驻印军策应下，展开了收复滇西缅北战役。5 月 11 日，右翼第二十集团军强渡怒江，9 月 14 日收复腾冲。左翼第十一集团军于9 月 7 日收复松山，11 月 3 日夺取龙陵。接着两路并进，至 1945 年 3 月光复滇西全部失土。在这次历时一年半的战役中，同样活跃着联大同学的身影。霍达德同学被派赴滇西，先是担任美军山炮专家组与中国远征军某山炮营间的联络翻译，后调到工兵训练中心，为美军专家给中国远征军某部讲授爆破作业、地雷侦察器、火焰喷射器等武器做翻译。在怒江西岸，他还见到了任美军迫击炮专家与中国远征军联络的田多铭同学。[②]

中国远征军司令部是 1944 年 5 月由楚雄前移到保山的，美军总部也由昆明派出一个前线指挥所，联大的钟安民、凌瑞麟、卫世忠、梅祖彦、孙原、井上文、蔡国模等同学，这时相继到达建在树林密布山坳里的马王屯美军指挥所。战事紧张时期，每晚中美双方都要举行高层碰头会，一般由中国远征军参谋团参谋处长萧毅肃与美军准将窦恩（Dorn）交换情报，研究对策。这些会议，主要由钟安民同学担任翻译，其他同学在

①　《缅北密支那战役追忆——从军校友卢少忱的书面发言》，《西南联大北京校友会简讯》第 38 期，2005 年 10 月，第 14～15 页。

②　何以中（霍达德）：《纪念母校建校 60 周年回忆往事随想》，《国立西南联合大学一九四四级通讯》（三），1998 年 8 月，第 35～36 页。

侧室轮流值班，负责美军指挥部与前线美军联络组的通话，并随时将双方交换的敌方情报翻译成英文。美军中有一些随军记者，他们每天采访到的新闻也要译员陪同送到长官司令部审查。而美军中、高级官员到前线的美军联络组视察，也要译员随行，他们或步行，或骑马，行军几天到十几天不等，这使联大同学有机会目睹某些实际军事行动，增加了不少感性认知。

在随行中，梅祖彦见到了不少当译员的联大同学。1944年5月中旬，滇西缅北战役开始不久，梅祖彦随一位美军中校到北线视察，在第一一六师第三四八团驻地时，见到了已随美军联络组工作半年的马维周、姚元。7月，梅祖彦随一位美军少校去正在围攻腾冲城的第五十三军军部，在一个叫赤土铺的小村又遇到了马维周、姚元以及李正青、徐钫等同学。当时，姚元背部中一弹片，正在休养。返回保山途中，梅祖彦在洞坪还见到了在第三四六团的同班同学傅又信。[①]

类似随行视察，梅祖彦印象十分深刻。8月初，他随另一位美军上校到松山前线，目睹"日军已全部龟缩到松山的中央地堡内，我们的汽车可以从惠仁桥过怒江到腊猛街。在观测所里可以看到准备进攻的我军队伍，敌人阵线就在眼前但看不到人，只能辨认出一些地堡的枪口"。第二天，梅祖彦还看到我军炮兵在两架L-5飞机指挥下，向日军阵地射击的作战场面。[②]

地面作战不仅环境艰苦，还时刻面临着可能出现的危险。这一点大家心知肚明，因此有些人参加译员训练班前就内心矛盾。分配到炮兵训练中心（F.A.T.C.）的数学系张之良同学，曾听到一些传闻，说某某同学在前线被打死了，某某同学去了印度飞越喜马拉雅山时遇见了日本零式飞机吓得晕了过去，又说日本人以5万元悬赏一个翻译官人头，等等。张之良的父亲从四川来信，叫他回家做中学教员。张之良不是没有动过开小差的念头，但这样一来不仅会被学校开除，没有毕业文凭，而且战后也无脸面见本班同学，让别人说："张之良在国家正需要你出力时，你

---

① 梅祖彦：《军事翻译员经历追忆》，清华校友总会编《校友文稿资料选编》第4辑，第49页。

② 梅祖彦：《军事翻译员经历追忆》，清华校友总会编《校友文稿资料选编》第4辑，第49页。

开小差了。"经过两个星期的思想斗争，不能当逃兵的思想占了上风，于是他在炮兵学校射击教练组、通讯组、驮运组、野战炮兵营、医务室工作了7个月之后，又到怒江前线当炮兵翻译，一直干到抗战结束。[①]

美军在中缅印战场的部队简称 CBI，其下分三个战区，印度、缅甸为缅北战区（X-Force），云南为滇西战区（Y-Force），广西、湖南、贵州为湘桂黔战区（Z-Force）。联大同学分配到上述战区的，在国内者授衔陆军上尉，到印缅战场的则授陆军少校军衔。联大同学参加的战役和战斗，大部分在中印缅战场，但也有些在中国境内。在某兵站工作了10个月的张之良同学，从事了不同种类的许多工作，他不仅为中方各级军官中回国述职人员联系交通，还为前线送过弹药。1944年，日军发动旨在打通南北交通线的"一号作战"，在其先头部队占领贵州独山前夕，张之良在机场昼夜不停承担着由印度回国支援的新编第六军和由陕北调来的胡宗南部队的转运工作。滇缅公路打通后，他又与美军工兵踏遍滇西山山水水，修建中印油管。日本投降后，在印缅的中国部队陆续回国，他与兵站的中美两方后勤人员，一起负责沿途所需粮草的准备。[②]

也是在1944年的豫湘桂战役中，李钦安同学奉派跟随美国联络组前往湖南，配合参加衡阳战役的第九十七军，任务为用手摇无线电机与Z－Force指挥部联系。他到达邵阳时，离邵阳约一百公里远的衡阳已被日军包围，驻守衡阳的第十军正急待增援，第九十七军要求李钦安所在的联络小组立刻向芷江指挥部发出紧急电报，要求空军配合行动，以便突破日军包围线，进入衡阳解救第十军。当晚，李钦安和他的小组在离日军只有两三公里远的茶山坳前线，用电报向芷江指挥部报告了这一情况。那时的手摇发报机，构造就像脚踏车的左右两踏板，它只是把踏板改为手把，两把中间为发电机，操作时快速旋转双把，即可发出电流而发报，或与近距离的小组对话，更可作为地空联系，指引空军对地面作战。电讯发出不久，即获"同意"回电。他们接到回电后，马上向第九十七军军长报告，接着把军长拟定的计划再转给芷江。经过紧张的联络，最终决定了陆空作战的日期及地点。

---

① 张之良：《滇西翻译官》，清华校友总会编《校友文稿资料选编》第4辑，第43页。

② 张之良：《滇西翻译官》，清华校友总会编《校友文稿资料选编》第4辑，第43页。

当时，第九十七军所做的准备，除了军事布阵外，还要在樟木市与茶山坳间距衡阳6公里处之某高地布置空中轰炸指标。这个指标用米黄色厚帆布制成，长6米、宽1.55米，像一个巨大的箭头，放在地上，箭嘴指向轰炸目标。箭头后面是帆布制成的巨大数字，指示弹着点与箭距离，届时我军战机即可按指标的方向及距离进行轰炸或扫射。陆空联合攻击的那天清晨4时整，李钦安小组跟随军长及其部属组成马队，沿乡间小路出发。乌黑的天空，只有几点不时为晨雾遮掩的星光。马队摸黑行军，在沉静气氛中，只听到马蹄声及马匹喘气的声响，偶然一阵山间冷风吹过来，附近松林就发出嘶嘶刺耳的哭泣声，使人感到透心的寒栗。大约经过三小时，李钦安小组到达这个高地，马上架起发报机，完成锁定空中轰炸指标等程序。随后，他们向芷江指挥部报告一切准备就绪，请示立即进行轰炸。片刻，芷江回电说空军已经出动了。其时，李钦安站在高地上，透过晨雾往衡阳方向望去，只见灰黑色的城郭不断升起团团烟幕，和黑烟城中传来的沉重爆炸声，那是日军正向衡阳城进行24小时的不间断轰炸。正在人们为衡阳城中官兵担忧的时候，西北方传来微细的飞机声。机声越来越近，不久两架 P－40 飞机如流星般划过天空，接着又是两架飞机呼啸而过。美军联络组一上尉立即与飞机联系，前面的两架飞机马上回过头来，低空掠过指标，并向指标方向低飞。顷刻间，飞机的机枪就响了起来，在敌人阵地低飞扫射。后面的两架飞机也投入战斗。与此同时，高地前方的我军也开始炮击，机枪声、炮声、手榴弹声，卷起阵阵浓烟。[①]

西南联大征调译员的同学，主要是为美军做口译或笔译，因此与美军打交道的机会太多了，其中也不乏一些趣事。美国骨子里有种傲气，在昆明就发生过美国士兵瞧不起中国人甚至欺侮中国人的事，所以有些同学觉得与美国兵来往，难免受气。可能是为了打消这种顾虑，孙立人第一次接见刚到新编第三十八师的 15 位西南联大同学时，就叫他们不要受美国人的委屈，出了事他可以给予支持。有了这话垫底，吴铭绩等同学的腰杆也挺了起来，说话办事不卑不亢。有一次，李桂华同学与负责摆渡的美国士兵交涉马匹过河时，美国士兵不允许，李桂华就派了 12 名

---

① 李钦安：《衡阳战役随军散记》，《西南联大北京校友会简讯》第 34 期，2003 年 10 月。

冲锋枪手一字摆开，子弹也上了膛，结果把 4 个美国兵吓傻了。后来，他们不但允许摆渡，而且不吃午饭，直等到渡完马匹才离开。分别时，美国士兵还"OK""顶好"喊得火热，让人有种不打不相识的感觉。

还有一次，吴铭绩和梁家佑开车赶回阵地，因为前线不能开车灯，所以必须天黑前赶到。但是，途中遇到一辆美国士兵开的大卡车，故意挡在路中间不让他们超车。吴铭绩连连按喇叭，也毫不管用。这样僵持了十几分钟，吴铭绩瞅了一个机会赶到前面，朝着那辆车的前方开了三枪。枪就是比喇叭灵得多，那个美国士兵马上靠边，让吴铭绩的车先过，还举手表示祝福。①

西南联大担任美军译员的同学，无论是派往前线直接参加战斗，还是到指挥机关，都经历了出生入死的战火洗礼，为中国抗战和世界反法西斯斗争做了贡献。抗战胜利前夕的 1945 年 7 月 6 日，美国总统指令为在中国战区援助美军作战建有功绩的中国翻译人员授予铜制自由勋章，受奖的 52 人中西南联大有 16 人，他们是钟香驹、冯钟辽、许芥昱、林龙铁、卢飞白、马维周、程道声、李乃纲、李益深、刘厚醇、梅祖彦、蔡国谟、邹国奎、左永泗、王蜀龙、姚元。这些人是西南联大应征担任译员中的杰出代表，他们和全校、全国知识青年一起，用自己的青春书写下光辉的一页。2003 年，联大 1944 级同学自费编辑了一本《国立西南联合大学八百学子从军回忆》，记录了当年响应征调、译员训练、战时生活等终生难忘的峥嵘往事，字里行间充满了以知识报效国家的自豪。

第四节　出征缅北

1942 年 4 月 1 日，当中国远征军第一次入缅作战，取得东瓜之役胜利的时候，西南联合大学学生自治会曾怀着振奋的心情向远征军将士发出慰问电。电文云：

> 重庆军事委员会转入缅远征军的将士们：自你们出国远征，我们无时不在关怀着你们的行踪。最近东瓜之役，你们以寡众悬殊的

---

① 吴铭绩、梁家佑：《丛林插曲》，《昆明文史资料选辑》第 25 辑，第 458 页。

兵力，和敌军作十余日血战，毕竟在艰苦危难的情势中，立下了辉煌的战果，不朽的功绩。你们英勇果毅，誓死不屈的精神，已充分表示了我中华民族是全世界最优秀的民族，我们谨在此遥寄你们以无限的敬意，并祝你们早奏凯歌。①

如果说那时同学们还是以局外人祝捷，那么 1944 年他们就成为中国青年远征军的战斗一员。

中国青年远征军简称"青年远征军"或"青年军"，是抗战后期在国民政府的动员下，知识青年入伍组成的一支特殊部队。1944 年初，日本侵华部队为了打通中国南北交通线，发动"一号作战"。这次作战分为两个阶段，中国称其为"河南战役"与"豫湘桂战役"。交战的结果，国民党军队遭到巨大挫折，连连丢城失地，遭到社会各界的强烈责难。国民政府把军事失败的原因归结为中国兵员身体素质与文化素质太差，于是决定发起动员知识青年从军运动。8 月 27 日，蒋介石在国民参政会上提出"一寸河山一寸血，十万青年十万军"口号，动员和鼓励知识青年从军。

10 月 11 日至 14 日，国民政府召集"发动知识青年从军会议"，通过知识青年从军方案，规定凡年满 18 岁至 35 岁，受过中等程度以上文化教育，身体健康的青年，都可作为应征对象，服役期为两年。对于从军青年，是公务员的保留薪水，是大专学生的保留学籍，高中学生服役期满后还可免试升入大学。与此同时，国民政府还成立了由党军政要人及教育界著名人士组成的知识青年从军指导委员会，会上蒋介石就知识青年从军运动提出了八项指示。24 日，蒋介石发表《告知识青年从军书》，号召青年积极入伍。嗣后，有关部门相继制定了《知识青年志愿从军征集办法》《专科以上学校知识青年志愿从军征集委员会组织办法》《志愿从军学生学业优待办法》《知识青年志愿从军征集委员会组织规程》等政策。同时，配定云南省征额 2400 名，其中男青年 2100 名，女青年 300 名。

---

① 《联大自治会电慰远征军》，《云南日报》1942 年 4 月 3 日，第 3 版。

一　发动周折

在知识青年从军问题上，西南联大最初反应冷淡，10月25日常务委员会的议题与从军运动毫不相干。蒋介石对知识青年从军八项指示中的第三项，是要求"党员团员应以身作则，率先从军，以改变社会风气，转移民众心理"。[①] 10月12日晚，蒋介石在"发动知识青年从军会议"聚餐会上，再次强调"党员团员应率先入伍，洗雪党国的耻辱"。[②] 西南联大在教育界举足轻重，蒋介石"不见昆明响应电，甚焦急"，于是派三青团中央干事刘健群到昆明督促联大表态。

其实，刘健群抵昆前两天的10月26日，联大教授会已讨论了知识青年从军问题，不过今存会议记录除了出席者签名外，没有任何文字。这种现象在重视学校工作记录的联大很罕见，究其原因，是由于意见尚未统一，不宜记录在案，这从10月27日昆明《中央日报》刊登的《联大教授会讨论响应从军运动》消息中便能窥知。消息中报道："西南联大为响应知识青年从军，昨日特召开教授会议商讨一切。出席教授近百人，由梅校委主持，讨论颇为热烈，发言者计有周炳琳、张奚若、袁复礼等十余人。咸主知识青年此时应该从军，唯除非有政府命令，该校不拟采取征调方式，概由学生志愿参加。惟为使学生从军踊跃起见，会内曾论及建议政府对训练方式、指挥机构以及待遇等，彻底加以改善。至晚七时散会。"这次会议，是本年度联大召开的第二次教授会会议，会议记录注明开会时间是"下午三时"，《中央日报》消息称"至晚七时散会"，说明讨论的确"颇为热烈"。这个"热烈"，表现在4个小时中，十余位发言者都反对"采取征调方式"，主张"由学生志愿参加"，即使要青年踊跃从军，也要求政府在"训练方式""指挥机构""待遇"等问题上"彻底加以改善"。

昆明《中央日报》还说教授会散会后，"复在西仓坡清华大学办事处接开常委会，讨论具体办法，建议政府采纳，至深夜始散会"。此言似乎捕风捉影，因为10月25日召开的是第三一四次常务委员会会议，第

---

① 叶惠芬编《事略稿本》第58册，台北"国史馆"，2011，第643页。
② 叶惠芬编《事略稿本》第58册，第650页。

三一五次会议是 11 月 8 日召开的，其间并未召开过常务委员会会议，何来对政府提出建议呢。更重要的，是西南联大的行政体制规定三校校长组成的常务委员会为最高领导机构，由常委和教务长、总务长、训导长、各学院院长组成的校务会议为最高管理机构，学校的最高权力机关是教授会。也就是说，常务委员会虽具有最高领导的权威，但它的行为受教授会的制约，必须执行教授会的决议。具体到知识青年从军这个问题，由于教授会已经形成了原则性意见，常务委员会不可能抛开教授会就向政府提出任何建议。

的确，西南联大对知识青年从军问题的表态十分慎重。10 月 27 日昆明《扫荡报》记者采访了出席 25 日常委会会议和 26 日教授会会议的联大训导长查良钊，查良钊回答说："抗战至于今日，发动知识青年从军，实属必要之举。学校方面亦曾举行校务委员会常委会会议，对此事加以商讨，佥以事属必要，一致赞成，并经召开教授会议，交换意见，仍以兹事体大，不在表面渲染，重在实际推动。而一般知识青年，尤应明了本身之责任与义务，不能视此为若何特殊之事，因国家适龄壮丁，无论其为知识青年或非知识青年，均有服兵役之义务也。惟凡作一事，必先善慎其始，然后乃克有终，联大教授会议已推定教授数人从事起草发动知识青年从军意见书，一俟脱稿再经教授会议及学校常委会议通过后，即行建议中央，以供政府之参考。"① 查良钊的回答耐人寻味，他回避正面答复，只是强调"兹事体大，不在表面渲染，重在实际行动"，虽然透露了教授会决定起草给中央的意见书，但对记者最关心的教授会建议要点，却丝毫未有透露。查良钊的苦心遣词，微妙地表达了西南联大在知识青年从军问题上慎之又慎的态度。

无论怎样踟蹰，对于全国性的知识青年从军运动，西南联大必须表明态度。10 月 29 日，以张伯苓、蒋梦麟、梅贻琦三常委名义表示拥护知识青年从军的致蒋介石电，完成定稿，30 日公开发表。这个电文是西南联大在发动知识青年从军时期的第一个文献。电文云：

---

① 《发动知识青年从军联大将上意见书，推定教授起草建议中央参考》，昆明《扫荡报》
1944 年 10 月 28 日。

> 重庆国民政府主席蒋钧鉴：奉读钧座告青年书，不胜感奋，知识青年从军，增加抗战反攻力量，确立现代建军基础，关系抗战建国前途，万□重要，伯苓等当竭诚鼓励，尽力推动，并已集合全校教授，统筹推动办法。教授同人，切望此举发挥最大效果，曾贡献意见，以备采择。除另即奉陈外，谨肃电闻。①

刊登这份电报的当天下午，学校召开第七届第二次校务会议，参加者有常务委员会委员、校务会议成员、本年度教授会会议代表。这次会议的四项报告中，有三项与知识青年从军直接相关，其中第一项便是梅贻琦报告10月26日教授会讨论从军问题的情况，第二项是传达蒋介石与教育部长陈立夫的来电，第三项是报告草就的教授会给蒋介石的建议书。而唯一议决事项，是通过“教授会上主席之建议书”，并“由快邮代电寄发”，同时“交各报馆发表”。②

第七届第二次校务会议在西南联大历史上是一次意义非常的重要会议，之所以这么说，是因为教授会建议书提出的若干措施，明确表示这次青年从军只能从事对日作战，不能被国内党派矛盾利用。今存这次会议的记录没有保存教授会上蒋介石建议书的具体内容，估计是作为附录不必在会议记录正文中重复。这对于历史记载的完整性来说，的确遗憾，所幸的是郑天挺日记保存了核心部分，使我们能够看到其貌。郑天挺日记记载道：下午“五时至西仓坡开校务会议，讨论知识青年从军事，决建议五点：一、新军军人不必入党；二、训练宜在昆明，宜用外人；三、军需宜用社会中众望素孚之人；四、宜用青年将领统率；五、军队待遇一律提高，青年一律抽签”。最后并谓“伏望主席本革命之精神，作非常之措施，使青年之耳目一新”，“我国家在主席领导之下经七年无量之牺牲，今幸至转败为胜，转弱为强之时机，斯乃旷百世而一遇，难得而易失者。若不急起直追，诚恐稍纵即逝，万一人谋不臧，失之交臂，则

① 《国立西南联合大学常务委员张伯苓蒋梦麟梅贻琦致蒋介石电》，转引自《智识青年踊跃从军，联大贡献意见以备采择，省征集委员会即将成立》，《云南日报》1944年10月30日，第3版。

② 《国立西南联合大学校务会会议记录·第七届第二次会议》（1944年10月30日），《国立西南联合大学史料》（二），第498页。蒋介石与教育部长陈立夫的来电，迄今未见原貌，内容应与发给各高校校长的电文相同。

不但七年来成仁之将士、死难之同胞永不瞑目，即炎黄在天之灵，亦将抱遗恨于无穷"。"文出于芝生之手，而枚荪、端升、光旦、嘉炀参加意见。"①

郑天挺所说的校务会议通过之五点建议，即教授会上蒋介石建议书的五个要点。这些要点的针对性十分明显，其中从军青年不必采取惯用方式集体加入国民党，意在避免使国军成为党军。训练地点宜在昆明，且由外国人实际上是美国盟军担任教官，为的是避免介入国内政治斗争。采取"抽签"办法，强调的是志愿从军，不应强求。这些极为直率的言辞，表现出了一种隐忧和担心，反映了教授会主张这次青年从军应"为国而战"而不能"为党而战"的意见。这些，在大敌当前、国共摩擦却愈来愈严重，中共为挽救时局提出建立联合政府建议的时候，具有不寻常的意义。正是教授会上蒋介石建议书中的这一精神，让刘健群坐卧不安，从而在教授与刘健群之间、教授与教授之间引起了一场交锋。

西南联大教授会在上蒋介石建议书中表现的倾向，与最高当局发动知识青年从军运动的主旨显有距离，身负使命的刘健群深知这一点，于是校务会议后的第二天就开始奔走。刘健群做的第一件事，是通过先任联大三青团筹备主任后又协助筹建联大国民党直属区党部的姚从吾，向学校转达建议书勿要发表的意见，第二件是请查良钊转给梅贻琦一封信，要求直接见面。对于这件事，郑天挺在10月31日日记中写道："十时从吾自外归，谓昨日议决将建议发表，恐生事，嘱设法挽回。遂往晤月涵先生，谈设法将建议早递渝，并将在学校应办之事先办完，以便对政府有所交代，月涵言其意亦如此。但昨日决议先发表，故新闻稿已拟好，尚未送出耳。谈至此，勉仲亦来，携刘健群信，约下午三时晤面，刘意亦在请缓发表其事。月涵先生允晤后再定。"②

细读郑天挺日记中的"十时从吾外归"，推测姚从吾一早就向刘健群做了报告，姚谓"恐生事"和"设法挽回"，即刘、姚商量后的意见。姚从吾将此事告诉郑天挺，用意是希望郑出面转圜。郑天挺亦知事关重大，没有怠慢，马上去见梅贻琦，但郑天挺不仅没有附和姚，反而提出

① 俞国林点校《郑天挺西南联大日记》下册，第945页。日记中的"芝生"为冯友兰，"枚荪"为周炳琳，"端升"为钱端升，"光旦"为潘光旦，"嘉炀"为施嘉炀。
② 俞国林点校《郑天挺西南联大日记》下册，第946页。

"设法将建议早递渝，并将在学校应办之事先办完，以便对政府有所交代"，这个主意与梅贻琦不谋而合。当时，教授会上蒋介石建议书的新闻稿业已完成，还没来得及送往昆明各报馆。正说着此事时，查良钊带着刘健群"请缓发表"意思的信赶来了。刘健群的目的是什么，梅贻琦心知肚明，但他一向沉着稳重，没有立即作答，只是"允晤后再定"。10月31日下午梅贻琦与刘健群面谈的细节，郑天挺日记没有记录，只是在次日日记中写道"昨日刘劝将电文暂留，并欲与校务会议同人一谈"。此事陈雪屏31日当晚就告诉了郑天挺，所以郑已有准备。[①]

11月1日，按照刘健群意见，梅贻琦安排其与校务会议诸教授见面。会上，教授们与刘健群展开了一场舌战。这段记录十分生动，迄今有关联大的记述中还未曾见到，仅见郑天挺日记，全文云：下午"三时至西仓坡，……余到时刘已到，同人来者周枚荪、燕召亭、吴正之、冯芝生、陈岱孙、杨石先、陈雪屏均先至，黄子坚与余同至，刘寿民、闻一多、查勉仲较后，潘光旦最后到，刘已走矣。首刘谈政府发动知识青年从军之经过，继论同人之建议不可发表，愿更一讨论，并言前日已电话陈布雷，请其速呈阅，将答复告知孟邻师带还昆明。刘言毕，端升略有言，未毕，枚荪言先听刘报告，散后，吾辈再讨论。意不愿刘之在，故予以难堪焉。端升以为然，言'余略有所询'，召亭阻之，端升责其不应如此，乃复言，未半，召亭又止之，谓不必在刘前辩论。端升不顾，召亭忽请主席维持会场秩序，正之大声问：'不知今日是请茶会，抑是开会？'月涵先生乃言：'今日乃请各位吃茶，请随意谈话。'刘健群续言，此电若公表于报纸，则军队将生极坏之影响，且将牵动抗战前途。端升、枚荪详述同人之意见在求此事之成，故就所见建议，并非反对，亦无固执己见之心，采纳与否，均非所计。召亭言此事本有不同之两种意见，其个人则为反对此建议者。后刘又再三申明其意而去。刘去，端升谓其危言恫吓太无礼貌，召亭为刘辩护，谓其言甚是。召亭谈时说有'我们'二字，枚荪谓其不必教训人，只应说'我'不必加'们'，召亭反质之，谓'何以你可说'我们'，而我不能说'我们'，难道你是教训我？'枚荪答以'或许'二字，于是遂大决裂。召亭言近来感受同人之

---

① 俞国林点校《郑天挺西南联大日记》下册，第947页。

压迫甚烈，尤其是同人中之任参政员者，今惟退避，遂向月涵请辞校务会议代表及法律系主任。此时枚荪、端升未再言，岱孙、月涵劝其公私不可混而为一，召亭不顾，去。众亦散。在院中立谈，均主余与雪屏今晚往劝之，枚荪、端升亦言，虽向之道歉亦可。……（晚）八时还。雪屏来。八时半同往访之，召亭所言甚多，皆三数年前旧事及本年宪政讨论会中之意见不同，劝之良久，召亭允再考虑"。①

郑天挺这则日记，说明这天下午由梅贻琦出面，以招待茶会名义，邀请校务会议同人与刘健群见面。到会者均是学校决策群的资深教授，他们是周炳琳、燕树棠、吴有训、冯友兰、陈岱孙、杨石先、陈雪屏、黄钰生、郑天挺、刘崇铉、闻一多、查良钊、潘光旦。会上，刘健群首先"谈政府发动知识青年从军之经过"，接着表示教授会同人的建议书不可发表，还坦率说 30 日教授会的情况他于当天电告蒋介石的首席侍从陈布雷，请其速呈蒋介石，并由蒋梦麟将蒋介石的答复带回昆明。

刘健群这么做，对他来说理所当然，但对具有自主意识的教授们来说，却是以势压人。钱端升有些坐不住，忍不住插了几句话，欲做辩解。周炳琳与钱端升见解相同，但他不愿当着刘健群的面讨论，就说先听刘健群讲，余事散会后再谈。钱端升还想问一个问题，这时燕树棠想阻止钱发言，钱不理会，燕再阻之，说"不必在刘前辩论"。钱仍不理睬，燕觉得很没面子，就请梅贻琦维持会场秩序。于是，梅贻琦打圆场说"今日乃请各位吃茶，请随意谈话"。这样，刘健群才接着说："此电若公表于报纸，则军队将生极坏之影响，且将牵动抗战前途。"② 刘健群讲毕，钱端升、周炳琳详细介绍了教授会的意见，强调"在求此事之成，故就所见建议，并非反对，亦无固执己见之心，采纳与否，均非所计"。燕树棠则申明"此事本有不同之两种意见"，表示他就"反对此建议"。刘健群已深感教授会的建议很难动摇，再讲下去也不会有什么结果，便借着燕树棠的话就坡下驴，"再三申明其意而去"。

刘健群离去后，在座者都是学校同人，发言没有顾忌。对刘健群说话颐指气使十分不满的钱端升，斥刘"危言恫吓，太无礼貌"。但燕树棠则

①　俞国林点校《郑天挺西南联大日记》下册，第 946～948 页。
②　俞国林点校《郑天挺西南联大日记》下册，第 947 页。

为刘辩护，"谓其言甚是"，用语中还不时使用"我们"二字。周炳琳对这种教训人的口吻颇为反感，要燕讲话"只应说'我'不必加'们'"。燕不肯退让，还反问："何以你可说'我们'，而我不能说'我们'，难道你是教训我？"周炳琳也不客气，用"或许"二字回答。这下激怒了燕树棠，他像抱怨似的说"近来感受同人之压迫甚烈，尤其是同人中之任参政员者"，进而认为只有自己退避，甚至当面向梅贻琦请辞校务会议代表和法律系主任。燕树棠所说的"参政员者"指的是周炳琳、钱端升，于是周、钱二人欲再发言，被陈岱孙、梅贻琦劝止，说"公私不可混而为一"，意在劝燕树棠不要意气用事。但燕树棠不听，自行离去，茶会就这样不欢而散。

这场风波，事前谁也不曾料想。按理说燕树棠、周炳琳、钱端升都是国民党党员，周、钱二人自国民参政会第一次会议起就担任参政员，周炳琳更是担任过参政会副秘书长。周、钱还是西南联大国民党区党部的创始人，至迟1939年年底就受国民党中央组织部部长朱家骅委派，与查良钊共同组成"中国国民党中央直属西南联合大学区党部筹备委员会"。1943年第二次宪政运动初起时，他俩以"富有政治常识经验"的身份，被蒋介石指定为宪政实施协进会会员。燕树棠资历也很老，1921年即出任北京大学法律系教授兼系主任，1938年当选为国民政府监察委员会委员，第二次宪政运动发动时，他以"对宪政有特殊研究者"身份，与蒋梦麟一起被指定为宪政实施协进会会员。燕树棠比周炳琳、钱端升年长，所以敢倚老卖老，任意呵斥。

这天的茶会是在昆明西仓坡清华大学办事处举行的，院里有幢两层小楼，楼前有一小院，众人出了会议室在院子里又谈了会儿。西南联大成立以来，三校间一直互相谦让、亲密合作，由三校教授组成的教授会，在重大问题上也都能顾全大局，保持整体意见一致。考虑到这种来之不易的局面不应遭到破坏，大家主张郑天挺和陈雪屏当晚去燕树棠家做些劝解。周炳琳、钱端升也很大度，表示即便向燕道歉也可以。当晚，郑天挺、陈雪屏走访了燕树棠，憋了一肚子火的燕树棠"所言甚多，皆三数年前旧事及本年宪政讨论会中之意见不同"。郑天挺、陈雪屏劝说良久，燕树棠方"允再考虑"。①

---

① 俞国林点校《郑天挺西南联大日记》下册，第947~948页。

校务会议同人在茶会上与刘健群的交锋，是西南联大发动知识青年从军过程的一段插曲，由于刘健群的干预，教授会上蒋介石建议书被推迟发表。教授会上蒋介石建议书虽暂时搁置，但原则并未放弃。11 月 1 日茶会后，蒋梦麟回到昆明，2 日下午郑天挺特向他征求意见。蒋梦麟有些圆滑，一面说"同人对从军意见五点甚佳"，又言"不宜公表耳"。①不过，蒋梦麟既然没有对教授会通过的决议表示反对，教授会上蒋介石建议书就可以继续提出。

11 月 8 日，西南联大召开第三一五次常委会会议，蒋梦麟参加了这次会议，但未就知识青年从军问题有所报告，也未提到蒋介石有什么指示。这次会议报告了十四件事项，与知识青年从军有关者只有两件训令，一是教育部为检发知识青年志愿从军征集办法，二是专科以上学校知识青年志愿从军征集委员会组织办法。而会议通过的七项议决，六项为校内人事任免，一项为研究生助学金发放，没有涉及教授会上蒋介石建议书。

一个月后的 12 月 5 日，"教授会为知识青年从军事上蒋主席电稿"在本年度第三次教授会会议上再次提出，并且列为第一项。② 次日，昆明《正义报》报道："首先由梅常委贻琦报告"，"关于响应知识青年从军运动，联大曾向中央建议数点：（1）此次知识青年军纯粹为国防军，不参加党派活动。（2）请由美国军事技术人员训练，至训练地点，最好靠近盟军所在地。（3）关于提高知识青年军待遇一节，应对所有作战士兵，普遍提高，过去对于军需经理方面弊端百出，请予彻底改善。（4）请统帅部延用优秀后进军官"。③

梅贻琦的报告要点与 10 月 26 日第二次教授会会议的意见，及 10 月 30 日第七届第二次校务会议议决提出的五点建议，精神完全一致，具体要求甚至行文措辞也基本相同。这一精神一个月前业已公开，一个月后再次重申并非没有意义，因为西南联大能够响应这次知识青年从军运动，

① 俞国林点校《郑天挺西南联大日记》下册，第 948 页。
② 《国立西南联合大学教授会会议记录·三十三年度第三次会议》（1944 年 12 月 5 日），《国立西南联合大学史料》（二），第 549 页。
③ 《联大全体教授会议决定，全校实施军训，在校教授学生一律参加，报名从军达三百零三人，中央采纳联大对青年从军建议》，昆明《正义报》1944 年 12 月 6 日。

正是以教授会五项建议为前提。换句话说，没有教授会五项建议做保证，就很难再形成从军热潮。

　　实际也是如此。11 月 22 日，郑天挺在日记中写道："自上星期四知识青年志愿从军开始，第一日六人，第二日一人，第三日三人，第四日三人，第五日撤销一人，今日为第六日，由余值日，竟无一人登记也。"① 报名者中，有一位还是早已超过从军年龄的武术教师吴志青。学校原定 30 日报告截止，可到 28 日，报名者统共只有 30 人。为了扭转这个局面，学校不得不于 11 月 29 日下午停课举行动员大会。动员大会上，梅贻琦、钱端升、冯友兰、周炳琳、闻一多、燕树棠相继演讲，郑天挺说他们"立论虽不同，而主张从军则一"。② 经此动员，从军热潮方于 30 日形成。郑天挺在日记中兴奋地说："至五时半止，报名参加者一百十九人，连前共一百四十九人，工学院凡三十五人，合计一百八十四人，较之政府所望于本校者多八十余人。"③ 关于六教授在动员大会上的演讲内容，笔者曾有专文介绍，此处不再赘述。④ 这里应强调的是，教授会上蒋介石建议书中的五项建议，实际上是以全体教授名义向学生们答应的条件，所以 12 月 5 日第三次教授会议有必要做以重申。

　　西南联大教授会在 1944 年知识青年从军运动中顺应时代潮流，立足国家利益，防止卷入政治斗争，这种精神是可贵的。西南联大的青年学生从军活动能够从起初的鲜有问津到后来的踊跃报名，教授会的态度发挥了重要作用。

　　11 月 11 日，国民党云南省党政机关召开联席会议，邀集有关机关负责人参加，议决组织知识青年从军征集委员会，以省政府主席龙云为主席，联大常委梅贻琦、云南大学校长熊庆来均列为委员。会议要求各地区与单位组织相应机构，西南联大于 11 月 15 日成立了"知识青年志愿从军征集委员会"，24 日召开的第七届第三次校务会议主要就是讨论如何劝征问题。

---

① 俞国林点校《郑天挺西南联大日记》下册，第 958～959 页。
② 俞国林点校《郑天挺西南联大日记》下册，第 961～962 页。
③ 俞国林点校《郑天挺西南联大日记》下册，第 962 页。
④ 这个问题请参阅拙文《国立西南联合大学的中国青年远征军》，台北《政治大学历史学报》第 35 期，2011 年 5 月。

二 全校动员

如前所述，西南联大在长沙临时大学时期出现的第一次从军高潮，建立在学生自愿基础上，学校并没有做过动员。其后军事委员会战地服务团干部训练班招收的学生，只是少数人，学校也没有组织动员。后军事委员会外事局译员训练班招生，学校虽然做了动员，但针对的主要是1944级学生。而这次知识青年从军，发动对象是全校男生，这在西南联大历史上还是第一次。

对于这次发动知识青年从军，西南联大在动员机制上与此前有很大变化，采取了很多措施。1944年11月15日，西南联大遵照教育部指示成立了"知识青年志愿从军征集委员会"，主持学校全面工作的梅贻琦担任主任委员，杨石先、施嘉炀任副主任委员，委员有查良钊、郑天挺、陈雪屏、姚从吾、郑华炽、袁复礼、陈福田、李继侗、伍启元、阎振兴、马大猷、宁榥等，郑华炽任总干事。① 但是，这一举措并没有收到成效，报名同学很少，热情不高。西南联大的学生向来站在抗战前列，这次如此消极，与国民党消极抗战、积极反共有关，张奚若在一次谈话中就希望同学们"不要盲从"。他说：政治如不民主化，军队如不国家化，则所谓建军，实徒供私人利用，军队之素质与待遇决不能因此提高，"独裁、低能、只顾一党之私"的人，是做不出好事来的，任何计划与好听的名词一到他们手里都要变质。② 另外，西南联大的中共地下党员和进步学生，也担心国民党利用青年人的抗战热情扩充部队，提防青年军最后变为反对共产党的工具。

针对上述顾虑，西南联大采取了若干措施。首先，是接连组织了四次演讲。第一次演讲是10月20日举行的，请原联大外文系主任、时任国民党中央宣传部国际宣传处驻伦敦办事处处长叶公超讲"战时之英国"，内容为介绍英国的战时动员。第二次演讲于22日举行，讲演者为驻缅远征军新一军高级参谋蒋镇澜。这次演讲未见报道，但新一军由

① 《联大今日开始登记从军学生》，昆明《扫荡报》1944年11月15日，第3版；《联大志愿从军今日开始登记》，《云南日报》1944年11月15日，第3版。
② 北京大学历史系"北京大学学生运动史"编写组：《北京大学学生运动史（1919—1949）》（修订本），北京出版社，1988，第177页。

1943年撤退到印度的第二十二师、第三十师、第三十八师合编而成，在第二次印缅作战的孟拱战役、密支那战役、收复八莫战役中屡建战功，以至盟军当局后来将八莫的一条马路以新三十八师师长李鸿的名字命名。1944年8月，与联大有密切关系的孙立人晋升新一军军长，由此推知，蒋镇澜演讲的内容应当是滇缅作战。10月28日，西南联大又请第二十集团军总司令霍揆彰演讲，内容应该与其后他对昆明新闻界报告在腾冲、龙陵击溃敌日军第五十六师团与第二师团经过是一致的。霍揆彰和蒋镇澜讲述这些战况，目的是提高同学们的士气。11月13日西南联大举行建校纪念周活动，也请刘健群做了"太平洋战局"的演讲。[①] 11月17日，学校还请出生在夏威夷的陈福田讲了"美国之战时青年"。[②]

　　经过上述准备，西南联大罕见地决定停课两小时，进行全校从军动员。为此学校特发出布告："兹定于本日（星期三）下午三时至五时，在新校舍北区大会堂，请本校教授冯友兰、吴有训、周炳琳、潘光旦、燕树棠、钱端升、查良钊诸先生讲演，届时停课。此布。中华民国卅三年十一月廿九日。"[③] 11月29日下午，全校师生齐集新校舍北区东饭厅，由多位教授做从军讲演。会上，梅贻琦首先致辞，劝勉同学多加思忖，他说："假使现在不从军，则20年后将会感觉空虚。"继之，钱端升教授向同学说："现代战争是为现代化武器与现代化生产的战争，凡此均需现代化头脑现代化技术，此则非知识青年不为功也，故必须知识青年参加。现今最简要者，即期望知识青年直接参加战争，从军是也。"冯友兰也在会上讲了话，大意同样是现代的武器必须由掌握现代知识的青年操作，才能发挥作用。他还说："过去以血肉之躯与敌人对拼的时期、艰苦的时期，已经由我们老百姓去担当了，际今最后关头而又有新式武器、新式装备可供应之时，知识青年应避免其应尽责任么？"周炳琳教授则从青年对国家的责任讲起，说同学们在壁报上经常发表意见，发表呼吁，现在到你们行动的时候了。按照预先计划，燕树棠教授也发表了鼓动从军的意见。

①　《薛穆大使昨参观两大学，申论中英文化交流之重要》，《云南日报》1944年11月14日，第3版。由于这次从军运动以青年为对象，故国民党饬令三青团主持其事，时刘健群因公经过昆明，遂受西南联大邀请与会讲演。

②　《西南联合大学布告》，"国立西南联合大学档案"，档号：32-1-21。

③　《国立西南联合大学布告》第975号（1944年11月29日），"国立西南联合大学档案"，档号：32-1-21。

全校动员会后，紧接着由各系组织同学谈话，进行个别动员。在云南省档案馆，还保存着西南联大当天下发的一个通知，上面详列了各系召集学生谈话会的地点。这一措施，表面上似乎担心学生找不到谈话会地点，实际反映了学校当局对这次动员的周密布置。

为了配合从军动员，一些教授还特别撰文进行宣传。首先公开发表意见的是冯友兰，1944 年 11 月 5 日，他在《从知识青年从军说起》一文中，主要从与盟军配合作战，以提高中国国际地位的角度阐述了知识青年从军的意义。他说：在这次大战中，日本必败是无可置疑的，"但日本的败是不是就是中国的胜利，这就要看中国配合盟国作战的成绩如何，这在国内国外的政治上底影响是至深且巨。政府于此时发动知识青年从军，以期配合将来盟军作战，这真是当前底切要之图"。接着，他从知识青年在黄花岗起义、五四运动、北伐战争中的历史贡献，说到这次世界大战的欧洲及亚洲战事随时都有急转直下的可能，如果盟军已经到了，我们又没有充分的部队与之配合作战，他们就不会等待我们，"若他们单独打败了日本"，却"未必就是我们的胜利"。而"我们的四大国之一的地位，是七年来死底人所挣来底，若因我们后死者的不努力，使已得底又失掉或更有别底失败，他们是死不瞑目底"。①

潘光旦的《论知识青年从军》，则对支配中国知识分子多年的"好铁不打钉"的落后思想进行了批评，认为服兵役是国民的义务，知识青年是国民的一部分，当然不能例外，并且"正唯其有知识，在国民享有接受知识的更大的权利，理应更能了解与接受这种义务"。抗战初期，一些英美人士不断歌颂中国如何维持大学，那是因为他们自己还没牵入战争的旋涡，等到战争临到他们头上时，他们也不得把"好铁"大量拿了出来。今天，"英美的看法早因实际的需要而改变，我们却是一贯的以不变应万变。我们一面讲全民抗战，讲总动员，只是说说，一面始终把抗战与建国分做两截，分成两种人的任务，各不相谋"。结果，就出现了一种怪现象，美国不断把青年知识军人向外输送，甚至一部分输送到中国，"而我们则不断地把留学生向美国输送"。潘光旦认为战争依靠报国与同仇敌忾的意志和作战技术两种力量，既然以前的儒生可以将兵，为什么

① 冯友兰：《从知识青年从军说起》，昆明《扫荡报》1944 年 11 月 5 日，第 2 版，"星期论文"。

今日知识青年就不能当兵呢。结论中，潘光旦指出当务之急有两点，其一便是知识青年从军要以建立未来的新军为起点，这样进可以抗战，退可以做未来永久的国防的张本。[①]

陈友松的《从军去!》，被作为《云南民国日报》社论发表。文中据1937 年日本人对其军队 63 万士兵的教育程度做了一番统计，指出其中大学毕业者 10215 人，专门学校毕业者 17585 人，中学毕业者 59508 人，青年学校学生 113162 人，高小毕业者 267663 人，初小毕业者 138299人，未入学而识字者 952 人，完全文盲者 1925 人。随之指出："可见日寇以前之军队几皆是知识青年，而我国军队可以说大多数是文盲"。接着，又指出美、苏、英军队的素质，亦"皆是受过优良教育的，他们的学校已一律动员化国防化了"，而且"美国的中学生已有百余万从军了，大学生已一半从军了"。陈友松还进一步指出，"知识青年从军，还有一种极大的时代使命，即是演习现代战争的新武器。没有科学素养和工程知识与技能的，是不容易把这一套日新月异的武器学来的。只会用还不够，要从根本学过来。国家此时需要你，最迫切的可以说，还不一定是要直接冲锋陷阵，是要你学了这一套传授与其他的部队。新武器的运用，是要有调试合作能力与效率之组织机构，与灵活之战略与战术来配合的，知识青年可能对此有极大的贡献。运筹帷幄，决胜千里的双重使命，知识青年都要负着"。据此，陈友松呼吁道："'无求生以害仁，有杀身以成仁'。知识青年乎! 报国于疆场的时候到了! 搏浪沙沉燕市冷，江湖侠士已无多，平生我亦书生耳，但未能甘牖下死! 从军去!从军去!"[②]

上述诸文，分别从古今对比、中外对比、形势需要、青年责任等不同角度，强调这次从军运动的意义和青年人应有的态度。11 月 20 日，蒋梦麟还在昆明广播中央台做了面向全省的《知识青年从军意义》播讲。[③] 可见，西南联大教授为动员知识青年从军，可谓竭尽了全力。西

---

① 潘光旦:《论知识青年从军》，潘乃穆、潘乃和编《潘光旦文集》第 5 卷，第 360 ～361、364 页。该文目录中注明 1944 年，据文中"知识青年从军运动是近来（三十三年冬）大家在讨论与推进中的最大的一个题目"之句，此文应写于 1944 年冬。

② 陈友松:《从军去!》，《云南民国日报》1944 年 12 月 10 日，第 2 版。

③ 《蒋梦麟播讲勉青年从军，昨报名者五十二人》，《云南民国日报》1944 年 11 月 22 日，第 3 版。

南联大在动员学生参加青年远征军问题上如此兴师动众，不能说不与学生们的抵触情绪有关。皖南事变后，许多人就意识到国民党反共政策不可改变，同学们也担心青年军难免沦为国民党制造摩擦的工具。在西南联大影响很大的中共地下党掌握的民主青年同盟，也不赞成学生加入青年远征军，因此 11 月 29 日的全校动员会上，学生与他们尊敬的师长展开了激烈的辩论。辩论的结果是谁也没有说服谁。按照蒋介石给梅贻琦的电报，要求这次知识青年从军报名时间于 11 月 30 日截止，① 但 29 日的全校的动员大会，效果并不明显，不得已，学校将报名截止日期延展两日，推迟至 12 月 2 日正午。同时，联大当局还通过了"参加知识青年志愿从军之学生入伍期满返校后其学业优待办法"，欲从制度上保证这次从军的正常进行。优待办法的要点是："各年级正式生免修 24 学分"；"试读生免入学或转学试验改为正式生，并免修 24 学分"；"借读生免转学试验改为正式生，其在原校所修学分审核承认后，再免修 24 学分"；"先修班学生专修科学生免试升入大学一年级"。此外，还决定两周内举行全校学生体格检查，用半强制性手段促进合格青年入伍。②

西南联大当局在采取这些措施的时候，也考虑到学生的顾虑并非没有道理，不仅学生担心这支用美式武装组成的青年军有可能沦为国民党与共产党斗争的工具，不少教授也有同样的担心。为了避免国民党利用青年军补充兵员、加剧国共矛盾，也为了进一步动员青年从军，12 月 5 日下午，西南联大召开的教授会会议决议就知识青年从军问题向国民党中央提出四项建议。这四项建议为：

一、此次知识青年军纯粹为国防军，不参加党派活动。

二、请由美国军事技术人员训练，至训练地点，最好靠近盟军所在地。

三、关于提高知识青年军待遇一节，应对所有作战士兵，普遍提高，过去对于军需经理方面弊端百出，请予彻底改善。

---

① 《蒋中正电梅贻琦关于组织"志愿从军组织委员会"事》（1944 年 11 月 10 日），《国立西南联合大学史料》（五），第 670 页。
② 《国立西南联合大学校务会会议记录·第七届第四次会议》（1944 年 12 月 1 日），《国立西南联合大学史料》（二），第 500~501 页。

四、请统帅部延用优秀后进军官。①

这一决议，体现了教授群体在处理国内矛盾与国家利益问题上的态度，它在促进同学报名参加青年军上起到了一定作用。正是由于教授会的四项建议，以及政府当局表示完全采纳的态度，西南联大才出现了前述的从军热潮。

西南联大在知识青年从军问题上出现的这番波折，实际上反映的是青年从军是"为党而战"还是"为国而战"的问题，即便是大多数教授，也主张联大学生从军后应保持不党不派的独立性。同时，人们还认识到，青年从军不只是一种应急措施，最重要者，还是要刷新政治。冯友兰在动员青年从军的时候就提出这一点，他说：大反攻时期到来后，十万知识青年一定不够，"为要使更多底知识青年都到军队中去，最要紧底是我们的政治上社会上，都需要立时有几件令人耳目一新底事"。这些事包括抗战结束后的种种重要措施，"例如开国民代表大会，施行宪政等"，而且这些"只是诺言还不够"，因为"在青年热情高的时候，他易于信，在他感觉幻灭的时候，他易于疑，在他易于疑的时候，最好有事实叫他看，才能鼓舞他的精神"。② 潘光旦对这一点认识也很深刻。他认为"军事不能离开其他的国家生活而独立"，军事的成败利钝，既"有赖于前方将士用命与配备充足"，但这仅是一个方面，而更重要的是"有赖于大后方的生活条理的整饬"，它包括"生产的维持，消耗的限制，抗战意志的统一，以至于全部政治的清明与部分之间的协调无间"。因此，若要建立新军，就"必须建立一番新的经济与新的政治来和它配合"。反观现实，政局不安的最大症结是经济失调和国共冲突不断，而"政治经济的失调与军事的失利之间，有不可分离的因果关系"，这一点"政府要负责"。为此，潘光旦除了赞成知识青年从军外，更主张知识分子，特别是"有识见的壮年人与老年人"，要"通力合作，把目前的政治与经济局势彻底的刷新一番"。③

① 《联大全体教授会议决定实行军训，在校教授学生一律参加》，昆明《正义报》1944 年12 月6 日，第3 版。
② 冯友兰：《从知识青年从军说起》，昆明《扫荡报》1944 年11 月5 日，第2 版，"星期论文"。
③ 潘光旦：《论知识青年从军》，潘乃穆、潘乃和编《潘光旦文集》第5 卷，第363～364 页。

此外，这次从军的知识青年，待遇上也与征调译员时有很大差别。征调译员时有学生入伍后担任的是文职军官，军衔至少是上尉，个别人还是少校。而这次是参加印缅作战的中国青年远征军，入伍后是普通战斗员，加上学业未成，因此学生不如征调时那么积极，工学院和经济系学生为此还发生过激烈争论。

11月29日的从军动员大会，演讲者是事先安排好的，但闻一多看到同学们情绪不高，就自动站出来从另一个角度阐发从军意义。他说："现在抗战已至最艰苦的阶段，知识青年此时实深应自动放弃不当兵的'特权'，而在抗战最后阶段更应负起责任。许多人谈民主，若自己本身去尽责任，尽义务，那才真正有资格谈民主，而知识青年军也就是真民主的队伍。"① 这则报道，显然囿于新闻体裁限制，未能表达闻一多的本意，而冯友兰的回忆则做了补充。他说："闻一多发言最突出，大意说，现在我们在政治上受压迫，说话也没有人听，这是因为我们手里没有枪。现在有人给我们送枪，这是一个最好的机会。不管怎么样，我们要先把枪接过来，拿在手里，谁要反对我们，我们就先向他下手。"② 如果说冯友兰的话还是回忆的话，那么闻一多给沈季平题写的条幅，则为他在这件事上的态度提供了物证。当时，沈季平和不少同学一样，对于是否报名从军还很犹豫。1945年1月的一天，他们决定到闻一多家里征求意见，闻一多的条幅就是那天晚上写下的。条幅正文写了"不入虎穴，安得虎子"八个字，旁边用小字写道："'不得（入）虎穴，安得虎子'是昔年班超投笔从戎时的壮语，季平同学今天以知识青年从军应悟到这句话在今天的意义。"末尾，闻一多在签名处郑重地盖了自己的印章。③ 1月20日，沈季平写下《从军》一文，文中记录了闻一多在联大进行动员从军时讲的一段话："我们只有加入了军队才有权利呼喊。为了自己的权利，更为了苦难大众的权利而努力，是光荣的！"④这段话，也是对闻一多所写条幅的诠释。冯友兰、潘光旦的话和闻一多的条幅，将青年从军

---

① 《联大昨举行盛大演讲会，教授勉学生从军，每人应放弃特权尽责任义务，知识青年军是真民主的队伍》，昆明《扫荡报》1944年11月30日，第3版。
② 冯友兰：《三松堂自序》，第349～350页。
③ 白建春主编《闻山全集·紫色的雾》，作家出版社，2013，扉页书影。
④ 白建春主编《闻山全集·紫色的雾》，第98页。

与政治民主化联系在一起，它反映了联大知识群体在更高层次上对抗战后期从军运动的思考与认识。

经过一番动员，全校形成了从军热潮。当时报载：西南联大从军征集委员会以突击方式发动全校学生从军登记，"一日间之成绩，超过以前两周中登记人数之五倍"。郑华炽、陈雪屏教授自晨至晚，办理登记9小时，郑天挺教授"每隔半小时发出一张从军号外"，学生方面也临时张贴出从军壁报，进一步推动青年从军。12月3日，联大报名参加青年远征军者共187人，其中还有教授3人，助教2人，职员36人。① 在报名者中，包括梅贻琦的两个女儿。作为清华大学校长、联大常委的梅贻琦，其独生子已经担任了美军译员，四个女儿中，除了长女出嫁，四女尚幼外，在联大读书的二女、三女都在这次从军运动中报了名。② 这次从军学生中，还有叶企孙教授的侄子叶铭汉、沈履③教授的儿子沈铭谦、查良钊教授的儿子查瑞传、张奚若教授的女婿周有斐（梁启超的外孙、梁思顺的儿子）等，他们的带头行为在西南联大一时传为佳话。

1945年1月3日，梅贻琦在西南联大校务会议报告这次报名情况，说："本校学生报名参加知识青年志愿从军者共318人，其中有因年岁不足或投考空军及译训班者共40余人应减除外，计检查体格合格者246人。"④ 当然，体检通过者并未全部去青年远征军，1月29日当地报纸报道："西南联大志愿从军男女三一八人，除入空军学校及译训班，政训班，以及因病或体格年龄不合格及女生未入营者外"，实际"入营学生计有二二四人"。⑤ 不过，2月19日昆明《扫荡报》刊登西南联大知识青

① 《联大师生从军，昨竟日热烈发动，一日间报名近二百人，登记已截止不再延长》，昆明《扫荡报》1944年12月4日，第3版。

② 《联大梅校委子女三人从军，从军女青年今日体检》，昆明《扫荡报》1945年2月23日，第3版。

③ 沈履，曾任西南联大总务长、清华大学秘书长。

④ 《国立西南联合大学校务会会议记录·第七届第五次会议》（1945年1月3日），《国立西南联合大学史料》（二），第501页。梅贻琦所说的"年岁不足"，显然包括年逾57岁的吴志青。吴志青为中国社会科学院近代史研究所江枫同志的父亲，时任西南联大训育员，昆明《正义报》为他报名从军特在1944年11月17日发表了一条《联大师生从军热烈，五七岁亦从军》的消息。

⑤ 当时亦有报道说这天"联大入营者二百一十八名"。见《联大云大中法从军师生昨入营》，昆明《正义报》1945年1月29日，第3版。

年志愿从军征集委员会致重庆全国知识青年志愿从军指导委员会电中数字略有不同，谓除了参加空军及译员等工作、赴渝参加政训工作、参加营养研究和待命入营的女青年外，"在昆二〇七师入营者一七八人"。①1946 年 5 月 4 日，在西南联大结业式上揭幕的国立西南联合大学纪念碑的背面，镌刻着"国立西南联合大学抗战以来从军学生题名"，列有抗战时期参加各种军事服务的同学名单，但没有区分参加青年远征军的究竟是哪些同学。昆明《扫荡报》曾经报道过入营受训同学的名单，应该比较准确，可惜字迹多有漫漶，无法全部辨认。② 当时，全国知识青年志愿从军指导委员会分配给西南联大的应征人数是 100 人，联大从军人数大大超过了这一配额。西南联大的这次从军运动，无论是发动规模还是报名人数，在联大历史上都是空前绝后的。

西南联大这次从军运动在社会上产生了积极影响，《云南民国日报》为此特发表题为《联大师生踊跃从军》的社论，称西南联大澎湃汹涌的从军潮"是西南联大的光荣"，并希望其他学校也如联大一样，"造出照耀全国的成绩"，"共享这个无上的光荣"。③ 西南联大的带头作用，对云南全省也起到了示范，至 1945 年 1 月中旬，昆明报名参军的男青年达974 人。3 月 17 日，全省送入军营者已达 2428 人（其中女青年 206 人），略超出规定配额。④

三 赴印受训

1945 年 1 月 28 日，是中国抗战史上一个沉痛的纪念日——淞沪抗战13 周年。这天早晨 8 时，从军学生在图书馆前集合点名，9 时 10 分，分成八路纵队出发，欢送者包括常委梅贻琦、训导长查良钊、教务长杨石先、总务长郑天挺、三青团干事长陈雪屏以及各学院院长、系主任、教授、职员、学生，还有西南联大附属小学的学生，共 3000 余人。队伍在第五军乐队前导下，经过文林街、青云街、华山西路、华山东路、圆通街等繁华街

---

① 《联大今上课，从军青年统计办竣》，昆明《扫荡报》1945 年 2 月 19 日，第 3 版。
② 参见《本市各大学及专校从军学生昨晨入营，联大师生欢送同学至营门》，昆明《扫荡报》1945 年 1 月 29 日，第 3 版。
③ 《联大师生踊跃从军》，《云南民国日报》1944 年 12 月 2 日，第 2 版。
④ 孙代兴、吴宝璋主编《云南抗日战争史（1937—1945）》，云南大学出版社，1995，第361 页。

道，在省党部门前接受云南省知识青年志愿从军指导委员会赠送的书有"投笔从戎""闻鸡起舞"的两面锦旗，然后向入营地北校场行进。沿途燃放鞭炮，吹奏军乐，十分壮观，从军学生于 10 时左右到达入营地。①

西南联大从军同学入伍后，全部被编入青年军第二〇七师，但对他们的具体使用似乎还未最后确定，故暂时编入炮一营补给连，军衔为二等兵。2 月 4 日晚，他们整队到达昆明南郊巫家坝机场。5 日是阴历小年，这天清晨，人们还在好梦方酣之时，这批青年登上运输机，随着朝阳的升起腾空进入云海，一直向西飞去。

大家都是第一次坐飞机，舷窗外是银白色的雪山和无尽的森林。登机之初，大家还十分新鲜，但穿越高山时飞机时起时落，颠簸得很厉害，很多同学头昏脑涨，恶心呕吐。中午，到达第一个目的地汀江，落地时正巧赶上下雨，个个淋得浑身湿透，真是又累又饿。为了预防疾病传染，上级命令把衣服全部烧掉，换上美国军装。

在汀江，全部同学们被重新分配，成为中国远征军驻印军辎重部队的一员，大部分同学被编入服务营第二连，简称"服二连"。联大同学所在团的团长名叫简立，戴着一副眼镜，是 1937 年全面抗战爆发那年从金陵大学毕业投身军界的。来这个团前，任第五集团军作战序列下的伞兵第一团（即昆明人都很熟悉的代号为"鸿翔部队"的伞兵团）副团长，军衔上校，到汽车团后刚升为少将。这个人因受过西方式教育，思想比较开明，在团里组织了一个团体，起名"天声社"。联大从军青年便把"天声"二字加到"服二连"前面，自称"天声服二连"。②

经过近 10 天的露营生活，同学们接受了学习驾驶汽车技术的任务，以便运输美国的援助物资。2 月 14 日，他们在营房前不远处登上火车，经过大片平原，穿越无尽丛莽，经过四天四夜的奔波，到达训练场地——印度蓝姆迦。途中，要渡过布拉马普拉大河，他们因在下车、登船、过渡，上车时动作迅速，秩序井然，博得美军联络官"空前良好"的

① 参见《联大云大中法从军师生昨入营》，昆明《正义报》1945 年 1 月 29 日，第 3 版；如茂《风和日暖送入营》，昆明《扫荡报》1945 年 1 月 29 日，第 3 版；《各大学从军员生三百余人昨入营》，《云南日报》1945 年 1 月 29 日，第 3 版。

② 简立 1948 年任兵工学校教育长，1958 年前后在台湾任联勤总司令部参谋长，据刘国铭主编《中国国民党九千将领》，中华工商联合出版社，1993，第 775 页。

评语，称赞他们"胜过在那里经过的任何部队，英美的军队也算在内"。①

在这支队伍中，有后来在台湾出了名的殷福生（后来改名殷海光）。感谢殷福生的留心，保留下"天声服二连"途经各地时美军联络官的三个文件。这些文件②，是西南联大这次从军生活的宝贵资料，特录如下：

备忘录，致简立将军。

事由：为证明部队纪律极佳。

××之铁道运输官对简立将军所指挥之部队行动印象极佳，彼等□此部队为所见部队，不论中英美中纪律最佳者。

美国联络官必门斯中尉。

××年，××月，××日

××车站铁道运输官办公处

事由：称道部队行动。

收件人：××部队简立少将

一，本运输官自愿称道简立少将之部队，在本站换车时，所表现之优越行动与纪律。

二，换车之动作较一般部队更有秩序，所须之时间更为短少，显然在行动之前，一切均有周密之准备。

美国铁道运输官鲍斯少尉。

××年，××月

××车站

简立少将：

谨在此为贵部队在本站之最佳行动与良好纪律，向阁下道贺。

英国铁道运输官意德劳上尉③

××年，××月，××日

---

① 王宗周：《"天声服二连"，提起来真可怜——青年远征军琐记》，《笳吹弦诵在春城》，第 263 页。

② 殷福生：《新军中的新风范》（续），昆明《中央日报》1945 年 4 月 11 日，第 3 版。

③ 本文件署名"意德劳"，但行文作"劳意德"。

　　蓝姆迦，是印地语 Ramgarh 的音译，ram 是住所的意思，garh 是神的意思，古印度信奉众神，所以叫"蓝姆迦"的地方非常多。联大从军同学到达的蓝姆迦，是印度哈尔邦兰溪县（Ranchi）的一个小镇。第一次世界大战时期，英国在这里建了二十几座临时性大营房，关押德国和意大利的俘虏，因此此地实际上是个战俘营。营内设有 3 万多个床位，此外还有步兵、炮兵和装甲兵的训练场地。这里地处哈尔邦中部平原，周围是起伏不大的丘陵，地多沙砾，不宜种植，却是野战演习和实弹射击的理想练兵场所。中国远征军第一次入缅作战失利后，新编第三十八师退入印缅边境，英方同意将蓝姆迦的营房让给中国军队使用。1942 年 7 月 17 日，新编第三十八师第一批部队在孙立人率领下，从列多移驻这里，廖耀湘率领的第五军新编第二十二残余部队随后到达，远征军司令长官部改为驻印军总指挥部后也随之迁驻于此。蓝姆迦起初是为了解决中国部队住房、恢复、服装、治疗和重新配备装备和训练的营区，当更多的中国部队来到这里后，它就成为中国驻印军的大本营和训练基地，至今还被称作 Ramgarh Base，即蓝姆迦基地。

　　1942 年 8 月 26 日，"中美蓝姆迦训练中心"（英文缩写 RTC）奉命组建，训练中心的纪律和行政由中国军官管理，技术和训练则由美国军官负责。截至 1945 年，有四个中国师在这里得到新的装备。训练中心最早开设的是步兵学校和炮兵学校，在美国援助的大批汽车即将来到前，才设立了直属训练处领导的汽车学校。联大从军同学到达汽车学校后，稍加休整，就于 20 日开始训练。大家学习和训练都非常刻苦，成绩令人刮目相看。按照美军的规定，中国军队在这里接受丛林战术训练的标准课程是 8 天，但汽车驾驶要复杂得多，可不少同学受训 8 天就可以独立驾驶汽车，这在汽车学校是创纪录的。不过，训练也不都是一帆风顺的。一次，在森林里进行夜间训练，一位同学被指派背着白布在汽车前面引路，不慎跌倒，而另一位同学正开着车紧随其后，幸亏那同学反应敏捷，在即将压着他的时候刹住了车，否则后果就难以预料了。

　　3 月 16 日，受训同学给学校师长写了封信，其中写到蓝姆迦的训练生活时说：

征集委员会诸位先生及全体师长：

在我们奉命派赴印度受训，临行时过于仓促，不及聆教各位师长的训诲，未免感到有许多缺憾的地方，第二日早晨由昆明起飞，当天就到达印度。我们早想写信给母校的师长，报告我们的情况，但在途时因为生活的不安定，到此后也因为头几天刚开始受训，一切尚未就绪，所以也未有机会报告我们的生活，因此这封信耽搁到现在才能发出。

现在我们的生活可以说渐渐的上轨道了，每天受训的时间相当长，工作也很紧张，每天五时起身，八时半就寝，中间很少休息的时候，起身时天还没有亮，真可以说是在异国尝着披星戴月的滋味了。在受训时每天都必须保持相当的精力，这样自然而然地人人会注意到自己的身体。营养虽然不好，但因起居有节，身体的健康也就增加了。

军队的生活也许是枯燥而单调的，但我们在这里的感觉，却不是如此，这里我们所感到的一切所不同的就是在校里一切让个性有自由发展的机会，在军队里却是有纪律的团体活动。我们的部队有良好的纪律，这在我们的宿营及行军，曾得到中美英各国官方的赞誉可以证明。在途中，有一处的英方军官，曾称我们为中美英各国过境部队中的最优者，这些虽是我们带兵官的贤明，与连排长的优良所致，但我们乐于称道的就是这点之中，我们每一个人也曾尽了他的努力。我们并没有辜负母校师长的谆谆教诲，在团体里每个人所享的自由，只是整个团体的自由，我们愿意在这两年的服役期中，每一个人暂时放弃一种个人主义的自由，来换取团体的名誉与达到团体活动的最高效率。

"祖国"两字的意义，在异国更容易体验与领会。我们离祖国远了，离母校远了，师长同学的音容言笑，虽然还清晰地浮现在我们的脑海里，但我们都不容易再得到师长的教诲了，致于望之，思念载劳，所希望的就是师长们能与我们保持不断的联络，使我们的心会仍如在校时一样。

印度的天气炎热，早晚如初秋，日中则如三伏，每天须冲凉。听说前些日子昆明一度天降瑞雪，这之间悬殊竟如是之大。在热带

的气候下，我们的生活多少渲染着一点热带的意味，当我们在休息
的时候，多半坐在菩提树下以一种比较轻松的心情，回忆在校时的
生活，我们永远想念着母校的一切。

　　敬祝

教安！

联大全体从军员生敬上

三月十六日①

　　这封信发出后 10 天，3 月 26 日，在汽车学校受训的西南联大全体学
员同时毕业，无一人不合格，这在汽车学校是一个新的纪录，它由联大
同学创造了。②

　　训练的生活是难忘的，而与西南联大从军青年始终生活在一起的简
立团长，也给大家留下深刻印象。殷福生在一封信中把简立称为"我们
底领导人"，对其大加称赞。信中说："他不是一个板起面孔的将官，在
训练底场合之中，他是严格的，可是，在私人方面，他却是可亲近的。
在公余的时候，无论是官长也好，或是士兵也好，全是一样的。他可以
和你随便谈谈，由于他底常识渊博和经验丰富，再加上他底性情率真，
所以一谈起来，常常脱口而出，弄的哄堂大笑。在这个时候，我们只感
觉到他是一位戴眼镜谈笑风生的儒生。"③

　　殷福生在信中，还特别列举了从简立身上感受到的"博采众意""官
兵一体""禁止体罚""自动自治""严格纪律"等五条体会。其文云：

　　一、博采众意。当然，军队中的事情，是要以命令行之的，可

---

①　《联大从军员生致函母校师长》，昆明《扫荡报》1945 年 3 月 26 日。3 月 26 日昆明
　　《中央日报》亦以《联大从军青年由印度致师长一封书》为题，刊登了此信。

②　青年远征军编有第二○一师至第二○九师，其中第二○七师为独立师，直属陆军总部。
　　第二○七师下辖三个步兵团，两个炮兵营，及通信营、辎重营和警卫与卫生单位。青年
　　远征军并非全由学生组成，军中的"知识青年"一般只到班长一级，西南联大学生
　　加入该师后全部被编入汽车团。另，最近多家媒体报道《中国青年远征军二○七师通
　　讯录现身湖南》，不知这本成书于 1946 年的近 600 页的文献是否记录了西南联大从军
　　学生的名单。

③　殷福生：《新军中的新风范》，昆明《中央日报》1945 年 4 月 10 日，第 3 版。

是，在我们军队里有一个特色，就是在主官认为必要的时候，常常在下命令之先召集部下或士兵加以讨论，我们底领导人不是一个自满固执不容批评的旧式军官。恰恰相反，他是一位虚怀若谷择善而从的人，他觉得个人底意见难免有不到之处，大家底意见总要周详些。他之所以采取这种办法，并不是为了迎合什么时尚，更不是要标新立异。他完全是为了要把团体弄好，完全是为了我们军队底进步。由于有这一要求，所以在关于团体的事上，他不独断，乐意集思广益。他不阻塞真理之门，他说："我决不会因为你们申述意见而处罚你们。"因此，在增进团体的事上，大家都有发言的机会。当着我们向他申述意见的时候，说到好处，他常常掏出小册子记上。在国内，我只在某某师看见我们底师长方先觉是这样重视士兵意见的。

二、官兵一体。我们底领导人提倡官兵一体，官兵一体是亲爱精诚最具体的表现。从这种主张出发，天然地产生下列的现象：第一，尊重士兵底人格。官长和士兵在军队底阶级上虽然有高低之别，可是在人格上却是完全平等的，这样一来，在操场上士兵对官长服从，上下能层层节制，可是，在平常的时候，则如弟兄手足一般做到了意志集中力量集中。第二，经济公开，在我们中国底家庭里，父兄对子弟在经济上是公开的，因为是一体的，在我们底团体里，从团、营，一直到□，都有士兵参加经济方面的机构，这样，实质地做到官长与士兵"甘苦共尝"了。

三、禁止体罚。在最高统帅号召知识青年从军的时候，曾再三晓谕，要禁止对士兵体罚。我们底领导人，恪遵这条训示，告诫他底部下，不准对士兵施用体罚。在一般中学大学的学生看来，这本是一件寻常的事，但在普通部队中，体罚几乎成为唯一的训练方法。但在我们的新军中，却把时代的高级文明渗入管理训练之中。

四、自动自治。我们是大学生、中学生，我们是知识青年，我们多少受过相当的教育。我们底领导人针对着这种情实，极力提倡自动自治。他说，积极的自动自治，比消极的制裁，要重要得多。在训话的时候，他常常申述这一点，常常苦口婆心地勉□我们，这种办法，在我们底团体里，是有着相当成效的。我记不清有多少弟兄在他底感召之下自动悔过，我不知道有多少弟兄在他底感召之下自请处分！

五、严格纪律。我在上面说过，我们底领导人主张博采众意，官兵一体，禁止体罚，自动自治，是不是因此主张不要纪律呢？恰恰相反，他对于纪律底要求很是严格的。他常常向我们申述纪律底重要性。他说，纪律是军队底命脉；没有纪律，军队就要解体，在他认为必要的时候，他毫不犹豫地运用他底权力来维持纪律底尊严。不过，他对于纪律有更深进一层的了解和看法。他说，服从纪律不是一种"形式"，而是一种"内容"。他要我们内心了解服从纪律对于军队生活之必要。有一次他拿出美国军人手册来宣读，告诉我们，在服从的时候，要内心愉快的服从，而且要立即服从，立即接受命令。我们是信仰这个道理的，我们都愿意接受他底训示。这一点，在我们受训和行军的时候，已经充分表现出来了。①

向来治军或施之以"威"，或施之以"德"，而简立少将给联大青年远征军的感觉，是"威""德"并用。殷福生说简立和士兵之间"有着一种自然而然的谐和"，说他很关切士兵生活，士兵有什么痛苦，可以随时见他。加上他态度开明，经济公开，所以"我们对他没有一个人不是心悦诚服的"，"在操场上，他是我们底长官，在操场以外，他是我们大家敬爱的兄长"。② 和殷福生同时从军的王宗周同学，曾对军中生活多次表示不满，但他对简立少将的印象却极佳。他说这位将军是个热情的人，很能吃苦耐劳，而且跑来跑去，什么事都管。"在汀江，因为同学挨了饿，他哭了，他自动地饿了一天，率领长官做饭。"这个团的天声社也是他组织的，天声社下设的学术、康乐、消费合作等股，也全都交给同学自己负责。此外，他还鼓励同学们出版壁报和参加体育活动，还举办了几次演讲。王宗周说，在蓝姆迦是简立少将"声望最高的时候，也是汽一团的黄金时代。那时同学敬佩他，他也爱护同学，把那些饭桶长官都气死了"。有一次，团里丢了一双皮鞋，简立认为"百分之九十九是长

① 殷福生：《新军中的新风范》（续），昆明《中央日报》1945 年 4 月 11 日，第 3 版。
② 殷福生：《新军中的新风范》，昆明《中央日报》1945 年 4 月 10 日，第 3 版。

官偷的"，但大多数长官认为简立侮辱了他们，主张全团大清查，清查的结果，果然是一个排长偷的。[①]

青年远征军第二〇七师为了运输美国援华物资，临时组建了两个汽车团，名为"汽车暂编第一团"和"汽车暂编第二团"。以联大从军学生为主的天声服二连，离开汽车学校后被编入汽车暂编第一团，简称"汽一团"。他们经加尔各答、雷多，来到野人山下。在这里，他们建立起自己的营房，营房靠着一条清澈的江，对面是高山峻岭和原始森林。有人说，山上有虎豹出没，还有士兵在半夜里被大蟒蛇吞食，他们倒没遇到这种情况，却学会猴子叫，而且一叫就有许多猴子跑来。这种生活虽然艰苦，却也新鲜。

四 驾车回国

1945 年 7 月多雨。7 月 6 日，汽车暂编第一团接受战时运输管理局分配的任务，装载着美国援助中国的战时物资，分批沿着史迪威公路启程返国。

第一批由团本部、第四营、第一营第一连之一部组成，共 240 余人，驾驶着 70 多辆吉普车和十余辆卡车，由美军菲特上尉任队长，在团长简立少将与美军第四十七运输营营长克拉克中校率领下，经过 13 天的行程，于 18 日下午抵达昆明近郊。[②] 其后，汽车暂编第一团其他三批车队及汽二团也陆续到达。车辆都是满载的，连吉普车也带着拖斗。两三个人驾一辆，轮流驾驶，邹承鲁和邢传庐同学共驾一辆。[③]

1059 英里，在西南联大青年远征军同学们的心里是个永远不会磨灭的数字。当汽车驰过浩荡的缅甸第一大河伊洛瓦底江（中国云南境内称独龙江），驰过缅北一望无垠的平原，穿过奔腾的怒江上的惠通桥时，他们看到了横躺在密支那郊外满身是枪眼的列车，看到了许多战争遗迹。

① 王宗周：《"天声服二连"，提起来真可怜——青年远征军琐记》，《笳吹弦诵在春城》，第 264 页。

② 《青年军赴印受训驾驶员一团第一批昨抵昆，二三四批亦将陆续返来》，《云南日报》1945 年 7 月 19 日，第 3 版；《赴印受训青年军，首批驾车返国》，昆明《扫荡报》1945 年 7 月 18 日，第 3 版。

③ 参见熊卫民《邹承鲁院士谈西南联大学生兵远征往事》，《南方周末》第 1116 期，2005 年 6 月 30 日。

一个加油站旁边的高大指路牌上，写着"八莫""昆明"，还写着"东京"，同学们感到了一种艰苦中迎接胜利的乐观，说"现在我们的路，不是引向东京了么"？①

途中的辛苦是不用说了。时值炎热季节，车队经过八莫时，烈日当空，酷热异常，附近没有可供饮用的水源，只有一个积了雨的死水小塘，水浊得与泥浆一样。大家身染泥污，为了洗澡，步行三里路才找到一条清水河，但浴后回到停车场，又是满身大汗。除了炎热，还有蚊虫，他们大多没有蚊帐，不得不整夜受着蚊虫的骚扰，但第二天早晨六时半，又得驾车开拔。过了八莫，几乎全为山地，曲折如羊肠。偏偏这时天又下起雨，道路泥泞不堪。这种生活，直到过了南坎，抵达中缅交界的小镇芒友才有改善，有了帐篷和水管设备。

7月11日，车队离开芒友，不久进入中国境内的畹町。此后的路面虽有一段铺的是柏油，但因战争关系，路面坑坑洼洼，所过的桥梁，也大都在日军撤退时被破坏。车到龙陵至土背间，天降大雨，深夜更大，大家蜷卧车中，衣被多被雨水打湿，让人整晚苦不堪言。到达保山后，车队休息一天。此后路况有所好转，但天晴后尘土又扬起，仍然遭罪不少。14日到达永平，15日到达云南驿。云南驿距昆明只有203英里，大家以为胜利在望，有的人兴奋过了头，结果上路不远就翻了车，车内三个人都受了伤。这是这支车队行军十余天来唯一的不幸事件，但驾驶员并非青年军，而是从别的单位拨来的。17日中午，车队到达楚雄，大家在这里仔细检查车辆，于18日一早向昆明进发。

此次归国所经之地，有些就是滇西战役的战场。在芒友，停车场旁有座"新一军三十八师芒友战役阵亡将士公墓"。公墓建在小山之巅，两个月前刚刚落成。一些同学拾级而上，至墓前致敬凭吊，并与留在墓旁的第三十八师部分士兵交谈，知道第三十八师在这里曾歼灭日军主力，新一军与新六军在此会师。大家听了，不由对这些将士产生无限钦慕。②

① 王宗周：《"天声服一遍"，提起来真可怜——青年远征军琐记》，《茄吹弦诵在春城》，第269～270页。
② 以上据王德馨《车队行车三千里——青年军自印驾车返国记》（续），昆明《扫荡报》1945年7月20日，第2版。本文分别刊于1945年7月19日、20日两日，19日报纸未能查到，故归国初程至八莫间的经过暂缺。

7月18日下午2时许，汽车暂编第一团到达昆明。当天，西南联大训导长查良钊，便前往驻营地车家壁慰问。克拉克中校和菲特上尉向查良钊说，"彼等为前所未见之优良驾驶员，暨彼等有佳之守法精神，合作精神"。① 当天，汽车暂编第一团驾车前往SOS进行交卸，首次任务胜利完成。

7月26日，汽车暂编第一团在简立少将率领下，接受昆明防守司令官杜聿明将军检阅。全团人人精神饱满，受到杜聿明和盟友的高度称赞。② 不久，青年远征军第二〇七师汽车暂编第二团，也于27日在团长黄占魁率领下返抵昆明，③ 内中是否有西南联大青年远征军者，未知详情。

随着汽车暂编第二团的归国，7月29日上午10时，西南联大在东食堂举行盛大集会，欢迎从前线归来的同学。东食堂大门上横挂红底白字的布标，上书"欢迎在印度受训青年返国参加反攻"。门旁竹竿上悬着一串串鞭炮，戴眼镜、长胡子的教授纷纷前来参加，有的还把太太小孩子也带来了。会上，大家先唱国歌，再唱校歌，接着梅贻琦致辞。报载梅贻琦致辞大意为："（一）你们每个人都晒得黑黑的，身体比从前都要壮健，虽然耽搁了半年多的功课，可是增加了许多的实际经验和一部分与课业相连而有价值的训练。（二）今后军事的提倡，军政的改革，你们责任重大，中国军队，因为教育的问题，难于达到一定的标准，中级干部往往不能了解士兵，但学生一入军队，就成了士兵，即应该服从命令，我以为十八岁以上的青年都应该有一年以上的军事训练，每个人都是兵，随时可以动员自卫。"梅贻琦讲话后，从军同学相继发言，表示"希望有新式武器的训练，获得新的现代的进步的军事教育，以满足他们初从军时美丽的理想，并获得很多的新知识，多多的贡献国家"。最后，袁复礼、张奚若、冯友兰诸教授分别作答词，勉励大家继续服务，不负参加青年军的初衷和学校、国家的期望。④

---

① 《青年军赴印受训驾驶员一团第一批昨抵昆，二三四批亦将陆续返来》，《云南日报》1945年7月19日，第3版。

② 《杜聿明将军检阅暂汽一团，该团将接受新式武器训练》，昆明《扫荡报》1945年7月27日，第3版。

③ 《赴印受训青年军，二批驾车返国，驻地安定后将请杜司令检阅》，昆明《扫荡报》1945年7月28日，第3版。

④ 《联大征委会欢迎青年军》，昆明《扫荡报》1945年7月30日，第3版。

1945 年 8 月，日寇无条件投降的前几天，汽车暂编第一团接受了新的任务。他们离开前，梅贻琦、查良钊、冯友兰与九位教授于 8 月 10 日晨专程至驻地进行慰问。那天，简立团长在大操场集合全体官兵举行欢迎仪式，并亲致欢迎词。梅贻琦介绍了在场的各位教授后，特别对青年军的待遇改善表示关切，并说已向政府建议，要对汽车团的光荣表现给予嘉奖。冯友兰也以趣味隽永的言辞，做了演讲。仪式结束后，梅贻琦一行人还参观了青年军的营舍，进行了个别慰问。[①]

这次知识青年从军运动中，有些人虽然入伍却未加入青年军。前文所引 1945 年 1 月 3 日梅贻琦向联大校务会议报告中所说的这次从军者中有"投考空军及译训班者共 40 余人"，指的是有些同学在这次应征中报名参加了空军。参加空军的同学，虽然不属于青年远征军序列，但也是这次从军运动的一个部分。当时，空军兵种中有一种为"甲种领航"，除体质标准与飞行员相同外，还规定学历在大学理工科二年级以上，录取后要先派往美国受训，学成后分配到大型轰炸机上担任领航任务。这个兵种引起联大工学院不少同学的兴趣，方复就是其中之一。当时，他与同班何焕生经过多次商议，认为这是一个杀敌报国的好机会，于是在 1944 年 11 月一起参加了考试，12 月中旬发榜时，他们二人都被录取，遂于 12 月 26 日在昆明航校入伍。联大工学院同时入伍的还有邓庆泉、章俊杰、张彦等，理工学院考取的则有邓频喜、王克弟、冯志坚、徐步镛、韩济群、郝启民、廖俊梅、李广济、赵球等人，只是他们是到四川铜梁入伍的。[②] 上述诸人虽然参加的不是青年远征军，但也在这次从军运动中加入抗战的行列。

参加青年远征军是西南联大历史上最大规模的从军运动，这次从军征集工作结束后，联大当局于 1945 年 2 月电告重庆全国知识青年志愿从军指导委员会，对全校从军情况做了简要总结。关于从军人数，电文中称："西南联大志愿从军报名人数三一八人，经体格检查者二六六人，业经呈报在案。现除最近参加空军及译员等工作六五人外，其余二零一人。统计如下：（一）性别男一八八人，女一三人，计在昆二零七师入营者

---

① 《联大梅校委等慰问暂汽团》，昆明《中央日报》1945 年 8 月 11 日，第 3 版。

② 方复：《抗战时期西南联大青年从军史的一点补充》，《西南联大北京校友会简讯》第 19 期，1996 年 4 月。

一七八人，赴渝参加政训工作者九人，参加□营养研究者一人，待命入营女青年一三人。（二）年龄十八至二十三者一四八人，二二四至三十九者五十人，三十至三十五者三人。（三）籍贯苏三二人，浙二三人，备粤二二人，鄂二十人，湘一九人，川一七人，冀一五人，皖一三人，鲁七人，闽七人，滇六人，豫五人，赣五人，晋二人，陇二人，辽二人，吉一人，黑一人，热一人，黔一人。（四）学历专科以上一九六人，中学五人。（五）职业学生一零九人。（六）党员八人，团员五二人，非党团员一四一人。"①

五　营中感受

西南联大对于从军活动并非单凭热情，不同时期，他们的思考是不一样的。总体上说，他们赞成从军，认为是直接参加抗战的具体行为。但是，他们并不盲从，大家能够根据国内形势做出自己的独立判断。西南联大坚持自由主义教育的效果，在这里得到了印证。

事实上，具有独立意识的西南联大同学，在部队很难避免非军事因素的干扰。如到新编第三十八师的同学，就因缴纳党费被扣除了一笔工资，数量虽然不多，却引得费纪元同学到军需处大吵了一场。② 如果这还只是一个花絮的话，那么加入青年远征军的同学感受就大不一样了。尚在他们在昆明集中时，连里曾组织过一次讨论，当时的结论是："青年远征军是国家的军队，绝对不应该属于任何人或任何党；并且唯有民主的政府，才能保证我们的血不白流！"可是两三个月后，这个理想就破灭了。在蓝姆迦汽车学校，联大同学在国语、英语、讲演竞赛中都是第一，只有一次放弃了辩论，因为那次辩论的题目是"军队里需要民主吗"，联大同学抽到"军队中不需要民主"。

也是在蓝姆迦，杨宏道收到一份以西南联大全体同学名义通过的《国是宣言》，③ 为了让大家看着方便，就把它贴了出来，不料竟在半夜

---

① 《联大今上课，从军青年统计办竣》，昆明《扫荡报》1945 年 2 月 19 日，第 3 版。
② 参见吴铭绩《联大生琐记》，《西南联大北京校友会简讯》第 26 期，1999 年 8 月。
③ 这个《国是宣言》，是在 1945 年 5 月 4 日西南联大学生自治会召开的学生代表会议上通过的，后以西南联合大学全体同学名义发表。详见本书第十一章第六节第八目"掌握方向的第八届学生自治会"。

被宪兵架走。当同学去探视杨宏道时，看管者恶狠狠地说："你要看共产党吗？"甚至还声言"在蓝〔姆〕迦的奸党活动得到了线索"。后来他们到了雷多，驻地是个曾经闹过很厉害霍乱的地方，营房本来已一把火烧掉了，可偏偏指定他们必须住在那里。由于联大从军青年关心国事，他们所在的汽车团被人叫作"民主团"。当时担任驻印军副总指挥的郑洞国说："汽一团比霍乱菌还可恶，必须隔离。"①

　　杨宏道同学被抓走后，传说要被当作异党枪决，全团士兵闻之联名保释，团长简立也出面担保，杨宏道才被保释。事后，简立被调离，副团长高煜辉接任团长。6月，汽车暂编一团调往印缅边境阿萨姆邦雷多军营集训，"天声服二连"和西北工学院同学所在的第二营全部被拆散，分别插入其他营连排。这期间，一些长官认为这些大学生常常议论军队如何黑暗，认定他们是"捣乱"集团。驻印军总部以"破坏新军建设"为由，抓捕了联大和西北工学院的八位同学，关押在铁蒺藜网住的帐篷里，后来军法处认为证据不足，才将其放回团部自行处理。

　　联大同学是为了抗战参加远征军的，哪里受得了这样的高压。"天声服二连"被解散时，同学们为了抗议，为"天声服二连"开过追悼会、诵过祭文、念过经，还为一首歌的歌谱填了愤懑无奈的歌词：

> "天声服二连"，
> 提起来真可怜。
> 一帮学生，有书他不念。
> 投笔从戎，来把新军建。
> 环境恶劣，不容变。
> 到——处，碰——壁，
> 新军的新前途真是太暗淡。
> 不顾一切，直向前，
> 这里是天声服二连。

---

① 王宗周：《"天声服二连"，提起来真可怜——青年远征军琐忆》，《笳吹弦诵在春城》，第 262、264、266、267 页。

　　"天声服二连"，

　　提起来真可怜。

　　初志未成，先被人改编。

　　诸位同志，多多吃饭。

　　一切闲事，莫用管。

　　倒——东，歪——西，

　　长官的命令，我们照着办。

　　明哲保身，不多言，

　　这里是汽车第一团。①

　　"天声服二连"解散后，联大同学搬到地处喜马拉雅山南段的阿萨密平原。那里有成片的茶园和森林，属于热带雨林区，随时被蚊子、蚂蟥叮咬，有的同学病倒了，高烧不退。

　　当然，与知识青年远征军的其他部队相比，联大从军同学由于团结一致，境遇还是相对好一些。有一天，从驻在密支那的青年远征军部队跑来五个衣服褴褛的士兵，他们中一个是中央大学水利系学生，两个是铭贤学院的学生，另两个也是大学生。他们讲了在密支那的遭遇，说："我们真幸运呀，留在那里的同学，不知道怎么样了！又要自杀吧……"② 这些话，即使是铁石心肠的人，听了也会流泪。

　　这种亲身体验，对联大青年远征军的同学们来说，真是太深刻了。"男儿快意着先鞭，投笔从戎志最坚"，是第二〇七师汽车暂编第一团团歌中的一句歌词，但是军中的一些现实让他们感到失望。利用汽车贩卖、走私，发国难财，在那个时候可谓司空见惯，这些早就为联大同学深恶痛绝。他们回国前，特组织了纠察队，严禁带私货，即使是多带一条手绢或一把牙刷，也要当场烧掉。所以，汽车暂编第一团经过检查站时，一摆手就过去了。在畹町，进入国门时有个大检查站，宪兵上来摸了摸他们的行李，说："你们好穷啊，连个箱子也买不起！"这和别的部队驾

---

① 以上据王宗周《"天声服二连"，提起来真可怜——青年远征军琐忆》，《笳吹弦诵在春城》，第 268 页。

② 王宗周：《"天声服二连"，提起来真可怜——青年远征军琐忆》，《笳吹弦诵在春城》，第 269 页。

驶员把炮弹里的火药倒掉装上口红，把整桶的汽油倒掉装进花旗袍和高跟鞋，真有天壤之别。①

西南联大从军同学在国外的饮食，没见特别记载，想来可能还过得去。但是，回到国内就大不一样了。8 月 10 日梅贻琦、查良钊、冯友兰等慰问他们的那天，有的同学就说回国后每天下午 5 点才吃一顿饭，其余都是干糙的饼干，而一个月的薪水仅仅 1800 元，还不够维持一个人的生活。有的说自己是有热血有气节的大学生，为了尊重自己的人格，绝不能利用机会甘趋堕落。大家的发言，像久离故乡的孩子，向母亲倾诉一切在外遭遇，千言万语滔滔不尽。②

辎重兵汽车第十四团接受的新任务是接收一批新汽车，但新汽车一直没有到，他们也没有离开昆明，结果在车家壁逗留了 5 个月。那些日子，大家每天为给养发愁。"吃了上一餐，不知下一餐；吃过今天，望着明天。忍饥挨饿的事情已经司空见惯，一天一次稀饭，也不足为奇。"可是，团部"有的是雪白大米，有的是充足的蔬菜"，大家不由得问：这是为什么？终于，9 月 7 日爆发了"抢米风潮"，联大同学自然也参加了，因为"在闹饥荒的时候，大学生也小气呀"。关于这次"抢米风潮"，迄今未见详细记载，如果当年参加者能追记下来，一定很有意思。

离开印度时，同学们每人领到两条毯子和数件单衣，到了初冬，夜间就有些寒冷了。联大同学可以回校找同学帮忙，而从西北来的同学，每晚只能紧裹军毯，和衣而卧，实在可怜。10 月底，终于发棉衣了，可三个人才发两套。

这样的衣食住行，真是活受罪。为了改善条件，一些同学只能去做苦力。离车家壁驻地不远，有一段公路坏了，王宗周等同学便与负责修路的工头商量，让他们去搬石头修路。这期间，为了应付团里的集合点名，大家只能轮流抽出一些人去，另一些人留下来代替答"到"。这样的工作机会很快也失去了，"大概因为工作太热心，路不久就修好了，我们也就失了业"。

这个时候，有些军官发起牢骚，因为汽车团油水太少。于是，有人

① 王宗周：《"天声服二连"，提起来真可怜——青年远征军琐忆》，《笳吹弦诵在春城》，第 270 页。

② 《联大征委会欢迎青年军》，昆明《扫荡报》1945 年 7 月 30 日，第 3 版。

请求调职，有人因盗卖公物开了小差。留下来的，有的带了"野鸡"在团里过夜，还有的眼睁睁地等着发车，希望能够好好捞一笔。对于军队中的"空饷"，同学们早有耳闻，只是还没遇到过。但是，这种事终于在身边出现了。有一次点名发饷，团里临时拉了一批老百姓，换上了军装，甚至把骡马队的士兵也拉来冒充。至于考驾驶执照时新任团长找人代考，公开作弊，就更不新鲜了。

1945 年 10 月 2 日夜，昆明防守司令杜聿明按照蒋介石的命令，发动云南政变，把省政府主席龙云搞下台。政变中，辎重兵汽车第十四团有 10 辆吉普车被调去使用，据传有几辆是联大同学驾驶的。虽说他们可能不知道内情，但毕竟参加了内战。

11 月 25 日，西南联大、云南大学、中法大学、英语专科学校四校学生自治会，在西南联大民主广场联合举行"反内战时事讲演会"，发出反对内战、要求和平的呼声。晚会开始不久，第五军包围了会场，向会场上空打枪，企图用武力阻止集会。昆明青年对这一行径无不义愤填膺，遂于次日举行全市罢课，以示抗议。这个消息于 26 日早晨就传到车家壁，团长恐吓大家："谁都不准进城，更不准回学校，不然的话严厉处分！"可是，同学们很少理会他，而且一回去就再也不想当兵了。12 月 1 日，震惊中外的一二·一惨案发生，四位爱国青年遭到屠杀，倒在血泊之中。第二天，车家壁便出现了许多昆明市中等以上学校罢课联合会的反内战传单。见到这种情况，辎重兵汽车第十四团后勤部生怕陷进去，仅仅几天，全团就满载汽油和炮弹，向湖南开去。但是，在该团的 150 多位联大同学，仅留下二十几人，其余或返校复学，或转到别处任译员了。①

第五节　马革裹尸

要奋斗就会有牺牲。西南联大从军同学中，有些人在对敌斗争和抗战事业中献出宝贵的生命。他们的英勇捐躯，书写了一代知识青年保家

---

① 王宗周：《"天声服二连"，提起来真可怜——青年远征军琐忆》，《笳吹弦诵在春城》，第 270～274 页。

卫国的壮丽人生，也为西南联大这所战时高等学府增添了无限光彩。

1937年的八一三淞沪抗战中，一架飞机被日军高射炮击中，飞行员驾着飞机直冲下去，撞击日本旗舰"出云"号。这是抗战初期到处传颂的一个英雄事迹，而这位27岁便壮烈殉国的飞行员，就是清华大学的毕业生沈崇诲同学。沈崇诲于1928年考入清华大学土木工程系，毕业于1932年。当时，正是九一八事变爆发后的第二年，他怀着壮志考入杭州笕桥航空学校，曾任空军第二大队一中队副队长。沈崇诲牺牲的消息传到学校，师生们无不悲痛万分。从此，沈崇诲的名字，永远镌刻在清华英烈史上，成为全校师生的榜样。

何懋勋是长沙临时大学牺牲的同学之一。这位南开大学经济系学生，1937年底从长沙临时大学赴鲁西抗日根据地参加抗日救亡工作，曾任山东省第六区游击司令部青年抗日挺进大队参谋长。1938年8月，在齐河县坡赵庄的一次战斗中，何懋勋同学英勇捐躯，年仅21岁。[①]

西南联大没有获得何懋勋同学牺牲的消息，耸立在云南师范大学的西南联合大学纪念碑背面的"从军学生题名"上，镌刻的第一位为国捐躯的同学是外文系四年级黄维同学。黄维是军事委员会译员训练班第二期学员，结业时，译训班负责人之一、联大教授陈福田对大家说，远征军即将开赴缅甸协同盟军作战，需空军支援，也需翻译，向译训班要人。黄维听后，表示不去美军机场，要求随远征军去缅甸。后来，在随远征军撤出缅甸途中，渡怒江时因人多拥挤，江水湍急，船到中流时黄维不幸失足，落水殉职。

黄维牺牲的消息传到昆明巫家坝机场，联大同学都为他的死默哀。也是这个时候，美空军一位飞行员在空战中不幸阵亡。这两件事，促使黄维的同班同学卢静以他们的事迹为基础，创作了中篇小说《夜莺曲》。小说描写一美籍华人飞行员回国参加抗战，在一次空战中英勇牺牲，把热血洒在祖国大地上。这篇小说最初发表在1942年的《人世间》杂志，后来收入巴金主编的《文学丛刊》。作者曾深情地说："据说夜莺是一种善于唱歌的鸟，它的歌很美，它唱啊，唱啊，不停地唱，歌唱到最后，

---

① 《抗战英烈，名垂千古》，清华校友总会编《清华校友通讯》复32期，清华大学出版社，1995，第55～56页。

终于呕心沥血而死。书名《夜莺曲》无非想抒发一下纪念那些为反法西斯侵略，为保卫祖国英勇献身的人们之情。"① 黄维是联大的骄傲，西南联合大学纪念碑背面的"从军学生题名"上，第一个镌刻的就是他的名字。

西南联大还有一些同学像黄维一样，在抗日战争中英勇地献出了宝贵的生命。他们有的是这一时期的译员，有的是空中勇士，也有的是在其他岗位上。1943 年初，戴荣钜、王文、吴坚、马豫、李经纶、黄雄畏、许鸿义、马启勋、祝宗权、李修能等同学参加了空军。其中在航校第十五期学习的戴荣钜、王文、吴坚、马豫被派往位于美国亚利桑那州凤凰城的美国空军学校受训。戴荣钜、王文、吴坚学习驾驶 P－40、P－51 战斗机，马豫学习驾驶 B－25 轰炸机。他们在美国学习了 7 个月，其中见习 3 个月。见习即将结束时，戴荣钜在家书中写到自己的感想，说："九日起开始飞 P－40，一千二百马力之大飞机，我也能飞翔自如，我自己都不会相信，今生不虚。三个月见习完了，我希望能尽快回国。""我们在此受训，平均每人（不失事）之教育费约美金十万。如失事，赔偿照算。如此数万万美金的贷借需要多少桶桐油、钨砂、生丝、茶叶来抵还哪！……更觉得责任重大，非努力奋发不可。""来美国后，真乃是'触目惊心'，中国落后何止二百年……如果中国人全是'傻瓜'，埋头苦干，一心一德，群策群力，中国五十年后即可略见楷模。现在看看中国多么苦，水都没有，更谈不上轻重工业。发育在美国机翼底下的中国空军还能不卧薪尝胆，闻鸡起舞。"②

他们学成回国，戴荣钜被分配到驻防湖南芷江的空军第五大队，王文、吴坚被分配到驻防陕西安康的空军第三大队。他们三人，都先后在战斗中为国捐躯。戴荣钜是他们中间第一个牺牲的，1944 年 6 月 18 日上午，他驾驶飞机掩护轰炸机轰炸长沙，与敌机遭遇，不幸坠机。戴荣钜牺牲后，他所在的空军中队给其兄发去抚恤公函，大队长也给家属写了慰问信。抚恤函全文云："荣钺先生伟鉴：查自抗战军兴群情奋发，令弟荣钜爱国热忱，投效空军服务本大队，其志殊为可嘉。不幸于本年六月

① 卢静：《悼念黄维》，《"一二·一"纪念馆》第 1 期，1991 年 12 月 1 日。
② 转引自马豫《缅怀在抗日空战中牺牲的联大人》，《国立西南联合大学一九四四级通讯》（终篇号），2006 年 8 月。

随队出发，在长沙空战，壮烈殉国，实属痛惜。除报请航委会从优抚恤外，特函唁慰。希转达尊翁勿以过悲为盼。"① 王文是 1944 年 8 月在保卫衡阳战役中与敌机作战时殉国的，② 吴坚于 1945 年初在陕西与日寇飞机作战时，飞机起飞后不久因机件失灵堕毁身亡。③ 戴荣钜、王文、吴坚的名字，没有来得及汇入"国立西南联合大学纪念碑"背面的从军学生名单，但他们的姓名、出生年月和牺牲地点，则镌刻在由张爱萍将军题名的南京航空烈士公墓纪念碑上。

在空军部队任译员的外文系缪弘同学，是在迎接抗战胜利曙光的时刻，在一次空降后的进攻中英勇牺牲的。缪弘是军事委员会译员训练班第七期学员，训练 6 周后，有个单位来要人，只说工作性质危险，生活条件艰苦，愿意去的可以报名。至于所去的单位名称、工作地点、待遇和做什么具体工作，都回答"无可奉告"。缪弘和 20 多位联大同学志愿去了这个单位，他们到昆明岗头村报到后，方知去的是 OSS. OG（美军战略情报处所属作战组）。④ 联大同学被分配到伞兵突击队，这支部队是一支中美混合部队，当时刚刚新组成三个队，每队有二三十名美国官兵和 8 名译员，共 100 多人，全部配有美军装备。缪弘分在第八队，陈琪、罗沪生分在第九队，罗振诜分在第十队。1945 年 7 月，他们尚未接受正规伞兵训练，便奉命乘美国军用飞机从呈贡机场出发，降落在刚收复不久的柳州，然后乘船顺柳江南下。几天后，部队在南平附近的丹竹机场二三十里的地方上岸，上岸后各队分赴不同的指定地点。向丹竹机场发起进攻，

丹竹机场四周有日军严密守卫，日军驻扎在高约 1000 米的山顶上，居高临下，控制着机场。7 月 31 日黎明前，我军进攻开始，隆隆的炮火

---

① 转引自马豫《缅怀在抗日空战中牺牲的联大人》，《国立西南联合大学一九四四级通讯》（终篇号）。戴荣钺为戴荣钜的三哥。

② 武焜：《看程青学兄来信忆往事、话今天》，西南联大 1944 级北京联络站编《国立西南联合大学一九四四级毕业五十周年活动特刊》，1995 年 3 月，第 32 页。

③ 卢少忱：《悼念两位为国捐躯的校友》，《国立西南联合大学一九四四级毕业五十周年活动特刊》，第 35 页。

④ OSS. OG 即美军战略情报处作战组的简称。OSS 全称为 Office of Stratigic Service，OG 全称为 Opertion Group。OSS 是美国在第二次世界大战期间成立的一个情报组织，当时鲜为人知、对外不公开，下设情报、作战、爆破等小组，总部设在昆明市郊，作战组在昆明岗头村和宜良县。抗战胜利后，大部分译员遣散，该组织亦于 1948 年解散。

震撼着山川，经过一个多小时的炮轰，士兵们在密集的机枪掩护下向盘踞在山顶上的敌人冲锋，日军被迫退到半山腰隐蔽，接着疯狂反扑。这时，罗振诜听到士兵们叙述一个翻译官阵亡的经过：在向山上进攻时，和他同组的美国兵怕死，退到山下去了，而翻译官没有临阵脱逃，和战士们一起冲锋，终于被敌人的狙击手击中要害，光荣牺牲。战斗结束后，人们才知道这个翻译官就是联大的缪弘同学。①

缪弘是一位爱好文艺的青年，他写下过不少新诗，也结交了不少诗友。他的牺牲，在联大引起很大反响。人们不会忘记他，也不会忘记他留给人间的诗篇。缪弘有一首作于联大第五次献血次日的诗，它可以说是缪弘对自己心灵的描写。诗中写道：

> 没有足够的食粮，
> 且拿我们的鲜血去；
> 没有热情的安慰，
> 且拿我们的热血去：
> 热血，
> 是我们唯一的剩余。
>
> 你们的血已经浇遍了大地，
> 也该让我们的血，
> 来注入你们的身体；
> 自由的大地是该用血来灌溉的。
> 你，我，
> 谁都不曾忘记。②

---

① 罗振诜：《缪弘牺牲前后》，张闻博、何宇主编《西南联合大学叙永分校建校五十周年纪念集》，1993年4月，第115～116页。关于缪弘牺牲的时间、地点和经过，当时昆明报纸报道说是1945年8月7日与伞兵突击队在桂林附近丹竹机场空降时牺牲，一些著述采纳了这一报道。但是，从岗头村美军战略情报处作战组开始，直到缪弘在南平丹竹机场战斗牺牲，都与他在一起的西南联大学生罗振诜指出昆明报纸的报道不正确，此处对缪弘牺牲的经过即根据罗振诜的文章。
② 缪弘：《血的灌溉》，杜运燮、张同道编选《西南联大现代诗钞》，第472页。

有些同学是在训练中罹难的，如崔明川于 1943 年在美国受飞行训练时，飞机失事撞山，李嘉禾也是在美国空军受训时不幸殉国。他们的牺牲同样是为了抗战事业，应当受到人们的怀念。

西南联大从军同学和当时许许多多从军的大学生一样，谱写了抗日战争史上可歌可泣的一页。这种豪迈气概，正如一位同学所说："我对西南联大从军的同学有一个总的印象和感想。不论是在空军、陆军、军工等方面，不论是在步、炮、坦克、运输等各兵种的前方战斗或后勤部门服务，他们大都以大无畏的豪情，战胜艰险和万难，完成各自岗位的工作任务。他们继承了伟大的中华民族热爱祖国、反抗侵略的光荣传统，为了抗日救国不惜牺牲并奉献出自己的心血和力量。他们无愧对西南联大'刚毅坚卓'校训的教导。他们没有辜负校歌中'待驱逐仇寇，复神京、还燕碣'的殷切希望。"① 今天，关于抗日战争的军事斗争，人们的注意力主要集中在正面战场和敌后战场，对于大学师生投身直接抗战的了解和研究还比较缺乏。然而，人们不应忘记，在争取抗日战争胜利征途上，他们的贡献也是这个画卷上的浓重一笔。

---

① 《缅北密支那战役追忆——从军校友卢少忱的书面发言》，《西南联大北京校友会简讯》第 38 期。本期为"纪念抗日战争胜利 60 周年暨'一二·一'运动 60 周年特辑"。

国家社科基金
GUOJIA SHEKE JIJIN HOUQI ZIZHU XIANGMU
后期资助项目

西南联大与现代中国
（1937~1946）

下 册

The National South-West Associated University
and Modern China

闻黎明　著

社会科学文献出版社
SOCIAL SCIENCES ACADEMIC PRESS (CHINA)

第八章 多难殷，忧国运：国民外交

国民外交亦称民间外交，是民间团体、组织、人士等立足国家总体利益，但不以国家和政府名义所进行的外交活动。国民外交与代表国家政府的官方外交，是互相配合和互相补充的关系，西南联大在国民外交方面就做了许多有益的努力。

第一节 国民外交

知识分子是建设现代化国家的栋梁，培养高级人才的西南联大，集中了一批学识渊博、视野开阔、勤于观察，同时积极参加社会活动的各类精英。抗战期间，他们有些工作与活动或具有国家行为的性质，或反映了知识阶层对全局问题的思考。

西南联大具有鲜明战时特征的国民外交，早在北大、清华、南开三校合并腹案酝酿之初就启动了。1937 年 7 月卢沟桥事变爆发，8 月，国防最高会议"为集中意见，团结御侮"设立了主要由在野党派、社会团体领袖、有重要影响的知识精英为成员的国防参议会。《国防最高会议国防参议会组织要纲》规定这一机构的主要工作为"听取政府关于军事、外交、财政等之报告"，并制成意见书，供国防最高会议决定战时各政策时参考。[①]《要纲》中，把"外交"列在第二位，仅次于"军事"，说明战时外交与抗战的紧密关系。正是在这种形势下，西南联大开始了抗战时期最早的国民外交。

一 走出国门

争取各国对中国抗战的同情和支持，是整个抗日战争时期外交的重

---

① 参见《国防最高会议国防参议会组织要纲》，转引自周天度《1937 年的国防参议会》，《团结报》1989 年 10 月 17 日。

点。全面抗战爆发后，国民党中央政治会议于 8 月 11 日决定成立作为全国国防最高决策机关的"国防最高会议"，其下设立了主要由在野党派和团体领导人组成的战时政策最高咨议机构"国防参议会"。参议会中最先提出的建议之一，是派遣参议员分赴西方各国宣传中国政府的抗战决心，争取各国理解和援助。在具体人选上，参议会建议派胡适去美国，派蒋百里去德国，派孙科去苏联。这一建议，与国民政府的需要不谋而合，很快得到采纳。9 月，国防最高会议接受国防参议会建议，决定派胡适赴美国做非正式的外交工作和民间宣传。在美国有广泛人脉的胡适一向重视外交，希望通过外交营造和平。7 月 29 日他在南京得知北平守军全部撤出，第二天他就表示"外交路线不能断绝"。31 日，蒋介石、宋美龄邀请胡适与梅贻琦、张伯苓及陶希圣、陈布雷共进午餐，午餐结束前，胡适再次强调"外交路线不可断"。① 胡适说，他"在 8 月中，做过一次（似不止一次）和平的大努力"，② 9 月初在写给郑天挺的信里，还劝他留在北平教书，③ 言外之意，是国际调停也许可能避免中日战争。

胡适是 8 月 13 日被聘为国防参议会参议员的，17 日与张伯苓、傅斯年参加了在汪精卫寓所召开的国防参议会第一次会议。参加这次会议的还有代表毛泽东的周恩来以及李璜、蒋百里、梁漱溟、陶希圣。此后，他又出席了 21 日的国防参议会第二次会议。在南京，胡适住在教育部，与部长王世杰、次长杭立武等人商谈最多的是如何救济沦陷区的各大学的问题，对于赴美一事尚无思想准备，直到 8 月底还推托说自己性情和能力均不相宜。④ 不过，几经犹豫后，胡适还是挑起了这一担子。

与胡适同往美国的是钱端升。在说服胡适赴美的同时，王世杰于 8 月 30 日致函蒋介石，推荐钱端升、张彭春赴美宣传，⑤ 认为他们是"现

---

① 胡适 1937 年 7 月 30 日、31 日日记，曹伯言整理《胡适日记全编》第 6 册，安徽教育出版社，2001，第 700 页。

② 《胡适致蒋廷黻》（1938 年 1 月 12 日），杜春和编《胡适来往书信选》中册，中华书局，1979，第 362 页。胡适很快放弃了这一幻想，他在回信中说："我后来渐渐抛弃和平的梦想了。9 月 8 日离京，那天我明告精卫、宗武、希圣三人，我的态度全变了。"

③ 郑天挺：《滇行记》，《箫吹弦诵情弥切》，第 327 页。

④ 参见《王世杰给蒋介石的呈文》（1937 年 8 月 30 日），转引自《李敖大全集》第 18 册，中国友谊出版公司，1999，第 222 页。

⑤ 王世杰 1937 年 8 月 30 日日记，中研院近代史研究所编《王世杰日记》第 1 册，第 96 页。

时抵京教授较能担任此等工作者"。① 蒋介石接到王世杰函的第二天，就做了"仍请胡先生赴美"，"并多派二三员如钱端升君等同行更好"的批复。② 不知什么原因，9月初王世杰与蒋介石相商时，又决定改派北京大学教授张忠绂替换南开大学教授张彭春。③

9月7日，胡适、钱端升乘船离开南京，13日中午在汉口乘机飞香港，24日从香港起飞，中经马尼拉、关岛、威克岛、中途岛，于26日抵达旧金山。在旧金山稍做停留，10月6日飞纽约。张忠绂启程稍晚些，是尾追胡适、钱端升去美国的。这样，两个月后被聘任为联大教授的胡适、钱端升、张忠绂，便成为全面抗战爆发后首批开展国民外交活动的使者。

胡适、钱端升赴美之前，王世杰起草了一份《赴美宣传计划纲要》。这个纲要经蒋介石批准，成为这次赴美宣传的指导性文件。《纲要》在三个方面做出规定。首先是宣传对象，要求"侧重教育界、报界、议会议员与教会"。其次是宣传人选，"最好就与美国大学、报界及教会有相当关系或认识者，各选一二人前往"。最后是宣传目标，这个问题侧重四个方面：第一，"事实之宣传"，即"对于日本侵华事实及其扰乱世界合作与和平之计划，为有系统之宣传"。第二，关于"太平洋会议之召集"，要求"促美国有力人士出面主张，由英美两国联合领导，召集太平洋会议，决定英美法俄等国共同应付远东问题之态度与手段"。第三，"中国之解放"，认为"美国有力人士有主张欧美诸国应放弃其在华租界权、驻兵权及领事裁判权，同时即逼迫日本至少在关以内亦同样放弃者。此种议论应设法使其流行。欧美日本放弃此项特权时，收上海天津，即由中国定为不驻兵区域，亦无不可"。第四，"封锁问题"，应"促美国与英法等国，共采强硬态度，抗拒日本对华之封锁"。④

---

① 《王世杰给蒋介石的呈文》（1937年8月30日），转引自《李敖大全集》第18册，第222页。

② 《国民政府军事委员会快邮代电京字第二六八号》（1937年8月31日），转引自《李敖大全集》第18册，第224页。《李敖大全集》云此电为"国民大会军事委员会"，实误，应是"国民政府军事委员会"，兹径改。

③ 王世杰1937年9月4日日记，中研院近代史研究所编《王世杰日记》第1册，第99页。

④ 《赴美宣传计划纲要》，《李敖大全集》第18册，第223页。此《纲要》为1937年8月30日王世杰给蒋介石呈文的附件。

胡适到美国后，51天行程1万余英里，做了56场演讲，累得病倒了。这些已有很多介绍，不必赘述。钱端升、张忠绂虽陪同胡适参加了不少活动，但由于胡适的名气太大，无形中使他人产生了些误会。胡适、钱端升初到旧金山时，驻旧金山总领事黄朝琴暗中问钱端升是否是胡适的秘书，这话让钱端升"差不多可以哭出来"，只好装作不懂。后来，他向胡适谈起此事，胡适听了也很难受。不过，胡适也有自己的感受，他在日记中写道："我们二人同行，同为国家做事，外人问这句话，有何可耻，何必要哭出来。我深知中国士人不甘居人下，故事事谦逊，从不敢以领袖自居。但此种心理实在是亡国的心理。"① 话是这么说，与胡适相比，钱端升、张忠绂毕竟处于配角地位，这让他们感到无功可立，忍不住动了回国念头。1938年3月中旬，张忠绂因家有急事，先期回国。

1938年1月下旬，国际反侵略运动大会中国分会在武汉成立，查良钊代表西南联大出席了成立大会。会上推选胡适、钱端升为出席将在伦敦召开的国际反侵略运动大会代表。2月，改任国民政府军事委员会参事室主任的王世杰，为了便于在欧洲统一做宣传工作，计划在英国、德国、法国各成立一个永久性的机关，并提议由钱端升主持此事。② 这样，钱端升于4月6日从纽约乘船前往欧洲。

钱端升到了英国，拟议中的驻欧洲各国永久性宣传机关并未成立，他似乎只做了一件事，即受王世杰之托打探中英借款进展情况。打探的结果，是英国财政部要员对孔祥熙印象甚恶，借款难以成功。③ 5月6日，钱端升渡海去法国，10日在日内瓦旁听了国联行政院首次会议，中国代表顾维钧在会上提出援助中国问题。在欧洲，钱端升接触了不少上层人，访问了法国外交部情报司司长，拜见了众议院外交副委员长，等等，获得欧洲各国对华政策的许多信息，对欧洲各国的复杂关系有了进一步了解。7月5日，钱端升参加了讨论国际与中国问题的丹麦国联同志会，6日晚上做了"中国抵抗精神"的讲演。10日下午飞柏林，17日返巴黎。7月22日，钱端升怀着参加实际抗战工作的念头，从马赛乘船

① 胡适1938年1月22日日记，曹伯言整理《胡适日记全编》第7册，安徽教育出版社，2001，第16～17页。
② 王世杰1938年2月11日日记，中研院近代史研究所编《王世杰日记》第1册，第179页。
③ 王世杰1938年6月26日日记，中研院近代史研究所编《王世杰日记》第1册，第281页。

回国，8 月 16 日到香港，21 日抵达汉口。

武汉当时是国民政府的行都，聚集着政府的各个机关，蒋介石也在这里。钱端升到武汉，就是为了向蒋介石呈递 10 个月来的考察报告。这个报告是用打字机敲出来的，标题为《欧洲与中日战争》，共 17 页，打字时夹着复写纸，呈递蒋介石的应该是最清楚的一份。这份报告在钱端升到达武汉的当天便交给了陈布雷，陈布雷仅在报告上加了些标点，于 23 日呈送蒋介石。

《欧洲与中日战争》共三节，第一节"各国对中日战争之态度"，下分"英国""法国""德国" 3 子目；第二节"欧洲局势之推测"无子目；第三节"我国对外所应努力之处"，子目为"取得英国之借款""取得苏联之军火""取得法国之政治助力等""在国联方面培养大国地位且乘机要求制裁""美国之助力""对德意维持尊严""宣传及外交"。纵观全文，第一节报告的是英、法、德三国政府、在野党、民间舆论等因立足点不同，在对待中国抗战问题上所持的态度也有所不同。第二节报告的是"欧洲各国对中日间问题之态度随欧洲局势变化而变化"，其核心是彼此视为对手的以英、德两国为首的两大集团是和是战问题。第三节是全文的重点，认为"在欧局未安定以前，制裁殆无可能"，"但我人在此时亟须培养地位，使会员国能以大国视我，具同情，而无怜惜意，能表敬重而亦能信任，庶几机会一到，可以要求制裁一类动作"。为达此目的，钱端升认为除继续联络大国外，还必须重视国际联盟中那些酷爱和平且深惧欧战爆发波及自身的欧洲小国。如当时丹麦、瑞典、挪威、芬兰在国联改组问题及制裁条款问题上常有一致行动，1938 年 7 月它们与荷兰、比利时、爱沙尼亚、拉达维亚在奥斯陆合开八国会议，共商应付欧局办法，号称"奥斯洛集团"，已成为国际联盟中之重要集团。这个集团对中国表示同情，但又极畏有所动作，中国如欲利用国际联盟，就应当对这个集团做最大努力。①

钱端升此次出国，主要任务是宣传中国的抗日立场。对于如何开展宣传，以哪些人为重点，钱端升也提出了个人的意见。报告中写道："自

---

① 《陈布雷呈蒋中正以钱端升拟呈〈欧洲与中日战争〉报告》（1938 年 8 月 23 日），"蒋介石档案"，档号：002 - 080103 - 00045 - 011。

军兴后，我政府甚注重对外宣传，然轻重之间，亦大有可以改善之处。而宣传之目的及组织，与夫与外交官合作之方，更有待于改善。愚见所及，美国散漫广大，应外交与宣传并重。不列颠自治地如加拿大、澳大利亚及新西兰等亦然。英国政权、财权集中于保守党，而反对党是早已对华表愿援助之意，故须七成外交三成宣传，而不必过分重视宣传。法国及奥斯洛集团国家等须十分外交，而宣传不足重。苏联则须与之作政治上之调整，而不能仅从外交着手。至于德、意，则不特宣传是多余，即在外交方面亦须有欲擒故纵一类技术，而不能只赖联络及谦和也。"在国外，承担宣传责任的主体是驻外使馆，但使馆人员良莠不齐。钱端升坦诚指出："我国驻外使馆之最大缺点，即大国之长官甚多佳者，而其僚属与小国之人员往往不知大势，不识大体，既鲜能力，又乏进取之意志力，相袭成风，蔓延已广，已非一朝一夕所能改，亦非整理一二地方所能收效。"钱端升提醒当局注意这个问题："在此非常时期，究应即开始为有规则有恒心之改善整顿乎，抑应于必要时另遣员专办某事乎，是则有待于我政府之悉心考虑也矣。"同时，钱端升还认为宣传"应以国内之机关为中心"，且"主其事者自须明了国际大势，分别各国及各国际团体之轻重以赴其事"，以"杜绝对内宣传之风"。如若不然，"尚不如集中国家之人力与财力于外交也"。①

钱端升的报告是他作为战时首批国民外交使者的出使总结，它客观介绍了各国间的历史纠结与现状，分析了各国受到这些关系制约而在对待中国抗日战争上表现出不同态度的原因，提出了争取国际同情与援助的办法。钱端升没有留下这次出使期间与各方人士接触的记录，但报告涉及的方方面面，无疑是在与各国上层人士交往中获得的。这种人脉也是钱端升开展国民外交的一种资源。陈布雷在1939年6月给蒋介石的一份呈文中，就说钱端升"致力国外通信"，"经常与英美大报主笔及国会议员以私人名义通信，报道抗战事业"，"热心可嘉"。②中国的战时外交有多种渠道，国民外交是官方外交的补充，钱端升的报告为最高当局进

---

① 《陈布雷呈蒋中正以钱端升拟呈〈欧洲与中日战争〉报告》（1938年8月23日），"蒋介石档案"，档号：002－080103－00045－011。

② 《陈布雷呈蒋中正拟请补助钱端升出版今日评论一次补助三千元由军需署汇发》，"蒋介石档案"，档号：002－080106－00008－017。

一步了解国际动态，制定和调整外交政策，以及改善对外宣传等，及时地提供了重要的参考资讯。

二　中英交流

抗日战争时期，昆明是中国唯一国际大通道——滇缅公路的始发点，同时又是美国援华部队的基地，美国、英国、法国、荷兰等都在昆明设立了总领事馆、使馆，美、英还设立了新闻处，美国红十字会在昆明也设有分支机构。这些国际机构，与西南联大一直保持着联系。1940年10月，清华大学英籍教授吴可读（Pollard Urquart）在空袭疏散中被汽车撞倒，膝部受伤并发炎，经友人介绍至罗次医治，但医治无效，不幸逝世。吴可读出殡时，英国驻昆明领事馆特派代表赴罗次致祭。① 与英国领事馆相比，西南联大与美国驻滇机构的来往要更多些，美国新闻处不仅录用了一些联大同学担任兼职工作人员，还多次接待了师生来访。1941年3月22日，联大社会学系同学20余人，在李树青教授带领下参观了位于北门街的美国总领事馆，总领事馆领事派克热情接待了他们，向他们介绍了总领事馆的工作情形。② 同年4月27日，清华大学在拓东路迤西会馆的联大工学院举行建校30周年纪念大会，派克又代表美国总领事馆参加了这一盛典。③ 1946年5月4日，西南联大举行离昆前的最后一次结业典礼，美国领事麦基理、英国领事高贺绿、法国领事佛莱，均应邀出席了这一隆重典礼。④

国际友人云集昆明，为西南联大提供了开展国民外交的有利环境，在这些活动中，改善和促进中英关系特别重要。抗战以降，由于英国对日本的绥靖政策，中英之间发生过许多不愉快。1938年5月3日，英国与日本签订《战时中国关税抵付外债办法协定》，承认日本对中国海关的控制。1939年2月，英国又默认日本对海南岛的侵占，助长了对方的侵略行为。在1939年7月的天津事件中，英国再次向日本妥协，承认日

---

① 《吴可读出殡，英领事派代表往祭》，《云南日报》1940年10月27日，第4版。

② 《联大近讯》，《云南日报》1941年3月23日，第4版。

③ 《清华师生昨庆祝校辰，龙主席莅会致训词，云南已充分准备应付国防任务，并祝该校明年返北平纪念校庆》，《云南日报》1941年4月28日，第4版。

④ 《联大完成历史使命，八年合作意义深长，昨日行结业礼三校开始北返，地方父老依依惜别互道离衷》，《云南日报》1946年5月5日，第2版。

本自卢沟桥事变以来对中国领土的公然侵犯。1940 年，英国屈从于日本压力，封闭滇缅公路 3 个月，严重危害了急需得到国外物资的中国的利益。英国的对日妥协，最终不可避免地使英国自身利益也遭到损害，尤其是日本的武力南进政策推行后，英国在远东的利益受到直接威胁，从而迫使英国逐渐转变对华态度，中国也开始积极争取与英国合作，缓和两国关系。1941 年珍珠港事件爆发，中英美三国军事代表会议遂于 12 月 23 日在重庆正式开议，1942 年 1 月 1 日，《联合国家宣言》发表，中国与美国、英国、苏联并列为"四强"，在这种形势下，中国在法理上成为与英国平等的盟国。

中英两国关系的改变，增加了西南联大与英国盟友往来的机会。1942 年 11 月 10 日，英国议会访华团艾尔文、泰弗亚、卫德波、劳森一行四人到达重庆，这是英国议会自成立以来首次派往国外的代表团，成员包括英国议会上、下两院三大政党的议员，因此此行受到中英两国政府的高度重视。英国议会访华团带来了首相丘吉尔和上、下两院议长致蒋介石的信函。丘吉尔在信中说："此次派自吾人最古及最重要之民主组织之访问团，鄙人忝为此组织之公仆，故甚盼其能为贵国于特殊意义下，视为敝国人民对于阁下英明服务下之伟大共和国人民之一种友谊与联系之姿态，而赐以接待之也。"[1] 11 月 11 日晚，蒋介石在欢迎英国议会访华代表团的宴会上，发表了《中英不仅为求争胜利而努力，更为建立新世界而提携共进》的欢迎词，内称："就我所知，世界最古议会的英国国会派遣正式代表出国访问，尚为第一次之创举，因此我们今日得兴与诸君聚首一堂，尤其感觉愉快。""现在我们中英两国和其他联合国，已经在一个目标、一个命运之下，团结起来了，我们一定要同心协力，做到密切无间的合作。这一点我相信是我们联合国家共具的决心。我们不仅要求取得我们战争的胜利而协同努力，更必为建立一个更健全更快乐的新世界而提携共进。"[2]

英国议会访华团在重庆逗留了半个月，随后赴陕西参观，12 月 6 日由成都飞至昆明。到达昆明时，受到云南各界代表的隆重欢迎，前往机

---

① 周美华编《事略稿本》第 51 册，台北"国史馆"，2011，第 562～563 页。
② 周美华编《事略稿本》第 51 册，第 566、569 页。

场迎接的梅贻琦说："民众团体及学生列队欢迎者，由状元楼排至得胜桥，旗帜红绿满街，猗欤盛矣。"① 可见昆明也为之轰动了。12 月 8 日，英国议会访华团来到西南联大，新校舍大门一早就交叉悬挂起中英两国的国旗。按照预定时间，英国议会访华团应于上午 10 时到达西南联大，但实际上 11 时许才到，其时讲演场所图书馆前大草坪已挤满了师生，有两三千人。这次英国议会访华团到西南联大的是上院议员泰弗亚和下院议员卫德波，陪同他们的是中国驻英国大使顾维钧。一行人在蒋梦麟、梅贻琦迎接下，先至常委会办公室，卫德波个子较高，比屋门还高一尺，进出门时不得不一再弯腰。屋内，总务长郑天挺、师范学院院长黄钰生亲自端茶送水，训导长查良钊也忙来忙去，热情招待贵宾。

　　讲演会上，梅贻琦首先用英语致辞。报载当时的情形云："当介绍每一位贵宾的时候，台下都响起热烈的掌声。梅校委又说中英在学术文化上的合作是很亲密的，中国得到英国朋友的帮助确实不少。并举一个眼前的例子：休士教授②便是从英国牛津特别来华讲演的。——台下又向休士教授报以热烈掌声。在这里充分表（现）出，今天欢迎的虽仅是英国议会访问团的几位贵宾，而鼓舞着这三千多年青的心，同时也温暖着台子周围几十位教授的心，实在是洋溢着亲切友谊的中英文化的交流！"

　　梅贻琦致辞毕，泰弗亚因要去云南大学参观，先行告辞。接着卫德波开始做《战时英国人民的生活和英国人民生活在战时的改变》演讲。演讲前，卫德波先对中国大学生在艰苦环境中努力学习表示敬佩，又抱歉地说自己不能用中文演讲，可联大同学却能听懂英文，这是他最愉快且钦敬的事。接着，卫德波开始正式讲演。他说：自从战争以来，英国人民的生活完全战时化了，每个人都在战时工厂里为增加生产而努力。现在，英国从"没有一架最新式的飞机"到"飞机产量已抵得上德国"，且"时时进步，时时改良"，建立起了强大无匹的空军。同时，英国人民也尽量减少消费，减少私人的享受，食物有了定量分配制度，别的一切也都有了统制制度，争取胜利成为大家共同的目标。讲演中，卫德波把这次战争分为三个阶段：第一阶段是欧洲和亚洲爱好和平的国家毫无

---

① 黄延复、王小宁编《梅贻琦日记（1941—1946）》，第 116 页。

② 休士，正在西南联大研究中国古代哲学的英国学者，一译为"休斯"。

准备地遭到了侵略；第二阶段是同盟国采取守势，放弃了某些地方。现在第二阶段已经结束了，第三阶段的反攻业已开始。当然，战争是需要长时间的，希望大家为争取胜利而努力，希望将来中英永久合作，在这合作的基础上建立一种世界上人类共同标准的生活。

那天刮着北风，天比较冷，但在卫德波讲演的 50 多分钟里，会场一直持续着热烈的气氛。卫德波讲演毕，梅贻琦用英语说："今天我们很高兴地知道了什么是作战努力的真正意义。我们不仅现在要努力争取胜利，就是胜利了也要继续努力，方足以防止下一次大战，也才能防止另外一个侵略者。"最后，他代表全校师生向卫德波先生表示衷心感谢。

这天，本来还想请顾维钧演说，因英国议会访华团还要去云南大学参加欢宴，梅贻琦只好惋惜地表示希望顾维钧一两天内再来西南联大演讲。但是，会场人群不愿散去，不时有人高喊"欢迎顾大使演说"。这种气氛感染了顾维钧，他离开会场后又从常委会办公室返回到讲演台，在掌声中说了番勉励同学们的话，结尾处特别说："诸位前途无量，中国将来的无数政治家，科学家，军事家，文豪，在这三千多人里就有许多！"① 顾维钧的话没有错，从西南联大培养出多少不同领域的精英，怕是数也数不过来。

西南联大接待英国议会访华团后不久，又接待了英国著名学者陶德斯（陶育礼）、尼达姆（李约瑟），这也是西南联大历史上不应遗漏的一页。

1940 年底，刚刚获得牛津大学哲学博士学位的罗忠恕在向英国牛津大学、剑桥大学一些学者做报告时，说到中国教育界的困境，与会者听后为之动容，遂决定派人到中国访问，以示对中国同行的同情和支持。这项任务，后来由英国文化协会科学部交给了陶德斯和尼达姆。

中国方面负责联系这项工作的是中英文化协会。这是 1934 年在南京成立的中国第一个国际文化交流组织，初任会长为王世杰，总干事为杭立武。中英文化协会的主要任务是对英开展抗战宣传、招待英国来华人士、协助征集英国图书等。1943 年 1 月 6 日，中英文化协会致函西南联大，称英国文化协会为加强中英两国友谊，将聘送牛津大学教授陶德斯、

---

① 《北风凛冽热气腾腾，三千余人听嘉宾演说》，《云南日报》1942 年 12 月 9 日，第 3 版。

剑桥大学教授尼达姆来华学术讲演一年。函中附有他们两人的简历，其中对陶德斯的介绍是："陶德斯教授，爱尔兰人，现年四十九岁，受教育于培尔法斯特之康培尔学院，但在伯明罕之时间亦甚长，盖除曾续雷爵士任牛津大学希腊文教授外，亦曾任伯明罕大学希腊文教授。多年以前在大英博物院研究中国文、哲、艺术时，即对中国事物发生兴趣，嗣后辄愿亲历中国国土而谋更深之了解。陶氏不仅同情与赞美中国以往之文化，且认中国此次之奋斗在异日史家眼中将成人类历史上巨大而有决定性之转捩点。此次访华目的为考察教育，渠以为中国之教育问题与英国并无不同之处，而加强学术与生活间联系，孕育天才使不因缺乏教育机会而致湮没，更为两国公有之目标，故愿将英伦文哲思想及战争已改变常人观点与生活方式之消息带来中国。渠相信中英之间交换教育思想及交换教授与留学生将使两国密切之文化关系奠定基础，为使此两大民主国家于战后增加谅解，陶教授以心理研究为其唯一娱乐。渠有两书问世，一为《论新伯拉图哲学》，另一则《论神学》。在华期间约为一年。"[1] 中英文化协会对陶德斯评价很高，特别强调他对中国文化的热爱。当时，中国刚刚高规格接待了官方的英国议会代表访华团，对于民间的英国文化协会的一片善意，自然热烈欢迎。中英文化协会的来函，就是要求西南联大认真接待陶德斯，同样内容的公函还发给了中央研究院、浙江大学、武汉大学、中央大学。

西南联大很清楚接待陶德斯是改善中英关系的一项工作，且已经得知陶德斯将来校访问，并决定举行讲演会和讨论会。学校委托冯友兰筹备讨论会，冯友兰亦于1月4日给陈福田、莫泮芹、吴宓、杨业治、冯至、金岳霖、汤用彤、沈有鼎、冯文潜、罗常培、闻一多、朱自清、雷海宗、吴达元、邵循正等发了信，约请他们7日下午到北门街71号开预备会，共商讨论会题目与开会方式。[2]

陶德斯为这次来华也做了充分准备。他制订的讲演计划有两个部分：一为一般性问题，包括"英国教育之传统及最近实验""英国人民观点

---

① 《中英文化协会为介绍英国学者陶德斯、尼德汉二氏检奉详细履历致函西南联大希察阅》（1943年1月6日），"国立西南联合大学档案"，档号：32-1-167。

② 《冯友兰致陈福田等教授函》（1943年1月4日），"国立西南联合大学档案"，档号：32-1-167/99。

之改变""英国两时代之知识分子";一为学术性问题,包括"柏拉图之社会与政治哲学""德国自由教育之失败及其原因""最近之英国诗"。①

1943 年 1 月 26 日,梅贻琦在联大最大的室外集会场所、图书馆前大草坪主持了陶德斯讲演会,陶德斯在会上做了关于英国教育的讲演,讲演的正式题目,西南联大布告公布的是 "Tradition and Experiment in Recent English Educations",② 梅贻琦日记记录的则是 "Silent Revolution of Education in England"。③ 陶德斯的讲演是上午 10 时举行的,说明学校停课两小时,也说明西南联大对国民外交活动的高度重视。不知什么缘故,中英文化协会好像没有得到陶德斯在联大讲演的信息,又于 2 月 11 日致函西南联大,希望"届时径与洽定讲演,并惠予招待"。④ 接着,学校又收到教育部来函,指示陶氏"参观贵校时或有公开学术演讲,届时希予以招待"。⑤

陶德斯在昆明期间,西南联大至少组织了两次讨论会。第一次讨论会的时间是 1 月 28 日下午 4 时,地点在西仓坡清华大学办事处,参加者十五六人,皆为联大文学院、法学院教授。会上,"大家提出问题颇多,而特注重者为思想自由等问题"。⑥ 第二次为 1 月 31 日下午 3 时,到者十余人,会上主要是陶德斯提出一些问题,请诸教授解答。⑦ 根据《梅贻琦日记》所载,8 月 3 日联大为陶德斯举行送行茶会,可知陶德斯在昆明至少逗留到 8 月上旬,其间,应该与联大教授有不少接触,只是详情缺少记载。

与陶德斯同时派往中国的尼达姆,是中英文化协会推荐的另一位学

① 《陶德斯教授讲题内容》,《中英文化协会检奉陶德斯教授讲题内容祈届时径与洽定讲演由》(1943 年 2 月 11 日),"国立西南联合大学档案",档号:32 - 1 - 167。

② 《西南联合大学为定期敦请陶德斯教授莅校讲演布告》,"国立西南联合大学档案",档号:32 - 1 - 167。

③ 黄延复、王小宁编《梅贻琦日记(1941—1946)》,第 128 页。《梅贻琦日记》编者注释陶德斯为"美国来华访问教授",实误。

④ 《中英文化协会检奉陶德斯教授讲题内容祈届时径与洽定讲演由》(1943 年 2 月 11 日),"国立西南联合大学档案",档号:32 - 1 - 167。

⑤ 《教育部为英国牛津大学教授陶德斯博士参观西南联大时或有公开学术演讲届时希予招待事宜函西南联大》(1943 年 2 月 18 日),"国立西南联合大学档案",档号:32 - 1 - 167。

⑥ 黄延复、王小宁编《梅贻琦日记(1941—1946)》,第 128 页。

⑦ 黄延复、王小宁编《梅贻琦日记(1941—1946)》,第 129 页。

者，由于翻译不同，中英文化协会给西南联大的信中使用的名字是"尼德汉"。这个译名有些问题，因为李约瑟是有丹麦血统的英国人，其洗礼名为诺埃尔·约瑟夫·特伦斯·蒙哥马利·尼达姆，因此正确的译名应是尼达姆。至于李约瑟，是他赴华前起的汉名。

李约瑟也是位热爱中国文化的科学家，他后来主持出版的多卷本巨著《中国科学技术史》享誉国际科学史学界，而他提出的"李约瑟之问"（又称"李约瑟问题"或"李约瑟难题"），即"尽管中国古代对人类科技发展做出了很多重要贡献，但为什么科学和工业革命没有在近代的中国发生"的问题，更是学术界至今仍在思考的一个核心课题。当时，中英文化协会对他的介绍是："尼德汉博士，四十一岁，现任剑桥大学物化学讲师，其妻亦为研究同样科学之博士，夫妻二人在剑大与中国学生甚相得。尼氏受教育于翁特尔，长于语言，能操流利之俄语、波兰语，并被誉为'英国科学家中唯一能以中国语言讨论中国哲学之人'。渠以为中国思想史实含有西哲所习知之各种因素，并将讨论其比为一同本质，而异作者之交响乐曲。渠将赴中国各大学讲演与整个文化史有关之科学史，尤其着重东方、西方之关系。渠盼此行将增进中英文化关系，希望对中国各大学备办新书及科学仪器有所协助，并认英国科学家于此时赴华交换科学知识，对于同盟国作战努力之贡献，自有助力。渠因过去数年来西方科学运用最力，相信对中国有用且足加强其作战努力者必多，并相信中国民族之伟大，抗战与改造能力世无其匹，必能于技术与精神两方面予英人不少启迪。尼氏颇以能入中英研究院为荣，盖因此渠将获得一特权以与较罗马帝国尤为久远之传统文化相接触也。氏所任大学教职甚多，包括一九二四年以来肩维尔与开奥斯之研究员，斯坦福、加利福尼、亚耶尔、埃泰加及俄合俄诸大学之生物化学助教。渠曾任伦敦皇家医学院会员、华沙大学讲师、法兰西生物学会会员，著作之问世者有《科学、宗教与现实》《人是机器》《好疑之生物学家》《化学胚胎学》《生前变幻》《基督教与社会革命》《现代科学之昔景》等。将经美国来华。"①

李约瑟生于 1900 年，简介中说他 41 岁，事实上他这年已 42 岁了。

---

① 《中英文化协会为介绍英国学者陶德斯、尼德汉二氏检奉详细履历致函西南联大希察阅》（1943 年 1 月 6 日），"国立西南联合大学档案"，档号：32 - 1 - 167。

简介说李约瑟"将经美国来华"，这一强调很重要，因为李约瑟去美国，就是为了和他后来的妻子鲁桂珍商量来华的研究重点，这说明李约瑟非常重视这次来华，为此做了充分准备。

李约瑟此次来华的第一站是昆明，西南联大是他到中国后访问的第一所高校。虽然李约瑟是胚胎生物化学学科的奠基人之一，还是英国皇家学会会员，但与陶德斯相比毕竟还较年轻，这可能是西南联大只请他在 1943 年 3 月 1 日的"国民月会"上演讲"科学在盟国作战上之地位"，[①] 而没像陶德斯一样为他安排专场讲演的原因。

李约瑟在昆明逗留的时间很短，3 月 21 日就前往重庆。这期间，李约瑟主要访问了理学院，与吴有训、王竹溪、杨石先、曾昭抡、汤佩松、华罗庚等人均有交往。当他了解到西南联大的研究环境受着相当限制，马上表示将尽最大努力帮助他们获得战时奇缺的科技图书资料和科研材料，并帮助他们将重要论文在欧美著名刊物发表。[②] 李约瑟说到就做到，他到达重庆的第二天，便拜访了原联大理学院院长、时任国立中央研究院总干事的叶企孙，交换了战后中英科学合作问题。不久，李约瑟在英国驻华大使馆和英国政府支持下，建立了中英科学合作馆。中英科学合作馆除了为中国提供科技图书、杂志等，还为恢复中国科学家同西方科学界的学术联络做了许多努力。

与此同时，李约瑟还写信给英国皇家学会主席戴尔，建议向几位清华大学特种研究所的研究人员授予英国皇家学会外籍会员身份。生物化学家汤佩松的研究课题与李约瑟在剑桥的课题非常相似，两人见面后，就生物化学领域的共同课题做了深入交流。在李约瑟的鼓励下，汤佩松将自己过去的研究心得、对生命现象的一些基本观点和哲学思想论文，整理成论文集 Green Thraldom，由李约瑟带到英国，出版时李约瑟特别为之作序。1930 年诺贝尔物理学奖得主拉曼（C. V. Raman）博士多年想阅读的吴大猷著《多原子分子的结构及振动光谱》一书，也是李约瑟寄给他的。[③]

---

① 《西南联大为定期敦请尼丹木教授莅校讲演布告》，"国立西南联合大学档案"，档号：32-1-167。"尼丹木"即李约瑟英义名字"尼达姆"的另一译名。

② 杨家润：《李约瑟与复旦大学》，《档案与史学》2001 年第 2 期。

③ 金富军、李亚明、田芊、杨舰、姚崇兰：《大师云集：从国立清华大学到西南联大》，《国际人才交流》2011 年第 4 期。

　　1946 年 3 月，李约瑟返回英国前收到由 38 人亲笔签名的联名赠言，其中来自联大的就有梅贻琦、叶企孙、王竹溪、杨武之、沈同、黄子卿、霍秉权、陆钦仁、戴芳澜、王遵明、余瑞璜、周先庚、陈达、冯景兰、张席褆、孙云铸、袁复礼、李继侗、江泽涵、庄前鼎、叶楷等 27 人。① 这一西南联大与李约瑟友谊的真实写照，至今悬挂在英国剑桥李约瑟研究所的走廊里。

　　在利用已有资源开展国民外交方面，西南联大也有自己的优势。前面提到梅贻琦在欢迎英国议会访华团时的致辞中说到的休士，就是一例。休士是英国牛津大学汉学专业高级讲师，时在联大研究中国古代哲学。1942 年 9 月，休士向冯友兰说英国学者陶兹、倪德牧即将来华，中英文化协会正在计划他们来华后的工作。休士的意思，是试探西南联大能否向中英文化协会去一表示欢迎他们来校讲学的公函，冯友兰接受了这一建议，并马上向梅贻琦做了报告。② 9 月 21 日，西南联大致函中英文化协会，称："顷闻休斯先生云英国陶兹、倪德牧二教授即将来华讲学，贵会现正计划其在国内之行程，本校深聆陶、倪两教授来华后能莅校讲学或久更留住数周，俾同人多得教益，尤所企幸。"③ 这就是十个月后的 1943 年 6 月 18 日，陶兹教授在西南联大昆北食堂发表题为 Changing Out-look of the English People（英国人民改变面貌）讲演的由来。④

　　英国与美国是中国抗日战争时期最重要的两个西方盟友，西南联大与美国的国民外交，人们了解得比较多，但与英国的国民外交相比，中央研究院、复旦大学、中国科学社等机构同期的工作而言，介绍的还很不够。⑤ 此处所述只是几件零星的事，这一领域还有待进一步挖掘整理。

---

①　据金富军、李亚明、田芊、杨舰、姚崇兰《大师云集：从国立清华大学到西南联大》所附照片，《国际人才交流》2011 年第 4 期。

②　《冯友兰致梅贻琦函》（1942 年 9 月 17 日），《西南联大请致欢迎英国陶、倪两教授来校讲学事函中英文化协会》，"国立西南联合大学档案"，档号：32 - 1 - 167。

③　《西南联合大学致中英文化协会函》（1942 年 9 月 21 日），《西南联大请致欢迎英国陶、倪两教授来校讲学事函中英文化协会》，"国立西南联合大学档案"，档号：32 - 1 - 167。

④　《西南联大为定期敦请陶兹教授莅校讲演布告》，"国立西南联合大学档案"，档号：32 - 1 - 167。

⑤　1999 年贵州人民出版社出版、王钱国忠编辑的《李约瑟文献 50 年》上下册，是李约瑟在中国活动的文献总汇集，但未收录李约瑟与西南联大的往来资料。

三 迎接盟友

1944 年 6 月，昆明最引人注目的大事莫过于美国副总统华莱士的到访。6 月 20 日，华莱士作为罗斯福总统私人代表飞抵重庆，虽然华莱士这次访华的身份是罗斯福私人代表，却是战时美国对华最高级别的访问。《云南日报》介绍他时引用了一位美国作家的话："他是美国有史以来最苦干的副总统，而他的政治权力之大，也是历来副总统所未曾有。现在他兼任的职务，是经济作战局的主委，战时生产局的委员，参议院的当然领袖。其次，白宫'四大'立法领袖，他也是其中之一员。"① 这样一个位高权重的人物来华，自然肩负着极其重要的使命。

1943 年 11 月下旬，中、美、英三国首脑在埃及首都开罗举行第一次最高级会晤，12 月 1 日，三国在各自首都同时发表《开罗宣言》。开罗会议主要讨论的是三国联合对日作战和战后处置日本问题，为了实现这一目标，美国总统罗斯福在会议期间向蒋介石表示，希望中国组织联合政府，促进国内政治统一，保障对日作战顺利进行。华莱士这次访华，就是为了推动罗斯福的这一设想，实现美国的远东战略计划。

华莱士的访华是抗战时期中美关系史上的一次重要外交活动，其所到之处，无不受到格外隆重的欢迎。当时，特殊的地理位置使昆明已成为中国对外联络的唯一窗口，援华美军指挥部也设在这里，所以在华莱士的访华预案中就有访问昆明的计划。为此，昆明各界早已有所布置，半官方性质的昆明学术界宪政研究会在华莱士访问苏联的 6 月 13 日，便通过了欢迎华莱士访昆的决议。其文为："美国副总统华莱士来华，闻其预定日程将在昆停留两天，现由本会发起联合各学术文化团体举行联合欢迎大会，详细办法，由本会理事会负责进行。"②

6 月 24 日，在重庆与蒋介石会谈后的华莱士，在外交部长宋子文陪同下飞抵昆明，云南省政府主席龙云、第五集团军总司令杜聿明、空军第五路军司令晏玉琮、第十四航空队司令陈纳德、英美荷等国驻昆明领事馆领事、美军在昆高级长官、云南党政各部门负责人、云南省各界代

---

① 励吾：《美副总统华莱士》，《云南日报》1944 年 6 月 24 日，第 3 版。
② 《学术界宪政会筹备欢迎华莱士，健全真正民意机关，并将发起签名运动》，昆明《扫荡报》1944 年 6 月 14 日。

表等前往机场隆重迎接。梅贻琦作为西南联大代表，也是欢迎队伍中的一员。陪同华莱士访昆的有使团正式成员、美国国务院中国科科长范宣德、担任华莱士俄文翻译的美国对外经济处苏联供应科首席联络官哈泽德、以美国战时新闻局观察员身份同行的美国战时情报局太平洋分局局长拉铁摩尔。[①]

华莱士一行在昆明逗留了三天，他除了参观美军空军基地、美国红十字会及战地医院、中国空军第五路军司令部、军事委员会驻滇干训团、中美合办的中美高级参谋研究训练班、中央电工器材厂、云南省建设厅蚕桑改进所等外，还于 25 日访问了西南联大。学校为欢迎华莱士发出布告，云："兹定于本月二十五日（星期日）下午四时在云大至公堂开会欢迎美国华莱士副总统，希全体员生列场参加。此布。中华民国卅三年六月二十四日。"[②] 6 月 25 日，华莱士在云南大学至公堂向西南联大、云南大学、中法大学、英语专科学校等校学生发表了演讲，并赴唐家花园参加了昆明市学术界宪政研究会等十一团体的欢迎茶会。[③] 而这天中午美国驻昆明领事馆总领事蓝顿举行的欢迎宴会和晚间云南省政府举行的欢迎宴会，也邀请了联大教授参加，这就为西南联大开展国民外交提供了条件。

受过高等教育的青年人，大多头脑清醒、思维敏捷，毕业于西南联大、时任云南大学社会学系讲师的王康和联大学生王子光（王康的弟弟）、万禄等，最先意识到可以利用华莱士访问之机进行主动宣传。王康等是在华莱士抵达昆明的当天获悉华莱士要访问西南联大的，他们当即决定赶制一幅英文壁报，传达中国人民要求民主、坚持抗战的呼声。几个年轻人说干就干，首先起草中文稿，然后动手译成英文。翻译中遇到难题，就向老师求助，其中闻一多给予的帮助最多，因为闻一多是王康、王子光的亲戚，是他们的长辈。以英文壁报形式向美国副总统展示中国

---

① 关于范宣德、拉铁摩尔、哈泽德在使团中的身份，当时报纸报道不一，这里根据的是拉铁摩尔回忆录，见〔日〕矶野富士子《蒋介石的美国顾问——欧文·拉铁摩尔回忆录》，吴心伯译，复旦大学出版社，1996，第 166～168 页。

② 《国立西南联合大学布告》第 888 号（1944 年 6 月 24 日），"国立西南联合大学档案"，档号：32-1-21。

③ 据《千万人欢迎嘉宾，华莱士曾访昆明，宋外长同来，龙主任亲往迎候，在昆参观三日视察美陆空军》，《云南日报》1944 年 6 月 30 日，第 2 版。

民众的愿望，这个主意真是奇妙又大胆，闻一多意识到这件事定会产生影响，马上放下手中工作，承担起英文稿校订工作。由于时间紧迫，需要翻译的文章较多，王康还请社会学系青年教师李树青帮忙，闻一多也约了和他同在昆华中学兼课的联大历史青年教师何炳棣。译稿完成后，立刻制作壁报。当晚，在万禄同学宿舍里，大家又是设计，又是抄写，连夜奋战。壁报需要大张纸，说来也巧，王子光当时正在联大图书馆打工，图书馆有宽幅大纸。这样，西南联大有史以来的第一幅一张张拼起来的大幅英文壁报，在文林街 19 号陋室里诞生了。

6 月 25 日，一幅两丈高四丈宽的英文壁报出现在联大校门内东侧的"民主"墙上。壁报由"潮汐""文艺""文摘"等七个壁报联合署名，[①]上端贴着用红纸剪成的大字标题，上书"我们决心与世界任何地方的法西斯战斗！"下书"我们要民主！"[②] 壁报上，还绘有华莱士像，旁边写着："欢迎一位眼光远大的民主使者华莱士先生，他激发了青年中国的民主信念。"壁报刊登了数篇文章，其中一篇有这样的话："我们愿意告诉美国朋友们，我们已经决心与任何一个法西斯及独裁奋斗到底！……"[③]

王康等人把壁报钉在校门内的东侧墙上，一是因为这样大的壁报无法贴在壁报栏里，二是学校为欢迎华莱士展出的教学成果集中在图书馆，而去图书馆一般都会经过这里。也许进门后直行也可以去图书馆，或许学校不愿让美国朋友看见这张政治色彩太浓的壁报，华莱士进校后，从小湖中间的小路去了图书馆。不过，跟随华莱士的记者很多，仅在机场上拍照的就有美国摄影师 40 多人，还有三部电影机，[④] 眼明手快的记者不会遗漏任何具有价值的信息，于是这幅英文壁报被定格在照片中。1941 年曾由罗斯福推荐给蒋介石任政治顾问的拉铁摩尔，当时是美国战时情报局太平洋分局的局长，罗斯福推荐他加入了使团行列。这次，拉铁摩尔在使团中的身份只是美国战时新闻局观察员，被排除在正式会谈之外，他除了给华莱士翻译了些同中方某些人的谈话外，没有别的事可做。为此，拉铁摩尔一面发牢骚说没有充分发挥他的作用，一面自我安

---

① 《华莱士莅昆佳话》，《云南日报》1944 年 6 月 30 日，第 2 版。
② 笔者访问王康记录，1990 年 6 月 6 日。
③ 《华莱士莅昆佳话》，《云南日报》1944 年 6 月 30 日，第 2 版。
④ 《华莱士莅昆佳话》，《云南日报》1944 年 6 月 30 日，第 2 版。

慰说"这使我可以自由行动"。① 正是"自由行动"给了拉铁摩尔时间，他不用跟随在华莱士后面，能够观看英文壁报，还有时间在笔记本上抄了一些。② 这幅非常特殊的英文壁报马上受到重视。7月11日，美国驻昆明总领事馆第49号快报中说："国立西南联合大学学生，借欢迎华莱士副总统到昆明的机会，张贴广告，向副总统致敬，批评国民党法西斯，鼓励外国对中国的批评，并强调中国需要西方民主。"③

如果说英文壁报是青年人自发编制的话，那么西南联大教授在昆明学术界宪政研究会欢迎茶会和美国驻昆明领事馆宴会上的发言，则是有准备的。25日中午，美国驻昆明领事馆总领事蓝顿设宴款待华莱士一行，在座者除领事馆官员外，余者梅贻琦、潘光旦、罗隆基、张奚若、雷海宗、刘崇鋐、曾昭抡、莫泮芹、王赣愚、黄钰生，均为西南联大教授。关于这次宴席上谈了些什么，梅贻琦在日记里说"饭时谈话不多，饭后不久因华须休息，众客遂散"。④中央社则透露："席间曾对世界战后和平、中西文化学术沟通等问题，交换意见。"⑤ 云南地方报纸则更进一步，云："畅谈甚为□快，尤其对于中国的言论□种，华氏曾详细询问诸先生。"⑥ 引文中的"□"，为原报本身空缺，不知有意还是无意，但表达的意思已经十分清楚了。这次谈话在美国档案中也有保存，8月9日美国驻华大使高思给美国国务院的第1366号快报中有这样一段话："据中国方面消息，昆明约有十名教授，在华莱士副总统6月25日访昆时，同副总统谈话中表示了对重庆政策的不满。"⑦

25日下午4时，参观了西南联大展览后的华莱士一行来到云南大学

---

① 参见〔日〕矶野富士子《蒋介石的美国顾问——欧文·拉铁摩尔回忆录》，第166~168页。

② 《华莱士莅昆佳话》，《云南日报》1944年6月30日，第2版。有人说华莱士曾在这张英文壁报前驻足观看，但当事人王康对笔者说并无此事。

③ 中共云南师大党委党史资料征集组编《"一二·一"运动史料汇编》第5辑，第7页，1985年8月印行。

④ 黄延复、王小宁编《梅贻琦日记（1941—1946）》，第153页。

⑤ 《美总领宴请副总统，梅贻琦潘光旦曾昭抡等作陪，参观大学并对学生发表演说》，《云南日报》1944年6月30日，第2版。

⑥ 《华莱士莅昆佳话》，《云南日报》1944年6月30日，第2版。

⑦ 《"一二·一"运动史料汇编》第5辑，第11页。

至公堂，出席西南联大在这里举办的欢迎大会。① 5时，华莱士来到唐家花园，出席昆明学术界宪政研究会、云南省商会联合会、昆明市商会、中国工业协会昆明分会、基督教青年会、基督教女青年会、中华职教社、自由论坛社、生活导报社、昆明学生救济委员会、中国工业合作协会等十一团体举办的欢迎茶会。茶会会场设在唐继尧墓旁的草坪上，石标杆上悬着中美两国国旗，六七把椅子围着一张桌子，入口处有签名用的宣纸横幅，是预备签名后送给华莱士的。负责招待的是基督教青年会的三位干事，其中之一是西南联大教授曾昭抡。

因为时间关系，欢迎茶会只安排了潘光旦一人致辞。报载潘光旦"以极流利的英语讲说这十一个团体热烈的欢迎华莱士先生，之后又讲述了社会民主、政治民主、教育一类的理论"。潘光旦讲毕，是十一团体代表向华莱士赠送礼品，内中有三七、虫草、汽锅、锡瓶、普洱茶和张小楼画梅花一幅。末了，由一小孩送上由十一团体共同署名的致华莱士信。《云南日报》摘录这封信时，除表示热烈欢迎等文字外，还记录道："两年多来，我们身受日本惨酷的轰炸，从这里我们才更觉得，国际的和平与安全是能够以我们民主国家的联合努力建立起来的。""我们借此机会向你保证，我们将热诚的与美国朋友肩并肩的前进，去寻求一个世界，那里'国家是民有、民治、民享'的。"②

潘光旦等人的这些言行，在专制体制下势必要付出代价。前述8月9日高思给美国国务院的快报中，便说有些教授因此"而被教育部开除，据说其中有五人是清华大学的，包括张奚若、闻一多、潘光旦和罗隆基。还有清华大学校长梅贻琦博士，已奉命前来重庆述职，对他在此次非法谈话中有所牵连作出解释"。③

华莱士对中国的这次访问，是罗斯福为了实现美国在远东和太平洋地区战略设想、维持同盟国之间合作、确立战后以大国合作为基础以美国为核心世界新秩序的一个重要举措。行前，华莱士谈到访华使命时强

---

① 由于这次欢迎会地点在云南大学，故一般认为是云南大学召开的，但1944年6月24日《国立西南联合大学布告》第888号云："兹定于本月二十五日（星期日）下午四时在云大至公堂开会欢迎美国华莱士副总统，希全体员生列场参加。"据此可知此次欢迎会是西南联大借用云南大学至公堂召开的。

② 《佳宾莅止——记十一个团体的欢迎会》，《云南日报》1944年6月30日，第2版。

③ 《"一二·一"运动史料汇编》第5辑，第11页。

调了两点：第一，"在使我亚洲友人了解美国人民之精神，及其总司令（指总统）之信念与希望"；第二，"在使中国数万万民众知美国援华之意愿，乃永久与继续者，非至达到胜利不止。然中国人民亦应有权知道美国人民认为有责任与权利与中国人民合作并共同计划，求取我太平洋同盟国永久的和平与繁荣"。[1] 这两点可以归结为一点，即"互相了解"。互相了解是一切合作和互助的基础，国际需要合作，国内更需要合作，如何团结国内各政治力量，是当时严肃的现实问题。在法西斯集团日渐颓败，反法西斯战争进入重要转折阶段国际背景下的华莱士访华，目的就是要调解国共矛盾，促进国内团结。而西南联大的英文壁报、潘光旦在唐继尧墓前的致辞，正是通过欢迎华莱士向美国政府和美国人民传递中国人民的迫切愿望。从这个角度，可以说西南联大成功地开展了一次国民外交，这在联大历史上是值得书写的。

四　民间往来

如果说前面介绍的还属于半官方或有组织的活动的话，那么西南联大同学与美国士兵的交往，则称得上是完全自发的民间外交。

1944 年初夏的一个星期天，中文系马千禾（马识途）同学在南屏街逛书店时遇见两个美国士兵，一个叫迪克，一个叫莫里斯，都是美国第十四航空队的。这两个美国士兵想寻找有关中国华北抗战的图书，但店员不懂英语，他们看见马千禾正在翻看一本苏联出版的英文文学杂志，便走来打听。马千禾告诉他们这里没有他们想找的书，而且店里都是中文的。看着两个美国士兵失望地离开书店，马千禾跟了上去，说："如果你们愿意，我倒可以为你们提供服务。"迪克、莫里斯很高兴，说："好极了，我们可以请你去喝咖啡吗？"在附近的一个咖啡馆里，他们寒暄起来，因为咖啡馆里全是美国人，为了安全，马千禾请他们转移到中国茶馆喝茶。大家边喝茶边聊天，马千禾虽然只是粗线条介绍了华北八路军英勇抗战的情况，但仍然引起他们的很大兴趣，说这些在美国从来没有听说过，很想知道更多细节。马千禾说自己的英语不怎么样，但可以介绍几位联大外文系朋友，他们能更详细地介绍。于是，马千禾把迪克、

---

①　转引自励吾《美副总统华莱士》，《云南日报》1944 年 6 月 24 日，第 3 版。

莫里斯带到南屏街的何功楷同学寓所，大家谈了一阵，意犹未尽，相约下星期天再接着谈。[①]

事后，马千禾、何功楷觉得这是件很有意义的国际统一战线工作，可以请更多的同学参加。由于这件事牵涉外国人，他们特向中共云南省工委书记郑伯克做了请示。[②] 得到批准后，马千禾找到英语比较好的张彦（张光琛）商量。张彦曾与几个失去组织关系的中共党员自发成立过中共联大地下党支部，还发展早就是共产党员的马千禾加入他们的组织，马千禾虽然没有暴露自己和身份，但对张彦很信任。张彦一听介绍，立刻来了兴致，还建议请云南基督教青年会学生服务处的李储文参加。李储文是中共党员，当时以云南基督教青年会执行干事身份主持青年会所属的学生服务处工作，马千禾去过设在联大南区东侧的青年会学生服务处，看到阅览室里居然有《新华日报》，又了解到李晓、王松声等自己的人曾参加过学生服务处组织的路南圭山少数民族社会调查，就心知肚明了。马千禾、张彦向李储文说明了他们的想法，李储文不特表示赞成，还说他在圣公会主教的招待会上结识了贝尔、海曼两个美国士兵，他们也有同样要求。[③] 马千禾说，那就联合起来，请这几位美国士兵都来。

一个星期后，马千禾、何功楷、张彦、许乃炯等同学，与李储文、章润媛夫妇，在青年会学生服务处热情接待了迪克、莫里斯、贝尔、海曼。聚会上，大家闲谈，美国士兵说了他们对昆明的印象，认为中国军队没有生气，这样的军队怎么能打仗呢。又说常看到街上有人花天酒地，有人横行霸道，有人贫困乞讨，说这样的事却没人管，难以理解。说到气愤处，美国士兵甚至表示这不像是一个值得他们志愿为之拼命的国家。这样，话题便自然转到中国还有另外一个世界上了。马千禾等乘机介绍了中国共产党领导的华北敌后抗战情况，美国士兵认为这才是中国抗战的希望，并希望能有进一步的了解。大家相约，两个星期后的星期天到大观楼聚会，双方各带一些食品，在那里野餐。[④]

①　马识途：《风雨人生（下）》，《马识途文集》第 9 册，四川文艺出版社，2005，第 373～374 页。

②　马识途：《风雨人生（下）》，《马识途文集》第 9 册，第 375 页。

③　李储文：《西南联大与学生服务处》，《我心中的西南联大》，第 382 页。

④　马识途：《风雨人生（下）》，《马识途文集》第 9 册，第 376 页。

　　此后，他们差不多每两个星期便找地方聚会一次，每次美国士兵都要带几条美国香烟、罐头、饮料、饼干等，马千禾等也带来瓜子、花生和本地的干果特产。后来，马千禾等还请美国士兵吃中国菜，教他们用筷子，吃辣味菜，带他们参观名胜古迹，看滇戏和民族表演。通过这些活动，他们成了很要好的朋友。在此期间，联大同学还为自己起了英文名字，马千禾叫安东，何功楷叫汉夫莱，张彦叫唐纳德。他们还为美国士兵起了中国名字，有些美国士兵还刻了中国名字的图章。

　　这样的高谈阔论不久就发展为相互支援。美国士兵听了华北根据地的抗战情况，对联大同学说很想把这些告诉给美国国内，让更多人知道。这当然是件大好事，张彦等人立刻从《新华日报》和《群众》杂志里选择了一些文章，有的口头向他们讲解，有的译成英文。1944 年，美国驻昆明总领事馆总领事费尔普斯回国述职，张彦翻译了一批有关中国抗战的材料，经李储文之手转给他参考。几天后，费尔普斯对李储文说，这些材料已经看过了，他个人同意其中的观点，只是由于这些材料明显来自中共方面，所以无法在向美国国务院报告时使用，但还是向提供材料者表示感谢。[①] 当时，毛泽东的《论联合政府》发表不久，中共联大党支部也仅有一册，张彦等把书借来，邀集美国朋友"接力长跑"式地翻译。在青年会学生服务处，联大同学全书口译，美国士兵认真记录，整整奋战了一天，虽然大家都精疲力竭，但都为做了这样一件大事而欣慰。[②] 美国士兵同样给予联大同学很大支持，在昆明举行的几次声势浩大的游行散发的英文传单中，有些就是经过这些美国士兵的润色。[③] 同时，美国士兵还把美国杂志上刊登的批评中国的文章交给联大同学，马千禾、张彦收集了一些，译成中文，印成小册子，名为《攻错集》，很受人们欢迎。[④]

　　西南联大同学与美国士兵的交往，还发展到了美国军营。那是抗战胜利后的一天，贝尔和海曼两人开了一辆大卡车，把张彦、周锦苏和李储文接到昆明东郊的美国第十四航空队军营。在一间不是很大的会议室

① 李储文：《西南联大与学生服务处》，《我心中的西南联大》，第 381 页。
② 张彦：《中国大学生与美国飞虎队员的传奇友谊》，《我心中的西南联大》，第 284 页。
③ 张彦：《中国大学生与美国飞虎队员的传奇友谊》，《我心中的西南联大》，第 285 页。
④ 马识途：《风雨人生（下）》，《马识途文集》第 9 册，第 376 页。

里，聚集着 20 多位美军官兵，贝尔在开场白中介绍了他们之间不寻常的友谊，并宣布今晚由张彦向大家介绍"中国的解放区"。[①] 那天的会开得很成功，但也引起了一些麻烦。马千禾有个朋友在联大训导处工作，他对马千禾说：有人来查问去美军军营讲演的学生是哪些人，其中提到"唐纳德"。但是学校并不知道唐纳德是张彦的英文名字，也就无从考查，最后只能不了了之。[②]

1945 年日本投降后，美军援华部队陆续回国，贝尔、海曼与另一位美国士兵爱达尔曼于回国途中路经重庆。8 月 25 日，李储文出差到重庆，安顿好后便与贝尔、海曼取得了联系。恰好那天正是毛泽东到达重庆的日子，这两个美国士兵竟异想天开地提出想见毛泽东，李储文向周恩来的秘书龚澎汇报工作时便提到了这件事。[③] 也许是贝尔、海曼、爱达尔曼有些迫不及待，他们一起来到中共重庆办事处，没想到竟受到周恩来的亲自接见。让他们更没想到的是，几天后他们接到通知，说毛泽东邀请他们三人共进晚餐。[④] 于是，就有了中美两国友谊史上毛泽东与贝尔、海曼、爱达尔曼三位美国士兵会面的传世佳话。

西南联大同学与美国士兵交往时，并没意识到这也是一种形式的国民外交，几位当事者撰文回忆这段往事时，张彦的标题是《相见恨晚》，马千禾的标题是《与美国大兵交朋友》，李储文的标题是《国际友谊》。其实，他们是在从事搭建中美两国人民互相了解的桥梁，这种民间外交，实在是西南联大研究中一个有待进一步开拓的领域。

五　国际论坛

太平洋学会是 1925 年 7 月由太平洋沿岸各国成立的一个民间组织，作为亚太地区非政府国际组织的先驱之一，其名称曾译为太平洋国民会议、太平洋国交讨论会、太平洋国际学会等。早在 1925 年 2 月，中国就参与了酝酿中的太平洋国民会议，并成立了"太平洋国民会议中国筹委会"，推举余日章为执行委员会主任。1925 年 7 月，"太平洋国交讨论

---

① 张彦：《中国大学生与美国飞虎队员的传奇友谊》，《我心中的西南联人》，第 205 页。
② 马识途：《风雨人生（下）》，《马识途文集》第 9 册，第 376 页。
③ 李储文：《西南联大与服务处》，《我心中的西南联大》，第 382 页。
④ 张彦：《中国大学生与美国飞虎队员的传奇友谊》，《我心中的西南联大》，第 286 页。

会"第一次会议在美国檀香山举行，中国有多位代表在会上做了演讲。1927 年，余日章、黄炎培等人发起成立"太平洋国交讨论会中国支部"，1931 年易名为"太平洋国际学会中国分会"，并确定以"研究太平洋国际问题，努力国民外交，增进各民族间友谊及谅解"为宗旨。

太平洋国际学会中国分会的会员均为学术界知名人士，西南联大参加这个学会的人数不多，但地位却很重要。1943 年 4 月，太平洋学会中国分会理事会改选，联大常委蒋梦麟当选为理事长，梅贻琦、张伯苓、钱端升当选为理事。这 4 人中，最活跃的要数钱端升。早在全面抗战前的 1933 年 8 月，钱端升就出席了在加拿大召开的太平洋国际学会会议。全面抗战爆发后，钱端升与胡适、张忠绂赴美宣传抗战，回国不久，钱端升又于 1939 年 11 月再次出国参加在加拿大维多利亚举行的太平洋学会。[①] 当时，王世杰征得蒋介石同意，决定让钱端升与武汉大学教授周鲠生于会后留在美国半年，协助颜惠庆、胡适开展外交工作和从事对美宣传，因此钱端升在美国逗留到 1940 年 2 月底。其间，国民政府曾拨给钱端升、周鲠生各 2500 美元，作为特别经费，[②] 外交部亦在 1940 年 2 月初汇给胡适 2000 美元，请其转交钱端升、周鲠生，作为他们在美国的宣传经费。[③] 钱端升出席的这两次太平洋会议情况，由于材料不足，详情尚不很清楚，但出席会议本身无疑是一种国民外交活动。

1945 年 1 月 5~18 日，太平洋学会第九次大会在美国弗吉尼亚州温泉召开，钱端升又一次成为中国代表团的一员，于 1944 年 12 月 19 日与代表团团长蒋梦麟同机飞印度，25 日抵达美国。[④] 太平洋学会闭幕后，钱端升在美国参观了几所中国留学生最多的大学，于 1945 年 3 月 30 日回到昆明。

这次太平洋学会大会，出席者为中、美、英、法、澳、荷兰、印度等太平洋沿岸和欧洲在太平洋沿岸有殖民地的 11 个国家的学者，会议代表及列席者达 250 余人。会议的议题包括"1944 年中太平洋各国之重要

---

① 据韩德溥辑《我国参加太平洋学会》，《教与学》第 4 卷第 8 期，1939 年 10 月 31 日。
② 《王世杰呈蒋中正已遵嘱周鲠生钱端升留美半年协助外交工作并从事对美宣传可否津助旅费各二千五百美元等语》，"蒋介石档案"，档号：002-080106-00008-015。
③ 《胡任驻美大使期间往来电稿》，中国社会科学院近代史研究所中华民国史研究室编《中华民国史资料丛稿专题资料选辑》第 3 辑，中华书局，1979，第 10 页。
④ 《出席太平洋学会我代表团提案已有准备》，昆明《扫荡报》1944 年 12 月 19 日。

发展""日本之将来""中国、印度、荷属东印度及澳洲经济复兴之步骤""文化种族关系""战前属地区域之将来""太平洋集体安全计划"六个问题。[1] 用钱端升的话说，即战后日本问题、种族问题、殖民地问题、文化问题、经济问题、安全问题，"其中涉及最多者，为日本及安全两问题，因为一系关于如何争取永久胜利，一系关于如何争取永久和平"。[2]

日本问题即战后如何处置日本的问题，钱端升向特来寓所采访的昆明《扫荡报》记者介绍太平洋学会开会情况时，讲到了这个问题。他说："各方意见大体尚趋一致，咸主应令日本无条件投降并彻底解除其武装"，但在具体方法上"意见稍为参差"。第一，对于日本的现行政治制度应否加以干涉，会上有两种意见，"主张干涉者认为现行之日本政治制度，内藏军国主义之成分甚浓，如不消灭此种成分与不解除日本武装，无异对未来之世界和平仍多威胁。反对干涉者，认为日本经此大战，现行之政治制度，可能蜕化为新的和平主义及民主主义"。第二，关于日本目前之经济制度问题，"一派认为吾人主要目的之一，为使战后日本无从武装，故□□对战后日本能恢复繁荣考虑。另一派则过分关心日本战后恢复繁荣之能力，不愿对日本工商企业有所削弱"。

钱端升赴美前，报载中国代表团"拟在大会中提供之意见与各项资料，曾有较长期之准备"[3]，但钱端升接受采访时，并未详细介绍他们在会上究竟报告了哪些主张，倒是对其他问题的讨论做了介绍。钱端升首先讲了对于文化问题的讨论，他说："中国代表曾指出西洋国家对东方民族太缺乏了解"，并指出缺乏了解的主要原因"为对东方各国历史及语言智识之不够"，因此在会上"主张今后于文化上应多所接触"。这一点得到与会各国学者的一致同意。接着钱端升介绍了种族问题和殖民地问题的讨论，说"与会代表咸主种族应当平等"，但"殖民地国家与非殖民地国家，态度完全不同"。关于经济问题，钱端升说"会中所讨论者，皆偏重于太平洋国家之经济开发，至于实施之步骤，意见亦未能完全一

① 任远：《祝太平洋学会开会》，《联合周报》第 2 卷第 20 期，1945 年 1 月 6 日。
② 《出席太平洋学会归来钱端升谈参加经过》，昆明《中央日报》1945 年 4 月 4 日，第 3 版。
③ 《蒋梦麟明日赴美，出席太平洋会议，团员张君劢等前日起程》，昆明《扫荡报》1944 年 12 月 18 日。

致"。这次会议讨论最热烈的是安全问题，也就是战后如何保持永久和平秩序。钱端升说，会上大家"咸认敦巴顿会议、橡树会议之计划，可以成为一安全之始基"，也有代表赞成建立"其他有地域性之安全组织，以补助世界组织之不及"。但究竟应当建立什么样的机构，代表们并未提出任何具体计划。

太平洋学会是民间学术性团体，会议虽然是学者坐而论道，但讨论的问题却十分重大。这次会议，本应是中国代表团向国际社会宣传中国坚持抗战和战后建立现代化制度的舞台，但钱端升觉得中国代表团讲话时底气有些不足，原因是"中国抗战多年，一切军事财政以及政治上之措施，均未能尽如人意"，这就使中国代表的"发言力量，自不免因此减少"。① 正是基于这一感受，钱端升在国民参政会上才能打破意识形态局限，多次提出改革意见，显示出一心为国的胸襟。

作为在国际舞台上代表中国民间声音的钱端升，本来还有一次参与国民外交活动的机会，却由于他公开对现实表示不满，与之擦肩而过。

1942 年 11 月，英国议会访华团来华访问，被当时中国驻英国大使顾维钧称为"中英两国历史上前所未有的大事"，为了增进中英友好关系，有人在国民参政会上提议遴选参政员组成中国报聘团回访英国。这件事因种种原因拖了下来，直到 1943 年 6 月两国商议宋子文访问英国时，英国政府才把邀请中国报聘团提上日程。按理说，回访应是对等的，故王世杰最初奉命草拟报聘团名单时，成员均是国民参政会参政员，钱端升即是其中之一。未料，宋子文到英国后，从驻英大使顾维钧处听到一些关于钱端升的传言，遂密电蒋介石，反对钱端升访英。电中称：据英国友人函告，钱端升曾写信给丘吉尔和重要阁员，信中议论中国政局，说"国民党专制""党外优秀分子无法参加政府""经济状况危急，弊端百出，政府要人亦通同舞弊"，破坏了英方对中国的观感。电末，还用了"余虽有口称辩"，不如"国人类此一函影响之深也"的话。②

宋子文电是 7 月 29 日从伦敦发出的，重庆 30 日收到，蒋介石见电

---

① 《出席太平洋学会归来钱端升谈参加经过》，昆明《中央日报》1945 年 4 月 4 日，第 3 版。

② 《宋子文致蒋介石密电》（1943 年 7 月 29 日），"蒋介石档案"，档号：002 - 080106 - 00057 - 019。此件无件名，卷名《对英国外交（一）》，编号为"机密（乙）第 58678 号"。

后，当即用红笔批示"应请钱端升君将其致英国友人书信，交阅为要"，并嘱侍从室第二处主任陈布雷速函王世杰于 7 月 31 日下午办理。① 王世杰不敢怠慢，马上让钱端升将与英国政府人员信件检出送蒋介石。② 本来，宋子文发电的当天，陈布雷已向蒋介石呈报了访英报聘团人员名单，他们是国民参政会参政员王世杰、王云五、胡政之、钱端升、杭立武，及行政院加选的蒋廷黻。其后，国民参政会驻会委员会于 8 月 12 日通过了陈布雷呈报的访英报聘团人选，陈布雷亦于 8 月 15 日将此决定上呈蒋介石，认为可以通知外交部转告英国政府。但是，蒋介石显然受到宋子文的影响，遂在呈文上先是批示"此事暂缓通知"，后又在六人名单上画了五个圈，并批示"此圈五人可也"。③ 没有被画圈那个人，就是钱端升。

钱端升被蒋介石从中国报聘团名单中勾去时，已从英国抵达美国的宋子文尚未获悉。因此，宋子文于 9 月 24 日再电蒋介石，称："七月艳电陈顾少川言克利浦斯告彼，钱端升分函本人、邱相及重要阁员，谓本党专制，经济危机，弊端百出，克氏认为有碍英方对我观感。今闻钱端升派为访英团员，未知适宜否。"蒋介石看到陈布雷转呈的宋子文电，遂批示："陈主任，此事王雪艇兄协商访英人数，可为减为四人，其余三人将来有机会再派，如此则英国前来访华者四人，此次我亦四人答礼，似较相宜也。"④

钱端升未能参加中国报聘团，除了宋子文的作用外，英国政府也通过外交渠道婉转表示拒绝接纳钱端升。8 月 25 日，以为钱端升有可能成为访英团成员的英国外交部，批示其驻华大使薛穆向中国暗示钱端升并不是受欢迎的人。英国的这种态度不难理解，因为钱端升在印度独立、战后收回香港等问题上，一直站在英国政府的对立面。

---

① 《宋子文电蒋中正据克利浦斯称钱端升分函丘吉尔与英重要阁员论中国政局其中多有谤词及以其为访英团员似不适宜》，"蒋介石档案"，档号：002－080106－00057－019。

② 王世杰 1943 年 8 月 1 日日记，中研院近代史研究所编《王世杰日记》第 4 册，第 120 页。

③ 《陈布雷呈访英报聘团人选为王世杰王云五胡霖钱端升杭立武蒋廷黻等》，"蒋介石档案"，档号：002－080106－00057－020。

④ 《宋子文电蒋中正据克利浦斯称钱端升分函邱吉尔与英重要阁员论中国政局其中多有谤词及以其为访英团员似不适宜》，"蒋介石档案"，档号：002－080106－00057－019。

中国报聘团后来定名为"中国访英团"，团员有国民参政会参政员王世杰、王云五、胡政之、杭立武，立法委员温源宁以及秘书李惟果。中国访英团访问英国，是抗日战争史上中英两国间最著名的国民外交活动，但最早列入访英团候选人名单的钱端升，却与它失之交臂了。

第二节　关注英日谈判

关心国家大事，关注形势演变，是知识分子的特质。抗日战争中，国际形势的每一个变化，尤其是与中国抗战前途相关联者，都受到人们的极大注意。抗战以来，西南联大教授的眼光，既时刻紧盯日本内阁的每次变动，也无时无刻不紧盯着国际关系的每一次调整。他们对滇越铁路的停运、三国同盟的建立、苏联与日本互不侵犯条约的签订、反法西斯阵线的结成等，均做了及时评论。西南联大的国际关系分析，也是一个有待史学界开发的领域。下面介绍的，是联大对英日《有田－克莱琪协定》的反应，可以作为联大师生关注国际形势变化的一个例子。

1939年4月9日，天津伪联合储备银行兼海关监督程锡庚在天津英租界被爱国人士刺杀毙命，这便是导致英、日关系紧张的"天津事件"。天津事件发生前的当年2月，日本扶植的伪政府"外交部"部长陈箓及亲日财界要人李国杰，便在上海租界先后遭到暗杀，另两名日本军人也在租界受到袭击。一直碍于协约约束不能在租界肆意妄为的日本，曾借此向英美政府提出日本警察可随时随地在租界内采取行动的蛮横要求，而天津事件的发生，给了日本又一个压迫英国的借口。

在当时的中国，租界是个非常特殊的区域，日本发动侵华战争后，沦陷区人民一直利用租界的特殊环境坚持抗日斗争。位于天津市区中部的英租界是英国在华北的经济与金融中心，这里集中了列强开设的数百家银行、洋行及工厂，号称英国"皇家四大行"的怡和、太古、仁记、新泰兴银行都聚集在这里，因而早就是日本觊觎的对象。

天津事件发生后，租界工部局巡捕房逮捕了四名涉嫌人，日方遂要求将他们送交伪地方法院审判。围绕着是否移交刺程案嫌疑人事，英日间展开交涉，中国希望英方不要交出，并保证以后不在英租界引起纠纷。英国外交部提出折中建议，希望由英、日、美三国组成调查委员会，以确认四名涉嫌者是否有罪。但是，日本显然企图以此为由夺取租界控制权，因此拒绝了英国建议，并于5月31日提出最后通牒，限6月7日12时前就引渡一事做出答复。6月6日，英国驻天津总领事代表英国政府拒绝了日本的要求。恼羞成怒的天津日本驻军，于6月14日悍然封锁天津英法租界，从而演成七七事变爆发后英日关系的首次严重危机。面对日本对天津租界的封锁和在各地发动的反英运动，英国考虑到欧洲大战爆发在即，无力东顾，被迫同意进行谈判。英国驻日本大使克莱琪与日本外务省大臣有田八郎于7月15日举行的东京谈判，就是在这个背景下开始的。

一直密切关注着事态发展的西南联大国际问题专家，对从天津事件至英日东京谈判各个阶段都发表了分析和评论。这些分析评论，反映了他们对国际关系变化的观察，也反映他们对如何坚持抗战的认识。

一　思考天津事件

东京谈判伊始，日方首先提出要确定一个原则性协议，要求英国承认中国目前存在的特殊战争局面，接受日军可以采取自认为最合适的办法来应付中日冲突的做法。这个要求显然有意扩大谈判范围，企图迫使英国承认日本侵占中国的既成事实。英方则认为天津事件属于地方性质，主张谈判应当就事论事，不涉及整个中国问题。但是，绥靖政策指导下的英国政府，最终还是担心谈判破裂，造成英日对抗，遂做出让步姿态，满足了日方要求。7月24日，英日达成原则性协议，即引起世界强烈反响的《有田－克莱琪协定》，其文为："英国政府完全承认正在大规模战争状态下之中国之实际局势，在此种局势继续存在之时，英国知悉在华日军为保障其自身之安全与维持其侵占区内之公安之目的计，应有特殊之要求，同时知悉凡有阻止日军或有利于日军敌人之行为与因素，日军均不得不予制止或消灭之，凡有妨害日军达到上述目的之行动，英政府均无意加以赞助，英国政府将趁此时机，对在华之英当局及英侨说明此点，令其勿采取此项行动与措置，以证实英国在此方面所取之政策。"①

---

① 《张伯伦声明英不阻碍日寇侵略，仍称不变更对华政策，东京会谈之内容如此》，《中央日报》"重庆各报联合版"1939年7月26日，第3版。

对日妥协的《有田－克莱琪协定》，是英国张伯伦内阁绥靖政策的产物。尽管张伯伦在下院解释协议内容时，强调这"利于英日讨论天津事件"，故与英国政府的对华政策无关。但是，协定的文字无疑等于英国事实上承认日本侵华合法性，因此不能不遭到中国政府的反对。25日，中国外交部发表重要声明，"对于英国政府在此次东京会谈所采取之态度，不能不引为失望"；对"英国政府对于在华日军所谓特殊需要，竟声明知悉，是不能不深引为憾"；对"英国政府又担任使在华英国当局及英国侨民明悉彼等应避免任何阻碍达到日本军队目的之行动或办法，尤堪讶异"。同时，要求"英政府对于所谓天津局部问题之讨论，必将采取一种态度，符合其法律上及道德上对华之责任，并以行动表明其对于日本在华侵略造成之局势，决不变更其固有之政策"。①

《有田－克莱琪协定》公布后，始终关注东京谈判的西南联大师生和中国民众一样，立即表示出唾弃态度。关心国际局势是西南联大的优良传统，何况其成员之一南开大学就来自天津。《有田－克莱琪协定》是7月24日在东京签订的，25日中国各报仅披露了英国首相张伯伦在下院对议员们质问的回答。协定的正式文本及中国外交部的声明，26日才同时见诸国内报端。28日上午，距英日协定消息传到中国仅隔一天，政治系教授钱端升便应西南联大学生自治会约请，在文林街联大师范学院做了题为"东京英日谈判与最近国际形势"的演讲。②

一年前考察过美国、欧洲的钱端升，是当时国内对英日协定最有发言权的专家之一。他的这次演讲对《有田－克莱琪协定》做了深入的剖析。这次演讲的内容，未见报端披露，但他在8月6日发表于《今日评论》第2卷第7期的《英美对日外交的新变化》，分析了英日之间的关系，以及对中国抗战的影响，应与这次演讲的基本内容相同。

7月30日，钱端升讲演后第三天，昆明国立专科以上各校学生代表在英日协定签订后的第一个星期日，举行了全面抗战爆发以来昆明地区学界的首次联合大会。大会在云南大学召开，会上一致通过了两个宣言，

---

① 《我外部对东京谈判发表重要声明，英国态度颇使我国失望》，《中央日报》"重庆各报联合版"1939年7月26日，第2版。

② 《钱端升今在联大师范讲演》，昆明《益世报》1939年7月28日，第4版。该报道仅为简短消息，未刊登演讲内容。

其中一个便是以"对英国与日成立初步协定表示失望"为中心内容的宣言。[①] 宣言署名者中，列于首位者为国立西南联合大学学生自治会，其后依次是国立云南大学全体学生、国立同济大学战地服务团、国立艺术专科学校学生自治会、国立体育专科学校学生自治会。这是一份西南联大历史上的珍贵文献，也是抗日战争时期中国学界对于国际关系的一次重要表态。鉴于这个宣言在迄今为止有关西南联大的各类史料中均未收入，故特录全文以存真：

> 我们对于本月二十五日英日东京谈判的初步协议，特发表如下的宣言。我们认为英政府在此次英日协议中所采取的态度，不仅不能阻遏日寇独霸东亚的野心，反足以助长侵略的凶焰，危害英国在远东的地位和威望。尤使我们惊异而深以为憾者，乃英政府竟不顾迭次国联会议中所提的确保，即避免采取足以减弱中国抵抗力量的任何行动，并对于援助中国之各种办法尽量使其有效。目前英日协议中英政府所采取的办法，又恰恰与此背道而驰。我们向以英国为最可信赖的友邦之一，而如今英政府的态度和办法，我们认为对于中英两国的友谊无异投下一层阴影，将不能有所增进。我们深信英政府的失策，实不足以代表大多数爱护正义、拥护中华民族自由解放的英国人民，我们要求他们继续发扬盎格鲁撒克逊民族伟大的传统精神，站在公理和人道的立场上，一面督促政府，检讨过去的失策，一面和我们争取自由解放的中国人民紧紧的拉起手来，为反抗侵略保卫世界和平而奋斗。最后我们更愿劝告世界各友邦的人士，中国艰苦卓绝地担任反侵略的先锋，已经两年多了，我们今后无论在任何困难的环境下，一定要遵奉我们的最高统帅蒋委员长的训示，以加倍的努力来支持下去，直到我们驱除日寇，和全国人民一致信仰的三民主义新中国的建立。[②]

---

① 这次昆明国立专科以上各校学生代表人会通过的另一个宣言是以"对美国废止美日商约表示赞佩"为中心的宣言。

② 《昆明学界发表宣言，对美国废约表赞佩，对英国妥协表示失望》，《中央日报》"重庆各报联合版"1939 年 8 月 1 日，第 2 版。

西南联大学生自治会领衔的这个宣言，反映了社会各界对英国妥协态度的愤慨。这种愤怒完全可以理解。正如有人所说：东京谈判开始时日本就声称外交取得胜利，说英国谅解了日本对华政策、承认华北傀儡组织、承认日本在华造成的既成事实、放弃援华政策等。对于这些，人们认定是日寇惯用的欺骗伎俩，但看了《有田－克莱琪协定》后，才确知英国果然如此妥协，尽管这还不是东京谈判的最后结果，但"依据此种谅解而进行的会议，其大为不利于中国，殆可预知"，因此不由得"大为惊异，大为失望"。①

二　批评绥靖政策

在社会舆论对《有田－克莱琪协定》的反应中，罗隆基撰写的批判文章十分突出。罗隆基时任《益世报》总编辑，同时任联大政治系教授。② 在他主持下，《益世报》不仅刊登了大量关于东京谈判的报道，发表了多篇学人评论，而且他本人也以社论主撰（执笔人）的身份，撰写了一些尖锐深刻的社论。这些社论集中反映了国内舆论的主流意见，其中尤以《有田－克莱琪协定》公布后即接连发表的三篇社论最为有力。

7月26日发表的《对英国的严重抗议》，是罗隆基站在中国国民立场上撰写的第一篇社论。文章除向英国政府提出严重抗议外，着重从四个方面对协定提出质疑。文章指出：（1）协定英文使用的"Regions under their control"，"按原意应是日寇控制区域，不限于占领区域，更不限于天津，这与英国列次所声明东京会议只讨论天津问题一点，大不符合"。（2）"英国承认日军在华有保障自身安全之一切特殊需求，并承认日寇有在占领区维持公共治安之一切特殊需求，这等于英国承认日寇在

---

① 《对英国的严重抗议》，昆明《益世报》1939年7月26日，第2版。

② 《益世报》原在天津出版，全面抗战爆发后迁至昆明。罗隆基于1939年1月7日抵达昆明，8月初赴江西参加中正大学筹备会议，9月中旬由江西赴重庆参加国民参政会第四届会议，下旬返回昆明（据《罗隆基昨日抵省》，《云南日报》1939年1月8日，第4版；《罗隆基返滇，继续本报社论主撰》，昆明《益世报》1939年9月25日，第4版）。罗曾应北京大学聘请，担任政治学系教授，依例应任西南联大政治学系教授。关于罗在西南联大任职的时间，《国立西南联合大学史料》（四）"教职员卷"，仅有1940年度记录，未载1939年度教员名册。

华的武力造成的一切既成事实"。而所谓"特殊需求"一词空泛无边，"将来当然由日寇随意指定，随意提出"，如此，"则英国虽中立地位亦不能保持，而成为援日矣"。（3）"英国承认日寇可以取缔并清除一切妨害日军目的之行为与因素，且可以取缔并清除有利'他们的敌人'（指中国）之行为与因素"。这里不称"中国"，而称"他们的敌人"，"似英国已站在日本立场"。如若这样，那么包括英国人在内的一切人，"凡有妨碍日寇目的者，凡进行有利于中国之行动者，均在取缔清除之列"。这种文辞，"又越出中立范围，而实行援日矣"。（4）"英国声明绝不为与日寇上项目的有损害之行为，且将此旨宣示英国在华当局及在华侨民"。按此解释，"不但英国放弃援华政策，英国且协助日寇达其侵华目的"。换句话说，也就是"英国不止政府放弃援华政策，即在华英侨，凡有对中国抗战表同情者，亦在制止之列"。根据这些分析，文章斥责"备忘录之内容，其严重性质不可思议"，并批评英国的这种态度，"不但不是援华，实已不是中立；不止不是中立，实已公开援日"。① 因此，这就不能不引起中国人民的严正抗议。

　　7月27日，罗隆基撰写的《英国在远东的前途》是《益世报》发表的第二篇社论。其中心是从英国切身利益出发，指出英国在东京谈判中企图以退让屈服来保全英国远东权益的目的，根本不可能达到。其一，从中国方面说，在中国国家存亡、民族生死的紧要关头，英国负义背信，自居于日寇"同谋犯"之列，这是中国国民不能轻易恕谅和轻易遗忘的。这种负义背信，很自然勾起中国人民的历史记忆，使人想到鸦片战争，想到五卅惨案，想到万县惨案，更想到九一八事变发生后英国在国联会议上的祖日行为，甚至由此"对英国之反感，或更甚于日寇与傀儡之仇英"。其二，从沦陷区说，不仅是傀儡汉奸，即使是沦陷区的人民，也可能在英国对日妥协的刺激下，卷入日寇操纵的反英运动，这实际上是英国自食其恶果。其三，从日寇方面说，"日寇侵华野心与英国远东权益相冲突"乃彰明之事实，"今日寇乃自命独霸一方之强盗，而英国之权益，正是日寇独霸一方之障碍，日英间之妥协，乃切身利害上绝不可能之事"，英日在远东的利益冲突根本不可能避免，"倘英国在远东以屈

① 《对英国的严重抗议》，昆明《益世报》1939年7月26日，第2版。

服退让于日寇为政策，则英国退出远东之日，方是日英完全妥协之时"。其四，从列强方面说，英法美三国均是在远东享有权益的国家，为了保全这些权益，过去三国都是采取平行行动。现在，英国单独在东京向日寇屈服退让，必不为列强所容乃在意料之中，"今后英国在远东，被压迫于日寇，树怨于中国，见疑于列强，而成孤立之局"。①

罗隆基针对英国对日妥协撰写的第三篇社论，是 7 月 28 日发表的《英负延长远东战事责任》。作为谈论这一问题的压轴之作，文章指出英国对日妥协的政策，产生了延长远东战事的恶劣作用，英国应对此负责。该文副标题为《蝙蝠式外交政策的结果》，这是因为文中叙述了一则寓言：一个飞禽与野兽相伴，蝙蝠介于其间。它飞到飞禽旁说"我有两翼，愿助禽"；接着又走到野兽旁说"我有四脚，愿助兽"。蝙蝠以为这是两援之策，可其结果"禽以蝙蝠忠于兽，兽以蝙蝠忠于禽，蝙蝠各方被逐"。文章说，当前的形势，英国恰似寓言中的蝙蝠，扮演了一味"求两全之计者"的角色，但是，结果难免"终归而败"。②

上述三篇社论，首先对英日协定的文字进行分析，揭露英国的所谓中立政策，实质上起着助长日本侵略的作用。其次从英国自身利益出发，指出这种现实主义完全背离实际，不仅遭到中国人民的反感，也必然损害英国与反侵略集团各国的关系。最后批评英国的妥协政策，对维护国际正义与和平造成的严重危害。文章侧重不同，但环环相接，步步深入，是当时国内舆论界对《有田－克莱琪协定》最为完整的分析。

《有田－克莱琪协定》对中国造成损害引起了人们对英国历史行径的清算。联大历史系教授蔡维藩就不客气地挖苦说：九一八事变后，美国宣布"不承认主义"，而英国则作壁上观，令美国大感失望，对其大加讽刺。③罗隆基也指出：国联会议曾决议援华抗战，不承认日寇在华武力造成之事实。"英国为盟约国重要分子，且以拥护国联自任"，却在《有田－克莱琪协定》中"承认日寇在华一切既成事实，且声明不作任

---

① 《英国在远东的前途》，昆明《益世报》1939 年 7 月 27 日，第 2 版。
② 《英负延长远东战事责任——蝙蝠式外交政策的结果》，昆明《益世报》1939 年 7 月 28 日，第 2 版。
③ 蔡涤生：《英倭谈判影响的臆测》，《云南日报》1939 年 7 月 30 日，第 2 版。蔡维藩，字涤生。

何行动，以损害日寇在华目的"。这不仅"与国联盟约之文字与精神大相违背"，"与国联数年来一切决议亦大相违背"。他气愤地质问道：英国"今所为如此，将何以自解"，"何以见信于天下"。① 钱端升也从九一八事变时英国在国联会议的态度，历数英国抹杀九国公约、国联盟约、非战公约的行径，又联系到去岁张伯伦内阁出卖捷克斯洛伐克主权的《慕尼黑协定》，认为英国"不尊重条约义务，任令侵略国撕毁条约"，而这次英日协定又"认日贼作友人"，方进一步造成了其国际地位的日渐衰落。②

当时，国际舆论对英国妥协也多嗤之以鼻。美国报纸认为"英国在华之威望已如夕阳之西堕"，德国报纸也认为这是"英国之耻辱"。③ 西南联大知识精英的评论，可以说是国际舆论的有力注脚。

不过，蔡维藩教授并不像一般舆论那样激愤。他根据冷静的观察，认为从《有田－克莱琪协定》字面上看，最重要的有两点，其一是"英国政府对于在华日军之所谓特殊需要，声明知悉"；其二是"英国政府担任使在华英国当局及英国侨民悉彼等应避免在任何阻碍达到日本军队目的之行动或办法"。但是，"日军之所谓特殊需要"究竟是什么需要，"是不是一经日军认定，英国即予以承认"，这是一大疑问。又，所谓"知悉"怎样理解，"既经'声明知悉'，是否继之以行动；如需行动，怎样行动"，也是一个疑问。还有，所谓"英国政府担任使在华英国当局及英国侨民悉彼等应避免任何阻碍达到日本军队目的之行动或办法"又应做何解释，日本军队的目的是什么，由谁确定，英日双方也有各自理解。"假若日本军队今日认为他们的目的在于消灭租界内中国爱国人民，英国是否听其随意逮捕？假若明日认为英侨在中国足以妨害他们的目的，英政府是否撤退所有侨民，放弃所有权益？这不又是一个疑问吗。"④ 因此，蔡维藩认为对英国妥协是应该气愤的，但也不必过度悲观。

---

① 《对英国的严重抗议》，昆明《益世报》1939 年 7 月 26 日，第 2 版。
② 钱端升：《英美对日外交的新变化》，《今日评论》第 2 卷第 7 期，1939 年 8 月 6 日。
③ 《美报评英威望如夕阳之西堕》中央社引伦敦 25 日路透电，昆明《益世报》1939 年 7 月 26 日，第 3 版。
④ 蔡涤生：《英倭谈判影响的臆测》，《云南日报》1939 年 7 月 30 日，第 2 版。

三　分析国际矛盾

《有田－克莱琪协定》引起的中国和国际批评，只是社会舆论的情绪性反应。至于协定背后究竟包含着哪些问题，似乎更值得深思。

历史系年轻教授王信忠（亦名王迅中），是联大少有的日本问题专家。他于 1927 年考入清华大学历史系，毕业后在清华大学研究院师从蒋廷黻专攻日本史、中日外交史，1935～1936 年就读于日本东京帝国大学大学院，对日本政界十分熟悉，几乎对日本政治、外交的所有变化都发表过专题评论。日本内阁变动频繁，每次发生变动，王信忠都对其对华政策可能出现的调整做有预测与分析。他认为，"当前敌国国策上一个最大的问题，便是如何结束战事，保持占领区域"。诱使中国投降当然是结束战事的最佳出路，但是对于日本提出的"东亚新秩序"及"中日国交调整大纲"两次诱和声明，中国政府均痛加驳斥。于是，日本不得不采取第二种办法，即"设法与在远东有利害关系的列强妥协，诱使或压迫它们承认日本所制造的现成局面"。

接着，王信忠指出日本采取第二种办法的历史原因。他说：日本"过去将近七十年间大陆政策的所以不能完全达到目的，与其说是由于中国的抵抗，毋宁说是由于列强的阻挠"。如，甲午战争后由于俄德法的干涉，使其不得不将辽东半岛吐还中国。1919 年巴黎和会上，中国提出取消"二十一条"及收回山东权益两项要求虽未得通过，但 1921 年华盛顿会议与 1922 年《九国公约》的签订，均表示要尊重中国主权独立与领土完整，维持各国在华的商业机会。结果，在门户开放原则下，经英美调停，青岛归还中国，胶济路亦由中国赎回，致使"二十一条"无形取消。日本正是吸取了这一教训，方在"武力强占我领土之后"，开始"在列强方面做外交工作"。①

和王信忠一样，罗隆基对于日本与列强的关系也有清醒的认识。罗隆基认为，日本封锁天津英租界，是其应付侵华失败采取的一个措施。他追述了日军侵华的军事计划与经济计划，说其直至 1939 年 6 月，既未能直趋西北、西南，也未能威迫四川，而封锁海口和发行伪币亦未能破

---

① 王迅中：《日本外交的新阴谋》，《今日评论》第 2 卷第 9 期，1939 年 8 月 20 日。

坏中国的金融与财政。相反，日本自身在军事与经济上却都接近崩溃点。这种现实使日本痛感"倘英法美等国履行条约之责任与义务，真实援华抗战，则中国胜利必可获得，而远东战事必告结束"。于是，日本不得不"变更策略，突向列强中之英国加以威胁，此奇兵断援之计"，以使"军事与经济又多一喘息机会"。日本封锁天津英租界和促成东京谈判，就是为了实现这个目的而采取的步骤。①

日本的目的能否达到暂且不说，有一个问题却十分清楚，便是因英国的妥协，受损害最大的不是中国，而是英国自身。钱端升便说，"仔细研究一下，则到现在为止，英日双方七月二十四日所发表的英日议定书，其对于英国的损害，实无止十倍百倍于对我的损害"。② 正因如此，王信忠认为英国的妥协让步尽管是"徒然白送礼物"，但其让步必然"与暴日的企望相差甚远"。③

《有田－克莱琪协定》只是英日双方在东京谈判初期达到的一个备忘录性质的文件，它也只是满足了日本对谈判提出的某些原则或先决条件。关于谈判的正式内容，由于尚未公布，所以只能根据个人观察进行推测。在美国哈佛大学获得硕士学位的西南联大政治系教授崔书琴估计，从日本方面说，它想谈判的细目大约有四："（一）承认日本的交战国权利并停止援助中国；（二）交出白银，并使租界内银行、银号都服从伪组织的法令；（三）引渡'犯人'并与英国共同管理英租界；（四）扩大日本参加管理上海公共租界的权限。"但是，崔书琴认为英国不可能全部接受这些要求。他论证：关于第一问题，中国没有对日本宣战，因此不存在法律意义上的战争，英国可以此为由，不承认日本有交战国的权利，否则它在远东贸易与运输业必受极大影响。对于第二个问题，日本封锁天津英租界的主要动机是要求对方交出中国国家银行存在天津英租界的价值四五千万元的白银，用它购买军火或拨给伪银行充实准备金。由于这些白银已在日本严密监视之下，很难运出天津，因此虽然英国政府一再声明绝不交出，但最后仍有可能做出让步。至于第三个问题，人们都

① 《英负延长远东战事责任——蝙蝠式外交政策的结果》，昆明《益世报》1939年7月28日，第2版。
② 钱端升：《英美对日外交的新变化》，《今日评论》第2卷第7期，1939年8月6日。
③ 迅：《英日谈判展望》，《今日评论》第2卷第8期，1939年8月13日。"迅"即王信忠。

知道引渡刺程案嫌疑人不过是日本发动天津事件的表面原因，日本的真正企图是参加英租界的行政管理。善于变通的英国人，极可能满足日本的这个要求，以避免谈判破裂。对于扩大日本参加管理上海公共租界的权限，崔书琴承认这只是他本人的猜测，不一定在谈判范围内，因为上海租界是公共租界，不是英国一家做得了主的。①

崔书琴的判断确有先见之明。在此后进行的东京谈判中，英国没有接受日本参加租界管理的要求。但是，它也不顾中国反对，于1939年8月上旬向日本引渡了刺程案4名嫌疑人。在白银问题上，1940年6月12日在欧洲战场大败的英国急于在远东对日妥协，与日本签订了天津协定，同意将存银封存于天津交通银行，并拨出相当于10万英镑的白银用于华北救灾，同时允许华北伪政权发行的"联银券"与法币同时在租界流通。日本也在英国做出这些让步后，解除了对天津英租界的封锁。

无论从哪个方面看，英国的妥协态度都是令人不能忍受的。但是，《有田－克莱琪协定》不过是英国一贯外交政策的产物，并且受到它在欧洲战场困境的影响。这是举世皆知的客观现实，只有了解这一点，才能透过表面现象的迷惑，正确把握英国对华政策的实质与走向。对于这个问题，西南联大的国际问题专家就有清晰的认识。

《论外交根本政策》可能是钱端升1938年8月回国后发表的第一篇国际关系评论，他在这篇文章中就指出英国的基本外交政策，一是"在防止欧陆产生一个足以威胁三岛安全的国家或集团"，二是"维持英国在世界各地巨大的商业利益"。这政策已经存在三四百年，其对外或和或战，或亲德或亲法，都是在这个政策指导下随着形势演变而变化的。②蔡维藩也持相同看法，他说："英国的利益遍及世界，任何部分的纷扰对它都有害而无利，所以它为了自己的利益不惜牺牲别人的利益，甚至必要时也可以牺牲自己的若干利益。"在此分析基础上，蔡维藩以史学家的眼光分析说，纵观19世纪近东外交史，凡是在欧洲与远东同时受到威胁时，英国就权衡轻重缓急，择其轻者先求和平解决。"如欧洲方面走得通，先解决欧洲问题，否则转向远东方面而求解决。"如仍走不通，"则

① 崔书琴：《英国屈膝以后》，昆明《益世报》1939年7月30日，第2版。
② 钱端升：《论外交根本政策》，《新民族》第2卷第13期，1938年10月9日。该文复于11月11日、13日在《云南日报》发表，说明作者非常看重此文。

转向欧洲努力，努力失败，它可以再向远东努力"。正因如此，英国是一再转向，随时转向，皆因为它最怕同时遭到欧洲和远东两方面的威胁，尤其怕两个方面同时发动战争，使自己无力兼顾东西。①

对于英国的这种对外政策，法律系教授罗文幹的认识也颇深刻。罗文幹是老资格的法律学家，北洋政府时期就担任过司法部次长、总长，国民政府成立后，他又担任过司法行政部部长，还一度兼任外交部次长。这些经历使他非常熟悉西方的法律史与外交史，因此，他对英国自鸦片战争以来在远东惯用的"均势"政策，认识得也很清楚。

不过，有丰富从政经历的罗文幹，在群情激愤的舆论中，却能冷静地看到英国为维护自身利益的某些现实需要，并认为英国为了在远东与日本争夺势力范围，对日本主要实行的是抑制立场。他举例说，甲午战争后英国曾与日本结盟，是因为担心俄罗斯势力过大；同样的原因，使英国在第一次世界大战时帮助日本挫败德国。可是，大战结束后日本的迅速强盛，也引起英国的担心，于是它方于《九国公约》签订后帮助中国解决山东问题，之后又废止了日英同盟。罗文幹这番话，说明英国在处理国际问题上的左右逢源不足为怪，因为任何国家在任何时候的对外政策，都无疑以自身利益为核心。罗文幹从这个角度分析了英国在远东实行的政策，说：九一八事变后，英国在国联会议上一再袒护日本，反对美国国务卿史汀生提出的抑日主张；华北危机时，有感于日本大陆政策对其产生的威胁，协助中国改革币制、修建粤汉铁路；抗战两年来，英国亦"为我运输军火，代我保存白银，舆论同情于我，政府借款接济"。因此，从总的方面来看，"英与我邦交日亲，而倭与英感情亦日恶"，虽然保守党上台后，张伯伦内阁实行绥靖政策，以屈辱求苟安，但德国、意大利侵略扩展永无止境，日本乘虚而入，都不能不令英国感到压迫。这次《有田－克莱琪协定》也是由于英国的重心在欧洲，不敢调舰东来，才不得已再次低首，与日本达成妥协协定。② 罗文幹的这些分析，似乎有悖时论，却体现了正视客观形势，敢于发表不同见解的勇气。其实，钱端升也承认"英美人民对于中日战争的态度，自战事开始以来，

---

① 蔡涤生：《英倭谈判影响的臆测》，《云南日报》1939 年 7 月 30 日，第 2 版。
② 罗文幹：《英倭会议美倭废约与中国抗战之关系》，昆明《益世报》1939 年 7 月 31 日，第 2 版。

一向是渐渐地亲中国，祖中国，敬服中国，远日本，抑日本，憎恶日本"。原因很简单，英国毕竟"因为在远东利益要大些，被日本糟蹋也要大些，所以其人民助华抑日的趋势也大些"。[①]

蔡维藩、罗文幹的上述观点，得到崔书琴的认同。《有田－克莱琪协定》公布伊始，崔书琴就提出三个问题："英日关系是否从此就能改善"，"英国此后是否就要放弃援华政策"，"法美苏三国的远东政策是否也要发生变动"。这表明他把自己的思考重点，放在《有田－克莱琪协定》签订后英国对华政策的发展趋势方面。其得出的结论是：英国对日妥协虽是日本的初步成功，但"绝不能证明两国关系从此便能改善"，这不只由于"英日谈判未见得即能圆满结束"，更重要的是"即令能暂时成立妥协，两国的根本冲突还是不能消除"。[②]

从以上西南联大国际问题专家对于英日在华矛盾的评论可以看出，虽然他们的观察角度、涉及问题各有侧重，但得出的结论却异常一致。需要强调的是，他们的论述中隐藏着这样一层意味：尽管英国对日妥协损害了中国利益，但也不必大惊小怪。

四 坚持求诸己

认为《有田－克莱琪协定》不值得大惊小怪，这不是面对英国妥协的自我安慰。相反，它表现的是一种立足自身，依靠自身坚持抗战的坚定信心。

《有田－克莱琪协定》公布后，不少人曾担心英国从此会停止援华。对于这种担心，崔书琴很不以为然。他说："国际间无所谓真正的援助，如有援助，也必是为了援助国自己的利益。"英国帮助中国改革币制，"无非使其与英镑发生联系而便利它的对华贸易"，"维持港粤间的交通，无非使香港大发中国的国难财"。如果中国失败，"英国的在华权益必难继续维持"，因此它为了目前与将来的利益，"还是要继续援助我国的"。[③]

就在这个时候，国际上出现了两个令人瞩目的重大事件。7月27日，美国政府通知日本政府，宣布废止1911年两国签订的《友好通商航

---

① 钱端升：《英美对日外交的新变化》，《今日评论》第2卷第7期，1939年8月6日。
② 崔书琴：《英国屈膝以后》，昆明《益世报》1939年7月30日，第2版。
③ 崔书琴：《英国屈膝以后》，昆明《益世报》1939年7月30日，第2版。

海条约》。同一天，中英签订 300 万英镑新借款协议。对于前者，舆论一致认为这是"自华盛顿会议后美国对远东采用强硬态度最重要的一页"，① 其"与远东乃至全世界有重大关系"。② 美国废止美日商约，表面上与英日东京谈判没有必然联系，但明眼人都看得出来，它既对英国妥协态度表示了不满，也是对日本的警告。而中英借款的成立，显然是英国对美国对日强硬态度的回应。这两个同时出现于《有田－克莱琪协定》签订后第三天的事件，可以说是对得意扬扬的日本的当头一棒。

面对这种有利中国的形势，罗文斡认为，且不说张伯伦已在英国国会表示对外政策不会改变，也不说英国已经答应向中国借款 300 万英镑，即便张伯伦食言，而"我仍能战，于我何损"。即使借款不到，也不可能"陷我法币于绝境"。况且"我军火已有存储，无须候款购买"，加上"今年收成甚丰，后方粮食充足"，实在"不足以影响我抗战"。罗文斡是从晚清走过来的人，文章中保持了前清用语的一些习惯。他说："我抗战，既为永久是非而战，不为目前利害而战，则一切国际变化，于我利则'知道了'，不利亦'知道了'。"③

罗文斡这种很长志气的文辞和语调，在西南联大并非绝无仅有，在所有评论《有田－克莱琪协定》的文章里，联大学人都突出强调了坚定抗战信念、加强自身力量的重要意义。蔡维藩说："今后远东现实改变，无疑的我们的责任极其重大"，我们只有"抱定'天助自助者'的精神，咬牙苦干"，方能"以奠定我们民族复兴的基础"。并且，"我们有一分胜利，英国必勇于承认一分，有全盘的胜利，它也必勇于承认全盘"。④ 这种不依赖外援，自力更生的态度，表明人们清醒地认识到，只有坚定抗战必胜的意志，发展持久的抗战力量，才能促使英国妥协政策的转变，也是争取抗日战争胜利的根本保证。

英日签订《有田－克莱琪协定》是第二次世界大战爆发前国际关系的一次重要事件，由于它的导火线是发生在中国领土上的天津事件，也

---

① 《告美国朝野人士》，《云南日报》1939 年 7 月 29 日，第 2 版。
② 《美日商约废止》，《中央日报》"重庆各报联合版"1939 年 7 月 28 日，第 2 版。
③ 罗文斡：《英倭会议美倭废约与中国抗战之关系》，昆明《益世报》1939 年 7 月 31 日，第 2 版。
④ 蔡涤生：《英倭谈判影响的臆测》，《云南日报》1939 年 7 月 30 日，第 3 版。

由于这次事件导致的英日东京谈判反映了国际对中国抗战的态度，从而引起中国民众的极大关注。西南联大国际问题专家对这一事件的观察，反映了中国知识阶层对国际关系演变和坚持抗战的深层思考。把他们的分析评论从一般性的民间情绪中剥离出来加以介绍，有助于从更广阔的视野上考察中国民众对于国际变化与中国抗战关系的认识。

第三节　思考战后

战后问题讨论是抗日战争期间讨论时间最久的一个问题。全面抗战爆发后，战后问题就被人提了出来，起初还是零星的，后来随着战争的逐步深入，"战后"一词出现的频率越来越高。国际反法西斯战争显露出胜利曙光的时候，战后问题的思考范围也逐渐拓展，涉及的问题既有国内的政治、经济、外交、文化、教育等，也有国际关系调整、被压迫民族独立、维护永久和平秩序等，几乎涵盖了所有领域。讨论中，人们虽对这一问题的思考角度各有不同，提出的意见也各有侧重，但始终贯穿着一条主线——如何建设一个现代化的中国。

一　国际视野

西南联大是最早开展战后问题讨论的，如果说早期的"战后"还只是出现在评论中的一个概念，那么到了1943年，西南联大就出现了有组织的战后问题讨论。这年12月25日，国民党西南联大区党部与三青团西南联大分团部联合举办"战后之亚洲"座谈会，讨论了"战后中国安定东亚的责任""日本没落与朝鲜地位""苏联在东亚之地位""印度与南洋""亚洲与世界"等问题，梅贻琦、陈雪屏、周炳琳、张印堂、蔡维藩、王赣愚、伍启元、吴之椿、崔书琴、姚从吾、曾昭抡等20余位教授参加了座谈。[1] 1944年6月18日，三青团云南支团部举办时事座谈会，座谈会是在三青团负责人陈雪屏的主持下进行的，蔡维藩、曾昭抡、雷海宗、王赣愚等教授出席了会议。会上，他们除了讨论"第二战场开

---

[1]　《"战后亚洲"，联大举行讨论会》，昆明《扫荡报》1943年12月25日，第3版；《省市鳞爪》，昆明《扫荡报》1943年12月26日，第3版。

辟后欧洲战局之演变""第二次世界大战如何结束"等与形势发展紧密联系的问题外，还讨论了战后的一些问题，如王赣愚在这次座谈会上主讲的是"理想的国际和平组织"，雷海宗主讲的是"中国在战后的地位"。① 到了1944年底，战后问题讨论的规模愈加扩大。12月27日晚，潘光旦、费孝通主办的自由论坛社组织的"中国的出路"座谈会持续了4个多小时，张奚若、闻一多、王赣愚、孙毓棠、冯文潜、杨西孟、丁则良、李树青、沈有鼎、曾昭抡、吴晗等教授，参加了这次座谈会。报道说"座中情绪热烈紧张"，"各人所论语重心长，关系中国前途者至久且巨"，所以大家"都愿意披诚畅论，恨时间太短"，"未能畅言所见"。②

　　1945年1月，以战后处置日本为主题的太平洋学会在美国召开。4月，奠定战后和平基础、象征国际团结的联合国第一次全体会议亦在美国召开。这两次会议，促使人们更加关心战后问题。西南联大是昆明地区讨论战后问题的重镇，3月28日，学校在最大的集会场所昆北食堂举办每周一次的"战后之中国"系统讲演，讲演预告报道，确定的讲题有雷海宗的"战后的世界与中国"、张印堂的"战后的国际问题"、周炳琳的"实施宪政与政党政治"、王赣愚的"战后的政治机构"、伍启元的"战后的中国经济向何处去"、周作仁的"战后的币制问题"、陈达的"战后的人口政策"。③

　　战后问题的讨论不只在战争期间进行，日本战败后也持续了一段时间，由于国共矛盾的突出，讨论也增加了关于国内团结的问题。1945年8月15日，西南联合大学、云南大学、中法大学三校学生自治会联合举办"从胜利到和平时事晚会"。这次会议是在西南联大新校舍东食堂举行的，会上，周新民演讲"苏联参战后的远东局势"、刘思慕演讲"日本投降后的远东局势趋向"、王赣愚演讲"新局势的中国外交"、吴晗演讲"怎样克服内战危机"、罗隆基演讲"怎样走向民主团结的道路"、尚钺演讲"东北义勇军的活动"。④ 其中吴晗和罗隆基所讲的内容，便是与

---

① 《青年团支团部昨举行时事座谈会，参加社会名流三十余人，对国内外局势讨论极详》，《云南日报》1944年6月19日，第3版。

② 《中国的出路》，《自由论坛》第3卷第5期，1945年3月20日。

③ 《联大教授举办战后中国系统讲演》，昆明《正义报》1945年3月28日。

④ 据王健《从胜利到和平时事晚会记录》，1945年8月油印件。

中国现实政治直接相关的问题。三天后的 8 月 18 日，在学校三青团分团部举办的庆祝抗战胜利座谈会上，冯友兰做了"抗战胜利的意义"讲演、查良钊做了"从九一八到八一三"讲演、蔡维藩做了"如何处置日本"讲演、杨西孟做了"战后经济问题"讲演、雷海宗做了"战后和平问题"讲演。这次座谈会名义上是庆祝胜利，实际讲的多是如何建国。正如冯友兰所说，这次胜利不仅仅是要恢复到九一八以前的状态，更重要的是要建立民族自信心、在东亚恢复原有之领导地位、发展工业化之建国途径，而这三点都建立在国内团结的基础上，认为"若不幸走向内战，则此千载一时之机会即化为乌有"。①

二　和平保障

"自一九三九年九月初德军侵波而英国对德宣战起，同盟备尝艰困，经过三年的苦斗，直至最近北非盟军大胜，苏军反攻顺利以及美澳军在所罗门及新几内亚的胜利，才真正到达了转败为胜的转机。但以纳粹行军的强顽及远东日寇的嚣张，战事的结束恐尚须付庞大的代价。在创巨思痛之余，同盟国当局及人士又开始讨论战后世界和平的问题了。"这是王信忠 1942 年底在《战后远东和平的展望》一文中的一段话，它准确解释了世界各国关于战后问题讨论与反法西斯战争形势发展之间的关系。王信忠认为，虽然人们认为第二次世界大战始于德国侵略波兰，但就整个世界战局言，则可以说是始自中国的九一八事变，正是国际对日本侵略中国东北的态度软弱无力，方使日本肆无忌惮，终于爆发了七七事变。既然远东战事是第二次世界大战的前奏，那么"未来的远东和平也将成为决定世界整个和平的重要因素"。特别是"当同盟国人士大都集中注意力于如何解决德义法西斯强盗的时候"，作为第二次世界大战的主战场之一的中国，就应当对远东和平更为关切。

王信忠认为，讨论远东和平离不开四个问题：第一个是"如何制裁日本"，第二个是"新中国在未来的远东舞台上究应处何地位，理应采何政策"，第三是"美英苏对远东究应采取何种合理政策"，第四是"如

---

① 《联大分团部庆祝胜利座谈会，冯友兰等讲抗战胜利意义》，昆明《中央日报》1945 年8 月 19 日，第 3 版。

何改善战后远东各弱小民族的生存问题"。

关于"如何制裁日本"，本书将有专门介绍，这里暂不去说。对于"新中国在未来的远东舞台上究应处何地位，理应采何政策"，王信忠认为中国在"消灭轴心及击溃日本的斗争中"做出了巨大贡献，"不但保障了自身的生存，并且对日尽了消耗与牵制的任务"，战后"只有使中国强盛起来，才能成为保障远东和平的基石"。中国要担负起这项任务，首先"要恢复领土的完整及主权的独立"，其次"要积极建设成一个近代化的国家"。王信忠承认，中国"无论就政治，经济及其他方面言，一切都距近代化的条件尚远"，而"抗战既不容易，建国尤其困难"，因此"战后中国一切都需从头做起"，要"从灰炉瓦砾中建设起一个近代化的新兴国家"。

既然中国是远东和平的基石，那么"美英苏对远东究应采取何种合理政策"呢？王信忠认为美英苏应当把"帮助中国建设成一个强盛的国家"作为战后的对华政策。当时，有人担心中国强盛起来后，英美苏将会丧失远东的庞大市场，甚至还有人认为中国如成为远东的领导者，就必将与英美苏争霸世界。王信忠说这种猜测"毫无任何的根据"，因为"中国在战后百废待举，无论就技术、资本、机械及物质，均须工商业先进国家的赞助，所以欧美各国的过剩资本、机械、人才甚至商品，都可在中国获得充分的发展"。况且，"中国建设事业愈发达，需要外国的资助愈多，即使将来中国的工业建设具规模，但在资源和商品方面，和欧美各国交换的需要更多，各国的对华贸易必将愈益发达"。说到这里，王信忠强调："片面的剥削绝无长存的可能，只有平等互惠的合作才能维持永久。"至于有人畏惧中国有领导东亚的意图，王信忠说这是杞人忧天。"中国是一个爱好和平的民族，中国的传统文化是建筑在中庸和平的儒教基础上"，王信忠承认中国在历史上的确曾经形成过大帝国，"但讨伐'夷戎小邦'的目的大都出于保卫边境或拯救属民的动机，小邦降服后，中国只图宗属的名义，对于属国的内政外交，向不过问，而在军事及经济方面，反负有援助的义务"。此外，"从资源与地域言，中国也绝无侵略他国的必要"。根据上述理由，王信忠"希望美英苏今后的远东政策应该是积极赞助中国建设，信赖中国的和平传统，只有使中国强盛起来，才能安定远东，才能维持永久的世界和平"。

要保障战后远东的和平，就必须"改善战后远东各弱小民族的生存问题"，这是王信忠的又一观点。他认为这次太平洋战争的教训，说明"高压和剥削决非统治殖民地的良法，只有宽大与扶助才是获取弱小民族心悦诚服的善策"。所以，"在远东有殖民地的国家，战后在政策方面似应有彻底改变的必要"，王信忠认为这些国家对待远东弱小民族的最低原则，应当是"各民族应决定其自身的政治方式及经济生活的权利"。这方面，王信忠希望在远东有殖民地的国家"应有比较具体的表示"。①

王信忠的这篇文章，没有谈高深理论或抽象原则，只是根据实际提出了他的具体意见。当时，蒋介石在美国《纽约前锋论坛报》举行的时事问题讨论会期间发表的一篇文章，引起国际舆论的重视，它被认为代表了中国对战后远东问题的态度。王信忠的文章，既是针对了外界对蒋介石文章的猜测与评论，也是他本人对战后远东问题的思考。

1943 年 7 月，美英联军在意大利西西里岛登陆，墨索里尼法西斯政府随之垮台。巴多格利奥组建意大利新政府后，开始与美英进行秘密谈判。其间，虽然希特勒派党卫军突击队于 9 月中旬将墨索里尼营救出来，并在意大利北部成立了与巴多格利奥政府对抗的"意大利社会共和国"傀儡政府，但巴多格利奥政府在此之前已与盟国秘密签订了停战协定。当欧洲战局急转直下，攻克柏林不过是时日问题时，关于战后问题的讨论已不再是纸上谈兵，而成为摆在人们面前的一个切实问题。中国也是这样，"迩来昆渝各地，各界人士，讨论战后世界或战后建设者，时有所闻"。在此形势下，曾昭抡写下了《战后会成怎样一个世界》。

曾昭抡认为战后的世界在三个方面将会是一致的。首先，战后的世界"必然是一种民主自由的世界"。曾昭抡说：此次大战的盟方主角实为中、美、英、苏四国，它们加入反侵略阵线的原因虽各不相同，但"打倒纳粹法西斯主义，重建民主自由的世界"的目标，则并无二致，因此可以断言"战后各国政治之趋向民主自由，殆无问题"。中国奉行的是三民主义，政治制度与英美不尽相同，"然其提倡民治精神，则与英美式的宪政，亦得异曲同工之效"。其次，战后世界"必将成为高度工业化的世界"。这是由于"此次大战的具体教训，显示国防与工业的不可分离性"，"将来各国为求自存于世界，势非努力发展其工业不可"。

---

① 王迅中：《战后远东和平的展望》，《当代评论》第 3 卷第 4 期，1942 年 12 月 7 日。

同时，"此次大战，世界上大半国家均已卷入战争旋涡，为应战争需要，各自努力发展工业，大修军备，工业基础，此时建立成功，将来蒸蒸日上，可以预期"。对于中国，"战后我们一方面自必努力从事于自力更生，另一方面，自友邦取得经济协助，以促中国加速工业化，亦属轻而易举。一个贫穷的中国，对于世界是一种负担，反转来说，一个富强兴盛的中国，则对世界和平，人类福利，必能大有贡献"。因此，战后的中国"必需工业化"，况且"方今举国上下，均在朝此方向努力"。再者，战后世界"势将成为社会福利事业发达的世界"。曾昭抡认为，近百年来工商业虽然高度发达，"然其缺点，则在于贫富不均，一部分人在经济上过分受压迫，将来工业日趋发达，此等情形若无纠正办法，势将引起不良的结果"，这一点近年来已为各国所认识，故均"力谋纠正之方"。曾昭抡认为"苏联实行社会主义制度以后，对此方面贡献不少"，英美与中国采取的方式不同，"然其目的在于均贫富等劳逸，消除失业，扶植老弱，则与苏联初无二致"。虽然英美等国尚无短期内变成社会主义国家的任何征兆，"然而社会主义下的若干良好措施，合乎民主制度的政情者，势将逐一为民主国家所采用，似系一种必然的趋势"。当然，曾昭抡也"不敢相信战后世界会变成一种理想的乌托邦"，但他又说："经过此次大战以后，人类社会似乎赖有向上的趋势，即从此点看，几年来我们前方将士所流的血，是流得不冤枉的。"①

上面只介绍了这次讨论中关于如何保障远东和平的部分，实际上人们的视野也超越了远东，对建立国际永久和平已有许多考虑。这个问题涵盖广泛，评论丰富，是项有待单独研究的专题。

第四节　关注日本

抗日战争是中国人民反对日本帝国主义侵略的自卫战争，中国人民坚信这场保卫祖国、保卫民族、保卫家园的战争，最终必定获得胜利。但是，战争是政治、经济、军事实力的对抗，正义的性质并不能保证战争的胜利。战争的结果取决于多种因素，从外部讲，国际关系是最主要

---

①　曾昭抡：《战后会成怎样一个世界》，《云南民国日报》1943 年 9 月 10 日，第 2 版。

的影响因素。这方面，西南联大曾做出许多贡献，大多体现在关于国际关系的分析与对策研究的成果中。本章的重点是介绍西南联大对于中日关系的认识。

一 编纂战史

抗日战争是中华民族反抗日本帝国主义侵略的战争，日本研究显然不仅仅是学术，还带有强烈的现实意义。不过，相对日本对中国的研究而言，中国对日本研究是远远不足的。抗战之后，日本问题研究日感迫切，国内对日本的研究也大大超过了战前。但是，形势所迫，大多数研究集中在政治、经济、外交、社会等现实问题，而对于日本历史的研究，仍然十分薄弱。这一点，王信忠教授在 1942 年出版的《日本历史概说》第一章第一节就指了出来："这种现象完全是由于实际的需要及环境而产生。不过，谁都不能否认，我们若要比较透彻地了解日本情形，对于过去的历史，自亦不能忽视。"[1] 王信忠专著的出版，在日本历史研究方面起到了填补空白的作用，但对于西南联大来说，实际上更为关注的仍然是现实问题。而其中投入最多、费时最久的，是收集和编辑中日战争史料工作。这项工作，或可称之为工程，可惜迄今为止的西南联大研究，基本把它排除在外，以致这方面的工作几乎已淡出人们的记忆。

1. 规划设计

1937 年 11 月 9 日，汉口《大公报》刊登了一则简短的《长沙临时大学图书馆征求抗战资料启事》，全文仅云："本馆现在搜集抗战资料，凡关于实际状况之记载及照片，均在搜求之列，如承惠赠，愿任邮资，倘须价购，请函接洽。敝馆志在保存史料，务希各界赞助是幸。"这则启事的意义非同一般，它开启了一件抗战史上极其重要的工作，因此《大公报》把它刊登在第一版。

说起这项工作，不得不提姚从吾。1938 年 8 月，联大史学系教授姚从吾在蒙自分校完成《卢沟桥事变以来中日战事史料搜辑计画书》（草稿），这项工作就是在长沙临时大学开始的。其后，他对计划进行了修改与充实，于 1939 年 8 月在昆明再做增订，随之印成小册子散发。笔者在

---

[1] 王迅中：《日本历史概说》，台北：正中书局，1942，第 1 页。

台湾查找资料时，偶尔发现这本小册子，马上掂量出了它的分量。

生于 1894 年的姚从吾是位历史学家，1922 年由北京大学选派到德国柏林大学留学，毕业后曾任波恩大学东方研究所讲师、柏林大学汉学研究所讲师。1934 年姚从吾回国，受聘担任北京大学历史系教授，主讲历史方法论、匈奴史、辽金元史、中西交通史等课程，1936 年兼任历史系主任。作为历史学家，姚从吾自然很清楚历史学具有以史为鉴指导未来和增强民族自尊心、自信心这两个基本功能，因此抗战甫一爆发，他就意识到收集保存抗战史资料的重要性。姚从吾提出这项工作的经过目前还不很清楚，但它却为日后西南联大与国立北平图书馆合组中日战事史料征辑会，奠定了最初的基础。

在《卢沟桥事变以来中日战事史料搜辑计画书》小册子里，姚从吾首先说明了收集中日战事史料工作的目的："欲及时搜辑已发表关于中日战事诸史料，以免日久散佚；并欲由此基础，以期进一步搜辑关于此次战事的正式公文与当事人的公私记录，集中保存，他日得以成立一'中日战史文库'，或国立图书馆的一个战史部。主旨在（一）系统的保存。（二）可利用已搜辑的战事史料，分别编纂，以期树立若干间架，他日能完成若干种长编式的著作。"

其实，姚从吾起草《卢沟桥事变以来中日战事史料搜辑计画书》的1938 年 8 月，在重庆国民政府军事委员会礼堂召开国民参政会第二次大会（即一届二次大会）上，参政员卢前就与 40 位参政员共同提出《请教育部拨定经费早日设立战区文献征存机关延聘耆旧主持并借以表扬义烈振作士气案》。该案列举理由云："军兴以来，大都名区，相继沦陷。公私迁者，未及迁者，悉遭劫掠。鼎彝器物，不独书编。钟山文澜，散佚殆尽，瞿丁潘刘，叶吴顾许，善本宝货，载归海舶。百年所聚，一旦摧残，燕去楼空，空之可恫。不有记述，何以征考，此其一也。殷墟甲骨，寿州金石，以逮浏阳所制古乐，或在征途，或留乡土，移运既艰，责专谁任。设遇不虞，无从追复。万邦为宝，能不自珍，不有计议，何以保存，又其一也。脱离战区，学校员生，分别救济。而于通儒，乡耆硕学，任其流亡，听其转徙。此类人士，物望所归，人心所系，何如延揽，授以工作。编纂采访，表彰忠义，地方文献，战时史迹，赖诸元老，笔录成书。不有高斋，何以安置。此又一也。"关于实施，提案提议

"由教育部在社教、高等二司事业费，及救济费项下拨款"；"设立战区文献征存机关"；"聘请有学术有声望年长之人，分别为委员、编纂、采访诸职"；"担任采访地方文献，编写传记，编述民族御寇抗战之史迹史料，调查文化学术消息，设计并纪录战时一般文物移徙情形，并调查征集地方及私有之古书器物，督促运至后方，交主管机关保存等类工作"；"月至百余元或数十元以安定其生活，其有职责者不给俸"。① 审查委员会在审查该案时，对这项工作的重要性给予了认可，只是将五项办法修改为三项，即："一，请教育部设立战区文献征存机关。二，聘请有学术有声望年长之人担任编纂采访等职。三，担任采访地方文献，编写传记，编述民族御寇抗战之史迹、史料，设计战时一般文物移徙事项，并调查征集地方及私有之古书器物，设法运至后方，交主管机关保存等类工作。"11 月 5 日，这一审查意见在第八次会议上决议通过。②

不过，由于种种原因，国民参政会通过的这一决议并未付诸实施。于是，在 1939 年 2 月召开的国民参政会第三次大会（即一届三次大会）上，高惜冰领衔与罗文幹、罗隆基等 22 位参政员，郑重提出《提议从速编纂抗战史以重战时文献案》。该案陈述理由云："溯自抗战军兴，行将二载，过去之时间，不为不久，而来日如何结束，亦属不可预期。在此抗战过程中，前方之浴血奋战，壮烈牺牲，后方之加紧建设，各尽其力，实开吾国有史以来之新纪元，亦为五千余年国史中最光荣之一阶段。凡今日所不甚注意之事迹，皆为异日极可珍贵之史料。又因不甚注意目前事迹之故，致极可珍贵之史料，湮灭而不可传者，不知凡几。异日虽欲多方搜求，或竟不能得其仿佛。是则搜集抗战史料，随时整理编纂，以为异日修史之准备，乃为当前之一要务，不待言也。查第二届参政会议，卢参政员前曾提搜集战时文献加以保存一案，经由大会通过，送请政府查酌施行。惟原案所拟办法，范围较广，非专指编纂抗战史一项而言，

---

① 《卢参政员前等提：请教育部拨定经费早日设立战区文献征存机关延聘耆旧主持并借以表扬义烈振作士气案》，国民参政会秘书处编《国民参政会第二次大会纪录》，国民参政会秘书处，1938，第 103～104 页。

② 《卢参政员前等提：请教育部拨定经费早日设立战区文献征存机关延聘耆旧主持并借以表扬义烈振作士气案》审查意见，《国民参政会第二次大会纪录》，第 30 页。

且经时数月，亦未见政府予以实施。"该案强调云："窃谓搜集抗战史料一事，不同编纂国史，范围既狭，时间有限，造端不必太大，用款不必太多，惟时效之关系最巨，着手愈缓，搜集愈难，他日时效已过，文献无征，即便勉强编成，亦必远于事实。或以时值军兴，需费繁浩，力难顾及，故置缓图，窃谓不然。古人上马杀贼，下马草露布，杀贼之事迹，既具于露布之中，此日之露布，即异日之史料也。试思前方将士，不顾万死一生，以为抗敌保土之计，情节何等壮烈，功绩何等伟大，此而不为之记载，则近之无以酬其劳苦，远之无以昭示方来，是其关系之重，亦不下于练兵筹饷。且每年所需之款，不过数万，而所收之效，垂于百世，讵可以时值军兴，而置为缓图耶？或又以战时之重要事迹，多属军事秘密，非至战事结束，不能宣布，此刻所搜集之事迹，既非属于最要，又或远于事实，不如姑置之之为愈，窃亦以为不然。所谓军事秘密，本属时间问题，时效已过，则无所用其秘密。且搜集战史之机关，亦应同负秘密之责，至于不必秘密之史料，其数量亦非甚少，正宜随时搜集，不可再缓，设因此不能进行，亦非计之得者。现闻公私各方，从事于此者，颇有其人，只以无制定之总纲，无联系之方法，无指定之专款，致其进行多阻，各不相谋，用力虽勤，收效甚小。惟由中央确定步骤，使之整齐画一，乃有事半功倍之效，此即提议本案之理由也。"① 在提案中，高惜冰等还就抗战史料的征集、编纂、机构、经费等问题做了说明，认为国难时期理应节缩开支，可以不必设立专门机关，各项工作可由国立大学历史学系承担，这也是他们参加抗战的具体工作之一。此外，政府还可以指令中央研究院、国立编译馆等文化机关进行编纂，不必另款开支。② 与此同时，同样认识到抗日战争深远意义的张一麟、杨子毅等，也对收集战时史料给予了极大关注，他们领衔与徐傅霖、张澜、卢前、黄炎培、冷遹、陈启天、邵从恩、章伯钧、陇体要、光升等20位参政员，联合提出《编纂战史体例意见提请公决案》，对如何开展这项工作

① 《高参议员惜冰等提：提议从速编纂抗战史以重战时文献案》（国民参政会第三次大会提案第四十六号），《国民参政会关于编纂战史的提案》，中日战事史料征辑会编《中日战事史料征辑会集刊》第1期，1940年6月，第33～36页。
② 《高参政员惜冰等提：提议从速编纂抗战史以重战时文献案》，国民参政会秘书处编《国民参政会第三次大会纪录》，国民参政会秘书处，1939，第70页。

做了进一步的说明。① 以上两案经第五审查委员会审查，做出如下审查意见："战史编纂，异常重要，两案一并通过，送请政府设立专管机关，迅速参照办理。"1939 年 2 月 21 日上午，国民参政会第三次大会第九次会议决议"照审查意见通过。"②

一届三次国民参政会通过的编纂抗战史料案，结果如何不甚清楚，但姚从吾的工作却是实实在在地展开了。在《卢沟桥事变以来中日战事史料搜辑计画书》中，姚从吾对战事史料工作计划，做了周密设计。它共分五项。

第一，选购重要日报，包括上海、汉口、香港、重庆等地出版的《大公报》，南京、长沙、重庆等地出版的《中央日报》，汉口、重庆出版的《新华日报》，日本大阪出版的《每日新闻》，及《文摘》《时事类编》等杂志。时间从 1937 年 7 月开始，系统收集整份或整部，装订编号，妥为保存，以备检查。

第二，保存剪报，并对剪报进行"编年"和"分类"两种排列。剪报以《大公报》《中央日报》《扫荡报》为主，以其余报纸为辅。编年体以一月或两月为一箱，分类以一类或两类合为一箱。单页与箱头上均标记号数、日报名称、年月起讫，以便保存。

第三，以"宁滥勿缺"为原则，蒐辑专书、小册子、单行本等，并分类编目，各做提要，整部保存。

第四，收集散见于日报、杂志、小册子或成书中的专篇、战事记与时人言论，仿《三朝北盟会编》体例，按年汇录全文，以便保存。

第五，收集人物、地图、照片、图表等，分类汇辑，编号保存。

关于编辑形式，计划编辑的图书有《中日战事记事汇编长编》《中日战事纪略长编》《中日战事分区记事长编》《中日战事书目提要》《昭忠录史料汇集》等。其中《中日战事分区记事长编》设计十分详细，姚从吾提出两种形式。其一仿李心传《建炎以来系年要录》的形式，以编年体记载全部中日战争的历史。其二仿袁枢《通鉴纪事本末》，按卢沟桥事变以来日寇"进犯路线"及双方攻守目的，以战区为单位分为铁道

---

① 《张参政员一麟等提：编纂战史体例意见提请公决案》（即国民参政会第三次大会第四十六号提案），《国民参政会第三次大会纪录》，第 71~74 页。

② 《国民参政会第三次大会纪录》，第 42 页。

线、大都会、公路线、轰炸区四类。铁道线包括平汉线战事、平绥线战事、京沪线战事、津浦线战事等；大都会包括平津战事、首都沦落等。各战区内的外交关系、逃亡、救济，陷落后的状况等，也附记于各区战事之后。

书中还对史料的取材标准做了规定。其中国内方面，含政府命令公告、重要日报、未刊布的通信和专文、图片、照片、私人已刊未刊的抄本与手稿等。国际方面，含英国《泰晤士报》、法国《巴黎时报》、美国《纽约时报》、苏联《真理报》、德国《人民观察报》、意大利《意大利民报》等。

《昭忠录史料汇集》也是颇有预见的设计。虽然它只是被作为收集中日战事史料的一种附带性质的工作，但姚从吾对此十分重视。他建议抗战胜利后建立昭忠馆，陈列抗战英烈及其事迹，将抗战以来殉国诸将士、烈士、义士的家节、生平、学行、殉难事实，编为列传，以垂永久。烈士除了牺牲在战场者外，还包括行刺破坏敌人军事政治而殉国者。义士则包括各战区内不屈节而消极殉国之乡绅、士大夫、忠义侠士、技术人员、工农商贾等。[①]

姚从吾起草这个草案时，已经开始收集战事史料。不过，纸上的计划得到落实，则在西南联大迁至昆明之后。

2. 组织实施

尚在长沙临时大学组建时，已迁到长沙的国立北平图书馆，也加入了长沙临时大学，成为这所学校的一个部分。其后，长沙临时大学迁往昆明，北平图书馆也一同迁来。到达昆明后，北平图书馆虽然恢复独立，但与西南联大的合作关系仍然继续着。1939 年 1 月 1 日，西南联大与北平图书馆正式联合成立"中日战事史料征辑会"，地址设在大西门外的地坛。[②]

如果说姚从吾在蒙自开始的战事史料还属于个人工作的话，那么中

---

① 姚从吾：《卢沟桥事变以来中日战事史料蒐辑计画书》（草稿），"朱家骅档案"，台北中研院近代史研究所档案馆存。该书为铅印本，无印刷日期，仅注"民国二十七年八月草于蒙自西南联合大学分校，二十八年三月增订于昆明"。

② 戚志芬：《回忆"抗日战争史料征集委员会"》，《西南联大北京校友会简讯》第 48 期，2010 年 10 月，第 85 页。

日战事史料征辑会的成立，就成为一项有组织、有领导、有规划的集体性工作。为了开展史料征辑，双方组成了委员会。委员会主席由北平图书馆馆长袁同礼担任，联大文学院院长冯友兰担任副主席，姚从吾担任总编纂，联大史学系主任刘崇铉担任副总编纂。委员会成员除袁同礼、冯友兰、姚从吾、刘崇铉外，还有联大史学系教授陈寅恪、傅斯年，政治系教授钱端升及中央研究院社会科学研究所所长陶孟和、云南大学史学系教授顾颉刚。刘崇铉的家眷在北平，他曾三次北返，有较长一段时间不在学校，故联大于 1942 年 11 月，决定另聘史学系教授雷海宗为委员。①

中日战事史料征辑会的工作，是"搜集直接间接有关抗战之文献，集中庋藏，以供参考"。② 寥寥数语，包含着极其庞杂的工作。在清华大学档案中，保存着《国立西南联合大学、国立北平图书馆合组中日战争史料征集会办法》。该办法共八条："第一条　国立西南联合大学（以下称甲方），及国立北平图书馆（以下称乙方），为征集抗战史料起见，共同组织中日战事史料征辑会。第二条　本会设立委员会主持会务，委员七人，由甲、乙两方共同组织之。第三条　为办事便利起见，得设常务委员会，下设助理员分组办事。第四条　关于中文及日文之资料由甲方担任，关于欧美资料由乙方担任，各立财产簿分别登录。第五条　关于征集、采访，由甲方图书馆及乙方分别办理。第六条　关于整理、编辑，由甲方历史、社会学系教授同学生担任之。第七条　除文具、纸张、家具由甲方担任外，购置费暂定一万元，由甲、乙两方各认半数。第八条　助理员之薪金由原派机关分别担任，遇必要时得接受其他机关之补助费。"③《清华大学史料选编》收录此条资料时，加注说"此办法之制定时间不详"，但根据当时报纸消息，应在这一时期。

清华大学档案中的"中日战争史料征集会"，是"中日战事史料征辑会"的又一称呼，在不同文献中交叉使用，有时还称为"征集委员

---

① 《国立西南联大致北平图书馆函》（1942 年 11 月 18 日），《国立西南联合大学史料》（三），第 720 页。

② 《本会启事一》，《中日战事史料征辑会集刊》第 1 期，1940 年。

③ 《国立西南联合大学、国立北平图书馆合组中日战争史料征集会办法》，《清华大学史料选编》第 3 卷下册，清华大学出版社，1994，第 262 页。

会""征辑委员会""征辑中日战事史料委员会"。不论哪种名称，工作性质都是一样的。中日战事史料征辑会成立后，受到社会的关注。《益世报》曾多次报道："国立北平图书馆为征集抗战史料，以免日久散失，并欲由此奠一基础，以期逐渐完成各种预定著作起见，特与联大合组中日史料征辑委员会，聘冯友兰、钱端升、刘崇铉、姚从吾、傅斯年、陈寅恪、顾颉刚、袁同礼、蒋廷黻等九人为委员，暂定购置费为一万元，由两方各认其半，于日前正式组织成立，刻正积极从事蒐集有关资料，以备编存，凡欧美日本各项刊物均在征集之列，此外并在沦陷区域委托人代为搜集敌人刊物及宣传品等陆续寄滇，以供专家参考研究编辑，预料未来抗战文献得有极大贡献。"①

中日战事史料征辑会的首要工作是购置英、法、俄、美及中日各国之有关中日战争的史料。1939 年 1 月 12 日，中日战事史料征辑会曾撰写了一份工作报告，将入藏资料分为 15 个大类，即："（一）政府机关及各政党各社团之出版物，如公报、宣言油印本等。（二）外国政府及国际联合会出版之类似资料。（三）私人著作及演讲稿。（四）新闻记者之报告书。（五）中日问题研究专家之著述及论文单行本。（六）远东问题及太平洋问题之著作。（七）外侨财产损失报告。（八）各国教会财产被毁损失调查。（九）各国社团及工会援华运动之宣传品。（十）海外中国各政党之出版物。（十一）文化机关被毁调查。（十二）医药防疫及战地救护设施报告。（十三）敌人汉奸之出版品及宣传品。（十四）前线战况将士生活。（十五）后方建设报告及图片。"②

由于主持者重视，编辑人员热情得力，上述工作很快取得了初步成效。仅仅 4 个月，就已经搜集到中文书籍 846 种；西文书籍 177 种；西文小册子 238 种；日文书籍 267 种；订购中文期刊 359 种（内伪组织刊物 10 种）；西文期刊 133 种（英文 116 种，法文 7 种，德文 8 种，意、荷文各 1 种）；日文期刊 32 种；中文日报 94 种（内伪报 15 种）；西文日

---

① 《中日战事史料征委会日前组织成立》，《益世报》1939 年 3 月 1 日，第 4 版。此消息报道的委员会成员，与《中日战事史料征辑会集刊》记载略有不同，这说明机构成立后，曾做了调整，当以征辑会集刊为准。

② 《中日战事史料征辑会工作报告》（1939 年 1 月 12 日），《中日战事史料征辑会集刊》第 1 期，第 11～12 页。

报 39 种（英文 23 种，法文 4 种，德文 7 种，意文 1 种，俄文 4 种）；日文日报 8 种。

资料搜集面也很宽广，包括了远东问题专家论著单行本、外国人士同情抗战之讲演稿、各国驻华新闻记者稿件、外侨之机要函件及报告书、各国教产被毁损失调查、各国商业损失调查、各国社团及工会抵制日货之宣传品与广告、海外中国各政党之出版物、文化机关被毁调查、医药防疫及战地救护设施报告、敌人汉奸之宣传品、战地照片等。

整理工作也很规范，尤其是报纸剪辑，按照军事、政治、经济、交通、文化（含教育）、民运、各地、日本、国际关系（含外交）九大类，依时序分排归类，并采取编年及分类两种方法。剪裁时，还考虑到永久保存，每种日报都保留一套不剪。对搜集到的中日两国及国际间出版的中日问题小册子，也同样按类排列，以便供研究者使用。

编辑工作方面，四个月中已初步编成或正在编辑的有：《卢沟桥事变以来大事日历长编》《卢沟桥事变以来每日战况详表》《卢沟桥事变以来战局转移地图》《卢沟桥事变以来中日战事简明一览表》《中日战事纪事长编》《卢沟桥事变以来新出战事书籍提要》《西文中日关系书目》《西文中日关系书目汇编》，并出版了《暴日侵华与国际舆论》英文本第一辑。

索引工作方面，则编出了中文杂志索引与西文杂志索引，以及《中日战时公牍索引》《战时中国国际关系史料汇编》等。其中西文杂志索引根据欧美出版的《读者期刊文献指南》《国际期刊索引》等 13 种索引，还把论及中日战争或远东及太平洋问题者编成了英文《中日战事论文索引》《中国问题论文索引》。[①]

为了展示中日战事史实征辑的成绩，1940 年 1 月 2 日至 3 日，中日战事史料征辑会举办了一次展览，将收集到的书籍、杂志、报章、图画、照片、地图、统计图表、信札、日记、布告、报告及各种宣传品，全数陈列展出。[②] 6 月，中日战事史料征辑会出版了《中日战事史料征辑会集刊》。该刊编辑队伍十分强大，除总编辑姚从吾、副总编辑刘崇铉外，还

---

① 以上据戚志芬《回忆"抗日战争史料征集委员会"》，《西南联大北京校友会简讯》第 48 期，2010 年 10 月，第 85～86 页。

② 《中日战事史料会定期举行抗战史料展览》，《中华图书馆协会会报》1940 年第 4 期。

有中文编辑郑天挺、钱穆，英文编辑张荫麟、叶公超、雷海宗、蔡维藩、丁佶、皮名举①、伍启元，法文编辑邵循正、吴达元，德文编辑冯文潜，俄文编辑刘泽荣，日文编辑王信忠、傅恩龄。② 这支编辑队伍，大多数为西南联大教授，阵容相当可观。

此外，中日战事史料征辑会还编辑了《敌情》和《敌伪资料》两个副刊。《敌情》副刊是在昆明《中央日报》开辟的一个专栏，目的一是为了"适应抗战期间一般读者对于敌情之了解"，二是"解剖敌伪阴谋以坚定抗战决心，暴露日本危机以增加抗战信念"。《敌情》副刊至1939年1月，已经出版到45期，取材标准为六项：第一是"选辑敌国朝野侵华的言论及策略"；第二是"敌国侵华机构的组织及活动概况"；第三是"敌国侵华领袖的略历与主张"；第四是"敌人操纵下的伪组织情形"；第五是"敌国舆论中所表现的内政外交方面的矛盾及危机"；第六是"敌国的重大政治情形及略况"。《敌情》的内容，包括政治、国际关系，经济财政、文化、杂类、人物、敌情简讯七大类。③ 与此同时，中日战事史料征辑会还在重庆《中央日报》开辟了《敌伪资料》副刊，至1941年3月下旬，已出版至86期。④《敌伪资料》与《敌情》收录材料虽有不同，但性质大致相仿。

收集中日战争史料的工作，受到国民党中央执行委员会党史史料编纂委员会的重视。1941年3月，国民党中央执行委员会党史史料编纂委员会致函中日战争史料征辑会，要求将"已经编定抗战史料目录及分类法及有关抗战史料之提要大纲、计划说明等类逐一检送一份，俾资借镜"。中日战争史料征辑会遂开列出中文组业将完成的10部资料长编目录，它们是：《华北事变后青岛敌我动态》《抗战期中的云南》《津浦线初期战况长编》《平津线初期战况长编》《南昌沦陷纪事编》《金厦门战

---

① 戚志芬在《回忆"抗日战争史料征集委员会"》中说皮名举为俄文编辑，但1927年赴美国耶鲁大学留学，后在哈佛大学获得博士学位的皮名举，应更精通英文，故此处从《中日战事史料征辑会工作报告》。

② 《中日战事史料征辑会工作报告》（1939年1月12日），《中日战事史料征辑会集刊》第1期，第25～26页。

③ 《中日战事史料征辑会工作报告》（1939年1月12日），《中日战事史料征辑会集刊》第1期，第17～18页。

④ 《史料会致总务处函》（1941年3月21日），《国立西南联合大学史料》（三），第719页。

事史料长编》《陇海线战区史料长编》《初期之西战场战况长编》《华北伪组织》《桂南战事史料长编（粤南路战事附）》。这十种长编，约百万字，不久即交文化服务社刊行。同时，中日战争史料征辑会还汇报说：1939 年底以前的工作报告，已刊登在他们出版的《中日战事史料征辑会集刊》中。1940 年 1 月以后的工作，除连续性质的中西日文书籍杂志目录索引等还在继续进行外，其他日文编译组完成的短篇资料、有时间性的论文，已经每周刊载于昆明《中央日报》编辑的《敌情》副刊，该副刊时已出版了 86 期之多。至于《长编》与大部译作，还在整理中。此外，剪报部也以编年、分类两种方式，进行了逐日剪裁。①

中日战争史料的收集与整理虽然十分重要，但同样存在经费困难问题。1944 年 5 月，姚从吾致函朱家骅，请求教育部增加此项工作的经费。信中说："联大历史系主办之抗战史料征辑会，自二十六年成立以来，已将八年，工作继续，迄未中断。三十二年度约用六万元。今年书报昂贵，邮费倍增，预算非有十二万元，不足以维持旧有购置之数量。除请求中英庚款董事会、西南联大、北平图书馆增加经费及补助费外，曾由联大与北平图书馆合辞向教育部请求体念工作重要、支出浩繁，将原有补助之每年一万二千元，增为六万元。原呈已由冯芝生先生于四月初出席学术审议会之便，面交立夫先生。迄今尚未得复。不识吾师能于便中代为说项，俾得如数照准否？收辑史料，似易实难，八年辛劳，每惧中缀，以备所寄，不知□言，幸吾师多赐资助也。"② 这封信，述说了经费方面所面临的困难，但也反映了姚从吾认真与负责的态度。可以想象，在物价腾贵、文化贬值的年代，即使从事这样具有长远意义的工作，也需要相当的韧力。

这项工作尽管遇到许多困难，但始终没有停顿。至 1944 年，史料征集已入藏中文图书 5180 种（约 6000 册），小册子 400 册，杂志 2350 种（其中大部已停刊，继续出版者仅 485 种），报纸 169 种。外文史料中，

---

① 《史料会致总务处函》（1941 年 3 月 21 日），《国立西南联合大学史料》（三），第 718 ~ 719 页。1941 年 3 月 21 日，西南联大以学校名义致函国民党中央执行委员会党史料编纂委员会，转呈了上述内容。

② 《姚从吾致朱家骅函》（1944 年 5 月 22 日），"朱家骅档案"，台北中研院近代史研究所档案馆存。包括中研院档案馆在内的台湾档案是 2004 年开始查阅的，最初没有记录案卷登录号的意识，故缺。以下凡是未注明档号者皆同，不再说明。

收入日文书籍 520 种，杂志 120 种，报纸 8 种；西文书籍 1922 册，杂志 373 种，报纸 49 种。可惜的是，征辑会曾派专人在重庆、上海、香港等地进行征集工作，但太平洋战争爆发后，上海、香港沦陷，此两地收集的史料未能运至昆明。整理工作，1944 年已编就者有各战区长编 14 种，抗战书目概要 1 种，抗战论文索引 3 万余条，分类剪贴报纸 50 大箱，辑录欧美论中国之各种论文数百篇。① 1946 年西南联大复员北上前，这项工作告一段落。6 月 9 日，姚从吾在给朱家骅的信中汇报说，中日战事史料征辑会本周正式结束，收集资料从 1938 年起至 1946 年 6 月止，"共得日报、期刊、小册子、文件等，一百六十八箱（三分之二为大木箱，余为中号箱），历时九年，幸未一日中断"。现已由西南联大正式点交北平图书馆接收，以期续工作，且双方订有合同。信中还说，1943 年度、1945 年度给予的 24 万元补助费，虽然公文业已收到，但迄今并未收到款项。②

中日战事史料征辑会从事的是一项极其重要的工作。《益世报》在一则消息中评论说："此次抗战为我国有史以来第一大事，将来史家必有极翔实且极生动之记载，为我民族万年千祀人人所必读者。惟史料最易亡失，且在抗战期内，机关与个人皆日在流离播越之中，保存材料自未易为。"而中日战事史料征辑会，旨在"大规模的搜集抗战史料，加以整理剪排，编辑战争大事日表，战局转移地图，战事书籍提要，战时杂志公牍索引等书"，起到唤起民族精神的作用。③

在中日战事史料征辑会同人中，姚从吾不仅是最早的设计者，也是此项工作的主要承担者。作为历史学家，姚从吾非常熟悉史料的收集整理，他的设计吸收了前人史料编纂的经验，结构庞大、系统，他为此付出了极大心力。收集中日史料既费时又耗力，为了做好这项工作，1942 年 1 月姚从吾曾致函教育部部长朱家骅，提出辞去国民党直属国立西南联合大学区党部的工作，理由是"生病后精力甚差，史料会、研究所事忙，实难久任"。④ 可见，姚从吾在难度大、资助少情况下，始终坚持不懈，功不可没。

---

① 《中日战争史料征集会近况》，《图书季刊》1944 年第 2、3 期合刊。
② 《姚从吾致朱家骅函》（1946 年 6 月 9 日），"朱家骅档案"。
③ 《史学界消息》，昆明《益世报》1939 年 5 月 30 日，第 3 版。
④ 《姚从吾致朱家骅函》（1942 年 1 月 21 日），"朱家骅档案"。

上述工作在中日战事史料征辑会主持下进行，日常工作虽以北平图书馆为主，但西南联大特别是北京大学的教师和学生也参加了许多具体工作。如历史系女同学戚志芬，1943 年毕业后到北平图书馆担任助理编纂，8 月便参加了史料征辑工作。其后，她虽然相继被聘为联大历史系助教、清华大学历史系助教，但仍没有离开史料征辑会。同时，暑假中，也有历史系学生帮助整理资料。至于冯友兰、姚从吾，更是课后时常到史料征辑会指导工作。

3. 编纂宗旨

西南联大教授参与的中日战事史料的征辑与编纂，无疑是费时耗力的工程。在迁徙流离、环境恶劣、万事待举之际，为什么要做这件工作呢。对此，冯友兰在《中日战事史料征辑会集刊》第 1 期发表的《本刊旨趣》中，做了通俗易懂的介绍。

首先，冯友兰强调抗日战争是中华民族的历史转捩点。他说："一个民族的独立自由，是他自己用他自己的力量争取来底。求别人给予独立自由，是一个自相矛盾底行为，亦是一个自相矛盾底思想。别人能给与我以独立自由，则此所谓别人的权力，必然在我之上。既然在我之上有一个权力，则我又有何独立自由之可言？这是一个不待言而自喻底真理。我们的民族，四千年来巍然独立于天地之间，这并不是一件侥幸底事情。这是我们的祖先不知流了多少血，才得来底成绩。我们的民族有四千年的历史，这历史是我们的祖先用血写成底。"现在，中华民族又一次遇到了重大的危机，而且这次危机在中国历史上可以说是空前的。然而，"半世纪以来，中日间底旧帐，都要在这次战争中，得一总清算"，如果中国失败了，"以后虽非不能恢复，但其困难，要比以前大得多"。由此看来，这次中日战争实在是中华民族的转捩点。目前，"我们所可以自慰底，即我们虽以劣势底军备，劣势底经济，而打了两年多，但敌人的目标，不但没有得到，而且其得到的希望，比开战以前，更加渺茫"。与此相反，"我们的大多数底人民，都能继续我们民族四千年来，用自己的力量，争取独立自由的精神，以与敌人奋斗"。因此，"这两年半的历史，是我们将来震古烁今底事业的张本"。

接着，冯友兰指出捍卫国家独立的英雄们，创造了辉煌的历史，而记录英雄们的伟绩，是史学家的责任。"这两年半的历史，是我们无数有名底或无名底英雄写底。他们用他们的血，在四千年底锦绣河山上面，写下了这段历史。他们已写了两年半，但是还没有写完。他们仍在继续写，一直写到我们的国家民族，以及其中底各个人，都得了'大团圆'的结局，方才能告一段落。"冯友兰强调，"英雄们用血写底历史，历史家要赶紧用墨抄下来"。因为"用血写底历史是历史的本身，用墨抄下来底历史，是所谓写底历史。历史的本身，固然是永存于天壤"，如果没有完全的历史，那么"历史的本身，是不容易传之于后人底"。

冯友兰认为，当代的史学家存在着厚古薄今的倾向。他说："近二十年来，我们的史学，有很大底进步"，例如司马迁父子、刘歆父子"弄不明白底，我们现在弄明白了"。但是，这些大多在于古代史方面，"近代史方面，史学的进步已经较少。至于现代史，则人对之更不注意"。产生这一现象的原因，一是一些人以为现代的事是无人不知，无人不晓，所以认为没有特别予以注意的必要。可是，"严格地说，现代底事，果是'无人不知，无人不晓'吗？"即使果真如此，"而现代底人，若不把关于现代底事底纪录材料，保存起来，事过境迁，后来底人，欲知现代底事，也必有'文献不足'之感了"。可见，"若就对于我们现在的关系说，则研究今历史，较研究古历史，尤为重要"。

上面这番话，冯友兰是从做学问的角度做出的解说。讲到这里，他的笔锋一转，与抢救抗战史料联系了起来。他说：这两年多来无数有名或无名的英雄用血写成的历史，"对于我们的前途的关系，其重要远超过任何时代底古史"。而且，"关于这段历史底纪录材料，在战时很容易散失"，历史学家必须赶紧用墨记录下这段英雄们用鲜血写成的历史。虽然"这种工作，固然不是立时所能作成，但先把关于这段历史底纪录材料，收辑保存起来，以备将来国史及历史家的采用，是现在注意历史底人所立刻能作，而且立刻应该作底"。冯友兰深感当年在长沙的时候，有些材料很容易得到，但当下已不容易了，感慨"后之视今，亦犹今之视昔"，所以必须努力加紧抗战史料的征辑工作。尤其是"或身经战役，或从游击区出来"的人，"对于战区游击区的军事，政治，经济，社会各方面，有直接底知识"，对于这些最感缺乏的史料，更应当加以足够的重视。①

---

① 冯友兰：《本刊旨趣》，《中日战事史料征辑会集刊》第 1 期，1940 年 6 月。

中日战事史料的征辑与编纂，很大部分是日军侵华的罪行，但是，人们认识到，这项工作并不是为了战后的清算，也不是为培养中国民众仇恨日本的情绪，而是要通过这一惨痛的历史，进行反对战争、维护和平的国际主义教育。这一点，教育系教授邱椿认识得很清楚。

1939年2月，中日战事史料征辑会刚刚开始工作的时候，邱椿在一篇阐述抗战教育的文章中写道："我国的抗战教育不是培养民族间的仇恨心的教育，而是增进国际间同情心的教育。"他进一步指出，过去的教育家时常教育儿童仇恨敌国整个民族，如第一次世界大战期间，"英国教师都努力培养儿童对于整个德意志民族的仇恨心"，在一部小学历史教科书中，甚至有这样一段话："德国人的确是一个残暴的野蛮的民族。在这次战争中，他们破坏了神造的和人制的一切法律。他们公开宣言国际条约仅是'一堆废纸'，随时可予以撕毁；他们虐待和惨杀俘虏；他们屠杀妇孺，将小孩挂在刺刀尖上摇晃，听小孩的痛哭以为笑乐；他们毁灭教堂和医院，枪杀医生和看护；他们撒毒气，投毒药于井内河中；他们割伐禾稼和果树，他们所经过的地方，在焚烧残杀以后，仅余一堆瓦砾。他们没有宗教，在他们的心目中，没有仁爱，没有真理，没有名誉。在文明国家中，他们没有地位，他们像恶兽，简直不是人。"邱椿认为这样的话，很容易在儿童心底造成仇恨整个德意志民族的印象，这种做法是不可以效法的。

因此，邱椿认为"我们抗战教育的目标并不在培养儿童对于敌人整个民族的仇恨心"，因为"中国的敌人不是整个的日本民族，而是日本的帝国主义者，日本的少数军人"，只有这些人才是日本人民和全世界人的公敌。因此，我们应该"为爱日本整个民族而打倒日本军阀"，"为同情于日本被压迫的大众而反抗日本的压榨阶级的侵略"。他主张，在抗战时期的教科书中，"决不谩骂日本民族为野蛮民族，决不说日本人都是坏蛋，决不将少数日本人的暴行之罪恶加诸日本民族的全体之上"，而应该"不但不教儿童仇恨日本人，而且要培养儿童对于日本被压迫者的同情心"。邱椿强调，我们的抗战教育，"不是军国民主义的教育，而是民族自卫的教育；不是消极的排外的教育，而是积极的建国的教育；不是培养民族仇恨心的教育，而是增进国际间同情心的教育"。只有确定这样的抗战教育理念，才有助于发挥自卫精神以争取民族独立与自由，有助于培养建国意志与知能以奠定现代国家基础，有助于增进国际间同情心以确保世界和平。① 以西南联大教授为主的中日战事史料征辑会，正是本着这一宗旨开展工作的。

除了中日战事史料编纂外，政治系教授邵循恪也计划进行中日关系研究。1941 年底，他草拟了一个"国际法与中日事件"研究计划。在说明研究目的时，他说："自芦沟桥事变以来，中日战事中发生不少国际法问题，日本国际法名家东京帝大教授立作氏，已就日本观点上写成《国际法与支那事件》；国人除少数宣传品外，毫无系统的学术著作；现拟搜集材料，整理成书，并拟借鉴已往国际法上名著，例如 Carnet 氏之《国际法与欧战》，Hershey 氏之《国际法及外交与日俄战争》，Padeltord 氏之《国际法与西班牙内战》，于中日战争中国际法问题，作一详细探讨。"②

邵循恪早年留学美国，是芝加哥大学博士。在西南联大，他在政治系开设过外交史、中国近代外交史两门必修课，还给研究生开过国际公法判例、国际及殖民行政等专题课。在昆明，他先后发表过《最近欧洲疆界问题》（1939 年 4 月 23 日）、《德国的远东政策》（1941 年 2 月 2 日）、《苏联的远东政策》（1941 年 3 月 2 日）、《罗斯福的远东政策》（1941 年 3 月 30 日）、《太平洋和战问题》（1941 年 9 月 8 日）等论文。这些论文，着眼点主要在欧洲，但他也写过《傀儡组织与伪约》（1940 年 12 月 5 日）。③ 由于这些积累，他决心从国际法角度，对中日关系进行研究。1942 年 5 月下旬，他在西南联大国际情势讲演会做的《世界大战与国际法》报告，可能就是他最初工作之一。关于《国际法与中日事件研究计划》，他计划分三个步骤：第一部分用两年时间编辑《中日事件国际法及外交文件》，内容包括有关条约、各国法规、外交文件及司法判例。第二部分也打算用两年编辑与转述中日事件与国际法丛刊及著作学术论文，并"先就各重要专题，有充分材料者，予以清理发表，或为专著，或为学术论文"。第三部分则为撰写《国际法与中日事件》一书，

---

① 邱椿：《抗战教育需要一个理念》，昆明《益世报》1939 年 2 月 15 日，第 4 版。
② 邵循恪：《国际法与中日事件研究计划》，《国立西南联合大学史料》（三），第 555～556 页。
③ 邵循恪的这些论文，均发表在当时昆明各报纸和刊物上，此处不逐一注明。

计划在战争结束后一年完成。这个计划也比较庞大，仅用纸就需 3000 张，按当年物价，需申请经费 30460 美元。[①] 可见，对于中日关系的研究，除了西南联大与北平图书馆的合作项目外，一些个人也展开了研究。

中日战事史料征辑是西南联大在抗日战争时期进行的一件非常重要的工作，可惜迄今还未受到学术界足够重视，部分原因大概是材料有限。本节对这一史实的初步钩沉，也是期望提醒学者们注意发掘史料，使之完整再现。

二　处置日本

战后处置日本问题的讨论，是随着战局发展逐步展开的。卢沟桥事变爆发的初期，日本在军事攻势上咄咄逼人，尽管中国在国际上获得了道义同情，但国际上仍是以绥靖政策为主流，故人们虽然坚信抗战能够成功，但何时胜利，断言还为时过早。1939 年德国向波兰发动进攻后，西方民主国家穷于应付，处置日本问题亦难提上日程。故大体说来，战后处置日本问题的提出，开始于日本袭击珍珠港之后，且可分为三个阶段。

第一个阶段是太平洋战争爆发之初。1941 年 12 月 8 日，日本海军对美军基地珍珠港的袭击，拉开了太平洋战争的帷幕。对于这次军事行动，中国舆论普遍认为日本资源匮乏，军力不足，支撑亚洲战场已疲惫不堪，竟又开辟第二战场，这无疑是火中取栗，令其加速灭亡。《大公报》曾用"暴日对英美的进攻，是侵略者的最后冒险，也是日本民族最后走上切腹之路"[②] 一语加以形容，形象地道出了中国人的共同看法。1942 年 1 月 1 日，中国与美、英、苏等 26 国签订了标志着反法西斯侵略同盟形成的《共同宣言》，极大地鼓舞了中国人民的士气。这一形势下，战后处置日本问题即被提上议事日程。

这一时期，太平洋战火刚刚燃起，战局形势千变万化，摆在人们面前的首要任务是遏止日本气焰，反击日军进攻。因而处置日本问题虽然

---

① 邵循恪：《国际法与中日事件研究计划》，《国立西南联合大学史料》（三），第 555～556 页。

② 《太平洋大战爆发，暴日走上切腹之路》，重庆《大公报》1941 年 12 月 9 日，第 1 张第 2 版。

提出，但尚未充分展开，涉及者也多为保障远东和平的原则，至于处置日本的具体措施，显然还无力顾及。

第二个阶段是《开罗宣言》公布之后。1943 年 11 月 22 日，中美英三国首脑在埃及首都开罗举行会议，讨论联合对日作战、解决远东问题的计划。会中，对于远东战后的安排，三方达成一致意见，这就是人所共知的剥夺日本自 1914 年第一次世界大战爆发以后在太平洋地区夺取或占领的所有岛屿，将中国东北地区、台湾、澎湖列岛等领土归还中国等。会议签署的《中美英三国开罗宣言》，经斯大林同意后，于 1943 年 12 月 1 日对外公布。《开罗宣言》在苦撑待变的中国引起的反响可想而知，人们为反法西斯同盟国团结合作、打败日本的决心而振奋鼓舞，战后处置日本问题在此背景下又一次被提出。

《开罗宣言》在战后处理日本问题上主要涉及的是领土问题，关于处置日本，虽有无条件投降及惩治战争祸首等原则，但尚未明确日本战后应该采取什么国体。开罗会议时，罗斯福曾私下问蒋介石的意见。蒋答复说："除了日本军阀必须根本铲除，不能再让其起来与闻日本政治以外，至于他的国体如何，最好由日本新进的觉悟分子自己来解决。如果日本国民能起来对他战争祸首的军阀革命，推倒他现在侵略主义的军阀政府，彻底消除他侵略主义的根株，那我们就应该尊重日本国民自由的意志，去选择他们自己的政府的形式。"① 另外，蒋介石 1943 年 11 月 23 日与美国总统罗斯福交谈时，亦提到战后日本可用部分实物作为赔偿的初步设想。尽管这次谈话当时并未公布，但中国舆论已开始接触到根除侵略、建立国际新秩序及经济赔偿等某些具体环节。

第三个阶段开始于 1944 年底，持续到战争胜利之后。这一时期，英美苏同盟国在太平洋和欧洲两个战场上不断取得胜利，并在 1945 年 2 月初的克里米亚会议上讨论了战后对德国的处置。三国声明由于苏联的关系，没有提及日本，但此前中国民间在太平洋学会第九次会议的献计献策中，已经再次出现了战后处置日本问题的讨论热潮。

太平洋学会是第一次世界大战后，由宗教界人士发起的一个旨在交换研究太平洋地区和平秩序意见的民间学术团体，每两年召开一次，第

---

① 《论日本战后国体》，重庆《大公报》1944 年 1 月 31 日，第 1 张第 2 版。

九次会议定于 1945 年 1 月 5 日在美国弗吉尼亚州温泉镇召开，拟具的六项议题中，与日本直接相关者即有三项，且率先讨论战后日本的地位问题。由于中国代表在 1942 年 12 月在加拿大蒙特莱勃兰城召开的第八次会议上没能提出多少切合实际的措施，曾受到国内舆论的批评，故以蒋梦麟为首的中国代表团，早早就着手为迎接反法西斯战争胜利到来的第九次会议进行准备。与此同时，社会上也围绕这一中心展开讨论。第九次太平洋会议期间，各国代表在日本必须无条件投降及彻底解除武装问题上达成一致意见，但在是否改造日本政治和经济制度问题上出现若干分歧。这些信息引起国内各界的极大关注，进一步推动了相关问题的讨论。一时，各种意见频频见于报刊，出现了从专家学者到平民百姓人人关心战后处置日本问题的现象。

上述三个讨论阶段，都活跃着联大学人身影，而他们的意见，也表现出宽阔的境界与学者的冷静。下面，对联大学人在三个阶段讨论中的意见，按专题做一归纳介绍。

1. 处置原则

1944 年 6 月 6 日，英美军队在敦刻尔克等地成功登陆。同盟国在欧洲第二战场的开辟，预示着德国崩溃的日子不再遥远，战后如何处置轴心国，自然成为民间谈论的中心之一。一个星期后，《云南民国日报》在《战后处置日本问题》的社论中，对当时的各种主张做了一番梳理，归纳出三种意见。

第一种，从宽善待。这种意见是以性善主义为出发点，"认为日本人并非特别好战，他们只是受了少数野心家的诱惑，因而成为这次世界大战的祸首。只要把日本战败，让国内的自由主义者来组织新的民主政府，则不须再采取其他措施了"。

第二种，从严惩治。这种意见与第一种恰好相反，"认为日本民族不可救药，必须尽量惩罚，使日本永无翻身的机会，使日本不能再成为扰乱世界和平的祸根"。具体办法，首先是"把日本的工业全部破坏"，其次要"对日本树立起隔离的壁垒，使日本回复一八六八年维新以前的状态，任它自生自灭"。

第三种，区别对待，着眼长远。这种意见实际上是前两种意见的折中，它认为从宽善待是空想主义，从严惩治则是报复主义，都不恰当，主张战后同盟国既不能对日本过于放任，也不能对其过于严苛。他们主张一切办法都要以"保障日本民族与其他民族永久和平相处"为目的，鉴于日本实行黩武主义和侵略主义已数十年之久，这种观念在日本政治、教育、文化中有极深固的势力，如果没法"完全及永久消除日本的黩武之癌"，而放任战后的日本自由选择它所要走的路，则不出三十年，日本必再度燃起战争之火。但是，感情用事压制日本，欲使其永无翻身机会，也只会造成"日本与同盟国间结下百年不解的仇恨，只会逼使日本再度铤而走险，这更使世界无法走上永久和平的大道"。①

"从宽善待""从严惩治""区别对待，着眼长远"三种意见各有其理由，那么，在战后处置日本问题上究竟应该制定一个什么样的原则呢？这个问题，其实早在全面抗日战争爆发不久，就被钱端升注意到了。

1938年10月，即战争刚刚进行一年多，也就是讨论处置日本问题三个阶段之前，钱端升便在一篇文章中指出：日本是一个"地势及土地都有资格成为比较兴荣、比较稳定的国家"，只是"因缺乏远大的外交政策，以致盛衰无常"。以明治维新以后为例，它就"缺乏一个持久的外交政策，今日联甲，明日联乙，今日南进，明日北进，今日拥国联，明日反国联，其唯一不变的就是向亚洲大陆侵略"。可是，侵略绝不可能成为对外关系的永久政策，作为太平洋和东亚的大国的中国，也不能容忍这一地区有侵略成性的强国存在，"因为与侵略者为邻，则战争必将常起，国家将永无宁日"。所以，钱端升认为，为保持中国的安全与太平洋地区的和平，必须努力完成三项工作，即："一、摧破日本的武力；二、待日本人民以宽大；三、助长国联的权威，使国联成为强有力的制裁机关。"否则，日本就总是一个"长为强而横，或虽弱而蓄心报复"的国家。②钱端升的这篇文章，中心是以世界各大国为例，主张中国应当制定积极的长久的外交政策，并非论述日本，但文中提出的三项工作，则已经涉及战后中日关系的基本原则。

太平洋战争爆发初期，战场风云变幻，吸引了国内目光，人们谈论的大多是战局的演变。然而，始终关注日本政局动态的王信忠，已开始

思考战后制裁日本时所应遵循的一些原则。他在《战后远东和平的展望》一文中，重点分析了必须解除日本武装问题。他首先指出：日本发动的九一八事变，是扰乱远东和平与破坏世界安宁的导因，批评欧美各国过去以为日本只能侵侮中国，外交大计仍以英美政策为转移，不敢与之抗衡，以至英国还曾企图利用日本牵制苏联，维持远东均势。但是，太平洋战争爆发后，它们也认识到日本不但决心吞并中国，且有驱逐欧美而独裁东亚的梦想。其次，王信忠分析了日本的民族性格，认为日本民族刻苦耐劳，坚毅刚强，善于模仿而富有进取精神，因此明治维新后数十年就一跃而为世界列强。但是，"其性情偏激，气度狭隘，急功好利而负恩忘义的习性，不得不令人寒心"。明治维新前，一切文物政制完全取法中国，但维新后便负恩忘义侵略中国，且得陇望蜀，野心永无止境。再次，王信忠分析了关于日本与英美的关系，王信忠说：明治维新之初，美国对日本具有好感，不但首先承允废除对日不平等条约，而且积极赞助其建设。英国也是这样，因其欲利用日本牵制俄国，便不惜降尊屈节，与日本订立同盟。而日本正是利用这一机会，战胜俄国，参加欧战，一跃而为五强之一。从这一点看，英国甚至可以说是扶植日本强盛的恩人。可是，日本一旦羽翼渐丰，便反噬以前的恩主。卢沟桥事变后，英美对日一再容忍退让，但日寇咄咄逼人，最终不顾信义，以谈判为烟幕，对英美施行闪击。太平洋战争后，日本在战场上占据优势地位，北自日本本岛，南至南洋群岛、印缅边境，完全在其控制之下，以至美国前驻日大使格鲁氏一再向其国人呼吁，日本势力强大，绝非可以轻易击溃，必须不断反攻。

在做了上述论述之后，王信忠对英美提出了五项希望，前三项针对战争，后两项针对战后。其第四项为："在击溃日本之后，为防范其卷土重来起见，必须消灭其武力，为着保障太平洋上的安全，必须消灭其海空军及制造舰艇飞机的设备，为着去除大陆上的威胁，必须由中国来限制其陆空军的力量，接收其制造军火的设备。"第五项为："战后我们虽不应剥夺日本民族生存的权利，但为确保其和平生活起见，我们对于其战后政治经济的发展，理应予以合理化的指导。"王信忠的建议，核心在于彻底解除日本武力，改革日本政体，改变日本经济为军事服务的关系，以保障太平洋区域的安全。因此，他强调这些都是"防范日本黩武主义的复活，及保障远东和平的最低条件"，如果"战后不予合理的制裁以防患于未来"，则敢断言，"以日本民族性的勇狠好斗及偏激狭隘，二三十年后必将卷土重来"。①

钱端升是在美国取得博士学位的资深政治学家，王信忠则是在早稻田大学获得硕士学位的国际关系学家，他们是以学者的眼光审视现实，认识和提出战后处置日本的基本原则的。不过，钱端升、王信忠的文章，均写于战争形势尚不明朗时期，因此提出的重点主要围绕对日本的制裁。不过，作为战后处置日本的原则，就不仅仅是制裁，还应包括其他内容，其中一个便是应该用什么样的态度看待战败后的日本。

近代以来，日本对中国的不断侵略，滋生了中国人普遍对这个近邻的刻骨仇恨，泄恨情绪的存在并不值得惊讶。然而，西南联大的远见之士却能从维持持久和平的立场进行思考。

1944年，当战局出现胜利曙光的时候，人们思考问题的角度便随之出现变化。这年年初，由西南联大教授主办的，在学术界颇有影响的政论杂志《当代评论》，发表了一篇题为《我们对日本应有的态度》的社评。社评批评当时在对待日本问题上存在的两种错误，指出，"一个从事战争的国家对敌国的态度，通常容易犯两种错误"，一种错误是"感情用事地主张尽量惩罚和压制敌国，使敌国永无翻身的一日"；另一种错误是"空想主义的毛病"，"希图将来能够树立一种和平的世界，使本国与目前的敌国都能和平相处"。社评认为，第一种错误的结果，只能是"在情感主义支配之下"，使两个国家"结下百年不解的仇恨，使战后的世界无法走上永久和平的康庄大道"。第二种错误则"忽略了现实的环境，或者只重空想而不切实际，或者只谈崇高的理想而缺乏可以实施的具体方案，结果不但不能使他们所追求的理想得到实现，而且反因他们的意见而增加局面的纠纷"。

那么，应该用怎样的态度对待战败的日本呢，《当代评论》在肯定了"我们对于日本军阀发动侵略战争，企图消灭中国，致使中国人民遭受有史以来的最大痛苦，当然是十分痛恨的"之后，紧接着告诫人们在对待日本的态度上，"必须避免情感主义和空想主义，而应以理智和现实

---

① 王迅中：《战后远东和平的展望》，《当代评论》第3卷第4期，1942年12月7日。

为基础"。社评理性地说，"中日两国同文同种，是所谓兄弟之邦，在理论上两国是没有不能和平相处的道理"，对于日本发动的这场企图消灭中国，并给中国人民造成有史以来最大痛苦的侵略战争，痛恨是很理所当然的，但社评认为"我们不应因此就主张消灭日本，或使今后若干世代中的日本人民分担目前日本军阀的过失"，何况应当"理解'国与国间，无百年不解之仇'"。社评赞成《开罗宣言》的第六原则，即"待纳粹之专制宣告最终之毁灭后，希望可以重建民主政府，使各国俱能在其疆土以内安居乐业，并使全世界所有人类悉有自由生活，无所恐惧，亦不虞缺乏之保证"，认为这个原则"也应同样地应用于日本"，因为"中日两国同文同种，是所谓兄弟之邦，在理论上两国是没有不能和平相处的道理"。①

《当代评论》的上述意见，如果用两个字概括的话，那就是"宽大"。曾是联大教授，时为云南大学教授的刘文典非常赞成这一立场。刘文典很少写时政评论，但他这时却写了一篇题为《日本败后我们该怎样对他》的长文，在《云南日报》上连载了两天。刘文典早年留学日本，对日本文化尤为熟悉，可谓昆明各大学中少有的"知日派"，在这篇文章的开头，他用"世仇"两字形容近代中日关系，甚至说："说句感情上的话，把三岛毁成一片白地，也不为残酷，不算过分。"但是，刘文典又意识到，"关于国家民族的事，是要从大处想的，不能逞一朝之愤，快一时之意"，何况"从东亚的永远大局上着想，从中国固有美德'仁义'上着想"，中国也不应该有狭隘的报复思想。

为了说明自己的观点，刘文典以第一次世界大战时的德法关系为例，说法国之所以能奋斗到底，全凭法国总理克莱孟梭的勇气毅力和火一般的爱国心，可是，克莱孟梭的"爱国心过于热烈"，就"流于狭隘，失之偏激"了。当年在凡尔赛会议上，美国总统威尔逊很有远见卓识地提出过许多方案，以杜绝今后的祸根，建立永久和平的基础。可是克莱孟梭"被他那狭隘的爱国心所驱使，对于战败的德国专施报仇雪恨的手段，一味的要逞战胜者的威风"，以致"忘记了胜败强弱都只是一时的事，历史是转变不已的，报应是循环的"。结果，由于威廉一世有意选择围攻

---

① 《我们对日本应有的态度》，《当代评论》第4卷第6期，1944年1月21日。该社论文末署名"启"，当是联大教授伍启元。

巴黎的日子，在凡尔赛宫举行德意志帝国皇帝继位大典，法国也非要在这座离宫里签订和约不可。后来，"法国战败求和，希特勒也就偏要在当年德国俯首求和的地点，偏要在当年福煦元帅威迫法国代表的那一辆火车上，威逼法国的代表"。刘文典不厌其烦地叙述这段历史，目的是说明在处置日本时不应有报复心理，因为正是"克莱孟梭一味的要报普法战争的仇恨，全不顾虑到德国人后来的报复"，最后方"把一个德意志国家，日尔曼民族，逼迫到无路求生的地步"。①

有鉴于这一历史教训，刘文典毫不避讳地提出"对于战败的日本务必要十分的宽大"，并且主张"中国将来在和平会议上，不但不要用威力逼迫这个残破国家的遗黎，还要在伐罪之后实行吊民，极力维护这个战败后变得弱小的民族"。说起理由，其实也很简单：日本"自立为一个国家已经一二千年，我们既不能把他根本夷灭，改为中国的一个省分，依然让他做个独立自主的国家，也就应该有个待国家之道"。② 末了，刘文典语重心长地说："中国和日本这两个大国家民族的关系，是东洋和平的础石，今日应付处理稍有失当，就会种下将来无穷的祸根"，德国与法国的循环报复，是为时不远的殷鉴，希望政治家和各界人士，"把眼光放大放远，平心静气的筹划一番，作一个可以垂之久远的打算"。③

联大学人的上述认识，表明他们在战后处置日本认识上，面对的不只是摆在面前的战争善后问题，而是着眼于更为长远的两国关系，这正是包括联大学人在内的许多有识之士主张对日本采取宽大政策的思想基础。伍启元曾用一句简练的文字对此做了概括，说："这次战争的目的，在消灭阻碍人类文化进展的法西斯主义和侵略主义，在树立一种永久的和平，而不在对轴心国复仇。"④ 可见，联大知识精英在战后处置日本原则的问题上，已超越了国仇家恨的民族意识，表现了从世界和平利益出发的既现实又理性的态度。

西南联大在战后处置日本问题上发表过不少意见，其中惩治战犯、

---

① 刘文典：《日本败后我们该怎样对他》（上），《云南日报》1944年3月30日。
② 刘文典：《日本败后我们该怎样对他》（上），《云南日报》1944年3月30日。
③ 刘文典：《日本败后我们该怎样对他》（下），《云南日报》1944年3月31日。
④ 伍启元：《中国对日要求赔偿问题》（上），《当代评论》第4卷第6期，1944年1月21日。

解除日本武装等，在相关著述中已多有涉及。下面，着重介绍西南联大学者对于战争赔偿、收回失土、政体改造三个问题的思考与认识。

2. 战争赔偿

前文说到，在战后处置日本问题上的主流舆论是主张宽大对待，但宽大是有尺度的。伍启元教授是对日宽大的支持者，同时也是经济赔偿的坚持者，为此，他专门写了一篇《中国对日要求赔偿问题》。文中，他先是回顾了在甲午之役、义和团八国联军之役后，中国承担的巨额赔款，指出战胜国向战败国要求赔偿是国际上的习惯做法，具有法理依据。接着，他对第一次世界大战结束后美国总统威尔逊提出"没有强迫的捐献，没有惩罚的赔款"观点，极表赞成，认为是对这种战胜国向战败国提出赔偿要求观念的修正和限制。此外，他还认为"这次战争是全世界的开明势力企图以光明代替黑暗的一种斗争，目前在战争方面的牺牲，应该视为争取光明的代价"，因此战胜国不应要求军事赔偿。

军事赔偿可以放弃，但必须有经济赔偿。伍启元认为："轴心国战区中所有的非法残暴的行为，在占领区中所有的剥削的抢夺，及在一切区域中不合理地自陆、海、空三方面所加的同盟国平民的生命与财产的损失，至少在原则方面，同盟国是应该要求赔偿的。"对于中国来说，日本在东北、华北、东南、闽粤、华中等地"所加诸中国平民的损失，所作的各种剥削，所抢夺的物资，及自陆海空三方面所加诸中国人民生命财产的杀害与破坏"，是"不可宽恕的"，"至少在原则上应使日本全部负担这些过失的赔偿"。[①]

这里，伍启元还从经济学的角度提出了一个无人涉及的意见，即"为着使轴心国能够得到公平的待遇起见，凡同盟国军民因非法行为而致使轴心国平民遭遇损失，同盟国亦应对轴心国负担赔偿之责"。可惜的是，伍启元并未就此问题做深入陈述。

《当代评论》与伍启元的观点一致，它认为免去日本对中国战费的赔偿，只是为了表示宽大，但如果不向日本提出归还他们在中国所劫夺的资产，或不要求他们负担能力所及的对中国平民的损害赔偿，那就

---

① 伍启元：《中国对日要求赔偿问题》（上），《当代评论》第 4 卷第 6 期，1944 年 1 月 21 日。

"变成侵略及罪行的鼓励者了"。因此，它主张"至少应该在原则上强使日本这一代的人归还日本所劫夺的财产，并负担他们侵略所引起的损害赔偿"。①

按照放弃军事赔偿，只进行民间损失索赔的想法，伍启元开列了一个包括 14 个项目的赔偿清单：

（一）日本（指日本政府、日本军队、日本人民、日本所支持的伪组织及汉奸）在战区及占领区（包括东北）中对中国人民所抢夺、征取，及以少数代价强购的粮食、牲口、原料、矿产品、制造品、房屋，和其他物品，应全部作合理的赔偿。

（二）日本在中国境内对中国工厂矿场所加的破坏，及在战区或占领区中对工厂矿场所作的抢夺或迁移，应全部加以赔偿。

（三）日本在战区或占领区中对中国交通的破坏及对中国交通工具的抢夺、征取，与移动，应全部加以赔偿。

（四）日本在中国沿海沿江所给予中国船艘及渔业以各种损失，应由日本负责赔偿。

（五）日本在战区及占领区中对中国农民强制改变生产及因其他压迫而引起的损失，应加以合理的补偿。

（六）日本对中国平民的生命与财产自陆空水三方面军事侵略所加的损害，应全部加以补偿。

（七）日本在中国有计划地施行毒化政策，强制人民种植毒物及吸食毒物。此种政策违反人类道德及国际协定。将来中国因消毒（消除日本毒化政策）所须之各种费用（如戒烟院之设备等），应全部由日本赔偿。

（八）日本在历次战争中所抢夺中国的古物及有历史价值的物品应全部加以交还；日本对其他中国公物的夺取，亦应全部交还。

（九）日本在中国境内对中国大学及文化机关所作的破坏，及在战区与占领区对中国大学及文化机关的一切损害，应全部加以赔偿。

---

① 《我们对日本应有的态度》，《当代评论》第 4 卷第 6 期，1944 年 1 月 21 日。

（十）日本在战区及占领区对中国的银行及其他金融机构所掠夺的白银准备、外汇准备。及其他资产，应全部交还。

（十一）日本所发的一切敌伪钞票，应于中国政府收回后，由日本依法给以黄金兑现。

（十二）敌伪在占领区中所征收及接收的一切罚款、租税，及其他收入，全数应交还中国。

（十三）日本在战区及占领区对中国人民的虐待，对中国人民强迫劳役，对中国人民征兵，和对中国人民的屠杀奸淫，应对全部损害加以赔偿。日本对俘虏的非法待遇，亦应列入这一项范围之内。

（十四）日本在亚洲各地对华侨生命财产的损害，应全部加以赔偿。[①]

这14个项目的损失，其中工矿损失8亿美元，交通损失6亿美元，沦陷区人民和亚洲各地华侨财产损失5亿美元，金融损失8亿美元。上述相加，为27亿美元，以1937年美元比价折算，最低也达20亿美元。进行这一统计后，伍启元强调这个数目"过于保守"，"而绝不会估计过多"，他认为较合理的估计是40亿或60亿美元，但这并未包括日本在历次战争中抢夺中国的文物、书籍及设备公物等，也未包括对占领区中国人民的屠杀奸淫虐待、强迫劳役与服兵役、对中国俘虏非法待遇和所施行的毒化政策。[②] 由于这些事件损害的数目，带有战胜国的主观判断，难有客观标准，因此他不愿加以推测。

伍启元和《当代评论》的主张基本是当时的主流意见，但也有人不赞成对日本提出经济赔偿，刘文典便持这一立场。刘文典根据日本的实际承受能力，认为经济赔偿也应放弃，理由是即使是经济赔偿，最终"实际缴付赔款的是无辜的后代人民，而不是战争的责任者"，"何况近代战争都是倾注全部的金钱物力，打得民穷财尽，才分胜负。再要战败

---

① 伍启元：《中国对日要求赔偿问题》（上），《当代评论》第4卷第6期，1944年1月21日。

② 伍启元：《中国对日要求赔偿问题》（下），《当代评论》第4卷第7期，1944年2月1日。

国的无告穷民支付那天文学上数字的赔款，事实上也是办不到的"。①

刘文典是个个性很强的学者，常常提出与众不同的意见。这个特点，也在对日索赔问题上表现了出来，这就是他虽然不主张要求日本经济赔偿，却强调文化赔偿。

刘文典说：提到"文化"两字，真令人按捺不住感情。第一次世界大战和第二次世界大战，"无论打得怎样猛烈，两方总还多少顾惜一点文化。英美的空军固然不肯炸柏林大学，就以德国那样的野蛮，也还没有肯炸牛津、剑桥和大英博物院、巴黎图书馆，因为双方都以文明自居，一面也以文明国待敌人"。唯有日本"把中国视为一群野蛮人种，自从开战以来，日本空军一味愿〔想〕要毁灭中国的文化机关，故意的、有计划的专拣中国的大学图书馆做投弹的目标，这真是世界历次战争上所没有的野蛮残忍手段，人类历史上的耻辱"。②

刘文典进一步说："中国这回所受的物质上的损失固然极大，但是那些都还是有形质可计算的，也就是有方法可补偿的"，而"文化上的损失，这是无数字可计算的，无方法可补偿的"。他发问道："假使大英博物院、巴黎图书馆被毁，柏林大学、牛津剑桥被炸，试问赔多少万亿金镑可以抵补呢。"他历数了日本对中国大学、图书馆、博物院的有计划毁灭，痛心地说"秘笈珍本，天球河图般的实物都是我们先民遗留下来的祖产，世界文明上的遗迹，绝不是任何数量的金钱物资所能赔偿万一的"，"日本既对世界文明犯了大罪，就应当教他把他们所保存的'文物'拿来赔偿我们"。③

关于文化赔偿的办法，对日本十分熟悉的刘文典可谓如数家珍。他说："近几十年来日本财阀倚仗着金钱，乘中国民穷财尽，用巧取的方法，贱价收买去的文物，如岩崎氏的皕宋楼藏书，住友氏的多钟鼎尊彝，都是中国的鸿宝重器，不能让他永远沦于异域。"另外，帝室图书寮所藏的宋版唐钞、金泽文库收藏的儒释典籍、正仓院的千年古物等，也可以用作赔偿。这番话当然是带着情绪说的，连他本人也不得不紧接着承认

---

① 刘文典：《日本败后我们该怎样对他》（上），《云南日报》1944 年 3 月 30 日。
② 刘文典：《日本败后我们该怎样对他》（下），《云南日报》1944 年 3 月 31 日。
③ 刘文典：《日本败后我们该怎样对他》（下），《云南日报》1944 年 3 月 31 日。

这个意见"不一定是对的"。①

3. 失土收回

人口众多，地域狭小的日本，在对外扩张中有一个特点，就是强迫战败国割让土地，台湾、东北三省就是这样沦入日本之手的。战后收回失去的领土，是中国的权利，这一点在开罗会议上已经得到共识，因此收回包括台湾在内的中国失土问题，在处置战后日本问题的讨论中并不突出。

按照近代史上中日战争和第一次世界大战的做法，战败国除了赔款，还要割地。当时，个别人也产生过战后占领日本本土的意见，刘文典曾说："说到割地，真令人不得不痛恨日本"，"如果讲报复，就把日本国完全灭掉，改为中国的一省，也不为过分"。当然，刘文典并不主张割地，他认识到尽管日本曾经侵占了中国许多土地，但这次反法西斯战争是"义战"，是"要维护世界的文明，正义"，因此"战事终了之后，我们只要照我们的古训'光复旧物'，'尽返侵地'"，"绝不想索取日本的领土"。再说，"日本原来自有的区区三岛，土地本也无多，他的本土三岛，我们纵然一时占领，也无法享有他的土地，治理他的人民"。所以，"论势论理"，中国"都不必要日本割地给我们"。②

4. 政体改造

战后解除日本武装和战争赔偿，是防止日本军国主义复活的必然措施，但真正的关键则在于使日本的政体不再成为产生军国主义的温床，唯有这样才能铲除日本再次对国际和平形成威胁的基础。因此，战后处置日本诸问题中，改造日本政体无疑是一个核心问题。罗隆基对这一点尤为强调，他说："这次世界大战的目的，在同盟国方面，是奠定世界民主的基础"，无论哪个国家，"有民主，将来世界就有和平，没有民主，将来世界就没有和平"，所以，无论是处置德国，还是处置日本，前提都应当是怎样使它建立起民主制度。③

《当代评论》也持同样主张，它提醒大家不要以为"只要对日本表示宽大，则中日两民族便可以永久和平相处"，凡是了解近数十年日本现

---

① 刘文典：《日本败后我们该怎样对他》（下），《云南日报》1944 年 3 月 31 日。

② 刘文典：《日本败后我们该怎样对他》（上），《云南日报》1944 年 3 月 30 日。

③ 努生（罗隆基）：《民主化日本》，《民主周刊》第 1 卷第 6 期，1945 年 1 月 20 日。

状的人，不能不承认"黩武主义和侵略主义在日本有极深固的势力"。对于这种"以侵略为民族理想及宗教信仰的国家"，如果不彻底消灭军阀主义与侵略主义，不在政治上建立宪政传统，不改变黩武主义的教育与宗教，则日本就有可能"再成为侵略的潜势力"，"不难在二十年或三十年后又再度成为危害和平的祸首"。①

按照西方民主国家模式对日本政体进行改造是势在必行的，可惜当时中国本身的民主制度也停留在纸面上，这就使人们对这个问题的讨论缺乏底气，改造的途径与方法亦难以展开。

铲除军国主义温床问题，既包括建立民主政府、制定和平宪法，同时还涉及一个谁也绕不开的问题，这就是天皇制度是否应当继续存在。

开罗会议期间，美国总统罗斯福曾表示日本天皇逊位与否，当取决于日本人民，蒋介石亦赞成日本人民应有选举自由以作民意表现之工具。这是一次私下谈话，开罗会议期间并未公布。不过，美国的一些类似舆论很快传到中国，如史密斯氏在《美国政府战后处置日本的计划》一文中所说"至于皇室的命运，我们准备让日本国民去决定"，《生活》《时代》《幸运》三杂志联合草拟的《日本投降的条件》中也说"我们并不建议强迫日皇逊位，或改变日本的政治机构"，曾相继在中国媒体披露。而1945年1月的第九次太平洋学会上，各国代表在是否保留日本天皇制度问题上的不同意见，也在中国民间引起了关注。1945年9月、10月间，美国合众社社长白里访问重庆，在一次宴会上蒋介石主动对他说起开罗会议与罗斯福的意见交换，合众社遂将蒋介石与白里的谈话全文发表，立即引起国内外的注意。10月18日，杜鲁门总统在一次记者招待会上宣布，他赞同天皇的命运取决于日本人民的自由选举，并称蒋介石的意见用意甚善。②

但是，纵观战争结束前后中国国内的主流舆论，则是主张废除天皇制度。1945年1月的第九次太平洋学会上，各国代表对于是否保留日本天皇制度问题，出现不同意见。针对这一现象，昆明《正义报》立即发表了一篇社评，指出：对于"日本国内的政治制度，我们不可采取放任

---

① 《我们对日本应有的态度》，《当代评论》第4卷第6期，1944年1月21日。
② 《日皇存废问题》，昆明《中央日报》1945年10月23日，第2版。

态度，因天皇是战争的罪魁，而天皇制更是日本青年向外侵略，顽强作战的精神原动力"。可以断言，日本的"天皇制不取消，日本的自大狂和忠君爱国的思想即无从取消，日本国内的民主势力也就不容易抬头"，因此必须"坚决主张摧毁日本的天皇制"。①

《正义报》的立场得到费孝通的响应，他的《太平洋上的持久太平》就是作为声援而撰写的，并在第九次太平洋学会结束的第二天见诸报端。文中，费孝通对太平洋学会上有些人放任日本天皇制继续存在的态度，表示了极大不满。

针对英美国家有种认为日本天皇和英国国王相同，既然英国国王没有阻碍英国民主的发展，日本天皇也不该成为日本民主的阻碍的观点，费孝通首先指出"事实上天皇和英皇是不同的"，"天皇制度和民主政治是不相容的"。他分析说，两者的不同在于首先是"天皇制度中直接包有军权的部分"，虽然"在表面上日本是模仿英国的政体，有国会，有内阁，而且内阁得向国会负责"，但是，"实际上海陆两相却不向国会负责，而是直接向天皇负责的。在内阁更迭的时候，军部可以不受影响，反之，若是军部不满于向国会负责的内阁，他们可以退出，不推荐任何人选，使内阁垮台"。正因这种体制，"日本民主基本上变了质，成了一个骗人的招牌，作军部统治的烟幕"。而"军部统治的基础就是天皇制度，天皇不废，日本人民也永远不会享受民主的政制"。

其次，费孝通分析了日本天皇与英国国王的不同还在于"天皇是日本统治阶级的家长"，是神权的象征，"他即使像桀纣一样的暴戾，人民也不能革他的命"。这种"宗教信仰上的绝对性"，使天皇成为"军阀财阀的家长"，并且"造成了军阀财阀的绝对性"，这就使"日本的社会结构也就永远蜕变不出一个自由平等的社会"。根据以上理由，费孝通认为不仅"天皇制度是阻碍日本民主的根本力量"，并且在"天皇制度下的日本很难有自动的蜕变"。为了太平洋的前途，也为了日本人民的自身利益，他主张必须利用这次日本战败的机会，"代替日本人民把这个'神的代表'烧了送回上天，使他不致在人间作祟"。②

① 《战后日本的地位》，昆明《正义报》1945年1月12日，第2版。
② 费孝通：《太平洋上的持久太平》，昆明《扫荡报》1945年1月21日，第2版，"星期论文"。

　　废除天皇制度，是当时绝大多数中国人的一致主张，不过刘文典对这个问题做了修正。刘文典认为，日本政体改造的关键在于推翻皇位，改建共和国体，而不在是否保留"天皇"这个名号。有着考据癖的刘文典说，"天皇"这个称号是从中国传到日本的，唐代武则天临朝时，臣下尊称她为"天后"，把她的丈夫唐高宗称作"天皇"，日本的典章制度多抄袭中国唐朝，于是也跟着叫自己的君主为"天皇"。后来，天皇这个名号被人利用，硬说天皇是天上神明降世，要统制世界万国。刘文典主张"天皇"可以保留，但名号需要改变一下，削去"天皇"两字，改称"日本国王"，以"防止将来再被人利用曲解"。其实，对于天皇问题，刘文典认为这属于日本自己的问题，"用不着我们去强做主张"，一定要去主张，"反而会伤害感情"，到头来可能"适得其反"。总之，"日本本身的事，让日本人自己去管，牵涉到别国利害的事，大家商酌着办"，唯有"大家一致维持拥护的办法"，"才能垂之永久"。[①]

　　以上涉及者，均为战后处置日本的重大问题。联大精英所进行的分析和提出的意见，反映了他们对战后重建中日关系的构想，即使在今天的两国关系处理中，也具有重要参考意义。

　　在西南联大研究中，对于国际关系的观察与分析，目前基本属于空白。究其原因，这类活动超出了学校教学科研范围，而研究者的视野似乎也未越出校园，以致这个问题迄今尚未纳入考察视野。然而，作为世界反法西斯战争重要组成部分的中国抗日战争，充满各种国际力量的较量，积极认识主要国家间的关系，深入分析各种矛盾的演变趋势，既是鼓励民气的宣传手段，也能及时为国家决策提供参考。西南联大的知识精英们自觉履行了这一职责，反映出他们与抗战前途血肉相连的关系，也是中国知识阶层努力抗战救国的一个缩影。

---

① 刘文典：《日本败后我们该怎样对他》（下），《云南日报》1944年3月31日，第3版，"专论"。

第九章　中兴业，须人杰（上）：
学人问政

西南联大是所高等学府，其职责在于培养建设现代化需要的各类专门人才。《西南联大校歌》中的"中兴业，须人杰"就是这一宗旨的表达。西南联大的"人杰"是全方位、多领域的，其中参政议政也是重要的一个部分。本章所述即西南联大学人参政议政的若干实践。

第一节　学人参政

迄今关于西南联大的著述，视野基本上停留在校园范围以内，而对部分教授承担的参政工作，长期以来鲜有关注。然而，他们进行的这一工作与国家政治路线、建设方针、基本措施等联系最直接，这不仅是这所学校值得骄傲的历史，也是中国现代政治史研究中一个需要开拓的领域。

一　受聘国防参议会

西南联大学人的参政活动，从抗战全面爆发时就开始了，最早的工作是参加国防参议会。

国防参议会成立于1937年8月，是抗战全面爆发后国民党中枢成立的一个带有团结各党派与在野势力的战时政策最高咨议机关，直属于领导全国抗战的国防最高会议之下，性质为"集中意见，团结御侮"。国防参议会的工作内容，主要有"听取政府关于军事外交财政等之报告，得制成意见书于国防最高会议"和"负责扩大全国国民团结之宣传，以期一德一心，达到抗战胜利之目的"两项。国防参议会的正、副主席，为国防最高会议正、副主席蒋介石和汪精卫，国防参议会参议员便由国防最高会议指派或聘任。根据规定，国防参议会参议员"在会议中发表之任何言论，对外不负责任"，参议员"对于会议中一切报告与讨论，对外应守绝对之秘密"。① 可见，国防参议会是训政时期国民党体制内出现的一个听取民间意见的正式机构，设立这个机构的目的，是吸纳在野党派和团体的领袖，为抗战献计献策，并为最高当局制定战时政策提供咨询，但它也包含着另一个用意，即以此展示国民党决心团结国内各种政治力量共同抗战的姿态。

国防参议会参议员的遴选标准没有明确规定，汪精卫说"大致着重在野党派、社会人望和具有专长的人，总之，政府为了抗战，认为必须借重的，就可选任"。② 可见，国防参议会遴选的参议员或是在野党派的领袖，或是学有专长并深孚众望的各界代表性人物。国防参议会参议员共25人，除蒋介石、汪精卫为当然议员外，先后遴选参议员23人。第一批遴选的参议员只有16人，其中属于北大、清华、南开的有梁漱溟、胡适、陶希圣、傅斯年、张伯苓、蒋梦麟、李璜、马君武8人，占总数的1/2。9月10日，国防参议会增聘3人，其中清华大学的罗文幹以法学专家身份名列其中，使三校的国防参议会参议员人数增加至9人。③ 有人说梅贻琦也是国防参议会参议员，实际上他并没有正式入选，只是被临时约来参加，当时只要认为有必要，国防参议会随时可以约请有关专家参加会议。

国防参议会下设政治、外交、教育、经济四个小组，其中胡适任外交组召集人之一，马君武为经济组召集人之一，后来担任联大常委的张伯苓、蒋梦麟，为教育组召集人。

国防参议会第一次会议于1937年8月17日夜间在南京中山陵旁一座宅

---

① 《国防最高会议国防参议会组织要纲》，转引自周天度《1937年的国防参议会》，《团结报》1989年10月17日。

② 这句话是国防参议会首次开会时，汪精卫答复张伯苓询问参议员资格时所说的，见梁漱溟《我努力的是什么——抗战以来自述》，中国文化书院学术委员会编《梁漱溟全集》第6卷，山东人民出版社，1993，第186页。

③ 关于国防参议会参议员的人数有数种说法，汪精卫说有24人（见《议长汪兆铭发表谈话》，孟广涵主编《国民参政会纪实》上卷，重庆出版社，1985，第73页），曾琦说有25人（见曾琦《五年来朝野协力之回顾》，李义彬编《中国青年党》，中国社会科学出版社，1982，第272页）。目前，确知的名单有第一批遴选者张耀增、张君劢、梁漱溟、曾琦、胡适、将白里、陶希圣、傅斯年、张伯苓、蒋梦麟、李璜、沈钧儒、黄炎培、马君武、毛泽东、晏阳初等16人，于9月10日增聘之罗文幹、颜惠庆、施肇基，9月15日增聘之徐谦、左舜生，9月17日增聘之甘介侯，于11月8日增聘之杨赓陶。

邸内举行，从这天起至次年 6 月 17 日的 10 个月中共集会 64 次。梁漱溟回忆说 8 月 17 日出席第一次会议者除会议召集人外只有 7 人，这 7 人中除了周恩来、蒋百里外，另外 5 人是张伯苓、李璜、胡适、傅斯年和梁漱溟。①

国防参议会的主要工作是为加强抗战力量献计献策，三校参议员为此贡献了不少有价值的建议。如外交方面，为了争取各国同情和支持，参议员推荐胡适出使美国，这个建议后来被中枢采纳，不久胡适就与北大教授钱端升、张忠绂奔赴美国，胡适到美国后还被任命为驻美大使。经济方面，李璜与黄炎培、沈钧儒、张君劢等联名提出《关于财政金融两案紧急建议》，要求"向华侨劝募战费"，组织委员会防止资金外逃，并利用关税政策限制消耗品输入。② 关于加强抗战力量方面，最核心的是民众动员，梁漱溟在第一次会上就提出了成立担负全国动员责任之机构的建议，他还就战时应该遵循的基本原则做了若干归纳，认为：第一，全国军民的动作乃至他们的生活，都要在最高统一的军令政令下面而动作而生活；第二，政治要民主化，政府与社会要打成一片；第三，有钱的出钱，有力的出力，有知识的出知识。梁漱溟强调现代战争是综合国力的战争，因此应当"举国主体化"，使"全国人的意思要求必须疏通条达，求其协调而减少矛盾，求其沟通而减少隔阂"。③

战争爆发后，一些留日学生纷纷返回国内，华北地区许多大中学生也离开沦陷区，到后方要求参加抗战。针对这种情况，沈钧儒于 10 月初提出一提案，主要内容是将失学、失业知识青年组成乡村工作团，到乡下开展抗日宣传或组织工作。梁漱溟认为沈钧儒的提案非常重要，非常及时，遂与晏阳初一起向蒋介石详细陈说该案精神。④ 蒋介石听了觉得很有必要，于是指定梁漱溟与晏阳初、黄炎培、江恒源共同草拟具体计划，然后交国防参议会讨论。不久，由国防参议会秘书长彭学沛出面，邀集了若干参议员，会同大本营第六部、内政部、中央农业实验所、实业部合作司、卫生署等有关主管部门进行研究。经过数次讨论，形成四

---

①　梁漱溟：《我努力的是什么——抗战以来自述》，《梁漱溟全集》第 6 卷，第 184 页。

②　沈谱、沈人骅编《沈钧儒年谱》，中国文史资料出版社，1992，第 190～191 页。

③　梁漱溟：《抗战与乡村——我个人在抗战中的主张和努力的经过》，《师友通讯》附则之一，1940 年 3 月 10 日。

④　梁漱溟：《我的努力与反省》，《梁漱溟全集》第 6 卷，第 957 页。

项要点，即：（1）此种工作系补助中央暨地方行政所不足；（2）工作项目包括民众训练、抗战宣传、农业改良、合作指导、公共卫生等若干项；（3）工作团或称服务团，由知识青年们组织起来，得请当地行政机关审核许可，便可成立。工作可以巡回于各处；（4）经费由政府酌量补助之。① 当时，梁漱溟还根据沈钧儒提出的组织失学、失业知识青年下乡工作团一案，草拟了一个《非常时期乡村工作计划大纲》，不过，由于中国军队正自上海撤退，国民政府亦忙于西迁，大纲草案虽经张群转呈，当局却已无力顾及。②

国防参议会在抗战兴起时成立，最中心的工作是动员民众，而能够代表民众意见的实际上是社会各界人士与各在野党派的领袖，因此参议员们认为仅有国防参议会还远远不够，需要成立民意机关。成立民意机关的建议由9位参议员联名提出，其中之一是清华大学教授罗文幹。③

国防参议会给人的印象也还不错，它虽然很小，形式也多不完备，可梁漱溟的感觉是"正因为人少，精神凝聚，谈话亲切，亦从容随便，这样倒使彼此少隔阂而易沟通"，他甚至还觉得它似乎比后来的国民参政会还要好些。④ 毛泽东在《论联合政府》中曾说，由于抗战初期国民党对日作战"比较努力"，"这样就比较顺利地形成了全国军民抗日战争的高潮，一时出现了生气蓬勃的新气象"。毛泽东所说的"新气象"，自然也包括三校参议员的努力。

国防参议会是秘密成立与秘密运作的，它的工作从未对外报道，直到1938年底由于要扩充名额或扩大为国民参政会时才偶有披露，这就使得西南联大国防参议会参议员所做的具体工作，缺少资料记录。但值得肯定的是，作为西南联大组成部分的北大、清华、南开三校教授，从抗战全面爆发之初就参与了国家政治建设，而且正是由于参议员们与国民党较为成功的合作，方促使国民党决心在此基础上成立国民参政会。⑤

---

① 梁漱溟：《我努力的是什么——抗战以来自述》，《梁漱溟全集》第6卷，第190页。
② 梁漱溟：《我努力的是什么——抗战以来自述》，《梁漱溟全集》第6卷，第191页。
③ 梁漱溟：《我努力的是什么——抗战以来自述》，《梁漱溟全集》第6卷，第187页。
④ 梁漱溟：《我努力的是什么——抗战以来自述》，《梁漱溟全集》第6卷，第185页。
⑤ 关于西南联大与国防参议会的关系，笔者在《抗日战争研究》1996年第3期发表的《"国民大会议政会"刍议——抗战时期改革中央政治体制的重大设计》中已有介绍，此后陆续出现的若干论文均未超出作者论述范围，有些只是该论文的改写甚至复述。

二 遴选国民参政会

1938 年 3 月 29 日至 4 月 1 日，国民党临时全国代表大会在武汉召开。大会通过的《抗战建国纲领决议案》中指出，为"团结全国力量，集中全国之思虑与意见，以利国策之推行"起见，决议组织国民参政会。① 6 月 17 日，国民政府公布第一届国民参政会参政员名单，国防参议会参议员中除蒋梦麟因出任政府职务按规定不在遴选之列外，其余皆被遴选为国民参政会参政员。

第一届国民参政会共有参政员 200 名，西南联大被遴选者 8 名。其中属于甲项者 2 人（即曾在各省、直辖市公私团体服务三年以上、著有信望之人员），即经济系教授周炳琳（浙江省）、中文系教授杨振声（青岛市）；属于丁项者 6 人（即曾在各重要文化团体或经济团体服务三年以上、著有信望，或努力国事信望久著之人员），即西南联大常委张伯苓，哲学系教授胡适，法律系教授罗文幹，政治系教授钱端升、张奚若、张忠绂。此外，主持中央研究院历史语言研究所的傅斯年是西南联大历史系名誉教授。罗隆基至迟在 1940 年也由北京大学聘请成为联大教授。② 1945 年 4 月，法律学系教授燕树棠也被遴选为第四届国民参政会参政员。这样，西南联大前后共有 11 名参政员，其数量在学术教育团体中独占鳌头。他们在国民参政会中的任职情况大致如下：

张伯苓 西南联大常委，第一、二、三、四届参政员。第一届国民参政会副议长，第二、三、四届主席团主席。③

胡 适 文学院哲学系教授，第一、四届参政员。④

---

① 《抗战建国纲领决议案》，荣孟源、孙彩霞编《中国国民党历次代表大会及中央全会资料》下册，光明日报出版社，1985，第 485 页。

② 罗隆基受聘具体时间未能找到原始记录，但 1940 年西南联大教授名册上已有他的名字。1940 年 9 月 26 日，陶孟和与郑天挺谈到罗隆基时，"主张北大应辞退之"，说明罗隆基是被北京大学聘的（见《郑天挺西南联大日记》上册，第 316 页）。

③ 国民参政会第一届大会采取议长制，第二届起改为主席团制。

④ 胡适因被任命为驻美大使，根据国家公务员不担任参政员的规定，第二、三届未被遴选为参政员。

　　张忠绂　法商学院政治学系教授，第一、二届参政员。[1]

　　罗文幹　法商学院法律学系教授，第一、二届参政员。[2]

　　周炳琳　法商学院经济学系教授，第一、二、三、四届参政员，第四届第一次休会期间驻会委员。

　　钱端升　法商学院政治学系教授，第一、二、三、四届参政员。

　　张奚若　法商学院政治学系教授，第一、二、三、四届参政员。

　　罗隆基　法商学院政治学系教授，第一、二届参政员。

　　傅斯年　文学院历史系名誉教授，第一、二、三、四届参政员，第二届第一次以及第四届第一、二次休会期间驻会委员。

　　杨振声　文学院中国文学系教授，第一、二、三、四届参政员。

　　燕树棠　法商学院法律学系教授，第四届参政员。

　　田培林　师范学院教育系教授，第四届参政员。[3]

　　国民参政会是抗战时期国民党为了团结国内各政治势力，按照准民意机关模式建立起来的一个战时临时议会。尚在它筹备之时，人们就给予了积极评价，认为国民参政会虽然"不是普通民主国家的代议机关"，但仍表现了"相当民意机关的初步形成"，[4] 其任务"首先就是帮助政府解决争取抗战胜利的问题"。[5] 国民参政会第一次大会召开时，中共给予了很高评价，说它的成立"是抗战时期中我国政治生活中有重大意义的事实"，它"虽然不是全权的人民代表机关，但是它网罗着各党派、各省区、各民族的代表及许多无党派关系的热心国事的硕望，它负有讨论和议决抗战时期政府对内外一切重要施政方针之权，以及建议询问等权力，所以，不能不是在战时条件下的相当的民

---

①　张忠绂于1942年6月出任国民政府外交部参事和美洲司司长，按国家公务员不担任参政员的规定，自第三届起不再被遴选为参政员。

②　罗文幹于1941年10月16日因患恶性疟疾病逝。

③　国民参政会第四届第三次会议召开于1947年5月，时西南联大业已复员，故不再统计。又，1942年国民参政会第三届第一次大会前，姚从吾曾向朱家骅推荐陈雪屏为参政员。朱家骅认为比较困难，复信云："雪屏兄事自当尽力设法，届时再当单独签呈。总裁核示，惟此次竞争之人太多，丁项名额减少一半以上，且有人先已建议，总裁竭力维持旧有人员，故中央分电各省介绍名单，均以旧人为限，欲将新人加入丁项之内，更为困难耳。"见《朱家骅致姚从吾函》（1942年5月15日），"朱家骅档案"。

④　《论国民参政会的职权和组织》，汉口《新华日报》1938年4月18日。

⑤　《对国民参政员的希望》，汉口《新华日报》1938年6月23日。

意机关"。①

7 月 6 日，国民参政会第一次大会在汉口两仪街 20 号召开，② 出席参政员 130 人，加上各部会负责人、外宾、中外记者，共达千余人，"人数之众，盖为近时国内盛会所罕见"。③ 这是国民政府成立以来，国内各主要党派代表，首次聚集一堂，公开讨论国家大事，受到社会各界的极大关注。西南联大参政员怀着极大热忱参加了这一在中国现代政治史上具有重大意义的盛会，除了胡适、钱端升被派往美国宣传中国抗战外，在国内的张伯苓、周炳琳、罗文幹、傅斯年、罗隆基，都出席了第一天的开幕式。张忠绂虽然没赶上开幕式，但第二天也出席了。杨振声是 11 日才到汉口的，出席了 12 日以后的会议。而张奚若则是大会结束前才赶到汉口，14 日风尘仆仆地出席了会议。

西南联大参政员除了积极出席会议外，还参加了大会的若干工作。为了大会进行，开幕当天下午讨论了设置各审查委员会人选及召集人人选事项，决议设置五个提案审查委员会，并通过各提案审查委员会召集人名单。西南联大参政员参加了部分工作。其中，负责审查外交国际类提案的第二审查委员会，三召集人中西南联大占了两人，即傅斯年与张忠绂；负责审查教育文化类提案的第五审查委员会，三召集人中其一为西南联大的周炳琳。④ 还有，7 日下午大会讨论通过汪精卫关于成立宣言起草委员会的提议，决定推举 9 人组成宣言起草委员会，周炳琳被推选为委员之一。

在中国国家政治制度中，国民参政会是个前所未有的机构，因此对它能否取得成效，张伯苓和一些人一样，开始也不免存有疑惑。1938 年6 月 17 日晨，张伯苓从报纸上得知自己被选任为副议长时，感到责任重

---

① 《祝国民参政会成功》，汉口《新华日报》1938 年 7 月 6 日。

② 国民参政会召集之初，没有届别，仅称第一次、第二次等。第二届国民参政会召集后，方在此前大会名称前加入"第一届"字样。

③ 《所望于国参会者》，《云南日报》1938 年 7 月 8 日，第 2 版。

④ 《第一次大会纪录·第一次会议·讨论事项》，《国民参政会第一次大会纪录》，国民参政会秘书处，1938，第 24～25 页。1938 年 7 月 6 日，国民参政会第一届第一次大会第一次会议决议设立第一至第五提案审查委员会，分别负责审查"军事国防""外交国际""内政""财政经济""教育文化"类提案。按照程序，各提案需经审查委员会提出修正意见后，才能提交大会讨论。

大，表示将尽力在这个"代表全国意见为政府之一大助力，替政府负担责任"的机构中，履行自己的职责。① 同时，他看到同天公布的国民参政员名单中包括了各党各派代表及各界知名人士，"其中亦有过去与政府政策及意志不无异同之点，以致发生误会者"，因此"深恐各方意见仍多，未必悉能融洽"。但是，张伯苓到汉口后，"见诸先生集中意志，精神团结，共同致力抗战建国"，方相信"本会前途必能达到光明与圆满之目的"。② 国民参政会第一届第一次大会是一次成功的大会，张伯苓目睹人们高涨的政治热情，感到这"足以表现我国历史上空前之统一"，信心随之增加。③ 大会结束时，他在休会词中再次提到当初的惶恐，说："当参政员全体名单公布后，伯苓在重庆报上看见自己担任副议长的重任，很感惶恐。因为全体参政员中，可说人才济济，同时各个人的意志思想在过去都不一致，现在集合一起，商讨国家大政，前途似乎未可乐观。"但是，经过了十天的会议，张伯苓看到人们"精诚团结，意志统一"，让他十分感奋，说"这次会议所表现的精神，把我从前悲观的观念，完全打破"。他特别提到闭幕当天"大会宣言付表决时候，全体一致起立通过"，认为"这种精神，不是以前中国人所有的，而是一种新的精神"，感慨地说"我真想不到中国人会有这样长足的进步"。④

在国民参政会第一次大会上，张伯苓于开幕、闭幕式均有致辞，且特别强调"意志集中""精神团结"。在闭幕致辞中，他针对大会期间发生的一些纠纷，说"各人对自己意见稍有争辩，这也是中国人小气的地方，往往个人的言论，不喜欢人家批评，同时自己一开口就容易得罪别人。中国人做事自己不认错的毛病，是最不好的"。由是，他强调："我们现在所需要的就是团结，能团结才有力量，有了力量才能抵抗敌人的侵略"，"大家要把一个'诚'字来做精神团结的基础，勖勉全国民众共同努力，一致团结，拥护政府，拥护抗战建国纲领，拥护最高领袖，跟

① 《副议长张伯苓发表谈话》，中央社 1938 年 6 月 17 日消息，汉口《新华日报》1938 年 6 月 18 日。又，张伯苓在这年 6 月 16 日的国民党中央执行委员会第 81 次常会上，被选任为国民参政会副议长，同时选任的议长为汪精卫。

② 《开会式张副议长演词》，《国民参政会　次大会纪录》，第 90 页。

③ 《开会式张副议长演词》，《国民参政会第一次大会纪录》，第 90 页。

④ 《休会式张副议长演词》，《国民参政会第一次大会纪录》，第 95 页。

我们的敌人奋斗到底，求国家民族的自立"。最后，张伯苓再次说："如果这种精神能够普及全国，不信日本军阀可以亡我国家，灭我民族。"①张伯苓对国民参政会的认识变化，以及希望它在"抗战建国"中发挥的作用，很有典型性。西南联大的参政员，就是本着追求团结、追求进步的精神，投入国民参政会的工作之中。

国民参政会虽然只被赋予建议权、询问权、听取与审议政府工作报告等有限职权，但这些职权在一定程度上仍能发挥监督政府的作用，开展抗战救国各项事业，亦有应当肯定的意义。西南联大的参政员，非常重视这一机构的运作，以很大热情和认真负责态度，出席了历次会议。他们虽然人在教育界，但关注和思考的问题，远远超出了本人的职业范畴。他们在各次会议中领衔提出和副署了一些与国家决策紧密相连并颇具建设性的提案，成为西南联大在推动国家现代化方面的一支力量，详见表9-1。

表9-1　西南联大参政员在历次参政会中领衔提出的提案目录

编号	提案人	提案名称	提案类别	提案时间
1	罗隆基	调整机构集中人才以增行政效率案	内政	1938年7月6日（一届一次）
2	罗文幹	限制官民纷往国境以外以塞漏卮而遏颓风案		
3	傅斯年	请政府加重救济难民之工作案	财政经济	
4	张忠绂	迅拨巨款维持被征兵士家属之生活以利抗战而励士气案		
5	张伯苓	为造就大量技术人员应设立实科高级中学案	教育文化	
6	张伯苓	在战区各学术文化机关之仪器机械图书等设备在可能范围内应设法运入内地应用案		
7	杨振声	请拨外汇以补充高等教育教学上最低限度之设备案		1938年10月28日（一届二次）
8	钱端升	管理贸易及外汇方法改进案	财政经济	
9	钱端升	调整运输机构提高运输效率以利货运而平物价案		

---

①　《休会式张副议长演词》，《国民参政会第一次大会纪录》，第95~96页。

续表

编号	提案人	提案名称	提案类别	提案时间
10	罗隆基	调整政治机关之职权与工作以增加行政效能案	内政	1939 年 1 月 12 日（一届三次）
11	罗文幹	请政府实行选贤与能以澄清吏治案		
12	傅斯年	拟请政府制定"公务员回避法"案		
13	罗文幹	关于土货之收买价格及外汇之售结办法妨害国民之生产拟请改善案 *	财政经济	1939 年 8 月 30 日（一届四次）
14	傅斯年	请严禁邪教以免动摇抗战心理案	内政	1940 年 4 月 1 日（一届五次）
15	傅斯年	为鲁省去岁迭遭水旱风雹蝗蝻之害灾情惨重民不聊生拟请政府迅拨巨款从事振济案		
16	钱端升	调整运输机构提高运输效率以利货运而平物价案	财政经济	
17	钱端升	设法利用国人存放国外之资金以增厚金融力量而平物价案		
18	傅斯年	请囤积二年用之汽油并购备汽车零件以维持交通及车运案（密）		
19	傅斯年	鲁省灾情惨重拟请中央加拨巨款迅方急振并实施根本救济办法以拯灾黎而固国本案	内政	1942 年 10 月 22 日（三届一次）
20	傅斯年	请中央彻查中央信托局历年办理各国立院校及研究机关之购置情形并速谋改善方法案 **	财政经济	
21	傅斯年	请政府彻查专卖真相如有弊窦依法惩处各级负责人员案	财政经济	1943 年 9 月 18 日（三届二次）
22	钱端升	请政府刷新政治以慰民望而奠国基案	内政	1944 年 9 月 5 日（三届三次）
23	张伯苓	请明令政府确定数以万万为亿借资便利而正错误案	财政经济	
24	钱端升	请政府速与苏英法商订中苏中英中法二十年互助盟约案	外交国际	1945 年 7 月 7 日（四届一次）
25	傅斯年	彻查中央银行信托银行历年积弊严加整顿惩罚罪人以重国家之要务而肃官常案	内政	
26	钱端升	再请政府刷新政治以慰民望而奠国基案		
27	钱端升	请重新订立关于教授非国语语文之政策及方法案	教育文化	
28	田培林	改良法律教育促进法治案		

续表

编号	提案人	提案名称	提案类别	提案时间
29	杨振声	请政府筹设国际文化合作机构以专责成而利国际合作案	外交国际	
30	傅斯年	续请政府彻查中央信托局历年积欠各大学及研究机关之外汇将其归还原主并改定以后代理学校及研究机关购买书籍仪器之办法案	财政经济	1946年3月20日（四届二次）
31	傅斯年	对待降敌勿过宽大案	社会救济司法行政医药卫生等	

注：国民参政会历次大会均有临时动议，但因未记入大会记录，故本表未包括在内。另，国民参政会在西南联大复员后的会议，已不属本书范围，故未统计在内。

＊该案与马君武、陈锡珖、黄同仇、林虎等共同领衔提出。

＊＊该案为傅斯年与徐炳昶共同领衔提出。

资料来源：国民参政会秘书处编国民参政会大会历次会议记录。

从表9-1中，可知西南联大参政员在国民参政会第一届第一次大会上，分别领衔提出了6个提案。这些提案中，最引人注目的是罗文干领衔并有22人副署提出的《限制官民纷往国境以外以塞漏卮而遏颓风案》。

罗文干提出的《限制官民纷往国境以外以塞漏卮而遏颓风案》，是很有针对性的。全面抗战爆发前，一些富有的有产者就把资产转移到香港或上海、汉口等租界，战争爆发后，不少人干脆跑到香港，远走高飞。这种现象引起很多人不满，罗文干的提案针对的就是这种现象，他阐述提案理由时写道："谨查自开战以来，国内富民纷纷避香港或其他国外地点，以图安全，而官吏亦颇有托故前往各该地住，甚者并无明令，亦竟逗留境外，坐糜国家薪俸，提倡社会颓风，若不设法禁遏，胡以塞巨大之漏卮，而阻畏怯之心理。实应依照下列办法，严加限制。"为此，他提出五项办法：第一，"公务人员非有该管机关之明令，不许擅往境外，违者撤职"。第二，"各机关（包括政府银行在内），非有职掌上之事实必要，不得擅遣所属人员至境外"。第三，"任何机关设立办事处于境外，必须有中央特别之批准，中央并应严加限制。原设之各种办事处派员，亦应严加甄别，设法减少"。第四，"私人前往境外者，须证明其确系有事业上之必要（以工商业为限），否则须每名缴纳出境税，税则不妨加重。并须领取许可证，并令其妥为保存，将来于返国时缴还"。第五，"由政府公布一定日期，谕令已往境外之人民，于限期内返还境内，可以免税，逾期之后，凡并无出境许可证而返境内之人民，均按照税则加倍补纳出境税"。①

该案在负责审查内政提案的第三审查委员会上审查时，将第一项办法修正为"政府须切实执行已经公布之战时取缔公务人员请假和旷职的法令"。将第四、第五两项修正为"由政府制定战时限制人民出入国境的条例"。保留第二和第三两项。② 7月14日上午，该案提交大会讨论，会议接受了第三审查委员会的审查意见，通过的决议为："1. 政府须切实执行已经公布之战时取缔公务人员请假和旷职的法令。2. 各机关（包括政府银行在内），非有职掌上之事实必要，不得擅遣所属人员至境外。3. 任何机关设立办事处于境外，必须有中央特别之批准。中央并应严加限制原设之各种办事处，派员亦应严加甄别，设法减少。4. 由政府制定战时限制人民出入国境的条例。"③

11月，罗文幹领衔提出的《限制官民纷往国境以外以塞漏卮而遏颓风案》，经军委会训令绥署通饬所属遵照。25日，此消息在昆明《朝报》刊载，为着了解该案提出动机，《朝报》记者当晚特意拜访了身穿布棉袍，脚踏布底鞋，头戴乌绒瓜皮帽的罗文幹。罗文幹患有眼疾，近来经常发作，又红又痛，所以架着一副茶色眼镜。这位两须飘飘然的教授，给记者的印象是位蔼然仁厚的长者。罗文幹与记者的交谈，一开始就进入战时富有国民不应该规避到香港等处去"逃难"这一主题。罗文幹说："这桩议案，还是七月间开会提出的，那时，广州有一般人物却已逍遥在香港了。""几年来一般人过的生活太舒服了，好说大话，所以一遇到敌人，就易惊惶暴躁，反正，他们的财产都在香港、上海、汉口等处的租界里，用不到担什么心，即使一有烽火，遭劫的都是老百姓，好在他们已走远了。"罗文幹讲这话时，带着忧国忧民的神色和语气。谈到这里，记者趁机问他对抗战前途的看法，他回答说"现在大家只有在艰难困苦中奋斗，彻底抗战到底，你想：到现在还能投降敌人不成？苦斗自

---

① 《罗参政员文幹等提：限制官民纷往国境以外以塞漏卮而遏颓风案》，《国民参政会第一次大会纪录》，第164～165页。

② 《罗参政员文幹等二十三人提：限制官民纷往国境以外以塞漏卮而遏颓风案（提案第五十二号）》，《国民参政会第一次大会纪录》，第64页。

③ 《罗参政员文幹等提：限制官民纷往国境以外以塞漏卮而遏颓风案》，《国民参政会第一次大会纪录》，第164～165页。

会有生路的"。交谈中，罗文幹还透露了一个秘密，就是他是从广东老家来昆明再转重庆参加国民参政会的，但会议结束后，广东沦陷，他已经回不得家乡了。①

西南联大参政员在一届一次国民参政会上共领衔提出六项提案，而张伯苓一人就提出了两个。张伯苓是著名教育家，他的两个提案都与教育有关。第一个提案是《在战区各学术文化机关之仪器机械图书等设备在可能范围内应设法运入内地应用案》，其原文为：

> 政府年来创设之文化学术事业，若学校若研究所若实验所等，类皆集中于几个大埠。今各大埠不幸已沦陷于敌人之手，各机关现皆已移入内地继续其历来之工作。各机关原有之图书仪器为数不少，购置之时，所费不赀，在一计一钉一部字典皆不易寻到之内地视之，无一物不珍贵。查此项图书仪器已运入内地者固已不少，然尚未运出存于租界上者仍甚多。此项未运出之物品，应由政府密令各机关从速设法运入内地以应急需。或以为将来战事停止，此项存于租界之图书仪器犹可应用，今何必急于搬运，此言似是而非，自国民决心长期抗战之观点言之，尤欠妥当。我国内地年来几无学术文化可言，与滨海各地相比，久受不平等之待遇。今全国遭遇强敌侵略之不幸，乃适成为开发内地之大幸。各项人才既已继续迁入内地，沪上工厂移入内地者为数亦已不少，政府所属各机关之图书仪器，自亦应即设法运入内地，以备应用，既可以充实长期抗战之努力，亦即培植内地学术事业之萌芽。②

这个提案得到 19 位参政员的副署，③ 在审查委员会上讨论时，一字未改。7 月 14 日下午提交大会讨论时，也非常顺利地通过了。④

如果说张伯苓在《在战区各学术文化机关之仪器机械图书等设备在

---

① 农：《访罗文幹先生》，昆明《朝报》1938 年 11 月 26 日，第 3 版。
② 《张参政员伯苓等提：在战区各学术文化机关之仪器机械图书等设备在可能范围内应设法运入内地应用案》，《国民参政会第一次大会纪录》，第 304 页。
③ 《国民参政会组织条例》规定，提案至少需 20 人联名方可提出。
④ 《第一次大会议事纪录·第九次会议》，《国民参政会第一次大会纪录》，第 67~68 页。

可能范围内应设法运入内地应用案》中，主要还是立足于应急考虑的话，那么他提出的第二个提案《为造就大量技术人员应设立实科高级中学案》，则反映了一个老教育家的长远眼光。该案在说明提出理由时写道：

> 我国技术人材求过于供，特以在此次抗战期间此项尤为显露。战时凡百事业缘集中于军事，犹且人材不给，一旦战事告终，百业待举，无处不需用技术之建设，必愈觉人材之匮乏，不得不急谋之方。现在技术训练皆在大学，年限既长，而每年所造就之人又寥寥可数，焉能供今后大量之需求。为今之计，应由教育部即在下列六省每省设立实科高级中学一校。所设地点不必定在省会，应择在可以吸收邻省学生之较小都市，所设专科则应就地方之需要。

提案中，张伯苓提出自己的设想，即：在湖南设立一校，主修工科矿科；在广西设立一校，主修工科农科；在云南设立一校，主修矿科农科；在贵州设立一校，主修农科；在四川设立一校，主修农科工科；在甘肃设立一校，主修农科矿科。张伯苓还解释道："所谓工科农科范围颇大，门类繁多。如工科有机械、土木、电气、水利等门；农科有农艺、园艺、森林、牧畜等门。各门应就地方情形设置。"

张伯苓在提案中还主张这些实科高级中学，"最初一年应完全注重数学、物理、化学、外国语四门课程，后二年肄习专科，并须与以实习之机会"。他认为，"如上述各校得以成立，每科只设一门，每门毕业生以三十名计，则三年之后每年可有中级技术人员三百三十人。若每科门类加多，则犹不止此数"。

当时，一些人觉得培养实科人才是大学的责任，而此类高级中学属于速成教育，未必急需，对此，张伯苓说：

> 说者或以为实科人材欲求健全，必须出自大学，不应采用速成之方法。要知实科高级中学所造就者为中级人材，任何事业必需用无数之中级人材，始能有成。如化学工业必须有若干之化验员，工程师必须有若干之绘图员。若干事业固非有专家主持莫办，然其中有若干例定之手续非专家所乐为而又非此中级人材莫办者。又中级

人材之中亦时有才能出众，阅历数年竟能与专家相埒者，此在实业界学术界中并不少见。类此之人者若与以在大学攻读学理之机会，受惠尤多。故在实科高级中学成立之后，其毕业生应与一般高中毕业生同样资格，亦得投考大学，在大学中除应补习各科外，亦得减少其已经学习之科目。

末了，张伯苓还强调说，教育部曾有一计划，在南京筹设一所高中程度的工业学校，筹备工作均已就绪，专待开学，惟因战事爆发，使之流产。而他的提案，目的与教育部的这一计划并无不合，而且在"使实科高中成为我国学制之一部分，并于其分配上力求在内地各省普遍"方面，还"更有进者"。①

张伯苓的这个提案，在审查委员会上讨论时，得到诸委员的认同，只有教育部代表说南京工业学校流产一语欠准确。这样，审查意见便写道："本案末节教育部设学校流产一语，经部代表声明与事实未符等语，但关于分地分科设校，足供当局实施时之注意，公决送政府参考。"与张伯苓的第一个提案一样，这个提案也在 7 月 14 日的大会上，决议"照审查意见通过"。②

这里，还想说一下罗隆基在国民参政会第一届第一次大会上领衔提出的一个提案。当时，罗隆基还没有加入西南联大，他是 1940 年才被聘请为联大政治学系教授的，时间虽仅一学年，但也是西南联大的一员。在这次大会上，他提出的是《调整机构集中人才以增行政效率案》。这是一个十分重要的提案。该提案的"说明"部分写道：

中央行政，关系国家抗敌建国之前途甚大。行政上非有良美的效率，不足以保证抗战之胜利。行政上非有合理的机构，与适合科学原则之人事管理，更不足以建立现代国家的基础。我国中央政府从南京转迁重庆，行政之机构与人事，曾经过一度调整，行政组织确已比较简单化。唯证诸半年来事实，前次调整，仍未臻完善境地。

---

① 《张参政员伯苓等提：为造就大量技术人员应设立实科高级中学案》，《国民参政会第一次大会纪录》，第 304 ~ 306 页。

② 《第一次大会议事纪录·第九次会议》，《国民参政会第一次大会纪录》，第 68 页。

以现状言，行政上存留之缺点尚多。在组织上，职权不分明，职务上不清楚，责任综错，系统纷乱。同一机关，可以事事都管；同一事件，可以机关重重。机关既无事不办，彼此间不能分工；机关复各行其是，彼此间不能合作。这种现代行政所最忌，然此已成中国行政之普遍现象。在人事管理上，公开考试制，科学考绩制，以及公务员之任用、升迁、保障等等制度，到今日依然徒具虚文，毫无成绩。人事上之弊端，尚有甚于此者，一人可兼长数十职位，一身可遥领无数差缺。公务丛集，万端延误。在抗战期间，以裁员为动员，因减官而减政，人才遗弃于野，事务停滞于上，此种现象，其影响于抗战建国之前途，实不可思议。①

针对上述现实问题，罗隆基提出了四项办法：

一、关于机构，应依下列原则调整：

甲：凡机关之职权与事务划分，应遵守"机能一致"之原则。凡同性质之事务及工作，应完全划归一机关。

乙：凡一机关之事务与工作，与另一机关之事务与工作，性质重复者，应立即将机关裁并。

丙：任何机关，不得从事职业范围以外之事务与工作。如有此项事件，应加以取缔。

丁：凡因人设事之骈枝机关，或工作受战事影响，不能进行之机关，应立即停办或撤销。

二、关于人事，应依下列原则调整：

甲：官吏（政务官与事务官）应以一人一职为原则，凡有身兼无数重要职差者，应辞去兼职，以专责成。

乙：抗战时期，政府机关应以平均减薪并开展工作，代替裁员减政。

丙：政府为实现"有力者出力"原则起见，应负责在全国普遍

---

① 《罗参政员隆基等提：调整机构集中人才以增行政效率案》，《国民参政会第一次大会纪录》，第156～157页。

登记各项专门技术人才及失业之智识分子，并负责以适当工作。

丁：政府为集中人才起见，政府对机关重要负责人员之任用，应本"因事求才"原则，破格用人。凡才不适位，政绩缺乏，信望不孚之官吏，应加以撤换。

三、调整步骤：

甲：政府应立即组织"调整行政委员会"，以便依据上项原则，拟具调整行政详细计划。

乙：调整行政委员会以五人组织之，由参政会推选三人，由行政院推定二人。

丙：调整委员会之任务：

（一）关于调整行政机关之设计与建议。

（二）关于人事上限制兼差，及技术合作等项之建议。

（三）其他有关增进行政效率之计划与建议。

丁：调整行政委员会非执行机关，任期以抗战时期为限。

四、治本方法：

甲：政府对已有之官规法令，如公务员任用法、考绩法、惩戒法、限制兼差法等，应切实实施。

乙：公务员之选拔，应实行公开考试制度。

丙：政府应指定经费，聘请专家，组织行政研究会，切实研究改革中国行政制度之一切问题。[①]

罗隆基领衔的这个提案，经大会讨论获得通过，正式通过的决议，仅在文字上做了修正，取消了重复的内容，而该案提出的主要措施，则均得到了保留。[②]

以在国民参政会历次会上提出的提案数量而言，无疑傅斯年以 11 件名列首位。傅斯年长期主持中央研究院历史语言研究所工作，虽然西南联大为他保留了名誉教授职务，不过他只是抗战结束后才代理北京大学

① 《罗参政员隆基等提：调整机构集中人才以增行政效率案》，《国民参政会第一次大会纪录》，第 157～158 页。

② 《罗参政员隆基等提：调整机构集中人才以增行政效率案》之"决议案文"部分，《国民参政会第一次大会纪录》，第 158～159 页。

校长与西南联大常委。这里，想介绍一下钱端升，这不仅由于他在国民参政会提出的提案数量，位居西南联大参政员第二位，而且在于他所关心的问题，直接涉及国家政治的改革与建设。

钱端升是 20 世纪的同龄人，1916 年入清华学校高等科一年级。1919年，他即将毕业留学，五四运动爆发。6 月 3 日，北京城里发动"六三运动"，北洋政府军警逮捕了上千个游行的学生，清华学校被逮捕 20 余人，钱端升便是其中之一，关押在北京大学理科大楼，6 月 8 日才被释放。8 月，钱端升赴美留学，攻读政治学和国际法，以《议会委员会——比较政府研究》获哈佛大学博士学位。1924 年 5 月，钱端升回国，先后在清华大学、中央大学、北京大学任教。1924 年底，以新潮社成员和北大教授为主要撰稿人的《现代评论》创刊，钱端升是编辑之一。他的《德国的政府》《法国的政府》等早期学术论著，至今仍是国际政治学的基本读物。随着中国民族危机的加深，钱端升的研究对象逐渐从国外的政制转向中国的政制，与一些同人写下了《民国政制史》。他与王世杰合著的《比较宪法》增订本，中国政制部分即是他执笔的。卢沟桥事变后，胡适被派往美国、欧洲寻求国际援助，钱端升与张忠绂随行，以致未能出席国民参政会第一届第一次大会。1938 年 8 月下旬，钱端升自法国回到国内，遂出席了 10 月 28 日至 11 月 6 日在重庆召开的国民参政会第一届第二次会议。会上，他根据在国外争取经济援助的感受，领衔提出《管理贸易及外汇方法改进案》。该案与他在 1940 年 4 月1 日召开的国民参政会第一届第五次会议上提出之《设法利用国人存放国外之资金以增厚金融力量而平物价案》，都着眼于国家与国人现有资金的利用。

钱端升在国民参政会上共提出 8 个提案，内中最引人注目的是 1944年 9 月在国民参政会第三届第三次大会上提出的《请政府刷新政治以慰民望而奠国基案》和 1945 年 7 月在第四届第一次大会上提出的《再请政府刷新政治以慰民望而奠国基案》。这两个提案都是对国家政治体制的改革建议，当时就引起人们的重视，由于这一点后面还要写到，这里不再展开。不过，这里想说一下与这两个提案有关的另一个提案，即副署周览领衔提出的《请确立民主法治制度以奠定建国基础案》，因为它实际上可以被视为钱端升日后两案的引子。

西南联大参政员除领衔提出了 31 件提案外，还副署了一些提案，其中之一就是 1939 年 2 月国民参政会一届三次大会上通过的《请确立民主法治制度以奠定建国基础案》。这个提案的领衔者是武汉大学政治系主任周览教授，西南联大除张伯苓和远在美国的胡适外，钱端升和罗文幹、周炳琳、傅斯年、张奚若、罗隆基、张忠绂、杨振声等都参加了联署。该案最后联署者共 50 人，占国民参政会全体人数的 1/4，而这次会议开幕时，包括议长蒋介石在内，共有 131 人。也就是说，提出这个提案的 51 人，几占当时出席会议总人数的近 40%。

周览是著名国际法学家，留学日本时加入中国同盟会，回国后从事政治学教育与研究。这位熟悉西方政治制度的学者，与同样重视中国法制建设、同样有海外求学经历的钱端升、罗文幹、张奚若、张忠绂、罗隆基等以及周炳琳、傅斯年、杨振声等，在这个问题上有着很多共识，参政会召开时，他们常常彼此交换意见，互相声援，因此邹韬奋把他们划为国民参政会中的"教授派"。可以推想，周览草拟《请确立民主法治制度以奠定建国基础案》时，肯定征询过西南联大参政员的意见。

周览领衔、西南联大参政员参加副署的《请确立民主法治制度以奠定建国基础案》，从提案标题上就看得出其主张。该案开首便强调确立民主法治与建设现代化国家的关系。提案写道："我国政治之应以民主及法制为基础，允成建国之原则，亦为国人所共晓。值此抗战日益有利，建国正在开始之际，我人尤宜淬砺民主法治精神，确立民主法治之制度，以期训政早有实质的成就，而为宪政预立稳固的基础。"接着列出六项理由：（1）目前不但国家有空前的统一，且有全国共戴之领袖，应乘此时机，自上而下奠定民主法治的基础，树立国家恒久之制度。（2）民主及法治基础的树立，至少需要十至二十年，必须在这一二十年中，使中国得有民主及法治之稳固基础，才能进而成为一理想的近代自由国家。（3）我国十余年来，无论政治上或经济上，从未确立应有之制度，为国家永久计，必须早日使之制度化。（4）人民参政之权利，如不能与政府权力扩张亦步亦趋，势必造成极权国家，于整个民族之前途有异常不良之影响，故此时不能不急求逐渐增加人民参政权利。（5）世界各大国正在形成民主与反民主两大集团，我国此时如能努力树立民主法治初步基础，则近可增加民主集团对我国抗战之同情协助，远可为世界和平谋共同之奋斗。（6）负责为民治之根本，法治之根在于守法，在位之大员尤应以身作则，使守法成为上下一致之习惯。

根据以上六项理由，该案提出"政府行动应法律化""政府设施应制度化""政府体制应民主化"三项建议。提案认为，在训政时期，国民党应切实对"党所组织，且受党所指导之政府"进行监督，即使它"向国民负责"，而且"国民如依法对政府表示不满后，政府仍不能设法满人意时，党应分别轻重，加以改正或改组"。同时，提案还提出加强国民参政会权力的要求，指出："党应以现有之国民参政会，或发送加强后，更有代表人民性之参政会为民意机关，并用渐进的方式，使之具有依法监督行政之权力。"①

这个被列为本次参政会第35号的提案，用温和的措辞，提出了谁也不能忽视的政治改良问题。该提案在负责内政的审查会上，获得通过。提交大会讨论时，也议决"照审查意见通过"。② 但是，该案通过后，并未得到实行，这才导致钱端升提出《请政府刷新政治以慰民望而奠国基案》，继之又提出《再请政府刷新政治以慰民望而奠国基案》。

西南联大参政员在国民参政会中的工作，是有待开拓的一个研究领域。这里只是抛砖引玉，对这些工作做一线索性的略述，希望引起学术界重视。

第二节　舆论发声

"天下兴亡，匹夫有责"，是中国知识分子的优良传统，社会动荡时期，这句话更被社会精英所重视。在西南联大，关心国内外大事、思考形势走向、针砭现实弊端、贡献个人智力蔚然成风，表现了这一群体与国家与民族同呼吸共命运的紧密联系。

一　提倡议政

抗日战争时期，国民参政会发挥着"准民意机关"的作用，但它不

---

① 《请确立民主法治制度以奠定建国基础案》，国民参政会秘书处编《国民参政会第二次大会纪录》，国民参政会秘书处，1939，第60～62页。
② 《国民参政会第三次大会纪录》，第20页。

仅人数极少，而且会期间隔越来越长，议题越来越多，能够达成的一致意见越来越少，越来越满足不了实际需要。于是，通过各种方式和渠道表达不同见解，就越来越显得迫切。

知识分子履行社会职责的主要途径是对公共问题发表看法。"国家兴亡，匹夫有责"，这句话既是知识分子说的，也主要针对知识分子。所谓"责"，在很大程度上指的是论政。"学人论政是中国文化的一大传统"，潘光旦以顾炎武为例，认为他是最值得钦仰的学人论政代表。潘光旦说：顾炎武有三个外甥做了清朝的官，他每次到北京，都要斥责他们。他的大外甥声势显赫，亦提倡风雅，顾炎武对他说："有国体经野之心，而后可以登山临水，有济世安民之志，而后可以考古论今。"潘光旦认为，这实际上是等于说，"一个人一面讲求学术，一面必须有政治的志向与抱负，甚至于此种志向与抱负在讲求学术之前，是讲求学术的先决条件"。①

潘光旦在这里强调的是知识分子对于国家、对于民族的责任，这一点对当时的知识分子来说尤其需要。西南联大是知识精英荟萃的地方，有着浓厚的论政风气，因此他们对一些知识分子埋头教书、钻研学术，疏远政治的现象，深感忧虑。

知识分子论政，前提是知识分子认清个人与国家的关系，认清自己对社会的责任。全面抗战开始不久的1938年4月，西南联大甫到昆明，外文系教授陈铨就在《抗战时期的智识阶级》中提出知识分子的责任意识问题。他说："这一次中华民国对日本侵略的全面抗战，是国家存亡的生死关头，是民族复兴的最后机会"，中国历史上任何一次对外作战，"意义都没有这一次这样重大，组织都没有这一次这样严密，范围都没有这一次这样宽广，全国的军队都没有这一次这样慷慨牺牲，全国的人民都没有这一次这样悲愤激烈"，在这个可歌可泣的斗争中，"包括政府的官吏，军队的长官，言论界的记者，农工商各界的领袖，大中小学的教员和学生"的知识分子，"是推动一切的力量，是影响人心的基础"，"这一次抗战的成功和失败，完全要看他们努力的程度"。但是，陈铨认为知识分子并没有发挥好应有的作用，"智识阶级第一件刻不容缓的工作

---

① 《说学人论政》，《自由论坛》第2卷第6期，1944年8月1日。此文收入潘光旦著《自由之路》一书。

就是宣传"，这一点"智识阶级太没有尽他们的责任了"，现在"国家已经快亡掉一半，然而后方大部分的民众还没有十分感觉战事的紧张，甚至于挨近战区的城市，都没有造成战争的空气"。

陈铨战前是清华大学教授，卢沟桥事变后从北平脱险回到故乡。他说在乡间看到一般民众并不明了抗战的意义，所以不愿意参加壮丁训练，而乡间的土豪劣绅也"故意形容战事的危险，来敲诈不敢当兵的愚民"，以致"第一批壮丁出发赴重庆的时候，父母妻子成群结队的遮道痛哭"。陈铨是在德国取得博士学位的，他很自然地把这种现象与德国相比较："我回想在德国看见一般人民父勖其子，妻勉其夫的热心兵役，刚好成一反衬。"造成这种情况的原因，"当然不能怪民众本身，因为他们根本不明了国家的形势"，而"这一个关键完全在智识阶级的手里，因为中国素来尊重读书人，一般人民的行动态度，完全受有智识的人的支配"。①

陈铨之文发表后两个星期，王赣愚也在《智识阶级与统一》一文中强调了知识分子在舆论宣传上的作用。他说："舆论是社会上智识分子对于公共问题所促成的显明而有力的意见"，虽然它不一定是多数人的意见，也不一定是全体一致的意见，可它毕竟是"比较正确的具有见识的而又深虑的意见"，所以具有很大力量。而"社会上创造这种意见的人，实居非常少数"，这些少数人"就是所谓智识分子"。王赣愚给知识分子戴上一个"舆论的创造者"桂冠，因为知识分子"不但本身备有相当的政治知能，而且和政府接触的机会比较多，所以关于政治实况和政府的措施，洞若观火，倘能用冷静的态度来发表言论，确能代表一国的普通见解"。因此，在现代民主国家，要促进健全的舆论，就要尽量使"智识分子充分利用和平手段来传播自己的意见以博得大家的信仰"。②

陈铨、王赣愚的意见，针对的是全面抗战初期的问题，故而对知识分子的要求，集中在宣传抗战意义、加强国内统一等问题。全面抗战进入相持阶段后，局势相对平稳，人们的关注中心转移到国际关系的调整和战局的演变。但是，到了1944年，正面战场出现严重军事危机，政治腐败亦日益蔓延，这些社会现实给知识分子论政注入了新的内容，提出

---

①　陈铨：《抗战时期的智识阶级》，《云南日报》1938年4月10日，第1版。

②　王赣愚：《智识阶级与统一》，《云南日报》1938年4月24日，第2版。

了新的要求。前引潘光旦之言，强调的就是知识分子如何在这种形势下履行自己的职责。在西南联大，有不少人与潘光旦有同感，闻一多就是其中之一。

闻一多早年出版过《红烛》《死水》两部诗集，后来转入古典学术研究，仍保持着诗人般的性格。1944 年 6 月，他针对萎靡的社会现象，用杂文的笔法写了一篇名为《可怕的冷静》的文章。文章开篇对现实做了一个素描："一个从灾荒里长成的民族，挨着一切的苦难，总像挨着天灾一样，以麻木的坚忍承受打击，没有招架，没有愤怒，甚至没有呻吟，像冬眠的蛰虫一般，只在半死状态中静候着第二个春天的来临"，这"便是今天的中国"。接着，他指出现实是"战争与饥饿"打成一片，而"灾情愈重，发财的愈多，结果贫穷的更加贫穷，富贵的更加富贵"。现在，"救济的主要责任落在外人身上"，而国内人士，相形之下，"愈能显出他们那'不动心'的沉着而雍容的风度"。"分明是痼疾愈深，危机愈大，社会表层偏要装出一副太平景象的面孔"，以致抗战开始以来，"没有见过今天这样'众人熙熙如享太牢，如登春台'的景象"。闻一多反问"这不知道是肺结核患者脸上的红晕呢，还是将死前的回光返照"后，指出现在"是一个非常时期"，"火烧上了眉毛，就得抢救"，老年人、中年人应该和青年一样，负起抢救的责任。但是，尽管一些人看得出"事实上目前的一切分明是朝着与胜利相反的方向发展"，"却还要力持冷静，或从一些烦琐的立场，认为不便声张，不必声张"。闻一多对这种现象非常气愤，说：如果"负有领导青年责任的人们，如果过度的冷静"，是很可怕的，何况"时机太危急了，这不是冷静的时候"。若是有人"固执起来，利用他们的地位与力量，阻止了青年意志的贯彻，那结果便更不堪设想了"。最后，闻一多呼吁"老年人中年人的步调能与青年齐一"，共同"早点促成胜利的来临"。[①] 闻一多所说的"老年人中年人"，指的是年纪大一些的知识分子，他认为这些知识分子在抗战救国中责任重大，可现在时局严重，他们却还在"冷静"。

闻一多批评的"可怕的冷静"，在这年"七七"纪念期间又一次被证实，使一向关注国际动向的曾昭抡，也把矛头对准国内现实。他以重

---

① 闻一多：《可怕的冷静》，《云南日报》1944 年 6 月 25 日，第 2 版。

庆、昆明两地的七七献金为例："重庆献金总额超过一千万，昆明也有三百四十万，这种庞大的数目，看来仿佛很可观。不过假定拿物价指数（重庆五百倍，昆明一千倍）和人口总数（重庆九十余万，昆明二十四万）一除，我们立刻可以发现，这两座后方大都市在这伟大的纪念日献给国家的，按照战前的标准，平均每个市民，不过两分国币左右。"这一数字与抗战初期相比，说明"一般后方人士对于国事的关心，不但没有进步，而且反有相形见绌"，这说明"我们的确是犯着一种毛病，那种毛病就是闻一多先生说到的'可怕的冷静'"。

和潘光旦、闻一多不同，曾昭抡的指责主要针对社会，而不只针对知识分子。他沉痛地指出形势的严重："任何人只要稍为想一想，便会明了，最近几月来时局的发展，实在非同小可。大军云集的河南，不到一月，几乎全部沦于敌手。再一个月，湘北战事，便展开到衡阳一带。"广东方面，"敌人也发动向北进攻，企图与湘中寇军会合，打通粤汉路"。云南之所以相对安定，一是有美国空军的增援，二是有军队的大量增加，而"这些军队的补充，向来大部分依赖湘省送来的壮丁"。因此，"湖南一旦有失，将来如何补充"，实在"令人忧虑"。然而，"许多人对于这些事，似乎不甚关心"。滇西激战方殷时，大家"处之泰然"，缅北、滇西血战时，"一般人亦不过报之以一种冷静的态度"。这是一个国难益加严重的关头，可昆明"报纸上看不见一句警惕的词句，街头上碰不到一位募捐的童子"。除了省党部门前设了一个献金台外，"市上可说看不见'七七'纪念的样子"，可"茶馆、饭馆、电影院，照旧挤满是人，家里又麻将，打纸牌的，兴趣依然不灭"。四个大学的学生开了一个"七七时事座谈会"，但"书生们这一点最低热诚的表示，竟被认作'浮动'与不合时宜"。写到这儿，曾昭抡感叹地问，"我们真不知道，国民党要冷静到那种程度，才算合适"，欧美各国"作战的时候总是尽量鼓励人民对于战争的兴趣"，可我们呢，"总是劝人冷静"。[①]

潘光旦、闻一多、曾昭抡的批评不是泛泛而论，有些现象就出现在校园里，出现在他们身边。

---

① 抡：《冷静与镇静》，《自由论坛》第 2 卷第 6 期，1944 年 8 月 1 日。"抡"，即曾昭抡，是其发表短评经常使用的署名。

二 创办杂志

任何思想都需要通过著书立说才能得到表现和传播，在现代社会，最主要的工具是报纸和杂志，五四新文化运动的兴起得力于《新青年》，呼吁抗战让人马上想到《申报》《大公报》。西南联大师生的声音起初是分散发表在报纸和刊物上，为了获得主动权，从 1939 年开始，他们相继开辟了自己掌握的舆论园地，其中最突出的有《今日评论》《当代评论》《自由论坛》《民主周刊》《时代评论》等。

1. 《今日评论》

1939 年 1 月 1 日，昆明出版界出现了一个新面孔——《今日评论》，它就是西南联大教授创办的第一个公开发行的杂志。

《今日评论》是周刊，虽然栏目设有国际、政治、经济、社会、教育、语文、文艺、通讯等八类，但最突出的则是时事分析与评论。这种性质，与胡适 1922 年创办的《努力周报》，1924 年胡适与陈西滢、王世杰等创办的《现代评论》周刊，尤其是 1932 年胡适与蒋廷黻、丁文江、傅斯年、翁文灏等创办的《独立评论》相类似。《今日评论》筹备时，刊物同人曾为刊名交换过意见，一度"倾向于叫《中论》",[①] 意思是立场持中，不偏不倚，有些接近《独立评论》。不过，再次讨论时，"大多数人同意定名为《今日评论》",[②] 这又接近了《现代评论》，从名称上就标明了讨论当今问题的办刊宗旨。其实，什么名称并不重要，重要的是《今日评论》是抗战新形势下继承了《现代评论》《独立评论》风格与精神的政论性质刊物。

《今日评论》的发起人和主编是西南联大政治学系教授钱端升。1934 年钱端升出任天津《益世报》主笔，在日本侵略华北的根据地天津，他不为所惧，撰写了大量宣传抗日、抨击对日妥协的社论，由此得罪了日本势力，不到两年便被迫离开。[③] 离开《益世报》后，钱端升再度至南京中央大学，1937 年 7 月 15～23 日蒋介石召开第一期庐山谈话

---

① 朱自清 1938 年 11 月 30 日日记，朱乔森编《朱自清全集》第 9 卷，第 561 页。
② 朱自清 1939 年 12 月 16 日日记，朱乔森编《朱自清全集》第 9 卷，第 564 页。
③ 钱端升：《我的自述》，《钱端升学术论著自选集》，北京师范学院出版社，1991，第 696～697 页。

会，他就是以中央大学教授身份受到邀请的。① 9 月上旬，胡适被派往美国做抗战宣传，钱端升与之同行。钱端升于 1938 年 8 月自美国返回国内，以北京大学教授身份，被已迁到昆明的西南联大聘为法商学院政治学系教授，并在团结抗战口号下，在重庆加入国民党。② 在昆明，对美国、欧洲的考察与分析激起他发表言论的冲动，《今日评论》就是这时开始酝酿的。钱端升非常推崇提倡自由主义的胡适，《今日评论》继承的就是胡适主编《独立评论》的风格。不过，为了自由发表意见，《独立评论》的经费完全出于自筹，而《今日评论》开办时的部分经费则由国民党资助。

钱端升是以"著有信望，或努力国事信望久著之人员"的资格被遴选为国民参政会参政员的，主持国民参政会日常工作的秘书长王世杰与他关系十分密切。王世杰是法国巴黎大学法学博士，与钱端升一样也是法学专家，他撰写的《比较宪法》曾多次出版，后来的增订本即署名"王世杰、钱端升"。由于这层关系，钱端升向王世杰筹措《今日评论》资金，王世杰把这个意思转达给国民参政会议长汪精卫，意欲拉拢教育界精英的汪精卫表示同意，还给钱端升写了封信。1938 年 12 月 18 日钱端升复函表示感谢，信中说："周刊现定名为《今日评论》，如地方政府登记无问题，元旦决可出版。承先生慨助之款，如无不便，拟请即自本月起汇。其余半数现在仍未决定办法，据闻雪艇先生处并无特别预算可资拨用，现拟暂搁一下，俟过一二月后看用数如何再作计较。"③

用纸上乘、印刷精良的《今日评论》发行不久就入不敷出，据《昆

---

① 《庐山谈话会邀请参加人员名册》（1937 年 7 月 7 日），"蒋介石档案"，台北"国史馆"存，档号：002 - 080114 - 00007 - 002。

② 关于钱端升与国民党的关系，钱仲兴在 2020 年 2 月 16 日致笔者信中写道："1965 年我已参加工作 3 年，那时所在单位开展'四清运动'，要我交代父亲参加国民党的问题。我写信问过父亲，他复信如后。'1926 年参加国民党，1927 年国共合作结束，又在南京登记过，次年起就不再参加活动。1938 年在团结抗战的口号下，在重庆又接受了国民党党证，1939 年曾接受西南联大直属区党部筹委会委员职务，次年当选为执委，但后即辞去并断绝关系'。"又，钱端升于 1938 年 11 月 12 日出席在重庆召开的国民参政会第二次大会（即一届二次大会）后返回昆明（《时人行踪》，《云南日报》1938 年 11 月 13 日，第 1 版），他加入国民党应在出席这次大会期间。

③ 《钱端升电汪兆铭周刊定名为今日评论请即汇所捐款并可否请雷儆寰每周将先生向参政会驻会委员会之报告摘要函告以得每周重要消息梗概》（1938 年 12 月 18 日），"蒋介石档案"，档号：118 - 010100 - 0056 - 012。

明市刊物调查表》中《今日评论》栏"经费来源及收支状况"所记："收：由社员每人每月负担十元，支：每月千二百元"；"备考：该社社员约五十人"。① 以此计算，50 名社员每人每月 10 元也只有 500 元，离支出的 1200 元还差 700 元。一心想维持刊物档次的钱端升，希望陈布雷能帮助解决一些经费。陈布雷是个文人，很理解钱端升的心情，也希望知识精英能配合政府说话，遂于 1939 年 6 月 14 日致函蒋介石。信中云："钱端升君在昆明出版《今日评论》，约集西南联大及云南大学教授执笔，纯以客观姿态，拥护中央政策。出版至今半年，销行尚畅，惟以纸价高昂，每月亏耗数百金，颇有不能继续之虞，迭次来函嘱为转请扶助。职窃以钱君年致力国外通信（经常与英美大报主笔及国会议员以私人名义通信，报道抗战事业），热心可嘉，所办《今日评论》亦不失为上流刊物，拟请钧座赐予该社一次补助国币叁千圆，饬由军需署汇发，俾先维持半年，借以示奖助之意。可否之处，伏候批示。"② 上述两笔资助曾引起一些人的诟病，认为《今日评论》有政府背景。

《今日评论》1941 年 4 月 13 日停刊，两年四个月里共出版了 5 卷 114 期。创刊后的数期，侧重与中国关系密切的国际问题，不多久国内政治建设的评论就逐渐增加。这种变化，首先与 1939 年 9 月国民参政会第四次大会（即一届四次大会）发起的第一次宪政运动有直接关系。这次会上由蒋介石提名 19 人组成国民参政会宪政期成会，钱端升是成员之一，国民参政会宪政期成会的任务是修订战前公布的《中华民国宪法草案》（五五宪草），因此《今日评论》围绕这项工作展开讨论，就顺理成章。

《今日评论》的这种变化，与钱端升本人的专长也有密切关系。钱端升在哈佛大学的博士论文是《议会委员会——比较政府研究》，国会的权力与运作是其研究的重点。钱端升毕业后到欧洲漫游了半年，曾与英、法、奥等国宪法学、政治学学者进行了接触和交流，还访问了一些国会议员和议会工作人员。上述两种原因，使《今日评论》很快在讨论

① 转引自张阳《西南联大〈今日评论〉研究》，云南师范大学 2014 年硕士学位论文，第 12 页。

② 《陈布雷呈蒋中正拟请补助钱端升出版今日评论一次补助三千元由军需署汇发》，"蒋介石档案"，档号：002－080106－00008－017。

宪政问题上取得显著影响力，也形成了这个刊物的一个主要特色。

国民参政会宪政期成会成立后，因钱端升、周炳琳、罗隆基、傅斯年、罗文幹和中央研究院社会研究所所长陶孟和都在昆明，国民政府便委托他们起草五五宪草修订案，这6人中有5人是西南联大教授。另外，当时在昆明的国民参政会参政员、联大教授张奚若与杨振声，中央研究院总干事任鸿隽，也参与了意见。这9位国民参政会参政员经过认真研究，共同起草了"五五宪草修正草案"，1940年3月20日宪政期成会通过的《国民参政会宪政期成会提出中华民国宪法草案（五五宪草）之修正草案》，就以此为蓝本。但是，由于这个草案在限制政府权力方面提出了重要改良措施，在4月初召开的国民参政会第五次大会（即国民参政会第一届第五次大会）上遭到蒋介石极力反对，落了个有花无果的结局。

"五五宪草修正草案"起草经过和不时出现的问题，在《今日评论》上均有讨论。如修订"五五宪草"初期，11月12日出版的《今日评论》在第2卷第21期刊登了罗文幹的《宪政问答》，11月19日出版的第2卷第22期上刊登了罗隆基的《期成宪政的我见》，11月26日出版的第2卷第23期刊登了王赣愚的《走上宪政之路》，12月3日出版的第2卷第24期上刊登了王赣愚的《制宪与国民大会》，1940年2月18日出版的第3卷第7期刊登了邹文海[①]的《宪政运动中的几个问题》、王赣愚的《未来的国民大会——关于职权增置的一点意见》，3月10日出版的第3卷第10期刊登了罗隆基的《五五宪草的权利义务章》，等等。《国民参政会宪政期成会提出中华民国宪法草案（五五宪草）之修正草案》被束之高阁后，钱端升在5月12日出版的第3卷第19期上发表了《论战时的行政机构》，之后在5月26日出版的第3卷第21期上发表了《制宪与行宪》，同期刊登的还有罗隆基的《论公开政权》。6月2日出版的第3卷第22期刊登了陈体强的《论设置国民大会议政会问题》，7月7日出版的第4卷第1期刊登了罗隆基的《欧战与民主主义的前途》，等等。

钱端升在《今日评论》中也阐述了对宪政实施的认识，他在《制宪

---

① 邹文海，1926年考入清华大学政治学系，1930年毕业留校任助教，1935年保送留学英国伦敦政治经济学院，专攻西洋政治思想与制度。

与行宪》中认为抗战时期"当然是胜利第一，一切第二"，一个国家如果"独裁可以获胜较易，他自然须更独裁，如果改采民治可以获胜较易，他自然须放弃独裁，改采民治"。钱端升的见解是，"我们的答案是往民治的方向走"，但中国的宪政不能速成，而且"抗战也未尝不是政治民主化的一个契机，应当做一定的准备工作"。① 但是，《今日评论》也不排除不同意见，罗隆基鼓吹宪政运动的《期成宪政的我见》，发表时间比钱端升的文章还早半年。《今日评论》刊登的罗隆基的《论公开政权》《国民参政会的效用》，王赣愚的《法治民治与统一》《制宪与国民大会》《走上宪政之路》，罗文幹的《宪政问答》，张佛泉的《论政治之制度化》，等等，体现了不以党派立言、提倡言论自由的包容性。

《今日评论》讨论的问题均与中国局势紧密相连，是当时少有的自由发表意见的园地，撰稿人都是学者方家，所以一出世就很受关注。创刊时，它每期印刷千余份，半年后就增加到将近 4000 份，不仅各地书局有代售，还远销到香港和国外。多年从事西南联大研究的美国弗吉尼亚大学历史系教授易社强评价《今日评论》："这个杂志致力于公开传播不同观点，成为战争前期联大知识分子的论坛，讨论他们关心的问题"，"它使新一代学者登上了舞台，领袖群论"，从而成为"抗战初期中国最具影响力的言论杂志"。②

《今日评论》在国内政治问题上始终持有开明态度，钱端升的文章也大致延续了 1920 年代以来主张言论自由、教育独立、法治政府的思想，因而遭到《中央日报》《中央周刊》《民意》等国民党系统报刊的点名批评。这让他感到心寒，决定停止发行《今日评论》。钱端升在 1941 年 4 月日记中写道："今日评论出版二年余，原期借以代表一部分独立知识阶级之言论，兼以策励联大同人。但发行后，□方同人多报以消极或疑忌，质□不够佳，本身亦劳累之至，故乘印刷社法准期之会，停止发行。计出 114 期。"③

其实，钱端升在筹办《今日评论》之初，就受到一些人的质疑。曾

---

① 钱端升《制宪与行宪》，《今日评论》第 3 卷第 21 期，1940 年 5 月 26 日。
② 〔美〕易社强：《战争与革命中的西南联大》，饶佳荣译，九州出版社，2012，第 237、236、155 页。
③ 《钱端升日记手稿》，1941 年 4 月，钱仲兴提供。此条日记系于 4 月之下，未写明日期。

任西南联大政治学系教授，时已调任国民政府国防最高委员会参事室参事的浦薛凤说："近来端升组织一言论刊物，重庆方面可以得到津贴。大约某方面有些联络。数次宴集讨论，定名为《今日评论》。予亦敷衍参加开会。推吉人掌理印刷。出版编辑，则当然由端升为之。初次集会约两桌，后来人稍增加，要不外联大同仁及一二旅昆熟友。予与端升深谈，似窥见其依旧拉唱自由主义，对于对内对外重要问题，却除掉打官话，或类于打官话外，模棱两可。我深信此种作风，在言论则为落入窠臼，在行为则为随波逐流。今日整个局面之收拾与善后，在在需要伟大眼光，非常见解，而滔滔天下，却多轻狂幼稚。果有几人能客观了解评论。诚恐历史上成为'假定'如何，则或如何如何之史论耳。"① 可见，一方面接受政府资助；另一方面又不能与执政当局完全同调，使钱端升左右为难，终于下决心停办《今日评论》。

在这种状况下，《今日评论》不得不发出《本刊紧要启事》，借口"近月以来印刷十分困难，虽经多方设法，仍未能如期出版，兹不得不暂行停刊"，并云"先将各定户所余定金退还，俟复刊后再行通知，务希鉴察为幸"。② "复刊"云云表示钱端升不甘心失去这个论政平台，可惜愿望毕竟是愿望，并没有实现。③

《今日评论》是全面抗战爆发后舆论界的明星，在教育文化界产生了很大影响，而它依托的基本队伍，则是西南联大精英群体，主要作者罗隆基、王赣愚、罗文幹、陈之迈、费孝通、潘光旦、冯友兰、朱自清、傅斯年、陈岱孙、王信忠、钱穆、陈序经、雷海宗、张佛泉、萧公权等

---

① 浦薛凤：《太虚空里一尘游——抗战八年生涯随笔》，第 164 页。

② 《本刊紧要启事》，《今日评论》第 5 卷第 14 期，1941 年 4 月 30 日。

③ 关于《今日评论》的停刊，伍启元回忆说：钱端升"认为他应立即停办《今日评论》。若干编辑（包括我在内）希望由其他编辑继续维持及出版，或至少办到外交部正式宣布他的任命才停止。但钱先生坚决立即停刊"。有人据此认为钱端升被派遣出使是停刊原因之一，笔者曾就此问题求教钱仲兴。钱仲兴说："父亲的日记从 1937～1946 都有，多数记得比较详细，只是 41、42、43、44、45 这些年记得非常少，有的甚至一整年只写了 1/3 页，我觉得这几年的可能事后补上的。我翻看了他 1941 年的日记，只写了 4、7、10 三个月的，而且每个月只写了一段，但未提到出国之事。有人为父亲写了非常详细的年谱，但其中 1941 年的 6～9 月没有内容。所以父亲 1941 年是否出过国，我说不好，我觉得出国的可能性不大。父亲在西南联大 8 年间去过几次美国，都是去参加太平洋学会。"（钱仲兴 2020 年 2 月 16 日复笔者信）

不仅都是西南联大教授，而且是各个学科的知名学者。《今日评论》以
西南联大为大本营，鼓励思想自由，敢于发表不同意见。

《今日评论》关注的都是与"今日"紧密相关的现实问题，如政治
方面，有对结束训政、实施宪政的呼唤，有对"五五宪草"的讨论，有
政党问题的论争，等等。经济方面，有经济与战争关系的阐释，有工业
化诸政策的商榷，有计划经济与统制经济的分析，有金融问题的建议，
等等。外交方面，有国际形势观察，有对美国参战的期望，有国际事件
的对策，等等。西南联大教授创办的《今日评论》，在抗战时期舆论界
具有标志性意义，很多人把它当作了解中国政治的一个窗口，从其刊登
的文章中也能看出中国知识精英对复杂多变社会发展的认识。这些文章
的内容与观点，尚需深入研究。①

2.《当代评论》

像接力棒一样，《今日评论》停刊三个月后，1941 年 7 月 7 日纪念
抗战 4 周年这天，与《今日评论》风格几乎完全相同的《当代评论》，
问世了。与《今日评论》一样，《当代评论》也是由西南联大教授担任
主要编辑，撰稿者也以联大教授为主的杂志，只是将"今日"改为"当
代"，而两者意义其实并无区别。实际上，《今日评论》停刊后，其编委
会中的联大教授便顺其自然地转移到《当代评论》，② 虽然《今日评论》

---

① 中文文献中最早介绍《今日评论》的是美国弗吉尼亚大学历史系荣休教授易社强先生，
他的《大学教授的论坛——西南联大与中国知识分子》作为其西南联大研究的阶段性成
果，由储德天翻译，刊登在《学海》2004 年第 5 期。其后，在一些西南联大研究与回忆
著作中，也提到这个刊物。第一个对《今日评论》进行综合性研究的是北京大学历史系
的博士研究生谢慧同学，她的博士学位论文即是《知识分子的救亡努力：〈今日评论〉
与抗战时期中国政策的抉择》，2010 年 5 月以同名由社会科学文献出版社出版，是目前这
一研究最主要的成果。谢慧还相继发表了《〈今日评论〉与抗战时期的第一次宪政运动》
（《抗日战争研究》2009 年第 1 期）、《〈今日评论〉的对美观察》（《中国社会科学院近代史
研究所青年学术论坛（2008 年卷）》，社会科学文献出版社，2009）。此外，云南师范大学传
媒学院也贡献了两篇论文，一是张阳的《西南联大〈今日评论〉研究》（2014 年硕士学位论
文），一是柳盈莹、余明霞的《西南联大报刊〈今日评论〉的作者群像及意见表达探析》
（《西部广播电视》2015 年第 19 期）。《今日评论》出版于 1939 年 1 月至 1941 年 4 月，距今
已 80 余年，为了学术界研究利用，云南大学张昌山教授经过多年努力，将《今日评论》5
卷 114 期全部录入电脑，重新排版，编纂成 10 卷本的《〈今日评论〉文存》，2018 年 8
月由云南出版集团、云南人民出版社出版，为这一研究提供了极大便利。

② 伍启元：《抗战期间的教学生涯》，台北《传记文学》第 65 卷第 6 期，1994 年 12 月
号，第 53 页。

主编钱端升没有参与《当代评论》，也没为它写过任何稿子，但人们还是认为两个刊物客观上存在着衔接关系。

《当代评论》没有明确主编，也没有公布编辑委员会名单，但从伍启元前面的话来看，他应该是编委之一。同时，按照战时出版品管理办法，报纸、图书、杂志等发行出版前都要递交图书杂志审查委员会审查，而《当代评论》递交审查的申请人是陈雪屏，[①] 这证明陈雪屏也是编委。另外，同类期刊有一惯例，即发表文章较多者一般负有一定责任，那么王赣愚、雷海宗、王信忠、费孝通也应当参加了编委会工作。《当代评论》也是以政论为主的刊物，从1941年7月创刊到1944年3月1日停刊的两年八个月里，共出版了4卷68期，刊登了近300篇文章。这一时期，国内外形势出现了许多重要变化，这使它关注的问题比《今日评论》扩大了许多，作者也增加了不少。

雷海宗的《抗战四周年》，是《当代评论》创刊号的第一篇文章。文章站在历史的角度写道："我们的抗战，在中国历史以至人类史上，诚然是一种空前的艰苦事业，历史上任何的战争都难与比拟。这是许多人都曾见到，且曾由各种不同的方向论列过的道理，无需再去重述。但由长期战的立场来看，过去历史上可供比较的事例却不算少。无论中外，都曾打过几年甚至几十年的大战，而一切的长期战似乎都有公（共）同的发展步骤。溯往知来，过去的大战或者可使我们对已往的四年多所了解，对今日的处境增加同情，对未来的趋势易于把握。"[②]《当代评论》把这篇文章作为创刊第一炮，开宗明义地宣示了坚定抗战信念的办刊宗旨，以后每到重大抗战纪念日，都发出同样声音。

王信忠以常用笔名"王迅中"发表的《德苏战争》，是《当代评论》创刊号刊登的第二篇文章。《当代评论》创刊前一个星期即6月22日，德国撕毁《苏德互不侵犯条约》，向苏联发动大规模袭击。这场突然爆发的战争，改变了欧洲东线的暂时平衡，对世界形势产生了极大影响。密切关注国际变化的王信忠，及时对苏德战争的深层因素、德国的侵略

① 《〈当代评论〉（创刊号）图书杂志审查申请书》（1941年6月30日），云南省档案馆藏，档号：1013-001-0042-012。转引自刘绮《"多难殷忧新国运"：〈当代评论〉与其抗战建国之主张》（华中师范大学硕士学位论文，2017年），第25页。

② 雷海宗：《抗战四周年》，《当代评论》第1卷第1期，1941年7月7日。

本性、战争的可能趋势、日本必须尽早表明态度等，进行了宏观分析。文章特别指出："就我国言，自抗战以还，我们的一贯国策是反侵略主义，四年来的对日战争，不但使日本的侵华政策遭受致命的打击，并牵制了日本的南进野心，减少日本对于英美远东利益的威胁。无疑地中国在反侵略战争中，已尽了它的伟大任务。中国的抗日战争与英国的反德义战争及美国的反侵略主义，不但目的完全相同，利害亦完全一致。"对于中苏关系，文章说："过去因为苏俄与英美意见不一，中国处境非常困难，现在苏俄既已对德作战，中苏美英的利害完全一致，苏俄更有赖于中国在远东方面牵制日本，苏日协定以来中苏两国间的暗影将从此扫除，重回到七七以后的紧密合作。"关于苏德战争对中国争取国际援助的影响，文章认为"苏俄自顾不暇，当然无力继续抗战以来的物资援助，但美国参战的危机既暂松弛，对华援助必更加强，则我国失之东隅，收诸桑榆，且可获得更大的接济。所以我们本一贯的反侵略立场，对于苏俄的对德作战，不但完全同情，并且祝祈能予德国以致命打击，完成反侵略战争的最后胜利"。文章最后强调："我们竭诚希望英美两国能趁苏俄对德作战之机，加紧反侵略国家间的团结，对苏速作有效的积极援助，尤其英国更反省以往的错误，与苏俄彻底合作，加强苏俄的抗德决心。在远东方面希望美英两国认清日本的观望态度，并不是悔悟的表示，只有采取更坚强的对策，或有使日本就范的可能。如能利用此时机，先击日本，就整个反侵略战争言，可收各个击破之效，岂仅中国之幸而已。"①

《当代评论》创刊号刊登的第三篇文章是伍启元的《蜕变中的中国经济》。这篇文章是伍启元对在《今日评论》第4卷第1期发表的《三年来的中国战时经济》之补充。伍启元认为，4年来的战争使中国经济无论是量的方面，还是质的方面都有了极大改变，但战争总有结束的时候，那时战时经济必然还要回到平时经济。针对有人以为回到平时经济就是回到七七抗战前的经济，伍启元表示他不同意这种观点，认为"战后的和平经济，将必与战前的和平经济完全不同，中国经济已经因战争圣水的洗礼改变了它的性质"，并且至少表现在六种变化上：第一，"已经逐渐由殖民地式的经济转到自主自立的经济"；第二，"已由集中在沿

---

①　王迅中：《德苏战争》，《当代评论》第1卷第1期，1941年7月7日。

海的不平衡发展的经济逐渐转变到比较普遍发展和比较平等的经济"；第
三，"从领域经济转变到国家经济"；第四，"经济活动逐渐由传统主义
转变到合理主义"；第五，"工业化的程度一天比一天增大"；第六，工
业化运动"采取统制经济和计划经济的方式"。伍启元没有对这六种变
化详加论述，他强调的是："正因为现在一切都正在开头，所以我们应当
作极大的努力。我们应该不把一分的辰光放过，脚踏实地地使已经开始
的变化能够完成，使中国经济能够作一根本的改造。"①

　　《当代评论》创刊号还刊登了西南联大师范学院两位教授的文章，
一是教育学系田培林的《我国教育制度应采用的组织原则》，二是史地
系孙毓棠的《今日的作家》。五位教授的文章涉及政治、国际关系、经
济、教育、文化五大领域，这正是《当代评论》办刊的重点。

　　国际形势观察与分析，是《当代评论》最重要的贡献。这方面，刊登
过雷海宗的《论欧洲各国请英美善意保护》《大地战略》《法属非洲——西
方的第二战场》《战后的苏联》《全球战争二周年》，邵循恪的《美国中立
法问题》《太平洋和战问题》《苏波疆界问题》，蔡维藩的《论欧洲战局》
《西南太平洋盟军战略进展》《日本几个根本错误》《论日寇的狂言》，王
绳祖的《德苏战争与世界前途》，崔书琴的《论美国参战问题》，王信忠
的《所罗门海战中美军胜利之意义》，王赣愚的《意义重大的罗邱宣
言》，庄前鼎的《从英美的空军战略说到太平洋上的战争》，曾昭抡的
《我们对于苏联应有的认识》，张印堂的《战后苏联在东亚之地位》，丁
则良的《国际政治的新时代》《欧洲的"中间地带"》等论文。

　　关注国际关系的目的，是服务中国抗战。邵循恪的《中国宣战以后》
《新世纪的中国外交》《美国对华限制移民法案的废止》，王信忠的《中国
近代外交的新纪元》，都是对这种关系的考察与认识。在国际观察中，对
日本观察的重要性无须强调，这方面王信忠贡献最多。他除了发表了《太
平洋战局与中国》《十年来的中日关系》《近卫第三次内阁》《日本作战力
的估计》等文章外，还在社评栏中以"迅"的名义发表了《日寇的蠢动》
《东西战场》《敌国八十二届临时议会》等短评。

　　1942年2月，《当代评论》与西南联大三青团分团联合组织了一次

---

① 伍启元：《蜕变中的中国经济》，《当代评论》第1卷第1期，1941年7月7日。

战后问题系列讲演。报载："青年团联大分团为使一般人士认识建国问题，特与该校党部暨《当代评论》社联合组织联大建国问题讨论会，拟于寒假期中举办战后问题十四讲，聘请校内教授冯友兰、潘光旦、李书华、雷海宗、黄钰生、钱端升、贺麟、赵迺抟、燕树棠先生等十四人，分别担任哲学社会科学、历史、教育、政治、经济、法律等项建国问题主讲。第一讲决于本月十一日下午四时，假文林街联大昆北食堂举行，由冯友兰教授主讲《抗战的目的与建国的方针》，欢迎各界旁听。"①

战后问题系列讲演是"建国问题讨论会"的一次活动，《当代评论》于年底组织了第一次座谈，座谈纪要以《世界战局的总检讨》为题，刊登于1942年12月27日发行的第3卷第7期。这次座谈会出席者16人，其中西南联大教授就占了12人，他们是雷海宗、张印堂、王信忠、伍启元、鲍觉民、王赣愚、姚从吾、崔书琴、邵循恪、孙毓棠、蔡维藩、陈雪屏。

发展经济是争取抗战胜利的重要基础，《当代评论》刊登了许多西南联大教授关于经济问题的文章，其中最突出的是伍启元、杨西孟、戴世光、滕茂桐等人的文章。伍启元发表的有《封存日本资金与对日经济制裁》《英美封存中国资金》《民国三十一年度的中国经济》《怎样运用英美新贷款》《管理物资与限制买卖》《经济国际主义还是经济国家主义?》《论收缩通货》《论新限阶方案》《经济建设的意义》《黄金与物价》《经济建设中的劳动效率问题》《经济建设的意义》等。杨西孟发表的有《论战时物价动态》《物价问题的现阶段》《战时损失与浪费》《物价病势的经过与展望》《战时财政与国民所得》等。戴世光发表的有《抗战中的粮食问题》《论我国政府统计事业》《论我国统计制度》等。滕茂桐发表的有《管理银行办法的商榷》《我国外汇政策的回顾与前瞻》等。此外，《当代评论》还刊登了李卓敏的《管理信用商业银行的前途》，赵迺抟的《物价高涨之原因及其影响》，李景汉的《战后农村建设问题的讨论》，陈雪屏的《工业建国应有的准备》，张子毅的《农村人口的出流》，王赣愚的《民治的经济基础》，陈序经的《乡村建设的途径》，连梅贻琦也发表了《工业化运动中的人才问题》。

---

① 《本市鳞爪》，《云南民国日报》1942年2月11日，第4版。李书华是北平研究院副院长，不是西南联大教授。

　　1943 年 3 月 28 日，《当代评论》还举行了"战后经济问题座谈会"，参加座谈会的大部分是联大教授，伍启元、杨西孟、赵迺抟、沈来秋、戴世光、滕茂桐、王赣愚、鲍觉民、费孝通、李树青、邵循恪、王信忠等人，在会上相继围绕"放任经济、干涉经济，还是计划经济""战后中国应有的工业政策及其对内经济政策""战后中国应有的对外经济政策""战后经济调整与现在应有的准备"四个问题，发表了各自的意见。这次座谈会的纪要，以《战后经济问题座谈会》为题，刊登在《当代评论》第 3 卷第 15 期、16 期合刊上。

　　西南联大是培养国家建设人才的高等学校，教育与国民素质息息相关，因此在《当代评论》占有一定分量。如陈雪屏发表有《十年来国民心理的变迁》《今日青年所遭遇的危机》《论学生服兵役》《战后世界的心理改造》，陈友松发表有《美国青年的动向》《教育机会平等的真谛》，罗常培发表有《师范学院国文学系所应注意的几件事》《从文化建设谈到大学文法学院学生的使命》，陈序经发表有《师范学院的存废问题》。冯友兰对教育部实行部聘教授制度的批评文章《论部聘教授》，也发表在《当代评论》上。

　　也许由于吸取了《今日评论》的教训，《当代评论》没有刊登关于宪政问题的文章，只是对现存制度进行了少量正面评论。这些文章有王赣愚的《战时的议会制度》《当前省政府组织之改进》《当前的中枢政制》《中央行政与处行政》《今后的地方制度》《行政上的权责关系》等以及龚祥瑞的《谈实际政治》、冯友兰的《抗战的目的与建国的方针》、燕树棠的《人治与法治》、吴晗的《论公务员内外互调》、邹文海的《公共行政中的视察制度》等。

　　《当代评论》依托西南联大教授群，刊登了许多领域学者、专家的近三百篇论文，除了上面介绍的以外，社会、思想、法律、军事、文艺等领域的文章也经常发表在刊物上。每当出现一个历史事件，《当代评论》就不失时机地介绍始末、发表评论，使这个刊物的影响不断扩大。

　　《当代评论》1944 年 3 月 1 日出版了第 4 卷第 10 期后突然停止，连个招呼都没打。而这一期发表的赵萝蕤的《我们的文学时代》只刊登了一半，文末还有"全文下期续完"字样。究竟是什么原因造成《当代评论》仓促停刊，没有定论。

3. 《自由论坛》

继《今日评论》《当代评论》之后，联大教授参与编辑与撰稿的《自由论坛》，于 1943 年 2 月 15 日问世。《自由论坛》也是一个以政论为主的刊物，曾经有人把它与《今日评论》《当代评论》并称为西南联大的三大期刊，这是由于《自由论坛》精神领袖是联大教授王赣愚、潘光旦，而且多数撰稿人也是联大教师的缘故。不过，该刊撰稿人多为中国民主同盟的盟员，所以也可以说它是中国民主同盟云南省支部的外围舆论工具。

这里，首先需要对《自由论坛》与西南联大的关系略做介绍。《自由论坛》创刊时的社长兼发行人是刚从云南大学政治学系毕业的郭相卿，郭相卿不太善于撰稿和处理文字等编辑事务，于是请同班同学周维迅帮忙，周维迅又请比他低一年级的杜迈之协助，共同主持社论及编务。郭相卿、杜迈之、周维迅都是王赣愚在云南大学教过的学生，《自由论坛》筹备时，王赣愚已离开云南大学，到西南联大任教，但郭相卿、杜迈之、周维迅敬佩他的学识，故请王赣愚指导筹办这个刊物。王赣愚 1929 年到美国哈佛大学留学，获政治学博士学位后又赴英国伦敦大学和德国柏林大学进修访问。1933 年底回国，先任南京中央政治学院教授，1935 年到南开大学任教。全面抗战爆发后，王赣愚随校南迁昆明，不久云南大学聘其为政治学系教授，1941 年又被西南联大政治学系聘为教授。

王赣愚很支持这几个青年人，利用自己的人脉在西南联大组织了不少稿子。《自由论坛》创刊号的首篇便是潘光旦的《工与中国文化》，第二篇是联大社会学系助教袁方的《论社会活动与理想社会》，第三篇是联大师范学院史地系助教丁则良[①]的《鬼语篇》。而署名"记者"的《英美放弃在华特权以后》，从内容到风格都很像是王赣愚的时评，若如此，那么创刊号的前四篇就都来自西南联大。可见西南联大师生在《自由论坛》的分量和地位，这也是有人将它视为西南联大的刊物之原因。

《自由论坛》是月刊，发刊间隔时间比《今日评论》《当代评论》两

[①] 《自由论坛》创刊号《编辑后记》介绍作者时云："丁则良先生是国立云南大学文史系讲师。"实际上丁则良 1938 年从西南联大毕业后即受聘为西南联大师范学院史地系助教，可能也接受了云南大学文史系讲师的聘书，由于讲师职称高于助教，故介绍中只提云南大学讲师而未提西南联大助教。类似双聘情况在当时很常见。

周刊的时间要长，这使撰稿人没有催稿的压力，有时间审视时局发展、认真思考。1943年9月，在中间党派和人士推动下，三届二次国民参政会通过设立宪政实施筹备会议案，由此揭开了抗日战争时期第二次宪政运动的帷幕。《自由论坛》顺应了时代潮流，刊登了一系列讨论宪政问题的文章。所不同的是，人们在第一次宪政运动中关注重点在于"五五宪草"的修订，这次则吸取了第一次宪政运动的教训，重点转移到对人身自由的保护、对政府权力的制约等民主制度的具体问题上。《自由论坛》的特点，就表现在对这些问题的学理论述中。

抗战以来，由于形势需要，社会舆论多倾向"抗战第一""军事第一"，而在第二次宪政运动开始之前不久，《自由论坛》就明确提出"政治第一"，之后的重心也一直围绕现实政治问题。开办之初，由于初次组稿，多数稿件是现成的，3月15日出版的第1卷第2期刊登的《政治第一》，才标志着《自由论坛》发出了自己的声音。

《政治第一》是第1卷第2期的第一篇文章，它是经过深思熟虑、反复据量后完成的。文章首先引述了两百年前潘次耕答复某要人求教信中痛论当时政治得失的一番话，接着提出在现实情况下"政治第一"高于"经济第一"："近年来，我们显然是要在一种不甚愉快的空气中过生活，只要我们能具诚意地检讨自家的局面，都得承认今天存在着的漏洞还大，这一道泄气洞给我们的威胁也不为小。漏洞在那里呢？一般人的诊断似都是在经济二字上，'经济第一'的口号不只是最近才提出来的。这个诊断的理由自然也有，粗看起来，也似无何破绽，至少某些学者专家是坚持这个诊断的。物价如此之高，民食军粮都成问题，公务员待遇低微，影响行政效率与政风者极大，这还不该强调'经济第一'的口号吗？其实，一般人恰倒置了问题的因果关系，上述诸点——经济的——都不是问题的因，而是问题的果。漏洞不在经济而在政治，这正如潘次耕指出问题不在行政（技术）而在政治者一样。"文章接着感叹道："我们已不能归咎于学者专家了，问题超过了技术的范围后，他们是无能为力的。"

文章的重点在最后的一段话："千言万语，我们认为目前问题的症结端在政治，政治上的大漏洞如堵塞不住，其他各种各样的弊病是要乘隙而起的。我们敢有理由如此强调，深望同人都能考虑及之。学者专家们也不必再做那些永远做不完的物价问题的文章了，要把注意力转到政治上来，政府也须猛记起来：我们上有贤明的领袖，下有亦（赤）胆忠勇的国民，有最高的政治权力与道德权力，千万不要使法律向那批歹徒乞灵了。一切努力，都要先握住关键，如果仍是东抹一爪西涂一鳞地枝枝节节地匆忙着，其效果必因乏调协无系统而相克相消，在运动律上这是犯了进一步退两步的大忌，我们又如何能进步？"①《政治第一》署名"记者"，性质则是社论，它提出的"政治第一"，是《自由论坛》办刊思想的指导，该刊发表的文章，多为针对现实政治问题的分析和评论。

　　1944 年 3 月 1 日出版的《自由论坛》第 2 卷第 3 期为"宪政基础专号"，这一期最能代表《自由论坛》对于中国政治如何进入法治轨道的认识。值得强调的是，这一期所刊登的文章，除署名"本社"的《读王云寺氏〈实施宪政的先决条件〉》一文外，其余 7 篇全部来自西南联大。它们是：吴之椿的《转变社会中的中国宪政与宪法》、潘光旦的《民主政治与中国社会背景（上）》、王赣愚的《言论自由与民治》、吴晗的《治人与治法》、罗莘田（罗常培）的《言论自由在宪政中的保障》、袁方②的《民治与社会选择》、罗应荣的《评〈英国宪法新论〉》。③ 而署名"本社"的《读王云寺氏〈实施宪政的先决条件〉》，从内容和文笔上看，应是王赣愚或潘光旦的文章。此外，这一期来稿中还有罗隆基的《宪政与权利限制》、曾昭抡的《工业化与宪政》，因来不及排版而未能刊登。④

　　另一个能够反映西南联大与《自由论坛》关系的是 1944 年 12 月 27 日自由论坛社举行的一次座谈会。这次座谈会讨论的是中国的出路问题，出席者为张奚若、闻一多、罗隆基、王赣愚、孙毓棠、冯文潜、潘光旦、王逊⑤、杨西孟、丁则良⑥、李树青、费孝通、沈有鼎、郭相卿、曾昭抡、吴晗

---

① 《政治第一》，《自由论坛》第 1 卷第 2 期，1943 年 3 月 15 日。

② 袁方时为西南联大社会学系助教。1938 年 8 月考入西南联大社会学系，师从陈达、潘光旦、李景汉、吴泽霖等教授，1942 年毕业后留校任教。

③ 罗应荣时为清华大学研究院法科研究所研究生。

④ 《编辑余谈》，《自由论坛》第 2 卷第 3 期，1944 年 3 月 1 日。

⑤ 王逊 1933 年考入清华大学哲学系，1938 年毕业。1939 年考入清华大学研究院文科研究所攻读中国哲学，为该所在昆明首批录取的两名研究生之一。曾任云南大学文史系讲师、西南联合大学哲学系讲师。

⑥ 丁则良 1933 年考入清华大学历史系，1938 年毕业。毕业后任西南联大师范学院史地系助教，1943 年任西南联大历史系讲师，与吴晗共开选修课"史学名著选读"，讲授《资治通鉴》。同时任云南大学文史系讲师。

等 16 人，除郭相卿外，其余都是西南联大的教授和青年教师。座谈会从下午 7 时持续到晚上 11 时，长达 4 个小时。讨论开始前，先由孙毓棠讲"新中国的旧传统"、潘光旦讲"中国问题的症结"，以此为引再进行各自发言。座谈始终在紧张、热烈的气氛中进行，大家都为中国的出路而焦虑，都愿披诚畅论，恨时间太短。会后，从座谈会记录中选择出张奚若、杨西孟、罗隆基、吴晗四位教授的发言，整理成《中国的出路（座谈记录）》，刊登于 1945 年 3 月 20 日出版的《自由论坛》第 3 卷第 5 期（"两周年纪念专号"）。这里无须介绍众人在座谈会上谈了哪些具体认识和意见，只从众人忧心忡忡的心情，就足以看出以西南联大教授为代表的中国知识精英对国家民族前途的责任和担当。

虽然《自由论坛》不像《今日评论》《当代评论》由西南联大教授创办，但话语权却掌握在西南联大教师手里。如第 1 卷第 2 期发表的文章中，有王赣愚的《今日的马克思主义》、翁同文[①]的《时代与人物》、李树青的《中国的家庭制度及其重建》、澄之[②]的《梁任公的政治生活》。第 1 卷第 3 期刊登有费孝通的《家庭结构的基本形态》。第 1 卷第 4 期上刊登有陈序经的《五四文化运动的评估》、袁方的《士的社会阶梯》、费孝通的《居处的离合》。第 2 卷第 1 期上刊登有王赣愚的《政治上的进步观》、李树青的《乡村文明与都市文明》、沈从文的《一种新的文学观》。第 2 卷第 2 期刊登有潘光旦的《说文以载道》、吴达元的《法国文艺复兴运动》、王逊的《诗·科学·道德》、史国衡[③]的书评《现代中国社会问题》。第 2 卷第 3 期刊登有吴之椿的《转变社会中的中国宪法与宪政》、潘光旦的《民主政治与中国社会背景》。第 2 卷第 5 期刊登有王赣愚的《政治上的集团主义——自由主义的暗礁》、曾昭抡的《中国科学化运动》、杨西孟的《物价与物质》、潘光旦的《说暗示的抵抗力及其

---

① 翁同文 1935 年考入清华大学历史系，毕业后任西南联大师范学院教育系助教。

② 澄之即程应镠，笔名流金。1935 年考入燕京大学历史系，全面抗战爆发后借读于武汉大学历史系，12 月到山西临汾参加八路军 115 师 343 旅 686 团工作，编印团宣传科发行的油印报。1938 年 9 月转入西南联合大学历史系，1940 年毕业后任第一战区长官司令部同上校秘书，1944 年秋到昆明，任云南大学文史系助教。

③ 史国衡 1935 年入清华大学理学院，二年级改入文法学院社会学系，全面抗战爆发后随校南迁，毕业后任清华大学国情普查研究所助教。

他——赫胥黎论教育的一节》、胡庆钧[①]的《苗族品质的商榷》、季正怀[②]的《天下篇的时代意义》、何炳棣[③]的《马志尼的思想》等。由此可以看出西南联大学人与《自由论坛》的关系及其在这个刊物中的地位。

《自由论坛》的资金全部来自募集，不像《今日评论》《当代评论》那样接受官方资助。为了解决经费困难，《自由论坛》于1945年4月14日由月刊改为《自由论坛》周刊，同年9月8日又改为《自由论坛》周报，简称《自由周报》。改版后的《自由论坛》，增加了通信、文艺等内容，但关注国内外政治演变的特点依然如故。如《自由论坛》周刊第25期刊登了潘光旦的《一种精神两般适用——为纪念五四作》、费孝通的《难题》，第28期刊登了王赣愚的《美国政治一瞥》。《自由论坛》周报第29期刊登了杨西孟的《复员期中的物价与通货》、张子毅的《民主政治不报恩》，第30期刊登了潘光旦的《这是讲情分的时候了》，第33期刊登了《国立西南联合大学张奚若等十教授为国共谈商致蒋毛电文》，第34期刊登了沈从文的《我们用什么迎接胜利》，第54期刊登了杨西孟的《论贪污》，等等。

令人没有想到的是，潘光旦在《自由论坛》的主导地位到1945年9月竟戛然而止。过去的说法是他遭到了国民党地方当局的暗算。这年9月中旬，具有民主倾向的人民周报社、自由论坛社、大路周刊社，"基于过去人事上之谐和及对现实见解相同，而希望能以更有力的姿态出现，以对当前时局国事有所贡献"，计划联合起来，协调行动。闻一多、费孝通、吴晗、王康及侯达虔、李承勋等代表各期刊参加了筹备工作，并定于29日下午再次开会研究，联合后的刊物定名为《人民大路》。

就在各自分头筹备出版《人民大路》时，郭相卿受到威胁，发生动摇，在报上刊登启事，对潘光旦进行人身侮辱，并否认全体社员的决议。这件事十分突然，大家都没有料到。《自由论坛》的出资人是郭相卿，

---

① 胡庆钧1940年进入西南联大社会学系，1942年毕业后考入北京大学文科研究所人类学专业，1944年毕业后至中央研究院担任了短时期的助理研究员，旋应聘至费孝通主持的昆明云南大学社会学系担任讲师。

② 季正怀即季镇淮。1941年毕业于西南联大中文系，当年考入清华大学研究院文科研究所，师从闻一多。1942年8月任清华大学文科研究所半时助教，1944年7月研究生毕业，任教于昆明五华中学。

③ 何炳棣1934年入清华大学历史系，1938年毕业后任西南联大历史系助教及教员。

并以发行人资格被赋予社长名义，但经费筹措、刊物编辑等均由社务委员潘光旦、王赣愚、费孝通等负完全责任，所谓全体社员决议，纯属子虚乌有，显然是国民党地方当局的阴谋破坏。于是，潘光旦等马上召开社员紧急会议，决定罢免郭相卿的社长职务，申明过去一切行为合乎全体社员公意。考虑到郭相卿还是个青年，决定给予宽容，以图其自新。9月17日，这个启事刊登于昆明《中央日报》，郭相卿也表示了悔过。讵料郭相卿反复无常，不顾信义，叛师卖友，在20日的《中央日报》上又发表反唇相讥的启事。这就使潘光旦等不得不再次召开社员大会，议决开除郭相卿的社籍，并依法追究其最近以社务委员之名募集的102万元款项。同时，宣布即日起解散自由论坛社，此后如有同样名称之刊物出现，概不负责。

不过，郭相卿遭到威胁一说，至今还没有资料佐证。同时，《自由论坛》周报在10月13日出版的第33期，除刊登了郭相卿的《敬告潘光旦先生》外，但还刊登了《国立西南联合大学张奚若等十教授为国共谈商致蒋毛电文》。从此后《自由论坛》周报第34期刊登沈从文的《我们用什么迎接胜利》和1946年5月9日第54期刊登杨西孟的《论贪污》等文来看，这个刊物还不至于完全变质，但失去了潘光旦、王赣愚及其人脉，其境遇已每况愈下，再无风光。

4. 《民主周刊》

抗战后期在昆明甚至全国都有很大影响的《民主周刊》，是中国民主同盟云南省支部（简称云南民盟）的机关刊物，由于西南联大教授在云南民盟领导层中居有重要位置，使这个刊物与西南联大有千丝万缕的联系。

云南民盟成立于1944年10月，是中国民主同盟成立的第一个省级组织，成立时名"昆明支部"，后改为"云南省支部"。1994年12月9日，一二·九运动9周年纪念日，《民主周刊》选择这个值得纪念的日子创刊。创办刊物需要经费，其中不少是朱健飞筹措的。[1] 朱健飞是云南省经济委员会所属的裕滇纺织公司负责人，其背后是为龙云理财的实业巨子缪云台。带着筹备民盟昆明支部重任的罗隆基，到昆明不久就与龙

---

① 《风雨九十年：潘大逵回忆录》，成都出版社，1992，第127页。

云建立了联系，并得到龙云的支持，朱健飞资助《民主周刊》的款子，很可能就是龙云嘱咐的，而且龙云、缪云台、朱健飞后来都秘密加入了民盟。

同《当代评论》一样，《民主周刊》也没有明确谁是主编，但筹建民盟昆明支部的核心人物是罗隆基，所以很多回忆文章都说罗隆基是第一任主编。民主周刊社的社长，先后为潘光旦、吴晗、闻一多。继罗隆基之后担任主编的是杜迈之、张子斋、赵沨、唐登岷。这几个主编承担着刊物的日常工作，需要介绍一下。

杜迈之在《自由论坛》就是主力，1943 年毕业后他曾去重庆，《民主周刊》筹备时，大概是潘光旦托袁方通知其回昆明担任编辑。杜迈之返回昆明后，由罗隆基、周新民介绍加入民盟。1945 年 12 月 23 日，云南民盟召开全体盟员大会，杜迈之与楚图南、冯素陶、闻一多、潘光旦、费孝通、王振华、杨维俊、赵沨、杨一波、刘宝暄等 11 人当选为执行委员会委员。分工时，杜迈之担任秘书处主任兼《民主周刊》主编。

张子斋是中共云南省工委联系的地下党员，他的文笔很好，1935 年 5 月《云南日报》创刊时，他就是编委之一，负责编辑《南风》副刊。1937 年 2 月，张子斋经中共中央长江局帮助辗转到延安，入抗日军政大学学习，次年 3 月加入中国共产党。抗大毕业后，被派往武汉八路军办事处，1940 年春调到重庆，参加《新华日报》编辑部工作。缅甸沦陷后，南方局派张子斋回云南协助开展文化与统战工作，因国民党特务得知消息，他不得不回老家剑川县暂避。返回昆明后，他积极参加一二·一运动，《民主周刊》第 2 卷第 20 期刊登的《论"一二·一"惨案与纪纲》，署名"高光"，其实就是他写的。张子斋通过什么途径出任《民主周刊》主编，在他的回忆录中未见记载。

赵沨也是中共党员，还是非常活跃的音乐家，1939 年在重庆参与创建"新音乐社"，并任《新音乐》月刊主编。1940 年底，新音乐社组织重庆业余合唱团首次公演《黄河大合唱》，词作者张光年亲任朗诵，赵沨任《黄河颂》独唱。皖南事变后，赵沨与张光年转移到缅甸开展华侨青年工作，在仰光，赵沨由张光年介绍加入中国共产党。太平洋战争爆发后，日军占领仰光，赵沨撤回昆明，经李公朴介绍，到疏散至路南县的云南大学附属中学担任国文和音乐教员，同时参加云南民盟活动。

1944年9月，赵沨当选为中华全国文艺界抗敌协会昆明分会理事，1945年12月23日云南民盟改选，他又当选为执行委员会委员。杜迈之离开昆明后，其秘书处主任兼《民主周刊》主编一职，就由赵沨接替。

唐登岷也是中共党员，1938年考入西南联大哲学心理学系，入学前就加入了中国共产党，并担任过中共昆明支部宣传委员。唐登岷是《民主周刊》最后一任主编，闻一多被暗杀后，他不畏随时被逮捕的危险，坚持出版了最后一期才躲藏起来。他后来被派到滇南，担任中共滇南工委委员、中国人民自卫军滇黔川边区二纵队政治部主任。

1946年7月，民盟中央执行委员会委员李公朴、闻一多连遭国民党特务暗杀，昆明一片白色恐怖，《民主周刊》坚持到8月2日出版了第3卷第19期后被迫停刊，1年8个月里共出版了3卷71期。《民主周刊》是一份严肃的政治刊物，第一卷所设栏目有《时评》《书评》《通讯》《一周时事析要》《民主呼声》《译作》等栏目，第2卷以后增加了《外论介绍》《特载》《读者来信》《国际评述》《友声》等。《民主周刊》的主要撰稿人曾昭抡、费孝通、闻家驷、张奚若、胡毅、陆钦墀、吴富恒、张子毅等，都是西南联大教授。楚图南、潘大逵、周新民、尚钺、朱驭欧是云南大学教授，夏康农是中法大学教授。李文宜、张光年、常任侠、李何林等，也是昆明文化界知名人士。

作为云南民盟的机关刊，《民主周刊》以宣传民盟的政治主张、发表民盟对时局的看法、传播民主思想、推动民主运动为己任，刊登的文章紧紧围绕国内政治、国际形势、反对独裁、呼吁团结等主题，而且立场鲜明，标题醒目，观点明确，论述清晰，许多文章都是中国民主理论的经典之作。以抗战胜利前（第2卷第5期前）西南联大教授发表的文章为例，就有罗隆基的《民主的意义》《政治的民主与经济的民主》《民主政治与民意政治》《党派团结的具体建议》《中国需要第三大政党》《中国民主路程遥远》《中国的政治前途》《为国民党借箸一筹》，潘光旦的《民主政治与民族健康》《民主的先决理论》《多党政治与团结的学习》，费孝通的《美国民主精神的展望》《平民世纪的展开——英国大选揭晓后的感想》，胡毅的《民主生活之个人准备》《中国教育今后之改进》《民主生活之教育准备》，曾昭抡的《人民的力量》《青年与未来中国政治》《八年来的世界民主浪潮》，闻一多的《什么是儒家》《五四运动的历史法则》，吴晗的《战时教育应有的新措施》《论五四》，闻家驷的《从中国的战时文艺说起》，王赣愚的《民主的伦理》，洪谦的《科学精神重于一切》以及程应镠的《"一二·九"回忆》，史国衡的《我们有劳工政策么》，曹日昌的《论士大夫与中国社会》，等等。

《民主周刊》没有发刊词，但刊名"民主"就是它的宗旨，对于校外的稿件，只要符合倡导民主、宣传民主的精神，就都十分欢迎。抗战胜利前，邓初民的《论民主的主潮》《民主政治与民主教育》《中国民主运动中的两条路线》，潘大逵的《美国总统与美国政治》《英国国会的过去与现在》，楚图南的《战后和平与教育问题》，朱健飞的《工业与国防》，沈来秋的《工业化的难产》，农慕之的《殖民地问题之对策与前途》，沈志远的《世界和平底经济保障》《当前的土地改革问题》，袁西华的《苏联民主特征及其历史发展》，李文宜的《八年来的中国妇女运动》，等等，就都发表在《民主周刊》上。

日本投降后，如何实现全国团结统一成为政治问题的中心。《民主周刊》以社论和时评形式，及时对形势发表了意见。1945年8月16日出版的第2卷第6期，是《民主周刊》抗战胜利后发行的第一期，首篇是社论《我们在抗战胜利时的主张》，提出"保障国家安全"和"建立国内民主"两大任务。9月1日出版的第2卷第7期社论则是《关于国共商谈》。其后，在"时评"中相继发表了《让人民来裁判》《抚辑解放区问题》《国共谈判该向人民报告了》《十教授致蒋毛电文》《如何解决》《正告赫尔利将军》等。11月25日，国民党第五军包围西南联大，镇压西南联大等四大学生自治会联合举办的反内战时事晚会，激起全市学生罢课抗议。12月1日《民主周刊》在第2卷第18期发表的《代论》中，全文刊登了《中国民主同盟昆明支部发言人对昆明市大中学生罢课抗议非法的武装干涉集会自由的声明》，又发表了时评《正义何在》《我们抗议屠杀》。谁知就在出版这一期的当天，竟发生了一二·一惨案，12月9日《民主周刊》第2卷第19期立即在"时评"中发表了要求追究惨案主凶的《责任》和悼念被害青年的《悼"一二·一"惨案四战士》两文。1946年1月政治协商会议开幕后，《民主周刊》接连发表了《蒋介石先生元旦广播讲词读后感》《向政治协商会议控诉》《下停战令以后》《不提旧账和不提联合政论》等时评。国民党撕毁政协协议后，《民主周刊》接连发表了《时局严重应由国民党负责》《立即制止东北内战》《我们对南通血案的愤怒》《制止全面内战的危机》《阻住内战的逆流》《抗议下关暴行》《单方面召开国大对吗》等时评。李公朴、闻一多惨遭暗杀后，《民主周刊》不畏白色恐怖，在最后一期的"时评"中发表了《是鬼蜮，不是人间！》，并在通栏标题《卑鄙啊！无耻啊！他们在恐慌啊，在恐慌啊！》下，刊登了闻一多在李公朴先生殉难报告会上发表的最后一次讲演。

中国民主同盟最早是国民参政会中的三党三派成立的一个联合组织，后来演变成政党，并吸收个人参加。民盟成员在反对专制、要求民主政治主张上是一致的，但在具体问题上则各有所见，不尽相同。云南民盟内部也存在不同观点，1945 年 3 月诞生的《民主周刊增刊》就是在这种情况下出版的。《民主周刊增刊》主要由李公朴负责，张光年、王健负责编辑与日常工作，共出版了 3 期。由于文章采取通俗活泼的形式，文字新鲜锋利，与社会大众更为接近。

5. 《时代评论》

自由论坛事件不过是争取民主过程中的一段小插曲，为了开拓舆论园地，潘光旦、闻一多、费孝通等人，计划创办一个专为知识分子发表言论的刊物。

1945 年 10 月 2 日晚上，在云南大学社会学系办公室里，闻一多、费孝通与从西南联大毕业到云南大学社会学系任教的王康，邀请张奚若、闻家驷、费青、向达、吴富恒、吴晗和云南大学教授楚图南、尚钺等教授，组成《时代评论》编委会。经过商量，由费孝通任主编，王康任发行人并具体负责编辑编务。

会上，闻一多向王康仔细交代了刊物的方向，特别说明这个刊物要与学生办的有所区别，尽量争取中间教授写文章。他说：这些教授也是爱国的，是难得的人才，要尊重他们，只要不拥蒋，不反动，能讲公道话，就可以登。考虑到以往有的刊物编辑意见分歧，影响内部团结，王康提出独自负责，闻一多完全同意。

关于经费，王康有些担心。闻一多说：这你不用管，先给你 50 万元，作为前几期的开销。这些款子，是民盟云南省支部搞来的，其中有《民主周刊》的广告收费，也有龙云通过缪云台资助的部分。王康很会精打细算，只用了 30 万元就把刊物办起来了。

办刊物要向新闻当局登记，登记需要公章。两星期前，吴晗在逼死坡一家文具店用 1000 元购得一块旧石头，长方形，一边刻有双鱼。闻一多看了很喜欢，夸吴晗眼力不错，问他愿意刻什么字，是一句诗，还是连名带字刻在一起。吴晗说：随便，你喜欢怎么刻就怎么刻吧！没想到，这颗桃源石竟成了时代评论社的公章，边款刻"评论社成立之夕吴晗捐石闻一多制印卅四年十月二日昆明"。

至于《时代评论》的印刷，最初由民青的秘密印刷厂承担，每期稿子编好后，萧松亲自来取，双方都不打听底细。刊物登记有一个过程，闻一多说不能等批下来再出版，咱们一边办手续一边编稿子，给他造成既成事实，他们找上门，我们已出了好几期了。后来刊物始终没批下来，可照样按时出版，这种既合法又不合法，在那个特殊时代不失为巧妙的斗争方式。

1945 年 11 月 1 日，《时代评论》周刊创刊了，报头"时代评论"四字是闻一多题写的。这天也是西南联大的校庆日，在这样一个具有纪念意义的日子创刊，寄寓着发扬西南联大精神的用意。

《时代评论》不负其名，内容紧紧与时代相扣。12 月 1 日，一二·一惨案发生，6 日《时代评论》第 6 期出版，头版社评就是《献给烈士们!》。这一期，刊登了陈友松的《吊潘李二同学》、冯至的诗《招魂》、胡毅的《今后的努力》等抗议与揭露一二·一惨案的文章，其中《"一二·一"惨案实录》还公布了伤亡统计。《时代评论》没有经济来源，每期印数都要掂量，这一期开始只印了 2000 册，没想到人们争相购买，于是又加印了 8000 册，这在当时是个不小的数目。12 月 13 日《时代评论》第 7 期继续发扬战斗精神，不仅发表了评论《怎样善后》《是非，法纪和公平》《怎样才是合理的解决》和费青的《惨案的法律解决》、胡钊的《民意比枪杆更有力》，还在《什么是联大精神?》标题下，刊登了一天前昆明西南联合大学校友会发表的《为母校遭受枪击屠杀惨案敬告全国校友》和 12 月 5 日昆明市中等以上学校罢课联合委员会发表的《为驳斥中央社所发无耻谣言启事》。

1946 年 1 月 10 日，呼吁已久的政治协商会议在重庆开幕。12 日，《时代评论》快马加鞭出版了特刊《政治协商会议专号》第 1 号。特刊中，王康以"史靖"为笔名所写的《同胞仍须努力——评孙科先生一月十日谈话》、评论《信用不容再贬值》《为政治解除武力》《不算旧账》《昆明教育界电政协会申述对当前政治主张》，表达了对政治协商会议的期望。张子毅的《从言论统制说到为政之道》和胡庆钧的《开放交通》，批评当局钳制自由。费孝通的《动员人民舆论》强调人民的力量。评论《言欢太早了些》提醒人们不要过于乐观。《政治协商会议专号》最有分量的是《四教授致马歇尔将军书》。四教授是潘光旦、闻一多、费孝通、吴晗，他们对杜鲁门总统对华政策声明表示欢迎，认为这是美国人民"给我们为和平为民主而工作的中国人民的一个有决定性的援助"。对作为美国总统特使马歇尔来华"调停中国内部纠纷"，认为最主要的是"建立民主政治中心的民意立法机关"。这是一封公开信，由费孝通执笔，几经讨论才定稿，准备刊登在 13 日出版的《民主周刊》上。《时代评论》捷足先登，抢先一天发表，只是将标题《致马歇尔将军书》改为《四教授致马歇尔将军书》，突出了潘光旦、闻一多、费孝通、吴晗四位教授的态度。

西南联大的张奚若教授是出席政协会议的无党派代表，赴重庆前的 1 月 13 日下午 1 时半，他在联大图书馆前大草坪发表了《政治协商会议应该解决的问题》讲演。讲演中，张奚若抨击执政当局："现在中国害的政治病是政权为一些毫无知识的、非常愚蠢的、极端贪污的、极端反动的和非常专制的政治集团所垄断。"这次讲演影响很大，联大法律系同学王子光做了认真记录，王子光是王康的弟弟，王康拿到这份记录非常高兴，全文刊登在 18 日出版的《时代评论》第 12 期，标题为《张奚若教授讲政治协商会议应该解决的问题——元月十三日一时半在昆明西南联合大学图书馆前草坪上讲》。

《时代评论》第 12 期还刊登了民盟政协代表张君劢的谈话。张君劢半年前赴美国出席旧金山会议，因参加政协会议赶回国内，15 日从上海飞重庆，因气候恶劣降落在昆明，16 日下午才飞重庆。[①] 张君劢是国社党领袖，潘光旦也是国社党重要成员，两家早有往来，关系密切，王康利用这个机会访问了张君劢，并将记录加了个《张君劢先生对本社记者发表返国后第一次谈话"宁可失败，绝不敷衍"》醒目标题，全文发表。

---

① 《张君劢昨赴渝出席政协会》，《云南日报》1946 年 1 月 17 日，第 3 版。

《时代评论》不仅是一个刊物，时代评论社还以团体名义积极参加了民主活动，因此引起新闻检查当局的注意，使刊物在印刷时遭到了刁难。为了不脱期，1946 年 1 月 31 日出版的第 13 期不得不手刻蜡版、油印发行。为了避免读者误解，《时代评论》特写了《敬告读者——我们为什么用油印?》。这种标题，任何人都会心知肚明。该文开头就说："我们为什么用油印? 因为我们找不到为我们承印的地方。我们没有印刷厂，一切出版都得依赖别人，当别人不得已而要抛弃我们的时候，我们只有改用油印，自己动手。"文中还透露，之所以找不到承印的地方，是因为发表了政治协商会议讨论文章。但是，"民主运动是艰难的，民主的可贵也正在他（它）的实现须要我们支付艰苦的代价，我们绝不吝啬，绝不逃避"。文末坚定表示："相信我们，亲爱的读者，我们决不轻易放弃责任。"①

《时代评论》共出版了 20 期，发表文章最多的是费孝通、费青、王康，撰稿人有潘光旦、吴晗、张奚若、王赣愚、陈序经、曾昭抡、向达、闻家驷、陈友松、冯至、赵迺抟、袁方、张子毅、王子光、胡庆钧、全慰天、田汝康、史国衡等，是一个以同人为主，思想相近、主张相同，勇于对现实发表意见的知识精英的舆论阵地。

三 公开讲演

青年学生的特点是热情奔放，充满活力，他们的主要活动是集会结社，出版壁报。沉着老练，思想成熟的学者们，则习惯于撰写文章、分析评论和发表各种演讲。这两个特点在西南联大都很突出，学生的活动前面已经讲了不少，这里主要介绍教授的演讲活动。

1939 年底，一位同学介绍西南联大时说："联大现在的唯一的特征，就是'名人讲演'了吧! 既是三个著名大学合并起来的，好的教授自然地集中起来。平日差不多每礼拜总有一二教授讲演，如冯友兰、周炳琳等，都是同学们所非常熟悉的。若逢到纪念日，更如雨后春笋。"② 就笔者所知，西南联大第一个应邀演讲的教授是罗廷光。

---

① 《敬告读者——我们为什么用油印?》，《时代评论》第 13 期，1946 年 1 月 31 日。
② 慕文俊：《联大在今日》，《宇宙风》第 94、95 期合刊，1940 年 3 月 1 日。

　　罗廷光是教育学家，曾留学美国，在斯坦福大学、哥伦比亚大学攻读教育史、教育行政、比较教育，又在伦敦大学皇家学院做过教育学研究。1934 年 8 月，曾代表中国教育学会和中国社会教育社出席了在英国牛津大学召开的第六届世界教育大会。罗廷光相继担任过中央大学教育社会学系主任、湖北教育学院院长、河南大学教务长兼教育系主任，1937 年春接受北京大学聘书，正欲北上，卢沟桥事变爆发，他就直接前往长沙临时大学南岳分校，长沙临大再迁昆明，他是先期到达的教授之一。当时，云南大学教育学系添设战时教育讲座，以云南省教育会名义，敦请教育界名流做学术演讲，罗廷光是第一个主讲人，时间为 1938 年 4 月 4 日。

　　罗廷光的演讲，题目为《什么是战时教育》。报载他"对战时教育之意义及内容阐述颇详"，略谓："（甲）国内人士对战时教育应有之认识：（一）战时教育不是暂时的，是永久的。有一般人说值此抗战非常时期，应注意练兵，打战，经济，生产各事，对教育似不应如何注意。赞同这种意见的很多，这是一种错误，我们知道教育不是一种暂时的，而是一种永久的，教育也是培养整个民族生命的。民族生命是无穷的，所以教育也是永久的。（二）战时教育不是片面的，是整个的——譬是要求整个的身体健康，也要求整个身体的各部分平均发展。要是一个民族各方面都培养得不健全，也毫无用处。故战时教育是整个的而不是片面的。（三）战时再从事教育——此为治标之法，而非治本，病根未去，以后病仍要发。（四）将战时教育作变态看，不作常态看。——头痛医头，脚病医脚，将此非常时期之教育，看作一种变态。（五）战时教育不仅是感情的……要将各方面都健全起来，才能坚持到底。（乙）战时教育的内容怎样：（一）国防化——中国人是酷爱和平，不愿打战的，但是我们也不应怕打战。我们现在的抗战是维护自己主权与领土之完整，谋中华民族之自由独立，对侵略者予以反抗，此为天经地义。如意，俄，德诸国，平时皆实行青年训练，青年训练是一种国防化之教育，此等强大国家当如此注意，我们弱小民族更应如何注重。（二）政治化——教育不能脱离政治而独立。所谓教育要政治化，是要使一般民众有政治常识，有参加政治能力及兴趣，最要紧更应使一般民众有民族意识，及国家观念。现在全面抗战开始，而有一般人对国事漠不关心，并且如征兵等项，竟有逃避情形，此足见没有民族意识与国家观念。（三）科学化——教育科学化是战时教育最重要之一，中国人一向对科学大半不切实，所以专门人材较少，各项事业比较落伍。如苏俄在其一、二五年计划中，早已培养大批专门人材，现在如飞机、轻重工业之人材，完全不缺乏，所以我们对这方面更应注意，不容［高］谈阔论，原由人口的实用的方面去研究。（四）生产化——不当［单］研究，要能生产，并趁此外货不能入口机会，对本国工商事业力谋发展，使教育生活化。（五）纪律化——要组织训练，没有组织就没有力量，更应施以民众战时训练，使养成良好纪律，合群习惯，以求全民力量集中。（丙）总结——（一）平时教育与战时教育之区别；目的明显，政策确立，方法严密。（二）战时教育以国防教育为中心，以复兴民族为终结，不仅是救国，也是建国。"①

继罗廷光之后，邱椿也应云南省教育学会之邀，于 4 月 9 日在云南省教育会二次学术讲演会上，主讲了《教育与中华民族之复兴》，到场者有各市立小学、中学学生和民众千余人。邱椿是清华学校毕业生，1920 年赴美留学，获华盛顿州立大学教育学士，哥伦比亚大学师范学院文学硕士、哲学博士，又赴德国慕尼黑大学研究教育学。1925 年回国后，先后任北京女子高等师范学校、清华大学、厦门大学、北京大学等校教授，是"中国教育学会"的发起人之一，抗战前还以教授身份赴德国柏林大学从事教育哲学研究。

邱椿的演讲分"什么是中华民族，什么是华族凝固的基础""什么是中华民族的复兴""什么是华族复兴的教育"三个部分。他如数家珍般地谈古论今，得出如下结论："（一）中华民族是一个进步的有凝固性的民族，其血统、语文、领土、政治组织、经济关系、文化等均有统一性与凝固性。所以中华民族的统一与团结非外力所能破坏的。（二）中华民族是世界最优秀的民族中的一个民族，不管在体力上，或智力上，华族都不逊于世界最优秀的北欧民族，但华族有永久改良的可能性，我们需要一个新民族，这是华族的生物复兴。（三）中华民族在历史上曾建立空前伟大的严密的政治组织。在将来华族必定能建立一个现代国家，我们需要一个新国家，这是华族之政治的复兴。（四）中华民族的过去

---

① 《云大战时教育讲座，罗廷光讲战时教育，以国防为中心复兴民族终结，战时教育不仅是救国也是建国》，《云南日报》1938 年 4 月 5 日。

的农业经济之发展是旷世无匹的。在将来中华民族不但能使中国成为军事计划的国家，而且能创造一个动的经济制度。我们须要一个新社会，这是华族之经济的复兴。（五）中华民族在世界文化史上居领导地位已三千余年，华族自有其特殊的文化使命，此种使命的性质虽然不能确言，但'中道'或'和谐'似是华族精神文化的最高的观念，我们须要一个新文化，这是华族文化的复兴。（六）为实现民族复兴的起见，我们要进行生物的、政治的、经济的、文化的四大教育。"末了，邱椿还强调："云南是目前民族复兴的根据地，云南人民又是中华民族中最优秀的部分，因为有华北人的体格，又有江南人的智慧，云南人在过去曾创造了再造共和，在目前又担负着抗战的重任，在将来对于民族复兴必能作极珍贵的贡献。诸位先生是云南教育的领导者，教师的教师，自然能在教育范围内，努力实现华族复兴的理想。"① 邱椿的演讲使用白话口语，内容层层递进，逻辑严密，说服力很强，是很好的教育与抗战关系的普及教材，《云南日报》特在4月10日至13日连载了4天，可见效果颇佳、影响颇大。

　　由于邱椿眼界开阔，不负众望，云南省教育会考虑到全省教育还不普及，小学教育尤其重要，于是4月26日又请他做了次《现代小学教育之趋势》的演讲。邱椿从世界角度出发，认为"西洋现代小学教育之演变，以世界政治动向为转移，现代政治呈法西斯的、共产的、民主的三种动向，小学教育演变的倾向亦是如此"。演讲中，他先以德国、意大利为例，介绍了法西斯国家小学教育的趋势，指出这类国家"小学教育目标在完成民族的特殊使命，在其小学教育政策中，可以看出乡村化、军事化、民族化三大趋势"。接着他指出以苏联为代表的"共产国家"，"目标在建设无阶级的国家共产社会，在其实施方案中，可以看出'多艺'化、阶级化、平等化三大趋势"。而英、美、法等民主国家，"目标在发展个性，以实现互相的社会，在其实现方案中，可以看出个性化、普及化、社会化的三大趋势"。② 这三类小学教育对中国的启发，应是邱椿演讲的重点，可惜未见报道。

　　其后，5月25日，曾昭抡在干海子补充第六大队军官教室演讲了

---

① 《昨晚学术演讲会，邱大年先生讲演教育与中华民族之复兴》（续），《云南日报》，1938年4月13日，第4版。邱椿，号大年。

② 《邱大年昨晚演讲现代小学教育之趋势》，《云南日报》1938年4月27日，第4版。

《对于中日大战之认识与分析》。5 月 29 日，萧叔玉为炮兵、护卫、交通、宪兵等部队演讲了《我们抗战的经济力量》。在 8 月云南省教育厅举办的中等教员暑期讲习会上，梅贻琦演讲了《如何领导青年及教师之责任》、李景汉演讲了《国势清查问题》、戴修瓒演讲了《我国司法的改革》，这类演讲还有一些，不再一一叙述。

上述演讲都是在校外举行的，罗廷光演讲那天，长沙临时大学第一批文科学生由海道经越南抵达蒙自分校，① 次日湘黔滇旅行团进入贵州境内，② 到达昆明的只是少数人。即使先期到达昆明的人，也在忙着寻觅校舍，解决住宿，并且也没有集会演讲的地方，自然顾不上组织这种活动。

西南联大校内的演讲，最早是 1938 年 5 月 4 日在蒙自分校进行的。那天的五四纪念会上，朱自清、张佛泉、罗常培或回忆五四亲历，或评价五四的意义。③ 继之 5 月 25 日，刚刚逃离北平的刘崇鋐，应清华大学政治学会之请演讲了《北平现况》。④ 7 月 7 日，冯友兰在抗战一周年纪念会做了强调抗战意义和建立必胜信心的演讲。⑤ 7 月 10 日，傅恩龄演讲了日军占领下天津的情况。⑥ 这些在蒙自分校的演讲，虽然报道中用了“演讲”二字，但实际上只是发言或讲话，随着蒙自分校 7 月底全部迁回昆明，这类演讲也停止了。

西南联大的各类讲演，实在数不胜数。昆明市社会科学界联合会与昆明市档案馆曾编辑过一本《抗战时期西南联大教授演讲录》，选择了昆明市档案馆收藏的 1942 年至 1946 年间西南联大教授在 10 次系列演讲会上的演讲。这 10 次系列演讲会是：科学与建设系列演讲（1942）、国际局势与列国概况系列演讲（1942）、科学系列演讲（1942）、宗教与哲学系列演讲（1942）、文学系列演讲（1942）、时事问题系列演讲（1945）、中国建设系列演讲（1945～1946）、社会与教育问题系列演讲（1945）、各国风俗系列演讲（1945～1946）、生物学与人类生活系列演

---

① 《临大学生九十二名已抵蒙自》，《云南日报》1938 年 4 月 7 日，第 4 版。
② 《临大学生行将抵滇，省府通令保护》，《云南日报》1938 年 4 月 6 日，第 4 版。
③ 《联大学生纪念五四》，《云南日报》1938 年 5 月 11 日，第 4 版。
④ 《铁蹄下的北平——刘崇鋐先生在临大报告》，《云南日报》1938 年 5 月 26 日，第 4 版。
⑤ 朱乔森编《朱自清全集》第 9 卷，第 496 页。
⑥ 蓓君：《暴日铁蹄下的平津——傅恩龄昨在联大报告》，《云南日报》1938 年 7 月 11 日，第 4 版。

讲（1944~1945）。内容包括：《战时科学研究》（许浈阳）、《认识与感情》（曹日昌）、《迷信的心理解释》（倪中方）、《战后中国之国际地位》（刘崇铉）、《论相》（陈雪屏）、《中国抗战之地理基础》（张印堂）、《云南之地理问题》（张印堂）、《天文学之应用》（张豫生）、《电影系统演讲——电影工程》（马大猷）、《法国人的情与理》（王了一）、《国情普查》（戴世光）、《信心的控制》（倪中方）、《中国社会之形成》（孙毓棠）、《中国与列强经济合作》（伍启元）、《美满婚姻之条件》（陈雪屏）、《苏联人民同欧洲之关系》（王赣愚）、《战后国际和平机构》（王赣愚）、《战后中国之建设》（曾昭抡）、《情绪与社会之适应》（胡毅）、《德日失败的途径》（蔡维藩）、《体育对于人格之造就》（马约翰）、《云南文化史略》（方瞳仙）、《不可靠的经验》（倪中方）、《战后中国教育之改进》（胡毅）、《战后社会建设的趋势》（李树青）、《战后国际经济合作》（伍启元）等。这些讲演，凝结着教授们对各种现实问题的思考，体现了西南联大知识精英对"抗战建国"的高度责任心。

西南联大在校内举办的讲演，大多由各院各系、学生团体组织，即使是国民党、三青团举办的讲演活动，也避免使用组织名义。第二次宪政运动高潮时期，国民党西南联大区党部曾组织了一次系列演讲。1944年5月姚从吾给朱家骅信中说：区党部"决议由钱端升、周炳琳两同志用联大法学院宪政讲演会名义，举办宪政问题十讲，以资倡导"。① 信末，还附上了《联大法学院宪政讲演会（讲演人及题）》。② 这年8月，张治中在给蒋介石的报告里说，西南联大"区党部与分团部，虽工作范围不同，但遇事均能商洽办理，分别进行，二年来党团合办之讲演，如文史讲演，科学讲演，青年讲座，主义讲演等，已不下百次，每次听讲者常在六七百人以上，主讲者即非本党同志，然其内容亦大都能与本党理论相吻合，故于青年学生发生极大之影响"。③

西南联大究竟举办过多少演讲很难统计，多年前笔者曾根据所掌握的材料整理出一份表格，见本书附录二，虽然是挂一漏万，却也可窥知一斑。

---

① 《姚从吾致朱家骅函》（1944年5月14日），"朱家骅档案"。
② 《联大法学院宪政讲演会》（油印件），"朱家骅档案"。
③ 张治中呈蒋介石《国立西南联合大学现况概述》（1944年8月10日），"国民政府档案"，台北"国史馆"存，档号：001-014100-0010。

仅从标题上看，演讲涉及内容非常广泛，既包括教育、军事、政治、经济、法律、社会、哲学、国际关系、思想文化、文学艺术、历史语言、自然科学等领域，也包括人口、营养、化学、算学、天文、植物、地质、地理、交通运输、工业建设等具体问题。分量最重的，则是时局评论、战事分析、政治改革、战后建设等。这些几乎无所不包的讲演，体现了西南联大学人渊博的知识、开阔的视野、前瞻的眼光，反映了尊重科学、思想开放的学术自由气象，是西南联大一道十分靓丽的风景线。

第三节　推动宪政

抗日战争的爆发，进一步推动了学人论政。西南联大学人的论政活动，在中国现代史上，具有非常突出的典型性。

抗日民族统一战线建立后，国共实现第二次合作，全国人民在统一战线的旗帜下，投入一致对外的民族自卫战争。民族独立是建设现代化国家必不可少的条件，因此，在抗日战争中推动民主制度的建立，也是人所共知的一项重要任务，而达到这一目标的手段，主要也是通过宪政运动。

抗日战争期间，中国先后掀起过两次宪政运动。第一次出现于1939年，第二次出现于1943年。在这两次宪政运动中，西南联大学人都发挥了重要作用。

一　修订宪草

西南联大的国民参政会参政员人数不多，但他们做了件对中国政治建设非常重要的工作，即提出"五五宪草修正草案"。该案除了西南联大参政员外，参加者还有住在昆明的陶孟和、任鸿隽，于是当时就把"五五宪草修正草案"简称为"昆明宪草"。

"昆明宪草"诞生于抗日战争时期的第一次宪政运动中。第一次宪政运动是在1939年9月召开的一届四次国民参政会上发起的，当时，国民参政会综合了国民党元老孔庚领衔提出的《请政府遵照中国国民党第五次全国代表大会决议案定期召集国民大会制定宪法开始宪政案》、中共陈绍禹领衔提出的《请政府明令保障各抗日党派合法地位案》、左舜生领衔提出的《请结束党治立施宪政以安定人心发扬民力而利抗战案》、江恒源领衔提出的《为决定立国大计解除根本纠纷谨具五项意见建议政府请求采纳施行案》、张申府领衔提出的《建议集中人才办法案》、王造时领衔提出的《为加紧精诚团结以增强抗战力量而保证最后胜利案》、张君劢领衔提出的《改革政治以应付非常局面案》，于9月16日通过了具有深远意义的《请政府定期召集国民大会实行宪政决议案》。18日，蒋介石在闭幕词中称该案为本届会议"最大之贡献"。11月，国民党五届六中全会通过决议，决定国民大会于1940年11月12日召集。抗日战争时期的第一次宪政运动，由此拉开了帷幕。

召开国民大会，结束国民党训政，实行宪法政治，早在战前就是社会各阶层的强烈要求，但国民党以各种理由一拖再拖，致使战争爆发时连国民大会代表选举都未能完成。现在，国民党公布了国民大会的召开日期，给还政于民制定了时间表，这无疑给不少人带来喜悦和鼓舞，大后方主要城市兴起的研究宪草高潮，就反映了这一情绪。

第一次宪政运动的主要工作，是修订战前公布的《中华民国宪法草案》（"五五宪草"），这项工作的具体组织者是蒋介石以国民参政会议长身份提名组成的国民参政会宪政期成会。宪政期成会首批会员19人，其中西南联大有周炳琳、罗隆基、傅斯年、罗文幹、钱端升，占总人数的1/4强。国民参政会宪政期成会后来通过的《中华民国宪法草案（五五宪草）之修正草案》（以下简称"期成宪草"），被认为是第一次宪政运动的唯一成果，而这个修正草案的蓝本及其基本内容和精神，来自以西南联大参政员为主起草的"五五宪草修正草案"，即"昆明宪草"。

1939年9月20日，一届四次参政会闭幕后的第二天，宪政期成会召开第一次会议。会议根据参政会授予协助政府促成宪政的使命，决议请政府早日颁布召集国民大会、公布宪政的明令，并请秘书处收集关于宪法草案之各种资料，以便讨论。[①] 当时，会议上达成三项共识，即：（1）"希望最高国防会议提前通过参政会的立宪案，并望在今年的双十节政府能公布实施宪政时期"；（2）"打算在双十节后有长时间的集会，研究讨论关

---

① 《宪政期成会对国民参政会第一届第五次大会报告书》（1940年4月），秦孝仪主编《中华民国重要史料初编》第4编第2册，台北：中国国民党中央委员会党史委员会，1988，第1658页。

于宪法本身以及国民大会组织法、选举法等等问题"；（3）"希望宪政的实施时间有大致的决定，不能将时间太拉长，暂时拟定至迟不能迟过九个月，就要开国民大会，完成宪政"。①

实现宪政早就是社会各阶层的强烈要求，而发动宪政运动的目的，也是为了促成法治制度的建立，因此，一部成型的宪法是宪政实施的前提，这就不难想象对"五五宪草"的修改是当时一件非常紧迫的工作。11月24日，宪政期成会召开第二次会议，听取参政会秘书处关于国民党六中全会决议于1940年11月12日召集国民大会的报告，决定着手征集各方对"五五宪草"等问题的意见，同时推举罗隆基、左舜生、董必武、褚辅成、许孝炎拟具待研究的各项问题，以供下次讨论。② 当时，考虑到罗文幹、罗隆基、周炳琳、钱端升、傅斯年及中央研究院社会研究所所长陶孟和均居住昆明，会议便委托他们就近磋商并起草关于宪草修正的意见。

罗文幹、罗隆基是9月23日回到昆明的，③ 其他参政员也于此前后陆续返回。回到昆明后，大家立即集会研究，并推罗隆基执笔。当时，罗隆基担任《益世报》主笔，还应江西省主席熊式辉约请参与中正大学筹备工作，但是他为了研究宪草修订，决定在昆明停留一段时间。④ 罗隆基执笔草拟的修宪意见稿，前后经过多次讨论，几经修改。其间，虽非宪政期成会会员的参政员张奚若、杨振声及任鸿隽，亦欣然参与了意见讨论。宪政期成会会员钱端升是1940年3月自美归国的，归来后阅览全稿，亦表赞成。⑤ 这样，就形成了昆明9位参政员共同草拟的"昆明宪草"。"昆明宪草"提出时，作为解释与补充，他们还以"罗隆基等"名义发表了《五五宪草之修正》一文。起草"五五宪草修正草案"和撰写《五五宪草之修正》的9名参政员中，罗文幹、周炳琳、傅斯年、罗

---

① 左舜生在宪政座谈会第一次会议上的发言，转引自方直《怎样推进宪政运动》，《全民抗战》第91号，1939年10月7日。

② 《宪政期成会对国民参政会第一届第五次大会报告书》（1940年4月），秦孝仪主编《中华民国重要史料初编》第4编第2册，第1659页。

③ 《国参会闭幕，罗文幹等乘机飞滇》，《云南日报》1939年9月24日，第4版。

④ 《罗隆基返滇，继续本报社论主撰》，昆明《益世报》1939年9月25日，第4版。

⑤ 罗文幹：《五五宪草修正案序言》，转引自楼桐孙《评驳"议政宪草""系统论"》，《时事类编特刊》第53期，1940年6月10日。

隆基、张奚若、杨振声、钱端升 7 人是联大教授，除了长期不在昆明的张伯苓，出任驻美大使的胡适，已到政府任职的张忠绂外，留在昆明的联大参政员全部投入了这一工作。

宪政期成会首批 19 位会员中，第一位是张君劢。当时，张君劢担任民族文化书院院长，民族文化书院在大理，故他经常往来昆明，"昆明宪草"讨论期间，他也贡献了很重要的意见。从张君劢在 1940 年 4 月 5 日代表国民参政会宪政期成会在国民参政会一届五次大会上说明宪草修正要点来看，他应也是"昆明宪草"的参与者。1939 年 11 月 8 日，西南联大法学会邀请自渝返大理、路过昆明的张君劢，做了一次关于中国宪政问题的公开演讲。那次演讲在联大师范学院大礼堂举行，由贺祖斌同学主持，与会者 600 余人，报载听众情绪"极为热烈"。在演讲中，张君劢"首谓宪法之基础在于国家领土之固定，抗战两年来，民族意识为之提高，全国意志为之集中，此为此次参政会中得以通过宪法案件之重大原因"。接着，张君劢报告了参政会讨论宪政方案的经过，说明大会对此事之重视，同时还说明了中国在战时讨论宪法的原因，以及社会人士对宪法应有之手段和条件等。①

担任草拟宪政修订意见的各位，无不感到责任的重大。张君劢在西南联大演讲的次日，罗隆基在《今日评论》杂志上发表了《期成宪政的我见》。这篇文章既是罗隆基关于这次宪政运动的第一篇文章，很大程度上也代表了"昆明宪草"起草者的意见。文中，罗隆基首先肯定现在任何人、任何党派，都不反对实施宪政。因为早在 1932 年，国民党三中全会就决定 1935 年 3 月召开国民大会，结束训政，实施宪政，其后虽经延期，但 1935 年 11 月 24 日国民党五全大会宣布于 1936 年内召集国民大会。同年 12 月 4 日，国民党中央执行委员会亦决定于 1936 年 5 月 5 日宣布宪法草案，11 月 12 日召开国民大会。但是，由于国民大会选举误期，使国民党五届三中全会又决定将国民大会召集日期推迟至 1937 年 11 月 12 日。而其间卢沟桥事变发生，使得实施宪政不得不再度延期。国民大会的几度延期，已引起人民的责难，可见过去的六七年中，人民是多么热烈地要求实施宪政。

---

① 《联大法学会昨请张君劢演讲》，昆明《益世报》1939 年 11 月 9 日，第 4 版。

　　罗隆基接着说，虽然今天没有人公开反对实施宪政，但对宪政实施存在的怀疑心理却仍然，疑虑主要有三：第一，认为现在是抗战时期，在"军事第一、胜利第一"的阶段怎能谈得到宪政，而且宪政真的能保障抗战胜利吗？第二，辛亥革命以来，宪政已试验了十几年，但总统做皇帝，议员变猪仔，以这样的成绩，以今日中国人民的知识水准，宪政一定可以成功吗？第三，中国是人治国家，人治在中国有几千年的历史，中国人的信仰是"有治人，无治法""其人存则其政举"，故今日改革中国政治还是人的问题，不是实施宪政就能解决的。罗隆基对上述三种怀疑论逐条做了驳斥，这里仅举对第一种怀疑论的反驳。罗隆基认为，宪政的最大效用就是"团结人心，集中力量"，只有国家走上宪政道路，国人才能知道国家是全国人的国家，不是任何人或任何一党的国家，御侮抗敌的牺牲是为国家而牺牲，不是为任何一人或任何一党而牺牲。只有这样，全国人民才能精诚团结，争取抗战胜利才有保证。何况，即使是独裁制的国家，到了对外作战的时候，独裁领袖还得召集国会、征询人民意见，尽管这些是表面文章，但独裁者也不敢抹杀，这恰证明对外作战时期，团结人心、集中力量实为重要。抗战以来，政府先是召集国防参政会，后又成立国民参政会，接着各省成立省参议会，其意都是为了"团结人心，集中力量"，这也说明政治若要走上正常轨道，宪政实施是必须的。

　　说到实施宪政问题，罗隆基说四届国民参政会已通过"定期召集国民大会实施宪政"的议案，且由议长指定"宪政期成委员会"为实施宪政做准备。关于宪政筹划，有两个问题很重要，一是宪法问题，二是国民大会问题。对于宪法问题，罗隆基认为世界上根本没有至善至美的宪法，主张应依国情，对"五五宪草"加以修正，要在求其简单可行、朴实可用上做文章，不宜在抽象的原则上及空洞的形式上多事争辩。与宪法相联系的是国民大会问题，解决这个问题的确比较困难，因为战前的国民大会代表选举未办理完毕，而国民大会代表全体人数达1780人，这样大规模的国民会议在抗战期中怎样召集，在什么地方召集，都很值得斟酌。罗隆基认为，国民大会的组织与产生不应刻舟求剑，应因时制宜，从权达变。①

　　罗隆基在演讲中说到的国民大会组织问题，实际上正是"昆明宪

<hr>

① 罗隆基：《期成宪政的我见》，《今日评论》第2卷第22期，1939年11月19日。

草"最重要的部分。"昆明宪草"的核心部分是在国民大会闭会期间设置一个名为"国民议政会"的常设机构，以便对政府行使职权起某些监督作用，防止政府滥用权力。明眼人一望可知，国民议政会的职权"相当于民主国家之议会，使其在实际政治上能够负起监督政权的责任"，因而"修正案的精神，实际上等于放弃了'权能分治'的原则，而复归于议会制度"。① 设立国民议政会的设想在宪政期成会中提出时，得到不少人赞同，熟悉西方制度的原北京大学教授、国民参政会秘书长王世杰，对这个方案也颇感兴趣。加之这个修宪草案出自蒋介石指定的成员之手，故显得格外为人注目。

按照"五五宪草"的规定，国民大会由全国各县选举一名代表组成，中央实行五权分立，政权属于行政院，治权属于国民大会。不过，这种制度在实际运作中成了政府万能而国民大会无权。正是鉴于抗战以来国家政治领导机构运转不够灵便，又鉴于政府权力足以借战争需要而无限制地膨胀，"昆明宪草"才提议在国民大会休会期间建立这样一个常设机构。罗隆基等人发表的《五五宪草之修正》首先指出："中山先生的宪政理想是直接民权，由人民直接行使选举、罢免、创制、复决等权。在实现直接民权步骤上，依据中山先生遗教，应由下而上，由县民行使直接民权，进而为各省宪政，再进而为全国宪政。"在肯定孙中山政治理想的同时，罗等又认为"欲达到此种理想，工作必艰巨，时间必久远"。因为从世界而论，英法等民主国家"虽有久远宪政历史，固尚未能语于此"；"美国西部各州偶有采行直接民权者，终鲜良好成绩"。即便在行使直接民权最早的瑞士，尽管其人口、土地不及中国百分之一，尽管它行使复决权有300余年之历史，行使创制权也有将近100年了，但"迄今两权之行使，无论在联邦或在各邦，依然有高度之限制"，且"瑞士各邦人民对普通法律行使复决与创制两权，成绩依然未臻尽善尽美之境。至于选民大会，直接选举官吏，直接参与立法，在瑞士二十二邦中亦只限于两个全邦，四个半邦"。由此，他们认为："我国宪政当以完成中山先生之宪政理想为目的，绝无疑问。惟在今日实行制定宪法，自须审度国家当前实际情形，并斟酌近若干年来之政治经验"，而"人民

① 雷震：《制宪述要》，《雷震全集》第23卷，台北：桂冠图书有限公司，1989，第5页。

行使直接民权，绝非一蹴可至之事"。①

"昆明宪草"提交宪政期成会时，还附加了一个注释，其中有这样一段话："五五宪草最大缺点，即人民政权运用不灵。立法院既非政权机关，而国民大会又三年集会一次，因此政权无从行使，故设国民议政会以为补救。当年立法院发表宪草征询国民意见时，舆论各方即曾一致指出此项缺点。有人主张将立法院权力扩大，使立法院有制裁政府权。但立法院为治权机关，行使政权，与中山先生政权治权划分之遗教不甚适合。另有人主张将国民大会人数减少，会期加多，然国民大会每县市选代表一人，中山先生在遗教中亦早已确定，似亦不宜变更。且国民大会为代表人民行使四权机关，倘每县平均不能有一代表，亦不甚妥。倘不减少代表人数，则如此庞大机关，会期太多，运用又感不灵。故立法院最初几次草案中，曾有国民大会闭会期间设立委员会之议。后因以少数委员代行国民最高统治权似亦不妥，此计划终归取消。"

根据上述原因，"昆明宪草"提出者认为国民议政会可以补救直接民权难于行使这个缺点。他们建议给予国民议政会两种主要职权：一是"复决立法院之决议"；二是"对行政院可通过不信任案"。他们主张使"立法院成为立法技术上之专门机构"，立法院决议须经议政会审核，则"法律案等等必有更审慎周详的成绩"。这样，"立法院有能，议政会有权"，便与"中山先生权能划分，五权并立之遗教精神，甚为相合"。为了避免国民党对这个方案产生反感，他们特别强调"在总统制国家，议政会对行政院可通过不信任案，但不能弹劾总统"，所以议政会不过是"人民对行政有限度之监督制裁"，只要运用得当，它能促使"总统用人必能选贤举能"，于是"政府有能，人民有权之精神，必更能发挥"。②由此可见，这个由中国知识精英设计的"国民议政会"，相当程度上反映了自由主义人士在国家政治制度建设上的理想。

1940年3月20日，宪政期成会举行第三次全体会议。这时，除重庆、成都、上海等地民众团体贡献了许多宪草修改意见外，国民参政会参政员正式提出的宪草修改意见有8件。在国民大会闭会期间如何行使

① 罗隆基等：《五五宪草之修正》，《再生》第45期，1940年4月10日。
② 转引自《国民参政会宪政期成会提出中华民国宪法草案修正草案说明书》，《国民参政会第五次大会纪录》，国民参政会秘书处，1940，第71页。

治权问题上，褚辅成建议成立"行动委员会"，董必武主张设立"常驻委员会"，这些与"昆明宪草"设计的"国民议政会"只是名称上不同，并无实质区别。

宪政期成会经过紧张的 10 天讨论，"经过慎重之手续，就原案或存或改或补或删，将 8 章 147 条改为 8 章 138 条"，形成《国民参政会宪政期成会提出中华民国宪法草案（五五宪草）之修正草案》，即"期成宪草"。"期成宪草"基本上是以"昆明宪草"为蓝本，并接受了其中最关键的设置议政会部分，所不同的"惟将名称定为国民大会议政会"。[①] 这一改动很重要，它表明议政会是从国民大会中产生的，而不是从全国民众中选举产生。随后，宪政期成会向国民参政会正式呈交了"期成宪草"及对此案的《说明书》。在《说明书》中，特别强调多数会员"以为国民大会为国家最高权力机关，实包括直接与间接权"，但是由于其本身"行使直接权"，所以"间接政权事实上既不宜由两千人以上之国民大会行使，乃以属之议政会"。

"国民大会议政会"方案在宪政期成会上获得通过，是中国现代政治史上的一件大事，尽管今天这个方案很少被人提起，但当时却引起社会的极大注意。有人说："该修正草案中对于原宪草的重大修改就是在第三章加入'国民大会议政会'一节，这是对于整个宪草的重大改变，是一切谈宪政的人所不应忽视的。"[②] 一些反对国民大会议政会方案的人也承认"国内人士对于宪草内容的讨论，从没有像今天这样的起劲，而讨论的中心，则大多数集中于国民大会方面。关于国民大会方面的意见中最重要的一点，就是所谓关于国民大会闭会期间的常设机关的设置问题。自罗文幹等的昆明修正案至国民参政会宪政期成会的修正案，都主张在闭会期间设置国民议政会。各方面的意见虽不尽同，然而大抵都认为非赋予重大的权力，不足以尽其常川行使政权之能事"。[③] 正因如此，当时就有人干脆把它称作"议政案草"。[④]

---

① 《国民参政会宪政期成会提出中华民国宪法草案（五五宪草）之修正草案》，《国民参政会第五次大会纪录》，第 71 页。

② 陈体强：《论设置国民大会议政会问题》，《今日评论》第 3 卷第 22 期，1940 年 6 月 2 日。

③ 邓公玄：《国民大会中岂容有太上国民大会乎》，《时事类编特刊》第 53 期，1940 年 6 月 10 日。

④ 楼桐孙：《评驳"议政宪草""系统论"》，《时事类编特刊》第 53 期，1940 年 6 月 10 日。

人们之所以如此重视"期成宪草"，是由于它在国家政治体制上所做的大胆改革。"期成宪草"对国民大会的职权规定六项。即：（1）选举总统副总统、立法院院长副院长、监察院院长副院长、立法委员、监察委员；（2）罢免总统副总统、行政立法司法考试监察各院院长副院长、立法委员、监察委员；（3）创制法律；（4）复决法律；（5）修改法律；（6）宪法赋予之其他职权。而对于"国民大会议政会"的职权，则规定了九项：（1）在国民大会闭会期间议决戒严案、大赦案、媾和案、条约案。（2）在国民大会闭会期间复决立法院所议决之预算案、决算案。（3）在国民大会闭会期间，得创制立法原则，得复决立法院之法律案。凡经国民大会议政会复决通过之法律案，总统应依法公布之。（4）在国民大会闭会期间，受理监察院依法向国民大会提出之弹劾案。国民大会议政会对于监察院提出之总统副总统弹劾案，经出席议政员2/3之决议受理时，应即召集国民大会，为罢免与否之决定。监察院对行政、立法、司法、考试、监察各院院长副院长之弹劾案，经国民大会议政会出席议政员之2/3通过时，被弹劾之院长副院长即应去职。（5）国民大会议政会对行政院院长、副院长、各部部长、各委员会委员长得通过不信任案；行政院院长、副院长、各部部长、各委员会委员长经国民大会议政会通过不信任案时，即应去职。国民大会议政会对行政院院长副院长之不信任案，须经出席议政员2/3之通过，始得成立。总统对于国民大会议政会对行政院院长或副院长通过之不信任案如不同意，应召集临时国民大会为最后之决定；如国民大会维持国民大会议政会之决议，则院长或副院长必须去职；如国民大会否决国民大会议政会之决议，则应另选国民大会议政会议政员，改组国民大会议政会。（6）国民大会议政会对国家政策或行政措施，得向总统及各院院长、部长及委员会委员长提出质询，并听取报告。（7）接受人民请愿。（8）总统交议事项。（9）国民大会委托之其他职权。① 如此看来，国民大会议政会虽被称为国民大会的常设机构，但由于它实际上行使着许多国民大会限于会期短促而不能行使的职权，所以类似西方的上议院。

---

① 《中华民国宪法草案（五五宪草）修正案》（1940年3月30日国民参政会宪政期成会通过），《国民参政会第五次大会纪录》，第65～66页。

　　对于如此重大的改革，宪政期成会必须做出令人服膺的解释。为此，《说明书》首先从直接民权和间接民权的运用方面指出了现存制度的缺陷："依理言之，议政会既为国民大会闭会时行使权力之机关，则议政会之职权应出于国民大会之委托，且其权力不应超出于国民大会权力之外。而按本会修正草案之所规定有议决宣战、媾和和大赦、戒严案之权，均未在国民大会职权中列举。以云不信任案，亦不见于国民大会职权之中。似乎此种机关虽因国民大会之选举而产生，似已非闭会期中暂时受委托之机关矣。"不过，"国民大会为国家最高权力之机关，实包括直接与间接政权。国民大会本身行使直接政权，而间接政权事实上既不宜由两千人以上之国民大会行使，乃以属之议政会"。这些看来"权力大小问题"，就"不能以闭会或开会为标准而定其是非"。

　　关于国民大会议政会的职权，在内政问题上归纳起来不过四点：其一，"复决立法院之法律、预算案、决算案"，这"略似各国下院之案再在上院讨论一次"，"以昭郑重"。并且"预算决算事关政权"，所以"必须经过议政会之通过"。其二，"受理国民大会闭会期中监察院所提之弹劾案"。其三，"对于行政院长及各部会长官之不信任案"。其四，"质询行政方针之权"。从这四点看来议政会模仿的是西方民主国家的代议制形式，起草人也不否认这点。当时，有人提出战时实行西方议会制度会影响全局的指挥，说明书则说："按其所行使之权，如和战大计、如质询方针。均带有政治性，故自其职权之言，与各国之国会，究竟相似与否，当视吾国政治之发展而定。"同时，他们又认为"就现草案而言"，议政会"似为辅助行政当局而略加以限制之机关"，它与英法之议会政治迥乎不同。

　　在五权宪法中，对行使政权的行政院起制衡作用的是立法院，现在国民大会也要监督政府，那么它与立法院的关系又如何处理呢？这是个极为复杂、极为重要但又容易引起纠纷的问题。《说明书》在解决两者关系时是这样解释的："立法院为政府之一部，依据中山先生遗教，只能行使治权。因此本会同人对于原有立法院之职权，予以变更。"这种变更就是"其属于政治性之大赦、戒严、宣战、媾和与条约，一律移而至于议政会中。其为立法院所辖者，独有预算、决算及法律案"。《说明书》还直言："今后之立法院"只是"以专家资格参加于一切法律法典之制定"，并且"预算决算本牵涉政权治权两方面，故立法院可作初议，而议政会对于法律案与预算案，仍有复决之权"。他们深信"如此分配，庶几议政会与立法院之职权，各得其当"。由此可知，宪政期成会的方案对国家政治制度来说，的确是个非同小可的手术。

除此之外，修正案还对国民大会议政会议政员的人数、资格、选举、任期、组织、会期等有所规定，这里从略。

具有这样内容的"期成宪草"如能在国民参政会上获得通过，将是中国政治的一大进步。值得联大人骄傲的是，这些对中国政治体制做出重大改造的设计，直接来源于以联大参政员为主体起草的"昆明宪草"，可以毫不夸张地说，西南联大以自己的智慧，为中国政治现代化做了非常重要的贡献。

"期成宪草"通过后，许多人感到比较乐观，以为宪政问题有了一个良好的开端。这种情绪不是没有道理。首先，起草这一方案的都是资深的学者，他们在历史上与共产党或左倾人士没有联系，其中有的人还担任过国民政府的重要职务，如周炳琳曾做过教育部次长，又是现任国民参政会的副秘书长；钱端升曾与王世杰合著过研究各国政治制度的必读著作《比较宪法》；罗文幹则是中国法律界老前辈，担任过北洋政府的司法总长和南京国民政府的司法行政部长；杨振声曾任青岛大学校长，早在长沙临时大学时期，就代表教育部参与筹备工作。他们的这些经历，使人们相信他们是理智的、公正的，不会做出有损于国家的事。其次，宪政期成会的成员都是由蒋介石指定的，理论上说他们是国民党可以信赖的人士。根据这些推测，不少人都以为"期成宪草"应当被最高中枢接受。

可是，事实并非如此。1940 年 4 月 5 日，孙科出席国民参政会一届五次大会说明立法院所制定之"五五宪草"原案经过，声称"世界上没有尽善尽美的法律，五五宪草不能说全无缺点，但它是适应环境需要产生的，是有过渡性和进步性的"。[①] 而蒋介石接着强调"权与能分开"和"政权与治权划分"两原则是孙中山"在政治上最大之发明"，所以应"为中国制定宪法所必须遵循者"。[②] 这些话表示出有否定"国民大会议

---

①　《参政会第五次会议，讨论宪草修正案》，重庆《中央日报》1940 年 4 月 6 日。

②　蒋介石：《对于宪草与实施宪政之意见》（一），秦孝仪主编《中华民国重要史料初编——对日抗战时期》第 4 编第 2 册，第 1683 页。

政会"方案的苗头。果然，6 日下午讨论"期成宪草"时出现了激烈的争论。国民党参政员除少数外均群起而攻之，罗文幹、周炳琳、罗隆基及左舜生、王造时、邹韬奋、董必武等力主维持原案，却难以撼动局面。蒋介石在会上"对于宪草中牵制政府势力之规定表示不满"，其"语侵罗隆基等"，令"国社党及青年党诸参政员颇懊丧"。① 梁漱溟回忆说：当时蒋介石的态度之强硬"为向来所少见"，他即席演说中不但批评该案"袭取欧西之议会政治"，与孙中山的五权宪法"完全不合"，进而指责修正案"对执政之束缚太甚"，实"为不能施行之制度"，"今后国人如以国事倚畀于人，亦就不要束缚人才行"。②

这样的论争不会有所结果，最后还是由王世杰出面圆场，请蒋介石以议长身份提议将各种意见并送政府，这才有了以下两项决议："一、本会宪政期成会草拟之中华民国宪法草案修正案暨其附带建议，及反对设置国民大会议政会者之意见，并送政府。前项反对意见，由秘书处征询发言人意见后予以整理。二、参政员对于宪政期成会修正案其他部分持异议者，如有 40 人以上之联署，并于 5 月 15 日以前送本会秘书处，应由秘书处移送政府。"③ 尽管如此，蒋介石对"期成宪草"仍耿耿于怀，他在参政会闭幕式上的演讲词中声称："我们既要造成中国为三民主义共和国，对于我们国父孙先生的民权主义和五权宪法的精神，是绝对不可违反的。我们既然一致拥护我们国父的遗教，就要体会到'权'与'能'分别的精意的五权制度创作的真意，绝不可以抵触五权宪法的规定。"④

一届五次参政会未将"期成宪草"付诸表决，而"并送政府"四字实际上是将其束之高阁，仅表面使它免于否决。一个有限的限制国民党党治的方案，就这样胎死腹中，这对渴望实行代议制政治的中国知识精英是个不小的打击。"期成宪草"被无形打消，人们 7 个月的努力付之东流，抗战时期的第一次宪政运动，到这时实质上已宣告完结了。

诚然，"期成宪草"本身也存在不少缺陷。当时，一些较为冷静的

① 王世杰 1940 年 4 月 6 日日记，中研院近代史研究所编《王世杰日记》第 2 册，台北中研院近代史研究所，1990 年影印本，第 252～253 页。

② 梁漱溟：《论当前宪政问题》，《民宪》（东南版）第 1 期，1945 年 9 月 1 日。

③ 《国民参政会第五次大会议事纪·第六次会议》，《国民参政会第五次大会纪录》，第 25 页。

④ 《休会式蒋议长演词》，《国民参政会第五次大会纪录》，第 56 页。

学者对罗案和"期成宪草"进行过客观分析，西南联合大学行政研究所的陈体强说："五五宪草所规定的国民大会是不能充分发挥人民政权的效用"这一点，"期成宪草"给予纠正是正确的，而且内中的"弹劾与不信任案的分别"也是民主政治极重要的一个概念，因为"只有弹劾而无不信任案的办法"，那么"无论多么无用或祸国的政府，如无违法证据"，"都无法令其去位"。不过，他并不赞成设立议政会，认为"国民大会同议政会各为独立的、控制政府的人民机关"，这样一来"人民与政府间距离太远，控制太间接"，并且"有违反民主原则的危险"。他主张对"五五宪草"的补救办法可以采取"会期延长，开会次数加多，权力扩大"等办法，也可以在国民大会对现有机构进行改进，无须"叠床架屋在国民大会之上又设立一个议政会"。① 陈文还指出这两个修正案对议政会与国民大会关系的规定，也存在不少缺陷，这里不多叙述。

此外，还有两个问题值得重视：其一，是孙中山先生鉴于民国初年国会争权夺利的丑态，曾一再指摘过代议制的流弊，"期成宪草"既不能违背孙中山先生遗教，又缺乏更有力的思想武器。其二，当时正是法西斯主义在欧洲横行无忌的时候，独裁与强权的德、意、日似乎使民主制度的国家失去还手之力，这一客观现实使集权论者理直气壮，显然不利于民主派的作战。其三，就当时国内的实际情形来看，大多数人所关心的是自由权利问题，而获得言论、集会、结社、出版、信仰等自由，正是争取民主的初步步骤。不能想象，连这些问题都未能解决的时候，又怎么能一下子使国家的民主政治制度建立起来呢。

其实，问题的关键并不在于"昆明宪草"和"期成宪草"存在哪些缺陷，而在于国民党对实施真正意义上的宪政并无诚意。蒋介石之所以同意讨论宪政问题，其目的是借此加强国民党所希望得到的凝聚力，而绝不是使其权力分散或转移。简单地说，国民党最担心的就是把手中的"治权"变成难以控制的"民权"。这一点，在1939年11月中旬的国民党五届六中全会上表现得十分明显，那次会上通过的《定期召集国民大会并限期办竣选举案》，要求国民大会代表选举尚未办理完竣的地方于1940年6月底以前结束；对难以选出的代表，由国民党中央委员会妥筹

---

① 陈体强：《论设置国民大会议政会问题》，《今日评论》第3卷第22期，1940年6月2日。

补救办法。这说明国民党所谓实施宪政，不过是召集形式上的国民大会，而这个国民大会依旧是抗战前由其一手包办的国民大会。毋庸讳言，按照这个模式召集的国民大会，与中国知识精英心目中的政治制度革新，毫无相似之处。

综观"五五宪草修正草案"和"期成宪草"，无疑是中国现代知识分子对国民党一党专政的一次有力挑战，是合法斗争环境下进行的一次带有革命意义的改革尝试。虽然它最终未能避免成为具文的命运，但西南联大的参政员们并没有因此而放弃努力，何况历史是不以成败论英雄的。

二 宪政宣传

西南联大对中国民主化进程的另一个贡献，是对于民主宪政知识与观念的积极宣传，这项工作突出表现在第二次宪政运动中。

第二次宪政运动出现在 1943 年。这年，国际反法西斯形势与太平洋战争爆发初期相比，已经有了明显变化。5 月间，日本海军在珊瑚岛海战中遭到美军第一次重大打击，而 7 月美军向所罗门群岛新乔治亚区，及美澳联军对新几内亚萨拉摩雷艾区的进攻，则表明美军在这一地区已从战略守势转向战略攻势。欧洲战场也是同样，苏联红军直抵第聂伯河，美英开始准备收复法国。但是，中国正面战场却几乎没有多少进展，而造成这种局面的重要原因，即是国内团结问题非但没有解决，社会矛盾反而愈加突出，其表现就是 1943 年初国民党河防兵力向陕甘宁边区的进攻和 6 月利用共产国际解散掀起的解散中共的叫嚣。这一现状引起美国不安，美国国务院政治事务顾问亨贝克在 8 月 19 日与宋子文谈话中，提醒说美国国务院希望中国避免内战。[①] 美国驻重庆大使馆代办艾切森也在 9 月 11 日与吴铁城的谈话中，对国共矛盾深化、中国法西斯倾向的显著发展、民主政治的削弱等问题，表示了担心。[②] 考虑到国际战争与中国国内形势的关系，美国总统罗斯福向蒋介石做出三点建议，其中包括"中国宜从速实施宪政"和"国民党退为平民，与国内各党处同等地位

---

① 美国国务院编《美国外交文书》（1943 年中国卷），华盛顿，1957，第 97～98 页。
② 美国国务院编《美国外交文书》（1943 年中国卷），第 334 页。

以解纠纷"。① 对美国依赖性很强的国民党政府，在极力争取大量援助的时候，不能无视罗斯福的这一意见，而且现实也告诉蒋介石，对于中共问题只能通过"政治解决"，任何强制性措施都只能削弱国民党的地位与形象。与此同时，中国民主同盟也以多种方式再次表明实施宪政的迫切性。在这种形势下，国民党于9月召开的五届十一中全会上，通过了《关于实施宪政总报告之决议案》，重新提出"关于筹备国民大会及开始实施宪政各项应有之准备，由政府督饬主管机关负责办理"。②

9月18日，三届二次国民参政会开幕。当天，中国民主政团同盟主席张澜散发《中国需要真正民主政治》小册子，揭露与抨击国民党一党专政，《时事新报》《大公报》《新民报》等主要媒体也发出呼吁实行宪政的要求。9月25日，蒋介石在参政会上宣告将设立宪政实施筹备会。26日，国民参政会主席团提出《设立宪政实施筹备会和经济建设期成会两机构案》得到大会通过。这样，抗日战争时期的第二次宪政运动，便由此拉开了帷幕。

鉴于第一次宪政运动的教训，国民参政会要求宪政实施筹备会由蒋介石亲任会长，国民党为了控制这次宪政运动，接受了这个建议。10月13日，国防最高委员会决定将国民参政会决议成立的"宪政实施筹备会"，改名为"宪政实施协进会"，意思是这个机构只是协助政府推动宪政运动，还不是宪政实施筹备的开始。10月20日，《宪政实施协进会会员名单》公布，它包括四类人选，一是国民参政会主席团成员7人，二是国民党中央委员12人，三是国民参政会参政员23人，四是指定富有政治经验或对宪政有特殊研究者11人。一、二两类人选与西南联大无关，三、四两类中，则有西南联大5人，其中属第三类者为周炳琳、钱端升、傅斯年，属第四类者为蒋梦麟、燕树棠。

与第一次宪政运动不同，第二次宪政运动不是从宪草修正案开始的，而对"五五宪草"草拟出之32条意见，直到1945年底才初步形成，1946年3月方向国民参政会四届二次大会提出。究其原因，实与西南联

---

① 黄炎培1943年9月10日日记，中国社会科学院近代史研究所整理《黄炎培日记》第8卷，华文出版社，2008，第154页。文中说罗斯福所提三点，是1943年9月6日蒋介石在十一中全会训词里讲到的，但没有正式公开。

② 荣孟源、孙彩霞编《中国国民党历次代表大会及中央全会资料》下册，第884页。

大参政员在第一次宪政运动中提出的"昆明宪草"直接相关。宪政实施协进会常务会员王云五曾在回忆录中说："宪政期成会的组成分子全系参政员，而国民党以外的人士为数不少，故其对于五五宪草修正颇多；宪政实施协进会的组成分子，参政员参加者虽亦不少，但大部分则由国防最高委员会就中国国民党中央执监委员中指定之，故其会员大多数为国民党员，故其对五五宪草修正者多属枝节，其重要各点均以维持。"[①] 40年后，曾在台湾任蒋介石第一机要秘书、国民党党史会主任的秦孝仪，也承认自从第一次宪政运动中出现了"期成宪草"后，国民党"再也不敢掉以轻心了"，因此1943年11月成立宪政实施协进会时，国民党就占了大部分席位，其正式提出的32条修宪意见，自然也与"宪政期成会的修正案极不相同"。例如，"期成会主张设置国民大会议政会，其职权与一般民主国家之国会极相类似，而协进会则不主张设此机构；期成会主张司法院为最高法院，但不掌握司法行政，而协进会则主张司法行政仍隶司法院。总之，期成会之修正案，虽欠保持五权宪法之形式，实寓有三权分立之大意；而协进会之修正意见，则除许多小节外，根本上仍维持五五宪草之大原则"。[②] 这番话表明，西南联大参政员在第一次宪政运动中的宪草设计，令国民党执政当局十分头痛，于是吸取教训，不得不紧紧掌控宪政运动的每一个环节。

宪政实施协进会的主要任务有五项：（1）"向政府提出与宪政筹备有关之建议"；（2）"考察关于地方民意机关设立情形"；（3）"考察与促进宪政实施有关各法令之实施状况"；（4）"沟通政府与民间团体关于宪法问题暨其他有关政治问题之意见"；（5）"依政府之委托，审议一切与宪政实施有关之事件"。这五项任务，多数形同虚设，只有修订宪草具有一定操作性。因此，修订宪草的意义和如何修订宪草，受到社会的极大关注。

西南联大学人在第二次宪政运动中表现了极大热忱。1944年1月12日，国民党云南省党部与云南省临时参议会联合组织云南省宪政讨论会，成立大会共推省主席龙云担任名誉理事长，会上选举产生了24位理事，7位候补理事，7位监事，3位候补监事。由于这个机构是地方性的，西

---

① 王云五：《岫庐论国是》，台北：台湾商务印书馆，1965，第215页。
② 秦孝仪主编《中华民国政治发展史》第3册，台北：近代中国出版社，1985，第1342页。

南联大仅有梅贻琦、周炳琳二人被选举为理事。① 不过，1944 年 1 月 15 日成立的专司修订宪草之云南省宪政讨论会研究委员会，则容纳了不少联大教授。云南省宪政讨论会研究委员会初邀请研究员 20 人，内有联大的崔书琴、钱端升、杨振声、王赣愚、邵循恪、蔡维藩、查良钊等 7 人。② 22 日下午，该研究委员会在省参议会召开第一次会议，决定分教育、经济、政治三组进行宪草研究，4 月底前汇集成文，转报重庆。同时，鉴于聘请经济、教育研究人员较少，乃加聘若干人。增加者中，西南联大有 9 人，他们是经济组的赵迺抟、周作仁、杨西孟、伍启元、陈岱孙 5 人，教育组的黄钰生、陈友松、陈雪屏、姚从吾 4 人。③ 这样，西南联大在云南全省宪政研究机构中的人数达到 16 人，成为各机关中人数最多的单位。

宪政运动的任务之一，是对"五五宪草"提出修正意见。迄今为止，尚未发现西南联大就这个问题提出的完整文本，但云南省宪政讨论会提出的修宪草案中，则包含着他们的意见。1944 年 4 月中旬，云南省宪政讨论会完成修宪草案初稿，20 日下午，他们在省党部召开的会议上逐条宣读和解释了拟具的修订草案。鉴于宪法为国家根本大法，为慎重起见，会议推定 13 人再行集会，以便对修订意见做进一步的精密讨论，然后再于规定的 5 月 5 日前提交中央参考。参与这个宪草修订定稿的 13 人中有西南联大的周炳琳、崔书琴、蔡维藩、伍启元、查良钊、陈友松，④ 几近占参与者的一半，这个比例反映了西南联大在推动云南地区宪政运动中的位置。

在第二次宪政运动中，云南省的推动力量除了云南省宪政讨论会及其所属的研究委员会外，就是昆明学术界宪政研究会。

昆明学术界宪政研究会由云南省政府和国民党省党部主持，成立于 1944 年 2 月 5 日，共有理事 9 人，其中西南联大有潘光旦、曾昭抡 2 人。⑤

---

① 《宪政讨论会昨开成立大会，龙主席任名誉理事长，选出理监事四十一人》，昆明《扫荡报》1944 年 1 月 13 日。

② 《宪政讨论会订期开会》，《云南日报》1944 年 3 月 19 日，第 3 版。

③ 《宪政讨论会研究委员昨开第一次讨论会》，《云南日报》1944 年 3 月 23 日，第 3 版。

④ 《宪政会各组意见将提供中枢参考》，《云南日报》1944 年 4 月 21 日，第 2 版。

⑤ 《本市学术界昨成立宪政研究会，推徐炳昶姜亮夫等为理事》，《云南民国日报》1944 年 2 月 6 日，第 3 版。

这个研究会因依托西南联大、云南大学等学术教育机关，显得十分活跃，尤其是其与云南基督教青年会联合举办的"宪政问题系统演讲"，为推动宪政宣传做了许多工作。"宪政问题系统演讲"第一讲于1944年3月10日下午7点半在青年会小礼堂开讲，演讲人为潘光旦，题目为《中国民主政治之社会背景》。按计划，24日由王赣愚讲《宪政与民权保障》，4月7日由伍启元讲《宪政与经济》，4月14日由曾昭抡主讲。① 云南大学潘大逵、著名教育家李公朴，也分别在这个系统演讲中，主讲了《五五宪草之分析》《宪政与教育》。

西南联大在参加云南省和昆明市宪政研讨的同时，还单独开展了研究与宣传活动。1943年12月20日，张奚若在西南联大发表《中国宪政问题》演讲，当时会场内外挤得水泄不通，当张奚若走进会场时，掌声从走廊外一直响到场内，把演讲者和几百名听众融为一体。当时就有人说，这种热烈的情绪与坦白的气氛，使人觉得又置身于武汉失守以前的时代。

西南联大还组织过关于宪政问题的系统讲演，它由国民党直属国立西南联大区党部组织，名称为"西南联大法商学院宪政讲演会"。这个系统讲演的出发点，是国民党西南联大区党部负责人姚从吾认为云南省宪政讨论会"组织庞大，无甚生气"，而昆明学术界宪政研究会则"以研究宪政为掩护，以批评政府，实现私图为主旨"。但这两个团体均以教授和大学生为主力，"联大法学院之教授与学生亦皆跃跃思动，欲参加讨论，迎合潮流"。于是，国民党西南联大区党部"为先发制人计，乃决议由钱端升、周炳琳两同志用联大法学院宪政讲演会名义，举办宪政问题十讲（主讲人六人为党员，四人为非党员），以资倡导"。②

由西南联大区党部策划的"西南联大法商学院宪政讲演会"，安排在每周五晚7时半，至1944年5月12日已进行了7次讲演。1944年3月31日，第一讲，张奚若讲《现代国家与宪政》，主持者钱端升；4月7日，第二讲，陈序经讲《中华民国与宪政》，主持人周炳琳；4月14日，第三讲，潘光旦讲《宪政之社会基础》，主持人陈序经；4月21日，第

---

① 《学术界宪政研究会举办宪政问题系统演讲，第一讲今日在青年会开讲》，《云南日报》1944年3月10日，第3版。

② 《姚从吾致朱家骅函》（1944年5月14日），"朱家骅档案"。

四讲，吴之椿讲《宪政与自由》，主持人张奚若；4 月 28 日，第五讲，王赣愚讲《宪政与政治制度》，主持人钱端升；5 月 5 日，第六讲，燕树棠讲《宪政与立法制度》，主持人陈序经；5 月 12 日，第七讲，陈岱孙讲《宪政与预算制度》，主持人陈序经。此后计划的第八讲 5 月 19 日由赵凤喈讲《宪政与司法制度》，燕树棠主持；第九讲 5 月 26 日周炳琳讲《宪草中之经济政策》，陈岱孙主持；第十讲 6 月 2 日蒋梦麟讲《宪草中之教育政策》，周炳琳主持。① 姚从吾说这些讲演，"听众踊跃，情绪热烈"。"成绩甚著"，但又因讲演宪政问题容易涉及时政，批评政府物价政策，奸商未能惩治，等等，国民党西南联大区党部还特拨款 3000 元笔记费，每讲均做笔记，事毕汇齐呈送重庆，以备考察。当时，姚从吾还不无担心地请示说："中央提倡讨论宪政，开放言论，此事言之似易，执行实难。开放言论之尺度如何？是否仅有言论而无实际活动者，即可放任？抑或对于无政治背景之牢骚，可以涵容，对于另有贪图者，则仍当监视干涉？"② 这说明国民党西南联大区党部也十分重视宪政讨论，但它带有争夺话语权的动机。不过，无论如何，人们参加宪政问题讨论的热情是非常高的。

除了上述外，西南联大师范学院院长黄钰生，在 4 月 16 日省立昆华民众教育馆举行的宪政演讲会中，向 400 余人主讲了《宪政中教育问题》。③ 4 月 17 日，钱端升也在云南省宪政讨论会研究委员会主办的宪政系统演讲中，发表了宪政问题演讲。④

上述演讲在宪政研讨中发挥了一定作用。3 月 31 日张奚若在西南联大法商学院宪政问题系统演讲做第一讲时，用两个多小时讲了"宪政与历史背景""近代宪政发达之两种动力""现代宪政精神之所在""第一次世界大战后关于民主政治的批评""将来宪政的展望"五个问题，当地报纸称"张话多精隽，且题旨阐述颇详，故听众中时时报以热烈掌声"。⑤ 对于陈序经和潘光旦的演讲，报纸也用"听众之拥挤，及情绪之

---

① 1944 年 5 月 14 日姚从吾致朱家骅信中所附《联大法学院宪政讲演会》（油印件），"朱家骅档案"。
② 《姚从吾致朱家骅函》（1944 年 5 月 14 日），"朱家骅档案"。
③ 《宪政演讲》，《云南日报》1944 年 4 月 17 日，第 3 版。
④ 《宪政演讲》，《云南日报》1944 年 4 月 17 日，第 3 版。
⑤ 《宪政问题演讲讨论热》，《云南民国日报》1944 年 4 月 1 日，第 3 版。

热烈，可以充分表示昆垣人士对宪政之兴趣"之语，给予了很高评价。①
演讲的各位教授，也很重视宣传各自的观点，一些人曾将演讲内容撰写
成文，送交报刊发表。如伍启元在昆明学术界宪政研究会与云南基督教
青年会联合举办的"宪政问题系统演讲"上的演讲，就以《宪政与经
济——四月七日在本市青年会讲词》为题，在 4 月上旬的《云南日报》
上连载了两次。邵循正的《民治在中国的前途》，也于 1944 年 6 月 18 日
在《云南民国日报》上以"星期论文"形式刊出。宪政问题是关系国家
政治建设的大事，只有教授参加显然不够。1944 年 3 月 2 日，西南联大
举行全校国民月会，梅贻琦在会上向两千多名学生提出要求，希望大家
注意宪政问题，参加研究讨论。②

　　在宪草讨论中，作为地方的云南省，自然特别重视地方自治问题。
1944 年 4 月 8 日下午，云南省宪政讨论会研究委员会政治组举行会议，
西南联大崔书琴、蔡维藩、邵循恪，云南大学潘大逵、朱驭欧等和与会
者一起研讨了中央与地方权限之划分及国民大会问题。③ 关于这次讨论
的内容，因未见记录，难知详情，但作为研究会研究员的王赣愚在 1 月
下旬发表的《地方自治的途径》，则反映了对这个问题的某些认识。④ 其
后，王赣愚还应云南省政府民政厅之约，做了"中央与地方行政之关
系"的演讲。⑤

　　昆明学术界宪政讨论会研究委员关心的另一个问题，是宪政实施前应
保障的民主权利问题。1944 年 6 月 13 日，该研究委员会召开第五次大会，
会议在西南联大教授曾昭抡主持下进行，讨论问题中就包括"民主运动之
初步工作应如何推进案"。对此，大家一致同意："本会于短期间发起签名运
动，请政府加强现有各级民意机关之组织，使其变成真正的民意机关。"⑥ 有

① 《联大宪政演讲：蒋梦麟教育政策，吴之椿宪政与自由》，《云南日报》1944 年 4 月 21
　　日，第 2 版。
② 《梅贻琦鼓励联大同学讨论宪政问题》，《云南日报》1944 年 3 月 2 日，第 3 版。
③ 《宪政讨论会研委会讨论政治问题，对中央地方权限研讨颇详》，《云南民国日报》1944
　　年 4 月 9 日，第 3 版。
④ 王赣愚：《地方自治的途径》，昆明《扫荡报》1944 年 1 月 23 日。
⑤ 《王赣愚昨讲中央与地方关系，应以效率之高低决定实施之方式》，《云南日报》1944
　　年 6 月 18 日，第 3 版。
⑥ 《学术界宪政会筹备欢迎华莱士，健全真正民意机关，并将发起签名运动》，昆明《扫
　　荡报》1944 年 6 月 14 日。

消息说，这次会议还议决要求取消民意机关代表圈定办法，以建立民主政治之基础。①

上述热烈气氛打破了两三年来的沉闷气氛。潘光旦主编的《自由论坛》曾评论说："从目前国内的论坛上，讨论宪政的空气中，我们对于宪政的前途，是抱着乐观态度的。大家都兴高采烈地在那里谈宪政，可见一般人莫不如大旱之望云霓的需要宪政，其热情与诚心，我们认为谈，敢谈，总比不谈，不敢谈要好得多了。"②宪政运动不只是修订宪草文本的工作，更是宪政观念的普及和民主精神的宣扬，西南联大在这方面的贡献，是应该受到赞扬的。

在前面介绍的战后各问题讨论中，如何解决国内问题最受人们重视。1945年5月26日周炳琳在西南联大举办的每周一次"战后之中国"系统讲演时，内容讲的就是国内政治，题目为《实施宪政与政党政治》。说到怎样实施宪政，周炳琳说自己思考了二十年了，并总结出十个问题：（1）宪政是什么；（2）宪政与民主是否为一事；（3）宪政与宪法；（4）宪政如何实施；（5）宪政与政党；（6）什么叫作政党政治；（7）中国现有的政党；（8）由党治到宪政的实际问题；（9）中国宪政之前瞻；（10）吾人之负责。

周炳琳首先解释"宪政是什么"。他说："宪政的内容有四个要素：第一，行宪政的国家，其政治权力的泉源在全国人民，而非存一人一家，也并非在那一党或那一阶层。第二，行宪政的国家，国家大事须经过一定的方式与手续才能决定，如经议会的讨论等等。第三，行宪政的国家，其政治上的负责人，是由人民直接选举出来的，其职权是有限制的。第四，这种政治上的负责人任期届满，须向人民交代，故宪政国家必定期普选。上述四点可说是宪政的主要因素及象征。"接着，他解释"宪政与民主是否为一事"，并举法国第一次和第二次共和为例，认为两者的关系是"宪政的国家必是民主的国家"，而"若民主而不循宪政的路，则很可能变成暴民专政"。这番话，自然是有针对性的，所以他强调："在政治学上说，民主是指依照人民的意志而决定政体及政事，然而民意常

① 《学术界宪研会要求提高民意机关职权，并取消代表圈定办法，请政府迅即开放言论》，《云南日报》1944年6月15日，第3版。

② 《编辑余谭》，昆明《自由论坛》第2卷第3期，1944年3月1日。

是粗浅的，必须经过一番提炼工夫始能得其精华，在一般的形式，这种民意提炼的工作都是由议会来完成的，即人民的意志须透过议会而表达，议会之所以能担负这种工作，自非借宪政之力不可了。"谈到宪政与宪法时，周炳琳说："宪法是宪政最基本而最重要的根据"，对于中国来说，"五五宪草中争执最烈的是国民大会的权力问题，从前年起直至今日，讨论的重心在此，将来如何解决，颇难预测"。说到如何实施宪政，周炳琳承认一部健全的宪法是极端重要的，但同时强调"除此以外，诸凡政治的措施、人民的政治训练及常识、政党的风度以及从政者的操守都是很重要的"，"仅仅通过了一部宪法便说宪政规模告成，这是绝对不可以的"。对于宪政，周炳琳特别突出宪政精神，认为这是"宪政先进国家实施宪政的方法与态度"，中国实施宪政，宪法条文固然不可违反，然而最主要的是"要注重宪政精神"，因为"有许多事不是刻板的宪法条文所能规范，这完全需靠宪政的主要精神来解决"。

宪政是以民意为基础的，可是事实上由于并非全体人民都能从事政治活动，真正负担这一份任务的只有其中的一部分，于是，周炳琳把话题转到宪政与政党问题上。他认为：由"智才之士"组织的政党，责任是"提出公开的政见"，"人民可以根据自己的常识及各方面的情形以为考虑，选举那一党可负他们的重托，而将政权交与该党代表行使"。在宪政实际推行中，必须有这样的政党，这才能使人民有选择的余地，否则便易流于专制。"在实施宪政的国家，政党确是不可少的，在普通情形之下，大概总是二三大党主持其事，若无有力的大党在其中领导，则很容易演成政治上的混乱局面。法国内阁的不稳，其原因即在此。"有了政党，才谈得上政党政治。所谓"政党政治"，就是"各政党在遵循宪法的大前提下如何来玩政治，不过这里的'玩'字隐作依法活动、依法运用的解释，它的目的即在如何推动宪政"。说到中国现有的政党，周炳琳介绍了国民党、共产党以及青年党、国社党、第三党、民主同盟的历史，说："就我国目前政党的情形看，自以国共二党的问题最重要，而在他们的关系中，军事问题实为其主要症结所在"，"现在，在实施宪政的总目标下，最现实的办法是如何想得一个较妥当的办法，以为实施宪政过渡期中比较正常关系的建立"。至于从党治到宪政的途径，周炳琳认为由于国共双方的军事问题未能解决，还处于一个"相当费力"的阶段，假若

"政治上的局面能顺利的逐渐开展，则国民大会的开与不开或是否圆满将无大影响"。

周炳琳对中国的宪政前途并不乐观，认为"若不取消以武力为后盾的局面，则一切其他的问题难得解决"。因此，他特别强调人民的责任，说："在实施宪政与民主的国家里，人民是主人而不是一群任意被某党支配的群众，是否能如此，那就要看我们作主人的人的修养与态度。为着将来中国能顺利的实行宪政与民主，我们每一国民都应先从充实自己、坚强自己作起，俾能作一个真正主宰政治的民主主人。"①

周炳琳说到的这些国内政治问题，都是世人皆知的政治症结。而"战后之中国"系统讲演期间，传来了浙江大学同学发表的促进民主宪政、呼吁学生界团结组织的宣言。受此鼓舞，西南联大全体学生经过激辩，于4月6日通过了《昆明西南联合大学全体学生对国是的意见》。这个代表了全校2500多位同学心声的意见，重心是要求团结，拥护建立联合政府。正如文中所说："总之，没有民主就没有团结，没有团结就没有胜利。民主是一切的前提，而联合政府是目前实现真正民主的唯一方案。只有这样。才能团结全国力量；只有这样，才能解救当前危局；也只有这样，才能获得最后胜利。"②

第四节　弘扬五四

五四是中国青年的节日，对于与五四有着历史渊源的西南联大，每年的这一天，既是盛大的庆典，也是继承五四传统、弘扬五四精神的总结与检阅。纵观抗日战争时期西南联大的五四纪念，可以看出这所高等学府的师生们是怎样抚摸着时代的脉搏，随着时代的发展不断前进。

一　五四情结

1938年5月4日是五四运动19周年，也是全面抗战爆发后的第一个五四纪念日。这天，是刚刚从长沙风尘仆仆集中到云南边城的蒙自分校

---

① 周炳琳讲、吴显祺记《实施宪政与政党政治》，昆明《海鸥周刊》创刊号，1945年5月26日。

② 《三十四年五四在联大》，《联大八年》，第41页。

开学的第一天，师生们不顾旅途劳累，于下午 3 时在蒙自中学大礼堂举行了简朴而隆重的纪念大会。参加这次大会的 400 余人，除西南联大师生外，还有蒙自中学的同学。当时，日寇铁蹄践踏着祖国的半壁河山，坚持抗战成为挽救民族危亡的头等任务，蒙自分校的五四纪念密切结合了这一形势，呼出了"继续'五四'的精神，消灭汉奸，抗御暴敌，打回老家去"的时代强音。

会前，全体起立静默 5 分钟，哀悼抗战阵亡将士及死难同胞。接着，会议主席报告开会意义和筹备经过，朱自清、张佛泉、罗常培、钱穆相继发表演讲，之后，同学们自由发言。最后，是参加湘黔滇旅行团的同学报告长沙至昆明的跋涉经过及湘黔滇三省状况。①

北京大学是五四运动的策源地，蒙自分校的北大同学，这天单独发出了呼吁抗战到底的《告全国同胞书》。文中写道："全面的对日抗战，是我们十九年来所期望的最后一步"，"我们怀着满腔悲愤……离开北平。但是我们同时感到欣慰，感到庆幸，因为我们久所期望的决战已经实现了，而且正在一步步走上胜利之途"。以及"我们这次流亡，决不是为了逃避"，"我们知道我们的责任，我们决不放弃这种责任。我们不畏艰险，不慕安乐，不为恶习所染。我们要深入到全国各地，为中华民族的对日全面抗战，担负起后方的需要的工作"。这些抒发着豪迈气概的文字，生动体现了具有五四光荣传统的青年们的抗日决心，表达了全体师生为民族独立与民族解放奋斗到底的坚强意志。

北京大学同学的《告全国同胞书》，是西南联大历史上纪念五四运动的第一个文献，它阐述"五四"意义时，自豪地说："在北京大学的领导下，全国进步的知识分子和青年，冲破了数千年传流的桎梏，对世界，对中国，对全国同胞，发出了为民族解放而斗争的呼号。"接着，它连用三个"第一次"说明五四运动的历史作用，即"第一次明白地揭露了时代的真相"；"第一次使全国同胞觉悟到中华民族的安危"；"第一次表现了民众所具有的伟大的力量，揭开了他们身上的所担负着的历史的使命"。让五四精神代代相传，让五四传统在争取抗日战争最后胜利中发

---

①　《继续五四的精神，消灭汉奸抗御暴敌，联大同学热烈纪念五四》，《云南日报》1938年 5 月 9 日，第 4 版。

扬光大，是联大师生的共同心声。北大同学的《告全国同胞书》体现了
这一信心，表示要在全面对日抗战中"完整地建设起一个新的、光明的
中国"，同时认为五四运动提出的任务和要求还没有完成，"五四运动启
发了今日的斗争，我们要在争取抗战的胜利中，完成五四运动所提出的
任务"。为此，他们向全国父老兄弟姊妹和正在前线作战的同学宣誓：
"我们知道我们的责任，我们决不放弃这种责任。我们不畏艰难，不慕安
乐，不为恶习所染。我们要深入到全国各地，为中华民族的对日全面抗
战，担负起各方面需要的工作。"① 这些文字，反映了青年学生对"五
四"的感情和新形势下对五四精神的理解，表达了他们在民族危亡面前
决心宣传抗战、坚持抗战的努力方向。

这份《告全国同胞书》，应当在抗日初期的青年运动史上占有一定
位置，特全文抄录如下：

在对日抗战最紧张的今日，当我们同学中一大半已经跑上前线，
直接参加对日抗战的今日，我们来到了云南蒙自。在蒙自父老兄弟
姊妹之前，纪念中华民族解放斗争史上划时代的先驱——五四运动。

在十九周年前的五月四日，为了反抗日帝国主义的压迫，为了
回答凡尔赛会议中列强加于我们的欺凌，为了打击汉奸曹汝霖辈的
卖国行为，在北京大学的领导下，全国进步的知识分子和青年，冲
破了数千年传流的桎梏，对世界，对中国，对全国同胞，发出了为
民族解放而斗争的呼号。这号召，这行动，第一次表现了民众所具
有的伟大的力量，揭开了他们身上的所担负着的历史的使命。

五四运动第一次［使］全国同胞觉悟到中华民族的安危，第一
次明白地揭露了时代的真相。它挽救了当前的政治的危机，更进而
在社会上要求一种新的文化，一种反抗的、自由的、积极的精神。
它要打破一切旧的、陈腐的、封建的束缚和偶像，建设起一个自由、
平等、进步的社会。从这时，不绝的斗争的浪潮，就一天比一天有
力地［在］社会各阶层掀动、怒吼了。

---

① 《继续五四精神，担负救亡责任，北大同学纪念五四，大声疾呼唤醒国人》，《云南日
报》1938 年 5 月 12 日，第 4 版。

在五四运动开始到现在这十九年中，我们无时不刻不在斗争，不在准备：我们有时群相聚讼，有时交互攻讦，因为我们要求一个最后的决斗，排除掉压迫者加在我们身上的一切暴行。这最后一步终于到来了。踏着五卅、五四、"九·一八""一·二八"的血迹，中华民族在去年发动了全面的对日抗战。

全面的对日抗战，是我们十九年来所期望的最后一步。在这一步中，我们要完整地建设起一个新的、光明的中国。但是我们不能忘记，这一连串斗争的开端，是五四运动。五四运动在十九年前所提出的任务，现在并没有完全完成。我们需要自由，需要解放，需要新的建设，这些都是五四所要求的，而现在还是需要。五四运动启发了今日的斗争，我们要在争取抗战的胜利中，完成五四运动所提出的任务。

我们怀着满腔悲愤，眼看着我们的文化之都，五四运动的肇基地——北平，在受着敌人的蹂躏。我们自身更不得不在敌人的铁蹄的践踏下，离开北平。但是我们同时感到欣慰，感到庆幸，因为我们久所期望的决战已经实现了，而且正在一步步走上胜利之途。

我们一刻不敢忘记，我们母校的先辈们曾经在五四运动中完成了无比的功绩，我们誓必承袭他们的精神，在面前的斗争中担负起我们应尽的任务。我们流亡，我们后退，但是我们深自警惕，我们这次流亡，决不是为了逃避，为了偷取安乐。我们面前有的是全国父老兄弟姊妹和正在前线作战的同学，我们敢在这个伟大的纪念日誓言：

我们知道我们的责任，我们决不放弃这种责任。我们不畏艰难，不慕安乐，不为恶习所染。我们要深入到全国各地，为中华民族的对日全面抗战，担负起各方面需要的工作。[①]

和全国人民一样，云南人民也对北大、清华、南开在救亡图存中的表现，给予了很高评价。《云南日报》在一篇社论中说：这三所学校的

---

① 《继续五四精神，担负救亡责任，北大同学纪念五四，大声疾呼唤醒国人》，《云南日报》1938年5月12日，第4版。

学生"在中国的文化上，在中国民族的解放史上，都有着光荣伟大的贡献。从五四运动直至卢沟桥事件发生，在每一次国内的救亡运动中，他们始终是很英勇的站在全国民众，全国学生的最前线。就在抗战发动以后，全国民众以及学生界的救亡浪潮空前高涨中，他们仍始终保持着自己的岗位，丝毫没有退缩、落后，表现出他们为国家民族而向敌人拼斗的英勇迈进的精神"。①

1939年，西南联大尚属初创阶段，新校舍修建未竣，无处举办全校集会。但是，这并没有影响师生们纪念五四的热情。这年5月4日是五四运动20周年，下午3时，70余位教育界知名人士在省教育会举行纪念大会。临时主席是清华大学数学系原主任、时任云南大学校长的熊庆来。西南联大查良钊首先报告会议筹备经过，说明西南联大承担了这次会议的准备工作。这次会议的议题是如何保持五四精神，梅贻琦、黄钰生教授及北平研究院代院长李书华、云南省教育厅长龚自知等，相继围绕这一中心发言。报载他们的演讲"大意均为阐述五四运动以来，启发新中国影响甚为深大，与思想解放，民族复兴等"，并一致认为"我们要检讨过去，为将来开辟一条光明的路"。②

5月4日晚上，他们参加了全市大、中学生的火炬游行。游行队伍在云南大学操场接过火种，由北门进入城区，经华山南路、正义路、金碧路、得胜桥、护国门、穿心鼓楼。联大学生万余人沿途高唱抗战歌曲，怒吼声响彻云霄。③这是西南联大首次参加地方的纪念活动，故有人评论说，这次五四纪念把联大学生和云南青年亲密地融合在一起，使大家进一步认识了五四精神的力量。④

青年人喜欢以活泼、热烈的情绪拥抱五四纪念。当年五四的亲历者，则常常在这一天抒发沉淀的情怀。

在这次五四纪念活动中，联大全体师生曾通过了致蒋介石的信。该信目前未能找到，但根据1939年5月16日蒋介石的复电，可知此信内

---

① 《谨献给联合大学》，《云南日报》1938年5月11日，第4版。
② 沈沉：《复仇和火龙，燃起了民族的曙光！》，《云南日报》1939年5月5日，第4版。
③ 《昨日全省青年举行五四扩大纪念》，《云南日报》1939年5月5日，第4版；沈沉：《复仇和火龙，燃起了民族的曙光！》，《云南日报》1939年5月5日，第4版。
④ 李光荣：《西南联大的五月四日》，周本贞主编《西南联大研究》第1辑，第75页。

容是拥护蒋介石领导抗战的。蒋介石的电文为："昆明西南联合大学蒋梦麟先生、张伯苓先生、梅贻琦先生转各教职员、学生：支电诵悉，至佩精诚，国民精神动员为国家兴复所系，贵校为国家最高学府，□民励俗所赖尤深，尤望领导人民共同迈进，以固抗战建国之基，是所企盼。蒋中正。铣国机印。"[1]

西南联大独立组织的五四纪念始于 1940 年 5 月。当年 5 月 4 日这天，学校在落成不久的新校舍隆重举行"五四青年节纪念大会"。后来在联大校园生活中占有重要位置的学生壁报，这时已崭露头角，"青年""南针""励学""群声""热风"及三民主义青年团等壁报社，这天联合出版了《"五四"纪念特刊》。在这年五四纪念中，一些同学还响应献金号召，从不多的生活费中捐出 1074.94 元。[2]

与往年一样，1940 年的五四纪念，昆明市也组织了火炬游行。游行是冒雨进行的，但雨点、冷风没有熄灭青年人的热情，反而被雄壮的抗日歌声吞没。[3] 这次游行的报道没有记录参加的学校，但肯定少不了联大青年的身影。

西南联大的五四纪念并非一帆风顺。"五四运动在最初为干政运动，后来成为文化运动"[4] ——政治系教授张佛泉在 1938 年蒙自分校五四纪念会演讲中的这句话，可以看作是西南联大五四纪念活动呈现低潮的注脚。

二　发扬传统

西南联大学生的政治热情，复苏于 1943 年暑假后，并在 1944 年的五四纪念中表现出巨大的活力和影响，从而为西南联大赢得了大后方"民主堡垒"的光荣称号。

1944 年 3 月，国民政府宣布取消五四纪念，改 3 月 29 日黄花岗起义

---

[1] 《蒋介石致联大师生电》（1939 年 5 月 16 日），"国立西南联合大学档案"，档号：32 - 1 - 31。

[2] 《各界踊跃献金捐款》，《云南日报》1940 年 5 月 11 日，第 4 版。

[3] 沈沉：《光明的火龙，在昨夜雨点中燃烧起来，踏着五四的光辉向前进!》，《云南日报》1940 年 5 月 5 日，第 4 版。

[4] 《继续"五四"的精神，消灭汉奸，抗御暴敌，打回老家去! 联大同学热烈纪念五四》，《云南日报》1938 年 5 月 9 日，第 4 版。

纪念日为青年节。这个决定引起全校师生的愤慨，[①] 反而促使他们对这一年的五四纪念重视起来，任继愈说这一天"曾经被称为联大学生精神复兴的日子"。[②]

5月3日，西南联大历史学会举办的"'五四'二十五周年纪念座谈会"拉开了1944年五四纪念的帷幕。会上，雷海宗、周炳琳、闻一多分别回顾了当年的亲身经历。接下进行的"五四运动与政治的关系"讨论是这次会议的重点。老同盟会员张奚若教授的发言，将五四运动与辛亥革命做了比较，吴晗与雷海宗虽然在学生是否应该过问政治上意见不一，却也体现了"五四"提倡的自由精神。而闻一多最后发出的"打倒孔家店"呼吁，则体现了"五四"赋予青年的任务还没有完成的共识。会议结束前，同学们还讨论了青年节问题，[③] 认为"政府把青年节改为三月二十九日，是毫无理由的"，纷纷"要求恢复五四做青年节"。[④]

五四运动对中国社会发展最重要的贡献是思想启蒙，不过，联大师生的眼光并未停留在当年，他们更加重视五四运动后的新文化运动发展。5月4日晚，《文艺》壁报社举办的"五四运动与新文艺运动座谈会"，就体现了这一主旨。此次座谈会邀请了8位对中国新文艺做出贡献的教授演讲，这个消息吸引了大批青年，场地容纳不下，不得不改期举行。

5月8日重开的晚会改由国文学会召集，北大中文系主任罗常培、清华中文系主任闻一多共同主持，[⑤] 会场也改为宽敞的图书馆前大草坪。这天晚会的参加者超过3000人，不仅有西南联大、中法大学、云南大学的学生，还有许多中学生，用"盛况空前"四字形容毫不过分。一位记者在消息中激动地写道："有什么能够代表联大精神吗？记者认为就是今天这个晚会。你不见，在傍晚的时候，昆北街上，公路两头，就像潮涌

---

① 闻一多谈话、际畿笔记《八年来的回忆与感想》，《联大八年》，第10页。文中说："联大风气开始改变，应该从三十三年算起，那一年政府改三月二十九日为青年节，引起了教授和同学们一致的愤慨。"

② 任继愈：《抗日战争时期的北京大学——西南联合大学时期（1937—1946）》，《自由与包容：西南联大人和事》，江西教育出版社，2017，第28页。

③ 本报记者：《抚今追昔日百感交集，联大昨晚座谈五四，历史系主催各教授发言》，《云南日报》1944年5月4日，第3版。

④ 李凌：《联大八年》，《云南师范大学学报》1986年第2期。作者在该文按语中说，此文曾在1946年10月1日联大校友在北平举行的9周年校庆纪念特刊上刊登。

⑤ 南开大学没有中文系，西南联大中文系是由北京大学中文系和清华大学中文系组成的。

般的人都向着新校舍奔去。这时可以用一句俗话形容：'山阴道上，络绎不绝。'真的，他们有着远道朝山的行僧一般的虔诚与热望，而这会真也可以比喻作一座香火旺盛的圣地。过去有人说联大像一潭止水，而现在则是止水扬波，汹涌壮阔。"①

　　这次大会从晚7时开始，进行了5个小时，"从始到终，一直在肃静、宁谧、热烈、渴望的氛围里进行着"，罗常培说，这"真让我们这班中年以往的人深切地觉着青年人的可爱"。② 会上，罗常培、冯至、朱自清、孙毓棠、沈从文、卞之琳、闻家驷、李广田、闻一多、杨振声分别演讲了"新旧文体的辩争，散文、戏剧、诗歌、小说等各种作品的收获，西洋文学的影响，以及对于文学'遗产'的态度"等题目，回顾和评价了五四以来新文化的发展。由于会议非常成功，闻一多做结语时希望今后在联大有更多的这种座谈会、讨论会，还建议"利用杨振声先生渡美之便，让我们用今天晚会的名义，向于硕果仅存的新文艺引导者胡适先生转致敬意，并报道今晚的盛况"。③

　　大概是研究文字学的关系，罗常培不像闻一多那么有激情，他认为"每个题目在短促的二十分钟里绝不会发挥尽致"，"充其量来发挥也不过把短短二十五年的旧历史加一种检讨罢了"。④ 但是，这次活动的意义并不在于演讲是否充分，而在于它传递了新文化运动必须随着形势发展不断前进的信念。1944年，西南联大的五四纪念在社会上产生了很大影响，舆论认为"五四当初的情绪，今日已在联大同学里再现，他们是重温五四的旧梦了"。⑤ 多年后，联大校友仍对这年的纪念活动如数家珍，很多人都指出"联大风气开始改变，应该从三十三年算起"，⑥ 并认为它在西南联大历史上是划时代的。

　　进入1945年，西南联大的青年运动随着形势发展也走向了高潮。这

① 本报记者：《浪漫的道路——记联大的文艺晚会》，《云南日报》1944年5月9日，第3版。
② 罗莘田：《从文艺晚会说起》，《云南日报》1944年5月21日，第2版。
③ 《在月光下——记一个三千人的文艺晚会》，昆明《正义报》1944年5月10日。
④ 罗莘田：《从文艺晚会说起》，《云南日报》1944年5月21日，第2版。
⑤ 本报记者：《浪漫的道路——记联大的文艺晚会》，《云南日报》1944年5月10日，第3版。
⑥ 闻一多谈话、际毗笔记《八年来的回忆与感想》，《联大八年》，第10页。

年的五四纪念，是在国民政府重新决定将 5 月 4 日作为青年节的背景下举行的。其实，无论这一天是不是法定节日，都不影响西南联大对五四的纪念。需要指出的是，这年联大纪念五四的主题，已经不再局限于新文化运动，而是与现实政治融为一体，突出了坚持团结、坚持抗战的旋律。自 1944 年 9 月中共代表林伯渠在三届三次国民参政会上提出建立联合政府的建议并得到国内各阶层响应后，国民党为了坚持一党专政，宣布提前召开国民大会，欲以形式上的"还政于民"抵制中共建立联合政府的方案。组织联合政府，还是召开由国民党一手包办的国民大会，关系到战后中国政治的走向。3 月 28 日，学生自治会举办了"国是与团结问题"座谈晚会，4 月 6 日全体学生又通过了《对国是的意见》，就是在这种形势下的举动。

　　由云南民主青年同盟与进步学生主导的西南联大学生自治会，非常重视 1945 年的五四纪念，并对五四纪念周的每项活动做了周密安排。这些活动包括：4 月 30 日的科学晚会，5 月 1 日的音乐晚会，2 日的诗朗诵晚会，3 日的青年运动检讨会，4 日上午的美术展览会、下午的五四纪念会、晚上的全校聚餐、晚饭后的火炬竞走、营火会，5 日的文艺晚会，6 日的戏剧晚会。①

　　5 月 4 日下午，西南联大学生自治会与云南大学、中法大学、英语专科学校学生自治会联合举办"五四纪念大会"。会后，还组织了游行。游行中，同学们第一次在大后方公开呼出"立即结束国民党独裁专政""建立联合政府"等口号。当晚的火炬竞走，冠军的锦旗上书写着"民主火种"，亚军的锦旗上书"巍巍青年"。② 由马约翰教授手书的"巍巍青年"锦旗，是西南联大悠悠体育会捐赠的，这天悠悠体育会还出版了《五四周年纪念特刊》，闻一多的《五四断想》就发表在这个特刊上。文中开篇写道："旧的悠悠死去，新的悠悠生出，不慌不忙，一个跟一个，——这是演化。新的已经来到，旧的还不肯去，新的急了，把旧的挤掉，——这是革命。挤是发展受到阻碍时必然的现象，而新的必然是发展的，能发展的必然是新的，所以青年永远是革命的，革命永远是青

---

① 《自治会火炬大游行》，昆明《观察报》1945 年 5 月 4 日，第 4 版。
② 《火炬竞走》，西南联大学生自治会编《联大通讯》第 2 期，1945 年 5 月 21 日。

年的。"① 闻一多用诗一般的句子，诠释了五四以来青年在历史演进中的作用。其间，同学们办的十余个壁报联合编辑了五四纪念特刊，西南联大学生自治会还与云南大学、中法大学、英语专科学校学生自治会联合出版了《五四特刊》。

上述活动开展得井然有序，率先进行的科学晚会，由曾昭抡、华罗庚、李继侗诸教授讲述五四学生运动的今昔。② 而5月3日的"五四以来青年运动总检讨晚会"，更是集中反映了与五四有着不解之缘的师生们，是如何思考五四精神与"抗战建国"之间的关系。

在青年们以各种形式纪念五四的时候，由联大教授潘光旦、费孝通任主编的自由论坛社，也于5月2日组织了一次以"自由主义在中国"为主题的五四纪念座谈会。参加座谈会的有大学教授、讲师、助教、研究员、中学教员、银行行员、杂志编辑和大学生。他们有的是"当年躬与其事的前辈"，有的是"自由主义的拥护者"，有的是"一般认为很急进的左派青年朋友"。③ 会议主席说，他们并非有意选定"自由主义的前途"这个题目，只是因为大家在这个问题的认识上出入很大，希望利用这个场合，平心静气地交换一下意见。会上，人们的话题很发散，包括自由主义的原则、目的、条件、手段，自由与中庸，经济自由与言论自由，保守与急进，个人与集体，自我认识与自我控制，等等话题，还涉及民主与自由主义，自由主义是否为民主政治的基本要素，自由主义是否包括在"德先生"之内，民主政治能否保证自由主义，阶级的象征（特权），取消阶级的理想社会能否实现，等等问题。对这些问题的讨论不可能得出一致结论。不过，这次座谈会所表达的青年运动需要自身反省，则是一个重要的信息。

此外，云南省文化运动委员也召开了一次"五四运动面面观"座谈会，地点在省党部大礼堂。会上发言者共10位，其中联大占了7位，他们是燕树棠、雷海宗、蔡维藩、查良钊、杨振声、姜亮夫、邵循正。④

---

① 西南联大悠悠体育会编《五四周年纪念特刊》，1945年5月4日。
② 《联大纪念五四，于昨开始为第一期》，昆明《正义报》1945年5月2日，第3版。
③ 《自由主义在中国：五四纪念座谈会记录》，《自由论坛周报》第25期，1945年5月4日，第3版。
④ 《纪念五四，教授座谈》，昆明《观察报》1945年5月4日，第4版。

他们讲了些什么，未见报道。

历史常常出现巧合，西南联大与"五四"的不解之缘也与 5 月 4 日相连。从长沙迁至昆明后的联大是 1938 年 5 月 4 日开学的，8 年后它恰恰也在 5 月 4 日这天宣告结束。

1946 年 5 月 4 日，由于学校复员在即，没有组织纪念活动。不过，这天上午，在西南联大举行的结业典礼上，三校代表的发言内容不约而同与"五四"紧紧相扣。《云南日报》消息报道：北大代表汤用彤教授说"联大是五四开课的，刚好又在五四这一天结业"。清华代表叶企孙教授的发言阐发了汤用彤未尽之言，他意味深长地说"我们要争取学术独立"。南开代表蔡维藩教授用"怀着爱国家的心及重科学、重民主、重美术的精神北上吧"，作为临别赠言。① 梅贻琦致辞时，特别说"他们三个是写了一篇文章，正代表了联大精神"，在梅贻琦心里，"联大精神"就是"五四"精神。

结业式结束后，人们来到一二·一运动四烈士墓旁的西南联大纪念碑前。现代的中国学生运动有三次高潮，第一次是北京大学发动的五四运动，第二次是清华大学打头的一二·九运动，第三次是国民党镇压1945 年 11 月 25 日在西南联大召开的反内战时事讲演会而爆发的一二·一运动。这三次运动，都与西南联大紧密相连，永远镌刻在中华民族的历史丰碑上。一丈高的西南联大纪念碑，碑文为冯友兰撰写，内中"内树学术自由之规模，外来民主堡垒之称号"和落款的"三十五年五月四日，西南联合大学分校纪念"，反映了西南联大与"五四"的承继关系，也为西南联大的五四情结增添了分量。

西南联大举行结业典礼的同时，诞生于一二·一运动中的昆明市大中以上学校学生联合会正在云南大学至公堂召开"青年运动检讨会"。会上讨论的问题有青年运动的任务、民主革命的意义、知识分子的阶级属性、政治斗争的组织等。

---

① 田堃：《珍重，联大！——记一个八年合作的奇迹》，《云南日报》1946 年 5 月 5 日，第 2 版。在《联大完成历史使命，八年合作意义深长，昨日行结业礼三校开始北返，地方父老依依惜别互道离衷》中，记录蔡维藩的话为："联大由五四开始，五四的精神是重科学，重民主，重美术，联大北上，带头重科学，重民主，重美术的精神北上。"（《云南日报》1946 年 5 月 5 日，第 2 版）

　　讨论"五四的历史背景及其成果"时，人们认为五四运动促进了青年的觉醒，觉醒的结果便是提出了反帝的民族解放与反封建的民主革命两项任务。一二·九运动的成果，是推动了反对帝国主义的七七抗战，一二·一运动则承担起了反封建的任务，成果是 1946 年 1 月政治协商会议的召开。虽然一二·一运动的成果还不太令人满意，但不失为达成反封建任务的一个开端。

　　讨论"青年运动在近代中国的作用"时，有人提出知识青年是不是一个阶级的问题。一些人指出："知识青年在意识上既是接近于工农大众，而他们的地位又是夹在大地主官僚买办（压迫者）与工农大众（被压迫者）二者之间，所以当在下的被压迫者起来对在上的压迫者反抗时，他们这些夹在中间的知识青年便被推挤上去，作了压迫者的先锋。"但是，"如果在下的不往上挤，他们也可以不动"，"今天在下的忍受不住压迫，非往上挤不可，而在上的又死不放松，在这冲突中，夹在两个压力之间的知识青年自然是不免要有些牺牲的，因为压力来了，他们首当其冲"。这样看来，"今天的知识青年是民主运动的先锋"，却"是一种被动的先锋"。这就是说，"民主运动的真正的原动力是在人民大众中间，知识青年是接受了人民的意志而奋勇的冲上前去与敌人搏斗"。这段分析，既肯定了青年运动的功绩，又指出了其被动性，指明了需要主动与工农相结合的方向。

　　一二·一运动于 1946 年 3 月 17 日昆明市学生联合会举行四烈士公葬后宣告结束。此后，随着复员北上的临近，学生们显得有些疲惫。这种状况让一些人不免担心。针对这种现象，与会者认为：一个运动不能总是处于自发状态，它必须也必然逐渐接受甚至寻找有组织的政党团体的领导。到了某一时期，参加运动的分子必然大部分退下来，另一部分则正式参加到一个有组织的政治团体中，形成更坚强的政治力量。问题在于"今天的青年是否将响应时代的号召，以比五四与'一二·九'的青年更坚决的意志，更高度的热诚，投身于他所应投向的政治团体，完成时代所赋予他的使命"。①

　　"青年运动检讨会"是西南联大学生在昆明的最后一次集会，目的是对近年来的学生运动进行一次总结。虽然会上的发言没有做出结论，

---

　　①　《青年运动检讨会记录》，昆明《学生报》第 15 期，1946 年 5 月 12 日。

但讨论的问题均反映了青年们对如何配合形势发展的思考。

西南联大有些同学没有来得及参加结业典礼和"青年运动检讨会"，因为当天一早，第一批同学复员就乘车北上，开始新的征程。此后，北大、清华、南开三校同学将"联大精神"带到北方，丰富了五四精神。

今天所说的五四，包含着新文化运动和群众性的反对帝国主义运动两个层面。这里对西南联大五四纪念的介绍，主要是从社会发展史的角度，介绍了这所学校在抗日战争时期的不同阶段，对青年运动的政治方向、组织形态以及运动方式的理解与认识。任何一场运动，尤其是具有划时代意义的思想革命，最能体现价值的是它对社会演进所产生的影响。与五四有着天然联系的西南联大，聚集了众多五四当年的闯将，聚集了大批在五四精神熏陶下成长的一代青年，他们在五四纪念活动中，时时结合"抗战建国"的形势，对五四精神进行了多方面的思考与实践。这些，不仅对于西南联大研究具有重要价值，同时也是中国知识分子随着时代不断进步的典范。

三　不同理解

作为时代精神的五四精神有着广泛的包容性，它既是"民主与科学"的思想解放，也有青年应承担起社会责任的内涵。因此，纪念五四绝不只是为了表示对它的怀念，更重要的是不断坚定五四精神，推进社会进步。五四运动是以青年为主体的，但恰恰在如何看待青年、如何看待青年运动这个问题上，人们的看法不尽一致。

1939 年 1 月，国民党五届五中全会通过《限制异党活动办法》，其后国共军事摩擦在华北、西北等地相继出现。这一形势，对西南联大五四纪念的影响之一，便是抽象宣传五四对思想解放的贡献，淡化青年运动对推动社会发展的作用。西南联大负责人在 1939 年 5 月 4 日云南省教育界纪念五四座谈会上的发言，之所以类似为纪念而纪念式的老生常谈，就在于其中隐藏着淡化青年运动意义的用意。

这年 5 月 4 日，冯友兰发表了《论青年节》。这篇本应是纪念五四的文章，内容却几乎没有提到五四精神。文中，冯友兰先说现在的妇女节、儿童节、劳工节都是国际的节日，只有五四青年节是中国自己的节，这说明国家对青年的重视。国家颁定每年 5 月 4 日为青年节的意义，是表示"中国是决心要脱离农业底社会，而且已渐次脱离了农业底社会"。接着，他的议论就跑了题，说现代社会中各种事的变化是进步的而不是循环的，过去被认为有经验的老年人，"对付进步底变化，过去底经验，不见得有用"，以致"老年人的权威自然减少了"。而在"求新知识，学新方法"方面，"青年人又比老年人来得快，所以青年人在社会中底地位，自然增高了"。不过，老年人也不要"倚老卖老"，青年人不要"倚少卖少"，因为两者都不对。① 冯友兰这篇专为纪念五四而撰写的文章，只说了青年人和老年人要相互学习的道理，对于一位五四的亲历者来说，用这种方式纪念五四，让人觉得作者在有意无意地转移五四纪念的实质。当然，冯友兰撰写《论青年节》也有其特别用意，即中年人与青年人存在的矛盾。

"中年人""青年人"是那个时代在校园里流行的两个专用名词。"中年人"泛指经历过五四时代，且在学术界、教育界取得一定地位的教授，"青年人"则指正在学校读书、尚未走上社会的学子。这两者间的确存在着矛盾，正如朱自清所说："现在有些中年人谈起青年人，总是疾首蹙额，指出他们自私、撒谎、任性、恃众要挟，种种缺点"，所以这些中年人"特别不痛快青年人"。

与冯友兰不同的是，朱自清认为青年人的这种状态是有其缘故的，核心就在"恃众要挟"这一点。例如，从前青年人"有时也反抗家长、反抗学校，但没有强固的集团组织，不能发挥很大的力量。中年人若要矫正和诱导他们，似乎还不太难"。但自从五四运动以来，"青年人的集团组织渐渐发达，他们这种集团组织更进一步了，更强固了"，尤其九一八以后，"政府的政策能见谅于这一班居于直接指导地位的中年人，却不能见谅于他们指导的青年人"。于是，"青年人开始不信任政府，不信任学校，不信任他们的直接指导人"，以致"中年人和青年人间开始有了冲突"。朱自清认为，中年人与青年人因政见歧异而产生的矛盾和冲突，在一二·九运动前后达到高峰。此后，"青年人一面利用他们的强固的集团组织从事救亡运动，一面也利用这种组织的力量，向学校作请求免除考试等无理的要

---

① 冯友兰：《论青年节》，昆明《益世报》1939 年 5 月 4 日，第 4 版。此文收入《三松堂全集》第 5 卷时标注时间为 1939 年 8 月，实误。

求"。对于这种现象，朱自清认为需要矫正和引导，但同时也指出"若因为矫正和诱导的麻烦而认为集团力量不该发展，那却是错的"。

对青年人的矫正和引导十分困难，朱自清有深深的体会。他分析说，造成这种局面的原因，是"青年人既不信任学校，却不能或不愿离开学校"，需要把学校当作一个"发展集团组织的地方"，"一个发展救亡运动的地方"。在学校里发展组织和开展救亡运动，原是可以的，然而"学校还有传授知识、训练技能、培养品性等等主要的使命，若只有集团组织和救亡运动两种作用，学校便失去它们存在的理由，至少是变了质了，这是居于直接指导地位的中年人所不能同意的"。这样，有些中年人就不免愤慨了起来。

朱自清的以上叙述，对五四至全面抗战爆发之间中年人和青年人矛盾的产生原因、双方心态，做了一个既准确又扼要的总结。至于全面抗战爆发后，朱自清不否认双方的对立"似乎不像从前那样尖锐化了"，但"政见的歧异显然还存在着"。不过，他强调"将来的社会、将来的中国是青年人的，他们是现在的中年人的继承者，他们或好或不好，现在的中年人总不能免除责任"。因此，他要求中年人"要本着孔子'知其不可为而为之''不知老之将至'的精神作去"，"那怕只有一点一滴的成效"，"总算是为国家社会尽了力了"。[1]

冯友兰与朱自清在对待青年人或者青年运动的看法上有一定距离，两人都属中年人，但冯友兰习惯用哲学式的思维语言与逻辑铺陈，表达问题又不免模棱两可，让人摸不清他究竟责备哪方。朱自清的意思就清楚得多，其遣词造句，都流露出对青年的理解和包容。

朱自清文章发表于1939年4月1日，比冯友兰之文早一个月，两人对待青年问题的分歧，可能没有因果关系。不过，与冯友兰文章同时发表于5月4日的还有曾昭抡一篇纪念文章——《学生运动的前途》，其内容即使不是针对冯友兰，也是针对与冯友兰接近的一些看法。

当时，在青年问题上流传着一种说法，用曾昭抡的话讲，即认为学生运动在战前曾有屡次的轰动，但抗战以来"学生运动，反而陡然消沉

---

[1]　朱自清：《中年人与青年人》，原载1939年4月1日《青年公论》第2期，转引自朱乔森编《朱自清全集》第11卷，江苏教育出版社，1998，第302～303页。

下去"，看来"中国学生运动历史上的使命，已经完成，现在不需要学生运动，将来也许不会再需要"。曾昭抡对此不以为然，说至少他在长沙临时大学参加的集会，和从长沙迁往昆明的湘黔滇旅行团在贵州安南县庆祝台儿庄大捷的游行，令他觉得青年并没有消沉，反而深感"只要中国的青年都是如此，国家还可以不亡"。曾昭抡从两次亲历中体会到青年的热情，感受到青年的力量，由此论断现在并非不再需要学生运动。至于"近来学运的消沉"，曾昭抡认为"并不是因为没有这种需要，而是因为以前对于这方面最热心的青年，从性情上的本质来说，早已经没有耐性在后方待下去继续求学"，大部分参加到"与抗战比较有直接关系的任务去了"。因此，在抗敌建国的时候，"确实还要学生运动"，为此他呼吁"学生，起来吧！"①

　　皖南事变后，西南联大的五四纪念连续 3 年处于低潮，这期间，在青年问题上的不同态度基本没有改变，否则朱自清就没有必要在 1940 年为五四青年节的题词中强调五四纪念有两个意义：一是"我们从老年人的时代转到了青年人的时代"，二是"我们明白了生活与政治是分不开的"。②"生活与政治是分不开的"，是朱自清对于青年问题认识的重申，也是不同意见的回答。1941 年西南联大没有举办五四纪念大会，5 月 3 日举行的春季运动会虽然名为五四纪念的活动之一，但表面上热热闹闹的场面却找不到"五四"的灵魂。也许是出于对青年沉闷情绪的忧虑，梅贻琦在五四这一天发表了《青年节写给青年诸君》。在这篇对青年人的寄语中，他承认"今日中国的环境，有时不免使青年感觉烦闷懊丧，或竟甘于与世俗浮沉"，其后便强调今天中国最需要的不是飞机大炮、借款筑路，也不是增加生产、普及教育、澄清吏治等，而是有志气、有思想、有才能的青年。"吾国必须有这班青年人，然后对于抗战建国所需要的物资，所应做的事情，才能运用，才能改良，才能进而推陈出新去创造。"③ 梅贻琦是以一个教育家姿态说这番话的，表面上是劝导青年把精心放在学习科学知识上，言外之意也包含着青年不要陷入现实政治斗争旋涡的用意。

---

① 曾昭抡：《学生运动的前途》，昆明《益世报》1939 年 5 月 4 日，第 4 版。

② 朱自清：《为五四青年节题词》，朱乔森编《朱自清全集》第 11 卷，第 304 页。

③ 梅贻琦：《青年节写给青年诸君》，昆明《中央日报》1941 年 5 月 4 日，第 4 版。

1941 年五四纪念日这天，曾昭抡发表了《重视青年与爱护青年》。梅文和曾文是同时写的，但在对待青年问题的态度上，仅从标题看，曾文就不是躲躲闪闪，而是直接切入主题。曾昭抡和朱自清一样，对青年从事政治活动也充满了理解。他说：五四以来"青年们为国家，为社会，为正义而牺牲者不知凡几"，在抗战救国大业中，"社会人士大都认识中国青年伟大的潜力"。但是，重视青年是一回事，爱护青年又是一回事。"现在一般中年人和老前辈，重视青年则有之，真心爱护青年者，却并不多见"。曾昭抡认为，如果期望现代青年成为复兴中国的台柱，就"应该设法爱护他们，培植他们，让他们能以发挥自己的能力"，尤其是"多提倡一点学术精神"，"学习上鼓励自由研究"，"思想上予以绝对自由"，切不可在青年出现所谓"越轨"时便"徒然执法以绳，予以高压的处置"。说到这里，曾昭抡向政府当局和身负教导责任者建言，说"青年问题，事情很简单，假如你曲解青年，误解青年，想方设计去对付他们，那就极难应付。假如你了解青年，爱护青年，以赤诚和他们相见，问题就再简单也没有"。文末，他呼吁："为着青年的幸福，为着中国的前途，让我们在这方面下一点功夫吧！"[①]

皖南事变后，青年人中普遍存在的沉闷情绪是客观现实，一味地埋怨和指责是不够的。伍启元就是基于这一立场，于 1941 年五四纪念时，对产生这种现象的原因做了一番分析。他将当时的青年运动与五四运动做了比较，认为存在三个不同：第一，"五四时代那种纯粹出于青年热烈的心情的青年运动"，而"现在青年运动或多或少都有党派的背景"，这就使"没有党派的人就不免有些彷徨了"。第二，"五四时代问题是单纯的，对外抵抗外来侵略，对内建立现代国家"，而"建树现代国家的路只有一条——德先生和赛先生"。可是现在"建国的路线已不只一条，因此青年人有些彷徨了"。第三，"五四时期是有口号的时期"，而"近年来国难的来临使若干青年感觉到欢迎赛先生是一种苦工作，绝不是口号所能成功的"，结果"不少的青年只用实际工作去代替口号"。基于这种现状，伍启元提出纪念五四就应该"回想过去，批判现在"，"勉励自己"，这正是"今日每

---

① 曾昭抡：《重视青年与爱护青年》，昆明《中央日报》1941 年 5 月 4 日，第 4 版。

一个青年人——包括作者自己——所应反省的问题"。① 伍启元的分析和认识，在经历过五四运动者的中年人中，有着一定的代表性。

对青年问题的不同看法，说穿了是青年是否应该过问政治、从事政治活动的问题。由于五四运动本身就是一种政治斗争，于是如何看待五四运动，是否承认青年运动在中国政治建设上的作用，便成为五四纪念很难绕开的一个焦点问题。

1942 年，"中年人"和"青年人"两个名词依旧常常挂在联大人的嘴边，它说明对于青年和青年运动的认识远未统一。倪中方教授在为这年五四纪念发表的一篇专文中，曾运用心理学方法对五四运动的心理背景做了一次分析。他认为，23 年前被社会中坚分子视为"乳臭未干、轻举妄动"的青年人发动的五四运动，对中国社会的进步具有极大作用，说"最初大家还认为青年血气方刚，用意气用事，撞祸原属本色，未必有何作用，原不料这次青年运动产生极大的影响"。此后，不仅"国体利益遂特别受全国人民的重视"，而且"奠定下'抗战国策'的心理基础"。倪中方在肯定五四运动的同时，还指出青年运动的特殊意义，那便是"儿童能力不够"，"谈不上什么领导革命、改造社会"；"成人又未免过于迁就事实，有时不惜牺牲其崇高的理想"。这样一来，"惟有青年，能力既然超过儿童，又不轻易与现实妥协，与之所至，往往会不顾一切利害，以期完成某项神圣的使命"。正因如此，尽管青年"难免没有因知识缺乏，思虑未周因而受人利用、误入歧途者"，但"将来各种革新运动的急先锋，则舍青年而外，试问还有谁能负起这种重任？"② 倪中方就是用这样的结论，来表达个人对青年问题的见解。

不知道是不是一种巧合，《云南日报》也是在 5 月 4 日创刊的，每年的这一天都要发行创刊纪念特刊。1944 年是《云南日报》创办 9 周年，报社邀请周炳琳撰写纪念文章。但是，周炳琳的文章却以《五四——从青年说到中年》为标题，不仅讲到五四，还特别把"中年"和"青年"列入副标题。周炳琳在文中回忆了五四运动时期中年人与青年人之间的复杂关系，认为就运动当时经过情形言，"'五四'诚大可纪念"，若

---

① 伍启元：《青年运动的今昔》，昆明《中央日报》1941 年 5 月 4 日，第 4 版。
② 倪中方：《"五四运动"的心理背景》，《云南日报》1942 年 5 月 4 日，第 3 版。

"就民国八九年以后演变痛史言"，"五四"似"不祥之物"，不该纪念。但是，这个"责任应由中年人负之，中年人不自忏悔，反进一步抹杀五四对于中国政治运动之功绩或罪恶，欲并其为对青年之历史地位而剥夺之，此则更失于不公道矣"。① 相反，他更认为中年人应该自责，因此才在这年西南联大纪念五四的仪式上说："中年人要休息，甚至叫青年也跟着休息，可是，青年人却不能休息，应该更向前进！"②

周炳琳的话说得还比较温和，闻一多的话则激烈得多。他说："不要忘记当年的青年，便是撑持这天经地义最有力的支柱"，抗战是非常时期，"非常时期所需要的往往不是审慎，而是勇气，而在这上面，青年是比任何人都强的"。且不说"当年激起抗战怒潮的是青年"，就是"今天将要完成抗战大业的力量，也正是这蕴藏在青年心灵中的烦躁"。更重要的是，"民族必需生存，抗战必需胜利，在这最高原则之下，任何平时的轨范都是暂时可以搁置的枝节"，因为战争本来就是青年的工作，如果承认这一点，"那么战时的国家就得以青年的意志为意志"。对于中年人，闻一多认为他们若能负起责任，那就应"参加青年的工作，或与青年分工合作"，用中年人的"智慧予以调节与指导，青年的力量不免浪费"。③

冯友兰、朱自清、曾昭抡、倪中方、周炳琳、闻一多等人在五四运动和青年问题上意见有同有异。相同之处是均承认当年的五四群众运动形式是必要的，作用是巨大的；不同之处在于这种运动的形式是否应该继续，运动的分寸与程度用什么去衡量，中年人有没有责任；等等。这些问题本身很复杂，不可能很快取得统一答案，有待在以后的实践中寻找答案。

第五节　生活抗争

许多长期沉醉学海、与现实政治保持一定距离的知识分子，转而走出书斋论政议政，是1944年非常突出的一个社会现象。这种现象的近因

---

① 周炳琳：《五四——从青年说到中年》，《云南日报》1944年5月4日，第5版。
② 本报记者：《风风雨雨的节日——五四在西南联大》，《云南日报》1944年5月5日，第3版。
③ 闻一多：《可怕的冷静》，《云南日报》1944年6月25日，第2版。

部分来自社会各界对正面战场军事失利原因的反省，远因则与日益困苦的生活有很大关联。

一 贫困生活

大学教师生活的贫困化是一个严重的社会问题。抗战初期，师生们生活水准虽然受到影响，但大家都抱着前方将士在流血，自己吃点苦算什么的念头，和全国人民一道渡过难关。但是，随着时间推移，教师生活的窘迫就显现出来了。

1940 年，教育部因物价上涨追加预算，要求各校提供有关情况，西南联大向全校教职员发放了一份《国立西南联合大学教职员家属人口调查表》。蔡枢衡拿到调查表后，以为"不过仍系据为向本校合作社以五十元一公担之价格购买食米之根据"，便随意写了一下。事后，他发现这是教育部要根据家属人口发放食米津贴，于是连忙写信给常委会，说明家属并不在昆明，而且自己也没有单独起伙，希望加以更正，以免不能受惠。这封信真实反映了 1940 年西南联大教授急于摆脱窘迫的心态，由于鲜为人知，不妨摘录如下：

> 为呈请准予更正家属人口调查表以维民生而示均惠事。缘前次学校发出家属人口调查表，衡亦收到一份，当因误解调查意思，以为不过仍系据为向本校合作社以五十元一公担之价格购买食米之根据，而衡之家属远在赣南云都及萍乡二地，本人之火食亦非自办，仅就街市小馆食用，购米办法无法受惠，故……竟搁置未填，后因文书组来催，始仿去年准备购买公米时之办法仅将枢衡个人之名填报，良以在昆明者仅衡一人故也。现闻办法变更，惠泽之沾不仅不限于自办火食，且不限于居住昆明。事既如此，于理有据实填载，恳请更正之必要。兼之枢衡原籍江西永修，位当南昌与九江之间，家中以务农及附近涂家埠之房产为生，赣者我军退出之际，房产付之一炬，日军侵入，全家避地赣南，因临行时间过于仓促，中途竟至冲散，一则随伴奔至莲花，一则顺道逃至云都，自是以后能恃衡之汇款及政府对于难民之救济二种收入为生，其厌至苦，因旅费关系欲并二处为一家，亦不可得。近数月来感受物价高涨之无法维持，

常用非常方法向衡索款。目前情形，衡之收入已陷顾衣则乏食，图饱则无衣，用以供家则不能自活，以供个人生活则全家行将饿死之困境，际兹变更办法，于情亦不得不据实填载，呈请准予更正。窃思国家救济本校教职员，意在帮助解决生活困难，俾得安心服务，衡家中人口及必须负担情形均系事实，素仰钧会处理，当博爱为怀，知必不使衡因一时之失，抱终身恨怨。特屡陈事实附具正确之调查表，恳乞核准许其变更，实为教便。谨呈常务委员会公鉴

廿九年十二月廿日

具呈人　蔡枢衡①

　　蔡枢衡这封信只是要求对此前所填表格中的人数加以补充，特别强调自己的收入"已陷顾衣则乏食，图饱则无衣，用以供家则不能自活，以供个人生活则全家行将饿死之困境"，因此"不得不据实填载，呈请准予更正"。蔡枢衡毕业于日本帝国大学大学院，师从日本近代刑法学倡导者牧野英一，本人也是国内为数不多的刑法学家。按理说，法律学家的行文措辞应简洁扼要，但信中对更正理由述说得如此详细，可见经济压力多么沉重。

　　类似蔡枢衡这种情况者，可能不是少数，以致 1941 年 1 月清华大学重新向教育部报送了教职员家属人口调查表。② 这种情况后来也发生过。1943 年底，鲍文杰为补登家属调查表致函梅贻琦，说："本校前次登记教职员家属时职误认为仅限于留居昆市之家属而言，故职仅登记本人，而居于家乡之父母仆佣未曾登记，兹闻家属之留家乡者亦在登记之列，是则理应请求补行登记。职籍隶江苏宜兴县，父年六十有六，母年六十有四，女仆一人四十五岁，现住战区，生活颇感困难，用特恳请准予补行登记，以便日后领取米贴，是为德便。"③ 工学院教授王龙甫也为更正

---

①　《蔡枢衡致函常务委员会关于填具调查表补发膳食补助费》（1940 年 12 月 20 日），"国立西南联合大学档案"，档号：32-1-76。

②　《国立清华大学函送本校教职员家属人口清单及调查表请联大汇总由》（1941 年 1 月 20 日），"国立西南联合大学档案"，档号：32-1-76。

③　《鲍文杰致函常委会主席梅贻琦关于补行登记家属调查表》（1943 年 12 月 23 日），"国立西南联合大学档案"，档号：332-1-76。

调查表中的家属人数写信给总务处，内云："关于食米津贴直系亲属人数前来奉表格曾函报贵处为本人妻及子二女一计五人，兹查父母二人亦应列入，合计为七人，相应函达，即希查照，代为更正。"①

这种窘迫连身为清华大学校长、联大常委的梅贻琦也不能幸免。梅贻琦夫人韩咏华说，丈夫每月的薪水在1939年还能维持三个星期，到后来就只够用半个月了，家里"经常吃的是白饭拌辣椒，没有青菜，有时吃菠菜豆腐汤，大家就很高兴了"。②韩咏华与"定胜糕"的故事，当时在昆明就流传很广，说的是韩咏华与潘光旦夫人赵瑞云、袁复礼夫人廖家珊在自家蒸制南味点心，由韩咏华送到冠生园寄售，用自己的劳动所得弥补生活不足。

这种境遇，在教授中十分普遍。1942年，王力在昆明《中央周刊》开辟了一个"瓮牖剩墨"专栏，上面发表了篇诉说寅吃卯粮的小品文《战时的物价》。文中说：大多数教授要维持五口乃至八口之家，若以八口论，每人每月只能消费250元，比之一个单身的小学教员相差10倍以上。加之老人需扶养，子女要就学，家累之重人所共知。原先，教授还坚持士大夫的做派，但是生活的日趋艰难早就使这种自命清高失去经济基础，"朋友一见面就互相报告物价；亲朋通信也互相报告物价"；"从前，吃饭只占收入的10%或20%，现在呢？全部的进款还不够吃的"。③也是1942年，王力在昆明《生活导报》上还开辟过"龙虫并雕斋琐语"专栏，其中《领薪水》的小品文辛酸地写道，他那时每逢月底都要到出纳组去打听何时发薪水，"好容易把薪水领到手了，马上开家庭会议讨论支配的方法"。他的大孩子"憋着一肚子气，暗暗发誓不再用功念书，因为象爸爸那样读书破万卷终成何用"，脑筋比较简单的小弟弟也"只恨不生于街头小贩之家"。④

比起梅贻琦夫人制作定胜糕、王力孩子憋了一肚子气，萧涤非把孩子送出去的事更让人伤心。萧涤非是联大师范学院副教授，为了养活三

---

① 《王龙甫致函总务处关于更正调查表里的家属人数事由》（1943年12月25日），"国立西南联合大学档案"，档号：332-1-76。

② 韩咏华：《同甘共苦四十年——我所了解的梅贻琦》，《笳吹弦诵在春城》，第60页。

③ 王力：《战时的物价》，原载昆明《中央周刊》，转引自《龙虫并雕斋琐语》，中国社会科学出版社，1982，第19、22页。

④ 王力：《领薪水》，昆明《生活导报》第61期，1944年3月26日。

个孩子，先后在中法大学、昆华中学、天祥中学兼课，却仍然难以维持一家人的生活，最后不得不忍痛把刚出生的第三个孩子送给别人抚养。他曾写过一首一字一泪的五律诗："好去娇儿女，休牵父母心。啼时声莫大，逗者笑宜深。赤县方流血，苍天不雨金。修江与灵谷，是尔旧山林。"① 萧涤非是江西临川人，夫人是南京人，修江与灵谷是他们夫妇故乡的胜地。对一个无知的孩子殷勤叮嘱，盼他不忘故乡，这当中包含了多少辛酸，多少痛彻心扉的悲凉，令人不忍卒读。

二　被迫要求

萧涤非养不起孩子，典型地反映了拖家带口的教授们的生活处境，这种状况逼迫他们不得不出来说话。

西南联大最早提出经济要求的是清华大学教授，起因是同属西南联大的北大、南开都为各自的教师加了薪，而清华却不见动静。于是，赵凤喈、孙国华、赵以炳、张印堂、张席褆、华罗庚、冯桂连、张泽熙、章名涛、彭光钦、覃修典、霍秉权、王信忠、张大煜、陈省身、曾远荣、李宪之、林同骅等清华大学教授，于1939年4月10日联名致函校长梅贻琦，要求援北大、南开之例，为学校同人加薪。函中云："自抗战军兴，华北首先沦陷，同人等从亡学校，追随左右，患难相共，艰苦备尝。当此民族存亡、生死绝续之交，凡属国民，无不努力奋发，见义勇为。同人职在领导青年，任重道远，更应竭尽智能，以图报效，何敢越位陈言，有所希企！唯长期抗战，为既定之国策，万事纳诸轨物，乃上下一致之要求，故心有欲言，义难缄默。去岁校长致同人之聘书，系由教务会议议决，约期一年，暂不加薪；盖在抗战期间，事出权宜，未可非议。然稽诸三校同事，待遇之参差，近年以来生活水准之高涨，同人未免相顾见绌，致有同工异俸之感，将贻家室冻馁之忧。北大教授薪俸平均较我校高十分之二，南开到长沙时，办增加教员薪金两成，作一般之救济。我校教员待遇原不优厚，所待以调济者唯在年功加俸、定期休假二端。现休假之制既行停止，加薪之例又复废弛，诚令人惶惑不解也。兹不揣

① 转引自胡邦定《穷且益坚不坠青云之志——记抗战时期西南联大老师的风骨》，《百年潮》2017年第6期。

冒昧，烦渎清听，请自下年度起改善同人待遇，按一般标准加薪十分之二，俾同人无绝粮之忧，学术有发煌之路。凡此皆系开诚相商，无丝毫偏见存于其间。敢祈执事念连年从亡之劳，本同舟共济之义，排除万难，慨予允诺也。"①

清华大学18位教授的要求，只是联大教师就经济待遇问题开的第一炮。1941年初，青年教师也站了出来。1月21日，工学院青年教师颜保民、陈丽妫、何广慈、陈宝仁、曹建猷、曾克京、梁治明、杨式德、郭世康、徐贤修、林慰梓、沈元、钟士模、吴仲华、李敏华、朱宝复、马芳礼、卢丹墀、白家祉、陈善庄、张建侯、袁随善等人，联名致函学校常委会，诉说"衣食难备，家室遑论"之苦。信中说，他们当初"惟念国步艰难，财政不裕"，为"略尽书生报国之微意"，"各就本位，黾勉从事，不愿历历诉苦"；但现在"生活程度咄咄逼人，再四思缅，实有不得已于言之势"。说起他们的要求，最基本不过，仅仅是希望"薪金在二百元以下者每月生活津贴增至五十元"。② 签名的22人中，除了梁治明、钟士模是教员，其余都是助教。③ 他们的信在2月12日的学校常委会上提出讨论，结果以函中"不分等级、不分服务年限"和"本校经费拮据"为由，决议"一时碍难照准"。④ 青年教师是学校的主力，许多繁重的教学工作需要他们承担，为了表示重视他们的意见，常委会2月19日正式复函颜保民等助教，对常委会决议做了解释，表示将与教育部商请经费，如能有相当增加再设法改进。

常委会的复函虽然口气和缓，却没有解决任何问题。当时，云南大学及迁到昆明的中央研究院等机关，相继给属员增加了薪金，而联大教员的薪金仅仅是微调。不得已，22位青年教师与新增加的张自存、赵铗、陈致忠、陈汝钟、陈为敏、郑伟光、钱人元、钱圣发、金德良、卓

---

① 《赵凤喈等18教授呈函关于改善待遇事》（1939年4月10日），黄延复整理《梅贻琦1937—1940来往函电选》，近代史资料编辑部编《近代史资料》总102号，第24～25页。

② 《西南联大工学院教师颜保民陈丽妫等22人致施嘉炀院长转常委会信》（1940年1月21日，手稿），清华大学档案馆存。

③ 清华大学教师分教授、副教授、讲师、教员、助教5级，教员地位高于助教，低于讲师。北京大学、南开大学、西南联大则只有教授、副教授、讲师、助教4级。

④ 《长沙临时大学、国立西南联合大学常务委员会会议记录·第一六九次会议》（1941年2月12日），《国立西南联合大学史料》（二），第169页。

励、钟秉智、胡正谒、胡宁、黄培熙、李云鹤、龙季和、刘好治、刘盈、闵嗣鹤、罗旭、石畯、锡龙奎、施养成、田方增、曹鸿昭、曹本熹、杜兴业、汪德熙、王寿仁、王云亭、吴广元、翁同文、翁景光等共53位教员、助教，1941年3月11日再次联名致函常委会，强烈要求调整薪金。信中说："同人等私自商讨，窃以为生活窘迫，早有增加津贴之需要，所以迟迟未敢启齿，亦即经费困难之故。""此次所请，实迫不获已。证之以近日云南大学、中央研究院及各机关之纷纷增加薪贴，而本校全薪调整等等，于同人等或则实惠甚微，或则泽且弗及，则同人等处境之难，当邀洞鉴。"信末，甚至还用了"若再假以时日，宁不势成涸鲋"之语，故"再度呈请赐予考虑"。^① 这次签名者，不仅是工学院的青年教师，也有其他学院的助教，说明这个问题深深困扰着学校的青年教师。

不啻如此，到了1941年底，生活问题使全校教授都忍不住了。11月25日，54位教授联名致函常委会，要求从速召集全体教授大会，共商解决生计办法。信中写道："抗战以来，同人等随校辗转湘滇，四年于兹，努力教学，未敢或懈，献身国家，固未计及个人身家之利害也。"但是，"年来物价日增，维持生活日感艰难，始以积蓄贴补，继以典质接济，今典质已尽，而物价仍有加无已，生活程度较战前已增加二十余倍，但同人等之薪给，始则七折余扣，迄今收入尚未倍于战前"，以致"同人等一家数口，负担綦重，今已罗掘俱穷，告贷无门"，信中认为"若不积极设法，则前途何堪设想，为此特恳钧座从速召集全体教授大会，共商办法"。^② 信末，有54位教授的郑重签名。他们是：蔡维藩、高崇熙、华罗庚、杨业治、金希武、严晙、王龙甫、刘德慕、王明之、张友熙、赵访熊、李辑祥、吴韫珍、王竹溪、霍秉权、吴达元、强明伦、陈荫毅、黄中孚、谢毓章、谢明山、倪俊、李谟炽、邵循正、徐毓柟、曾远荣、殷宏章、赵淞、吴柳生、徐贤修、宁榥、董树屏、陈铨、马大猷、陶葆楷、孟广喆、王信忠、王宪钧、袁复礼、黄子卿、刘晋年、陈省身、张泽熙、王德荣、周荫阿、褚士荃、刘仙洲、李庆海、郑昕、朱物华、吴晗、邵循恪、杨武之、梁守槃。

---

① 《西南联大教员助教张建侯等53人致常委会信》（1940年3月11日，手稿），清华大学档案馆存。

② 《蔡维藩等54人致常委会信》（1941年11月25日，手稿），清华大学档案馆存。

如此众多教授在同一份文件上签字署名，不是件小事，于是 12 月 3 日召开了全校教授会会议。西南联大建校以来，总共开过六次教授会会议，其中一次还是临时召集，改为谈话会。这次会议是第七次教授会会议，也是第二次为讨论生活问题召开的教授会。第一次讨论生活问题的教授会是 1940 年 3 月 8 日召开的，为的是解决 3 月 5 日学校工友要求增加工资而举行的罢工问题，而这次教授会会议则是专门讨论教师生活救济，所以大家非常关心。仅签名者就有 79 人。

1941 年 12 月 3 日下午 3 时，79 位教授把师范学院礼堂挤得满满的。会上，大家情绪激动，"经济学教授供给物价的指数，数学教授计算每月的开销，生物学教授说明营养的不足"，结果只是"希望薪水的实在价值能合战前的 50 元"。王力说，"可惜文学教授不曾发言，否则必有一段极精彩极动人的描写"。其实当时并不是没有给教授们增加薪水，"只是公务员的加薪与物价的飞涨好比龟兔竞走，这龟乃是从容不迫的龟，那兔却是不肯睡觉的兔，所以每次加薪都不免令人有杯水车薪之感"。[①] 讨论的结果是四项决议。第一项是"用教授会名义，将最近生活艰苦之情形详细说明，请常务委员会转呈教育部，请求切实救济"。第二项为"组织起草委员会，根据今日大会所讨论者，拟就致常务委员会之公函"，并推定冯友兰、陈岱孙、燕树棠、周炳琳、张奚若、赵访熊、杨西孟 7 人为起草委员会委员，由冯友兰任召集人。第三项为"请学校当局向教育部请求，先拨发紧急救济费；如有必要，并请常务委员会赴渝一行，与教育部直接接洽"。第四项是"教职员消费合作社仍请委员会负责详为调查设计，斟酌实际情形，再定推进步骤"。[②]

在冯友兰主持下，教授会致常委会的信很快就写好了，12 月 6 日呈递常委会。该信全文云：

> 自抗战以来，物价逐渐高涨，而国家给予同人等之报酬，初则原薪尚有折扣，继则所加不过十分之一二，以视物价之增高，实属望尘而莫及。同人等虽极力降低生活之标准，然尚须典卖借贷，始

---

① 王力：《龙虫并雕斋琐语》，第 19~22 页。
② 《国立西南联合大学史料》（二），第 533 页。

能自存于一时。乃自暑假以来，物价又复飞涨，比于战前多高至三十倍以上。米价于暑假时每公石不过百二三十元，今则二三百元。炭价于暑假时每百斤仅四五十元，今则将及百元。其他物价比于暑假时皆相倍蓰，大略称是。同人等薪津平均每月不及六百元，以物价增长三十倍计，其购买力只等于战前之十七八元，平均五口之家何以自存。同人等昔已为涸辙之鱼，今更将入枯鱼之肆矣。夫守道安贫，固为同人所宜勉，而尊师重道，国家自亦有常经。说者或谓战时军人所得报酬视前亦未大加，后方服务之人不宜有所争论。同人等以为前方将士躬冒矢石，捍卫疆土，国家报功失之于薄，诚为事实，但就维持生活而论，则军人食有军米，衣有军衣，以至住行皆由公给，其不能如此者，则或因环境之特殊，或由经理之未善。以视同人等，一切皆须以高价自购者，其待遇优劣，亦不难分矣。说者又谓，战时困苦，为一般人所皆应忍受，大学师生为民众之表率，不宜先有不平之论。同人等以为，若使后方人士皆与同人等受同等之困苦，则同人等即委身于沟壑亦不敢有微辞。乃事有大谬不然者，姑无论市井奸商操纵物价，转手之间便成巨富，即同为政府机关，而亦有司书录事之职，其薪津即多于教授者。至于自有收入之机关，其人员举动之豪奢，尤骇聪闻，一筵之资可为同人等数月之薪津。孰非为国服务，何厚于彼而薄于此。不患寡而患不均，不患贫而患不安，此先圣之明训，亦国父之遗教，此尤同人等所愿当局注意者也。同人等上不能执干戈以卫社稷，下亦不忍用国家之锱铢如泥沙，故不望如前线忠勇之将士之多得实物，亦不愿如后方豪奢机关之滥耗国帑，惟望每月薪津得依生活指数及战前十分之一二，无论数目之多少，总期其购买力能及战前之五十元，俾仰事俯蓄，免于饥寒，庶几风雨如晦，鸡鸣不已，以求国家最后之胜利。区区之愿，如斯而已，望转达教育部采择施行，实为幸甚。[①]

这封信，不仅诉说了教师的困苦处境，抨击了政府人员以权谋私，

---

① 《西南联合大学教授会致常务委员会信》（1941 年 12 月 6 日，手稿），清华大学档案馆存。

也不仅只是提出希望购买力达到战前50元的要求，更重要的是，它是西南联大以全体教授名义第一次正式向政府提出救济要求，第一次开诚布公指出政府机关腐败豪奢，第一次坦率表示对现实的不满。在某种程度上，可以说这封信是联大教师队伍思想变化的一个标志。

出于减轻政府负担的良好愿望，西南联大曾准备进行若干自救工作。梅贻琦在教授会上提出过建立合作社、给集体用餐者补助薪炭工资、各院系多做事少添人等应急办法。学校也设想利用实验室从事诸如电灯泡、收音机、电子管等商品的生产，并做出了借贷法币300万元的预算。然而行政院讨论这件事时，部长陈立夫却说如果所有的国立高等院校都采取同样办法，预算就需要1700万元，而且即便能够筹到这些钱，分到联大也不可能超过80万元。陈立夫这番话传到昆明，许多人都认为这是教育部决心压服桀骜不驯的联大教授。

这时发生的另一件事，也让教授们感到愤愤不平。1942年，美国联合援华会（United China Relief）提出每月拨款12000美元，作为昆明各大学教授之生活补助费，以解决教授们在医疗、子女教育和战时生活等方面的困难。由于这项援助只限于昆明各大学，中央大学教授提出异议。美国联合援华会的这项援助，相当部分要给西南联大，这就很容易引起其他地区高校的意见，为了避免这种情况，联大教授会会议议决"暂时似不便领取"。[①] 但是，据知情者说，这件事实际上是蒋介石以接受外援"不光彩"为由，予以拒绝。蒋介石的态度，蒋梦麟也无法理解，因为这无异等于向教授们宣布：你们继续忍饥挨饿吧。[②] 蒋介石的态度令教授们心寒。虽非联大成员却毕业于清华学校的考古学家李济，曾毫不掩饰地说："知识分子们认为，如果他们是被重视的，或者是当此国难之际

<hr />

① 《国立西南联合大学教授会会议记录·三十一年度第一次会议》（1942年11月26日），《国立西南联合大学史料》（二），第540页。

② 费正清：《费正清对华回忆录》，陆惠勤、陈祖怀、陈维益、宋瑜译，章克生校，世界知识出版社，1991，第270页。后来，美国联合援华会将这笔援助款设为100万美元，资助对象仍是昆明，但名称改为研究工作费，并请重庆组织委员会决定分配办法，计划甲种每年2万元，乙种每年12000元。但是，教育部坚持各地平均分配，并将经中华文化基金董事会业已转来的50万元先行分配，数目一律改为12000元，名额定为82人，人选由中华文化基金董事会顾问委员会推荐。昆明方面，西南联大59人，云南大学15人，北平研究院5人，中央研究院3人。见《国立西南联合大学校务会议记录·第六届第一次会议》（1943年12月22日），《国立西南联合大学史料》（二），第458页。

全国上上下下各阶层是在同甘共苦的，那么即使挨饿也没什么关系。但是他们亲眼看到了如此触目惊心的不平等现象和社会上层的奢侈浪费。因此，许多知识分子感到心灰意懒，一部分人将会死去，其余的人将会变成革命分子。"[①]

　　1941 年至 1942 年，云南农业接连两年歉收。1943 年春季后，气候又是非常干旱，粮价再次突飞猛涨。[②] 在这种情况下，既然政府拒绝美国对昆明各大学的援助，那么就应当对改善教授生活负起责任。这年 4 月 7 日，联大校务会议提出一项议案："以本会议名义快邮代电，呈请行政院、教育部，陈述生活困难情形，并请根据各地生活费用指数实发等于战前十分之一之薪津，以资维持生活案。"决议结果，一致通过，并决定组织三人起草委员会执行这一决议。[③] 西南联大以校务会议名义致教育部的信函，申诉学校同人所感压迫最重者就是生活问题。信中说："昆明向来物价辄较他处为高，而本年 2 月以来，突飞猛涨，更出常情之外。照近日实际情形，米每市石 3 万元，面粉每袋 37 市斤 26000 元，肉每市斤 600 元，菜油每市斤 1200 元，糖每市斤 5000 元，即此食物燃料两宗，已可见涨风之狂悖。同人等薪津各项，原系数月前参照各处平均物价调整，与昆明生活相差尚远，值此飞涨之时，即日食一项，已属不敷，他事更无从论。"所以"同人等已至岌岌不可终日之势，若不即时救济，更将无以为生"。鉴于"昆明一般物价较重庆约高 2 倍有奇"，他们提出除食米一项可照政府已定办法施行外，"目前紧急治标有一事应可先行，即将生活补助费之基本数及薪津加成数照此比例增加"，"苟能如此，当可略纾同人等燃眉之急"，故请求教育部会同财政部商请行政院院务会议核定施行。[④]

　　为了敦促解决问题，西南联大 21 位教授提请召开教授会临时大会，5 月 19 日，西南联大历史上第二次专门讨论生活问题的教授会会议召开。会前，准备提出的要求有两项：（1）将教职员工的米贴按市价折合

①　费正清：《费正清对华回忆录》，陆惠勤、陈祖怀、陈维益、宋瑜译，章克生校，第 292 页。

②　《今年昆明附近的粮食供应供需问题》，《云南日报》1943 年 6 月 8 日，第 2 版。

③　《国立西南联合大学校务会会议记录·第五届第一次会议》（1943 年 4 月 7 日），《国立西南联合大学史料》（二），第 482～483 页。

④　《联大校务会议致教育部函》（手稿），清华大学档案馆存。

成现金发放，因为原来的米贴是按官价每担法币 900 元发放的，而事实上市价已达 2400 元一担，所以只有按现有市价发放米贴才能使原定的米价补贴得到兑现。（2）请求薪水按物价上涨的比例增加，当时昆明物价上涨了 300 倍，而薪水只增加了 5 倍。这两项要求符合情理，得到大家一致认可，于是顺利通过了三项决议：（1）"请教育部以战前薪给十分之一为基数，乘以当地物价指数，发给最低限度之生活费"；（2）"推举代表三人，赴渝陈述生活艰苦之实在情形，请政府根据本会决议办法，即早实施"；（3）"推举周炳琳、吴有训、陈雪屏三教授为代表"。①

教授会的这一要求，实属无奈之举。杨西孟在一篇文章中写道："昆明是抗战期中全国物价的最高峰，而昆明教师的货币薪津又被压得特紧，所以昆明的薪津实值要算后方最低的了。"他举重庆为例，说到 1943 年 5 月，那里的教授薪金实值"尚有战前的十七元有余，同时中学教师也有十四元八角，虽已降落不堪，但还比当时昆明大学教授的十元略余差强不少"。② 杨西孟的话是将昆明与重庆相比，其实即使在昆明，若按实际生活水准来衡量的话，因为家庭负担较重，教授的生活还比不上青年教师。以 1942 年 10 月西南联大统计的部分教授家庭人口为例，王力、王龙甫、吴柳生、周作仁、张印堂、张泽熙、冯友兰、冯景兰、杨武之、赵迺抟、潘光旦、燕树棠、李景汉、刘仙洲、游国恩等 15 位教授各家人口均为 6 人；林文铮、袁复礼、马约翰、殷宏章、陈雪屏、陈桢、许浈阳、黄子卿、傅恩龄、闻一多、蔡枢衡、萧蘧、罗常培、李继侗等 14 位教授各家人口为 7 人；而徐继祖、蔡维藩教授家的人口为 8 人，朱自清家甚至有 10 人。③ 这些家庭，不仅子女众多，而且正是长身体和上学的阶段，负担自然十分沉重。这就是为什么电影院里可以有大学生时常出出进进，却很少见教授家的子女。④

---

① 《国立西南联合大学教授会会议记录·三十一年度第二次会议》（1943 年 5 月 19 日），《国立西南联合大学史料》（二），第 541~542 页。

② 杨西孟：《九年来昆明大学教授的薪津及薪津实值》，《观察》第 1 卷第 3 期，1946 年 9 月。

③ 据《西南联大部分教授家属人口状况》（1942 年 10 月），《国立西南联合大学史料》（四），第 549 页。

④ 何兆武说："在昆明的时候时常看看电影，而且也不贵，一个月总可以看上两三次，昆明七年我大概看了总得有两百多场。"何兆武口述、文靖撰写《上学记》，第 130 页。

对于这种现实，国民党直属国立西南联大区党部和三青团直属分团部也感到事态严重。鉴于教授会会议代表即将赴重庆请求当局切实救济，区党部书记姚从吾、组织委员王信忠、三青团直属分团部书记长陈雪屏三人，曾专函教育部部长朱家骅说明情况。该信云：

骝先先生尊鉴：

自上月月初昆市物价又复高涨，联大师生生活困迫，愈难维持。近日一部分教授纷纷集议，有主张向外募捐者，有主张集体绝食一日表示态度者，有主张分别或联合辞职者，并拟于本月十九日假清华研究所举行教授会议，商讨进行。生等默察一般情势，及负责各单位之态度，（如清华、北大、南开之实际负责人，及各学院院长、各系主任意见）尚能体念时艰，不忍轻率有所举动。惟生计困难，已到山穷水尽地步，则在群众麇集之际，言论激越，亦属可能。生等午夜筹议，谨将此间师生困苦实况及如何补救之道，分陈如下。敬请密加考虑，庶几先得机宜，随时向中枢陈述，作未雨绸缪之计也。

一、最近昆明物价及联大同人特别困苦之情形：一月以来，忽又暴涨，而以米价、房租、布匹三项为尤甚。公米虽仍为六百四十元，但绝对难购得，粗□不堪。市上能吃之米，则自一千元涨至一千九百元；至少亦需一千六七百元，方可抢购若干。……就上月份所得薪津计，教授至多可领得二千四百元，助教一千一二百元。（学生贷金由校核发二百八十元，其实最低限度可略有营养之伙食当在三百元以上。教部仅批准二百零八元。经校方一再陈请，则较其他各地增十元，共为二百一十八元。因恐学生激动，部令尚不敢发表）有家眷者购米一石，薪金已去五分之三以上矣。至于房租有骤加至两倍以上者，平均小房一间，租金四五百元，押租则恒在二千元至五千元间。单身教授尚可寄住校中，或与人合住，有子女者，即聚集一室，数家合赁一宅，亦非千元以上莫（能）办。倘仅以一家四口而论，吃米房租两项所需要，便已占去全数，其余用度，均无着落。同人支撑至于今日，典质早罄，告贷无门。况米谷、房租之上涨尚有加无已乎？生等目击同人家属，平日购求柴米之不易，衣服之破弊，房主之威迫，子女多病无食，月□向亲友通融等等焦急之情形，叹息愁痛之余，继以泣下，已不知若干次矣！如此困迫，岂能持久！上周法学院教授数家因住屋难觅，借贷实穷，乃集议向学校请求救济。故定期召开教授会，俾得合谋解决办法。穷困之极，牢骚自多。大抵多数主张，以战前薪水十分之一（即四十元）为基数，而按各地物价上涨指数照加；如教育部再无切实办法，或不惜提议绝食辞职。因恐行动过分，引起学生与外界之误会，乃不在校中公开集会，仅在研究所密商维持生活方案。而各校负责人亦先期集商，以资应付。此最近校中之动态也。生等与各部门本党同志协议，觉截至目前止，各方面之态度言论尚属纯正，除要求救济外，并无其他企图。惟念联大，人数既众，视听有关，穷久愤积，感情易动。万一真有全体绝食或辞职之举，风声外播，影响实大。尤虑青年学生哄而和之，酿成风潮。风潮既成，即善后有术，恐已挽救不及。生等愚见，中央对于有关国家百年大计之高等教育，平素爱护备至，即应根据事实，平定对策，若待其发动，再图弥缝，则前功尽弃，后患更无穷也。目前，蒋、梅二常委，适留渝受训，正可就近咨询，切实筹商，一方面实施逐步救济办法，一方面派大员莅滇调查，加以劝慰，始可消祸患于无形也。

二、中央应有之措置：事关生活之维持，且蕴积已久，一旦发动，似非空言所能遏止。生等以为中央宜采取逐步救济办法。思虑所得约有数端：

甲、各在大学除米贴外，生活津贴应照当地物价，每二三月，由政府自动按成调整一次，使能维持最低限度之生活。（此事可责成各大学校长及常委随时注意，以不致断炊为度。必要时得采取紧急措置，先发款救济，再补行呈报及核准手续。因公文往还，即不能济燃眉也）

乙、大学应供给教授宿舍，无宿舍者即宜预筹补救办法。（详细办法，应与各校当局切实商洽筹划，以能最低限度之安定，俾得专意从事研究为准。若银行路局等机关大都自造或自赁宿舍，何以大学教授反不能得此待遇？）

丙、应斟酌实际需要，每年发平价布至少一次。如何分配，责成各

校长商定。（昆市面布匹早被奸商囤积，联大宜在三个月内先发一次）

丁、教授子女多者及不□患病者，应准许向学校请求贷款。责成各校长负责审查，随请随发，再补手续。（前者教部曾令子女在五人以上者填表，许发给二百至四百元补助金，事隔半年，并无下文，徒然丧失信用；即使以后补发，物价已大不相同矣）

戊、应仿庐山谈话会办法，请总裁于相当时间，分区召集大学教授谈话，以示慰勉，而教授亦得明了政府之苦心。

上述办法，宜审度需要，分别举行，无定时，无定法，不受公文往返之拘束，不借口统筹而误事，（昆明物价在三年前已超过各地，最近复涨至如此，与其他各处情形迥乎不同。过去凡有请求，辄以统筹办法为口实，此同人最觉不平者也）以能维持必要之安定，而不致造成骚乱为度。

他如宣传中央德意，加强党团组织，吸收人才，消患未萌诸端，年来在中央指导之下，努力推行，亦尚能收协助之效。上述救济方策，如早使实现，运用得宜，则防范与抚慰并行，开诚与纠正兼顾，虽在艰难阶段，大学同人自能不忘总裁之日理万机、坚苦勤劳，前方将士之忠勇奋发、国家民族之一发千钧，而同舟共济，以待胜利之降临也。生等爱党爱国，亦得爱校，耳闻目睹，深以不危，故敢披沥直陈，供中央参考。幸先生赐予考虑，若认为可行，请即相机上达，或与有关方面协议，预作布置，以策万全，则国家幸甚，教育幸甚。谨先陈报，余当续闻。专肃敬请

钧安

　　　　　　　　生姚从吾、王信忠、陈雪屏谨启　　五月十四日。①

大学教师生活的贫困化，引起社会的深切同情。1943 年 6 月，《云南日报》特别发表了一篇题为《提高教授待遇》的专题社论。社论中说："大学教育的使命是在继承、研究，并发展人类的文化"，因此"所以维持并巩固今天国内大学教育的原有规模，是最低限度的必要"。如果说，抗战初期大学遭遇到的最大困难，即大学生生活的维持问题，因膳

---

① 《姚从吾王信忠陈雪屏致朱家骅函》（1943 年 5 月 14 日），"朱家骅档案"。

食贷金制度的实行，其严重性已有所缓解，那么"今天大学遭遇到另一困难问题，即是大学教授生活的问题"，则"正在扩大"，极大地"妨碍大学教育的发展"。社论对教授生活的现状做了一番考察，说："以昆明物价为例，一般生活费指数达到二百左右，而教授们最高薪津米贴总额不过二千元，折合薪金指数仅为四至六（皆以二十六年七月为基期）。就实际开支而言，教授们多有眷属，平均每家四口，伙食费用到少须二千元，其他房租、衣着、零用、子女教育费，都无着落，若遇疾病，只好听天摆布。大学教师中除教授外，尚有讲师、教员、助教等，名位较低，收入较教授更少，如亦有家庭负担，苦痛更甚。"社论接着说："中国人最能吃苦，而智识分子的安贫乐道，形成优越的传统的士风。所以抗战近六年，而中国大学教授始终生活于颠沛流离之中，未尝有怨言。目前他们的生活濒于饥饿线上，如再责以传统士风，只是一席风凉话，未免违悖人情。如果我们承认大学教育之崇高的使命是在继承、研究，并发展人类的文化，那末，须设法避免将这合作的负担者置于饥饿线之上。社会上其他部门工作者，就能力言，比得上大学教授的较少，就工作使命言，比得上大学教育的亦少。大学教授离校者不少，但尚未成为一种趋势。事实上，以他们所受以及他们已获得的社会地位，如果踏入利禄之途，决不会空手而返的。然而，今日大学中仍能弦歌不辍，大学里每多穷教授留而不去。这是值得我们特别注意的。"社论还说："就教授自身工作而言，除极少数例外，莫不受到生活困迫的影响。我们常见教授们出入旧书铺，拍卖行；或者在公米店，公盐店前鹄候终日；或者洗衣、烧饭；或者……，许多精力都打发在生活琐事上。许多教授无力供给子女上学，他们自己却居于学府中的讲席，教他如何可以安心教书。然而，事实上，许多穷困的教授却一年年都拿出研究成绩，一年年都在学生中发生好的影响。"社论认为："贫苦究竟有个限度，如何改善大学教师的待遇是今日大学教育进行上一大问题。""我们不必说社会上其他方面的开支有些是浪费，即使全部都是合法合理，我们也应该设法提高教授的待遇。"最后，社论呼吁道："中国大学教育的命运，系于此举，我们盼望社会人士和当局的注意。"①

---

① 《提高教授待遇》，《云南日报》1943 年 6 月 23 日，第 2 版。

据上所述，无论是青年教师，还是中年教授，以及校务会议和教授会会议的不寻常举动，是学校支柱们生活窘迫的最好注脚。为了自救，杨振声、冯友兰、郑天挺、罗常培、陈雪屏、闻一多、唐兰、沈从文、彭仲铎、浦江清、罗庸、游国恩等教授曾联名刊印《诗文书镌联合润例》；周作仁、周新民、胡毅、徐毓枬、孙毓棠、陈友松、陈雪屏、张印堂、崔书琴、贺麟、曾昭抡、雷海宗、闻一多、杨西孟、蔡维藩、赵迺抟、郑天挺、郑华炽、潘光旦、鲍觉民、戴世光等人还联名订定稿酬。这些都是学者不得不自谋出路的真实写照。而其结果，正如外文系教授冯至所说："国民党各级政府的贪污腐化，青年学生的爱国热忱，都促使'士大夫们'有较多的机会睁开眼睛看现实。现实不断地教育他们，使他们由自命清高转变为对国民党政府的鄙视，由不问时事转变为关心民族命运的前途。"①

三　思考现实形势

生活贫困不是孤立的现象，而是恶性通货膨胀的必然结果，物质和精神的双重压力，促使西南联大教授对现实进行深入思考。

1942 年 5 月 17 日，伍启元、李树青、林良桐、张德昌、杨西孟、鲍觉民、戴世光，联合云南大学沈来秋、费孝通，在重庆《大公报》发表《我们对于当前物价问题的意见》。这篇经过经济学社会学专家反复修改的文章，以非常严肃的态度指出"由于物价剧烈变动，整个后方的社会经济都作畸形发展，其影响所及，甚至道德人心也有败坏的趋势"，认为"此项关系重大的问题，若不及时彻底解决，待其影响已成，恶象环生，将来纵有更大的决心与加倍的努力，亦将失之过晚，追悔无及"。文章全面分析了物价上涨的幅度、速率及与工资比差情况和原因，提出"增加由富裕阶级负担的租税"和统制物资的交易、消费、储藏和生产的办法解决目前物价问题的主张，并且认为更进一步的措施应是采用计划经济，只有计划经济才能彻底及时解决物价问题。②

《我们对于当前物价问题的意见》完成于 4 月 30 日，交给《当代评

---

① 冯至：《昆明往事》，《新文学史料》1986 年第 1 期。
② 伍启元、李树青、沈来秋、林良桐、张德昌、费孝通、杨西孟、鲍觉民、戴世光：《我们对当前物价问题的意见》，重庆《大公报》1942 年 5 月 17 ~ 18 日。

论》时署名以当时使用的繁体字姓氏笔画为序。由于《当代评论》印刷困难，文章才交给重庆《大公报》。这篇文章，是西南联大教授以学者身份第一次公开对物价问题发表的意见，虽然文章很长，《大公报》还是分两天全部刊登。由于文章内容代表了许多人的共识，8 月 15 日出版的《当代评论》第 2 卷第 9 期以头条位置重予刊登，并称："九教授的《物价共同意见书》，提出征税和统制的主张，是抗战以来对物价问题最重文献之一"，"本刊认为这篇意见书仍有重予在此刊登的价值"。[①]

　　两年后的 1944 年 5 月 16 日，他们又发表了《我们对于物价问题的再度呼吁》，由于 9 人中有 4 人不在昆明，发表时署名杨西孟、戴世光、李树青、鲍觉民、伍启元，全部是西南联大教授。该文指出："目前经济危机已经迫在眉睫，若对物价问题再不采取紧急措置，并加以根本的纠正，则我国战时经济，势必走到崩溃的末路。"[②] 文中不仅分析了物价的现状，提出了解决方法，还批驳了一些似是而非、别有所图的谬论。

　　1945 年 5 月 20 日，杨西孟、戴世光、李树青、鲍觉民、伍启元再度联名发表《现阶段的物价及经济问题》。文章认为他们一年前所做的预测，不幸逐渐应验。"我国战时经济的渐趋倾溃，确已在军事上与政治上暴露出来"，这种经济危机已经"败坏了作战的军队，降低了工业的生产，腐化了行政的机构，并引起了政治的纠纷"。文章指出过去物价上涨是由于通货膨胀、物资缺乏、投机活动造成的，现在又加上垄断集团和既得利益集团操纵两个因素。文章严肃指出："从现阶段的经济情势看来，消除'既得利益'集团的权势，并解放一般人民经济压迫的一种革命式的社会经济变革是不能避免的。"在 1942 年 5 月 17 日发表的《我们对于当前物价问题的意见》中，他们曾认为物价飞涨的原因之一是"大囤户多是极有势力的人"，这些人是管理物资的阻力，说："如政府能以军力为编制政策的后盾，并成立经济特务机关来对违法者加以制裁，则物品管理和限制购买力是不难顺利推行的，只要物品本身被统制了，则

---

① 《当代评论》第 2 卷第 9 期，1942 年 8 月 15 日。

② 杨西孟、戴世光、李树青、鲍觉民、伍启元：《我们对于物价问题的再度呼吁》，重庆《大公报》1944 年 5 月 16 日。

物品的售价自必随之而得到解决。"① 三年后，他们认识到既得利益集团才是毒瘤，必须割除。不过，他们的出发点还是善意的，说"再三对财政经济政策呼吁改革"的"区区之意，即在期望政府与国人认清当前危急的情势，群起努力作最后的挽救。倘再纵容因循，失此时机，则将来严重的社会经济革命恐怕将无法避免"。②

伍启元、杨西孟等教授不是从解决个人生活贫困来观察和提出建议，而是从国家经济与社会稳定的高度进行学理分析，表现了知识分子的负责精神和深邃之见，同时为后人留下了抗战时期国民党统治区物价上涨的可靠记录。《现阶段的物价及经济问题》发表的当年，与《我们对于当前物价问题的意见》和《我们对于物价问题的再度呼吁》一起，汇编成《九教授对于物价及经济问题的呼吁》，署名"伍启元等"，1945 年 7 月由求真出版社出版，使他们的主张在社会上有了更大的影响。

第六节　坚持进步

"团结则生，分裂则亡"，这在抗战初期就已经是人所共知的真理。《新华日报》在《发刊词》中指出：目前是"日寇猖狂，国家破碎"的时刻，"欲求抗战的最后胜利，欲求独立自由的新中国之实现，其在今天和将来，均舍加强我们内部的团结，巩固抗日民族统一战线外，别无方法与途径。这是挽救时局和复兴中华的关键"。《新华日报》创刊第二天发表的社论，同样是醒目的《团结救国》，文中说："整个中华民族的命运已到了千钧一发的紧急关头"，要救国，"唯一生机和唯一办法，便是我四万万五千万同胞的空前民族觉醒和空前民族团结"，"只有团结，才能救国，已经成为举世公认的天经地义，团结则生，分裂则死，已经成为我国各党各派各军各界各团体各个同胞的共同坚强的信念；巩固团结，扩大团结，以贯彻抗战到底，争取国家民族的最后胜利，已经成为我全体同胞的共同奋斗的目标！"

---

① 戴世光、鲍觉民、费孝通、伍启元、杨西孟：《现阶段的物价及经济问题》，重庆《大公报》1945 年 5 月 20 日。

② 戴世光、鲍觉民、费孝通、伍启元、杨西孟：《现阶段的物价及经济问题》，重庆《大公报》1945 年 5 月 20 日。

如果抗战初期人们就强调"团结"的话，到了抗战胜利前夕，这个问题就更加严肃地摆在所有人的面前。影响国内团结的最大因素，无疑是国民党日益加重的专制统治，国共间的矛盾，国民党与社会各阶层的矛盾，无一例外来源于此。随着国际反法西斯阵营不断取得胜利，随着宪政观念的逐渐普及，无论是从解决国共矛盾的角度，还是为了今后的现代化建设，人们纷纷要求国民党开放政权。这是一股时代的洪流，西南联大正是在这股洪流中，赢得了"民主堡垒"称号。

一 冷静反思

1944 年，是国际反法西斯阵营不断取得胜利的一年。在欧洲，西线开辟了第二战场，美英盟军实现诺曼底登陆后，随即解放巴黎，攻克罗马；东线苏联红军肃清境内德军，也把战争推向德国本土。在太平洋战场，美军的跳岛战役亦节节获胜，实现了塞班岛登陆，并对东京实施大规模轰炸。这一切，预示着法西斯阵营的瓦解指日可待。但是，身处这样有利的国际环境，中国正面战场却遭到相持阶段以来从未有过的惨败。

这年 4 月，日军发动"一号作战"，38 天连侵郑州、许昌、洛阳等38 城。接着，又向湖南发起攻势，很快占领了长沙。如果说中原离西南大后方还有些距离的话，那么地扼西南交通要枢的衡阳就牵动了桂、贵、川、滇的人心。8 月 8 日，坚守 47 天的衡阳陷落，人们虽然寄希望于坚守桂、柳，但是混乱由此开始。9 月 12 日，原驻黄沙河镇的中国军队转进的消息传到桂林，广西当局下令市民 14 日前一律离境。20 日，柳州亦奉令三日内疏散完毕。顿时，至少 50 万人开始大逃难。日军进攻桂、柳的 10 月初，逃难的人群如洪水般沿着险峻铁路和公路涌动，即便桂林至独山的火车票已经在黑市卖到 10 万元一张，[①] 火车站仍挤满了求生心切的难民。据传，广西某火车站一次竟被火车头压死压伤几百人，而柳州开出的最后一次列车，几百人挤在车厢顶上或挂在车厢侧面，一节车厢一天就死了 7 人。[②] 原本只有 20 万人的贵阳，9 月间人口竟达到40 余万，以致"一间最小最蹩脚的旅馆房间，每天也要二百四五十元的

① 抡：《冷静与镇静》，昆明《自由论坛》第 2 卷第 6 期，1944 年 8 月 1 日。
② 参见格兰姆·贝克《一个美国人看旧中国》，生活·读书·新知三联书店，1987，第556 页。

房价"。① 这种状况一直延续了三个月，12 月 1 日，中央社在一则电讯中仍说有长达几十里的行列向贵阳行进着。

险情随着日军的紧逼继续加剧。11 月初，日军继占领桂林、柳州后，迅即向贵州进犯。29 日，滇黔绥靖副主任公署、贵州省政府、贵州省军管区司令部会衔公告，强令市民疏散，严禁延迟观望。局面发展之快令人措手不及，从湘、桂逃出的人还未及安顿，又不得不再往西逃。一个经历过多次逃难的人痛心地说，他抗战之初从江苏逃到汉口，后来又经衡阳逃到桂林，原以为战争接近胜利，回乡的日子不远了，"那个晓得敌人继续西犯"，"全家老小又不能不从桂林逃往贵阳，沿途辛苦毕尝"，可是贵阳也闹起疏散，逼着他把衣物拍卖，在兵荒马乱中跑到重庆。②

12 月初，日军先头小股部队占领独山。至此，平汉铁路南线与粤汉、湘桂铁路尽失，140 多座城市及 7 个空军基地和 36 个机场落入敌手。短短的 8 个月内，日军居然侵占了中国居住着 6000 多万人口的 20 万平方公里国土，而大西南最后一道天然屏障独山的失陷，更是置西南大后方于岌岌可危的境地。重庆党政机关纷纷向兰州、雅安派出先遣人员，准备搬迁，美元汇率的猛涨说明人人都在做逃难的打算。1944 年的这种严重局面，连蒋介石都不得不承认这是抗战以来"危险最大而忧患最深的一年"。1945 年他在元旦广播词中称："八个月来，国土丧失之广，战地同胞流离痛苦之深，国家所受的耻辱之重，实在是第二期抗战史中最堪悲痛的一页"，这一年国内处境之艰危，"不仅是抗战八年中所未有"，亦是国民党革命 50 年来"未曾遭遇过的险境"。③ 事实也是如此，豫湘桂战役的最后阶段，人们无所讳言地称其为"大溃败"。愤慨在民间迅速蔓延，连某国民党下级军官也痛心地说："看看我们的版图，已经变色的有多少？再看看我们的同胞，有多少正在挨着水深火热的非人生活？我们不但未曾把失地光复，并且还正在继续'送'，继续'丢'"，"我们军人真应该在祖宗和同胞的跟前负荆谢罪。"④

---

① 《访问湘桂来渝难胞》，《新华日报》1944 年 9 月 28 日。

② 《还要再逃吗》，《新华日报》1944 年 12 月 8 日。

③ 《蒋主席元旦昭告军民，安危胜败枢纽今年》，重庆《大公报》1945 年 1 月 1 日。

④ 朱宝兴：《兴奋自省拼命干》，重庆《大公报》1944 年 9 月 29 日。

全面抗战以来相对平静的西南，在这种形势下日益紧张起来。12 月 1 日，川康绥靖公署主任邓锡侯在四川临参会开幕致辞中，开首就建议会议改成战时参议会，以便研究"加强军队训练"和"建立民众武力"。① 昆明也是如此，"到处流传着没完没了的令人惶惶不安的谣言"，就连美国战时情报处和其他机构，也匆匆向非军事人员配发手枪，以便应付"不测事件"。② 龙云则多次提醒云南要吸取广西教训，"不论男女老幼，不分本省人外省人"，人人要"准备作战"，"准备自卫"和"准备牺牲"。③

一连串的军事大溃败，打乱了西南大后方的社会秩序，给各阶层带来巨大伤害。严峻的现实促使人们进行反思。这些反思既包括军事战术，更包括现实政治。这种反思在 9 月召开的三届三次国民参政会上，达到了高潮。人们在追究军事失利的原因时，既指向士气低落、将士待遇、兵役制度等与军事关联者，也指向经济垄断、贪污盛行、保甲作恶等官僚作风，而人们指责最多最严厉的，则是政治统治的专制与腐败。

平等担负战争费用，始终是人们十分关心的一个问题。9 月 17 日，参政会行将结束前一天，长驻昆明的褚辅成经过深思熟虑，郑重提议将中国在美国冻结的 3 亿美元存款提出充作军费。许多人马上响应，指出这些贪官污吏的钱，不仅要动用还应该没收。④ 这个建议马上引起社会很大反响，《云南日报》特发表专题社论，认为这些财产是"由少数人的腰包里流向外国银行的保险库里去"的，不应"让它作那般高等华人的养老费"，而应"动用它以援整个的国家民族"。文中进一步指出，"动用这笔存款，不仅有助于军费的筹措，而且大大的有助于全国的抗战情绪"，其"政治意义远超过它的经济意义"。⑤ 年底，《新华日报》同人在宣言中算了一笔账，说：这 3 亿美金按时价折合可达 2100 亿法币；以政府工业贷款利率计算，足够 200 个师的经费，每个士兵可得 3600 元；如果以市面上的利率计算的话，那还要超过二三倍。⑥ 可见，社会对这个问题看法一致，它从一个侧面反映了人们对官僚富豪的鄙视与厌恶。

---

① 《加强军队训练，建立民众武力，保卫地方协同作战》，《新华日报》1944 年 12 月 12 日。

② 伊斯雷尔·爱泼斯坦：《中国未完成的革命》，新华出版社，1987，第 383 页。

③ 《加速准备西南大战》，昆明《正义报》1944 年 11 月 24 日。

④ 本报记者：《参政会旁听席上（六）》，《新华日报》1944 年 9 月 18 日。

⑤ 《提解国外冻结存款，充作抗战军需费用》，《云南日报》1944 年 9 月 25 日。

⑥ 《把富豪存在美国的钱，拿出来发给士兵》，《新华日报》1944 年 12 月 13 日。

正面战场的大溃败与第二次宪政运动恰处同一时间，人们借着国民党不得不对新闻控制略有放松，乘机冲破限制，将社会丑闻一个接一个诉诸报端。其中一则是军委会外事局昆明办事处赖某私刻图章，冒领译员薪津70余万元，亏空公款30余万元，致使西南联大到远征军做译员的同学不得不向美军朋友借钱。①

在昆明，人们常常看到街头的病兵。6月中旬，《云南日报》刊载了一则消息，内云："市区内常见患病的流散军人，或沿门求乞或卧街呻吟，情形至惨，日前有某补充团士兵三十余人过昆，尽属久病之躯，相互扶携至金牛街，即住于六十七号至七十号房屋，不唯药菜全无，即口水亦不可得。"②为此，该报发表了一篇短评，说："我们重重复复的谈过，'善用国力'，'节省人力'，但是浪费国力，糟蹋人力的事情还是随处皆是。今天我们又看见病兵一批过昆的消息，他们不唯医药全无，即口水亦不可得，满屋呻吟，呼唤无门。这情形在昆明实在不算少，但人们却似乎已经看得麻木了！慈善机构的救助，我们是应该感激的，但是专负其责的机构就能够充耳不闻，熟视无睹吗？"③

事隔三天，《云南日报》又披露了经过曲靖的部队"病死士兵，抛尸露骨，不予埋葬"的消息。消息先是从人道的角度议论道："士兵一入伍，官长就是他父兄，不仅要注意他们的衣食，还要注意他们的疾病，万一病而不起，亦应如父兄对子弟一样的仁慈，不忍使之埋没荒草。"接着指出这种行为的严重性：军队对这些病亡士兵，"路死路埋，沟死沟埋，全不尽长官之职，毫无恻隐之心，难怪国人视入伍为死路，士兵以逃脱为庆幸，都在千方百计的规避潜逃"。④

病兵现象，是国民党军队腐败的一个明证。西南联大新校舍位于昆明环城北路，门前大街是通往滇西的交通大道，滇西反攻时，这条路上不知走过了多少军队，师生们也不知多少次目睹了倒在路边无人过问的病兵。这个现象引起师生们强烈的不满，甚至在第五军军部座谈会上，被公开提了出来。

---

① 转引自《舞弊案越来越奇，译员薪津被冒领》，《新华日报》1944年12月1日。
② 《街头病兵太多了！红十字分会昨救活一批》，《云南日报》1944年6月14日，第3版。
③ 《救护伤兵》，《云南日报》1944年6月14日，第3版。
④ 《不该如此》，《云南日报》1944年6月17日，第3版。

　　这次座谈会是第五军军长邱清泉提议召开的，时间在 1944 年 8 月 18 日下午，邱清泉和代理师长罗思扬、昆明防守司令部政治部主任宋文彬、第五军特别党部书记长刘雪松、昆明《扫荡报》社长李诚毅及第五军军部各处、科长等多人参加，受邀参加者为西南联大冯友兰、陈雪屏、闻一多、杨西孟、华罗庚、刘崇铉、邵循正、曾昭抡、马大猷、陆钦墀、吴晗等。

　　这次座谈会的主题是"目前形势与中国反攻问题"，但是，座谈时冯友兰很自然地把话题谈到军队的待遇问题。昆明《扫荡报》报道他的发言："盟国反攻顺利，敌人马上可以崩溃，但崩溃前必作最后挣扎，我们必须作战至最后的准备。太远的问题不必谈，目前急待补救的是军队的营养问题与医药问题。"① 昆明《扫荡报》的报道显然打了折扣，而《晋察冀日报》的报道就坦率得多，其记载冯友兰当时的话是"无论如何，须使士兵吃饱"，"壮丁离家入伍，途中死伤太大"，② 真是一针见血。会上，吴晗也谈到了这个问题。昆明《扫荡报》报道他的发言为："营养问题即为民族生命与生存活力着想，亦应注意改善，新兵待遇，基层政治机构，送兵机关，接兵部队均应负责。政府法令如能逐条实行，中国军队对抗战建国都能有大贡献。"③ 这话，自然是从正面报道的，不符合人称"老虎"的吴晗口气，如果能发现吴晗发言的底本，肯定要比这则报道记录的严厉得多。

　　同样，昆明《扫荡报》对闻一多的发言，也打了许多埋伏。它报道闻一多发言为："对目前问题，希望大家用文学精神，把情绪提高，只是自己不做坏事，不管别人，这种独善其身的态度还是不够的。"④《云南日报》报道闻一多说："兄弟什么都不懂，只有用文学精神提起大家的情绪。今天各位提出各种问题，如果在英美有一于此，一定会举国哗然. 而我们百美俱全，仍然只是一些有心人坐着谈谈。现在好比是房子失火，大家要来抢救。以前我们看一切都可悲观，还希望也许在战略上有点办

① 《文武合一的桥梁——记军官与教授座谈会》，昆明《扫荡报》1944 年 8 月 20 日，第 3 版。
② 《昆明军官和教授开会反对国民党错误战略》，《晋察冀日报》1944 年 10 月 8 日。
③ 《文武合一的桥梁——记军官与教授座谈会》，昆明《扫荡报》1944 年 8 月 20 日，第 3 版。
④ 《文武合一的桥梁——记军官与教授座谈会》，昆明《扫荡报》1944 年 8 月 20 日，第 3 版。

法。今天在这里听见各位长官的话，才知道战略上也很有问题。我只差要在街上号啕大哭。我们可怜到如此地步仍然在座谈。在英美不是没有坏人，只是他们不敢作坏事，一作坏事，大家群起而攻之。因此也没有什么讨论的，只有干，非常时期要用非常的手段干。"①

　　这则报道显然比第五军办的昆明《扫荡报》坦率些，但多年后，参加这次座谈会的第五军政治部副主任吴思珩的回忆，比《云南日报》又进了一步。他说：开始，"闻一多却不发一言，主席则无论如何要他发言，因为此会主要的目的就要了解他的思想态度。几经敦促后，他终于说道：'今天谈军事反攻问题，政治、经济各方面当然有关，但应以军事为首要，而在座则以主席为军事权威，在我发表意见之前，容我请教主席几个军事问题。'他随即问了四个很厉害的问题：'第一，衡阳是不是能守得住？第二，如果守不住，日军是不是继续前进？第三，如果继续前进则往哪一方向，是广西还是贵州？第四，如果往这个方向，则可能打到哪里？'对于这种问题，邱军长首先声明：'如果以我本身职务的立场，我是一个军长，为了军事的机密性，即使知道了，我也无法答复你，但好在今天是一个学术性的座谈会，我姑且以研究问题的性质来谈谈。'他随即坦率地答复：'第一，衡阳守不住！'当时衡阳是二〇七师（方先觉）防守，邱军长以日我双方装备实力等着眼，说明我方守不住的理由。'第二，日人当然继续前进；第三，根据军事地理分析，继续前进以贵州之可能多于广西；第四，可能打到独山。'这是军长以军事眼光所作极为确切的结论。闻一多听完站起来，终于说：'今天我们各方面的专家都有，而军事方面只有主席是唯一的权威，现在听了主席的结论之后，我们谈反攻问题还谈什么呢！老实说，今天政治、经济、社会各方面都已经没有希望，都得重新改革，换句话说，就是要造反！我们唯一还存有一点点希望的只剩下军事，而今连军事都已没有希望，日本人一打，我们就没办法守，那我们还谈什么呢！那么，现在我们只有一条路，就是全面的造反，全面的革命！'"听到这儿，吴思珩吃惊地说："在一个革命的营地里，他叫着要革命、要造反，其思想言论之偏激已可想而知。

① 《目前局势与中国的反攻问题——第×军高级长官、联大十一教授座谈记录》上，《云南日报》1944 年 8 月 19 日，第 3 版。

在座其他人都以惊奇恐慌的神色看他，既然要'全面造反'了，座谈会也开不下去了。"① 吴思珩的回忆，把这次座谈会的时间错记为 10 月，但他对闻一多喊出"革命"二字的记述，与《云南日报》表达的意思并无区别，并且闻一多回来对身边的人也是这么说的。闻一多指导的研究生季镇淮，追随闻一多很长时间，他记录闻一多当年的话是："以前我们看到各方面没办法，还以为军事上有办法。刚才听各位长官的话，方才知道军事上也毫无办法。"最后，出人意料地说："现在只有一条路——革命！"②

正是在检讨正面战场失利的原因中，人们从军事追究到政治，认识到造成这一切的根本原因，在于国民党的一党专制。所有腐败现象，都是这种制度的必然产物。于是，曾经疏远现实政治的知识分子，相继走出书斋，开始过问现实政治。

二　拥护改革

西南联大人作为一个知识分子群体，其中相当一部人崇尚"君子群而不党"，即与党派保持距离。皖南事变时，虽然有人批评新四军"不够公忠"，③ 赞成当局加以约束与处置，但大多数人，还是站在旁观者的立场，当一些学生悄然离校去外地隐蔽时，他们只是同情，却没有什么表示。对于这样的人来说，接受中共的主张，的确不是容易的事。

但是，这种超然态度在中共提出联合政府建议后，有了相当大的转变。1944 年 9 月 15 日，中共参政员林伯渠在国民参政会三届三次第 13 次会议上，代表中共发表《关于国共谈判的报告》。报告郑重提出"挽救日前抗战危机，准备反攻的急救办法"，就是人所皆知的"国民党立即结束一党统治的局面，由国民政府召开各党各派、各抗日部队、各地方政府、各人民团体的代表，开国事会议，组织各抗日党派联合政府，一新天下耳目。振奋全国人心，鼓励前方士气，集中全国人材，集中全国力量"。④

① 张朋园、张俊宏访问，张俊宏纪录《吴思珩先生访问纪录》，台北中研院近代史研究所口述历史编辑委员会编《口述历史》第 8 期，台北中研院近代史研究所，1996，第 147～148 页。
② 季镇淮：《闻朱年谱》，清华大学出版社，1986，第 48 页。
③ 《这一周》，《今日评论》第 5 卷第 3 期，1941 年 1 月 26 日。
④ 林伯渠：《关于国共谈判的报告》，《新华日报》1944 年 9 月 17 日。

林伯渠的这个报告，主要是介绍自 5 月以来中共在与国民党谈判中的若干悬案，解释双方的分歧，说明谈判经过真相。关于建立联合政府，本来是作为克服豫湘桂正面战场失利所造成的军事危机的一种办法，与召开党派会议、成立联合统帅部一起提出来的。中共提出这个建议前，曾打算以提案形式提交国民参政会，只是由于中共向中国第三大政党民主同盟领导人征询意见时，民盟领导人觉得这个建议比较敏感，有些为难，故中共南方局决定由林伯渠在报告结束部分，作为克服危机的一种原则提出。但是，连中共也没想到，联合政府问题一经提出，马上引起社会的强烈反应，人们竞相购买 17 日刊登林伯渠讲话的《新华日报》，买不到的人就挤在街头观看贴在墙上的报纸。王云五听过林伯渠报告后，当时便说："政权公开，是中共所提的，其实不但是中共所主张，我想全国人民也同样的主张。"① 这说明无论哪个阶层，都认识到：只有开放政权，才能达到全国团结；只有全国团结，才能争取抗战胜利。具有五四传统的西南联大人对此认识尤为深刻。

林伯渠、张治中在三届三次国民参政会上的报告，第一次将国共谈判的内容公之于世，成为当时人们了解国共分歧的一个主要来源。而人们对处理国共矛盾的思考，很大程度上也建立在这一基础之上。联大教授张印堂看了林、张报告后，第一个印象是双方并没有根本分歧。他说："国民党所提出的'军令统一'、'政令统一'，实系宪政国家和我国的需要"，而"共产党所要求的'政权开放'，实施'民主政治'以及保障人民言论、出版、集会与结社的自由，也是立宪国家的大道理。"从这一点上，"可以说两党的意见，在原则上，并没有甚大的出入"。对于报告中争执的中共军队数量问题，"在吾人看来，并非根本问题"，之所以出现这种争持，其原因"是由于十余年来一党执政的习惯演变而来，国民党一向执政建军，所以共产党也必建军。国民党执政遭遇空前抗战大难，不暇清除党中腐败分子，以致政治窳朽，不能增强抗战力量，所以共产党有所借口，而不肯放弃军权"。结果，双方越是争持，"就距宪政越是辽远"。②

---

① 王云五：《对国共谈判的意见》，孟广涵主编《国民参政会纪实》下卷，重庆出版社，1985，第 1366 页。

② 张印堂：《国是前途》，《自由论坛》第 3 卷第 4 期，1944 年 12 月 1 日。

　　张印堂是国民党党员，他是 1943 年在"不能十分满意国民党工作之下，经同人介绍，加入了国民党"的。他解释自己加入国民党的动机时说："原因是以个人深深感到政党是现代国家必须有的组织，尤是现在中国必须有健全的政党，而国民党既是一个现成的政党，又有 50 年的艰苦奋斗历史，如能保持党纲的精神，改善其工作方法，彻底实现三民主义，挽国运，拯民生，比另组新党，容易奏效。"再之，无论哪个政党的政纲政策，大体上都是写着要利国富民，没有绝对优劣，关键在于如何运用，如何实施，而这实际上是人事问题。为此，他才"抱着服膺三民主义，实现总理理想的中国"这两大目的，"毅然决然的加入了国民党"。[①]

　　不过，张印堂并未因为自己是国民党党员就放弃国民立场。他认为，"对目前党国的危急，不拘站在国民的立场或党员的立场，我们人人都应尽力之所及，对党政当局有善意的批评或具体的建议，设法改善，成功与否，在所不计"，这样"才问心无愧，方觉心安"。何况在"素称自由堡垒的西南联大，号称知识分子的同仁与党员们，对此千钧一发的危难时刻，更不应漠然视之，不闻不问"。站在这个立场，张印堂主张国民党要"自动设法改革"。他说："政党的缺点与窳败，若是由我们本党的党员们自动设法改革，是属自主，并非被动，我们自动提倡政权开放，改组政府，是我们的勇敢、荣耀，较诸被外力压迫去改革，光荣的多。"如果一味"故步自封，不在身上求进步，不高瞻远瞩，切合世界的潮流，失了社会人民的信任，忘却先灵先烈光荣的创业，前途将不堪设想"。

　　本着这一信念，张印堂认为中国的党政军关系，已经到了"急应分离，而又急应合一"的时候。他阐述这一主张时说：

　　（一）政党自由：在不危害国家独立和人民自由与安全下，国民中任何党派都可以自由组织，各党施政政策与外交方针尽有不同，惟必须依照一般民主国家之作法，按期竞选，博取政权，竞选得到多数人民拥护之后，始能执政，不能以用竞选以外的方法争取政权。换言之，在朝的党便是该党与政府合一的，在竞选的时候尽管作种种合法的运动，但竞选如不胜利，即退居监督的地位，便成所谓的

[①]　张印堂：《国是前途》，《自由论坛》第 3 卷第 4 期，1944 年 12 月 1 日。

在野的政党。此时对在朝的政党即有所不满，只可在议会和言论机关发表政见，准备下次竞选的工作。党是人民自由的结合，不是政府的机关，所以政府不妨由多数党所组织，但不是某一党所专有。一国之政党，必须有两个以上的政党，□为政见的不同，不妨有第三党，第四党。

（二）政权开放：我们国民党有创造民国的史实，自是千古不能湮灭的，但国家政权是国民的，并不属于任何一党一派，因为政府是全民的政府，是竞选的胜利，博得多数人民拥护的政党，为国服务的组织。所以政府与竞选胜利是合一的，与所有在野的政党是分离的。

（三）军队国有：军队亦如政府，是国家的，不是任何党派的，各政党不准有军队的组织和有关军事的设备。军队在集体上，不许与任何党派发生固定的关系，亦不许任何政党对军队作党的工作。只有军人个人可自由参加政党，可以不受约束。军队既是国家的军队，非为一人或一党所私有，所以军队只受政府的指挥。而政府是竞选胜利，博得多数人民拥护的政党所组织，所以军队应该与在朝的政党是合一的，与所有在野的政党是分离的。

根据以上党政军分离与合一的原则，张印堂提出了五项具体建议：

（1）禁止政党有军队与军事设备，如兵工厂等，将所有军队与军事建设全都交给国家。

（2）将所有一切军政机关停止政党的组织，将党归还人民，由人民自由组织。

（3）国民党的党员们急应以身作则的向民间活动，以政策争取多数人民的信仰与拥护，准备竞选胜利，获得政权，实行本党的政策。

（4）现在我们国民党既为我国在朝的政党，急应首先自动刷新党务，澄清吏治，使贪污伏法，整顿军纪，使成劲旅，建设社会经济政策，提高国民生活，以博取大多数人民之拥护。

（5）依照总理遗嘱，实施宪政，光大三民主义，俾与欧美之民主主义相映辉，以巩固本党之基础。①

应当承认，国民党在组织上对西南联大下了很大功夫，学校不仅建有国民党中央直属区党部，而且大多数教授是国民党党员。但是，也应当承认，西南联大教授中的多数国民党党员，加入国民党的动机与张印堂一样，并非赞成一党专制，反而是希望能够从事政治改良。张印堂所主张的"政党自由""政权开放""军队国有"以及他提出的"党政军分离与合一"原则，便是他们对改良现实政治的理想设计。

林伯渠在三届三次国民参政会上的报告，只是提出了原则问题，人们希望进一步了解中共对联合政府的具体设计与实现联合政府的具体步骤。周恩来于10月10日在延安发表演讲《如何解决》，就是旨在解释这些问题。在实施联合政府的具体步骤上，周恩来提出了六项建议：第一，各方代表，是指由国共两党及其他抗日党派的各抗日党派，国民党中央军、地方军及中共领导的敌后抗日军三个方面的各抗日军队，大后方及敌后解放区带全国性的各界人民团体的各地方政府，按各方所代表的实际力量比例由自己推选出来的代表。第二，国民政府应于最近期间召开国是会议，以免陷大后方于不可收拾的地步。第三，国是会议应根据三民主义的原则，通过切合时要、挽救危机的施政纲领，彻底改变国民党政府的军事、政治、经济、文化等错误政策。第四，在共同施政纲领基础上成立各党派的联合政府，代替一党专政的政府，这个政府要吸收全国坚持抗战、民主、团结的各方领导人物。第五，联合政府有权改组统帅部，成立有各方主要军队代表加入的联合统帅部。第六，联合政府成立后，应立即筹备真正人民普选的国民大会，并于最短期内召开，以保证宪政的实施。周恩来特别指出："有这样的国是会议和联合政府，才是全国民主的真正起点。只有这样的统帅部，才能听命政府，协和盟邦，击退敌人的进攻，配合盟国的反攻。"② 周恩来的讲演，说明了建立联合政府与争取抗战胜利的关系，提出了实现联合政府和促进民主政治建设的具体步骤，阐明了中共在战时的政治努力方向。由是，以林伯渠报告

---

① 张印堂：《国是前途》，《自由论坛》第3卷第4期，1944年12月1日。

② 周恩来：《如何解决》，中央档案馆编《中共中央文件选集》第14册，中共中央党校出版社，1992，第259、364～365页。

和周恩来讲演为标志，抗日战争时期的中国政治进入了以争取建立联合政府为中心的新时期。

中共的联合政府建议，在全国引起强烈反响。重庆、成都等地纷纷行动起来，或召开呼吁民主团结的群众性集会，或举行国是问题座谈会，主旋律都是要求结束一党专政、成立联合政府。

昆明地区关于联合政府问题的讨论，出现于10月初。10月2日，西南联大举行10月份国民精神总动员月会，刚刚回到昆明的周炳琳，在会上做了关于国民参政会开会情形的报告。两天后，《云南日报》以《看到了民主政治的曙光——周参政员炳琳在联大报告》为标题，用很大篇幅报道了周炳琳的这次演讲。报道说，周炳琳首先介绍了本次参政会的背景，说这次参政会之所以"很热闹"，是"形势使然"，这个形势，便是"最近军事的失利，以及盟邦的指摘"，使得"代表民意的参政会不能不说话"。因为人们深深感到：全面抗战七年多来，我们的口号是"以不变应万变"，可是，除了抗战到底的国策没有改变外，其他的事仍然一成不变，结果必然造成人事的腐化和行政的缺乏效率等种种缺陷。这种情形演化到这次参政会前夕，已经不能不让每一个人都对今天的中国感到"忧心惶惶"了。所以，参政会开会的前两天，大家在一个茶会上便一致决定：到了开会的时候，对于当前种种危急的国事一定要"知无不言，言无不尽"。

接着，周炳琳对参政会开会后前些天的情况做了简述。这些情况讲过后，周炳琳提高了嗓门，用洪亮的声调说："现在，我再就这次参政会中几个重要的问题，作一个简略的报告。"这几个重要问题，一是中共问题，二是改善士兵生活问题，三是整军建军问题，四是扩大参政会职权问题。最后，他还特别提出他与钱端升在宪政实施协进会第四次全体大会上提出的请政府充实人民基本权案，并阐明其理由至少有四个：第一，只有民主政治才能抗战，也只有民主政治才能建国。民主政治须全盘的，彻底的，故不以一点点权限的扩大为满足。第二，"相忍为国"是不能违背的原则，所以主张全盘民主政治。第三，实行民主政治的时机已经成熟：抗战是一个伟大的教育，它把全中国都团结一致，再没有一个中国人不知道国家民族的重要了。第四，是适应现实的需要。当时军事失败，政治如不赶快配合，恐怕盟军胜利之日，也就是中国最危急之时。

要什么样的政治才能配合？只有真正的民主政治。

报告结束前，周炳琳以坚定的语调做了结论。他说："这次参政会，大家对政府的指摘很激烈，但对政府并没有失望。目前中国前途的困难甚多，尽管如此，我们仍旧要奋斗到底！如果要用一句话来做今天报告的结论，那么，我可以这样说：透过这次参政会，看到了民主政治的曙光——有了这一线的曙光，对于中国民主政治的争取，以后我们更当要全力以赴！"这次报告进行了一个多小时，会场一直保持着亢奋的情绪。①

周炳琳参加三届三次国民参政会后，接着出席了宪政实施协进会第四次全体会议，并在会上与钱端升联名提出《请政府充实人民基本权利的提案》。

周炳琳、钱端升主张的"全盘民主政治"是政权开放的另一种表述，而联合政府无疑是实现"全盘民主政治"的一个步骤，这也是人们如此赞成这一主张的原因，因为只有建立联合政府，才能团结全国各种力量、克服军事危机，才能为从训政向宪政过渡进行准备。况且，联合政府这种形式在欧洲反法西斯斗争中被解放的国家新组织的政权中，已是普遍采用的一种模式。正因如此，联合政府建议一经提出，很快就形成了前所未有的热潮。

10月上旬，昆明学术界宪政研究会理事会举行扩大会议，讨论宪政民主问题，决议10月10日下午1时30分举行双十节纪念大会，地点计划在绥靖路昆华女中大礼堂，讲演人与题目分别为闻一多《保卫大西南与动员民众》、楚图南《论言论自由与身体自由》、吴晗《中苏邦交与国共问题》、伍启元《改善士兵待遇与加强经济力量》、罗隆基《改革政治方案》，② 发起单位改为西南联大学生自治会与中法大学学生自治会、民盟云南省支部、云南省文化界等。原定讲演人伍启元没有参加，由李公朴代替。

1944年10月10日，是西南联大历史上一个极有意义的日子，因为

---

① 《看到了民主政治的曙光——周参政员炳琳在联大报告》，《云南日报》1944年10月4日，第2版。

② 《本市学术界人士，双十节举行纪念会，请名教授讲宪政民主问题，欢迎各方面人士自由参加》，《云南日报》1944年10月9日，第3版。

在这一天之前，师生们的活动基本上在校园内进行的，而从这一天起，联大师生则走出校园，与云南人民和昆明各界人士会合在一起。会上，罗隆基、闻一多、李公朴、楚图南、吴晗相继发表演讲，他们分析了几个月来正面战场失地千里的原因，认为川、桂、滇、黔等省是国家仅存的托命寄身的根据地，必须用苏联保卫斯大林格勒的精神和勇气保卫大西南，而保卫大西南的根本办法就是政治民主化。

昆明各界纪念双十节大会通过的《宣言》，是大后方各界拥护建立联合政府建议的言辞中最坦率、态度最鲜明、对时局批评最尖锐的历史性文献，可以说代表了大后方在联合政府问题上的主要意见。这个由罗隆基起草，前后修改数次，多人参加意见，最后由闻一多润色的《宣言》，开篇便指出："今年这一个双十节，不但是民国历史上空前的危机，而且是中华民族生命上空前的危机。外则强寇深入，二十余省土地沦于敌手，三亿以上人民变为奴隶；内则政专于一党，权操于一人，人心涣散，举国沸腾。三十三年前祖先苦心缔造的民主国家，到今天，国既不成国家，民更不是主人。瞻顾前途，不寒而栗。"

接着，《宣言》指出："国家所以造成今日局面，绝非偶然。全国人民固应深自愧悔，而专权在位十余年的国民党尤当引咎自责。"以八年全面抗战的事实而言，全面抗战初起时，"全国国民一再呼吁，认为必抗战民族始有生命，必民主抗战始有胜利；认为为民主，对外必实行抗战，为抗战，对内必实行民主"。但是，"人民八年来的呼吁，竟不曾丝毫影响政局"，以致今天"以言军事，敌人无攻不克，我则每战必溃；以言财政，通货是无限制的膨胀，物价则几何数的跃进；以言经济，竭泽而渔，户鲜盖藏，杀鹅取卵，饿殍载道；以言内政，贿赂公行，贪污成风，道德沦亡，法纪废弛；以言外交，对近邻猜疑轻视，对远友评诋谴责。以这样的环境，当这样的难关，若再因循因守，必至国亡种灭。我们外观大势，内察人心，一致认为今日只有内部的彻底改革，方足以应抗战之急，救灭亡之祸"。

对于现实政治体制，《宣言》认为唯有进行彻底改革，"首先应由专权在位的国民党立即宣布结束党治，还政于民"。因为这不仅由于国民党宣布的训政时期早已过期，更由于"八年抗战，牺牲了数千万人民的生命，数万万人民的财产，本应是保全民族生命建立民主政治的代价，而不是为一党一人把持权利的机会"。因此，"今日的形势既有结束党治，还政于民的需要，而我们国民亦有要求立即实行宪政，实现民主的权利"。

在具体途径上，《宣言》指出必须"立即召集国是会议，组成全国政府"。它认为国民党既然表明要还政于民，则"国家必有代表人民行使主权的机关，使政府得以向其负责"。而"制定宪法、改编军队、整理财政、革新外交等等"，也"必须集全国人民的心思才力，以资应付"。"至于将来的全民政府既向国是会议负责，即应由国是会议产生，新政府的人选应包括全国各党派之代表及全国无党无派才高望重之人。"而且，只有"这样的政府，才能得到国内的团结，才能得到军令政令的统一，才能得到全民的拥护，才能得到盟友的信任，才能支持长期的抗战，挽救国家民族的危亡"。

对于联合政府成立后的任务，《宣言》认为应当立即实现四项政策。这四项政策是：第一，"绝对保障人民身体言论集会结社等等自由"；第二，"立即释放汉奸以外的一切政治犯"；第三"立即彻底改善财政经济政策，停止通货膨胀，且必须用毅然决然的手段，使富有阶级依能力担负战费的责任，以便减轻平民的痛苦"；第四"必须彻底提高士兵待遇，调整军事编制，并且普遍平均分配全国军队的装备与供应"。①

12月9日，在大后方产生过很大影响的《民主周刊》创刊，它是民盟云南省支部的机关刊，②而西南联大师生，在民盟云南省支部中占有极重要的位置，因此这个刊物也是联大民主舆论的一个重要阵地。该刊在创刊号的第一篇时评中，便积极赞成建立联合政府。文中说：渡过今天难关的斗争在于"全国上下精神团结"，如今是"民族生命存亡"之际，"是全民族怎样担负责任的时期，不是党派怎样保持政权的时期"。而"召集国是会议，共同协议国事，组织举国一致的联合政府，以共同渡过危急难关，这于任何人任何党派无损失，而国家民族得以挽救"。③

今日，人们在回顾当年社会各界热烈响应联合政府建议时，大多强调社会各界对早日结束国民党一党专政的强烈愿望。但是，还有一点不该忽略，那就是人们期待通过中共建议的实现，使影响国内团结抗日局

---

① 《昆明各界双十节纪念大会宣言》（1944年10月10日，手稿），中国国家博物馆存。

② 民盟全国代表会议后，昆明支部改为云南省支部。

③ 《怎样渡过难关》，昆明《民主周刊》1944年12月9日。

面的国共矛盾得到比较彻底的解决。这一点，在联大教授潘光旦、费孝通主编的《自由论坛》上，就有明确的表达。这个刊物上的一篇文章指出：三届三次参政会"最值得告慰于国民的成就，自是国共关系问题公开于全体国民面前"，这种做法证明民主政治是处理一切问题"最有效的原则"，并且只有这种制度才能"使代表各种感情利害关系不同的政治势力，永远在公认的常轨中活动"。同时，在现代社会中，"民主政治舍政党而外无法运行"，因此执政者"应该正式认识并承认政党的地位"。况且多党存在本来就是人所皆知的事实，这"根本不是合法与否的问题"，"当前的问题乃是在当政的国民党应该在主观上与客观上正式承认他党的地位，他党的存在乃基于权利而非出于我之宽大为怀"。说到国共关系，它"根本是一个政治问题，所以解决的办法也一定要循政治的途径"，而"过去因为大家不肯承认这是一个政治问题，所以一直在错误中演成痛心的局面"。①

昆明的民主运动，由于有具有五四光荣传统的西南联合大学师生作为基础，有云南省主席龙云的支持，与大后方其他地方相比，显得格外活跃。

1944 年 11 月，是大后方最为紧张的一个月。在这社会混乱、人心惶惶的时刻，云南人民迎来了护国起义纪念日。12 月 25 日下午，各界民众在云南大学会泽院右侧广场召开盛大纪念会，护国起义参加者黄斐章、白小松、唐继尧之子唐筱冥等都应邀请出席。会上发表演讲的有两位联大教授，一个是闻一多，一个是吴晗。闻一多在演讲中指出："护国起义的经验告诉我们，要民主就必须打倒独裁"，今天"我们所要的依然是民主，要打倒独裁"。②

大会结束前，通过了《云南各界护国起义纪念大会宣言》。由吴晗起草，闻一多润色并誊录的《宣言》首先指出：护国起义之所以值得纪念，"是因为它曾在全民族反对独夫政治，反对封建余毒的胜利中，为我们奠定了民主政治的基础"，今天纪念护国起义，"不能不更关心于当前的救国抗战"，"不能不更焦心于今天救国抗战的胜利"。

---

① 澄之：《展望中国民主——由国共两党关系看中国民主政治的前途》，《自由论坛》第 3 卷第 3 期，1944 年 11 月 1 日。

② 转引自王康《闻一多传》，第 330 页。

接着，《宣言》沉痛地道出当时的严峻现实：政治上"纲纪废弛，贪污成风"；财政上"富人的黄金让它冻结在国外，国内不值钱的通货却以几何级数的速度让它膨胀"；外交上"朋友得罪完了一个，再得罪一个"；教育上"借党化之名，行奴化之实"；交通运输上"兴建既没有计划，管理也没有方法"。军政更是令人痛心，"平时则征兵全是弊端，训练同于虐待，战时又统率毫无方针，赏罚只凭好恶，怎么能怪他士气消沉，还没有见敌人就溃退呢！"《宣言》愤怒地说："政治和军事脱了节，财政和军事分了家，外交跟军事为难，教育给军事抽腿，交通运输更没有替军事卖力"，以致"军队不能与人民合作，军队与军队又不能合作，后方不能与前方合作，政府尤其不能与人民合作"，"这成什么抗战啊！"

战场上怎样呢，"短短数月的期间内，由洛阳而郑州，而长沙而衡阳，而柳州而桂林"，"这一连串的军事溃败，和陪伴着军事溃败的物资损失，和人民流离失所与死亡，乃至同样严重的国际声誉一落千丈"，都是"八年来内部腐烂的后果"，是"中华民族有史以来空前的危机"。《宣言》严正指出："抗战是要动员全体人民的，整个中华民族的命运还得要整个中华民族来拯救。保证抗战胜利唯一的方法还是民主政治。"为此，《宣言》郑重地提出三项要求：第一，"结束一党训政，化一党的国家为全民的国家，以期实现真正的全民动员"；第二，"召集人民代表会议，集全国各党各派及无党无派的优秀人才于一堂，群策群力，共赴国难"；第三，"组织联合政府，由人民代表会议选举各党各派代表人物及全国众望所归的领导人才，负国家民族安危的重任"。[①]

云南各界护国起义纪念大会，是抗日战争时期大后方最先发出的民主呼声，也是新形势下展示民主力量的一次盛大集会。在会后举行的大游行中喊出的"打倒专制独裁""扩大民主运动"口号，显示了人民的意志和力量。在这次活动中，西南联大师生始终站在最前列，与云南人民共同谱写了光辉的一页。

三　反对专制

拥护还是反对建立联合政府，是当时真民主还是假民主的分水岭。

---

① 《云南各界护国起义纪念大会宣言》手稿，中国国家博物馆存。

联合政府建议的核心是结束国民党一党专政，这一点蒋介石无法接受。但是，结束训政、实施宪政已经成为不可阻挡的时代潮流，它不仅是国内各阶层的一致要求，着眼于战后远东利益的美国，也多次有类似表示。在这种形势下，蒋介石采取了一个以攻为守的对策。1945 年 1 月 1 日，他在全国元旦广播中声称"准备建议中央，一俟我们军事形势稳定，反攻基础确立，最后胜利更有把握的时候，就要及时召开国民大会，颁布宪法，使我们中国国民党在民国二十年受国民会议委托行使之政权，得以归政于全国的国民"。① 接着，国民党中央常务会议决议同年 5 月 5 日召开六全大会，主要工作就是讨论如何召集国民大会。

蒋介石的意图很明显，既然要求结束训政，那么就直接召开国民大会，由国民大会制定宪法，实施宪政，不必成立联合政府之类的过渡政府。显然，蒋介石的这一步棋，表面上是"还政于民"，但由于国民大会代表由国民党主持选举，所以它到头来必然仍是国民党统治的工具。这一点，许多人看得很清楚，认为蒋介石所谓的"还政于民"，不过是抵制成立联合政府的一个幌子。

1945 年 2 月初，苏、美、英三国首脑在雅尔塔会议上决定 4 月召开联合国大会，这便将解决团结问题愈加迫切地摆在人们面前。2 月 8 日，由郭沫若牵头，重庆文化界起草《文化界时局进言书》，指出政府如真的决心还政于民，就应给予人民实际参与政治的机会。对于团结问题，则必须实行两个步骤：首先"由国民政府立即召集全国各党派所推举之公正人士组织一临时紧急会议商讨应付目前时局的战时政治纲领，使内政、外交、财政、经济、教育、文化等均能有改进的依据，以作为国民会议的前驱"。其次"由临时紧急会议推选干练人士组织一战时全国一致政府，以推行战时政治纲领，使内政、外交、财政、经济、教育、文化等均能与目前的战事配合"。②

重庆文化界对时局的进言发表后，各地纷纷效仿，一时形成了一种舆论潮流。这种局面令蒋介石大为恼怒，遂令国民政府军事委员会政治部借口机构重叠，解散了郭沫若领导的文化工作委员会。郭沫若受迫害

---

① 《蒋主席元旦昭告军民，安危胜败枢纽今年——充实战力确立信心争取胜利，召开国民大会不待军事结束》，重庆《大公报》1945 年 1 月 1 日。

② 《文化界时局进言书》，《新华日报》1945 年 2 月 22 日。

的消息传到云南，引起昆明民主人士的愤怒，他们立即写信表示慰问，指责这是"反民主势力又一罪恶的政治表演"，申明继续做他的后盾，共同争取"国家民族的生命线——民主政权"。① 在这封慰问信上签名的51人中，多位是西南联大的教师。

联合政府的目标在于打破国民党一党专制体制，蒋介石自然不能容忍联合政府出现，遂在3月1日宪政实施协进会演说中宣称："吾人只能还政于全国民众代表的国民大会，不能还政于各党各派的党派会议或其他联合政府。"演说中，蒋介石代表国民党提出解决国是的五项办法，其第一条即"定于本年11月12日召集国民大会"。

蒋介石的允诺能否兑现，且不去说，但它的确给人们出了一道难题，因为实施宪政就需开国民大会。于是，是召集国民大会，还是成立联合政府，就成为争取中国政治民主化道路上的一个重大问题。

在这个问题上，西南联大许多人的态度是明确的。3月12日，闻一多、吴晗等与昆明文化界人士共同发表了《昆明文化界关于挽救当前时局的主张》，对蒋介石抵制联合政府的理由加以驳斥。这份文献原题《昆明文化界对时局的紧急呼吁》，第四稿才改为《昆明文化界关于挽救当前时局的主张》。郭沫若起草《对时局进言》时，曾将内容透露给吴晗，昆明文化界认为应当"为前趋者之应""为首倡者之和"，遂由吴晗执笔起草，闻一多修改润色。起草过程中看到蒋介石3月1日演说，于是增加了驳斥内容。第三稿完成于3月1日，签名者由最初59人增至342人。3月12日正式发表者，是罗隆基复做修订补充的第四稿。该《主张》正式发表时，在上面签名的西南联大学人除了王赣愚、卞之琳、沈从文、余冠英、李广田、吴晗、吴达元、吴富恒、陆钦墀、许维遹、陈定民、陈遵妫、曾昭抡、费孝通、游国恩、闻一多、闻家驷、马大猷、洪谦、胡毅、潘光旦、薛沉之、洪遒、姜寅清、姜震中、俞铭传等教授，还有王逊、何善周、吴征镒等青年教师及王瑶、范宁、孙昌熙、程流金、刘北汜、萧荻、王世清、李埏等学生。

《昆明文化界关于挽救当前时局的主张》是国统区对重庆《文化界

---

① 《闻一多等昆明文化界人士为国民党取消文化工作委员会等组织致郭沫若顾颉刚的声援信定稿》，中国国家博物馆存。

时局进言书》最早的响应。它谴责蒋介石宣布召集国民大会"是蒙蔽国际视听"和"拖延国内民主"，是"国民党内的少数分子要继续维持权位"，不肯接纳"各党各派开诚合作共挽危局等等要求"，认为这简直是"拒绝抗战胜利"。它还指出："国人呼吁的各党派会议及联合政府，只是目前团结合作的方案"，如是而后"共商政策政纲""共负抗建责任""并无移交政权于各党派"。而蒋介石"斤斤以此辩白于天下"，这若不是"搪塞粉饰"，也是"固执一党独裁的成见"。在具体要求方面，它提出：首先"立即邀约全国各在野党如中国共产党、中国民主同盟等各自推选的代表，而后会同各政党代表共同推定社会上无党无派各界进步人士，共同举行国是会议，决定战时的政治纲领，并重行起草国民大会组织法及选举法，筹备召集真能代表人民的国民大会，以通过宪法，实行宪政"。其次，以"国是会议为战时过渡的最高民意机关，由该会议产生举国一致的民主联合政府，以执行战时政治纲领，并共同负担抗战扩□参预一切国际会议、奠定世界和平的责任"。在军队国家化问题上，它主张"彻底改组国家最高统帅部，使统帅部成为超党派的国家机构，以统一全国军事指挥，集中全国军事力量，以便配合盟军反攻，彻底消灭日寇，争取抗战胜利，并保障在民主政治基础上实现军队国家化的原则"。①

《昆明文化界关于挽救当前时局的主张》是出自吴晗、闻一多之笔的一份昆明民主运动历史性文献，它在昆明民主运动中具有特殊意义。自蒋介石为了抵制联合政府建议提出召开国民大会以后，不少人的视线转移到国民大会问题上来。有的表示兴奋，认为国民党终于表示还政于民了；有的表示担心，觉得召集国民大会涉及旧选国大代表的资格、新代表如何产生等问题，而这些又是长期论争不休且不易解决的问题。蒋介石的3月1日演说，曾得到一些舆论的迎合，《大公报》就表示理解蒋介石"要变不要乱"的说法，不赞成成立联合政府。联大常委梅贻琦等750名大学校长和教授，也联名发表了《教育文化界为争取胜利敬告国人书》，以无党派人士立场表示赞成召开国民大会。② 在这种形势下，继续坚持联合政府立场需要很大勇气，而卞之琳、沈从文、余冠英、李广

---

① 《昆明文化界关于挽救当前时局的主张》手稿，中国国家博物馆存。

② 《教育文化界为争取胜利敬告国人书》，《民主与团结》，民族出版社，1945，第140~144页。

田、吴达元、吴富恒、马大猷、洪谦、洪遒、胡毅、姜寅清、陈定民、曾昭抡、费孝通、游国恩、闻家驷、潘光旦等均在旗帜鲜明的《昆明文化界关于挽救当前时局的主张》上，签下了自己的名字。

值得重视的是，在《昆明文化界关于挽救当前时局的主张》上签名的王赣愚，起初是赞成召开国民大会的。1945 年 1 月，王赣愚在一篇文章中认为蒋介石的元旦播讲所做"宣示国民大会的召集，不必等到战事结束之后"的表示，"是对国人重申以往的诺言，凡关心宪政前途的人，听了这一诚挚的表示，当然感到无限的兴奋和安慰"，"现在最高当局又重申诺言了，全国的人都报以兴奋和热望，我个人也深望这项诺言早日实现"。王赣愚还说："我常想，中国如能在战时，就决心开始宪政，开政治的新局面，则更能切实集中一切人才与知识，更能融合陶冶一切主张的政见，使国家的政治统一，更有牢固的保障……尽早实施宪政，先将政治的常轨树立起来，这就是替国家奠定了长治久安的基础。"现在，"谁都觉悟以往政治未臻统一，致使国力分裂，予外寇以可乘之机"。根据这个认识，王赣愚赞成"这次国民大会必须提早召集，不但集会不要缓延，办选举也应力求公允"，因为"今后政治的归趋，仍系于抗战的成败，在这一认识上，愿朝野上下都集中力量，共促胜利之早日实现"。[①] 但是，经过讨论和思考，王赣愚改变了态度，成为《昆明文化界关于挽救当前时局的主张》的签名者之一。这说明，西南联大精英在建立联合政府还是召开国民大会的问题上，经过了一个认识过程。

如果说《昆明文化界关于挽救当前时局的主张》显示了西南联大教师的态度，那么《对国是的意见》则代表了学生们旗帜鲜明的立场。这年 3 月，在遵义的浙江大学以全体学生名义发表《促进民主宪政宣言》，他们站在"国家青年的立场"和"大学青年的立场"，要求停止一党专政和实行民主政治。[②] 受此启发，西南联大学生经过激烈争论，于 4 月 6 日以全校 2500 名同学名义发表《对国是的意见》，要求在"停止一党专政"和"承认各党派的合法平等地位"基础上，"集合各党派代表，及

---

① 《政治的诺言》，《云南日报》1945 年 1 月 21 日，第 2 版。
② 《遵义国立浙江大学全体学生促进民主宪政宣言》，延安《解放日报》1945 年 5 月 2 日。

资望与能力为国人所崇敬的无党无派进步人士，举行国是会议，组织联合政府"，以保证"筹备召开能真正代表全国民意而不是一党包办的国民代表大会"。①

4月6日晚，云南大学的学生自治会举办"旧金山会议与中国"时事座谈会，联大教授应邀出席。会上，继楚图南讲演《克里米亚会议与中国民族解放运动》后，曾昭抡做了《旧金山会议前夕的国际形势》讲演。他批评"我们中国的执政者一听到人提到联合政府就觉得恐怖异常"，说其实现在除法西斯的国家以外，"世界各国那一个不是包括各种抗战党派的联合政府"，可见联合政府不仅是"世界的潮流"，而且还是"不可抗拒的潮流"。吴晗在《旧金山会议与中国》演说里，也痛心地说："出席旧金山会议的国家，都是民主国家，但有一国却是例外。"②

尽管人们拥护建立联合政府，但5月召开的国民党第六次全国代表大会，仍然通过了《关于国民大会召集日期案》，规定11月12日召集国民大会。7月7日，四届一次国民参政会在重庆开幕，由于这次大会的主要议题是国民大会的召集问题，中共参政员断然拒绝出席。

7月14日，国民参政会依照会序进行国民大会问题讨论。这时，对于国民大会问题共提出24件提案，主张遵照国民党六全大会决议11月12日召开者有21件，主张延期召开者仅3件，这3件中，有一件是钱端升和周炳琳提出的。

19日，参政会组织的特种审查委员会根据24件提案综合出两份报告书，一份是多数人的意见，一份是少数人的意见。所谓少数人的意见，实际上就是钱端升、周炳琳一天前提出的《对于国民大会问题审查意见的声明》，它申明由于在国民大会问题上有若干点"未能与多数一致"，故"请提出大会作为委员会之少数报告"。钱端升、周炳琳的意见共三项：第一，认为国民大会召集日期、首次国民大会之职权，均为重要问题，"主要之点在代表人选必依立宪国家通例，由普选产生"。如果国民大会在普选前需要召开，也必须对不同意见先行协议解决，方"勉能反

①　资料室：《三十四年五四在联大》，《联大八年》，第40页。

②　《听听昆明教授们的呼吁——赶快实行真正民主》，《新华日报》1945年4月21日。

映广遍之民意"。第二，对于协议方式，主张"采取设立政治解决委员会"，这个委员会"应对一切政治争执均有讨论协议之权"。第三，无论国民大会何时召集、如何召集，"人民身体自由、言论自由及政治结社自由，政府务须立即作最确切最有效之保障"。① 这个声明文字简短，但涉及的问题都很重要，需要加以解读。

首先，他们认为讨论国民大会召集的日期，讨论第一次国民大会的任务，都没有实际意义。言外之意，就是不应强行召集国民大会，进一步说，便是批评国民党六全大会做出国民大会日期的决议。

其次，他们认为应当和民主国家一样，由普选产生国民大会代表。这一点实际上反对"五五宪草"中关于国民党中央委员、候补中央委员为国民大会当然代表的规定。显而易见，如果实行普选，一些中委、候补中委是会落选的，这也不符合国民党的利益。

再次，即使在普选有困难时仍需要召集国民大会，那么也应当先就召集国民大会存在的分歧，于会前以协议方式加以解决，然后再召集国民大会，唯有如此国民大会才能反映民众意见。这话是从正面说的，若换种说法，那便是既然共产党和民主同盟都反对此时召集国民大会，那就不该强行进行。

复次，为了就召集国民大会达到一致意见，应当设立一个专门机构，名称叫"政治解决委员会"或"其他委员会"均无不可。这一点的针对性也很明确，蒋介石之所以一意孤行召集国民大会，目的是抵制联合政府。联合政府是国民大会召集前组织的一个临时性过渡政府，其任务之一就是协商召集国民大会，如果成立政治解决委员会，岂不是等于接受联合政府了吗？

还有，政治解决委员会不是清议机关，而是对一切政治纠纷具有讨论并决定协议之权。这一点等于超越了国民党中央常务委员会的职权，因为在以党代政的训政制度中，国民党中常会是决定一切的最高权力机构，如果一切政治纠纷都由政治解决委员会负责任，那它实质上就等于联合政府了。

最后，不论国民大会是否召集，政府都必须立即执行最起码的民主

① 钱端升、周炳琳：《对于国民大会问题审查意见的声明》，《新华日报》1945 年 7 月 20 日。

措施，以最切实的方法，保障人民的自由。这一点看似老生常谈，其实尤为尖锐。国民党一直不承认党派存在，始终把在野党派称为文化团体，如果允许自由结社，那么任何一个党派在法律上都可以与国民党处在平等地位。

　　钱端升、周炳琳都是有多年党龄的国民党党员，依组织纪律而言，理应执行国民党全国代表大会决议，但他们不仅保留了意见，还在国民参政会公开申述自己的观点。诚然，他们的意见在四届一次国民参政会中属于少数，但在社会上却代表了大多数人的意见。共产党拒绝出席本次参政会，而参政会讨论国民大会那天，黄炎培等中间党派亦未参加，他们不出席、不参加的理由，已容纳在钱、周二人的声明之中。正是这种表面上的少数实际上的多数，使主张如期召集国民大会提案的多数变成了少数。后来，特种审查委员会提交国民参政会讨论的审查报告书，在国民大会代表、宪法、召集国民大会的前提等问题上，均采取了抽象和取巧做法，而在人们最关心的国民大会召集日期问题上，则开诚布公地提议"不提出具体建议，由政府斟酌情形决定"。① 本来，国民党想借国民参政会的招牌，使六全大会决议披上民意的外衣，可没想到钱端升、周炳琳却与在野党派里应外合，把皮球又踢了回去。

　　即使这样，钱、周二人对这个审查意见仍持反对态度。国民参政会讨论特种审查委员会提出的审查报告书时，他们要求主持大会的王世杰能将他们的声明在会上宣读一遍，可王世杰只轻轻提了一句。这种轻描淡写的做法令周炳琳十分不满，他说现代议会往往是多数意见少数意见一齐公开的。钱端升也坦率指出审查报告书过于抽象，弹性太大，不足以打破政治僵局。然而，审查报告书表决前，会议主持者没给他们发言的机会。钱端升、周炳琳也不示弱，当以起立方式进行表决时，全场196位参政员站起来187人，周炳琳、钱端升与另外7人坐着不动。② 自国民参政会成立以来，国民党提出的决议一直在参政会上畅行无阻，唯有这次关于国民大会问题是个例外，国民参政会所通过的只是一个弹性很大的决议，国民党六全大会通过的11月12日召集国民大会决议，破

---

① 《参政会昨通过国民大会问题，会期及代表问题决请政府审慎决定，大会前应先实现民主自由团结统一》，《云南日报》1945年7月20日，第2版。

② 子冈：《参政会的大轴戏，国大审查报告书面面观》，重庆《大公报》1945年7月20日。

天荒地被悬挂了起来。

　　四届一次国民参政会结束后，钱端升怀着不平静的心情回到昆明。
1945 年 8 月 3 日，他应西南联大学生自治会之邀，在时事演讲会上做了
《参政会与今日中国政治》的讲演。讲演中，他介绍他和周炳琳提议成
立"政治解决委员会"的动机，就是为了调解国共矛盾。钱端升说：
"这次大会中的大问题是国民大会，国共两党对此争执得很厉害，解决不
好，国家前途不堪设想，解决的好，就有大帮助。"他们说国民党坚持于
11 月 12 日召集国民大会，理由是这原是你们要求的，蒋介石在 3 月 1 日
演说中已说过了，六全大会也通过了。但国民大会的代表，国民党"一
定要坚持旧代表，理由是依法选举"，可是代表是由老百姓决定的，"老
百姓不要你们了，还有什么话讲"。说到国民参政会，钱端升说"二百
九十名参政员里，国民党占了多数，到会二百多名左右，共产党及各党
派占二十五名左右，无党无派有五十名左右"，"在这种情形下，共产党
自然不出席，这是国民党一个大错误，表示他们没有诚意。假如你希望
参政会发生点效力，为甚么要这么多国民党员"。说到讨论国民大会问题
时，他说，政府一定要国民参政会对国民大会做出一个决议，"这点政府
成功了，可是我跟周炳琳先生却不敢一致"。钱端升说，他和周炳琳的要
求实际很低，只要全国对这个问题有一致妥协，哪天开会都无关紧要。
但是，"要求虽很低，与政府的要求还很远"。国民参政会最后还是按照
政府要求通过了一项决议，"但这次决议等于不决议，却是事实"。通过
这件事，钱端升对国民参政会非常失望，说以后再"要利用它集中其意
见成立协议以成立新的领导，是不可能的"。

　　用什么办法产生一个新的领导呢？钱端升认为"只有召集一个由各
党各派及其他有政治意见的人共同参加的会议来产生"，并且"以政治
解决委员会的名称较好"，成员可能由国民党、共产党、民主同盟各出
一人。三方"有了协议，国民大会就可以开，没有协议，国民大会是
不可开的"。为了使协议不仅能够达成而且还能实行，"希望当政党诚
诚恳恳同意这一协议，同时也希望共产党及其他党派百分之百诚恳同
意这协议"。钱端升还说，他"相信国内大多数人同意我这一看法，而
且也只有这样作，才能配合国际潮流，有这样的客观条件，就有了成

功的希望"。①

　　钱端升、周炳琳的经历，可以说是西南联大知识精英的一个缩影。西南联大知识精英，用各自的智慧，为"抗战建国"事业做着努力。

---

① 钱端升讲、天凡记《僵局如何打开——论中国政治的前途》，《民主周刊》第 2 卷第 7 期，1945 年 9 月 1 日。

第十章　中兴业，须人杰（中）：呼吁和平

1945 年 7 月 20 日，行政院长宋子文在国民参政会上报告中称，据他对战事的观察，相信最迟明年春天日本一定可以无条件投降，甚至不必到明年春天，就在今年底内。[①] 但事实上，一个月后的 8 月 15 日，日本天皇就在广播里宣读了投降诏书，中国人民经过 14 年艰苦奋斗的抗日战争，终于取得了胜利。

当人们欢天喜地迎接胜利的时候，西南联大师生在欢庆之余，就意识到"建国"的任务尚未完成。基于对一党专制体制下滋生的腐败，一些教授怀着高度责任感，联名提出大学师生参加沦陷区域复员工作的建议，以保证接收工作的正常进行。在国共和谈中，他们以各种方式，表达了要求和平处理国共关系，实现全国统一的良好愿望。为了反对可能爆发的内战，同学们掀起了震动全国的一二·一运动，为争取中国政治民主化付出了鲜血，做出了巨大贡献，不愧为"中兴业"的"人杰"！

第一节　喜迎胜利

1944 年，随着国际反法西斯战争的大好形势，人们已经看到了抗战的胜利曙光。当这一天终于到来时，西南联大师生和全国人民一样欢欣鼓舞，兴奋异常。不过，他们也看到国共矛盾继续存在，国内统一仍然缥缈，建设现代化国家还任重道远。于是，促进国共和解、反对内战成为抗日战争胜利后师生们共同努力的方向，并为之付出了血的代价。

一　欢庆时刻

1945 年 8 月是昆明一年中最热的时候，10 日晚上 8 点多钟，闷热的

---

① 《参政会昨行闭幕式，宋子文氏出席致词，中苏会谈未完成不能报告，预言至迟明春战争可结束》，《云南日报》1945 年 7 月 21 日，第 2 版。

天气凉爽了些，宝善街、晓东街、南屏街三家电影院和往日一样坐满了观众。昆明大戏院里正在放映表现航空勇士的影片《神鹰队长》，一年前考入清华大学外国文学研究所并在联大外文系做兼任助教的许渊冲，挤在观众中出神地看着，影片的内容不时勾起他对担任美军译员时的记忆。电影放映了一半，突然，"日本已无条件投降了"几个大字出现在屏幕上。许渊冲愣了一下，马上回味过来，啊，日本被打败了！抗日战争胜利了！霎时间，整个影院欢声雷动，互不相识的观众们彼此握手道贺，有的兴奋得把帽子扔得老高。人们推搡着、拥挤着，争先恐后地向场外奔去。"八年来就等着这么一天呵！这一天，终于来到了！"许渊冲在当天的日记里写道，"天呵！八年了！今天！"[1] 许渊冲得到日本投降消息时，冯至也获得这个消息。10日晚上8点半左右，冯至家隔壁胡老师兴冲冲地过来敲门，说刚从他家的收音机里听到日本接受波茨坦宣言的消息。"日本投降喽！"冯至的女儿冯姚平已经躺在床上要睡觉了，听到这个消息立刻高喊起来。这个还在西南联大附小读书的孩子，兴奋得两条腿上下把铺板敲得山响。[2] 冯至听了，有些半信半疑，他要证实这个消息，因为这几年各种传闻太多了。冯至撑起一把雨伞走到巷口，街上一切如常，雨中的行人有缓有急，并没有显出与往日不同的样子。冯至在巷口站了一会儿，对这个消息更怀疑，但又情不自禁地走到附近一家报社去打听情况。到了那里，只见报社门前已贴出一张纸，上边果然写着"日本已于今日投降"几个大字。冯至走进编辑室，里面充满了一片兴奋和忙碌，报社社长正在校对号外大样，他把号外上印的电文读了两遍，这才相信消息是真的。这时，报社院里响了一挂鞭炮声，远远也仿佛听到骚动和欢呼的声音，冯至这才深深喘了一口气，好像整个世界也喘了一口气。他说："这样的'喘一口气'，我在八年内不曾有过，全中国也不曾有过。但是在八年前，'八一三'的前夕，却有过一次。"冯至所说的曾经"有过一次"，指的是全面抗战爆发的时候，当时他在黄浦江边一个镇子上，这个镇子按淞沪协定规定是不能驻军的，但那天的茶馆里、饭铺里和商店廊檐下，聚集着许多士兵，他明白了，全面抗战

---

① 许渊冲：《追忆逝水年华》，第 242、159~160 页。

② 冯姚平：《抗战胜利了——从昆明回北平》，《西南联大北京校友会简讯》第 58 期，2015 年 10 月。

终于来到了，"好像一段新的历史要从此开始"。想到这里，冯至说："一个人在有限的生命里能够有几次得到这样的幸福呢；当自己喘一口气的时候，也真真地感到，几万万人都喘一口气。"①

8月10日晚上，昆明全城欢腾，各个报社赶印了临时号外，拳头大的字在纸上跳跃。华山南路、马市口、绥靖路、三牌坊、近日楼，人挤得水泄不通。汽车一辆接着一辆，一个劲地按着喇叭，但人像墙壁一样，交通警察喊破嗓子也没人理会。兴文银行办事处、国货公司响起了阵阵锣鼓，汇康百货商店店员点燃了一条丈长的大鞭炮，国际艺术照相社把所有照相灯光全集中在二楼窗口，将街心照得通明。闪光的照相机，拼命摄取着狂欢的景象。一位记者在消息中写道："日本已无条件投降了，八年的抗战得到了胜利的结束，人类第二次的大屠杀已走到了一个尽头。前线上无数的同胞不再为战争而死了，大后方无数的同胞不再为抗战而受苦难了，从此大家都可安居乐业了，狂欢是自然的，是自然的。"②

在全国欢庆胜利的日子里，西南联大的两位学生目睹了芷江受降的全过程。1945年8月21日，代表陆军总司令何应钦主持受降会谈的萧毅肃，与代表日本中国派遣军最高指挥官冈村宁次的总参谋长今井武夫，在芷江七里桥空军俱乐部举行受降会谈。那天下午2时30分，今井武夫在这里，向中方呈交了日军在华兵力配备图，接受了何应钦给冈村宁次的中字第一号备忘录。备忘录内容为：冈村宁次立即执行投降命令，令日陆、海、空军投降；中国战区划分为16个受降区，规定受降主官和接收地区，中方由中国陆军总司令部副总参谋长冷欣赴南京设前进指挥所。下午5时典礼结束，中国陆军司令部发布第四号公报，公布芷江受降经过，和日军在中国及越南的兵力分布情况。芷江受降共进行了三次会谈，此后至9月8日间，在这里又相继签发了载有投降详细命令的备忘录24份，部署了全国16个受降区102处缴械点的受降工作，接收处理了与蒋介石、冈村宁次、冷欣等人来往电函40余份，确定了日本投降各项具体条款，受降签字时间、地点，完成了接收日军投降全部实质性工作。1945年8月21日，是中国人民扬眉吐气的日子，也使芷江成为全国、全

---

① 冯至：《八月十日灯下所记》，昆明《自由论坛周报》第29期，1945年9月8日，第4版。

② 《胜利狂欢在昆明》，昆明《中央日报》1945年8月11日，第3版。

世界瞩目的地方。正是在这个地方，西南联大的张彦、周锦荪两位同学，有幸目睹了当年的情景。

1945 年 6 月，美国新闻处心理作战部通过云南省基督教青年会学生服务处，派洛克武德到联大招募两名工作人员，任务是去湘西前线从事战地调查，张彦和周锦荪被录取了。他们于 7 月初以美国新闻处记者名义，乘着吉普车从昆明向湖南进发，来到战时湖南省政府的所在地沅陵。他们在这里工作了一段时间，就传来原子弹在广岛、长崎上空爆炸的消息，接着便是苏联红军进兵东北，日本宣布无条件投降。战地调查，这时已该结束，但他们没想到，在洛克武德的安排下，他们亲历了一个重大的事件——中美日芷江受降。周锦荪回忆当时的情景说：

> 我们没有想到的是，日本投降的第一步，即由日本侵华派遣军司令冈村宁次派出他的副参谋长今井武夫向中美盟军表示投降的仪式是在芷江举行，而我们俩又能以美国新闻处记者的身份正式参加。举行仪式的地点，就设在芷江飞机场旁的一排木头平房内，今井武夫的座机就将在飞机场上降落，我们一早就随许多美国军人（我们也穿他们的制服）来到那里等候。日本飞机临近时，美国飞机立即上去导航和护航，几架银色的美国飞机围着一架绿色的日本飞机缓缓飞来，然是好看。它们依次在机场一架接一架降落，中、美军人立即迎上前去，监护今井武夫一行数人走下飞机，进入会场。我们也随即进入会场，在记者席就座。当时我的心情与其说是兴奋，不如说是焦急地期待，急于看到这个场面将如何展开。会场不大，摆的都是长条凳。我们周围几乎全是中国记者，能为我们介绍是些什么人出现在主席台上。美方代表就是基地司令波特曼，好像是位少将。中方先是何应钦出来了一下，审视了一眼会场就去后台了。根据对等原则，代表中方正式出面的是副总参谋长萧毅肃。台上就座的还有几位中、美将领。我只记得其中有黄琪翔。今井武夫由武装人员带进来，双手捧着一柄指挥刀呈上给萧毅肃，我记得波特曼只作为旁观者。接着是萧毅肃宣读长篇命令，向日本宣读中国方面在全国各地受降的负责长官名单。……第二天早上，美军基地就到处传说着何应钦同今井武夫彻夜长谈的消息，说他们同是日本陆军学

校的同学，谈话肯定不利于中国共产党。[①]

9月2日，昆明城再次沸腾起来。这天，在东京湾的美军主力舰米苏里号上，举行了日本投降签字仪式。昆明广播电台从早晨7时35分起增播了特别节目，8时整开始转播日本投降签字仪式，并配有同声翻译。[②] 为了让更多的人听到实况转播，电台还在正义门上安装了扬声器，不时播送歌曲和公告，大街小巷挂出了国旗，有的地方还配上了镰刀斧头的红旗、星条旗、米字旗和种种色的旗帜，来来往往的小轿车、吉普车上也是披红挂彩。受降仪式是8时45分结束的，9时，全国各地同时响起钟声、汽笛声，"鸦片战争以来的百年耻辱，甲午以来五十年的辛酸，'九·一八'以来十四年的苦艰，'七七'以来八年的流血牺牲的一切沉痛的历史，都在这汽笛、音响器和钟鼓声里被吹散了"，"中华民族求永生，争解放的抗日战争，已经全面胜利了"。[③]

9月5日，昆明举行5万余人的火炬大游行。傍晚7时30分左右，微雨过后，游行队伍开始出发。走在最前面的是举着中、美、英、苏四国国旗和领袖巨像的行列，接着是仪仗队、汽车队、军乐队、英美新闻处、中央军校第五分校、干训团、各中等以上学校、防守司令部、军医分校、省训团、空军五路军司令部、警训所、商业同业公会、第五军、工会及各工厂、十九师、昆明市保甲人员、高射炮队等。队伍中有火把、灯笼、高跷、花灯和士兵闪亮的刺刀，火球在空中飞舞，探照灯放着光亮，远远望去，只见一片火海，一条长龙。市区各个街道，也满坑满谷地挤满了同样兴高采烈的人群。[④]

抗日战争胜利了，在举世欢庆之际，社会各界曾从各个方面对艰苦卓绝的抗战历程进行回顾和总结。和狂欢的人群一样，雷海宗在得知日本天皇宣告投降的当夜，心情也十分激动。但是，作为一个历史学家，

---

① 周锦荪：《能算第802个吗？——纪念抗战胜利55周年》，《西南联大北京校友会简讯》第29期，2001年4月。

② 《日本今晨签降书，在东京湾米苏里主力舰上举行》，《云南日报》1945年9月2日，第2版。

③ 《警报解除了——胜利日在昆明》，《云南日报》1945年9月4日，第2版。

④ 《火炬发着红火，五万人昨晚大游行，参加二十五单位历时三时始毕》，《云南日报》1945年9月6日，第2版。

他本能地对抗日战争的意义进行了更深入的思考。第二天，昆明《中央日报》便刊登了他连夜撰写的《八年抗战的历史地位》。在这篇作者自称"回顾往迹，回思旧痛""不知从何说起"的文章里，雷海宗站在"向侵略者抵抗最早受战争的蹂躏最久的中国人民"的立场上，对抗战的地位与收获做了一番"摄心敛志、内省外察"的评论。

文中，雷海宗把百年来的中国历史分为六个阶段。在鸦片战争到英法联军侵入北京的第一阶段，"中国大体上仍闭关自守，不肯学习，仍以天朝自居"。此后至甲午战争，是开始向西洋学习但只肯学习坚甲利兵的第二阶段。甲午之战以后的十几年，废科举、兴学校、准备立宪，是承认在政治上与制度上有向西洋学习必要的第三阶段。辛亥革命与实现共和是第四阶段，这时中国认识到仅仅改良是不够的，必须仿效欧美进行政治革命。由于政治革命"未能如热心人士所预期"，知识青年尤为失望，于是发生新文化运动，"想对政治与制度以外的西洋也彻底加以研究，以作为根本改造中国文化的准备"，这是第五阶段。第六阶段是"辛亥革命与新文化运动的混合体"的国民革命，它是"牵动文化各部门与社会各阶层而以政治为手段的革命运动"，日本的侵华战争就发生在这个阶段，其目的是阻挠与破坏中国沿"不偏不倚的正路"发展起来。雷海宗认为"日本近代立国的一大原则，就是与中国势不两立，对于中国任何的正轨运动必千方百计的破坏"。日本两度出兵山东阻挠国民革命军北伐，制造皇姑屯事件，发动九一八事变，制造伪满洲国，强迫冀察"自治"，提出比"二十一条"更为毒辣的"广田三原则"，等等，都是日本在这一既定方针下的行动。西安事变的和平解决，让日本看到中国精神是统一的，因而极为忧惧，"至此才下了最大的决心，决定制造使中国忍无可忍的事件，使中国非于准备未充时全面作战不可"。

"中国的胜利，不全靠己力得来"，雷海宗承认这一点，并指出"中国人民是第一个坦白承认"的。但是，"追根究竟，此次抗战的所以发生，就是因为北伐后中国的真正开始走上正轨，抗战的能不于三月内失败，国家民族不至灭亡，就是靠的建都南京后短短几年间的艰苦建设与努力准备"。雷海宗强调"这是抗战方了之际，我们对于抗战的背景与意义所当有的认识"。

雷海宗文章的重点在于强调抗战对国内的影响。他说，八年抗战自然是个奇迹，但是中国的种种弱点在抗战中也暴露了出来，以致中国"没有资格独当一面的参加一个近代战争"。现在，抗战是胜利了，但"许多同胞却呈现严重的精神疲乏状态"，"许多人仍有前途渺茫之感"。雷海宗非常重视这一点，认为"抗战的最大贡献，就是使全国上下在近代战争的无情试验之下"，"体认到近代国家的必需条件，与我们仍未剔除的民族缺点"。他还特别强调说，这一点"价值之大，难以估计"。因为"过去我们只混沌的感到中国的缺点，而未在最紧张的近代战争中与各种缺点发生正面的冲撞"，现在情形大不相同，中国必须在"彻底变为近代国家"的第六阶段，以"八年抗战期间所得的教训作为未来的指针"继续努力，使"一个十足近代化的中国"不再是可望而不可即的目标。雷海宗说，到那时，人们就会认识到"近代化的中国的实现主要的是八年抗战之赐"。①

雷海宗的文章阐述的是原则问题，没有就如何剔除民族缺点、如何吸取抗战教训等问题展开论述。不过，他提醒人们注意把握"近代化"的主线来总结抗战，这一点不仅是回顾抗战的出发点，也是战后中国发展的立足点。

二　复员献议

日本投降后，不同的人用不同的方式迎接着浴血八年的抗战胜利。西南联大的同学，首先想到的是把青春和生命献给了这场胜利的同学。8月19日，西南联大学生自治会、外文系1947级、南开校友会、文艺社四团体，召开缪弘同学追悼会，一些同学还将缪弘的诗集整理了出来，用这种方式纪念年仅18岁的同学。②

前文提到联大三青团分团部8月18日举办的庆祝抗战胜利座谈会，只介绍了冯友兰的"抗战胜利的意义"讲演。那天座谈会，查良钊说得最多的是抗战胜利后应该让所有人都有接受教育的机会。他认为战后最大的任务是要"建立一个富强康乐自由独立的三民主义新中国"，包括"政治与社会风气的改造，宪政的实施，民权主义的运用，民生经济的建

---

① 雷海宗：《八年抗战的历史地位》，昆明《中央日报》1945年8月12日，第2版。
② 《联大同学昨晨追悼缪弘　其遗著诗文将刊印》，昆明《中央日报》1945年8月20日，第3版。

设，工业交通的发展"，等等，但他从一个教育家的立场出发，"基本愿望"是"国民基础教育能在今后十年内普及全国"，即"所有国民享有受教育的权利，所有学龄儿童无论贫富皆应有受国民教育的机会，所有失学国民皆应受成人补习教育"。为此，他希望"中央应督导全国县市地方政府依需要筹备充分教育经费，大量储备优良师资并予以合理生活待遇，教材教法都要合乎时代与建国的要求"。①

教育普及，是建设现代化国家的一个方面，但与战后社会各界急于返乡的现实相比，如何保障沦陷区复员顺利进行，更是摆在人们面前的实际问题。纵观这一时期的报刊，讨论复员问题的言论比比皆是。

"复员"绝非简单的"复原"，而是要在复员中进行新的建设，这是经济学家赵迺抟在《战后的复员问题》中特别强调的观点。1945年10月13日，西南联大继3月举办的第一次"战后之中国"系统演讲之后，又举办了第二次"战后之中国"系统演讲，其第一讲便是赵迺抟讲《战后的复员问题》。演讲中，赵迺抟说"复员"一词在中国古书中即"解甲归田""言归思复"之意，是指军队的复员，后来引申扩大，除军事外，举凡经济、财政、金融、文化、精神等，都有复员。赵迺抟认为，在现代意义上，复员应当是一种"动员"。就中国而言，我们不仅要复员，而且还要"复土"，"伪军队如何改编，伪组织如何消除，伪钞票如何兑换，伪学生如何处理"，这些都使中国的复员工作感到格外困难，有无数问题需要解决。

赵迺抟强调复员不能忽略建设，并提出"政治的复员要宽大，经济的复员要续密，军事的复员要周详，教育的复员要深远"等原则，认为"把这几项合拢起来，即可往建设的道路迈进，可在复员之中进行建设"。况且，"战后经济萧条乃是无可避免的事，政府要救济战后经济的萧条，进行大规模建设是最好不过的方法"。对于军事复员，赵迺抟在演说中提出三项主张：第一，"战时士兵的牺牲与贡献最大，于复员时应予重酬，将所有士兵移殖垦荒，使耕者有其田"。第二，"我国军纪向来称坏，于复员时，应设督察队，以资督导"。第三，"今后的军队要配备好，知识高，同时要国家化，不能拿来作为政治的武器"。关于政治复员，赵迺抟认为自然包括机关复员与人事调整两个方面，但是，"政治复员乃是

---

① 查良钊：《庆祝胜利中一个基本愿望》，昆明《中央日报》1945年9月5日，第3版。

广义的，由政治复员会间接影响到其它方面"，因此他希望在政治复员中，
"能使政治向着民主的路上走"。说到文化复员，赵迺抟主张应多多设立中
小学，提高教员的待遇，减少学校课程。对于大学，他认为上海、北平等
大学较多的地方可以适当减少，以便力量集中，尤其是作为学术研究机关
的大学，应该让它"充满研究学术的风气"。赵迺抟是经济学家，故讲到
经济复员时，把它分为货币、金融、工商、交通四方面，内容包括物价调
整、对外贸易、生活费用、各类贷款、工商业汇兑、钞票发行等。

　　赵迺抟在演说中说："我们的国家好像破铜烂铁一样，有何'原'
可复呢"，因此"必须要在复员之中有新的建设"。经济建设是赵迺抟这
次演说的重点，他赞成不久前国防最高委员会通过的第一期经济建设原
则，认为实业发展应以民营为主，除邮政、电信、铁路、兵工厂和大规
模的水电事业外，其余皆由民营。而且，无论民营还是国营，皆允许国
外投资，并采取公司组织，"惟以政府官吏不得参加经营其管辖范围以内
的事业"。同时，赵迺抟特别提出两个问题，表示愿与大家讨论。这两个
问题，一是"经济建设应更注重国防和民生问题"，二是"经济建设应
取资本主义方式或社会主义方式问题"。对于前者，他认为"国防经济
以重工业为主，民生经济以轻工业为主，二者须相辅而行，无国防不能
谈民生，无民生亦不能谈国防"。对于后者，他说："在今日的经济社会
里，既无纯粹的资本主义，也无纯粹的社会主义，二者是已经混在一起
了。在自由经济中，多少带有统制经济；而在统制经济中，亦多少给人
以企业的自由。"赵迺抟以白色比喻资本主义，以红色比喻社会主义，说
"在今日各国经济中，已不是完全的白色，也不是完全的红色，而是红白
二色混合所成的'桃红色'"。他还说："资本主义好比是近景，社会主
义好比是远景，我们要在近景之中看到远景，在远景之中毋忘近景。"末
了，赵迺抟用"经济革命"来形容经济建设："三十四年来，中国发生
之大革命，一是文化革命，二是社会革命，三是政治革命。今天我特别
提出经济革命，经济革命的最好方法，是扫除官僚资本。不扫除官僚资
本，一切政治经济是无法改善的。"①

---

①　赵迺抟讲、谢汉俊笔记《战后的复员问题》，原载 1945 年 10 月 19 日昆明《正义报》，
　　转引自赵凯华、赵匡华编《赵迺抟文集》，2007，第 163～166 页。

如果说赵迺抟的演说，是从宏观角度谈复员问题的话，那么摆在人们面前的一个实际问题，则是由什么样素质的人承担具体复员工作。关于这个问题，西南联大曾有15位教授联名发表过意见。8月26日，伍启元、沈履、吴泽霖、查良钊、陈友松、陈雪屏、华罗庚、雷海宗、杨西孟、潘光旦、樊际昌、刘崇铉、蔡维藩、鲍觉民、戴世光联名发表《关于大学师生参加沦陷区域复员工作的意见》。这个意见，体现了他们对沦陷区人民的关切，暗示了他们对复员工作中可能出现问题的担忧，反映了西南联大对战后重建社会秩序的高度负责精神。这是一个被湮没至今，却具有特殊历史价值的重要文献，其全文云：

日本投降，战事结束，我们（将开始）迫切的艰巨的沦陷区域复员工作！

沦陷区域的同胞，吃尽了痛苦，受尽了侮辱，一旦听到中国胜利，敌人投降，其情绪如何兴奋，其精神如何愉快，其希望又如何远大，我们不难想像。现在复员工作即将全面展开，要使他们不会丝毫失望，工作推进，当须在“快”与“好”两方面充分表现成绩。同人等全都来自沦陷区，对于沦陷区同胞素极怀念，而对于华北及东北同胞尤为关切。今政府各部门复员工作，即将次第展开，同人等爰就大学师生参加服务建议几点意见，借供政府当局采纳，兼候教育界诸先生指教。

一、建议各级教育当局，仿照译员及青年从军成例，发动全国大学生志愿参加沦陷区域服务工作运动。

二、建议政府，指拨战时训练机构与人员，担负短期训练志愿参加服务学生的任务。

三、建议政府，与各大学校商聘教师及职员，分别担任训练指导或参加学生服务工作的任务。

四、建议政府，参酌学生志愿、能力、籍贯及学校原址分配有关部门前往适当地区工作。

五、建议政府，制订分派学生担任慰劳、救济、翻译、维持秩序、教育民众、宣达□令、视察复员工作等任务的规则。

上述五点，均属原则式建议。如政府当局及教育界先进认为大学师生理应参加沦陷区复员工作，具体办法，当须有关部门详为商讨。

沦陷区域同胞已经苦透了！我们须尽量安慰他们，切不可让他们再有一点苦上加苦的感觉。我们须尽量救济他们，切不可让他们再有无衣无食的苦楚。我们须尽量爱护他们，切不可让他们再有安全无保障的忧虑。这三方面，我们必须全做到，并且要作得快，作得好。不然的话，沦陷区域同胞的"希望"一变而为"失望"，其结果，恐□难以令人想像者。

沦陷区域复员工作，本极艰巨，需要雄厚的物资，需要健全的机构，尤需要大数量高尚品德的工作人员，同人等念及于此，衷心悬念，爰特提出关于大学师生参加服务的意见，以就正于政府及教育界诸先生。大学师生是比较缺乏实际社会经验的，但他们有热情，能耐劳，其能为服务而服务的精神，尤为当前复员工作的基本需要。谁都知道，青年学生是具有服务热情，让他们去沦陷区域工作，既服务沦陷区域同胞，又培养他们服务道德，一举两得。谁都知道，青年学生将为建国的干部人才，让他们去沦陷区域工作，身历其境，亲切认识真正的战时中国，将来复学，学有定向，将来报国，亦有基础，一举两得。青年学生去沦陷区域工作，政府复员部门获得一批具有服务精神的工作人员，提高复员工作效率，工作成绩优越者，政府尚可选为建国人（才），也是一举两得。师生共同参加服务，从课室一同走入沦陷区，教、学与工作同时并进，则是一举三得。社会上为自己打算的人太多了，恐怕他们向沦陷区域奔跑的很快，请让□纯洁服务精神的大学师生跑在这些人前面，至少沦陷区域同胞首先获得"八年以来后方犹有一大群和他们共艰苦的人"的第一印象。复员工作容易推进，大学师生作先锋，工作障碍可以减少。

时机迫切，工作艰巨，切望政府当局及教育界先进发动大学师生参加沦陷区域复员工作行动。我们敢信，将来实际效果，对沦陷区域，青年本身，对国家前途，皆必有无限的好处！①

---

① 伍启元、沈履、吴泽霖、查良钊、陈友松、陈雪屏、华罗庚、雷海宗、杨西孟、潘光旦、樊际昌、刘崇铉、蔡维藩、鲍觉民、戴世光：《关于大学师生参加沦陷区域复员工作的意见》，昆明《中央日报》1945 年 8 月 26 日，第 3 版。原文作者后注"以姓氏笔划为次序"。

沦陷区域的复员，是抗战胜利后的迫切工作之一，《关于大学师生参加沦陷区域复员工作的意见》就是为了保证复员工作有序提出的。其心可鉴！这15位教授，除沈履长期担任学校秘书长外，其他均是各自领域的专家，他们希望凭借自己的地位声望，对制定复员规划的有关当局发挥些影响。

耐人寻味的是，《关于大学师生参加沦陷区域复员工作的意见》发表后未见反馈，只有昆明《中央日报》编发了一篇题为《十五位教授建议》的社论。不过，这个社论写得很好，它首先指出抗战以来，"大学教授过着清苦生活，他们精神上始终不觉其苦；战争胜利结束，大家欢腾，他们则十分关切沦陷区域复员工作。大学教授在已往过着自己不觉得苦的生活中，始终惦念（沦）陷区同胞的苦难，战事一经结束，他们立即提出拯救（沦）陷区的建议，并作志愿服务的倡议。这种精神的表现，该是今日中国社会最足引为骄傲的事！"对于《意见》中提出的五点建议，社论表示，它们虽然"全是原则式的"，但"顺序提出，极有条理，而各点着重原则，便人采纳"。而且提出这些建议的动机，"唯在于不愿坐待复员，而愿服务沦陷区"。

社论赞成《意见》中认为沦陷区复员工作做得快、做得好的关键在于"人"，说"假设具有服务精神的师长，陪同有热情能耐劳的青年学生，首先进入沦陷区服务，我们相信'人'的问题可以解决不少"。社论特别提到《意见》中所说的"社会上为自己打算的人太多了"和"对沦陷区的工作是像救火灾或救水灾的紧急工作，我们千万不可容许任何人掺杂其间，趁火打劫，或混水摸鱼"两句话，并借以发挥说："假设让大学师生首先进入（沦）陷区服务，有关部门给予便利，我们相信他们纯洁的服务精神，就可对着或有的'发复员财者'，一一加以痛击。"末了，社论写道："已往八年，大学教授艰苦奋斗，屹立不动，战争结束，他们精神更焕发，更积极，姑不问政府当局如何采纳他们的建议，他们这种精神的表现已足于社会中发示模范作用。"[①]

令人惋惜的是，具有前瞻眼光的《关于大学师生参加沦陷区域复员工作的意见》，并未得到政府当局认可。如果能够采纳的话，也许对后来

---

① 《十五位教授建议》，昆明《中央日报》1945年8月28日，第2版，"社论"。

在沦陷区出现的"劫收"起到一定的遏制作用。而国民党战后对沦陷区的"劫收"，直接后果是丧失了沦陷区的民心，"盼中央，念中央，中央来了更遭殃"的口头禅，就是民心最生动的写照。从这里也可以看到西南联大15任教授提出的防患于未然的复员建议，其意义是多么重大。

三　期盼团结

日本投降的消息虽然来得突然，但人们并不感到意外。自从美国"超级空中堡垒"B－29轰炸机对日本本土进行大轰炸，原子弹投向广岛、长崎，苏联对日本宣战后，人们就知道日本侵略者彻底垮台的日子不远了。而日本投降的消息真的传来后，人们是亦喜亦忧，因为所有人心里都很清楚，国共间的矛盾并没有因抗战胜利而消除，内战的危机却愈加让人担心。

冯友兰说，他是8月15日晚上与梅贻琦一起在云南省财政厅厅长家里吃饭时闻知日本投降消息的，当时，尽管"在座的人都觉得惊喜，可是没有应该有的那种狂欢之情"，因为大家都有一种预感，觉得"蒋介石一定要向解放区进攻，内战迫在眉睫"。① 前面提到的8月18日联大三青团举办的座谈会，会上人们就不约而同谈到内战问题。当时，冯友兰说："一般对此抗战胜利之感觉，实为一则以喜，一则以惧。"所谓"喜"，指的是"自历史上看来，此次胜利不但恢复九一八以前之状态，尤极重要者如：（一）民族自信心，（二）东亚原有之领导地位，（三）发展工业化之建国途径"。但是，他紧接着指出："若不幸走向内战，则此千载一时之机会即化为乌有。"杨西孟同样也谈到了内战，站在经济立场上，他认为"要中国有办法，必须向既得利益阶级开刀，要打内战，必须向既得利益阶级打内战"。最后发言的雷海宗，讲题便是和平问题，他推测"最近二十年内不会有大战争，主要原因是经此次战争后，无论在物质上，心理上，大家都感疲劳，须要休息"。② 雷海宗的这个观点，与他一周前在昆明《中央日报》发表的星期论文《八年抗战的历史地位》

---

① 冯友兰：《三松堂自序》，第121－122、355页。书中所说8月15日疑误，实际上8月10日日本外务省向美、中、英、苏发出投降照会的当晚，消息就传到昆明。

② 《联大分团部庆祝胜利座谈会冯友兰等讲抗战胜利意义》，昆明《中央日报》1945年8月19日，第3版。

中的分析是一致的。

一直追求民主的联大师生，对于内战的担心更加明显。8 月 14 日，当人们还沉浸在抗战胜利欢悦的时候，西南联大潘光旦、曾昭抡、闻一多、胡毅、闻家驷、吴征镒、费孝通、吴富恒、吴晗、许维通、李赋宁、俞铭传、陆钦墀、薛沉之、王瑶、何善周、邢庆兰、李埏、吴乾就、季镇淮、马雍、刘桂武、彭丽天等教师，便与昆明文化教育界共同发表了《告国际友人书》。《告国际友人书》指出，中国的现实问题是要民主，要团结，要彻底的胜利，呼吁国际友人共同支持中国人民建立新的中国。8 月 15 日，吴晗、罗隆基在西南联大学生自治会与云南大学学生自治会、中法大学学生自治会、自由论坛社、民主周刊社、大路周刊社、人民周报社、中苏文协昆明分会联合举办的"从胜利到和平时事晚会"上所做的演讲，题目便分别是"怎样克服内战危机"和"怎样走向民主团结的道路"。① 9 月 4 日，西南联大学生自治会再次与上述团体联合召开"从胜利到和平"庆祝晚会，会后发出《昆明教育文化界庆祝胜利大会宣言》，《宣言》强调"人民既赢得了胜利，人民便有权利在胜利的基础上，再为着自己未来的日子，赢得永久的不可摇撼的和平，以建立民主的团结进步的新中国"。为了达到这个目标，《宣言》提出 3 项 10 条要求，其中第一项就是"迅速根绝内战危机"，它包括两条："甲、目前正在进行中的国共两党谈判，必须随时对全国人民公开，尊重人民的意见，在人民的监督与支持之下，实现团结。乙、立即实施一切民主改革，迅速召开包括国共两党、民主同盟，及无党无派的公正人士的政治会议，组织联合政府。"②

《昆明教育文化界庆祝胜利大会宣言》中提到的"正在进行中的国共两党谈判"，指的是国共两党最高领袖正在重庆进行的和平谈判。8 月 14 日，蒋介石向毛泽东发出第一封邀请来渝和谈的电报，20 日及 23 日，蒋介石又接连发出两电，内称"目前各种重要问题，均待与先生面商，时机迫切，仍盼先生能与周恩来先生惠然偕临，则重要问题方得迅速解决，国家前途实利赖之"。27 日，国民党谈判代表张治中与美国驻华大

---

① 据《从胜利到和平时事晚会记录》，1945 年 8 月 15 日，油印本。
② 吴晗、闻一多起草《昆明教育文化界庆祝胜利大会宣言》第三稿（1945 年 9 月 4 日），中国国家博物馆存。

使赫尔利，亲往延安，迎接毛泽东赴渝。28 日，毛泽东、周恩来、王若飞飞抵重庆，国共双方代表开始了长达 43 天的谈判。毛泽东飞渝，是战后全国乃至全世界瞩目的一件大事，谈判初期，双方交谈的内容未能向外界公布，引起人们一些猜测，于是《昆明教育文化界庆祝胜利大会宣言》中方出现"必须随时对全国人民公开"的要求。

事关战后中国政治建设的国共谈判，自然也受到西南联大教授的极大关注。10 月 1 日，张奚若、周炳琳、朱自清、李继侗、吴之椿、陈序经、陈岱孙、汤用彤、闻一多、钱端升联名致电蒋介石、毛泽东，提出解决中国内政问题的四条建议。这个电文当时被多家报刊竞相转载，许多报刊都做了转载，就连昆明地方小报《真清铎新报》也刊登了此电。这份电文是西南联大最重要历史文献之一，其全文云：

> 重庆国民政府文官处分转蒋介石先生、毛泽东先生大鉴：
>
> 　　日本投降，先生等聚首重庆，国人方庆外患既除，内争可泯，莫不引领企望协商早得结果，统一早成事实，新中国之建设早获开始。顾谈商逾月，外间第传关于地区之分辖有异议，军额之分配有争执，而国人所最关切之民主政治之实施，及代表此政治之议会之召集，转未闻有何协议。诚所传非虚，则谈商纵有结果，只是国共两党一时均势之获得而已，既不能满足全国人民殷殷望治之心，亦不足以克服国家目前所遭遇之困难。奚若等内审舆情，外察大势，以为一党专政固须终止，两党分割亦难为训，敢请先生等立即同意召集包括各党各派及无党无派人士之政治会议，共商如何成立容纳全国各方开明意见之联合政府，再由此联合政府于最短期内举行国民大会代表之选举，定期召开国民大会以制定根本大法，以产生立宪政府。必如此，一切政治纠纷乃可获致圆满之解决，而还政于民之口号乃不至徒托空言。在立宪政府成立以前，国共两党既为今日中国力量最雄厚之两大政党，先生等又为其领袖，故刷新政治，改进方向，先生等实责无旁贷。
>
> 　　今当除旧布新之际，有数事应请特别注意，并立即施行者。
>
> 　　十余年来，我国政权实际上操于介石先生一人之手，介石先生领导抗战矢志不渝，自为国人所钦敬，惟十余年来政治上这种种弱

点，如用人之失当，人民利益被漠视，以及贤者能者之莫能为助，其造因为何？诚宜及时反省！今后我国无论采用何种政制，此一人独揽之风，务须迅予纠正。此其一。

十余年来，由于用人之专重服从，而不问其贤能与否，遂致政治道德日趋败坏，行政效率日趋低落。即自日本投降以来，收复区人事之布置，亦在在使人惊讶失望。今后用人应重德能，昏庸者、贪婪者、开倒车者，均应摒弃，庶我国可不致自绝于近代国家之林，而建国工作乃能收效。此其二。

军人干政，在任何国家任何时代皆为祸乱之阶，今后无论在中央或在地方，为旧军人或为新军人，隶国民党之军人或隶共产党之军人，皆不应再令主政。此其三。

奸逆叛国，其罪莫逭，政府纵恻隐为怀，不将大小伪官一一加以惩处，而元凶巨憝及直接通敌之辈，绝不可使逃法外。须知过于姑息，便损纪纲，忠奸不分，何以为国。此其四。

以上四者，皆属今日当务之急，亦为国家根本之图，先生等领导国内两大政党，倘刷新政治，改变作风之决心一经表明，目前政治上之纷乱局面，可立归于澄清，而来日宪政之实施，亦可大减其阻力。抑更有进者，民主制度之所以能风靡全世，而战胜反动集团消灭法西斯主义者，乃因其能以全国人民之意志为国家之意志，以全国人民之力量为国家之力量。故真正民主国家，其政府对于个人之价值，与夫个人之人格与自由，莫不特别重视，对于全体人民之智慧，亦莫不衷心信赖。先生等领导大党，责逾寻常，务望正心诚意，循宪政之常轨，以运用其党力，诚能以实际之措施，求人民之拥护，借人心之归向，作施政之指针，则一切纠纷自然消弭矣。夫导国家于富强康乐之域，其道自尊重人民始，而树立宪政轨范心理上之因素，尤为首要。奚若等向以教学为业，目击政治纷乱所加于人民之损害，亦既有年，值此治乱间不容发之际，观感所及不容缄默，率直陈词，尚乞察纳。①

---

① 《国立西南联合大学张奚若等十教授为国共商谈致蒋介石毛泽东两先生电文》，昆明《民主周刊》第 2 卷第 12 期，1945 年 10 月 17 日。

该电的核心，显然是要求"立即同意召集包括各党各派及无党无派人士之政治会议，共商如何成立容纳全国各方开明意见之联合政府，再由此联合政府于最短期内举行国民大会代表之选举，定期召开国民大会以制定根本大法，以产生立宪政府"。这个程序步骤，是对蒋介石坚持召开国民党一党包办国民大会的再次否定，而与中共1944年9月在国民参政会上提出的建议完全一致。社会舆论给予这个建议很高评价："十教授中张奚若先生是前参政员，周炳琳、钱端升两先生是老国民党员，也是现任参政员，过去几次参政会中都曾剀切陈言，替人民说话。其他七位教授，除闻一多先生是中国民主同盟的盟员，吴之椿先生是国民党员而外，都是以教学为业，精研笃究，卓著声誉的学者。内中没有一个是共产党员或曾是共产党员，年龄也都在四十以上，绝没有年青气盛容易被人利用的分子在内"，因此"他们的意见应该可以说纯粹自发的，纯粹基于国家民族立场的，超出党派利害立场的，也就是代表了整个人民的意见"。①

社会关注十教授电文，却没有探究它的起草者，《张奚若文集》《朱自清全集》都收入了这份文献，也有人推测起草者是周炳琳、钱端升。所幸的是，这份由交通部电信局发出的电报原件仍完好保存在台湾档案中，首页还有毛笔批文"一面抄送毛泽东先生，一面签报主席"。电信局发送的电文纸长达24页，首页下端钤有钱端升的篆文名章。② 可见，国民党非常重视这份电报，否则原电纸怎么会从昆明送到重庆呢？同时，也证明发起这件事的应该是钱端升，电文很可能由他起草，再征求其他教授的意见。

第二节　反对内战

朱自清在一篇回忆文章中说："中国经过八年艰苦的抗战，一般人都挣扎的生活着。胜利到来的当时，我们喘一口气，情不自禁的在心头描画着三五年后可能实现的一个小康时代。我们也明白太平时代还遥远，所以先只希望一个小康时代。但是胜利的欢呼闪电似的过去了，接着是

---

① 《国立西南联合大学张奚若等十教授为国共商谈致蒋介石毛泽东两先生电文》，昆明《民主周刊》第2卷第12期，1945年10月17日。

② 《昆明张奚若等电请召集政治会议》，"国民政府档案"，档号：001－014510－003。

一阵闷雷响着。这个变化太快了，幻灭得太快了，一般人失望之余，不由得感到眼前的动乱的局势好像比抗战期中还要动乱些。"[①]　这番话，表达了知识分子在战后动荡岁月的感受。

10 月 10 日，国共两党谈判代表签署《政府与中共代表会谈纪要》，即人们习称的"双十协定"。这个协定，接受了中共提出的和平建国基本方针，但在解放区军队和解放区政权问题上，由于蒋介石坚持"军令政令统一"，未能达成一致意见。国共"双十协定"是在各种压力下达成的，实际上中共并不相信国民党的承诺，蒋介石也没有放弃武力统一的既定方针，而是在接收的旗号下调动部队进犯解放区，这就造成了 11 月 5 日中共中央发出"全国人民动员起来，用一切方法制止内战"号召的形势。而声势浩大的一二·一运动，就在这种形势下展开的。

中国现代史上的三次学生运动，都与西南联大有着不解之缘。以反对内战为旗帜的一二·一运动，是继五四运动、一二·九运动之后，中国现代青年发动的第三次大规模学生爱国运动，也是抗日战争胜利后爆发的第一次学生运动。

一　时代吼声

抗日战争结束后，和平与内战的两种命运立即摆在全国人民面前。对于内战可能爆发的趋势，人们早就忧心忡忡。中共中央 11 月 5 日发出"全国人民动员起来，用一切方法制止内战"号召后，昆明地区的西南联大、云南大学、中法大学、英语专科学校四校学生自治会，决定 11 月 25 日联合举办"反内战时事讲演会"，目的是传递全国民众反对内战、要求和平的愿望。

这次在享有"民主广场"之誉的西南联大图书馆前大草坪举行的集会，遭到国民党云南省党政军地方当局的横加干涉。按照原定计划，这次集会在云南大学至公堂举行，并且一个星期前学联就发布了消息，[②]

---

① 朱自清：《动乱时代》，《我所见的清华精神：朱自清回忆录》，华夏出版社，2008，第
　　150 页。

② 目前多数著述都说集会布告是 11 月 24 日发布的，但有的当事者说"座谈会前一个多
　　星期，学联就把这消息发布出去了"。见胡麟编《"一二·一"的回忆》，海虹出版社，
　　1949，第 1 页。

24 日又张贴了告示。李宗黄闻讯后，马上召开有云南省警备总司令关麟征、驻昆明国民党第五军军长邱清泉出席的党政军联席会议，做出禁止集会的决定。25 日，禁令布告正式发出的同日上午，李宗黄还召集了西南联大和云南大学当局负责人，面告党政军联席会议决定。① 这天下午，云南省政府与云南警备总司令部又会衔向西南联大和云南大学发出公函，内称："查目前集会均须事先请准始得举行，顷悉联大、云大、中法、英专四大学学生自治会发起演讲会，于本日下午 6 时半在云大至公堂举行，欢迎各界人士前往参加。此种集会并未先行请准，应即停止举行，以免影响治安，希即转知贵校学生自治会遵照为荷。"②

云南大学是省立大学，校长熊庆来很难抗拒来自省政府的压力，不得不接受学校训导长提出以维修礼堂为名拒绝出借会场的建议。面对这一突然变化，为了使晚会顺利召开，晚会组织者决定采纳钱端升教授的意见，将会场临时改在西南联大新校舍内。当时，西南联大的 3 位常委都不在昆明，主持学校的是代理常委叶企孙教授，而叶认为上午已经"面陈李宗黄表示并无阻止必要"，还强调"平时开会，法所容许，校内演讲，虽以时事为题，仍系求知性质，不乏学术意味，本无禁理及合法根据"。③ 基于保护学术自由的立场，叶企孙经生物系教授李继侗通知与晚会组织者有关系的历史系教授吴晗，"说可以开，但须'技术一点'"。④ 正是西南联大当局的这一态度，保证了当晚集会的按时举行。

25 日晚 7 时，昆明各大学学生、职业青年、中学生等 6000 余人，齐集西南联大民主广场举行反内战时事讲演会，在会发表演讲的为西南联大钱端升、伍启元，与云南大学费孝通、潘大逵 4 位教授。然而，无论是听讲者还是演讲者，都没有料到他们竟然会遭到粗暴的武力干涉。晚会开始不久，第五军邱清泉部便包围了会场，当钱端升的《中国政治之

---

① 《国立西南联合大学教授会为此次昆明学生死伤事件致报界之公开声明》（1945 年 12 月 10 日），"一二·一"运动史编写组编《"一二·一"运动史料选编》上册，云南人民出版社，1980，第 170 页。

② 转引自《联大教授会为控告杀人罪犯李宗黄、关麟征等呈国民政府军事委员会告诉状》，《"二·一"运动史料选编》上册，第 112 页。

③ 《联大教授会为控告杀人罪犯李宗黄、关麟征等呈国民政府军事委员会告诉状》，《"一二·一"运动史料选编》上册，第 112 页。

④ 《昆明学生惨案经过》（汇报稿），中国共产主义青年团中央委员会资料室存。

认识》演说还未结束，校门外便响起枪声。伍启元讲演《财政经济与内战关系》时，枪声大作，子弹呼啸着从人群头顶掠过，而混入会场的特务也趁机切断电线，会场不得不点起汽油灯。费孝通做《美国与中国内战之关系》讲演时，密集的枪声与掌声交织在一起，流弹不时从费孝通的头上飞过，他愤怒地说："不但在黑夜中，我们要呼吁和平，在枪声中，我们还是要呼吁和平！"潘大逵的《如何制止内战》演讲，同样是在枪声中进行的。大会进行中，自称为"老百姓"的中统云南省调查统计室主任查宗藩还强行登台，声称"内乱非内战"，企图干扰大会。

对于国民党第五军包围会场、镇压晚会的情形，西南联大教授会《告诉状》是这样写的：大会"正进行中，发现新校舍区域已处第五军邱清泉部军队包围中，随即枪声大作，火光四射，流弹纷飞，交通断绝。联大北区集会及寄宿学生数千人，顿感置身前线，陷敌重围，不仅行动已失自由，生命亦无保障"。"此项事实不仅当时与会者及北区寄宿学生数千人所身历目睹，且为昆明西北隅城墙外内居民所共知，彰明较著，不容否认。"① 当时在国外访问的华罗庚，事后了解到的情况，也与此相同。他给教育部部长朱家骅的书面报告中写道：

会议进程

1. 钱端升先生演讲，未完毕时即闻枪声，会场秩序顿乱，但未几即平靖。

2. 伍启元先生就经济观点，认为不能再有内战，内战发生，双方皆有责任，伍先生讲时枪声不绝。

3. 费孝通先生演讲时，枪声大作。

4. 联大、云大学生提议：（一）发出反内战宣言；（二）通电美国政府及人民抗议美国对华政策。

5. 一位"老百姓"演讲，大意是"这是内乱，而非内战，说内战的是糊涂虫"。

6. 潘大逵演讲完毕即散会。

---

① 《联大教授会为控告杀人罪犯李宗黄、关麟征等呈国民政府军事委员会告诉状》，《"一二·一"运动史料选编》上册，第112页。

附注：

1. 所说"老百姓"乃昆明市党部干事兼调查统计室查宗藩先生。

2. 除查、潘二先生我不认识外，我敢保证钱、伍、费三位都决不是"赤匪"。

3. 当晚确曾开枪，而非空枪，机关枪亦曾射击。①

多年后，杜聿明也披露了一些细节。他说："第五军事先得到消息，政治部副主任吴思珩带着130个谍报员、情报参谋、连指导员等，各人佩带手枪，着便衣进行会场。演说正进行时，吴思珩被学生认出，拉拉扯扯间难免肢体碰撞，一名连指导员对空鸣枪，一时秩序大乱，会议散去。"② 晚会结束后，戒严仍在继续，"联大城墙缺口、凤翥街、大西门都架有机关枪，断绝通行"，致使许多入城青年在寒冷的天气里受冻挨饿，直到10时许发现一条小路可通至云南大学后门，才得以进城。③ 不宁如此，26日昆明《中央日报》又刊出题为《西郊匪警，黑夜枪声》的消息，声称："本市西门外白泥坡附近，昨晚7时许，发生匪警，当地驻军据报后，即赶往捉捕，匪徒竟一面鸣枪，一面向黑暗中逃窜而散。"④

武装干涉集会已经引起人们的愤怒，《中央日报》的诬蔑报道无疑又火上浇油。对此，西南联大教授会在《告诉状》中曾给予有力批驳。状中写道："翌日昆市报纸虽传联大附近匪警之讯，揆事论理，苟非记载失实，即属存心造谣。盖果属匪警，则处包围中者理应为匪而非联大新校舍，且出动如许军队必系股匪来扰，然昆明为军警林立之地，联大新校舍毗连北校场军营，何来股匪胆敢自投罗网？果属匪警，来自何地，动去向何方？何人目击，何故竟未侵入一户劫去一物？以当晚枪声种类

① 《华罗庚致朱家骅函》（1945年12月11日晨），"朱家骅档案"。一二·一惨案发生时，华罗庚不在昆明。从该信中"辱承如命，敢不努力以趋"之句，可知这个报告是华罗庚自重庆返回昆明前，朱家骅让其调查并汇报的。

② 光亭（杜聿明）：《国军王牌部队第五军战史——国军第一支机械化部队》，台北：知兵堂出版社，2011，第149页。杜聿明，字光亭。

③ 《"一二·一"罢课斗争的经过》，原载陪都各界反对内战联合会编印《昆明"一二·一"学生爱国运动》，《"一二·一"运动史料选编》上册，第7～8页。

④ 《西郊匪警，黑夜枪声》，昆明《中央日报》1945年11月26日。

之繁多与稠密，何故军匪双方均免死伤，更无一匪就擒？且匪既撤退，军警理应追击，其追击又止于何处？军警剿匪，职责攸关，又何故不予穷追剿灭，听其逸去？凡此种种足见所谓匪讯，即系伪讯，其所谓匪，苟非指当晚包围新校舍之军队而言，则其所指实属子虚不待多言。"①

云南地方当局的蛮横措施，直接导致了昆明各校学生的罢课斗争。26日，西南联大学生率先成立罢课委员会，接着昆明市学生联合会也成立了"中等以上学校罢课联合会"。他们一边举行罢课抗议，一边走上街头宣传，要求地方当局公开道歉，并保证今后不再发生此类事件。

策划镇压11月25日晚会的主谋是李宗黄。李宗黄是云南人，曾参加过护国运动。1945年10月3日，蒋介石武力改组云南省政府后，他被任命为民政厅厅长兼国民党云南省党部主任委员、代理云南省政府主席。李宗黄不顾全国民众反对内战的强烈心愿，公然倒行逆施，用武力对付青年的行径，不仅引起青年们的极大愤怒，也引起联大国民党籍教授的不满。在晚会上讲演的伍启元是教育部部长朱家骅主持"管理中英庚款董事会"时招收的留英学生，故朱家骅派高教司司长周鸿经赴昆明了解与处理罢课事件时，特给伍启元写了亲笔函，要求他汇报情况。11月30日，伍启元在复函中说："此次昆明罢课风潮，起于本月25日晚（星期日晚6时半起）在联大举行之时事晚会，当时生亦参加演讲，所知较详。"伍启元汇报说："时事晚会之举行，在昆明各校，原为极平常之事。此次之晚会，已为第十余次。过去及此次晚会，均由数教授主持演讲，而由学生听讲，但晚会本身则素由学生团体主办，大约有一半为三青团主办，一半由学生自治会主办。此次之晚会，乃由此间各大学团体学生自治会联合主办。"但是，由于云南地方党政军负责当局认为"此次晚会乃地方行政改组后第一次之时事晚会"，② 且因"此次论题为'内

---

① 《联大教授会为控告杀人罪犯李宗黄、关麟征等呈国民政府军事委员会告诉状》，《"一二·一"运动史料选编》上册，第112~113页。

② 所谓"地方行政改组"，是指1945年10月2日深夜，昆明防守司令杜聿明奉蒋介石之命，调动武装包围云南省政府驻地五华山和省主席龙云的威远街住宅，发动政变。其时，龙云的主力部队由卢汉率领赴河内受降，遂被迫离开云南，至重庆就任军事参议院院长虚职。随之，云南省政府改组，李宗黄被任命为云南省政府代理主席。

战'"，加之各校学生自治会负责人多属左倾学生，"故更引起注意"。伍启元还说，最初听说学生准备于会后组织游行，自己一度表示不愿参加，但后来学生自治会代表表示取消游行计划，按以往惯例演讲后即散会，自己才同意到会讲演。那天讲演会出席的各校教授10余人，讲演者中的钱端升是国民党中央直属西南联大区党部的执行委员，其演讲内容"一为今日国内政争与内战实与国际局势不无关系，故应设法加以避免；一为应付目前政争之办法，其内容与彼前在参政会之主张相同"。伍启元演讲内容"一为今日从国力及财政言，或从经济建设言，均应极力避免内争；一为内争之办法，在经济方面必须应行民生主义"。① 伍启元的这番话，旨在表明他与钱端升所讲的内容，均无亲共倾向，故云南地方当局根本不应横加干涉。事实也是这样，钱端升在演讲中强调成立联合政府的必要性，认为没有联合政府，内战就无法制止，百姓将增加无数不必要的痛苦，内战问题也绝不能解决，美苏矛盾无法协调，就有导致第三次世界大战的可能。但是，国民党把所有反对内战的声音都视为共产党的挑动，这怎么能不激起罢课风潮？

　　长期担任国民党中央直属西南联大区党部书记的姚从吾，与伍启元的分析大致相同。他在向朱家骅汇报的信中说：晚会那天"夜寒道远，参加人少，置之不理，则不久即散"，却"不意驻军谓有匪警，黑夜在联大四周鸣枪示威，幸未伤人，会亦惊散。联大及各校学生事后思之，不胜愤恨，三五聚谈，次晨，即未能安心上课。捣乱分子见众怒之可资利用也，乃临时粘贴罢课纸条，而罢课之事，竟弄假成真矣"。②

　　不管伍启元、姚从吾是站在何种立场看待这次事件，他们都没有指出造成这一事件的最重要主谋是李宗黄。24日的党政军联席会议是他首先提出才召集的；25日向西南联大、云南大学负责人宣布集会禁令是他亲自制定的；25日晚特务滋扰会场也是按照他与关麟征的命令行动的。因此，酿成26日昆明学生的罢课风潮，李宗黄难脱其咎。这一点，西南联大教授会在《致报界之公开声明》中也直言："查前云南省云南政府代主席兼党务主任委员李宗黄、云南省警备总司令关麟征、第五军军长

---

① 《伍启元致朱家骅函》（1945年11月30日），"朱家骅档案"。
② 《姚从吾致朱家骅函》（1945年11月28日），"朱家骅档案"。

邱清泉，于惨案形成期内，实综揽当地军政大权，对于学生集会，恣意高压，应负激起罢课风潮之责任。"①

11月26日，昆明各校学生陆续举行罢课。恼羞成怒的李宗黄非但没有丝毫收敛，反而与关麟征派遣大批暴徒肆意殴打上街宣传的学生，进而又指使暴徒冲入校园疯狂施暴。

昆明各校历来唯西南联大马首是瞻，11月25日时事讲演会后，联大更是这次事件的重心所在。对学生来说，无论是处于罢课领导地位的西南联大学生自治会，还是作为主力的云南大学、中法大学、英语专科学校学生自治会，都期望国共双十协议中达成的政治协商会议能够早日召开，故并不愿意在此时出现僵局。唯因如此，他们在复课条件中除了提出原则性的"制止内战，要求和平""反对外国助长中国内战，美国政府应立即撤退驻华美军""组织民主联合政府""切实保障人民的言论、集会、结社、游行、人身等自由"外，对于具体条件只提出"追究射击联大事件的责任问题""立即取消24日党政军联席会议禁止集会游行之非法禁令""保障同学之身体自由，不许任意逮捕""中央社改正诬蔑联大之荒谬谣言，并向当晚参加大会之人士致歉"四项要求。② 遭受残忍迫害的昆明青年，提出这些要求毫不过分，如果这些起码的要求能得到满足，复课便指日可待。

就西南联大校方来说，同样也出于维护基本民主原则和学校正常秩序的立场，期待地方当局改弦更张，纠正错误，以促使早日复课。11月29日上午，西南联大在日趋严峻的形势下紧急召开教授会会议，会上决议"站在教育立场，对本月廿五日晚军政当局行为，认为重大污辱，应依校务会议决议原则加强抗议"；推举冯友兰、张奚若、钱端升、周炳琳、朱自清、赵凤喈、燕树棠、闻一多为"抗议书起草委员"；"召集全体学生训话，劝令即日复课"。③《抗议书》指出："近代国家，无不以人民自由为重，而集会言论之自由，尤为重要"，"其在我国，集会言论之

① 《国立西南联合大学教授会为此次昆明学生死伤事件致报界之公开声明》，（1945年12月10日），《"一二·一"运动史料选编》上册，第172~173页。
② 《昆明市大中学生为反对内战及抗议武装干涉集会告全国同胞书》（1945年11月28日），《"一二·一"运动史料选编》上册，第60页。
③ 《国立西南联合大学教授会会议记录·三十四年度第二次会议》（1945年11月29日），《国立西南联合大学史料》（二），第550~553页。

自由，载在约法，全国人民，同应享受，大学师生，自无例外，断非地方军政当局所得擅加限制者"。而"本大学举行晚会之时，竟有当地驻军，在本大学四周施放枪炮，断绝交通"，"此不法之举，不特妨害人民正当之自由，侵犯学府之尊严，抑且引起社会莫大之不安。兹经同人等于本日集会，全体一致决议，对此不法之举，表示最严重之抗议"。① 显而易见，西南联大教授会的《抗议书》既表达了维护自由的一贯态度，也带有以此换取学生复课的意图。会后，下午 3 时的全校大会上，叶企孙、张奚若、周炳琳、钱端升代表学校极力劝导学生复课，周炳琳甚至还做了校内集会自由，今后绝无同样事情发生的保证。后来，由于双方差距太大，一向站在学生一边的闻一多也批评罢委会代表感情用事，认为罢课已获得重大成果，复课是一种策略。②

在这之前，西南联大的国民党与三青团，也为复课频繁活动。这些活动包括"分化自治会之领导"，"赞成中立派，共同与捣乱者争斗"，"劝告地方军事同志，不再予学校青年以刺激，以谋事态之早日结束"，等等。③ 这番措施如何落实，进行怎样，我们无从了解，但他们确实也在设法平息事态。可惜的是，这些苦心并未被云南地方当局所理解，自恃武力在手的李宗黄、关麟征，根本不把师生放在眼里。于是，残酷的镇压随之而来。

尚在 11 月 27 日下午，李宗黄在省政府召集各中学校长举行紧急会议，决定"以组织对付组织，以行动对付行动"为原则，实施四项压迫办法：（1）命令各校当局克日交出各校平日认为"思想有问题"的学生名单。（2）限各校在 28 日复课，否则以学校当局是问。（3）由省党部负责在各校组织"反罢课委员会"，在各校组织行动委员会，以"行动"对付参加反内战运动的同学。（4）从即日起，暂禁各校同学往来，凡在街上或学校遇有无证章和假条的学生，宪警随时可当作"散兵游勇"拘捕看管。④ 会上，李宗黄还宣称"如教员不复课则开除教员，学生不复课则开除学生"，随即分派警察巡行各校，遇有未复课者，则责问学校当

---

① 《国立西南联合大学全体教授为十一月二十五日地方军政当局侵害集会自由事件抗议书》，《国立西南联合大学史料》（二），第 553~554 页。
② 《昆明学生惨案经过》（汇报稿），中国共产主义青年团中央委员会资料室存。
③ 《姚从吾致朱家骅函》（1945 年 11 月 28 日），"朱家骅档案"。
④ 《"一二·一"罢课斗争的经过》，原载陪都各界反对内战联合会编印《昆明"一二·一"学生爱国运动》，转引自《"一二·一"运动史料选编》上册，第 9 页。

局，当场强迫复课。① 29 日，即西南联大教授会发出《抗议书》的同日，李宗黄以国民党省党部主委名义密令各级党部选派打手到中央军校第五分校聆训，要求"为党国服务"。这次会议，实际上是布置次日殴打及逮捕学生，紧接其后的，自然是 30 日的大规模镇压。

30 日下午 2 时，30 余名或穿军服、或穿长衫的暴徒手拿木棍铁锤，冲入云南大学，"捣毁张贴壁报之黑板及附近桌椅笔墨，并书写'赤匪''共产党'等荒谬字句于被捣处所"。一个小时后，又有 30 余名三青团团员和 20 余名没有佩戴番号的军人，持棍闯入中法大学，"撕毁标语，捣毁桌凳，并冲入学生自治会办公处所，破坏门窗桌凳，势甚凶猛"。西南联大师范学院，也同样遭到破坏，"有服装不一群众，偕同着灰色军服者约近百人，手持木棍出大西门，沿途撕毁标语，经龙翔街到达该院"，"将该院内黑板及板架毁损，并劫持其一部分，用作武器。继在门口耀武扬威，破口大骂，群呼口号扬长而去"。② 这天，多名学生遭到殴打致伤，"在武成路洪化桥，宣传组同学被特务跟踪，并被殴打，同学萧斧被殴后又被捕去"；"在福照街联大宣传队员七人及富春中学十人，被特务三四十人包围，以扁担殴打"；"在南屏街宣传队员三人被军官袭击，同学何泽庆被枪弹射穿左手，张天岷被刀刺伤右手，吕端墀被打，头部红肿"。当时，特务满街行凶，并号称"打个大学生有八十万元，打个中学生有四十万元"。③ 李宗黄敢于如此大打出手有着多方面原因，其中最主要的动机，是想干些业绩为当云南省主席铺路，这在当时就人所皆知，不是什么秘密。正是揣着这个念头，他一不做二不休，命令手下大打出手。

二　昆明惨案

1945 年 12 月 1 日，卢汉正式就任云南省政府主席。早 8 时，李宗黄把卢汉迎入五华山省政府举行了交接仪式后，即回到省党部，将各科室及市县党部的助理干事、中统云南省调查统计室的便衣特务，召集到省党部礼堂前的空场上训话。他声称现在"是大家效忠党国的时机，我们

---

① 《昆明学生惨案经过》（汇报稿），中国共产主义青年团中央委员会资料室存。
② 《联大教授会为控告杀人罪犯李宗黄、关麟征等呈国民政府军事委员会告诉状》，《"一二·一"运动史料选编》上册，第 113～115 页。
③ 《昆明学生惨案经过》（汇报稿），中国共产主义青年团中央委员会资料室存。

要以宣传对宣传，以流血对流血"。说毕，新上任的国民党云南省党部书记长李耀廷便命令刚刚提升为科长的杨灿率众到三青团省支团部集合，会同其他打手一起行动。一二·一惨案是一次有计划有组织的大屠杀，行动的指挥部就设在如安街的三青团省支团部，在那里坐镇指挥的有三青团昆明市书记长高云裳、三青团云南支团部秘书兼宣传股股长周绅、中统云南省调查统计室主任查宗藩、昆明市市长陈玉科及警备司令部等单位的特工负责人。① 参加行动的，既有中统云南省调查统计室的特务，也有第五军第六八八团、军政部军官总队第二大队的军人。②

　　10 时左右，武装士兵 50 余人及衣装不整之 30 余人，闯入云南大学，捣毁校门警卫岗亭及校舍门窗。几乎与此同时，另一支 200 多人的队伍也跑步到了西南联大新校舍门前，欲强行冲入学校。当时的情况，在经过严格调查、字斟句酌的《国立西南联合大学教授会呈重庆实验地方法院告诉状》中"环城北路联大新校舍被害事实"下是这样写的："十二月一日午前十时四十五分前后，遥见有身着灰色棉军服之军人百余人，佩带第二军官总队符号，手持锄头、铁铲、木棍、石块等，由马路东端南菁学校门前向新校舍前进，高喊打呀！杀呀！斯时，本校新校舍学生已知云南大学被打之事实，情知不妙，当将新校舍北区大门关闭，并用物堵塞，以防侵入。该军人等行抵校门前，一面冲打校门，同时用多数石子砖头瓦片掷入围墙。势如雨下，并夺取校门外面店之板凳及路旁摊贩之扁担，以充武器。其中有一军人声称，回去抬机关枪来扫击，当即有六七军人取道来路，飞奔而去。校门经继续攻打，数分钟后，终被打破，当有四五军人由破门处进入校内，遂发生互殴情事，有众多学生受伤，并有于再君被殴兼被弹片中伤毙命。"③

　　对于这次新校舍门前的搏斗，亲历了前后经过的伊洛同学做有较详细的回忆。他写道：

---

① 参见《姚从吾给陈雪屏、郑毅生的信》（1945 年 12 月 11 日），中共云南省委党史资料征集委员会、中共云南师范大学委员会编《"一二·一"运动》，中共党史资料出版社，1988，第 413 页；沈沉《昆明"一二·一"惨案侧记》，《云南文史丛刊》1985 年第 1 期。

② 参见郑伯克《回顾"一二·一"运动》，《"一二·一"运动》，第 337～338 页。

③ 《国立西南联合大学教授会呈重庆实验地方法院告诉状》，《"一二·一"运动》，第 62 页。

这时，我看到忽然有一支队伍跑步快速由东向西跑来。渐近，我看到队伍约200多人，着一色灰军装，每人都军帽腰带齐全，徒手，三人一列排了整齐队形，有人领队喊着1、2、3、4口号，向联大校门前快步跑过来。队伍跑到校门前忽然自动停了下来。领队人没喊口令，他只是也停了步回身看着他的队伍。这时，队伍正停在我身边。我看到好像领队人做个手势，队伍前头的人开始动手，他们有的去撕墙上的壁报等张贴物条，有人横了膀子撞人、推搡人，明明是找事。我见势不对，跑过去与领队人交涉，因当时我觉得我是学生代表大会代表，此时应当出面交涉。不意那个说一口浓重山东口音的领队人倒先气乎乎质问我："我们是去大观楼郊游，你们学生凭什么拦我们路！"我婉转客气地向他解释："我们都是学生，绝对不会有人拦路的，军民是一家！请你们快走，快一点去郊游！免得出乱子！"说时我还捧了他的手连呼："队长，老乡呀！请快走吧！"领队人只重复那一句："我们是去大观楼郊游的！"交涉间，一场校门攻守占已打起来。两方几百人在校门口撕扭混打在了一起。有的兵喊："打倒共产党走狗！"其余兵乱喊打，打！一阵拳脚交加，棍棒乱挥，打成一团。

联大新校舍的学生是男生宿舍，大草棚式比较简易，平常也住七八百人，闻讯都跑来保卫校门，特别是那些从军复员的同学更跑在前，劲头更大。队伍几次冲进大门，同学们又把他们逐出门外。门里同学要把门关上，门外兵们又拼命把门向里反推要把门打开。守门变成了拔河一样，大门在一寸寸进退反复着。毕竟同学们人多力齐些，校门慢慢关闭上。我回头瞥见校门就要关上，我怕被关在门外落入兵们之手，也顾不得别的了，喊一声："老乡队长，快走你们的吧！"撒手拔腿往回就跑，我是在两扇校门要最后合拢的一条缝隙间侧身猛挤进校门的。校门终于关闭上了。大概"老乡"二字有点作用吧，那个领队人没有对我下手。

接着就是一阵接一阵校门乱槌擂鼓般狂砸乱打，兵们把附近能弄到的打砸物都抓来，连校门对面那间小杂货店能拿的也都搜来，一阵又一阵发疯地敲砸，把两扇又重又厚红漆斑剥的老木门砸得通体鳞伤后仍不住手。他们一部分工攻门，其余人不停地越墙向门内投掷石头瓦块，赶到两扇门的右扇上方被砸出一个尺多见方的大洞，门仍未被砸烂，也未被攻下，同学们在门内死力抵住，又用桌凳门板黑板等架上堵住，以防万一。两扇老红门像两个忠诚的老门卫，与这个战时联合大学已风雨同舟八年，未遭敌人轰炸炸毁却遭了自己军队的攻击，真可耻可恨！军队攻击自己的国家大学，这可不是小事！

两下相持着。兵们虽蛮横，同学们仍想晓之以理，有人准备上墙向外喊话。第一个爬上墙喊话的是女同学陈幼珍，她是联大先修班学生，大家对她不很熟悉，她和我与黄福海（黄海）比较熟，因同是新诗社社员。闻一多是新诗社导师。当时，我正站在大门内右侧墙下、两间体育用品贮藏室夹成的夹道间。陈幼珍叫我搭她一肩，她踏了我肩爬上了墙。她站在墙上脸向外喊："中国人不打中国人！"（这是罢委会规定的对外口号之一）外面纷纷向她投击瓦石，她身上也中了几下，但她坚持在喊，并且声音一声高一声，最后一团拳头大小的土块飞到她面门上开了花，只听她"啊"地一声，从墙上跌下来。幸亏下面我们就近接了一下，她才没大伤。陈幼珍是我看到的惟一一个跑来保卫校门的女同学。（她现在可能还健在）其余几个上墙喊话的同学也都被一个个打了下来。

这样相持了一个多小时，门仍未被攻开。有几个兵想翻墙过来把门打开放队伍冲进，但都被挡回，最后一个兵从墙上跳了下来，抢着一把铁锹见人就打，很凶猛，大家往后退几步躲他。我看他追上了向大甘（陈狄吉）打，向大甘穿了件又肥又大的灰棉袍，跑不快，被他追上，这兵高高抡起锹朝大甘后背狠地一锹，不偏不斜这一锹正击在后腰眼上，我担心向大甘的腰椎会被打断。幸亏十几个同学及时赶上去把这兵截住，同他格斗起来，最后把他缴械擒住。这家伙满以为要大吃苦头了，至少被打个半死！结果，学生们只同他好好地讲道理，讲为什么要反对内战。即使那几个带头同他格斗的复员同学也没动他一指头。这兵自称名崔俊杰，属军政部军官总队第二大队，符号"述"字1025，说他们是接上级命令来的。

同学们为怕外面队伍冲进来，又紧急组起第二道防线，在离校门三十米远的地方，筑起一道人墙，大家手拉手结成一条弧形多层的人的链条，把校门远远围住。大家准备同进退，以防校门被攻破。我看到站立在这人墙中间的是程法伋，他们都面朝南向着校门注视着。程法伋，外文系学生，是自治会理事和罢委会负责人。60年过去了，说起来，程法伋那件灰棉袍和他颈上缠着拖得长长的围巾仍旧在我记忆中摇晃。外面的飞石飞块不停地向这弧线飞来，我看到，在明亮阳光中我看得清楚，忽然一块棱角分明的石块笔直地飞来打到站在程法伋身旁的魏立中的眉心上，他也"呀"地一声，双手捧了瘫在了地上。魏立中是系二年级学生，这一下也击得够重！

这时，忽然墙外轰隆一声，有人喊"投炸弹了！"大家心里一震，墙内外一下静了下来鸦雀无声。原来墙外一个兵，因大门久攻不下，气急败坏拔出身上的手榴弹要往门内扔，他正拉导火线，这时忽然，一个穿西装上衣的青年人出现在他身边，并且拉住了他的手，这兵一怒之下把青年人猛力推开，又把手榴弹向他投去！炸弹响了，青年人被炸得满脸满身的血，他还能抱了头摇晃着身子走到校门东墙卧下来，这一卧就再没有起来！他就是南菁中学教员于再。60年来，联大老同学凡经历一二·一校门保卫一役的，无不对于再印象深刻，感念不忘。他们认为于再应是一二·一第一烈士，他不但是烈士，还是舍生救人的英雄！如果不是他的当场一拦，那枚手榴弹投向校门内人群，伤亡多大或谁将伤亡就难说了，当时就有不少人发出过这样的叹息。但是后来也有烈士名牌把于再烈士列为末位的。[1]

在西南联大新校舍遭到围攻的时候，位于钱局街的西南联大附中也被打被砸。"十一时许，有服装不一之群众，或穿黑布长衫，头缠白毛巾，或着灰色长衫，戴瓜皮帽，或着美军加克，手持木棍或桌脚，侵入联大附中大门内，捣毁门窗牌告，撕毁校内所贴标语，并毁坏捐款箱，窃去捐款，向大西门而去。"[2] 这天是星期六，大部分同学都回家了，否则也很可能出现伤亡事件。

但是，距西南联大附中不远的龙翔街联大师范学院就没那么幸运，其状惨不忍睹。教授会《告诉状》说："午前，骚扰联大附中之群众出大西门后，于十二时左右，到达联大师范学院门口，撕毁墙上标语，捣

---

① 伊洛：《"一二·一"与闻一多——写在一二·一60周年》，《西南联大北京校友会简讯》第38期。

② 《国立西南联合大学教授会呈重庆实验地方法院告诉状》，《"一二·一"运动》，第61页。

毁张贴标语之黑板，随即发喊，举棍侵入大门，用砖石捣碎办公室门上玻璃及门旁之布告牌，并进入学生宿舍内，撕毁四周墙壁上所贴标语，闯进食堂，破坏桌凳饭碗及其他食具，并以木棍砖石掷击学生，随复投掷手榴弹三枚，均即爆炸。"①

拓东路的西南联大工学院，虽然远离新校舍，但同样也遭到捣毁。"午后二时半，有着长衫西服中山装军服头戴军便帽不等之群众百余人，手持木棍、扁担、砖石，穿军服者多在门外把风，由一身材高大、服黑衣者，率领大部便衣及少数军服群众，进入该院，撕毁标语，捣会客室及校警室之窗户，破坏学生布告栏及布告牌，击破航空系门上玻璃，并闯入教授宿舍，打坏窗户。"②

这一天，1945年12月1日，是中华民国史上最黑暗的一天，四位青年倒在血泊中。在西南联大新校舍，南菁中学青年教员于再被手榴弹炸伤头部，当晚不治而亡。在西南联大师范学院，潘琰同学被手榴弹炸成重伤，复被刺刀扎入胸腹而亡；李鲁连同学被手榴弹炸伤头部，抢救无效身死；昆华工校学生张华昌头部重伤后又被暴徒猛击背部，在送往医院途中气绝；师范学院文史专修科同学缪祥烈负伤后，一腿被锯去，落下终身残疾。这一天，西南联大教授袁复礼、马大猷、刘恢先、钱钟韩及教员牟光信亦遭殴受伤。③ 西南联大教授会在对此次事件的声明中指出："本月一日，军人暴徒在本校散在四处之各学院及附中所肇事端，共有五起"，"当日学生被殴杀者凡二十九人，计立时毙命者一人，逾时死亡者三人，受重伤住医院者十一人，轻伤者十四人"。④

惨绝人寰的法西斯罪行引起昆明民众的共愤。闻一多教授说："鲁迅先生说发生三一八惨案的民国十五年三月十八日是中华民国最黑暗的一天，他不知道还有更黑暗更凶残的日子是中华民国三十四年十二月一日！段祺瑞的卫兵是在执政府前向徒手学生开枪，十二月一日的昆明是大队官兵用手榴弹和刺刀来进攻学校！凶残的程度更进一步，这是白色恐怖

① 《国立西南联合大学教授会呈重庆实验地方法院告诉状》，《"一二·一"运动》，第61页。
② 《国立西南联合大学教授会呈重庆实验地方法院告诉状》，《"一二·一"运动》，第60～61页。
③ 《联大教授会为控告杀人罪犯李宗黄、关麟征等呈国民政府军事委员会告诉状》，《"一二·一"运动史料选编》上册，第116～119页。
④ 《国立西南联合大学教授会为此次昆明学生死伤事件致报界之公开声明》，（1945年12月10日），《"一二·一"运动史料选编》上册，第172页。

吗？这是黑色恐怖！"①

毋庸置疑，一二·一惨案的直接制造者是云南省政府代主席兼党务主任委员李宗黄、云南警备总司令关麟征、第五军军长邱清泉。邱清泉调动正规武装军队包围 11 月 25 日时事讲演会会场，与李宗黄、关麟征同为激起学生罢课的主谋。进一步对罢课学生施行镇压者，是主持云南政务的李宗黄与负有维持昆明治安之责的关麟征。

不过，应当承认，惨案发生后虽然这几个人仍将脏水泼到共产党头上，但在对待死难青年问题上态度却有所不同。曾在长城保卫战中率部抗击日寇的关麟征，保留了点儿军人作风，他于惨案当天到西南联大探视，事后派人送来棺材。7 日，他电呈蒋介石自请处分，承认"职身负治安之责，事前防范未周，以致可爱青年死者四人，伤者十余人，拟请先于撤职，并以法议处"。② 隔日，关麟征奉令赴重庆，遂被"明令停职"。美国驻昆明领事馆在一则快报中也说：11 月 25 日下午，关麟征"确曾答应过一位联大的教授说，他将不采取行动阻止学生集会，但是据信那天下午晚些，可能又被李宗黄和邱清泉说服而改变了他的策略"。③ 关于邱清泉的去向，现存资料少有记载，但差不多也与关麟征前后离开了昆明。

三　坚决主张惩凶

关麟征、邱清泉离去后，12 月 11 日国民政府枪决了假审判判处死刑的陈奇达、刘友治两个所谓凶手，学生提出的复课条件中的惩凶对象就剩下李宗黄一人了。在去李问题上，西南联大教授会的态度是支持学生的，12 月 10 日的决议中就指出，"本会认为对于此次惨案应严惩凶犯及主使人，其中有负行政责任者，尤应先行撤职"。这次会议记录原件上还有一句话："此项函件请本会前次推定之赴渝三代表面致朱次长，并口

---

① 《闻一多先生在"一二·一"惨案讨论会上的演词》，转引自李何林《黑暗恐怖的昆明》，上海《民主》第 45 期，1946 年 8 月 24 日。

② 《关麟征致蒋介石自请处分电》，转引自《滇警备总司令关麟征自请处分》，昆明《中央日报》1945 年 12 月 8 日。

③ 《昆明大中学生的罢课事件——美国驻昆明总领事馆第 76 号快报》，《"一二·一"运动》，第 468 页。原书注："这是美国驻昆明总领事馆领事斯普劳斯 1945 年 12 月 18 日给美国务院的报告。"

头说明内中所谓凶犯及主使人特别指李宗黄、关麟征、邱清泉等三人。"
这句话被傅斯年勾去，并在页端批语："当时并有人说到五六人，亦有人
说不必提姓名，故未表决。斯年又记。"[1] 这说明联大教授会上已有人主
张点指"负行政责任者"就是李宗黄等三人，但奉命赶来灭火的傅斯年
极力缩小矛盾，才把这句要害的话勾去。

　　傅斯年于 1945 年 9 月 4 日被国民政府任命为北京大学代理校长，10
月 21 日到西南联大报到，参加了 11 月 1 日西南联大 8 周年纪念会后不
久就离开昆明。一二·一惨案发生时，梅贻琦在北平视察刚刚接收的清
华园，下午还参加清华同学会欢迎会，也就是说当时三位常委没有一人
在昆明，而暂时主持学校工作的叶企孙，很难应付如此重大的事件，因
此教授会 12 月 4 日急电傅斯年，云："万急。重庆傅常务委员孟真。十
二月一日本校因暴徒闯入，死学生二人，伤十余人，情形严重，即请回
昆主持校务，毋任鹄盼之至。国立西南联合大学教授会。支。"[2] 实际
上，这天傅斯年已带着平息事态的使命，匆匆飞到昆明。

　　傅斯年是五四运动的闯将，同学们对他抱有很大期望。12 月 5 日，
学生自治会特派谭正儒、李忠立拜见傅斯年，报告事实真相。[3] 傅斯年
听了师生们的介绍，深感惩凶一事必须抓紧。12 月 8 日，他在给朱家
骅、陈布雷的急电中直言："今关总司令既赴渝，李、邱二人可否暂时调
开。果能如此，教授可发挥甚大之力量，复课有十九把握。纵不能立即
复课，教授必对坚持罢课之员生予以道义制裁。"傅斯年还希望朱家骅、
陈布雷将他的建议转呈蒋介石，特别强调李宗黄"如不暂离昆明，不特
学潮无法结束，即大局亦不了"。[4] 12 月 10 日教授会上人们对李宗黄的
愤怒，傅斯年也有同感，他虽然把要害的话勾去，但次日给朱家骅的电
报中则再次指出李宗黄"实为主谋主使，去彼则政府占着地步，罔仅受
李之愚而已"，"李宗黄如能即去，教授心意可以平"。[5]

　　但是，朱家骅只是教育部部长，只有维持学校正常教学秩序的责任，

① 《三十四年度第一次教授会议》（原件），清华大学档案馆存。
② 《西南联大教授会致傅斯年电文》（1945 年 12 月 4 日），"傅斯年档案"，台北中研院历史语言研究所傅斯年档案馆存，档号：Ⅱ-219。
③ 《联大学生自治会致傅斯年函》（1945 年 12 月 5 日），"傅斯年档案"，档号：Ⅱ-226。
④ 《傅斯年致朱家骅密电》（1945 年 12 月 8 日），"朱家骅档案"。
⑤ 《傅斯年致朱家骅密电》（1945 年 12 月 11 日），"朱家骅档案"。

并无惩办李宗黄的权力，特别是意识到蒋介石有意庇护李宗黄时，就告诉傅斯年"李事一时尚难办到，因此延长必生枝节，务请先行上课，恢复常态"。① 很明显，蒋介石的态度是复课与惩凶分开处理，一切以复课为第一，而学生们的条件是先惩凶后复课，两者针锋相对。朱家骅的态度让曾拍着胸脯向学生做过保证的傅斯年很是为难，12 月 12 日，他向蒋介石电告敦促学生复课的同时，还不无用意地用了教授"对李宗黄极度愤恨"一语。② 傅斯年的电报是经朱家骅转呈蒋介石的，12 月 15 日朱家骅复电傅斯年，说"李事照弟看法，早已不成问题，主席似亦深知其人此次事件亦知其处理失当，言行不妥，惟因当时不能全昭真相"。同时还说"此事已与月涵兄言之，日来观察，更证明李去稍缓，无甚难处，兄可将此意暗示教授以解其忿"。③

然而，蒋介石在处理李宗黄问题上的态度与傅斯年、朱家骅有很大不同。蒋介石一直把共产党当作心腹大患，断定一二·一惨案是共产党的阴谋，在包括处理李宗黄在内的各种问题上，绝不能让共产党捞到便宜。12 月 15 日，蒋介石电谕朱家骅，声称"此次昆明学潮情形复杂"，责令西南联大和云南大学将"其中主谋及领导分子希速查明具报为要"。④ 蒋介石的电谕把处理李宗黄和剿灭共产党联系了起来，朱家骅掂出了分量，他一面转告西南联大和云南大学，一面于当夜电复蒋介石，说："学潮主谋及领导分子，闻各校教授中态度激烈者为联大教授闻一多、潘光旦、吴晗及云大教授潘大逵、尚健庵（尚钺）、楚图南等，整个首要分子名单，已电令各校当局密查具报，除俟查明立即呈报外，谨先电陈。"⑤ 实际上，绝大多数教师是基于公理和道义立场，与学生们一起抗议一二·一惨案，共产党是通过政治主张发挥影响，并不存在组织性的颠覆活动。

教师们的倾向，在处理一二·一惨案中具有重要作用。这一点蒋介石心知肚明，并且在 12 月 7 日发表的《告昆明教育界书》中声称政府"不能放弃其维护教育安定秩序之职责"，表示如不复课就将采取解散学

① 《朱家骅致傅斯年急电》（1945 年 12 月 11 日），"朱家骅档案"。
② 《傅斯年致朱家骅转呈蒋介石密电》（1945 年 12 月 12 日），"朱家骅档案"。
③ 《朱家骅致傅斯年密电》（1945 年 12 月 15 日），"朱家骅档案"。
④ 《蒋介石致教育部电》，转引自《朱家骅致傅斯年密电》（1945 年 12 月 15 日），"朱家骅档案"。
⑤ 《朱家骅致蒋介石密电》（1945 年 12 月 15 日夜），"朱家骅档案"。

校等最后处置手段。

蒋介石的蛮横态度对坚持斗争的学生没有多大影响，但对于教师队伍却不能说没有分化作用。12 月 17 日，西南联大教授会上进行了一场长达 6 个小时的激烈争辩，最后通过了"劝导学生时与说明本星期四（即 20 日）务必复课，如不肯复课，教授同人只好辞职"的决议。① 不过，会上张奚若、闻一多等也提出反提议，要求政府将李宗黄立即撤职，如办不到则教授全体辞职，但由于没有得到所有人的赞同，担任记录的教授会书记闻一多尊重大家的意见，没把这个反建议写入会议。消息灵通的中央社记者，倒是注意到这一点，昆明分社 17 日一条消息中披露："今下午全体教授会议中，两常委报告此次经过后，各教授一致坚劝勿辞职，并决议于 18 日全体教授再劝导学生一次，如在 20 日不复课，即总辞职。"还报道说："同时亦希望政府早日罢免李宗黄。"②

12 月 18 日下午 3 时，蒋介石给朱家骅发出一封盖有"中华民国国民政府"红头大印的"国民政府代电"。电文云："昆明学潮受少数反动学生操纵，迁延反复，妨害全体学生学业甚大，如延至二十日尚有未复课学生，应即一律开除学籍。除电昆明卢主席查照办理并一面仍准备军训办法候令实施外，希知照并速密知各校当局为要。"③ 蒋介石的语气是强硬的，但惩凶问题不解决，学生们是断然不肯复课的。于是，李宗黄的去留问题已与复课紧密相连了。与关麟征相比，李宗黄的态度始终极为顽固，不管各界如何声讨都无动于衷，而蒋介石认为这个云南政界少有的死心塌地跟着他的云南人还有利用价值，故宁肯表面上处分嫡系军人也不愿处理李宗黄。可是，这么一来不但没有让李宗黄逃脱口诛笔伐，反而加深了教授们对他的憎恶。

12 月 19 日，西南联大教授会再次提出惩办李宗黄问题，决议"决吁请政府对此次事件之行政首脑人员从速予以撤职处分，各务期达到目的"。④ 22 日教授会上，对去李问题还做出了更为明确的决议："在 12 月

---

① 《国立西南联合大学教授会会议记录·三十四年度第六次会议》（1945 年 12 月 17 日），《国立西南联合大学史料》（二），第 558 页。

② 《中央通讯社致朱家骅函》（1945 年 12 月 18 日抄送），"朱家骅档案"。

③ 《蒋介石致朱家骅电》（1945 年 12 月 18 日），"朱家骅档案"。

④ 《国立西南联合大学教授会会议记录·三十四年度第七次会议》（1945 年 12 月 19 日），《国立西南联合大学史料》（二），第 560 页。

17 日会议中，同人等曾有了解，请示政府将李宗黄先予以撤职处分，如不能办到撤职，则教授全体辞职，兹补充为'从今日起，以两个月为求此事实现之最大限度'。"① 这项决议，等于对 17 日会议记录中没有写入的提议做了追认。这些追认文字非常重要，明确表示了如果两个月内仍不能将李宗黄撤职，全体教授就以辞职相抗。

在这种境况下，李宗黄自知已成为人人喊打的过街老鼠，12 月 23 日灰溜溜地离开昆明。由于西南联大教授会做出了去李保证，昆明《中央日报》刊登了联大常委梅贻琦和云南大学校长熊庆来关于惨案真相的谈话，同时国民党已同意于次年初召开政治协商会议，联合罢课委员会于 28 日宣布自次日起复课。

离开昆明的李宗黄并不甘心。1946 年 1 月 5 日，并非国民党中央常委的李宗黄上书国民党中央执行委员会常务会议，提出《拟请列席中央常会报告昆明学潮责任以期明是非而彰公道案》，要求列席会议。为了替自己的罪行进行辩解，这份提案油印了多份散发，内云："昆明学潮，实为共产党有计划，有步骤之政潮，凡当地腐恶势力，均因之借尸还魂，借刀杀人，一切的一切，无所不用其极……其实此次学潮，完全为本党与共党，中央与地方，统一与分裂，革命与反革命之斗争，若将罪名责任，一律加于军政当局之身，其他毫不过问，实足以长敌人威风，减自己正气，个人牺牲不足惜，必致为亲者所痛，仇者所快，当为我革命之中央所不愿闻。基于以上理由，拟请准予列席下周常务会议，详加报告，听凭核议，以明是非，而彰公道。"②

李宗黄为自己辩解不难理解，让人难以容忍的是蒋介石对他的纵容。2 月 11 日，国防最高委员会不惜将党政考核委员会秘书长沈鸿烈调离，把这个职务让给民愤最大的李宗黄。这一任命激怒了联大的学生和教授。2 月 6 日，周炳琳风闻李宗黄将得到任命的消息，立即写信给朱家骅，指出惩处李宗黄是自己和傅斯年的保证，教授会承诺两个月内促其实现，否则就全体辞职，希望蒋介石信守诺言。这封信写道：

---

① 《国立西南联合大学教授会会议记录·三十四年度第九次会议》（1945 年 12 月 22 日），《国立西南联合大学史料》（二），第 565 页。

② 《李宗黄致朱家骅函中的附件》（1946 年 1 月 5 日），"朱家骅档案"。

骝先先生大鉴：四日返抵昆明，同事相见，以李伯英撤职事如何了相问。到校看见墙壁上贴有标语，集中在必李先撤职，然后安葬死者。这一点上，同事如此关心。此事是因为教授会曾议决以两个月为期，以去就争李撤职之实现。两个月之期到本月二十二日届满，若不能在此以前见到政府决议将李撤职，全体教授势必履行诺言，向政府辞职。学生之有是标语，是听说前些日子地方公团又提议公葬死者，学生怕李撤职事落了空，乃有此表示。弟来昆前，自今甫兄处得知本星期二行政院例会，将提出李事，作个决定，故同事问到，辄以是告之，以安其心。乃今日报纸披露，昨日政院会议任免事项，仍不见是项决议，不知是何道理。此事须即办，不可再缓，否则学校将复入不安定状态中。望先生特予注意。孟真兄对此事亦曾作保证，弟知渠于此事之迟迟未实现，亦必焦躁万分也。专此祗颂道安。弟周炳琳敬上。二月六日。[①]

周炳琳的信于2月9日送达教育部。教育部收文登记签"函由"栏记录了此信两个要点，一为"李宗黄撤职事，须即办，不可再议，否则学校将复入不安状态中，望先生特予注意"；二为"孟真兄（即傅斯年）对此事亦曾作保证"。

这两条标注说明朱家骅对周炳琳反映的情况了解无误，但李宗黄仍然得到任命。蒋介石庇护李宗黄的行为让西南联大教授群体实实在在地体验了蒋介石的独裁专制和背信弃义。其结果不仅使西南联大教授寒心，也把更多的中间人士推向蒋的对立面。

四　抗议暗杀

抗战结束到内战爆发是中国现代史的一个重要阶段。1946年初，国内各主要党派参加的政治协商会议通过了有利于民主团结与政治进步的五项协议，这个协议曾给全国人民带来希望，但是国民党先是纠缠协议条文的修改，继之在东北和接收等问题上挑起争端，致使内战

---

① 《周炳琳致朱家骅函》（1946年2月6日），"朱家骅档案"，函中李伯英即李宗黄，今甫为杨振声。

迫在眉睫。1946 年上半年相继发生的重庆较场口惨案、南通惨案、南京下关惨案等，便是这种形势下出现的一系列流血事件。而闻一多的被刺，更是唤起了千千万万中国知识分子的觉醒，使国民党付出了沉重的代价。

1946 年 5 月，西南联大师生相继纷纷踏上复员归途。就在多数师生离开昆明后的 7 月中旬，昆明接连发生了李公朴、闻一多被刺案。这一史称"李闻惨案"的事件发生在抗战胜利后究竟是通过政治协商达到国内团结，还是通过武力实现统一的紧要时刻，因此舆论认为这是国民党集团准备发动内战的一个信号。闻一多被刺后，和闻一多关系密切的张奚若、潘光旦、费孝通等教授避难美国领事馆，成为西南联大历史上的重要事件。

李公朴是 7 月 11 日晚被国民党特务暗杀的。7 月 14 日，民盟中央常委会召开临时紧急会议，决议组织李公朴治丧委员会，成员包括西南联大教授、云南省支部的闻一多、潘光旦、费孝通。[①] 然而，7 月 15 日下午 5 时许，作为民盟中央李公朴治丧委员会委员，上午刚刚在李公朴遇难经过报告会上发表了《最后一次的演讲》的闻一多，竟也在昆明遭到暗杀，陪同闻一多的联大外语系学生闻立鹤，亦身中五弹。

闻一多继李公朴之后被刺的现实，使人们纷纷推测类似暗杀将会继续出现。梅贻琦在闻一多被刺当天给教育部急电中的"同人极度恐惶"，[②] 7 月 18 日，教育部部长朱家骅给蒋介石的密电中说的"昆明联大教授闻一多被害，教育界人士殊感焦灼"，[③] 就反映了一种人人自危的心境。美国驻昆明领事馆明显感觉到了这种险境，闻一多被刺当晚，领事馆接到有人请求保护的电话，总领事劳森（Rosser）立即亲驾吉普车，将有可能遭到迫害的西南联大教授张奚若、潘光旦、费孝通及云南大学教授楚图南、冯素陶、尚钺、潘大逵等，接到领事馆加以保护。[④]

---

① 《民盟昨开会决定追悼李公朴，推定张澜等三十人为治丧委员》，《文汇报》1946 年 7 月 15 日，第 4 版。

② 《梅贻琦致教育部电》（1946 年 7 月 15 日），清华大学档案馆存。

③ 《朱家骅致蒋介石密电》（1946 年 7 月 18 日），"朱家骅档案"。

④ 《李何林昨在文协会上报告昆明近况》，《文汇报》1946 年 7 月 25 日，第 4 版。据 1946 年 7 月 25 日《文汇报》消息《调查昆明血案，民盟要求拒，潘光旦等重入美领馆》，进入美国驻昆明领事馆的人，连同家属共 16 人。

　　按照国际公法，美国驻昆明领事馆这一措施超越了外交职权，带有干涉别国内政的色彩。对此，美国驻昆明领事馆认为这是险恶形势下的非常措施，他们在向美国驻华大使馆的报告中解释说，由于获悉国民党已决定谋杀昆明民主同盟领袖，因此有必要对这些人加以保护。报告还向大使馆提出数项应急方案，其中包括要求停止恐怖活动、保障人身安全、与民盟及马歇尔将军派人调查等。

　　美国驻昆明领事馆未经请示的这次行动，并未受到美国大使馆的责问，反而得到美国总统特使马歇尔和美国驻华大使司徒雷登的默许。7月20日，美联社发布消息，称："美国国务院顷证实李公朴、闻一多暗杀案发生后，昆明美领事馆确对十一位民主同盟分子加以保护。国务院声称，昆明美领事此种措置因该十一人显然有亦被暗杀之可能，南京美大使馆已与中国外交部商谈此问题。据称中国当局已派员往昆调查此案，并命该地警备司令部维持法律。一俟安全确有充分保障，该十一位民盟人士即行脱离美领事馆之保护。"① 这条消息，无疑指责国民党政府无力负责民主人士的生命安全，于是，美国驻昆明领事馆对张奚若等人的保护频频见诸报端，成为李闻惨案后社会关注的又一焦点。

　　在国内外舆论压力下，蒋介石不得不做出一些姿态，其中之一是由行政院于7月18日发出"保障人民安全"通令。通令发出后，张奚若、潘光旦、费孝通等接到云南省警备总司令部保障其安全的书面保证，于19日相继离开美国领事馆。孰料事情并非如此简单，潘光旦、费孝通不得不在21日被迫重返美国领事馆。这样一来，原本有可能平息的事情再次激化。

　　潘光旦是著名社会学家，战前就担任清华大学教务长，西南联大成立后，他任社会学系主任，经常参与学校行政领导工作，并与云南地方上层来往较多。潘光旦早年加入国家社会党，民盟成立时，他作为国社党代表当选为民盟中央常务委员会委员，1944年底民盟云南省支部成立，潘光旦被推为首任主任委员。这样一位民盟重要分子，国民党自然很不放心。1944年8月10日，负责三青团的张治中曾给蒋介石呈报讨一

① 《昆民盟十一人，美领馆保护中，美国务院证实此事，谓安全有充分保障时即脱离》，天津《大公报》1946年7月21日，第2版。

份《国立西南联合大学现况概述》，内中有云："外传联大为自由主义之中心，但党团工作近年来确已发挥相当作用，教授之加入党团者有七十八人，即常被外间怀疑误会之张奚若、燕树棠、曾昭抡、潘光旦诸教授，或已不谈政治，或对党团表示同情，识得大体。"① "常被外间怀疑误会"，是张治中对潘光旦等人的保护用语，但它也说明潘光旦的举止已经受到国民党的监视。

李公朴被刺后，作为云南民盟领导人之一的潘光旦，便多次遭到特务威胁，甚至有个女特务还跑到潘光旦住的西仓坡宿舍院子，扬言下面就轮到闻一多和潘光旦了。潘光旦是清华大学的重要成员，梅贻琦为了保护他的安全，特把他从美国领事馆接到自己的家中。岂知西南联大常委、清华大学校长梅贻琦的家，也在特务监视之中，梅家的包车夫还遭到几个特务的围殴。此事经过在刘英士给教育部长朱家骅的信中是这样报告的："潘光旦等上星期五出美领事馆，但于昨日（星期日）下午经与梅月涵等再四研究之后，重进美领事馆。原因如下：昨为留学生考试第一日，梅校长坐自备包车赴试场。十时左右，梅因将有汽车送其回寓（西仓坡五号清华办事处），故命包车夫先回。包车夫于归途中遇暴徒数人，持枪逼询清华办事处共住几人，有枪多少等语。潘光旦夫妇均与梅校长同住，故包车夫未敢率直回答。结果包车夫被殴！此事发生后，潘等认为治安当局控制力量不够，故又逃至美领事馆。"② 正是特务的持枪威逼，使潘光旦、费孝通深感"治安当局控制力量不够"，才不得不于7月21日再次回到美国驻昆明领事馆避难。

向朱家骅报告上述情况的刘英士，时任教育部参事，1927年曾与闻一多、潘光旦及胡适、徐志摩、梁实秋、叶公超等共同在上海创办新月书店，故朱家骅决定让刘英士作为教育部代表飞昆慰问闻一多家属。刘英士21日抵达昆明，而潘光旦、费孝通恰于同日复入美国领事馆。次日，刘英士接到朱家骅的加急密电，内云："关于对潘光旦先生等安全之保护，便衣或武装均无不可，希与有关当局妥洽。闻潘等再

---

① 《张治中呈西南联合大学现况及中缅区之军政党务等工作情形》，"国民政府档案"，档号：001-014100-0010。
② 《刘英士致朱家骅函》（1946年7月22日），"朱家骅档案"。

度要求美领馆保护，自无必要，务盼婉劝阻止为要。"① 结果，本是前来慰问闻一多家属的刘英士，使命一变而为劝说潘光旦、费孝通离开美国驻昆明领事馆了。

得知张奚若、潘光旦、费孝通第一次入美国驻昆明领事馆避难的蒋介石，当时就气急败坏。他的日记没有关于潘光旦、费孝通复入美国领事馆的记载，但不难想象，这件事让蒋介石愈加难堪。

感到事态严重的不只是蒋介石，身负调停国共矛盾重任的美国总统杜鲁门特使马歇尔也没想到他履行来华使命时，首先碰到的竟是李闻被刺事件。7月16日，马歇尔与国民党谈判代表俞大维会谈时，即"提出昆明两个民盟会员暗杀之事"，认为"许多中国人，深恐生命威胁，纷至当地美国领事馆，要求保护，在此种环境之下，谈判如何可以进行"。② 7月18日，马歇尔首上庐山，民盟中央常委张君劢到机场送行。起飞前，张君劢要求马歇尔见到蒋介石后能够提出警告，并谓民盟人士"生命已无保障，政府谈判自难继续"。③ 7月19日，周恩来也向马歇尔表示，"因为战事蔓延、政治暗杀，他觉得很难说服他的同志，接受政府对于苏北之要求"。④ 事态发展至此已经相当严重了，而潘光旦、费孝通恰于此时复入美国驻昆明领事馆，这就更加使马歇尔感到问题的棘手，这从7月30日蒋介石与马歇尔会谈后在日记中写到的"彼以昆明暗杀案比内战之消息使美国影响更恶为虑"之句可证明。⑤ 蒋介石的日记还表明，马歇尔当时说了一番分量很重的话。

闻一多继李公朴之后被刺，美国驻昆明领事馆对民主人士的保护措施，加上潘光旦、费孝通复入美国驻昆明领事馆，像一团乱麻摆在马歇尔面前。当时，中共、民盟要求彻查凶手、追究责任，国民党则一味推卸责任，这令马歇尔左右为难，终于促使他请求美国总统杜鲁门出面向

---

① 《朱家骅致梅贻琦转刘英士加急密电》（1946年7月22日），"朱家骅档案"。

② 梁敬錞译注《马歇尔使华报告书笺注》，台北：中研院近代史研究所，1994，第305页。

③ 蒋介石1946年7月18日日记，《蒋介石日记》手稿，美国斯坦福大学胡佛研究中心存。本书征引之《蒋介石日记》手稿均为中国社会科学院近代史研究所黄道炫研究员受笔者拜托抄自美国斯坦福大学胡佛研究中心，特在此向黄道炫先生表示感谢。

④ 梁敬錞译注《马歇尔使华报告书笺注》，第305～306页。

⑤ 蒋介石1946年7月30日日记，《蒋介石日记》手稿。

蒋介石提出警告。

8月10日，杜鲁门根据马歇尔草拟的信函，以私人通信方式致函蒋介石。信中，杜鲁门除对中国未能采取切实步骤实行政协协议表示失望外，还强调美国民众对国民党压制舆论、制造暗杀的不满。信中说："兹以中国内争日炽，尤以新闻刊布自由及智识界发表开明言论等举，日见加强压迫之趋势，故美国舆论之认为美国对华政策应予重加检讨者渐见增多。最近昆明发现有声望之教育阶层人士惨被暗杀案件，美国人民未尝无闻。此案责任属谁，故置勿论，其结果适使美国人民对中国局势益加注视。且信中国对社会问题不采取民主方法，仍欲凭借武力，利用军队或特务警察以求解决。"信中还强调：美国舆论认为"中国国民之期望为黩武军人及少数政治反动分子所遏阻，此辈不明现时代之开明趋向，对国家福利之推进，不惜予以阻挠，此种情势实为美国国民所深厌恶"。末了，杜鲁门坦率地告诉蒋介石："倘若中国内部之和平解决办法，不即于短期内表现真实进步，则美国舆论对中国之宽宏慷慨态度势难继续，且本人必须将美国立场重新审定。"①

按照国际惯例，一个国家对另一个国家的批评，通常先是通过高级外交人员的传递信息，只有迫不得已时才由国家最高领导人出面。杜鲁门的信当属后者，且批评之严厉，全然没有外交辞令，仿佛教训一个未成年的孩子，这从一个侧面表明李闻惨案给调停国共矛盾的美国造成了多么大的压力。杜鲁门的信当时没有公开，外界鲜有了解，但它明白无误地告诉蒋介石，美国政府的对华政策与国民党如何对待国内批评是联系在一起的，这就使蒋介石不论内心是否情愿，都不得不做出些姿态了，首先自然是惩凶问题。

闻一多被刺之初的7月17日，当时正在重庆候机北上的西南联大教授34人就联名致电教育部，要求主管当局必须"缉凶归案，严究主使"。信中严正指出："政府在道德上法律上之责任决不能有所规避，对于其所属人员亦自不能有所曲护"，必须"从速处理，以平公愤"。② 曾任教育

① 《美国总统杜鲁门致蒋介石密函》，朱汇森主编《中华民国史事纪要》1946年7月至12月分册，台北"国史馆"，1990，第356~357页。

② 《西南联大过渝教授致教育部朱家骅部长快邮代电》（1946年7月18日），清华大学档案馆存。

部次长、国民参政会副秘书长的周炳琳还专函梅贻琦，主张"此案应追个明白，谁实指使，必令负杀人之责任，决不可开个追悼会，拿死人做文章，做了文章便不了结"。他请梅贻琦告诉云南省警备总司令霍揆彰，让其明白"责任所归，不许马虎"。① 闻一多的故交胡适、萨本栋、李济、梁思成、傅斯年，亦在给闻夫人唁电中表示"已向政府当局请求严缉凶手，查明案情，尽法惩治"。② 与此同时，昆明市参议会在 7 月 17 日通过《近来本市报载暴徒暗杀李公朴闻一多谢诚等三人之不幸事件以致人心惶惶莫不终日》案，"议决电请军警宪当局上紧缉凶法办，并设法防止此类不幸事件之发生，以维持社会而安定人民心绪"。③ 国民参政会驻会委员会在这个问题上的态度也是积极的，19 日上午，参政会驻会委员在南京召开会议，会上傅斯年"表示极大愤慨，说'简直是岂有此理'"。④ 华西女子大学校长吴贻芳则领衔提出《请政府令饬滇省府严办昆明暗杀之凶犯》，会议决议"送请政府迅速办理"。⑤ 即使国民党集团内部，亦有人认为用暗杀手段对付党外人士无济于事，王世杰在 18 日日记中就表示"力主彻查"，并对内政部部长张厉生"颇迟疑"的态度很不以为然。⑥ 行政院副院长翁文灏，亦认为"当此时局困难之时，一部分人士发表政治言论，见解虽各有不同，事实自在所难免，但如对李闻二人暗杀行为，不问动机出自何方，皆须彻底严惩"。⑦

李闻惨案让蒋介石焦头烂额。7 月 27 日，他在一周反省录里承认"本周几乎全为此事增加烦恼之苦痛也"。⑧ 30 日，他又在日记中写道："昆明之案无论对内对外皆增加政府与余个人之地位艰难百倍，更使共匪

① 《周炳琳致梅贻琦》（1946 年 7 月 17 日），清华大学档案馆存。
② 《胡适萨本栋李济梁思成傅斯年致梅贻琦转高真唁电》（1946 年 7 月 23 日），清华大学档案馆存。
③ 《市参议会电请当局严缉刺杀李闻谢凶犯》，《云南日报》1946 年 7 月 18 日，第 2 版。
④ 《民盟代表访王世杰张厉生，对昆血案续提抗议，傅斯年对李闻被刺表愤慨》，《新华日报》1946 年 7 月 21 日，第 2 版。
⑤ 《参政会驻委会决议，请严办昆明暗杀凶手》，天津《大公报》1946 年 7 月 20 日，第 2 版。
⑥ 王世杰 1946 年 7 月 18 日日记，中研院近代史研究所编《王世杰日记》第 5 册，编者印，1990，第 251～252 页。
⑦ 《翁文灏致蒋介石电》（1946 年 7 月 17 日），"国民政府档案"，档号：001－090341－0005。
⑧ 蒋介石 1946 年 7 月 27 日日记，《蒋介石日记》手稿。

在时局上转败为胜。"① 在次日的本月反省录中，他再次坦言"昆明李闻暗杀案在政治上实予政府以重大之打击"。② 根据已公布的材料，蒋介石得到闻一多被刺消息后，估计可能与军统有关，故打电话问军统局局长毛人凤，但毛"说他没有叫人干这件事"。③ 在这种情况下，蒋介石于7月17日下令警察总署署长唐纵飞昆督饬调查。唐纵赴昆后，蒋介石已通过军统情报掌握了案件的基本情况，为了避免被指责为"政府暗杀反对党人之罪恶"和"更将诬为'法西斯'党"，蒋介石于7月25日召见霍揆彰前已做出"政府应主动彻究此案"的处置方针。④ 这一处置方针是在无奈情况下为了应付国内舆论和美国的指责而做出的，这就决定李闻惨案不可能真正得到解决。

7月25日，蒋介石在牯岭召见李闻惨案主谋、云南省警备总司令部司令霍揆彰，并令霍揆彰与宪兵司令张镇共同研究处置李闻被刺案的"手续与要点"。⑤ 会后，霍揆彰马上命令昆明部下"将行动有关人员拘捕"，并要求他们中有人出来"挺胸做烈士"。⑥ 蒋介石采纳了丢卒保车办法，并派陆军总司令顾祝同带着陆军副参谋长冷欣、宪兵司令张镇前往昆明落实。顾祝同赴昆的27日，蒋介石特召见了他，向其交代了包括"对霍处置""公布与审判之准备""宣传技术之注意""政府应主动彻究此案""凶手之口供及其行刺之动机""使投机与附共者有所警惕""问霍能否自动彻究此案"等处置方针。⑦ 上述方针中，有一项是"被刺者咎由自取"，这进一步表明蒋介石虽然是在无可奈何情况下处置李闻惨案的，但时时不忘以退为进。

按照蒋介石布置，原是准备处理李公朴被刺案，⑧ 但8月3日他听了冷欣的汇报和调阅了口供记录后，觉得"破绽甚多"，遂改变主意，决

---

① 蒋介石1946年7月30日日记，《蒋介石日记》手稿。
② 蒋介石1946年7月31日日记，《蒋介石日记》手稿。
③ 沈醉：《军统内幕》，文史资料出版社，1985，第367页。
④ 蒋介石1946年7月25日日记，《蒋介石日记》手稿。
⑤ 蒋介石1946年7月25日日记，《蒋介石日记》手稿。
⑥ 公安部档案馆编注《在蒋介石身边八年——侍从室高级幕僚唐纵日记》，群众出版社，1991，第634页。
⑦ 蒋介石1946年7月25日日记，《蒋介石日记》手稿。
⑧ 蒋介石1946年8月3日日记，《蒋介石日记》手稿。该日日记"本星期预定工作课目"下，有"六，李公朴案之公布"之语。

定只处理闻一多案，把李公朴案悬挂起来。① 蒋介石之所以做出这一改变，最重要的原因是"现在此案外间知者甚多，尤其美方业有详尽调查，必须认真办理"。②

既然方针已定，表面文章当然做得越大越好。8 月 15 日，陆军司令部军法庭、云南省保安总司令部、驻昆明宪兵十三团组成的军事合议审判法庭，举行第一次公开审判。③ 出庭的两个凶犯均为云南省警备总司令部特务营的特务，一为连长汤世良，一为排长李明山，只是出庭时两人都换了名字，改为汤时亮和李文山。这次审判只有 27 人观审，西南联大参加的只有梅贻琦一人。民盟派往昆明调查李闻惨案的梁漱溟、周新民，也以观审者身份参加了这次公审，他们认为这次审判的不过是假凶手，遂急函顾祝同，指出"发现该案疑窦甚多"，要求"请勿定案"。④ 民盟中央也认为凶手交代情况"不无可疑之处"，要求"将暗杀李闻案之嫌疑犯，押至南京公开审问"。⑤

8 月 18 日，顾祝同派冷欣将闻一多被刺案的审判供词与报告送至牯岭，蒋介石"批阅至深夜"，"未能决定办法"。⑥ 不难想象，蒋介石看到杜鲁门 8 月 10 日的信，便知美国已掌握了李闻两案的证据，隐瞒和抵赖很难搪塞过去，况且"昆明暗杀案件万目睽睽，中外注视"，中共、民盟"皆以此为集中攻讦诬蔑之目标"。想到这里，蒋介石备感"受意外之打击"，自认"近年以来无论外交内政如何困苦，未有如本案处置之拮据也"。到了这时，蒋介石忍痛决定"将二凶犯枪决"，"将霍革职交顾总司令看管"。其目的，是"先将闻案解决，告一段落"，其后"再观舆论之变化"。⑦

8 月 25 日，手持蒋介石批示的顾祝同，在一片质疑声中举行第二次公审。次日，南京《中央日报》用了相当大的篇幅刊登《顾总司令宣布

---

① 蒋介石 1946 年 8 月 6 日日记，《蒋介石日记》手稿。该日日记云："下午考虑昆明案件处理方针甚切，幸得上帝指示，改变前定办法。"

② 公安部档案馆编注《在蒋介石身边八年——侍从室高级幕僚唐纵日记》，第 637 页。

③ 《闻一多案昨日公审，凶手汤时亮李文山供认不讳，一庭审讯终结即将定期判决》，南京《中央日报》1946 年 8 月 16 日，第 2 版。

④ 《梁漱溟等离昆返京，观审闻案后疑窦甚多，即将公布调查所获内容》，天津《大公报》1946 年 8 月 18 日，第 2 版。

⑤ 《暗杀李闻嫌疑凶犯，民盟要求解京公审》，《文汇报》1946 年 8 月 17 日，第 1 版。

⑥ 蒋介石 1946 年 8 月 18 日日记，《蒋介石日记》手稿。

⑦ 蒋介石 1946 年 8 月 19 日日记，《蒋介石日记》手稿。

闻案处理经过，凶犯汤时亮李文山处死，霍揆彰总司令革职看管》《顾总司令呈主席，报告办理李闻案经过》《闻案被告判决书》《闻一多案公审笔录》等多条长篇消息，同时还发表了社论《闻案的审理与公布》。27日，该报又刊登了《昆各报著论评闻一多案》，借用《正义报》《云南日报》的评论表示闻案处理的公正。

对于蒋介石来说，处决汤、李二犯总算抵了闻一多的命，尽管冤案未白，却也可以告一段落。蒋介石终于松了一口气，但同时也深感"困难痛苦与受辱，未有如此案之甚者"。[①] 8月28日，杜鲁门发出密函后的两个星期，蒋介石终于给杜鲁门发了回电。电文中，他一边强调"虽然有些国民政府的属员犯了错误，但和共产党的为非作歹的程度来对比，还算是较小的，且国民政府对这些犯法者已经严加处理"，一边指责"共产党政策的目标，在乎以武装力量来攫取政权，推翻国民政府，建立一极权的政体"。[②] 这种解释，反映出蒋介石处理问题的所有出发点，无一不是围绕维护独裁政权这一核心。

《中央日报》公布闻一多被刺案审判及判决后，民盟中央立即召开会议，"坚决主张将凶手移京组织特别法庭审判"，否则"民盟决不承认此案已了"。罗隆基还代表民盟提出"坚决彻查及严惩李案凶手"的要求。[③] 张奚若也指出国民党对闻一多被刺案的处理手段很是卑劣，表示他和昆明人士"一致主张这次暗杀案不能由政府片面的调查破获便算了事"。8月21日，张奚若接受《联合晚报》记者采访时说："这案子的调查破获经过极令人不解"，"凶手说是因为闻一多在李公朴追悼会上攻击政府，侮辱军人，激于义愤而杀了他，这完全是瞎说"，"楚图南先生当天并未说话，为什么也被人追得越墙逃脱呢"，可见"其为有计划布置的大规模暗杀，是无疑义的"。张奚若还说："昆明人士一致主张这次暗杀案不能由政府片面的调查破获便算了事，大家拥护民主同盟的主张，要组织特别法庭来审理这案件。"末了，他还一针见血地指出，由军事机

---

① 蒋介石1946年8月26日日记，《蒋介石日记》手稿。
② 《蒋委员长复电》（1946年8月28日），《中美关系资料汇编》第1辑，世界知识出版社，1957，第230页。
③ 《民盟认为闻案未了，坚主凶手移审判》，《文汇报》1946年8月27日，第1版。

关审判此案，目的就是"因为要秘密处理这案子"。①

　　闻一多与李公朴被刺事件是全面内战爆发前发生的一个重大事件，它的善后成为当时舆论的一个焦点。围绕这一事件的较量，是战后中国究竟走向民主建国还是继续一党专政的斗争。当时国内各主要报纸，差不多都发表过李闻惨案的专题社论，这一罕见现象反映出当时的人心走向，也让国民党付出了沉重代价。直到 2009 年，台湾学者在总结国民党丢失大陆政权的教训时，也认为闻一多被刺是一个重要原因。②

---

①　《张奚若教授称，蒋方处理闻案手段卑劣》，《解放日报》1946 年 9 月 8 日，第 1 版。
②　2009 年底，台湾史学界召开了两个重要会议，一为 12 月 7 日 "国史馆" 召开的 "政府迁台 60 周年学术讨论会"，一为 12 月 10 日由中研院近代史研究所召开的 "九十年来家国：1919—1949—2009 学术会"。这两个会议在总结国民党丢失大陆政权的原因时，都提到闻一多被刺是国民党失去中间知识分子的一个重要因素。

第十一章 中兴业，须人杰（下）：
校园政治

长沙临时大学湘黔滇旅行团出发时，经过湖南常德桃花源。这个地方在东晋诗人陶渊明的《桃花源记》中，被描绘成一个没有阶级、没有剥削，人人自食其力、自得其乐的世外仙境，所以许多团员都慕名前往游览。人们都把"桃花源"般的恬静美好社会作为理想和追求。西南联大的校园政治，就反映了不同政治力量为实现各自理想的"桃花源"式社会而进行的实践。

集中了大批知识精英的大学，是培养国家栋梁的基地，也是各种政治势力争夺的重要场域。抗日战争时期，国民党凭借政治资源力图逐步控制大学，以行政命令在学校建立国民党组织。共产党坚持独立自主发展方向，努力巩固基层组织，以顺应民心的纲领政策、政治主张扩大影响。这两种势力或明或暗的较量，在各大学是普遍存在的。与多数大学不同，西南联大不仅存在着国民党和共产党两大势力，抗战中期诞生的中国民主同盟，对学校的政治生活也发挥了重要作用。左右中国政治发展的中国国民党、中国共产党、中国民主同盟三大力量在西南联大的积极发展，必然随着形势的演化与政治关系的变动，进行具有校园特点的较量。这种现象，在抗战时期的教育界非常罕见，也使西南联大的校园政治具有典型的研究价值。

第一节 共产党的组织与活动

完善的组织建设是任何政党取得成功的基本保证，中国共产党由弱变强并最终取代国民党，严密的组织建设是重要保障之一。西南联大教师队伍中没有中共党员，但学生中不仅一直保持着一定数量的党员，且建校伊始就秘密开始建立组织。

与各个地方的党组织一样，西南联大中共党组织的发展，也始终受到国共关系大气候的制约。不过，非常警惕国民党中央势力渗入的云南地方政府，为了维护自身利益暗中对进步活动采取了若干保护措施，使得云南整体氛围比其他地方相对宽松，因此，西南联大的中共党组织不仅能够生存，而且能够不断发展。

一　建立支部

西南联大的中共党组织，是在平津地区一二·九运动中发展的中共党员基础上逐步建立起来的。卢沟桥事变爆发前，北京大学有中共党员46人，清华大学有42人，南开大学不详。北平、天津沦陷后，多数党员奔赴抗战前线，少数人随校南迁。

1937年9月下旬，到达长沙的北京大学地下党员吴磊伯、黄启威等8人秘密集会，决定建立党支部，推举吴磊伯为书记。[①] 10月，他们与抵达长沙的清华大学中共党员组成临时党支部，成员有清华大学的丁务淳（周宏明）、吴继周、张师载（张华俊）、徐贤议、杨少任、戴中宸（黄葳）、王天眷、熊汇荃（熊向晖）、杨承栋（许立群）、郭见恩（郭建）、蔡承祖、钟烈锌，[②] 北京大学的许焕国（徐晃）、吴磊伯、陈纯英（陈谨）、黄启威、关士聪、张干胜（张生力）。[③] 这是西南联大的第一个中共党支部，书记为丁务淳，委员为吴磊伯、郭建、吴继周。1938年1月，中共湖南省特别委员会批准成立中共长沙市临时工作委员会，长沙临时大学党支部在长沙市临时工作委员会领导下开展工作。该支部在长沙临时大学存在的三个多月中，发展了宋延平（宋平）、陈舜瑶、池际尚、张韵芝、高秉洁、杨隆誉（杨赓）、赵儒洵（赵石）、田方增8名党员。此外，由于中共党组织存在着几个不同系统，有些党员的组织关系不在学校，如后边将要提到的王亚文、何锡麟等，在长沙入党的苏有威（苏哲文），由湖南省军委直接领导。[④] 据不完全统计，长沙临时大学时

---

① 王效挺、黄文一主编《战斗在北大的共产党人——1920.10—1949.2北大地下党概况》（增订本），北京大学出版社，1991，第138～139页。以下简称《战斗在北大的共产党人》。
② 《中共清华大学地下组织活动及组织史要》，清华大学校史研究室编《清华革命先驱》上册，清华大学出版社，2004，第151页。
③ 王效挺、黄文一主编《战斗在北大的共产党人》（增订本），第139页。
④ 王效挺、黄文一主编《战斗在北大的共产党人》（增订本），第137～155页。

期已知的中共党员共有 29 人。①

1938 年 5 月，迁至昆明的长沙临时大学改名国立西南联合大学。这次迁校，大部分党员未能随校赴昆，② 因此西南联大的中共党组织是到昆明后重新建立的。当时，正处在大规模人口流动时期，中共各地的领导系统还未能完成调整，所以出现了党的不同系统根据各自判断分别进行恢复西南联大中共党组织的现象。

最先在西南联大着手恢复党组织工作的是负责云南地区的中共中央长江局。1938 年 11 月，长江局派青年特派员王亚文赴昆明组建中共西南联大支部。王亚文是北平朝阳大学学生，全面抗战爆发后获准到长沙临时大学借读，因参加湖南国民训练工作，故一年后方到昆明。③ 王亚文时年 28 岁，却是久经锻炼的老党员，他 14 岁加入中国共产主义青年团，15 岁转为中共党员，担任过湖南省学生联合会常委、共青团醴陵县委青年部部长等。1925 年，王亚文考入黄埔军校第四期，参加了两次东征。大革命失败后，他参加秋收起义，后考入北平朝阳大学，一二·九运动中，他与黄敬一起擎着大旗走在游行队伍最前面。卢沟桥事变后，王亚文回到湖南，从事省委、省军委的恢复工作，担任省军委总干事，湖南大学的党支部就是他建立的。④ 此时，长江局利用王亚文进入西南联大

---

① 《战斗在北大的共产党人》与《清华革命先驱》上册均言长沙临时大学的中共党员共有 28 人，但未包括已注册借读的长江局直接领导的王亚文，而后出版的西南联大党史编写组编《中共西南联大地下组织和群众革命运动简史》，则将其计算在内。

② 丁务淳担任中共长沙市委书记，吴继周担任市委组织部部长，张干胜参加《大众报》编印工作，他们与进入湖南大学借读的郭见恩、张韵芝均留在湖南。宋延平、陈舜瑶、何锡麟去了延安，前两人入中央党校，后者进入马列学院。戴中宸调长江局，蔡承祖调湖北省委，赵儒洵去第十三军战地服务团，陈纯英去了山西第二战区，高秉洁也到了第二战区前敌总指挥部战地工作团，熊向晖、许焕国、池际尚去湖南青年战地服务团（后改名为第一军随军服务团），苏哲文派往第二〇〇师装甲兵团，杨承栋派往航空委员会，杨少任回原籍从事抗日救亡工作，钟烈锌亦离校返乡（参见王效挺、黄文一主编《战斗在北大的共产党人》，第 140～151 页；《清华革命先驱》上册《中共清华大学地下组织活动及组织史要》，第 152～160 页）。

③ 据《廿七年一月长沙临大学生名录》，知长沙临时大学于 1938 年 1 月批准王亚文为经济学系三年级借读生（见《国立西南联合大学史料》（五），第 68 页）。然《战斗在北大的共产党人》、《清华革命先驱》上册均言王亚文于 1938 年 11 月进入西南联大，是为其报到时间。

④ 参见王阿挺《王亚文：隐蔽战线的一尊"小钢炮"》，《名人传记》2010 年第 5 期；王慧《深入国民党内部做统战工作——兼忆我的父亲王亚文和周恩来》，《百年潮》2001 年第 6 期。

的机会，把组建党支部的任务交给了他。

王亚文接受任务后，很快在联大建立了党支部。当时，相继来到昆明的吴磊伯、关士聪、王天眷、田方增等尚未接上关系，故党支部成立时只有王亚文、徐贤议、张遵骧、汤一雄、张鹊梅、莫家鼎6人。考虑到王亚文半年后就要毕业，故指定由徐贤议担任支部书记。中共西南联大支部是按照长江局指示建立的，但支部建立时，长江局已撤销，云南地区改由1939年1月中旬成立的中共中央南方局负责，于是西南联大党支部的领导关系也随之转到南方局。① 此后，西南联大党组织几次调整，一直在中共南方局领导下进行。

王亚文是按照党的指示组建西南联大党支部的，而其到校之前学校就已经出现了一个自动成立的党支部。这个支部有4人，他们是力易周、黄元镇、郝诒纯、徐树仁（徐干），核心是一二·九运动中担任中华民族解放先锋队（简称"民先"）区队部负责人的力易周。力易周于1936年加入中国共产党，是中共崇德中学党支部首任书记。卢沟桥事变后，力易周去延安，1937年9月入陕北公学，1938年1月入中央党校，5月奉命来到云南，任务为考入西南联大，开展学运工作。②

力易周到云南后，首先通过民先队员辛毓庄牵线，与云南青年抗日先锋队负责人李家鼎（李同生）取得了联系。③ 云南青年抗日先锋队是1938年2月由中共南方临时工作委员会领导的中共昆明支部（书记李群杰）成立的一个中共外围组织，其性质与民先相同。这时，民先的黄元镇、郝诒纯也到了昆明，他们两人都是一二·九运动中加入中国共产党的，黄元镇担任过北平民先东城区区队干事、天津民先地方队部队长，郝诒纯担任过北平民先西城区区队长和第六区区队长。北平沦陷后，黄元镇、郝诒纯先后被

---

① 中共中央长江局的撤销是1938年10月在中共扩大的六届六中全会上决定的，因当时南方局尚未成立，故中共西南联大支部的组织关系仍在长江局。1939年1月16日，中共中央南方局正式成立，直接领导四川、云南、贵州、湖北、湖南、广东、广西、江苏、江西、福建以及香港、澳门地区的党组织，这样西南联大党组织的关系才转到南方局。

② 王效挺、黄文一主编《战斗在北大的共产党人》，第244页；熊德基：《我在联大从事党的地下工作的回忆》，《云南文史资料选辑》第34辑，第369页。

③ 李家鼎当时是由广州迁至云南澄江的中山大学音乐系学生，云南青年抗日先锋队成立时，中共昆明支部指定其任总队长。副总队长是中共昆明支部发展的党员唐登岷，唐后来考入了西南联大。

派到天津，1938 年 4 月、5 月天津民先被日本特务破坏，他们被迫南下。南下途中，他们遇到联大教授马约翰，在马约翰鼓励下，两人到昆明后报考西南联大。① 黄元镇、郝诒纯在北平时就与力易周十分熟悉，三人见面甚欢，遂自发成立了党小组。不久，力易周领导的中共北平崇德中学党支部的徐树仁（徐干）也到了昆明，这样小组成员增加至 4 人，名称改为中共西南联大临时支部，推举老大哥力易周为书记。

力易周、黄元镇、郝诒纯均于 1938 年考入西南联大。大约 11 月，临时支部发展了同年考入联大的袁永熙。袁永熙是北平师范大学附中学生，为了投考西南联大到了蒙自，住在朱自清教授家里，与朱自清的女儿朱彩芷一起复习功课。朱彩芷是民先队员，认识当时寄宿在联大文法学院的力易周，经朱彩芷介绍，袁永熙认识了力易周。经过半年考验，力易周介绍袁永熙加入了中国共产党。

以力易周为书记的西南联大临时支部人数很少，却十分精干，成绩突出。1938 年，新成立的中共云南省特别委员会②为了统一领导，决定将云南青年抗日先锋队与到达昆明的中华民族解放先锋队合并成立"中华民族解放先锋队云南地方队部"。由于力易周已经接上了关系，云南省特委决定由力易周任总队长，李家鼎任副总队长。黄元镇、郝诒纯、袁永熙都参加了民先云南地方队部的工作。于是，在这一特殊时期的特殊情况下，西南联大并存着两个中共党支部，一个是由长江局领导的徐贤议支部，一个是由云南省特委领导的力易周支部。这两个支部因领导关系不同，双方是平行的，彼此没有往来。一个学校同时存在不同系统领导、互不知底的两个党支部，在那个动荡年代是正常现象，当然这种现象没有持续多久。

1939 年 1 月中共南方局成立后，中共云南省特委改为云南省工委，省

---

① 郝诒纯：《永远的怀念》，清华大学马约翰纪念文集编辑组编《马约翰纪念文集》，中国文史出版社，1998，第 206 页。

② 全面抗战前，云南地下党由中共云南临时工作委员会领导。全面抗战爆发后，在广州的中共南方工作委员会不了解昆明已经恢复党组织，故派人到昆明成立了中共昆明支部。1938 年 5 月，中共长江局根据云南临工委和昆明支部的报告，派马子卿以巡视员身份到云南，将两者合并，于 8 月成立中共云南省特别委员会。1939 年 1 月，根据中共南方局指示，中共云南省特别委员会改为云南省工作委员会，由马子卿担任省工委书记。（参见唐登岷《马子卿同志在云南》，中共云南省委党史研究室编《唐登岷集·沧桑文存》，云南民族出版社，2005，第 543 页）

工委书记是原参加特委工作的马子卿。马子卿除了掌握着力易周的西南联大临时支部外，还接受了南方局转来的联大学生邢福津（邢方群）等 4 名党员。① 为了便于领导，云南省工委征得中共南方局批准，将这两部分党员合在一起，建立了新的西南联大党支部。新的党支部以袁永熙为书记，邢福津为组织委员。对于王亚文组建的支部，南方局也告诉了马子卿，只是这个支部当时没有合并进来，继续独立存在，直到 1939 年夏王亚文毕业调回南方局前，才把他掌握的支部组织关系通过中共南方局及云南省工委转给了西南联大党支部。这样，西南联大地下党在组织上完成了第一次整合。

写到这里，有必要特别介绍一下力易周。力易周领导的临时党支部与邢福津等 4 人合并成立新的西南联大党支部，承担着开展学运、发展组织的任务，书记一职应由受过锻炼并有一定经验的党员担任。在当时为数不多的党员中，考入师范学院教育系的力易周是呼声很高的人选之一，然而恰在这时他受到康生制造的一起冤案株连被停止党籍。② 这件事由延安转告中共南方局，再通知云南省工委，受省工委领导的西南联大党组织只能执行这一指示，于是新成立的党支部书记选择了经济学系

---

① 邢福津，山东蓬莱人，在南开中学参加一二·九运动，1938 年 6 月加入中国共产党，曾任中共重庆南开中学支部书记。

② 这起冤案即"金田事件"，起因是康生诬蔑金文哲、田克敏（陶凯孙）两位老党员为国际间谍，将他们秘密处决。力易周在陕北公学时，是金文哲重新入党的介绍人，以致受到株连，直至 1982 年方平反恢复党籍（参见西南联大党史编写组编《中共西南联大地下组织和群众革命运动简史》，第 13 页注释，云南人民出版社，1994）。陶凯孙，1929 年入北京大学预科，1932 年春任共青团北平市委宣传部部长，同年秋任共青团天津市委妇女部部长。金文哲又名金满成，朝鲜人，从小随父定居北平，加入中国籍。后考入通县潞河中学读书，1929 年加入中国共产党，后派往朝鲜汉城、平壤等地开展党的工作，1932 年不幸被捕，1934 年日本天皇太子出生，才被大赦出狱。1934 年 4 月，中共哈尔滨党组织遭到破坏，党遂派金文哲担任中共哈尔滨市委书记、陶凯孙为市委宣传部部长。1936 年 6 月 13 日因叛徒告密，哈尔滨党组织再次遭到破坏（史称"六一三"事件）。金文哲、陶凯孙经满洲省委代表同意，于 6 月中旬离开哈尔滨赴北平，从事"民先"工作。1937 年 9 月，二人至延安。陶凯孙化名田克敏入中央党校第十三班学习；金文哲化名张文哲入陕北公学第一期第二大队学习，并经力易周介绍，重新加入中国共产党。1938 年春，康生在中央党校宣布他们是敌人，已经逮捕。1939 年春，两人被秘密处决。时，陶凯孙 27 岁，金文哲 28 岁。1982 年 2 月 13 日，中华人民共和国公安部在《关于陶凯孙、金文哲同志复查结论》中指出："这是一起冤案。陶凯孙、金文哲两同志在从事党的秘密工作期间，为党为革命做出了有益的工作。他们长期蒙受不白之冤，现应平反昭雪，恢复名誉。对受株连的同志和亲属，政治上应予消除影响。"（参见史言《被康生秘密处决的金文哲夫妇》，《新晚报》2011 年 5 月 22 日，第 30 版；陶瀛孙《被康生杀害的两位共产党员》，《北京党史》1987 年第 5 期）

一年级学生袁永熙。同时，在 1939 年 1 月召开的中华民族解放先锋队云南地方总队代表大会上，力易周的总队长职务也改由徐树仁接任。

力易周被停止党籍，是中共党内斗争扩大化的表现。这件事在西南联大校史上长期被回避，但对联大党组织建设来说，不能不说是一种损失。在处理力易周的问题上，联大党组织内部一直持有不同看法。熊德基 1938 年在新四军南昌办事处加入共产党，1939 年秋入西南联大师范学院史地系，曾任中共西南联大师范学院支部书记和西南联大党总支书记，他说："在联大党的建设中，我认为力易周同志起了很大作用。他在中学时期就参加中华民族先锋队，于 1936 年在北平入党，全面抗战爆发后去了延安。1938 年春，他从延安派到云南，首先发展了袁永熙入党，以后考入联大师范学院教育系，但因受康生 1937 年冬从莫斯科回到延安后制造的一起莫须有的冤案株连，通过重庆南方局，力易周被停止党籍，由当时党派到昆明的第二届省工委转告联大地下党组织。1939 年初，联大成立党支部时，由袁永熙操作支部书记，鉴于力易周工作积极，能力强，联大中有些党的骨干又是他发展和联系的，因此决定把他留存师院党小组内进行'考察'，但没有选举权和被选举权。力易周自然愉快地接受这个决定，仍积极从事学生会的工作。我曾把他的表现写成报告层层转到西南局，但直到 1941 年皖南事变后，他疏散离校，上级组织仍未批准恢复他的党籍。"① 不过，力易周对待这个问题的态度很让人钦佩，他不仅没有抱怨，而且疏散离校时还坚决接受了新的任务，所以熊德基说"我心里对他是很钦敬的"。袁永熙是学生运动的优秀领导人，但他是受力易周影响并由力易周介绍加入党组织的，与具有很强组织能力的力易周相比，袁永熙挑起支部书记重担似乎还早了些。② 力易周的问题，一直拖到 1980 年代才解决。③

中共南方局非常重视在高校开展工作。1939 年夏，中共南方局利用

---

① 熊德基：《我在联大从事党的地下工作的回忆》，《云南文史资料选辑》第 34 辑，第 369 页。

② 1980 年代中期，笔者为编纂《闻一多年谱长编》收集资料，曾多次访问袁永熙。袁永熙不止一次对笔者说他是由力易周发展入党的，威信和工作能力都不如力易周，力易周若能继续担任支部书记，肯定比自己做得出色。

③ 1970 年代初，笔者在新疆大学工作，力易周为学校图书馆馆长，其妻姚殿芳在中文系任教，姚毕业于西南联大中文系，是家祖的学生，由于这层关系，彼此来往颇多。1980 年代中期，笔者在北京大学南门对面长征餐馆偶遇力易周，他第一句话就说他的问题刚刚得到平反。

暑假举办了八所大学的支部书记学习班，袁永熙代表西南联大党支部参加了培训。在学习班里，蒋南翔讲青年运动，特别讲了一二·九学生运动，还强调现在形势好了，但不要忘记我们还处在敌人的包围中，当运动搞起来时，要注意敌人的反扑。学习班结束后，袁永熙列席了中共南方局召开的青年工作会议，会议主要传达的是毛泽东关于党在国民党统治区工作"隐蔽精干，长期埋伏，积蓄力量，以待时机"的十六字方针，还传达了周恩来对青年运动中"轰轰烈烈，空空洞洞，张牙舞爪，到处吓人"不切实际做法的批评，强调必须重视团结广大中间群众。

解散中华民族先锋队也是在这次会议上决定的，原因是它"太红"，不利于团结广大中间群众，也不利于联合国民党抗日。按照这一决定，袁永熙回到昆明后便把"中华民族解放先锋队"转化为"社会科学研究会"，其中部分同学参加了西南联大地下党领导的最活跃的学生社团"群社"。

经过整合的中共西南联大党支部，力量得到加强，到1940年3月，已有党员83人，约占云南全省党员总数的1/3。[1] 鉴于党员数量的增加和考虑到各个学系开展工作的需要，云南省工委决定把西南联大党支部扩建为党总支，下设分支和小组。扩建后的党总支，首任书记仍是袁永熙，组织上由中共云南省工委青年委员会直接领导，具体负责人起初是省工委青年委员会书记何维登（何礼），后为省工委青年委员会组织委员杨天华。[2] 同年9月，袁永熙被任命为省工委青年委员会委员，总支书记改由一年前入党的土木工程系二年级学生李振穆（李晨）担任，总支委员有熊德基、陈琏。[3] 李振穆担任总支书记不到半年就发生了皖南事变，省工委指示他疏散到滇东地区。[4] 李振穆疏散后，总支书记由熊德基接任。

---

① 清华大学校史研究室编《清华革命先驱》上册，第163页。书中记有83位党员的姓名、所在支部或小组及支部或小组负责人。

② 郑伯克：《白区工作的回顾与探讨——郑伯克回忆录》，中共党史出版社，1999，第177页。

③ 李振穆，湖南人，生于北京，其父李怀亮在日本中央大学留学时加入同盟会，回国后任国立北平大学法律系教授、教务主任，国民政府最高法院庭长。李晨在北平师大附属学校读书时受"一二·九"运动影响，1936年加入抗日民主先锋队，抗战爆发后首任中共贵州泸西县委书记，1938年考入西南联大，1939年加入中国共产党。

④ 李振穆按照省工委指示疏散到滇东地区，被任命为泸西县委书记，1942年春，奉南方局指示到重庆，在南方局经过学习后，被派到贵州重建被国民党破坏的贵州省党组织（参见李晨、宋传信《对解放前革命工作的一点回顾》，《中共党史资料》2007年第4期）。

中共西南联大党总支除了一线负责人外，还设立了二线负责人。二线党总支设立的直接原因是 1939 年 1 月国民党在五届五中全会上通过了"防共、限共、反共、溶共"的《限制异党活动办法》，并制造了一系列军事摩擦。这一动向破坏了抗战以来建立起来的国共关系，表明国民党意在恢复战前对待中共的办法。保持高度警惕的中共，随即给各地发出指示，指出"在国民党统治区域的方针，则和战争区域、敌后区域不同，在那里是隐蔽精干，长期埋伏，积蓄力量，以待时机，反对急性和暴露"。[①] 根据这一指示，西南联大建立了二线党总支。二线党总支对一线党总支是保密的，先后担任二线党总支书记的李之楠（李志强）、邹斯颐，组织关系都在南方局而不在省工委。[②] 熊德基回忆说："1940 年以后，省工委青委又决定在联大党总支之外，另外成立一个绝对秘密的支部，由青委书记杨天华直接领导，只有更少的几个党员参加。"[③] 对于二线党总支，知情者极少，李之楠、邹斯颐也未留下任何记录，加上中共西南联大党组织并未遭到破坏，故二线党总支事实上没有开展工作。二线党总支在西南联大研究中还是一个空白，有待得到填补。

二　发展外围

西南联大中共党组织的创建阶段，党员的活动主要是以学生社团形式出现，这些社团中，影响最大的是"群社"，它不仅是西南联大成立的第一个学生社团，也是抗日民族统一战线形成后中共在校园成功开展工作的一个缩影。

"群社"是为了适应新形势，解决新问题而成立的，并在摸索中逐渐发展壮大。1938 年夏，蒙自文法学院迁回昆明，加上暑假前招收了第

[①] 《毛泽东为中共中央起草给东南局的指示》（1940 年 5 月 4 日），《毛泽东选集》第 2 卷，人民出版社，1991，第 756 页。

[②] 西南联合大学北京校友会编《国立西南联合大学校史》（修订版），第 438 页；王效挺、黄文一主编《战斗在北大的共产党人》，第 180 页。按：李之楠，1921 年 1 月 23 日生，全面抗战爆发初期从天津到重庆，考入由上海迁至北碚的复旦大学，并加入共产党。李之楠的父亲担任过北洋政府财政部、实业部部长梁士诒的秘书，时任重庆交通银行经理，地下党考虑可以利用李父的社会关系，故派李到西南联大开展工作。邹斯颐，生于南京，1939 年 3 月在重庆加入中国共产党。

[③] 熊德基：《我在联大从事党的地下工作的回忆》，《云南文史资料选辑》第 34 辑，第 369 页。

一批"联字号"学生,[1] 师范学院也在暑假后成立,在校学生猛增到近3000人。这些学生,绝大多数来自沦陷区,没有多少社会关系,而学校迁昆仓促,教学、行政、后勤均未完全就绪,使大家在学习和生活上遇到不少困难。面对这种情况,一些中共党员和民先队员认为应该先组织一些积极分子活动起来,打破一盘散沙的现状。

衣食住行是人们生活的最起码条件,迁昆初期同学们生活中最苦恼的莫过于吃饭问题。西南联大没有管理膳食的机构,学生和单身教师吃饭多是各自包伙,学校提供食堂、厨房、锅灶、工具和厨工。1939年,学生自办的大众厨房是每月6元,包饭每月7.5元,小厨房包饭每月9元,单人在教授厨房私包每月12元。住在新校舍的是文学院、法学院、理学院,三院4/5的学生都加入大众厨房。但是,"每月6元,对真正靠着学校贷金生活的穷学生们来说,数目已是不小了,但经菜贩们的索诈和厨工的偷扣之后,能吃到的:早晨大半是先一天的剩米稀粥,配一点咸萝卜丝,几粒花生豆;午晚两餐也不过八人合吃四个小菜"。[2] 当然,家庭经济条件较好、头脑灵活的同学有别的办法,但这种人只占全校学生的1%,绝大多数同学则天天为吃饭发愁。为了解决这个最实际的生活困难,邢福津、袁永熙、刘忠渊、古锡麟（古念良）、马杏垣、董葆先（董易）、陈潜（金逊）等同学,决定从解决吃饭问题入手,协助学校办好伙食。他们提议每个饭桌推选一名代表组成伙食委员会,一个月改选一次。经过共同努力,食堂逐渐有了起色,他们也逐渐赢得了同学们的好感。

一两个月后,邢福津等人看到有了一些效果,便提出利用这一有利条件扩大交友范围,以便开展更多的活动。于是,以十来个中共党员为核心,以一些民先队员为骨干,联络了20多位同学贴出启事,提出要组织一个团体,征求同学报名参加。关于团体宗旨,启事强调是互相交往、联络感情、增进友谊,举行时事报告和学术报告,开展文娱体育活动。启事贴出半个多月,有近20人报名,连同发起人共有四五十人。1938年

---

[1] 西南联大学生有四种学籍,抗战前考入北大、清华、南开的同学,仍属本校学籍,西南联大成立后招收的学生学籍属于西南联大,称作"联字号"。

[2] 何期明：《西南联大的学生生活》,原载1939年昆明《战时知识》第1卷第12期,转引自《箫吹弦诵情弥切》,第367页。

年底，他们召开大会，讨论章程和团体的名称。会上，有人提议叫"力行社"，有人提议叫"群众社"。大家认为，"力行社"容易同国民党宣扬的力行哲学发生关系，"群众社"又容易使人联想到中共在重庆出版的《群众》周刊，都不很合适。这时，董葆先建议取名"群社"，获得一致赞成。① 这样，西南联大历史上的第一个学生团体"群社"就于1939 年 1 月 25 日诞生了。②

发起群社的同学，大都是一二·九运动的骨干，具有丰富的经验，因此群社的组织十分健全。群社设社长一人，副社长一人，第一、二任社长是邢福津，第三任社长葛琳，第四任社长周绵钧（周天行）、副社长古锡麟，第五任社长朱瑞青、副社长李炳泉。群社的领导机构是干事会，由 9 人组成，干事会下设学术股、康乐股、时事股、服务股、文艺股、壁报股等。这种适合校园特点的建制，反映了群社着眼于全面开展工作的意识和组织动员的能力。据周绵钧回忆，为了工作方便，群社在学校附近租了一个小院子，许多重要学生活动就是在那里商量布置的。③

全局的意识和健全的组织，使群社发展得很快，迅速在同学中建立起威信。以学生社团形式成立的群社，大门对所有同学敞开，但增加的社员大多数是有进步倾向的同学和政治态度不左不右的中间同学，也有个别三青团团员。

群社成立后，开展了一系列颇受欢迎的活动。1939 年 10 月 20 日，群社请孙伏园在昆华南院做"鲁迅先生之作品及其生平"公开讲演，听众达 400 余人。④ 1940 年 7 月 24 日，请冯友兰在文林街昆中北院演讲

---

① 邢方群：《回忆群社》，《筇吹弦诵在春城》，第 309～310 页。该文发表时有"附记"，云："这篇回忆文章是由当年群社的社员邢福津（邢方群）起草了一个初稿，并先后向黄辉实、周绵钧（周天行）、袁永熙、古锡麟（古念良）、李振穆（李晨）、葛琳、徐树仁（徐干）、董葆先（董易）、刘棕（刘楷）、许冀闽（萧荻）、张定华、沈克琦等同志进行调查和征求意见，最后定稿的。"

② 关于群社正式成立的时间，目前各种记载均无确切日期。但1941 年 1 月 26 日《云南日报》在《群社二周年举行纪念会》中说："联大群社，昨为二周年纪念日，该社社员于昆北南食堂举行纪念会，计到来宾良钊、曾昭抡及社员百余人，备有歌咏戏剧等种种余兴，情形颇为热烈云。"据此，可知群社成立的时间应是 1939 年 1 月 25 日。

③ 周天行：《回忆抗战时期西南联大生活片段》（未刊），周晓红存。

④ 《孙伏园昨在联大讲演》，昆明《益世报》1939 年 10 月 21 日，第 4 版。

"青年在哲学上的修养问题"。[①] 11 月 8 日，以西南联大时事研究会名义请《新华日报》采访部主任陆诒在文林街昆北南食堂讲演"目前抗战时势"，14 日又请国际新闻社社长范长江在昆中北院操场演讲"国际形势与中国抗战"。[②] 学术股和时事股还邀请张奚若教授讲国际形势，请魏建功教授讲鲁迅旧诗。这些活动很有吸引力，每次报告的听众都很多。1940 年 11 月，群社与西南联大基督教女青年会、基督教团契联合开办了文林夜校，免费供给书籍、文具。[③] 群社还举办过社会科学方面的哲学、政治经济学、文学和俄语、世界语的讲习班，参加听讲的同学也相当踊跃。此外，群社组织的郊游、球类比赛、划船比赛、月光晚会、歌咏大会、海埂游泳等活动，也深受同学们欢迎。西南联大学生下乡进行兵役宣传，有几次也是群社组织的。至于抗战话剧演出、七七献金、募集捐款、军营慰劳等，群社社员也表现了很高的积极性。[④]

在群社活动中，1940 年夏与昆明市学生救济委员会联合组织演出的《阿 Q 正传》，引起春城轰动。这次演出，是基督教青年会学生救济会负责人龚普生通过西南联大地下党向戏剧研究社提出的，希望以义演方式在同学中募集一些捐款。联大戏剧研究社接受了这一建议，选定田汉改编的鲁迅原著《阿 Q 正传》，因为"儿子打老子"，"不准阿 Q 革命"，在当时有一定现实意义。

《阿 Q 正传》是个群戏，出场演员有 40 多人，台前幕后参加者达 200 多人，其中一些是国民党党员和三青团团员。1940 年 9 月 25 日，《阿 Q 正传》在云南省党部大礼堂首次演出，接连演出 15 场，场场爆满。这次演出筹得的款项，由基督教青年会学生救济会用来办了一个学生消费服务社，供应同学们便宜的早点，还设立了阅览室、文娱室。《阿 Q 正传》不只是一次普通的话剧演出，它扩大了群社的影响，团结了许多同学，被认为是进步力量一次大检阅。[⑤]《阿 Q 正传》在话剧舞台艺术上也达到一定水平，陈铨说这个剧与前后演出的《祖国》《原野》《暴风

① 《讲演消息》，昆明《中央日报》1940 年 7 月 23 日，第 4 版。

② 《联大动态》，昆明《中央日报》1940 年 11 月 12 日，第 4 版。

③ 《学府动态》，昆明《中央日报》1940 年 11 月 17 日，第 5 版。

④ 参见邢方群《回忆群社》，《笳吹弦诵在春城》，第 311 页。

⑤ 黄辉实：《联大戏剧研究社和〈阿 Q 正传〉的演出》，《笳吹弦诵在春城》，第 356、359～360 页。

雨的前夕》《蜕变》等，"都达到相当的高度，不要说拿五四时代学生的
新剧，上海的文明戏，就是拿前几年中国旅行剧团的表演，来互相比较，
深刻的程度，已经不可同日而语了"。① 正因如此，群社"当时成为联大
民主力量的强大据点，在群众中享有很高威信，大家以能成为群社一员
为荣，社员最多时达二百多人，先后参加者达千余人"。② 群社社员所办
的壁报，至今在校友回忆中还常常提到。马杏垣、陈潜创办的《热风》
壁报，聘请吴晓铃为导师，吴晓铃不但为壁报的文章配插图，还经常针
对现实中的丑恶现象画一些漫画。1940 年春节，《热风》刊出两幅"门
神图"，讽刺四大家族中孔（祥熙）、宋（子文）两位"大人物"，结果
被训导处勒令撤下。群社还在大西门城门办过一份《大家看》壁报，这
是一种街头壁报，以进城农民为主要对象，文字通俗，形式贴近平民。

　　在学校各种壁报中，影响最大的是群社的机关刊《群声》壁报。作
为群社的喉舌，这个壁报以政论为主，经常对时事问题、校园生活发表
评论，同时也刊登文学艺术作品。《群声》在群社成立时就创刊了，固
定贴在新校舍大门右面的土围墙上，先后参与编辑的有林伦元（林元）、
陈潜（金逊）、董葆先（董易）、李振穆（李晨）、李炳泉等人。《群声》
的内容随着形势发展逐渐调整，但立场十分鲜明，这就是始终贯彻"坚
持抗战、坚持团结、坚持进步"的主旨。"坚持抗战"针对的是"反对
投降"，"坚持团结"针对的是"反对分裂"，"坚持进步"针对的是
"反对倒退"，《群声》进行的宣传，均围绕这一宗旨。时事政治分析评
论是《群声》的主要特点，"共产党游而不击"等诬蔑之词出现时，《群
声》就披露抗日游击区军民英勇抗敌的材料。对于官僚贪污腐化、胡作
非为，《群声》也时常刊登一些典型事例。这些报道很受同学欢迎，每
周星期日晚上贴出来，星期一清早就围满了观看的人群。

　　《群声》壁报一直出版到 1941 年 2 月，最后一期张贴的是抗议国民
党制造皖南事变的《新华日报》。这个过程，在林伦元回忆中是这样写
的："在二月间的一天，金逊匆匆告诉我说：'形势相当紧张，出完最后
一期《群声》，你利用你的社会关系撤退隐蔽吧！'一个星期天的黄昏，

---

① 陈铨：《抗战后的我国戏剧》，《云南日报》1940 年 10 月 20 日，第 2 版。
② 刘时平：《人民日报》1985 年 9 月 5 日，第 5 版。

我跟在金逊后面，步伐急促地沿着福照街一直向南走去。两人谁也不说话，只听见彼此迅速的脚步声。这天福照街显得特别长，也似乎特别冷清。我们是去大董（董凌云）那里取有关'皖南事变'的材料，准备出最后一期《群声》——'皖南事变剪报特辑'的。到了大董家，我们拿到材料打开一看，报道皖南事变真相的各种报刊材料都有。有延安的《解放日报》，有重庆的《新华日报》，还有其他解放区出版的八开小报和十六开的期刊。重庆《新华日报》曾在昆明公开发行过，一般是用蓝色的土纸印的，我们熟识，但'皖南事变'前后，在昆明就不容易看到了。我和金逊拿到了这些珍贵的材料，连夜就把它编起来了。第二天，又是一个星期一的清晨，校门一打开，《群声》面前便挤满了人，比什么时候的人都多。我也挤在人群中看了一下：周恩来同志在开了'天窗'的《新华日报》上亲笔题写的'千古奇冤，江南一叶，同室操戈，相煎何急！'几个苍劲有力的大字，便象一道闪电划过夜空，驱散了人们心头上的疑团；接着，便自然是一声雷鸣——在人们心海里爆发出愤怒的吼声，这是人民群众抗议国民党反动派反共、反人民的吼声啊！下午，我便遵照党的指示离开了学校，到昆明郊区海源河一个广东同乡的家里躲藏起来了。"①

　　西南联大的各个学院分布在不同校区，群社活动主要在校本部所在的新校舍，其他校区距新校舍不远，只有工学院位于拓东路迤西会馆、江西会馆、盐行仓库，离新校舍5公里。不过，在相对独立的工学院，中共党员的活动也不逊色。1938年8月20日，国民党以整理和登记民众团体为由下令解散中华民族解放先锋队。中华民族解放先锋队总部虽然解散了，但力量还在，按照党的指示，西南联大的民先队员达到党员条件的加入了共产党，大部分队员参加了新成立的社会科学研究会。社会科学研究会发挥着中共外围组织的作用，其组织也十分严密，内部分有若干小组，各小组间不发生横向联系。工学院的社会科学研究会小组受西南联大总部刘忠渊领导，由许京骐任组长、刘谋偕任副组长，不久又吸收了毕纯德、李振顺、王燕昌等，成员达到十多个人。

　　工学院的社会科学研究会小组每两周进行活动一次，经常利用下

---

① 林元：《记〈群声〉壁报》，《笳吹弦诵在春城》，第320~322页。

午课余时间，在校舍后面的树林中进行。活动内容除研究如何领导工学院进步群众组织活动外，主要是学习唯物辩证法和中国革命的基本知识，曾请过一位冀中根据地同志介绍中共在冀中领导游击战争的情况和关于铁道游击队的故事。[①] 当时，工学院一些文艺爱好者编辑了个名叫《引擎》的壁报，社会科学研究会工学院小组在这个壁报基础上成立了一个与"群社"性质相同的社团"引擎社"。以社会科学研究会成员为核心的引擎社，就是通过《引擎》壁报宣传中共的方针、路线、政策。

《引擎》每两周出版一次，一直坚持到1941年皖南事变，将近两年中从未间断。《引擎》壁报经常刊登针对现实的杂文和评论，还出版过纪念"五四"和纪念鲁迅的专刊，"新社会科学讲座"专栏曾连续介绍马列主义的理论知识。《引擎》的政治倾向引起一些三青团团员的不满，双方曾展开过激烈论战。许京骐、刘楷在回忆中写道："《引擎》壁报还介绍过发表在《密勒氏评论周报》上的进步记者路易斯·安娜的通讯，揭露国民党军队张荫梧部在河北对抗日的八路军搞摩擦的真相，引起同学们的关注和轰动。三青团分子办的壁报《熔炉》，对《引擎》壁报发表此文进行反驳，从而在工学院展开了对国民党的所谓'一个党，一个政府，一个主义'的论战。《引擎》壁报积极宣传了中国共产党坚持抗战，反对投降；坚持团结，反对分裂；坚持进步，反对倒退的政策，得到大多数同学的支持。"[②]

和群社一样，引擎社开展的活动也是多种多样，他们通过李良广的联系，得到云南歌咏协会的支持和帮助，成立了引擎歌咏团，由云南歌咏协会派人定期到工学院教唱《红缨枪》《游击队之歌》《黄水谣》《保卫黄河》《生产大合唱》等抗日救亡歌曲。此外，他们排演的街头剧《放下你的鞭子》，曾在街头进行演出，并参加群社主办的下乡宣传。著名战地记者范长江、陆诒应群社邀请在新校舍做报告后，引擎社又请他们到工学院报告，会后还组织了讨论。[③] 1941年皖南事变后，《引擎》根

---

① 许京骐、刘楷：《联大工学院的引擎社》，《箫吹弦诵在春城》，第338页。
② 许京骐、刘楷：《联大工学院的引擎社》，《箫吹弦诵在春城》，第339页。"张荫梧"文中误作高荫梧，径改。
③ 参见许京骐、刘楷《联大工学院的引擎社》，《箫吹弦诵在春城》，第339～340页。

据辗转得到《新华日报》和党的文件材料，出版了揭露国民党袭击抗日武装新四军，掀起第二次反共高潮真相的壁报。此后，引擎社按照党的"长期埋伏、隐蔽精干、积蓄力量、等待时机"的指示精神，停止了各项活动。

创办于1940年的《冬青》，是西南联大持续时间最长、发挥作用最大的壁报。这个壁报最初是从群社文艺股演变的冬青社编辑的一个文艺性质壁报，导师是闻一多、冯至、卞之琳，后来增加了李广田。冬青社除了组织诗歌朗诵会、演讲会、纪念会外，主要工作是出版《冬青》壁报。由于强调"艺术水准"而不是以政治态度为标准，冬青社团结了不少不同倾向和不同写作风格的同学，在校园里产生了很大影响。皖南事变后，群社停止活动，冬青社一度把阵地转向校外。1941年暑假后，疏散同学陆续返校，文艺社也逐渐恢复活动。1942年秋，中共云南省工委决定在西南联大建立新的支部，负责筹建工作的马千禾想组织一支左派文艺队伍，考虑到冬青社在学校影响较大，便决定以冬青社名义组织一个文艺团体，并把这项工作交给何扬、袁成源。① 在训导处登记时，社长即何扬、副社长袁成源，导师仍是闻一多、冯至、卞之琳、李广田。冬青社重组后，主要工作是复刊了《冬青》壁报，由于投稿踊跃，出现稿件积压，张贴在新校舍的《冬青》容纳不了，于是在女生宿舍的南院、师范学院、工学院分别创办了分版。一报四版，这在西南联大壁报史上独一无二。②

类似群社、引擎社、冬青社的进步学生社团还有许多，贯穿了西南联大各个历史阶段。这些社团编辑的壁报形式多种多样，内容贴近现实，在团结同学、活跃思想、养成民主风气中发挥了重要作用，是这所高等学府的一道靓丽风景线。这些社团与壁报的政治背景，同学们心知肚明，但都坦然接受，一些疏远政治的同学，通过这些社团的宣传与活动看到了共产党的形象。经历了西南联大全过程的吴征镒认为，西南联大校园里形形色色的社团和读书会，是西南联大能够成为

① 李光荣、宣淑君：《季节燃起的花朵——西南联大人文学社团研究》，中华书局，2011，第155页。

② 参见李光荣、宣淑君《季节燃起的花朵——西南联大文学社团研究》，第五章"冬青文艺社"。

"民主堡垒"的基础。[①]

三　隐蔽疏散

1941年1月初皖南事变发生后，国民党统治区域的中共组织都受到不同程度的影响，西南联大也不例外。1月上旬，周恩来面告中共云南省工委委员费炳：必须提高警惕，为了防备万一，保存自己的革命力量，省工委的同志要暂时疏散隐蔽。[②] 当时，出于蒋介石可能与中共破裂的估计，毛泽东于1月18日、20日连续两次急电南方局，要求南方局准备撤销各办事处，干部迅速撤退。

西南联大学生社团壁报围绕皖南事变展开的论争，引起重庆方面的注意，派国民党特务组织"复兴社"头目康泽到昆明。1941年3月4日，康泽对西南联大师生演讲了两个小时，郑天挺在日记中记述"中央党部派康兆民来滇视察，并报告解散新四军之经过，校中请其来演讲。自十一时至一时，凡二小时"，[③] 指的就是这件事。郑天挺日记只是说康泽演讲的内容"述自二十六年七月以来共产党与中央之关系，在陕北及山西河北之情形，阎锡山诸人与共产党合作之结果，新四军之企图，中央以六日一月九日至十四日解散新四军之经过，新四军今后之企图，中外之舆论，阐述甚详"，[④] 而在一些同学记忆中，还写到康泽不便公开指责进步学生，却带着威胁的口吻说：只要学生不违反政府法令，不破坏社会秩序，遵守治安条例，安心读书，就不会予以逮捕。[⑤] 言外之意，就是不法学生就要逮捕。其时，校园里盛传的小道消息说国民党已开出了黑名单，要派武装到学校大搜捕，一时学校人心惶惶，风声鹤唳。[⑥]

鉴于这种形势，云南省工委决定把西南联大大部分党员和一些经常

---

① 参见吴征镒《西南联大：民主堡垒》，《西南联大北京校友会简讯》第48期，2010年10月，第62页。

② 中共中央文献研究室编《周恩来年谱（1898—1949）》（修订版），中央文献出版社，1998，第494页。

③ 俞国林点校《郑天挺西南联大日记》上册，第389页。

④ 俞国林点校《郑天挺西南联大日记》上册，第389页。

⑤ 参见邢福津《疏散前后》，《笳吹弦诵在春城》，第241页。

⑥ 冯契：《忆在昆明从汤先生受教的日子》，汤一介编《国故新知：中国传统文化的再诠释——汤用彤先生诞辰百周年纪念论文集》，北京大学出版社，1993，第37页。

抛头露面的进步学生疏散到外地隐蔽起来，中共西南联大党总支书记亦由尚未暴露的熊德基接任。[①] 邢福津回忆这段历史时说："大约在1941年1月，云南省青委袁永熙同志到宿舍找我，我们一同走到野外无人的地方。他说，党组织要分批把一些党员疏散出去，他是第一批中的一个。他还说：'你过去是群社的社长，现在是学生自治会干事会主席，目标显著。为了掩护其他党员疏散，你要在最后离校。在离校前，要如往常一样，从容不迫地上课，高高兴兴地做学生会工作，兴致勃勃地参加文娱活动，喜笑颜开地和朋友聊天，借以麻痹敌人。如果你先疏散，敌人会警觉起来，其他同学便不好疏散了。'我当时表示，完全同意党组织的决定，如果以后被敌人监视起来，就准备蹲监狱。之后，袁永熙就从学校里消失了，有些平日熟悉的和共同战斗的同学，也先后不见了。我心里当然明白，他们都疏散了。至于他们疏散到哪里去，我一概不打听。对这种情况，学校里的国民党，三青团也不是毫无察觉。"[②]

2月的一个夜晚，邢福津为了学生自治会的事去找代理训导长陈雪屏，谈过正事后，陈雪屏对他说："听说学校里有些学生离开了学校，他们到哪里去了？你设法叫他们回学校来。"接着又说："跑到外地，易发生危险；留在学校，反倒安全些。"邢福津回答说自己每天忙于上课，课余就做学生会的工作，是否有些同学走了，他不知道，更不知道他们到哪里去了。陈雪屏听了一笑，显然是不相信他的话，只是重复地让他设法把离校的同学叫回来。邢福津离开训导处，立即去找与他联系的中共支部书记古锡麟（后改名古念良），把陈雪屏的话转告他。古锡麟说："陈雪屏是国民党的委员，又是学校三青团的头子，不管他讲这些话有什么用意，我们仍照原订计划行动。"[③]

众多同学的疏散，在学校十分显眼，也引起一些教授的不安。1935年考入清华大学哲学系，1937年底从长沙临时大学赴山西参加"牺牲救国同盟会"的冯契，没有疏散到外地，但也搬到昆明郊区龙头村的北京

---

① 熊德基，生于南昌，1936年在北平中国大学肄业时，曾因参加爱国运动被捕，半月后由学校保释出狱。1937年受新四军南昌办事处委派，到国民党江西省党部从事地下工作。1938年在江西加入中国共产党，曾担任南昌《大众日报》编辑主任。1939年秋，由江西吉安到昆明，转学进入西南联大师范学院史地系。

② 参见邢福津《疏散前后》，《笳吹弦诵在春城》，第242页。

③ 参见邢福津《疏散前后》，《笳吹弦诵在春城》，第242页。

大学文科研究所。一天，他见到汤用彤教授，汤用彤悄悄问他"哲学系有几个学生不见了，你知道他们到哪里去了么"。冯契说"不知道"，汤用彤问"不会是被捕了吧？"冯契答"没听说"。汤用彤又问"你不会走吧？"冯契踌躇了一下，说"暂时不会走"。汤用彤叹了口气说："希望你能留下来！"这次简短的对话给冯契留下深刻印象，他原来以为汤用彤是个洁身自好、不问政治的学者，想不到在这样严峻的时刻对进步同学竟如此爱护。有这样的老师关心，冯契决定留在昆明，1941 年毕业后考入清华大学文科研究所，继续学业。①

这次疏散的同学不仅有中共党员，还有些平日进步表现比较突出的学生。历史系的萧荻不是中共党员，只是群社和进步社团社会科学研究会的一般成员，因为在《阿 Q 正传》中扮演小 D，比较引人注目，这时就疏散到外地去了。② 也有些同学没有离校。战前考入清华大学哲学系的冯契同学，全面抗战爆发后先到山西前线，又去延安和晋察冀、冀中等敌后根据地，1939 年秋回西南联大复学。他本来也准备疏散去外地，因受到汤用彤教授的爱护，才留了下来。③ 由于这次疏散行动迅速，最后留在学校的中共党员只剩下 10 人左右。④

这次疏散，《国立西南联合大学校史》说先后有 100 多人，⑤ 分别隐蔽到个旧、蒙自、石屏、建水、龙陵、普洱、泸西等十多个州、县。这件事发生得很突然，无论同学还是教师，都发现周围有些同学一下子不见了。闻一多说："联大有一段很重要的历史，就是皖南事变时期"，不仅"同学们在思想上分成了两个堡垒"，而且"有一部分同学离开了学校"。⑥ 那年，闻一多正在休假，全家移居外县，连他都这么说，可见这件事情多么显眼。

---

① 参见冯契《忆在昆明从汤先生受教的日子》，汤一介编《国故新知：中国传统文化的再诠释——汤用彤先生诞辰百周年纪念论文集》，第 37 页。

② 萧荻：《承先启后的战斗集体——忆联大剧艺社》，《笳吹弦诵在春城》，第 391 页。

③ 冯契：《忆在昆明从汤先生受教的日子》，汤一介编《国故新知：中国传统文化的再诠释——汤用彤先生诞辰百周年纪念论文集》，第 37 页。

④ 熊德基：《我在联大从事党的地下工作的回忆》，《云南文史资料选辑》第 34 辑，第 371 页。

⑤ 西南联合大学北京校友会编《国立西南联合大学校史》（修订版），第 339 页。

⑥ 闻一多谈话、际裁笔记《八年来的回忆与感想》，《联大八年》，第 10 页。

　　群社和进步社团骨干的撤离，对西南联大的进步活动影响很大，好不容易争得的学生自治会领导权也失去了。后来，中共党内对西南联大这次疏散做过反省，郑伯克回忆说："事过多年，回头来看，马子卿、涂国林[①]对当时的形势是否看得过于严重，对中央的隐蔽政策的理解似有些消极，而在执行中又显得有点仓皇失措。"他根据当年龙云主持云南省政的半独立形势、地下党在城市农村的发展以及有统战工作做掩护等情况，认为"只需改变斗争方式和组织形式，就有条件打开更大的工作局面，不必那样仓促地大撤退"。[②] 1946 年，周恩来在一次与李振穆谈话时，特别问到西南联大的疏散情况，并认为"当时撤退得匆忙了一点"，[③] 这实际是对这次疏散的委婉批评。

　　今天回顾起来，情况的确并不像当年估计的那么严重。皖南事变后，英国驻华大使卡尔便告诫蒋介石要停止国内冲突，美国总统代表居里也表示美国赞助中国统一，反对日本，随后还向蒋介石正式声明：美国在国共纠纷未解决前，无法大量援华，中美间的经济、财政等各问题不可能有任何进展。苏联驻华大使潘友新警告蒋介石："进攻新四军有利于日本侵略者，对中国来说，内战将意味着灭亡。"美国记者斯特朗在纽约一些报纸和《美亚》杂志上，则披露了皖南事变真相，引起国际舆论的关注。中间党派也在四处奔走，积极调停国共矛盾。[④] 中共也为抗议国民党发动皖南事变，拒绝出席作为国内团结象征的国民参政会大会，迫使蒋介石在 3 月 6 日的国民参政会演说中不得不表示"保证以后决无剿共的军事"。这些情况，中共云南省工委不可能完全掌握，以致操之过急，但从保护处在风口浪尖的西南联大党组织角度来看，也不得不采取格外

---

① 涂国林是皖南事变后由南方局派到云南，准备接替省工委书记马子卿的工作，后来考虑到他曾做过公开工作，对从事秘密工作不利，故改派郑伯克到云南（参见郑伯克《白区工作的回顾与探讨——郑伯克回忆录》，第 151 页）。西南联大地下党的疏散，是涂国林与马子卿一起布置的。

② 郑伯克：《白区工作的回顾与探讨——郑伯克回忆录》，第 163～164 页。

③ 这个意思是陈浩在回忆中说的。当时，李振穆已改名李晨，是以周恩来为首的政治协商会议中共代表团下设之青年组成员。1946 年 5 月 11 日晚，周恩来与邓颖超参加他与陈浩的结婚茶话会，会前做他们两人共进晚餐，表示祝贺。席间，因李振穆曾任西南联大党总支记，故问起 1941 年皖南事变后西南联大的党员疏散情况。

④ 关于中间党派对皖南事变善后的调解，参见笔者《第三种力量与抗战时期的中国政治》，上海书店出版社，2004，第 170～207 页。

谨慎的态度。

1941 年 6 月，中共南方局考虑到云南省工委书记马子卿是云南人，在当地的熟人较多，不利于开展工作，决定任命川康特委书记郑伯克接替马子卿的省工委书记职务。10 月，中共南方局派川康三台中心县委书记侯方岳到云南。1942 年 7 月川康自贡中心县委书记刘清也奉南方局指示到云南。郑伯克、侯方岳、刘清三人到昆明后组成了新的中共云南省工委。郑伯克到任后，马子卿将一些关系交给他，但郑伯克经过联系，发现留在学校的人中有一人参加了三青团，另一人也与特务关系密切，决定马上切断联系。另外，有的人虽然当时没有离校，但不久也疏散出去了，到 1943 年，能够联系上的党员仅有 9 人。① 在这种情况下，云南省工委决定撤销西南联大党总支。

以皖南事变后疏散为标志，西南联大党组织进入了隐蔽阶段，校园活动的停止使联大的政治空气日渐沉寂。这种现象在当时各大学都不同程度存在，消极影响非常明显，中共南方局及时认识到这一点，遂提出适应新形势的"三勤"方针。"三勤"方针的提出有一个过程。尚在 1940 年 3 月国民党借口成都"抢米事件"秘密逮捕中共四川省委领导后，中共中央就指出应对这一事件须严重警惕，干部和党员要调动和隐蔽。4 月 29 日，中共中央政治局会议②听取广东省委书记张文彬的报告，周恩来提出"领导机关要隐蔽起来，干部要职业化，隐蔽在群众中"的意见。5 月 4 日，毛泽东根据中央政治局会议决定，起草了抗日民族统一战线中的策略等指示，明确提出了党在国民党统治区域的方针是"隐蔽精干，长期埋伏，积蓄力量，以待时机"，这就是著名的中共在大后方地下党发展的十六字方针。皖南事变的发生，进一步证明十六字方针的重要性。1941 年夏，南方局召开会议，专门讨论了如何贯彻执行十六字方针问题。会上，还对干部做了调整，川康特委宣传部部长郑伯克就是这时接到调任云南省工委书记决定的。

---

① 郑伯克：《白区工作的回顾与探讨——郑伯克回忆录》，第 178 页。文中提到的吴显钺（吴子良），仅在学校待了很短时间，便也疏散到普洱的磨黑中学去了（见萧荻《吴显钺同志逝世十周年祭》，《云南文史资料选辑》第 34 辑，第 295 页）。又，袁永熙 1944 年才返回学校，这证明云南省工委联系的人，有的并不在学校。

② 此处从《毛泽东年谱》，《周恩来年谱》作"中共中央书记处会议"。

十六字方针是一个整体，"隐蔽"和"长期埋伏"是方法和斗争方式，"积蓄力量"是必要过程，目的是"以待时机"。单纯的隐蔽，势必丧失已经开辟的阵地，增加进步青年的苦闷，南方局对这一点有清醒认识。1941年12月至1942年1月，南方局召开会议总结两年来的工作，周恩来根据十六字方针提出"勤学、勤业、勤交友"的"三勤"方针。"三勤"方针于1942年6月被中共中央定名为"三勤"政策，主要精神是：将校外救亡工作转为校内学生工作，将纯政治活动转向学术性、福利性和政治性相结合的活动，地下工作者要实行职业化、社会化、群众化，以勤奋的学风和优异的成绩树立自己的威信，争取和团结广大学生与职业青年。

中共南方局工作会议结束后，南方局青年组负责人刘光将会议精神写信给与他直接联系的联大刘国鋕同学，刘国鋕遂向留在学校的党员传达了"三勤"指示，使大家初步认识到新形势下必须实行斗争方式和组织形式的转变。[①]

四　组织重建

与组织形式和斗争方式的转变相比，思想转变更为重要，西南联大地下党对"三勤政策"的理解，是在实践中逐步加深的，其间不免出现曲折，一些党员在讨孔风潮中出现的冲动就说明了这一点。

讨孔风潮有人称之为讨孔运动，是西南联大历史上具有重大意义的事件。这次风潮的起因，是报载政府派往香港接运要员和知名人士的最后一班飞机，接回的却是行政院副院长孔祥熙的眷属，甚至还有七八条洋狗，这条消息引起西南联大同学极大愤慨，遂于1942年1月5日贴出"打倒孔祥熙"标语，6日举行讨孔游行。详细经过，后面将做介绍。讨孔游行后，同学们自发成立了"倒孔运动委员会"，又联合一些团体组成"倒孔运动后援会"。倒孔风潮影响很大，蒋介石认定背后必定有政治背景，提高了对共产党的警惕。

这些活动的主要成员是三青团团员，但中共地下党员齐亮、王世堂、高彤生、马千禾（马识途）也参加了进来，马千禾起了重要作用。热情

---

① 郑伯克：《白区工作的回顾与探讨——郑伯克回忆录》，第184页。

和冲动原是青年人的特质，一有机会就会显露出来。但是，盲目的冲动是要付出代价的，因为马千禾、齐亮、王世堂、高彤生等尚未与联大地下党组织接上关系的党员，难免在这件事中受到注意。好在国民党区党部也承认这次"不幸事件"是"联大青年团首当其冲"，[①] 蒋介石亦知"西南联大所发生之学潮"，系"我青年团干部愚昧不悟"所造成，[②] 方减轻了对中共的怀疑，否则后果不堪设想。

国民党针对讨孔风潮采取的一系列高压措施，提醒西南联大地下党必须把生存放在首要位置，也进一步证明"三勤政策"的重要性。于是，留在学校的少数党员，遵照"长期埋伏、隐蔽精干、积蓄力量、等待时机"十六字方针，默默刻苦学习，热心为大家服务，争取使自己的工作合法化、社会化。

鉴于一些党员参加讨孔风潮，中共省工委意识到必须在西南联大恢复党的组织，才能有效领导学生运动。省工委考虑这个问题是在1942年暑假前后，1938年入党并曾任中共鄂西特委组织部长的何功楷（何志远），当时正要从大理华中大学转学到西南联大，南方局正式把何的组织关系转给郑伯克，何功楷与郑伯克碰头时，将马千禾担任过鄂西特委副书记的情况告诉了他。[③] 中共鄂西特委成立时，马千禾任副书记，当时特委书记还没到任，第一次会议由马千禾主持，何功楷参加了这次会议，所以知道马的情况。[④] 不久，中共南方局任命何功楷的哥哥何功伟（何彬）为鄂西特委书记，鄂西地下党被破坏时，马千禾的妻子、鄂西特委妇女部长刘惠馨与何功伟同时被捕，同于1941年11月17日在恩施惨遭国民党杀害，这个消息马千禾也是从何功楷处得到证实的。[⑤]

正在思考重建西南联大党支部的郑伯克听了这个情况，知道马千禾还没有找到党组织时，便很快与他接上了关系，并决定由马千禾负责新支部的工作。马千禾与郑伯克商量重建党支部时，说到与他同宿舍的齐亮也参加了讨孔运动，并说根据他的暗中观察，齐亮很可能也是中共党员。事实

---

① 《姚从吾致朱家骅函》（1942年1月21日），"朱家骅档案"。

② 蒋介石：《本星期反省录》（1942年1月24日），"蒋介石档案"，档号：002-060100-00160-024。

③ 郑伯克：《白区工作的回顾与探讨——郑伯克回忆录》，第181页。

④ 马识途：《风雨人生（下）》，《马识途文集》第9册，第248页。

⑤ 马识途：《风雨人生（下）》，《马识途文集》第9册，第364页。

也是如此，齐亮进入西南联大前，已在重庆的南开中学加入了党组织，其组织关系掌握在不久前被任命为省工委委员刘清那里。[①] 马千禾听了，就建议把他们的组织关系连在一起。郑伯克接受了这个建议，把齐亮的组织关系从刘清处转给马千禾，接着把他俩和何功楷编成一个党支部，由马千禾任书记，由郑伯克直接领导。这个支部，是皖南事变后西南联大重新建立的第一个党支部，与郑伯克联系的联大其他党员不发生横向关系。[②]

大规模疏散后，中共云南省工委通过各种渠道，终于与西南联大的30多个地下党员取得了联系，这些人分别与省工委书记郑伯克，委员侯方岳、刘清三人平行联系，互不发生关系。其中郑伯克联系的有三条线：第一条线即新成立的西南联大党支部马千禾、何功楷、齐亮三人，和个别联系的郭沂曾、袁永熙、黄辉实、王云、林必宜等，再由王云联系王乔，由林必宜联系其妻刘聘珊；第二条线为通过刘浩、欧根联系王铁臣、马杏垣；第三条线是通过张文澄联系吴显钺。

由侯方岳联系的也有三条线：第一条线是通过云南大学李长猛联系计思慧（计德生）、孙志能、吴树云；第二条线是通过李祥荣（李德仁）分别联系唐祺尧、谭元坤、何世杰（何杰）、傅发聪、朱君毅、黄志成（黄自仙）、党凤德、郑家奎、傅君诏、吕茂林；第三条线是通过祁山联系孟循时、王越峰。由刘清联系的是联大工学院的王世堂（王日强）、方复。

此外，根据转地不转组织关系的组织原则，彭华林、陈彰远（刘新）、何明光、黄锡九、刘世泽由原来所在的重庆联中党组织领导，不与西南联大党组织联系。在校外的王文中、万国祥、王尊贤等，也受南方局直接领导，单独成立一个党支部，书记是章宏道（章文晋）。

除了上述人，有些地下党员入校时未能接上关系，有的是离校后才接上关系，这些人有张华俊、李明、高志远（高彤生）、于文烈、潘琰、缪祥烈、叶向中、黄平、陈盛年、卢华泽等。[③]

---

① 1942 年 5 月，南方局调中共川东特委负责人刘清到云南，与郑伯克、侯方岳共同组成新的省工委。郑伯克任书记，侯方岳、刘清为委员（参见刘清《在云南省工委工作的岁月里》，《贵州文史丛刊》1982 年第 4 期）。

② 郑伯克：《白区工作的回顾与探讨——郑伯克回忆录》，第 182 页。

③ 郑伯克：《白区工作的回顾与探讨——郑伯克回忆录》，第 178～179 页。

马千禾支部虽然仅有三人，却标志着西南联大党组织着手迎接第三个阶段的准备。为了迎接这一阶段的到来，他们一步一个脚印地做了许多努力。这些工作都是秘密进行的，主要有：（1）根据南方局的部署，进行整风。整风的内容首先是学习党的隐蔽精干政策，深刻体会周恩来提出的"三勤""三化"及密切联系群众、把党组织隐蔽在群众之中等重要指示，彻底转变救亡运动高潮时期的工作作风，以适应当时的政治形势。其次是要求每个党员写篇调查报告，分析敌我友各方面情况，引导大家认识形势，明确斗争方向。学习的材料，主要是在昆明公开发行的《新华日报》。（2）要求党员认真读书，以模范的学习成绩，在同学中树立威信，获得教授的信任。（3）认真贯彻"勤交友"方针，用灵活多样的方式广交朋友。这些方式包括把不同爱好的同学组织进各种内容和形式的社团，活动的重点放在文化学习、娱乐活动等方面，以便逐步起到潜移默化的作用。为此，还制订了计划，要求每个党员交 3~5 个朋友，朋友中既有进步的，也要有中间的，但进步分子要在半数以上。然后，由这些朋友再交 3~5 个朋友，并且定期或不定期地开展小组活动，以达到联络感情的目的。

勤交友的工作很有成效，这里举一个小例子。1939 年，从上海流亡到桂林的于立生（于产）考入西南联大。这位满腔热情的青年进校后积极参加各种政治和文艺的活动，还自动组织了一个党支部，动员他认为思想进步的马千禾加入这个支部。他哪知道马千禾才是真正的中共党员，结果后来倒是马千禾成了于产加入共产党的介绍人。[①] 这件发生在勤交友活动中的趣闻，说明勤交友不仅使一些尚未接上组织关系的党员之间建立起互相信任，而且发现了一批思想进步的青年。这些人中有殷汝棠、王松声、李明、高彤生、许寿谔（许师谦）、王树勋（王刚）、李晓（李曦沐）、王汉斌、陈盛年、李凌等，他们有的是失去组织关系的地下党员，有的后来成为云南民主青年同盟的骨干。[②]

西南联大的沉寂局面持续到 1943 年秋季。这年暑假后，校园逐渐出现了一些新面貌。一位同学说："经过沉寂的日子后，这学期开始不久即

① 秦泥：《你好吗？于士奇——怀念亡友于产》，《西南联大北京校友会简讯》第 21 期，1997 年 4 月，第 41 页。

② 郑伯克：《白区工作的回顾与探讨——郑伯克回忆录》，第 183~186 页。

出现了好几种壁报"，其中以杂文为主的《游击》，内容多"反映出这些日子的沉闷和不甘寂寞，反对消沉的呼喊"。该壁报刊登的《北大二三事》，内容为介绍战前北大的自由研究、辩论、出壁报、组织讨论会等，很容易启发同学们进行今昔对比。①

　　这些壁报中，冬青文艺社编辑的《冬青》壁报引人注目。冬青文艺社成立于 1940 年初，属于群社社员早期办的壁报之一，负责人为林元（林伦元）、杜运燮，最初成员有刘北汜、汪曾祺、萧荻、马健武、刘博禹、萧珊、张定华、巫宁坤、穆旦、卢静、马尔俄、鲁马、吴宏聪、辛代、吴燕晖等。② 杜运燮毕业离校后，皖南事变发生，林元、萧荻等疏散离校，冬青社停止活动，《冬青》壁报亦停刊。1943 年，西南联大地下党想组织一支左派文艺队伍，考虑到冬青文艺社当年不仅编辑壁报，还出版过杂志，组织过诗歌朗诵会、演讲会、鲁迅纪念会等，在学校产生过较大影响，决定以它的名义组织文艺团体，并派袁成源联系此事。③ 经过筹备，最迟于 10 月 12 日之前，冬青文艺为纪念成立 4 周年公开征求社友，希望爱好文艺的同学有机会在一起学习和写作。④ 几天后，冬青文艺社约集了 30 多人举行会议，会上决定恢复出版《冬青》壁报。

　　《冬青》壁报恢复出版大约在 1944 年 1 月。当时，学校只有 1943 年秋出版的《耕耘》《文艺》等少数壁报，比起这些新面孔，"冬青"是块老牌子，《冬青》壁报虽然停刊了，冬青社并没有停止活动，校内活动少了，但重心转移到校外了，所以，《冬青》在校园里再现就非常显眼，投稿的同学也逐渐增多，一度还出现稿件积压现象。受到这种鼓舞，冬青社决定在新校舍外的其他几个校区出版分刊，先后创办的有冯只苍负

---

①　伶：《从壁报中看联大》，《新华日报》1943 年 10 月 24 日，第 4 版。

②　参见李光荣、宣淑君《冬青文艺社及其史事辨正》，《中国现代文学研究丛刊》2007 年第 6 期。林元、吴宏聪、辛代、吴燕晖原组成有边风文艺社，该社后集体加入冬青社。

③　《李光荣访何扬先生记录》（2004 年 10 月 14 日），转引自李光荣、宣淑君《冬青文艺社及其史事辨正》，《中国现代文学研究丛刊》2007 年第 6 期。李光荣、宣淑君文云"推断冬青社的恢复时间是 1944 年 1 月上旬"，似有误，根据署名"伶"在《新华日报》上发表的《从壁报中看联大》文末注明"10 月 12 日寄"，证明《冬青》恢复于1943 年秋。

④　伶：《从壁报中看联大》，《新华日报》1943 年 10 月 24 日，第 4 版。

责编辑的《冬青》南院版、赵家康负责的《冬青》师范学院版，以及拓东路的《冬青》工学院版。① 一个壁报有四个版，这在西南联大壁报史上独一无二。冬青社是个文学社团，《冬青》壁报编辑袁成源、赵家康都是中共党员，因此《冬青》能够把握积极进取原则，刊登的作品贴近现实，使校园沉默的时候仍保留了一条通过文学活动团结同学的纽带，成为保持进步力量的一个重要阵地。

《冬青》壁报筹备恢复的时候，张源潜、程法伋、杨淑嘉、陈彰远、王汉斌、何孝达、林清泉等同学，于 1943 年 10 月 1 日也创办了一个设有小说、散文、诗歌、文艺评论及翻译短剧等栏目的《文艺》壁报。《文艺》壁报与《耕耘》壁报围绕文艺观的论争，引起同学们的思考，催生了一批新的壁报，改变了皖南事变以来壁报寥寥无几的局面。1944年春季开学后，校园里经常出版的除《冬青》《耕耘》《文艺》外，还有《生活》《现实》《学习》《潮汐》《湿风》《新生代》《文摘》《社会》《诗与画》以及三青团主办的《青年》等十几个壁报。②

这些壁报曾经一度联合了起来。1944 年 4 月，行政院副院长孔祥熙到昆明，西南联大向他们汇报了学生生活的困难，事后行政院决定拨给西南联大学生 30 万元救济金。针对如何使用这笔救济金，各壁报展开了热烈讨论，新校区可以张贴壁报的地方都被挤得满满的，学校为此在新校区大门一侧加修了一道长约 30 米的壁报墙，这个地方后来成了鼎鼎大名的"民主墙"，有人颇有感触地说"只要在民主墙边停留一会儿，就立刻感到抗战的呼吸了"。③ 在这次讨论的基础上，各壁报联合于 5 月 10 日成立了不分性质、不分立场的"壁报协会"，三青团团员办的《辨奸》《诛伐》《火炬》也参加了进来，所以有同学说壁报协会"百分之百地代表联大壁报界"。④ 在学生自治会形同虚设的时候，壁报协会对内反映同学们的意见，对外代表全校学生参加各种活动，有人说

---

① 参见李光荣、宣淑君《冬青文艺社及其史事辨正》，《中国现代文学研究丛刊》2007 年第 6 期。

② 程法伋：《联大后期学生自治会理事会的活动》，《笳吹弦诵在春城》，第 443 页。文中的《诗与画》壁报，后来分为《新诗》和《阳光》两个壁报。

③ 刘时平：《抗战中的西南联大》，《人民日报》1985 年 9 月 5 日，第 5 版。

④ 何达：《"报联"》，《联大八年》，第 117 页。

它"起了代替已瘫痪的学生自治会的作用"，① 也有人说它"真正的代替当时的自治会，作了许多当时自治会应该作而不肯作的事"。② 这话形象反映了壁报协会在同学们心中的地位，就连它的组织机构也仿照学生自治会理事会体制，选举《文艺》《生活》《耕耘》三壁报为壁报协会常委。

"报协"成立后，对内反映全体同学的意见，对外代表全校学生参加各种活动。7月7日，昆明四大学学生举办抗战7周年时事晚会，云南大学、中法大学、英语专科学校出面的都是学生自治会，而西南联大出面的则是壁报协会。不过，壁报协会成员复杂，内部没有纪律约束，三青团团员办的壁报还不时发出反苏反共声音，引起多数壁报不满。1944年秋，一些志同道合的壁报另行成立了"壁报联合会"（简称"报联"）。壁报联合会的基本队伍是壁报协会的多数壁报，同时也增加了一些新壁报，起主力作用的是《冬青》和后来成为民主青年同盟舆论工具的《现实》。壁报联合会曾经与《辨奸》《诛伐》等三青团团员办的壁报打了许多激烈笔仗，形成鲜明对垒。③

校园政治生态的上述变化，为中共党组织在学校发展提供了非常有利的条件。此时，西南联大的地下党员仍多为单线联系，未恢复组织关系的党员也是以个人身份活动，马千禾支部的三个党员遵照中共云南省工委不在学校发展党员的指示，尚处于隐蔽之中，虽然1943年就有一些进步同学向马千禾明白表示入党要求，但马千禾在没有得到党的新指示之前不能轻举妄动。马千禾说："和我关系较好的李晓，他当时就有一种强烈的入党要求。我也认为他够条件，于是便自作主张地同意他入党，和他作了入党谈话。我现在还记得我和他跑到学校附近一个坟山里头，坐在那里进行严肃的谈话。我说：'共产党是宁死不叛党的。如果你被捕了，要杀你的头了，你能从容走上刑场吗？'他马上就表示：'我能。'我把他的情况报告云南省工委书记郑伯克，他也觉得这是可以入党的同志。但是他说，党中央到现在还没有解禁说可以吸收新党员呢，这事还得请示南方局。结果他还是通知我说，暂时

---

① 程法伋：《联大后期学生自治会理事会的活动》，《笳吹弦诵在春城》，第444页。
② 何达：《"报联"》，《联大八年》，第177页。
③ 何达：《"报联"》，《联大八年》，第178页。

不批准，他说就把他当作'党外布尔什维克'对待吧。"这样，一些想提出入党的同学，马千禾也不敢深入谈话，而且"也没有想到用一种更带有群众性的党的外围组织（如原来的青年团）把这些人组织起来"。①

对待要求进步的同学是这样，对于要求恢复中共组织关系的党员，马千禾同样也非常谨慎。但是，他发现"群众运动已经发展到高潮，进步分子中的骨干已经提出要组织起来，我们却落后于群众的要求，不敢寻求一个除开党组织以外的更带有群众性的党的外围组织，把他们组织起来。我们党支部的思想是明显地落后于群众了"。②

这种状况持续到民主青年同盟的建立才得到扭转。关于西南联大党支部与民主青年同盟（以下简称"民青"）的关系，马千禾说："1945年初，我听说才来联大的一个进步同学叫洪季凯的，纠集一批进步同学，组织成一个民主青年同盟的青年组织。当时我还怀疑这到底是一个什么组织，是不是有人想用这个形式来和我们争夺青年？我叫李明去了解一下洪季凯到底是什么人。李明告诉我说，听说他是从新四军回来的。看起来他的政治面目是进步分子无疑了。但是我问云南省工委书记郑伯克，他说不知道洪是不是党员，现在他手里没有他的党的关系。我想这可能是进步分子自发组织的进步青年组织。但是我模糊地感觉到，我们不组织，群众自发地组织起来了，我们真的落后于群众了。"③

马千禾的回忆文章说明西南联大地下党组织在组织群众方面，落后于民主青年同盟，甚至某种程度上可以说是民主青年同盟的出现，带动或促进了学校中共党组织的重新活跃。

民主青年同盟是1944年秋由洪季凯（洪德铭）暗中发起的一个中共外围组织。洪季凯原是新四军的团政治处副主任，在1941年1月皖南事变中因身负重伤被俘，1942年8月逃脱。在湖南家乡养伤期间，受在西南联大读书的中学同学王念平、周汝聪的动员来到昆明，先在西南联大

---

① 马识途：《风雨人生（下）》，《马识途文集》第9册，第417页。
② 马识途：《风雨人生（下）》，《马识途文集》第9册，第417页。
③ 马识途：《风雨人生（下）》，《马识途文集》第9册，第417~418页。

做试读生，1944年考入历史系。① 受过革命实践锻炼的洪季凯，进入西南联大后一面暗中寻找党组织，一面积极联络失去组织关系的地下党员和表现进步的同学，很快就团结了一批同学。10月，洪季凯等人秘密筹备"社会主义青年同志会"，推洪季凯、谭正儒（严振）、萧松、朱谷怀为发起人，洪季凯为召集人。不久，经王念平介绍，联大法学院的陈定侯、工学院的何东昌，也受邀参加了筹建工作。

　　与此同时，洪季凯寻找党组织的活动也在积极进行。洪季凯是在他的中学同学王念平鼓励下到昆明投考西南联大的，王念平原在广西大学读一年级，也是因听了联大的高中同学周汝聪介绍联大如何如何好，说这里名师云集，民主气氛浓厚，还发生了倒孔运动，等等，鼓励他转学到西南联大。周汝聪的话激起王念平对西南联大的极大兴趣和向往，于是1942年春季学期结束后就从桂林乘"黄鱼车"（一种没篷的简陋三轮运货车），颠簸了12天来到昆明，以战区逃亡学生身份向西南联大申请试读二年级，1943年正式考入联大经济系。② 洪季凯到昆明做试读生时，王念平一直陪着他住在校外一所小房子里，听到王念平对闻一多、吴晗在五四纪念活动、七七座谈会演讲的赞扬。同时，洪季凯也听过吴晗讲辛亥革命、五四运动、抗战救国三个专题，感受到吴晗借古讽今、批判现实的民主精神。洪季凯考入联大历史系后，参加了在昆华女子中学操场举行的昆明各界双十节纪念大会，亲耳听了闻一多、吴晗的演讲，也目睹了闻一多在特务企图扰乱大会时表现出的凛然正气。敏锐的政治嗅觉使洪季凯意识到闻一多、吴晗演讲中体现了中共主张，"估计他二人和党有联系，觉得不能错过机会"，从而产生了通过闻、吴找到党的念头。③

---

① 洪季凯于1937年10月参加由湘鄂赣红军改编的湖南人民抗日游击队（该支队1938年1月改编为新四军第一支队第一团）。1938年3月加入中国共产党，历任第一支队第一团宣教干事、连政治指导员、团政治处股长、江（宁）溧（水）句（容）边区抗日自卫游击大队指导员、新四军教导总队学员队政治指导员、新四军军部军医处支部书记、军部医院政治指导员、军直属分总支书记、军政治部组织处干事等职。新四军北上时，任新二支队新三团政治处副主任、新编营教导员。皖南事变中，其身负重伤，一腿被打断，被俘后押至集中营。1942年8月逃出集中营，1944年5月辗转到昆明，考入西南联大历史系（参见《洪德铭生平简介》，洪小夏主编《洪德铭纪念文集》，2011，第3页；陈思可等《关于洪德铭同志病逝致亲友的信》，《洪德铭纪念文集》，第12页）。
② 据王念平《我的经历》（未刊稿），王党生（王念平的女儿）提供。
③ 洪德铭致笔者信，1989年3月5日。

洪季凯读的是历史系，所以最先拜访的是历史系教授吴晗。一天下午，他带着两篇手稿去看望吴晗，见面后做了简单自我介绍，说自己利用在家乡搜集的材料，写了篇揭露封建势力残酷盘剥农民、发国难财的通讯，题目叫《湘西农村剪影》。此外，还写了篇学习体会，讲的是社会历史发展过程中知识分子阶层的变化和当代知识分子的前途问题，题目叫《知识分子阶层之史的发展及其前途》，恳请吴晗审阅指导。两个星期后的一天吃过晚饭，洪季凯再次拜访吴晗，吴晗一见他就站起来握手，连声道："稿子写得不错，看来你不是一般青年学生，似乎是很有阅历的，今晚我们可以谈个痛快！"交谈中，吴晗还表示愿意把他的稿子推荐给有关刊物。①

吴晗的热心快肠深深打动了洪季凯，洪季凯说他竟然忘记了学生身份，和他讨论起形势、人生观等问题来，越说越热乎，一直谈到深夜12时。当吴晗询问他的经历时，急于找党的洪季凯便将自己的计划和盘托出，坦率地讲自己原是新四军战士，皖南事变中负伤被俘，逃脱虎口后辗转来昆明的经过，以及进校前后的情况和今后的打算。吴晗听了，说："从你的文章、谈话和你在联大的朋友、活动来看，你是一位有见解而值得信赖的青年，今后，我们都为民主进步事业而一起工作吧！师生之间是可以结成忘年之交的！"②临别时，吴晗郑重表示一定替他保密，但要把这个秘密告诉闻一多。

几天后，吴晗约洪季凯一起去看望闻一多。闻一多已听了吴晗对洪季凯的介绍，见面后就表示非常赞成他的工作，洪季凯也把他和王念平、谭正儒、萧松及还没有联系上组织关系的中共党员朱谷怀、许世华等人已于11月初秘密建立了"社会主义青年同志会"情况告诉了闻一多，并说他们认为只有建立一个以马克思主义为指导的先进青年组织，才能在群众运动中发挥核心作用。闻一多听了，认为组织名称冠以"社会主义"几个字颜色太红，建议改用"民主"二字。后来，洪季凯等人受到成都成立的"民主青年协会"启示，决定"组织的名称按闻、吴先生建议，定名为'民主青年同盟'，简称'民青'"。③这次见面后，洪季凯、王念平、谭正儒在吴

---

① 洪季凯的两篇稿子，经吴晗推荐，分别以洪田禾、洪子凡的化名发表于《民主周刊》《时代评论》。

② 洪德铭致笔者信，1989年3月5日。

③ 洪德铭致笔者信，1989年3月5日。

晗的介绍下，到设在唐家花园的西南文献研究室从事剪报工作，西南文献研究室是云南民盟的活动据点，这层关系使他们之间的交往更加方便。①

12月中旬的一天晚上，闻一多、吴晗邀约洪季凯、陈定侯、王念平交换意见。谈话中，闻一多、吴晗首先介绍了云南民盟准备在25日举行纪念护国起义29周年大会，以及会后准备游行的计划，要求他们做好发动工作。接着，大家着重商量了民青筹建的一些具体问题。②

这次会谈中，闻一多、吴晗几次表示愿意介绍洪季凯等同学加入民盟。洪季凯明白这是想把民青发展成民盟的外围组织，而他的目的是找到党组织，并非做党的外围。这个目的，洪季凯当面不好讲，只能婉转表示不便加入民盟。会后，他们经过研究，"决定不参加民盟，但决定以师生关系接受闻、吴两先生对民青的指导，在民主运动中拥护、支持民主同盟的政治纲领，同民盟和各民主党派密切合作"。这个决定由洪季凯向闻一多、吴晗做了说明，闻、吴"都欣然同意了"，还告诉洪季凯"已将筹建民青的情况告诉了中共朋友，得到了同意"。③ 经历丰富、政治敏锐的洪季凯对闻一多、吴晗的估计没有错，他们的确与中共建立了关系，只不过和他们建立关系的不是中共云南省工委，而是中共南方局派到昆明做与龙云联络工作的华岗。不久，民盟云南省支部正式书面通知民青，指定闻一多、吴晗为民盟与民青的联系代表，后又增加了民盟中央派到昆明筹建云南民盟的周新民。

民青的筹建工作进行得很顺利，到1944年12月下旬，第一批参加串联的人已增加到30人左右，其中西南联大学生20多人，云南大学学

---

① 洪德铭：《风雨同舟情兼师友——忆闻一多、吴晗和昆明学生运动》，《红岩春秋》1994年第6期。洪季凯这篇文章是在致笔者信的基础上修改而成，他与王念平、严振参加西南文化研究室剪报工作一事，就是后来补充进去的。修改中，洪季凯利用了笔者提供的保存在中国国家博物馆档案室的云南民盟档案，其中有吴晗起草的民主青年同盟入盟誓词、民主青年同盟章程和工作计划、民主青年同盟给云南民盟的情况通报书等。又，西南联大党史编写组编写的《中共西南联大地下组织和群众革命运动简史》中说洪季凯"在西南文献研究室认识了吴晗、闻一多教授"，此与洪季凯记述相悖，应以洪季凯记述为准。

② 洪德铭致笔者信，1989年3月5日。洪季凯等与闻一多、吴晗这次会谈的时间缺乏记录，不过云南民盟在护国起义纪念大会之前的12月5日、19日、22日，相继召开了三次筹备会议，其中22日下午7时召开的第三次筹备会，出席者有西南联大同学程法伋、王念平、齐亮。据此，这次谈话的时间应在12月22日之前。

③ 洪德铭致笔者信，1989年3月5日。

生 5 人，东方语言专科学校学生 2 人，职业青年 2 人。① 这年底或 1945年初，串联起来的人在护国路某银行楼上举行全体会议。会议由陈定侯主持，洪德铭对民青章程草案做了说明，其内容是：第一条组织名称，定名为"民主青年同盟"。第二条宗旨，规定"团结民主青年，开展爱国民主运动，以实现新民主主义为奋斗宗旨"。第三条性质，确定为政治性的民主青年的地下组织，接受中国最先进政党的领导，支持中国民主同盟的政治纲领，和民盟及其他民主革命党派密切合作。章程草案还规定了盟员的义务、权利，确定了民主集中制为组织原则等。经过激烈辩论，大多数与会者对基本内容取得了一致意见，并对召开第一次代表大会，选举领导机构，制订工作计划等做了安排。

1945 年 2 月 4 日，民主青年同盟在滇池的一条船上举行了第一次代表大会。会议修正通过了《民主青年同盟章程》，确定了当前的工作计划，选举洪季凯、陈定侯、严振、萧松、何东昌 5 人为第一届执行委员会委员。2 月 12 日，旧历年除夕，闻一多、吴晗共同邀请民青执委会委员吃饭，除陈定侯因事未到外，洪季凯、严振、萧松、何东昌都应约而来，大家一起辞旧迎新，民青与云南民盟从这一天起正式建立了合作关系。民主青年同盟从筹建到与中共云南省工委接上领导关系的这段时间，洪季凯等人通过闻一多、吴晗的关系，使民青和民盟以及昆明各种团体建立了联系，大家互相默契配合，推动了以学生为主体的昆明民主运动。洪季凯认为，民青正是在这些活动中，间接得到党组织的暗中领导和支持。② 马千禾也认为民青"很显然是党所领导的党的外围青年组织"，民青的骨干"不是党员就是明确接受党的领导的进步青年，他们强烈要求党的直接领导"。③

郑伯克听到洪季凯等人组织民主青年同盟的情况后，立刻派返回西南联大复学的袁永熙与他们联系，得知洪季凯、王汉斌等本来就是失去了关系的党员，决定建立新的党支部，对民主青年同盟进行领导。

洪季凯等人互相串联活动的时候，马千禾支部也积极开展着活动。

---

① 洪德铭致笔者信，1989 年 3 月 5 日。

② 洪德铭：《风雨同舟情兼师友——忆闻一多、吴晗和昆明学生运动》，《红岩春秋》1994 年第 6 期。

③ 马识途：《风雨人生（下）》，《马识途文集》第 9 册，第 418 页。

马千禾支部虽然遵照云南省工委的指示没有在学校发展党员，但他们运用组织政治性质的学习小组方式，把进步青年组织了起来。这种学习小组，不仅在西南联大，在云南大学、中法大学和一些中学也相继成立了一些。1944 年底，西南联大多数院系、年级，都陆续建立了学习小组，其中骨干有 60 多人。① 有了这个基础，省工委指示马千禾把他周围的人组织起来，名称也叫民主青年同盟。

1945 年 5 月，马千禾支部成立的民青组织，在昆明金碧路中华职教社业余中学楼上一教室召开代表会议，出席者有马千禾、李明、许寿谔（许师谦）、李晓（李曦沐）、殷汝棠、王树勋（王刚）、许乃炯、侯澄（云南大学）、杨邦祺（李定）、张光琛（张彦）、裴毓荪、朱润典（中法大学）等十六七人。这次会议，主要讨论通过了许寿谔草拟的组织章程，内容与洪季凯等人组织的章程基本相同。会议选举产生了领导机构，对马千禾提出的名单进行了充分讨论，选举出执行委员会主任委员许寿谔，组织委员马千禾、李明，宣传委员李晓，总务委员许乃炯，候补委员王树勋、侯澄。② 这是继洪季凯等人组织的民青之后，西南联大出现的第二个同名组织。它不像洪季凯那样需要找党，而是马千禾支部按照省工委指示成立的，受省工委委托，马千禾直接领导这个民青组织。9 月，许寿谔、马千禾、李晓毕业离校，这个组织由李明、许乃炯、侯澄、王树勋、刘新、殷汝棠负责。③

两个民青同时存在的时间不长，省工委得知洪季凯等人成立的民青后，于 6 月间对两个民青组织进行了统一整合。按照秘密工作原则和历史关系，省工委把洪季凯等人组织的民青定为民青第一支部，马千禾领导的民青为民青第二支部。后来，第二支部的侯澄等人，在云南大学单独成立了支部，即民青第三支部。④

民主青年同盟的工作很有成效，宣传股编印的内部刊物《民主通讯》，除转载新华社及其他进步报刊文章外，还刊登思想评论、各地民主

---

① 西南联大党史编写组编《中共西南联大地下组织和群众革命运动简史》，云南人民出版社，1994，第 77 页。
② 西南联大党史编写组编《中共西南联大地下组织和群众革命运动简史》，第 77 页。
③ 西南联大党史编写组编《中共西南联大地下组织和群众革命运动简史》，第 77 页。
④ 马识途：《风雨人生（下）》，《马识途文集》第 9 册，第 417～418 页。

动态。这个刊物后来改名为《渝风》，公开发行。1945 年 10 月，民青成员已扩充至 300 余人，在 29 所大中学校建立了分支或小组，掌握了 20 多所学校学生自治会的领导权，同时还发展了一些工人和职业青年。在这年底爆发的一二·一运动中，中共的指导作用，就是通过民青为主的昆明市学生自治会和罢课委员会发挥的。

西南联大的中共党组织，依托民青得到发展。到 1946 年西南联大复员前夕，学校已建有三个党支部：第一支部即民青"一支"，有党员 21 人，负责人袁永熙、王汉斌；第二支部即民青"二支"，有党员 19 人，负责人李凌、陈彰远；第三支部为工学院支部，负责人方复。[①] 这三个支部由省工委分别领导，彼此不发生横向关系。

第二节　国民党党部的活动

全面抗战爆发前，中国知识分子受"君子群而不党"观念影响，推崇思想自由，很少参加政治组织。大学校园里，大多数教授本着为国家培养人才的目的，专心授课，潜心治学，与现实政治保持距离，更不愿依附某个政党，受其束缚而丧失独立地位。因而，北大、清华、南开三校中，加入了国民党的只是个别人，没有建立国民党组织的基础。另外，三校地处半独立状态的华北，非南京政府直接控制地区，即使想发展国民党组织，也缺少条件。

全面抗战爆发后，国民党意识到组织涣散影响其政策贯彻，学术教育界游离其控制之外危害尤大，于是着手在各大学建立国民党组织。西南联大的国民党区党部，就是在这种情况下成立的，正式名称为"中国国民党中央直属西南联合大学区党部"。

一　接受指示

在大学实行党化教育，是国民党维护政治统治的一个措施，1938 年 1 月长期掌控国民党中央组织部的陈立夫被任命为教育部部长，4 月就要求大学校长以上行政负责人均须加入国民党。陈立夫如此急于在大学扩

---

① 李凌：《追忆袁永熙》，《纵横》2005 年第 2 期，第 13 页。

张势力，有学者认为原因之一是欲与新成立的三民主义青年团争夺地盘。① 个中因素究竟有哪些，这里不做叙述，但有一点是明确的，即国民党意识到大学校长加入国民党可以在教授中形成号召力并起到示范效应。

在西南联大三常委中，北京大学校长蒋梦麟早就是国民党党员。1927 年，他出任浙江省省政府委员兼教育厅长，同时被任命为国民党中央政治会议浙江分会秘书长，从那时起就开始了党政生涯。清华大学校长梅贻琦对这个问题是怎么考虑的未见记载，但从他致力于教育事业这一点来看，这时加入国民党也是身不由己。南开大学校长张伯苓更是如此，行政院副院长孔祥熙敦劝他入党，他未作声，直到 1941 年国民党中央党部秘书长吴铁城把党证放在他面前，他才碍于情面，算是勉强默认。②

大学校长加入国民党只是国民党控制学校的第一步，接着便是建立基层组织。1939 年 3 月 14 日，蒋介石电令教育部部长陈立夫"全国各级学校有党籍之教职员，应设法管理，以考察并指导其行动与生活"，要求教育部和各省教育厅指定专人负责这项工作。陈立夫认为，校长只能以行政资格指导监督该校教职员，不能以党员资格指导监督该校其他党员，根据国民党组织原则，对其他党员的指导监督应属于隶属关系最近之党部，否则就可能引起纠纷。复函中，陈立夫还说"各机关学校各级党部组织或尚未成立，或未臻健全，为实施管理并考察及指导其行动与生活计"，建议"似应先由中央规划于各大学校及各教育机关中成立直属党部"。③

7 月初，陈立夫与国民党中央组织部部长张厉生联名致函蒋梦麟，要求他着手介绍学校重要分子加入国民党，已有的党员亦要补行登记，并嘱其推荐教职员 2 人、学生 1 人组织直属区党部。张厉生、陈立夫这

---

① 参见王奇生《革命与反革命：社会文化视野下的民国政治》，社会科学文献出版社，2010，第 232 页。

② 参见王奇生《党员、党权与党争：1924—1949 年中国国民党的组织形态》，上海书店出版社，2003，第 320～321 页。

③ 《关于各校区党部之筹设》，"特种档案"，台北中国国民党党史会档案馆存，档号：3-26.1，转引自王奇生《战时大学校园中的国民党：以西南联大为中心》，《历史研究》2006 年第 4 期。

封信，是为了落实在大学普遍设立国民党党部的部署，该信原件未保存，但大致情况在蒋梦麟 7 月 15 日致朱家骅的信中有所汇报，信中说他已给张厉生、陈立夫回了信，还说此事与西南联大不久前组织三青团一事有关。①

朱家骅是怎么回复蒋梦麟的目前还不清楚，不过 8 月 2 日蒋梦麟致张厉生、陈立夫的信中表示："推荐教职员二人学生一人组织直属区党部事"，"本应遵命即办，但以校方进行联大重要分子介绍入党，或补行登记工作，须于此项工作告一段落时始能作有效的组织，不然敷衍功令，草率了事，不但无益，且又害之"。信中，蒋梦麟认为组织区党部最好分三步进行，"第一步先介绍联大之各长之未入党者入党；第二步介绍北大、清华、南开各校原来之各长入党；第三步联大各系主任及三校原来之各系主任"。只有这样，"三校之健全主要分子大部分为党员，则以后推行党务"，才能"如顺水推舟矣"。

关于筹组区党部，蒋梦麟根据从前的经验，认为如果教职员和学生混在一起，则"学生人数多，教职员人数少"，教职员"无几发言余地，遑云指导"。况且，过去出现过"党内分派，抢权打架，骗中央津贴，诸奇百怪，直以党乱校"的弊病，"党内贤明同志，见之蹙额，况党外人乎？"有鉴于此，蒋梦麟建议"区党部由教职员组织，学生则组织区分部，是则区党部直接受命令于中央，区分部则受命于区党部，条理一贯，指挥如意矣。待组织全健后，再加入学生代表，方不至于闹向来之幼稚病"。为了说明教职员单独成立区党部的必要性，蒋梦麟说："抗战必胜，颇为一般人所信。说起建国必成，大家未免忧虑。何则？向来同志口中三民主义而行则非者，颇不乏其人。而今后中国之命运，实系乎三民主义之实行，如欲建国必成，三民主义之兑现运动，实不可缓。此则一方在中央，一方面则在领导青年之教师，故直属区党部之重心，须在教师身上，青年则学力经验不足，如无指导，则如无缰之马，鲜不偾事。"对于有些大学的教职员"不能如人意"，"欲彼辈指导青年，远不如青年之纯洁"，蒋梦麟认为西南联大不存在这种现象，还颇自信地说："联大不落国中任何优秀学校之后，惟教育部深知之，且亦为全国所公

---

① 《蒋梦麟致朱家骅函》（1939 年 7 月 15 日），"朱家骅档案"。

认。"末了，蒋梦麟为了表示自己不是敷衍，说"弟十余年来，个人谨守党纪，言论行动未涉党务，现中央既有所命，不敢不竭知尽忠以报"。①

上面这封信，说明蒋梦麟在成立区党部问题上主张慎重进行，步骤上分为三步，而且教职员与学生分开组织。这个建议不大可能是其个人的，应该事先与学校主要负责人交换过想法，代表了西南联大当局的意见。

二　筹建党部

蒋梦麟复信张历生、陈立夫的同时，便着手落实他在信中提出的实施步骤。

1939年8月24日下午4时，蒋梦麟约北大、清华、南开三校负责人在梅贻琦家聚会，谈加入国民党事。② 冯友兰记得蒋梦麟在会上说："重庆教育部有命令，大学院长以上的人都必须是国民党党员。如果还不是，可以邀请加入。如果你们同意加入，也不需要办填表手续，过两天我给你们把党证送去就是了。"③ 当时，郑天挺暗想，自己在1922年国民党还称中国革命党时就从北京到福建参加了国民革命，"虽日与党中同志相处而未入党"；1927年代理浙江省民政厅厅长时，"日周旋于党政诸要人间，亦未入党"；1930年蒋梦麟任国民政府教育部部长，命自己"入教育部任秘书主任，亦未入党"。郑天挺认为自己"于党义或较一般列党籍者所知为多，所信为坚"，之所以不入党，"不愿以入党猎官固位也"。④ 这样想法的人不是郑天挺一个，所以那天除了法学院院长陈序经表示不同意外，其他人都不作声。蒋梦麟知道很难让大家痛快应允，也不逼问，就顺水推舟算大家默认了。当然，事后大家还是认真掂量了一下，郑天挺当天晚上在日记中写道："今中央既有使各大学组党、

---

① 《蒋梦麟复张历生陈立夫函》（1939年8月2日），"朱家骅档案"。
② 郑天挺日记系此事于1939年8月24日下午4时，蔡仲德编《冯友兰先生年谱初稿》（河南人民出版社，1994，第221页）则在1939年7月项下云："23日，在邱家巷子梅贻琦宅出席北大、清华、南开三校院处以上教授茶会。会议由蒋梦麟召集并主持，蒋要求联大及三校负责人之未入国民党者先行加入。先生即于此时第二次加入国民党。"但未注明资料来源，兹从郑天挺日记。
③ 蔡仲德编《我的学术之路——冯友兰自传》，江苏文艺出版社，2000，第111页。
④ 俞国林点校《郑天挺西南联大日记》上册，第181～182页。

重要人员入党之议，为保护学校及孟邻师，已决入党。"① 冯友兰也说："我回家商量，认为我已经有过被逮捕的那一段事情，如果反对蒋梦麟的提议，恐怕重庆说是不合作，只好默认了。过了几天，蒋梦麟果然送来了党证。"②

院长入党问题总算有了结果，接着就是动员西南联大各系主任和北大、清华、南开三校各自的系主任入党。系主任不像院长一样由学校直接任命，而是先由各系教授协商推荐，再由学校聘任，所以对院长可以强制入党，对系主任却不宜强迫。动员系主任入党的会是否召开过，未见记录，但根据梅贻琦 1941 年 5 月 15 日日记，这天他与周炳琳、钱端升、查良钊、姚从吾、陈雪屏联合宴请西南联大系主任以上教授，饭后说服在座者加入国民党，这证明不少系主任还没有答应参加国民党。

系主任加入国民党的事，到 1943 年 5 月也仍未完全实现。朱自清在这月 9 日日记中写道：罗常培给了闻一多一份入党申请书，闻一多提出与朱自清"同去登记参加国民党"，朱自清"以未受到邀请为理由拒绝之"。③ 罗常培是北大中文系主任和西南联大中文系主任，闻一多是清华中文系主任，二人都属于教育部要求加入国民党的对象。朱自清战前任清华中文系主任，到昆明后只是第一学年担任系主任，后以病为由辞去职务，因不是现任主任故"未受到邀请"。不过，蒋梦麟的动员对象包括"三校原来之各系主任"，朱自清应该亦在此列。西南联大中文系由北大中文系和清华中文系合成（南开大学没有中文系），北大中文系主任先后为罗常培、罗庸，清华中文系主任先后为朱自清、闻一多，四人中只有罗常培加入国民党，罗庸、闻一多、朱自清均未加入。西南联大各个学系情况不完全相同，中文系的情况一定程度上反映了教授们对党化教育的态度。

系主任的入党问题没有完全解决，但这并不影响区党部的筹建。1939 年 11 月 20 日，国民党五届六中全会任命朱家骅担任国民党中央组织部部长，管理国民党基层组织本属组织部的职责范围，所以西南联大

---

① 俞国林点校《郑天挺西南联大日记》上册，第 182 页。
② 蔡仲德编《我的学术之路——冯友兰自传》，第 111 页。
③ 朱自清 1943 年 5 月 9 日日记，朱乔森编《朱自清全集》第 10 卷，第 476 页。

成立区党部之事便由朱家骅接手。朱家骅早年参加辛亥革命，曾三次赴德留学，两次获得博士学位，他自1917年任教于北京大学，24岁就被聘为教授，还担任过中山大学校长。1929年3月，在国民党第三次全国代表大会上朱家骅当选为中央执行委员会委员和中央政治会议委员，从此成为国民党中枢活动的参与者。1931年12月，朱家骅调任国民政府教育部部长，1938年7月三民主义青年团成立，其任干事会常务干事，旋兼代中央团部书记长。朱家骅在学术教育界有着广泛的人脉，这些关系在西南联大组织国民党区党部过程中发挥了关键作用。1939年底，接手中央组织部部长不久，朱家骅便委派钱端升、查良钊、周炳琳三人为直属西南联大区党部筹备委员。① 在他看来，西南联大地位特殊，如能成立区党部，则可带动全国教育界。

1940年2月2日，蒋梦麟为商议成立区党部事举行茶会，招待北大、清华、南开三校负责人。会上，姚从吾汇报学校三青团组织情况时，谈到成立区党部问题，说"教授多潜心专业，大概言之对政治不感兴趣"。② 这番话很符合学校的实际，也是姚从吾对成立区党部存有的顾虑。朱家骅听了姚从吾的汇报，不以为然，在给姚从吾的信中说："昆明学校林立，联大地位重要，能使联大党务改进，树立中心力量，实足影响全国教育界，则党国得益匪浅。因本党在教育界基础薄弱，苟非急图改善，前途堪虑，况联大师生多系积学优秀分子，国之俊艾即党之玮室，处兹国难，激以忠义，必能熏陶渐染，为党效命也。"③ 姚从吾与朱家骅关系非同一般，1922年他被北大选派赴德国柏林大学留学，朱家骅就是考试委员，因有这层关系，所以姚从吾虽然只比朱家骅小一岁，却对朱家骅一直执弟子之礼。对朱家骅的提携之恩，姚从吾念念不忘，因此听了朱家骅的话便一改态度，积极从事区党部筹组，而把自己负责的三青团工作，交给师范学院教育系主任陈雪屏。

西南联大的国民党组织，最先成立的是区党部教职员区分部，时间为1940年6月14日。这天成立会的出席者25人，教师、职员各半，他们是蒋梦麟、梅贻琦、杨振声、冯友兰、吴有训、施嘉炀、黄钰生、郑

---

① 《周炳琳致朱家骅函》（1939年12月18日），"朱家骅档案"。

② 《姚从吾致朱家骅函》（1940年2月27日），"朱家骅档案"。

③ 《朱家骅致姚从吾函》（1940年3月7日），"朱家骅档案"。

天挺、查良钊、钱端升、周炳琳、章廷谦、毛鸿、罗义广、丁世铮、魏可钧、朱绍章、金恒孚、包乾元、章耘夫、宋道心、卢石丞、沈肃文、刘镇时、包尹辅。① 郑天挺在这天的日记中写道："四时至西仓坡五号清华大学办事处，开国民党联合大学直属区分部成立大会。举周枚荪、黄子坚、冯芝生为执行委员，查勉仲为候补委员。"② 出席这天成立会的教授，有的此前并没有正式填写入党申请书，郑天挺就是其一，故他说"自今日始，余列名党籍矣"，③ 口气显得有些无可奈何。

教职员区分部成立一个星期，收到国民党中央执行委员会秘书处来函，按理说这封信应该与学校成立区党部有关，但内容却是催索本年1月至5月的党员月捐。④ 周炳琳看了颇有意见，说"教职员六、七两月份薪已发讫，自无从扣存，此项月捐似可自八月份起扣解"，并且"被扣除月捐之人"，也应当以6月14日"出席区分部成立大会之党员为限"。⑤ 这番话中，透露了中央执行委员会秘书处催交党费的人数至少不限于成立会的出席者，究竟超出了多少，由于没有见到该函原件，不能妄加推测。不过，从现存的教职员国民党党员交纳1941年8月至12月月捐名单来看，比成立会出席者只增加了樊际昌、金振声、祈宗汉。⑥ 也就是说，1941年底学校教职员中的国民党员共有29人，一年半来仅发

---

① 《周炳琳致郑天挺函》（1940年7月29日），"国立西南联合大学档案"，档号：32 - 1 - 74/26。

② 俞国林点校《郑天挺西南联大日记》上册，第280页。周炳琳字枚荪，黄钰生字子坚，冯友兰字芝生，查良钊字勉仲。

③ 俞国林点校《郑天挺西南联大日记》上册，第280页。

④ 《国民党中央执行委员会秘书函请西南联大迅赐缴本年一月至五月党员月捐至本处》（1940年6月22日），"国立西南联合大学档案"，档号：32 - 1 - 74/25 ~ 38。1939年，国民党中央常务委员会第128次会议通过《中国国民党党员月捐暂行条例》及《实行细则》，要求从1940年1月1日起，国民党员开始交纳月捐。教育部部长陈立夫马上发出训令，要求"转饬所属一体遵照"。《教育部训令》（1939年10月9日），"国立西南联合大学档案"，档号：32 - 1 - 74/47。

⑤ 《周炳琳致郑天挺函》（1940年7月29日），"国立西南联合大学档案"，档号：32 - 1 - 74/26。

⑥ 据《国立西南联合大学三十年八月份党员月捐》，32 - 1 - 74/29 ~ 30；《国立西南联合大学三十年九月份党员月捐》，32 - 1 - 74/31 ~ 32；《国立西南联合大学三十年十月份党员月捐》，32 - 1 - 74/33 ~ 34；《国立西南联合大学三十年十一月份党员月捐》，32 - 1 - 74/35 ~ 36；《国立西南联合大学三十年十二月份党员月捐》，32 - 1 - 74/37 ~ 38。以上文件均来自"国立西南联合大学档案"。

展了 3 人，其进度之缓慢，的确不能让国民党中央满意。

西南联大国民党区党部教职员区分部成立后，蒋梦麟设想成立的中学区分部却始终没有动静，事实上以后也没有建立，所以教职员区分部实际上就是直属区党部。国民党直属区党部筹备了一年，到 1941 年 7 月 23 日才正式成立，昆明《中央日报》当天就刊登了消息，称："西南联大直属区党部今日成立，下午三时举行党员大会，选举执监委员，除叙永分校党员外，均将参加。"①

这次大会，标志着西南联大国民党组织正式成立，但会上除了选举周炳琳、姚从吾、钱端升、田培林、冯友兰、查良钊、王信忠为执行委员，杨西崑、黄钰生为候补执行委员，蒋梦麟为监察委员，梅贻琦为候补监察委员外，没有讨论其他工作。第一次执行委员会迟至 12 月末才召开，主要讨论了分工。当时，曾经担任过《河南民报》主笔、第二集团军第八方面军政治部少将副部长，又在德国柏林大学获得哲学博士学位的田培林，被朱家骅相中调任国民党中央组织部党员训练处处长，故出席者只有 6 人。即使只有 6 人，也按民主原则投票选举，结果是王信忠分管组织工作，杨西崑任总务，查良钊分管宣传。选举书记时，姚从吾与周炳琳均得 3 票，若按资历，周炳琳早在第一次国共合作时期就加入了国民党，后来担任过《中央日报》主笔、教育部常务次长、中央政治学校教务主任，在国民党内也是老资格，故应由周炳琳担任书记。但是，周炳琳有自己的考虑，再三辞让，姚从吾只好接下了书记一职，履行职务时间从 1942 年 1 月 20 日开始。②

三 发展党员

西南联大国民党直属区党部的负责人，都是治学多年的学者，从未做过组织工作，不知从何着手，所能做的只是发展党员。最早发展的对象是雷海宗、华罗庚。

雷海宗是西南联大历史系主任，姚从吾、王信忠称其"年来热心党

① 《联大区党部今日成立》，昆明《中央日报》1941 年 7 月 23 日，第 4 版。国民党西南联大区党部全称"中国国民党中央直属西南联合大学区党部"，简称"西南联大区党部"。
② 《姚从吾致朱家骅函》（1942 年 1 月 21 日）、《中央直属国立西南联合大学区党部第三次党员大会》（1944 年 1 月 7 日），"朱家骅档案"。

务，长于文史，参加《当代评论》编辑委员会，参加属部总理诞辰纪念会、学术讲演会，名德硕望，影响宏巨，且著述宏富，青年遵仰"，故邀请他加入国民党。他们向雷海宗表示了这个意思，雷海宗经过一番考虑，予以"默许"。为了"表示吾党尊重贤德，先生推奖学术计"，姚从吾、王信忠建议"由中央专函相邀，较为妥善"，以加重雷海宗入党的分量。他们在致朱家骅的信中，附上雷海宗的学历与著述要略，说："吾国学人治史多矣，然真能学贯中西，兼治中西史者，实不多睹。即此点而言，伯伦①先生实不可多得之博学君子也，伯伦先生若入党，生等当与之合组一'国史讲习会'，每两周或一周，召开座谈会，以联大整个史学系为基础，则'寓宣揭主义于研究之原则'，可以实现。区党部可以健全，观感所及，为益实大。"② 姚从吾、王信忠信中同时举荐的还有数学系教授华罗庚，他们称华罗庚"天才卓越，著作宏富"，"曾得本年教育部学术审议会甲种第一奖"。又说华罗庚"原为吾党老同志"，近从康泽处闻知其上书蒋介石"条陈青年问题"，"颇蒙奖许"，故请朱家骅"专函邀其登记"。③ 这些说明，姚从吾、王信忠把雷海宗、华罗庚列为重点发展对象，目的既是借助他们的渊博学识和影响，也是助于区党部开展学术活动。

朱家骅接受了姚从吾、王信忠的建议，亲自致函华罗庚、雷海宗，表示愿做他们加入国民党的介绍人，随信还寄上入党申请书。朱家骅的亲笔函表现了礼贤下士的风度，令华、雷二人非常感动。华罗庚复函说："大教语重心长，谋国之忠悉念之切跃然纸上，罗庚敢不奉教。"信中，华罗庚说自己于1926年"军阀之势力犹张，革命之花未发"之际就在上海加入了国民党，只是北伐成功后，"为经济所困，不得不负责经营先父之店铺，日则持运筹，晚则研习算学，每日工作有过于十六小时者，致对党务方面，因循未暇登记"。现在，"体念国父遗教、总裁训诲"，故愿意"追随先生为党为国尽其绵薄"。④ 雷海宗也怀着"不胜感激"心情复信朱家骅，称："日来再四思维，窃以年逾不惑，工作习惯多已养成，

---

① 雷海宗，字伯伦。
② 《姚从吾王信忠致朱家骅函》（1942年11月），"朱家骅档案"。该函无日期，朱家骅收到的日期为1942年11月25日。
③ 《姚从吾王信忠致朱家骅函》（1942年11月），"朱家骅档案"。该函无日期，朱家骅收到的日期为1942年11月25日。
④ 《华罗庚致朱家骅函》（1942年11月19日），"朱家骅档案"。

而性又驽钝，已习之事尚感不胜，未习之事更难再习。党员负担重大，恐非宗所能胜任，考虑多日，畏惧实深，良以入党而不能尽责，于党于己皆非所宜也。嗣经从吾兄多方督趣，且允来日时加指导，不安之念，始稍获已。"① 于是，在朱家骅介绍下，华罗庚重新加入了国民党，雷海宗也成为国民党的一员。

吸收重量级学者加入国民党，通过他们的人望和人脉在教授中发展党员，在西南联大取得了明显效果。抱着"体念国父遗教、总裁训诲"，"为党为国尽其绵薄"的态度参加国民党的华罗庚，先后介绍了张文裕、闵嗣鹤、孟昭英、范绪筠、赵九章、苏国桢、王德荣、叶楷、李庆海、马大猷等教授及云南大学教授徐仁加入国民党。② 积极发展党员的不只是华罗庚，虽然缺乏材料记录，但抗战结束前全校大部分教授都加入了国民党却是不争事实。

1944 年 1 月 7 日，西南联大区党部在昆明大西门内钱局街西南联大附属中学礼堂召开第三次党员大会，除梅贻琦、沈履、雷海宗、吴有训、燕树棠、冯友兰 6 人请假外，出席者 78 人。他们是蒋梦麟、周炳琳、查良钊、杜增瑞、华罗庚、杨振声、伍启元、陈雪屏、陈友松、郑华炽、孙毓棠、吴志清、黄钰生、许浈阳、薛德成、姚从吾、张质彬、王遵明、张印堂、李宪之、郑天挺、吴之椿、樊际昌、罗常培、鲍觉民、邵循恪、贺麟、杨西孟、马质夫、孙云铸、敦福堂、杨石先、崔书琴、蔡维藩、赵九章、王赣愚、何鹏飞、宋泽生、陈士林、郭明法、毛鸿、赵悦霖、戚志成、李其泰、赵毓英、张景哲、何善周、颜锡叚、杨笥平、孙树本、闵嗣鹤、李廷揆、李觊高、孟宪德、孙兆年、何炳棣、杨翼骧、李松筠、王德明、郑昌麒、王质赓（以上教官、教员、助教、研究生）、章迁谦、朱洪、章耘夫、胡兆焕、董明道、李明斋、郭平凡、方乃昌、司徒穗卿、张凤祥、萧以何、包尹辅、王裴庆（以上职员）、景湘春、贺守业、倪连生、杨和颖（以上边疆学生及区党部助理）。③ 出席的 78 人中，教授

---

① 《雷海宗致朱家骅函》（1942 年 12 月 31 日），"朱家骅档案"。
② 《华罗庚致朱家骅函》（1943 年 3 月 1 日、1943 年 9 月 29 日、1944 年 1 月 11 日），"朱家骅档案"。
③ 《中央直属国立西南联合大学区党部第三次党员大会》（1944 年 1 月 7 日），"朱家骅档案"。

36 人，教员、教官、助教、研究生 25 人，职员 13 人，学生 4 人。而请假的 6 人也都是教授，由此来看，当时西南联大区党部有教授 42 人，所占比例约为 50%，可见教授在区党部中的分量。1945 年 3 月 17 日，西南联大区党部为选举出席国民党第六次全国代表大会代表举行党员大会，出席这次大会的 70 人中有教授 30 余人，这说明国民党几乎把学校里能够发展的对象囊括一尽，继续发展的空间已经不大了。

西南联大区党部的领导班子，始终掌握在教授手里。1944 年 1 月 7 日召开第三次党员大会，1 月 13 日举行第二届执行委员会，选出了 7 名执行委员和 5 名候补执行委员，其中执行委员为姚从吾、周炳琳、陈雪屏、郑华炽、雷海宗、查良钊、钱端升，候补执行委员为杨石先、何鹏飞、孙毓棠、宋泽生、孙树本。同时，选举蒋梦麟为监察委员，梅贻琦为候补监察委员。2 月 12 日下午，在区党部第二届第一次执行委员会上，姚从吾继续当选书记，郑华炽任组织股股长，雷海宗任宣传股股长，何鹏毓任总务股股长。① 这个班子，一直延续到西南联大结束。

四　开展活动

西南联大国民党区党部的基本成员都是学者，他们的专长在校园里最容易发挥的形式是演讲，这方面区党部做得很卖力。1942 年初，区党部与三青团分团联合举办了"战后问题十四讲"。4 月，区党部又举办了"国际情势讲演会"，4 月 16 日第一讲由钱端升讲"国际关系之思想背景"，其后安排的有周炳琳讲"战后经济新秩序"，伍启元讲"国际关系之经济背景"，邵循恪讲"第二次大战与国际法"，何葆仁讲"南洋之国际关系"，潘国渠讲"南洋华侨与中国"，王贡予讲"印度问题与帝国主义之前途"，崔书琴讲"美国与大战前途"，蔡维藩讲"欧洲与世界大战"，皮名举讲"大英帝国与世界大战"，王信忠讲"世界大陆与远东"。②

这年底，国民党中央组织部令各校组织学生演讲竞赛，西南联大区党部积极布置，精心筹备，于 12 月 27 日下午举行预赛。预赛分师范学

---

① 《直属西南联大区党部当选执监委结果报告书》，"一般档案"，台北中国国民党党史会档案馆存，档号：5.3 - 225.12；《姚从吾致朱家骅函》（1944 年 2 月 12 日）、《中央直属国立西南联合大学区党部第三次党员大会》（1944 年 1 月 7 日），"朱家骅档案"。

② 《联大区党部组国际演讲会》，《云南民国日报》1942 年 4 月 16 日，第 3 版。

院、文理法学院两组，同时在南区三号教室和南区十号教室两个最大的教室进行。演讲题好像是国民党中央组织部规定的，一是"战后建国的途径"，一是"当前青年的担负"。[①] 参加预赛的同学有40余人，由雷海宗、陈雪屏、崔书琴、王赣愚、伍启元、邵循恪、张德昌及钟道铭担任评判。"结果录取理学院邹承鲁一名，法学院黄杰、涂必懍、李敏信、杨炯宗等四名，文学院何季逵、冀铎环、石钟等三名，工学院魏铭让、邢傅芦、樊恭铭、傅其干等四名，师范学院赵乃官、钱鞲男等二名。"[②] 1943年1月3日上午，在南区第十教室举行决赛，雷海宗、陈雪屏、伍启元、钟铭道、王赣愚、姚从吾任评判。比赛结果，邹承鲁、魏铭让、赵乃官、涂必懍、邢傅芦等6位同学获全校优胜。[③]

大概是根据国民党中央组织部要求，西南联大区党部3月中旬对获奖者进行了审查，"经组织复核，计录取全校优胜者邹承鲁等六名，院级优胜者工学院沈元寿等三名，文学院何季逵等三名，法学院董杰等三名，师范学院钱智勇一名"。全校优胜者可能由中央组织部奖励，区党部只奖励各院第一名，"除得奖金六百元外，且赠组织部长朱家骅玉照一帧，锦旗一面，奖章一枚，《青年之路》一册，以资鼓励"。[④] 7月25日，区党部又举行了第二次全校演讲竞赛，题目规定为"社会风气的改造"。[⑤]

除了演讲竞赛，西南联大区党部在1943年4月还举行了全校性的第一次论文竞赛。竞赛结果，"计录取全校优胜者李敏信等五名。各院优胜者，文学院谢祖煜一名、法学院孙桂等三名、理学院游景福等二名、工学院梁金祥等三名、师范学院邵新民等三名"。至于奖励，"全校优胜第一名得奖金八百元，并奖状锦旗奖章等物"。[⑥]

西南联大区党部书记姚从吾原负责学校三青团筹备，在三青团团员中建立了不少联系，因此区党部有些活动是与学校三青团合办的。如1942年2月，区党部与三青团分团暨《当代评论》联合组织的"建国问题讨论会"，就制订了寒假期间举办"战后问题十四讲"的计划，拟请

① 《昆市点滴》，《云南日报》1942年12月27日，第3版。
② 《联大区党部举办全校演讲竞赛》，昆明《中央日报》1942年12月28日，第3版。
③ 《联大演讲比赛》，《云南民国日报》1943年1月4日，第3版。
④ 《联大演说竞赛优胜者揭晓》，《云南日报》1943年3月20日，第3版。
⑤ 《昆市点滴》，《云南日报》1943年7月25日，第3版。
⑥ 《联大党部论文竞赛揭晓》，《云南日报》1943年4月27日，第3版。

冯友兰、潘光旦、李书华、雷海宗、黄钰生、钱端升、贺麟、赵迺抟、燕树棠等教授，分别担任哲学社会科学、历史、教育、政治、经济、法律诸问题的主讲。第一次活动于 2 月 11 日下午在文林街西南联大昆北食堂举行，由冯友兰主讲"抗战的目的与建国的方针"。[①] 2 月 17 日北平研究院副院长李书华所做的"建国中之科学问题"演讲，[②] 2 月 22 日贺麟所做的"新人生观之建立"，也是这个计划中的项目。

西南联大区党部还开展了一些活动，如指导三青团进行劳军慰问、组织青年夏令营或郊游等。这些活动具有两面性，积极意义上是正面进行教育，但内中也包含国民党派系矛盾的因素。这个问题已有学者做过深入考察，这里就不赘述了。[③]

作为国民党的基层组织，西南联大区党部在国共矛盾之间自然倾向于政府。这种立场在皖南事变问题上表现得就很清楚。1941 年初，皖南事变发生，1 月 17 日蒋介石宣称新四军叛变，宣布取消新四军番号，将叶挺交付军事法庭审判。皖南事变之前，国共间已经进行了许多交涉，但国民党封锁消息，局外人不明真相，只能听信政府一面之词。1 月 26 日，西南联大区党部重要成员钱端升主编的《今日评论》，在编辑撰写的《这一周》综合时评中，就对新四军指手画脚。时评虽然承认新四军"在江皖一带，颇有战功"，却指责它"蓄意膨胀，罔顾大局"，并称"中央不得不来回约束，不得不令其撤至无可作祟的后方，及其拒不撤退，则又不得不断然处置，勒令解散"。这篇评论批评"新四军的主持者，不够公忠，不够爱国"，使"有用之师，而降落为妨害统一的队伍"，还认为"中央在始未能即以极严正的态度处之，遂至新四军改存侥幸之心，而有此最后的不幸"。《今日评论》从不对国共纠纷发表意见，这次却一反常态，质问"设或新四军能一心为国，能以抗敌为重，而膨胀为轻，则何至于时与其他军队冲突？又设或中央在始即示之以最严正的态度，坚持军纪，则新四军又何敢多方尝试，冀可作无限的扩充？"并且认为"新四军的野心既然到了无可抑制的程度，则断然予以

① 《本市鳞爪》，《云南民国日报》1942 年 2 月 11 日，第 4 版。
② 《李书华讲演》，昆明《中央日报》1942 年 2 月 17 日，第 3 版。
③ 西南联大区党部与国民党内派系矛盾的关系，请参见王奇生《革命与反革命：社会文化视野下的民国政治》第八章有关段落。

解散，诚为无可逃避的结果"。① 这番评论，表面上是维护国家利益，实际上站在国民党的立场，做了国民党反对共产党的传声筒。不过，《今日评论》对中共的批评仅此一例，《当代评论》没有刊登过指责中共的文章。

西南联大教授中有一半人加入了国民党，势力可谓强大。但在担任过中共党总支书记的熊德基眼里，他们多数人"更主要的是学者、教育家"，"属于二陈派（C. C）的很少"。对于学生中的国民党党员和三青团团员，熊德基认为也要实事求是客观分析，因为参加三青团的有不少是爱国青年，"大多数政治上并不成熟"，"对三青团的活动并不那么积极"，"企图寻找'饭碗'，甚至借此飞黄腾达而参加国民党、三青团的毕竟是极少数"。②

当然，西南联大区党部主要负责人，对共产党在学校的影响还是时刻提防的。1944 年 5 月 14 日姚从吾向朱家骅汇报西南联大区党部一个月的工作，写到学生动态时说："迩日豫中战事失利，美报批评时闻，四年级被征调担任译员者，对于待遇之纷歧，军长师长之剥削士兵，士兵饿死、病死之无人过问，通信报告啧有烦言，辗转传述，群表不满。""校内二三潜伏左倾分子，认为有机可乘，企图活动"，"假纪念五四，扩大举行"。5 月 8 日重开的五四文艺晚会，演讲八教授中"罗莘田、杨振声、孙毓棠、李广田等，均为党员"。"晚会自七时起，至十二时止，参加者逾两千人，实属空前，希望经此一次发泄之后，人心能由此安定下去也"。③

在汇报区党部、三青团分团部"对上述二事应付之办法"时，姚从吾说他们制订了五个办法："一、党团联合镇定观察，细心应付，以期人心复归安定。事后再研究治本办法，予捣乱者以有效之打击。二、加强内部工作，切实自我检讨，以期对外行动之一致。三、增办壁报，列举抗战期中艰难事实，以代答辩。四、协助中立派与有地位之教授举行文艺晚会，转移目标，冀使多数同学之浮动心理，渐趋冷淡。五、商请学校当局，对不负责任之壁报，屡加取缔。"④ 这些办法，都是为了与共产

---

① 《这一周》，《今日评论》第 5 卷第 3 期，1941 年 1 月 26 日。
② 熊德基：《我在联大从事党的地下工作的回忆》，《云南文史资料选辑》第 34 辑，第 365 页。
③ 《姚从吾致朱家骅函》（1944 年 5 月 14 日），"朱家骅档案"。
④ 《姚从吾致朱家骅函》（1944 年 5 月 14 日），"朱家骅档案"。

党争夺青年，但操作起来甚感困难。姚从吾说自己和陈雪屏"辱蒙知遇，不敢自怠，当竭诚尽智，小心翼翼，委曲求成"，力尽"维持中央威信，启迪在校青年，网罗贤俊，通达下情，拥护国策，辅助学校，知无不为"。但是，"抗战已将八年，生活维持不易，人言庞杂，动辄得咎，几百施为，罔不顺利，则人人视为当然。偶一违志，则上下责言四起。应付之难，难如登天。在大学党部服务，有时实视其他党部为尤甚，此点实有时非纸笔所能形容其万一"。①

与姚从吾一样，陈雪屏对共产党抱有防范心理，又无可奈何。1945年7月31日他在给朱家骅的一份报告中写道："近日校中表面安定，而异党在暗中活动甚力，参加民主同盟之闻、吴二教授遇有机会，必对政府肆意攻击（最近又用昆明文化界名义发出英文宣言），因其偏重感情，歪曲事实，最能投合一般青年不满现状之心境。"7月29日，西南联大召开欢迎参加青年远征军的同学回国大会。会上，一些从军同学在发言中"尽量暴露驻印部队之腐败，以及青年军本身待遇与训练之不合理"，陈雪屏的报告中便说："学生麇集旁听，一二教授复推波助澜，情绪激昂，达于热情点，异党分子必又节外生枝，肆意鼓惑"。对此，陈雪屏说三青团曾"百方设法增强中立学生组织，发挥健全舆论"等工作，但"经此骚动，恐致前功尽弃"。由此感叹道："我方党政军教各部，全无联系，甚且互相牵制，争取主动，既不可能以言应付，亦虑竭蹶"，致使三青团"在校中成孤军独斗之势，团员受大力压迫，意志不坚者已失斗争勇气，对党团同情者，均裹足不前"。面对这种现状，陈雪屏承认自己"领导无方，能力薄弱，久应引咎告退"。② 姚从吾、陈雪屏在信中透露的种种苦恼，说明西南联大区党部虽然有国民党做靠山，但国民党政治路线使其难以获得人心，开展工作也是举步维艰。

第三节　三青团的组织与活动

国民党西南联大区党部从酝酿到成立，达两年半之久，而三民主义

---

①　《姚从吾致朱家骅函》（1944 年 5 月 14 日），"朱家骅档案"。

②　《陈雪屏致朱家骅函》（1945 年 7 月 31 日），"朱家骅档案"。

青年团则捷足先登，率先成立。

三民主义青年团是全面抗战爆发后，由蒋介石提议成立的一个政治组织，目的是以此整合国民党内的不同派系，吸收其他政党中的精英分子，利用抗战形势"统一意志、集中力量"，在"一个主义、一个政党、一个领袖"宗旨下组成一种新的力量。1938年3月，国民党临时全国代表会通过《三民主义青年团组织要旨案》，内云："为谋全国青年意志之统一，能力之集中，以充实国民革命之力量起见"设立三民主义青年团。决议规定三青团设团长一人，由国民党总裁兼任。但是，主要在野党派国家社会党、青年党对成立三青团均不感兴趣。中共也持同样态度，认为无论是国民党还是共产党，都不可能取消，只能从联合中找出路。同时，中共考虑到社会上有不少有志青年为思想、政治、组织等问题而苦闷彷徨，将这些青年动员起来对抗战是有利的，因此一面表示赞成三青团的设置，希望争取使其成为各党派训练和组织青年的具有统一战线性质的团体，一面表明中共坚持政治独立与组织独立的立场。

一　成立分团

三民主义青年团成立于1938年春。6月16日《三民主义青年团团章》公布，随即组成中央临时干事会，蒋介石指定陈诚、朱家骅、陈立夫、贺衷寒、张厉生、段锡朋、陈布雷、谭平山、谷正纲9人为常务干事，以陈诚为书记长。三青团书记长的主要工作是组织中央临时干事会，因陈诚担任武汉卫戍总司令、军事委员会政治部长、第九战区司令长官、湖北省政府主席等职，不可能主持三青团日常工作，故两个月后由朱家骅代理书记长。三青团中央临时干事会筹备于1938年7月9日，第一届干事共31人，包括CC派、复兴社、改组派、再造派、桂系及国民党内的中间派、青年将领，还有个别无党派人士、实业界人士、学者，可谓各派妥协的产物。1939年9月，三青团增设临时中央监察会，以王世杰为书记长，西南联大张伯苓、蒋梦麟两人名列35位监察委员之中。1941年11月，三青团中央又聘请9人为中央团部指导员，主要工作是为三青团团长蒋介石提供咨询和指导中央团部团务，张伯苓、蒋梦麟亦是中央团部指导员。

成立三青团的意义，用蒋介石在《为组织三民主义青年团告全国青年书》中的话说，一是"力求抗战建国之成功"，二是"为求国民革命新的力量集中"，三是"为求三民主义之具体实现"。据此，蒋介石向三青团提出积极参加战时动员、实施军事训练、实施政治训练、促进文化建设、推进劳动服务、培养生产技术六项任务。三青团成立于抗日战争的紧要关头，蒋介石以全民族抗战领袖地位号召青年为"抗战建国"参加三青团，这对当时青年人有一定号召力。

国民党成立三青团，本是鉴于沉病太深，积重难返，特别是年轻一代瞧不起国民党，因此，三青团成立之初，除蒋介石以国民党总裁的身份兼三青团团长外，三青团本身被赋予自主运作的政治地位，与国民党之间没有组织上的统属关系，两者从中央到地方各有各的系统。也正是由于这种二元双轨体制，客观上埋下了不可避免的竞争和矛盾。① 筹组三青团时，蒋介石把组织任务交给原复兴社成员，因此三青团成立之初，实际在复兴社势力控制之下。但是，复兴社名声不好，在西南联大没有多少影响，教授们不屑与其为伍，西南联大的三青团组织是在朱家骅直接过问下成立的，虽然朱家骅也是复兴社成员，但他在西南联大师生的印象中仍为学者。

西南联大的三民主义青年团酝酿之初，干事由三青团中央团部指定负有众望的教授和复兴社挑选的几个学生担任。1939 年 7 月，西南联大首先筹划成立三青团筹备处，以姚从吾为主任，并聘蒋梦麟、张伯苓、梅贻琦三常委为指导员。② 西南联大三青团全称为"三民主义青年团中央国立西南联合大学直属分团"，按照序列，西南联大三青团排为第十分团，所以筹备处称"西南联大三民主义青年团直属第十分团筹备处"。西南联大三青团直属第十分团筹备处成立于 1939 年 9 月 5 日，报载当天将发表成立宣言，③ 但至今没看到这个宣言。

西南联大三青团筹备处成立时，正是新学年注册之际，三青团团员们参加了一系列迎新活动。报载："西南联合大学二十八年度新生注册日期，定为本月十九日至二十一日，该校学生自治会及三民主义青年团，

---

① 参见王奇生《战时大学校园中的国民党：以西南联大为中心》，《历史研究》2006 年第 4 期。

② 《姚从吾致朱家骅函》（1939 年 12 月 28 日），"朱家骅档案"；《西南联大筹组三民主义青年分团》，《云南民国日报》1939 年 9 月 2 日，第 3 版。

③ 《西南联大筹组三民主义青年分团》，《云南民国日报》1939 年 9 月 2 日，第 3 版。

为便利新同学起见，特举行联合招待。现青年团已在各车站张挂新同学布标，及新生入学须知，同时自治会在大西门外新校舍内，设临时办事处，办理招待新同学迁入临时宿舍事宜。自昨日十六日起，至二十一日，每日下午四时至五时，由青年团工作队在该办事处负责招待。又青年团为使新同学了解联大各院系详情，特编制'迎新特刊'数百份，现正赶印中云。"① 11 月 27 日，张伯苓以西南联大三青团筹备处指导员身份，召集团员训话，并欢迎没有加入三青团的同学旁听。②

这一时期三青团在西南联大的团员发展情况，尚缺详细史料，不过1939 年 12 月 12 日晚 7 时参加第一批团员入团宣誓典礼者，有 100 余人。宣誓典礼由筹备处主任姚从吾主持，筹备处指导员梅贻琦为监督，姚从吾于宣誓后还宣读了三青团团长蒋介石的训词。③ 关于这次宣誓典礼，姚从吾在致朱家骅的汇报中说："国立西南联合大学三民主义青年团直属第十分团第一批团员入团宣誓典礼，已于本年十二月双十节晚间七点半在昆明文林街阳关大道经院礼堂正式举行，宣誓者约一百人，由中央团部电派联大常委兼第二分团指导员蒋梦麟先生监誓。梦麟先生因尊翁蒋履斋先生于上月二十八日在原籍病故，守制不出，转请联大梅常委贻琦（兼第十分团指导员）代表出席，同时并邀请现住昆明之青年团中央团部监察委员周炳琳、杨振声等及联大国民党区党部筹备员查良钊等参加，历时一点五十分礼成。当日因尚有已批准之团员二十余人因事未能参加，复于二十三日补行宣誓。合前后计之，共有团员一百余人。"④ 至 1940年 2 月下旬，西南联大已有三青团团员 180 余人，⑤ 遂于 7 月 15 日上午在昆北九号教室举行了第二批团员宣誓，蒋梦麟、梅贻琦、周炳琳等出席指导及监誓。⑥ 第二批宣誓的人数，未见报道。

其后，似乎间隔了一段时间，根据掌握的资料，西南联大三青团于1944 年 1 月 24 日又在干事长陈雪屏指导下，在西南联大师范学院附属中学举行了新团员宣誓典礼，参加宣誓者有 61 人。典礼由李其泰任主席并

① 《联大青年团联合招待新同学》，昆明《益世报》1939 年 10 月 17 日，第 4 版。

② 《学校新闻》，昆明《中央日报》1939 年 11 月 27 日，第 3 版。

③ 《联大三青昨晚举行宣誓礼》，昆明《中央日报》1939 年 12 月 13 日，第 3 版。

④ 《姚从吾致朱家骅函》（1939 年 12 月 28 日），"朱家骅档案"。

⑤ 《姚从吾致朱家骅函》（1940 年 2 月 27 日），"朱家骅档案"。

⑥ 《青年团联大分团定今晨宣誓》，昆明《中央日报》1940 年 7 月 15 日，第 4 版。

领导宣誓，查良钊代表梅贻琦监督。宣誓毕，李其泰恭读了蒋介石团长的训词，监督人查良钊亦致训词。[1] 据不完全统计，1944 年 8 月西南联大三青团团员已有 380 余人，约占全校学生的 1/5。[2] 随着人数增多，联大三青团基层组织也相应完善，1944 年暑假全校已在各学院及附属中学建立了 6 个区队 24 个分队，号称"凡一切学生活动均能取得领导地位，如各院之学生自治会，大都由团员任其主干"。[3] 鉴于三青团团员都是学生，每年都有一些人毕业，而新入校者加入三青团也需要一段过程，所以可以说西南联大三青团的发展还是很快的。

西南联大三青团成立时，负责人均为四年级学生，分团书记为北京大学法律学系四年级的裴笑衡。裴笑衡在北平就参加了复兴社，姚从吾评价他"人极干练明白，才大心细，诚恳好学"，还说裴笑衡和郑福全对联大三青团出力居多，故向康泽推荐，希望能任命他们为三青团的干部。[4] 从这些话中可以看出来，负责筹备工作的姚从吾，实际上是联大三青团的总负责人。协助姚从吾的是外语系助教杨西崑，杨西崑后来又协助姚从吾筹备区党部，并于 1941 年当选为区党部执行委员。姚从吾虽然负责筹备三青团，但书记一职起初由四年级的学生担任。裴笑衡、郑福全毕业后，考虑到学生流动性较大，不利于工作，书记一职方由年轻教师担任。如 1940 年任书记的是历史系助教李其泰，1943 年李复任书记时已晋升为教员。1941 年的书记朱声度当年当选为联大国民党区分部书记。其他负责人还有战前就做过国民党地方党务工作、任助教多年的徐长龄，历史系助教宋泽生，历史系助理何鹏毓，师范学院英语系助教李田意，等等。[5] 1944 年 1 月 7 日，联大区党部召开党员大会，何鹏毓、宋泽生均当选为第二届执行委员会候补委员，2 月 12 日召开的二届一次

---

① 《青年团举行新团员宣誓》，《云南日报》1944 年 1 月 25 日，第 3 版。

② 《张治中呈西南联合大学现况》（1944 年 8 月 10 日），"国民政府档案"，档号：001 - 014100 - 0010。

③ 《张治中呈西南联合大学现况》（1944 年 8 月 10 日），"国民政府档案"，档号：001 - 014100 - 0010。

④ 《姚从吾致朱家骅函》（1940 年 2 月 27 日），"朱家骅档案"，档号：301 - 01 - 23 - 238 - 32。

⑤ 参见《姚从吾致朱家骅函》（1942 年 8 月 10 日），"朱家骅档案"，档号：301 - 01 - 23 - 238 - 33 至 35；《姚从吾致朱家骅函》（1943 年 8 月 5 日），"朱家骅档案"。

执行委员会上，何鹏毓还分工担任了区党部总务股股长。①

1940年6月中旬，国民党西南联大区党部教职员区分部成立，1941年12月正式成立西南联大区党部，姚从吾被选举为执行委员会书记，其工作重心需要转移到区党部方面。为此，他产生了辞去三青团的工作、将担子交给师范学院陈雪屏教授的念头。这个念头，他尚在1941年3月初就向国民党中央党部派到昆明视察的康泽提出过，并推荐了查良钊、马约翰、陈雪屏、伍启元四人，请从中选择一人。应该承认，姚从吾对联大三青团贡献很大，郑天挺说："从吾办联大三民主义青年团，甚著美绩，为中央团部所嘉许"，但是，与姚从吾关系很近的汤用彤、罗常培、陈寅恪则不以为然，加之姚从吾的精力势必要转到区党部，裴笑衡等也毕业离校，三青团需要有人接手，这一点康泽能够理解。经过考虑，康泽选中了陈雪屏。

陈雪屏于1920年入北京大学预科班，1922年考入北大哲学系，主修心理学。1926年毕业后赴美国哥伦比亚大学心理学研究所进修，1930年回国后担任东北大学教育心理学系主任。九一八事变后，其返回北平，任教于北京师范大学教育系，1932年回到北京大学理学院心理系。与查良钊、马约翰、伍启元相较，由陈雪屏负责三青团是比较适合的人选。但是，陈雪屏起初有些犹豫，再三思量后，准备提出两个要求，一是有随时请辞之自由，二是须有全权不受干涉。郑天挺认为，若为三青团计，赞成其出任，若为个人计，则表示不赞成。郑天挺还说，如果陈接任，今后其政治生活将会全部改变。②

不过，从西南联大三青团酝酿时就参与其事的陈雪屏，最终还是接受了书记一职。1941年6月1日，西南联大三青团在师范学院附属小学礼堂开会欢送毕业团员，并决定7日在支团部举行陈雪屏担任新书记就职典礼。③姚从吾与陈雪屏私交甚好，一个主持区党部事务，一个负责三青团，成为西南联大国民党党团事实上的双驾马车。

---

① 参见《姚从吾致朱家骅函》（1944年2月12日），"朱家骅档案"。
② 俞国林点校《郑天挺西南联大日记》下册，第391页。
③ 《本市鳞爪》，《云南民国日报》1941年6月1日，第4版。

二　开展活动

西南联大三青团成立后，随即组织了一系列活动。1939 年 12 月 25 日是民族复兴节及云南护国起义纪念日，这天恰传来克复南宁消息，在鼓舞人心的捷音中，西南联大三青团在文林街昆中北院南食堂举行了"民族复兴节大会"，请燕树棠、周炳琳教授演讲。会后还举行了火炬游行，"经正义路一带，沿途高唱救亡歌曲，及燃放爆竹，欢欣鼓舞，情形极为热烈"。①

1940 年 1 月寒假期间的环昆明湖兵役宣传，是西南联大三青团成立之初开展得最成功的一次活动。这次活动 1 月 17 日开始，参加者 110 余人。他们先步行至距昆明 30 余里的小板桥，宣讲队、歌咏队、壁报队在这里开展了各种宣传，女团员还集合了妇女、儿童一起举行联欢。时值旧历新年，附近乡民观看者甚多。当晚，大家赶到呈贡县，第二天分别出动，到县城和城乡各处宣传，下午在县城镇公所为出征将士之家属及民众演出，戏台四周张挂壁报、漫画、标语，至 4 时始散。晚上，又在县政府召集保甲长举行兵役座谈会，到保甲长 60 余人，"该团对于抗战建军之意义详为阐明，并由各保甲长自动发表意见"，会后还举行了个别谈话，了解兵役困难。夜间，则举行营火大会，尽兴到 9 时才结束。② 这次环湖兵役宣传是西南联大三青团组织的第一次宣传活动，收到很好效果。昆明《中央日报》报道说："西南联大三民主义青年团组织之环湖兵役宣传步行团已于十七日返校，该团除在呈贡、安宁等县努力宣传外，并举行慰劳出征将士家属游艺大会，为时九日，收效甚大。又该团之社会访问组为明了社会实况，经收集各种材料，填就表格，拟于整理就绪后即行发表，以供社会人士参考。"③ 为了慰劳参加这次环湖兵役宣传的同学，2 月 22 日西南联大三青团特在昆华中学北院操场举行营火大会，参加者有数百名同学。④

这一时期西南联大三青团组织的活动多种多样，3 月 29 日，他们在

---

①　《联大三青团纪念民族复兴节》，《云南日报》1939 年 12 月 26 日，第 4 版。

②　《联大青年团抵呈贡宣传兵役》，《云南民国日报》1940 年 2 月 17 日，第 4 版。

③　《兵役宣传》，昆明《中央日报》1940 年 2 月 19 日，第 4 版。

④　《联大青年团营火大会》，《云南日报》1940 年 2 月 23 日，第 4 版。

黄花岗七十二烈士纪念日上请冯友兰演讲了"中国先哲的修养方法"。①
30 日，以三青团团员为主的孙文主义研究会，举行了"政党问题"讨论
会。② 5 月 3 日，西南联大三青团组织的明社举行首次讨论会，雷海宗应
邀做了"鸦片战后之中国"的演讲。③

　　随着五四纪念日的临近，三民主义青年团云南支团于 4 月下旬讨论
发起青年运动周活动，西南联大三青团积极响应，决定在新校舍大食堂
举办纪念大会，通电向蒋介石致敬、通电讨汪、通电慰问前线将士，发
起献金劳军，出版青年壁报，与各大学学生联合举办青年座谈会，等
等。④ 这些计划大多得到落实，其中 5 月 3 日的学术演讲竞赛中，霍天一
同学获大学组第四名。⑤ 5 月 4 日，西南联大三青团联合《青年》《南
针》《励学》《云声》《热风》等壁报社，出版了《五四》特刊。⑥ 5 月
13 日，为了欢送毕业同学，联大三青团团员参加的剧社，与其他四个社
团一起，在新校舍举行联欢会。⑦ 西南联大三青团初期的活动，除了姚
从吾向朱家骅汇报中提到的组织合作社、办壁报、召开读书会、开展话
剧演出、进行环湖兵役宣传等外，还成立了一个小规模的图书室。⑧ 1940
年 10 月，他们还发起过"一角钱施粥运动"。报载："三民主义青年团
联大分团，前晚（十三）发起一角钱施粥运动，同学踊跃捐输，南院新
舍两处共收到国币三百九十七元七角正，该项收入，悉数救济大西门附
近被炸难胞，昨晚已在南院及承华小学两处施粥，今明两日下午仍将继
续云。"⑨

　　姚从吾、陈雪屏很懂得思想教育的重要性。1941 年 6 月 3 日，在他
们主持下，筹备已久的中正阅览室正式对外开放，"室内陈列有委座言

　① 《市闻简辑》，昆明《中央日报》1940 年 3 月 30 日，第 4 版。
　② 《联大近讯》，《云南民国日报》1940 年 3 月 30 日，第 4 版。
　③ 《学校消息》，昆明《中央日报》1940 年 5 月 3 日，第 4 版。
　④ 《各大学筹商纪念"五四"》，昆明《中央日报》1940 年 4 月 23 日，第 3 版。
　⑤ 《青年运动周之第三日昨日举行学术演讲竞赛》，《云南日报》1940 年 5 月 4 日，第 4 版。
　⑥ 《五四青年节学校纪念》，《云南日报》1940 年 5 月 5 日，第 4 版。
　⑦ 《联大昨晚联欢会盛况》，昆明《中央日报》1940 年 5 月 13 日，第 4 版。
　⑧ 《姚从吾致朱家骅函》（1940 年 2 月 17 日），"朱家骅档案"。
　⑨ 《联大青年团发起一角钱施粥运动，分别救济被炸难民》，《云南日报》1940 年 10 月 16
　　日，第 4 版。

论、革命史料及报章杂志等甚多"。[1] 6 月 17 日，西南联大三青团主办的《联大青年》月刊亦创刊，"内容看重青年学术思想之启发，生活动态之叙述，及时际问题之讨论"，[2] 且"以清华校庆学术讨论会记录最为精彩"。[3]

6 月 18 日下午，西南联大三青团在螺翠山庄举行了成立以来第一次集会。这次大会名义上是欢送毕业团员，实际上是一次工作总结会议，参加者除百余位三青团团员外，还邀请了周炳琳、樊际昌、查良钊、杨振声、燕树棠、贺麟、蔡维藩、姚从吾等教授。会前大家先合影，再唱国民党党歌，继由大会主席报告开会意义及一年来团务进展概况，复由各教授先后发表讲话。[4]

由于姚从吾既是西南联大三青团的实际负责人，又参与了区党部的筹备，所以在校内党团关系上起了重要磨合作用。而且，西南联大三青团不像有的学校那样与区党部经常产生矛盾，而是服从区党部领导，区党部也给予三青团许多支持。对此，姚从吾感到很欣慰，他在给三青团中央的一份报告中说："校中区党部与分团部，虽工作范围不同，但遇事均能商洽办理，分别进行，二年来党团合办之讲演，如文史讲演，科学讲演，青年讲座，主义讲演等，已不下百次，每次听讲者常在六七百人以上，主讲者即非本党同志，然其内容亦大都能与本党理论相吻合，故于青年学生发生极大之影响。"[5] 姚从吾此言并不过分，以教授应三青团之请所做演讲而论，据不完全统计，就有 1941 年 10 月 7 日陈雪屏讲演"今日青年所遭遇的危机"，[6] 1941 年 12 月 10 日王信忠在"太平洋大战"座谈讨论会上做评论和总结，[7] 12 月 19 日崔书琴演讲"论大战后的世界和平"。[8] 1942 年 2 月 11 日，与《当代评论》联合举办建国问题讨论会，拟在寒假中请冯友兰、潘光旦、李书华、雷海宗、黄钰生、钱端升、贺

---

① 《联大青年团中正阅览室开幕》，《昆明中央日报》1941 年 6 月 4 日，第 4 版。
② 《本市鳞爪》，《云南民国日报》1941 年 6 月 17 日，第 4 版。
③ 《昆市点滴》，昆明《中央日报》1941 年 6 月 26 日，第 4 版。
④ 《联大青年团欢送毕业团员》，昆明《中央日报》1940 年 6 月 19 日，第 4 版。
⑤ 《张治中呈西南联合大学现况》（1944 年 8 月 10 日），"国民政府档案"，001 - 014100 - 0010。
⑥ 《本市鳞爪》，《云南民国日报》1941 年 10 月 7 日，第 4 版。
⑦ 《太平洋大战联大三青团讨论》，《云南民国日报》1941 年 12 月 11 日，第 4 版。
⑧ 《本市鳞爪》，《云南民国日报》1941 年 12 月 18 日，第 4 版。

麟、赵迺抟、燕树棠等人分别担任哲学社会科学、历史、教育、政治、经济、法律等 14 个战后问题的主讲。[①] 1943 年 12 月 25 日，区党部与三青团联合举办"战后之亚洲"座谈会，梅贻琦、周炳琳、张印堂、蔡维藩等出席，讨论达 3 小时。[②] 1943 年 10 月 10 日，为庆祝国庆日及蒋介石就任国民政府主席，西南联大区党部和三青团分团部及学生自治会，联合举办演讲会，请冯友兰演讲。[③] 这些，说明了西南联大三青团与区党部关系的确比较融洽。

西南联大的三青团员也尽到了自己的努力。1943 年 7 月 1 日，司徒凡操、戴锐获在三青年团中央团部举行的第一次青年论文竞赛中分别获得不同奖项。[④] 1943 年 7 月 11 日，习玉益、戴锐、韩树栋、梁金强，亦在三青团云南支团举办的"《中国之命运》读后感"论文竞赛中，分别获得第一、第二、第三、第五名。[⑤] 这次竞赛共评出 6 名，西南联大就占了 4 名。这些，均是姚从吾、陈雪屏努力的结果，相比而言，学校里的三青团中央团部监察委员周炳琳、杨振声等，似乎对三青团工作并不怎么热心，很少看到他们参与学校三青团的活动记录。

三　讨孔风潮

西南联大享有抗战大后方"民主堡垒"的光荣称号，这是由于 1944 年五四纪念活动呼出"打倒孔家店"吼声后，接着又在七七、双十节、护国起义等一系列纪念活动中顺应时代潮流，响应中共联合政府号召，成为云南乃至全国民主运动的一面旗帜。从反对专制统治立场上说，"民主堡垒"桂冠授予西南联大顺理成章，但从反对腐败、要求政治清明这一点上说，这座堡垒第一次显示其威力和影响，应该从 1942 年 1 月 6 日举行的"讨孔游行"算起。

讨孔游行酝酿之初有人称之为"讨孔运动"。说"运动"有些夸大性质，说"游行"又局限于一次活动，这里称其为"讨孔风潮"，也许贴切

---

① 《本市鳞爪》，《云南民国日报》1942 年 2 月 11 日，第 4 版。
② 《省市鳞爪》，昆明《扫荡报》1943 年 12 月 26 日，第 3 版。
③ 《庆祝蒋主席就职与国庆日合并举办》，《云南日报》1943 年 10 月 6 日，第 3 版。
④ 《青年团第一次举办论文竞赛揭晓》，《云南民国日报》1943 年 7 月 1 日，第 3 版。
⑤ 《青年团昆支团论文竞赛揭晓》，《云南日报》1943 年 7 月 11 日，第 3 版。

一些。这次风潮来势迅猛，有的西南联大学生认为它是"近年来学生运动的先声"，[①] 因为它不仅震动了昆明全城，也震动了重庆的国民党中枢。[②] 值得强调的是，讨孔游行的发起者，是一些拥护"抗战建国"纲领、主张社会正义的三青团团员。

1. 事件起因

1941 年 12 月 8 日，日本偷袭美国在太平洋的海军基地珍珠港，随之向香港发起进攻，于 26 日占领香港。其时，宋庆龄、何香凝、柳亚子等要人和不少军政大员、银行家滞留香港，被称为"教授的教授"的陈寅恪也在其中。这些人都是影响很大的知名人士，国民政府要把他们抢运到内地，其中包括《大公报》社长胡霖（政之）。12 月 10 日，《大公报》派人 3 次到机场迎接香港起飞的最后一班飞机，但不仅没有接到胡霖，反而看到孔祥熙的夫人宋蔼龄、二女儿孔令伟，还有老妈子和几条洋狗。于是，次日《新民报》刊出标题为《伫候天外飞机来——喝牛奶的洋狗又增多七八头》的通讯。恰在此际，国民党五届九中全会于 12 月 20 日通过了《增进行政效能，厉行法治制度以修明政治案》，《大公报》总编辑王芸生遂写了《拥护修明政治案》的社评。社评中举了两个例子，其一指向行政院副院长孔祥熙，说："最近太平洋战事爆发，逃难的飞机竟装来了箱笼、老妈与洋狗，而多少应该内渡的人尚危悬海外。善于持盈保泰者，本应该敛锋谦退，现竟这样不识大体。"[③] 12 月 24 日，昆明《朝报》转载了王芸生撰写的社评，并将标题改为《从修明政治说到飞机运狗》。《朝报》是抗战全面爆发后从南京迁到昆明的一家报纸，私营报纸需要炒作街头新闻迎合读者，于是转载时修改了标题，突出了"飞机运狗"。连《朝报》也没料到，这几个字的修改竟引起轩然大波，飞机运洋狗的事很快就传播开来，产生了很大影响。

在西南联大，传播这件事最早的是《论坛》壁报，它用张贴《大公报》社评的方式，巧妙地发挥了扩散作用。《朝报》在标题上突出"飞

---

① 公唐：《倒孔运动》，《联大八年》，第 23 页。

② 关于讨孔风潮的起因与过程，杨天石在《"飞机抢运洋狗"事件与打倒孔祥熙运动——一份不实报道引起的学潮》（《南方周末》2010 年 3 月 18 日，第 E24 版）中做了细致梳理，杨先生文章着重介绍的是事件本末，这里则利用了台湾档案和教授日记，重点考察这次风潮与西南联大的关系。

③ 《拥护修明政治案》，重庆《大公报》1941 年 12 月 20 日，第 1 张第 2 版。

机运狗"后，加速了不满情绪的蔓延。当时，西南联大一年级学生集中在大西门外的昆华中学上课，昆华中学是云南省办的一所中学，前身可以追溯到1905年成立的省会中学堂，1932年与几个学校合并为"云南省立昆华中学"。昆华中学校园很大，抗战初期为避战乱疏散到西山，西南联大租借了诺大校园，将一年级学生的食宿都安排在这里，为的是方便统一讲授公共必修课。

1942年1月4日，为一年级同学讲授必修课"中国通史"的吴晗，在课堂上讲到飞机运洋狗的事，气愤道："南宋亡国时有蟋蟀宰相，今天有飞狗院长，可以媲美。"吴晗具有煽动性的话，激起同学们对孔祥熙的极大愤怒。化名"公唐"的同学在《倒孔运动》中记述道：大家听说"留居香港的党国要人和文化界名流被困无法脱身，孔祥熙竟以飞机抢运老妈子和洋狗，一时舆论喧哗，而沉闷已久的联大同学尤感愤恨。本来，这事如果是别的要人干的，或不至掀起轩然大波，然而发生在集贪污，腐败，反动和愚蠢于一身的孔祥熙身上，怎能不令人对数年来腐败政治的愤懑，来一次总发泄！"[①] 讨孔游行发起者之一的邹文靖同学，在回忆文章中也写道："孔祥熙贪污中饱、'窃国者侯'的丑恶名声，早为全国人民所痛恨，又这样肆无忌惮地用国家抢运官员和物资的飞机运他的私人财物，特别是竟敢以飞机运狗，消息传来，西南联大师生群情激奋，舆论哗然。大家认为孔祥熙如此胆大妄为，令人难以容忍。我正在西南联大上学，面对当时看到的在国民党统治下的'国难日深，胜利无望'的情况，已是忧心忡忡，特别是听到孔祥熙老婆以飞机运狗的惊人消息，更为愤慨。我那时虽然加入了三青团，但我和一部分三青团学生也感到国民党政府这样下去，如何能赶走日本侵略者，如何能收复失地?! 我们认为：对这些以权谋私、以私害公的不法官吏必须惩戒，以儆效尤。"[②]

有这种情绪的同学不是少数，公唐在《倒孔运动》中说："先是有

①　公唐：《倒孔运动》，《联大八年》，第23页。

②　邹文靖：《国家之败　多由官邪——记57年前的〈讨孔宣言〉》，《云南文史资料选辑》第34辑，第450页。邹文靖是"讨孔"游行的发起人和亲历者，其文是目前讨孔风潮的最早回忆，之后，以《国家之败多由官邪——回忆西南联大的"讨孔"运动》为题，发表在1995年10月印行的《昆明文史资料选辑》第25辑。1999年4月压缩稿复以《国家之败　多由官邪——记57年前的〈讨孔宣言〉》为题，刊登于《西南联大北京校友会简讯》第25期，文字略有修改。

国民党党籍的两位同学在校门口贴出'喊'壁报，详述飞机运洋狗之事，全校为之喧嚷。接着有一'响应'壁报出现，继'响应'之后，各系会、学会、级会、同学会都有响应的启事，不到两小时，新舍里头尽是打倒孔祥熙的口号标语，和有关时局的报导。"① 这两个"国民党党籍"同学是谁，文中没有提及，至今也不知其姓名。

《倒孔运动》是 1946 年春西南联大结束前为学生编辑《联大八年》而写的，与讨孔风潮已相隔四年，加上成稿匆忙，一些情节记述比较简略。邹文靖的回忆是 1980 年代追记的，记述具体些，还补充了一段重要情节，即他和汪受璧、钟正与联大三青团直属分团主任陈雪屏的一番对话。邹文靖回忆说："我曾和两个三青团学生一同到三青团西南联大分团部主任陈雪屏的房间去谈论此事。我们说：政府要员如此肆无忌惮、为所欲为，对于争取抗战胜利，收复失地，极为不利。我们三个人认为：西南联大师生激于义愤，可能即将有所行动，如箭在弦，一触即发。同时认为西南联大三青团组织对孔祥熙以飞机运狗之事也应表示抗议，提出谴责，使孔祥熙之流的贪官污吏有所戒惧。陈雪屏沉吟片刻，然后说：'我们青年团是有组织的，我们可以上书团长（蒋介石那时兼三青团团长）。'我说：'上书团长恐怕也没有用，只有掀起学生运动，才能给孔祥熙些警告。'陈说：'不能说上书团长没有用。'我对他此话，不以为然，其他两人也表示没有信心。谈话到此，不欢而散。这次谈话说明当时声讨孔祥熙的学生运动，已是剑拔弩张，即使是国民党御用的三青团内部也不能不受到影响和震动，陈雪屏的态度，也反映了三青团某些人的立场。"②

据《国立西南联合大学校史》记载，继《喊》之后在壁报上出现的文章，有《铲除孔贼祥熙》《重燃"五四"烈火》《告国民党员书》《告三民主义青年团团员书》等。对于为什么用"喊"这个字，书中说是"一时想不出恰当的刊名，请擅长书法的同学写了一个大大的《喊》字，作为报头，第二天清晨贴在新校舍墙上"。③《国立西南联合大学校史》

---

①　公唐：《倒孔运动》，《联大八年》，第 23 页。

②　邹文靖：《国家之败　多由官邪——记 57 年前的〈讨孔宣言〉》，《云南文史资料选辑》第 34 辑，第 450~451 页。

③　西南联合大学北京校友会编《国立西南联合大学校史》（修订版），第 340 页。

是西南联大北京校友会委托萧荻、张源潜等西南联大历史毕业生撰写的，而西南联大北京校友会实际上是全球西南联大校友的总会，执笔者写作期间收集了大量第一手资料，召开过多次讨论会，史料来源均经过严格考证，此说亦必有所据。

壁报《喊》点燃了讨孔风潮的火种，在这种形势下，邹文靖等"20多个三青团学生在三青团组织不肯表态的情况下，自动集中到一个教室开会。会上一致认为凡属爱国青年，都应积极投入'讨孔'运动，并把这一运动推向高潮。我们决定以个人联名形式发表'讨孔'宣言，要求西南联大学生自治会立即行动起来，组织领导全校的'讨孔'运动，并将这一运动扩大到昆明市和中国的抗战大后方。会上反映了青年学生对孔祥熙之流的憎恨，表现了'孔贼不除，誓不罢休'的决心"。邹文靖回忆说："大家公推我和汪受璧、钟正等三人起草'讨孔'宣言，由我执笔。我激于义愤，仓促之间挥笔而就，26名同学立即一致通过，由汪受璧用毛笔大字书写，26人签名后，立即张贴到大门口的围墙上。"①

邹文靖等26位同学署名的《讨孔宣言》，是西南联大历史上名震一时的重要文献，但过去大家提到这个宣言时，只知大意不见文字。幸亏宣言执笔者邹文靖保留了下来，其全文云：

> 国家之败，多由官邪。当前我国贪污之风，有增无已，奸吏之恶，日益加剧。值兹抗战方殷，建国伊始之际，内政不修，无以御侮；贪污不除，何以儆奸！
>
> 今日，我国贪污官吏有如恒河沙数，而其罪大恶极者莫如国贼孔祥熙。孔贼贪污中饱，骄奢恣睢，已为国人所共愤，为法理所难容，而此次风闻由香港以飞机运狗者，又系孔贼之妇！致使抗战物资、国家硕老，困于港九，沦于敌手而不得救。嗟夫！铜臭冲天，阿堵通神，用全一己之私，足贻举国之害。此贼不除，贻害无穷，国事危急，奚容缄默！今见我校壁端贴出声讨孔氏之文，同仁等情有同感，义有同归，愿效先驱，共襄斯举！呼吁我校学生自治会立

---

① 邹文靖：《国家之败　多由官邪——记57年前的〈讨孔宣言〉》，《云南文史资料选辑》第34辑，第451页。

即召开全校同学大会，群策群力，共商大计，并希通电全国，同声诛讨，通过学运，掀起高潮！期树讨贼之大纛，倡除奸之首义，剪彼凶顽，以维国本。是为国民之天职，尤为我辈之责。①

《宣言》末尾，是26位同学的签名，可惜的是邹文靖没有公布这个名单。

2. 讨孔游行

就在邹文靖等同学奔走呼号之时，"也有一些学生组织了倒孔行动委员会，开过几次会，还准备联络各大学校，发动一次游行"。② 发起这次游行，也是一年级同学在课堂上提出的。公唐说："如此鼓噪了两天。到第三天上午，住在昆华中学的一年级同学在全体必修的中国通史班上提出游行的主张，而且立刻整队向新校舍出发。" 文中接着写道："新舍同学随即全体自动在图书馆前集合，经过十几分钟的讨论，决定上街游行。事先没有游行的准备，在几分钟内，同学们拿了自己的白被单做旗帜，各人掏出钱来沿街买粉笔写标语。"③

对于这一过程的某些细节，西南联大校史记录得较为详细："1942年1月6日午饭后，住在昆华中学的土木系大一学生叶传华在床单上画了孔祥熙的胖脑袋套在钱孔里的漫画挂在宿舍楼下，一下子吸引了许多同学围观。有人提议开会讨论怎么行动起来，便由每个宿舍推出两个代表来开会，大家一致上街游行。有人举起这幅漫画，沿途会合了师院的同学，七八百人的队伍走到新校舍在图书馆前停下来，二、三、四年级同学也迅速集合，上千人整队走出校门。"④

不过，西南联大校史遗漏了在图书馆前临时举行的讨论。邹文靖说："学生队伍刚开进学校大门，全校广大师生热烈鼓掌欢迎。随即在广场举行'讨孔'大会。不少同学上台演讲，痛斥孔祥熙的罪恶，阐明'讨孔'运动的必要。但也有少数三青团分子上台鼓噪，企图阻挠'讨孔'

① 邹文靖：《国家之败　多由官邪——记57年前的〈讨孔宣言〉》，《云南文史资料选辑》第34辑，第451~452页。
② 西南联合大学北京校友会编《国立西南联合大学校史》（修订版），第341页。
③ 公唐：《倒孔运动》，《联大八年》，第23~24页。
④ 西南联合大学北京校友会编《国立西南联合大学校史》（修订版），第341页。

运动的开展，结果都未得逞。我们一同发表'讨孔'宣言的三青团学生临时推举钟正（起草宣言的三人之一）登台讲话。他极力主张开展'讨孔'运动，从而惩戒贪官污吏。他尽情抨击，词语犀利，谈锋甚健，与反对'讨孔'的三青团分子大唱对台戏。"接着，才是"当场决定全校罢课，立即上街游行"。于是"全校师生数千人踊跃参加游行队伍，沿途还有云南大学、昆华师范、南菁中学等昆明十多所大中学校师生陆续参加。游行队伍沿途高呼打倒孔祥熙，打倒贪官污吏等口号，在昆明主要街道进行三四小时。[①] 关于这段经过，西南联大校史补充了两个史实，一个是细节，说"走到正义路时，一些文具商店自动把粉笔、油墨拿出来，给学生沿街书写标语"。另一个很重要，说"工学院同学队伍从拓东路出来，在近日楼与大队汇合"，"游行队伍扩展到两三千人"。[②] 工学院在昆明城东的拓东路，距新校舍有一段路程，同学们从那里赶来，证明西南联大学生在讨孔问题上态度的一致。

由西南联大同学发起这次讨孔游行，学生不分年级、不分政治倾向，都参加了进来，所以公唐同学称它"是近年来学生运动的先声"。[③] 这个评价很到位，应该得到史学界的认可。

亲身经历了讨孔游行的同学们都记得，队伍经过省政府门前时，云南省当局未加干预，而且学校也没有对抗战以来的第一次学潮采取压制态度，梅贻琦、蒋梦麟两常委均乘车尾随队伍，以备万一学生与军警发生冲突时可以及时出面调解。这只是表面现象，实际上那几天学校工作的主持者都很紧张，这在郑天挺日记中就有记录，如1月4日日记云："（陈）雪屏来谈青年团学生为孔祥熙夫人自香港携犬及女仆飞渝以致在港要人反不得出之事大愤，群起谋作倒孔运动，雪屏欲制止，无效。就商于余。此事势难抑制，惟望其不由昆明首动，不由联大首动，不由青年团首动而已。未动以前，须先使中央团部知之。雪屏去，十二时再来，作书一通，复去。"[④] 这里说的是1月4日学生就"群起谋作倒孔运动"，

① 邹文靖：《国家之败　多由官邪——记57年前的〈讨孔宣言〉》，《云南文史资料选辑》第34辑，第452、453页。
② 西南联合大学北京校友会编《国立西南联合大学校史》（修订版），第341页。
③ 公唐：《倒孔运动》，《联大八年》，第23页。
④ 俞国林点校《郑天挺西南联大日记》上册，第502页。

陈雪屏曾欲劝阻，未能成功，于是来找郑天挺。郑天挺认为校方宜静不宜动，希望倒孔之事不要由西南联大学生特别是西南联大三青团首先动作，即使动作也应提前告知三青团中央团支部，以表示学校不是不作为。1 月 5 日日记中写道："今日校中发现倒孔之壁报甚多，或劝勉仲撕之，实则愈撕愈多也。"① 指的是讨孔壁报很多，有人建议查良钊以训导长身份派人把壁报撕去，郑天挺认为这样反会造成逆反心理，壁报只能越撕越多，言外之意最好的办法仍是息事宁人。1 月 6 日，郑天挺记得比较详细，云："十一时半自新校舍出，见一年级学生结队来，张大旗，画孔祥熙像、书'打倒'字，齐集图书馆前。余归。饭后闻呼口号声，乃出街头观之。联大学生自西来，其口号曰：'拥护蒋委员长'、'拥护龙主席'、'拥护修明政治'、'打倒孔祥熙'、'打倒贪行'等，约有千人。"② 这里不仅记录了同学们中午在图书馆前的集会，还记录了目睹的游行队伍和游行中呼出的口号。

郑天挺记录的只是游行时呼出的口号，他没有参加游行，没有看到学生沿途张贴的标语，而国民党云南省党部书记长赵澍在给时任国民党中央党部组织部长朱家骅的密电中，则抄录了当时收集到的 24 条标语。这些标语为：

1. 党国要员不如孔贼的一条狗！

2. 拥护政府修明政治！

3. 打倒以飞机运洋狗的孔祥熙！

4. 孔贼不死，贪污不止！

5. 打倒祸国害民的孔贼！

6. 打倒国贼孔祥熙！

7. 请新闻检查所勿扣倒孔之消息！

8. 各界参加，打倒贪官污吏孔祥熙！

9. 屈杀留港官员者是谁？

10. 香港危急，飞机不救要人，而运狼犬，孔祥熙罪恶滔天！

---

① 俞国林点校《郑天挺西南联大日记》上册，第 502～503 页。

② 俞国林点校《郑天挺西南联大日记》上册，第 503 页。

11. 请报界发表舆论！

12. 争取民主自由，打倒孔祥熙！

13. 孔存款十七万万元在美国！

14. 打倒操纵物价的孔祥熙！

15. 打倒操纵外汇的孔祥熙！

16. 打倒发国难财的孔祥熙！

17. 要修明政治，必先铲除孔祥熙！

18. 打倒囤积居奇的孔祥熙！

19. 拥护龙主席，打倒孔祥熙！

20. 孔祥熙为一国的财政部长，不好好管理财政，专做囤积居奇生意，简直是汉奸，我们非杀死他不可！

21. 香港危险时，政府派飞机去救党国要人，带转来的是孔祥熙夫人，及七只洋狗、四十二支箱子！

22. 枪毙孔祥熙！

23. 欲求抗战胜利，先从倒孔做起！

24. 前方抗战流血，后方民众吃苦，发财的是孔祥熙！①

从以上文字来看，"拥护政府修明政治！""打倒以飞机运洋狗的孔祥熙！""打倒国贼孔祥熙！""拥护龙主席，打倒孔祥熙！"等具有文字简练、意义鲜明的宣传鼓动性质，属于标语范畴，但多数则是发泄不满。如"党国要员不如孔贼的一条狗！""孔存款十七万万元在美国！""前方抗战流血，后方民众吃苦，发财的是孔祥熙！"等，是一吐心中的愤懑。"请报界发表舆论！""枪毙孔祥熙！""屈杀留港官员者是谁？"，是发出呼吁，提出质问。而"孔祥熙为一国的财政部长，不好好管理财政，专做囤积居奇生意，简直是汉奸，我们非杀死他不可！""香港危险时，政府派飞机去救党国要人，带转来的是孔祥熙夫人，及七只洋狗、四十二支箱子！""香港危急，飞机不救要人，而运狼犬，孔祥熙罪恶滔天！"，像是强调倒孔游行的原因。这种现象，说明倒孔游行事前没有计划，行动无人领导，也缺乏组织，整个过程呈现着一种自发状态。但是，自发

① 《联大等校学生反孔标语口号传单》，"朱家骅档案"，档号：301－01－06－050。

行为是最让人畏惧的，因为它像洪水一样，一旦奔泻就难以控制。

1月6日晚上，畅快淋漓呼喊了一天的同学们，情绪仍然非常激昂，一些人表示应该把讨孔运动持续下去，于是7日这天，住在昆华中学的一年级同学有人号召各宿舍选出代表，召开倒孔代表会。马千禾、齐亮被大一新生宿舍第18寝室选为代表。开会时，马千禾被推选为倒孔代表会负责人。8日，倒孔代表会邀集学校23个团体组成倒孔运动后援会，请学校的国民参政会参政员把这次运动情况汇报给国民参政会驻会委员，要求他们提出撤去孔祥熙的职务，并没收其财产的提案。接着，昆明市学生联合会也发表了讨孔通电。

西南联大的讨孔风潮，不仅是学校成立以来的第一次学生运动，也是抗战时期大后方爆发的第一次学生运动。作为讨孔风潮导火线的飞机运洋狗事件，经过调查是则失实报道，[①] 但正如何兆武所说：飞机运洋狗"不过是个导火线，是个诱因，真正的原因是对国民党政府的强烈不满"。[②]

3. 戛然结束

高等院校是知识分子最集中的地方，激进社会思想往往首先从学校开始传播，"闹事"往往最早出现在学校。社会动荡时期，学校管理者既有维持正常教育的责任，也有保护学生不受侵害的义务，联大当局在倒孔游行问题上，就夹在两者之间。

1月6日，尾随游行队伍的蒋梦麟、梅贻琦，听闻云南省当局有武力解散游行的意思，忙找龙云阻止，并达成"明日报纸不载其事，并禁函电发出"的允诺，[③] 目的是尽量控制社会影响。同时，学校发出布告劝阻游行，"词甚和婉，仅谓无故罢课，深乖培植青年之本意，又此类行动究非军事时期所当有，深望谨守纪律云云"。[④]

1月7日，由于讨孔风潮缺乏健全领导，这一天表面还相对平静。不过，事态并没有平息。郑天挺8日日记写道："学生气忿未平，又有好事者激之，传有打报馆之说，条告中提及新四军、马寅初之事，恐趋枝

①　详见杨天石《"飞机洋狗"事件与打倒孔祥熙运动》，《南方周末》2010年3月18日。
②　何兆武口述、文靖撰写《上学记》，第193页。
③　俞国林点校《郑天挺西南联大日记》上册，第503页。
④　俞国林点校《郑天挺西南联大日记》上册，第503页。

节，定明日十一时半召集学生训话。"① 这就是说，1月6日的布告作用有限，有的同学把飞机运洋狗个案与皖南事变联系起来，使讨孔游行与国共关系挂起钩来，同时一些大、中学生停课，发表宣言、通电，也使联大当局担心节外生枝，于是决定召开大会对全体学生进行训话。

这个过程，《倒孔运动》一文写道：由于同学们"没有健全的组织，至第四天以后，三青团的同学受到长官的训斥，一反其原来态度，从中阻碍事情的进行"。② 《国立西南联合大学校史》中也简单写道：游行后"第二天照常上课，倒孔委员会开会讨论下一步行动，意见不一，未获结果。校方受到来自重庆的压力，梅贻琦常委召集学生讲话，劝告大家不要再继续下去，免得给学校带来不利"。③ 郑天挺的记录比以上两者稍为详细，他在1月9日日记中写道："十时半校中请宋希濂讲演。十一时半常务委员训话，月涵先生劝学生适可而止，不得更有其他行动，所有条告均撕去。孟邻师尤坚绝，如更有行动，学校当自行停办，以免影响战争、影响全局。学生亦知其严重性矣。"④

由此可知，1月9日训话会上，首先请国民革命军第十一集团军总司令兼昆明防守司令宋希濂讲演，其后是梅贻琦、蒋梦麟相继训话。据《云南民国日报》报道，宋希濂"首对'七七'以来历次战况，及此次长沙大捷经过，扼要叙述。次阐述三民主义为我中华民国国魂，与军人精神教育之精义。末勉各同学锻炼体格"。⑤ 这条来自官方的消息有意回避宋希濂对讨孔游行的态度，而邹文靖则回忆说："宋在讲话中说，孔祥熙也确实有问题，但要通过合法手续揭发检举。这样停课搞学生运动对学校工作不利，对社会治安不利，对抗日战争不利，希望同学们冷静一下，不要再继续搞了。"⑥ 梅贻琦的讲话口气比较缓和，大意是"这次'讨孔'运动已经够了，不要再继续下去了。这样下去对我们学校不利，对你们求学不利，希望你们立即复课，不要再闹了。我认为这

①　俞国林点校《郑天挺西南联大日记》上册，第503～504页。
②　公唐：《倒孔运动》，《联大八年》，第24页。
③　西南联合大学北京校友会编《国立西南联合大学校史》（修订版），第341页。
④　俞国林点校《郑天挺西南联大日记》上册，第504页。
⑤　《联大昨请宋希濂讲演》，《云南民国日报》1942年1月10日，第4版。
⑥　邹文靖：《国家之败　多由官邪——记57年前的〈讨孔宣言〉》，《云南文史资料选辑》第34辑，第453页。

样已经够了"。① 至于蒋梦麟的态度，则很强硬，姚从吾在致朱家骅的信中说："蒋梦麟先生以校中常委名义训话，斥责学生不应感情用事，即存心爱国，结果必致害国。最后声明：一、应大家反省，万勿因小害大。因□慕爱国空名，而使民族受祸。二、一切壁报，均应撤去。三、再有越规问题，严加制裁。"②

西南联大一向提倡自由民主，对学校突然出现大规模的风潮，缺少预防准备，所采取的只能是补救措施。不过，这次训话倒是起到一定作用，正如姚从吾所说："此事，至是已由'大会'交学生自治会接办，适学校态度强硬后，学生会即托辞学校干涉，不办此事。"③ 本以为会轰轰烈烈的讨孔风潮，实际上刚刚展开就偃旗息鼓了。

讨孔风潮来得猛，去得快，造成这种现象的因素有多种。首先，由于皖南事变发生，大多学生骨干和进步青年或疏散到外地，或离开了学校，开展一定规模的学生运动，缺少基本力量和群众基础。

其次，是西南联大当局具有一定的应变能力。协助蒋梦麟管理北京大学行政事务的郑天挺，同时担任着西南联大总务长，他的行为很大程度上代表了学校的意志。如果说倒孔游行起初郑天挺还能采取缓和的态度，那么1月9日训话会后，他便开始强硬起来。1月9日下午，郑天挺与训导长查良钊到学校一同张贴布告，"劝学生自动撕去条告，否则明晨命工友全部撕去"。④ 同日，他收到教育部为西南联大学生倒孔之事的密电，对于"电文中有'在港同志均无恙'之语"，认为"此类语最滋疑惑，增加反动力，不如表示中央之坚决立场之为愈也"。⑤ 1月10日上午，郑天挺到学校，见"学生条告未撕"，遂"命工友洗去"。那天下午，他从杨西孟处听说外间有"蒋委员长电话致孟邻师阻止学生动作"的传言，有些不大相信，说"此不知何所从来也"。⑥ 第二天，蒋梦麟告

---

①　邹文靖：《国家之败　多由官邪——记57年前的〈讨孔宣言〉》，《云南文史资料选辑》第34辑，第453页。

②　《姚从吾致朱家骅函》（1942年1月21日），"朱家骅档案"。

③　《姚从吾致朱家骅函》（1942年1月21日），"朱家骅档案"。

④　俞国林点校《郑天挺西南联大日记》上册，第504页。

⑤　俞国林点校《郑天挺西南联大日记》上册，第504页。

⑥　俞国林点校《郑天挺西南联大日记》上册，第504页。

诉他，说昨天的电话是陈布雷"奉委员长命询问学生事件经过"，[①] 并不是蒋介石亲自与蒋梦麟通话。

讨孔游行是由三青团团员发动的，这使学校国民党、三青团组织感到了压力，采取了一些强制措施。1月4日，姚从吾在新校舍见到《喊》上刊登的谴责声讨孔祥熙的文章时，就意识到问题的严重性，马上找到接替他三青团工作的陈雪屏探问究竟。从陈雪屏处，姚从吾得知三青团干事会已决定了三项原则："（一）此问题无论人数多少，动机如何，若再酝酿，定于抗战不利，应设法阻制，意图打消。（二）不得已而求其次，青年团禁止参加，使不扩大。（三）再不得已，须取态度，使他们不能成功，不能得到群众，使此事早日收束。"[②] 姚从吾曾任西南联大三青团筹备主任，认为自己有责任做三青团团员的工作，便与陈雪屏一起召集全校三青团团员开会。会上，"三四年级同志或一致拥护干事会之决意，服从主任之命令，一二年级年轻浮动，初甚犹疑"。这里所说的一二年级三青团员的"犹疑"，是"他们意谓不参加即不能控制，又有一部分误认不参加即丧失在大学辛苦得来之其领导地位"。不过，由于姚从吾、陈雪屏"几经劝戒"，意见"始渐一致"。

姚从吾本以为此事可以"因此消解"，不料1月6日"有人在饭厅提议游行，一哄而出，合计云大、中法及一二中学，据说约有一千余人"。[③] 这一出乎意料的行动让姚从吾、陈雪屏深感不安。为了平息事态，陈雪屏于讨孔游行的当晚召集三青团团员大会，姚从吾以学校国民党区党部筹备者的身份列席了会议。这次会议持续了3个小时，姚从吾说他与陈雪屏"极力运用在学生自治会拥有之多数，使之规律化、合理化，本军事第一、国家至上之原则，使此幼稚举动，早日结束"。[④] 但是，姚从吾、陈雪屏的意见并未占上风，会上讨论很是激烈，1月9日联大当局之所以召集全校学生训话，这也是一个重要原因。

还有一个不能回避的因素与当时的抗战形势有关。讨孔风潮爆发之际，日本第十一军一面策应进军香港的日军，一面再度进犯长沙，中国军队以

---

① 俞国林点校《郑天挺西南联大日记》上册，第505页。
② 《姚从吾致朱家骅函》（1942年1月21日），"朱家骅档案"。
③ 《姚从吾致朱家骅函》（1942年1月21日），"朱家骅档案"。
④ 《姚从吾致朱家骅函》（1942年1月21日），"朱家骅档案"。

血肉之躯与日军进行搏斗，1月9日《云南日报》在显著位置刊登了《浏阳河岸已无敌踪，长沙市民纷纷回城》《敌军退出长沙，已达两大目的：一、第三六师团悉数被歼，二、敌第十八联队长阵亡》等消息，分散了人们对讨孔风潮的注意。而这一天，国民党五届九中全会记录传到昆明，证实吴稚晖、郭泰祺确在重庆，并非传言所说吴稚晖全家在港被困自杀、郭泰祺被俘或自杀。在这种情况下，讨孔运动委员会于1月10日宣布解散。

1月11日，西南联大第四届学生自治会举行改选。① 1月16日，《云南日报》刊登新改选的西南联大学生自治会致蒋介石、薛岳的祝捷贺电。② 有人认为这个贺电标志了讨孔运动的结束，但讨孔运动委员会虽然解散，三青团也控制了第四届学生自治会，激愤的情绪却持续着，走进课堂的同学寥寥可数，与罢课无二，只是这一事实遭到封锁，媒体也一律回避罢了。西南联大全校恢复上课是1月21日，应该说这天才算在讨孔运动上画了个句号。

4. 震动中央

前面说到陈布雷奉蒋介石之命给蒋梦麟打电话的时间是1月10日，而这天西南联大学生自发组织的讨孔运动委员会已宣布解散。换句话说，尽管有关方面提供了不少情报，但蒋介石直到讨孔风潮收尾时才意识到这一事件的严重性。

正常情况下，蒋介石获得西南联大情报的途径有两条，一是陈立夫任部长的国民政府教育部，二是朱家骅任部长的国民党中央党部组织部。依仗蒋介石私人关系起家的陈立夫，对于西南联大没有多少好感；长期耕耘教育界的朱家骅，则受到西南联大的信赖。这次讨孔风潮，朱家骅得到的情报远比教育部多。目前所知，最早向朱家骅报告这一事件的是陈雪屏、姚从吾，他们的信写于1月4日，原文未见，但从

---

① 《简讯》，《云南日报》1942年1月12日，第4版。

② 《联大学生自治会敬电委座祝捷，并电薛长官暨前线将士致敬》，《云南日报》1942年1月16日，第4版。西南联大学生自治会致蒋介石电云："重庆蒋委员长钧鉴：长沙奏捷，消息传来，举世欢腾，扬胜利之先声，振盟邦之壮气，仰见钧座指挥若定，胜算久操，特电致敬，并叩捷禧。国立西南联合大学学生自治会谨叩。"致薛岳电云："长沙薛司令长官伯陵赐军转前线将士勋鉴：长沙三捷，中外欢欣，将士以转石撼山之力，雷霆万钧之势，歼彼敌寇，振同盟之声威，国家之础基，丰功伟绩，敬仰莫名，肃电祝捷，借申贺忱。国立西南联大学生自治会叩。"

署名"一鹤、培林"请赵澍译转陈雪屏、姚从吾的电文中有"支函悉"三字，可以断知。① 不过，联大提供的情报寥寥可数，报告最多的则是国民党组织部系统的云南省党部。

1月6日讨孔游行刚刚结束，国民党云南省党部书记长赵澍就特急密电朱家骅，云："昨联大学生以飞机运狗问题，发动反孔副院长。今午突连合云大学生共千余人游行，并遍贴标语，指孔为贪污及国贼。并有争取民主等口号，显系有组织策动。今晚学生开大会，恐将有发展。职即与学校及地方当局酌量应付，请转陈并请示方针。"② 1月7日，赵澍又在致朱家骅的信中补充报告道：昨晚"复开全市学生代表大学，每校推代表三人。职得息后，即一面与梅校委、查训导长及警务处等接洽，一面派人调查真像，沿街标语均由警务处饬警撕去或涂去"。③

信中，赵澍还做了些推测与分析，说这次讨孔风潮的起因与西南联大几位国民参政会参政员有关，认为"此事之发生远因，系张奚若、罗隆基等自参政会归来后，即大事宣传，谓在参政会中对孔质问，要人多表示同情云云"。赵澍此言完全是无中生有的栽赃。张奚若、罗隆基出席的是1941年11月17日召开的二届二次国民参政会，26日大会就结束了，飞机运洋狗事件是12月10日才出现，其时国民参政会已闭幕两个星期，张、罗两人怎么可能"在参政会中对孔质问"。推其原因，是西南联大同学要求学校的参政员把有关情况向国民参政会驻会委员会报告，赵澍便把散布飞机送洋狗一事栽在他们头上。这事本无关宏旨，倒是反映了云南省党部调查统计室情报系统的紊乱。

说到讨孔风潮的近因，赵澍想当然地认为："此次事件之发动，自有奸党及他党分子（人名在详查中），否则不致如此突兀，且□遍。"这次风潮起于西南联大三青团，这个事实赵澍不能否认，但他把原因归结于"三青团团员为争取领导权"和"避免他党讽刺"，同时也承认"大部分则为中立分子，为谣言所激动"。④

① 《一鹤、培林致赵公望转陈雪屏姚从吾电》，"朱家骅档案"，档号：301-01-06-050。
② 《赵澍致朱家骅电》（1942年1月6日），"朱家骅档案"，档号：301-01-06-050。此电"登录件事由"项下名《联大及云大学生以飞机运狗事发动反孔运动请示方针》。
③ 《赵澍致朱家骅函》（1942年1月7日），"朱家骅档案"，档号：301-01-06-050。
④ 《赵澍致朱家骅函》（1942年1月7日），"朱家骅档案"，档号：301-01-06-050。

得到上述情报的朱家骅，起初处理这个问题还较为谨慎，他复陈雪屏、姚从吾1月4日函时，只是指示"校中学生对报载事件有所酝酿，系出误会。请速劝导，万勿扩大至盼"。① 1月7日晚复电赵澍，亦仅有"缅甸军事重要，望速平息为要"12字。② 3天后，朱家骅的态度开始改变，急电赵澍云："大敌当前，胜利第一，且南洋风云日岌，滇省正在出击之时，不容再有任何纷争，务希即商从吾兄等克速设法使之平息为要。"③

朱家骅之所以改变态度，是由于蒋介石对这次风潮的警惕。1月6日，龙云也向蒋介石报告了讨孔游行，蒋介石不了解真相，没有马上回复。11日，蒋介石大体了解了真相后，就琢磨如何给龙云回信。台湾出版的以蒋介石日记为基础的《事略稿本》，在1942年1月11日条下记载道："西南联大发生反对孔祥熙学潮，拟致龙云电稿。公对此事，几乎终日在详思中，惟恐稍有疏失也。"④ 斟酌再三，蒋介石于12日复电龙云，"令明告西南联大等校当局，剀切晓谕学生，切勿供人愚弄，危害国家，破坏抗战"。⑤ 电文云：

> 鱼电悉，昆市学生游行事，兄处理迅捷为慰。青年脑筋简单，不明内容，无足深怪。惟抗战以来，各地从无游行示威事，后方治安，不容扰乱，战时纪律，必须遵守，虽三尺童稚，亦知此理。此次学生示威游行，决非偶然，必有人从中煽动，意图捣乱，实应特别注意，不可忽视。中正已电联大学校查究实情。闻此事发生，在学生方面借口，系因阅悉去年十二月二十二日大公报拥护修明政治案评论而起，实则该报所言飞机搭载洋狗，系政府中人所为一节，全非事实。发表之日，中即一面严令交通部彻查真相，一面正式向

---

① 《一鹤、培林致赵公望转陈雪屏姚从吾电》，"朱家骅档案"，档号：301-01-06-050。
② 《朱家骅致赵澍电》（1942年1月7日），"朱家骅档案"，档号：301-01-06-050。
③ 《朱家骅致赵澍电》（1942年1月10日），"朱家骅档案"，档号：301-01-06-050。
④ 周美华编《事略稿本》第48册，台北"国史馆"，第71页，2011；《蒋中正为西南联大发生反对孔祥熙学潮拟致龙云电稿》，"蒋介石档案"，档号：002-060100-00160-011。
⑤ 周美华编《事略稿本》第48册，第73页；《蒋中正电龙云昆明学生游行事必有人从中煽动应特别注意已电西南联大等校查究实情》，"蒋介石档案"，档号：002-060100-00160-012。

该报询究来源，要求其负责查明内容，穷究虚实。该报翌日即复函自认过失，交通部亦于艳日查明，便宜从事与经过事实，即函大公报正式声明，于三十日载该报（全文略）。此事真相如此，无待赘述。中可为几与国民告者，凡政府中人，苟有失职之举，中必根据事实彻底惩究，绝不稍与隐讳，或假宽纵。乃事隔一周，鱼日在昆明联大等校，尚有此举，显见有人蓄意鼓动青年，扰乱社会人心，动摇后方抗战基地，用心险恶，如不彻究，为害无穷。据中迭次所得确报，敌国军阀与纳粹国社党，在北平南京上海香港等地，收买无聊政客，阴谋以群众运动，损害我国家威信，动摇我抗战意志，已非一日。前在香港发行之国家社会报，所有言论，显然为汉奸卖国口吻，污辱国家，诬蔑政府，诋毁革命，破坏抗战，事实俱在，此辈丧心病狂，倒行逆施，已无所不用其极。并据确报，该派人物，去年曾接受纳粹大宗经费，而以其中三十万元专供捣乱后方阴谋之用，其捣乱地点重在云南昆明，而集中于学校。青年不明内容，在此抗战重要时间，受人鼓动，竟出此举，至堪痛心，诚不禁为国家之前途危也。中固知青年心地，多系纯洁爱国，不欲追究，但汉奸卖国者流，诡计阴谋，无所不至，特将此事内幕，详告吾兄，望凡将中所言联大等校当局，剀切晓谕学生，使明了幕后阴谋者用心之所在，应知抗战形势严重，人民痛苦已极，而政府于青年学生苦心教育，竭力爱护，若复不明大义，甘为卖国反动派利用，实为民族莫大之耻辱。应令各校当局负责管教，无使青年徒听谣言，任意盲动，捣乱后方，贻笑世界。否则当地军政当局，有维持后方治安之现任，应依照野战治安法令，切实执行纪律，勿稍宽假，务希望遵照此意，切实办理，尤应转告各校教职员深明大义，共负职责，揭破奸人阴谋，协同防止捣乱，切勿漠视无睹，放弃教育职责，贻害青年，贻害国家也。办理情形，并望电复为盼。①

龙云接电后，于14日复电表示："此次学生行动，学校当局实有疏忽，当时已予警告，并饬负责训导者管束，不得再有此类事件。"又说已

---

① 周美华编《事略稿本》第48册，第73～77页。

将蒋电"转知各校当局，务须遵照办理，并附声明，如学生再有出校越轨之行动，在此抗战期间，昆明虽未宣布戒严，然已是备战区域，为维持治安计，惟有执行纪律，不稍宽假矣"。①

蒋介石给龙云发去长文电报的同时，还派三青团中央团部组织处长康泽赴昆明坐镇。1月13日，康泽飞抵昆明，蒋梦麟原定赴重庆参加中美庚款会议，也因康泽来到推迟了行期。② 康泽到昆明时，讨孔风潮已近平息，校园大致恢复正常，但1月16日浙江大学又发生了学生游行，17日日本广播报道西南联大讨孔游行，称"昆明学生四万人游行反战"。蒋梦麟生怕再次激起事端，于22日飞赴重庆亲自向中央报告。

蒋梦麟在重庆逗留到2月8日，此行目的之一是向蒋介石当面汇报，但并未得到蒋介石的接见，③ 倒是听到不少蒋介石迁怒罗隆基的传闻，"且疑上月学生之事由其主动"，一些人还对潘光旦、张奚若产生怀疑。蒋梦麟返昆后，有人为潘光旦、张奚若辩解，"独努生无之"，至"其嫌愈重"。蒋梦麟在重庆曾为罗隆基解释，郑天挺也认为罗隆基没有这种能力，但都无济于事。④ 郑天挺日记中还记载，陈布雷、陈立夫曾对蒋梦麟说，"委员长之不满于其人，不专为学生事，且其向卢汉言中央种种，卢悉以陈委座，委座以其挑拨中央与地方感情，深恶之"。不仅如此，蒋介石还"尝向立夫责问联大请其为教授，教育部不干涉之故"。这次讨孔风潮，赵澍一开始就告了罗隆基一状，故陈布雷、陈立夫力劝西南联大解聘罗。蒋梦麟觉得这将影响罗隆基的生活，陈布雷则以"参政员月薪五百元亦差是矣"反驳之。⑤ 在这种情况下，蒋梦麟决定解聘罗隆基，为此2月17日特别约协助其负责北大行政事务的郑天挺商谈。郑天挺表示，"可送满聘约薪俸，婉函以告之"，并认为即使不解聘罗隆基，罗"亦恐难安于职"。⑥ 就这样，离开北京大学的罗隆基，同时也失去了西南联大教授的教职，成为自誉为提倡民主、推崇学术自由的西南联大因政治原因解聘的唯一一位教授。事实上，罗隆基与这次讨孔风潮并无直

---

① 周美华编《事略稿本》第48册，第77～78页。
② 俞国林点校《郑天挺西南联大日记》上册，第505页。
③ 俞国林点校《郑天挺西南联大日记》上册，第514页。
④ 俞国林点校《郑天挺西南联大日记》上册，第518页。
⑤ 俞国林点校《郑天挺西南联大日记》上册，第518页。
⑥ 俞国林点校《郑天挺西南联大日记》上册，第518页。

接联系。

蒋梦麟飞往重庆时，正是蒋介石为讨孔风潮绞尽脑汁的时候。1月24日，蒋介石在"本星期反省录"中第一项就写道："本周最使人忧愤者，为西南联大所发生之学潮。我青年团干部愚昧不悟，一任反动派从中主使，事事几乎非余设计不可，实足为本党前途忧也。"① 1月25日，蒋介石通电各省政府主席暨省党部主任委员书记长，"令切实制止学生之越轨行动，以免堕敌人共产之阴谋，而动摇政府抗战大计"。电文除点名"昆明西南联大等校学生"，又加上"铣日遵义浙大学生亦发生同样情事"，愤愤地说："抗战方艰，而一部分青年轻浮狂妄至此，殊可痛恨。"认为青年学生"以此诬蔑政府，且更扩大谣言，辗转传播，显见有反动汉奸，有意从中鼓动，企图摇惑人心，扰乱后方，以遂其动摇抗战根本，损害国家威信之毒谋"。为此要求"各省党政负责长官，与各大学校长，诚不能不切实戒备，洞瞩其内幕，严防其煽动，使奸人无所施其援也"。②

蒋梦麟返回昆明一个星期，2月16日国民党中央执行委员会召开第195次会议。会上，秘书长口头报告了《关于西南联大学生集众游行中央处理经过》。这个报告通报了国民党业已下达的四项严令，除末项针对中共外，第一项是已饬知各省市党部"嗣后任何团体及学生与民众不得假借任何名义集众游行，如违禁令，即以扰扰治安论罪"。第二项是已饬知各省政府主席、省党部主任委员、书记长和各公私大学校长，今后再发生"借口游行、张贴诬蔑政府标语"，"必须事前严密防范，临事妥速从理"。第三项是已由秘书长、组织部部长、青年团书记长、教育部长联衔电各国立学校校长及学校党团部，明令"集中教师之意志，随时作剀切之训导，党员团员在消极方面，不得参加任何越轨行动，积极方面，应作事先之防制"。③

---

① 周美华编《事略稿本》第48册，第153页；《本星期反省路［录］最使人忧愤者为西南联大所发生之学潮》，"蒋介石档案"，档号：002－060100－00160－024。

② 《蒋中正电各省主席暨省党部主任委员书记长西南联大等校发动游行乃因大公报社论所载关于飞机搭载洋狗之语然据交通部查明此为美籍机师所为并致函该报不料青年学生以此污蔑政府可见此为汉奸反动阴谋应切实戒备严防其煽动等》（1942年1月25日），"蒋介石档案"，档号：002－060100－00160－025。

③ 《关于西南联大学生集众游行中央处理经过》（1942年2月16日），"一般档案"，档号：5.3－180.4。

四　加强团务

由于西南联大的中共党组织在皖南事变后停止活动，三青团控制了学生自治会的领导权。不过，三青团在这一时期并没有多大作为，可圈点者寥寥可数。1944年8月，时任三青团中央书记长张治中曾向蒋介石呈递过一份报告，内中说西南联大三青团分团的工作，"重在服务、体育与康乐活动等项，借以改变一般学生之生活。三十二年度曾利用本团外围组织，举办音乐会、话剧、旅行、时事座谈会等，收效甚宏。寒假时发动劳军工作，非团员要求参加者达一百五十人，曾在滇西、滇南十二个地区，慰劳三个集团军之部队。该分团又有青年服务社之组织，不仅对学生之饮食有所改进，且能予教授以购米送米等各种便利。本年时期复举行夏令会，以加强在学团员之思想及体格训练"。① 这些情况，根据的应该是联大三青团的汇报，其工作是否深入，实际影响究竟多大，就不知道了。

国共间虽然存在着尖锐矛盾，但反对日本侵略则是一致的共同目标。三青团成立于抗日战争兴起之际，许多知识青年抱着满腔激情加入三青团，目的是为了争取抗战胜利，因此联大的三青团员也做了些有益于抗日救亡的工作，这一点在积极参加从军运动中就表现得比较突出。前述张治中的报告中写道："自三十二年十一月学校当局决定四年级学生全部参加通译工作以来，团员首先响应"，"现先后受训者有团员六十八人，在通译人员训练班中，已成为有力组织，不仅可促进中美青年间之了解与合作，对于一般受训学生，亦能发生示范作用，务求今后通译人员对国策及主义之宣扬，有所贡献"。②

西南联大的学生社团很多，三青团员也成立了若干社团，编有《微言》《明报》《青年》《指南针》《照妖镜》《大学论坛》等壁报。只是这些壁报内容大都宣传"一个政党、一个领袖、一个主义"，污蔑共产党，要求取消陕甘宁边区，取消八路军、新四军等。有些壁报平时色彩较灰，

---

① 《张治中呈西南联合大学现况》（1944年8月10日），"国民政府档案"，档号：001 - 014100 - 0010。

② 《张治中呈西南联合大学现况》（1944年8月10日），"国民政府档案"，档号：001 - 014100 - 0010。

但在政治斗争尖锐的时候，则往往站在国民党立场上。[①]

国民党在各大学普遍设立三民主义青年团分团，本是控制教育界的一种措施，但1944年西南联大的五四纪念活动引起蒋介石的警惕，要求三青团中央报告情况，三青团中央干事会书记长张治中的报告就是为此而写的。该报告在"党团活动"中联大区党部和三青团分团部的工作部分，说它们"虽工作范围不同，但遇事均能商洽办理，分别进行，二年来党团合办之讲演，如文史讲演、科学讲演、青年讲座、主义讲演等，已不下百次，每次听讲者常在六七百人以上，主讲者即非本党同志，然其内容亦大都能与本党理论相吻合。故于青年学生发生极大之影响。目前党团在校内已渐发生领导作用，如校务会议代表十二人，其具有党团籍者即占八人。该校分团对于团员之吸收，素本重质不重量之原则，现有团员三百八十人，约占全校学生五分之一"。同时，还说："外传联大为自由主义之中心，但党团工作近年来确已发挥相当作用。教授之加入党团者有七十余人，即外间怀疑误会之张奚若、燕树棠、曾昭抡、潘光旦诸教授，或已不谈政治，或对党团表示同情，识得大体，其无党派之教授，对于领袖及国策，更能热诚拥护。"[②]

与此同时，三青团中央根据蒋介石要求提出健全西南联大三青团办法的指示，起草了《加强国立西南联合大学团务及学生活动办法草案》。草案中制订了十项办法："一、充实分团干事会人选，干事中教职员与学生人数，按三与七之比例分配，务以热忱干练品学兼优之学生充任之。二、根据院系年级编组区分队，并选派热忱负责而有领导能力之团员，充任区分队副，每月举行区分队联席会议一次，以检讨成绩、策划工作为主旨。三、每学期开始之日，举行团务讲习一次，以增进新选干部之工作技术。四、于各种团体及集会中，考察一般同学之思想、言行。其思想纯正品学兼优者，尽量吸收入团。每学期每团员至少应介绍同学三人入团，并以介绍团员为考核之重要绩分。五、派员参加大学一年级训练工作，并以干训团员充任小组会议组长，以诚挚之态度与一般同学接触，积极发生示范作用。六、加强团员训练，成立训练工作计划委员会，

---

① 邢方群：《回忆群社》，《笳吹弦诵在春城》，第309~319页。

② 《张治中呈西南联合大学现况》（1944年8月10日），"国民政府档案"，档号：001-014100-0010。

由分团聘请对团认识正确而有学术地位之教职员七至九人组织之，计划一切训练事宜，并于各区分队开会时，出席指导。七、遵照团长指示，在校团员对于思想不良分子，应以劝导方式使之感化，不必作无谓之斗争，更应发挥服务精神，为全校师生谋福利。八、发动团员组织各种学术团体，如三民主义讲演、讲读会、宪政问题研究会、民生建设学会、哲学问题研究会等，并聘请校内外有学术地位之教授，举办学术讲演会，以增进青年研究学术之兴趣，其所需经费，得报请中央酌予补助。九、举办时事座谈会、演说竞赛会，延请专家指导，借以指导青年之思想，并增进其演讲之技能。十、出刊有学术理论之刊物或壁报，并举办论文竞赛，以培养青年之写作能力。"①

　　蒋介石很重视这个报告，20 日即给张治中写了信，内说："所拟加强西南联大团服务及学生活动办法，准予照办，惟其中有应特别注意者，（一）充实该校团部干事会人选。（二）促进在校团部与党部之协作，以免党外团外人之轻视。（三）应随时使该校团部主持人经常对吸收优秀团员或影响同学思想之实际成绩，向中央团部按期报告，以凭考核指示。（四）该校团务临时经费，似可酌量增拨。以上各项并希照办。"② 蒋介石写这封信的当天，还指示陈布雷转告三青团中央组织处学校团务组组长林栋，约他第二天当面汇报。8 月 27 日，蒋介石还向张治中下达了一个手令，指示"西南联大青年团之经费应予以增加，俾其能充分活动，希核办具报为要"。③ 可见，蒋介石的目的，不外乎要联大三青团积极开展活动，争取中间分子与共产党势力对抗。

第四节　民主同盟的组织与活动

　　中国民主同盟是抗战时期成立的一个政治党派，在中国政坛上，它

---

① 《加强国立西南联合大学团务及学生活动办法草案》，"国民政府档案"，档号：001 - 014100 - 0010。此件无日期，据 8 月 11 日蒋介石致张治中函，推知应附在 8 月 10 日《张治中呈西南联合大学现况》之后。

② 《蒋介石致张治中函》（1944 年 8 月 20 日），"国民政府档案"，档号：001 - 014100 - 0010。

③ 《蒋介石给张治中手令》（1944 年 8 月 27 日），"国民政府档案"，档号：001 - 014100 - 0010。

是除中国国民党、中国共产党之外的第三大政党。中国民主同盟的前身是1939年11月国民参政会中由中国青年党、中国国家社会党、第三党、中华职业教育社、乡村建设学会、救国会三党三派参政员组成的"统一建国同志会"。1941年皖南事变后，统一建国同志会扩建为中国民主政团同盟，成为居国民党、共产党之间的第三政党。1944年9月，改名为"中国民主同盟"，简称"民盟"。

中国民主同盟是在抗日民族统一战线中诞生的，其成立目的除了维护自身力量外，主要是鉴于国共矛盾不断加深，为了实现"抗战建国"的目标，"要求两党团结抗战"，[①] 以期"全国终能达到民主的团结"。[②] 民主政团同盟的政治立场，集中在被称为"十大纲领"的《中国民主政团同盟对时局的主张纲领》中。而核心则在前六项，即："一、贯彻抗日主张，恢复领土主权之完整，反对中途妥协。二、实践民主精神，结束党治，在宪政实施之前，设置各党派国是协议机关。三、加强国内团结，所有党派间最近不协调之点，亟应根本调整，使进于正常关系。四、督促并协助中国国民党切实执行抗战建国纲领。五、确立国权统一，反对地方分裂，但中央与地方须为权限适当之划分。六、军队属于国家，军队忠于国家，反对军队中之党团组织，并反对以武力从事党争。"[③] 这些要求国民党结束一党训政、实现民主统一的主张，与中共的立场是一致的。因此，民盟在重大时刻的活动，能够与中国共产党保持合作，互相结成盟友。

一　组织缘起

中国民主政团同盟成立后，在地方上建立的第一个组织是昆明支部。1943年5月，周新民受民盟中央委派来到昆明，与先期到达的民盟中央宣传部部长罗隆基一起建立了民盟昆明支部（以下简称"昆明民盟"）。支部成立时人数很少，当事人的记忆也不一，有的说是6人，有的说是7

---

①　罗隆基：《从参加旧政协到参加南京和谈的一些回忆》，《文史资料选辑》第20辑，第201页。

②　张澜：《中国民主同盟的缘起主张与目的》，原载成都《华西晚报》1945年2月26日，转引自《张澜文集》，四川教育出版社，1991，第207～208页。

③　《中国民主政团同盟对时局主张纲领》，《中国民主同盟历史文献（1941—1949）》，文史资料出版社，1983，第8～9页。

人，总之西南联大仅有潘光旦、曾昭抡 2 人，吴晗是昆明民盟成立后比较早加入的。正在由于人数太少无法开展活动的时候，中共南方局特派员华岗来到云南，为扩大民盟队伍带来了生机。

华岗到昆明的任务，是代表中共南方局与云南省政府主席龙云进行联络，他到昆明后，经早年加入共产党的云南大学教授楚图南介绍，在云南大学社会学系担任讲师。1903 年 10 月出生的华岗是一位职业革命家，他 1924 年加入中国社会主义青年团，1925 年 8 月加入中国共产党，1928 年 5 月去莫斯科出席了中国共产党第六次代表大会和中国共产主义青年团第五次代表大会，回国后任青年团中央宣传部部长、团中央机关刊物《列宁青年》主编、中共湖北省委宣传部部长。1932 年，华岗奉命担任中共满洲特委书记，赴任途中因叛徒告密而被捕，直到全面抗战爆发后才出狱。出狱后，华岗相继担任中共湖北省委宣传部部长、《新华日报》总编辑、《群众》周刊主编、中共中央南方局宣传部部长。华岗还是当时中共党内不多的著书立说者之一，他在 1930 年翻译出版的《共产党宣言》，是中国出版的第二个《共产党宣言》全译本，1931 年在鲁迅帮助下出版的《1925—1927 中国大革命史》是中国第一部大革命史。

丰富的革命经验、对统一战线的理解，加上多年的文化修养，使华岗非常了解知识分子的作用，因此到昆明不久就在大学教授中开展工作。西南文化研究会就是在华岗倡议下成立的一个以云南大学、西南联大教授为主要成员的团体。

西南文化研究会是以学习会名义发起的，酝酿时期，华岗就把目标投向在课堂上公开称赞解放区诗人田间为"时代的鼓手"的闻一多。起初，楚图南认为闻一多属于反对过鲁迅的"新月派"，华岗拿出周恩来的一封信，大意是：像闻一多这样的知识分子，对国民党反动派的腐败是反抗的，他们也在探索，在找出路，而且他们在学术界、在青年学生中，还是有广泛的社会联系和影响的，所以应该争取他们，团结他们。① 不久，华岗在 1927 年就加入共产党的云南大学讲师尚钺陪同下，主动拜访了闻一多。华岗的知识分子气质和对形势入情入理的分析，使闻一多眼界大开。闻一多第一次与共产党人直接交往，第一次详细了解共产党

---

① 楚图南：《记和华岗同志在一起工作的日子》，《文史哲》1980 年第 4 期。

的主张和政策，当即表示参加西南文化研究会，还向华岗介绍了吴晗、潘光旦、曾昭抡及在西南联大西语系任教授的弟弟闻家驷。① 其间，楚图南也介绍了云南大学教授冯素陶，罗隆基本是华岗与龙云联系的搭桥人，自然也成为西南文化研究会的一员。这样，一个秘密团体西南文化研究会就成立了，地点设在唐家花园，它是昆明民盟第一批盟员唐继尧的儿子唐筱蓂的公馆。西南文化研究会内部设有"西南文献研究室"，由吴晗负责，主要工作是剪报，做具体工作的是西南联大历史系学生丁名楠（陈布雷的外甥）。

最初，西南文化研究会侧重讨论学术问题，隔一两周开一次座谈会。会上，罗隆基讲过欧洲民主，华岗讲过苏联民主，闻一多讲过儒家问题。② 渐渐地，座谈内容转移到学习方面，他们学习了中国共产党的政策，有时也分析时事。吴晗说："在这些会上，我们初步知道中国社会两头小中间大、统一战线政策、个人和集体的关系等等道理。以后我们又得到《论联合政府》、《新民主主义论》、《论解放区战场》等党的文献和《新华日报》、《群众》等刊物，如饥似渴地抢着阅读，对政治的认识便日渐提高了。"③

西南文化研究会对民盟在昆明的发展发挥了重要的推动作用，闻一多、闻家驷就是在学习讨论中先后加入了民盟，并与潘光旦、曾昭抡、吴晗等，成为民盟在西南联大发展的火种。

西南联大的盟员发展，主要在师生、朋友间进行。闻一多加入民盟后，发展了他身边的助教何善周、他指导的研究生季镇淮、范宁以及和他关系密切的国文系学生彭兰。朱自清指导的王瑶，早年在北平清华大学时就是一二·九运动的积极分子，且深得闻一多器重，毕业后在五华中学任教，在闻一多的动员下报考清华大学文科研究所，此时也由闻一多介绍参加了民盟。联大历史系李曦沐（李晓）、师范学院许师谦同学，都是民主青年同盟的盟员，也在闻一多、周新民介绍下加入了民盟。李曦沐后来回忆说：那时"我在昆明时是党的外围组织民主青年同盟的负责人之一，为搞好与民主同盟的关系，地下党决定我和另外一位民青负

① 笔者访问尚钺记录，1977 年 10 月 26 日。
② 笔者访问尚钺记录，1977 年 10 月 26 日。
③ 吴晗：《拍案而起的闻一多》，《人民日报》1960 年 12 月 1 日。

责同志参加民主同盟，闻一多和周新民先生是我们的介绍人"。① 此外，生物系讲师吴征镒也是闻一多发展的。原任云南大学教授的费孝通，1945 年被清华大学聘请为教授，他亦于当年在老师潘光旦介绍下，加入民盟队伍。

当然，学者问政是一回事，真要加入一个政党还需要严肃对待。1945 年冬，闻一多和吴晗走了 20 多公里路，到乡下动员沈从文参加民盟，但沈从文以自己"只宜于写小说，能处理文字，不善处理人事"为由，婉言拒绝了。② 闻一多和潘光旦还曾动员联大国文系主任罗常培加入民盟，罗常培在给胡适的一封信中提到这件事，但他当时也没有接受。不愿意介入现实政治，是当时许多知识分子的共同想法，即使闻一多本人最初也不肯加入民盟，他是通过西南文化研究会的学习，经过反复思想斗争才下定决心的。

西南联大的盟员，一直没有确切数字，也没有发现建立独立支部或小组的资料。不过，就云南民盟领导班子而言，如果说前期是以云南大学为主，那么后期西南联大就占有相当大的比重了。1944 年 11 月召开的全体盟员大会，共推选出 9 人组成执行委员会，内有潘光旦、闻一多、吴晗。③ 1945 年 12 月 23 日再次召开全体盟员大会，执行委员会增加到 11 人，尽管西南联大即将复员北归，当选者仍有闻一多、潘光旦、费孝通三人。④ 吴晗虽然没有进入新选班子，但担任了机关刊民主周刊社社长。在民盟中央的领导班子中，西南联大盟员的人数也逐渐增加。1944 年 10 月民盟全国代表会议中央执行委员会共 33 人，潘光旦、曾昭抡、吴晗担任了中央执行委员。1945 年 10 月，民盟召开临时全国代表大会（后追认为中国民主同盟第一次全国代表大会），中央执行委员会增补了 33 人，其中之一是闻一多。由此可知，西南联大盟员在民盟地方和中央机构的地位，是不断加强的。

---

① 李曦沐（李晓）：《伟大的人格，永恒的纪念——闻一多先生殉难 50 周年祭》，《中国测绘报》1996 年 7 月 12 日。

② 沈从文：《总结·传记部分》，《沈从文全集》第 27 卷，北岳文艺出版社，2002，第 91 页。

③ 据中国民主同盟中央文史资料委员会编《中国民主同盟四十年》，1981 年 11 月，第 10 页。

④ 据《民盟云南省支部 1945 年 12 月 23 日会议记录》手稿，中国民主同盟中央委员会资料室存。

二　社会活动

民盟的活动对象主要是社会，而且核心成员大多有比较广泛的社会联系，所以西南联大盟员的活动并不局限在校园之内，更多的则是面向昆明。云南民盟组织的第一个活动，是联合文化界、教育界于 1944 年 10 月 10 日举办"昆明各界双十节纪念大会"，西南联大盟员的声音，在这次大会上很是突出。

这年 4 月，日本为了打通南北交通线发起"一号作战"（中国称"豫湘桂会战"）。国民党正面战场遭到武汉失守以来最严重的打击，郑州、洛阳、长沙、桂林、柳州等地相继沦陷，平汉铁路南线与粤汉、湘桂铁路尽失，140 多座城市及 7 个空军基地和 36 个机场落入敌手。12 月初，日军先头小股部队占领大西南最后一道天然屏障贵州省独山，将西南大后方置于岌岌可危的境地。一直较为平静的昆明，"到处流传着没完没了的令人惶惶不安的谣言"，就连美国战时情报处和其他机构，也向非军事人员配发了手枪，以便应付"不测事件"。[①]

严峻的现实像一副清醒剂。在"胜利声中亡国"的忧虑中，反思这次军事大溃败成了当时舆论的焦点，成为 9 月召开的国民参政会第三届第三次大会的讨论中心。9 月 15 日，中共参政员林伯渠在国民参政会上代表中共发表《关于国共谈判的报告》，提出"挽救日前抗战危机，准备反攻的急救办法"，就是"国民党立即结束一党统治的局面，由国民政府召开各党各派、各抗日部队、各地方政府、各人民团体的代表，开国事会议，组织各抗日党派联合政府，一新天下耳目。振奋全国人心，鼓励前方士气，集中全国人才，集中全国力量"。[②] 在这个报告中，林伯渠郑重提出的召开党派会议、组织联合统帅部、建立联合政府等建议，在社会各界中引起强烈反响，一场声势浩大的"联合政府运动"，由此拉开了帷幕。

昆明各界双十节纪念大会就是在这种形势下召开的。这次大会以昆明学术界宪政研究会名义召开，参加者达 5000 多人，主持者为民盟中央

执行委员会委员李公朴。会上，闻一多、吴晗分别发表了"组织民众与保卫大西南""中苏邦交与国共问题"演讲。大会结束前，通过了罗隆基起草，闻一多修改润色并与李公朴誊录的《昆明各界双十节纪念大会宣言》。这篇《宣言》曾几经修改，特别强调结束国民党一党专政。《宣言》历数了政治、经济、军事等方面的腐败，指出当前彻底改革的要图有三点。首先，"应由专权在位的国民党立即宣布结束党治，还政于民。国民党北伐成功以后，训政本限定四年。今时间早已超过，诺言仍未履行。民国二十四年及二十五年的时候，政府曾一再宣布召集国民大会结束党治，今则推诿迁延将近十年。民国三十二年，国民党十一中全会又决议抗战结束一年后召集国民大会，结束训政。最近蒋主席又公开昭示国人，正在考虑提前实施宪政。训政果未完成，十年前何以即可实施宪政，训政既可随时宣布结束，宪政又何必推诿明年，更何必待诸战后？八年抗战，牺牲了数千万人民的生命，数万万人民的财产，本应是保全民族生命建立民主政治的代价，而不是为一党一人把持权利的机会。今日的形势既有结束党治，还政于民的需要，而我们国民亦有要求立即实行宪政，实现民主的权利"。其次，"政府应立即召集国是会议，组成全国政府。国民党既还政于民，国家必有代表人民行使主权的机关，使政府得以向其负责。此外如制定宪法，改编军队，整理财政，革新外交等等，必须集全国人民的心思才力，以资应付。至于将来的全民政府既向国是会议负责，即应由国是会议产生，新政府的人选应包括全国各党派之代表及全国无党无派才高望重之人。这样的政府，才能得到国内的团结，才能得到军令政令的统一，才能得到全民的拥护，才能得到盟友的信任，才能支持长期的抗战，挽救国家民族的危亡"。再次，"应发动西南全民力量，组织群众，武装人民，与敌寇决生死，与国土共存亡"。①

　　昆明各界双十节纪念大会是皖南事变后云南各界民众举行的第一次大规模集会，为了顺利召开，事先征得了云南省主席龙云的同意。大会进行中，几个特务暗中点燃爆竹，有人以为是手榴弹，会场出现混乱，多亏地方警察及时赶到，秩序才得以恢复。

　　双十节纪念大会后，中国民主政团同盟改名为中国民主同盟，昆明

---

① 《昆明各界双十节纪念大会宣言》（1944年10月10日），中国国家博物馆档案室存。

支部也扩建为云南省支部（以下简称"云南民盟"），全面抗战时期昆明的第二次大规模群众集会——云南各界护国起义 29 周年纪念大会，就是由云南民盟发起的。

　　每年的 12 月 25 日，都是云南人民引以自豪的日子。1915 年 12 月 25 日，蔡锷、唐继尧率领云南人民举起反对袁世凯复辟帝制的大旗，在全国首先吹响了护国起义的号角。袁世凯在讨伐声中郁郁而死，后北京政府根据国会议决，宣布以云南起义的 12 月 25 日为护国起义纪念日。但是，1942 年国民政府却将这天与肇和兵舰起义一起纪念，让云南各界难以接受。考虑到云南人民对恢复护国起义纪念的迫切愿望，民盟云南省支部经过数次讨论，决定正式提出恢复 25 日纪念日，以此强调建立民主政治的要求。于是，潘光旦、曾昭抡、罗隆基、潘大逵、周新民以昆明学术界宪政研究会会员身份，与云南上层人士多方联络，促成云南省第二届临时参议会于 12 月 19 日通过"建议省政府向国民党中央说明云南起义与肇和起义各有不朽价值，恳请依原案分别举行庆祝"的决议。22 日，国民党中央党部和国民政府行政院复电照准。

　　其实，无论国民党和行政院是否照准，民盟云南省支部已在学术界宪政研究会名义下开始了护国起义纪念大会的筹备工作。12 月 5 日、19 日、22 日，他们召开了三次筹备会，地点就在西南文献研究室。参加者除民盟云南省支部机关刊民主周刊社的吴晗、罗隆基，西南联大学生自治会的程法伋、王念平、齐亮，西南联大学生团体新诗社的施载宣（萧荻）外，还有云南大学、中法大学、英语专科学校、昆华工业专科学校、中法大学附属中学、龙渊中学、求实中学的学生代表以及学术界宪政研究会、中苏文化协会、真报社、评论报社等单位的代表。①

　　1944 年 12 月 25 日下午 1 时，护国元老、各界代表、知名人士和大中学师生、工人、职员、中下级军官 2000 余人齐集云南大学会泽院旁的广场，隆重举行云南各界护国起义纪念大会，龙云夫人顾映秋也出现在会场。

　　这次大会的主席团由六人组成，他们都是云南民盟盟员，其中有闻一多、吴晗、潘光旦，潘光旦还担任了这次大会的主持人。会上，除了

---

① 据《云南护国起义纪念大会筹备会记录》，中国国家博物馆档案室存。

几位护国元老发言外，特别安排了两位教授演讲。其中一位是吴晗，他以历史学家的眼光分析了护国运动的意义，强调护国运动的不朽精神在于维护了中国的民主制度。另一位演讲者是闻一多，他指出："护国起义的经验告诉我们：要民主就必须打倒独裁。因为全国人民都要求民主，就可以得到全国的响应；因为有广大人民的支持，就能够打倒袁世凯！""三十年后，我们所要的依然是民主，要打倒独裁！"末了，他强调目前的任务就是"继承护国精神，扩大民主运动，争取更大的胜利！"①

　　大会结束前，全体通过了《云南各界护国起义纪念大会宣言》。这个《宣言》是吴晗起草的，由闻一多润色并誊录。《宣言》历数了全面抗战以来的政治上的纲纪废弛，财政上的通货膨胀，外交上的得罪友邦，教育上的党化奴化，军事上的一溃再溃，强调在这样的时刻纪念护国起义，意义就在于"它曾在全民族反对独夫政治，反对封建余毒的胜利中，为我们奠定了民主政治的基础"。因此，纪念护国起义就"不能不更关怀于当前的救国抗战"，"不能不更焦心于今天救国抗战的胜利"。《宣言》郑重指出当前云南民主运动的三项主要任务，即：结束一党训政、召集人民代表会议、组织联合政府。②

　　抗日战争时期的昆明，享有大后方"民主堡垒"的称号，这既得力于昆明有西南联大、云南大学以及中法大学、英语专科学校，和关心现实政治的学生和青年，也得力于省政府主席龙云的支持。龙云为了维护云南地方利益，不得不对国民党保持警惕，其本人不仅秘密加入民盟，还让他的儿子龙绳祖入盟。当时，由于发展的盟员基本上是比较熟悉了解的朋友或学生，入盟没有严格手续，只要表示愿意，就算是加入了。但对于地位较高、名声较大的龙绳祖，则履行了严肃的入盟宣誓仪式。龙绳祖入盟宣誓的监誓人有三人，其中之一是闻一多。

　　云南民盟的鲜明政治立场和卓有成效的动员使其成为国民党的眼中钉。1945 年 9 月，驻昆明的国民党第五军军长邱清泉在给蒋介石的一份密报中说："民主同盟在昆负责人罗农基（龙主席政治顾问）及李公朴、潘光旦等极为反动，分配各大学演讲，诋毁元首及本党，并极力拉拢学

①　转引自王康《闻一多传》，第 330 页。
②　《云南各界护国起义纪念大会宣言》手稿，中国国家博物馆档案室存。

生及教授，其党内有闻一多、曾昭抡、吴伦、潘大奎、黄廷仁、雷海宗、费孝通、宋云等。"① 邱清泉的这个密报，显然根据特务收集的情报，由于不熟悉情况，把罗隆基写成罗农基，吴晗写成吴伦，潘大逵写成潘大奎、宋云彬写成宋云，至于黄廷仁也不知道是指何人。

国民党对云南民盟的监视有时也是捕风捉影。前文曾提到1945年4月6日以西南联大全体同学名义发表的国是意见书，在社会上引起强烈反响，国民党不了解内情，就妄加推断是"民主同盟鼓动联大学生发出国是意见之荒谬宣言"。② 类似之事屡有发生，1945年4月底，朱家骅给何应钦的一份密报里写道："民主政团同盟，本为联大最活跃党派，其宗旨在实现宪政，于国共两党之外，以第三者身份参加政治活动，采取三民主义之精华、参考欧美之民主习惯、排除暴力主义之革命以求民主实现为借口，期获中国政权。刊物有《民主》、《独立评论》、《民主三日刊》等，共约70余人，系中法、联大、云大教授讲师助教，首领为罗隆基、李公朴，主要负责人为曾昭抡、吴涵（晗）、潘光旦、王赣愚。"③ 这份密报把云南民盟机关刊《民主周刊》说是《民主》或可理解，但说《独立评论》《民主三日刊》也是民盟办的就是乱扣帽子了，前者是抗战前胡适等人办的学人论政刊物，那时民盟还没有成立。至于王赣愚，虽是民盟盟员，但在盟内从未担任过任何职务。不过，密报所说的民盟的政治主张倒符合实际，而承认民盟是西南联大最活跃的党派，说明了西南联大盟员在民主运动中的地位和影响。

第五节　学生自治会

学生自治是现代教育基本特征之一，战前北大、清华、南开不仅都

---

① 《邱清泉电唐乃建袁守谦等共党在昆有观察报社等活动机关大肆攻击昆明扫荡报罗隆基等人于各大学演讲诋毁元首与本党拉拢学生教授等请令严密防范为要》（1945年9月11日），"蒋介石档案"，档号：002－090300－00017－115。

② 《程潜电何应钦报奸伪与民主同盟鼓动西南联合大学学生发出国是意见后继以谣言攻势更欲于五四扩大示威游行并正进行组织全国学联会等情除分函教育部青年团密切注意外敬祈龙云设法预防》（1945年4月26日），"蒋介石档案"，档号：002－090300－00012－116。

③ 《何应钦致朱家骅电》（1945年4月20日），"特种档案"，档号：3－31.10。

有全校性的学生自治会，还有许多名称、规模不一的学生自治社团。这些组织在集中同学意志、开展内外活动、协调各方关系等方面发挥了积极作用，是三校民主精神的体现。

西南联大的学生自治会是学校生活的重要组成部分，也是校园政治的一面镜子，学生中两种不同力量的消长，主要就是通过争夺学生自治会领导权表现出来的。西南联大学生自治会经历了三个阶段。第一阶段是第一、二、三届学生自治会主持工作时期，学生自治会在全民抗战形势下开展了一系列活动，同学之间也能以大局为重，互相合作，是学生自治会的活跃时期。第二阶段是第四、五、六届学生自治会主持工作时期，由于国民党的反共政策，尤其是皖南事变的发生，大批同学隐蔽疏散，集体活动骤然减少，与现实政治保持距离，1942年度的学生自治会竟至停办，是学生自治会的沉闷时期。第三阶段是第七、八、九、十届学生自治会主持工作时期。这个时期，随着国内外形势的变化和民主运动的兴起，学生自治会组织了许多活动，领导了一二·一运动，是学生自治会的高潮时期。西南联大学生自治会的历史，既反映了这所学校学生与学生、学生与学校的关系，也是大学生与中国社会关系的一个缩影。

一　开创局面的第一届学生自治会

西南联大创建初期的长沙临时大学，由于时间短促，彼此缺少磨合，同学们来不及成立全校性的自治组织，西南联大学生自治会是从长沙迁到昆明后方成立的。

《联大八年》中的《学生自治会沿革》说"由长沙到昆明后，二十七年联大成立时即有学生自治会之组织"。[①] 这句话较笼统，当年的同学回忆"西南联大的学生自治会1938年底酝酿筹备"，[②]《国立西南联合大学校史》说"第一届学生自治会于1939年春成立"。[③] 这虽然已经进了一步，但对学生自治会从酝酿到成立的过程，却都没有记录。

据目前材料，西南联大学生自治会最早见诸报道是1938年5月25

---

① 中道：《学生自治会沿革》，《联大八年》，第161页。
② 邢福津：《回忆群社》，《笳吹弦诵在春城》，第315页。
③ 《国立西南联合大学校史》（修订版），第336页。

日。这天，《云南民国日报》在《联大学生会通电对我空军东征致敬》一文中第一次出现"联大自治会"字样，其文为："西南联合大学自到滇开课后，为联络同学间感情起见，特成立学生会，并于日前正式开会，全校同学莫不欣幸，且当场议决发出通电。"[①] 文章刊登了西南联大同学致汉口航空司令部、武汉各界欢迎世界学生代表团大会、全国父老昆弟三封电报，其中致全国父老昆弟的快邮代电署名"昆明国立西南联合大学学生会"。不过，此后直到这年11月，未再出现与西南联大学生自治会相关的消息。

再次出现"联大学生会"字样，是12月10日《云南日报》刊登的《联大纪念"一二·九"》。消息中云："联大学生昨日发表《腊月》迎新专栏壁报于该校内，除致欢迎新同学词外，并倡议组织联大学生会。"文中还说："联大自长沙临大迁滇改称国立西南联合大学后，上学期因文法学院在蒙自，理工学院在昆明，联络不易，故现仅有工学院学生会。"[②] 可见，5月出现的学生自治会只是部分同学的自发行为，并没有得到全校同学的认可。事实上，西南联大初到云南，且分散在昆明、蒙自两地，尚不具备成立全校性学生自治团体的条件。暑假开学后，蒙自分校搬回昆明，全校除毕业300余人外，旧生还有600余人，加上秋后入学的新生、转学生、借读生千余人，学生总数达到1700余人。随着学生人数激增，为了"与学校密切合作"，"联络同学情感"，"促进良好校风"，"展开有组织有计划的抗战工作"，这才将成立学生自治会提上了日程。

正式发起成立学生自治会发生在1939年初。1月4日，数百名同学签名发起成立学生自治会，并于7日召开了筹备大会。报载："国立西南联合大学，前因文、理、法、工、师各院隔绝，文法院设于蒙自，理工院设于昆明，故全校之学生会，迄未组织。前有一部分学生，以各院现均移至昆明，为砥砺学术，联络感情，谋全体同学之福利及增加后方抗战力量起见，实有组织全体同学会之必要，特发起成立学生会发起人签名运动，已签名者四百余人。昨晚召集开会，议决与学校当局切实合作等案，并当场选出负责人十七人，定于十日内召开全体大会及起草会章。

---

① 《联大学生会通电对我空军东征致敬》，《云南民国日报》1938年5月25日，第4版。
② 《联大纪念"一二·九"》，《云南日报》1938年12月10日，第4版。

预计该校之学生会不日当又正式成立云。"① 这说明筹备大会不仅选举了领导机构，还决定近期召开全体同学大会正式成立学生自治会。

对于这个过程，《国立西南联合大学校史》是这样写的："为了加强全体同学的团结，也为了同兄弟学校学生共同举办各种活动，大家感到迫切需要成立一个全校性的学生自治会。三校原来的学生干部交换了意见，同时得到学校的支持，邀请国民党、三青团、群社、基督教青年会'团契'，以及某些省籍同乡会等几方面的代表成立筹备小组，讨论并制订学生自治会章程（草案）。"② 但是，筹备大会决定的全体同学大会未能在"十日内"召开，以致4月底百余名同学为筹备纪念五四确定的三项工作中，有一项是"促成联大学生自治会"。③ 5月4日，全校师生举行国民公约宣誓典礼，接着同学们召开了五四纪念会。纪念会的议题之一，是通过组织学生自治会案，通过会章，并推选李劭、裴笑衡、莫家鼎等17位同学为筹备委员，负责学生自治会筹备事宜。④

从1月4日正式发起学生自治会到5月4日通过会章，用了4个月，是由于章程制定是件大事，需与学校反复交换意见。西南联大校方非常重视章程起草，每项规定、每句文字都经过仔细推敲，内情虽未见记载，但学校最后同意的《国立西南联合大学学生自治会章程》，从条目到文字都十分严密。这个章程不仅为学生自治会奠定了制度基础，其体现的民主原则也为学校在动荡中不受干扰乃至后来成为"民主堡垒"提供了保证。

《国立西南联合大学学生自治会章程》共41条，分"总则""会员大会""代表大会""评议会""监察会""干事会""经费""选举""顾问会""附则"10个部分。其中"宗旨"规定了4项："（甲）促进学生自治；（乙）努力抗战、建国、工作；（丙）练习组织；（丁）协助学校当局共谋学校团体生活之健全。"组织机构中，规定最高权力机关为

---

① 《联大成立学生会》，昆明《益世报》1939年1月8日，第2版。《云南日报》1939年1月5日《联大筹组学生自治会》报道中说，签名发起组织学生自治会的同学"截至昨（四）日止，已达七百余人"。

② 《国立西南联合大学校史》（修订版），第336页。

③ 《西南联大筹备纪念"五四"》，《云南民国日报》1939年4月29日，第4版。

④ 《西南联合大学师生昨举行国民公约宣誓》，昆明《益世报》1939年5月5日，第2版；《本市教界筹组学术界联谊会》，昆明《中央日报》1939年5月18日，第4版。

全校注册学生的"会员大会"，会员大会每学期开会 1 次，必要时经代表大会之议决或会员 1/5 以上之建议得由代表大会之主席召开临时大会。会员大会闭会期间，代表大会为最高权力机关。代表大会由各系二三四各年级代表、各学院一年级代表、师范学院第二部代表组成，每 6 个星期开会 1 次。代表大会设主席 1 人、副主席 2 人，主席对外代表学生自治会，副主席兼代表大会秘书。代表大会的职权有 6 项："（一）通过评议会议决各项章程及其他决议案。（二）审定监察会弹劾事件及审计报告。（三）选举评议会评议员、监察会监察员、干事会干事及罢免干事会干事。（四）议决召集会员大会临时会。（五）议决设立各种特种委员会。（六）议决向会员大会建议案。"

学生自治会下设"评议会""监察会""干事会"三个机构。评议会由从代表大会代表中选出的 21 位评议员组成，设正副主席各 1 人，每三个星期开会一次。评议会的职权规定为："（一）草拟并议决各项章程。（二）规划自治进行方案。（三）审议代表大会交议事件。（四）审议干事会送议事件。"监察会设监察员 11 人，同样从代表大会代表中选出。监察会设正副主席各 1 人，每三个星期开会一次。监察会之职权为："（一）行使弹劾权。（二）查核收支簿据，调查实况，并报告其代表大会。（三）同学生活之调查与勉励。"

章程规定，由代表大会从全体会员中选出 21 人组成的干事会，是学生自治会的最高执行机关，负责执行会员大会及代表大会之决议案。干事会每两个星期开会一次，遇必要时得召开临时会。首次会议由代表大会主席于选举完毕后一星期内召集之。干事会下设六股，职务分配为："（一）总务股一人，总理干事会事务兼干事会主席。（二）文书股一人，管理文书事宜兼干事会副主席。（三）事务股三人，管理会计、庶务等事宜。（四）学术股三人，管理学术研究及一切课外作业，如演讲会、讨论会及出版等事宜。（五）康乐股五人，管理体育、娱乐及宿舍清洁等事宜。（六）社会服务股五人，负责推动抗战建国工作及一切有关社会福利事宜。"

其余关于经费，规定"每学期开始时缴纳会费一角"，"得向学校请求补助，必要时得临时捐募"。关于选举，规定"代表大会代表、评议会评议员、监察会监察员、干事会干事之选举，均于每学年正式上课后两周内办理"。"每选举单位人数，由一人至二十人选举代表一人，二十一人至四十人增派代表一人，余依此类推"。代表大会的选举，"由上届代表大会组织选举委员会主持之"，"代表大会之代表连选得连任一次"，同时规定代表大会主席与副主席、评议会评议员、监察会监察员之选举，均由代表大会代表从代表中以"记名投票"方式产生，但干事会干事之选举，"由代表大会代表就全体会员中以记名投票方法行之"，并且评议会评议员、监察会监察员、干事会干事都不得兼任，只能连任一次。

章程还规定设立顾问会，"顾问会由教职员七人组织之，教务长、总务长、生活指导委员会主席为当然顾问，其余四人由代表大会就教职员中聘定之"。顾问会的任务是："（一）缴纳各种规程记录等。（二）报告选举结果。（三）随时报告工作计划及经过。（四）邀请指导各种集会。"在"附则"中，规定"本章程由会员大会或代表大会出席会员或代表三分之二以上之议决得修改之"，章程"解释权属于会员大会或代表大会"，并"经第一届代表大会通过公布施行"。①

《国立西南联合大学学生自治会章程》仿佛是一个规范校内学生生活的小宪法，但实施中存在着某些缺陷。如章程规定"会员大会"是最高权力机关，每学期开会一次，实际没有做到。根据章程，21 位评议员、11 位监察员、21 位干事都要在学生代表大会上当场选出，这在互相缺乏了解的情况下，对任何一个学生代表都是困难的，何况选举人的观察能不能符合大多数同学的意见也是一个问题。② 但是，不管怎么说，这部章程体现的民主原则还是值得肯定的。

西南联大学生自治会章程制定后，便开始以各系、各年级为单位，以每二十人选出一个代表的比例，选举学生代表大会代表，方法与美国各州选举国会议员相似。选举学生代表时，出现了激烈竞争。群社负责人邢福津说："当时在同学中大致有左、中、右三种力量。进步力量（左翼）是共产党员、民先队员、社会科学研究会（党的外围秘密组织）会员，以及党所领导的群众团体（如群社等）中的积极分子。右翼力量

---

① 《国立西南联合大学学生自治会章程》，《国立西南联合大学史料》（五），第 624～628 页。

② 参见胡卢《普选在联大》，《联大八年》，第 45 页。

是一些国民党员、三青团员和受他们影响的同学。"① 由于哪一派在学生代表中占有多数，在选举学生自治会领导机构时就会有较大的发言权，所以两派都极力争取游离于两种力量之间的中间同学。那时，同学之间还不够了解，中间同学投哪一派的票还有一定盲目性。1939 年 5 月 26 日，选举投票截止。27 日下午，在学校指定的生活指导委员会诸教授监视下开票，选出裴笑衡、莫家鼎等为各级代表。②

学生代表选出后，两派代表一面协商学生自治各机构负责人人选，一面征求中间同学的意见，拟定出一个照顾到各方面的候选人名单。制定这个名单有一个原则，即"不能由任何一派垄断，但以代表人数占多数的一派掌握主导权"。③

1939 年 6 月 4 日是个应该记住的日子，这天下午西南联大学生自治会第一届代表大会第一次会议召开，出席代表 85 人，教务长樊际昌、训导长查良钊列席了会议。会上，推举裴笑衡、郭松懋、王昫组成临时主席团，然后举行宣誓，讨论会章及提案，最后选举领导机构成员。并聘请总务长沈履、教务长樊际昌和冯友兰、朱自清、曾昭抡、查良钊、马约翰教授为学生自治会顾问。④

在学生自治会领导机构中，权力机构与执行机构是最主要的两个部门，所以大家都很重视学生代表大会主席和干事会主席的选举。由于各系、各年级选出的代表中，进步与中间偏左力量不占优势，当选的学生自治会主席和干事会主席都是国民党党员，干事会中也多是三青团团员，群社方面只有莫家鼎、邢福津、梁淑明被选入干事会。⑤

这次选举的结果是："代表大会正主席裴笑衡，副主席郭松懋、汪成兰，评议会主席谭镇黄，副主席何善周，监察会主席刘熊祥，副主席朱志明，干事会主席王昫，副主席莫家鼎、江正，评议员贺国武等九人，监察员杨健等十九人，干事王祖德等十六人。"⑥ 按理讲，校园里的两种

---

① 邢福津：《记西南联合大学的学生自治会》，《云南文史资料选辑》第 34 辑，第 422 页。
② 《联大筹备成立学生会》，《云南民国日报》1939 年 5 月 28 日，第 4 版；《本市简讯》，昆明《益世报》1939 年 5 月 28 日，第 2 版。
③ 邢福津：《记西南联合大学的学生自治会》，《云南文史资料选辑》第 34 辑，第 423 页。
④ 参见《联大学生会选举职员》，《云南民国日报》1939 年 6 月 6 日，第 4 版。
⑤ 邢福津：《回忆群社》，《笳吹弦诵在春城》，第 315 页。
⑥ 《联大学生会选举职员》，《云南民国日报》1939 年 6 月 6 日，第 4 版。

力量大体旗鼓相当，在学生自治会中也应该平分秋色，三青团团员之所以能够占有多数，是他们投票时玩弄了个花招。这个花招就是在选举时不按协议投票，只投自己一方的票，而群社信守诺言，遵守协议，这才屈居少数。干事会讨论分工时，容易出风头的工作都让三青团团员抢去，把莫家鼎、邢福津、梁淑明分到事务股。邢福津说："我们三个人互相勉励，决心做好事务工作，多为同学办好事。"[①] 结果，群社在同学中得到了更多的信任，为第二、第三届学生自治会的竞选打下了基础。

西南联大学生自治会的成立，提高了同学们的主人翁意识。6月6日是民间发起的教师节，[②] 刚刚诞生两天的第一届学生自治会便举办了师生游艺会。[③] 7月7日，是七七抗战2周年纪念日，这天学生自治会组织的校内献金，折合国币 1624.45 元，为此受到军事委员会嘉奖。军事委员会在致西南联大学生自治会的信函中，还传递了蒋介石的手谕："该会慷慨捐输，共纾国难，热心爱国，欣慰殊深，着即传谕嘉勉，用昭激劝。"[④] 最高领袖的称赞，无疑是对成立才一个月的西南联大学生自治会的莫大褒奖。

坚持抗战是全国人民的最高利益，西南联大学生自治会在这方面做了许多努力。1939年7月24日，英国在远东妥协政策指导下，在东京与日本签订了"完全承认"日本造成的"中国之实际局势"的《有田－克莱琪协议》。而27日美国国务院发表公报，废止1911年与日本签订的《美日商约》。这两件大事引起国内强烈反响，西南联大学生自治会都表示了态度。7月30日，西南联大学生自治会参加了全市国立专科以上学校学生代表大会，大会在云南大学召开，当场通过两项宣言，一对美国废止《美日商约》表示赞佩，一对英国对日本妥协表示失望。这两份宣言是西南联大学生自治会成立初期的重要文献，表达了全校同学坚决抗战到底的信念。故特公布如下：

---

① 邢福津：《记西南联合大学的学生自治会》，《云南文史资料选辑》第 34 辑，第 423 页。

② 1931 年，中央大学教授邰爽秋、程其保等联络南京、上海教育界人士 200 余人在中央大学集会，发表宣言要求"改善教师待遇，保障教师工作和增进教师修养"，并向国民政府倡议将每年 6 月 6 日定为教师节。国民政府虽未答复，但许多学校这一天都举行纪念活动。

③ 参见《联大教育系组生活教育团》，《云南日报》1939 年 6 月 7 日，第 4 版。

④ 《联大解七七献金军委会嘉勉》，《云南民国日报》1939 年 9 月 5 日，第 4 版。

宣言一

我们对于本月二十七日美政府正式宣布废弃一九一一年商务通航条约，特发表如下宣言。我们认为美政府在英明果断的领袖罗斯福、赫尔、毕德门诸先生领导之下，对于目前日本军阀在远东造成的政治商务各方面的大紊乱，已有充分的认识，故该条约正式宣告废止，实为美国愿意维护其太平洋区域之地位与威望的一种表现。美政府如能由此进而采取更确实更积极的态度，使国际间的和平互信和好感得以恢复，则更为我们所□祷。而且我们确信这对于中美两国友谊，以及世界人类和平的增进，当更有裨益。我们吁请世界各友邦赞助和撑持这种制裁侵略有效办法，并且盼各国迅速实施。其实我们中国更愿为反侵略阵营中坚强的一环，我们在过去两年中的艰苦抗战，已是最有效的证明。我们今后将以更英勇的行动，来和各友邦的反侵略运动配合一致，不达胜利不止。

宣言二

（略。全文见本书第八章第二节第一目。）

国立西南联合大学学生自治会、国立云南大学全体学生、国立同济大学战地服务团、国立艺术专科学校学生自治会、国立体育专科学校学生自治会。[①]

发表上述宣言之前的 7 月 28 日，为了让同学们进一步了解《有田－克莱琪协议》的由来和影响，西南联大学生自治会邀请国际政治学家钱端升做了《东京英日谈判与最近国际形势》演讲，[②] 详情本书第八章第二节已有介绍。

1935 年的一二·九运动，是北平学生发动的反对华北自治、反对日本帝国主义侵略、要求保全中国领土完整的抗日救亡运动。作为这场运动先锋的北京大学、清华大学同学，尤其以此为荣。1939 年 12 月 9 日晚

[①] 《昆明学界发表宣言，对美国废约表欣慰，对英国妥协表示失望》，《中央日报》"重庆各报联合版" 1939 年 8 月 1 日，第 2 版。

[②] 参见《联大学生会将办暑期学术讲演》，昆明《益世报》1939 年 7 月 25 日，第 4 版；《钱端升今在联大师院讲演》，昆明《益世报》1939 年 7 月 28 日，第 4 版。

7时，西南联大学生自治会隆重召开一二·九运动4周年纪念大会，文学院院长冯友兰、北大化学系主任曾昭抡和百余名同学参加了这次大会。大会由华道一同学主持，"首先报告纪念一二·九学生运动意义，继由冯友兰先生演讲对抗战中组织与军队配合一同作战，以取得最后胜利之重要及学生特殊地位之获得等，分析甚详。复由曾昭抡先生演讲对长期抗战中人力之运用，国民智识之提高，西南西北资源开发之重要，讲述颇详"。大会在饱满的情绪中进行了3个小时，散会前全体合唱《义勇军进行曲》。①

喜欢运动是青年人的特点，西南联大学生自治会干事会康乐股就是针对这一特点设立的。8月16日，康乐股举行了一次篮球比赛，对阵双方一为"全面队"，一为"五三队"，报载"情况备极热闹"。② 比起少数人参加的球类比赛，西南联大学生自治会主办的夏令营更受大家欢迎。1939年9月5日，经过一个星期的筹备，80多位同学在学生自治会干事王绍垓同学带领下，前往宜良县可保村、鸳塘镇、万福寺宿营。这次夏令营的宗旨是"习练集体生活，联络感情，锻炼身心"，每天除升旗、做操、室内游憩外，还有游泳、爬山、打球、钓鱼等户外活动。③ 这次夏令营是学生自治会举办的第一次夏令营，此后历届学生自治会都举办了夏令营。这种集体生活，加强了不同院系同学的联系，促进了彼此之间的友谊，对后来成立各种团体产生了一定作用。

二　活动多样的第二届学生自治会

第一届学生自治会因成立较晚，仅存在了半年。1940年1月14日，西南联大学生自治会召开第二届代表大会，出席代表百余人。这百余位学生代表的产生，也充满了智斗。

第二届学生代表选举前，三青团恃在师范学院的人多，以为改选必操胜券，便从师范学院改选起步。没有想到的是，在师范学院选举学生代表大会上，被人揭露出不少违规之事，如学生自治会中的某些三青团

---

① 参见《联大昨纪念"一二·九"》，《云南日报》1938年12月10日，第4版；《联大学生热烈纪念"一二·九"》，昆明《中央日报》1939年12月10日，第3版。

② 《联大篮球赛全面对五三》，昆明《益世报》1939年8月17日，第4版。

③ 《联大学生夏令营昨往宜良宿营》，《云南民国日报》1939年9月6日，第4版。

团员因故离职或假期离校时，把自己的委员职务私相授受，许多同学也指责三青团虽然把持学生自治会却包而不办，结果在师范学院的学生代表选举中，三青团全军覆没。这种结果令学校大出意外，训导长查良钊找人谈话，打算重选，可大家认为那更不民主。后来，经过协商，几个未列入候选人名单而当选的同学主动退出，补上几个三青团团员，这件事才告结束。受到师范学院选举影响，工学院学生自治会改选也出现了同样情况。

师范学院和工学院的学生代表选举情况传到新校舍，三青团有些措手不及，利用他们手中的权力推迟召开学生代表大会，在下面做了许多工作。学生代表大会开会时，所有三青团团员一起出动，同学们也特别踊跃，改选时舌战十分激烈。[①] 这次选举的结果是，王瑒、姚圻当选为学生自治会正、副主席，[②] 许焕国、朱声度当选为干事会正、副主席。王瑒是国民党党员，许焕国是群社社员，表面上双方大体旗鼓相当，但掌握执行权力的是干事会，许焕国当选干事会主席，反映了同学们对群社的信任，群社也利用这一条件，把群社活动与学生自治会活动结合起来。

第二届学生自治会代表大会除选举外，主要议题是讨论响应春礼劳军运动。这年1月10日，全国慰劳抗战将士委员会总会（简称"全国慰劳总会"）在重庆约集百余家单位召开会议，决定成立重庆市各界春礼劳军筹备运动委员会，蒋介石非常重视这项工作，指令国民精神总动员会、新生活运动总会、国民党中央宣传部、社会部承担推动工作。为了实施春礼劳军，全国慰劳总会把1940年2月1日至7日定为春礼劳军宣传周，将2月10日定为献礼日。西南联大第二届学生自治会代表大会讨论了响应春礼劳军办法，决定组织兵役宣传队，计划2月中旬到周围集镇和市内各街巷进行街头宣传，内容包括"国民兵役法、战时常识、抗战形势讲述、戏剧、歌咏、漫画、木刻、标语及家庭访问、口头宣传等"。同时，还计划组织联大剧团、群社等学生社团联合公演抗战独幕

---

① 熊德基：《我在联大从事党的地下工作的回忆》，《云南文史资料选辑》第34辑，第369～370页。
② 《联大学生会昨开代表大会》，《云南民国日报》1940年1月15日，第4版。

剧，全部收入购买慰劳礼品送往前线。[1]

2月9日早晨，西南联大学生自治会组织的第一次兵役宣传队出发，目的地为小街子、官渡、小坎等。"参加学生分为三队，每队均有歌咏话剧，并携有大量壁报、漫画"，"工作情形至佳，甚受乡民欢迎，尤其话剧表演，感人颇深"。[2] 10日，同学们又组成9个小队分赴四周各乡镇宣传，其中有20多人的第四队，去的是市东40里的板桥镇，当晚就在镇小学公演了话剧，还放映了从民教馆借的抗战影片。11日，他们到各乡村访问出征军人家属，下午在镇上举行了联欢大会，参加民众达400余人。联欢会上，同学们还现场分赠了各种慰劳品。[3]

这年8月，西南联大学生自治会在暑假中组织了第二次兵役宣传。这次兵役宣传计划进行一周，宣传范围为昆明近郊及县属八区，地点分内、外两区。内区赴马街子、小坝、官庄、官渡、龙头镇等地，8月18日出发。外区为大板桥、龙潭街、东郊等地，20日出发。[4] 宣传方式有演讲、街头抗战剧、抗战歌曲、壁报标语、漫画及访问出征军人家属等，[5] 参加这次兵役宣传的同学有260多人，宣传地点自由选择。

兵役宣传效果颇佳，筹募劳军礼金的戏剧演出也有声有色。2月20日，联大剧团在全市最大的会场省党部礼堂，公演了描述爱国男女青年在沦陷的北平从事秘密救国活动的三幕国防话剧《夜未央》，导演为西南联大赵诏熊教授。[6] 这部话剧连演三天，场场爆满，反应强烈，好评如潮。[7] 演出票价分一元、二元两种，除去开支，所得国币1500余元都送到云南省抗敌后援会，请其转汇全国慰劳总会。[8]

利用节日纪念开展活动是学生们的长项，第二届西南联大学生自治会不放过每个重要纪念日，使校园保持着生气。1940年的五四纪念，学

① 《各界响应春礼劳军联大学生宣传演剧》，《云南民国日报》1940年2月1日，第4版。
② 《联大学生出发宣传兵役》，昆明《中央日报》1940年2月10日，第3版。
③ 参见《云大联大下乡宣传兵役》，昆明《中央日报》1940年2月13日，第3版。
④ 《联大兵役宣传队定期出发》，《云南日报》1940年8月18日，第1版。
⑤ 《联大动态》，《云南日报》1940年8月11日，第4版；《联大学生举行兵役宣传》，《云南日报》1940年8月12日，第4版。
⑥ 《〈夜未央〉昨在省党部献演》，昆明《中央日报》1940年2月21日，第4版。
⑦ 《平剧与话剧》，昆明《中央日报》1940年2月19日，第4版；《〈夜未央〉今继续上演》，昆明《中央日报》1940年2月22日，第4版。
⑧ 《联大近讯》，《云南民国日报》1940年3月30日，第4版。

生自治会提前一个星期就开始筹备。4月22日，筹备会议做出14项决议："（一）要求学校放假一天；（二）是日上午九时，在新舍大食堂举行纪念大会；（三）通电向委员长致敬，通电讨汪，通电慰问前线将士；（四）举办学生献金劳军；（五）出版'青年'特刊；（六）出版青年壁报；（七）印青年手册；（八）是晚七时，联合各大学学生，举行青年座谈会；（九）参加三民主义青年团云南支团部主办之论文及演讲比赛；（十）举行各种球赛；（十一）是日各膳堂加菜；（十二）参加火炬游行；（十三）举行盛大同乐会；（十四）于五四同乐会时，并举行欢送本届毕业同学大会。"①

　　这次纪念活动中，西南联合大学学生自治会还举办了慰劳前方抗战将士的"五四"献金，共得国币1074.74元，港币1.1元。这笔捐款，于5月6日派专人送到三青团云南省支团部，委托其汇寄军事委员会转前方将士。② 7月7日，纪念抗战3周年时，西南联大学生自治会响应学校号召，发动了义卖献金。献金部分，在各宿舍设置了4个献金台，并由百余名同学组成18个献金劝募队，到各街头通衢劝募。义卖分报纸、食品两种，报纸为昆明中央日报社、朝报馆各捐报纸100份，由同学分途出售，食品义卖委托学校三青团消费合作社办理。西南联大这次献金共得32000余元，其中学生自治会募得3666.565元。③

　　这年的九一八纪念，同样也进行了筹备。9月12日，学生自治会干事会召开第十次干事会，讨论九一八纪念方法，会上通过三项决议和四项办法，并于15日向学校常委会做了报告。其内容是："（甲）开'九一八'九周年纪念大会——呈请学校当局领导举行。（乙）响应寒衣运动，办法如后。一、发动同学组织劝募队于'九一八'出发，向各界劝募。二、向本校师长同学劝募。三、劝同学将中秋过节费用捐制寒衣。四、发动女同学缝制寒衣。（丙）全校同学于'九一八'素食一天，以示沉痛，并将节款捐制寒衣。"④ 同时，还计划发表告全体同学书，希望

---

① 《各大学筹商纪念"五四"》，昆明《中央日报》1940年4月23日，第3版。
② 《联大学生自治会捐款慰劳将士》，昆明《中央日报》1940年5月7日，第3版。
③ 《联大献金劝募，成绩斐然可观》，《朝报》1940年7月9日，第3版，《联大学生劝募成绩良好》，昆明《中央日报》1940年7月9日，第4版。
④ 《西南联合大学为纪念"九一八"九周年纪念大会由》（1940年9月15日），"国立西南联合大学档案"，档号：32－1－34/64～67。

一致奋起响应。①

除上述活动外，第二届西南联大学生自治会还组织了一次重要活动，即邀请南侨筹赈总会主席陈嘉庚到校演讲。陈嘉庚考察了重庆、成都、兰州、西安、延安、山西、洛阳等地后，返回途中经过昆明，西南联大学生自治会闻讯即派代表前往拜见，请其莅校演讲。1940 年 8 月 9 日晚，陈嘉庚如约来到西南联大，他乘的汽车一到校门口，就响起一片掌声。讲演 7 点半开始，但不到 7 点钟会场内外就挤满了同学。"讲演时，院中鹄立无隙地"，可见同学们情绪之饱满。陈嘉庚讲演的题目是"西北考查之观感及南洋侨胞近况"，大意是："抗战起初，南洋侨胞组织筹赈会，募集捐款，鼓励汇款国内，三年来捐款每月约七百万元，汇款年可八万万元，又组织回国慰劳团，向我领袖及将士同胞慰劳。"陈嘉庚讲到在各地与各界的相晤，说深感"各方刻苦公忠之精神"，使他"益信抗战前途极有把握"。末了，陈嘉庚语重心长地对同学们说："吾人处此时代，极应严肃生活，洁身自好，诸君皆为中国青年，负有抗战建国大责，幸逢民族复兴之时机，身当民族复兴之重任，尚望忠诚治专，信义待人，则个人国家之前途实利赖之。"②

学生自治会组织的丰富活动和这一时期活跃的学生社团生活，给同学们留下美好记忆。《联大八年》中说："民二十七到二十九冬为联大同学生活最快乐最活泼的一段，在这一时期的特点是集体生活使同学的生活丰富，几乎每晚上都有演讲，讨论晚会等等，每逢星期或假日，我们经常结伴几百人几百人的出去旅行，月亮好时也会有几千人参加的月亮会，听一位老教授讲故事，假如你愿意，每天晚上都容易消磨，你可以参加不同性质的丰盛的团体活动。由于集团生活多，男女同学间的关系也比较单纯，纯以一种兄弟姊妹的感情相见相处，由于生活内容的充实，同学在这一种时期的贡献最多，每当寒假暑假，同学们下乡去参加兵役宣传，还在文林堂内设了文林补习夜校，好几次夜校的学生还来学校参加节目。"③ 从这些回忆中，可以想到这个时期校园是多么活跃。

佩戴在每位师生胸前令人自豪的西南联大校徽，也是这届学生自治

---

① 《联大筹备纪念"九一八"》，昆明《中央日报》1940 年 9 月 16 日，第 4 版。
② 《陈嘉庚昨在联大讲演》，昆明《中央日报》1940 年 8 月 10 日，第 3 版。
③ 《八年来的生活与学习》，《联大八年》，第 53 ~ 54 页。

会主持设计的。1940 年 8 月，学生自治会发出通知，向同学们征求校徽图案，要求"图案式样以大方简单为主，并须包括清华、北大、南开三校固有精神"，学校常委会表示，校徽确定后下学期就开始制发。① 校徽的征集修改过程，目前还不清楚，唯 11 月报纸报道"学生会制就之联大校徽，已经学校定为正式校徽"。② 西南联大校徽为铜质，倒三角形象征着北大、清华、南开的团结，蓝色的底色带有蓬勃向上的寓意。这个校徽，一直伴随着 1946 年学校结束，其样式还被一些学生团体的徽章、旗帜所采用。

三　配合学校的第三届学生自治会

1940 年暑假开学后，学生自治会也到了换届的时候。12 月 5 日，各院各系同学开始投票，"选举委员会为提高一般同学对选举重视起见，特于校内贴标语及壁报，并公布会章"，一时"学校空气热烈紧张，有如大选前夕"。③ 按照计划，12 月 15 日召开学生代表大会，但不知什么原因宣布推迟一个星期。④ 一个星期后的学生代表大会未见报道，由于"进步与中间偏左同学占了很大优势，中共党员郝诒纯顺利当选为学生自治会主席，群社负责人邢福津、李佩珍分别当选为干事会正、副主席"。⑤ 当选学生自治会副主席的还有刘维彬，当选干事会副主席的还有陈梦熊。⑥

第三届学生自治会成立后马上投入工作，第一件是发动同学参加"青年号"飞机捐款。1940 年底，为加强中国空军力量，教育部组织了"青年号"与"教师号"飞机捐款，分配给西南联大的捐款数额是 1 万元。这次捐款，本书已有介绍，这里只是对学生自治会的组织和实施略做补充。为"青年号"飞机捐款是项政治任务，西南联大学生自治会理所当然要积极配合。1941 年 1 月 9 日，学生自治会组织了个人献金与团体献金。⑦ 10 日，

---

① 《联大征求校徽图案》，昆明《中央日报》1940 年 8 月 12 日，第 4 版。
② 《市闻简辑》，昆明《中央日报》1940 年 11 月 23 日，第 4 版。
③ 《本市简辑》，昆明《中央日报》1940 年 12 月 6 日，第 4 版。
④ 《联大动态》，昆明《中央日报》1940 年 12 月 16 日，第 4 版。
⑤ 邢福津：《回忆群社》，《箫唫弦诵在春城》，第 313 页。
⑥ 《国立西南联合大学校史》（修订版），第 389 页。
⑦ 《联大动态》，昆明《中央日报》1941 年 1 月 9 日，第 4 版；《联大学生自治会响应"青年号"献机，发动献金多捐者予以奖励》，《云南日报》1941 年 1 月 9 日，第 4 版。

捐款活动进入高潮，《云南日报》报道"总数共达国币五千余元"。刚刚在四川建立的叙永分校同学，"亦响应参加献金，最低数目可达三千余元"。工学院同学大都清贫，但他们"推行亦甚努力，各种比赛，花样众多，有个人捐款，级际、系际比赛，捐献书籍文具，日用品等，实行义卖，竞争激烈，情绪狂热"。①

1941 年 1 月 16 日，学生自治会公布"青年号"捐款明细账，其中"团体献金"计"女同学会六百三十九元、南针社三百五十八元一角、群社三百十四元、青年合作社一百四十元三角、基督教团契一百零六元、英文研究会一百零一元、亚农合作社五十元、戏剧研究社四十元、阳宗海夏会营二十七元"。"工学院四千二百零八元三角"，"师范学院一百九十九元四角"，"个人献金共一千二百五十四元七角"，"总计共七千四百四十一元四角"。② 叙永分校一年级同学的捐款这时还没来得及统计，但最低目标是 3000 元，这样联大同学捐款就超过了 1 万元，而它凝结的抗战热情又怎能用金钱衡量？1941 年 9 月，教育部共收到全国高校汇集的"青年号"飞机捐款 16 万元（含已汇到 10 万余元及公文虽到捐款未到 6 万余元）③，其中 1/16 来自西南联大学生自治会组织的献金。

成立空袭服务队是第三届学生自治会的另一项紧迫工作。1940 年至 1941 年 12 月太平洋战争爆发前，是日本空军对昆明进行大规模狂轰滥炸的两年。1940 年 9 月，日本强迫法属印度支那当局同意日军进入印度支那北部，侵占了越南。日军占领越南后，大批轰炸机从海防、河内起飞，对中国西南进一步实行无差别轰炸。日军对昆明的轰炸从 9 月 30 日开始，10 月 13 日西南联大师范学院就中弹多枚，设在昆华中学南院的总务处也全部被毁。那些天，只要天气稍好，日机就一定到昆明上空轰炸扫射。在 1941 年 1 月 3 日日机轰炸中，工学院助教郭世康、沈元和两个学生在拓东路金马庙旁松堤沟躲避，一枚炸弹直落而下，一人耳震出血，

---

① 《联大献机运动结束，总数将达万元，师生竞卖甚为踊跃》，《云南日报》1941 年 1 月 11 日，第 4 版。

② 《联大消息》，《云南日报》1941 年 1 月 17 日，第 4 版。

③ 《教育部为改订青年号飞机及教师号飞机捐款缴解办法及应行注意事项并仰一致努力捐输以竟全功由电西南联合大学》（1941 年 9 月 24 日教育部总字第 36726 号代电），"国立西南联合大学档案"，云南省档案馆存，档号：32 - 1 - 39。

一人碎片穿肩，一人伤手，一人伤腿，急送至附近甘美医院治疗。[1]

面对日益加剧的轰炸，抢救与救护成为当务之急，第三届学生自治会组织的空袭服务队，就是应对日军轰炸的一个紧急措施。2月3日是农历正月初八，春节刚过，学生自治会就在新校舍最大的教室南区十号召开了空袭服务队成立大会。会上通过了组织简章，商讨了工作方针，决定设立情报、救护、消防挖掘、物资疏散四组。救护组任务最重，分为担架、救护两分队，报名参加的116位同学大部分将承担担架、救护任务，"需用工作药品等物，拟向学校及卫生慈善机关募捐"。空袭服务队还计划寒假中"举办救护训练班及野外实习，以增进救护技能"。[2]

空袭服务队正式组队大约是3月中旬，地点仍是新校舍南区十号教室。会上分发了臂章和药品，[3] 队旗大概也是这次会上展示的。同时各组也做了调整，加强了救护工作，成立了3个分队，划分了各队负责的救护地区。第一分队负责新校舍后山头，队长张景哲、金遣章；第二分队负责苏家村四周，队长蔡福林、田日；第三分队负责松林附近，队长马国章、王民嘉。要求只要发出警报，各队队员应立即到负责地区报到。[4] 空袭服务队队员们非常认真，成绩显著，卓有成效，5月15日，学生自治会特嘉奖了一批同学。[5]

为同学们请求增加贷金，是第三届学生自治会所做的一项与同学生活直接相关的工作。贷金是抗战时期国家为救济失学青年发放的一种生活补贴，发放对象为专科以上学校学生中，家在战区、费用来源断绝者。根据1938年2月教育部公布的《公立专科以上学校战区学生贷金暂行办法》，贷金分全额与半额两种，标准依学校所在地生活费用和学生实际需要定之，贷金评审每学期举行一次，由学校贷金委员会负责审查，偿还期为战事终了3年以内。贷金制度为沦陷区流亡学生继续学业提供了保障，对安定人心、稳定社会秩序、培养储备人才起到了重要作用。

西南联大学生多数来自沦陷区，针对这种实际，学校在长沙创建时

---

① 俞国林点校《郑天挺西南联大日记》上册，第361页；《国立西南联合大学史料》（二），第166页。

② 《联大空袭服务队成立备案》，昆明《中央日报》1941年2月4日，第4版。

③ 《学校动态》，《云南日报》1941年3月3日，第4版。

④ 《学校动态》，《云南日报》1941年3月8日，第4版。

⑤ 《本市鳞爪》，《云南民国日报》1941年5月16日，第4版。

就设立了贷金办法，成立了以朱自清教授为召集人的贷金委员会，核定了甲乙丙 3 种贷金学生名单。[①] 其后，虽几次调整津贴、贷金，但随着战事发展和物价上涨，仍然杯水车薪。1939 年云南粮食管理处为了优先供应本地市民，停止向西南联大出售公米，致使学校"同学二千余人嗷嗷待哺"，"陷入空前绝境"，"同学每餐只能吃一碗饭，终日枵腹难耐"。当时，第一届学生自治会曾致函常委会，"请求学校向云南粮食管理处交涉，指定私商充分供给本校用米，并平抑米价，以免商人居奇"。[②] 然而，昆明物价未降反升，到 1941 年初已如脱缰之马，原有每月的 14 元贷金难以维持基本生活。第三届学生自治会深感负有为同学纾难解困的责任，经过研究，决定上书常委会，请求将贷金增加到 30 元。[③]

西南联大校方对同学们的困难感同身受，3 月 7 日常委会上，决议"本大学学生自治会干事会呈请据情转呈教部增加贷金数额，应交训导处遵照部令办理"。[④] 3 月 17 日，训导处决定接受学生自治会请求，但碍于教育部规定贷金只能增至 24 元，决定派训导长查良钊赴教育部，说明昆明地区生活费奇昂，希望尽量解决学生困难。[⑤]

训导处研究时，总务长郑天挺也参加了。晚上，他"为学生贷金事不能入梦"，起身草拟出两种办法，一是"饭食费用标准数定为二十四元，食米照二斗一升计，米价每石超过五十元者，由政府津贴"；二是"饭食费用标准数与食米津贴合计作为三十二元"。18 日上午，郑天挺将这两种意见告诉陈雪屏，陈雪屏又告诉梅贻琦，梅贻琦表示赞成，遂向教育部发电请示。[⑥] 19 日下午，西南联大召开常委会，决议 1940 年 11 月至 1941 年 2 月，学生贷金全额每月增加 10 元，半额每月增加 5 元。1941 年 3 月暂时为：全额 32 元，半额 16 元；自费生膳食补助费全额 14

---

① 参见《长沙临大关于设立贷金办法救济困苦学生的布告》（1937 年 10 月 19 日）、《关于请朱自清担任贷金委员会委员的笺函》（1937 年 10 月 19 日）、《长沙临大公布准予贷金学生名单的布告》（1937 年 12 月 7 日），《国立西南联合大学史料》（五），第 609～612 页。

② 《西南联大学生自治会呈常委会迅速解决同学生活困难》（1939 年 10 月 31 日），《国立西南联合大学史料》（五），第 618～619 页。

③ 《学府动态》，昆明《中央日报》1941 年 3 月 17 日，第 4 版。

④ 《长沙临时大学、国立西南联合大学常务委员会会议记录·第一七〇次会议》（1941 年 3 月 9 日），《国立西南联合大学史料》（二），第 168 页。

⑤ 《学府动态》，昆明《中央日报》1941 年 3 月 17 日，第 4 版。

⑥ 俞国林点校《郑天挺西南联大日记》上册，第 397 页。

元，半额 7 元。同时，为了补助真正困难的同学，规定"凡不参加学生膳团用膳者，不得请求贷金或膳食补助"。[①]

说到生活，不仅同学们困难，教职员同样困难，这次常委会讨论增加学生贷金的同时，还讨论了教职员生活津贴问题。此前，教职员们只有房租津贴，这次常委会决定把房租津贴改为生活津贴，从 3 月起，"专任职教员每人每月由校给予生活津贴国币贰拾元，各员直系亲属每人每月由校给予生活津贴各国币伍元"。[②] 第三届学生自治会请求增加学生贷金是为同学请命，却无意间促进学校把教职员的房租津贴改为生活津贴，这就扩大了补助范围，是学生自治会的一个意外功绩。

这一届学生自治会主席郝诒纯，是西南联大到昆明后自发成立的中共西南联大临时支部的成员。干事会主席邢福津是西南联大人数最多、影响最大的学生社团"群社"的发起人和领导人，他同郝诒纯一样也是一二·九运动的骨干，1938 年 6 月加入中国共产党，云南省工委在西南联大建立第一个党支部时，他任组织委员。按理说，由中共掌握的第三届学生自治会应该开展更多活动，但 1941 年春皖南事变发生后，许多进步同学疏散到外地，群社也停止了活动，这就使三青团控制了学生自治会。三青团掌握了学生自治会后，除了学校布置的工作外，很少主动活动，有些本应以学生自治会名义出面的活动，也被算在三青团的账上。

四　乏善可陈的第四届学生自治会

皖南事变后，政治形势出现极大变化，许多同学的积极性受到严重挫伤。这种现实直接影响到第四届学生自治会的产生。

第四届学生自治会学生代表选举是 1941 年 12 月 25～27 日进行的。"为鼓励同学踊跃投票，发扬自治精神"，上届学生自治会"除将全体同学名单公布外，并广贴有关选举之各项标语及出壁报特刊，以检讨过去会务"。[③] 事关学生自身利益的学生代表选举，居然还要鼓励投票，说明

---

① 《长沙临时大学、国立西南联合大学常务委员会会议记录·第一七一次会议》（1941 年 3 月 19 日），《国立西南联合大学史料》（二），第 171～172 页。

② 《长沙临时大学、国立西南联合大学常务委员会会议记录·第一七一次会议》（1941 年 3 月 19 日），《国立西南联合大学史料》（二），第 170 页。

③ 《联大动态》，《云南民国日报》1941 年 12 月 25 日，第 4 版。

学生自治会在同学们心中的地位已大为降低。12 月 29 日，由于没有条件全面改选，仅选出郎昌浩等 40 余人，[①] 这个数字比章程规定少了一半。

据报道，第四届学生自治会当选名单产生于 1942 年 1 月 11 日，[②] 那么这一天应该是学生代表大会召开的日子。鉴于出席学生代表大会的人数比往年减少，不得已将章程规定的干事会、监察会合并，称为理事会。这个修改本是临时措施，但以后就继续了下去。当选为这一届学生自治会理事会正、副主席的是郝诒纯、竹淑贞。[③] 当选理事的还有哪些人，未见报道，但有一点是肯定的，即大部分是三青团团员，姚从吾不知道郝诒纯是中共党员，还以为学生自治会"完全在青年团手中"。[④]

三青团能够掌握学生自治会，与讨孔游行有关。这次声势浩大的讨孔游行，发动者是 26 个三青团团员，许多三青团团员积极响应，引起学校和国民党、三青团组织的惊恐。1 月 6 日，讨孔游行的当天晚上，三青团就召开了团员大会，国民党西南联大区党部书记姚从吾参加了这次大会。在姚从吾引导下，虽然会上意见不一，讨论了三个多小时，但结果还是让姚从吾满意的，认为"一般而论，情形甚佳"。[⑤] 1 月 9 日，蒋梦麟以学校常委名义对全校学生做了态度强硬的训话，强调"再有越规问题，严加制裁"。[⑥] 在这种压力下，讨孔风潮平息下来，三青团在没有竞争对手情况下完全掌握学生自治会，也是顺理成章的事。

西南联大讨孔风潮惊动了蒋介石。1 月 10 日，陈布雷奉蒋介石之命打电话给蒋梦麟寻问学潮情况。12 日，蒋介石给龙云电报中说若再发生此类事件，就"依照野战治安法令，切实执行纪律，勿稍宽假"。[⑦] 13 日，三青团中央团部组织处处长康泽衔蒋介石手谕抵昆明坐镇。22 日，蒋梦麟应召飞重庆汇报。这一切表示第四届学生自治会从一开始就完全被执政当局和学校紧紧控制，只能小心翼翼，不敢越雷池一步。这样的学生自治会哪里谈得上"自治"，怎么可能有所作为？

---

① 《联大近讯》，《云南日报》1941 年 12 月 30 日，第 4 版。
② 《简讯》，《云南日报》1942 年 1 月 12 日，第 4 版。
③ 《国立西南联合大学校史》（修订版），第 339 页。
④ 《姚从吾致朱家骅函》（1942 年 1 月 21 日），"朱家骅档案"。
⑤ 《姚从吾致朱家骅函》（1942 年 1 月 21 日），"朱家骅档案"。
⑥ 《姚从吾致朱家骅函》（1942 年 1 月 21 日），"朱家骅档案"。
⑦ 周美华编《事略稿本》第 48 册，第 73～77 页。

　　事实也是如此，第四届学生自治会工作热情不高，成绩寥寥，只有请求教育部增加学生贷金一事，还算得上代表了同学的利益。

　　1月24日，教育部次长顾毓琇从重庆来昆明，视察了西南联大、云南大学、中法大学及中央研究院、北平研究院，会晤了教育厅厅长龚自知，拜会了省政府主席龙云。① 顾毓琇1923年毕业于清华学校，当年赴美留学，1928年获麻省理工学院科学博士学位，是该校第一位获得科学博士学位的中国人。回国后，先任浙江大学电机工程系主任，后任中央大学工学院院长，1932年回到母校，担任清华大学工学院院长，全面抗战爆发后出任国民政府教育部政务次长。

　　在西南联大同人特别是清华大学师生眼里，顾毓琇是自己人，因此西南联大学生自治会抓住这个机会，派人向顾毓琇提出增加贷金名额、提高贷金标准、按时发放贷金等要求。顾毓琇很理解同学的心情，表示"对增加贷金名额，允予尽量增加，饬由贷金委员会审查办理。对增加贷金数额，允令由贷金委员会照规程按当地物价，每生月给白米二斗一升，菜钱十八元，煤炭人工，扣实发给，对汇发贷金款项，允俟贷金名单报部当尽量提前汇发，决不积压"。② 增加贷金事关所有学校，顾毓琇的态度实际是教育部的意见，西南联大学生自治会的请求对此件事只起推动作用，而且其行为很可能是受到学校暗示进行的。可是，这个问题始终未能解决。次年暑假后将要开始新学期贷金评审时，同学们"心里最紧张的一件事，便是申请贷金（旧生）或公费（新生）"，因为"联大三分之二以上同学的'食'，都全靠着贷金维持"。大概是想了解学生的经济状况，这次贷金申请书有一栏竟是"是否吸烟"。③ 连吸烟与否也列入发放贷金的考量范围，真是教育界的悲哀。

　　除了请求增加贷金外，第四届学生自治会所做的工作几乎全部属于"等因奉此"之类。

　　1942年1月6日，中国军队在第三次长沙会战中获得大胜，取得了自珍珠港事变以来盟国军队在亚洲战区中的第一次胜利。在全国各界欢呼庆贺之时，西南联大学生自治会也致电蒋介石、薛岳，祝贺第三次长

---

① 《顾次长发表谈话》，昆明《中央日报》1942年1月27日，第2版。
② 《联大学生贷金顾次长允予改订》，《云南日报》1942年1月28日，第4版。
③ 《学府风光——西南联大之一页》，《云南日报》1943年10月5日，第3版。

沙会战大捷。这当然是官样文章，却也表达了同学们的抗战意志。其中致蒋介石电云：

> 重庆蒋委员长钧鉴：长沙奏捷，消息传来，举世欢腾，扬胜利之先声，振盟邦之壮气，仰见钧座指挥若定，胜算久操，特电致敬，并叩捷禧。①

致薛岳电云：

> 长沙薛司令长官伯陵将军转前线将士勋鉴：长沙三捷，中外欢欣，将士以转石撼山之力，雷霆万钧之势，残彼敌寇，振同盟之声威，奠国家之础基，丰功伟绩，敬仰英名，肃电祝捷，借申贺忱。②

　　1942 年初，日本军队入侵缅甸，3 月 8 日占领缅甸首都仰光，遂向缅甸第二大城市曼德勒发动进攻，意欲围歼英缅军队，切断中国唯一的国际通道——滇缅公路。为了保卫这条运输命脉，根据 1941 年 12 月签订的《中英共同防御滇缅路协定》组成中国远征军，以第二〇〇师接替把守同古要隘的英缅军防务，掩护其撤退并计划共同防守同古。同古又译作"东吁"或者"东瓜"，是南缅平原的一座小城，地处公路、铁路、水路要冲，战略地位显要。3 月 20 日，同古战役开始，由于英国军队指挥失误和怯战，致使 25 日日军三面包围同古。危急形势下中国军队急速往援，策应第二〇〇师于 29 日晚成功突围。同古战役是中国远征军第一次入缅作战中规模最大、坚守时间最长、歼灭敌人最多的战斗，中国军队在与 4 倍于己、配备有步兵特种兵和空军的日军作战中，顽强苦战 12 天，掩护了英军撤退，跳出了日军包围圈，显示了中国军队的战斗力。当国内外对同古战役表示钦佩之际，西南联大学生自治会也于 4 月 1 日向远征军将士发出慰问电。电文云：

---

① 《联大学生自治会通电祝捷》，《云南民国日报》1942 年 1 月 16 日，第 4 版。
② 《联大学生自治会通电祝捷》，《云南民国日报》1942 年 1 月 16 日，第 4 版。

重庆军事委员会转入缅远征的将士们，自你们出国远征，我们无时不在关怀着你们的行踪。最近东瓜之役，你们以寡众悬殊的兵力，和敌军作十余日血战，毕竟在坚苦危难的情势中，立下了辉煌的战果，不朽的功绩。你们英勇果毅，誓死不屈的精神，已充分表示了我中华民族是全世界最优秀的民族，我们谨在此遥寄你们以无限的敬意，并祝你们早奏凯歌。国立西南联合大学学生自治会谨电。印。东。①

除上述表态性的电文外，第四届学生自治会的零星工作只有 2 月 14 日除夕和 15 日大年初一组织的新春同乐会，② 4 月 17 日邀请韩国革命志士赵希哲演说"朝鲜革命运动"，③ 5 月 3 日在新校舍图书馆举办徐悲鸿画展并请徐悲鸿讲演。④ 此外，联大剧团劳军公演《野玫瑰》得到的 24521 元全部用于慰劳防守滇西的中国军队，⑤ 勉强也可以算在这一届学生自治会的功劳薄上。

五　无疾而终的第五届学生自治会

根据学生自治会章程，第四届学生自治会应当负责 1942 年度的学生代表选举，并召开学生代表大会，组成新一届学生自治会。但是，按照计划应于 1942 年 11 月 8 日召开的学生自治会代表大会，却因师范学院、工学院、法商学院各系并未举行代表选举，代表大会代表"不足法定人数"而流产。⑥ 学生自治会曾通知师范学院、工学院、法商学院各系加紧选举学生代表，要求 11 月底产生名单，"以凭定期召开全校学生代表大会，选举下届干事"。⑦ 这次学生代表大会何时召开不得而知，当选理事会主席的是竹淑贞，⑧ 但代表大会选出的负责人不愿意就任，有人说

---

① 《联大自治会电慰远征军》，《云南日报》1942 年 4 月 3 日，第 3 版。
② 《联大服务各军事机关同学公鉴》，昆明《中央日报》1942 年 2 月 14 日，第 1 版。
③ 《昆市点滴》，《云南日报》1942 年 4 月 17 日，第 3 版。
④ 《本市简讯》，昆明《中央日报》1942 年 5 月 3 日，第 3 版。
⑤ 《昆市点滴》，《云南日报》1942 年 7 月 24 日，第 3 版。
⑥ 《昆市点滴》，《云南日报》1942 年 11 月 17 日，第 3 版。
⑦ 《昆市点滴》，《云南日报》1942 年 11 月 17 日，第 3 版。
⑧ 《国立西南联合大学校史》（修订版），第 400 页。

"主要原因因投票同学太少，选出之同学自忖组成干事会后仍毫无力量，无上台能力，因是不愿出而组成"。①

代表全校同学的学生自治会无法成立，这在有法有章的西南联大是件不可思议的事。奇怪的是，对此校方竟然没有过问，采取听之任之的态度，使得学校 1942 年度没有学生自治会。这种现象，实在太不正常。

六　几近瘫痪的第六届学生自治会

1942 年度的学生自治会流产了，西南联大整整一年没有代表全校同学的组织，这种情况不能在 1943 年度继续下去。按照学生自治会章程，会员大会每学期举行一次，代表大会每六星期开会一次，第一次会议须于选举完成后一星期内召集。据此，第六届学生自治会应该在 1943 年底或 1944 年初产生，可惜至今未能发现这一届学生自治会的成立资料，只有一条简讯提到"学生自治会'复活'"，② 一条报道提到学生自治会"涂必憬主席"，③ 此外就是 1944 年春学生自治会在一封致学校常委会的函件末尾，署名"学生自治会常务理事景湘春、杨郁文、李鑫廷"。④ 这验证了《联大八年》中所说那个时期"自治会选不出代表，或者即是选出来，也是默默无闻"的说法。⑤

第六届学生自治会的活动，同样寥寥可数，只是在军事委员会征调译员时露了几面。1943 年秋，为了适应战事需要，教育部指令西南联大等校 1944 级身体合格的男同学全部征调担任美军翻译，西南联大教授会随之通过了《西南联大学生征调充任译员办法》。这次征调带有强制性质，引起一些同学不满，甚至出现抵触情绪，所以报名也不踊跃。针对这种状况，学校曾进行了全校动员，作为配合，学生自治会也于 11 月 29 日召开了临时代表大会，会上综合了同学们的意见，向学校提出九点具体要求。学校接受了同学们的要求，从而促成了西南联大历史上的第三次从军高潮（详见本书第七章第三节第三目）。

---

① 中道：《学生自治会沿革》，《联大八年》，第 161 页。
② 《学府风光》，《云南日报》1943 年 11 月 19 日，第 3 版。
③ 《联大学生自治会昨晚欢送应征同学》，《云南日报》1944 年 3 月 12 日，第 3 版。
④ 《西南联大学生自治会呈函常委会呼吁拨给救济金事》，《国立西南联合大学史料》（五），第 620 页。
⑤ 资料室：《八年来的生活与学习》，《联大八年》，第 54 页。

1944 年 3 月 1 日，被征调的 243 位同学进入军事委员会昆明译员训练班，[①] 经过短期培训，他们将分配到各军事机关服务。3 月 11 日学生自治会在云南省党部大礼堂为他们举行了欢送大会以壮行色。欢送大会首由第六届学生自治会主席涂必憬致辞，文学院院长冯友兰演讲，训导长查良钊、北京大学教务长樊际昌（兼军委会战地服务团昆明译员训练班教务长）继之，最后是学生自治会代表邹承鲁致辞和应征同学代表致答词，末有合唱、相声、话剧等演出。[②] 以上两事，是这一届学生自治会屈指可数的工作，但实际上前者是同学们的强烈要求，后者是学校的全局工作，没有一件是自治会主动做的，所以同学们认为第六届学生自治会几近瘫痪。

学生自治会瘫痪了，同学们却不耐寂寞。1943 年暑假开学后，校园里出现了一种名为《耕耘》的壁报，为沉默了两年多的校园带来一点生气，引来不少同学驻足观看。看到壁报这一形式竟有如此大的吸引力，外国语文系二年级张源潜同学也跃跃欲试，同班的程法伋也有同样想法，两人一拍即合，便分头邀集同学。张源潜找了大一时同住一个宿舍的王汉斌、林清泉，程法伋找了熟悉的朋友杨淑嘉、何孝达。几个人都是文艺爱好者，于是决定办一个文艺性质的壁报，名字就叫《文艺》。几天后，张源潜、程法伋到训导处办理了登记手续，并请教他们大一国文的李广田担任导师。大约是 10 月 1 日，《耕耘》壁报旁边出现了一张红纸剪贴报头、抄写工整、编排醒目的《文艺》壁报。[③] 紧接着，《游击》壁报也创刊了，加上原有的《联风》壁报，校园有了 5 种壁报。进入 11 月，学生自治会学术股也办了一种壁报，名《联大半月刊》，停刊许久的《法学壁报》也在这时复刊了，校园气氛顿时活跃了起来。1944 年春季开学后，经常出版的壁报已有十几个，除上述外，还有《冬青》《生活》《现实》《学习》《潮汐》《湿风》《新生活》《文摘》《社会》《诗与

---

① 《联大四年级服役学生今日开始受训》，昆明《中央日报》1944 年 3 月 1 日，第 3 版。

② 《联大学生自治会昨晚欢送应征同学》，《云南日报》1944 年 3 月 12 日，第 3 版；《译训班同学即将万里长征》，《正义报》1944 年 3 月 12 日，第 3 版；《为联大同学壮行色》，《云南民国日报》1944 年 3 月 12 日，第 3 版，该消息说"大会由学生自治公代表邹承鲁宣布开始"。

③ 张源潜：《回忆联大文艺社》，《笳吹弦诵在春城》，第 365 页；程法伋：《联大后期学生自治会理事会的活动》，《笳吹弦诵在春城》，第 443 页。

画》等，三青团这时也办起了《青年》壁报。

这些壁报的内容和观点各有不同，曾经发生争论。《耕耘》壁报提出追求唯美主义的"为艺术而艺术"，《文艺》壁报不赞成，明确提出艺术的宗旨是"为人生而艺术"。围绕这个问题，双方展开了一场论战，交锋一度还颇为激烈。① 这场论争吸引了很多同学，究竟什么是正确的文艺观，一时成为大家的谈资。有学者认为，"'为人生'还是'为艺术'是一场从文学研究会的创造社论争开始就一直'悬而未决'的诉讼，文艺社和耕耘社的论争没有结论并不奇怪，也无须强求。这场论争的意义在于推动双方去进一步学习文艺理论，各自明确了写作的方向"。② 这个分析是从文学层面着眼，从西南联大发展史角度看，这场论战对打破校园沉闷，重新唤起同学们对现实问题的关注，起到了不小作用，为学校进步势力的发展积累了力量。文艺社的核心成员是张源潜、程法伋，这年底学生自治会改选，程法伋被选为理事会常委，就反映了文艺社在同学中的影响。

与壁报同时日渐活跃起来的是各系、各年级的系会、级会以及根据兴趣结合的团体。如 1943 年考入外国语文系的同学，到二年级时已不再生疏，经常一起郊游、聚餐、唱歌、赛球、练外语、排演节目。随着彼此了解逐渐深入，话题转到问题讨论上，再后来就联合出版壁报。这个班的李明同学年长大家几岁，被视为老大哥，在他倡导下，程法伋等同学讨论了重庆杂志上关于生活三度（广度、深度、密度）的文章，决定出版《生活》壁报，提出"反映生活""批评生活""改造生活"三个口号。《生活》壁报由全班同学轮流编辑，使班级活动和壁报编辑结合了起来。《现实》《学习》等壁报，也是与班级活动紧密结合的。③

1943 年暑假后，不同形式的团体与活动陆续出现，使学生自治会相形见绌。9 月 19 日，经济系 1943 级级友举行聚餐，餐毕举行茶会，商讨如何推进级友会工作。④ 10 月 31 日，工学院机械工程学会举办了唱片音

---

① 参见张源潜《回忆联大文艺社》，《笳吹弦诵在春城》，第 366~367 页。
② 李光荣：《西南联大与中国校园文学》，第 101 页。
③ 程法伋：《联大后期学生自治会理事会的活动》，《笳吹弦诵在春城》，第 443~444 页。
④ 《市县简讯》，昆明《中央日报》1943 年 9 月 20 日，第 3 版。

乐大会。① 11 月中旬，一些同学为提倡音乐艺术和训练音乐人才，组织了"联音研究会合唱团"，② 12 月 12 日举行的团员联谊会上演出了西班牙斗牛、夏威夷情歌妙舞、南非土人跳月等节目。③ 12 月 30 日，外文系成立系会，西洋戏剧学会为庆祝系会成立，于次年 1 月 2 日在民教馆用英语演出了萧伯纳名剧《坎蒂达》。④ 进入 1944 年后，有些停顿已久的社团也恢复了活动。1943 年 10 月 18 日，云南同学会召开迎新会，并选举新一届干事会干事，计划展开"云南战后建设"研究。⑤ 11 月 11 日，冬青文艺社举行恢复活动后的第一次文艺晚会。⑥ 次年 2 月 8 日，冬青社举行社友大会，冯至、卞之琳、李广田等均应邀出席。⑦

由各类学术团体举办的活动，这时也多了起来。初步统计，1943 年暑假后至 1944 年寒假前，政治学会请张奚若演讲了"中国宪法问题"，⑧请吴之椿讲演了"转变社会中的宪法与市政"，⑨ 史学会请刘崇鋐演讲了"第一次世界大战之丘吉尔"，⑩ 请郑天挺演讲了"清代的包衣制"。⑪ 在系列性的文史讲演会上，罗常培演讲了"论藏缅族的父子连络制"，罗庸演讲了"陶渊明"，邵循正演讲了"中西文化的初期接触"。1944 年 1 月 20～21 日，地质地理气象系地理学会还请美国雪城大学教授葛德石做了"航空时代之地政学"和"战后之亚洲问题"两次讲演。⑫ 寒假后，各类活动就更多了。

1944 年 4 月中旬，行政院奉蒋介石指示拨款 40 万元救济西南联大与云南大学贫苦学生，其中 30 万元拨给西南联大。说起这件事，起因倒与这一届学生自治会有关。大约是这年春天，学生自治会致函学校常委会，

① 《联大师生庆祝校庆》，《云南日报》1943 年 10 月 31 日。
② 《市县简讯》，昆明《中央日报》1943 年 11 月 17 日，第 3 版。
③ 《昆市点滴》，《云南日报》1943 年 12 月 12 日，第 3 版。
④ 《剧讯》，昆明《中央日报》1944 年 1 月 3 日，第 3 版。
⑤ 《联大云南同学会改选新干事》，《云南日报》1943 年 10 月 19 日，第 3 版。
⑥ 《文艺晚会》，《云南日报》1943 年 11 月 12 日，第 3 版。
⑦ 《联大冬青文社昨开社友大会》，《云南日报》1944 年 2 月 9 日，第 3 版。
⑧ 《演讲》，《云南日报》1943 年 12 月 19 日，第 3 版。
⑨ 《省市简讯》，《云南民国日报》1944 年 2 月 4 日，第 3 版。
⑩ 《演讲》，《云南日报》1943 年 12 月 10 日，第 3 版。
⑪ 《本市简讯》，昆明《中央日报》1943 年 1 月 5 日，第 3 版。
⑫ 《美教授葛德石昨在联大讲演》，昆明《中央日报》1944 年 1 月 15 日，第 3 版。

呈请准予拨给 30 万元救济金，余额作为学生生活福利费。函中诉说"物价高涨百物贵腾"，同学们"家乡沦陷，接济无门"，"生活既处于风雨飘摇，伏案又岂得安心"，"长此以还，非独青年前途受戕，即教育百年大计，恐亦未能乐观"。"是故敢呈委座，请拨给救济金三十万元。余额以一部为课外正当娱乐之设置，俾健康同学素弱之精神生活，一部为病苦同学之特殊补助，庶几减轻其身体之疾痛。"函中还说："虽款数区区，不足大用，然聊胜于无，亦堪达救济之本旨。伏冀委座体念生等需要之恐急，迅予批准，则全校同学将受惠匪浅矣。"① 这封信呈给张伯苓、梅贻琦、蒋梦麟后，不知通过什么渠道转给了蒋介石，这才有了这笔拨款。

对于如何使用这笔救济金，同学们意见不一，展开热烈讨论。讨论中催生了更多的壁报，《新生代》《联风》《流沙》《耕耘》《文艺》《生活》《湿风》7 个壁报还出版了"联合特刊"。最后，多数人主张"钱从人民那里来，所以应该还到人民那里去，最好的办法便是赈济目前正在死亡线上挣扎的灾民"。讨论大致有了结论，但学校当局却布告"每人分一百元，限令各生在二十五日至二十九日五天内到训导处具领"。这显然针对的是多数同学的意见，《正声》壁报马上表示反对，喊出"还是坚决地主张将救济金移赈灾民"的声音。②

在这个与全校同学密切相关的问题上，代表学生利益的学生自治会却一直没有表态，直到 4 月 28 日才召开理事会。理事会接受了多数同学的意见，决定 29 日、30 日两天"由同学携款来学生会办公处自动捐输，并聘请《社会》《湿风》《ECHO》《流沙》《文艺》《生活》《联风》《新生代》《商一九四五》《青年》《耕耘》等十余壁报，协助办理"。③ 这个决议虽然接受了多数壁报的提议，却是在被动情况下做出的，学生自治会远远落在了同学们的后面。

1944 年的五四纪念，再次暴露了这一届学生自治会的本质。"五四"是青年的节日，西南联大每年这一天都要举行集会隆重纪念，但是 1944

---

① 《西南联大学生自治会呈函常委会呼吁拨给救济金事》，《国立西南联合大学史料》（五），第 620 页。

② 《愁容满面，不忘救灾，联大学生和救济金》，《云南日报》1944 年 4 月 26 日，第 3 版。

③ 《联大学生自治会决定推动赈灾运动》，昆明《中央日报》1944 年 4 月 29 日，第 3 版。

年3月国民政府宣布将3月29日黄花岗起义日作为青年节，取消五四纪念，引起师生们的愤慨。4月18日，一位同学在布告栏张贴出大意希望校方热烈纪念五四的招贴，学校以违反壁报必须实名的规定为由派人撕去。有的同学气不过，19日又贴出同样内容的招贴。[1] 学校大概在要不要纪念五四问题上有些顾虑，校务会议只决定5月4日放假一天，举行球赛，没有其他安排。[2] 学生自治会好像受到暗示，也一声不吭，毫无作为。

学生自治会的态度遭到同学们的鄙视，大家用行动进行了回答。5月3日，西南联大历史学会举办了"'五四'二十五周年纪念座谈会"，5月4日，《文艺》壁报本拟接着举办"五四运动与新文艺运动座谈会"。由于场地关系，这次会议没有开成，5月8日由西南联大国文学会重新召开，地点改在后来称之为"民主广场"的大草坪，3000多人参加了大会，8位教授发表了讲演。西南联大风气的转变，就是以这年五四纪念为标志的，而这不仅与学生自治会毫无关系，而且使得学生自治会在同学中间也名誉扫地。

这年"五四"，同学们不仅自动组织了各种纪念，各个壁报还联合出版了纪念特刊。有了这个基础，5月10日各壁报负责人召开联席会议，成立了全校壁报都可以参加的壁报协会（简称"报协"），三青团主办的《青年》壁报也加入了进来。壁报协会成立时，推举《文艺》《生活》《耕耘》三家壁报为常委。

壁报协会成立后，出版过一期影响很大的联合版。1944年6月25日，美国副总统华莱士访问西南联大，《潮汐》《文艺》《文摘》等7个壁报联合编辑了中英文壁报，用校园习惯的方式向华莱士表达同学们的意愿。[3]《联大八年》记录这件事时写道："第二次联合版的发刊，是前美国副总统华莱士抵昆时，'报联'为了要冲破新闻封锁，传达中国人民的意见给罗斯福总统的使者，曾连夜赶出一版大型的英文壁报，内容揭露中国政治的黑暗及人民的要求，曾被拉铁摩尔摄入镜头，而且他还抄下了中文联合版的社论里的一句话：'我们誓对世界上任何地方的任何

---

① 《西南联大学生希望纪念"五四"》，《云南日报》1944年4月20日，第3版。
② 《联大学生自治会决定推动赈灾运动》，昆明《中央日报》1944年4月29日，第3版。
③ 本报记者：《华莱士莅昆佳话》，《云南日报》1944年6月30日，第2版。

面目的法西斯作战到底。'"①

这个时期，壁报协会起到了代替学生自治会的作用，如纪念七七抗战7周年，就是由壁报协会发起的，后来扩大为西南联大、云南大学、中法大学、英语专科学校四大学联合举办，云南大学、中法大学、英语专科学校用的都是学生自治会名义，而代表西南联大的则是壁报协会。

西南联大壁报协会在暑假前停止了活动，无形解体，原因是成员复杂，在一些重大问题上难以统一意见。1944年9月开学后不久，壁报协会多数成员吸取了壁报协会的教训，组织了成员纯洁的壁报联合会（简称"报联"）。排除了与时代潮流不协调的壁报，壁报联合会成为名副其实的学生代表，每到关键时刻，就出版声势浩大的"联合版"，成为推动学生运动的有力支柱。

七　走向高潮的第七届学生自治会

"低潮是不会持久的，阴暗的乌云后仍旧是爽朗的青天，当一个人耐不住窒息，高喊出他所要喊的声音之后，在周围立即发出热烈的响应，还会马上汇成一道洪流，无可抑止的澎湃洪流上，重新活跃起我们的春天，我们美丽的将来。"② 这是《联大八年》中说的一段话，道出了这一时期从低潮逐渐向高潮的转变。

这种转变，是随着1944年国内外形势出现重大变化而出现的。它表现在"同学重新又恢复到敢说敢骂的情绪，壁报活动重又兴盛，自治会的选举，重又有激烈的竞争，大家重又由小圈子里走了出来，几个体育会在这时期重又活跃起来。旅行，集体观影，学生服务处的周末晚会吸引了很多人，在这个时期中尤其重大的是青年从军和译员征调，使许多从未离开学府宫墙的同学，钻进了中国现社会最阴暗的一面，让大家深深感到对于国民切身的利害，不能漠视，于是激昂的喊出民主的口号，国是宣言，五四游行，双十节纪念，都是这个口号下瞩目的表现，到今天，'民主堡垒'的名号，不但能够保持，而且有所光大"。③ 在这年的五四、七

---

① 何达：《"报联"》，《联大八年》，第178页。
② 《八年来的生活与学习》，《联大八年》，第55页。
③ 《八年来的生活与学习》，《联大八年》，第54~55页。

七、双十节等纪念中，同学们越来越活跃，校园也逐渐沸腾了起来。

学生活动的兴起，尤其是与校外的联合行动，需要一个能够代表全体同学意愿的有力领导，在这种状况下，学生自治会就显得不仅必要而且重要了。在西南联大，两种不同政治力量之间斗争，主要表现为对学生自治会领导权的争夺。暑假后不久，全校各系开始选举学生代表，"经过上学期的秘密酝酿和准备，进步同学普遍感到非把学生自治会夺过来不可，相互间进行了一些串联活动，各壁报也呼吁同学们注意选举，要选出真正能代表大家、能为大家办事的学生自治会"。① 各系级学生代表会，也在这个时候相继成立。②

皖南事变后，学生自治会一直由三青团团员控制，他们自恃有后台，视学生自治会为囊中之物，也不屑为同学服务。这时，他们看到同学们互相串联，感到大事不妙，急忙组织抗衡。西南联大的三青团还是有一定势力的，他们控制着法律系、政治系，在经济系也有一定影响力，学校三青团干事长陈雪屏坐镇的师范学院，三青团团员也比较多，竞选中他们争夺的主要对象是刚刚进校不明底细的一年级同学。不过，三青团掌握学生自治会的几年，不能满足同学们的要求，失去很多人心，因此多数当选的学生代表是进步的和中间的同学。

11 月 6 日，第七届学生自治会代表大会第一次会议召开，出席学生代表 117 人。③ 会上，双方在选举最高执行机关理事会时竞争激烈。当选为这一届理事会常务理事的程法伋回忆当时的情形时说：由于当时同学间彼此还不熟悉，特别是工学院代表名额多，不知他们究竟持什么态度，所以开学生代表大会时气氛紧张。理事会是双方争夺的中心，"进步同学和三青团竞相提名，凡有二人以上附议者即可作为理事候选人，黑板上密密麻麻写了一大串名字，当即发选票，由代表无记名投票"。④ 同样当选为这一届学生自治会理事的王树勋亦回忆："1944 年改选自治会，各系级每 20 人选代表会代表 1 人，我和黎勤（马如瑛）被选为历史系代表。选举理事会时，会上争论激烈，经过提名候选人，最后以无记名投

---

① 程法伋：《联大后期学生自治会理事会的活动》，《笳吹弦诵在春城》，第 446 页。
② 中道：《学生自治会沿革》，《联大八年》，第 162 页。
③ 《本市简讯》，昆明《中央日报》1944 年 11 月 5 日，第 3 版。
④ 程法伋：《联大后期学生自治会理事会的活动》，《笳吹弦诵在春城》，第 446 页。

票方式，在 50 多名候选人中选出理事会理事 17 人，我也当选为理事。"①
这次选举的结果，当选的 17 位理事都是进步的和中间的同学，三青团提
名的候选人全部落榜。监事会当选的 5 人中，3 位也是进步的和中间的
同学。第二天清晨，写在大红纸上的选举结果名单在校门旁壁报墙公布，
面貌一新的第七届学生自治会诞生了。

新一届学生自治会理事会选出后，对领导机关和机构设置上做了某
些变通，取消了主席、副主席，仿照西南联大只设常委不设校长的体制，
从 17 名理事中选出 3 人担任常务理事。当选这一届学生自治会理事会常
务理事的是齐亮、陈定侯、程法伋。齐亮是中共党员，属于皖南事变后
中共云南省工委在西南联大建立的党支部的成员，支部书记马识途说齐
亮 1938 年春就加入了共产党。② 齐亮于 1941 年考入西南联大，通过谈心
交朋友团结了周围的同学，在同学中很有威信，1944 年 5 月 8 日重开的
五四纪念晚会，就是他主持的。陈定侯是云南民主青年同盟的筹建人之
一，民青成立后担任第一届执行委员会委员。程法伋虽然没有参加民青，
但他热心为同学服务，追求进步，积极配合民青的各项工作。

常务理事会的分工，程法伋说是"齐亮抓总的并负责与其他大、中
学校联系，筹组昆明学联。陈定侯主持日常会务，并负责与工学院联系
（工学院因路远另设学生自治会分会），我主要联系校内壁报、社团，并
与校方（主要是训导处）打交道"。③ 理事会下设学术、服务、风纪、康
乐、总务五部，由当选的理事分别负责，此后学生的各种活动"大抵均
由自治会推动"。④ 学校也感到这一届学生自治会不比寻常。理事会刚成
立，梅贻琦、查良钊便召集 17 位理事谈话。梅贻琦说，我们不要用"交
涉"两字来办理学校和同学双方的事，意思即希望自治会与校方合作，
不要对立。⑤

第七届学生自治会以崭新姿态登上了舞台，首先解决的是同学们面

---

① 王树勋：《我在西南联大参加学生运动的历程——纪念西南联大在昆建校六十周年》，
《难忘联大岁月》，第 117 页。

② 马识途：《他牺牲在中美合作所——怀念老战友齐亮同志》，《云南文史资料选辑》第
34 辑，第 246 页。

③ 程法伋：《联大后期学生自治会理事会的活动》，《笳吹弦诵在春城》，第 447 页。

④ 中道：《学生自治会沿革》，《联大八年》，第 162 页。

⑤ 程法伋：《联大后期学生自治会理事会的活动》，《笳吹弦诵在春城》，第 447 页。

临的吃饭问题。西南联大没有食堂，同学们吃饭需要自己解决，大家自由结合成若干伙食团，每个伙食团约100人。伙食团只管中午、晚上两顿饭，有些同学可以到基督教青年会办的学生服务处买早点，但那里供应有限，而小摊的东西价钱不便宜，于是有些人就不吃早饭，到上三、四节课的时候，就饿得发慌。为了解决这个问题，理事会办起了稀饭膳团，帮助同学解决早餐问题。那时学校师生吃的都是粗糙的夹杂着稗子糠皮的公米，质量很差，理事会便派人到郊区购买大米。类似这样的福利工作，后来越做越深入，受到同学们的欢迎。

引导同学们了解形势、关心时局，是这一届学生自治会的突出特点。12月8日，学生自治会成立一个月就举行了"战时云南座谈会"，邀请吴宓、吴有训、袁复礼、曾昭抡、蔡维藩、燕树棠、张印堂、费孝通等教授介绍云南情势。[①] 一个星期后，12月13日又举办了2000多人参加的"一年来国内局势检讨"时事座谈会，张奚若、曾昭抡、伍启元、李树清、吴晗分别就一年来国内政治、军事、经济、社会、教育等问题，进行了分析，最后由闻一多做总结。[②]

1945年春，重庆《侨声报》发起了一次签名运动，请求政府提用冻结在国外银行的私人存款3万万美元，改良士兵生活。西南联大学生自治会积极配合，亦于2月2日举行签名活动，4个小时里签名的同学、教师、校工达1100余人。3日上午继续签名。报载"该校多数同学，以此举意义重大有普遍展开之要求，甚望各界人士热烈响应，以促为早日实现争取胜利"。[③]

这一届学生自治会继续出版《联大半月刊》壁报，并出版了铅印的《联大通讯》，使学生自治会有了自己的报纸。上面所述的时事座谈会、教授演讲等记录，就常常在《联大半月刊》或《联大通讯》上发表。

1944年底，第七届学生自治会参加了一次规模盛大的活动——纪念护国起义29周年。反对袁世凯复辟帝制的护国起义，是云南打响的第一枪，云南人民将这一天当作自己的节日，可是国民政府一度取消了这个纪念日，这年在云南省临时参议会强烈要求下才同意恢复这个节日。为

① 《联大举行战时云南座谈》，《正义报》1944年12月9日，第3版。
② 《联大昨举行时事座谈会》，《云南日报》1944年12月14日，第3版。
③ 《响应提用冻结外汇联大签名达千余人》，《云南日报》1945年2月3日，第3版。

了强调护国起义的现实意义，中国民主同盟云南省支部决定以学术界宪政研究会名义，组织社会各界隆重纪念。筹备期间，召开了 3 次会议，其中 12 月 22 日下午 7 时召开的第三次筹备会，西南联大学生自治会的齐亮、程法伋、王念平也参加了。[1]《云南民国日报》12 月中旬报道说："联大、云大、中法三校学生自治会，决定护国首义纪念日扩大举行纪念会。近已联合积极筹备。闻当日最有意义节目为盛大座谈，地点假云大至公堂，除敦请各校教授参加外，并延请护国元勋黄斐章等参加云云。"[2] 这则报道不甚准确，实际上发起者是云南民盟，西南联大学生自治会是被邀请的参加单位。不过，西南联大学生自治会也是这次大会的积极组织者。程法伋回忆说："这一届学生自治会最突出的活动是联合云大、中法、英专举行护国纪念游行。'护国纪念'原是全国性纪念日，当时国民党中央为贬低其意义，把它改为云南地方性纪念日，引起云南地方势力的不满。在党的领导下，自治会决定在这一天扩大纪念，联合地方势力，利用地方和中央的矛盾，冲破国民党控制，喊出要求民主、反对法西斯统治的呼声，出版联合壁报，举行纪念会，这都不成问题；但要不要上街游行，不敢贸然决定。我们通过关系试探地方态度，得到的信息是，龙云对游行一事既不允准，也不反对。我们便积极作准备，到了纪念日前一天下午，齐亮带来最后信息，地方当局已默许游行，这才最后决定上街。那天晚上，自治会办公室灯火通明，热气腾腾，大家赶制五颜六色的三角小纸旗，写上大会口号。"[3]

12 月 25 日，上午召开代表官方的扩大纪念会，下午则是各界群众的纪念大会。各界群众的纪念大会在云南大学会泽院右侧广场举行，大会组织者"吸取两个月前昆明各界'双十'集会特务放爆竹捣乱会场的教训，各校队伍分地区集合站队，并分别组织纠察队，大会秩序良好，会毕队伍即上街游行。这次游行，云大队伍走在最前，联大队伍走在最后，这是昆明学生沉默多年后第一次上街游行，也是联大学生自治会新生后第一次和云大等校一起组织游行，同学们兴奋极了。从此，这座宁静的山城和它的居民多次看到学生队伍上街，这在国民党统治区城市是

---

①　据《云南护国起义纪念大会筹备会记录》，中国国家博物馆档案室存。

②　《联大云大中法联合纪念护国首义》，《云南民国日报》1944 年 12 月 18 日，第 3 版。

③　程法伋：《联大后期学生自治会理事会的活动》，《笳吹弦诵在春城》，第 448 页。

极其罕见的"。① 程法伋说这次游行是"昆明学生沉默多年后第一次上街游行"，其实不止于此，它实际是皖南事变以后整个大后方的第一次有组织的大规模群众游行，西南联大同学和各界群众自动排成四人一行走过闹市，高呼"发扬护国精神，消灭法西斯蒂！""打倒专制独裁，实行民主政治！""动员民众，武装民众，保卫大西南！"

八　掌握方向的第八届学生自治会

1945 年春季开学后，西南联大学生开始了举行全校学生代表选举。同学们对这次选举非常重视，从各院系选举学生代表时就开始广泛宣传动员，同学们也将这次选举视作民主政治程序的一次实习，一些壁报出版了专刊，讨论学生自治会的职能与选举的重要性。②

第八届学生自治会代表大会是 3 月 6 日晚上召开的，70 多位学生代表出席了大会，查良钊以训导长身份出席指导。这是事关学生自治会领导权的又一次较量，6 日一早，学生自治会就张贴红纸标语，广泛宣传，希望同学们慎重对待。

这一届学生代表大会的正、副主席是程法伋、王树勋。王树勋是历史系同学，1938～1939 年在延安抗日军政大学学习，由于工作调动没来得及办理入党手续，是位"受党指派，和党员一起奋斗的非党革命战士"。③ 这次学生大会在程法伋、王树勋主持下，进行得有条不紊，会上除了议程问题出现了些争议，和对新一届学生自治会的机构设置和办理规程有些讨论外，"进步同学轻而易举地取得了胜利"。④ 会上，选出齐亮、杨邦祺、王辑、华允藻等 23 人为理、监事。⑤ 其中第七届学生自治会理事会的理事大部分得到连任，原有的三位常务理事除陈定侯已离校外，齐亮、程法伋继续当选为常务理事，另外增加了化学系同学佘春华为常务理事。⑥ 他们三人，组成了第八届学生自治会最高领导班子。

---

① 程法伋：《联大后期学生自治会理事会的活动》，《笳吹弦诵在春城》，第 449 页。

② 《学府里的民主》，《云南日报》1945 年 3 月 7 日，第 3 版。

③ 王树勋：《我在西南联大参加学生运动的历程——纪念西南联大在昆建校六十周年》，《难忘联大岁月》，第 118 页。

④ 程法伋：《联大后期学生自治会理事会的活动》，《笳吹弦诵在春城》，第 449 页。

⑤ 《学府风光》，昆明《扫荡报》1945 年 3 月 12 日，第 3 版。

⑥ 程法伋：《联大后期学生自治会理事会的活动》，《笳吹弦诵在春城》，第 449 页。

第八届学生自治会成立后，继续狠抓同学们的吃饭问题。谁都知道，那个时期物价不断上涨，同学们的生活贷金虽然数次调整，却赶不上腾飞的物价。尤其是在 1944 年日军占领长沙、桂林、柳州后，西南大后方形势紧张，大批难民涌入云南，不法奸商囤积居奇，昆明物价陡涨。当时，学生贷金最高数额已达 1114 元，可还是难以维持生活。梅贻琦为此曾面请教育部再次增加贷金，教育部同意自 3 月份起将贷金增加到 2414元，同学们认为 2000 余元维持伙食仍然困难，要求再提高一些。一位同学回顾那些年的物价时说："同学的伙食在民国二十七年时每月只要七元还可以天天吃肉吃鸡蛋，每星期打牙祭时还可以吃鸡吃鱼。到三十年时已涨到每月二百元，以后生活费用更跳跃式的增高。到三十三年每月伙食费涨到一千多元，三十四年到五六千，三十五年一万元，还是终月尝不到肉味。"① 第八届学生自治会上马后，马上召集各社团负责人会商解决办法，决定由各班级选派代表成立膳食委员会，并于 3 月 30 日召开了膳食委员会成立大会。②

能不能吃饱肚子不单纯是经济问题，它是专制统治混乱腐败的反映。1944 年 9 月，林伯渠代表中国共产党在三届三次国民参政会上提出建立联合政府的建议，这个建议不仅为正在进行的第二次宪政运动指出了方向，也为解决国内政治问题开出了药方。学生自治会清醒地认识到争取民主政治是一切问题的核心，积极组织了一系列宣传活动。

3 月 28 日晚 7 时，第八届学生自治会经过认真筹备，在新校舍最大的食堂举办了"国是与团结问题"时事晚会。这次晚会事前进行了宣传，拓东路的工学院、大西门外师范学院的同学也纷纷赶来，6 时 15 分会场就挤满了人。"到会的同学，都是自己带了旧报纸，坐在地面的薄板上或席地而坐。迟来的人，连坐的地方也没有，只能占一个立足点。甚至有些人站在门口，或身子悬空，手脚可攀扶在门槛上"，"一眼望去，只见黑压压的人头"。晚会的参加者不仅是西南联大同学，还有云南大学、中法大学等学校的学生，"起码在二千以上"，可见"外界关心民主团结的人士也不少"。7 时 15 分，学生自治会主席报告开会意义，接着

---

① 《八年来的生活与学习》，《联大八年》，第 53 页。
② 《联大学生贷金》，《云南日报》1945 年 3 月 31 日，第 3 版。

就开始演讲。这天，曾昭抡教授演讲了"军队统一问题"，吴晗教授演讲了"团结问题"，王赣愚教授演讲了"国民大会与政党"，张奚若教授因事不能出席，他准备的"国民大会的特质"是请曾昭抡讲述的，最后由闻一多教授做总结。闻一多说："抗战初期，有些人把抗战建国截开两段，认为学生的任务是埋头读书，准备做'建国人材'，抗战大可不管。事实证明他们的看法是错误的。""目前的学生，不止应该埋头苦干，更应该抬起头来，挺起胸膛，注视现实，关心民主团结，用大家的力量去促进民主团结的实现。"① 这次晚会，从始至终气氛热烈，同学们情绪饱满，表现了对民主团结的期望。

据报道，西南联大从3月30日开始，每周五晚上在昆北食堂举行"战后之中国"系统讲演。计划由雷海宗讲"战后的世界与中国"，钱端升讲"战后的国际问题"，张印堂讲"实施宪政与政党政治"，王赣愚讲"战后的政治机构"，伍启元讲"战后的中国经济向何处去"，周作仁讲"战后的币制问题"，陈达讲"战后的人口政策"。② 《国立西南联合大学校史》说，这次系统演讲也是学生自治会主办的。③

"战后之中国"系统讲演开讲前后，西南联大学生自治会收到浙江大学学生自治会3月23日印发的《国立浙江大学全体学生为促进民主宪政宣言》。这个宣言参考了重庆文化界2月22日发表的《重庆文化界对时局进言》精神，旗帜鲜明地拥护中国共产党提出的联合政府主张。与此同时，复旦大学自治会一份"内容与一般学生的主张大相径庭"的宣言，也传到了西南联大。这两个立场完全不同的宣言，引起同学们的广泛讨论，复旦大学的宣言"被各壁报攻击得体无完肤"，联大学生对浙江大学宣言则寄予"广大的同情"。④

为了明辨是非，70位同学签名请求召开全体学生大会讨论这两个宣

---

① 吴晓：《联大的民主集会——时事晚会速写》，昆明《民主周刊增刊》第2期，1945年。

② 《联大教授举办战后中国系统演讲》，昆明《正义报》，1945年3月28日；《联大教授演讲战后中国，每星期五在昆北食堂》，昆明《扫荡报》1945年3月28日，第3版。这两消息均称钱端升讲的是"战后的国防问题"，但从4月6日钱端升在"战后的中国"演讲中"力陈中国应敦睦邦交，为远东和平台柱石"来看，"国防问题"应是"国际问题"。

③ 《国立西南联合大学校史》（修订版），第414页。

④ 《学生又在动了》，昆明《民主周刊》第1卷第16期，1945年4月9日。

言，学生办的 17 个壁报还在 4 月 3 日出版了大型联合壁报积极响应。在同学们一致要求下，学生自治会于 4 月 4 日晚召开全校学生代表大会，"到会代表九十余人，大会特设同学旁听席，参加旁听同学数在三百人以上"。经过辩论，最后"通过即发宣言及通电以声援浙大同学之国是主张，及发表该校全体同学之国是意见"。① 会后，学生自治会委托历史系同学李晓起草西南联大学生自治会宣言，李晓是东北流亡青年，云南民主青年同盟第二支部宣传委员，他文思敏捷，激情在胸，一气呵成写下了西南联大同学对国是的意见。"国是意见"用一二·九运动时期的语气写道："在这祖国十万火急的关头，我们——西南联大的三千五百位同学，实在不能再安于缄默，不能不以血泪的呼号，喊出我们对国是的意见。"这些意见是："一、立即停止一党专政，承认各党派的合法平等地位，集合各党派代表，及资望与能力为国人所崇敬的无党无派进步人士，举行国是会议，组织联合政府，实施紧急的战时措置，然后筹备召开能真正代表全国民意而不是一党包办的国民代表大会，制定宪法，实施宪政。我们认为这是争取胜利实现民主的总关键，是全国进步人士应该为之呼号奋斗的总目标。二、立即取消一切特务活动，释放所有爱国政治犯，确实保障人民集会、结社、身体等自由。立即取消有关军事秘密外一切检查制度，确实保障人民思想、言论、出版等自由。三、立即以崭新手段，没收因人民的饥饿死亡而发国难财者的财产。没收在美冻结的三万万美金存款，及一切逃亡海外的资金，以充战费。立即停止通货膨胀政策，采取一切有效步骤，使富人负担战费，改善人民生活。四、立即成立联合统帅部，平等提高全国抗日军队待遇，确实保障出征军人家属生活。五、立即根绝党化教育，实施战时教育，确实保障公教人员生活。六、加强与各盟国合作，目前尤应从速敦睦中苏邦交。""国是意见"明确指出民主、团结、联合政府的关系，认为"没有民主就没有团结，没有团结就没有胜利。民主是一切的前提，而联合政府是目前实现真正民主的唯一方案"。只有建立联合政府，"才能团结全国力量"，"才能解救当前危局"，"才能获得最后胜利"。②

"国是意见"草成后，以《国立西南联合大学全体学生对国是的意

---

① 《联大开全校代表大会将发表国是宣言》，《云南日报》1945 年 4 月 5 日，第 3 版。
② 《昆明西南联合大学全体学生对国是的意见》，见《三十四年五四在联大》，《联大八年》，第 40~41 页。

见》为题，于4月6日张贴公布，征求同学们的意见。这个立场鲜明、文辞尖锐的"国是意见"代表了西南联大广大同学的心声，但也出现过某些异议。有人认为学生自治会不是政治团体不应发表政治意见，有人说既然存在反对意见，就不能冠以"全体学生"。针对这些分歧，同学间展开了激烈争论，各种意见贴满了张贴壁报的"民主墙"，绝大多数系会、级会表示赞成。[①] 这样，在西南联大历史上具有重要地位的《国立西南联合大学全体学生对国是的意见》，在第八届学生自治会主持下诞生了。

《国立西南联合大学全体学生对国是的意见》是西南联大同学坚持民主建国方向的一个重要成果，中共地下组织和民主青年同盟在思想引导上发挥了关键作用，同时中国民主同盟云南省支部也给予了很大支持。这个意见以代电形式发送全国各地后，印刷时却没有印刷厂承接，民盟云南省支部便以《二千五百余优秀青年喊出民主团结的呼声——联大学生发表国是主张》为题，率先把它刊登在《民主周刊》上。云南民主青年同盟与云南民盟有合作关系，它的《给中国民主同盟云南支部第二次通报书》中，第一项便是"推动联大发表宣言工作的总结"。[②] 后来，学生自治会把这个宣言印成传单，随《联大通讯》寄往各个学校，引起许多大学学生相继发表国是问题意见，形成很大声势。参加青年远征军的联大同学，在印度蓝姆迦汽车学校受训时收到这个宣言后，马上抄写、张贴了出来。

1945年的五四纪念，在第八届学生自治会的精心组织和昆明文化界的协助下，开展得有声有色，轰轰烈烈。从4月30日到5月6日，有科学晚会、音乐晚会、诗朗诵晚会、五四以来青年运动总检讨晚会、文艺晚会、戏剧晚会。其中5月4日的活动最隆重，上午有美术展览，下午是纪念大会，晚上在图书馆前大草坪举行全校大聚餐，然后有火炬竞走、营火会、电影放映。[③]

---

① 程法伋：《联大后期学生自治会理事会的活动》，《箫吹弦诵在春城》，第449～450页。

② 云南民主青年同盟：《给中国民主同盟云南支部第二次通报书》（油印件），中国国家博物馆存。

③ 参见《联大纪念"五四"节目十项活动七日》，《正义报》1945年4月28日，第3版；《联大纪念五四于昨开始为期一周》，《正义报》1945年5月2日，第3版；《联大昨朗诵诗个有检讨晚会》，《正义报》1945年5月3日，第3版；《"五四"二十六周年联大学生热烈纪念》，《正义报》1945年5月4日，第3版；《今日"五四"纪念省文运会开座谈会联大举行各项节目》，《云南日报》1945年5月4日，第3版；《自治会火炬大游行》，昆明《观察报》1945年5月4日，第4版。

同学们为举办这次纪念周做了许多工作，各个学生社团都参加了进来，使持续了一个星期的活动自始至终充满了蓬勃向上的生气。

这次大规模的五四纪念周，由于活动方式适应青年特点，内容符合时代潮流，三青团不敢公然反对，也不敢公开捣乱破坏，有些三青团团员还参加了纪念周的活动。看到这种场面，三青团很不甘心，可他们缺少号召力，组织不起活动，不得已由省党部下令，让南屏、大光、昆明三大电影院以半价招待师生看电影，费用由国库支出。但是，除"少数同学实有两难之感"外，"多数同学均不欲放弃校中所举行之各项节目"。① 对于赠送的电影票，同学们经过讨论决定转送给抗战将士和市民，事后学生自治会发表启事向三大影院表示感谢。启事云："敬启者，本市南屏、大光、昆明三大电影院会纪念'五四'，特定在五三、五四两日免费招待敝校师生，隆重厚谊无任感激，然因国事尚未好转，民主与科学仍待力求努力，未遑向敢偷暇娱乐，除将赠票转赠本市荣誉军人与贫民外，谨此向三大电影院鸣谢。"②

五四是青年的节日，许多同学认为青年人应该在这一天表现出自己的力量。对于游行，学生自治会内部意见是一致的，民青也表赞成态度。国民党省党部风闻后，发出严密防范学生游行的通知。训导长查良钊几次找程法伋谈话，询问到底搞不搞游行，程法伋答自己做不了主，要看纪念大会时同学们的意见。实际上，学生自治会一面做了游行准备，一面设法疏通关系争取地方当局不予干涉，直到 5 月 3 日才在理事会紧急会议上敲定了下来。

5 月 4 日下午，五四纪念大会在云南大学操场举行，昆明各大中学学生也纷纷前来参加。纪念大会在西南联大学生自治会常务理事齐亮主持下召开，会上通过了《昆明各大中学校"五四"纪念大会通电》，指出当前首要任务是废除一党专政，召开国是会议，组织联合政府，这 3 条正是中国共产党第七次代表大会发出的号召。纪念大会后，开始了盛大的游行，西南联大队伍走在前面，云南大学队伍殿后。行进到华山南路，因书写标语与宪警发生冲突，纠察队马上处理，未酿成

---

① 《今日"五四"纪念省文运会开座谈会联大举行各项节目》，《云南日报》1945 年 5 月 4 日，第 3 版。

② 《国立西南联合大学学生自治会鸣谢启事》，《云南日报》1945 年 5 月 6 日，第 4 版。

事故。① 对于这次游行，当局禁止新闻界报道，致使后人了解不多，成为西南联大研究中的一个薄弱环节。

这次游行结束前，大会还通过了成立昆明学生联合会的决议。5 月 26 日，昆明各学校学生自治会负责人举行联席会议，正式成立"昆明市中等以上学校学生联合会"（简称"学联"）。

推举西南联大、云南大学、中法大学、云南大学附属中学、昆华女子中学 5 校为学联常委单位，西南联大学生自治会常务理事齐亮，担任首届昆明学联主席。昆明学联的成立，预示着昆明学生从此有了领导核心，行动将进一步统一起来。

在纪念抗日战争 8 周年的日子里，西南联大学生自治会再次与云南大学、中法大学学生自治会联合举办了时事晚会。7 月 7 日晚 6 点，"会场中的矮凳子就坐了不少人，有些看着《民主周刊》和各式各样的书报，有些在谈论内战有没有扩大的可能，七参政员赴延安有什么结果"，"从他们的热烈而真诚的脸孔上，你可以看到他们对于苦难的祖国是如何的爱护与关心"。② 晚会仍然是邀请教授讲学，第一个是闻一多，他"对蒋主席七七演说的批评和注释，获得了不少的笑声"。接着潘光旦演讲"八年来的教育与文化"，伍启元演讲"八年来的经济"，潘大逵演讲"八年来的政治"，吴晗演讲"所谓国民参政会与国民大会"，曾昭抡演讲"八年来的军事与外交"，最后罗隆基演讲"论联合政府"。

联合政府是当时社会各界极为关心的一个现实问题，罗隆基在演讲中说八年来政府错过了好几次党派团结的机会，弄到今天"国家之内有国家"的局面。解决党派问题有一条路，"就是各党派本着民主精神互相妥协，而要做到这样只有经过各党派圆桌会议才能做到"。召开圆桌会议有三个先决条件，一是开放言论自由，二是集会结社自由，三是圆桌会议上要决定国家大政方针。罗隆基指出，联合政府也应该有三个条件，第一点应该有行政权，"不能像以前政府倡议在行政院下设立顾问委员会一样，空有其名"。第二点是联合政府虽为过渡性质，但"为了军队国家化以及战后建设等问题，应该长期化"。第三点"联合政府政纲，应

---

① 程法伋：《联大后期学生自治会理事会的活动》，《笳吹弦诵在春城》，第 452 页。
② 冯克：《昆明一盛会——记三大学联合举办"七·七"的晚会》，昆明《民主周刊》第 2 卷第 2 期，1945 年 7 月 16 日。

由各党派及无党派人士协同订定，比《抗战建国纲领》更进一步"。罗隆基还强调，"召开各党派会议，成立联合政府，对当权的国民党只有好处而无坏处"，"实在不明白政府为什么不接受"。结束时，他说"过去我们为了民族解放，已经抗战八年了，今后为了中国民主的实现，也许要奋斗八十年的"。① 罗隆基说完最后一句话，1000 多人的"会场激动起一阵空前的掌声"，罗隆基的意见代表着人心所向，"大家的情绪像潮水一样，缓缓的高涨起来"。七七纪念晚会进行了 5 个多小时，到夜里 12 点才散会。这次晚会反省了时局，瞻望了前景，推动了联合政府宣传，表现了第八届学生自治会把握方向的能力。

一个月后，1945 年 8 月 10 日晚间，广播电台传出日本天皇乞降的消息，昆明成为欢乐的海洋，同时战后如何建国也成为全国人民面临的严峻问题。8 月 15 日，日本天皇宣布无条件投降的当天晚上，西南联大学生自治会与云南大学、中法大学学生自治会，在新校舍东会堂联合举办"从胜利到和平"时事晚会。那天"大雨如注，但听者冒雨前往，人数约二千余人，会堂为之挤满"。会上，周新民教授讲"苏联参战对远东局势之影响"，刘思慕教授讲"日本投降后远东局势走向"，王赣愚教授讲"新局势下的中国外交及政治"，吴晗教授讲"怎样克服内战危机"，罗隆基博士讲"怎样走向民主团结的道路"，尚钺教授讲"东北义勇军的活动"，闻一多教授也就"中国怎样走上和平的道路"问题发表了所见。晚会的气氛十分严肃，演讲者的观点得到大家赞同，"掌声掩过雨声"，直到 11 点多才结束。②

日本向盟军投降仪式是 9 月 2 日在东京湾密苏里号军舰上举行的，两天后的 9 月 4 日，昆明教育文化界联合举办"从胜利到和平"盛大晚会，西南联大学生自治会是筹备单位之一，而且晚会地点就在西南联大东会堂。这次晚会，是抗战胜利后昆明教育文化界第一次联合举行的重要活动。8 月 25 日，中共中央在《对于目前时局的宣言》中提出"坚持和平、民主、团结，为独立、自由、富强的新中国而奋斗"，晚会就是对

---

① 冯克：《昆明一盛会——记三大学联合举办"七·七"的晚会》，昆明《民主周刊》第 2 卷第 2 期，1945 年 7 月 16 日。

② 《从胜利到和平时事晚会记录》，油印本，1945 年 8 月 15 日，第 49～52 页；《胜利到和平联大学生开座谈会讨论》，《云南日报》1945 年 8 月 16 日，第 3 版。

这三大政治口号的积极响应，参加的人非常踊跃。"东会堂挤得满满的，门口、窗子上，凡是能立足的地方都站着人，等着开会。"① 会上，李文宜讲"和平"，曾昭抡讲"民主"，吴晗讲"团结"。冯素陶讲"胜利"时声音有些小，"会场起了骚动，咳嗽声、口哨声、吼叫声一起来了"。这时，大会主席闻一多愤怒地站起来斥责道："是对的站出来，谁不主张这个会的站出来，谁不主张和平民主的站出来！""一阵雷鸣似的掌声后，会场立即静肃了。""闻一多继续说：'偷偷摸摸的不算得中国人，不配做中国人，是对的站出来！'又一阵热烈的掌声，和着台下的怒吼：'站出来！是对的站出来！'"② 这吼声震慑了起哄分子，大会在高昂的情绪中顺利进行，结束前通过的《昆明教育文化界庆祝胜利大会宣言》，强调"我们已经有了胜利，我们更要和平！要民主！要团结！"③

九　领导斗争的第九届学生自治会

1945 年暑假结束不久，第九届学生自治会学生代表大会开始举行。接连两届学生自治会的工作成绩显著，赢得了同学们的信任，各院系学生代表选举进行顺利。

第九届学生代表大会大约是 9 月间召开的，由于理事只能连任一届，所以担任过两届理事的同学没有被选举权，因此新一届学生自治会理事会理事基本都是新人。当选为这一届常务理事会理事的是王瑞沅、李建武、杨邦祺，④ 他们都是云南民主青年同盟的盟员，王瑞沅在民青第一支部，李建武、杨邦祺在民青第二支部。当选为监事会主席的是上届理事王树勋，他也是民青第二支部成员，还是云南民主青年同盟执行委员会候补委员。鉴于形势需要，民青两个支部之间不发生横向组织关系，彼此不暴露身份，但都心照不宣。位于拓东路的工学院因离新校舍较远，1944 年秋就成立了独立的工学院学生自治会，该年度当选为工学院学生自治会常务理事的是王世堂、樊恭然、赵震炎。王世堂是中共云南省工

① 《天亮了，但太阳还没出来呢！——记文化界庆祝胜利大会》，《观察报》1945 年 9 月 5 日。

② 武雪：《"是对的站出来！"——痛悼闻一多先生》，《新华日报》1946 年 7 月 19 日，第 4 版。

③ 《昆明教育文化界庆祝胜利大会宣言》（1945 年 9 月 4 日），中国国家博物馆存。

④ 程法伋：《联大后期学生自治会理事会的活动》，《笳吹弦诵在春城》，第 453 页。

委委员刘清联系的地下党员，樊恭烋、赵震炎也是民主活动骨干，后来都加入了中国共产党。[①] 西南联大学生自治会和工学院学生自治会，继续掌握在中共外围组织云南民主青年同盟手中。

新一届学生自治会成立后组织的第一个大型活动，是举办西南联大校庆周。以 11 月 1 日为西南联大成立纪念日，是 1941 年 3 月 7 日联大常务委员会提出，3 月 26 日第三届第三次校务会议上通过的，以后每年这一天都要举行校庆纪念。1945 年的校庆，因为是复员前的最后一次校庆，全校从上到下都非常兴奋，联大当局除决定上午 7 点举行全体师生校庆典礼外，还于下午 4 点在图书馆举行茶会，招待全市党、政、军、学、工、商各界领袖及驻盟国政军首长。[②] 八年来，云南人民已与西南联大结下了深厚感情，《云南日报》特发表社论《祝西南联大校庆》，高度赞扬西南联大久而弥笃的联合精神，服务云南的奉献精神，"抗战建国"的实践努力，依依不舍地说："现在抗战胜利，建国伊始，联大亦将全始全终，迁回平津三校原地"，"我们感念联大对于国家与地方裨益之大，特愿在其庆祝校庆之时，表达敬佩与感谢之意，谨祝联大全体师生身体健康，学术孟晋"。[③]

这次校庆纪念，学生自治会仿照五四纪念周那样，组织了校庆纪念周。为了办好校庆纪念周，学生自治会发动各学生社团参加，表现出不凡的组织能力与动员能力。同学们的热忱相当高，经研究决定的活动计有：10 月 29 日诗歌朗诵晚会，30 日音乐晚会，31 日"八年来之总检讨晚会"，11 月 1 日庆祝会、球赛、画展、营火晚会，11 月 2 日放映电影，11 月 3、4、5 日为戏剧晚会，由西南联大剧艺社演出吴祖光编写的四幕话剧《风雪夜归人》。[④] 这些活动，每项都进行了细致准备，使七天中的

① 樊恭烋 1948 年加入共产党，曾担任清华大学教师联合会会长，参与组织保卫清华大学和迎接北平解放工作（据《樊恭烋老学长逝世》，《清华校友通讯》2011 年第 3 期）。赵震炎 1949 年 11 月加入中国共产党，介绍人是西南联大航空系同学何东昌（据赵震炎之女赵燕星 2020 年 7 月 9 日给笔者的信）。

② 《西南联合大学公告》，《云南日报》1945 年 10 月 31 日，第 1 版；《联大校庆明茶会招待各界》，《云南日报》1945 年 10 月 31 日，第 3 版。

③ 《祝西南联大校庆》，《云南日报》1945 年 10 月 31 日，第 2 版。

④ 《联大庆祝校庆，将举行各项晚会》，《云南日报》1945 年 10 月 29 日，第 3 版；《西南联大举办校庆纪念周》，《正义报》1945 年 10 月 29 日，第 3 版。

活动丰富多彩，格外隆重。

在欢快气氛中，学生自治会紧紧把握着舆论导向。10 月 31 日举行的"八年来之总检讨晚会"是校庆纪念周的重头戏，大会题目就表明师生们不仅要对西南联大八年来历程进行回顾，还要进行反思与检讨。这个问题很沉重，却是每个人都在思考的。参加这次晚会的有千余人，"首由雷海宗报告联大校史，继由吴晗讲联大精神，末由王赣愚讲联大教授生活"，其后"由同学先后报告八年来联大同学的学习生活及壁报、文艺、戏剧、体育等活动，最后开始检讨，至十二时始散会，空气热烈非常"。①

第九届学生自治会最主要的工作与贡献，是领导了一二·一反对内战运动。11 月 25 日，西南联大学生自治会与云南大学、中法大学、英语专科学校四大学学生自治会，在新校舍图书馆前大草坪联合举办时事讨论晚会，人数达 6000 之多。晚会在昆明学生联合会主席、西南联大学生自治会常务理事王瑞沅的主持下召开，简短致辞后就请钱端升、伍启元、费孝通、潘大逵四位教授演讲，"诸教授分别就政治及经济方面论述中国目前局势之严重性及其解救之道"。② 大会进行中，第五军竟包围会场，鸣枪威吓。有压迫就有反抗，11 月 26 日，学生自治会召开学生代表大会，通过罢课决议，授权理事会负责组织罢课委员会。27 日，昆明市学生联合会召开各大中学校学生代表大会，决议全市总罢课，并成立了"昆明市中等以上学校罢课联合委员会"（简称"罢联"），由西南联大罢课委员会主席担任召集人。28 日，罢联发表罢课宣言《昆明市大中学生为反对内战及抗议武装干涉集会告全国同胞书》。

大规模的罢课让云南省军政当局极为恐慌，他们一面召开中学校长会，限令无条件复课，一面派遣暴徒殴打上街宣传反内战的同学，12 月 1 日更是制造了震惊中外的一二·一惨案。这天中午，大批手持利器的暴徒冲击西南联大和云南大学，其中军政部第二军官总队百余名学员围攻西南联大新校舍，另一批暴徒硬闯师范学院，联大师范学院同学潘琰、李鲁连和南菁中学教员于再、昆华工校学生张华昌四位青年倒在血泊中，25 人被殴重伤，30 多人轻伤。

---

① 《联大校庆昨开检讨晚会》，《正义报》1945 年 11 月 1 日，第 3 版。
② 《四大学时事晚会昨晚热烈举行》，《正义报》1945 年 11 月 26 日，第 3 版。

惨案发生的当天晚上，学生自治会紧急召开理事会，决定扩大罢课委员会，由王瑞沅、王树勋、程法伋三人担任常务委员。工学院学生自治会也成立了罢课委员会，常务委员即工学院学生自治会常务理事王世堂、樊恭烋、赵震炎。同时，学生自治会还组织了治丧委员会，由王树勋任主任委员，施载宣、李新亭任副主任委员。罢课委员会的舆论喉舌《罢委会通讯》，也于这天创刊。

12月2日，罢课联合委员会在西南联大图书馆前举行四烈士入殓仪式，灵堂设在图书馆大阅览室。第二天，罢联发出公告，自4日起接受各界公祭。据不完全统计，12月6～11日的一个星期里，前来公祭的单位有205个，祭奠者54700多人，收到祭文祭诗60篇，花圈250个，挽联691幅。①《国立西南联合大学校史》说，一个半月内前来致祭吊唁的各界人士达15万人次。② 12月6日，罢联发表《昆明大中学生为"一二·一"惨案告全国同胞书》。12月8日。针对蒋介石7日的《告昆明教育界书》，罢联发表《读蒋主席〈告昆明教育界书〉后》，并召开了纪念一二·九运动10周年大会，会后隆重举行了四烈士公祭。

这时，北京大学代理校长、西南联大常委傅斯年奉蒋介石之命于12月4日飞到昆明"调解学潮"，其使命是说服学生复课，教育部也以解散西南联大对师生施加压力。12月10日，罢联公布谈判经过，提出必须从严处置惨案主使人云南省政府代主席兼党务主任委员李宗黄、云南警备总司令关麟征、第五军军长邱清泉，惩办造谣中伤的中央社负责人，取缔特务制度，取消关于集会游行的非法禁令，等等要求。12月15日，西南联大学生自治会召开学生代表大会，决议在所提出的条件未能圆满解决前，不复课。12月18日，再次召开学生代表大会，讨论修改复课条件。20日，学生代表大会对修改后的复课条件进行复决，决议将原有的七条改为五条，即：惩凶，取消禁止集会游行禁令，保障人身自由，中央社更正污蔑言论，政府负担安葬、抚恤、治疗费用并赔偿公私损失。③ 22日，罢课联合委员会召开代表大会，通过了西南联大学生自治会代表大会提出的五项复课条件。

---

①　萧荻：《大草坪及其它——昆明怀旧录的一部分》，《笳吹弦诵在春城》，第504页。
②　《国立西南联合大学校史》（修订版），第442页。
③　《二十日代表大会复决后之复课条件》（印刷材料）。

　　修改后的复课条件，中心是惩凶和中央社更正污蔑言论，这些条件得到学校最高权力机关教授会的支持。武装镇压、冲击学校、杀害青年的法西斯暴行，激起学校教职员的无比愤怒，大多数教授站在同情学生一边。11月29日，教授会发表《国立西南联合大学全体教授为11月25日地方军政当局侵害集会自由事件抗议书》，12月2日惨案发生第二天，教授会成立法律委员会，决定依法律程序提出控诉。这天，代理常委叶企孙担任了为死难四烈士公祭的主祭，周炳琳、汤用彤、霍秉权代表北大、清华、南开三校教授致悼词。12月4日，教授会决议"自即日起本校停课七天，对死难学生表示哀悼，对受伤师生表示慰问，并对地方当局不法之横暴措施表示抗议"。同时，决议"促法律委员会加紧工作，务期早日办到惩凶及取消非法禁止集会之命令"。12月10日，教授会发表《为此次昆明学生死伤事件致报界之公开声明》，指出李宗黄、关麟征、邱清泉"于惨案形成期内，实综揽当地军政大权，对于学生集会，恣意高压，应负激起罢课风潮之责任"。罢课联合委员会修改复课条件的12月22日，西南联大召开本年度第九次教授会会议，重申请求政府将李宗黄先予撤职的前议，并以两个月为限。同时，教授会法律委员会也向国民政府军事委员会和重庆实验地方法院发出《告诉状》，控告主谋凶犯李宗黄、关麟征、邱清泉，要求依法严惩。

　　12月24日，梅贻琦和云南大学校长熊庆来举行记者招待会，报告一二·一惨案真相，指出地方党政军当局应负激起罢课风潮之责任，保证学校根据法律控告凶犯。12月26日，昆明《中央日报》全文刊登了梅贻琦、熊庆来的谈话。这样，由学校公开出面，满足了罢课联合委员会提出的复课条件中最实际的两项。12月25日，罢课联合委员会召开代表大会，通过《昆明市中等以上学校罢课联合委员会复课声明》，决定27日起停灵复课，四烈士出殡日期待李宗黄等得到惩处后再决定。轰轰烈烈的一二·一反对内战运动，到此暂告一个阶段。

　　1946年1月5日，鉴于全市学校已经复课，昆明市中等以上学校罢课联合委员会发布公告，宣布结束，另行成立"昆明市中等以上学校罢课联合委员会善后委员会"，罢联一切未完成的工作，均由善后委员会负责办理。①

---

① 《昆明学生联合会启事》，《云南日报》1946年1月9日，第1版。

罢课联合委员会通过复课决议，是根据政治形势变化所采取的一种斗争策略，但在西南联大并没有得到所有同学的赞同。一些不甘心的同学批评学生自治会在惨案没有完全解决之前就决定复课，是妥协、是投降，民主墙上贴满大小壁报，争论激烈，有些系级甚至还罢免了不能代表他们意见的学生代表。[①] 为了避免分歧扩大，第九届学生自治会理事12月25日全体辞职。因距下一届学生自治会改选还有段时间，遂推举钱介福等同学组成临时理事会。

第九届学生自治会临时理事会任期到第十届学生自治会理事会选出为止。罢课委员会决定停灵复课后即宣布结束，昆明学生运动恢复由学联领导，临时理事会不仅代表西南联大学生自治会作为昆明学联的常委单位，而且还承担了学联主席的工作。这期间，临时理事会组织了几个重要活动。

1946年1月10日，政治协商会议在重庆召开，民盟和中共举荐张奚若作为无党派人士代表参加。临时理事会抓住这个机会，请张奚若发表意见。1月13日下午，昆明学联在西南联大新校舍图书馆前大草坪举行时事演讲会，这是自1945年11月25日反内战演讲会后举办的第一次大规模集会，"草坪上早挤得坐得满地都是年青的同学和从城里城外别处赶来的听众，把这个演讲台围得满满的不走动"。[②] 会上，张奚若做了长篇讲演《政治协商会议所应该解决的问题》，对国民党政权进行了猛烈抨击，《学生报》报道讲演时标题直接用了《废止一党专政，取消个人独裁》。

罢课联合委员会出版的《罢委会通讯》，在复课的12月27日出版了第15期后停刊。1946年1月19日，在西南联大学生自治会临时理事会主持下，学联主办的《学生报》创刊，接替《罢委会通讯》成为继续开展学生运动的喉舌。1月21日，昆明各界成立政治协商会议协进会，昆明学生联合会被推举为执行委员。

1月31日，政治协商会议闭幕，通过了有利于民主政治的五项协议。2月10日，重庆20余团体在较场口广场联合举行庆祝政协成功大会，竟遭到暴徒破坏，殴伤郭沫若、李公朴等人。2月14日，报载国防

---

①　胡卢：《普选在联大》，《联大八年》，第45页。

②　《张奚若教授讲政治协商会议所应该解决的问题》，《时代评论》第12期，1946年1月18日，第3版。

最高委员会决议任命李宗黄为该委员会党政考核委员会秘书长。针对接连发生的这三件事，临时理事会决定与昆明文化界教育一起公开表态。2月17日下午，昆明学生联合会与昆明政治协商会议促进会、文协昆明分会、中苏文协昆明分会、学生报社、中国周报社、民主周刊社等十团体，联合发起"庆祝政治协商会议成功、抗议重庆二·一〇惨案、坚持严惩一二·一惨案祸首大会"。在这15000多人参加的大会上，昆明学生联合会宣读了对政府任用一二·一惨案祸首李宗黄的抗议书。会后，同学们举行了大游行，队伍从西南联大新校舍出发，从昆北城墙缺口进城，沿途高呼"立即释放政治犯""立即改组政府""立即实施四项诺言""反对任用杀人犯李宗黄"等口号。①

十　组织善后的第十届学生自治会

为了补救一个多月的停课，1946年的寒假只放了3天，1月17日开始报到，21日上课。② 开课后不久，便着手第十届学生自治会学生代表选举。2月上旬，各系选出学生代表120人，中旬召开学生代表大会选举理事。这次选举，"采用普选办法，每人投一票，故竞选颇烈"，③ 这是对学生自治会章程规定的间接选举制的重大修改，也是民主作风的又一次实践与体验。

选举制度的这种修改，要从罢课联合委员会通过复课时说起。1946年12月31日，西南联大一些对复课持有不同看法的同学成立了一个团体"除夕社"，社友多是一二·一运动时热心工作的同学，他们认为复课是部分人决定的，程序不够民主，于是1月21日发表成立宣言，"主张以民主作风推进民主运动"。④ 这些人中有三青团团员、国民党党员，有《现实》壁报、团结社、人民世纪社、现代社、民主与科学社、剪贴社等社团的成员，"成分虽然复杂，但大家都爱民主爱真理，团结在追求民主真理的大旗下"。⑤ 除夕社认为，由学生代表大会代表选举理事，既来不及征求班里

① 《二·一七昆明大游行特写——民主列车》，昆明《学生报》第5期，1946年2月23日。
② 《西南联大十四日放寒假》，《云南日报》1946年1月1日，第3版。
③ 《联大师范学院即将甄别考试》，《正义报》1946年2月11日，第3版。
④ 《除夕社成立》，《学生报》第2期，1946年1月26日。
⑤ 《除夕社》，《联大八年》，第186页。

同学的意见，而"在其所认识之同学中欲选择十七位有能力当责任之同学诚非易事"，为此提出全体同学每人一票普选学生自治会理事的办法。①

无论用什么方法选举，这一届学生自治会的中心工作都是把全校同学重新团结起来，做好一二·一运动的善后工作，继续开展反内战、争民主的斗争。本着这个精神，2月28日召开的学生代表大会接受了除夕社建议，因此第十届学生自治会的理事选举是"先由社团、班级公开提名，推荐候选人，经过一段竞选和协商，由进步社团联合提出一份包括各方面代表人物的候选人名单。候选人人数比理事会名额多出一半左右，然后由全体同学进行无记名投票"。② 最后由全体同学通过直接投票选举出17位理事，他们大部分是进步社团联合提出的候选人，得票最多的是在一二·一惨案中失去一条腿的缪祥烈同学。提出直接选举的除夕社也有5人当选。③ 这样，学生自治会不仅重新团结起来，而且更巩固了。

看到同学们如此重视学生代表选举，三青团自知难以抗衡，只能想尽办法抹黑。他们贴出一张大海报，公布所谓学校共产党总支部负责人名单，把大部分候选人和平时抛头露面同学都放了进去，每人还安了个头衔，程法伋是"联大总支副书记"。这个伎俩很拙劣，明眼人一看就知是捏造，嗤之以鼻。三青团没想到，这么一来，倒证明他们根本不知道谁是地下党。

当选为这一届学生自治会常务理事的是吴显钺、程法伋、王松声，分别负责会务、交际、学联。吴显钺抓总，代表学生自治会参加昆明学联，并担任学联主席。学联头绪繁多，理事中又选出3人兼任学联代表，会同负责学联工作的常务理事从事学联工作。④

新当选的3位常务理事中，吴显钺1939年就考入了西南联大，是中共云南省工委书记郑伯克通过张文澄单线联系的地下党员，皖南事变后疏散到滇南普洱磨黑镇，1944年春才返校复学。他比一般同学大几岁，办事沉着老练，平易近人，勤勤恳恳为同学做了许多好事，在同学中有老大哥的形象，所以能够顺利当选。

王松声虽是首次担任学生自治会常务理事，但他的活动能力在学校

---

① 中道：《学生自治会沿革》，《联大八年》，第162页。
② 程法伋：《联大后期学生自治会理事会的活动》，《笳吹弦诵在春城》，第456页。
③ 洪德铭致作者的信，1989年3月5日。
④ 中道：《学生自治会沿革》，《联大八年》，第162页。

是人所共知的。王松声是少数与西南联大相始终的同学之一。他 1937 年
毕业于南开中学，当时南开大学决定凡是愿意去长沙临时大学的高中应
届毕业生都可以免试入南开大学，所以他所在的 37 班 30 多人到了长沙
临时大学。12 月，王松声决心参加抗日工作，与同班同学李明、涂光
炽、许寿谔等到武汉参加了东北救亡总会办的战时工作训练班。月底，
同班的殷汝棠和 36 班的郑怀之、郭文昭也到了武汉，他们打算去西安再
设法去延安抗大，在武汉巧遇了王松声等人，于是决定结伴一起去西安。
这时，他们的南开中学国文老师张锋伯正在老家长安县南乡搞抗日宣传，
组织农民武装，准备日寇进攻陕西时开展游击抵抗。张锋伯希望南开同
学能和他一道工作，王松声与殷汝棠、李明、涂光炽、许寿谔、郑怀之、
郭文昭觉得一时去不了延安，就先去长安县南乡。1938 年 1 月，王松声
等到了长安县南乡大吉村，在这里见到了同班同学么自兴，还有 37 班的
李璞、王大纯、徐文园、叶笃正，36 班的王树勋、滕国定、申宪文、杨
棨、张开运等。张锋伯是 1936 年加入共产党的地下党员，他推荐王松
声、殷汝棠、许寿谔、涂光炽、郭文昭到中共中央青年工作委员会办的
专门培养青年工作干部的"战时青年短期训练班"学习。3 月，张锋伯
被派到陕西临潼县当"抗日县长"，王松声和十七八个同学跟着张锋伯
到了临潼，担任负责接待工作的县政府收发室副主任。几个月后，中共
陕西省委决定从临潼选送一批南开同学去延安学习，于是王松声与殷汝
棠、李明、郑怀之、涂光炽、许寿谔、王树勋、滕国定、李璞、王大纯、
张开运、杨棨等 12 个人于 8 月初到了延安。他们都进入"中国人民抗日
军政大学"第四期五大队二中队，这个大队后改为第五期一大队。1939
年 3 月，王松声与殷汝棠在抗大加入中国共产党，其时李明、郑怀之、
李璞、滕国定已先后入了党。5 月，抗大第五期毕业，王松声到鲁迅艺
术学院戏剧系学习，同到鲁艺的还有许寿谔。1940 年初，王松声被派到
关中地区从事地下工作，皖南事变后，党组织有计划地撤离了一些党员，
由于王松声、殷汝棠保留着西南联大学籍，便决定让他们回校复学。这
样，他们于 1941 年春相继离开陕西，回到西南联大。① 在西南联大，王

① 以上据殷汝棠《松声同志早期的一些革命经历》，王以高编《山静松声远　秋清泉气
香——怀念我的父亲松声同志》，2015，第 47~50 页。

松声非常活跃，他负责的"剧艺社"排演了不少话剧，很受同学们欢迎。一二·一惨案的第二天，剧艺社在学校首次演出的揭露国民党制造摩擦的广场剧《凯旋》，就是他创作的。罢课期间剧艺社演出的反对内战的街头剧《告地状》，也是王松声赶编出来的。

程法伋的情况有些特殊，他曾担任过第七、第八届学生自治会理事会常务理事，按学生自治会章程只能连选连任一届的规定，他不能再次当选理事，但时值西南联大最后一个学期，又处于非常时期，同学们仍选举他为学生代表，代表大会上他又被选入理事会。此事涉及章程修改，学生自治会是向常委会报告后才进行的。

第十届学生自治会是西南联大最后一届学生自治会，做好一二·一惨案善后工作是这一届学生自治会的首要任务。3月4日，昆明学生联合会发表《昆明各大中学校学生为抗议任用"一二·一"惨案杀人犯李宗黄与争取合理解决"一二·一"惨案罢课宣言》，同时全市大中学生罢课一天。3月10日，昆明学生联合会召开扩大治丧委员会筹委会，一面对四烈士出殡做出周密安排，一面向学校提出"为准备殡葬死难学生工作，请于本月十五、十六两日停课两天"。学校自然不能接受，但同学们照常准备，学校也没过问。

为四烈士大出殡是3月17日举行的，学生自治会之所以选择这一天，是因为这天是星期天，不存在停课问题，以免校方为难。这天上午，昆明各界民众3万余人会集在挂满挽幛、花圈、黑纱、素花的西南联大图书馆前大草坪，11时许分5批相继出发，昆明学联常务理事、云南大学校长熊庆来和西南联大训导长查良钊等组成的殡仪主席团，走在前导阵中，身后是"一二·一死难烈士殡仪"横幅和"党国所赐""自由民主"等大木牌。人群遵守"不贴标语、不喊口号"的约定，用挽联、路祭、挽歌作为悼念与抗议的方式。"自由之钟"的钟声在庄严悲壮的古城上空回荡。大西门、云南大学、华山西路、武成路、正义路、南屏街、宝善街、金碧路、护国路、绥靖路、青云街等路口都设有路祭，当载着烈士灵枢的灵车通过时，不断响起祭文的诵读声。人过之处，交通停止，每隔50米就有警察维持秩序，警察台上站满了拍照摄影的中外记者。下午5时许，队伍回到设在西南联大新校舍东北角的四烈士墓地。墓道前方，有两根火炬石柱作为墓门，墓道尽头的石砌高台上，并排着四烈士墓穴。墓后大理石石壁上，刻着"四烈士之墓"5个大字，墓壁上刻着闻一多撰写的《一二·一运动始末记》。

　　墓地新扎起一座松柏牌坊，上横书"一二·一四烈士公葬典礼"。公祭开始，查良钊主祭，钱端升、闻一多、吴晗、王赣愚等教授陪祭。一阵爆竹声过后，合唱团唱起挽歌，一同学诵读祭文，听者眼中都满含着泪水。三鞠躬毕，默哀，灵柩依次放入墓穴。查良钊向墓穴里铲进一铲石灰，一筐筐石灰倒了进去，挽歌、爆竹、哀乐又响起来。礼成后，查良钊首先致辞，说："我们的共同目标是一个民主自由、富强康乐的新中国，四烈士虽然死了，而他们未完成的工作，则留给了我们！"接着，闻一多致辞，说："今天这四位青年朋友就在这里安息了，但是我们的路还遥远得很，一个民主的新中国离我们还远得很"，"今天我们在死者的面前许下诺言，我们今后的方向是民主，我们要惩凶，关麟征、李宗黄，他们跑到天涯，我们追到天涯，这一代追不了，下一代继续追，血的债是要血来偿还的"。其后吴晗致辞："墓上有'民主种子'四个字，我觉得这地方应改为'民主圣地'。在历史上中国有圣地，而今天的圣地是民主的圣地。不久有许多朋友要离开这里，将来民主的幸福的新中国来临的时候，我们永不忘记在西南的角落上，有一块'民主圣地'！"①

　　3月17日为四烈士大出殡的这天，国民党六届二中全会闭幕，会上通过了《对于政治协商会议之决议案》，推翻了政协各项决议。消息传到昆明，云南民盟决定联合进步报刊进行批判，3月25日，在云南民盟机关刊《民主周刊》和昆明学联机关报《学生报》领衔下，与《昆明新报》《时代评论》《中国周报》《妇女旬刊》《生活知识》《真理周报》《大众报》《文艺新报》《诗与散文》共十一刊物，联合发表《对当前时局的态度》。文中严正指出："全国人民寄予殷切期待的国民党二中全会，不但没有自动地表示收敛这种反动阴谋，反而建立了一个反动的领导。国民党二中全会决议：政协会所成立的五五宪草修正原则必须设法修改，各在野党派参加政府人员提经国民党中常会选任，国防最高委员会于撤销以后须恢复中央政治会议作为国民党指导国家政治的最高机构。

---

①　于再先生纪念委员会编《一二·一民主运动纪念集》，上海镇华出版社，1946，第183页。

我们要郑重指出这三项决议是完全违背了政治协商的基本精神，是动摇政协决议，破坏和平、民主、团结的反动阴谋。中国人民在这反动决议下，必将回复到被秕政奴役，被内战牺牲的悲境，世界和平也将因此而遭到严重的威胁。""我们希望，各在野党派和全国人民，对当前情势必须更提高警觉，加强团结，继续为政协会全部决议的彻底实现而奋斗！"① 3 月 26 日，《学生报》等十一刊物又联名发表了《为国民党政府破坏政协决议和停战协定的抗议书》。《抗议书》呼吁全国人民行动起来，一起要求国民党政府"立刻实行四项协定"；"立刻实践过去一切诺言，立刻取消特务组织，释放一切政治犯，并保证各政党合法而平等的地位"；"国民党军队停止进攻和包围新四军第五师和东江纵队"；"这两区域的军事争执完全交由军调部执行小组处理"；"国民党政府应立即开放交通，并以粮食医药接济这两支抗日有功的军队"；"立刻组织民主政府，建立和平民主团结建设的新中国"。②

四烈士大出殡后，学生自治会主要做了三项工作。

第一件工作是收集一二·一运动资料。当时，学生自治会即意识到一二·一运动是中国青年运动史上重大事件，于是决定组织史料编集委员会。史料编集委员会系统收集了各种资料，并编成两套，一套留在昆明，一套带回北平，可惜这些资料后来不知到哪里去了。

第二件工作是编辑《联大八年》。这项工作由学生自治会理事严令武负责，书未编成，学校已结束，学生自治会委托严令武等人继续编下去。

第三件工作是协助学校办理复员事宜。后者将在本书最末一章介绍，此处从略。

"自治"是社会进入现代化后出现的一种为了维护本集团利益的组织形式，自治的程度反映了社会文明的程度。西南联大的学生自治会不仅是普通意义上代表学生利益、实行自我管理、为学生谋福利的团体，其"促进学生自治""努力抗战、建国、工作""练习组织""协助学校当局共谋学校团体生活之健全"的四项宗旨，还体现了抗战时期学生自

---

① 《对当前时局的态度》，昆明《民主周刊》第 3 卷第 5 期，1946 年 4 月 6 日。

② 《为国民党政府破坏政协决议和停战协定的抗议书》，昆明《民主周刊》第 3 卷第 5 期，1946 年 4 月 6 日。

治的基本内容与方向。

西南联大学生自治会一共产生了十届，这十届学生自治会的活动、地位与影响，在一定程度上勾画了国内政治形势演变的曲线图。在提倡学术自由的西南联大，教师中的不同政治观点，基本上能够遵循言论自由原则，通过文明形式进行思想交锋，只有学生间的较量，是通过竞争学生自治会领导权表现的。回顾与考察西南联大学生自治会的历史，可以看出国共两种政治力量在校园此消彼长的内外因素，这正是研究这一专题的意义所在。

第六节　民主园地

西南联大享有"民主堡垒"的美誉，这是由于这所学校在许多关键时刻表现出一种顺应时代潮流、坚持进步的集体形象。这种形象不是一朝一夕形成的，而是北大、清华、南开三校光荣传统的继承和发扬。

一　体制基础

在许多西南联大师生的回忆中，说到西南联大的成功经验时，都常常提到它仿照了西方国家三权分立的民主体制。这一点，1920 年毕业于清华学校，1927 年获得美国哈佛大学哲学博士学位后回到清华大学任教并再也没有离开清华的陈岱孙，了解得最清楚。

陈岱孙说，清华大学推行的是一种集体领导的民主制度，当时就被一些人称为"教授治校"。尚在清华学校时期，就已有教授会和评议会，1920 年代末有段时间，清华没有校长，校长职务由教务长、秘书长，各学院院长组成的校务委员会代行。根据这一时期的经验，1929 年 6 月 12 日修订公布了《国立清华大学组织规程》，在体制上规定设立教授会、评议会、校务会议。其中教授会由全体教授、副教授组成，校长为当然主席，是全校最高的权力机构。评议会由校长、教务长、秘书长、各学院院长及教授选出的七个评议员组成，相当于教授会的常任委员会，是学校的立法机构。校务会议由校长、教务长、秘书长、各院院长组成，是处理行政事务的行政机构。这个时期，清华大学并没有提出"教授治校"这个说法，它是当时一些人叫出来的，但学界对这种提法褒贬不一，管理教育的部门和校长阶层，分歧也很大，不少人不赞成教授治校，主张"校长治校，教授治学"。

主持西南联大日常工作的梅贻琦是 1931 年 10 月出任国立清华大学校长的。上任后，他极力支持《国立清华大学组织规程》制定的行政体制，并把这个制度带到西南联合大学，只是组织名称不完全相同。陈岱孙说，西南联大的最高权力机构所起的作用，较近于清华大学的传统。西南联大没有评议会，却有一个校务委员会，组成方式和所起的立法机构作用，与清华大学的评议会相同。西南联大的最高行政机构由三校校长合组而成，作用实际上也等于清华大学校务委员会。这种体制，与梅贻琦出掌清华大学校长后严格遴选和延聘师资有关，既是清华大学迅速发展的关键因素，也在西南联大发展中产生了重要作用。①

"教授治校"的传统，在西南联大也得到发扬。冯友兰说："其表现为教授会的权威。这种权威在学校正常的情况下，不显得有什么作用，但是遇到学校有对内或对外的大斗争的时候，这种权威就显出作用了。"冯友兰举的例子，一个是 1940 年国民政府发动知识青年从军运动，起初同学们"对于青年军报名疑虑很多，观望不前"，是教授会决议召开动员大会，并接受了同学们的意见，报名从军的同学才多了起来，"不过几天就超过了指标"。② 第二个例子是一二·一惨案发生后，在撤换关麟征和学生复课两件事孰先孰后上出现僵局。冯友兰说："重庆为顾全它的面子，坚持要学生先复课。学生为了贯彻他们的要求，坚持要先撤换关麟征。傅斯年根据重庆的意图，认为可以由教授会出面向学生作一个保证，于学生复课后十五天内调走关麟征。当时就召集了教授会，由我和训导长查良钊联合提出一个议决案：学生先复课，教授会保证于复课后十五天内使关麟征去职。会中就这个议决案进行讨论，很是激烈，发言的人很多，甚至要发言的人必须先到主席台签名，由主席按顺序叫名发言。辩论的结果，议决案通过了，学生也接受了保证，复课了。果然在十五

---

① 参见陈岱孙《回忆梅贻琦先生》，刘昀编《往事偶记》，商务印书馆，2016，第 162 ~ 165 页。

② 冯友兰：《冯友兰自述》，中国人民大学出版社，2004，第 271 页。

天内关麟征被调到东北当接收大员去了，昆明的警备司令换成了杜聿明。"①

教授会的作用，不只体现在这两件事上。但是，经过一二·一运动，教授会威信受到一定损害。关麟征离开昆明后，"学生又向教授会质问：关麟征调到东北，这是升官，不是撤职。教授会说，我们保证的是使关去职，只要他去职就可以，至于是升是降，我们并没有保证"。这时，"有人提议再开教授会，但没有成为事实"。② 冯友兰感叹地说，教授会从这时起"从内部分裂了，它以后再不能在重大问题上有一致的态度和行动了。从五四运动以来多年养成的教授会的权威丧失殆尽了。原来三校所共有的'教授治校'的原则，至此已成为空洞的形式，没有生命力了"。③ 对于西南联大来说，教授治校失去生命力无疑是一种悲哀，也是在国民党专制体制下的一种无奈。

二　思想自由

西南联大存在的三种力量和四个党派，从政治上说，国民党、三青团属于执政集团阵营，共产党、民主同盟属于在野的民主阵营。然而，学校领导层包括常务委员会、校务委员会，都推崇蔡元培教育思想，这便使学园里基本上能够贯彻民主原则，师生们可以自由地发表不同立场、不同认识的言论。这种传统使西南联大成为非常难得的民主政治的实验园地。

许多师生回忆西南联大时，都不约而同地认为最值得怀念的是西南联大自由宽容、博大深宏的学风。1939 年 8 月，教育部高等教育司以训令形式，要求西南联大务必遵守教育部核定的应设课程、统一全国院校教材、统一考试等新规定。10 月，陈立夫又以教育部长身份下达训令。西南联大未予回复。1940 年 5 月，教育部高等教育司为此事再次训令西南联大，西南联大教务会议经过认真研究，于 6 月以致学校常委会的方式，对教育部的办法提出异议。该信全文云：

---

① 冯友兰：《冯友兰自述》，第 273 页。
② 冯友兰：《冯友兰自述》，第 273 页。
③ 冯友兰：《冯友兰自述》，第 274 页。

敬启者：屡承示教育部二十八年十月十二日第 25038 号，二十八年八月十二日高壹 3 字第 18892 号、二十九年五月四日高壹 1 字第 13471 号训令，敬悉部中对于大学应设课程及考核学生成绩方法均有详细规定，其各课程亦须呈部核示。部中重视高等教育，故指示不厌其详，但准此以往则大学将直等于教育部高等教育司中一科，同人不敏，窃有未喻。夫大学为最高学府，包罗万象，要当同归而殊途，一致而百虑，岂可刻板文章，勒令从同。世界各著名大学之课程表，未有千篇一律者；即同一课程，各大学所授之内容亦未有一成不变者。惟其如此，所以能推陈出新，而学术乃可日臻进步也。如牛津、剑桥即在同一大学之中，其各学院之内容亦大不相同，彼岂不能令其整齐划一，知其不可亦不必也。今教部对于各大学束缚驰骤，有见于齐无见于畸，此同人所未喻者一也。教部为最高教育行政机关，大学为最高教育学术机关，教部可视大学研究教学之成绩，以为赏罚殿最。但如何研究教学，则宜于大学以回旋之自由。律以孙中山先生权、能分立之说，则教育部为有权者，大学为有能者，权、能分职，事乃以治。今教育部之设施，将使权能不分。责任不明，此同人所未喻者二也。教育部为政府机关，当局时有进退；大学百年树人，政策设施宜常不宜变。若大学内部甚至一课程之兴废亦须听命教部，则必将受部中当局进退之影响，朝令夕改，其何以策研究之进行，肃学生之视听，而坚其心志，此同人所未喻者三也。师严而后道尊，亦可谓道尊而后师严。今教授所授之课程，必经教部之指定，其课程之内容亦须经教部之核准，使教授在学生心目中为教育部之一科员不若。在教授固已不能自展其才，在学生尤启轻视教授之念，于部中提倡导师制之意适为相反。此同人所未喻者四也。教部今日之员司多为昨日之教授，在学校则一筹不准其自展，在部中则忽然周智于万物，人非至圣，何能如此。此同人所未喻者五也。然全国公私立大学之程度不齐，教部训令或系专为比较落后之大学而发，欲为之树一标准，以便策其上进，别有苦心，亦可共谅，若果如此，可否由校呈请将本校作为第……号等训令之例外。盖本校承北大、清华、南开三校之旧，一切设施均有成规，行之多年，纵不敢谓极有成绩，亦可谓为当无流弊，似不必轻易更张。

若何之处，仍祈卓裁。此致，常务委员会。①

对于教育部的三次训令，西南联大均未理睬，仍然秉承学术自由、兼容并包的教育原则。教育部收到这份呈文，知道难以驯服西南联大，只好不了了之。当时，教育部为了管制师生思想，要求全国高校都要开设"党义"课，西南联大则以伦理学代替"党义"，大概全国院校只此一家。

西南联大在教育上采取学术自由，校园政治也体现了这一原则，师生们无论对现实问题的认识，还是对未来问题的思考，都以是否符合抗战救国原则为出发点，而不是以党派利益分界。在抗日战争时期的两次宪政运动中，国民党虽然表面上声称要按照建国大纲的步骤结束训政，但实际上担心共产党夺取政权，处处制造摩擦，提防民主势力发展，在宪政运动中采取的也是避重就轻的态度。西南联大知识群体则接受孙中山的建国思想，第一次宪政运动中以西南联大参政员为主起草的"昆明宪草"，就体现了兼顾现实与未来的可贵精神。第二次宪政运动中，共产党提出成立联合政府主张，蒋介石则打着直接召开国民大会的幌子企图抵制，中共和民盟认为国民大会由国民党一手包办，坚决反对，双方互不妥协。1945年4月19日，国民党组织了750余位教育文化界人士发表告国人书，表示赞成"如期召开国民大会"。很少政治表态的梅贻琦，因这个告国人书由执政当局布置不得不签名，但对教授影响甚微，连在西南联大区党部中举足轻重的周炳琳、钱端升，都公开反对召开国民大会。前文所述他们在1945年7月召开的第四届第一次国民参政会上建议成立"政治解决委员会"，进而成立与联合政府性质相同的机构，便是面向全国的公开表态。这种主张在西南联大并非只有周、钱二人，多数国民党籍教授也超越党派局限，深以为是。

1945年8月15日日本投降消息传到昆明，围绕联合政府的论争不仅没有被这一喜讯冲淡，师生反而更加意识到内战再次爆发的可能，认为避免内战危机的唯一途径依然是成立联合政府。前文述及国共重庆谈判期间张奚若、周炳琳、朱自清、李继侗、吴之椿、陈序经、陈岱孙、汤

---

① 转引自宗璞《序二》，任继愈：《自由与包容：西南联大人和事》，第11～13页。

用彤、闻一多、钱端升发出的《致蒋介石毛泽东两先生电》，明确要求国共两党最高领袖"立即同意召集包括各党各派及无党无派人士之政治会议，共商如何成立容纳全国各方开明意见之联合政府，再由此联合政府于最短期内举行国民大会代表之选举，定期召开国民大会以制定根本大法，以产生立宪政府"。这 10 位教授，有老同盟会会员，也有国民党党员、民主同盟盟员和没有参加任何党派的人士。可见，他们都是以大是大非为标准，没有被党派畛域捆住手脚。

坚持民主、反对内战，是战后中国社会各界的一致呼声。惊心动魄的一二·一惨案中，西南联大的多数国民党党员站在同情学生的立场，高度一致地对制造惨案的地方党政军提出强烈抗议。

关于西南联大的思想自由，已有很多介绍与研究，这里仅从解聘罗隆基一事做一个案考察。在西南联大 9 年历史中，因政治原因被解聘的教授只有罗隆基一人。罗隆基是在西南联大迁到昆明的 1938 年被北京大学聘为教授的，因经常抨击时弊，有人认为于学校不利。1940 年 9 月 26日陶孟和就特找郑天挺"谈罗隆基事，主张北大应辞退之"。郑天挺觉得此事自己做不了主，须待蒋梦麟决定。[①] 1941 年 1 月 6 日，西南联大学生举行讨孔游行。11 日陈布雷打电话给蒋梦麟，称"奉委员长命询问学生事件经过"。13 日蒋介石派康泽到昆明调查，"衔委座命暂在昆明坐镇"。[②] 22 日，蒋梦麟飞往重庆汇报，在重庆，他见到的一些人都说蒋介石对罗隆基不满，并怀疑罗隆基是讨孔游行背后指使者。[③] 2 月 8 日，蒋返回昆明，17 日上午 8 时召集诸人谈话，说重庆怀疑潘光旦、张奚若、罗隆基三人与讨孔游行事有关，但潘光旦、张奚若"皆有为之辩解者，独努生无之，其嫌疑愈重"。蒋梦麟认为罗隆基"实无此力"，"虽为之剖白，终无济"。蒋梦麟还对大家说，陈布雷、陈立夫对他讲，蒋介石对罗隆基的不满"不专为学生事"，说罗隆基曾"向卢汉言中央种种，卢悉以陈委座，委座以其挑拨中央与地方感情，深恶之"，曾"向立夫责问联大请其为教授，教育部不干涉之故，继以此次学生之事，恐更无以轻其责，因力劝师解其聘"。蒋梦麟说如解聘罗隆基，恐影响他的生活，

① 俞国林点校《郑天挺西南联大日记》上册，第 316~317 页。
② 俞国林点校《郑天挺西南联大日记》上册，第 505 页。
③ 俞国林点校《郑天挺西南联大日记》上册，第 518 页。

陈布雷则说罗隆基是国民参政会参政员，月薪 500 元，难道还不够吗？

　　说过这些，蒋梦麟征询大家的意见。郑天挺建议"送满聘约薪俸，婉函以告之"，否则即使不解聘，罗隆基"亦难安于职"。在郑天挺日记中还有一段话："前年聘努生为教授，本出端升、孟真之意，盖望以此移其政治活动之心，减少中央之麻烦也。既发表，全校大哗，以为其学其品均不胜此，因之端升、孟真并致互责。"郑天挺曾为了避免让蒋梦麟为难做了些转圜，现在既然这样，"今以此解去固未尽美，然于校内可减一纠纷也，在努生，或以此反成其名"。①

　　罗隆基是个颇有争议的人。他 1913 年入清华学校，在学校就非常活跃，1919 年代表清华学生参加了在上海举行的全国学生联合会成立大会，还是清华园三赶校长风潮的主要参与者。1922 年赴美留学后，先后在威斯康星大学、哥伦比亚大学攻读政治学，获得政治学博士学位。接着，他赴伦敦政治经济学院，在"民主社会主义"理论家拉斯基门下从事研究。罗隆基于 1928 年回国，旋即担任《新月》月刊主编，并将这个原本文学性质的杂志，改造成突出政论的刊物。胡适的《人权与约法》《我们什么时候才可有宪法》《知难，行亦不易》，梁实秋的《论思想统一》，等等，就发表于罗隆基任主编之时。罗隆基本人也发表了《专家政治》《论人权》等反对国民党一党专政的文章，引起思想舆论界轩然大波，被视为胡适自由主义大旗下的"三个火枪手"之一。1938 年罗隆基当选为国民参政会参政员，在 7 月召开的第一次大会期间，他与马君武、傅斯年、梁实秋联名致函蒋介石，提出行政院长孔祥熙无论"才能""信望""用人""友邦观感"，还是"以孔子礼教之持身治家"，"堪否膺此重任"的疑问。② 如此之事，还有一些，让蒋介石感到很是头痛。

　　1942 年 4 月 3 日，郑天挺向蒋梦麟汇报校务，认为罗隆基"赴渝未返，上课已逾三分之一，于校章不应更允其请假，且离昆又有政治关系，归期更莫定，长此悬而不决，更无以对他校、对学生"。既然蒋梦麟在重

---

　　① 俞国林点校《郑天挺西南联大日记》上册，第 518 页。
　　② 《傅斯年梁实秋马君武罗隆基函蒋中正陈述自才能信望用人及友邦观感等诸方面而言孔祥熙皆不适任行政院长之情形》（1938 年 7 月 12 日），"蒋介石档案"，档号：002-080200-00622-028。

庆就应允解聘罗隆基，"若更延稽，亦无以对中央"，遂"命由校备函送四、五、六、七四个月薪津作为解聘"。解聘罗隆基的函，是他人起草、郑天挺修改的。北京大学向以提倡蔡元培的兼容并包而自豪，这时为政治原因解聘一位知名教授，也是绞尽脑汁。郑天挺将解聘函"删至极简，俾免枝节"，但又觉得"太简失之质直矣"。① 当初推荐罗隆基的钱端升，这时也难有回天之力，但他认为郑天挺修改的辞退函措辞不妥，"谓如此反授之以柄，不若迟之不至，自然解聘，毫无痕迹"。② 就这样，罗隆基被北京大学解聘了，也离开了西南联大。

另一个盛传要被解聘的是闻一多，只是没有成为事实。1944 年暑假中，昆明传出一条令人不安的消息，说西南联大当局奉命解聘闻一多、潘光旦等教授。这股风愈演愈烈，以致重庆《新华日报》9 月 4 日特刊里登载了一条《极力主张民主的闻一多教授因故解聘》的消息。

说起这股风，不是没有原因。这年 6 月 24 日美国副总统华莱士访问昆明，25 日，一幅二丈高四丈宽的巨幅英文壁报出现在西南联大校门东侧内的土墙上。壁报上端剪贴着红纸的大字标题，上书"我们决心与世界任何地方的法西斯战斗！"下书"我们要民主！"③ 这张壁报是王康、王子光、万禄等同学连夜赶制的，译成英文时一些不易解决的问题得到闻一多的帮助，闻一多还约了何炳棣、李树青等青年教师协助。随访华莱士的美国记者眼明手快，把它摄入镜头，弄得当局十分尴尬。7 月 11日美国驻昆明总领事馆第 49 号快报中还提到这件事，说："国立西南联合大学学生，借欢迎华莱士副总统到昆明的机会，张贴广告，向副总统致敬，批评国民党法西斯，鼓励外国对中国的批评，并强调中国需要西方民主。"④

华莱士在访问昆明期间，参加了几次座谈会，会上他说了些什么未见记载，不过 8 月 9 日美国驻华大使高思在致美国务院的第 1366 号快报中说："据中国方面消息，昆明约有十名教授，在华莱士副总统 6 月 25

---

①　俞国林点校《郑天挺西南联大日记》上册，第 536 页。

②　俞国林点校《郑天挺西南联大日记》上册，第 537 页。

③　笔者访问王康记录，1990 年 6 月 6 日。

④　《美国驻昆明总领事馆第 49 号快报》（1944 年 7 月 11 日），转引自中共云南师大党委党史资料征集组编《一二·一运动史料汇编》第 5 辑，1985，第 7 页。

日访昆明时，同副总统谈话中表示了对重庆政策的不满，而被教育部开除。据说其中有五人是清华大学的，包括张奚若、闻一多、潘光旦和罗隆基。还有清华大学校长梅贻琦博士，已奉命前来重庆述职，对他在此次非法谈话中有所牵连作出解释。"①

梅贻琦是如何向当局解释的，没有留下资料，但闻一多继而在国民党第五军军部高倡革命，在当时报纸上有所报道。被誉为国民党军队五大主力之一的国民革命军第五军，是中国第一支机械化精锐部队。这支部队于1939年底在广西昆仑关全歼日军主力第五师团第二十一旅团，击毙旅团长中村正雄，1942年初参加第一次远征缅甸战役，可谓战功赫赫。1943年，以第五军为主在昆明成立第五集团军，原军长杜聿明升任集团军总司令，军长一职由邱清泉接任。邱清泉出身黄埔军校第二期工兵科，后留学德国柏林陆军大学，很尊重西南联大教授，于是邀请西南联大教授召开座谈会。8月18日下午，座谈会在距西南联大新校舍不远的北较场第五军军部召开，闻一多和冯友兰、陈雪屏、杨西孟、华罗庚、刘崇鋐、邵循正、曾昭抡、马大猷、陆钦墀、吴晗等教授受到邀请，第五军方面参加的有军长邱清泉、代师长罗思扬、昆明防守司令部政治部主任宋文彬、第五军特别党部书记长刘雪松及军部各处、科长等，昆明《扫荡报》社长李诚毅也受到邀请。会上，邱清泉在致辞中强调"文武合一"的意义，罗思扬介绍"目前形势与中国反攻问题"。当时，旨在打通滇缅公路的滇西反击战已经开始，腾冲县城于15日克复，应该说这是中国军队自抗战以来形势较为主动的时期。

但是，座谈会的气氛却很沉闷，教授们听不到前线的炮声，天天看见疲惫不堪、面带憔色的士兵队伍从西南联大新校舍大门前的环城公路经过。因此，冯友兰、曾昭抡、杨西孟、陈雪屏的发言都是围绕着士兵的待遇问题，质问"国家给军队的给养都到哪儿去了？为什么前线士兵饥饿状况不得改善？"闻一多的发言非常坦率，第五军主办的昆明《扫荡报》报道他说："对目前问题，希望大家用文学精神，把情绪提高，只是自己不做坏事，不管别人，这种独善其身的态度还是不够的。"② 而

---

① 《美国驻华大使高思致美国务院第1366号快报》（1944年8月9日），转引自《一二·一运动史料汇编》第5辑，第11页。

② 《文武合一的桥梁——记军官与教授座谈会》，昆明《扫荡报》1944年8月20日，第3版。

《云南日报》的报道则激烈得多："兄弟什么都不懂，只有用文学精神提起大家的情绪"，"今天各位提出各种问题，如果在英美有一于此，一定会举国哗然，而我们百美俱全，仍然只是一些有心人坐着谈谈"。"现在好比房子失火，大家要来抢救。以前我们看一切都可悲观，还希望也许在战略上有点办法。今天在这里听见各位长官的话，才知道战略上也很有问题。我只差要在街上号啕大哭。"闻一多是个直性子，他的发言不留情面："我们可怜到如此地步，仍然在座谈。在英美，不是没有坏人，只是他们不敢做坏事，一做坏事，大家群起而攻之。"停顿了一下，"因此，也没有什么讨论的，只有干，非常时期要用非常的手段干！"① 这件事在闻一多的研究生季镇淮笔下，更凝结成"现在只有一条路——革命！"②

闻一多的这些话很快就传开了，解聘传言随之而来，说教育部要西南联大解聘闻一多和张奚若、潘光旦。解聘闻一多的消息最早刊登在《新华日报》，根据的是昆明7月30日传来的消息，云"联大教授潘光旦、闻一多等人，有部令解聘说"。第五军座谈会后，解聘风声越来越多，于是9月4日重庆《新华日报》编发《极力主张民主的闻一多教授因故解聘》，说："联大教授闻一多和其他教授一人，现已因故解聘，联大同学及清华大学校友，现正发起接济闻氏生活费，使他能继续研究写作。"

《新华日报》是中国共产党在大后方的舆论喉舌，影响很大，以致在重庆的罗常培听到闻一多被解聘的消息十分不安。9月5日，他看到《新华日报》的第二天，就投去一信。信中说："顷阅贵报九月四日第二版载有'闻一多教授因故解聘联大学生募款接济'之新闻一则，殊与事实不符。本人于八月二十八日来渝，在临行前之一日，曾在闻教授家畅谈五六小时。关于西南联大中国文学系下半年度课程之编排，以及个人研究之计划，均有详细之讨论。且本人主持联大中国文学系已历五年，从未闻教育部及学校当局有示意解聘教授之举。倘使当局于教授研究及教学成绩外，有类此之命令，本人亦当以去就力争，不能坐视学者尊严

---

① 《目前局势与中国的反攻问题——第×军高级长官、联大十一教授座谈纪录》（上），《云南日报》1944年8月19日，第3版。

② 季镇淮：《闻一多先生年谱》，季镇淮编《闻朱年谱》，第48页。

之沦丧。闻教授学问品格，海内共仰，西南联大倚畀方殷，贵报所载新闻，显系采访失实。素仰贵报记载正确，主张公道，务请将此函披露，以免淆乱听闻至幸。"① 9月9日，正在召开的三届三次国民参政会上，也有人对这件事提出口头询问。出席会议的周炳琳回答时申明说："最近报载西南联合大学教授闻一多被部方解聘，绝无其事，盖'教授思想行动越轨，有法律制裁，教部不致干涉'。"② 《云南晚报》记者亦特做了调查，并以《闻一多教授解聘说不确》为题于10日刊登出来："目前陪都方面盛传西南联大教授闻一多及另一教授，已因故被解聘，记者特走访该校当局，据云并无其事。同时该校本学期开学在即，课程单内列有闻一多教授所授之课程。"③ 9月20日，《新华日报》对此前报道做了更正："不久前昆渝都传说解聘联大教授闻一多先生，联大同学闻讯，很为愤慨，特为此事出了壁报。后来听说教部虽有解聘令，联大当局却没有接受，大家才释然。"④ 不过，中国共产党对闻一多的遭遇仍给予同情和关怀。10月15日，延安《解放日报》发表《慰问闻一多先生》，文中说："闻先生近年来忧时之念很深，一股正义的热情，更使人感动。当今的学者以国家民族前途为虑的人虽很多，但能够像闻先生这样正直敢言的确还少见。闻先生主张民主，主张青年打破沉寂，这都是针对现实的正论，虽是一部分顽固者流所不乐闻，但是居然因此不容于时，却也出人意料。可见月黑天低，现在正是夜气浓重的时候，我们不仅为先生的被黜而惋惜，尤其是为社会的正义抱屈。"⑤

其实，解聘闻一多的传闻也并非空穴来风，蒋介石曾几次当着梅贻琦的面点到闻一多和张奚若、潘光旦，是梅贻琦为之转圜，保护了他们。但闻一多最终还是遭到十几个党特务狙杀，成为西南联大唯一被国民党杀害的教授。

三　政治包容

在抗日民族统一战线的形势下，西南联大的不同党派既有着为抗战

---

① 《罗常培致新华日报社信》（1944年9月5日），《新华日报》1944年9月20日。
② 立华：《参政会席上》，《云南日报》1944年9月15日。
③ 《闻一多教授解聘说不确》，《云南晚报》1944年9月10日。
④ 《昆明点滴》，《新华日报》1944年9月20日。
⑤ 《慰问闻一多先生》，《解放日报》1944年10月15日。

救国奋斗的共同目标，同时也在国共矛盾制约下表现出复杂的关系。不过，西南联大不同党派的成员，基本上崇尚自由民主，他们之间的斗争并非战场上那样剑拔弩张，必置对方于死地。虽然年轻人之间也常有唇枪舌剑，甚至也曾暗地出现过暴力行为，但就多数情况而言，还是思想与舆论交锋。在西南联大，相同政治主张之间的呼应、合作，不同政治主张之间的论辩，都本着互相尊重，平等待人的态度，而不是排斥异己，唯我独尊。这种忍让和包容，使西南联大的校园政治表现出一种各方势力互相角逐的特征。①

1940 年 1 月，以三青团和群社为首的两大势力，在第二届学生自治会代表大会选举领导成员时出现激烈竞争，后来国民党党员当选学生自治会正、副主席，群社社员当选为干事会正、副主席。会后，一位曾经留学美国的教授听了同学介绍选举情况时笑着说："你们的选举比美国还要民主，美国人选举时还常常大打出手，你们只辩论，没有打架，比美国人来得文明。"②

西南联大的女同学人数约占全校学生数量的 1/10，绝大部分住在城内的南院女生宿舍，并成立有女同学会。1944 年 11 月，西南联大召开第七届学生自治会，许铮、马如瑛两位女同学当选为理事。接着，女同学会也进行了改选，当选的 5 名干事中，马如瑛、刘晶雯、陈雪君都是进步组织女同学读书会的成员，马如瑛担任主席，刘晶雯负责宣传，陈雪君负责生活，另外两名三青团团员负责组织和风纪。女同学中大多数人都有着"国破家何在"的共同遭遇，"萍水相逢，尽是他乡之客"，女同学读书会的同学出于诚意关心同学，思想上互相交流，生活上彼此照顾是很自然的事，这样就容易建立感情。马如瑛说："有些同学，尽管在对待政治的态度上与我们有差异，但在学习的探讨和个人私交上都是我们的好友，有的并在后来斗争的关键时刻给了我们同情和支持。"1945 年10 月，云南政变后，一位历史系的女同学从一个有军统特嫌的分子处了

① 西南联大校园政治的这个特点曾长期被学术界忽略，只有个别研究者认识到这个问题。王奇生在《战时大学校园中的国民党：以西南联大为中心》中指出："战时国共两党在大学校园中的斗争，多数情况下是'以组织对组织'的'文斗'。当组织较量不得力时，国民党才转而动用武力。"（见《历史研究》2006 年第 4 期）

② 熊德基：《我在联大从事党的地下工作的回忆》，《云南文史资料选辑》第 34 辑，第371 页。

解到国民党开出一个准备逮捕的黑名单，她"立即悄悄地告诉我们，要我们提高警惕"，让马如瑛感到"这样的私交是很可贵的"。① 这年11月23日，西南联大学生自治会决定与云南大学、中法大学、英语专科学校学生自治会在25日联合召开反内战时事晚会。24日，冬青社、文艺社等十几个社团联名建议学生自治会在时事晚会上通电全国，发表宣言反对内战，女同学会一位同学代表女同学会在建议书上签了名。当时，女同学会已进行了改选，一名三青团团员当选为主席，她认为这件事没有经过讨论，是先斩后奏，找那位签名同学大吵了一顿。但是，反内战反独裁是人心所向，大势所趋，这位三青团团员主席对既成的事实也不便公开反对。②

同学之间大体也保持着平等友好的关系。何兆武说："那几年生活最美好的就是自由，无论干什么都凭自己的兴趣，看什么、听什么、怎么想，都没有人干涉，更没有思想教育。我们那时候什么样立场的同学都有，不过私人之间是很随便的，没有太大的思想上或者政治上的隔膜。宿舍里各个系的各级同学都有，晚上没事，大家也是海阔天空地胡扯一阵，有骂蒋介石的，也有三青团拥护蒋介石的，而且可以辩论，有时候也很激烈，可是辩论完了，大家关系依然很好。"③ 可见，以民主原则对待思想与政见上的分歧，是不同党派同学的共识。

当然，三青团也使用过一些手段捣乱进步社团的活动。邢方群回忆说："1939年冬，苏联与芬兰发生战争。国际、国内的反动势力掀起了反苏浪潮。联大的国民党、三青团乘机歪曲事实真相，大肆诋毁苏联。进步团体，包括群社的《群声》壁报在内，摆事实，讲道理，驳斥他们的胡言谰语和反苏反共的宣传。《群声》壁报把重庆《新华日报》上刊载的分析苏芬战争的文章剪下张贴，双方的壁报论战十分激烈。三青团分子恼羞成怒，在夜间派人偷偷把进步壁报撕毁，或在这些壁报上胡乱涂写'苏俄走狗'、'拿俄国的卢布'、'斯大林是你爸爸'等诬蔑词句。这种做法只能引起广大同学的鄙视和不满。多数同学认为：有不同的政治观点可以辩论，但不能超越民主范围，采用不正当的卑鄙手段。群社

① 马如瑛：《回忆西南联大女同学会》，李凌编《黎勤（马如瑛）纪念文集》，第122页。
② 马如瑛：《回忆西南联大女同学会》，李凌编《黎勤（马如瑛）纪念文集》，第123页。
③ 何兆武、文靖：《联大七年》，《书屋》2005年第10期。

和进步同学为了保护壁报，有时在天未亮就派人前去看守，使三青团偷撕壁报的伎俩不能得逞。《群声》壁报还为此刊登了题为《谨防扒手》的杂文，讽刺三青团偷撕壁报这种见不得人的勾当。"①

1940年5月上旬，西南联大学生自治会为纪念学校成立3周年，约请西南联大剧团、青年剧社、南针社、青年团剧社、木铎社五团体筹备演出，在安排演出次序时发生了争执，决定用抽签办法解决。三青团组织的青年剧社抽到第一个上场，他们很不高兴，拂袖而去，拒绝参加。事后，三青团决定12日青年剧社在新校舍大饭厅演出《地牢》欢迎11日到昆明的南开大学校长张伯苓，事先散布"群社要捣乱"的空气。演出时，规定同学持票入座，还派出手持木棍的纠察队，有意制造紧张气氛。② 这次演出的大会主席是学生自治会主席王旸③，王旸是政治学系学生，三青团团员。开会时，张伯苓讲完话后电灯突然熄灭，会场一片黑暗，便有人嚷"这是群社捣乱，共产党捣乱！"还喊起"打倒共产党"的口号。群社社员、外文系女同学刘卡兰马上站起来质问"说共产党捣乱有何证据？"一些三青团团员就气势汹汹地说"她就是共产党！"另几个三青团团员把手电筒一齐对准刘卡兰，还有人大喊"搇她！搇她！"但并没有动手。后来电灯亮了，张伯苓很和缓地说："不要闹，我在参政会什么都见过，周恩来是共产党的代表，我和他关系是很好的！"这样演出才勉强进行下去。④ 第二天，三青团团员编的几个壁报纷纷诋毁群社，群社也在壁报上予以驳斥，还有人写了首顺口溜贴在"民主墙"上："大会主席口结巴，剧团代表泪如麻，台上台下齐喊打，北平武戏不如它。"张伯苓不明真相，在一次集会上批评群社，三青团的几个团体也乘机跳出来攻击群社，当场引起争吵，会后又在壁报上你来我往论辩一番。⑤

在西南联大历史上被称为"五团体事件"的事闹得很大，14日召开

① 邢方群：《回忆群社》，《笳吹弦诵在春城》，第316~317页。
② 邢方群：《回忆群社》，《笳吹弦诵在春城》，第315~316页。
③ 有些西南联大同学在回忆中说是汪旸，误，应是王旸。
④ 赵捷民：《回忆西南联大》，清华校友网，网址：https://www.tsinghua.org.cn/info/1952/16623.htm。检索时间：2020年6月18日。
⑤ 邢方群《回忆群社》系此事为1940年6月，误。张伯苓5月11日抵昆明，21日出席西南联大常委会第143次会议后便返重庆，28日常委会第144次会议是由杨石先代为出席。

的常务委员会上特别提到这个问题，虽然"咸主严惩"，却又不知究竟谁主使，只"决定后日召集学生训话"。① 这番冲突让张伯苓很不安，后来他把与这次当事的几位同学和五团体负责人请到南开大学办事处进行调解，劝大家不要再争吵了，还请大家吃了顿午饭，才结束了这场斗争。实际上，那天晚上电灯熄灭事出有因，经调查，是几位同学想参加晚会，但三青团分子不让他们入场，他们本来就对三青团反感，这次又遭到冷遇，一气之下把电闸关了，根本与群社无关。

1940年冬，著名经济学家马寅初在重庆大学演讲，痛斥孔祥熙、宋子文两家发国难财，使人民无法担负，主张对发国难财者征收临时资本税，没收不义之财。马寅初的讲演传到昆明，群社将全文张贴了出来，但贴出不久就被三青团分子偷偷撕去。② 这年，西南联大一些工人因物价高涨生活困难，张贴呼吁书要求调整工资，表示如果校方不答应他们要求，他们就要举行罢工。一些三青团团员诬蔑这件事是群社唆使的，还振振有词地说呼吁书上有"俄文图章"，是共产党活动的铁证。但经过学校事务组查实，所谓"俄文图章"不过是一个工友随手用啤酒瓶盖当图章印上去的，因为瓶盖上的英文"R"很像俄文中的"Я"，便成为三青团无中生有的口实。③ 撕毁进步壁报的事，三青团干过好几次，1941年春群社张贴揭露国民党发动皖南事变、袭击新四军真相的材料，也被三青团分子撕毁，逼得群社趁夜在校内多处同时重新张贴。④ 类似之事还有几件，双方间大多还属于笔战式的文斗，肢体冲突则一次也没发生过。

---

① 前国林点校《郑天挺西南联大日记》上册，第271页。
② 邢方群：《回忆群社》，《笳吹弦诵在春城》，第317页。
③ 邢方群：《回忆群社》，《笳吹弦诵在春城》，第317～318页。
④ 邢方群：《回忆群社》，《笳吹弦诵在春城》，第318页。

第十二章　复神京，还燕碣：光荣复员

第一节　归心似箭

抗日战争胜利了，师生们无不翘首盼望早日北上，返回日思夜想的校园，西南联大常委会也早早着手准备。1945 年 8 月 23 日，学校常委会议决设置以郑天挺为主席，以黄钰生、查良钊、施嘉炀、陈岱孙为委员的"联合迁移委员会"。[①] 其后，10 月 17 日加聘郑华炽、霍秉权、周炳琳、沈履，[②] 次年 1 月 12 日又加聘了李继侗、吴泽霖、强明伦。[③] 与此同时，常委会、校务委员会还对有关复员的若干具体问题做了研究与布置。9 月 11 日，梅贻琦携带学校制订的复员资料，赴重庆参加全国教育善后复员会议，离校期间常委职务由周炳琳代理。

9 月 20 日，全国教育善后复员会议在重庆召开，鉴于当时全国各地都在复员，最实际的交通问题难以解决，教育部决定将复员时间推迟半年，迁移各校次年 5 月结课。教育部长朱家骅在会上说："关于教育复员之开始时间，本人深感复员工作之繁重，为拟以各校在收复区之情形为标准，分期迁移，以免课业之损失与人力物力之浪费。但一般人在敌人投降之初，热情洋溢之余，群主愈早愈好；不得已，乃决定以次年夏为学校复员之期，令迁移各校得以卅五年五月结束上学期之课程，开始办理复员，希望在同年九月办理完竣。即此种规定，若干人士已不免认为迁缓。幸大多数均能了解事实上之困难，循此规定，作实际之筹划。"[④]

---

① 《长沙临时大学、国立西南联合大学常务委员会会议记录·第三四三次会议》（1945 年 8 月 23 日），《国立西南联合大学史料》（二），第 390 页。

② 《长沙临时大学、国立西南联合大学常务委员会会议记录·第三四九次会议》（1945 年 10 月 17 日），《国立西南联合大学史料》（二），第 400 页。

③ 《长沙临时大学、国立西南联合大学常务委员会会议记录·第三五九次会议》（1946 年 1 月 12 日），《国立西南联合大学史料》（二），第 414 页。

④ 朱家骅：《教育复员工作检讨》，《教育部公报》第 19 卷第 1 期，1947 年 1 月 31 日。

按照教育部部署，西南联大一面推迟复员，一面按照教育部规定的时间安排搬迁准备。对于迁移路线，西南联大当局最初考虑是走海路，即乘滇越铁路火车到越南海防，再乘轮船经上海北上。这条路线是西南联大迁往昆明时大多数师生走过的路线，也是充分利用云南地势，且与西南大后方复员没有冲突的最便捷路线。为此，1946 年 1 月 28 日召开的联合迁移委员会推定张印堂、李继侗考察国内段的蒙自碧色寨至河口沿线交通状况，以便为统筹迁校路线提供参考。① 张印堂、李继侗率领十多个人于 2 月 5 日乘滇越铁路火车出发，勘察中发现"蒙自河内之间道路，若迁移共需一千匹驮马，而如此多之驮马在当地寻找决不可能，而且将来五六月间云南正当雨季，不但道路泥泞难行，而且瘴气太厉害，徒步亦甚不易"。② 迁移委员会了解到这个情况，不得不重新考虑，一些人主张"经衡阳、武汉、上海，然后转赴平津"，有人提议增加"取道泸州，沿长江直下上海一线"，两路"同时并进，然后于武汉或上海集中，再赴平津"。③

2 月 17 日，张印堂、李继侗返抵昆明，19 日向联合迁移委员会报告考察经过，提出两条路线。大体是："（一）经滇越铁路入越路线，滇越路现可通车至碧色寨，碧色寨至腊哈地，现铁路不通步行需四日，腊哈地至河口一段铁路四月底可以通行，以下均有火车可直通海防，即可乘船北上返平。（二）仍经滇越铁路，至蒙自然后步行一日半，可自红河岸搭小船，仅一日即可达河口，再经铁路，同此第一条路线，经海路北上。"迁移委员会讨论时，"对此二路线均认为可能路线，并决定碧色寨至腊哈地一段，准备向救济总署接洽飞机运送"。同时，提出除以上两条路线外，还可以"走广州路线，由昆明搭火车至曲靖、沾益，再搭汽车四五日可至百色，再搭船顺西江至广州，由广九路至香港，然欲乘轮船北上"。迁移委员会决定三条路线同时准备，"届时看那条路线方便再决定顺何线迁校"。当时，梅贻琦正在重庆，一切都需梅贻琦在渝与各方交涉后方能决定。④

---

① 《联大教授赴蒙自视察迁校路线》，《正义报》1946 年 2 月 5 日，第 3 版。
② 《联大迁校路线滇南瘴疠难行》，《云南口报》1946 年 2 月 16 日，第 2 版。
③ 《西南联大迁校路线尚未确定》，《正义报》1946 年 2 月 16 日，第 3 版。
④ 《接洽联大迁校事宜梅常委飞重庆》，《云南日报》1946 年 2 月 17 日，第 2 版；《路断处或请救总拨飞机运送》，《云南日报》1946 年 2 月 22 日，第 3 版。

2 月 27 日，出席了教育部召开之迁校工作会议后的梅贻琦返回昆明。在重庆，梅贻琦与教育部商洽时了解到，经湖北武汉北上和经四川沿江而下两条线，均是各机关部门厂矿企业复员的首选之路，交通工具难于分配，教育部希望放弃。教育部说的情况是属实的，西南大后方那么多机关厂矿企业都急于复员，交通工具的确非常紧张。那么，地处边陲的云南复员北上可选择的路线还有哪条呢，当记者寻问联合迁移委员会主任委员霍秉权这个问题时，霍秉权表示"选择经百色梧州出广州一线，可能性最大"。① 另外，学校还考虑了一个办法，即仍按往越南走海防再乘轮北上的原定计划，只是不走滇越铁路，而是由昆明乘飞机直飞河内，再乘火车到海防，然后乘轮船北上。②

基于上述两个想法，西南联大一面派总务长沈履赴重庆接洽空运飞机，一面派霍秉权、吴泽霖赴曲靖、百色、广州，考察这条路线的可能性。这两个措施，3 月 14 日《云南日报》有所报道，云："西南联合大学迁校委员会，因鉴于本学期即结束，迁校在即，而迁校路线因交通工具困难甚多，故特请该委员会主任委员霍秉权、委员吴泽霖二教授由昆搭火车赴曲靖再乘汽车赴广西百色，然后搭西江船赴广州，再由广州湾搭船赴平，视察是否此路可行，同时请该校总务长沈履赴渝，与当局及有关机关，接洽飞机。希望将来由昆直接飞河内，再转海防，走海道北上，三教授均定今日出发，联大迁校路线、时间，即待三教授视察，交涉后决定之。"③

但是，沈履接洽的结果，是中国航空公司无力承运，后来还给西南联大发来正式复函，称奉令担任还都运输任务繁重，无法调配飞机运送西南联大教职员及眷属。不过，重庆公路总局倒是答应派 200 辆卡车，运送师生经贵阳、柳州、梧州至广州或者广州湾。④ 霍秉权、吴泽霖考察的情况也不理想，"取道经百色一线，非但运输不便，且沿途食宿亦至感困难"。而且，即使到了广州，海轮能否运输师生北上，学校也无把握。⑤

---

① 《联大迁校计划》，昆明《中央日报》1946 年 3 月 5 日，第 4 版。
② 《联大迁校路线仍走海道北上》，《云南日报》1946 年 3 月 8 日，第 2 版。
③ 《联大再派三教授今出发视察路线》，《云南日报》1946 年 3 月 14 日，第 2 版。
④ 《联大迁校有车无船》，昆明《中央日报》1946 年 3 月 26 日，第 2 版。
⑤ 《联大迁校有车无船》，昆明《中央日报》1946 年 3 月 26 日，第 2 版。

这些问题都很实际，无奈之下，虽然常委会于 3 月 20 日曾做出"暂定自五月十日起开始迁移"的决议，[①] 4 月 10 日又改变计划，议决"鉴于陆海空交通工具在最近三四个月内之无可设法，应暂缓结束，并应将下学年第一学期提前上课自六月起至九月止"，并决定"下学年第一学期定六月三日起开始上课至九月七日止"。[②]

学校常委会讨论这个问题的会议是下午 5 时召开的，会议刚结束，消息就迅速在校园传开，马上遭到同学们的一致反对。本来，为了准备复员，学校常委会已决定 5 月 10 日前结束大考，同学听了十分兴奋。3 月 28 日，通过普选产生的新一届学生自治会理事会想同学之想急同学之急，匆匆公布了所得到的迁校消息。大意谓："迁校委员会主任委员霍秉权日内即行飞渝转赴广州，接洽船运事宜。至将来可能采取之路线，大致已定为：1. 由昆明至曲靖转百色搭轮至广州；2. 由昆至筑，赴柳州再转赴广州，并将分批出发，最后在广州会集登轮船赴平。"学生自治会理事会还表示，"将计划有组织辅助学校当局办理迁校事宜"。[③] 现在，盼望已久的日子要推迟一个学期，难怪舆论大哗。当晚，学生自治会理事会召开会议讨论这件关系到每个同学切身利益的大事，会上决定致函常委会，要求按全国教育善后复员会议规定的时间复员。连夜赶写的这封信是埋没多年的历史文献，且看他们是怎样表达心急如焚的心境的：

梅常委转常委会诸位教授：

近周来本校迁校问题，传说纷纭，同学们为着这件事情互相探询消息，思归的心情，完全代替了学习的兴趣。这种现象不只发生在同学当中，即使教授们也无不急于离开这暴雨欲来的高原，而转回到阔别八年的故乡。

今晚，趁着常委会讨论迁校问题的时候，我们谨将全体同学的意见，提献在诸位先生的面前，诚恳地盼望你们能够加以注意。

---

① 《长沙临时大学、国立西南联合大学常务委员会会议记录·第三六九次会议》（1946 年 3 月 20 日），《国立西南联合人学史料》（二），第 430 页。

② 《长沙临时大学、国立西南联合大学常务委员会会议记录·第三七一次会议》（1946 年 4 月 10 日），《国立西南联合大学史料》（二），第 433 页。

③ 《联大迁校新路线分二路赴广州》，《正义报》1946 年 3 月 29 日，第 4 版。

　　自迁校消息传出以来，教授们同学们都兴高采烈地准备着自己的归计，不惜将仅有的日用什物和书籍在低廉的价钱下忍痛出售，其他公私事务等，也多在办理结束中。我们真不愿意在这时听到有关于不能立即迁校的谣传。因为这种谣传对于教与学双方都将发生不良的影响。

　　八年来联大三校的密切合作，真是一种团结的良好示范。但这多少是因为在战时的情况下，大家多方面能够相忍为校的缘故。现在战争结束了，也正是我们联大分家的最好时候，所以我们愿意不避任何困难，坚决主张北上，回到我们文化的古都，重建三校当年的精神。这就是我们今晚要向诸位先生提供的一点意见。

　　敬祝

晚安！

西南联大学生自治会理事会　谨启

四月十日①

　　同学们的心情和愿望是可以理解的，但除了交通困难外，校舍方面也存在问题。南开大学校园七七事变时就遭日军轰炸，校舍损失惨重。清华大学被日军改为马厩和伤兵医院，短期内难以修复完竣。北京大学倒是校舍完好，但新添了工学院，还要增设农学院，校舍也远远不够。②加上雨季将至，行路泥泞，9月前到达北平、天津有相当困难。所以，学校常委会仍倾向维持推迟迁校时间。可是，等不及的同学们纷纷以各种形式表达按期北上的意见。报载："各壁报社、各团体已纷纷贴加布告，向全体同学呼吁，促自治会向学校当局力争，本年暑假迁校，并希望如蒋主席莅昆时，向主席呈请愿书，请政府解决交通工具问题。"③ 4月12日，一些按捺不住冲动情绪的同学发起签名活动，440名同学在致学校常委会函上签了名，表达急切北上的要求，同时提出四项建议。这封信这样写道：

---

①　《西南联大学生自治理事会为复员事致常委会信》（1946年4月10日），"国立西南联合大学档案"，档号：32－1－69。

②　《联大迁校搁浅》，《云南日报》1946年4月11日，第2版。

③　《联大学生迫望迁校》，《云南日报》1946年4月13日，第2版。

各位敬爱的师长们：

几日来我们两番三次地听到学校不搬的消息，我们仍感到非常的诧异和不安。今乘教授会开会之际，愿意再在各位敬爱的师长面前提出我们一点意见，请师长们考虑。

首先，我们再无法安心在昆明开学了，我们也知道，好多先生仍也不愿意在昆明停留下去！八年来，我们追随在各位师长们之后，艰苦地生活学习，毫无怨言。为什么？因为战争终将结束，我们必获胜利，战争一结束，我们就可以快乐地回到北平去了，在那一优美的环境里，各位师长们的熏陶下，安心地学习了。因此胜利一到来，我们欢喜得流泪，我们只想马上回到北平，我们无时无刻不等待着搬家的消息。然而现在说是不搬？敬爱的师长们，这是不可以的。难道联大的学生们不想念书吗？为什么一定要留在昆明，让好些先生们走了，他们想念也无法念呢？八年来，我们真是学得太少，师长们也这样感觉到，那么为什么过去八年的情形一定要让它继续，而且会更加不如呢？这是一。

自然，我们知道搬家不是一下可以作好的，办法要筹措，困难要解决。但决无无法筹措的办法和不可克服的困难的。说没有汽车？霍秉权先生已经说过，毫无问题。没有轮船吗？据中央日报载，经香港到上海，上海到天津均有班船。说没有经费吗？为什么其他学校可以搬呢？连私立中法大学都要搬了，为什么堂堂的国立西南联合大学不能搬呢？而当北大、清华、南开可以自行决定是否搬平的时候，这证明交通工具和经费是没有困难的。而当学校当局表示，七月在昆招收新生当自己没法去北平的时候，这也证明交通工具是没有困难的。因此说没有交通工具，不能搬了，是没有理由的。

因此，我们诚恳地向各位敬爱的师长们提出下列的意见：

一、一定得搬，决不能再在昆明开学。

二、请教授会要求学校当局详细公布交涉搬家经过及实在困难，以便寻求解决之道。

三、请即派教授赴香港上海交涉船只。

四、请要求教育部立即发给搬家费。

最后我们沉痛向教授会呼吁。八年来我们跟在你们后面，艰苦共尝，患难与共，你们不要忘了我们啊！而事实是，假如继续在昆开学的话，大批先生们走了，你们一定会忘了我们的。难道我们不能跟伪北大学生一样，在北平享受那样优美的学习环境吗？师长们：这是不可以的。因此我们向敬爱的师长们提出我们的意见，敬祈各位师长们考虑。①

在这封信上签名的同学，有的签姓名，有的签学号，这里无须细说。对于这封反映广大同学呼声的联名信，学校做了认真解释。4月15日，联合迁移委员会主任霍秉权和训导长查良钊在学生自治会召开全体代表会议上报告迁校交涉经过。《云南日报》报道："关于迁校交涉经过如下：（甲）学校迁校原则：（一）要迁，全体同时迁走。（二）全体迁走，可以免除学生分散，不易集中。（三）有病休学之同学可以不迁移。（四）本年临近毕业之同学可同行。（乙）路线问题：（一）昆明重庆线。此线二月间，曾在重庆开过复校会议，按当时决定先重庆后边区，联大迁校当在五、六月，按现在情形当不止于此。（二）昆明海防线，此线因滇越路未修复，且越南治安甚乱，故有困难。（三）昆明汉口线，此线曾向轮船调配处交涉，但因政府还都在即，用船量大，无法调配船只运载师生。（四）昆明香港线，此线一线走百色，因走新路，食住均发生问题，经贵州走梧州亦必为大队行驶，车辆成问题。（丙）经费问题：教部前规定走长沙，以长沙至北平可通火车，计算每人发旅费十余万元。现在火车尚未通，当曾酌予增加，但亦仅加为数万元。（丁）关于下期为上课之议，常委会因鉴于短期内无法迁校，为同学学业计乃有仍上课之议，但并未决定，仍等教授会之决定，代表会听报告后决定仍继续向教授会请求，下学期不在昆上课，即开始迁校。"② 昆明《中央日报》消息还说霍秉权报告中云："学校迁移事，现仍极力设法解决交通工具中，同学中欲先离昆者，可于十六日起登记。校方有车运送至长沙与梧州两地，所发费用，约十余万元。"③

---

① 《西南联合大学440位同学致全校师长函》（1946年4月12日），《西南联合大学学生自治会理事会为主张北上回到文化古都致梅常委函》，"国立西南联合大学档案"，档号：32-1-69。
② 《联大学生坚持暑期迁校北迁》，《云南日报》1946年4月17日，第2版。
③ 《联大迁校具体化离昆学生昨起登记由校派员送至长沙梧州》，昆明《中央日报》1946年4月17日，第2版。

实际上，不仅同学们盼望早日北返，教职员们也同样望眼欲穿，无不急于返回阔别 8 年多的校园，所以 4 月 12 日召开的教授会会议上，"多数皆反对下学期仍留昆、提前开课、延期迁移之主张"。[①] 17 日，学校召开校务委员会议，霍秉权报告了与行政院救济总署驻昆明办事处和公路局接洽运师生到长沙或梧州的经过，[②] 大意是行政院救济总署同意调拨特种优待车辆，按半价补助输送难民的办法，分数批陆续运送。换句话说，就是陆路交通基本没有问题，其他问题再设法解决。代表了广大师生共同心愿的 440 位同学的联名信，产生了应有作用，校务会议通过了与迁校密切相关的数项决议，其中最重要的是两个，一是建议常委会"应仍照原定日期结束，尽速设法迁移"；二是"建议常委会转函三校，下学年请定于十月十日开学，十月一日起学生开始报到"。这就是说，校务会议主张复员迁校日期不变，考虑到途中困难，将返回平津后的开学日期推迟一个月。为了加快这个两全其美的办法的落实，校务会议还"建议常委会加聘马大猷、吴柳生、胡志彬、黄子卿、汤佩松、杨西孟、叶楷、庄前鼎、冯文潜、孙云铸、孙承谔、吴达元诸先生为本大学联合迁移委员会委员"。[③]

4 月 23 日上午 10 时，全校停课 1 小时，梅贻琦向师生们报告复员情况。他说："学校当局因鉴于交通工具之困难，迁校需要时日，故为不荒废时日，乃有在昆上课一周之意。但全体师生返平心急，而且在昆上课也有许多困难，故仍决定暑期北迁，为减少迁移交通工具困难，原则为分别走，有办法就送走一批。路线方面，除汉口、重庆一线绝不可能，因船只少，渝方各校亦正待迁中，其他各线有办法就迁送。旅费问题，学校原则规定学生每人十五万元，教师二十五万元。以此标准计算，教部所拨经费相差甚多，但校方正设法中。"对于在北平的开学时间，梅贻琦说已决定为 10 月 10 日，但希望同学不必到得太早，因校舍设备还面临着很多困难。末了，梅贻琦不忘叮嘱同学们北迁后"要善用自由，要

① 《西南联大昨召开教授会议多数反对下学期留昆》，昆明《中央日报》1946 年 4 月 13 日，第 2 版。

② 《国立西南联合大学校务会会议记录·第八届第十次会议》（1946 年 4 月 17 日），《国立西南联合大学史料》（二），第 516 页。

③ 《国立西南联合大学校务会会议记录·第八届第十次会议》（1946 年 4 月 17 日），《国立西南联合大学史料》（二），第 516～517 页。

争学术自由"，说北平政治、经济一切不见得如何好，不要把一切问题都拿到学校里来解决。[①] 24 日，学校常务委员会召开会议，对校务委员会各项建议一律议决"照原建议案通过"。[②] 这次会议实际上是按照学校章程必须履行的一种形式，完成了法律性的手续，但牵动全校师生的迁校时间问题，至此得到圆满解决。4 月 25 日，西南联大举行本期学期考试与学年大考，考期一周，结束了这一年度的学业。学校正式通知，5 月初开始放假，办理结束手续，准备迁校。

复员日期确定了，行前的各种安排立刻提上日程。实际上，霍秉权 15 日在学生自治会代表大会上报告时说欲先离昆的同学次日即可登记，[③] 第二天就有许多同学报名登记，至 20 日已有 400 多人报名乘车登记。[④] 23 日登记截止，共有 760 人登记。[⑤]

八年半以来，云南人民以宽广的胸怀给予西南联大极大支持。对云南人民表示衷心感谢也是宣告西南联大离昆的一种方式。4 月 27 日下午 3 时，学校的大考还在进行中，梅贻琦、张伯苓、傅斯年三常委及教授多人便在青云路清华大学办事处举行茶会招待省参议员，对云南省各界父老表示感谢，会上，梅贻琦首先致辞，表示"联大自迁滇以来，多承地方政府及全省父老帮助，不胜感激"，学校北迁以后，"对此种帮助及在滇认识之朋友，将作永远之怀念"。梅贻琦还谈到云南矿产丰富，颇有研究开采之价值，以后如有机会，当继续进行考察。省参议会议长龚自知在答词中说："云南之教育文化，自联大迁滇后，获益良多，尤以本市各中等学校所得帮助最大，盖本市之中等学校均有联大师生任教也。又联大师范学院自在滇成立后，对本省师资之培养，实有莫大帮助，去年重庆开教育复员会议时，教部并准将该院留滇，改名成立昆明师院，此

① 《联大迁校化整为零，返平要争学术自由，梅贻琦昨对学生报告》，《云南日报》1946 年 4 月 24 日，第 2 版。

② 《长沙临时大学、国立西南联合大学常务委员会会议记录·第三七二次会议》（1946 年 4 月 24 日），《国立西南联合大学史料》（二），第 436 页。

③ 《联大迁校具体化离昆学生昨起登记由校派送至长沙梧州》，昆明《中央日报》1946 年 4 月 17 日，第 2 版。

④ 丁：《联大迁校照常进行，下学期将在北平上课，一部分学生由行总派车输送，全部迁移将在六月以后》，《云南日报》1946 年 4 月 20 日，第 2 版。

⑤ 《联大积极办理迁校暑假将于下月开始》，《正义报》1946 年 4 月 23 日，第 4 版。

实系联大在精神及物质上留滇之良好基础。此次联大北迁，实有依依不舍之意。联大系国内最有名之三大学组成，此次联大复员后，预料前途更加光明。"①

第二节　胜利结校

教育界最看重五四纪念日，1946 年 5 月 4 日上午，西南联大在图书馆举行了隆重的结业典礼。这天，昆明天气阴沉，还下起了细雨，像是与西南联大惜别的眼泪。

参加结业典礼的除了师生外，还有省政府代表陇体要、王政，省参议会代表徐继祖，军队代表晏玉琼，教育界代表熊庆来，知名人士马伯安以及英美法驻昆明领事馆领事等百余位。典礼上，梅贻琦以主席身份感谢地方协助、盛赞三校合作。他说："联大是勉强开始，也勉强结束。八年来许多困难承地方当局，及各界人士帮助，趁此机会致谢。八年相处，一旦离开，惜别意思大家都是一样，希望这离别只是暂时的，但不希望学校再迁来。"说到三校合作，他指出"虽三校各有各的作风，而终能大家互相谅解"，"回忆八年来，深深感到了合作的意义，也感到了合作的需要。西南联大所以能成功，就是因为参加分子都能了解这一点，都能互相谅解"。②

继之，汤用彤代表北京大学发言，说："联大开课是五月四日，刚好结业又是五月四日，这正是联大精神，不要忘记这个节日。中国文人相轻，不但三个学校联合不会成功，一个学校还要分裂。但联大是联合了八年，这正是小型民治精神的表现。民治精神就先要尊重各方意见，希望三校精神上以后继续合作，更紧要联合。"代表清华大学发言的叶企孙，认为"联大在昆明几年，不论地质、矿业调查、人类语言、民族调查、国事普查、农业研究、小型水利调查，对昆明都多少有点帮助"，而这些成绩建立在学术独立的基础上，因此"以后三校仍要求学者独立，每年三校当有一次讨论会，讨论研究结果及方针，这种联合精神对我国学者亦

---

① 《感谢地方父老，联大临别依依》，《云南日报》1946 年 4 月 28 日，第 2 版。
② 《联大完成历史使命，八年合作意义深长，昨日行结业礼三校开始北返，地方父老依依惜别互道离衷》，《云南日报》，1946 年 5 月 5 日，第 2 版。

定有大帮忙"。南开大学代表蔡维藩讲了五个感想："（一）三校联合八年如一日，望将来在北平的两个大哥哥，不要忘记天津的小弟弟。（二）联大同学不要忘记南开亦是一个母校。（三）昆明各界同联大的合作友谊是一段不能忘掉的历史。（四）提议每年联大校庆三校在一块庆祝一次，三校轮次做东。（五）联大由五四开始，五四的精神是重科学，重民主，重美术，联大北上，带重科学，重民主，重美术的精神北上。"① 听了这些话，梅贻琦以总结的口吻说："他们三个是写了一篇文章，正代表了联大精神。"② 来宾中，德高望重的马伯安先生代表云南士绅发言，他认为"我国建国一定要一二十年"，"望联大同学能负起这个责任来"。③

典礼结束前，全体高唱《国立西南联合大学进行曲》，慷慨庄严的歌声回荡在整个会场。④ 唱毕，冯友兰诵读"国立西南联合大学纪念碑"碑文，接着众人便一起来到校园内的后山，举行"国立西南联合大学纪念碑"揭幕仪式。这座伟岸的纪念碑屹立在今天的云南师范大学，已成为全国重点保护文物。该碑1100 余字的碑文由冯友兰撰写、罗庸书丹，苍劲的篆字碑额由闻一多挥毫，人称"三绝碑"。纪念碑碑文记述了西南联大抗战救国的历程，充满了浓厚的爱国情怀，颂扬了民族解放的空前胜利，抒发对国家未来的"旷世伟业"的期许。充满壮志豪情的碑文是这样写的：

> 中华民国三十四年九月九日，我国家受日本之降于南京，上距二十六年七月七日芦沟桥之变为时八年，再上距二十年九月十八日沈阳之变为时十四年，再上距清甲午之役为时五十一年。举凡五十年间，日本所鲸吞蚕食于我国家者，至是悉备图籍献还。全胜之局，秦汉以来所未有也。

---

① 《联大完成历史使命，八年合作意义深长，昨日行结业礼三校开始北返，地方父老依依惜别互道离衷》，《云南日报》1946 年 5 月 5 日，第 2 版。
② 田堃：《珍重，联大！——记一个八年合作的奇迹》，《云南日报》1946 年 5 月 5 日，第 2 版。
③ 《联大完成历史使命，八年合作意义深长，昨日行结业礼三校开始北返，地方父老依依惜别互道离衷》，《云南日报》1946 年 5 月 5 日，第 2 版。
④ 《联大完成历史使命，八年合作意义深长，昨日行结业礼三校开始北返，地方父老依依惜别互道离衷》，《云南日报》1946 年 5 月 5 日，第 2 版。

　　国立北京大学、国立清华大学原设北平，私立南开大学原设天津。自沈阳之变，我国家之威权逐渐南移，惟以文化力量与日本争持于平津，此三校实为其中坚。二十六年平津失守，三校奉命迁移湖南，合组为国立长沙临时大学，以三校校长蒋梦麟、梅贻琦、张伯苓为常务委员主持校务，设法、理、工学院于长沙，文学院于南岳，于十一月一日开始上课。迨京沪失守，武汉震动，临时大学又奉命迁云南。师生徒步经贵州，于二十七年四月二十六日抵昆明。旋奉命改名为国立西南联合大学，设理、工学院于昆明，文、法学院于蒙自，于五月四日开始上课。一学期后，文、法学院亦迁昆明。二十七年，增设师范学校。二十九年，设分校于四川叙永，一学年后并于本校。昆明本为后方名城，自日军入安南，陷缅甸，乃成后方重镇。联合大学支持其间，先后毕业学生二千余人，从军旅者八百余人。

　　河山既复，日月重光，联合大学之战时使命既成，奉命于三十五年五月四日结束。原有三校，即将返故居，复旧业。缅维八年支持之苦辛，与夫三校合作之协和，可纪念者，盖有四焉：我国家以世界之古国，居东亚之天府，本应绍汉唐之遗烈，作并世之先进，将来建国完成，必于世界历史居独特之地位。盖并世列强，虽新而不古；希腊罗马，有古而无今。惟我国家，亘古亘今，亦新亦旧，斯所谓"周虽旧邦，其命维新"者也！旷代之伟业，八年之抗战已开其规模、立其基础。今日之胜利，于我国家有旋乾转坤之功，而联合大学之使命，与抗战相终始，此其可纪念者一也。文人相轻，自古而然，昔人所言，今有同慨。三校有不同之历史，各异之学风，八年之久，合作无间，同无妨异，异不害同，五色交辉，相得益彰，八音合奏，终和且平，此其可纪念者二也。万物并育而不相害，天道并行而不相悖，小德川流，大德敦化，此天地之所以为大。斯虽先民之恒言，实为民主之真谛。联合大学以其兼容并包之精神，转移社会一时之风气，内树学术自由之规模，外来民主堡垒之称号，违千夫之诺诺，作一士之谔谔，此其可纪念者三也。

　　楷之往史，我民族若不能立足于中原、偏安江表，称曰南渡。南渡之人，未有能北返者。晋人南渡，其例一也；宋人南渡；其例二也；明人南渡，其例三也。风景不殊，晋人之深悲；还我河山，宋人之虚愿。吾人为第四次之南渡，乃能于不十年间，收恢复之全功，庾信不哀江南，杜甫喜收蓟北，此其可纪念者四也。联合大学初定校歌，其辞始叹南迁流难之苦辛，中颂师生不屈之壮志，终寄最后胜利之期望；校以今日之成功，历历不爽，若合符契。联合大学之始终，岂非一代之盛事，旷百世而难遇者哉！爰就歌辞，勒为碑铭。铭曰：痛南渡，辞宫阙。驻衡湘，又离别。更长征，经峣嵲。望中原，遍洒血。抵绝徼，继讲说。诗书丧，犹有舌。尽笳吹，情弥切。千秋耻，终已雪。见仇寇，如烟灭。起朔北，迄南越，视金瓯，已无缺。大一统，无倾折，中兴业，继往烈。维三校，兄弟列，为一体，如胶结。同艰难，共欢悦，联合竟，使命彻。神京复，还燕碣，以此石，象坚节，纪嘉庆，告来哲。

第二天，昆明《中央日报》刊登了冯友兰、罗庸撰写的《联大进行曲》，其文为：

引。冯友兰作。

八年辛苦备尝，喜日月重光，愿同心同德而歌词。

校歌词（满江红）。罗庸作。

万里长征，辞却了五朝宫阙。暂驻足衡山湘水，又成离别。绝徼移栽桢干质，九州遍洒黎元血。尽笳吹，弦诵在山城，情弥切。千秋耻，终当雪，中兴业，须人杰，便一成三户，壮怀难折。多难殷忧新国运，动心忍性希前哲。待驱除仇寇，复神京，还燕碣。

勉词。冯友兰作。

西山苍苍，滇水茫茫，这已不是渤海太行，这已不是衡岳潇湘。同学们，莫忘记失掉的家乡，莫辜负伟大的时代，莫耽误宝贵的辰光。赶紧学习，赶紧准备，抗战，建国都要我们担当。都要我们担当，同学们，要利用宝贵的时光，要创造伟大的时代，要恢复失掉的家乡。

校歌词后半阕（两遍）

千秋耻，终当雪，中兴业，须人杰，便一成三户，壮怀难折。多难殷忧新国运，动心忍性希前哲。待驱除仇寇，复神京，还燕碣。

凯歌词。冯友兰作。

千秋耻终已雪，见仇寇如烟灭，大一统无倾折，中兴业继往烈。维三校如胶结，同艰难共欢悦，使命彻，神京复，还燕碣。①

结业典礼这一天的活动丰富多彩。下午，学生自治会主办师生同乐会，以各种节目答谢各位老师8年来的艰苦教诲。② 各学生社团也纷纷献艺，举行了球类比赛，赛毕全校师生大聚餐，晚间则是游艺会。学校拨款了100万元，80万元作聚餐费，20万元作游艺费。③

第三节　惜别云南

有些同学没能参加结业典礼，第一批复员同学已于5月2日早上8时乘联合国救济总署的大卡车分别向长沙和梧州驶去。④ 结业典礼开幕时，第二批90名复员同学已在西站集中，即将乘三辆卡车前往长沙。⑤第三批150余人，于8日上午8时从西站出发。⑥ 此后，差不多每两天出发一批，7月11日上午11时，最后一批复员同学200多人，分乘7辆卡车离开昆明。在云南省档案馆"国立西南联合大学档案"中，保存着详细的乘车复员批次表格，记载了每批车辆的数目，出发的日期、到达的目的地以及乘坐人姓名、性别、所属学系、年级等信息。

从云南到北平、天津，关山险阻，相距万里，学校想方设法为每个同学提供了法币作旅费，同时还争取到联合国救济总署的支援，以运送难民回乡名义，免费用大卡车把同学们送往长沙、重庆。行前，救济总署在路边给即将登车的同学拍了张1英寸照片，贴在乘车证上。胡邦定同学还记得，由于照得仓促，几乎人人蓬首垢面，与被通缉的小偷差不

---

① 《联大进行曲》，昆明《中央日报》1946年5月5日。
② 《纪念八年艰辛历史，联大纪念碑昨揭幕，晨九时举行结业典礼》，昆明《中央日报》1946年5月5日。
③ 《胜利后首届五四节，联大在昆最后结业，各机关首长参加典礼纪念碑揭幕》，《云南日报》1946年5月4日，第2版。
④ 《联大复员学生今日首批出发》，《云南日报》1946年5月2日，第2版。
⑤ 《联大学生一批去矣，今晨搭车赴长》，《云南日报》1946年5月4日，第2版。
⑥ 木：《联大学生陆续离昆》，《云南日报》1946年5月7日，第2版。

多，说这也恰好与难民身份相称。[1]

西南是多山地区，贵州到湖南更是一路多山，沿途常出险情，胡邦定同学乘的车辆就遭遇过这种情况。那次车队中有辆车抛锚，他乘的车从后面赶来，司机下车协助修理，车停在约30度的斜坡上，司机下车时没拉上手闸，一位姓黄的同学便乘机坐到司机座上，东摸西蹭，一脚踩到离合器上，车身马上晃动起来向后滑行，把大家吓坏了。胡邦定恰好站在司机车座的门口，立刻用手紧紧抓住车门，想阻止车辆下滑。这时，被吓坏了的姓黄同学慌乱中无意识地把脚一抬，离合器合上了，车子也不再后移，大家才松了一口气。[2]

西南联大始自长沙临时大学开学的1937年11月1日，终至1946年5月4日，共存在了8年6个月。[3] 其间，就学的本科生与研究生共8000余人。本科生的学籍有4种，战前已在三校就学者，具有的是各自学校的学籍，学校迁昆后的入学者，则为西南联大学籍。据西南联大物理系毕业生沈克琦统计，4种学籍中，获得西南联大毕业文凭的本科生最多，为2440人，获得北京大学文凭者369人，获得清华大学文凭者728人，获得南开大学文凭者195人，合3732人。西南联大没有设立研究所，研究所由三校独自设立，各自招收、培养，内中北京大学毕业研究生19人，清华32人，南开大学24人，合75人。[4] 西南联大结束时，未毕业的本科生根据自愿原则选择继续求学的学校，在登记的1665人中，选择北京大学者666人，选择清华大学者936人，选择南开大学者63人。

云南人民怀着依依不舍的心情送别西南联大，同时也给予了这所高等学府极高的评价，寄予了殷切的期望。《云南日报》在专题社论《惜

---

[1] 胡邦定：《从昆明到北平——1946年西南联大复员北上纪行》，《中共党史资料》2009年第3期。

[2] 胡邦定：《从昆明到北平——1946年西南联大复员北上纪行》，《中共党史资料》2009年第3期。

[3] 西南联大举行毕业典礼后，后继工作至1946年7月31日方正式结束。

[4] 关于西南联大毕业的本科生人数，目前存在不同数字。《清华大学史料选编》第3卷下册根据1946年4月昆明西南联大校友会编印的《西南联合大学校友录》，并经《国立西南联合大学校史》主要执笔者张源潜校核补充，统计为3343人。2005年西南联大北京校友会会长沈克琦在纪念抗战胜利60周年大会致辞中说：从1937年11月1日长沙临时大学开学上课，到1946年7月31日西南联大正式结束，九年时间内共有在校学生8000余人，毕业本科生3732人、专科生74人，获硕士学位者75人，合计3881人。

别联大》中深情地写道："与抗战相始终的国立西南联合大学，于昨日（五四）举行最后结业典礼，自这天起，联大结合的三个单位——北大、清华、南开三大学，开始离滇东北上，分别赴平津复校。我们全滇同胞，尤其是昆明的同胞，八年来与联大师生，朝夕相依，情感极深，今天握别了！一声珍重，万里依依！临别赠言，能不潸然！"

社论从三个方面对联大表示惜别和感谢。第一，认为北大、清华、南开"各有各的历史成就，各有各的教育作风。数十年来，先后支持着中国的文化阵容，培拥着中国的民族新生。抗战军兴，三大学合并南迁，万里迢迢，终止昆明。八年来始终合作，写下了伟大的文化抗战、文化动员的史绩。这就整个的意义上说，它是中国历史上的第三次民族大迁徙，但是进一步，就文化、教育本身的意义上说，它真可说是中国甚至于世界史上大规模的文化蒙难了！中国社会五千年来，始终靠士大夫阶级支持着，这是一着胜利的棋局。士大夫阶级到今天仍是民族的潜力。日本侵略中国，毒焰遍及南北，却放走了这一批文化集团。胜利之局，就决于此。这一个历史使命，昆明何幸竟得完成它的地理环境。昆明的能成为抗战基地，在抗战史上的地位，几乎驾蜀蓉而上之，是联大选择昆明呢，还是昆明选择联大呢？"

第二，认为云南居西南极边，重山叠岭，瘴雨虐烟，文化落后不可讳言，民国建立以来，虽有护国护法，义师四出，但文化经济仍十分贫乏。而"联大撮合全国文化菁英、老师宿儒，将黄河流域长江流域的文化硕果带到了云贵高原"。从历史上看，"有东晋的南迁而后有六朝隋唐的文化结晶，有南宋的南迁而后有明清的文化总汇，现在联大的南来，它赐予我们云南的文化灌输、熏陶，表面上的成就固已深深值得珍重，而风声所及，孕育培护，其影响有不可想像的成果。其间如师资的借重，地质、矿业、人口、语言、农业的科学的调查，县志文献的纂修，水利、工业的开发，这些都曾有伟大的表现。这是令人兴奋互助合作的精神，也是文化潮流的作用。抗战促成中国的政治统一，却更促成了中国文化的团结。昆明承受了这伟大的文化南向的主流，这是多么的幸运！"

第三，指出"民主""自由"是现代历史的主流，其精神、风度、理论的实践，就靠学校的示范。集合了三个作风不同的西南联大，"见仁见智治于一炉，八年合作，始终保持着自由、民主、合作的学术气氛，始终保持着类似剑桥、牛津的风气。这种伟大的学术风气所给予我们西南青年的影响，只要我们善于接受，善于应用、发挥，其力量是不要限量的。西南人民忠诚朴实，北方人恢廓大方，东南人活泼机警，我们云南青年，八年来就受了很多的取益！"

《云南日报》社论认为西南联大的南来是"非常时期中的非常事件"，云南人民"不禁深深地可惜八年的时光真地太短"，而且倍觉"历史赐予我们宾主们的机会太巧也太好"了。虽然将与联大师生地北天南，但"我们的精神永远接触地依着，情感永远联系着"。[①]

第四节　永垂青史

在抗日烽火中诞生的西南联合大学，在抗战胜利后光荣而圆满地画上了一个句号。今天，人们回顾这所战时高等学府的历史时，思考最多的是什么是"联大精神"。实际上，这个问题很早在西南联大师生中进行过讨论。这里，仅以《民主周刊》的一篇时评，作为讨论的总结。

1945 年 11 月 1 日，西南联合大学举行抗战胜利后的第一次校庆，学生自治会还举办了校庆周，活动从 10 月 29 日起延续到 11 月 3 日。当西南联大师生们热烈庆祝校庆之时，《民主周刊》发表了题为《联大精神》的时评。《民主周刊》是云南民盟的机关刊，历任主编均是西南联大教授，编辑中也有多位西南联大的学生，对八年来西南联大走过的道路有着亲身感受，对"联大精神"也有着深刻的见解。因此，这篇时评可以说是他们对这个问题的回答。

文章起首写道："国立西南联合大学今天在庆祝抗战以来最后一次校庆，在这有特殊意义——充分表现出团结、联合精神，值得当前一切政党、全体人民学习的精神——的日子，我们于此谨申贺意。"对于"联大校庆应该为中国人民所纪念的意义"，时评指出就是"战斗的精神""团结的精神""民主的精神"。

文章写道：

---

① 《惜别联大》，《云南日报》1946 年 5 月 6 日，第 1 版，"社论"。

第一，八年以来的西南联合大学校史，在中国人民斗争的进步的光明的一面说，也就象征了同年龄的抗战史。联大是抗战的产物，八年来饱经挫折，受尽流离颠沛之苦，从北平天津流亡到长沙，而昆明、蒙自中间，且曾在四川叙永一度设立分校。即就昆明而论，校址也经过若干次的转徙，一度在工校，一度在昆师，一度在农校，最后才形成当前以旧昆中为基础，横跨北城，半郊半市，带上拓东路工学院的稳定局面。同时，联大本身在抗战阵营中，始终坚守岗位，用最大的努力尽其任务。在长沙、在昆明、在敌人疯狂的轰炸下，在敌人入侵的威胁下，仍然弦歌不辍，作育人才。八年来没有停过一天课，挺起胸膛，咬紧牙根，在极端简陋的设备，极端困难的环境下，造就了以千计以万计的青年，以其所学，为祖国服务。就其动荡和艰苦的情形说，象征了每一个在斗争中，在不断进步中，坚贞卓绝，不屈不挠，再接再厉的中国人民的生活，也就是中华人民在受苦难的缩影。

联大的精神是战斗的精神。

第二，如联合大学命名所昭示，西南联合大学的组成分子是北平的国立北京大学，国立清华大学，天津私立南开大学。这三个大学本身各有其悠长的历史，有其独特校风，北大以自由，清华以谨严，南开以活泼著称。在战争爆发后，三校合并为一，虽然三校各自保留单一的行政机构和研究所，但是就联大而论，却完全做到团结一致的精神。三校的教员职员同时是联大的教员职员，学生除开少数联合以前所招收，因战争而休学，隔了一些时候复学，仍算作三校原来的学生以外，其他一律是联字号的，无分彼此和畛域。其次，学校行政方面，由教授会议决定治校原则，由教授会议所产生的校务会议负责计划，由三校首长所组成的常务委员会负责执行，处理日常校务。三校间当然也有时不免争执，闹一点小纠纷，小意气，但是这些小别扭并不会妨害团结，更不会破坏联合，大家的注意力都集中在大处，无论如何，要做到联合大学的合理的进步的发展，团结之中固然有斗争，斗争也推动着整体前进，尤其重要的是在团结联合的坚强基础上，和外界的恶势力斗争。在这情形下，三校原有的机构，类似三个政党，联合大学是这三个政党以民主的方式所产生的联合政府。联大教授会议是西南联合大学的立法制宪机构，学生自治会是联大学生的自治机构，类似民主国家的两院，两院休会期间的执行机构是校务会议和学生理事会，谁都可以说话，谁都得服从决议。这制度保证了联合，巩固了联合。三校的校风，在长期的团结联合中，融合贯通，也造就成了联大的新校风，自由，谨严，活泼兼而有之的联大校风。

联大的精神是团结精神。

第三，受了战争的洗礼，流亡和轰炸的锻炼，原来养尊处优的三校师生，在这八年中，过惯缩紧裤带，肘穿肩露的战时生活，从象牙塔走到十字街头，从十字街头跌进贫民窟，也就是说联大生活在人民中，联大的大多数成员都成了真正人民的一员了。物质的困苦铸成精神的坚强，阶层的转变也自然消除了过去和人民隔离的鸿沟，他们不但拉近人民，而且道道地地生活在人民中，体验，明白了人民大众的痛苦，遭遇。于是对现实的不满，控诉，要求改革的言论和行动，成为一股有力的洪流，从联大冲出，造成有力的舆论，促使全国和世界人民的注意。他们敢说，敢写，敢哭，也敢笑，敢骂。正义的呼声和行动，继承了光荣的五四更为发扬光大。民主堡垒的声誉蒸蒸日上，真够得上说是"贫贱不能移，威武不能屈"的地步。

联大不但是进取性的民主堡垒，为民请命，实现自由而民主的生活。并且也是民主生活的实验园地。在学校范围以内，壁板墙上张贴满了民主的刊物，也有不少针锋相对立志相反的刊物。教师中有属于民主同盟的，有国民党员，也有无党无派的人物，各人就自己所见说话，论证也不会干涉谁，更说不上刀枪相见。往往在同一时间，大会堂的时事晚会在畅论新型的民主，另一会场则正在举行党团的集会。发表、演说、集会这几种自由，在校门内算是充分实现了。

联大的精神是民主精神。

西南联合大学为社会所尊重，为学术界所尊重，奠基在她的精神——战斗的、团结的、民主的精神上。

今天是联大的最后一次校庆，今后，三校都要复员到平津，西南联合大学即将成为历史上的名辞了。我们，除了由衷的庆贺以外，提出两点希望，作为贺礼：

第一，当前的国是，必须团结，必须从缔造联合政府下手，来解决当前的危机，建设自由、进步、民主的新中国，这是全国人民一致的要求，也是时代所赋予的任务。联大所表现的团结，联合的精神和成就，正是当前国是的借鉴和得寸进的先导，并且是成功的实例，值得政党学习，值得全国人民学习。

第二，三校复员以后，除开继续在学术的岗位上作领导以外，我们虔诚地盼求，不要放弃，而且更要积极地发扬联大的战斗、团结、民主的精神，在人民的立场上，作人民的代言人，为民请命，实现自由、进步、民主的新中国！①

---

① 《联大精神》，《民主周刊》第 2 卷第 14 期，1945 年 11 月 1 日。

结　语

集中了整个民族的意志和愿望，并积累了长期历史经验和生存智慧的民族精神，是一个民族赖以生存和发展的精神支柱，也是这个民族实现共同理想和发展目标的内在动力。任何民族的成长壮大，都离不开民族精神的凝聚和支撑。体现了中华民族特质的中华民族精神，是生活在中国土地上所有民族在长期历史积淀中升华起来的，它是中华民族的核心和灵魂，是中华民族生生不息的精神源泉和维系全民族的纽带。每当中华民族面临生存与发展的重大时刻，民族精神的弘扬便自然成为时代的主旋律。鸦片战争以来，由于封建统治的腐朽没落和帝国主义列强的侵略蹂躏，中国饱经磨难、历经沧桑。中国人民为了改变受人欺凌、积贫积弱的境遇，实现民族复兴的理想，奋起抗争、前赴后继、发愤图强，而抗日战争就是中华民族历史上最伟大、最神圣的民族解放战争。

抗日战争是中华民族为维护国家独立，维护民族尊严被迫进行的一场自卫战争。日本帝国主义的侵略，给中国人民造成极其深重的灾难，北京大学、清华大学、南开大学在战火中的遭遇，西南联合大学的不断迁徙，学校面临的从未有过的艰苦条件，日军对大后方毫无人性的狂轰滥炸，等等，都是千千万万中国人民灾难生活的一个缩影。但是，战争也促进了中华民族的空前觉醒，人们的意志在战争中受到考验，思想受到锻炼，使这场被迫进行的自卫战争成为中华民族复兴的契机。西南联合大学与中国人民一样，以空前的勇气和忍耐，克服了难以想象的困难，在八年全国抗战中，师生们的眼界得到开阔，思想逐渐成熟，经验不断丰富，信心更加坚定，终于和全国人民一起迎来了抗日战争的伟大胜利。

抗日战争是中华民族复兴的枢纽，但是复兴的道路不仅漫长，而且伴随着艰苦。因抗战而生，为抗战而建，抗战胜利方结束的西南联大，是中国教育界抗战史的一个重要组成部分。为了抗战救国，为了建设现代化的国家，西南联大师生创造了许许多多的业绩，但它留给后人最宝贵的是一种文化遗产，这就是"联大精神"。"联大精神"四个字的意义，很早就被意识到了。1944 年 5 月 8 日西南联大师生在图书馆前大草坪举办五四文艺晚会，会后《云南日报》记者在长篇报道中起首第一句话就是："有什么能够代表联大精神吗？记者认为就是今天这个晚会。"①1945 年 11 月 1 日西南联大举行 8 周年校庆，吴晗在 2000 多师生参加的"八年检讨会"上，以"联大精神"为中心做了演讲。②这天，《民主周刊》特发表了一篇题为《联大精神》的时评，认为西南联大的精神就是"战斗的精神""团结的精神""民主的精神"。1946 年 5 月 6 日，《云南日报》为西南联大即将离开昆明发表的《惜别联大》社论，把北大、清华、南开三校的传统概括为"民主的堡垒""科学的渊薮""教育的典型"，这同样也是对联大精神的一种理解和总结。西南联大复员后，每年的纪念活动都无一例外怀念联大精神，称赞联大精神，强调发扬西南联大的精神。

"国家兴亡，匹夫有责"，在这场中华民族的深重灾难之中，西南联大的知识分子群体，充分发挥其独特的知识优势，用知识的理性创造物质条件，抵御日本帝国主义的枪炮；用文化的力量凝聚中华民族的精神，抗击日本帝国主义的强虏；用精英的影响力发展对外关系，为中国赢得这场反法西斯战争做出重要贡献。西南联大的知识分子群体，高举科学的理性和民主的精神，为唤醒一个民族的信心与勇气而呐喊，为建设一个强大的现代化国家而献策批评，甚至为此付出鲜血和生命。知识抗战、教育救国、学术建国、文化兴国、民主强国，是西南联大在短短 8 年多的办学历史中对中国社会最大的贡献，是西南联大留给今天的最宝贵财富。

一　坚定教育救国理念，培养抗战急需人才

1937 年，日本发动全面侵华战争，中国的高等学校教育遭受了战争的巨大破坏。"七七"以前，全国共有各类高校 108 所，但事变爆发后一年内，即有 91 所遭到破坏，25 所因被破坏严重而陷于停办。③作为最早

---

① 本报记者：《漫长的道路——记联大的文艺晚会》，《云南日报》1944 年 5 月 8 日、9 日，第 3 版。

② 《联大校庆昨开检讨晚会》，《正义报》1945 年 11 月 1 日，第 3 版。

③ 军事科学院军事历史研究部：《中国抗日战争史》中卷，解放军出版社，1994，第 386 页。

实施南迁、西迁的高校之一，清华大学、北平大学、南开大学于 1937 年 11 月 1 日迁校至长沙，西南联大的前身长沙临时大学诞生了。也在这艰难困苦的迁徙路上，联大的师生与中国知识界的同人一同认真思考着一个关系自身去留和关系国家命运的问题：在国家危难之际，知识分子应做什么？是投笔从戎，用自己的血肉之躯去抵挡国家的强敌，还是专心于学问，教育救国？身处长沙的临大师生，经过激烈辩论和慎重思考，达成了思想的共识：在国家危难的关键时刻，知识分子须承担起更艰苦、更困难的使命，那就是拿起知识的武器，以知识抗敌，以文化强国，这才是国家不亡之根本，这才是民族强盛的根基。这一共识的达成，不仅稳定了当时彷徨的联大师生的人心，而且因清华、北大、南开三所大学在中国高等教育中的声望与号召力，他们坚定了南迁云南昆明继续办学的决心和行动，对当时国民政府积极实施战时教育政策给予了重要的支持。

1938 年，国民政府成立了全国战时教育协会，负责全国学校、研究所的迁建工作，决定在西南、西北建立抗战教育基地，为长期抗战做准备。从 1937 年到 1939 年，东北、华北、东南一带的高等院校几乎都向西、向南、向大后方迁徙，如中央大学、交通大学、复旦大学迁到重庆，武汉大学内迁四川，浙大迁到贵州。一部分大学迁往西北几省，如北平大学、北平师范大学和北洋工学院迁往西安，焦作工学院迁往陕西天水，东北大学和民国大学迁入山西。还有一部分大学由大城市迁往本省内比较偏远的县镇。如中山大学迁往梅州，山西大学迁往晋西，厦门大学迁往长汀，广西大学迁往柳州，等等。因战事影响，有些大学还多次迁徙，如清华、北大、南开从北平、天津迁往长沙，之后迁往昆明成立西南联合大学。同济大学辗转于沪、浙、赣、桂、云、川等地，共迁了 6 次。中山大学迁校 7 次。高校内迁于 1939 年底基本完成。到 1940 年，高等学校和在校学生都恢复到战前水平，大学 113 所，学生 52376 人。[①]

这些高校的大规模内迁最大限度地保持和存续了国家的教育资源和人才储备，在最困难的环境下最大限度地维持着中国的科学技术发展和文化传承创新，为全国长达 8 年的全面抗日战争提供技术支持和精神动

---

① 《1937 抗战爆发 大学内迁》，《南方教育时报》2013 年 10 月 18 日。

力。在严酷的全面抗战时期，中国的高等教育不但没有停滞，反而呈现出新的发展气象，而且还对文化发展相对落后的迁入地形成了强大的文化扩散效应。这些成就的取得，与西南联大为代表的中国高等学校坚持教育救国的理念，用实际行动坚持不懈地推进战时教育密不可分。

高等学校，是知识创造的摇篮，是知识传播的平台。培养社会需要的人才，是高等教育最基本的职责。在战争年代里，一个有社会使命感的大学，必然将这一职责转化为具体的行动，即在其教学中以培养国家最需要的人才为其重点，在研究中将国家最急需的学科作为学术创新的重点。西南联大是中国高等教育优秀学府的联合体，学校拥有数学、物理、化学、工程技术、历史、地理、文学、外语等多学科人才培养队伍。在战争期间，西南联大不畏敌机空袭，各学科正常开设，还发展了一些战时急需的学科、专业和课程。如航空工程学系，就是西南联大时期新开设的专业，该专业除了进行人才培养以外，还进行空气动力学的研究与实验，以及飞机材料、航空气象等方面的科研。针对日本侵略者在中国使用化学武器的紧迫局势，西南联大化学系开设国防化学方面的课程，并在昆明广播电台播讲《化学战争》讲座，普及预防化学武器的知识。国防部在昆明设的军队干部培训基地、译员培训基地等机构，不少培训课程是由西南联大老师教授，培养了一大批国家急需的各学科、各门类的高级人才和专业人才。2005 年，时任西南联大北京校友会会长沈克琦在纪念抗战胜利 60 周年大会上说：从 1937 年 11 月 1 日长沙临时大学开学上课，到 1946 年 7 月 31 日西南联大正式结束，9 年时间内共有在校学生 8000 余人，毕业本科生 3732 人、专科生 74 人，获硕士学位者 75 人，合计 3881 人。[①] 这些受过高等教育的知识精英，后来投入社会各行各业，不少人成为哲学、人文学科、社会科学、自然科学、工程技术、文学艺术等领域的学术带头人，为中国抗战胜利和中华民族复兴、对中国革命和建设事业及世界科学发展，做出了卓越贡献。

经过专业训练的西南联大毕业的学生，一进入社会就很好地用其所

---

① 沈克琦：《在西南联大北京校友会纪念抗战胜利 60 周年大会上的讲话》，《西南联大北京校友会简讯》第 38 期，第 3 页。

学的知识报效祖国。当时全国唯一的机械化军校——陆军交通辎重学校培训的学员中就有 30 多人来自长沙临时大学（西南联大前身），他们一些人经过 8 个月培训后，成为中国第一个陆军机械化部队的主力成员。还有不少投笔从戎的西南联大毕业生，有的成为空军飞行员，有的成为军医，有的在部队担任气象工作，有的担任政工工作，有的担任宣传工作。更有不少西南联大的毕业生参加了设在昆明的"战地服务团译训班"，接受专业的空军、航空知识和中美文化知识的培训，为基地设在昆明的"中国战区中美空军混合大队"服务。众所周知，这支俗称"飞虎队"的空军部队，在抗击日本法西斯的战争中战功赫赫，给予嚣张的日本军队迎头一击，极大地鼓舞了中国军民的士气。"飞虎队"的战功，不仅应记在陈纳德及英勇的中美空军飞行员身上，也应记在为空军基地提供技术保障和后勤服务的西南联大学生身上。此外，在史迪威公路（中缅国际大通道）修建中，亦有不少西南联大土木工程、机械专业的毕业生参与设计与施工，为打通中缅印国际大通道、实现世界反法西斯战争国际同盟并肩作战做出积极的贡献。

由此可见，在特殊时期，西南联大培养的人才，有相当一部分直接服务于战争需要，与普通士兵不同的是，这些在军队服务的学生，都担任技术性军职，充分发挥自己所学的知识技术之长，补国家、军队技术人才之急需。虽然他们与浴血奋战在抗战前线的百万大军相比，在数量上并不占优势，但是他们掌握专业军事技术，在战场上发挥着以一当百的重要作用。此外，还有众多西南联大毕业生，在非军事行业中兢兢业业奉献其才华，间接为抗战服务，为中华民族复兴的伟大事业尽其力量。

二　发挥科学研究专长，服务抗战大局

进行科学研究，推动知识创新，是高等教育的重要目标，也是大学教授的基本工作职责。中国传统知识分子，既有"两耳不闻窗外事，一心只读圣贤书"的出世哲学，更有"风声、雨声、读书声，声声入耳；家事、国事、天下事，事事关心"的入世情怀。孔子提出"士志于道"，要求"士"能够超越于他个人和所处群体的利害得失，而表达对社会的深切关怀。在抗日战争这个特殊的时期，西南联大的学者们，他们将其

"志于道"的社会关怀实践于他们的学术研究，努力探索学术救国的道路。

密切关注国家需要与科技发展新趋势，将其研究服务于抗战大局，是从事科学研究的西南联大学者们努力的方向。西南联合大学的学者们所开展的航空风洞实验，显而易见是应当时战争之急需，是直接服务于中国国防建设的大局。吴大猷、华罗庚等前辈科学家于1945年开展的中国核武器的研究计划，以及西南联大学者开展的无线电实验、地质调查，以及参与铁路建设、与军事生产部门合作、受当地企业委托开展的诸多应用型专题研究，展现了中国知识精英用其才能智慧报效国家、为抗战事业贡献力量的努力。不少从事基础科学研究的学者，在艰苦的研究条件下，仍然在学术上取得瞩目的创新成果，以华罗庚《堆垒素数论》为代表的数学理论研究，不仅使中国的基础学科研究受到世界的重视，也为中国未来的高科技和现代化建设提供了理论基础。

充分了解中国社会实情、探究当时中国社会的问题与矛盾，寻求解决问题的途径，是从事社会问题研究的学者开展学术研究的主要出发点。如西南联大社会学系组织开展的国情普查，云南大学社会学系组织展开的乡村调查，以及西南联大学者对当时物价、战时经济等问题的分析与研究，等等，都是学者们用自己的智识积极服务于国家的表现。

理性思考中国之情势与中国历史大势和未来命运之关联，是一个学者家国情怀的体现。西南联大从事传统文化研究的学者，发挥自己的专业所长，通过学术探索，来表达自己的爱国之情、激励民族精神。如，史学家钱穆在最为艰难的1940年完成《国史大纲》撰著，期冀中国人了解本国历史，对中国历史心怀敬意，并从中国悠久历史文化和先民创建国业的事迹中汲取民族精神，激发民族意识，增强文化自信和民族自信。哲学家冯友兰也在抗战时期完成了著名的"贞元六书"，旨在努力为中华民族寻找精神武器，以促使中华民族精神上的团结，为未来的文化建设提供营养。史学家雷海宗通过抗日战争重新思考中国文化的新生意义，做出了抗日战争是中国结束旧文化局面、创造新文化局面的最佳契机的展望。义学家闻一多考证龙的图腾的来源，以证明中华各民族的同源性。这些严谨的学术成果，饱含着知识群体的民族忧患意识和文化担当精神。

搜集抗战史料，积极展开日本研究和国际关系研究，通过学术研究，达到知己知彼，这也是西南联大学者积极而为的一项重要研究工作。众所周知，20世纪初期日本帝国主义为准备发动侵略中国的战争专门成立的东洋史研究机构，研究中国历史文化。在伪满时期，日本侵略者还在东北地区进行了大规模的中国国情调查，这些调查资料，为日本当局制定对华政策提供了重要的决策咨询。相对于日本的研究，中国对日本的研究则远远不足。日本侵华战争爆发以后，中国政府也加强了日本研究，但相关机构所开展的研究主题，多集中于政治、经济、外交、社会等现实问题。西南联大不少从事历史、文化和国际问题研究的学者，以其学术所长主动开展日本研究。如西南联大姚从吾教授早在抗日战争全面爆发之始，就在全国征集抗战资料，拟建"中日战史文库"。他所倡导的编纂中日战事史料文库之议案，在西南联大多位教授的支持下，获得了国民政府参政会议的通过，由北平图书馆馆长袁同礼担任主席，西南联大文学院院长冯友兰担任副主席的"中日战事史料征辑会"正式成立。该征集会克服经费紧张、人员缺乏等诸多困难，全面征集、整理和保存了有关全民抗战、前线战况、日本问题、远东问题等方面的各类报纸杂志、书籍、图画、照片、地图、统计报告、布告、信札、日记及各种宣传品，不仅为当时唤起民族精神、研究抗日对策提供了丰富资料，也保存了大量反映日本侵华罪行的原始资料，为此后研究中日战争史提供了宝贵的第一手资料。

抗日战争是世界反法西斯战争的重要组成部分，要取得抗战胜利，必须密切关注不断变化的国际时局，并对中国战场的影响做出预判和分析。西南联大的教授们，无论从事国际关系研究是其所长与否，他们以关心国家大事、关注形势演变为己任，密切关注日本内阁变动和英、美、苏等国家的政策动向；他们通过在报刊等媒体撰写评论和学术演讲等方式，评论英日谈判、思考天津事件、批评对日妥协、分析国际矛盾。这些建立在学理层面上的时局评论，对中国政府制定国际关系政策有积极意义，亦对广大民众了解时局、思考中国未来有积极帮助。

三 发挥舆论动员作用，激励全民团结抗战

面对日本法西斯主义的残暴，面对武器落后、物质匮乏、敌强我弱、持久作战的不利战局，精神的坚持和必胜的信念尤为重要。西南联大师

生充分认识到凝聚中华民族精神的重要性，他们拿起笔墨，鼓起喉舌，积极投身于抗战的宣传和民族精神的激励之中。他们积极利用学术平台、新闻媒体、文化广场等诸多形式，向全社会广大民众传递着抗战必胜、中国必强的信心，向各民族同胞呼唤着团结一致、共同抗虏的行动。

正如西南联大校歌所言："诗书丧，犹有舌"。西南联大教授们在广播电台上播讲的"名人演讲""学术讲座""时事评论"等，为广大民众坚定信念、坚持抗日提供了理性思考视角。西南联大师生负责的多语广播，为国人与盟友了解战时中国与世界、争取国际援助、动员海外爱国侨胞参加抗战，发挥了重要的作用。不仅如此，西南联大师生还用心中的热情，创作出一首首激情飞扬的诗歌和一幕幕生动活泼的话剧，激荡着广大民众的爱国情怀，警醒着大后方试图逍遥安乐的人们。西南联大师生们踊跃捐款，用微薄之力为抗战尽一份责任。学生们写出一封封洋溢激情的慰问信，鼓舞前线将士战斗的决心。他们还走出校园，走到街头、乡村、田野，宣传兵役和文艺演出，进行民众话语动员，为全民抗战做出不懈努力。

特别是1938年底，出现汪精卫携部分政界要人和知识精英叛国投降事件之后，全国各地泛起了投降主义的嚣尘。西南联大的学者们，主动亮出他们理论之剑，通过各种学术刊物或学术讲座活动，或振臂高呼，反对投降主义；或引经据典、实证分析，褒贬时政，驳斥投降派的谬论。如冯友兰、傅斯年、王赣愚等知名学者纷纷投书报刊，拿起理论的武器批判投降派。针对中国经济落后于日本，抗战难以取胜的悲观言论，及日本经济即将崩溃的盲目乐观言论，从事经济研究的西南联大教授通过演讲或撰文，客观分析中日经济力量对比及中国战胜日本的经济基础，有力地驳斥了悲观派和乐观论。

四　运用视野开阔优势，推动国际永久和平

抗日战争是全世界反法西斯战争的重要组成部分，要取得抗日战争的胜利，不仅需要中华民族浴血奋战、全民抗日，还需要尽可能地取得国际社会的支持与帮助。西南联大的知识群体，不仅拥有高学历和渊博学识，还拥有前瞻性的学术视野和国际性的话语地位。西南联大的教授们，发挥其社会精英的优势，或积极参政议政，为国家制定战时政策提

供智力支持；或利用自己在国际上的影响力，承担起战时外交等重大国家任务。

　　早在抗日战争全面爆发之前的 1934 年，胡适、钱端升应国民政府的委派，赴美宣传抗日。胡适肩负着国家赋予争取国际合作与支持的重任，利用其游刃有余的外交技巧和个人学术魅力，在 51 天的赴美行程中演讲 56 次，获得了很好的效果。钱端升除了在美国与胡适共同展开抗战外交，还前往英国、法国等国家考察欧洲各国政府对华政策的信息以及欧洲各国的复杂关系，回国后向国民政府呈递的《欧洲与中日战争》报告，不仅较为翔实地分析了欧洲各国对中日战争的态度及其可能发生的变化，还提出了中国抗战外交、争取支援的重点国家等重要的建议，对国民政府正确判断当时的国际时局，制定适宜的抗战外交政策有积极作用。

　　随着抗日战争国际合作的不断加强，昆明成为国际合作的重要基地：昆明是中国唯一国际大通道——滇缅公路的始发点，是美国援华部队的基地，美国、英国、法国、荷兰等国都在昆明设立了总领事馆、使馆，一些国际机构也在昆明设立了办公机构。昆明的国际交流与合作空前活跃，西南联大利用其独特的学术平台，在增进国际友人合作方面做了重要的贡献，如接待英国议会访华团，接待英国著名学者陶德斯（陶育礼）、尼达姆（李约瑟），接待美国副总统华莱士到校访问，以及各种民间交往。西南联大所开展的这些国民外交，积极有效地向西方国家传递了中国抗战到底的决心，对中国政府与国际反法西斯国家建立同盟关系，争取更多的国际援助起到了积极的作用。

　　在日本战败投降成为定局之际，如何处置日本成为当时的重要问题。针对当时社会上广泛议论的"从宽善待""从严惩治""区别对待，着眼长远"三种意见。以钱端升、刘文典等学者为代表的西南联大教授以学者的眼光审视现实，着眼于更为长远的两国关系和国际社会问题，提出了理性的处置措施，即不能将日本军国主义所犯下的罪行由日本普通百姓来承担，中日人民应和平共处。今天，距抗日战争胜利已经有 70 多年的历史，回顾这段历史，重新审视当时中国政府处理战后日本问题的国家政策以及对今后的中日关系和国际关系的影响，我们可以更为清晰地认识到，当时西南联大教授所提出的这一理性处置日本的主张，是符合中国利益的长远大计，是维护世界和平的积极姿态。

五　继承问政优良传统，推进民主建设进程

八年全面抗战，对于深受战争之苦的中国人民是一场持久的战争，但是在历史的长河里，八年也只是短暂一刻。日本帝国主义发动的这场反人类的战争，从它开战之时就注定了其失败的结局。作为有忧患意识的社会精英，西南联大的学者们，从战争一爆发，就在思考一个严肃的问题：为什么今日之中国会被一个小小的日本民族欺凌？答案是明确的：是因为中国的落后，国家落后就会遭受欺凌，民族落后就会遭受奴役。唯有国家强大、民族强盛，中国才会有美好的明天。

"修身、齐家、治国、平天下"，一向是中国知识分子的志向，在国破家亡的深切痛苦之中，昔日治国平天下的士大夫理想，在西南联大这群深受西方启蒙思想影响的现代知识分子身上，体现为对自由和民主的向往和追求。抗日战争爆发后，中国的全面抗战、全民抗战使不少知识分子深切认识到实施民主政治是推动中国现代化国家进程的基本动力。特别是第二次国共合作及抗日民族统一战线建立，社会精英们更加清醒地看到：抗战需要全民动员，团结一切能够团结的力量；抗战需要联合各党派，有效动员和组织民众反抗帝国主义侵略；建国需要联合政府，解决独裁统治下滋生的贪污腐败、效率低下等社会毒瘤；建国需要民主政治，自由、民主、平等是人类追求的最终幸福。

西南联大的学者们，为了内心深处"民主、进步、繁荣"的理想中国，努力利用自己在社会上的影响力和各种社会平台，不断呐喊、呼吁。参政议政，是知识分子建国理想实施的一个途径。西南联大不少学者是国防参议会和国民参政会的成员，这两个机构是抗战时期政府的重要决策咨询机构和议政机构。进入"两会"的学者，充分利用这些机构所赋予他们的建议权、询问权、审议权，提出多项关于政治改良和社会建设的议案，这些议案涉及内政治理、财政经济、教育文化、外交政策等，对推进国家民主、科学治国有积极意义。

抗战时期中国出现的两次宪政运动，更是体现了包括西南联大学者在内的中国知识分子对中国实现民主政治的强烈愿望。西南联大学者在宪政运动中提出的"五五宪草修整草案"和"期成宪草"，主张从国家

治理结构上进行民主化改良，给予民众直接的民权，仿照西方民主国家建立代议制，等等，这些立宪原则和政治主张，不仅体现了学者以西方民主制度来改革中国政治的理想与精神，更是中国现代知识分子对国民党一党专政的有力反抗，是合法斗争环境下进行的带有革命意义的改革尝试。

西南联大师生还通过举行大规模纪念五四运动的活动，宣扬民主思想和科学精神，鲜明地提出了"反对独裁专政""建立联合政府"的口号，对推动政党团结、维护国共合作有积极意义。抗战胜利以后，国民党执意实行一党专政、排斥其他党派。面对国共合作岌岌可危的局势、内战一触即发的情势，西南联大师生通过集会、游行、罢课等非暴力方式表达其反对独裁、反对内战、追求自由与和平的政治主张，但是却遭到了国民党反动派的无情镇压，爆发了惨绝人寰的一二·一惨案。时隔半年之后，因公开批评时局、支持学生的民主运动，李公朴和闻一多被特务暗杀，这就是骇人听闻的"李闻惨案"。西南联大的师生把自己宝贵的鲜血和生命，铺洒在中国民主化进程之路上。在国民党专制统治下，西南联大知识群体的民主运动，虽然以失败告终，但他们为追求民主自由而甘洒热血的精神长存，激励着一代又一代的中国知识分子不断追随他们的脚印，为建立一个民主平等、富强繁荣的现代化强国而发出时代最强之音！

西南联大，一所抗战烽火中诞生的联合大学，一所抗战结束后旋即解散的大学，它的办学历史仅有短短八年半，却创造了中国教育史的一个又一个奇迹。无论学术界还是社会各界，都给予了西南联大极高评价，这些评价或赞誉西南联大在艰难的办学条件下，仍然能学术卓著、名家济济、在艰苦环境中培养出优秀人才；或探究西南联大民主办校、专家治校、学术立校的教育管理理念的实践成效。但是，仅仅看到这些方面显然失于偏颇，作为一所战时大学，西南联大在中华民族最危难之际，用教育担负起抗战救国、建设现代国家的历史使命，这才是联大精神的真谛所在。西南联大的知识分子群体，凭借他们自身的学识、才华，为中国取得正义的反侵略战争的胜利奉献其独特的文化力量。这种文化力量不仅直接服务于抗战救国、抗击侵略的需要，而且对唤醒民族觉醒、增强国家认同、凝聚民族精神，实现中华民族复兴具有重要意义。

2020年1月20日，习近平总书记在西南联合大学旧址考察时，深有感触地说："国难危机的时候，我们的教育精华辗转周折聚集在这里，形成精英荟萃的局面，最后在这里开花结果，又把种子播撒出去，所培养的人才在革命建设改革的各个历史时期都发挥了重要作用。这深刻启示我们，教育要同国家之命运、民族之前途紧密联系起来。为国家、为民族，是学习的动力，也是学习的动机。艰苦简陋的环境，恰恰是出人才的地方。我们现在教育的目的，就是要培养社会主义建设者和接班人，培养有历史感责任感、志存高远的时代新人，不负韶华，不负时代。"[①] 西南联大师生的抗战救国实践，不仅体现了中国知识群体深重的家国情怀，更体现了中国知识分子勇担时代重任的历史责任。这就是西南联大精神所在。1984年《西南联大北京校友会简讯》创刊时，王力教授热情赋诗一首。诗云："卢沟事变始南迁，三校联肩共八年。饮水曲肱成学业，盖茅筑室作经筵。熊熊火炬穷阴夜，耿耿银河欲曙天。此是光辉史一页，应教青史有专篇。"[②] 王力的七言诗高度归纳了西南联大的光荣历程，赞扬了这所大学在中国现代史上的地位，代表了西南联大师生对母校的热爱和怀念。

弦歌不断，浩气长存，西南联大精神长存！

[①] 转引自张晓松、朱基钗《习近平考察西南联大旧址：教育要同国家之命运、民族之前途紧密联系起来》，新华社"新华视点"，2020年1月21日。

[②] 王力：《缅怀西南联合大学》，《西南联大北京校友会简讯》第1期，1984年1月。

参考文献

档案

陈诚档案，台北"国史馆"存。

傅斯年档案，台北中研院历史语言研究所傅斯年图书馆存。

国立西南联合大学档案，云南省档案馆存。

国民政府档案，台北"国史馆"存。

胡适档案，中国社会科学院近代史研究所档案馆存。

清华大学档案，清华大学档案馆存。

蒋介石档案，台北"国史馆"存。

民国教育档案，台北中国国民党党史馆存。

王世杰档案，台北中研院近代史研究所档案馆存。

云南民盟档案，中国国家博物馆档案室存。

云南民盟档案，中国民主同盟云南省委员会档案室存。

中国民盟同盟档案，中国民主同盟中央委员会文史资料委员会存。

朱家骅档案，台北中研院近代史研究所档案馆存。

资源委员会档案，台北"国史馆"存。

报纸、期刊

《大公报》（汉口）

《大公报》（天津）

《大公报》（重庆）

《当代评论》

《烽火》

《观察报》（昆明）

《解放日报》（延安）

《今日评论》

《民主周刊》

《南大半月刊》

《南大副刊》

《南大周刊》

《南开校友通讯》

《南开周刊》复刊

《扫荡报》（昆明）

《武汉日报》（武汉）

《新华日报》（重庆）

《新民族》

《益世报》（昆明）

《云南日报》（昆明）

《云南民国日报》（昆明）

《战国策》

《正义报》（昆明）

《中央日报》（昆明）

《中央日报》（南京）

《中央日报》（重庆）

《自由论坛》

采访、信访

访问联大教师：陈岱孙、吴泽霖、冰心、冯友兰、周培源、闻家驷、费
孝通、冯至、卞之琳、吴征镒、余冠英、沈从文、王康。

访问联大学生：力易周、袁永熙、陈盛年、陈梦熊、温公智、洪德铭、唐
登岷、萧荻、张源潜、王松声、钱惠濂、王健、刘克光、彭允中、李
凌、李晓、王瑶、何善周、季镇淮、范宁、闻山、王子光、王云、袁
可嘉、张友仁、许渊冲、刘平章（刘文典子）、王以高（王松声子）。

访问云南大学、中法大学、昆华中学学生：杨维骏、余丹、杨明、卜兴
纯、王明、方章。

访问云南民盟盟员：尚钺、李何林、王振华、杨绍廷、张光年、金若年。

通信访问：胡毅、王力、张源潜、黄超（黄师岳孙）、李之禹（李嘉言

子)、钱仲兴（钱端升子）、李应平（李继侗孙）、王兰珍（王玉哲女）、赵燕星（赵震炎女）、王党生（王念平女）。

史料集

〔美〕埃约瑟夫·W·谢里克编著《在中国失掉的机会——美国前驻华外交官约翰·S·谢伟思第二次世界大战时期的报告》，罗清、赵仲强译，国际文化出版公司 1989 年 4 月出版。

北京大学、清华大学、南开大学、云南师范大学编《国立西南联合大学史料》（共 6 卷），云南教育出版社 1998 年 10 月出版。

蔡德金编注《周佛海日记》，中国社会科学出版社 1986 年 7 月出版。

蔡仲德编《冯友兰先生年谱初稿》，河南人民出版社 1994 年 11 月出版。

蔡仲德编《我的学术之路——冯友兰自传》，江苏文艺出版社 2000 年 4 月出版。

曹伯言整理《胡适日记全编》第 6 册，安徽教育出版社 2001 年 9 月出版。

陈达：《浪迹十年之联大琐记》，商务印书馆 2013 年 10 月出版。

陈岱孙著，刘昀编《往事偶记》，商务印书馆 2016 年 5 月出版。

陈立夫：《战时教育行政回忆》，台北：台湾商务印书馆 1973 年出版。

陈明章编《学府纪闻·国立西南联合大学》，台北：南京出版有限公司 1981 年 10 月出版。

戴美政编《西南联大军事时局评论》（一），社会科学文献出版社 2018 年 11 月出版。

杜春和编《胡适来往书信选》中册，中华书局 1979 年 5 月出版。

杜运燮、张同道编选《西南联大现代诗钞》，中国文学出版社 1997 年 10 月出版。

〔美〕费正清著，章克生校《费正清对华回忆录》，陆惠勤、陈祖怀、陈维益、宋瑜译，世界知识出版社 1991 年 5 月出版。

《冯友兰自述》，中国人民大学出版社 2004 年 11 月出版。

冯友兰：《三松堂全集》，河南人民出版社 2000 年 12 月出版。

冯友兰：《三松堂自序》，生活·读书·新知三联书店 1984 年 12 月出版。

冯钟璞、蔡仲德编《冯兰友先生百年诞辰纪念文集》，清华大学出版社

1995 年 12 月出版。

公安部档案馆编注《在蒋介石身边八年——侍从室高级幕僚唐纵日记》，
　　群众出版社 1991 年 8 月出版。

顾毓琇：《水木清华》，清华大学出版社 1994 年 4 月出版。

郭良夫编《完美的人格——朱自清的治学和为人》，生活·读书·新知
　　三联书店 1987 年 1 月出版。

国立清华大学十级同学会编《国立清华大学十级（1938）毕业五十年纪
　　念特刊》，1988 年 5 月印行。

国民参政会秘书处编《国民参政会第二届第二次大会纪录》，国民参政
　　会秘书处 1942 年 9 月印行。

国民参政会秘书处编《国民参政会第四次大会纪录》，国民参政会秘书
　　处 1939 年 11 月印行。

国民参政会秘书处编《国民参政会第四届第一次大会纪录》，国民参政
　　会秘书处 1946 年 1 月印行。

国民参政会秘书处编《国民参政会第五次大会纪录》，国民参政会秘书
　　处 1940 年 8 月印行。

国民参政会秘书处编《国民参政会第一次大会纪录》，国民参政会秘书
　　处 1938 年 9 月印行。

国民政府教育部教育年鉴编纂委员会编《第二次中国教育年鉴》，上海
　　商务印书馆 1948 年 12 月出版。

何炳棣：《读史阅世六十年》，广西师范大学出版社 2005 年 7 月出版。

何兆武口述、文靖撰写《上学记》，生活·读书·新知三联书店 2006 年
　　8 月出版。

洪小夏主编《洪德铭纪念文集》，2011 年 3 月印行。

胡麟编《"一二·一"的回忆》，海虹出版社 1949 年 3 月出版。

清华大学马约翰纪念文集编辑组编《马约翰纪念文集》，中国文史出版
　　社 1998 年 10 月出版。

清华大学校史研究室编《清华大学史料选编》第 3 卷（上、下册），清
　　华大学出版社 1994 年 1 月出版。

清华校友会编《清华校友通讯》。

清华校友总会编《清华校友通讯》（复）。

清华校友总会编《校友文稿资料选编》。

黄仁霖：《我做蒋介石特勤总管 40 年——黄仁霖回忆录》，团结出版社 2006 年 1 月出版。

黄延复主编，尚传道审订《梅贻琦先生纪念集》，吉林文史出版社 1995 年 2 月出版。

〔日〕矶野富士子：《蒋介石的美国顾问——欧文·拉铁摩尔回忆录》，吴心伯译，复旦大学出版社 1996 年 6 月出版。

季镇淮：《闻朱年谱》，清华大学出版社 1986 年 8 月出版。

蒋梦麟：《蒋梦麟自传：西潮与新潮》，团结出版社 2004 年 10 月出版。

〔美〕杰克·萨姆森：《陈纳德》，石继成、许忆宁译，东方出版社 1990 年 5 月出版。

〔日〕今井武夫：《今井武夫回忆录》，张士杰、徐静文、郝翔云、张玉璞、许春发译，杨大辛、徐静文、杨昌禄校，中国文史出版社 1987 年 8 月出版。

金冲及主编《毛泽东传（1893—1949）》，中央文献出版社 1996 年 8 月出版。

金岳霖学术基金会学术委员会编《金岳霖文集》第 3 卷，甘肃人民出版社 1995 年 7 月出版。

雷海宗：《中国文化与中国的兵》，上海书店 1989 年 10 月出版。

《雷震全集》第 23 卷，台北：桂冠图书有限公司 1989 年 9 月出版。

李长之：《李长之文集》第 8 卷，河北教育出版社 2006 年 12 月出版。

李闻二烈士纪念委员会编《人民英烈》，1948 年印行。

梁敬锌译注《马歇尔使华报告书笺注》，台北中研院近代史研究所 1994 年 1 月出版。

刘述礼、黄延复编《梅贻琦教育论著选》，人民教育出版社 1993 年 3 月出版。

刘兴育、卫魏主编《国立云南大学教授文集》（五），云南大学出版社 2014 年 12 月出版。

刘兴育主编《国立云南大学教授文集》（二），云南大学出版社 2010 年 3 月出版。

刘兆吉：《西南采风录》，商务印书馆 1946 年 12 月出版。

龙显昭主编《张澜文集》，四川教育出版社 1991 年 12 月出版。

《马识途文集》第 9 册《风雨人生（下）》，四川文艺出版社 2005 年 5 月出版。

梅贻琦著，黄延复、王小宁整理《梅贻琦日记（1941—1946）》，清华大学出版社 1991 年 4 月出版。

蒙自师范高等专科学校、蒙自县文化局、蒙自南湖诗社编《西南联大在蒙自》，云南民族出版社 1994 年出版。

孟广涵主编《国民参政会纪实》上卷，重庆出版社 1985 年 8 月出版。

孟广涵主编《国民参政会纪实》下卷，重庆出版社 1985 年 10 月出版。

孟广涵主编《国民参政会纪实》续编，重庆出版社 1987 年 6 月出版。

南方局党史资料征集小组编《南方局党史资料·统一战线工作》，重庆出版社 1990 年 6 月出版。

南开大学校史研究室编《联大岁月与边疆人文》，南开大学出版社 2004 年 10 月出版。

潘大逵：《风雨九十年：潘大逵回忆录》，成都出版社 1992 年 6 月出版。

潘乃穆、潘乃和编《潘光旦文集》第 2 卷，北京大学出版社 1995 年 12 月出版。

潘乃穆、潘乃和编《潘光旦文集》第 5 卷，北京大学出版社 1997 年 10 月出版。

彭允中：《黎明前后：忆西南联大及其他》，云南教育出版社 1990 年 5 月出版。

浦薛凤：《太虚空里一游尘——八年抗战生涯随笔》，台北：传记文学出版社 1979 年 7 月出版。

《钱端升学术论著自选集》，北京师范学院出版社 1991 年 2 月出版。

钱穆：《八十忆双亲·师友杂记》，岳麓书社 1986 年 7 月出版。

钱穆：《国史大纲》，上海书店 1989 年 10 月出版。

钱穆：《国史新论》，生活·读书·新知三联书店 2001 年 6 月出版。

钱能欣：《西南三千五百里——从长沙到昆明》，商务印书馆 1939 年 6 月出版。

钱伟长主编《一代师表叶企孙》，上海科学技术出版社 2013 年 1 月出版。

秦孝仪主编《中华民国重要史料初编》第 4 编第 2 册，台北：中国国民党中央委员会党史委员会 1988 年 10 月出版。

任继愈：《自由与包容：西南联大人和事》，江西教育出版社 2017 年 5 月出版。

荣孟源、孙彩霞编《中国国民党历次代表大会及中央全会资料》，光明日报出版社 1985 年 10 月出版。

申泮文编著《天津旧南开学校覆没记》，南开大学出版社 1995 年 7 月出版。

沈谱、沈人骅编《沈钧儒年谱》，中国文史出版社 1992 年 5 月出版。

沈醉：《军统内幕》，文史资料出版社 1985 年 2 月出版。

世界知识出版社编《中美关系资料汇编》第一辑，世界知识出版社 1957 年 12 月出版。

四川大学马列教研室编《国民参政会资料》，四川人民出版社 1984 年 6 月出版。

孙党伯、袁謇正主编《闻一多全集》（共 12 卷），湖北人民出版社 1993 年 12 月出版。

孙宏云编《中国近代思想家文库——钱端升卷》，中国人民大学出版社 2014 年 11 月出版。

汤一介编《国故新知：中国传统文化的再诠释——汤用彤先生诞辰百周年纪念论文集》，北京大学出版社 1993 年 8 月出版。

万俊人主编，刘石、王中江、彭刚副主编《清华大学文史哲谱系》，清华大学出版社 2012 年 4 月出版。

汪曾祺：《我在西南联大的日子》，山东画报出版社 2018 年 6 月出版。

王健：《八十年生平纪事》，群言出版社 2016 年 10 月出版。

王康、王子光编《闻一多纪念文集》，生活·读书·新知三联书店 1980 年 8 月出版。

王力：《龙虫并雕斋琐语》，中国社会科学出版社 1982 年 6 月出版。

王文俊、梁吉生、杨珣、张书俭、夏家善选编《南开大学校史资料选（1919—1949）》，南开大学出版社 1989 年 10 月出版。

王学珍、郭建荣主编《北京大学史料》第 3 卷（1937—1946），北京大学出版社 2000 年 12 月出版。

王学珍、王效挺、黄文一、郭建荣主编《北京大学纪事（1898—

1997）》，北京大学出版社 1998 年 4 月出版。

王迅中：《日本历史概说》，正中书局 1942 年 6 月出版。

王以高编《山静松声远 秋清泉气香——怀念我的父亲松声同志》，2015 年 9 月印行。

卫魏、刘兴育主编《国立云南大学教授文集》（四），云南大学出版社 2013 年 3 月出版。

文天行编《中华全国文艺界抗敌协会史料选编》，四川省社会科学院出版社 1983 年 12 月出版。

闻黎明、侯菊坤编，闻立雕审定《闻一多年谱长编》，湖北人民出版社 1994 年 7 月出版。

闻立雕：《红烛：我的父亲闻一多》，新华出版社 2009 年 9 月出版。

闻铭、王克私编《闻一多书信选集》，人民文学出版社 1986 年 10 月出版。

闻山：《闻山全集·紫色的雾》（散文集），作家出版社 2013 年 9 月出版。

吴大猷：《回忆》，中国友谊出版公司 1984 年 6 月出版。

吴宓著，吴学昭整理注释《吴宓日记》第 6 册，生活·读书·新知三联书店 1998 年 3 月出版。

吴宓著，吴学昭整理注释《吴宓日记》第 7 册，生活·读书·新知三联书店 1998 年 6 月出版。

吴宓著，吴学昭整理注释：《吴宓日记》第 9 册，生活·读书·新知三联书店 1999 年 3 月出版。

西南联大北京校友会编《庆祝西南联合大学成立 65 周年纪念特辑》，2002 年 10 月印行。

西南联大北京校友会编《我心中的西南联大——西南联大建校 70 周年纪念文集》，清华大学出版社 2008 年 9 月出版。

西南联大北京校友会编《西南联大北京校友会简讯》。

西南联大《除夕副刊》主编《联大八年》，新星出版社 2010 年 6 月出版。

西南联大一九四四级北京联络站编《国立西南联合大学一九四四级毕业五十周年活动特刊》，1995 年 3 月印行。

西南联大一九四四级编《国立西南联合大学八百学子从军记》，2003 年 11 月印行。

西南联合大学北京校友会编《笳吹弦诵情弥切——国立西南联合大学五十周年纪念文集》，中国文史出版社 1988 年 10 月出版。

西南联合大学北京校友会校史编辑委员会编《笳吹弦诵在春城——回忆西南联大》，云南人民出版社、北京大学出版社 1986 年 10 月出版。

西南联合大学一九四四级通讯编辑小组编《国立西南联合大学一九四四级通讯》。

熊向晖：《地下十二年与周恩来》，中共中央党校出版社 1991 年 2 月出版。

许渊冲：《联大人九歌》，云南人民出版社 2008 年 10 月出版。

《许渊冲西南联大日记》，云南出版集团、云南人民出版社 2020 年 6 月出版。

许渊冲：《追忆逝水年华——从西南联大到巴黎大学》，生活·读书·新知三联书店 1996 年 11 月出版。

《杨振宁文集：传记、演讲、随笔》上册，华东师范大学出版社 1998 年 4 月出版。

杨祖陶：《回眸——从西南联大走来的六十年》，人民出版社 2010 年 11 月出版。

姚从吾：《卢沟桥事变以来中日战事史料蒐辑计画书》（草稿），1939 年 3 月印行。

叶惠芬编《事略稿本》第 58 册，台北："国史馆" 2011 年 10 月出版。

"一二·一"运动史编写组编《"一二·一"运动史料选编》（上下册），云南人民出版社 1980 年 11 月出版。

于再先生纪念委员会编《一二·一民主运动纪念集》，上海镇华出版社 1946 年 11 月出版。

云南大学党史校史研究室编，刘兴育主编《旧闻新编：民国时期云南高校记忆》，云南大学出版社 2017 年 7 月出版。

云南省档案馆编《档案中的西南联大》，云南民族出版社 2016 年 11 月出版。

云南省政协文史资料研究委员会、西南联合大学北京昆明校友会、云南师范大学合编《云南文史资料选辑》第 34 辑，云南人民出版社 1988 年 10 月出版。

云南师范大学校史编写组编《云南师范大学大事记（西南联大及国立昆
　　明师院时期》，《云南师范大学学报》1988 年校庆增刊。

云南师范大学"一二·一"纪念馆编《"一二·一"纪念馆》。

云南西南联大校友会编《难忘联大岁月——国立西南联合大学在昆建校
　　六十周年纪念文集》，云南教育出版社 1998 年 10 月出版。

云南西南联大校友会编《西南联大精神永垂云南：1938—2003：国立西南联
　　合大学昆明建校 65 周年纪念文集》，云南教育出版社 2003 年 10 月出版。

曾昭抡百年诞辰纪念文集编撰委员会编《一代宗师：曾昭抡百年诞辰纪
　　念文集》，北京大学出版社 1999 年 12 月出版。

曾昭抡：《火箭炮与飞炸弹》，北门出版社 1944 年 10 月出版。

张寄谦编《中国教育史上的一次创举——西南联合大学湘黔滇旅行团纪
　　实》，北京大学出版社 1999 年 12 月出版。

张世英：《归途——我的哲学生涯》，人民出版社 2008 年 7 月出版。

张闻博、何宇主编《西南联合大学叙永分校建校五十周年纪念集》，
　　1993 年 4 月印行。

《张奚若文集》，清华大学出版社 1989 年 9 月出版。

赵宝煦、夏吉生、周忠海编《钱端升先生纪念文集》，中国政法大学出
　　版社 2000 年 2 月出版。

赵瑞蕻：《离乱弦歌忆旧游——从西南联大到金色的晚秋》，文汇出版社
　　2000 年出版。

赵瑞蕻：《离乱弦歌忆旧游——纪念西南联大六十周年》，湖北长江出版
　　集团、湖北人民出版社 2008 年 2 月出版。

赵凯华、赵匡华编《赵迺抟文集》，2007 年印行。

俞国林点校《郑天挺西南联大日记》（上、下册），中华书局 2018 年 1
　　月出版。

中共云南省委党史研究室编《唐登岷集·沧桑文存》，云南民族出版社
　　2005 年出版。

中共云南省委党史资料征集委员会、中共云南师范大学委员会编《一
　　二·一运动》，中共党史出版社 1988 年 8 月出版。

中共云南师范大学党委党史资料征集组编《一二·一运动史料汇编》第
　　五辑，1985 年 8 月印行。

中共中央文献编辑委员会编《周恩来选集》上卷，人民出版社 1980 年
12 月出版。

中共中央文献研究室编《毛泽东年谱（1893—1949）》，人民出版社、中
央文献出版社 1993 年 12 月出版。

中共中央文献研究室编《周恩来年谱（1898—1949）》，中央文献出版社、
人民出版社 1989 年 3 月出版。

中国民主同盟中央文史资料委员会编《中国民主同盟历史文献（1941—
1949）》，文史资料出版社 1983 年 4 月出版。

中国人民政治协商会议昆明市委员会编《西南联大在昆明：纪念西南联
合大学成立 75 周年》，云南美术出版社 2013 年 4 月出版。

中国人民政治协商会议昆明市委员会文史委员会编《绝徼移栽桢吹弦诵：
纪念西南联大建校 80 周年》，云南人民出版社 2019 年 2 月出版。

中国人民政治协商会议四川省叙永县委员会文史资料委员会编《叙永县
文史资料选辑》第 13 辑，1990 年 9 月出版。

中国人民政治协商会议云南省昆明市委员会文史资料研究委员会编《昆
明文史资料选辑》第 25 辑，1995 年 10 月出版。

中国人民政治协商会议云南省昆明市委员会文史资料研究委员会编《昆
明文史资料选辑》第 15 辑，1990 年 9 月出版。

中国人民政治协商会议云南省昆明市委员会文史资料研究委员会编《昆
明文史资料选辑》第 6 辑，《抗日战争时期史料专辑》上册，1986
年 6 月出版。

中国人民政治协商会议云南省昆明市委员会文史资料研究委员会编《昆
明文史资料选辑》第 7 辑，《抗日战争时期史料专辑》下册，1986
年 6 月出版。

中国社会科学院近代史研究所整理《黄炎培日记》第 8 卷，华文出版社
2008 年 9 月出版。

中国社会科学院近代史资料编辑室编《近代史资料》总 109 期，中国社
会科学出版社 2004 年 8 月出版。

中国文化书院学术委员会编《梁漱溟全集》第 6 卷，山东人民出版社
1993 年 1 月出版。

中央档案馆编《中共中央文件选集》第 10 册，中共中央党校出版社

1991 年 3 月出版。

中央档案馆编《中共中央文件选集》第 11 册，中共中央党校出版社
　　1991 年 3 月出版。

中央档案馆编《中共中央文件选集》第 12 册，中共中央党校出版社
　　1991 年 6 月出版。

中央档案馆编《中共中央文件选集》第 13 册，中共中央党校出版社
　　1991 年 6 月出版。

中央档案馆编《中共中央文件选集》第 14 册，中共中央党校出版社
　　1992 年 3 月出版。

中研院近代史研究所编《王世杰日记》（手稿影印本），台北中研院近代
　　史研究所 1990 年 3 月印行。

中研院近代史研究所口述历史编辑委员会编《口述历史》第 8 期，台北
　　中研院近代史研究所 1996 年 12 月出版。

中日战事史料征辑会编《中日战事史料征辑会集刊》第 1 期，1940 年 6
　　月印行。

《周炳琳文集》，北京大学出版社 2012 年 5 月出版。

周美华编《事略稿本》第 48 册，台北："国史馆" 2011 年 9 月出版。

周美华编《事略稿本》第 51 册，台北："国史馆" 2011 年 12 月出版。

朱汇森主编《中华民国史事纪要》（1946 年 7 月至 12 月分册），台北：
　　"国史馆" 1990 年出版。

朱乔森编《朱自清全集》第 4 卷，江苏教育出版社 1990 年 12 月出版。

朱乔森编《朱自清全集》第 5 卷，江苏教育出版社 1990 年 5 月出版。

朱乔森编《朱自清全集》第 9 卷，江苏教育出版社 1997 年 9 月出版。

朱乔森编《朱自清全集》第 10 卷，江苏教育出版社 1997 年 10 月出版。

朱乔森编《朱自清全集》第 11 卷，江苏教育出版社 1998 年 3 月出版。

朱育和、陈兆玲编《日军铁蹄下的清华园》，清华大学出版社 1995 年 12
　　月出版。

研究著作

北京大学历史系 "北京大学学生运动史" 编写组编《北京大学学生运动
　　史（1919—1949）》（修订本），北京出版社 1979 年 7 月出版。

〔美〕伯特·斯特恩著《亲历中国六十年的传奇教授温德先生》，冯小悟、余婉卉译，北京大学出版社 2016 年 1 月出版。

陈平原：《抗战烽火中的中国大学》，北京大学出版社 2015 年 7 月出版。

陈媛：《中国大学教授研究：近代教授、大学与社会的互动史》，山西教育出版社 2012 年 9 月出版。

戴美政：《抗战强音：昆明广播电台与西南联大》，云南出版集团公司、云南教育出版社 2018 年 10 月出版。

戴美政：《曾昭抡评传》，云南人民出版社 2010 年 4 月出版。

丁元元：《不问西东：西南联大在沪校友访谈录》，中国致公出版社 2020 年 1 月出版。

方国瑜：《抗日战争滇西战事篇》，云南大学出版社 1994 年 6 月出版。

〔美〕费正清著《美国与中国》（第 4 版），张理京译，马清槐校，商务印书馆 1989 年 8 月出版。

封海清：《西南联大的文化选择与文化精神》，云南人民出版社 2006 年 7 月出版。

顾迈南：《华罗庚传》，复旦大学出版社 1997 年 12 月出版。

光亭：《国军王牌部队第五军战史——国军第一支机械化部队》，台北：知兵堂出版社 2011 年 11 月出版。

侯德础：《抗日战争时期中国高校内迁史略》，四川教育出版社 2001 年 12 月出版。

胡国台：《浴火重生：抗战时期的高等教育》，台北：稻乡出版社 2004 年 11 月出版。

清华大学校史编写组：《清华大学校史稿》，中华书局 1981 年 2 月出版。

清华大学校史研究室编《清华革命先驱》上册，清华大学出版社 2004 年 4 月出版。

清华大学校史研究室编《清华英烈》，清华大学出版社 1994 年 4 月出版。

黄俊英：《二次大战的中外文化交流史》，重庆出版社 1991 年 8 月出版。

黄延复、马相武：《梅贻琦与清华大学》，山西教育出版社 1995 年 10 月出版。

黄延复：《梅贻琦教育思想研究》，辽宁教育出版社 1994 年 12 月出版。

黄美真：《汪精卫集团叛国投敌记》，河南人民出版社 1987 年出版。

江沛：《战国策派思潮研究》，天津人民出版社 2001 年 8 月出版。

江渝：《西南联大：特定历史时期的大学文化》，电子科技大学出版社 2010 年 9 月出版。

金以林：《近代中国大学研究：1895—1949》，中央文献出版社 2000 年 2 月出版。

〔日〕菊池贵晴著《中国第三势力史论》，刘大孝译，人民出版社 1991 年 2 月出版。

军事科学院军事历史研究部：《中国抗日战争史》（中卷），解放军出版社 1994 年出版。

赖树明：《吴大猷传》，台北：希代书版有限公司 1992 年 9 月出版。

李光荣：《民国文学观念：西南联大文学例论》，商务印书馆 2014 年 7 月出版。

李光荣：《西南联大与中国校园文学》，人民出版社 2014 年 11 月出版。

李光荣、宣淑君：《季节燃起的花朵——西南联大文学社团研究》，中华书局 2011 年 12 月出版。

李学通：《翁文灏年谱》，山东教育出版社 2005 年 10 月出版。

梁吉生：《允公允能 日新月异：南开大学校长张伯苓》，山东教育出版社 2003 年 12 月出版。

刘国铭主编《中国国民党九千将领》，中华工商联合出版社 1993 年 10 月出版。

刘宜庆：《大师之大：西南联大与士人精神》，江苏文艺出版社 2013 年 3 月出版。

陆仰渊、方庆秋主编《民国社会经济史》，中国经济出版社 1991 年 11 月出版。

〔英〕罗伯特·白英：《中国日记》，《云南文史资料选辑》第 30 辑，云南人民出版社 1987 年 12 月出版。

罗威尔主编《西南联大的遗产》，中信出版集团股份有限公司 2018 年 8 月出版。

南开大学校史编写组.《南开大学校史（1919—1949）》，南开大学出版社 1989 年 10 月出版。

聂冷：《吴有训传》，中国青年出版社 1998 年 7 月出版。

宁璞主编《张伯苓在重庆：1935—1950》，重庆出版社 2004 年 10 月出版。

秦孝仪主编《中华民国政治发展史》第 3 册，台北：近代中国出版社 1985 年 12 月出版。

宋仲福：《儒学在现代中国》，中州古籍出版社 1991 年 6 月出版。

苏云峰：《从清华学堂到清华大学（1911—1929）》，生活·读书·新知三联书店 2001 年 8 月出版。

苏智良、毛剑锋、蔡亮、江文君、周小燕、张婷婷、肖阿伍编著《去大后方——中国抗战内迁实录》，上海人民出版社 2005 年 6 月出版。

孙代兴、吴宝璋主编《云南抗日战争史（1937—1945）》，云南大学出版社 1995 年 7 月出版。

王康：《闻一多传》，湖北人民出版社 1979 年 5 月出版。

王奇生：《党员、党权与党争：1924—1949 年中国国民党的组织形态》，上海书店出版社 2003 年 10 月出版。

王奇生：《革命与反革命：社会文化视野下的民国政治》，社会科学文献出版社 2010 年 1 月出版。

王喜旺：《大学探究精神的重生与衍化：以西南联大为个案的诠释》，科学出版社 2015 年 11 月出版。

王喜旺：《学术与教育互动：西南联大历史时空中的观照》，山西教育出版社 2008 年 1 月出版。

王效挺、黄文一主编《战斗在北大的共产党人——1920.10—1949.2 北大地下党概况》，北京大学出版社 1991 年 6 月出版。

王永祥：《中国现代宪政运动史》，人民出版社 1996 年 9 月出版。

王云五：《岫庐论国是》，台北：台湾商务印书馆 1965 年出版。

闻黎明：《第三种力量与抗战时期的中国政治》，上海书店出版社 2004 年 10 月出版。

闻黎明：《抗日战争与中国知识分子——西南联合大学的抗战轨迹》，社会科学文献出版社 2009 年 10 月出版。

闻黎明：《闻一多传》，人民出版社 1992 年 10 月出版。

闻黎明：《西南联大·闻一多：走向现代化的中国知识分子》，人民出版社 2016 年出版。

吴宝璋：《西南联大二十五讲》，云南人民出版社 2016 年 8 月出版。

吴锦旗：《抗战时期大学教授的政治参与研究》，南京大学出版社 2012 年 1 月出版。

西南联大党史编写组编《中共西南联大地下组织和群众革命运动简史》，云南人民出版社 1994 年 9 月出版。

西南联合大学北京校友会编《国立西南联合大学校史——一九三七至一九四六年的北大、清华、南开》（修订版），北京大学出版社 2006 年 1 月出版。

向阳：《华岗传》，浙江人民出版社 1993 年 11 月出版。

萧超然、沙健孙、周承恩、梁柱：《北京大学校史（1898—1949）》，上海教育出版社 1981 年 10 月出版。

谢本书：《西南联大——多重文化的交汇与碰撞》，西南联大研究所编《西南联大研究》，中国大百科全书出版社 2005 年 10 月出版。

谢慧：《西南联大与抗战时期的宪政运动》，社会科学文献出版社 2010 年 11 月出版。

谢慧：《知识分子的救亡努力：〈今日评论〉与抗战时期中国政策的抉择》，社会科学文献出版社 2010 年 5 月出版。

谢泳：《西南联大与中国现代知识分子》，福建教育出版社 2009 年 5 月出版。

杨立德：《西南联大教育史》，成都出版社 1995 年 9 月出版。

杨绍军：《战时思想与学术人物：西南联大人文学科学术史研究》，社会科学文献出版社 2012 年 6 月出版。

姚丹：《西南联大历史情境中的文学活动》，广西师范大学出版社 2000 年 5 月出版。

伊继东、周本贞编《西南联大与现代中国研究》，人民出版社 2008 年 10 月出版。

〔美〕易社强著《战争与革命中的西南联大》，饶佳荣译，九州出版社 2012 年 3 月出版。

余斌．《西南联大的背影》，生活·读书·新知三联书店 2017 年 7 月出版。

余斌：《西南联大：昆明天上永远的云》，云南人民出版社 2015 年 8 月出版。

虞昊、黄延复：《中国科技的基石——叶企孙和科学大师们》（第二版），复旦大学出版社 2008 年 10 月出版。

〔美〕约翰·斯图尔特·谢伟思著《美国对华政策（1944—1945）》，王益、王昭明译，马德麟、杨云岩校，中国社会科学出版社 1989 年 4 月出版。

张国福：《民国宪法史》，华文出版社 1991 年 9 月出版。

张曼菱：《西南联大行思录》，生活·读书·新知三联书店 2013 年 6 月出版。

张玮、朱俊主编《西南联大研究》第 3 辑，云南出版集团公司、云南教育出版社 2017 年 10 月出版。

章清：《"胡适派学人群"与现代中国自由主义》，上海三联书店 2015 年 9 月出版。

赵新林、张国龙：《西南联大：战火的洗礼》，上海世纪出版集团、上海教育出版社 2000 年 12 月出版。

郑伯克：《白区工作的回顾与探讨——郑伯克回忆录》，中共党史出版社 1999 年 7 月出版。

郑连根：《兼容并蓄长者风——蔡元培》，齐鲁书社 2013 年 11 月出版。

中国人民政治协商会议西南地区文史资料协作会议编《抗战时期内迁西南的高等院校》，贵州民族出版社 1988 年 8 月出版。

周本贞主编《西南联大研究》第 1 辑，中国大百科全书出版社 2005 年 10 月出版。

楠原俊代『日中戦争時期中國知識分子研究——又一次長征，通往國立西南聯合大學之路』、研文出版公司 1997 年 2 月出版。

附录一　西南联大参加军委会
译训班学生名单

第一期（90人）

姓　名	学　院	系　别	年　级
华德培	文	中国文学	一
高金钊	文	中国文学	四
汪昌梧	文	外国语文	三
李国智	文	外国语文	三
麦芝光	文	外国语文	三
李德宁	文	外国语文	一
杨树勋	文	外国语文	四
许芥昱	文	外国语文	四
李俊清	文	外国语文	四
灵飞白	文	外国语文	四
余启顺	文	外国语文	四
彭瑞祥	文	哲学心理	
吴秋芳	文	哲学心理	三
黄崇智	理	算学	四
杨晋樑	理	化学	一
辛学毅	理	化学	二
欧阳渊	理	化学	一
陶愉生	理	化学	二
华人佼	理	化学	二
官知义	理	化学	四
李瑞年	理	化学	四
刘有光	理	化学	四

续表

姓　名	学　院	系　别	年　级
陈廷彪	理	化学	四
鄢燦然	理	物理	二
王蜀龙	理	物理	二
朱平洋	理	物理	二
赵国钧	理	物理	一
王式中	理	物理	四
王季超	理	物理	四
侯玉麟	理	生物	四
刘鸿允	理	地质地理气象	四
陈茂康	理	地质地理气象	四
周　仁	法商	政治	二
左永泗	法商	政治	二
李声庭	法商	法律	四
彭　淮	法商	法律	四
黄　仁	法商	法律	四
汪文璧	法商	法律	四
陈公振	法商	经济	二
陈伦元	法商	经济	三
马维周	法商	经济	四
张锡芝	法商	经济	四
程　青	法商	经济	四
俞南琛	法商	经济	四
林必宜	法商	经济	四
童正续	法商	经济	四
周明道	法商	经济	四
王培江	法商	经济	四
韩茂颖	法商	经济	四
彭　鑑	法商	经济	四
侯　陵	工	土木工程	二
沈道修	工	土木工程	三
王家驹	工	机械工程	一
张祖培	工	机械工程	二

姓　名	学　院	系　别	年　级
陶学祁	工	机械工程	二
翁心钧	工	机械工程	二
杨大龄	工	机械工程	四
李益深	工	机械工程	四
关崇焜	工	机械工程	三
钱泽球	工	机械工程	四
温广才	工	机械工程	四
王守庚	工	机械工程	二
姚　元	工	机械工程	二
傅又信	工	机械工程	二
李　宏	工	机械工程	二
梅祖彦	工	机械工程	二
冯钟远	工	机械工程	一
霁　焜	工	机械工程	一
黄连同	工	机械工程	三
刘鹤延	工	电机工程	二
汪　弘	工	电机工程	二
项一飞	工	电机工程	二
吴国铨	工	电机工程	二
高延年	工	电机工程	二
傅书遏	工	电机工程	二
梅祖培	工	电机工程	一
吴存亚	工	电机工程	四
严家□	工	电机工程	四
许南德	工	航空工程	二
钟新藻	工	航空工程	二
郑曾潘	工	航空工程	二
梁尧阶	工	航空工程	三
蒋　策	工	航空工程	一
樊恭悠	工	航空工程	一
杨锡生	师范	教育	
刘乃刚	文	外国语文	三

续表

姓　名	学　院	系　别	年　级
葛如海	文	先修班	
黄梦生	文	先修班	
岑　辉	文	先修班	
朱家栋	文	先修班	

第二期（255人）

姓　名	学　院	系　别	年　级
邝维垣	文	中国文学	四
马汉麟	文	中国文学	四
彭声洪	文	中国文学	四
王甯生	文	中国文学	四
张瑞年	文	中国文学	
王焕生	文	中国文学	四
王实阳	文	中国文学	四
路士良	文	中国文学	四
刘广启	文	中国文学	四
陆永俊	文	中国文学	四
杨毓珉	文	中国文学	四
刘光宇	文	中国文学	二
谭广田	文	外国语文	一
彭国焘	文	外国文学	四
李朝增	文	外国文学	四
范承业	文	外国文学	四
徐宪西	文	外国文学	四
李志岳	文	外国语文	四
陶福亮	文	外国语文	四
卢绍华	文	外国语文	四
王　溶	文	外国语文	四
陶家鼎	文	哲学心理	四
徐祖煜	文	哲学心理	四
赵尔亨	文	哲学心理	四
侯绍邦	文	哲学心理	四

姓　名	学　院	系　别	年　级
熊秉明	文	哲学心理	四
徐　衍	文	哲学心理	四
吴光华	文	哲学心理	四
李应智	文	哲学心理	四
曹和仁	文	哲学心理	四
罗达仁	文	哲学心理	四
习玉益	文	哲学心理	四
金钟廉	文	外国语文	三
董振球	文	历史	四
吕笃周	文	历史	四
孙赐吉	文	历史	四
卢少忱	文	历史	四
赵　鸿	文	历史	四
黄丽生	文	历史	四
陈定昌	文	历史	四
谢琏造	文	历史	四
蒋极明	文	历史	四
刘均义	文	历史	四
薛景星	理	算学	四
伍崇佩	理	算学	四
张信达	理	算学	四
迟宗陶	理	算学	四
张之良	理	算学	四
俞和权	理	物理	四
张希恺	理	物理	四
张祖绅	理	物理	四
毕列爵	理	物理	四
萧　健	理	物理	四
桂立丰	理	物理	四
吴　锷	理	物理	四
张东祺	理	物理	四
张大鹏	理	化学	四

续表

姓　名	学　院	系　别	年　级
夏培本	理	化学	四
沈家驹	理	化学	四
沈　驹	理	化学	四
陆启荣	理	化学	四
曾　仪	理	化学	四
黄克峰	理	化学	四
温功礼	理	化学	四
杨师慎	理	化学	
卢锡锟	理	化学	四
程司淮	理	化学	四
黄端枢	理	化学	
杨桂田	理	化学	
赵仲延	理	化学	
金长振	理	化学	四
张传麟	理	化学	四
井绍文	理	化学	四
徐京华	理	化学	四
李根宁	理	化学	四
宋鸿斌	理	化学	三
王仁祥	理	物理	四
戴广述	理	生物	四
高存礼	理	地质	四
何作人	理	地质	四
罗济欧	理	地质	四
陈　鑫	理	地质	四
王忠诗	理	地质	四
张咸恭	理	地质	四
张文仲	理	地质	四
吕　枚	理	地质	四
黄振威	理	地质	四
曹念祥	理	地质	四
滕玉璞	法商	政治	四

姓　名	学　院	系　别	年　级
李乃纲	法商	政治	四
陈希政	法商	政治	四
张光泰	法商	政治	四
孙荫柏	法商	政治	四
王　嵘	法商	政治	四
赵恩汉	法商	政治	四
司徒铭	法商	政治	四
周宏藩	法商	政治	四
张仲仁	法商	政治	四
郑国奎	法商	政治	四
古师勋	法商	政治	四
雷绍姚	法商	法律	四
杨启明	法商	法律	四
施漾泽	法商	法律	四
周伯平	法商	法律	四
谈泰昇	法商	法律	四
李嘉华	法商	法律	二
程大沅	法商	经济	四
熊中煜	法商	经济	四
胡起麟	法商	经济	四
钱亿年	法商	经济	四
程道声	法商	经济	四
林振允	法商	经济	四
李文达	法商	经济	四
施再生	法商	经济	四
孙钤方	法商	经济	四
崔伯坚	法商	经济	四
谷源宗	法商	经济	四
陈守枚	法商	经济	四
陈与铅	法商	经济	四
杨仁辉	法商	经济	四
严溱年	法商	经济	四

姓　名	学　院	系　别	年　级
蔡永祺	法商	经济	四
许维华	法商	经济	四
郭凤章	法商	经济	四
谢兆来	法商	经济	四
陈立仪	法商	经济	四
刘景乔	法商	经济	四
张树棣	法商	经济	四
郑逢圣	法商	经济	四
黎模慎	法商	经济	四
高承铎	法商	经济	四
孟文桢	法商	经济	四
顾书荣	法商	经济	四
叶德亮	法商	经济	四
詹应坤	法商	经济	四
卢其柏	法商	经济	四
郑梦骐	法商	经济	四
王子元	法商	经济	四
廖绍鑫	法商	经济	四
龙尧霖	法商	经济	四
雷本端	法商	经济	四
余敦龄	法商	经济	四
欧阳益和	法商	经济	四
耿全民	法商	经济	四
魏书玉	法商	经济	四
程耀德	法商	经济	四
欧大澄	法商	经济	四
徒志平	法商	经济	四
周宝玮	法商	经济	四
邓学振	法商	经济	四
林光明	法商	经济	四
康晋侯	法商	经济	四
吴祖铣	法商	经济	四

姓　名	学　院	系　别	年　级
黄英士	法商	经济	四
朱荣炬	法商	经济	四
胡一美	法商	经济	四
史笃若固	法商	经济	四
吴振华	法商	经济	四
王恂	法商	经济	四
张国柱	法商	经济	四
孙德伦	法商	经济	四
薛松山	法商	经济	四
杨恒英	法商	经济	四
田树玉	法商	经济	四
董传芸	法商	经济	四
贾树榛	法商	经济	四
赵元德	法商	经济	
刘裕中	法商	经济	四
金永礽	法商	经济	四
周汝聪	法商	经济	四
左仁凯	法商	经济	四
徐象贤	法商	经济	四
金祖权	法商	经济	四
唐振湘	法商	经济	四
张炳生	法商	经济	四
罗贺春	法商	经济	四
朱应庚	法商	经济	四
方辉宗	法商	经济	
李金裕	法商	商学	四
朱大晟	法商	商学	四
孟繁英	法商	商学	四
蔡汉荣	法商	商学	四
谢奇南	法商	商学	四
王曾壮	法商	商学	四
王铁生	法商	商学	四

姓　名	学　院	系　别	年　级
赵广济	法商	商学	四
谢延禧	法商	商学	四
吴临光	法商	商学	四
赵景伦	法商	商学	四
方崇志	法商	商学	四
顾恩传	法商	商学	四
张希贤	法商	商学	三
潘祖襄	法商	商学	四
徐　继	法商	社会	
李春芳	法商	社会	四
江新苇	法商	社会	四
顾祥干	工	机械工程	四
邓至逵	工	机械工程	四
邓渭川	工	机械工程	四
王昌其	工	机械工程	四
刘　新	工	机械工程	四
董仕玫	工	机械工程	四
何荣义	工	机械工程	四
方祖望	工	机械工程	四
阎秉渊	工	机械工程	四
杨镇淮	工	机械工程	四
田金铭	工	机械工程	四
樊　鹏	工	机械工程	四
项　俊	工	机械工程	四
霍逵德	工	机械工程	四
张闻博	工	机械工程	四
曹德模	工	机械工程	四
张有宏	工	机械工程	四
郁善庆	工	机械工程	四
汪蓬海	工	机械工程	四
石尔瑚	工	机械工程	四
王祖唐	工	机械工程	四

姓　名	学　院	系　别	年　级
陈圣时	工	机械工程	四
吕新民	工	机械工程	四
刘金铖	工	机械工程	四
孙永明	工	电机工程	四
陈□霖	工	电机工程	四
杨光熹	工	电机工程	四
庄秉仁	工	电机工程	四
周时谷	工	电机工程	四
夏德清	工	电机工程	四
高　镍	工	电机工程	四
何克济	工	电机工程	四
黄宏嘉	工	电机工程	四
李瑞镔	工	电机工程	四
汪人和	工	电机工程	四
吴宝初	工	电机工程	四
徐　钫	工	电机工程	二
赵伯玉	工	电机工程	四
黄家鳌	工	航空工程	四
丁善懿	工	航空工程	四
邓之馨	工	航空工程	四
丁健椿	工	化学工程	四
蔡国谟	工	化学工程	四
陈宝一	工	化学工程	四
张焕扬	工	化学工程	四
隆言泉	工	化学工程	四
关培陵	工	化学工程	四
李钦安	工	化学工程	四
钟香驹	工	化学工程	四
李珮清	工	化学工程	四
吴鸿栢	工	化学工程	四
邓地英	工	化学工程	四
何　宇	工	化学工程	四

续表

姓　名	学　院	系　别	年　级
吴昌生	工	化学工程	四
段荣昌	师范	史地	二
伍瑞麟		先修班	
包　威	文	外国语文	四
李柏春	法商	政治	四
钟　正	法商	政治	四

第三期（5人）

姓　名	学　院	系　别	年　级
麦信曾	文	外国语文	四
柏　铨	理	生物	
蓢天聪	工	机械工程	四
边立本	工	化学工程	二
沈在崧	工	电机工程	四

第四期（6人）

姓　名	学　院	系　别	年　级
盖运旭	理		三
汪公望	法商	经济	四
黎成德	文	外国语文	三
方思让	法商	经济	三
卢　威	文	外国语文	三
殷俺乡	法商	社会	

第五期（26人）

姓　名	学　院	系　别	年　级
常正文	文	中国文学	一
罗式刚	文	外国语文	二
徐东滨	文	外国语文	一
丁成志	文	外国语文	二
刘承沛	文	外国语文	四
王成秋	文	外国语文	四

续表

姓　名	学　院	系　别	年　级
陈诗华	理	算学	一
何祚融	理	算学	二
叶继纲	理	生物	一
唐德斐	理	化学	
陈启麟	理	物理	二
萧辉楷	文	哲学心理	一
涂必憬	法商	政治	二
萧耀高	法商	政治	二
刘邦彦	法商	法律	四
缪　中	法商	经济	二
孙同丰	法商	社会	一
李谦六	工	机械工程	一
张大鹤	工	航空工程	二
柳立功	工	电机工程	二
邓联生	工	电机工程	四
杨新民	工	电机工程	三
刘金铎	工	电机工程	三
何孔殷	工	先修班	
陈炳基	工	先修班	
廖栋才	工	先修班	

第六期（15人）

姓　名	学　院	系　别	年　级
邓锂衔	文	外国语文	一
徐可万	文	外国语文	三
赵　鸿	文	历史	四
苏崇智	理	算学	三
苏天寿	理	化学	二
董履和	理	化学	二
陈怀庆	理	化学	二
田　鹏	理	地学	一
陶栋瑞	法商	经济	三

续表

姓 名	学 院	系 别	年 级
任 慧	法商	经济	
冯树堃	工	土木工程	二
孙元和	工	机械工程	三
李民范	工	电机工程	二
华世辉	工	电机工程	二
王锡爵	工		

第七期 （15人）

姓 名	学 院	系 别	年 级
缪 弘	文	外国语文	二
杨在之	文	外国语文	一
殷树培	文	外国语文	三
薛彦良	文	外国语文	三
姜杰飞	文	外国语文	
蔡德惠	理	生物	
王学乾	法商	经济	三
邹峰贤	法商	经济	一
陈 琪	法商	经济	一
罗振诜	法商	经济	一
袁克家	工	机械工程	一
汪延弼	工	航空工程	一
徐希长	工	航空工程	三
廖光华	工	航空工程	二
胡道济	工	航空工程	一

第八期 （8人）

姓 名	学 院	系 别	年 级
张则仁		先修班	一
吴缵先		电讯专修科	一
陈景尧	文	外国语文	三
沈叔平	法商	政治	三
姜炳让	法商	经济	

续表

姓　名	学　院	系　别	年　级
陈焕道			四
郭凤楠	工	电机工程	
黄循悦	法商	政治	三

第九期（17人）

姓　名	学　院	系　别	年　级
张悦文	文	外国语文	一
徐承晏	文	外国语文	一
蒋建溥	文	外国语文	二
蔡孔德	文	哲学心理	
邵明镛	文	哲学心理	三
黄枬森	文	哲学心理	三
邹承鲁	理	化学	
杨育文	理	化学	三
郑祖述	理	化学	
何达天	文	外国语文	一
佟贵廷	文	哲学心理	
张铁梁	理	生物	一
董润身	法商	政治	一
周仁发	法商	法律	二
刘庆平	法商	经济	二
顾玮琳	法商	经济	三
殷绥城	法商	经济	

注：表中籍贯、年龄均空缺，性别因均为男性，故从略。

资料来源：《军事委员会译员训练班西南联大毕业学员名单》，"国立西南联合大学档案"，档号：32-1-300。

附录二 抗战期间西南联大演讲一览

演讲人	时间	讲题	组织单位
罗廷光	1938 年 4 月 4 日	什么是战时教育	云南大学教育学系主办战时教育讲座
邱大年	1938 年 4 月 9 日	教育与中华民族之复兴	云南省教育会主办学术演讲会
蒋梦麟	1938 年 4 月 20 日	大学之使命	云南大学成立十五周年纪念会
罗廷光	1938 年 4 月 23 日	各国青年训练	云南省教育会主办学术演讲会
邱大年	1938 年 4 月 26 日	现代小学教育之趋势	云南省教育会主办学术演讲会
曾昭抡	1938 年 5 月 25 日	对于中日大战之认识与分析	政训班补充第四、五、六大队军官
刘崇𬭎	1938 年 5 月 26 日	北平现况	蒙自分校清华政治学会
萧叔玉	1938 年 5 月 29 日	我们抗战的经济力量	政训班炮兵、护卫、交通、宪兵等部队军官
傅恩龄	1938 年 7 月 10 日	暴日铁蹄下的平津	西南联大蒙自分校
李景汉	1938 年 8 月 24 日	国势清查问题	云南省暑讲会
戴修瓒	1938 年 8 月 30 日	我国司法的改革	云南省暑讲会
张伯苓	1938 年 10 月 2 日	欧洲局势、中国长期抗战之必胜与今后十年之进展	南开校友会昆明分会
罗文幹 钱端升	1939 年 1 月 2 日	汪精卫投降近卫问题	西南联大主办时事研究会
周炳琳	1939 年 1 月 15 日	中国的经济建设	北京大学经济学会
罗文幹	1939 年 1 月 20 日	中国今后的建设	昆明市业余联谊社学术部
罗隆基	1939 年 1 月 27 日	我对当前时局的观察与分析	西南联大主办时事研究会
钱端升	1939 年 7 月 19 日	欧洲反侵略集团组织之进行	云南省暑讲会
朱自清	1939 年 7 月下旬	作品讲读	全国文协昆明分会
钱端升	1939 年 7 月 28 日	东京英日谈判与最近国际形势	西南联大学生自治会
罗文幹	1939 年 7 月 30 日	美国政府废止美日商约后国际形势之变化	西南联合大学时事研究会、云南大学时事研究会、同济大学战时服务团等
罗文幹	1939 年 8 月 22 日	倭奴加入德义军事同盟对我之影响	云南省党部主办文化界座谈会
王迅中	1939 年 9 月 18 日	认清敌寇四种阴谋	云南省各机关、团体、学校
冯友兰		及时努力勿贻后悔	

续表

演讲人	时间	讲题	组织单位
周炳琳	1939 年 10 月 10 日	用什么精神纪念国庆	云南省党部双十节纪念会
蒋梦麟	1939 年 11 月 29 日	中国新教育之目的及政策	云南省中等教师晋修班
冯友兰	1939 年 12 月 9 日	抗战中组织与军队配合	西南联大纪念"一二·九"大会
曾昭抡		长期抗战中人力之运用	
王信忠	1940 年 6 月 21 日	欧局激化后之日本企图	西南联大史地学会
崔书琴	1940 年 7 月 1 日	欧战的趋势	西南联大南针社
冯友兰	1940 年 7 月 2 日	现代局势与社会思想	西南联大社会研究会
罗常培	1940 年 7 月 26 日	误读字的分□	西南联大师范学院国文系文学会夏令营讲习会
孙毓棠	1940 年 7 月 27 日	古装□的问题	云武沪区剧歌队戏剧讲习班
沈从文	1940 年 8 月 3 日	小说作者与读者	西南联大师范学院国文系文学会夏令营讲习会
余冠英	1940 年 8 月 10 日	写什么和怎么写	
曾昭抡	1940 年 12 月 15 日	化学战争	昆明广播电台播讲
陈 康	1940 年 12 月 20 日	德国哲学界近况	西南联大哲学会
冯友兰	1941 年 1 月 10 日	谈谈关于人生哲学方面的问题	西南联大哲学会
曾昭抡	1941 年 2 月 22 日	自然科学与抗战	西南联大化学研究会
王信忠	1941 年 3 月 13 日	敌国内政外交现况	昆明广播电台播讲
傅恩龄	1941 年 3 月 15 日	敌国战时贸易	联大商学会
蔡维藩	1941 年 4 月 21 日	苏联中立协定问题	联大江浙湖南同学会
洪思齐	1941 年 4 月 24 日	轴心国的春季攻势	联大史学系
李谟炽	1941 年 4 月 29 日	纪念清华大学成立三十周年学术讨论会（分化学、工程学、算学、物理学、电学、金属、植物病虫、生物学等专门讨论会）[a]	
华罗庚			
吴大猷			
周培源			
任之恭	1941 年 4 月 30 日		
王守义			
马大猷			
沈宗瀚	1941 年 5 月 3 日		
汤佩松			
贺 麟	1941 年 5 月 5 日	青年要培养学识，并保持本身美德	国民党省党部与三民主义青年团支团部主办革命政府成立二十周年暨青年运动周纪念大会
钱端升		望青年坚定信仰，负起大时代使命	

续表

演讲人	时间	讲题	组织单位
雷海宗	1941 年 5 月 22 日	论读史	联大师范学院大众社
吴泽霖	1941 年 5 月 23 日	抗战与民族卫生	联大社会学会
冯友兰	1941 年 11 月 7 日	心理建设	国民党云南省党部主办党义演讲会
崔书琴	1942 年 2 月 4 日	中山先生的外交政策	国民党云南省党部主办党义演讲会
冯友兰	1942 年 2 月 11 日	抗战的目的与建国的方针	联大区党部、三青团分团"战后问题十四讲"
贺　麟	1942 年 2 月 22 日	新人生观之建立	
陈　铨	1942 年 5 月 8 日	民族文学运动	国民党云南省党部主办党义演讲会
滕茂桐	1942 年 5 月 12 日	强迫储蓄与美金券	联大经济系一九四三级级会
陈友松	1942 年 5 月 13 日	青年教育问题	昆明广播电台学术广播
罗　庸	1942 年 5 月 14 日	儒家的根本精神	云南基督教青年会主办云南问题系统演讲
张印堂	1942 年 5 月 14 日	云南之地理问题	昆明广播电台学术广播
蔡维藩	1942 年 5 月 16 日	欧洲与世界大战	
邵循恪	1942 年 5 月 24 日	世界大战与国际法	西南联大主办国际情势讲演会
崔书琴	1942 年 9 月 18 日	中日亚洲政策的比较	云南省地方行政干部训练团
闻一多	1942 年 11 月 6 日起，每周一次	伏羲的传说	西南联合大学文史学讲演
汤用彤		隋唐佛教的特点	
朱自清		宋诗里的思想	
邵循正		元代文学与社会	
郑天挺		清初文化之调融	
吴　宓		清末的小说	
冯文潜		天才与创造	
罗　庸		诗的欣赏	
金岳霖		小说与哲学	
杨振声		书画同源论	
冯　至		浮士德里的魔	
袁家骅		语言与文学	
陶云逵		文化变迁中之人格问题	
罗常培		语言与文化	

续表

演讲人	时间	讲题	组织单位
周炳琳	1941 年 11 月 12 日	废除不平等条约之时代的意义	西南联大孙中山诞辰纪念会
张印堂	1943 年 1 月 31 日	资源统计	大理战时工作干部训练团
曾昭抡			
潘光旦	1943 年 2 月 1 日	抗战建国与民族	
罗常培	1943 年 2 月 1 日	语言学与国防	
曾昭抡	1943 年 2 月 2 日	中国工业建设问题	
潘光旦	1943 年 2 月 3 日	人口问题	
费孝通			
曾昭抡	1943 年 2 月 3 日	武器与现代战争	
潘光旦	1943 年 2 月 12 日	自立与自强	
罗常培	1943 年 2 月 11 日	国语运动之意义	
戴世光	1943 年 3 月 24 日	中国人口问题	中国国际同志会联大分会、云南基督教青年会联合举办现代问题演讲会
王赣愚	1943 年 3 月 25 日	自由主义的危机	
邵循恪	1943 年 3 月 26 日	国际和平的过去与未来	
燕树棠	1943 年 4 月 6 日	警察之地位与责任	云南省警务处主办警察学术演讲会
曾昭抡	1943 年 4 月 7 日	怎样学习化学	云南省基督教会女青年会少女部主办读书讲座
周先庚	1943 年 4 月 7 日	我为什么学心理学	昆华师范学校主办心理学系演讲
鲍觉民	1943 年 4 月 7 日	中国地大物博之真□	中国国际同志会联大分会、云南基督教青年会联合举办现代问题演讲会
张印堂	1943 年 4 月 8 日	缅甸地理与滇西战场	
王信忠	1943 年 4 月 9 日	远东战局之展望	
鲍觉民	1943 年 5 月 17 日	东北的经济地位	教育部委托西南联大举办第二次史地讲演周[b]
郑天挺	1943 年 5 月 18 日	西藏历史	
邵循正	1943 年 5 月 20 日	元世祖	
姚从吾	1943 年 5 月 22 日	讲题未定	
蔡维藩	1943 年 5 月 23 日	战后和平基础与计划	
唐 兰	1943 年 6 月 25 日	甲骨文讲座	西南联大讲座[c]
游国恩	1943 年 6 月 29 日	楚辞中的女性	
蔡维藩	1943 年 7 月 2 日	70 年来的英俄关系	
吴 晗	1943 年 7 月 6 日	唐宋时代的战争	

续表

演讲人	时间	讲题	组织单位
吴达元	1943 年 7 月 9 日	法国的浪漫运动	西南联大讲座 [d]
浦江清	1943 年 7 月 13 日	中国小说之演变	
杨西孟	1943 年 8 月 18 日	战时物价问题	云南省省训团主办学术讲演会
潘光旦	1943 年 8 月 18 日	业余的修养	云南省政府审计处
潘光旦	1943 年 11 月 10 日	民族改良问题	云南省基督教会青年会主办社会问题讲演
李树青	1943 年 11 月 17 日	中国家庭之改良问题	
王赣愚	1943 年 11 月 24 日	地方自治问题	
潘光旦	1943 年 11 月 26 日	（未报道讲题）	宪兵十三团
陈 桢	1943 年 11 月 26 日	动物理论	中国动物学会昆明分会
陶云逵	1943 年 12 月 1 日	边区社会问题	云南基督教青年会
罗常培	1943 年 12 月 2 日	反切的方法及其应用	中法大学文史学会
周先庚	1943 年 12 月 2 日	惊慌行为的分析	联大心理系
胡 毅	1943 年 12 月 3 日	教学的任务	粤秀中小学
王赣愚	1943 年 12 月 8 日	人民自治问题	云南省基督教青年会社会问题讲演
闻家驷	1943 年 12 月 10 日	戈吉野的诗及绘画	中法大学"诗九讲"
吴有训	1943 年 12 月 12 日	科学之研究与战争	西南联合大学科学讨论十一讲
黄子卿	1943 年 12 月 18 日	天文现象	云南省警务处
吴 宓	1944 年 2 月 2 日	中国旧小说评论	云南省省训团主办学术讲演会
曹日昌	1943 年 12 月 9 日	盲者的视错觉	西南联大心理学系
吴有训	1943 年 12 月 12 日起每周星期日	科学与战争	西南联大"科学十二讲"
曾昭抡		第二次大战中所用的武器	
江泽涵		欧几里得与近代几何	
沈 同		营养与疾病	
孙云铸		抗战期中联大对于云南地质研究之贡献	
赵忠尧		电子	
程毓淮		近代算学与哲学的几种联系	
赵青莲		化学发展回顾与前瞻	
殷宏章		植物的光合作用	
赵九章		近代气象学发展之趋向及其应用	

续表

演讲人	时间	讲题	组织单位
郑华炽	1943 年 12 月 12 日起每周星期日	光是什么	西南联大"科学十二讲"
袁复礼		资源分配与国际关系	
刘崇铉	1943 年 12 月 12 日	第一次世界大战之丘吉尔	西南联大史学会
陈序经	1943 年 12 月 16 日	中国近代维新思想的发展	云南省基督教青年会
黄子卿	1943 年 12 月 18 日	天文现象	云南省警务处第三十二次学术演讲会
莫泮芹	1943 年 12 月 25 日	卢梭回到自然之真义	中法大学"诗九讲"
钱端升	1943 年 12 月 26 日	实施宪政之若干问题	西南联大政治学会
林文铮	1944 年 2 月 23 日	文艺的研究	云南省省训团主办学术讲演会
潘光旦	1944 年 3 月 10 日	中国民主政治之社会背景	云南基督教青年会、昆明学术界宪政研究会合办之宪政问题系统演讲
贺　麟	1944 年 3 月 15 日	心理建设运动	昆华师范学校、心理建设研究会合办之五大建设与教育系统演讲
伍启元	1944 年 3 月 18 日	战后经济建设的途径	联大中国经济学会
罗常培	1944 年 3 月 18 日	我的中学生活	粤秀中学主办青年问题演讲会
王赣愚	1944 年 3 月 24 日	宪政与民权保障	云南基督教青年会、昆明学术界宪政研究会合办之宪政问题系统演讲
张奚若	1944 年 3 月 31 日	现代国家与宪政	西南联大法商学院主办宪政讲演会
陈序经	1944 年 4 月 7 日	中华民国与宪政	西南联大法商学院主办宪政讲演会
伍启元	1944 年 4 月 7 日	宪政与经济	云南基督教青年会、昆明学术界宪政研究会合办之宪政问题系统演讲
潘光旦	1944 年 4 月 14 日	宪政之社会基础	西南联大法商学院主办宪政讲演会
曾昭抡	1944 年 4 月 14 日	未报道讲题	云南基督教青年会、昆明学术界宪政研究会合办之宪政问题系统演讲
黄子坚	1944 年 4 月 16 日	宪政中教育问题	昆华民众教育馆宪政演讲会
钱端升	1944 年 4 月 17 日	宪政演讲	云南省宪政讨论会研究委员会主办宪政系统演讲

续表

演讲人	时间	讲题	组织单位
吴之椿	1944 年 4 月 21 日	宪政与自由	西南联大法商学院主办宪政讲演会
王赣愚	1944 年 4 月 28 日	宪政与政治制度	
张奚若	1944 年 4 月 29 日	中学生的思想	粤秀中学主办青年问题演讲会
王赣愚	1944 年 4 月 29 日	青年对于政治应有的认识	天祥中学主办青年问题系统演讲
潘光旦	1944 年 5 月 3 日	自由主义与教育	自由论坛社
曾昭抡	1944 年 5 月 4 日	中国科学化运动	自由论坛社
燕树棠	1944 年 5 月 5 日	宪政与立法制度	西南联大法商学院主办宪政讲演会
许祯阳	1944 年 5 月 5 日	力学	西南联大师范学院主办中学生科学演讲
罗常培	1944 年 5 月 8 日	五四前后新旧文体的辩争	西南联大中国文学系主办五四文艺座谈会
冯　至		新文艺中诗歌的收获	
朱自清		新文艺中散文的收获	
孙毓棠		谈中国戏剧	
沈从文		新文艺中小说的收获	
卞之琳		新文学和西洋文艺的关系	
闻家驷		中国新诗与法国象征主义的关系	
李广田		新文艺中杂文的收获	
闻一多		新文艺与中国文学遗产	
杨振声		新文艺的前途	
陈岱孙	1944 年 5 月 12 日	宪政与预算制度	西南联大法商学院主办宪政讲演会
袁复礼	1944 年 5 月 12 日	战时地理	云南基督教青年会主办战时科学系统演讲
许祯阳	1944 年 5 月 12 日	热学	西南联大师范学院主办中学生科学演讲
闻一多	1944 年 5 月 16 日	庄子的思想背景	中法大学
陆近仁	1944 年 5 月 16 日	题未定	云南基督教青年会主办战时科学系统演讲
朱自清	1944 年 5 月 17 日	□□言	西南联大文史学会
赵凤喈	1944 年 5 月 19 日	宪政与司法制度	西南联大法商学院主办宪政讲演会

演讲人	时间	讲题	组织单位
许祯阳	1944 年 5 月 19 日	声学	西南联大师范学院主办中学生科学演讲
吴有训	1944 年 5 月 26 日	战时物理学	云南基督教青年会主办战时科学系统演讲
周炳琳	1944 年 5 月 26 日	宪草中之经济政策	西南联大法商学院主办宪政讲演会
许祯阳	1944 年 5 月 26 日	光学	西南联大师范学院主办中学生科学演讲
梅贻琦	1944 年 5 月 27 日	略讲"科学在中国发达之历史及今日科学精神之亟应提倡"「	云南省民政厅
许祯阳	1944 年 6 月 1 日	电学	西南联大师范学院主办中学生科学演讲
曾昭抡	1944 年 6 月 2 日	战时化学	云南基督教青年会主办战时科学系统演讲
蒋梦麟	1944 年 6 月 2 日	宪草中之教育政策	西南联大法商学院主办宪政讲演会
王赣愚	1944 年 6 月 17 日	中央与地方行政之关系	民政厅主办学术演讲会
蔡维藩	1944 年 6 月 18 日	第二战场开辟后欧洲战局之演变	三青团云南支团部主办时事座谈会
曾昭抡		第二次世界大战如何结束	
王赣愚		理想的国际和平组织	
雷海宗		中国在战后的地位	
杨西孟	1945 年 6 月 27 日	中国生活程度问题	云南基督教青年会经济问题系统演讲
王赣愚	1945 年 6 月 28 日	世界宪章与世界政治	云南省文化运动委员会
许祯阳	1944 年 7 月 14 日	战时科学研究	云南基督教青年会主办战时科学系统演讲
曾昭抡	1944 年 7 月 19 日	战后中国之建设	云南基督教青年会主办时事问题系统演讲
梅贻琦	1944 年 7 月 23 日	中国工业化的问题	五十三兵工厂
梅贻琦	1944 年 8 月 14 日	中国军队科学化问题	第五军军部
伍启元	1944 年 9 月 20 日	战后国际经济合作	云南基督教青年会主办时事问题系统演讲
倪中方	1944 年 9 月 22 日	迷信的心理解释	

续表

演讲人	时间	讲题	组织单位
周炳琳	1944 年 10 月 2 日	出席参政会情况	西南联大十月份国民精神总动员月会
闻一多		保卫大西南与动员民众	昆明学术界宪政研究会主办双十节纪念大会
吴　晗	1944 年 10 月 10 日	中苏邦交与国共问题	
伍启元		改善士兵待遇与加强经济力量	
罗隆基		改革政治方案	
陈　达	1944 年 10 月 24 日	我国战时劳工问题	云南基督教青年会主办社会与教育问题系统演讲
刘崇铉	1944 年 10 月 25 日	战后中国的国际地位	
樊际昌	1944 年 10 月 27 日	日常生活中之态度行为	
陈福田	1944 年 11 月 17 日	美国之战时青年	西南联大演讲会
刘崇乐	1944 年 12 月 11 日	生物学与历史	云南基督教青年会主办生物学与人类生活系统演讲[B]
潘光旦	1944 年 12 月 18 日	生物学与社会问题	
傅恩龄	1944 年 12 月 20 日	日本□雏祭与鲤帜	云南基督教青年会主办各种风习系统演讲
伍启元	1944 年 12 月 30 日	世界经济之动向	省文运会第二届学术演讲会
崔书琴	1944 年 12 月 30 日	军事与外交现势	省训团第七十八次学术演讲会
宁　榥	1945 年 1 月 17 日	应用科学与现代战争	云南基督教青年会主办知识青年从军运动宣传系统演讲会
郑天挺	1945 年 1 月 18 日	明代之云南	云南省文化运动委员会主办学术演讲
潘光旦	1945 年 1 月 20 日	中国的文化	军委会驻滇干训团
张印堂	1945 年 1 月 25 日	海南岛在东亚战场的地位	云南省文化运动委员会主办学术演讲
杨西孟	1945 年 2 月 15 日	当前财政问题	
陈雪屏	1945 年 3 月 6 日	唯我观	西南联大心理座谈会
蔡维藩	1945 年 3 月 14 日	太平洋形势	驻昆青年军军营演讲
蔡维藩	1945 年 3 月 14 日	释五强兼论强权政治	云南省基督教青年会
王　力	1945 年 3 月 15 日	诗人的生活	云南省文化运动委员会
刘崇铉	1945 年 3 月 20 日	美国历史背景	云南省基督教青年会
雷海宗	1945 年 3 月 21 日	国际政治国际和平	云南省教育会
雷海宗	1945 年 3 月 30 日	战后的世界与中国	西南联大"战后之中国"系统讲演
闻家驷	1945 年 3 月 31 日	战后法国文学之特点	文协昆明分会文艺讲习班
李广田	1945 年 4 月 1 日	介绍几种不同的文学观	文协昆明分会文艺讲习班

续表

演讲人	时间	讲题	组织单位
钱端升	1945 年 4 月 6 日	出席太平洋学会归来	西南联大"战后之中国"系统讲演
伍启元	1945 年 4 月 7 日	战后世界经济问题	云南省教育会
张印堂	1945 年 4 月 13 日	战后的国际问题	西南联大"战后之中国"系统讲演
蔡维藩	1945 年 4 月 13 日	太平洋美军胜利的意义	云南省省训团学术演讲
周炳琳	1945 年 4 月 20 日	实施宪政与政党政治	西南联大"战后之中国"系统讲演
樊际昌	1945 年 4 月 26 日	美军在华之使命	云南省文化运动委员会
蔡维藩	1945 年 4 月 27 日	今后努力的方向	云南省省训团
王赣愚	1945 年 4 月 27 日	战后的政治机构	西南联大"战后之中国"系统讲演
伍启元	1945 年 5 月 4 日	战后的中国经济向何处去	
燕树棠 雷海宗 蔡维藩 查良钊 杨振声 邵循正	1944 年 5 月 4 日	五四运动面面观	云南省文化运动委员会
孙毓棠	1945 年 5 月 10 日	日本的现代化	云南省文化运动委员会
周作仁	1945 年 5 月 11 日	战后的币制问题	西南联大"战后之中国"系统讲演
陈 达	1945 年 5 月 18 日	战后的人口政策	
庄前鼎	1945 年 7 月 9 日	世界大战中的新武器	中国机械工程师学会昆明分会、云南基督教青年会合办之机械工程系统演讲
曾昭抡	1945 年 7 月 11 日	中国工业建设	昆明银行业同人福利会、云南基督教青年会合办之中国经济问题系统演讲
鲍觉民	1945 年 7 月 18 日	中国交通建设	
蔡维藩	1945 年 7 月 21 日	远东战局发展	云南基督教青年会主办之时事讲座
李辑祥	1945 年 7 月 23 日	工业管理	中国机械工程师学会昆明分会、云南基督教青年会合办之机械工程系统演讲
张印堂	1945 年 7 月 25 日	中国资源与经济建设	昆明银行业同人福利会、云南基督教青年会合办之中国经济问题系统演讲

续表

演讲人	时间	讲题	组织单位
陶绍渊	1945 年 8 月 2 日	反攻声中湖南会战之检讨与展望	云南省文化运动委员会
钱端升	1945 年 8 月 3 日	参政会与今日中国政治	西南联大学生自治会主办时事演讲会
冯友兰	1945 年 8 月 3 日起，每周一次（中间停顿两个星期）	我国古代之人生哲学	云南基督教青年会主办宗教与哲学系统演讲（共十讲，第八讲未见记载，冯友兰 1945 年 8 月 3 日讲，潘光旦 1945 年 8 月 10 日讲，冯文潜 1945 年 9 月 7 日讲，雷海宗 1945 年 9 月 21 日讲）
潘光旦		我所了解之儒家哲学	
王维诚		道教源流	
汤用彤		佛教之原于及其演变	
冯友兰		宋元明哲学之演变	
冯文潜		西洋古代哲学与人生	
雷海宗		基督教之发展及将来	
□□□		回教之教□□□状	
贺　麟		西洋近代人生哲学之趋势	
董树屏	1945 年 8 月 6 日	造冰	中国机械工程师学会昆明分会、云南基督教青年会合办之机械工程系统演讲
吴有训	1945 年 8 月 17 日	关于原子炸弹	中国工程师学会、中国工业协会云南分会
蔡维藩	1945 年 8 月 27 日	由胜利到和平	云南基督教青年会
赵迺抟	1945 年 10 月 13 日	战后的复员问题	西南联大主办"战后之中国"第二次系统讲演
陈序经	1945 年 10 月 20 日	战后的中国与南洋	
钱端升	1945 年 11 月 25 日	中国政治之认识	西南联大、云南大学、中法大学、英语专科学校四校学生自治会联合办之时事讲演会
伍启元		财政经济与内战关系	
费孝通		美国与中国内战之关系	
吴泽霖	1946 年 1 月 6 日	战后的边疆问题[h]	
张奚若	1946 年 1 月 13 日	政治协商会议应该解决的问题	昆明学生联合会学艺宣传部主办公开讲演
钱端升	1946 年 1 月 20 日	政治协商能使中国进步吗？	昆明学生联合会主办时事讲演
闻家骊	1946 年 5 月 3 日	诗歌朗诵法	云南大学主办文艺晚会
李广田		小说	
罗隆基	1946 年 5 月 4 日	政协会后的国内政局	云南大学纪念五四演讲会
吴　晗		由昆明惨案至南通惨案	

注：a 这次纪念清华大学成立 30 周年学术讨论会，还有文学、史学、哲学、地质学、政治学、经济学、社会学、物理学、电学、经济动物、医学、昆虫等专门讨论会，但演讲者有的来

自校外，有的则未报道演讲人。

　　b 据《西南联大为举办史地演讲会函》（1943 年 5 月 17 日），"国立西南联合大学档案"，云南省档案馆存，档号：32 - 1 - 167。此函仅列讲演名单与时间地点，未列讲题，讲题根据报纸报道补之。另，函中讲演名单中还有 5 月 19 日王信忠演讲，但未见报道，兹略之。

　　c 据张源潜日记（未刊）。

　　d 此条消息载《云南日报》1944 年 3 月 18 日，报道贺麟演讲时间似有误，姑存待考。

　　e 黄延复、王小宁整理《梅贻琦日记（1941—1946）》，第 151 页。

　　f 云南基督教青年会主办的"生物学与人类生活系统演讲"共 15 讲，除刘崇乐、潘光旦外，西南联大还有陈桢讲《生物学与伦理》、李继侗讲《植物环境》、汤佩松讲《植物与工业》、沈同讲《营养与寿命》等。据《青年会举行系统演讲》，昆明《扫荡报》1944 年 12 月 11 日。

　　g《战后的边疆问题》为吴泽霖的某次讲演，由王绪记录。1946 年 1 月 6 日为发表日期，非讲演日期。

　　资料来源：《云南日报》《云南民国日报》、昆明《中央日报》、昆明《扫荡报》《正义报》等报纸消息，云南省档案馆存"国立西南联合大学档案"，西南联大教师与学生日记，等等，依时间顺序编排。

后　记

本书是 2015 年立项的国家社科基金后期资助项目"西南联大与现代中国"的最终成果。

我很小的时候，就常听祖母和父辈说到西南联大，每年春节来家里拜年的人，有许多也是西南联大的毕业生。但我真正开始接触西南联大，则是 1985 年。那时，我为了编写《闻一多年谱长编》四处收集资料，在许多积满灰尘的老报纸、旧期刊中，看到对西南联大师生不同阶段的活动报道和对那么多问题的论述，就意识到这是一个很有价值却还未能充分开发的研究领域，于是顺手做了些索引。1989 年《闻一多年谱长编》完成后，我着手撰写《闻一多传》，这些资料对补充和完善闻一多历史起了相当大的作用。

之后，我所在的中国社会科学院近代史研究所思想史研究室，接受了院里交给的"近代中国人对民主的认识与实践"课题，我承担了抗日战争时期的研究，同时又申请到一项社科基金个人项目"抗日战争时期的第三种力量"。这两项研究，很自然都涉及西南联大，而且西南联大所占比重较大。有兴趣的读者，可以从 2003 年中国青年出版社出版的《西方民主在近代中国》和 2004 年上海古籍出版社出版的《第三种力量与抗战时期的中国政治》中，看到我当时的认识。

上述两部书的出版，对我选择西南联大为研究对象起到了鼓舞作用，于是我试图把西南联大作为中国近代知识分子的一个精英群体进行透视与考察，其成果是 2009 年社会科学文献出版社出版的《抗日战争与中国知识分子：西南联合大学的抗战轨迹》。这部书的资助来自中国社会科学院中日历史研究中心，资助范围限定在 1931 年至 1945 年间的中日关系史。由于这个原因，我的研究重点只能是与抗日战争直接或间接相关的问题。但是，西南联大在抗战结束后还延续了一年，而且，西南联大不仅在抗战救国方面贡献卓著，在建设现代国家方面也有许多建树，基于这个原因，我对前期的研究做了扩展和补充。

2014年，我完成了书稿，交给2008年就接受这本书的社会科学文献出版社。社会科学文献出版社推荐申报了2015年国家社科基金后期资助项目，并顺利获得立项。这当然是件好事，可评审专家提出的意见给我增加了很大压力，有些本是有意闪开的问题也不能回避。当时，我在日本樱美林大学从事一项中日关系研究，只能一边工作一边进行增补修改。2019年，日本工作暂告一阶段，我才得以将全部精力投入这本书的写作中。

感谢云南省图书馆、云南大学图书馆、云南师范大学图书馆、云南省档案馆，感谢台北中研院近代史研究所档案馆、历史语言研究所档案馆、"国史馆"，还有日本国立国会图书馆、早稻田大学图书馆、樱美林大学图书馆，它们的丰富馆藏是我获得资料的重要基地，它们的热情服务尤让我感动。还要感谢社会科学文献出版社，本书是在它的力荐下获得国家社科基金后期资助的，总编辑杨群、首席编辑徐思彦对我和对本书的关怀和支持长期如一，历史学分社总编辑宋荣欣、责任编辑石岩的认真负责，亦是本书问世的保证。

我的父母、妻子和女儿，始终是我的坚强后盾和精神支柱。本书写作期间，母亲、妻子、父亲接连辞世，接踵而来的打击让我痛苦万分又无尽愧疚。除了这本书，我还承担两个与西南联大研究关系密切的科研项目，而7年来我一直受着疾病拖累，每年都要住院做微创手术，支撑我坚持下去的是对逝去的亲人们的怀念。本书付梓之际，我要把这本书献给他们，愿他们在天之灵得到慰藉。最后，我还要感谢我的续妻叶玉枝，我们是黑龙江生产兵团第三师第三十二团报道组的战友，50年前在北大荒黑土地上的相识、相知，使我们在晚年心心相印走到了一起，本书最后的冲刺，离不开她对我无微不至的照顾。

闻黎明

2021年9月5日　北京·文成杰座

图书在版编目（CIP）数据

西南联大与现代中国：1937～1946：全二册／闻
黎明著. -- 北京：社会科学文献出版社，2023.1（2024.2 重印）
　国家社科基金后期资助项目
　ISBN 978 - 7 - 5201 - 9805 - 9

　Ⅰ.①西…　Ⅱ.①闻…　Ⅲ.①西南联合大学－校史－
1937 - 1946　Ⅳ.①G649.287.41

中国版本图书馆 CIP 数据核字（2022）第 033477 号

国家社科基金后期资助项目

西南联大与现代中国（1937～1946）（全二册）

著　　者／闻黎明

出 版 人／冀祥德
组稿编辑／宋荣欣
责任编辑／梁艳玲　石　岩
责任印制／王京美

出　　版／社会科学文献出版社·历史学分社（010）59367256
　　　　　地址：北京市北三环中路甲 29 号院华龙大厦　邮编：100029
　　　　　网址：www.ssap.com.cn
发　　行／社会科学文献出版社（010）59367028
印　　装／唐山玺诚印务有限公司

规　　格／开本：787mm × 1092mm　1/16
　　　　　印　张：58.25　字　数：920 千字
版　　次／2023 年 1 月第 1 版　2024 年 2 月第 5 次印刷
书　　号／ISBN 978 - 7 - 5201 - 9805 - 9
定　　价／298.00 元（全二册）

读者服务电话：4008918866